美国高中主流理科教材
科学发现者

第二版　2023修订版

[美] 菲利普 等 著　　王祖浩 等 译

化学｜概念与应用
Chemistry
Concepts and Applications

上册

浙江教育出版社·杭州

connectED.mcgraw-hill.com

McGraw-Hill Education

Copyright © 2014 by The McGraw-Hill Companies, Inc.

All rights reserved. No part of this publication may be reproduced or distributed in any form or by any means, or stored in a database or retrieval system, without the prior written consent of The McGraw-Hill Companies, Inc., including, but not limited to, network storage or transmission, or broadcast for distance learning.

Send all inquiries to:
McGraw-Hill Education
STEM Learning Solutions Center
8787 Orion Place
Columbus, OH 43240-4027

ISBN: 978-0-07-663766-9
MHID: 0-07-663766-2

Printed in the United States of America.

4 5 6 7 8 QVS 17 16

STEM

McGraw-Hill is committed to providing instructional materials in Science, Technology, Engineering, and Mathematics (STEM) that give all students a solid foundation, one that prepares them for college and careers in the 21st century.

Authors

■ John S. Phillips

is a high school chemistry and physics teacher at Spring Street International School in Friday Harbor, Washington. He has taught chemistry at the high school and college levels for almost thirty years. Dr. Phillips has coordinated and led programs and workshops for teachers from kindergarten through college that encourage and support creative science teaching. He earned a BA in chemistry at Western Maryland College and a PhD in chemistry from Purdue University. He is a member of the American Chemical Society, National Science Teachers Association, and Sigma Xi.

■ Victor S. Strozak

is a science educator with 45 years teaching and administrative experience at both the high school and college levels. He holds a BS degree in chemistry from St. John's University, an MS in chemistry from New York University, and a PhD in science education from New York University. Dr. Strozak taught chemistry and mathematics for six years at Xaverian High School in Brooklyn, New York and then moved on to New York City College of Technology, where he spent the next 31 years as a Professor of Chemistry, Dean of Science and Mathematics, and director of numerous science education projects. Dr. Strozak is currently the Senior Research Associate in Science Education at the Center for Advanced Study in Education at the Graduate Center of the City University of New York (CUNY). He is the Co-PI and project manager for a university-wide NSF Graduate Teaching Fellows in K-12 Education project in which doctoral science students will collaborate with science teachers in New York City high schools to incorporate authentic research experiences into the high school science curriculum.

■ Cheryl Wistrom

is an associate professor of chemistry at Saint Joseph's College in Rensselaer, Indiana where she has been honored with both the Science Division and college faculty teaching awards. She has taught chemistry, biology, and science education courses at the college level since 1990 and is also a licensed pharmacist who works in a hospital pharmacy. She earned her BS degree in biochemistry at Northern Michigan University, a BS in pharmacy at Purdue University, and her MS and PhD in biological chemistry at the University of Michigan. She has published several research papers involving senescence in human fibroblast cells. Dr. Wistrom is the director of the Little Einstein Science Camp, an annual day camp for elementary students.

■ Dinah Zike

is an international curriculum consultant and inventor who has developed educational products and three-dimensional, interactive graphic organizers for over 30 years. As president and founder of Dinah-Might Adventures, L.P., Dinah is the author of more than 100 award-winning educational publications, including *The Big Book of Science*. Dinah has a BS and an MS in educational curriculum and instruction from Texas A&M University. Dinah Zike's Foldables are an exclusive feature of McGraw-Hill textbooks.

Teacher Reviewers

Jon L. Allan, MS
University High School
Spokane, WA

William Allen, MEd
Stevens Point Area Senior
High School
Stevens Point, WI

Eddie Anderson
Oak Ridge High School
Oak Ridge, TX

Lawrence Bacci
Rochester Adams High School
Rochester, MI

Susan H. Brierley
Garfield High School
Seattle, WA

Michael Chan, PhD
Director of Science
Rochester City School District
Rochester, NY

Lauren Clare
Charlotte High School
Punta Gorda, FL

Robert A. Cooper, MEd
Pennsbury High School
Fairless Hills, PA

Sharon Doerr
Oswego High School
Oswego, NY

Jeffrey L. Engel, MEd, EdS
Madison County High School
Danielsville, GA

Richard A. Garst
Ironwood High School
Glendale, AZ

Jo Marie Hansen
Twin Falls High School
Twin Falls, ID

Cynthia Harrison, MSA
Parkway South High School
Manchester, MO

Vince Howard, MEd
Kentridge High School
Kent, WA

Stephen Hudson
Mission High School
San Francisco, CA

Israel E. Iyoke
Skyline High School
Dallas, TX

Michael Krein, MS
Coordinator of Chemistry
Stamford High School
Stamford, CT

David J. Lee
Franklin D. Roosevelt High School
Dallas, TX

Sister John Ann Proach, OSF, MA, MS
Science Curriculum Chairperson
Archdiocese of Philadelphia
Bishop McDevitt High School
Wyncote, PA

Eva M. Rambo, MAT
Bloomington South High School
Bloomington, IN

Nancy Schulman, MS
Manalapan High School
Manalapan, NJ

Durgha Shanmugan, MD
Hillcrest High School
Dallas, TX

Tim Watts, MEd
Assistant Principal
Warren County Middle School
Front Royal, VA

Jason E. Wirth
Marysville Schools
Marysville, OH

Content Consultants

Larry B. Anderson, PhD
Associate Professor
The Ohio State University
Columbus, OH

Ildiko V. Boer, MA
Assistant Professor
County College of Morris
Randolph, NJ

Marcia C. Bonneau, MS
Lecturer
State University of New York
Cortland, NY

James H. Burness, PhD
Associate Professor
Penn State University
York, PA

Larry Cai
Graduate Teaching Associate
The Ohio State University
Columbus, OH

Sheila Cancella, PhD
Department Chair, Science & Engineering
Raritan Valley Community College
Somerville, NJ

James Cordray, MS
Berwyn, IL

Jeff Hoyle, PhD
Associate Professor
Nova Scotia Agricultural College
Truro, Nova Scotia
Canada

Teresa Anne McCowen, MS
Senior Lecturer
Butler University
Indianapolis, IN

Lorraine Rellick, PhD
Assistant Professor
Capital University
Columbus, OH

Marie C. Sherman, MS
Chemistry Teacher
Ursuline Academy
St. Louis, MO

Charles M. Wynn, PhD
Chemistry Professor
Eastern Connecticut State University
Willimantic, CT

Safety Consultant

Kenneth R. Roy, PhD
Director of Environmental Health and Safety
Glastonbury Public Schools
Glastonbury, CT

Contributing Writers

Helen Frensch, MA
Santa Barbara, CA

Nicholas Hainen, MA
Former Chemistry Teacher
Worthington High School
Worthington, OH

Zoe A. Godby Lightfoot, MS
Former Chemistry Teacher
Carbondale Community High School
Marion, IL

Mark V. Lorson, PhD
Chemistry Teacher
Jonathan Alder High School
Plain City, OH

Robert Roth, MS
Pittsburgh, PA

Richard G. Smith, MAT
Chemistry Teacher
Bexley High School
Bexley, OH

Patricia West
Oakland, CA

译 前 言

2006年，浙江教育出版社的领导和编辑找到我，希望将能反映21世纪初国际科学教育改革潮流的国外优秀化学教材引入国内，帮助老师们了解化学教育的新理念。如此，在众多的出版物中，选定了在美国广泛使用、由麦格劳-希尔集团出版、菲利普博士等编著的《化学 概念与应用》(2005年版)一书。经过我们近两年的努力，该书终于译成，并收入"科学发现者"丛书，于2008年暑期出版。巧合的是，在中译本首版发行整十五年后的今年暑期，修订版的中译本又要与读者见面了。

该教材努力从历史和现实结合的视角积极弘扬化学学科的价值，选择大量清晰生动的图片展现化学的研究成果，设置了丰富的探究实验，知识编排循序渐进，用语简洁明了，样例引人入胜，多种栏目穿插其中。中译本首版发行不久，迅速在国内化学教育界引起了很大的反响，广大师生以此对国外的化学教育有了更直接、更深刻的认识。不少教师阅读后发现，此书的精彩之处，恰好能与我国中学化学教材互补，因而成为老师们研究教学内容和教学设计的重要参考书。该书不仅广受化学教师的好评，也受到许多对化学有兴趣的中学生的热爱，我曾接到过多名中学生来信和学生家长的电话，非常喜爱此书。

该书显著体现了"化学以实验为基础""实验探究促进思维发展"的特点，设计了许多不同类型的实验，如"起步实验""迷你实验""化学实验""家庭实验"等。这些实验将复杂的科学知识贯穿在简单易行的实验操作之中。实验所需仪器、设备简单，操作易行，国内大多数中学的条件均可满足，这无疑为化学课堂教学改革提供了可行的操作思路。更值得推崇的是，这些实验探究活动培养了学生良好的科学思维。

与一些新兴的学科不同，化学的历史源远流长，可以追溯到人类刚学会使用火的远古时期。可以说，化学发展为人类文明做出了巨大的贡献。此书从各个方面对此进行了具体的阐释："化学工作者"让读者走近了化学领域；"跨学科链接"让读者踏入化学与其他学科的交叉领域；"工作原理"剖析了日常生活中常见、常用的设备和技术；"化学与社会"融合了当代社会发展中与化学相关的一些热点问题；"化学与技术"中充满了化学在高科技中应用的身影；"科学史实""词源"为读者提供了许多生动形象的小故事……正是因为有着如此众多的优点和特色,才会让译者和广大读者为之倾心、着迷。

修订教材秉承了原版的理念和风格,进一步强化使学生了解化学的功能,力求使教材易学好教。在每一章开篇中增加了"折叠式学习卡",帮助学生整理归纳相应章节的重要内容,在"学习目标"中以问题形式提出待解决的核心问题。同时,对相关内容进行了局部的修订,形成更合理的逻辑结构,从而更好地体现科学技术和社会发展的实际。

作为本书的译者,我多年来致力于中外化学教材的比较研究,对国内外化学主流教材有较深入的了解。在翻译过程中,尽可能采用既体现专业要求、又符合学生认知特点的语言进行深入浅出的阐述,以期让读者更好地理解原意。正因为有着这样的态度和艰辛的付出,此书才得以原汁原味地呈现在读者面前。

此书由华东师范大学化学课程与教学论学科团队博士生导师王祖浩教授领衔翻译。参与第一版翻译的有王祖浩、华曦、何穗、王峰、陈文婷、陈碧华、陈书、李法瑞、李南方、米广春、方婷、孙世云、李桂林、张海霞、尤蕾蕾、刘蕊等同志。王祖浩教授、何穗博士审读和修改译稿。参与本次修订版翻译的有顾佳磊、黄敏、诸佳丹、李亚楠、田润、李莹莹、曹彬彬、张纯佩、郭依玲等同志,由王祖浩教授审读定稿。

我衷心感谢原作者和原出版社为英文版问世和修订所付出的智慧和劳动。浙江教育出版社为中译版的出版、修订做了大量的工作,先后几届研究生同学对译稿进行认真仔细的通读和校对,在此一并向他们表示诚挚的谢意。

秋天不仅是沉甸甸的收获季节,更是播种来年希望的季节。我们殷切希望通过此书的出版,不仅可以借鉴他人编写教材的经验,还可以传递和播种新的希望——使更多的中国中学生从该书中读懂化学,赞赏化学,与化学为友。

王祖浩

总 目 录

第1章	化学：关于物质的一门科学	2
第2章	物质是由原子构成的	48
第3章	元素周期表导论	82
第4章	化合物的形成	116
第5章	化合物的类型	150
第6章	化学反应与化学方程式	186
第7章	原子模型的完善	226
第8章	元素性质的周期性	254
第9章	化学键	298
第10章	物质的动力学理论	336
第11章	气体的行为	368
第12章	化学量	402
第13章	水和溶液	434
第14章	酸、碱和pH	478
第15章	酸碱反应	514
第16章	氧化还原反应	552
第17章	电化学	582
第18章	有机化学	620
第19章	生命化学	664
第20章	化学反应与能量变化	702
第21章	核化学	738
附录		778

目 录

第1章 化学：关于物质的一门科学 …………… 2

　　起步实验　质量为什么不同 ……………………… 3
第1节　物质之谜 ……………………………………… 4
　化学实验1.1　观察蜡烛的燃烧 ……………………… 10
　　化学工作者　法医科学工作者 ……………………… 12
　　生活中的化学　你就是你所吃的东西做成的 ……… 17
　化学实验1.2　厨房里的化学物质 …………………… 18
　　　迷你实验1.1　观察混合的现象 ………………… 21
　　　迷你实验1.2　墨水的纸上层析 ………………… 22
　　　迷你实验1.3　制造合金 ………………………… 25
　　文　学　链　接　凡尔纳和他的冰山 ……………… 26
　　　迷你实验1.4　分析麦片 ………………………… 28
　　化学与社会　天然的和人工合成的化学物质 ……… 29
第2节　物质的性质和变化 …………………………… 32
　化学实验1.3　硬币的成分 …………………………… 36
　　　迷你实验1.5　聚合物的合成 …………………… 38

第2章 物质是由原子构成的 …………… 48

　　起步实验　里面有什么 ……………………………… 49
第1节　原子和原子结构 ……………………………… 50
　化学实验　物质守恒定律 …………………………… 54
　　历　史　链　接　政治与化学——本质的差异 …… 56
　　化学与社会　再生玻璃 ……………………………… 58
　　　迷你实验2.1　同 位 素 ………………………… 61
第2节　原子中的电子 ………………………………… 67
　　物理学　链　接　北 极 光 ………………………… 71
　　生活中的化学　色彩斑斓的烟花 …………………… 74
　　　迷你实验2.2　元素的发射光谱 ………………… 75

2

第3章　元素周期表导论 82
起步实验　用途广泛的材料 83
第1节　元素周期表的发展史 84
迷你实验3.1　预测性质 87
第2节　元素周期表的使用 93
文　学　链　接　一位化学家的语言 95
迷你实验3.2　同族元素反应性的变化规律 96
化学实验　元素周期表 98
化学与技术　具有记忆的金属线 106
生活中的化学　金　属　币 108

第4章　化合物的形成 116
起步实验　观察产生变化的证据 117
第1节　化合物的多样性 118
迷你实验4.1　铁　生　锈 120
生活中的化学　保持人体健康的化学元素 126
第2节　元素如何构成化合物 128
迷你实验4.2　离子化合物的形成 133
化学实验　碘化锌的形成与分解 134
历　史　链　接　氢气与空难 140
化学与社会　热带雨林药学 144

第5章　化合物的类型 ……………………………… **150**

　　起步实验　单质、化合物和混合物 ………………… 151

第1节　离子化合物 …………………………………… 152

　　生活中的化学　硬　水 …………………………… 158

　　艺　术　链　接　中国瓷器 …………………………… 161

　　迷你实验5.1　能预测天气的化合物 ……………… 164

　　工作原理　水　泥 ………………………………… 166

第2节　共价化合物 …………………………………… 168

　　迷你实验5.2　骨头中的化学键 …………………… 169

　　化学实验　离子化合物还是共价化合物 ………… 170

　　化学与技术　碳的同素异形体：从煤到金刚石 … 174

第6章　化学反应与化学方程式 ………………… **186**

　　起步实验　观察一个化学反应 …………………… 187

第1节　化学方程式 …………………………………… 188

　　生活中的化学　漂　白 …………………………… 192

　　迷你实验6.1　能量变化 …………………………… 194

　　工作原理　荧光棒 ………………………………… 195

第2节　化学反应的类型 ……………………………… 200

　　生物学　链　接　空间站中的空气 …………………… 201

　　迷你实验6.2　一个简单的置换反应 ……………… 203

　　化学实验　探索化学变化 ………………………… 204

第3节　化学反应的本质 ……………………………… 208

　　化学工作者　植物护理专家 ……………………… 210

　　化学与技术　从空气中采矿 ……………………… 214

　　迷你实验6.3　淀粉与碘的时钟反应 ……………… 218

　　生活中的化学　袖子里的炉灶 …………………… 219

第7章　原子模型的完善 …………………………… **226**

　　起步实验　观察电荷效应 ………………………… 227

第1节　现代原子理论 ……………………………… 228

　物理学 链接　尼尔斯·玻尔——原子物理学家和博爱者 ……… 230

　　迷你实验7.1　有色火焰 ………………………… 232

　化学实验　金属、反应能力和价电子 ……………… 234

　化学与技术　高科技显微镜 ……………………… 236

第2节　元素周期表和原子结构 …………………… 241

　　迷你实验7.2　原子中的电子 …………………… 244

　生活中的化学　宝石的颜色 ……………………… 246

第8章　元素性质的周期性 ………………………… **254**

　　起步实验　周期性质 ……………………………… 255

第1节　主族元素 …………………………………… 256

　　迷你实验8.1　原子半径的周期性规律 ………… 260

　化学实验　碱土金属的反应及其离子所带的电荷数 …… 266

　历　史 链接　罗马帝国的衰落与铅中毒 ……… 270

　生活中的化学　火柴与化学 …………………… 273

　生物学 链接　氟化物与蛀牙 …………………… 278

第2节　过渡元素 …………………………………… 280

　工作原理　灯泡中的过渡元素 …………………… 282

　　迷你实验8.2　过渡金属离子所带的电荷数 …… 283

　化学与技术　碳 与 钢 …………………………… 286

5

第9章 化学键 ·············· 298

　　起步实验　油和醋的混合 ·············· 299
第1节　原子间的化学键 ·············· 300
　　历　史　链　接　莱纳斯·鲍林：知识与和平的倡导者 ·············· 305
　　迷你实验9.1　纸上层析 ·············· 310
第2节　分子的形状与极性 ·············· 313
　　化学工作者　化学家 ·············· 316
　　生活中的化学　振动着的分子 ·············· 318
　　迷你实验9.2　搭建分子模型 ·············· 323
　　化学与技术　层　析 ·············· 324
化学实验　糖果中有哪些色素 ·············· 326

第10章　物质的动力学理论 ·············· 336

　　起步实验　温度与混合 ·············· 337
第1节　物质的物理学行为 ·············· 338
　　迷你实验10.1　扩散速率 ·············· 341
　　艺　术　链　接　玻璃雕刻 ·············· 344
第2节　能量与物质状态的变化 ·············· 346
　　生活中的化学　冷冻干燥 ·············· 351
　　化学与技术　空气的分馏 ·············· 352
　　迷你实验10.2　汽化速率 ·············· 355
　　工作原理　高　压　锅 ·············· 357
化学实验　分子与能量 ·············· 360

第11章　气体的行为 ··· **368**

起步实验　气体的体积和温度 ································ 369

第1节　气　压　370

迷你实验11.1　气体的质量与体积 ······················ 373

工作原理　轮胎压力表 ·· 375

第2节　气体定律　380

地球科学 链接　气象气球 ······································ 383

迷你实验11.2　吸管的工作原理 ··························· 384

化学实验　波义耳定律 ·· 386

化学与技术　压力下的健康 ··································· 388

生活中的化学　爆米花 ·· 395

第12章　化　学　量 ··· **402**

起步实验　1摩尔是多少 ·· 403

第1节　计算物质的微粒数　404

迷你实验12.1　用质量来计数 ······························· 408

艺　术 链接　加纳阿散蒂的黄铜砝码 ··················· 411

第2节　摩尔的应用　413

生活中的化学　安全气囊 ······································ 417

迷你实验12.2　计算反应物的量 ··························· 418

化学实验　分析混合物 ·· 422

化学与技术　提高化学合成的产率 ························ 424

13 第13章　水和溶液 ………………………………………… **434**

　　　起步实验　溶液的形成 ……………………………… 435
第1节　神奇的水 …………………………………………… 436
　　　迷你实验13.1　表面张力 …………………………… 443
　　　化学与社会　水　处　理 …………………………… 447
　　　化学工作者　废水处理员 …………………………… 448
第2节　溶液及其性质 ……………………………………… 451
　　　迷你实验13.2　硬水和软水 ………………………… 452
　　　生活中的化学　肥皂与清洁剂 ……………………… 455
　　　化学实验　溶液的鉴定 ……………………………… 456
　　　生活中的化学　防　冻　剂 ………………………… 466
　　　工作原理　便携式反渗透设备 ……………………… 468
　　　化学与技术　凝　胶 ………………………………… 470

14 第14章　酸、碱和pH ………………………………… **478**

　　　起步实验　日用品测试 ……………………………… 479
第1节　酸　和　碱 ………………………………………… 480
　　　迷你实验14.1　酸的反应 …………………………… 482
　　　化学与技术　柠檬酸的生产 ………………………… 485
　　　生物学链接　血液检测 ……………………………… 487
　　　化学工作者　化妆品药剂师 ………………………… 490
　　　化学与社会　大气污染 ……………………………… 495
第2节　酸和碱的强度 ……………………………………… 497
　　　迷你实验14.2　抗酸剂 ……………………………… 504
　　　生活中的化学　平衡化妆品中的pH ………………… 505
　　　化学实验　家用的酸和碱 …………………………… 506

第15章　酸碱反应 …………………………………… **514**

　　起步实验　缓 冲 剂 ………………………………… 515
第1节　酸碱中和反应 ……………………………………… 516
　　迷你实验15.1　酸性,碱性还是中性 …………………… 518
　　工作原理　味　觉 ………………………………… 519
　　地球科学 链 接　溶洞的形成 ……………………………… 525
第2节　酸碱中和反应的应用 ……………………………… 531
　　迷你实验15.2　缓冲溶液 ………………………………… 533
　　生活中的化学　打　嗝 ………………………………… 534
　　化学与社会　人造血液 ………………………………… 537
　　工作原理　指 示 剂 ………………………………… 543
　　化学实验　醋的滴定 ……………………………………… 544

第16章　氧化还原反应 ……………………………… **552**

　　起步实验　观察一个氧化还原反应 ……………………… 553
第1节　氧化还原反应的本质 ……………………………… 554
　　迷你实验16.1　铁的腐蚀 ………………………………… 557
　　化学实验　氧化还原反应 ………………………………… 560
第2节　氧化还原反应的应用 ……………………………… 563
　　物理学 链 接　固体火箭助推器 ……………………… 566
　　迷你实验16.2　酒精测试 ………………………………… 568
　　工作原理　酒驾测试试验 ……………………………… 569
　　生活中的化学　雷电造肥 ……………………………… 571
　　化学与技术　法医学中的血液检测 …………………… 574

9

17

第17章 电化学 ······ 582
  起步实验　柠檬电池 ······ 583
第1节　原电池：化学能转化为电能 ······ 584
  迷你实验17.1　柠檬电池 ······ 586
 化学实验　氧化还原反应与电化学电池 ······ 592
  工作原理　心脏起搏器：拯救心脏 ······ 595
  工作原理　镍镉充电电池 ······ 597
  工作原理　氢氧燃料电池 ······ 598
第2节　电解：电能转化为化学能 ······ 600
  迷你实验17.2　电　解 ······ 602
  化学与技术　从铜矿石到铜导线 ······ 606
  生活中的化学　高度清晰的化学 ······ 611
  化学工作者　电镀工程师 ······ 612

18

第18章 有机化学 ······ 620
  起步实验　制作简单的烃的模型 ······ 621
第1节　烃 ······ 622
  迷你实验18.1　油的不饱和性 ······ 630
  生物学　链　接　视觉与维生素A ······ 632
  化学工作者　药剂师 ······ 634
第2节　取代烃 ······ 640
  迷你实验18.2　合成香料 ······ 645
第3节　塑料和其他聚合物 ······ 647
 化学实验　纺织用聚合物的鉴定 ······ 649
  迷你实验18.3　当聚合物遇上水 ······ 652
  生活中的化学　化学烫发 ······ 655
  化学与社会　再循环塑料 ······ 657

19 第19章 生命化学 ················· **664**

起步实验　测试单糖 ················· 665

第1节　生命分子 ················· 666

化学实验　细胞中的催化分解 ················· 674

化学工作者　生物化学家 ················· 676

生活中的化学　甜味的奥秘 ················· 680

生活中的化学　假脂肪与人造脂肪 ················· 684

迷你实验19.1　提取DNA ················· 687

第2节　生命的化学反应 ················· 689

医学链接　血红蛋白的功能 ················· 694

迷你实验19.2　酵母发酵 ················· 696

20 第20章 化学反应与能量变化 ················· **702**

起步实验　加快反应进行 ················· 703

第1节　化学反应中的能量变化 ················· 704

工作原理　热敷袋和冷敷袋 ················· 706

迷你实验20.1　热量的出入 ················· 708

生活中的化学　催化转化器 ················· 711

第2节　热效应的测量 ················· 715

化学实验　食物中所含的能量 ················· 720

迷你实验20.2　溶解——放热还是吸热 ················· 722

地球科学链接　细菌法冶炼金属 ················· 723

化学与技术　可再生能源 ················· 724

第3节　光合作用 ················· 729

21 第21章 核化学 ·················· **738**

起步实验　射线的穿透能力 ·················· 739

第1节　放射的类型 ·················· 740

工作原理　烟雾探测器 ·················· 744

化学实验　放射性衰变的硬币模型 ·················· 748

化学与技术　考古的放射性化学研究 ·················· 750

艺 术 链 接　伪造大师范·米格林——恶棍还是英雄 ·················· 754

第2节　核反应与能量 ·················· 756

迷你实验21.1　链式反应的模型 ·················· 758

第3节　核 工 具 ·················· 763

生物学 链 接　同位素示踪法揭示生物奥秘 ·················· 766

迷你实验21.2　测量氡气的浓度 ·················· 770

生活中的化学　氡气——你身边的"隐形杀手" ·················· 771

附　录 ·················· **778**

附录A　学生资源 ·················· 779

附录B　化学技术手册 ·················· 783

附录C　补充练习 ·················· 807

附录D　安全手册 ·················· 844

附录E　化学数据手册 ·················· 846

附录F　家庭实验 ·················· 858

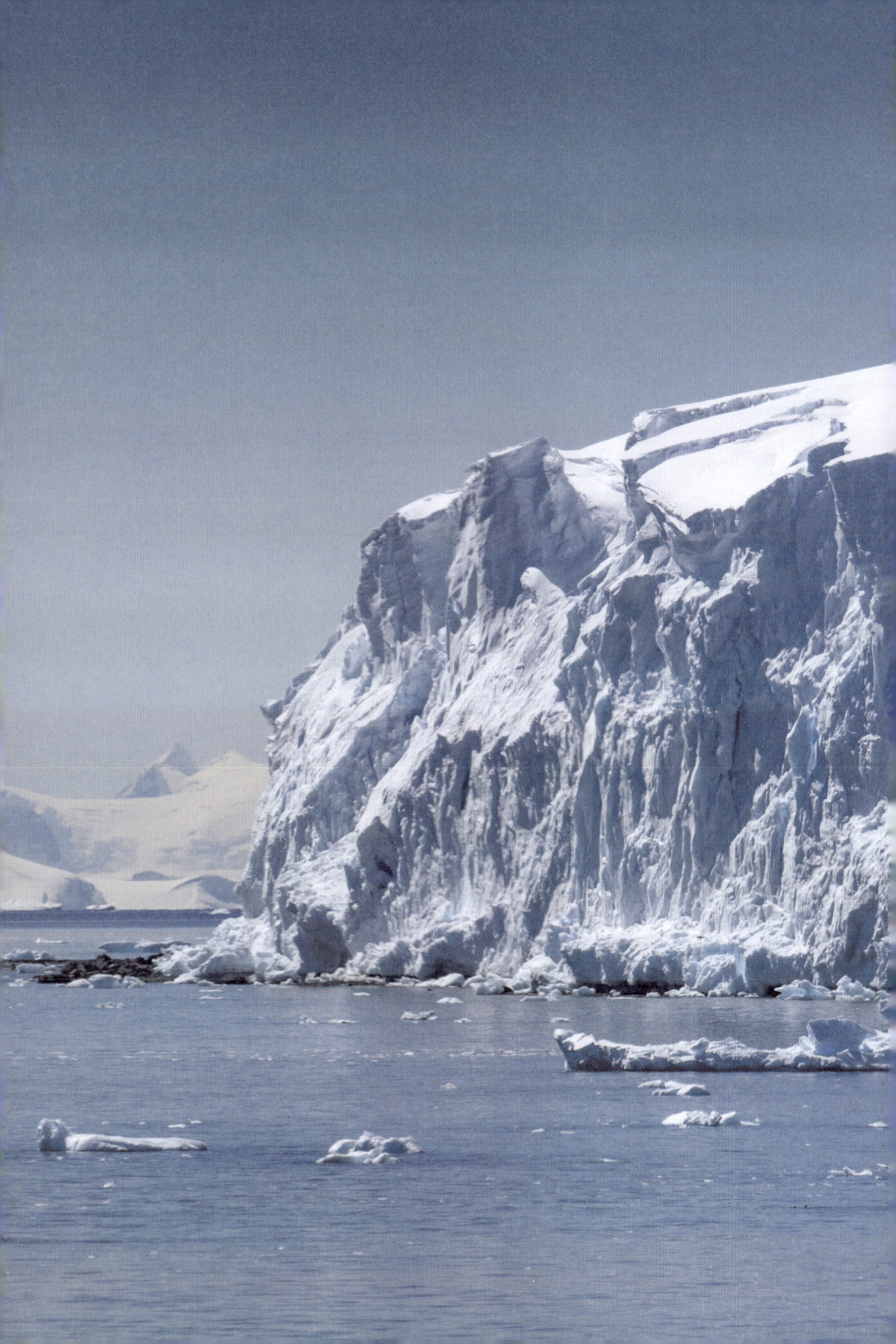

第 1 章　化学：关于物质的一门科学

大 概念　世间万物都是由物质组成的。

第1节　物质之谜
主要 概念　日常生活中的物品几乎都是混合物——两种或更多种物质混合而成的物质。

第2节　物质的性质和变化
主要 概念　物质能够发生物理变化和化学变化。

你知道吗？

- 你身边发生的许多变化都是化学变化。
- 地球上的大气主要是由两种物质组成的。
- 化学家研究你身边发生的化学反应。
- 建筑物、汽车和混凝土都是不同物质组成的混合物。

课前活动

起步实验

质量为什么不同

物质是一类具有质量、体积,并能以气态、液态、固态三种状态存在的所有物体的统称。如何比较物质在这三种状态时的质量呢?

实验器材

- 气球(3个)
- 量筒
- 食盐
- 水
- 天平
- 剪刀
- 长颈漏斗
- 细绳

实验步骤

1. 阅读并完成实验安全表格。
2. 称出气球的质量。
3. 将漏斗的长颈插入气球口,往漏斗里加水至气球胀满为止。注意不能故意将气球撑大。取出漏斗,用细绳扎紧气球口。称出气球与水的总质量。
4. 用食盐代替水重复步骤2~3。注意加入食盐后气球的大小应当与加水时一样大。
5. 用空气代替食盐重复步骤2~3。注意吹气后气球的大小应当与加水和食盐时一样大。

实验分析

1. **计算**加入气球中的水、食盐和空气的质量。
2. **比较**同样体积的固体、液体和气体的质量大小。

探究 三个体积相同的物体为什么具有不同的质量?

折叠式学习卡 学习组织者

性质与变化 按以下图示制作折叠式学习卡,帮助你整理有关化学变化、物理变化和物质性质的内容。

▶ **步骤1** 把一张纸沿底边向上折5 cm。

▶ **步骤2** 对折。

▶ **步骤3** 展开,将纸装订起来,形成两个口袋,分别标记为"物理""化学"。

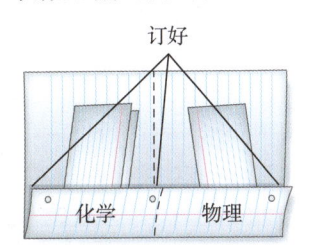

折叠式学习卡 在第2节中使用该折叠式学习卡。在你阅读的过程中,用小卡片记录物质的性质和变化的特点,并把卡片放入对应的口袋中。

第1节

核心问题
- 如何依据物质的组成进行分类?
- 单质、化合物、均相混合物和非均相混合物有什么不同?
- 物质的结构和性质有什么关系?

关键术语
化　学
物　质
质　量
性　质
科学模型
定　性
定　量
纯净物
混合物
物理变化
物理性质
溶　液
合　金
溶　质
溶　剂
水溶液
单　质
化合物
分子式

物质之谜

主要概念 日常生活中的物品几乎都是混合物——由两种或更多种物质混合而成的物质。

链接真实世界 如果你喜欢玩拼图,你可能喜欢有大量——甚至成百上千块碎片的拼图,每一小块拼图碎片上有关整张图片的信息都很少。你有过不看盒子上整张图片就完成拼图的经历吗?

物质的图片

一旦你开始学习化学,就意味着你开始拼一幅极富挑战性的拼图——物质之谜。物质的任何部分就好比是一块块拼图碎片,你的谜箱就是整个宇宙,而谜箱中有着无数的各种各样的物质碎片。你的任务就像拼图一样,是要将各种各样的物质碎片联系起来。

组成和性质 **化学(chemistry)**是一门探究物质的性质、结构并给予解释的科学。**物质(matter)**是具有质量和体积的一类东西,它们就在你身边,例如,电话机中的金属和塑料、一瓶苏打水所包含的水和玻璃、制成书的纸张和油墨、你每时每刻都在呼吸的空气以及组成你身体的所有材料。**质量(mass)**是指物体所含物质多少的一个物理量。哪些东西不属于物质呢?一般来说,电灯泡发出的光和热,人们的思想、观点,无线电波,磁场等都不属于物质。图1.1对两种质量不同的物质进行了比较。本书附录B化学技术手册中,给出了化学中使用的度量物质物理量的国际单位制(即SI制)。

■ **图1.1** 质量是度量物体所含物质多少的一个物理量。

这罐苏打水的质量为0.34 kg。千克(kg)是质量的SI制单位。

这辆校车的质量约有14 000 kg,即约14 t。

根据物质的结构可以推测物质的组成(即物质是由什么构成的),也可以由结构了解物质是如何构成的。物质的**性质(property)**是指物质表现出的特征或行为,包括物质可能发生的一些变化。**图 1.2** 所示的是通过物质的组成和性质对几种不同的物质进行的比较。

图 1.2

物质的组成和性质

物质的组成——组成物质的元素和这些元素的排列方式都会影响它的性质。

食盐和水的组成不同,因此,它们的性质也不同。食盐是由钠和氯两种元素组成的,而水是由氢和氧两种元素组成的。你肯定不会用盐来洗头发,也不会向爆米花里浇水。

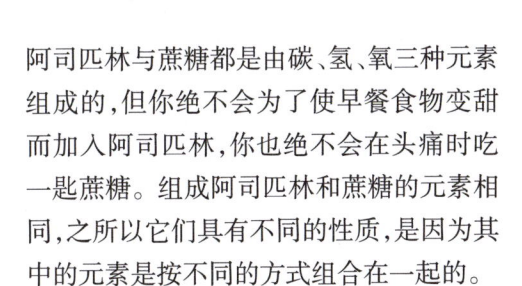

阿司匹林与蔗糖都是由碳、氢、氧三种元素组成的,但你绝不会为了使早餐食物变甜而加入阿司匹林,你也绝不会在头痛时吃一匙蔗糖。组成阿司匹林和蔗糖的元素相同,之所以它们具有不同的性质,是因为其中的元素是按不同的方式组合在一起的。

阿斯巴甜(一种约比蔗糖甜 200 倍的甜味剂)和糖精是组成不同但味道相同的两种物质。糖精是由碳、氢、氮、氧、钠和硫元素组成的,而阿斯巴甜是由碳、氢、氮和氧组成的,不含钠和硫元素。可以推测,这两种物质中的各种元素应当是以某种相似的方式组合的,因为只有这样,两种不同的物质才有可能具有相似的味道。

铁的硬度相对较大，但你可将它锻扁、拉长。

高温时，铁会变成液体。

铁能被磁铁吸引。

铁能导电。

■ **图1.3** 铁的很多性质，人们可以很方便地观察到。

只要通过测试或进行某些操作，就可以了解物质的许多性质。如：它是什么颜色的？它是不是固体？它是硬的还是软的？它会燃烧吗？它能溶于水吗？当它与其他物质混合时，会发生什么现象？等等。通过测试和进行某些操作，你就可以了解物质的上述所有性质，如**图1.3**所示。

虽然运用观察或某些简单的测试，你就能了解有关物质的许多信息，但是，仅仅通过肉眼是不能知道物质是由什么组成的，不管这种物质是蔗糖还是取自火星表面的岩石。要想真正了解物质是由什么组成的以及如何组成，必须进行科学的测量，或观察其发生的化学变化。**图1.4**展示了通过一些简单的实验以了解蔗糖是由碳、氢、氧组成的过程。当然，大部分物质是无法通过这样简单的实验就可了解其组成的。

■ **图1.4** 在蔗糖中加入浓硫酸时，就发生了一系列有趣的化学反应。**观察** 哪些现象表明物质发生了化学变化？

蔗糖分解，产生了水（水由氢和氧组成）。

水以水蒸气的形式挥发。

最终剩下了黑炭。

■ **图 1.5** 当你眺望一座大楼时,你看到的只是它的大小与形状,这些都是大楼内部结构的外在表现,而这个结构隐藏在大楼的内部骨架中。

物质的宏观层面 对物质的组成和性质的观察,是从宏观的角度来说的。如果物质足够大,肉眼可以看到,我们就说是宏观的。在化学中,我们所做的所有观察——实际上人类所有的这类活动,都是从宏观的层面开始的。所谓宏观的世界(认识),就是指你可以触摸、感觉、闻得到、尝得出以及看得见的。如**图 1.3**所示的铁的性质,就是人们对物质的宏观认识。但是,如果你想描述与理解铁的结构,那么,你需要不同的"观看"方法——一种能让你了解你无法看见的东西的方法。**图 1.5**就类似于宏观认识。你无法看到大楼内部的钢管、通风管是如何组合的,也无法看到里面的管道系统、电线线路以及通风管道是如何布置的。

类似地,物质的外观与性质,就是物质内部结构的外在表现。虽然有时候,我们通过宏观的观察可以了解结构的部分信息,但是,我们必须进入亚微观的(submicroscopic)层面,才能弄清楚隐藏的结构以及结构是如何影响其性质的。

物质的亚微观层面 在亚微观层面上,我们探究的是原子的世界。原子是如此之小,以至于即使用最先进的显微镜也无法看到它。因此,我们称之为亚微观。在以前的科学课程中,你已了解了物质是由原子构成的。与宏观世界相比,原子有多小呢?假如本书中的句号是由碳原子构成的,那么,这个句号中就包含了至少 100 000 000 000 000 000 000 个碳原子!如果每秒数 3 个,要数清这些原子,你需要花 1 万亿年!幸好,在化学中,我们只要了解原子,而不必去数原子。

■ **图1.6** 借助扫描隧道显微镜,我们可以了解亚微观世界的一些情况。但是,目前这种仪器还无法提供原子的真实图像,至少还无法提供我们在宏观世界中所看到的那种图像。

STM的探针可以根据原子的位置上下移动,计算机再将探针的运动转化为一幅看上去凹凸不平的图像。

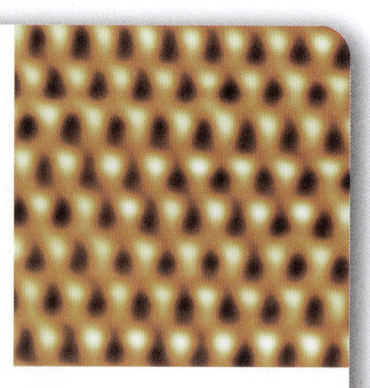

这幅STM图中每个亮点代表一个银原子。

■ **图1.7** 在亚微观结构中,阿司匹林(下左图)和蔗糖(下右图)的原子排列不同,使得两者具有不同的性质。请注意,不必在意你现在还无法理解这两个结构的全部意义。你只要明白,图中的每个球代表一个原子,而两个原子之间的短棒代表连接两个原子的化学键即可。

确定 *每个阿司匹林和蔗糖分子中的H、C、O原子各有多少个?*

虽然我们无法看到单个的原子,但是,近年来发展起来的扫描隧道显微镜(STM)已能在电脑屏幕上显示出单个原子的位置图像,如**图1.6**所示。借助STM技术,科学家已经能够在物体表面上移动原子。

化学中模型的使用

在学习化学的过程中,我们既要从宏观层面上观察,又要从亚微观层面上分析。例如,蔗糖和阿司匹林都是由碳、氢和氧原子构成的,但两者有不同的性质与功能。这些差异必然是由于其原子在微观上的不同排列造成的。如**图1.7**所示的就是能够揭示这种不同排列的模型。

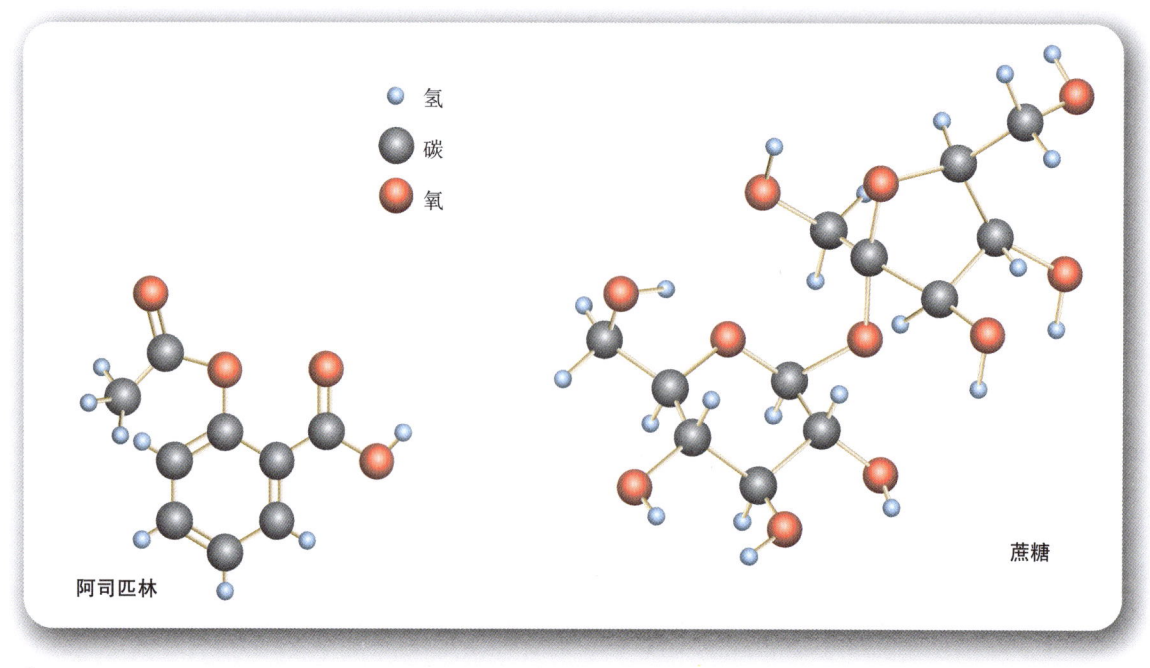

氢
碳
氧

阿司匹林

蔗糖

8

不同类型的模型 图1.7所示的是原子的排列模型。这种模型是化学研究中的一种重要工具,借助它,你可以研究你看不到的世界。从某种意义上说,模型是一种可以让你看到并进行某些操作的工具。在生活中,你已经碰到过许多模型,如汽车模型、飞机模型,或许你还见过建筑师设计的建筑模型。如图1.8所示,模型在许多场合是非常重要的一种工具。人们使用模型,对模型进行测试,根据新的实验结果对模型进行修改等。对于物质的亚微观模型而言,它必须能用来解释物质的宏观表现,并能用来预测物质可能会表现出哪些性质。

科学家使用许多类型的模型来表示难以直接观察的东西。化学家也使用各种不同类型的模型来表示物质。图1.8所示的阿司匹林模型,只是科学模型的一个实例。**科学模型**(scientific model)是一种思想工具,它可以帮助人们理解并解释我们看到的宏观表现。科学模型建立在调查和实验之上。人们常通过收集大量的实验数据创造视觉、语言或者数学模型。大约在2 500年前的古希腊,人们就提出了一种以原子为基础的物质模型。但是,这种模型不是一种科学模型,因为它从来没有得到过科学实验的证明。直到18世纪,物质的科学模型才被证实。因为这种模型是在实验的基础上提出并得到了实验的证实,所以此后的200年中,这种模型只经过了几次小的修改,基本上可以用来预测在此期间所观察到的所有现象。

■ **图1.8** 不论是设计一架新的喷气式飞机,还是研究阿司匹林的组成,模型都能够帮助你观察并理解它们的结构。化学家通过电脑建构模型开发治疗疾病的新药,类似于下图中的阿司匹林模型。
对比与比对 图1.7和图1.8所示的都是阿司匹林的模型,两者有什么异同?

在制造飞机前制作出其模型并进行研究。

这是表现阿司匹林结构的另一种模型,能够呈现出更多有关原子排列方面的信息。

化学实验 1

观察蜡烛的燃烧

背景

点生日蛋糕上的蜡烛时,我们都看到了蜡烛的燃烧。但是,你也许从来没有从化学的视角来观察过。19世纪,化学家法拉第从化学的视角观察蜡烛的燃烧,得到了许多发现,还写了一本书,详细介绍了他的发现。在本实验中,我们也要从化学的角度来探究蜡烛的燃烧以及燃烧的产物。

问题

蜡烛燃烧时需要什么以及火焰有什么特征?蜡烛燃烧的产物又是什么?

目标

- **观察**蜡烛的火焰,并完成几个测试。
- **解释**观察的结果和实验的结果。

实验准备

实验器材

- 较大的蜡烛
- 火柴
- 浅的金属盘
- 25 mL 石灰水
- 250 mL 烧杯
- 500 mL 锥形瓶
- 锥形瓶(含橡胶塞)
- 方形石棉网
- 金属钳

安全警示

所有的易燃物,包括衣服,都应该远离蜡烛或火柴的火焰。不能让石灰水进入你的眼睛,如果石灰水不慎进入了你的眼睛,应当立即用大量水冲洗15分钟,并报告老师。

实验步骤

1. 阅读并完成实验安全表格。
2. 点燃蜡烛,先在金属盘子的中央滴两滴蜡烛油,然后将蜡烛紧压在蜡烛油上固定。实验过程中,当蜡烛烧得太短时,按同样的方法换一根蜡烛。
3. 观察蜡烛燃烧的火焰几分钟。注意观察燃烧的是什么,在什么部位燃烧,火焰的不同部位有什么不同。至少观察8次,并在下页的表格中记录观察结果。
4. 点燃第二支蜡烛,并使其火焰离第一支蜡烛2~4 cm。轻轻地扇动第一支蜡烛的火焰,然后快速地扇动第二支蜡烛的火焰,使其火焰进入第一支蜡烛的火焰中。将观察结果记录在表格中。
5. 再点燃已树立的蜡烛,用金属钳夹住放有锥形瓶的石棉网,垂直地靠近蜡烛,慢慢降低到接近火焰。如果火焰熄灭,那么尽快将石棉网移到一边。记录观察结果。
6. 在250 mL烧杯中加一些自来水,擦去杯外壁的水珠,再将烧杯放在火焰上方3~5 cm处。记录观察结果。
7. 在盘子中加入约1 cm深的自来水。
8. 快速地将锥形瓶从上面移向蜡烛,使瓶口浸入水面以下,并保持约1分钟。记录观察结果。

9. 从水中提出锥形瓶,翻转瓶身,使瓶口朝上。再在锥形瓶中加入约 25 mL 石灰水。在锥形瓶上塞上塞子后,旋转振荡约 1 分钟。如果溶液变浑浊,说明生成了碳酸钙,也说明锥形瓶里有二氧化碳。

分析与讨论

1. **描述** 所发生的不同类型的变化。
2. **推断** 第 4 步的实验结果证明,燃烧的是固体的蜡,还是液体、气体的蜡?说明原因。
3. **解释** 燃烧的一个条件是有蜡的存在。根据第 5~8 步的操作结果,你认为燃烧时还需要什么物质?
4. **解释** 根据你对步骤 6~9 的实验结果的分析,燃烧时生成了哪两种物质?

应用与评估

解释 戴维爵士为矿工发明了一种安全的照明灯,这种灯其实是在一个网状的圆筒里放了一支蜡烛。请你解释这种灯为什么要设计成这样的结构。

进一步探究
在步骤 8 中,水面上发生了什么变化?对这种变化提出一种假设。

实验数据与现象观察

步骤	观察结果
3	
4	
5	
6	
8	
9	

11

化学工作者

约翰·斯莱顿博士
法医科学工作者

威廉·布莱克所写的诗中有这样一句话:"一沙一世界,一花一天地。"这句话正是约翰·斯莱顿博士工作特点的真实写照。请阅读这篇访谈录来认识斯莱顿博士。他将与我们分享他在搜集物证方面的一些体验。

关于工作

Q 斯莱顿博士,请问您在实验室里做哪些实验?就是法医分析专业的一些实验吗?

A 我们分析取自犯罪现场的一些实物证据,如头发、纤维、体液、弹头、油漆、泥土、玻璃、鞋印、指纹、药物以及植物材料等。所有这些实物,都能揭示出作案现场罪犯的一些信息。不过,这还只是事情的一半,即它说明的是"做了什么",而另一半就是"如何做的"。

Q 能否跟我们具体讲讲您所做的分析性实验?

A 指纹验证是确定嫌疑人是否在现场的传统方法。我们运用化学知识对这一技术做了改进:采用茚三酮将指纹印在纸上,同时,氰基丙烯酸盐黏合剂这种超级黏合剂也派上了用场。关于弄清"如何做的"这一问题,我可以举一个例子。犯罪嫌疑人声称,他开枪射击是属于面临危险而不得不采取的正当防卫。这时,我们可以寻找死者衣服上的火药粉。如果有,那么可证明嫌疑人的陈述是真实的;反之,如果死者衣服上没有火药粉,那么其陈述是不可信的。

Q 那么,是不是可以说,罪犯肯定会在现场留下痕迹?

A 是的。一般来说,大部分的这类证据都非常隐蔽,以至于侦察员们很容易忽视。如,一些花粉、沙子或细小的硅藻,这些都可能成为还原犯罪现场的证据。

Q 您做过寻找失踪人员的工作吗?

A 几年前,一位年轻妇女失踪了。人们在附近的高速公路上找到了她的一只鞋,鞋里还发现有极少量的纤维。我检查了失踪者放袜子的抽屉,发现了含有同样纤维的袜子。这一线索为我们指明了她失踪的方向,我们最终在那个方向找到了她。

早期影响

Q 您是怎样进入这个领域的？

A 我在七、八年级的时候，经常去附近的公共图书馆。在那里，我被一本名为《罪犯调查》的书迷住了，这是当时最著名的法医学家保罗·柯克(Paul Kirk)写的。从那时起，我就知道我将来想做什么了。但我不知道的是，后来我会进入保罗·柯克任教的大学学习，并在他退休后接替了他在学院的职位。

Q 您小时候喜欢破解密码和猜谜吗？

A 不。我小时候生活在山区，那时乡村的一切都很简单。我想做的只是丰富自己的知识，我通过阅读实现了这个目的。

个人观点

Q 您认为您的工作有趣吗？

A 法医学实际上是一门研究世界是如何联系的学问。我的工作涉及化学、物理学、植物学以及地理学，范围非常广，所以我的工作总是充满了乐趣，不可能枯燥乏味。

Q 您是如何处理来自作案现场的问题的？

A 无论是哪种作案现场，你都必须搜集物证，以弄清案发时的情况。这有些像透过地毯的背面研究正面的花纹：你会猜测这里可能有一只独角兽，那里可能有一棵树，中间可能还有一道篱笆。一切都是模糊的。在这些时候，我总是坐下来静静地想一会。我会思考"假如……会怎么样"这样的问题——假如现场发生这样的事，则下一步又会发生什么呢？我会设想出所有的可能，再设法找出科学的答案。

Q 您认为这份工作哪方面最吸引您？

A 我认为是经过我们的努力，可以为法官提供足够的与案件有关的物证，从而使判决更为公正。

职业 链接

其他与法医学有关的工作有：
物证鉴定实验室技术员（搜集和分析物证）：取得物证鉴定相关的学士学位证书。
指纹分析师（对指纹进行分类及核对）：高中毕业，在公安院校学习过。
私人调查员（搜集与犯罪相关的证据）：高中毕业，并经过检测技能培训。

物质分类

物质的范围非常广泛。从田里的稻谷到宇宙中的繁星,从小小的水滴到巨大峡谷中的岩石,从小孩们爱吃的薯片到电脑的芯片……物质就在我们的四周,它们都像是拼图的一小部分。所有的物质都是以某种方式结合而成的。不过,物质的种类、形状实在是太多了。那么,我们又该如何去认识、破解物质之谜呢?

在研究物质的构成之前,我们先要设法将物质分门别类。就像在拼图时所做的那样,我们可以根据拼图碎片的某种共性将它们分为同一类,如都具有扁平的边角或相同的颜色。对这些拼图碎片进行分类,分类越细,就越容易察觉到它们是如何组成整幅图片的。

根据组成的分类 最有效的分类方法是根据物质的组成来分类,这也是一种用途非常广泛的分类法。每当我们准备研究一种未知的物质时,我们首先会问:"它是由什么组成的?"例如,蔗糖是由碳、氢、氧元素组成的。这样的说法,科学家称为**定性(qualitative)**描述。所谓定性,就是指观察时不必进行测量。

经过定性分析之后,下一个问题就是了解物质中每种元素的数量分别是多少。对蔗糖而言,上述问题的回答就是:每 100 g 蔗糖中,有 42.1 g 碳、51.4 g 氧和 6.5 g 氢。这称为物质的**定量(quantitative)**描述。要获得定量的描述,必须在实验观察的同时进行有关的测量。在日常生活中,如果我们需要回答诸如"今天温度多高""需要经过多少距离""你有多重"等问题,都必须进行测量。**图1.9**所示的身高测量就是一种定量测量。

是纯净物还是混合物 根据组成对物质分类时,还需要依据物质的纯度。根据纯度,物质可以分为两类。对任一物质而言,其要么是纯净物——仅仅由一种物质组成,要么是混合物——由多于一种物质组成。那么,对于一大块未知物质,我们如何判断它是不是纯净物呢?

■ **图1.9** 医生在给人体检时,总是要做一些测量,如称体重、量身高等。用所测的这些数据与她以前的数据进行比较,就可以了解所发生的变化。

■ 图 1.10 商家常常在商品名前冠以"纯"字，如纯苹果汁、纯植物油等。但从化学的角度来看，它们都不是纯净物，而是由很多不同物质混合而成的混合物。

纯净物 如图 1.10 所示，纯净一词，我们常常用于描述同一种物质。化学家所认为的纯净物，就是指待测试的样品中的每一个部分都属于同一种物质。**纯净物(substance)** 具有固定的组成和性质，它既可以是单质，也可以是化合物。

如果你从超市买来的袋装蔗糖中只含有一种物质，那么，它就是纯净的蔗糖。换句话说，这袋蔗糖的任一部分与同品种其他袋子所装的都是具有相同组成与性质的同一种物质。现在让我们来考虑一袋高纯度的干燥的白沙。白沙(纯净的沙)是一种名为二氧化硅的物质的统称。它是白色的，属于像糖那样的晶体；如果对其组成进行测试，就可发现每颗二氧化硅粒子都具有固定的组成(每个粒子中含氧53.2%，含硅46.8%)。因此，蔗糖与白沙都可称为纯净物，但两者具有不同的组成与相异的性质。

混合物 假如将纯净的白沙和纯净的蔗糖混合起来，你根本看不出其中会发生什么变化。但是，如果你像图 1.11 所示的那样将这种混合物放入茶水中，情况就不一样了。你会发现，茶水仍是甜的，但喝水时会夹有沙子。换句话说，这时的混合物不同了，其性质也不太一样了。某些部分尝起来有点甜，而另外部分则淡而无味且伴有沙子。这种混合物的组成也是不固定的，它取决于你在水中各加了多少沙子、糖和茶叶。

■ 图 1.11 纯净的蔗糖的性质与蔗糖和沙子混合而成的混合物的性质不同。这种混合物中的每一种成分都保持了原有组分的性质。蔗糖溶于水，使水有了甜味。而沙子不溶于水，它沉积在杯子的底部。

15

日常生活中,我们见到的物质大部分属于混合物。**混合物(mixture)** 都是由两种或两种以上物质组成的,其中的各个成分在混合后仍然保持原来的性质。如在糖和沙的混合物中,沙不会影响糖的性质,糖同样也不会影响沙的性质。它们只是彼此接触,而不会相互作用。**图**1.12 展示了一些混合物的实例。

图1.12

混合物

混合物与纯净物不同,它没有固定的组成。比如,两份不同的海水可能含有不同量的食盐。

沙子、碎石子、矿物质、无机盐以及动植物的残骸,组成了成分复杂的混合物,这就是土壤。

这幅海景照片中有两种混合物:一是海水,它是由水、各种盐以及其他溶解在水中的物质组成的混合物;二是空气,其中含有氮气、氧气、二氧化碳及水蒸气。

血液也是一种复杂的混合物,其中含有水、蛋白质、葡萄糖、脂肪、氨基酸以及二氧化碳等多种成分。

焊条是由锡和铅组成的合金,工人常用它来焊接金属。

生活中的化学

你就是你所吃的东西做成的

上午过去一半时,你感到肚子有些饿,就吃了一块苹果酸味的糖。这一下,你就消费了四种化学物质:一种是果糖,它带给你甜味及能量;另一种是柠檬酸,它有酸味;第三种是丁酸甲酯,它有苹果香味;最后一种是食用红色素,它是用来把糖果染成红色的。化学物质是物质的另一种说法。实际上,无论你吃食物还是喝饮料,你消费的都是化学物质,它们供给你能量,使身体生长。

人体中有哪些化学物质 组成人体的元素及每种元素所占的比例如图1.13所示。科学研究发现,人体中的元素并不是游离态的,而是以化合物的形式存在。例如,氢和氧就以水的形式存在,人体的50%~65%是水。生命体中几乎所有重要的分子,比如DNA、蛋白质和碳水化合物,碳都是其中含量最高的元素。因此会说人体主要是由氧、碳、氢组成的。

你的身体实际上是一家复杂的化工厂。它时刻监视体内的每一种物质,看看量是否合适;它分解吃进的食物,并用分解产生的物质合成新的物质,满足人体生长、发育的需要;它还分解另一些物质以获得人体所需的能量。

■ 图1.14 早餐的食物是由许多不同的化合物组成的混合物。

食物的化学 每天,你总是从吃早餐开始的。早餐可能是鸡蛋、橙汁、面条,也可能是如图1.14所示的水果、面包和牛奶。所有这些食物,都是含有多种成分的混合物。如果你想让食物甜一些,就会加一些糖,这时,你是在一种混合物中加入了单一的化合物——蔗糖,而混合物中则含有水、咖啡因、丹宁和儿茶素等多酚类物质、可可碱、茶碱、氨基酸以及其他物质。

如果你吃煎蛋,你摄入的就是一种成分复杂的混合物,其中含有水、卵清蛋白、卵球蛋白、卵类黏蛋白、球蛋白、氨基酸、卵黄脂磷蛋白、胆固醇、卵磷脂、油脂、脂肪酸、丁酸、乙酸、叶黄素、玉米黄质、维生素A以及撒入的氯化钠(食盐)。你是不是有点流口水了呢?

进一步探索

1. **分析** 烧焦的食物呈现什么颜色?什么元素通常呈现出这种颜色?你认为大多数食物中共有的是哪种元素?
2. **解释** 请找出有机物与无机物的不同之处。人体中哪种成分占绝大部分?为什么说其他的元素对生命来说也非常重要?

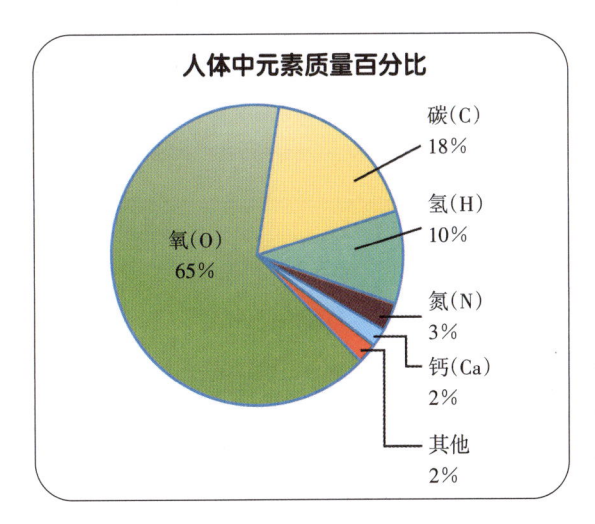

人体中元素质量百分比

- 氧(O) 65%
- 碳(C) 18%
- 氢(H) 10%
- 氮(N) 3%
- 钙(Ca) 2%
- 其他 2%

■ 图1.13 人体是由不同元素组成的。

化学实验 2

小规模

厨房里的化学物质

背景

具体的物质具有特定的物理与化学性质，这些性质就好像是该物质的"指纹"，因此，可以利用这些性质来鉴别物质。在本实验中，我们要用3种液体鉴别4种未知的固体。这些未知的固体实际上都是厨房用品。通过实验获取有关信息，以此来推断由2种或3种固体组成的混合物的成分。

问题

如何通过比较未知物质的性质来鉴别物质？

目标

- **观察** 3种试剂与4种厨房用品混合时发生的物理与化学变化。
- **比较与解释** 5组由2种或3种固体组成的混合物与试剂反应的情况。
- **推断** 通过比较未知混合物与试剂的反应，推测未知物的组成。

实验准备

实验器材

- 96孔板
- 移液管（3支）
- 试管（9支）
- 胶带
- 药匙
- 记号笔

安全警示

即使你熟悉某种物质的性质，也不要去触摸该物质，更不能品尝该物质。

实验步骤

1. 阅读并完成实验安全表格。
2. 给4支试管分别贴上A、B、C和D标签，另取5支试管从1编号到5。
3. 老师将提供贴有标签的未知样品（皆为厨房用品），请分别从中取出1 g，加入到贴有字母标签的试管中。
4. 在标数字的试管中，分别加入老师提供给你的贴有数字标签的样品各1 g。这些样品是未知的混合物。注意，在加完一种样品后，须清洗一下药匙并擦干，才能取另一种样品，以免污染样品。
5. 在96孔板的最上面用罗马数字Ⅰ、Ⅱ、Ⅲ标记前三列，左边则依次在每一行标记A、B、C、D及1、2、3、4、5，如下图所示。

6. 将96孔板放在一张白纸上面。
7. 在每一行的3个孔穴中分别加入少量对应字母或数字标签的物质。

8. 观察这9种材料的质地、颜色,并在如下所示的数据表中记录观察结果。
9. 给3支移液管分别标记Ⅰ、Ⅱ、Ⅲ。老师将提供贴有标签的试剂,请用移液管从贴有相应标签的容器中分别吸取溶液。
10. 在96孔板第一列的每个孔穴中各滴3滴移液管里的试剂。
11. 观察发生的变化,并将结果记录在表格中。
12. 分别用试剂Ⅱ和Ⅲ重复步骤10和11。

分析与讨论

1. **数据分析** 哪些性质与反应可以用来鉴别这4种厨房用品?
2. **得出结论** 你能准确地鉴别出5种混合物中的各个成分吗?
3. **推断** 如果你无法鉴别出混合物中的各个成分,那么它们都有哪些相似的性质?说明你的理由。

应用与评估

1. **推断** 本实验的4种固体中,有2种物质常用于烘烤食物,它们分别是发酵粉和小苏打。这2种物质的哪些性质使得它们适合于烘烤食物?还有什么物质也具有类似性质?
2. **解释** 发酵粉是由2种或2种以上的物质混合而成的,它能与水或含有水的物质反应。小苏打则是一种能和酸性溶液反应的单一物质,但和水不反应。那么,哪种物质才是发酵粉?试说明理由。

> **进一步探究**
> 还有一种固体属于有机物,这种物质你应该在生物学课程中学习过。当与碘接触时,这种有机物会呈现特有的蓝色。这种固体是什么?它具有什么样的特征?设计一个实验来检测其他食物中是否含有这种化合物。

实验数据与现象观察

固体	颜色	质地	与试剂Ⅰ的反应	与试剂Ⅱ的反应	与试剂Ⅲ的反应
A					
B					
C					
D					
1					
2					
3					
4					
5					

将混合物分离成纯净物　混合物的特点是可以运用物理方法将其组分分离出来。这里所说的物理方法，就是指分离过程中不会改变成分的化学特性。那么，究竟怎样才能从沙—糖混合物中分离出纯净的沙和纯净的糖呢？最直接的想法是在显微镜的帮助下，用镊子把沙子一粒粒拣出来。你肯定会问，是否有更简便的方法？

通过物理变化分离混合物，通常是较为简便的方法。所谓**物理变化（physical change）**，就是在变化过程中不会影响物质内部成分的化学性质的变化。例如：沸腾、凝固、熔解、蒸发、溶解和结晶等。运用物理方法将混合物分离成各个组分的关键是，充分利用每种物质的物理性质的差异。所谓**物理性质（physical property）**，就是在发生不改变成分化学性质的变化过程中所表现出来的特征。物质的物理性质包括：溶解性、熔点、沸点、颜色、密度、导电性、物理状态（气态、液态和固态）。

现在就让我们一起来阅读**图1.15**，看看如何根据糖和沙这两种不同物质所具有的不同物理性质，分离糖和沙组成的混合物。沙—糖混合物之所以能够被分离开，原因在于它们在水中的溶解性不同。**图1.15**中的前两个步骤是将不溶于水的沙从混合物中分离。为了将溶解的糖从混合物中分离，还需要把水蒸去。**图1.15**的第四步中，烧杯里只留下了糖。

■ **图 1.15**　由于糖和沙具有不同的物理性质，因此，可以利用物理方法分离由两者组成的混合物。

第一步　将混合物放入水中并搅拌，糖溶于水，沙因不溶解而沉淀。

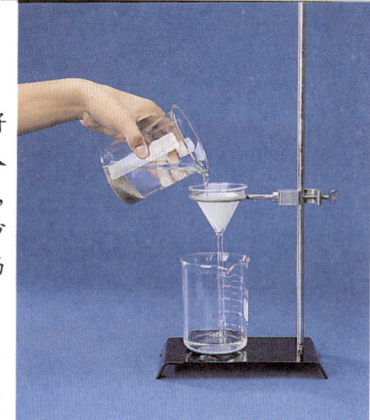

第二步　将沙—糖及水的混合物进行过滤，糖水溶液通过过滤器进入烧杯，而沙子则留在了过滤器中。

第三步　加热糖水，蒸去其中的水分。

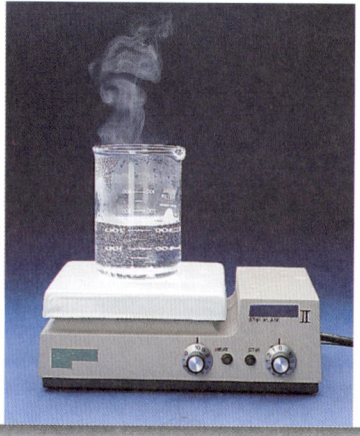

第四步　当所有的水被蒸发后，烧杯中便留下了纯净的糖。

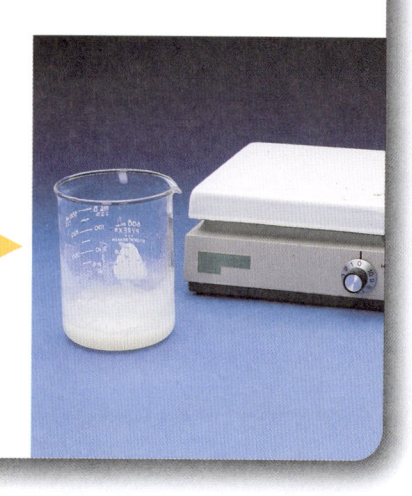

迷你实验 1

观察混合的现象

50 mL＋50 mL＝? 观察一些混合物,比如水和酒精的混合物,能够从中得知一些有关物质结构的线索。

实验步骤

1. 阅读并完成实验安全表格。
2. 取 1 只 100 mL 量筒,在 50.0 mL 处作好标记,然后加入已掺入食用色素的水,在液面接近标记处时,改用滴管滴加,以便更精确地调整液体体积至 50.0 mL。再在量筒里放一支温度计,读取温度计的示数。
3. 在不会将水溅出的前提下,将烧杯和量筒尽可能倾斜地口对口靠在一起,然后慢慢地向量筒中倒入酒精。注意倾倒的速度要尽可能慢,以免水与酒精混合。
4. 最后改用滴管加酒精,使液面正好对准 100.0 mL 刻度处。假设酒精的温度与水的温度相同。
5. 用玻璃棒尽可能快速地搅拌量筒中的混合液体,之后立即插入 1 支温度计,读取温度计的示数,并记录在笔记本上。
6. 取出温度计和玻璃棒,并让管壁上的液滴全部流回量筒。读取此时液面所对应的刻度,精确到 0.1 mL。

分析与讨论

1. **推断** 当两种液体混合后,液体是放出了热量还是吸收了热量?你是如何知道的?
2. **描述** 当两种液体混合后,混合物的体积有什么变化?提出一种假设来解释你的观察结果。

混合物的类型 有时候,当你拿到一种物质样品时,能很容易地知道它是一种混合物。这样的混合物称为非均相混合物。"非均相"(heterogeneous)就是指不同质的。一种非均相混合物中总含有多种成分,能看到多少种则取决于你的观察方法。在这种混合物中,各种成分独立地存在于某个区域,这个区域称为相。换句话说,你能够亲眼看见混合物中的不同物质。回想一下沙子和水组成的混合物,那就是一种非均相混合物。图1.16 所示的花岗岩也是一种常见的非均相混合物。

词源

Heterogeneous
非均相
hetero(希腊语):不同的,其他的
genea(希腊语):来源,源头

■ **图1.16** 如果你仔细观察花岗岩,可以看到不同颜色的区块,这些区块就是由不同物质的晶体构成的。

我们之所以能够用如**图1.15**所示的方法分离沙—糖混合物,原因在于我们利用了两者在物理性质方面的差异,即糖能溶于水,而沙不能。但是,如果我们将糖溶于水,就会得到一种处处均匀的混合物。换句话说,在这种混合物中,你找不到混合前的两种物质的痕迹,你所看到的只是两种物质混合后的东西。即使用最先进的显微镜,你也无法像分离沙和糖时那样,一点点捡出纯净的糖或水。我们把这样的混合物称为均相(homogeneous)混合物。这里的"均相"就是指"相同的"。

迷你实验 2

墨水的纸上层析

你能够将墨水中的颜料分离开来吗 各种记号笔中的墨水,都是由几种物质组成的混合物。在这个实验中,我们将运用一种称为纸上层析的方法分析几种墨水的成分。

实验步骤

1. 阅读并完成实验安全表格。
2. 找1个至少6 cm高的塑料杯。再找一张滤纸,将它剪成2.5 cm宽、比塑料杯高2.5 cm的纸条。
3. 把纸条放入杯中,使纸条的底端刚好碰到杯底。
4. 将铅笔从杯口处穿过纸条,使得铅笔放在杯口时,悬挂的纸条的底端恰好碰到杯底。
5. 按同样的方法再做几张纸条,每一张纸条用于测试一种墨水。
6. 在离纸条一端边缘约2 cm处,用待测试的记号笔画一条细细的水平线。如果可能的话,所选的墨水笔中至少要有黑色的和棕色的两种。
7. 在杯子中加1 cm深的水,再将画好线的纸条悬挂在杯子中。注意所画的线必须高出杯中的水面。
8. 用一张干净的塑料薄膜轻轻地包住杯口,以免水分蒸发。当水往上移动时,注意观察所画的墨水线的运动情况,并记录结果。
9. 当水线快到达铅笔所在的位置时,将纸条从杯中取出,放在纸上晾干。
10. 按同样的方法测试另一种记号笔的墨水,观察并记录实验结果。

分析与讨论

1. **测试** 液体沿着某些材料中的细孔迁移的现象,称为毛细现象。在这个实验中,你观察到的哪些事实可以证明存在毛细现象?
2. **分析** 你的实验是否证明了所有墨水都是由多于一种的成分组成的?
3. **辨别** 哪种记号笔的墨水所含的成分最多?

表1.1　常见合金的成分

合金名称	组成	用途
不锈钢	73%～79%的铁 14%～18%的铬 7%～9%的镍	厨房用具、刀具及其他必须防腐蚀的场合
青铜	70%～95%的铜 1%～25%的锌 1%～18%的锡	雕塑、铸件
黄铜	50%～80%的铜 20%～50%的锌	金属涂层、装饰品
标准银	92.5%的银 7.5%的铜	金属饰品、餐具
14K金	58%的金 14%～28%的银 14%～28%的铜	金饰品
18K白金	75%的金 12.5%的银 12.5%的铜	金饰品
焊锡（电子）	63%的锡 37%的铅	电子焊接

均相混合物中，物质是彼此完全混合的，其中的成分处处相同。所以，它通常称为**溶液（solution）**。从表面上看，溶液就像是一种单一的物质，但实际上其组成是可以变化的。例如，我们可以多加一些糖使水变得甜一些，也可以少加一些糖使水不那么甜。

当你听到溶液一词时，你可能会想，这是水里溶解了某些物质形成的。不过，并不是所有的液态溶液都含有水。比如，汽油也是一种液态溶液，其中含有好几种物质，但没有水。还有气态溶液，如空气。它是由几种气体组成的均相的气态溶液。甚至还有固态的溶液。**合金（alloy）**就是由几种金属或者金属和非金属组成的固体溶液。例如，钢实际上就是由金属铁和一定量的碳、铬、锰、镍、钼组成的固体溶液的统称。**表1.1**显示了常见的一些合金及其组成。

如果把糖溶解在水里，那么，我们就称糖为**溶质（solute）**——它是溶解的物质。而溶解溶质的物质，则称为**溶剂（solvent）**。如果溶剂是水，就称这种溶液为**水溶液（aqueous solution）**。例如，苏打水、茶水、镜片润滑液以及其他的清洗液，都是水溶液。此外，生命活动中的大多数过程都是在水溶液中进行的。

词源

Homogeneous

均相

homo（希腊语）：相似的

genea（希腊语）：来源，源头

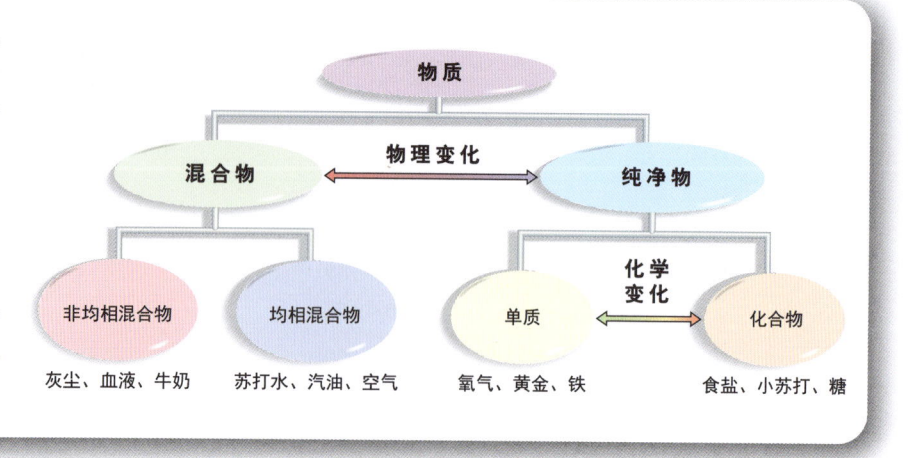

■ **图 1.17** 如图显示了物质分类的一种方式。请注意，混合物既可以是非均相的，也可以是均相的；运用物理手段，可以把混合物中的各个成分分离出来。
测试 运用这张图表，如何对"铝"和"比萨"进行分类？

物质 — 物理变化 — 混合物 / 纯净物
混合物：非均相混合物（灰尘、血液、牛奶）、均相混合物（苏打水、汽油、空气）
纯净物 — 化学变化 — 单质（氧气、黄金、铁）/ 化合物（食盐、小苏打、糖）

物质：纯净物

在现实世界中，我们碰到的大多是混合物。你在物体上挖一个洞，去超市买一些东西，从树上摘一个苹果，或者是呼吸一下空气，你挖出来的东西、买的东西、摘下的苹果以及呼吸的空气，这一切都属于混合物。但是，这些混合物的性质又是由组成它的各种成分以及它们的内部结构决定的。**图 1.17** 则是从化学的角度对物质进行的一种分类。

元素：构造物质的基石 假如你将一种未知的物品归类成纯净物，那就意味着它仅仅是由一种物质构成的。纯净物有两大类，一类可以进一步分解为更简单的物质，称为化合物；另一类则不能再分解成更简单的物质，称为**单质（element）**。单质是最简单的物质形式。**图 1.18** 展示了两种单质。

■ **图 1.18** 黄金和钻石都是单质。钻石是碳的一种存在形式。

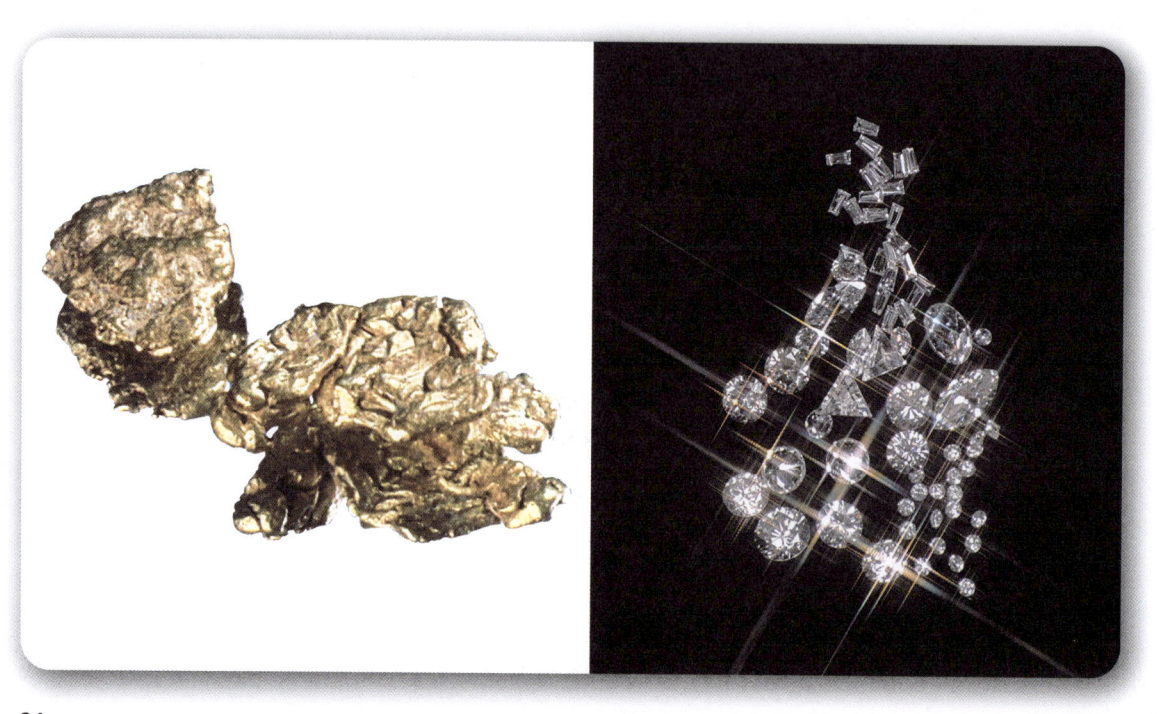

24

迷你实验 3

制造合金

硬币和锌反应会发生什么现象 过去的炼金术士试图将普通的金属变成黄金,但他们最终都没有成功。他们虽然不是化学家,但积累了大量的有关单质与化合物的知识,这对化学的早期发展起到了非常重要的作用。在这个实验中,我们要重复炼金术士所做的实验,不过不是要把铜变成金,而是要在一定的条件下,让硬币中的铜与锌反应,制造出非常有趣的铜锌合金。

实验步骤

1. 阅读并完成实验安全表格。
2. 找 1 枚 1982 年以前生产的硬币(指美元),用钢丝球或橡皮擦洗干净。
3. 在蒸发皿中放一小颗粒金属锌,再加入 20 mL 1 mol·L^{-1} 氯化锌溶液。用钳子把硬币夹到蒸发皿中,然后将蒸发皿用钳子夹到电热板上。
4. 加热蒸发皿,待溶液开始沸腾时(大约需要 2 分钟),小心地搅拌溶液,同时用钳子翻动硬币。继续加热和小心地翻动硬币,直到硬币上覆盖金属锌而出现灰色。这个过程大约需要 1 分钟。
5. 用钳子把硬币从溶液中取出,并浸入烧杯里的自来水中。待硬币冷却后,用纸巾擦干。
6. 用钳子夹住硬币,将它放在本生灯的外层火焰中灼烧,直到硬币的颜色有了明显的变化。观察并记录实验过程中的现象。
7. 在继续小火灼烧 3 秒后,立即把硬币放入另一烧杯里的冷水中。
8. 让硬币在烧杯的冷水中冷却,大约 1 分钟后,硬币冷却,将其取出,并擦干。观察并记录实验现象。

分析与讨论

1. **评价** 实验过程中,你认为有哪些证据表明你已制得了铜锌合金?请给出解释。
2. **判定** 你认为铜锌合金可能具有什么特性?
3. **推断** 假如将硬币切割成两半,并用最先进的显微镜观察切面,你认为能够观察到什么?

目前,化学家已知的物质有数千种,但组成这么多物质的元素只有 118 种。换句话说,仅仅这 118 种元素,就可以组成如此之多的物质。这就是为什么化学家会将元素称为构成物质的基石。宇宙中所有的物质都是由单质、化合物(由单质形成)或混合物(由单质和化合物构成)构成的。

这 118 种元素中,只有 92 种是自然界中存在的,其余的元素都是在高能核反应堆中人工制造的,而且制造的量非常少,只达到可检测的量。在自然界存在的 92 种元素中,又只有不到一半的元素在自然界的数量足以为人类所利用。

物质仅由几十种元素构成这一事实,为化学家破解物质之谜提供了方便。但从另一方面讲,如此之少的元素可以构成如此之多的物质,这又说明元素之间相互结合的方式是千变万化的。

文学链接

凡尔纳和他的冰山

想象你正乘坐潜艇潜行于大西洋布满冰山的海底。当进入梦乡时，突然，一声巨大的撞击声把你惊醒，几乎同时，你被摔到了潜艇的中央。你立刻意识到，潜艇撞到冰山了。这一幕，就是凡尔纳在他的科幻小说《海底两万里》中所描述的一个情景。

凡尔纳是如何解释这一事故的 在凡尔纳发表于1869年的这本书中，船长尼摩解释道："事故的起因是浮在水上的冰山侧翻了。由于暖水或撞击，冰山底部被慢慢侵蚀，导致其重心升高。当冰山侧翻时，冰山的底部便贴着船身向上滑动，这种上拱的力量让潜艇不由自主地进入了一个大的冰床，最终导致事故的发生。"

这里涉及了哪些概念 发生事故的原因与冰山的密度和重心有关。水是一种在结冰时会膨胀的物质，这是因为当水结冰时，水分子排列得更松散，空间利用率低，密度大约为0.9 g·mL^{-1}。海水的密度大约为1.025 g·mL^{-1}，围绕在淡水结成的冰山四周，因而冰山能够浮在海水上。淡水的密度大约为1.0 g·mL^{-1}，因而冰块也能浮在水面上。然而，因为冰的密度并不比淡水或盐水小多少，所以当冰块浮在水面上时，依然有很大一部分浸没在水中。

物体的重心，是该物体各部分所受重力之合力的作用点，物体的重心越高，物体越不稳定。如果冰山的底部受到了某些冲击，那么其重心就会向水面上移，最终将导致冰山侧翻。

如果冰山上不断有碎块掉下来，冰山的重心也会发生变化。当冰山受到其他物体的撞击或海浪的冲刷时，冰山上都会有碎冰掉下来。一旦冰山变得不稳定，小小的碰撞就会导致冰山侧翻。

尼摩船长懂得密度和重心的概念。当"鹦鹉螺号"潜艇撞到冰山，他和他的船员们被困于南极冰原时，这些概念帮助他制定出路线以脱离险境。当潜艇航行在海洋，尤其是漂浮着冰山的海洋时，掌握密度的概念就变得极其重要。

■ **图1.19** 因为冰山的密度小于海水，所以冰山能够浮在海水上。

化学链接

1. **获取信息** 请找出北极的冰山与南极的冰山之间的差异。
2. **应用** 如果冰山浮在淡水而不是海水上，那么其浮出水面的部分是多了还是少了？

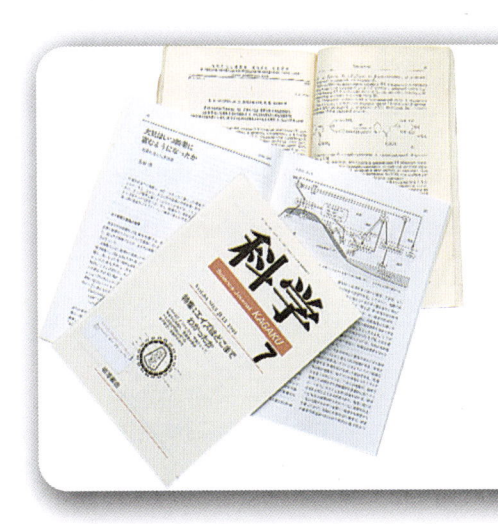

■ **图1.20** 这些化学论文,各自发表于不同的国家,但其中所用的有关元素的符号,则都是一样的。可见,化学元素符号是全世界通用的语言,各国的科学家都能够用它们来交流。

元素的组合 在你教室的墙上,也许悬挂着一张巨大的"元素周期表"。在以后的化学学习中,你会经常使用这张表。在这本书的第90~91页中,印有类似的元素周期表。在这张表中,科学家将所有的元素按照某些规律进行了排列,它可以为我们提供许许多多的信息——信息之多远远超乎你的想象。

元素周期表上的元素都用一到两个字母符号来表示。如**图1.20**所示,元素符号是元素名称的简写,在全世界范围内通用,这方便了世界各地化学家之间的交流。正如你写 USA 比写 United States of American 既方便又快捷一样,书写 Al 比写其名称 Aluminum 方便得多。你可以发现,铝的元素符号 Al 是由其英文名称 Aluminum 缩写而来。不过要注意的是,许多元素符号的名称与其英文名称并无关系,因为这些元素符号来源于它的拉丁文名称。**表1.2**列出了一些这样的符号。

表1.2	某些化学符号的历史渊源		
元素	元素符号	起源	语种
Antimony(锑)	Sb	Stibium	拉丁语
Copper(铜)	Cu	Cuprum	拉丁语
Gold(金)	Au	Aurum	拉丁语
Iron(铁)	Fe	Ferrum	拉丁语
Lead(铅)	Pb	Plumbum	拉丁语
Potassium(钾)	K	Kalium	拉丁语
Silver(银)	Ag	Argentum	拉丁语
Sodium(钠)	Na	Natrium	拉丁语
Tin(锡)	Sn	Stannum	拉丁语
Tungsten(钨)	W	Wolfram	德语

迷你实验 4

分析麦片

我的麦片里有什么 许多早餐麦片都会加入一些强化营养的添加物。在这个实验中,我们要测试普通的早餐麦片中的某种添加物。

实验步骤

1. 阅读并完成实验安全表格。
2. 在铅笔上有橡皮头的一端,系上1块强磁性的小磁铁。
3. 把1包干燥的麦片放入1个塑料袋中。
4. 用金属汤勺或其他硬物,将袋中的麦片完全研碎。
5. 把研碎的麦片倒入1只烧杯中,再加入水将麦片完全浸没。
6. 用步骤2制作的铅笔磁铁搅拌杯中的麦片,到第9分钟时,改为轻轻地慢慢搅动。
7. 从麦片中取出磁铁铅笔,仔细检查磁铁上有什么。记录下你的观察结果。

分析与讨论

1. **判定** 磁铁上吸住的是一种常见物质,它是什么?
2. **推断** 麦片中为什么要加入这种物质?

■ **图 1.21** 两种单质通过化学反应生成了一种性质完全不同的新物质。银是一种固体金属,而溴是一种有毒的深红棕色液体,两者反应后生成了溴化银,这是一种浅黄色的固体。溴化银常用于照相中的感光材料。溴化银是由 57.45% 的银和 42.55% 的溴组成的,有着一系列的物理与化学特性。

化合物 你已知道,化合物是可以分解为单质。**化合物(compound)** 的更完整的定义是:由两种或两种以上的不同元素按一定比例化合而成的纯净物。例如,如果你分别从水龙头、冰山、河流或雨点中收集水的样品,分析后总是得到相同的结论:水中含有 11.2% 的氢和 88.8% 的氧。所有的化合物都有固定的组成,正是组成的固定性,使得化合物具有一组确定的物理与化学性质。而化合物的这些性质,与组成化合物的元素的性质完全不同。图 1.21 的实验证明了这一点。

银单质是一种固态金属。

溴单质是一种有毒的深红棕色液体。

溴化银是一种由银元素和溴元素组成的化合物,也是一种常用于照相和印刷纸的浅黄色结晶粉末。

化学与社会

天然的和人工合成的化学物质

如果你仔细地看看药店里出售的维生素，可以发现有些药瓶上标有"纯天然"字样。大多数的维生素都是从植物或动物中提取的。那么，天然的维生素、药物以及其他化学物质，是否比制药厂人工合成的药物质量更好呢？这是每个人都会考虑的问题。

阿司匹林：常用的合成药　头痛时，你是喝一杯柳树皮茶还是吃两片阿司匹林呢？事实上，两种物质用于治疗的有效成分的结构是一样的，治疗头痛的效果也相同。但喝柳树皮茶有一定的副作用，如肚子痛，这是由当中的水杨酸引起的。此外，柳树皮中还含有其他的化学成分。经过数年的研究后，科学家终于在实验室中利用水杨酸和乙酸酐人工合成了阿司匹林。这种药物只含有起治疗作用的化学物质乙酰水杨酸，由于其中不含水杨酸而避免了使人肚子痛的问题。

新药物的发展　当人们在自然界中发现了一些有治疗疾病功能的物质时，人们会如何做呢？对此，科学家一般通过以下的顺序来研发对人类安全、有效的药物：

(1) 分离和提纯该物质。
(2) 确定它的组成及结构。
(3) 研究人工合成或提取该物质的方法。
(4) 寻找一种廉价的、可以大量生产的方法。
(5) 设法改变原始物质的结构与组成，以提高其疗效。

紫杉醇：一种新型的抗癌药物　科学家发现，从太平洋热带雨林的紫杉树中提取的紫杉醇，可以明显减小卵巢癌、乳腺癌和子宫癌的肿瘤大小。图1.22所示的就是这种紫杉树。临床试验证明，有30%的癌症病人，用紫杉醇治疗后取得了效果。但是，科学家又开始担心，由于人类对紫杉醇的大量需求，可能会导致热带雨林中的紫杉树遭到大量的砍伐。于是，科学家开始寻找该药物新的来源。化学家安得罗和罗纳德·斯特尔发现，长在紫杉树上的一种真菌能产生紫杉醇。另外的科学家则发现，欧洲的紫杉树树叶中也含有一种化学结构与紫杉醇类似的物质。

■ 图1.22　太平洋紫杉的树干含有抗癌物质。

在此基础上，科学家又在实验室研究紫杉醇的分子结构。1994年，科学家终于在实验室里制得了纯净的紫杉醇。看到这里，你也许会提出这样的疑问：哪一种紫杉醇疗效更好呢？天然的，还是人工合成的？事实上，无论是天然的还是人工合成的紫杉醇，其化学结构都是一样的。但是，合成的药物更具有实用价值。因为制药厂可以大量生产，价格也便宜，而且通过调整药物分子的结构，可以提高其疗效。

课题 分析

1. **获取信息**　说说为什么科学家担心紫杉醇的使用会威胁到热带雨林中的紫杉树。在有了人工合成的紫杉醇后，人们的这种担心是否依然存在？

2. **研究**　水杨酸与乙酰水杨酸的结构在哪些方面具有相似性？又有哪些结构明显不同？

3. **辩论**　纯天然的药物、经提纯后的药物以及人工合成的药物，它们各有哪些优缺点？

表1.3	常见的化合物	
化合物	分子式（化学式）	用途
醋氨酚（退热净）	$C_8H_9NO_2$	减痛药
醋酸	$C_2H_4O_2$	醋的成分
氨	NH_3	肥料，溶于水后作为家用清洁剂
抗坏血酸	$C_6H_8O_6$	维生素C
天（冬）门氨酰苯胺酸	$C_{14}H_{18}N_2O_5$	人造甜味剂
阿司匹林	$C_9H_8O_4$	镇痛药
小苏打	$NaHCO_3$	烹饪用
丁烷	C_4H_{10}	轻质燃料
咖啡因	$C_8H_{10}N_4O_2$	咖啡、茶、某些苏打水的提神成分
碳酸钙	$CaCO_3$	解酸剂
二氧化碳	CO_2	苏打水中的碳酸充气剂
乙醇	C_2H_6O	消毒剂、酒中的主要成分
乙二醇	$C_2H_6O_2$	抗冻剂
盐酸	HCl	瓷砖、金属制品污渍清洗剂
氢氧化镁	$Mg(OH)_2$	解酸剂
甲烷	CH_4	天然气的主要成分，燃料
磷酸	H_3PO_4	苏打水中的增味剂
酒石酸钾	$K_2C_4H_4O_6$	酒石酸氢钾，烹饪用
丙烷	C_3H_8	燃料
食盐	$NaCl$	调味剂
碳酸钠	Na_2CO_3	洗涤碱
氢氧化钠	$NaOH$	厕所清洗剂
蔗糖	$C_{12}H_{22}O_{11}$	甜味剂
硫酸	H_2SO_4	电池中的电解液
水	H_2O	洗涤、烹饪、清洗

目前，人们已知的化合物超过4 000万种，且仍然在不断增加。其中一些常见的化合物已经列在了**表1.3**中。人们从植物、细菌等天然的化学物质来源中发现并分离出新的化合物，同时也在实验室中进行合成，在进行了大量的试验后，用于医药、制造业等领域。

由于从自然界中获取的化学物质数量有限，化学家致力于在实验室中合成这些化合物。从在太平洋紫杉中寻找到抗癌化合物紫杉醇，到在实验室中合成紫杉醇，就是大自然为化合物合成提供启示的一个例子。一旦紫杉醇在实验室中被合成出来，化学工程师就会设法在工厂中进行大规模的生产。

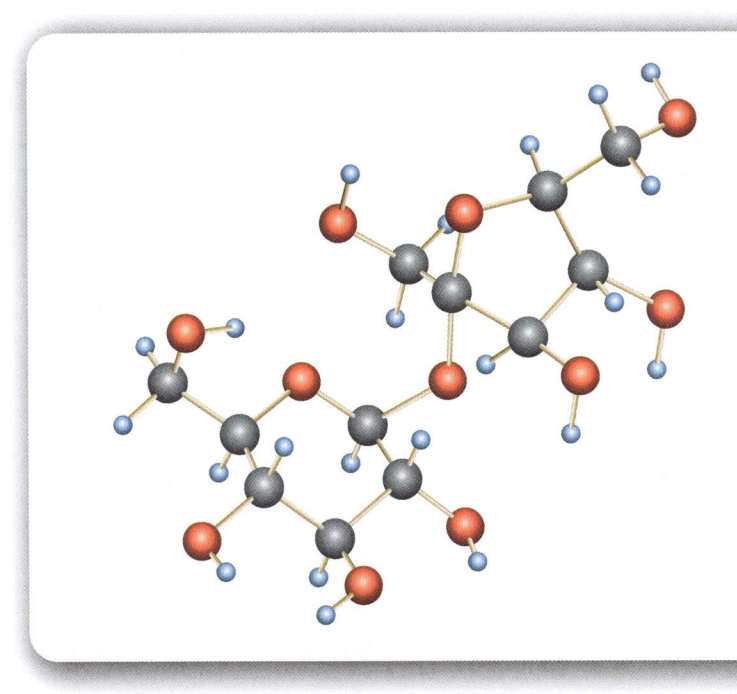

■ **图1.23** 人们日常所说的糖通常是指蔗糖。在左边的蔗糖模型中,灰色的球代表C原子,蓝色的球代表H原子,红色的球代表O原子。

验证 这个模型中含有12个C原子、22个H原子和11个O原子。

化合物的分子式 表1.3中第二列列出了有关化合物的分子式(化学式)。化合物的**分子式(formula)**表示组成该化合物的元素及分子中每种元素所对应原子的数目。例如,蔗糖的分子式是$C_{12}H_{22}O_{11}$,以一种非常简练的方式告诉我们,蔗糖中含有碳、氢和氧三种元素。同时,它还告诉我们,每个蔗糖的最小单位——蔗糖分子中,含有12个碳原子、22个氢原子和11个氧原子。**图1.23**所示的就是微观视角下的蔗糖分子。

分子式以非常简练的形式,描述了化合物的微观组成。在以后的章节中,我们将学习更多的化合物以及元素是如何组成化合物的知识。我们还将学习如何来书写化合物的分子式。

第1节 本节回顾

要点梳理
- 化学家的任务是研究物质。
- 物质的宏观表现是其亚微观结构的反映。
- 混合物可以是非均相的或均相的(溶液)。
- 纯净物可以分为单质和化合物。元素是组成所有物质的基石。

1. **主要概念** 化学研究中,物质的三类特性是什么?
2. **对比与比对** 列出混合物和纯净物之间的不同之处。
3. **对比** 化合物与混合物有哪些不同?
4. **应用** 单质氧是一种气体,约占地球大气的21%。氧是地壳中含量最丰富的元素,但地壳中的氧并不以气态形式存在。请解释原因。
5. **依据** 物质可分为单质、化合物、均相混合物与非均相混合物。请在家中找出上述各类物品的一个实例。

第2节

物质的性质和变化

核心问题
- 物理性质和化学性质分别是指什么?
- 化学变化和物理变化有什么不同?
- 质量守恒定律是如何应用于化学变化过程中的?

术语回顾
物质: 任何具有质量与体积的东西。

关键术语
易挥发
密　度
化学性质
化学变化
化学反应
质量守恒定律
能　量
放　热
吸　热

主要 概念 物质能够发生物理变化和化学变化。

链接真实世界 看到垃圾车将所装载的垃圾全部倒入垃圾处理场时,或许有人会问:"倒出来的都是些什么东西?"其实不难猜,从车上倒出来的都是现代人类生活的产物。每一件垃圾,都由一些原材料生产而成,也许还有机会能够被循环利用,这都取决于物质的性质。

物理性质

在物质的组成不发生改变时,物质所呈现出的性质就是物质的物理性质。科学家常常利用一些物理性质对物质作定性的描述。例如,"溶液是蓝色的""固体很硬""液体可以在低温时沸腾",等等。还有一些物理性质则用来对物质进行定量描述,这些性质必须通过实验进行测量后才能获得。例如,冰块在 0 ℃时融化,铁的密度是 7.86 g·cm^{-3},20 ℃时 100 mL 水中可溶解 35.7 g 氯化钠。

图 1.24 所示的是氯化钠(食盐)的一种物理性质。把食盐倒入水中,它就会发生一种物理变化,使得你再也看不见它。但是如果你尝一尝盐水,你就会知道它还在那儿。将水全部蒸发后,就会留下食盐晶体。

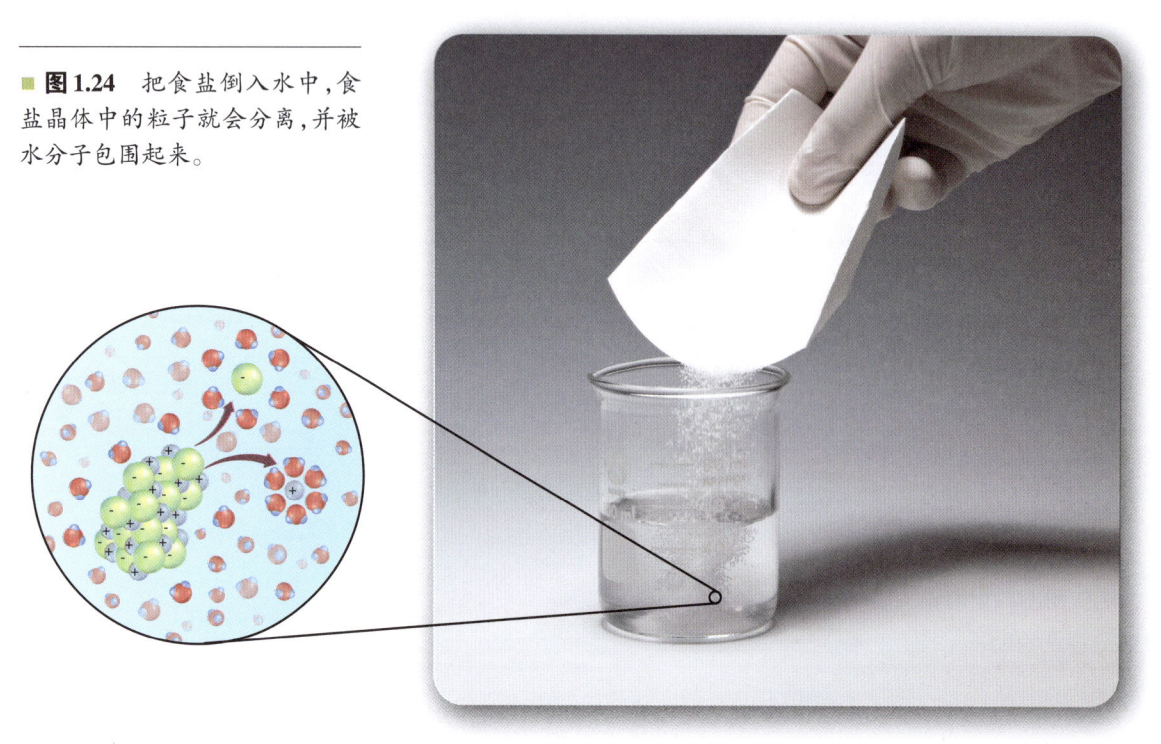

■ **图 1.24** 把食盐倒入水中,食盐晶体中的粒子就会分离,并被水分子包围起来。

图 1.25 因为凝固与熔化的温度相同,所以,当温度在 0 ℃时,固态的冰与液态的水可以同时存在。

物质的状态 地球上的大多数物质都可以三种状态存在:气态、液态和固态。物质的第四种状态称为等离子态,大多数人对此并不熟悉。物质以什么状态存在,取决于物质所处环境的温度。例如,如果把液态的水放入冰箱,那么液态的水就会变成固态的冰。如果把液态的水在电炉上加热到 100 ℃,那么液态的水就会变成气态的水(水蒸气)。一般来说,我们说物质的状态是指其在室温时的状态——大约是 20～25 ℃。在室温下,水是液态的,食盐是固态的,而氧气则是气态的。

物态变化 影响物质物理性质的决定因素之一是温度。在不同的温度下,物质可以从一种状态转变成另一种状态。例如,在 0 ℃时,水(冰)可以凝固(融化)成冰(水);食盐则必须在很高的温度(804 ℃)时才开始熔化;而氧气只有在极低的温度(-218 ℃)时才会凝固。物质的熔点与凝固点是一样的,如**图 1.25** 所示。至于何时使用凝固或熔化,主要看我们所碰到的是什么状态的物质。水在 100 ℃时汽化,水蒸气也可以在同一温度时液化,因此,对任何物质而言,其沸点也就是它的液化温度。

物态变化是物质发生物理变化的一个典型例子,在这种变化过程中,物质的组成与化学特性并不会发生改变。固态的冰可以融化成液态的水,水蒸气也可以在冰冷的物体表面液化成液态的水。在这两个变化中,水还是水,其组成与化学特性都没有发生任何变化。有时候,我们还用**"易挥发"(volatile)**一词来描述有些物质,就是说,这些物质在室温下就能容易地变成气体。例如,酒精与汽油就是易挥发的,它们比水更容易在室温下汽化。樟脑丸也是易挥发的物质。如果你在室内打开装有酒精或汽油的瓶子,很快就能闻到酒精或汽油的气味;若打开衣柜,也同样能很快地闻到樟脑丸的气味。这都是因为这些物质的分子会很快地在室内扩散开来。

折叠式学习卡

将本节中的信息归纳到你的折叠式学习卡中。

家庭实验

参见附录 F,**比较凝固点**。

■ **图1.26** 用等体积物质的质量来比较密度。假设你有一些容积相同的盒子，你就可以用质量/盒或克/盒来代表密度。常用的密度单位是 g·mL^{-1}。

推断 要增大还是减小装石头的盒子的容积，才能够使其与图中装满泡沫塑料球的盒子的质量相等？

两个盒子的容积相同，但装满泡沫塑料球的盒子明显要比装满石头的盒子轻很多。

石头中物质的排列要比泡沫塑料球中物质的排列紧密得多。

密度 密度是物质的又一个物理性质。来考虑一下两个相同的盒子，其中一个装满了泡沫塑料球，另一个则装满了石头。如果像**图1.26**所示的那样，想把这两个盒子举起来，那么，你可以想象得到，举起装满泡沫塑料球的盒子要比举起装满石头的盒子轻松得多。虽然泡沫塑料球所占有的空间（即其体积）就是盒子的容积，但由于内部结构的特点，其质量很小。而石头所占的空间也是盒子的容积，但同样由于其内部结构的特点，质量很大。换句话说，同样的空间（体积）里，可以装入的石头物质要比装入的泡沫塑料物质多得多。通过比较相同体积的不同物质的质量比较，我们就可以得到物质密度的概念。所谓**密度(density)**，就是指单位体积的物质的质量。泡沫塑料球的密度较小，或者说单位体积所含有的物质较少；而石头的密度较大，也即单位体积所含有的物质较多。

在科学上，科学家一般用克每毫升这一单位来衡量固体和液体的密度，符号为 g·mL^{-1}。**表1.4**列出了一些常见物质的密度。

要了解物质的密度，我们先得测出它的质量与体积。如**图1.27**显示了测量物质质量与体积的一种方法。运用这种方法，可以测量密度比水大但又不溶于水的任何物质。

表1.4	常见物质的密度
物质	密度(g·mL^{-1})
水(4℃)	1.000
冰(0℃)	0.917
氦(25℃)	0.000 164
空气(25℃)	0.001 19
铝	2.70
铅	11.34
金	19.31
软木	0.22～0.26
糖	1.59
某种木材	0.12

图 1.27

密度的测定

这里所示的是测量像铅那样的固体物质的密度的一种方法——排水法。

1. **在量筒中加入已知量的水。**
   在量筒里加水到 30 mL 刻度处。注意观察水的凹液面与刻度线相切。

2. **称出量筒和水的总质量。**
   量筒和水的总质量为 106.82 g。

3. **小心地将铅放入量筒中,再称出量筒、水和铅的总质量。**
   用量筒、水和铅的总质量减去量筒和水的质量,计算出铅的质量。
   铅的质量 = 155.83 g － 106.82 g = 49.01 g

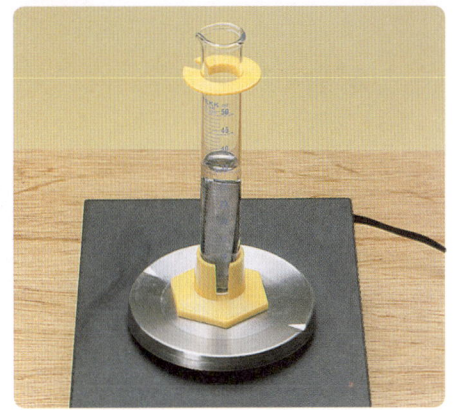

4. **读出此时量筒中水面的刻度值(34.5 mL)。**
   通过排水法,用水和铅的体积减去水的体积计算出铅的体积。
   铅的体积 = 34.5 mL － 30.0 mL = 4.5 mL。
   铅的质量除以铅的体积等于铅的密度。
   密度 = $\frac{49.01 \text{ g}}{4.5 \text{ mL}} \approx 11 \text{ g} \cdot \text{mL}^{-1}$

计算 如果一个未知金属块的质量为 9.72 g,排开的水的体积为 3.6 mL,其密度为多少?

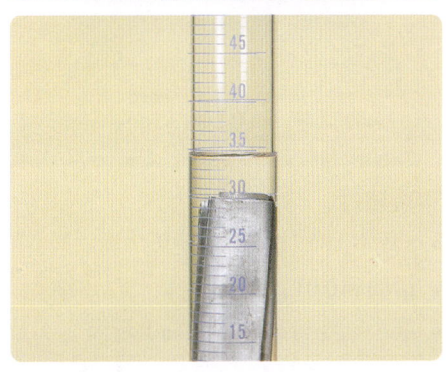

化学实验 3

硬币的成分

背景

自 1959 年起,美元的硬币都是用铜和锌铸造的。但是,因为铜的价格持续升高,因此,硬币中铜与锌的比例一直在发生变化。铜和锌都是金属元素,具有许多类似的物理性质,但两者的密度不同。纯铜的密度为 $9.0\ g\cdot mL^{-1}$,而纯锌的密度为 $7.1\ g\cdot mL^{-1}$。如果测量出不同年代的硬币的密度,就可了解硬币中铜和锌比例的变化情况。

问题

不同年代生产的硬币的成分是如何变化的?

目标

- **测量**各种硬币的质量和体积,算出它们的密度。
- **解释**不同年代生产的硬币的组成变化。

安全警示

实验准备

实验器材

- 5 枚不同年代生产的硬币
- 精确到 0.01 g 的天平
- 最小刻度为 1 mL 的 50 mL 量筒

实验步骤

1. 阅读并完成实验安全表格。
2. 在如下页所示的表格中,记录每一枚硬币的生产时间。
3. 称出每枚硬币的质量,精确到 0.01 g,并记录在表格中。
4. 在量筒中加入约一半的自来水,读出刻度值,精确到 0.1 mL,并记录。
5. 往量筒中小心地加入 5 枚硬币,注意加入时不能让水溅出来。轻轻晃动量筒,将其中的气泡都赶出来。再读出此时量筒中水面所示的刻度值,记录在表格中。

实验数据与现象观察

水的体积(mL)	
水的体积＋5枚硬币的体积(mL)	
5枚硬币的体积(mL)	
每枚硬币的平均体积(mL)	

生产时间	质量(g)	密度(g·mL^{-1})

分析与讨论

1. **计算** 用加了硬币后的总体积减去最初时水的体积，计算出5枚硬币的体积，再将此体积除以5，就是每枚硬币的平均体积。将此数据记录在表格中。
2. **计算** 用每枚硬币的质量除以硬币的平均体积，就是硬币的密度。向全班同学公布你的实验结果。
3. **观察与推断** 你们小组的实验结果表明，你们所研究的硬币可能是哪个年代生产的？
4. **分类** 分析你们小组所测的硬币，看看哪种硬币含铜量最高（密度为8.96 g·mL^{-1}），哪种含锌量最高（密度为7.13 g·mL^{-1}）？
5. **作图** 作图表示你们小组所测得的每个年份硬币的密度。
6. **推断** 看看全班同学的数据，你认为硬币的组成是从哪一年开始变化的？用事实证明你的结论。

应用与评估

1. **解释** 如何测量不溶于水而形状不规则的固体的体积？
2. **研究** 1943年，美元中的所有硬币都是由镀锌的钢铸造的，上图所示的就是其中的两种硬币。思考一下，为什么1943年的硬币都是用钢铸造的？为什么硬币上要镀锌？
3. **推断** 为什么铜价的上涨会使得造币厂要改变硬币的组成呢？

> **进一步探究**
> 你认为，哪些因素会导致在密度测量的过程中产生误差？其中哪些因素是无法通过改进实验操作加以避免的？

> **拓展 阅读**
>
> 重量与质量是两个不同的概念。
>
> 一个物体的重量是指其所受重力的大小。科学家说"称取该物体的重量"时，其实是指"在天平上称取该物体的质量"。

化学性质和化学变化

在描述物质的性质时，仅仅只有物理性质是远远不够的。要完整地描述物质的性质，我们还需要了解物质的另一类性质，即化学性质。**化学性质**（chemical property）是物质的组成发生变化时我们可以观察到的性质。有了化学性质，我们就可以描述物质分解或与另一种物质发生反应的能力。例如，铁的一种性质是常温时容易生锈。这是因为，铁能与氧气反应生成一种新的物质——四氧化三铁。再如，铝也能与氧气发生反应，但生成的新物质氧化铝会覆盖在铝的表面，从而阻止了铝与氧气的进一步反应。还有，金属铂在室温下不能与氧气反应。反应上的不活泼性也是物质的化学性质之一。

你是否注意到，过氧化氢（H_2O_2）溶液总是盛放在棕色的瓶子中？这是因为，如果遇到光，过氧化氢就会分解成氧气和水。物质的不稳定性，即物质分解为其他不同物质的性质，也是物质的一种化学性质。**图1.28** 展示了物质的其他化学性质。请注意，物质的化学性质总是和物质的化学变化相关。**化学变化**（chemical change），就是一种或多种物质变成另外的物质的变化，这类变化在化学中叫作**化学反应**（chemical reaction）。分解、爆炸、生锈、氧化、腐蚀、失去光泽、发酵、燃烧、腐烂等变化通常都是化学反应。

迷你实验 5

聚合物的合成

怎么制备黏稠体 在这个迷你实验中，我们要研究一种聚合物：聚乙烯醇。聚合物是相对分子质量很大的一类物质，它是一类由单体重复连接构成的链状大分子。将聚乙烯醇与硼砂溶液反应，可使聚合物分子交叉连接，生成一种也许你从来没有看见过的凝胶。然后，我们再来研究这种凝胶的一些性质。

实验步骤

1. 阅读并完成实验安全表格。
2. 在烧杯里加入约 20 mL 的聚乙烯醇溶液。
3. 再向烧杯里加入约 3 mL 的硼砂溶液，同时用木棒快速搅动溶液。如果你希望得到一种有色凝胶，可再加一些食用色素。
4. 继续搅动溶液，直到其变成凝胶。
5. 从杯子中取出凝胶，用手将其揉成一定的形状，再做下面的观察研究。它会流动吗？它可拉长或很容易被拉断吗？它能被压扁吗？将结果记录下来。
6. 将你的产品放入可塑封的塑料袋中，按老师的要求放入指定的地方。

分析与讨论

1. **推断** 哪些因素可影响交联聚合物的性质？你能解释这些影响吗？
2. **分类** 找一找你周围的日用品，分析一下它们是不是用聚合物做的。你能说出这些聚合物的名称吗？

图 1.28

常见的化学性质和化学变化

物质的化学性质就是指物质是如何变成其他的物质的。主要有两大类：与其他物质反应生成新的物质，或自身分解为更简单的物质。

当把醋酸加入到发酵粉（碳酸氢钠）中时，很快就会产生二氧化碳泡沫，并生成水和醋酸钠两种物质。

铁能和氧气反应生成氧化铁。图中所示的反应和铁生锈的反应本质上是一样的。但铁在烧瓶里的纯氧气中的反应更快、更剧烈。

当有电流通过时，稳定的化合物水也能分解，生成氧气（左管）和氢气（右管）。

过氧化氢是由氧和氢组成的另一种化合物。当将二氧化锰加到过氧化氢溶液中时，过氧化氢就会快速分解成水和氧气。

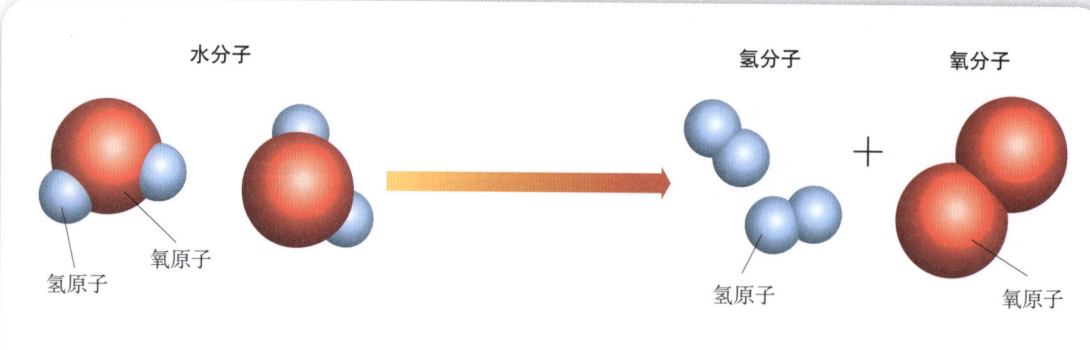

水分子　　　　　　　　　　　　　氢分子　　氧分子

氢原子　氧原子　　　　　　　　　　氢原子　　　　氧原子

■ **图1.29**　2个水分子含有2个氧原子及4个氢原子。当2个水分子分解时，可以生成1个含有2个氧原子的氧分子和2个分别含有2个氢原子的氢分子。由于物质是由原子组成的，且反应前后原子的种类和数量都没有变化，因此可以说物质是守恒的。

原子和化学变化　所有物质都是由原子构成的，而任何化学变化都只是原子的重新排列。请注意**图1.29**，这里发生的是水分解为氧气和氢气的反应。整个反应中，只有氢原子和氧原子。就是说，分解的水中所含有的氢原子和氧原子，最终都变成了氧气分子和氢气分子中的原子。**图1.29**使用了水、氧气和氢气的模型说明了化学反应中的原子既不会无缘无故地产生，也不会无缘无故地消失。这称为**质量守恒定律（law of conservation of mass）**。这个定律的另一种说法是，在化学反应中，物质既不会无缘无故地产生，也不会无缘无故地消失。因此，也可以将此定律称为物质不灭定律。

化学反应与能量　所有化学反应过程中都伴随着能量的变化。对一个具体的反应，它既可能吸收能量，也可能放出能量。**能量（energy）**是指做功的能力。如果某物体发生了运动，则可认为，有物体对它做了功。例如，木工从地上拿起一把榔头，或者在木板上钉了一枚钉子，都可认为其做了功。因接受功而运动的物体也可以是原子或分子这样的微观粒子，而分析这些微观粒子做功的情况，则是化学研究的任务。

　　大多数化学反应都是放出能量的。例如，木材燃烧就是一个放热反应。在这个反应中，木材中的有机物与空气中的氧气反应，生成二氧化碳和水。有时候，反应过程中产生的热量是以光和热的形式出现的。化学上，科学家把放出热量的反应称为**放热（exothermic）**反应。硝酸铵（NH_4NO_3）受热分解，就是一个典型的实例，如**图1.30**所示。

■ **图1.30**　硝酸铵是一种分解时能够释放出大量能量的白色粉末。

还有一些化学反应是吸收热量的。化学家把吸收热量的反应称为**吸热**(endothermic)反应。假如不通过电流给水提供能量,水就不可能分解为氧气和氢气,因此,我们可以说水分解的反应是吸热反应。再如,在面团中掺入小苏打($NaHCO_3$)后放在烤炉中烘烤,小苏打吸收能量,变成二氧化碳、水和碳酸钠(Na_2CO_3)。产生的二氧化碳和水蒸气使面点变得膨松。**图1.31**所示的是另一种类型的吸热反应。

光合作用 光合作用也许是地球上最重要的吸热反应。光合作用是指一些生物在吸收太阳光的能量后,利用空气中的二氧化碳和水合成糖类的一系列反应的总称。绿色植物、藻类以及很多细菌,都能进行光合作用。如**图1.32**所示,你吃的糖、淀粉,都是吸热的光合作用的产物。这些食物进入你的身体后,体内细胞则会将这些食物分子分解,从而提供给你所需的物质和能量。

■ **图1.31** 当硫氰酸铵和八水合氢氧化钡混合后,这两种物质便会发生反应,同时从周围环境中吸收热量。如图,由于反应后锥形瓶变得非常寒冷,使得瓶底的水结冰,将锥形瓶与木板冻结在了一起。

总结 放热反应中,能量从哪里转移到了哪里?吸热反应中呢?

■ **图1.32** 图中所示的这些蔬菜,都是植物利用太阳光及其他物质通过光合作用合成的。

■ **图 1.33** 这艘破旧的船上的铁锈，为破解船的构造提供了重要的线索：它是基于金属铁制造而成的。接下来的学习中，你会有越来越多的机会通过观察来推断物质的性质。

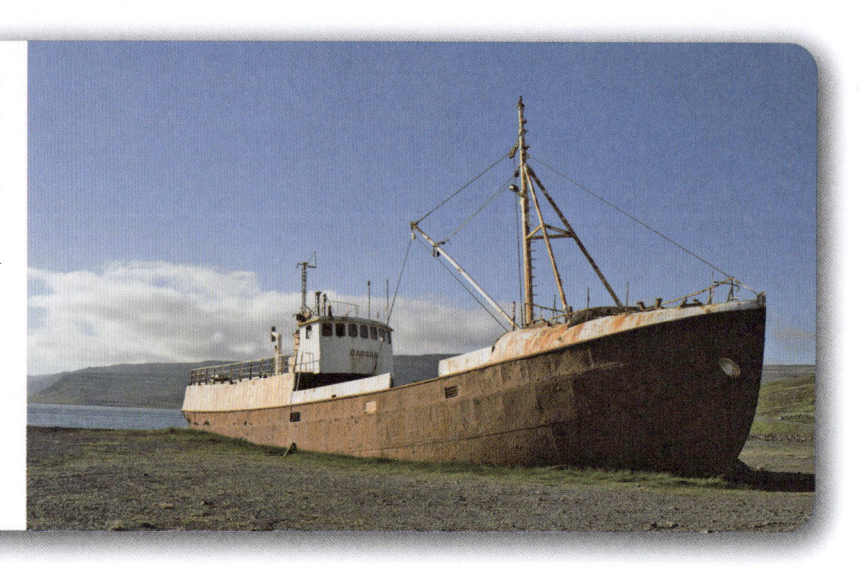

精彩预告

化学的重要任务之一是寻找物质的组成、结构和性质之间的联系。因此，在你学习化学的过程中，必须学习如何从物质的微观结构与性质的关系来推测物质的物理及化学性质。你要学习如何通过了解单质中原子的排列结构来预测单质的化学性质；你要学习如何根据物质在室温下的状态来分析其结构中原子的排列方式；你要学习为什么有些物质能溶于水，而另一些物质却不能；你还要学习金属为什么会被腐蚀，电池是如何工作的，为什么含碳化合物（有机物）对生命来说非常重要，以及原子核反应堆的工作原理；等等。就像图1.33中所示的那样，化学性质和物理性质是探索物质结构与性质的重要线索。

补充练习
有关化学性质和化学变化的额外练习，请见附录C。

第2节 本节回顾

要点梳理
- 每种纯净物都有它独特的物理性质和化学性质。
- 一种物质的密度是单位体积（通常是1 mL）物质的质量（常以g为单位）。
- 化学变化也叫作化学反应，纯净物会重新组合形成不同的纯净物。
- 在一个化学反应中，原子绝不会被创造，也不会被消灭。
- 化学变化都伴随着能量的吸收或释放。

6. **主要 概念** **辨别** 下列各项中，哪些属于化学性质？哪些属于物理性质？
   a) 铝容易弯折。 b) 硫酸铜可溶于水。 c) 金属镁易在空气中燃烧。 d) 金饰品不会受汗水的影响。 e) 放在电炉上的一杯水沸腾了。 f) 硫化氢气体使银饰品失去光泽。

7. **解释** 物质有三种常见的状态，分别是什么？

8. **应用** 有人对你说："一张报纸燃烧后消失了。"请运用质量守恒定律给他写一段话，告诉他报纸实际上发生了什么。

9. **推断** 在寒冷的夜晚，熊熊燃烧的篝火给人温暖、令人振奋。那么，木柴的燃烧是放热反应还是吸热反应？

第 1 章　学习指南

大 概念　世间万物都是由物质组成的。

第1节　物质之谜

主要 概念　日常生活中的物品几乎都是混合物——两种或更多种物质混合而成的物质。

关键术语

化　学	物理性质
物　质	溶　液
质　量	合　金
性　质	溶　质
科学模型	溶　剂
定　性	水溶液
定　量	单　质
纯净物	化合物
混合物	分子式
物理变化	

要点梳理

- 化学家的任务是研究物质。
- 物质的宏观表现是其亚微观结构的反映。
- 混合物可以是非均相的或均相的(溶液)。
- 纯净物可以分为单质和化合物。元素是组成所有物质的基石。

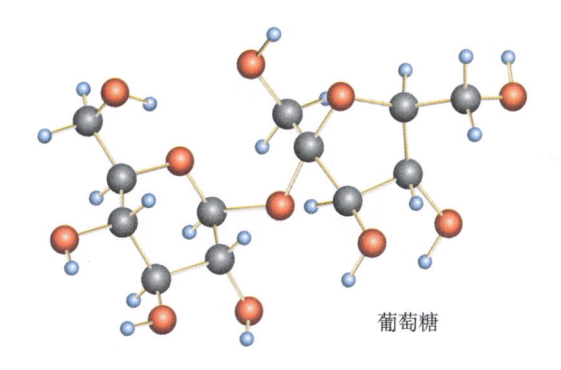

葡萄糖

第2节　物质的性质和变化

主要 概念　物质能够发生物理变化和化学变化。

关键术语

- 易挥发
- 密　度
- 化学性质
- 化学变化
- 化学反应
- 质量守恒定律
- 能　量
- 放　热
- 吸　热

要点梳理

- 每种纯净物都有它独特的物理性质和化学性质。
- 一种物质的密度是单位体积(通常是 1 mL)物质的质量(常以 g 为单位)。
- 化学变化也叫作化学反应,纯净物会重新组合形成不同的纯净物。
- 在一个化学反应中,原子绝不会被创造,也不会被消灭。
- 化学变化都伴随着能量的吸收或释放。

第 1 章 测 评

要点理解

10. 什么是化学？
11. 写出下列元素的化学符号：铁、钠、锑、钨。解释为什么这些符号和元素的英文名称不一致。
12. 如果你知道一纯净物质的熔点，那么，你是否可以据此推测它的沸点、凝固点呢？
13. 表1.3中的哪些化合物含有钠元素或氯元素？
14. 化合物的分子式能否告诉你有关其结构的一些信息呢？
15. 什么是质量？
16. 你说硫是黄色的，其实你是在说硫的性质。这说的是哪种性质呢？颜色是物理性质还是化学性质？
17. 举出铁的三个性质。
18. 食盐水中的溶剂是什么？为什么水溶液是非常重要的？
19. 如果两个物体的体积相同，质量可能相同吗？
20. 纯净物的含义是什么？
21. 什么是能量？化学中研究的是哪种能量？
22. 分析放热反应与吸热反应的区别，各举出一个实例。
23. 定性观察与定量观察有何不同？各举一例加以说明。
24. 解释纯净物与混合物的不同。
25. 什么是单质？什么是化合物？各举一例。
26. 蔗糖（$C_{12}H_{22}O_{11}$）中，氧的质量分数是51.5%，氢的质量分数只有6.4%，但是，蔗糖分子中，氢原子的数目是氧原子数目的2倍。这是怎么回事？
27. 下列各项中，哪些属于化学变化？哪些属于物理变化？

   a) 水沸腾
   b) 一根火柴燃烧
   c) 糖溶解在茶水中
   d) 钠与水反应
   e) 冰淇淋融化

28. 根据均相混合物与非均相混合物的概念，对下列各种混合物进行分类。

   a) 食盐水
   b) 蔬菜汤
   c) 14K金
   d) 混凝土

29. 密度的含义是什么？是否有办法使一袋泡沫塑料比一袋石头的重量重？
30. 金在1 064 ℃时凝固，那么，金的熔点是多少？
31. 汞在－38.9 ℃时凝固，氮则在－195.8 ℃时沸腾，那么，它们的沸点可以比凝固点低吗？
32. 运用附录中表E.4回答：在什么温度范围内，铁是液体？在这一温度范围内，氖处于什么状态？
33. 图1.34所示的分子式，表示的是硝化甘油的分子式还是模型？请说明理由。

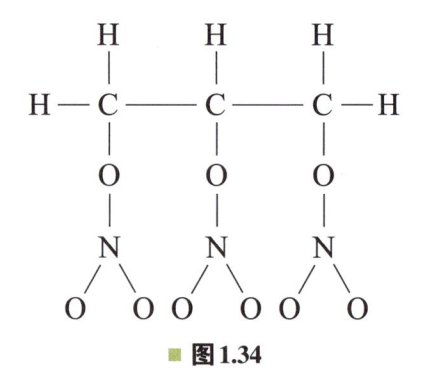

■ 图1.34

34. 水的化学式是H_2O，过氧化氢的化学式是H_2O_2。两种物质中，哪种所含氢元素的质量分数较高？

第 1 章 测评

应用概念

35. 化学与生活 食物在你体内的消化过程属于放热反应还是吸热反应？

36. 一块冰块漂浮在一杯水中，就像冰山漂浮在海洋上。你可以得出有关液态水和固态水的密度方面的什么结论？

37. 化学与社会 同种药品，可能被多家厂家生产在市场上销售。如果两种不同品牌的药物被证实具有相同的分子式，且都已被美国食品和药物管理局（FDA）认证，那么，你认为使用著名商标是否更安全？说明理由。

38. 门的把手上常常覆盖一层黄铜合金。那么，合金是什么？请再举出一种应用合金的实例。

39. 如果一个食谱告诉你，制作沙拉酱需要将醋、油、香草、盐、胡椒和蒜蓉混合。那么，请用纯净物或混合物、均相或非均相的术语描述沙拉酱。沙拉酱中的溶质或溶剂分别是什么？

40. 氧元素在地壳中超过46%，约占人体的61%。同时，氧气还约占地球大气的21%。请解释地壳中、人体中与大气中的氧之间的区别。

41. 铁屑和盐混合在一起后，你能想出至少两种方法分离它们吗？

42. 乙醇在−114.1 ℃时熔化，78.5 ℃时沸腾，那么，室温下的乙醇处于什么状态？

43. 根据第42题的信息，乙醇液化和凝固的温度各是多少？

44. 蜡烛的熔化是放热的还是吸热的？

批判性思考

观察与推断

45. 化学实验1 根据你对蜡烛燃烧的宏观观察，你可以得出有关蜡烛微观结构方面的什么结论？

观察与推断

46. 化学实验2 烤制面包时，加入淀粉可以使面包变得膨松吗？为什么？

SI制测量

47. 化学实验3 有一块质量为86 g的未知矿物，你将它放入盛有55 mL水的量筒后，矿物沉入水底，并使量筒内水面的高度上升到71 mL处，那么，矿物的密度是多少？

对比与比对

48. 迷你实验1 乙醇和水的混合过程是吸热的还是放热的？这一过程属于物理变化还是化学变化？

设计实验

49. 迷你实验2 在运用层析的方法分析不同颜色的墨水时，可以发现不同色彩的墨水中含有相同的色素成分。例如，黑墨水和蓝墨水中都含有蓝色色素。请设计一个实验来探究，不同墨水中相同颜色的色素，是不是同一种色素？

应用概念

50. 迷你实验3 由锌和铜制成的各种硬币在氯化锌溶液中加热时，所表现的性质是不同的。那么，所覆盖的成分是单质、化合物还是混合物？试说明原因。

45

第1章 测评

观察与推断

51. **迷你实验 4** 你吃的食物是单质还是化合物？说明理由。

52. **迷你实验 5** 聚合物是单质还是化合物？说明理由。

53. 有两种固体都可以在有氧气的情况下燃烧，据此你能否得出这两种固体属于同一物质的结论？

推测化学结构

54. 只给出分子式 C_2H_6O，你是否知道它代表什么物质？尽可能多地说出其所能代表的各种物质。

日积月累

从第 2 章开始到第 21 章，每章的测评中都有此栏目。其内容是有关技能以及你在上几章中所学概念的知识回顾与复习题。

技能训练

表1.5　化学变化和物理变化

观察	物理变化还是化学变化	解释
1. 泡茶、煮咖啡		
2. 煮面		
3. 种子发芽		
4. 糖溶解于水		
5. 堆肥中的食物残渣分解		
6. 醋和油不能混合		
7. 白蚁吃木材，产生甲烷		
8. 加入食盐后，食盐水的密度增大		

55. **制作与使用数据表** 按表 1.5 所示画一张表格，并在每一行中填入相应的内容。分析每一行的变化（或过程）属于物理变化还是化学变化，并进行验证。填完表后，依据变化类型的不同，将这些变化分为两组，列出每组内变化间的相似之处。在每组中，是否存在一些不同之处？

科技写作　化学

56. **食物成分** 观察你家里或商店里的食物商品标签。选择一条标签，列出上面的各种成分。用混合物或纯净物的术语描述商品。针对其中一项成分，查阅资料，确定其化学式（分子式）。它有哪些物理性质和化学性质？想一想为什么要在食品中添加该物质。再找一个不同公司生产的类似的商品，比较两者成分的异同。最后，总结你的发现。

解决问题

57. 一名矿工发现一块矿石具有金子般的颜色。他想，这是贵重的金矿，还是由硫与铁组成的黄铁矿（又称"愚人金"）呢？于是，他称得此矿物的质量为 16.5 g，可排开 3.3 mL 的水。根据这些信息以及从附录中查到的数据，请判断这位矿工是否发现了金矿。

58. 空气是由氮气（约占 78%）、氧气（约占 21%）以及微量的氩、氖、氦、氪等组成的混合物。空气中各成分的纯净单质都有许多实际的用途。通过一种名为分馏的方法，将空气冷却后，空气中的各个成分就可按照沸点的高低依次被分离出来。你认为，各个成分液化的顺序是如何的呢？可以运用附录中**表 E.4** 中的数据。

标准化测试

1. 物质是这样一类东西,它们
   a) 存在于自然界。
   b) 感觉上是固体。
   c) 存在于宇宙中。
   d) 具有质量,并占有一定的空间。

2. 下列选项中,谁不具有质量?
   a) 空气
   b) 原子
   c) 光
   d) 水

3. 模型的最佳定义是
   a) 基于宏观观察的一种思想工具。
   b) 基于微观观察的一种思想工具。
   c) 已被实验证实的一种思想工具。
   d) 被科学家广泛认可的一种思想工具。

4. 当把一满勺的糖加入到热茶中时,糖在这里可称作
   a) 溶液。
   b) 溶剂。
   c) 合金。
   d) 溶质。

5. 粉笔的主要成分碳酸钙的化学式是 $CaCO_3$。在1个 $CaCO_3$ 分子中,存在的原子是
   a) 1个钙原子、3个钴原子。
   b) 1个钙原子、1个碳原子、3个氧原子。
   c) 1个钙原子、1个氯原子、3个氧原子。
   b) 1个钙原子、3个碳原子、3个氧原子。

6. 下列哪种物质具有挥发性?
   a) 香水
   b) 煤
   c) 水
   d) 糖

单质	密度(g·mL^{-1})	沸点(℃)	熔点(℃)
氩气	1.78	−186	−189
溴	3.12	59	−7
镓	5.91	2 403	30
钠	0.97	883	98
钨	19.35	5 660	3 410

运用上表中的数据,回答第7～9题。

7. 室温下,哪种单质是液体?
   a) 氩气
   b) 溴
   c) 镓
   d) 钠

8. 在每立方厘米的体积中,哪种单质的原子个数最少?
   a) 氩气
   b) 溴
   c) 镓
   d) 钠

9. 在地球上,哪种单质无论身处何地,都是以气态形式存在?
   a) 氩气
   b) 溴
   c) 镓
   d) 钠

10. 质量守恒定律表明
    a) 物质既不能被创造也不能被消灭。
    b) 物质可以被创造,但不能被消灭。
    c) 物质可以被消灭,但不能被创造。
    d) 物质总是被创造和消灭的。

考点提示										
测试题号	1	2	3	4	5	6	7	8	9	10
对应章节	1.1	1.1	1.1	1.1	1.1	1.2	1.2	1.2	1.2	1.2

第 2 章　物质是由原子构成的

大 概念　原子是构成物质的基础。

第1节　原子和原子结构
主要 概念　原子是由原子核和核外电子组成的。原子核包含质子和中子,电子围绕原子核运动。

第2节　原子中的电子
主要 概念　每个元素都有其独特的电子排列。

你知道吗?

- 原子最初被认为是一种无法再分的微粒。
- 原子很小,需要用特定的仪器才能观察到。
- 人类对原子结构的认识是逐渐深入的,经过20世纪一系列的研究发现,原子结构模型并不是像太阳系那样,图中的原子模型并不准确。

课前活动

起步实验

里面有什么

在生日那天,你收到了很多礼物。面对这些包装精美的礼物,对你来说,最有趣的莫过于在正式打开前,猜一猜里面到底装了什么。在研究原子是什么以及探索原子的结构时,化学家也有类似的体验。你的观察与推测的技能怎么样呢?

实验器材
- 包裹好的盒子

实验步骤
1. 从老师那里领1个包裹好的盒子。
2. 在打开盒子之前,想尽一切办法,猜一猜盒子里究竟装了什么。
3. 列出你猜测过程中所用的各种方法,并写在笔记本上。

实验分析
1. **解释** 你猜出了盒子中所装物品的形状、大小、数量以及组成的信息了吗?
2. **描述** 在猜测过程中,你运用了哪些感觉器官?
3. **推断** 你还有其他的观察方法可以来帮助你推测盒中的物品吗?

探究 与其他人比较所使用的观察方法,其他人是否采用了你没想到的方法?使用这些方法会改变你对盒子中所装物品的推断吗?

折叠式学习卡
学习组织者

原子 按以下图示制作折叠式学习卡,帮助你整理有关原子结构的内容。

▶ **步骤1** 把纸沿着长边折叠,使后面的部分比前面的部分多2 cm。

▶ **步骤2** 折成三部分。

▶ **步骤3** 展开,沿一条折痕进行裁剪,得到一大一小两个部分。

▶ **步骤4** 如下图进行标记。

电子	质子	中子
电子云	原子核	

折叠式学习卡 在第1节和第2节中使用该**折叠式学习卡**。在你阅读的过程中,在对应位置记录有关原子及其组成部分的内容。

49

第1节

核心问题
- 有哪些著名的实验推动了现代原子模型的发展？
- 现代原子模型与之前的原子模型有什么不同？
- 我们能从元素周期表中获得哪些信息？

术语回顾
能量: 做功的能力。

关键术语
原　子
原子论
定比定律
假　设
实　验
理　论
科学方法
科学定律
电　子
质　子
同位素
中　子
原子核
原子序数
质量数

原子和原子结构

主要 概念　原子是由原子核和核外电子组成的。原子核包含质子和中子，电子围绕原子核运动。

链接真实世界　为了制定最佳的比赛策略，足球队可能会尝试不同的战术。同时，教练会根据比赛策略真正的实施效果来不断调整完善球队的战术。同样，过去 200 多年来，科学家正在根据新收集的数据，不断地建立与修正原子结构模型。

有关物质的早期思想

　　目前有关物质的模型，是在数百年中人们认识到物质的存在、观察到不同的物质具有不同的性质并可发生不同的变化等基础上建立起来的。大约在 2 500 年前，古希腊哲学家就在思考物质的本质及组成问题。他们认为，所有的物质都是由四种要素——空气、土、火和水——组成的，如**图 2.1** 所示。这些哲学家还就物质是否可以无限地分割下去进行过争论。有些学者提出，当物质分割到一个很小很小(最小)的粒子时，就不能再继续分割下去。可惜的是，古希腊哲学家虽然有敏锐的观察力，但他们还不能像现代科学家那样，通过实验来验证自己所提出的假设。

■ **图 2.1**　古希腊哲学家认为，万物都是由空气、土、火和水四种元素组成的。这四种元素两两作用产生物质的基本性质——热、冷、湿、干。这些早期的观点只是基于观察，而不是基于科学实验。

哲学家德谟克利特(公元前460～公元前370)认为,世界上的万物都是由微小且内部空心的粒子构成的,他把这种粒子称作**原子(atom)**。德谟克利特还认为,原子是组成物质的最小粒子,世界上有不同种类的原子,这些粒子组成了不同类别的物质。德谟克利特关于物质及其组成粒子的思想称为**原子论(atomic theory)**。

德谟克利特的观点受到了另外的哲学家的批判,特别是亚里士多德(公元前384～公元前322)。他反对原子论,因为这与他本身对物质的认识不符。亚里士多德认为空心颗粒不能存在。由于亚里士多德在当时是一位影响深远的哲学家,因此德谟克利特的理论在当时并不盛行。

词源

atom
原子
atomos（希腊语）：看不见的

现代原子理论的发展历程

1782年,法国化学家拉瓦锡在密闭的容器中做了一系列的定量实验。他发现,在密闭容器中,反应前反应物的质量与反应后生成物的质量相等。例如,在密闭容器中,2.0 g的氢总是和16.0 g的氧反应,并生成18.0 g的水。由此,拉瓦锡得出结论,物质既不会无缘无故地产生,也不会无缘无故地消失,而只能发生变化。拉瓦锡的这个结论最后成为众所周知的物质守恒定律,也称作质量守恒定律。

图2.2说明了物质守恒定律。如图所示,碳酸钠(一种可用于制造玻璃的固体)能与盐酸反应。该反应的产物之一是一种气体——二氧化碳。在反应过程中,若没有在锥形瓶口上套上气球,质量不可能守恒,随着二氧化碳的逸出,天平的示数会不断变小。若把气球套在锥形瓶口上,你能清楚地观察到产物的质量等于反应物的质量。

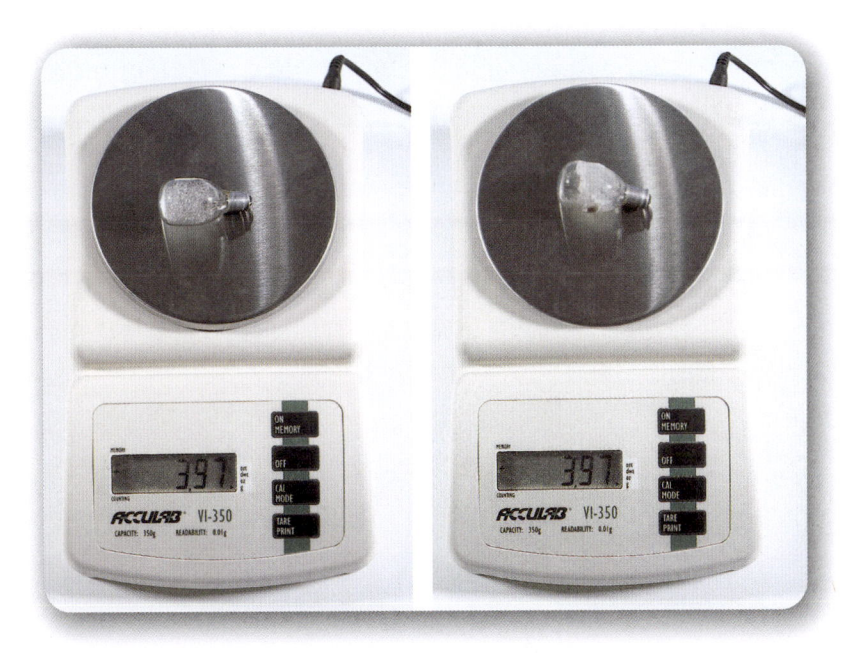

■ **图2.2** 当碳酸钠和盐酸反应时,二氧化碳气体是其中一种产物。在闪光灯泡里反应能防止反应产生的二氧化碳逃逸。

描述 你是如何判断在反应中物质没有消失?

| 黄铁矿 | 白铁矿 | 二硫化亚铁的组成 |

■ **图2.3** 黄铁矿（FeS₂）看上去很像金矿。历史上，这些矿物愚弄了很多人，因而后来人们给它取了"愚人金"的绰号。黄铁矿和白铁矿的主要成分都是二硫化亚铁，化学成分相同但晶体结构不同，是不同的矿石。黄铁矿中包含46.5%质量的铁和53.5%质量的硫。所有的黄铁矿的组成都是一样的。

普鲁斯特的贡献　1799年，另一位法国化学家约瑟夫·普鲁斯特观察到，水总是含11.2%质量的氢和88.8%质量的氧。不管水来自哪里，所有的水都含有同样质量比的氢和氧。普鲁斯特还研究了很多其他物质，发现构成化合物的各种元素总是有一个确定的质量比。这个规则就是**定比定律（law of definite proprotions）**，如**图**2.3所示。

道尔顿原子理论　约翰·道尔顿（John Daltoh）是英国的一位中学老师和化学家。他研究了化学家拉瓦锡、普鲁斯特以及其他很多科学家的实验成果。他意识到，假如物质是由原子构成的，那么，原子理论应该能够解释有关的实验现现象。例如，如果物质是由看不见的原子构成的，那么，任何一个化学反应就应该只是原子的重新排列，原子既不会产生，也不会消失，这样就能解释质量守恒定律。另外，如果每种单质都是由不同类别和质量的原子构成的，化合物就是由不会变化的原子按一定比例构成的。这样，道尔顿原子理论就同时解释了定比定律。自从1803年道尔顿原子理论提出后，尽管因为新的发现而对这一理论做过小修改，但直到现在，原子理论仍然是化学的基本理论。

道尔顿原子理论的要点如下：

1. 所有物质都是由原子构成的。
2. 原子不可毁灭，也不能再分割成更小的粒子（原子不能再分）。
3. 一种元素的所有原子都是完全一样的，但这些原子与其他元素的原子不同。

道尔顿原子理论为化学家提供了一个有关物质粒子本质的基本模型。但与此同时,新的问题又产生了:既然物质是由原子构成的,那么,为什么会有这么多的元素?一种原子和另一种原子的根本区别又是什么呢?19世纪后期,科学家开始认为,原子可能是由更小的粒子组成的;今天,科学家主要利用比原子更小的三种粒子来解释物质的性质。

原子理论,物质守恒和循环 如果将垃圾焚烧或者填埋,其中的原子又会去哪里?正如你已学过的,无论发生怎样的变化,原子既不会产生,也不会消失。在我们将垃圾焚烧或填埋后,垃圾中的原子只是与氧气或其他物质反应,生成新的化合物。在自然界中,原子永远不会消失,它只是进行不断的循环。

图2.4 表示了大气中的单质氮是如何进行不断的转化并为地球上的生物利用,然后又回到大气的过程。闪电、细菌、工业生产,甚至树枝上的苔藓,都能将大气中的单质氮转化为化合物。大气中的氮气(N_2)、一些动物粪便中的氨气(NH_3)、土壤中的硝酸根离子(NO_3^-)都含有氮原子。这些化合物能被植物直接吸收,再进入动物的食物链。将动物排泄物和植物残骸分解后,土壤中的细菌可以通过反硝化作用产生游离的氮气,后者再次进入大气中。

近年来,从乡村小镇到大型城市,乃至整个国家,人们都已认识到了回收纸张、塑料、旧铝和玻璃的价值。超市里的纸袋、纸板箱、贺卡以及其他的纸质产品中,你也经常可以看到"再生纸制造"的字样。铝箔的回收非常方便,回收后的铝可以做成铝罐或其他铝制品。近来,你是否注意到有些新铺的马路上银光闪烁?这是因为铺设路面的材料中掺入了回收再生的玻璃,甚至用过的沥青中也可以掺入玻璃后再用来铺设路面。通过回收合成材料中的原子,我们可以仿制自然产品,减少自然资源的消耗。

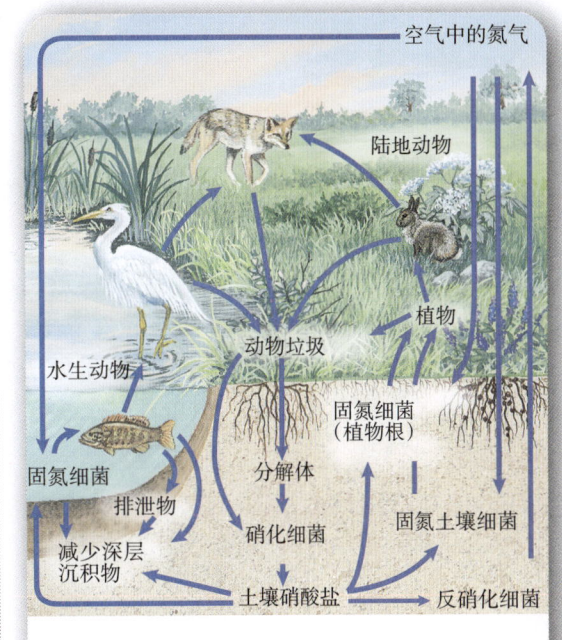

■ **图2.4** 氮循环过程中的各个阶段,氮元素变成了不同形式,但是原子既没有产生,也没有消失。

化学实验

物质守恒定律

背景

盐酸可以与锌、镁和铝等金属反应,放出无色的气体,但金属不见了。在这些反应中,金属中的原子发生了什么变化呢?金属原子消失了吗?如果不是,那么,这些原子又去了哪里呢?

问题

金属和酸反应后,金属中的原子发生了什么变化?

目标

- **推断** 化学反应过程中,原子发生了什么变化?
- **比较** 实验结果和物质守恒定律。

实验准备

实验器材

- 锌颗粒
- 电热板
- 1 mol·L^{-1}盐酸
- 天平
- 125 mL锥形瓶
- 10 mL量筒
- 刮刀
- 电炉手套

安全警示

在使用盐酸和处理热物体时,务必小心。实验时必须穿上实验服,戴上手套,并在通气良好的房间里进行本实验。

实验步骤

1. 阅读并完成实验安全表格。
2. 称出洁净、干燥的 125 mL 锥形瓶的质量,精确到 0.01 g,并在表格中记录数据。
3. 如下图,取一些金属锌,把金属锌放入锥形瓶中,称出此时锥形瓶的总质量,把结果记录在数据表中。

4. 再算出金属锌的质量。注意,锌的用量应在 0.20~0.28 g 之间。若锌的质量太多,则用刮刀除去一些锌,使锌的质量符合要求。
5. 在锥形瓶中加入 10 mL 1 mol·L^{-1}盐酸。振荡容器,仔细观察锥形瓶中所发生的变化。并在数据表中记录你所观察到的现象。

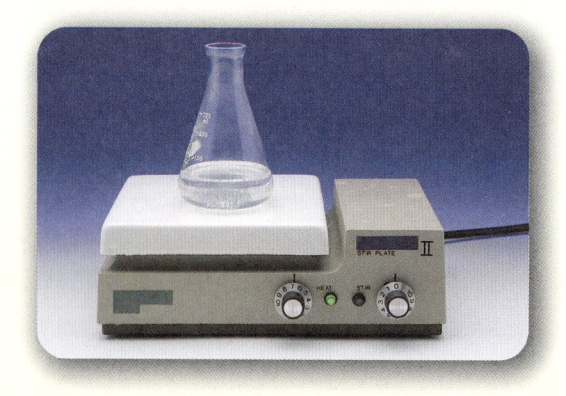

6. 如上图所示,把锥形瓶放在电热板上。
7. 调节旋钮到低挡,缓慢加热锥形瓶,注意不能让瓶中的液体沸腾。再仔细观察瓶中的变化,并将结果记录在数据表中。

8. 锥形瓶中的金属锌最后都消失了。请注意，务必缓慢地加热，这是实验的关键。还要注意，加热过程中不能吸入从锥形瓶中冒出的浓雾。当锥形瓶中的液体即将全部逸出时，开始出现白色的固体。用钳子将锥形瓶从电热板上取下，锥形瓶上的余热足以使瓶中的液体蒸发完全。
9. 让锥形瓶自然冷却。待瓶中的液体蒸发完全后，称出已冷却且干燥的锥形瓶（包括其中的固体）的质量，将结果记录在数据表中。

分析与讨论

1. **计算** 计算反应生成的氯化锌的质量。
2. **总结** 锌发生了怎样的变化？
3. **解释** 产物氯化锌的质量与锌的质量相比有何差别？
4. **解释** 如何解释这种差别？
5. **推断** 为什么要将锥形瓶连同其中的物质一起加热？

应用与评估

1. **计算** 化学家已经测出氯化锌中锌占48%。利用这一信息计算你所制得的产品中锌的质量，将它与实验开始时实际所用的锌的质量进行比较，看看有何差异。
2. **错误分析** 如果上面计算的差异大于0.04 g，该如何解释？
3. **总结** 本实验是如何支持物质守恒定律的？

进一步探究

分析 如何调整实验操作程序，以便更好地证明物质守恒定律？

实验数据与现象观察

空锥形瓶的质量	
锥形瓶及样品锌的质量	
样品锌的质量	
锥形瓶和反应产物（氯化锌）的质量	
产物氯化锌的质量	
向锥形瓶中加入盐酸时，你看到的现象	
开始加热锥形瓶时，你看到的现象	
液体全部蒸发时，你看到的现象	

历 史 链 接

政治与化学——本质的差异

在拉瓦锡所处的年代,科学家仍然认为,物质是由空气、火、土和水组成的。正是拉瓦锡所做的大量开创性工作,才改变了化学家的传统思想与做法,因此,今天人们公认他为"现代化学之父"。但是,和18世纪的其他科学家一样,从事化学研究并不能使拉瓦锡养家糊口,因此,他投资了一家私人公司,为国王征税。

重塑化学 拉瓦锡最早提出要重新认识化学。他进行实验的一个习惯是仔细称量实验前后反应物与生成物的质量,这使得他最终发现:化学变化中,反应物的总质量总是等于生成物的总质量。这是发现物质守恒定律的基础。拉瓦锡还发现,燃烧其实就是物质和氧气的反应。

国际认可 拉瓦锡因为做出了许多重要的成果而获得了很多科学家的尊重。本杰明·富兰克林就专门研究过拉瓦锡做过的一些实验,这些实验是拉瓦锡在法国一家志愿组织就职时所做的。另一位美国政治家托马斯·杰斐逊也继续了拉瓦锡所做的一些实验研究。

1774年,英国化学家约瑟夫·普里斯特利和拉瓦锡探讨过一个问题。普里斯特利认为,当加热汞砂(现在我们知道这种物质是氧化汞)时,产生金属汞,并有气体放出。如果将一支点燃的蜡烛放在产生的这种气体中时,蜡烛就燃烧得更剧烈了。普里斯特利还发现,如果把老鼠放在一只密封但充有这种气体的容器里,那么,老鼠就能因呼吸这种气体而生存。这种气体,就是今天众所周知的氧气。但是,由于普里斯特利仍然相信一种称为"燃素说"的旧的物质理论,因而并未意识到这是一种新的元素。

拉瓦锡重复了普里斯特利的一系列实

■ **图2.5** 拉瓦锡,他的研究使化学从定性转为定量,被后人称为"现代化学之父"。

验,综合之前的一些实验结果后,他认为,空气并不是一种简单的物质,而是由两种不同的气体组成的混合物。其中的一种气体,能助燃,供给呼吸以及使铁生锈。拉瓦锡还将这种气体命名为氧气。

政治代价 拉瓦锡属于社会精英,这类人中产生了许多法国大革命的领导者。尽管拉瓦锡属于社会精英,且在科学界享有盛名,但是,他因曾替国王征税的经历,成了革命者怀疑的目标。大革命之后,他即被逮捕并被法院判处死刑,整个判决过程竟不到一天。法官声称法国不需要科学家或化学家,特赦拉瓦锡的呼声被无视。拉瓦锡的一个朋友对拉瓦锡之死是这样说的:"只需要一瞬间就可以砍去他的头,但是需要再花一百年才能出现像他一样的人。"

化 学 链 接

1. **分析** 拉瓦锡只是重复了普里斯特利的实验,但为什么说他对氧气的发现起了重要的作用?
2. **应用** 拉瓦锡指出,人们在工作时要比休息时呼吸更多的氧气。请分析说明拉瓦锡这一发现的原因。

假设,理论和定律

科学家研究问题(如物质由什么构成)的第一步,是观察。科学家运用感官观察物质的宏观表现。在观察的基础上,科学家便要提出**假设(hypothesis)**,即提出一种可进行实验验证的预测,来解释所观察到的现象。例如,拉瓦锡认为,物质是不灭的。这就是提出了一种假设,即发生变化前存在的所有物质,在变化后同样存在。

为了证明假设是否正确,必须通过不断地重复实验进行验证。**实验(experiment)**是一种检验假设的工具。若实验证明假设是正确的,科学家就接受这个假设;若实验不支持假设,则必须对假设进行修改。

人类的所有知识都是建立在实验的基础上的。科学家还通过建立理论将这些知识组织起来,使之成为知识体系。在非科学性的语言或文字材料中,理论一词,常用于指关于事物的一种未经证实的看法。但是,在科学领域,**理论(theory)**是建立在大量的观察基础之上并为实验所证实的解释。例如,道尔顿原子理论,就是建立在很多科学家对物质进行了一次又一次观察的基础之上的。当科学家获得了更多新的信息后,原有的理论必须加以修改,甚至会被新的理论取代。**图**2.6系统总结了科学家如何回答问题、解决问题的过程,这称为**科学方法(scientific method)**。当科学家发表新的实验结果时,他们会介绍实验中所用的科学方法,来向大众证明其研究工作是科学的。

简单地说,**科学定律(scientific law)**就是指在自然界中普遍存在并为人们所接受的一种事实。例如,太阳每天早上从东方升起就是一条科学定律。定律一般可以用来预测事情的发生,却不能解释事情为什么会发生。但是,理论可以解释定律。道尔顿原子理论就可以解释为什么物质守恒定律是正确的。

■ **图**2.6 科学家在观察的基础上提出假设。假设必须通过进一步的实验来验证。若实验结果不支持假设,则需要进行新的观察并提出新的假设。经过修改并最终为许多实验所证实的假设,就上升为理论,可以用来解释自然现象或事物变化的原因。

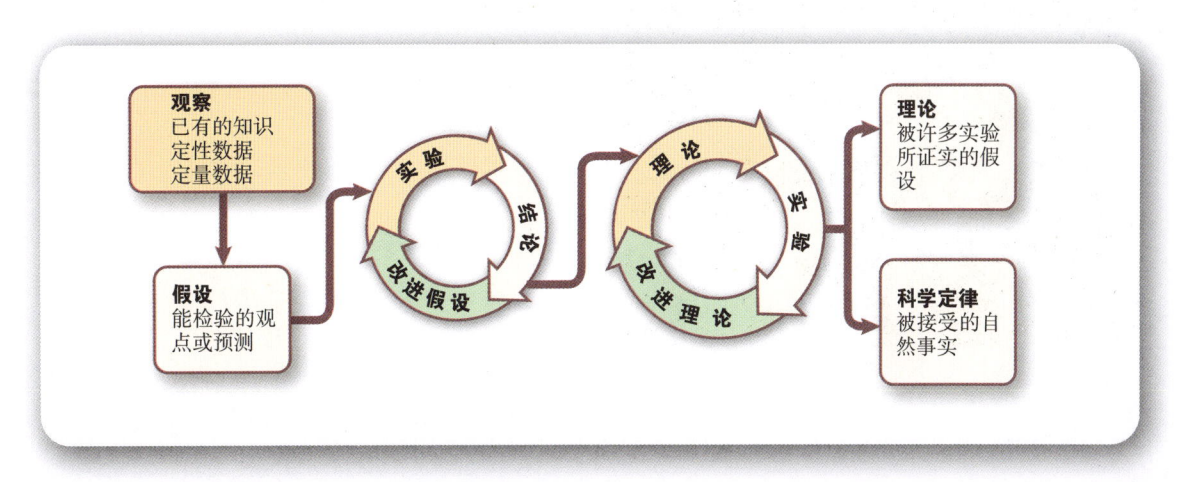

观察
已有的知识
定性数据
定量数据

假设
能检验的观点或预测

实验　改进假设

理论　改进理论　实验

理论
被许多实验所证实的假设

科学定律
被接受的自然事实

化学与社会

再生玻璃

当你口干舌燥地回到家,你立即打开冰箱,拿出里面的苹果汁猛喝起来。用不了几秒,就留下一只空瓶子。你将如何处理这只空瓶子?除非对瓶子进行回收再利用,否则,它们只能到填埋场作填埋处理了。

玻璃回收利用的问题　玻璃生产商把可回收的碎玻璃称为废旧玻璃,如图2.7。对于收集有色或无色的玻璃容器用于回收利用并不困难,问题在于处理废旧玻璃使其能够达到商业使用的质量要求。

回收方法　因为玻璃的颜色是人为加上去的,所以,回收时,有颜色的玻璃不能与无色的玻璃混在一起。因此,回收公司常常根据颜色对玻璃进行分类。分类好的玻璃则分别送入不同的滑槽,之后分别被碾碎。碾碎后的玻璃就可以送到玻璃生产商处,由他们对玻璃做进一步的加工处理。处理好的废旧玻璃有90%用于玻璃容器工业。

■ 图2.8　高质量的废旧玻璃用于玻璃容器制造。

为回收的玻璃寻找用途　废旧玻璃分为两类,高质量的废旧玻璃按颜色分类,且无污染。低质量的废旧玻璃既没有按颜色分类,还含有一些污染物,如塑料、金属、陶瓷。高质量的废旧玻璃主要用于玻璃容器制造,如图2.8所示。高质量的废旧玻璃还用于磨具、高速公路上的沥青、玻璃珠、玻璃丝制造。低质量的废旧玻璃可用于生产绝缘玻璃纤维、沥青下的路基、高速路上的反射珠、装饰瓦。

废旧玻璃还可以用于修复被侵蚀的海滩砂岩。通过将沙和细碎废旧玻璃混合来修补那些被侵蚀的海滩,美国佛罗里达州海滩上的一些侵蚀情况就利用了废旧玻璃来加以控制。

■ 图2.7　废旧玻璃可重新用于许多工业。

课题 分析

1. **获取信息**　上网查阅,了解工业生产玻璃的方法和过程。了解工厂是否常用废旧玻璃为原料生产玻璃?废旧玻璃的回收利用是否会减少新玻璃的生产量?废旧玻璃的再利用能否降低玻璃生产的能耗?

2. **推断**　在法国,一个酒瓶在回收前会重复使用8次。在美国,重复使用酒瓶的公司相当少。如果美国的酒厂重复使用酒瓶,洗酒瓶行业的兴起会导致怎样的市场分销问题?

原子结构的发现

从现代的观点看，道尔顿原子理论基本上是正确的。道尔顿认为，原子是组成物质的最小粒子，不能再继续分解；同一元素的所有原子都是一样的。但到了19世纪末20世纪初，科学家的一系列新发现，使得道尔顿原子理论必须进行修改。现在我们知道，原子是由更小的粒子组成的，同一元素的原子也不完全相同，而是存在一些小的差别。在这一部分，我们将探讨促使现代原子理论诞生的一系列发现。

电子 受道尔顿原子理论的影响，19世纪的大部分科学家认为，原子几乎是一个刚性的实心球，不能再分解为更小的粒子，1897年，一位名叫汤姆生（Joseph John Thomson）的英格兰科学家发现，原子为刚性实心球的说法不太准确。

汤姆生用如**图2.9**所示的一个真空管做了一个实验。如图所示，真空管里的空气已被全部抽出。管的两端各有一片称为电极的金属片，电极则分别与玻璃管外的金属端相连。当两极接上高压电源时，电极上便带上了电荷。汤姆生发现，当电极带电后，就会有射线从带负电荷的一极（也称阴极）射向相反的另一极（阳极）。因为这种射线是从阴极射出的，他把它称为阴极射线。

汤姆生还发现，这种射线会发生偏移，它会弯向带正电荷的一极，而远离带负电荷的一极。汤姆生已知道，带相同的电荷的物体会相互排斥，而带不同电荷的物体则会相互吸引。汤姆生由此得出结论认为，阴极射线是由一种看不见的、带负电的粒子组成的，他把这种粒子称作**电子（electron）**。这些电子来源于组成阴极的物质。

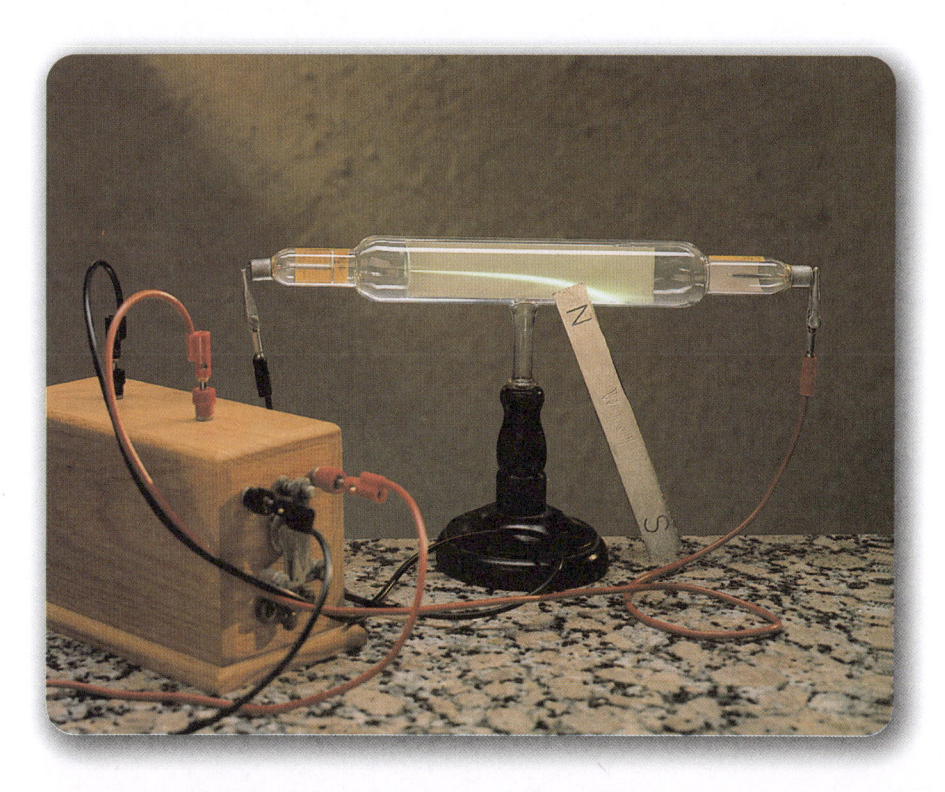

> **折叠式学习卡**
>
> 把本节中的信息归纳到你的折叠式学习卡中。

■ **图2.9** 当阴极射线管接上高压电源后，阴极就会放出一束射线，并在涂有荧光粉的板上生成绿光。在与阴极射线垂直的方向上放置一磁铁（N极靠近），射线就会向下弯曲。

判定 如果把磁铁翻转，会出现什么现象？

> **拓展 阅读**
>
> 其实，当初汤姆生并没有给出电子的名称。电子的名称实际是以色列科学家乔治·J. 斯通尼（George J. Stoney）取的。后者虽然没有证实电子的存在，但第一个算出了电子的电荷。

根据汤姆生的实验，科学家最终得出了结论，原子并不仅是一个电中性的球体而已，它是由带有电荷的粒子组成的。换句话说，原子并不是不可再分的，而是由更小的亚原子粒子组成的。进一步的实验证明，电子的质量约为最轻的原子——氢原子质量的 $\frac{1}{1837}$。

物质是不带负电荷的，那么，原子同样应该是不带负电的。如果原子含有质量极小、带负电荷的粒子，那么，它必然含有带正电荷的粒子——也许其质量要比电子大得多。带着这些想法，科学家立即投入到了寻找这些粒子的探索活动中。

质子和中子 1886年，科学家发现，不但带负电的阴极能放出射线，而且带正电的阳极也能放出射线，从阳极放出的射线的运动方向与阴极射线的方向相反。与阴极射线一样，从阳极放出的射线，也能因为电场或磁场而发生弯曲，但弯曲的方向与阴极射线刚好相反。汤姆生证明：这些射线带有正电荷。数年后，科学家证实了这些射线是由带正电荷的亚原子粒子——**质子（proton）**组成的。每个质子所带的电荷量与电子所带的电荷量相同，电性相反，但是，质子的质量远远大于电子的质量。经证实，质子的质量稍稍小于氢原子的质量。

到这里，似乎已弄清楚，原子是由相同数量的质子和电子组成的。但是，到了1910年，汤姆生又发现了两种具有不同质量的氖原子，如**图2.10**所示。同一元素中，具有相似化学性质而质量不同的原子称为**同位素（isotope）**。今天，化学家已经探明，氖元素在自然界中共有三种同位素。由于第三种同位素数量太过稀少，汤姆生当时没有检测到。

发现同位素后，科学家提出一种假设，认为原子中还存在第三类粒子，这样就可解释同一元素的原子的质量不同这一现象。通过计算显示，这类粒子应该具有与质子相同的质量，但不带电。1930年，科学家终于证实了这种不带电的粒子——**中子（neutron）**的存在。

■ **图 2.10** 如图所示是汤姆生发现的氖的两种同位素。两个原子核都含有10个质子，左边的原子核含有10个中子，而右边的原子核含有12个中子。

判定 每个原子核中有多少个质子和多少个中子？

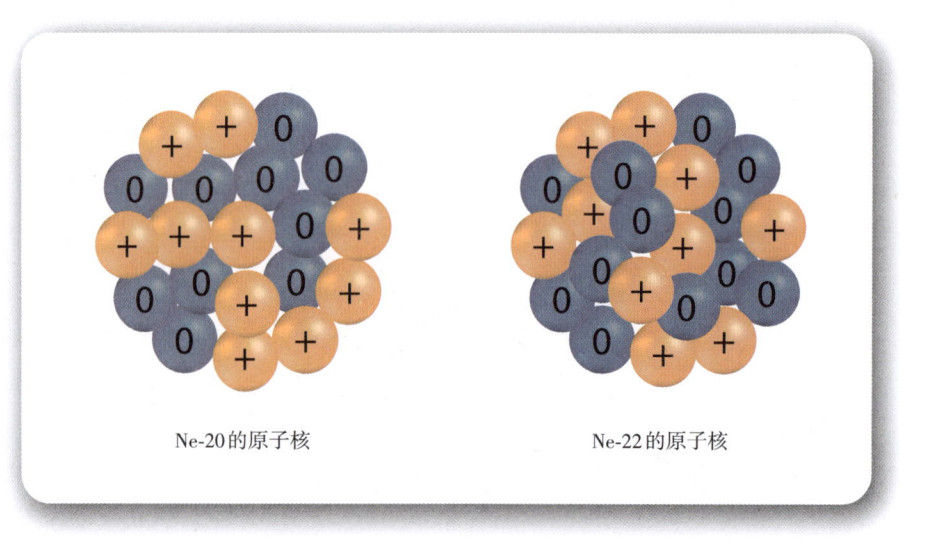

Ne-20的原子核 　　　　Ne-22的原子核

迷你实验 1

同 位 素

如何用硬币来代表同位素 很多元素都有天然存在的同位素。除质量外,同一元素的各种同位素的其他性质完全相同。今天,化学家说一种元素的原子质量时,实际上是指这种元素各种同位素原子的平均质量。现在,让我们用硬币来代表同位素。

实验步骤

1. 阅读并完成实验安全表格。
2. 从老师那里领取1袋硬币。
3. 把这些硬币先按生产年代分类,再按1982年前(含1982年)生产和1982年后生产分为两组。
4. 从每组中取出10枚,并称出总质量,精确到0.01 g。再将称得的数据除以10,即得到每枚硬币的平均质量。
5. 数出每组中的硬币数。
6. 使用上述数据,算出1982年前生产的所有硬币的总质量。用同样的方法,计算出1982年后生产的硬币的总质量。

分析与讨论

1. **分析** 所有硬币的总质量代表什么?
2. **计算** 利用所有硬币的总质量和硬币数目来计算1枚硬币的平均质量。这个质量与每组中硬币的平均质量有何关系?
3. **推断** 为什么我们先称出10枚硬币的质量,再除以10来获得每枚硬币的质量,而不是直接称出1枚硬币的质量?

卢瑟福的金箔实验 在找到所有的亚原子粒子后,科学家又开始研究这些粒子在原子中是如何排列的问题。发现电子后,科学家先是把原子描绘成一个带正电荷的球体,球面上镶嵌了带负电荷的电子。这种原子模型图好像是一个镶嵌有巧克力屑的夹心饼干球(巧克力的量较少)。几乎在提出这个原子模型的同时,日本科学家奈刚提出了另一种原子模型。他认为,原子中带正电荷的核处于中心,而带负电荷的电子则围绕核在外面的轨道上运行,类似于土星和它的光环。图2.11展示了这两种模型。

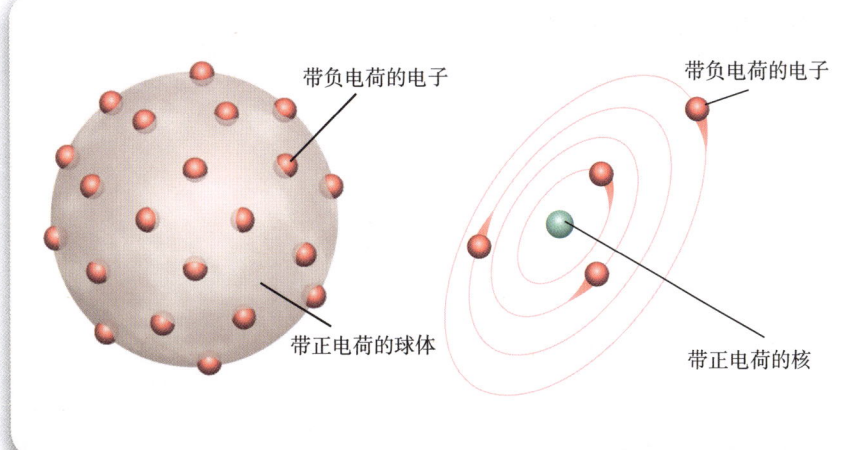

■ **图2.11** 汤姆生认为原子是由带正电荷的球体,以及球面上镶嵌的带负电荷的电子组成的。
奈刚的模型好比是行星和同一平面内围绕它运行的卫星。奈刚认为,核带正电荷,带负电荷的电子在核外的轨道上,并围绕核运动。

1909年，一支由卢瑟福领导的英国科学家小组开始进行了一系列在科学史上意义非常重大的实验。第一个实验揭示出，原子的内部结构与汤姆生提出的模型完全不同。卢瑟福实验的设计如**图2.12**所示。

实验者设计了一个用金属铅覆盖的盒子，盒子里装有放射性元素钋（Po）。实验时，放射性元素钋通过一小孔放射出带正电荷的亚原子微粒（今天我们已知道，钋放射出的射线中包含了大量由2个质子和2个中子构成的粒子，即α粒子）。在射线经过的路径上放一张金箔，金箔周围放置一涂有硫化锌的荧屏。当带正电荷的粒子撞击到荧屏时，荧屏上就会发光。

■ **图2.12** 金具有优越的延展性，可以压制成只有几个原子厚的金箔。卢瑟福领导的科学家小组在这个实验中利用了金的这一性质。如果汤姆生原子模型正确，卢瑟福和它的团队预期的现象是α粒子可以径自穿过金箔。

1. 实验中覆盖有金属铅的盒子里装有放射性元素钋。当钋分裂时，可放射出氦核，其中包括2个质子和2个中子。这种氦核称为α粒子。因为α粒子没有电子，所以带正电。

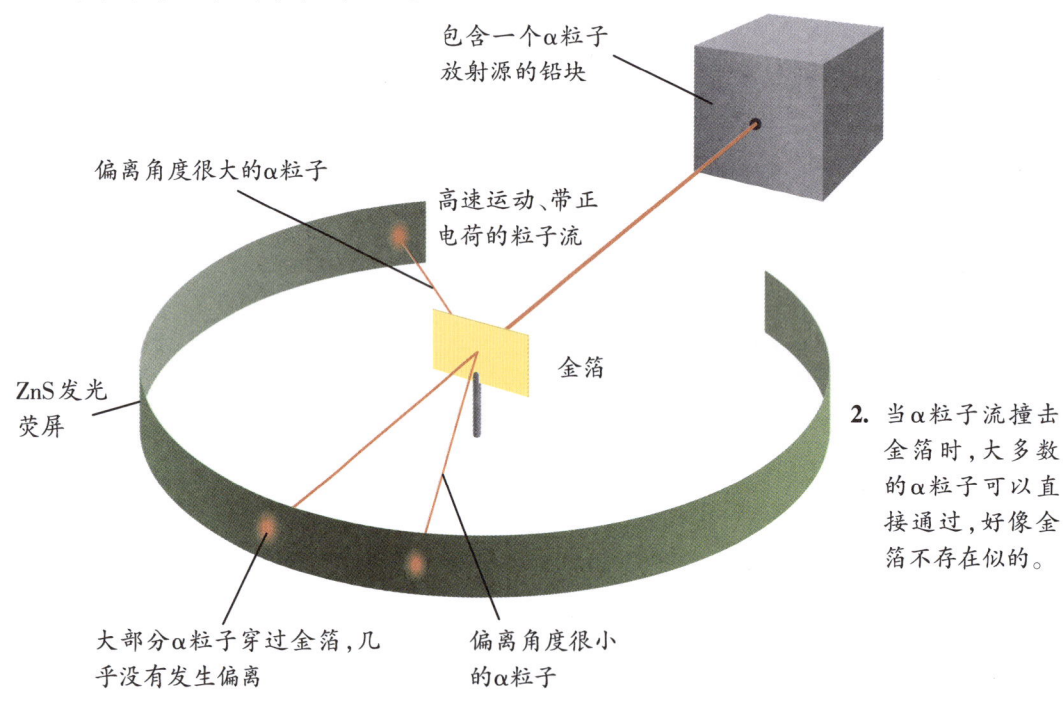

2. 当α粒子流撞击金箔时，大多数的α粒子可以直接通过，好像金箔不存在似的。

3. 可是，也有少量的α粒子发生了大角度的偏移，还有一些则直接反弹回来。这好比向一张纸扔一个棒球而球竟然反弹了回来！卢瑟福和他的同事对此感到十分奇怪。

原子核模型 为了解释上述实验现象,卢瑟福和他的研究小组提出了一个新的原子结构模型。鉴于大部分粒子可以直接穿过金箔,因此可以认为,原子内部几乎是空的;又鉴于只有极小部分的粒子被直接弹回,由此可以认为原子内部有一个很小、密度很大且带正电荷的中心核,称为**原子核(nucleus)**。卢瑟福在1911年提出来的这个模型如**图2.13**所示。

想象一下,1911年卢瑟福提出这个模型时,对当时人们的物质观念会发生怎样的影响?面对一堆笨重、坚固的钢铁或石头,有人问你相不相信,这里面的大部分是空的?!但实际上,这个原子模型被证明是相当准确的。

就原子内部是空的这一点来说,我们来看最简单的氢原子的情况。氢原子中含有1个质子和1个电子。如果把质子放大到一个乒乓球那么大,那么,这个电子必须离核1.5千米远,而原子就会放大到直径有3千米那么大!为了理解原子是多么的小,可以考虑1滴水中所含的原子数大约为 6 500 000 000 000 000 000 000(即 6.5×10^{21})。如果你想表示非常大或非常小的数,请参阅附录B中科学记数法的有关知识。

> **家庭实验**
> 参见附录F,**比较原子的大小**。

■ **图2.13** 卢瑟福的实验证实原子中含有一个密实、带正电荷的核。
推断 为什么α粒子会发生偏转?

卢瑟福原子模型

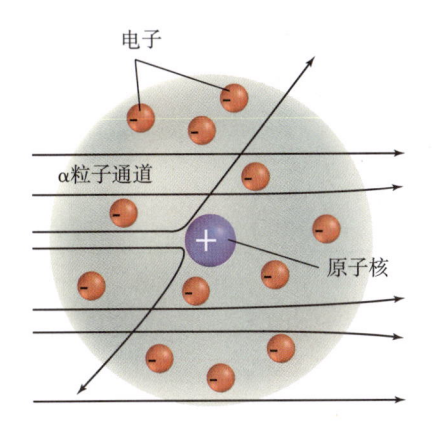

电子
α粒子通道
原子核

请记住射线中的粒子是带正电荷的。如果原子核带负电,那么,粒子就会与金原子核相互吸引。然而,在卢瑟福的实验中,只有少数的粒子发生偏移。从而可得出结论,原子核的质量很大、体积很小且带正电荷。

现代原子模型

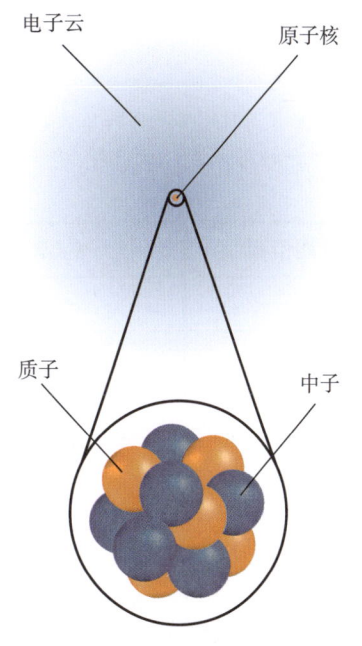

电子云
原子核
质子
中子

在现代原子模型中,原子是由原子核和电子构成的。原子核包含质子和中子,电子云围绕在原子核周围。

63

> **补充练习**
>
> 有关原子序数的额外练习,请见附录C。

原子序数

看看元素周期表,你可以发现,每种元素旁均标有一组数字。如 $_1$H、$_2$He、$_8$O,一直到数字100以上的在实验室里合成的最新元素。初看时,你会觉得这些数字好像只是用来数元素的,但实际上,这些数字所表示的意义远远超出这个,它们表示的是原子序数。元素的**原子序数(atomic number)** 是指原子核中的质子的数目,在以后的章节中,你将会发现,正是原子中的质子数决定了原子的特性,包括元素的物理与化学性质。

因为原子中的电荷并不是均匀分布的,因此,原子中有多少个电子,其原子核内就相应地有多少个质子。这就是说,原子序数不但表明原子中质子的数目,而且还表明了一个呈电中性的原子中电子的多少。

同位素 除最简单的氢的同位素外,所有元素的原子中都存在电中性的中子。一个原子核中,质子数与中子数的总和,就是该元素的**质量数(mass number)**。对同一种元素的不同同位素而言,由于具有不同的中子数,因而具有不同的质量数,但其原子序数相同。元素的不同同位素,我们用其名称或符号,再标上其质量数来加以区别。请回忆一下前面讲过的天然存在的氖的三种同位素,它们分别是 Ne-20(占 90.5%)、Ne-21(占 0.2%)、Ne-22(占 9.3%)。所有氖的同位素都有10个质子和10个电子,但 Ne-20 有10个中子,Ne-21 有11个中子,而 Ne-22 却有12个中子。请再看看**图2.14**所示的钾的同位素。

■ **图2.14** 钾有3种自然现存同位素:K-39、K-40、K-41。
列出每一种钾的同位素的质子数、中子数、电子数。

钾的同位素	K-39	K-40	K-41
质子	19	19	19
中子	20	21	22
电子	19	19	19

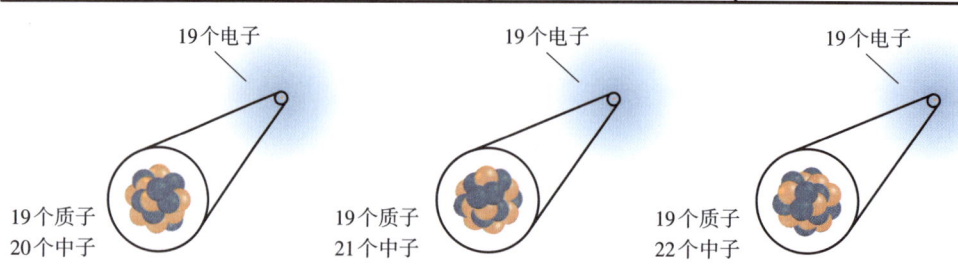

19个电子 19个电子 19个电子

19个质子 19个质子 19个质子
20个中子 21个中子 22个中子

表 2.1		原子中的粒子			
粒子	符号	电荷数	质量数	质量(g)	质量(u)
质子	p⁺	+1	1	1.67×10^{-24}	1.01
中子	n⁰	0	1	1.67×10^{-24}*	1.01
电子	e⁻	−1	0	9.11×10^{-28}	0.000 55

原子质量

回忆前面所说的一滴水中含有 6.5×10^{21} 个原子,你可以想象原子是多么渺小。如果用克作单位来描述原子的质量,那么,我们就必须使用极其小的数字。如**表 2.1** 中,用克作单位表示质子、中子、电子等粒子的质量,其数值是多么的小。请注意表中表示各种粒子的符号,我们在本书的其他地方还将见到。

正如你所看到的,用克作单位来表示原子质量时,必须使用非常小的数字。为了能方便地比较单个原子的质量,化学家提出了一种称为原子质量单位的新的单位,符号记为 u。它的意义是,C-12 同位素含有 6 个质子和 6 个中子,化学家将这种同位素的质量定义为 12 个原子质量单位,即 1u=C-12 原子质量的 $\frac{1}{12}$。从**表 2.1** 可见,1u 大约相当于 1 个质子或 1 个中子的质量。

再来看看元素周期表。表中每个盒子内均包含几个信息,如**图 2.15** 所示,每个盒子的底部是该元素的平均原子质量,它是该元素天然存在的所有同位素的平均原子质量。天然存在的同位素的数目、质量以及丰度(所占的百分比),是化学家借助一种称为质谱仪的仪器获得的。

■ **图 2.15** 元素周期表中每一盒子所包含的信息有:元素的原子序数、元素符号及化学名称,室温时的状态、元素的平均相对原子质量。

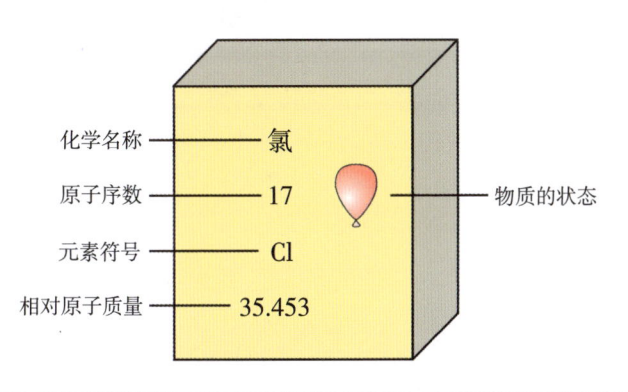

化学名称 —— 氯
原子序数 —— 17 —— 物质的状态
元素符号 —— Cl
相对原子质量 —— 35.453

---

*译者注:按照最佳测量,中子比质子稍重约 0.1%,此处忽略不计。

自然界中的氯元素存在两种同位素
平均原子质量＝35.453 u

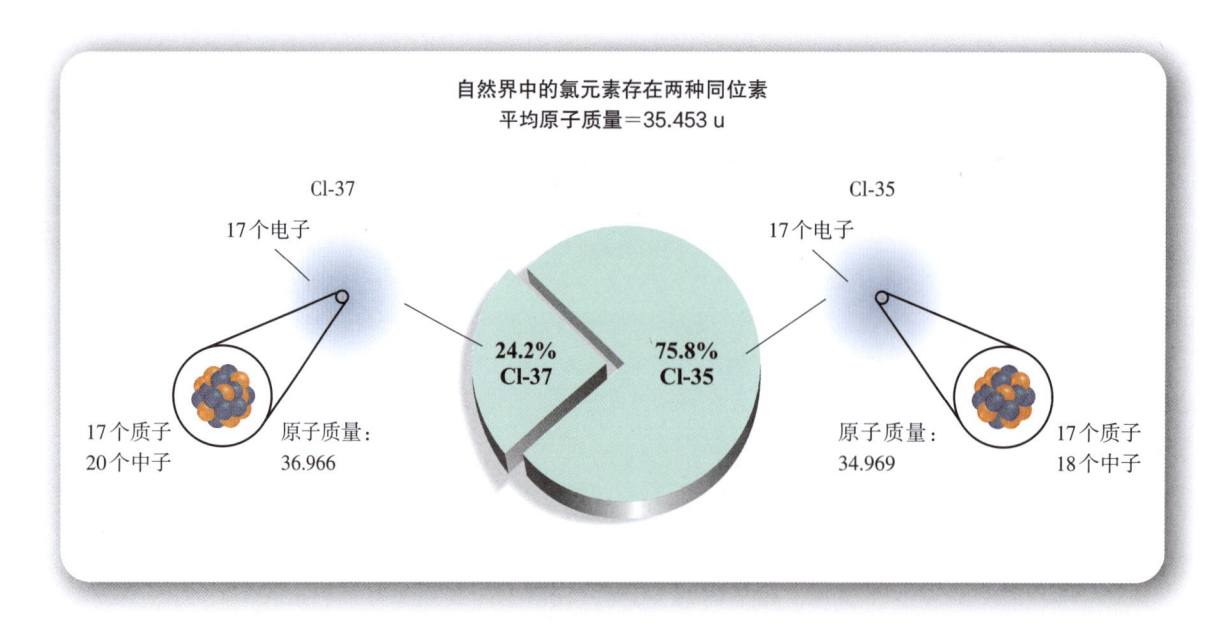

Cl-37
17个电子
17个质子
20个中子
原子质量：36.966
24.2% Cl-37

75.8% Cl-35
Cl-35
17个电子
原子质量：34.969
17个质子
18个中子

■ 图 2.16 你需要计算出各个同位素的质量占比，你才能计算平均原子质量。比如氯元素，你需要考虑两种同位素：Cl-37 和 Cl-35。

今天，除不稳定的同位素以外，科学家已测得了所有同位素的质量和丰度，并运用测得的数据计算出了大部分元素的平均原子质量。**图 2.16** 展示了两种典型的氯元素的同位素。如果有 1000 个氯原子，那么其中应有 758 个 Cl-35，其总质量应为 758×34.969 u＝26 507 u；另有 242 个 Cl-37，其总质量为 242×36.966＝8 946 u。1000 个氯原子的质量就为 26 507 u＋8 946 u＝35 453 u，即每个氯原子的平均质量是 35.453 u。

第1节 本节回顾

要点梳理
- 科学家会根据观察而提出假设。
- 道尔顿原子理论表明物质是由不可分割的原子构成的。
- 19世纪末20世纪初，实验证实原子的质量集中在较小的原子核上。
- 原子核中质子的数目即为原子序数，也等于电子数。
- 同一元素的原子通常有相同的质子数和电子数。

1. **主要 概念** 画图示意一个典型原子的结构，并标明不同位置上的各个亚原子粒子。
2. **总结** 根据定比定律，科学家可以得出什么结论？
3. **解释** 科学家是如何判断阴极射线带有负电荷的？
4. **对比** 同种元素的不同同位素之间有何差别？
5. **列出** 回顾**图 2.15**，查看书中所附的元素周期表，并且列出表中所给的溴元素的全部信息。
6. **推断** 为什么卢瑟福认为，原子核带正电荷而不是负电荷？请总结一下卢瑟福领导的研究小组所取得的有关原子结构的成果。
7. **评价** 科学家常常运用碳的同位素(这种同位素含有6个质子和8个中子)来测定史前化石的年代。这种同位素的原子序数是多少？它有多少个电子？其质量数又是多少？

第2节

核心问题
- 如何构建电子与现代原子理论的关系?
- 如何比较原子中的电子能级?
- 如何用路易斯理论绘制价电子的电子结构?

术语回顾
原子: 已知组成物质的最小粒子。

关键术语
电磁波谱
发射光谱
能 级
电子云
价电子
路易斯电子式

原子中的电子

主要 概念 每个元素都有其独特的电子排列。

链接真实世界 想象一下,你正在爬梯子,你总是在某根横档上。如果你试图站在两根横档之间,除非你可以站在空气上,否则这是不可能实现的。当电子在不同能级运动时,就如同人在梯子上爬上爬下一样。

电子的运动

原子内部大部分是空的,但并不是全空的。原子中空的部分就是电子活动的空间。现在,就让我们仔细地来看看,科学家是如何探索电子的运动以及原子中电子的排列的。

电子运动及能量 既然电子带有负电荷,而原子核含有质子并带有正电荷,那么,为什么电子并没有被原子核吸引过来并结合在一起呢?在20世纪初,科学家也对这一问题感到迷惑不解。

丹麦科学家丹尼尔斯·玻尔(1885~1962,早期曾与卢瑟福共事)认为,电子必定具有足够的能量,这样它才能在原子核的周围不断地运动。为此,玻尔将电子的运动与太阳系中行星的运动进行了比较。玻尔认为,虽然行星与太阳之间通过万有引力彼此吸引,但正是因为行星具有足够的能量,才使它们可以稳定地处在固定的轨道上围绕太阳旋转。玻尔的这个说法是正确的。今天,我们正是借助这个原理发射人造卫星:通过火箭给予人造卫星足够的能量,使它能够在围绕地球的轨道上稳定地运行,如**图 2.17**所示。电子有足够的动能来摆脱原子核对它的吸引,使它能绕原子核不断地运动。玻尔在1913年提出了一个原子的新模型,这一模型被称为行星模型。

■ **图 2.17** 人造卫星在轨道上运行时,可以平衡引力的作用。当卫星的运行速度增大时,它就会移动到离地球更远的轨道上。

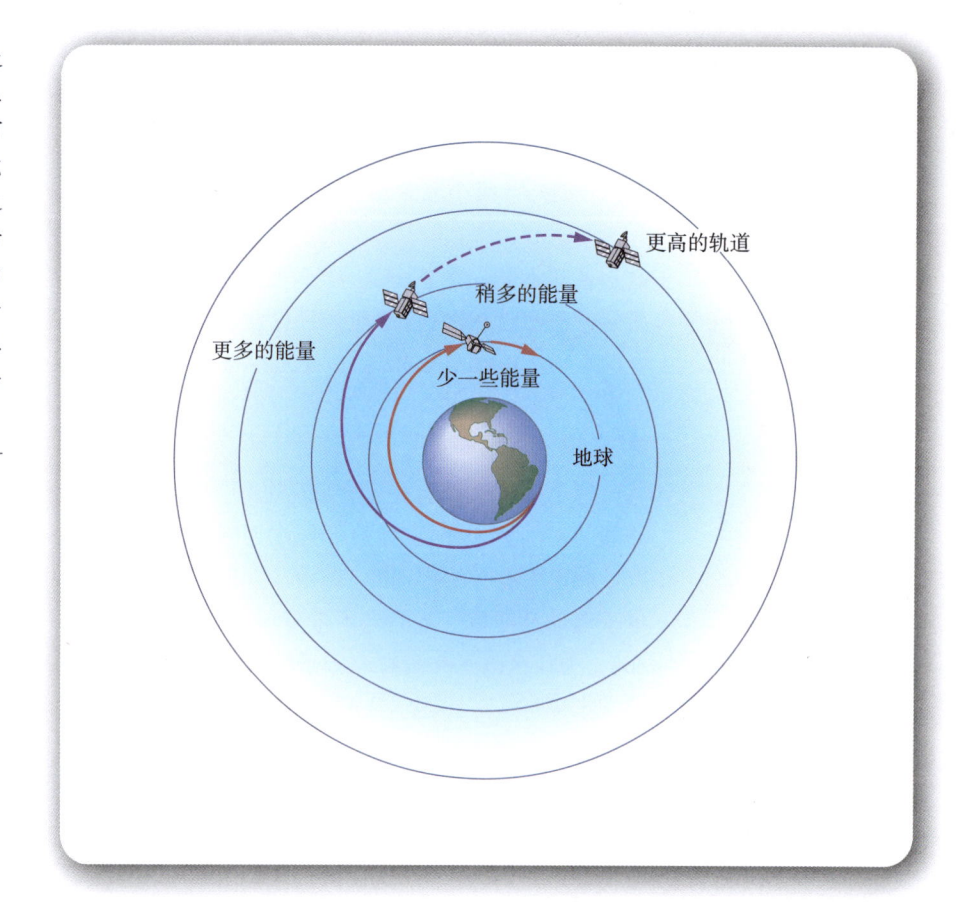

■ **图 2.18** 人造卫星几乎可以在地球周围的任何轨道上运动，究竟在哪一轨道上运动，则取决于发射时火箭给予它的能量。但是，原子中的电子只能在具有一定能量的特定轨道上运动。

现在，人类发射的人造卫星，其上升的高度取决于火箭所给予的能量大小。如果给的能量多一些，卫星就上升到离地球更高一些的轨道上；如果给的能量少一些，那么卫星就会降低到离地球近一些的轨道上，如**图 2.18**所示。但是，原子中电子的运动与卫星的情况仍有差异。实验证明，原子中的电子具有相对固定的能量，并且只在固定的一些轨道上运动。玻尔的模型解释了这一现象。

电磁波谱

要想将卫星发射到更高一些的轨道上，就需要火箭提供更多的能量。为电子提供能量有两种方法：一种是通过高压电流给电子更多的能量；另一种是借助电磁辐射，也称辐射能。辐射能是以波的形式传播的，这种波既有电的性质，又有磁的性质，故称为电磁波。太阳光就是电磁波，它可以在真空中传播；太阳发出的电磁波每天给我们带来能量。电磁波是以光速传播的，在真空中，其传播速度大约为 3×10^8 m·s^{-1}。

频率和波长是波的两个基本性质。物体每秒振动的次数，称为波的频率，其单位是赫兹(Hz)。波长是连续两个波相应点之间的距离。由于电磁波都以相同的速度(即光速)传播，因此，电磁波的波长只由频率决定。频率越低，波长越长；频率越高，波长越短。

波长

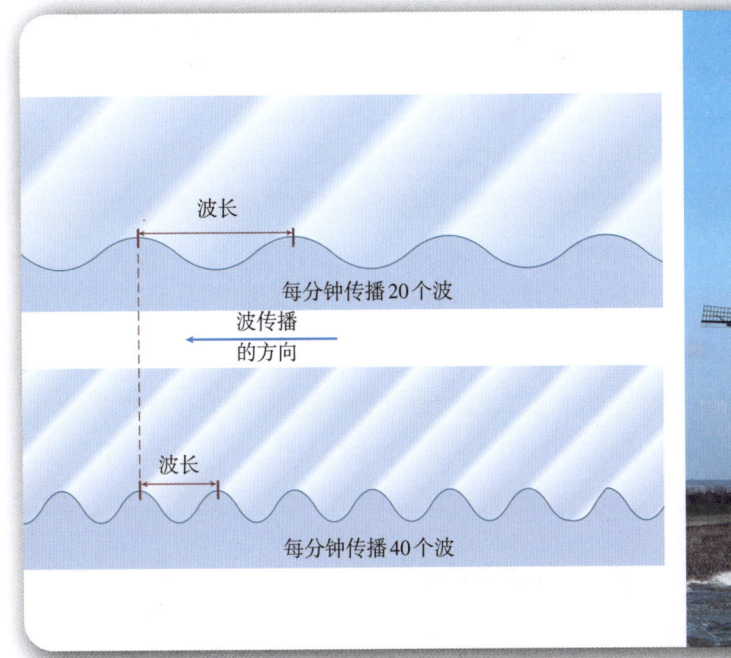

每分钟传播20个波

波传播的方向

波长

每分钟传播40个波

波传播能量 你是否曾看到过海浪拍打沿岸的礁石，或者在室外的一声巨响后，感受到房内物品的振动？如果你有这种经历，那么，你就对波可将能量从一个地方传到另一个地方这一特点有了感性的认识。如**图2.19**所示，电磁波也具有波的这种性质。与声波、水波不同的是，电磁波能在真空中传播。

电磁波可以分为无线电波、微波和我们常见的可见光波等。无线电波就是用于传送无线广播、电视信号的电磁波；微波一般用于加热食品，如微波炉、微波烤箱。上述这些形式的辐射，都属于 ==电磁波谱（eletromagnetic spectrum）== 中的一部分。部分电磁波如**图2.20**所示。

■ **图2.19** 波能传递能量。建在海岸上的建筑会经常遭到海浪的拍打，由于海浪的能量传递，建筑可能会被破坏。在照片中可以看到，人们往往会建造一些砖墙来保护建筑。

■ **图2.20** 所有可见光混合后就变成了白光。当白光透过棱镜或经过衍射格栅时，就会分解成各种颜色的可见光，形成可见光谱。太阳光照射到雨滴时，也会分解成有色光，有时会形成彩虹。

69

在电磁波谱中,可见光只占一小部分。完整的电磁波谱如**图**2.21所示。电磁波谱包含所有不同形式的电磁辐射,不同辐射的波长和频率不同。请注意,频率高的电磁波所携带的能量要比频率低的电磁波所携带的能量多。无线电波的波长可达30 000 m,比γ射线(波长可小至$3×10^{-14}$ m)的能量要低得多。在你学习光与原子结构的关系时,记住这一点非常重要。

■ **图2.21** 所有形式的电磁波都能与物体发生作用。波穿过物体的能力的大小与波所具有的能量大小有关。请注意,图中所示的波谱不在界线处中断,还有更长的无线电波和更短的伽马射线。

A. 无线电波在所有的电磁波谱中频率最低。中波(AM)的频率范围是550~1 700 kHz,相应的波长则为200~600 m。

B. 微波的频率低,能量也小,一般用于传播信息和加热食品。

C. 红外线比可见光的能量要少。人体及大部分的物体均可发出红外线。在火堆或电热炉旁边,人会感到热就是红外线辐射的缘故。

D. 可见光是电磁波谱中人的眼睛可以看见的那部分电磁波。人的眼睛和大脑将不同频率的电磁波区分为不同的颜色。

E. 紫外线所带能量较可见光多。太阳中含有一定量的紫外线,可引起人体皮肤病。地球上空的臭氧层可吸收太阳光的大部分紫外线。

F. X射线的频率较γ射线稍低,但仍被称为高能射线。X射线能穿过较软的人体组织,但无法穿过人体中如骨头那样的硬组织。

G. γ射线的频率最高,波长最短,由于其电磁波谱能量最大,因此可以穿过大多数的物体。

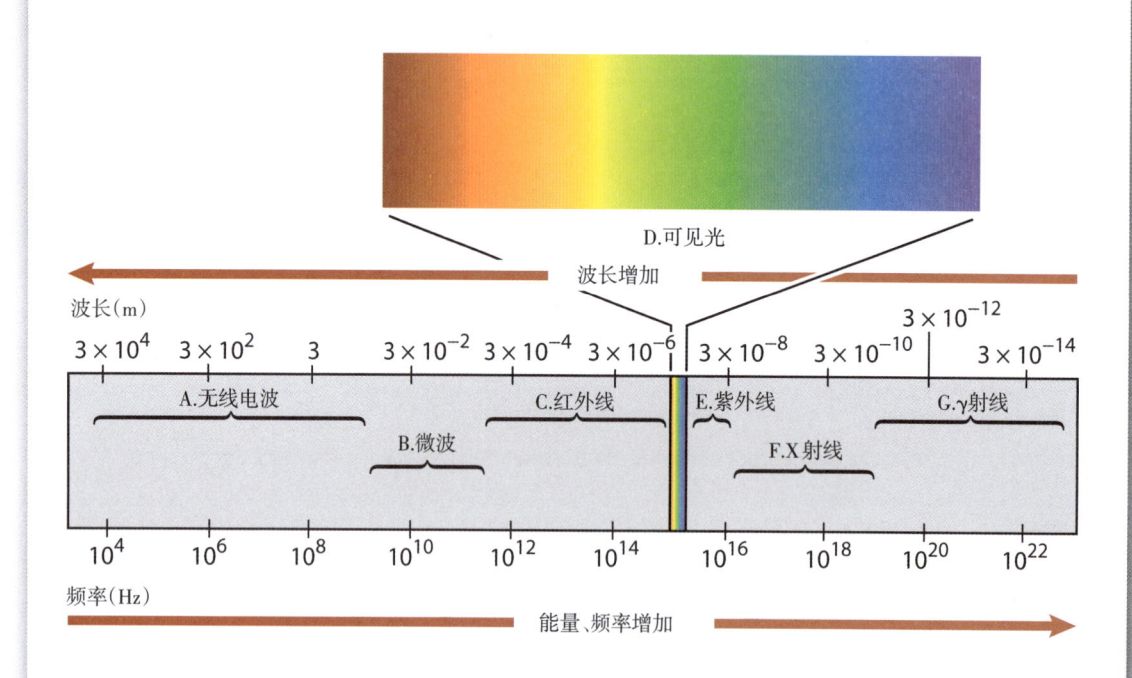

电磁波谱

物理学 链接

北 极 光

在现实生活中，也许你从来也没有见过像**图2.22**中那样照亮夜空的彩光。这种令人着迷的北极光，仅仅出现在离地球100～1 000 km的北极上空。曾经有人认为，这种光是极地冰原反射阳光而形成的。现在，科学家已经知道极光是由太阳风引起的一个可视现象。

北极光产生的原因 北极光是由太阳风引起的。太阳风是来自太阳的电子流和质子流。这些高能的带电荷的粒子到达大气层时，被地球的磁场捕获，并继续穿越电离层，再与空气中的氧气、氮气结合，将所带的能量传递给这些气体，从而使这些气体中的原子内的电子发生能级跃迁，进入能量较高的能级。当处于较高能级的电子回到较低的能级时，就以发光的形式将吸收的能量释放出来。

北极光的特征 当分子释放的辐射能的频率在可见光范围内时，就会形成我们所看到的北极光。例如，在100～200 km高空的氧原子可以释放出白绿色的光；在200 km以上高空的氧原子，由于强烈的磁暴，可以释放出深红色的光。

而在低于100 km的电离层高度，氮原子受到电子的撞击释放出淡红色的光，可以在北极光的底边看到。在高于200 km的大气层中，氮原子可以释放出蓝紫色的光。

在北极地区，高能的质子和电子是沿着地球的磁感应线运动的，因而它们放出的大多数是可见光。由于这些光线是在地球的磁极处产生，这说明，正是在这里，质子和电子才与氧气和氮气发生相互作用，从而产生了色彩斑斓的北极光。在地球的南极，也可见到类似的光，称为南极光。

■ **图2.22** 在极地可以看到北极光。

北极光（aurora borealis）的名字是根据罗马的黎明女神欧若拉（Aurora）和希腊语"北风"（boreas）两词结合而成的。同样，南极光（aurora australis）的名字是根据欧若拉（Aurora）和拉丁语"南边的"（australis）两词结合而成的。

化学 链接

1. **应用** 北极光与原子的结构有何关系？
2. **推断** 根据北极光的什么性质可以断定，它是由太阳风引起的，而不是冰山反射太阳光的结果？

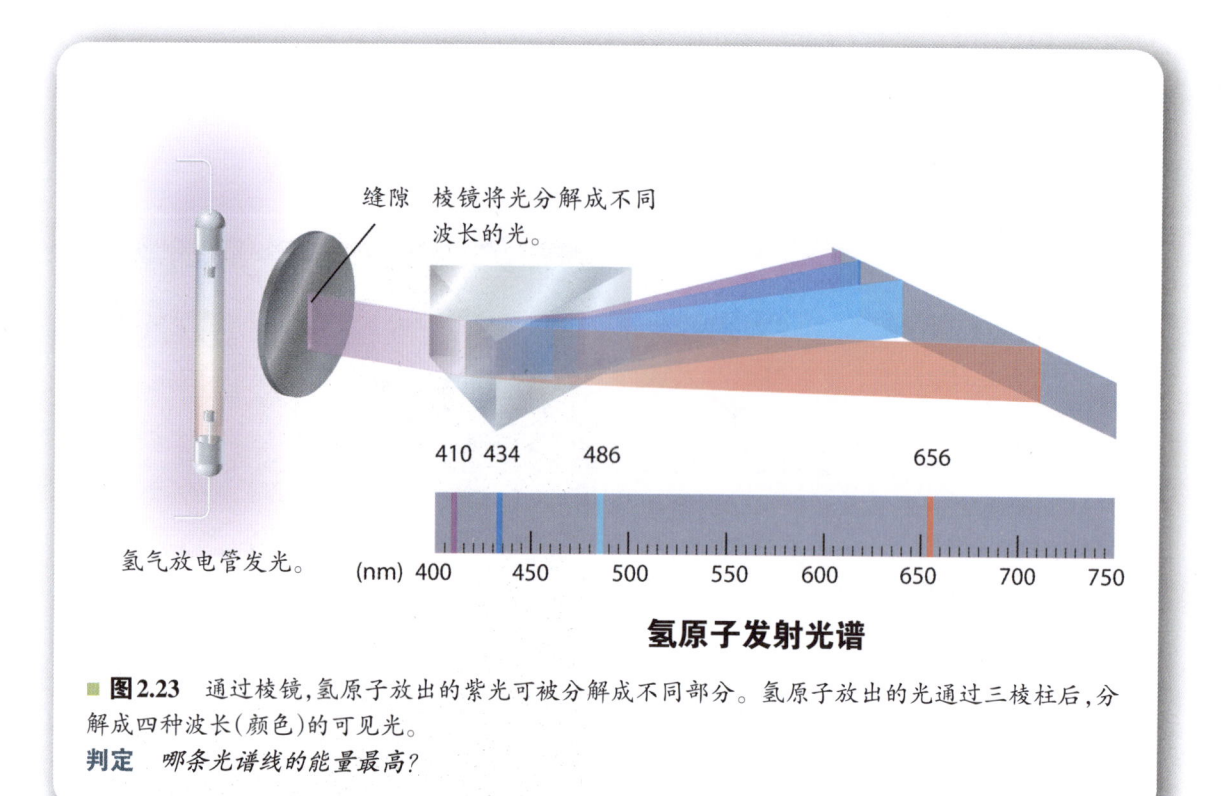

缝隙　棱镜将光分解成不同波长的光。

410　434　　486　　　　　　　656

(nm) 400　　450　　500　　550　　600　　650　　700　　750

氢原子发射光谱

氢气放电管发光。

■ **图 2.23**　通过棱镜,氢原子放出的紫光可被分解成不同部分。氢原子放出的光通过三棱柱后,分解成四种波长(颜色)的可见光。
判定　哪条光谱线的能量最高?

电子与光

电子与电磁波谱存在什么样的关系呢?关系就在于电子运动的能量与辐射能量。科学家做过这样的实验:将高压电流通过氢气,发现有部分能量被氢气吸收了,而吸收了能量的氢气(受激电子)就会以光的形式将所吸收的能量释放出来,如**图 2.23**所示。如果将氢气释放的光通过三棱柱,可以发现,这些光只含有部分可见光,而不是组成白光的所有色光。受激原子所释放的光谱称为元素的**发射光谱**(**emission spectrum**),每种元素的发射光谱都不同。

能级存在的证据　如何解释氢原子的发射光谱只有四种光线呢?玻尔理论认为,当电子吸收能量后,就会跃迁到较高能量的状态。当处于激发态的这些电子以光的形式释放出所吸收的能量后,仍会回到原来的能量状态。但是,为什么所放出的只是几种光线呢?为此,玻尔假设,电子只能具有一定量的能量。这就是说,电子所吸收的能量,只能使电子进入一定状态的能级。这样,当电子返回低能级状态时,只能放出具有这些能量的光,这一关系如**图 2.24**所示。

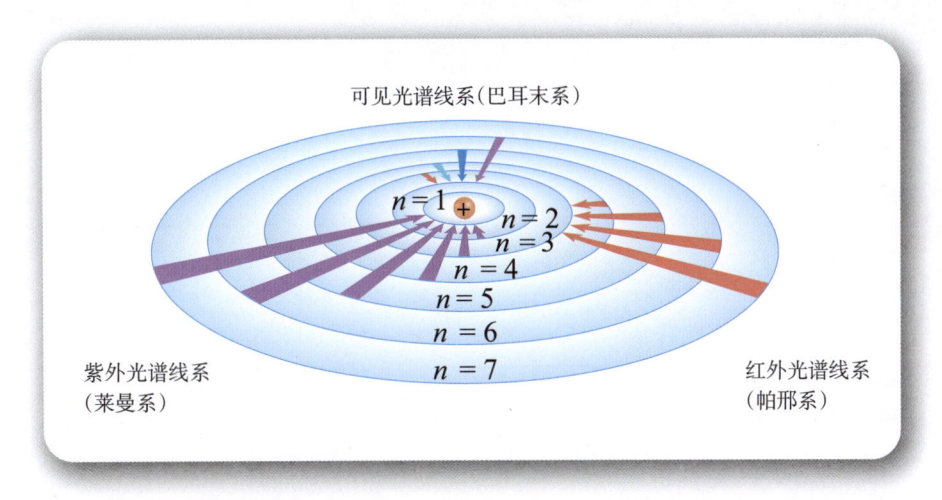

■ 图2.24 这幅氢原子的能级图表示科学家是如何解释发射光谱的。当电子从高能级返回至低能级时会释放光子。紫外、可见、红外光谱线系与电子从高能级返回至 $n=1$、$n=2$、$n=3$ 能级时所放出的相对应。请注意，电子回到最低能级时放出紫外线，返回到第3能级时则放出红外线。

由于电子只能具有一些特定的能量，因此，玻尔认为，电子只能在离原子核一定范围内且相当于电子所具有的那些能量的距离上运动。原子核周围电子可以运动的这些区域，就称为**能级（energy level）**。能级好比梯子，当人在梯子上爬上爬下时，脚只能搁在梯子的横档上，不能搁在横档之间。

相同的原则可运用于原子中能级间运动的电子。就像你的脚只能搁在梯子的横档上一样，电子也只能处在一定的能级上，而不能处于两个能级之间。当电子吸收了某个特定的能量后，就可跃迁到相对高的能级上。这个量就是电子跃迁的两个能级之间的能量差。当电子返回到相对低级的能级时，就以光的形式将两个能级之间的能量差释放出来。你可以将电子在能级之间的迁移与上下爬梯子比较，如**图2.25**所示。

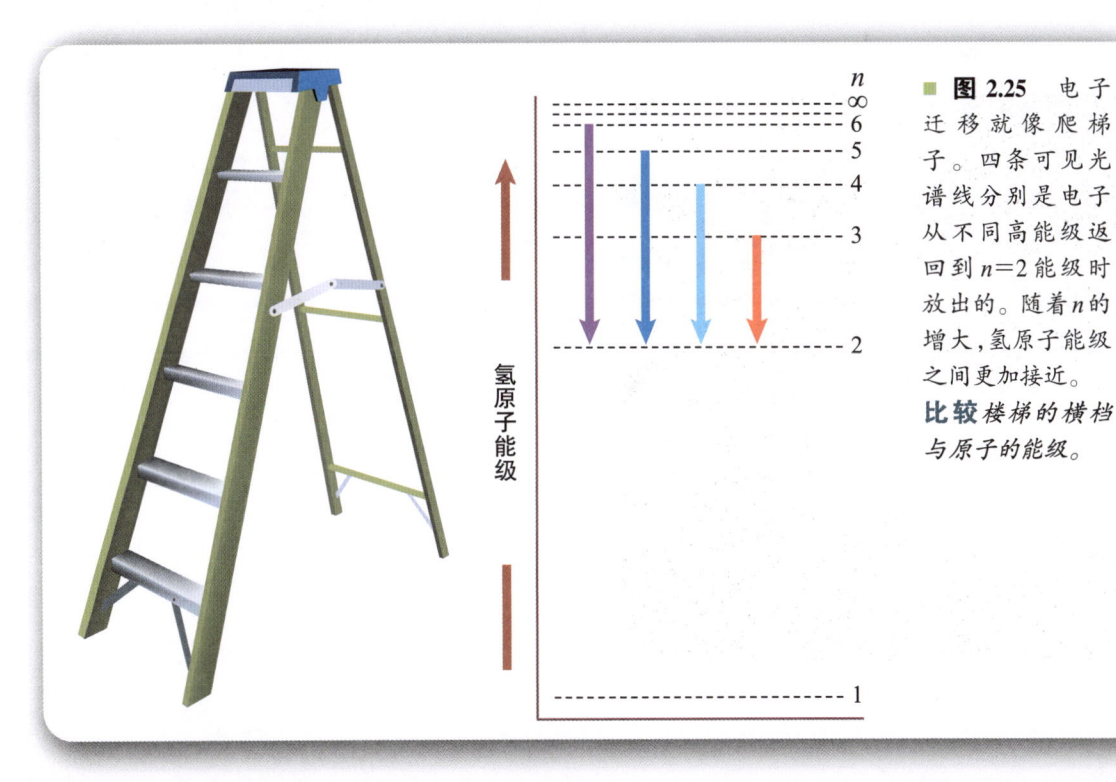

■ 图2.25 电子迁移就像爬梯子。四条可见光谱线分别是电子从不同高能级返回到 $n=2$ 能级时放出的。随着 n 的增大，氢原子能级之间更加接近。**比较**楼梯的横档与原子的能级。

73

生活中的化学

色彩斑斓的烟花

在你观看如**图 2.26**所示美丽的烟花时,你也许不会想到这与化学有关。但是,生产商在生产烟花时,就必须牢记有关的化学知识。在燃放烟花时,人们也必须注意有关的安全事项,以免失火与爆炸。

烟花的化学 大多数的烟花都含有以下成分:氧化剂、燃料、结合剂以及着色剂。氧化剂是主要成分,占烟花总量的38%~64%。常用的氧化剂叫高氯酸钾,化学式为$KClO_4$。点燃时,氧化剂会分解成盐酸,增加烟花的亮度,并使烟花色彩斑斓。氧化剂还会氧化其中的结合剂,如铝和镁等,与之发生放热反应,使燃放时产生爆鸣声以及美丽的烟花。燃放时产生的爆鸣声来自于气体的迅速膨胀。结合剂铝和镁则使得烟花变成蓝白色。结合剂除了可使点燃后的温度升高外,还有将各种成分黏结起来的作用。

焰火的颜色	产生焰火的盐
红色	锶盐、锂盐 碳酸锶($SrCO_3$)为亮红色 碳酸锂(Li_2CO_3)为红色
橙色	钙盐 氯化钙($CaCl_2$) 硫酸钙水合物($CaSO_4$)
黄色	钠盐 硝酸钠($NaNO_3$) 冰晶石(Na_3AlF_6)
绿色	钡盐 氯化钡($BaCl_2$)为亮绿色
蓝色	铜盐 乙酰亚砷酸铜($C_4H_6As_6Cu_4O_{16}$)为蓝色 氯化亚铜($CuCl$)为翠蓝色
紫色	锶盐(红色)和铜盐(蓝色)的混合

色彩的产生 在制作烟花时,常常选用如上表所示的各种金属盐,以产生各种色彩的烟花。烟花中的结合剂,必须科学地进行选择,以免在贮存及运输时其与这些金属盐反应而发生爆炸。

■ **图2.26** 色彩斑斓的烟花在夜空中绽放。

进一步探索

1. **应用** 根据你已学的知识回答,表格中哪种盐所发出的光的波长最短?
2. **推断** 烟火中的氧化剂可以迅速分解放出氧气,后者使燃料燃烧。那么,为什么烟火中必须使用氧化剂,而不是直接从空气中获得氧气?

迷你实验 2

元素的发射光谱

你能观察并比较白光和几种元素的发射光谱吗 原子中的电子在能级间跃迁的结果是发射出光波。分析原子所发射的光波，可以了解原子中有关电子排布的信息。

实验步骤

1. 阅读并完成实验安全表格。
2. 从老师那里领取1个衍射光栅，将其悬挂在黑板的边缘，注意不要让其接触周围的透明物体。透过光栅观察从白炽灯发出的光线，观察时，光栅可以拿近一些。记录观察到的现象。
3. 用同样的方法观察含有氢气的光谱管发出的光线，记录观察结果。为了有较好的观察效果，你需要在离光谱管几米远的地方进行观察。**注意：光谱管加有高压电，观察时禁止与管或其他任何部位接触。**
4. 用老师提供的其他光谱管重复步骤3，分别记录观察结果。

分析与讨论

1. **解释** 为什么元素的发射光谱中只有少数几种光波？
2. **推断** 如果每种氢原子只有1个电子，那么，它的发射光波会是怎样的？
3. **解释** 为什么其他元素所发射的光谱线数量比氢原子多？

电子云模型

经过20世纪一系列的研究，科学家发现，原子核外的能级并不是像太阳系中的行星轨道那样，而是呈一个个球状的区域。在这些区域里，电子出现的可能性最大。如**图 2.27**所示，在原子核外，电子本身只占据很小的空间，但可以在原子核周围的较大空间里高速运动。这些围绕原子核周围、电子出现的球状区域，科学家称之为**电子云**(electron cloud)。

> **折叠式学习卡**
>
> 将本节中的信息归纳到你的折叠式学习卡中。

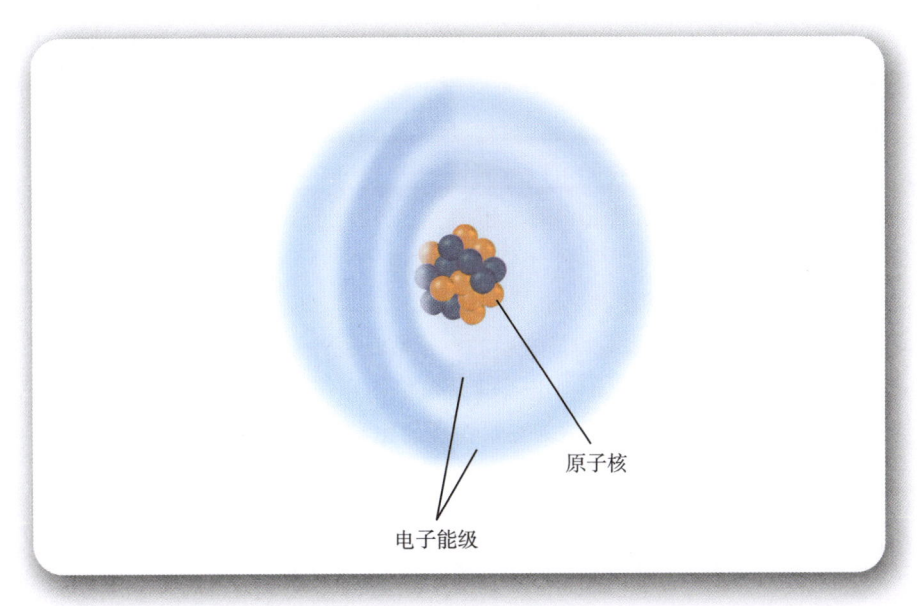

■ **图 2.27** 原子的电子云模型中，能级就是以原子核为球心的球面。如图表示原子的电子云模型，颜色较深的地方表示电子出现机会最多的区域，而颜色较浅的地方，一般认为是电子不太会出现的区域。

（原子核、电子能级）

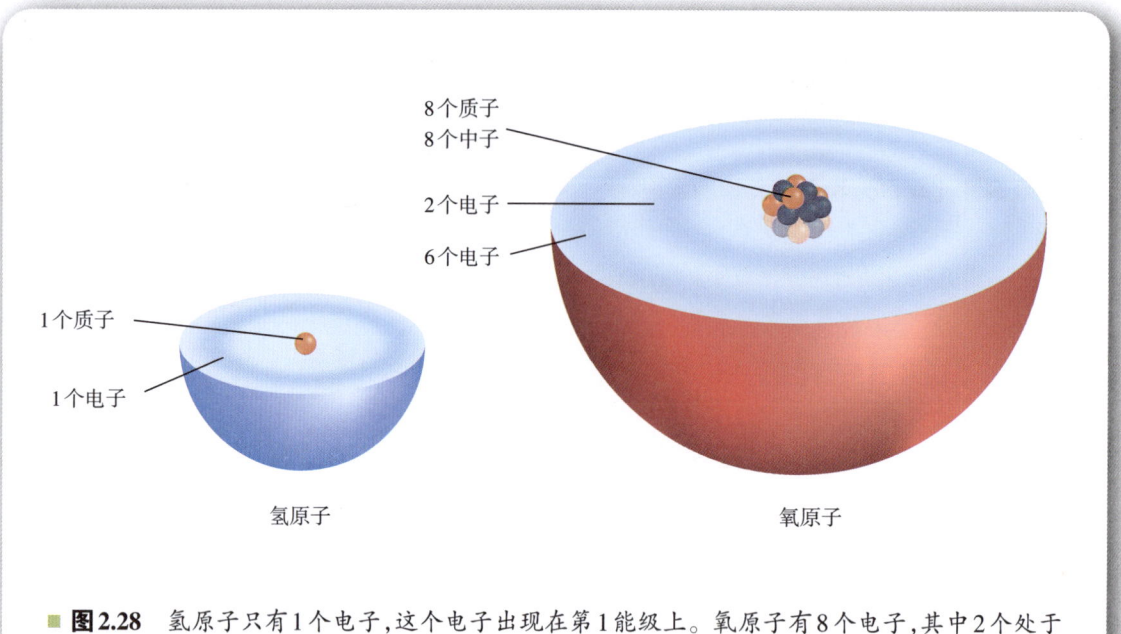

8个质子
8个中子
2个电子
6个电子

1个质子
1个电子

氢原子　　　　　　　　氧原子

■ **图2.28**　氢原子只有1个电子,这个电子出现在第1能级上。氧原子有8个电子,其中2个处于第1能级,其余6个处于第2能级。
鉴别　1个氦原子有2个电子,这2个电子会在哪个对应的能级上?

能级中的电子　在能级中,电子是如何排布的呢?科学家发现,每一个能级可以排布的电子数量是有限制的。能量最低的能级,占有的空间最小,但离核最近,这一能级最多只能排布2个电子。第2能级比第1能级稍大,离核也远一些,这个能级最多可以排布8个电子。第3能级则更大一些,最多可以排布18个电子。

图2.28画出了氢原子和氧原子的能级与电子云。

价电子　我们还将学习更多的有关原子核外电子排布的知识。在这里,我们最重要的是要了解原子最外层的电子。原子最外层的电子称为**价电子**(valence electron)。由**图2.28**可以看到,氢原子只有1个价电子,氧原子有6个价电子。利用元素周期表,我们可以预测第1、2、13、14、15、16、17及18族元素的价电子数。第1族的所有元素的原子,它们的价电子数目与氢原子一样,都只有1个;而第2族元素的所有原子,有2个价电子;从第13族到第18族,原子的价电子依次从3个到8个。

为什么需要了解原子的最外层的电子数目呢?本节开始时曾经说过,当原子彼此接近时,两个原子的电子就会发生相互作用。事实上,发生作用的正是这些价电子。因此,元素的主要物理与化学性质都是原子最外层的价电子数目及电子的排列决定的。

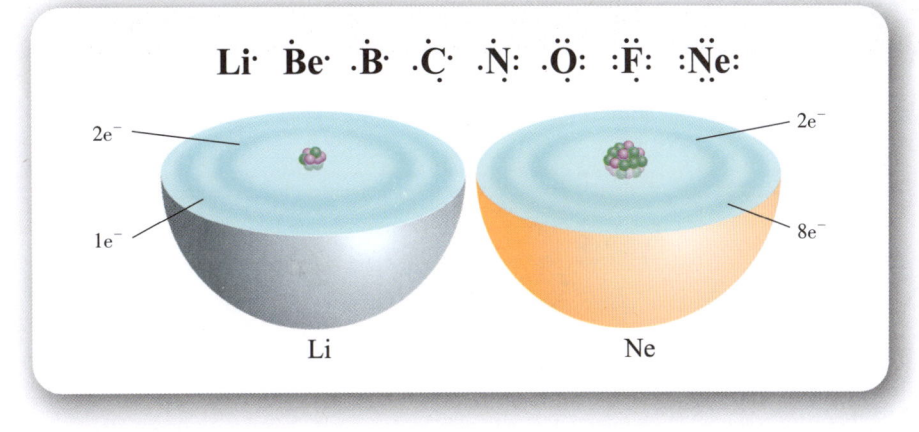

■ **图 2.29** 这里画出的路易斯电子式是元素周期表中一个周期中各元素的价电子变化情况。

路易斯电子式 由于价电子如此重要，因此，有必要使用符号来表示这些价电子。**路易斯电子式（Lewis dot diagram）** 就是表示价电子的常用符号。它用小黑点表示价电子，再将这些点描在元素符号的周围。在电子式中，每个黑点代表一个电子，而元素符号代表原子的内核（除价电子以外的部分）。如**图 2.29** 画出了几种元素的电子式。

补充练习
有关路易斯电子式的额外练习，请见附录C。

精彩预告

有了路易斯电子式，我们就可以方便、快速地表示元素的价电子了。这正如我们有了元素周期表后，就可方便地获取元素的名称、符号、原子序数以及原子质量等重要信息一样。在第3章中，我们将学习元素周期表中元素的排列规律，从而可以了解更多的信息，如原子的电子构型以及利用电子构型来预测元素的许多性质。

第2节 本节回顾

要点梳理
- 电子在原子核外特定能级上绕核运动。
- 能级是电子可能出现的球形区域。
- 能量越高的能级离核越远。
- 电子可以通过吸收能量，跃迁到高能级。
- 路易斯电子式用于表示原子的价电子。

8. **主要** **概念** **描述** 对于下列各元素，请分别指出其原子的每个能级上各有几个电子，再画出每个原子的路易斯电子式：
   a) 氩，有18个电子
   b) 镁，有12个电子
   c) 氮，有7个电子
   d) 铝，有13个电子

9. **推断** 当原子发射光波后，将会发生什么情况？

10. **解释** 现代电子云模型和玻尔最初提出的行星模型有何不同？

11. **描述** 科学家是如何得出有关电子占据在特定的能级上的结论的？

12. **应用** 请举出日常生活中光波传递能量的例子。

第 2 章　学习指南

大概念　原子是构成物质的基础。

第1节　原子和原子结构

主要概念　原子是由原子核和核外电子组成的。原子核包含质子和中子，电子围绕原子核运动。

关键术语
原子　　　电子
原子论　　质子
定比定律　同位素
假设　　　中子
实验　　　原子核
理论　　　原子序数
科学方法　质量数
科学定律

要点梳理

- 科学家会根据观察而提出假设。
- 道尔顿原子理论认为，物质是由不可再分的原子构成的，同一元素的所有原子基本相同，而不同元素的原子则不同。
- 19世纪末20世纪初的大量实验揭示：原子的质量主要集中在原子中的微小的核上。
- 一个原子的原子序数等于原子核中的质子数，原子所含有的电子数等于核中的质子数。
- 一种元素的各种原子具有相同的质子数与电子数。

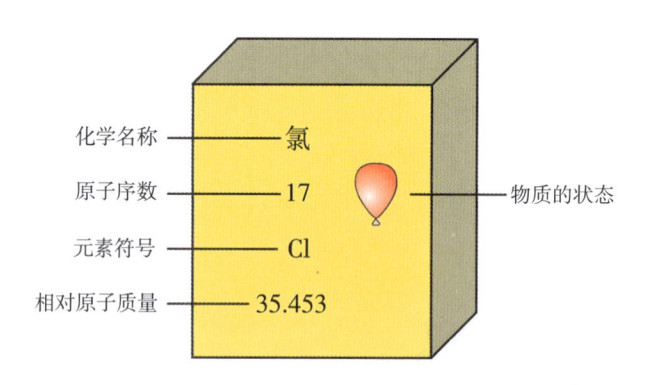

化学名称 —— 氯
原子序数 —— 17
元素符号 —— Cl
相对原子质量 —— 35.453
物质的状态

第2节　原子中的电子

主要概念　每个元素都有其独特的电子排列。

关键术语
电磁波谱
发射光谱
能级
电子云
价电子
路易斯电子式

要点梳理

- 电子在原子核外特定能级上绕核运动。
- 能级是电子可能会出现的球形区域。
- 能量越高的能级离核越远。
- 电子可以通过吸收能量，跃迁到高能级。
- 路易斯电子式用于表示原子的价电子。

78

第 2 章 测评

要点理解

13. 道尔顿原子理论是如何解释质量守恒定律的?
14. 为了检验假设,为什么必须要经过多次重复实验?
15. 钙的原子序数是多少?从原子序数中,我们可以得到关于钙的哪些信息?
16. 如果原子核内有12个质子,那么原子中有多少个电子?请解释。
17. 钠原子有11个质子、11个电子、12个中子,则钠的原子序数是多少?质量数又是多少?
18. 图2.30所示的扇形图展示了自然界中两种银原子的丰度。更丰富的同位素的原子质量比107略低一点,但是元素周期表中银的平均原子质量大约为107.9,为什么它会更高?请解释。

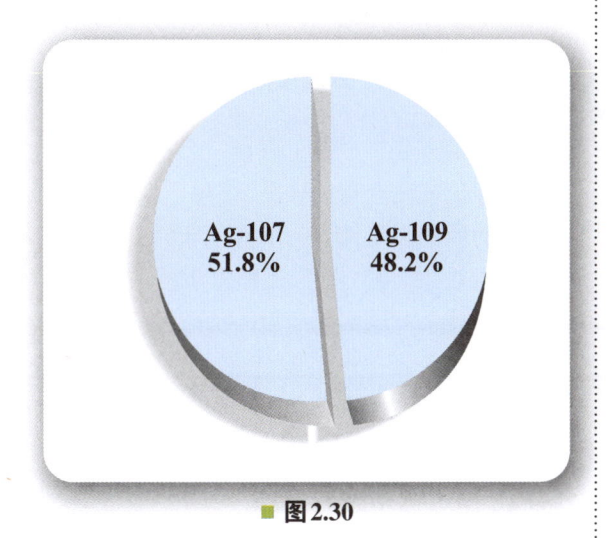

Ag-107 51.8%　　Ag-109 48.2%

■ 图2.30

19. 请描述频率、波长及电磁波能量间的关系。
20. 画出含有14个电子的硅的路易斯电子式。

应用概念

历史链接

21. 拉瓦锡发现,空气不是一种纯净物,而是由氮气和氧气组成的混合物。他还把氧气称为"一种创造历史的物质"。为什么我们认为这种观点是正确的?

物理学链接

22. 太阳风与来自太阳的电磁辐射有何不同?

生活中的化学

23. 发射宇宙飞船的火箭中,既要携带燃料,又要携带氧化剂。为什么这种火箭中必须携带氧化剂?

化学与社会

24. 质量守恒定律是自然界的普遍规律。但为什么说,废旧玻璃对环境的危害要比地上的落叶和食品残渣严重得多?

批判性思考

因果联系

25. 为什么说卢瑟福的金箔实验的结果与玻尔的原子理论是一致的?

观察与推断

26. 科学家是如何解释下面的事实:氢原子的发射光谱是不连续的,而是一组不同颜色的光线。

对比和比对

27. 一个原子含有12个质子、12个中子和12个电子,另一个原子含有12个质子、13个中子和12个电子,这两个原子有何关系?

第 2 章 测 评

数据分析

28. 迷你实验1 假如在**迷你实验1**中，你获得了如**表2.2**所示的数据，请完成表中的空白部分，并计算出混合物中每枚硬币的质量。

表2.2	硬币的类型	
	1982年前（含1982年）生产	1982年后生产
10枚的总质量	30.81 g	25.33 g
1枚的质量		
硬币的数量	34	55
每一类的平均质量		
平均质量		

应用概念

29. 迷你实验2 氢的发射光谱中，哪一条表示其电子是从最高能级返回的？

观察与推断

30. 化学实验 你认为实验中所使用的锌的量为什么不能超过0.28 g？

比较

31. 有一种电磁波的频率是10^{21} Hz，请根据**图2.21**判断它发出哪一类电磁波。另一种电磁波的频率是10^{17} Hz，请比较这两种波的波长及其具有的能量大小。

日积月累

32. 区别混合物、溶液和化合物。

33. 假设有人给你两个看上去完全一样的灌满了无色液体的瓶子，请提出一种方法来确定两个瓶子中的液体的密度是否相同。注意不能打开瓶盖。

技能训练

34. 因果联系 一位化学系的大学生想测量玉米加工前后的质量。根据包装袋上说明，她将加工好的爆玉米花从微波炉中取出后直接打开，以让其中的水蒸气逸出，然后再称重。她发现，玉米在加工后的质量比加工前少了 0.5 g。请问，在加工过程中，哪种物质消失了？请解释。

科技写作 化学

35. 燃素说 选择"燃素说"进行一次研究。分析一下，当时相信"燃素说"的人们是如何用这一学说来解释燃烧、金属的氧化以及熔融矿石以获取金属的。运用现代术语写一篇短文，说明什么是"燃素说"。

解决问题

36. 一化学家分析测定了取自三个不同地方的铜和硫的化合物的样品，获得了如**表2.3**所示的数据。先计算一下各化合物中铜和硫的质量比。想一想，三种物质的质量比说明了什么？该实验的目的是想证明化学中的哪一条定律？实验结果是否表明，同类化合物中，两种元素的质量比一定相同？解释原因。

表2.3	结果总结		
样品序号	样品的质量	铜的质量	硫的质量
1	5.02 g	3.35 g	1.67 g
2	10.05 g	6.71 g	3.34 g
3	99.6 g	66.4 g	33.2 g

标准化测试

1. 为什么我们一般不认为希腊哲学家是严格意义上的科学家?

　　a) 他们对物质以及宇宙的结构提出了一些不准确的理论。

　　b) 他们没有运用现代科学的仪器来处理所要考察的对象。

　　c) 他们没有运用大量的实验来证实他们猜想。

　　d) 他们的很多观察是基于神话与迷信的。

2. 原子核中带正电的亚原子粒子是

　　a) 电子。　　　　c) 中子。

　　b) 同位素。　　　d) 质子。

3. 卢瑟福在金箔实验中,究竟凭借什么断定原子中的绝大部分空间是空的?

　　a) 打在金箔上的带正电荷的粒子,受到金原子核的作用,改变了原来的方向。

　　b) 打在金箔上的带正电荷的粒子,受到金原子内电子的吸引。

　　c) 绝大多数带正电荷的粒子会保持原有的方向直接穿越金箔层。

　　d) 打在金箔上的放射性粒子,会激发金原子释放出它们固有的辐射。

4. 决定原子内电子与核距离的因素是什么?

　　a) 电子的能量多少。

　　b) 电子的质量大小。

　　c) 电子所处的能级。

　　d) 电子的电磁频率。

一位化学工作者的笔记本中记录了一篇食物化学报告中的几个陈述

A. 机体摄入的饮食中的原子总数,必须等于机体储存和排放的原子总数。

B. 包装良好的食物可以长期放在货架上,而不会滋生霉菌。

C. 跟踪观察大量人群后,发现过量饮食软饮料,会增加肾脏患病的风险。

D. 在对34名志愿者跟踪和检测后发现,持续一周的饮食为全麦、新鲜蔬菜和水果,可以让每个人平均减轻1.8 kg体重。

根据上表,回答5～7题。

5. 哪个陈述是猜想?

　　a) A　　　　　c) C

　　b) B　　　　　d) D

6. 哪个陈述是理论?

　　a) A　　　　　c) C

　　b) B　　　　　d) D

7. 哪个陈述是科学定律?

　　a) A　　　　　c) C

　　b) B　　　　　d) D

8. 下面哪一个不是混合物?

　　a) 橙汁

　　b) 洗手液

　　c) 食盐

　　d) 空气

考点提示								
测试题号	1	2	3	4	5	6	7	8
对应章节	2.1	2.1	2.1	2.2	2.2	2.2	2.2	2.2

第 3 章　元素周期表导论

大　概念　元素性质的周期性变化的规律使得我们能够预测元素或化合物的物理性质和化学性质。

第1节　元素周期表的发展史
主要　概念　科学家不断发现更好的方法来对元素进行分组和比较，元素周期表也随之不断发展。

第2节　元素周期表的使用
主要　概念　从元素在元素周期表中的位置可以推断其电子排布。

你知道吗？

- 元素在周期表中以纵向和横向的方式有序排列，就像这些保龄球鞋一样。
- 目前的元素周期表中共有118种元素，在自然界稳定存在的只有92种。
- 100多年前，化学家开始探索元素排列的规律。

课前活动

起步实验

用途广泛的材料

利用金属的物理性质，人们可以将金属打造成各种各样的形状，因此，金属在我们的生活中有着十分广泛的应用。

实验器材
- 胶带
- 铜质样品
- 带有灯泡、电线和电池的电灯插座

实验步骤

1. 阅读并完成实验安全表格。
2. 观察老师提供的不同类型的铜质样品。记下你从铜样品上观察到的一切，越多越好。
3. 尝试着慢慢弯曲铜样品（请不要破坏样品本身），记录观察到的现象。
4. 将每个铜样品分别连接到电路中，记录观察结果。

实验分析

1. **对比** 所有这些样品中的铜是否有着共同性质？
2. **比对** 这些铜样品又有哪些不同？列举一些铜在生活中应用的例子。
3. **列出**铜的一些常见应用。思考一下，是什么性质使得金属如此千变万化？

探究 如果换用铅或铝，实验的结果还会是这样吗？设计一个实验来验证你的假设。

折叠式学习卡 学习组织者

元素分类 按以下图示制作折叠式学习卡，帮助你整理有关元素分类的内容。

▶ **步骤1** 把一张纸沿着长边折成三等份。

▶ **步骤2** 展开并沿着折痕画垂直线，再画三条水平线，把纸分成四行。

▶ **步骤3** 列标注：分类、代表性元素、用途，行标注：金属、非金属、准金属。

折叠式学习卡 在第2节中使用该折叠式学习卡。在你阅读的过程中，根据元素的种类将其填入表中并且识别它们的用途。

第1节

核心问题
- 元素周期表发展的几个历程是什么?
- 如何利用元素周期表中元素性质的相似性来预测元素的性质?

术语回顾
电子云:电子在原子核外运动所占据的空间。

关键术语
周期性
周期律

图 3.1 铜、银、金这三种金属被称作货币金属,这是因为人们常常用它们的单质制造硬币。

推断 为什么铜、银、金被分为同一类?

元素周期表的发展史

主要 概念 科学家不断发现更好的方法来对元素进行分组和比较,元素周期表也随之不断发展。

链接真实世界 一年四季,春、夏、秋、冬,周而复始。农民在春季播种,夏季或秋季收获果实。与此相似,早期化学家希望找到一些能反映元素性质变化的规律。

对元素周期表的探索

至1860年,科学家已经发现了60种元素,并测出了它们的原子量*。他们注意到,一些元素之间存在着相似性,为此,一些科学家将有着相似性的元素归为一类,取上不同的名字。例如,**图 3.1** 所示的铜(Copper)、银(Silver)和金(Gold)被称作货币金属(coinage metal);锂(Lithium)、钠(Sodium)和钾(Potassium)被称作碱金属(alkali metal);氯(Chlorine)、溴(Bromine)和碘(Iodine)则被称作卤素(halogen)。同时,化学家也发现在不同类元素间、同类元素内部都存在着性质差异。他们希望将这些元素排列在一张图表内,以方便地展示元素间的异同。因为已经知道元素的原子量,所以早期化学家比较容易想到的是以原子量作为排列元素的依据。

| 铜 | 银 | 金 |

*译者注:现使用相对原子质量。但本书中为了叙述的方便,仍使用原子量这一术语。

表3.1	卤素三素组			
元素	原子量	密度(g·mL⁻¹)	熔点(℃)	沸点(℃)
氯(Chlorine)	35.453	0.003 21	−101	−34
溴(Bromine)	79.904	3.12	−7	59
碘(Iodine)	126.904	4.93	114	185

德贝莱纳的三素组学说 1829年,德国化学家德贝莱纳(J. W. Dobereiner)将部分元素分为仅含有三种元素的几类,这就是著名的"三素组(triads)"学说。每一组的三种元素都有着类似的化学性质,同时它们的物理性质也随着原子量的增大而发生有规律的变化。**表**3.1展示了卤素三素组的成员——氯、溴和碘的原子量、密度、熔点和沸点。**图**3.2展示了这些元素在室温下的状态。

表3.1展示了这三种元素的原子量的变化情况:氯、溴和碘的原子量分别为35.45、79.90、126.90。值得注意的是,溴这个中间元素的原子量与氯、碘原子量的平均值大致相等:

$$\frac{35.45\ u + 126.90\ u}{2} = 81.18\ u$$

"三素组"学说的一个重要特征就是中间元素的原子量约是其他两种元素原子量的平均值。这张表格还展示了随着元素原子量的增大,它们的密度、熔点和沸点也都相应地增大,而且溴对应的数值都处在氯、碘对应数值之间。原子量最大的碘,同样拥有最大的密度、最高的熔点和沸点。

■ **图**3.2 随着原子量的增大,卤素三素组中的物质状态也发生了变化。室温下,氯(左)是气态,溴(中)是液态,而碘(右)则是固态。按照从左到右的次序,它们的颜色从黄绿色过渡为橘红色,再变为蓝紫色。

表3.2		金属三素组			
元素	原子量	密度(g·mL^{-1})		熔点(℃)	沸点(℃)
钙(Calcium)	40.078	1.55		842	1 500
锶(Strontium)	87.62	2.60		777	1 412
钡(Barium)	137.327	3.62		727	1 845

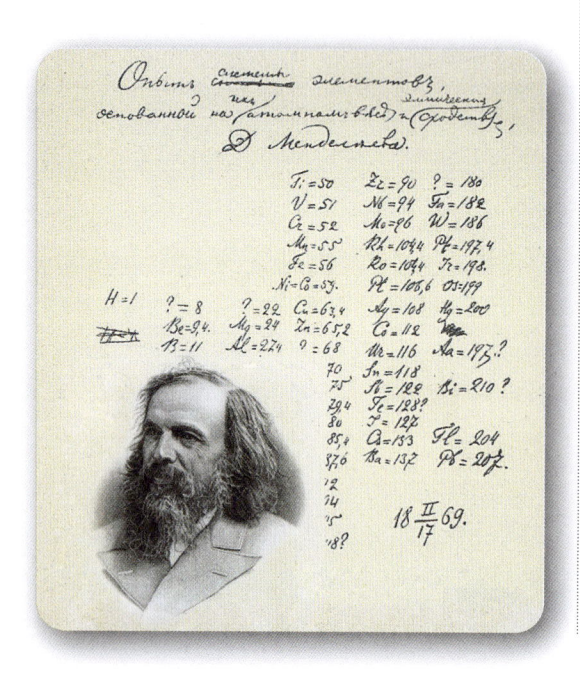

表3.2展示了三种金属密度间的大小关系，而这对于许多三素组来说同样适用。锶的密度（2.60 g·mL^{-1}）非常接近于钙（1.55 g·mL^{-1}）、钡（3.62 g·mL^{-1}）密度的平均值：

$$\frac{1.55 \text{ g·mL}^{-1}+3.62 \text{ g·mL}^{-1}}{2}=2.59 \text{ g·mL}^{-1}$$

这三种金属的密度随着原子量的增大而增大，与卤素三素组的情况相似。

钙、钡原子量的平均值大约为88.70，接近于锶的原子量88.72。钙、锶和钡的熔点也有着类似的规律，但在这个三素组中，沸点的变化却没有任何规律。这种无规律的沸点变化也是金属三素组的典型特征。

德贝莱纳的"三素组"学说将具有相似性质的元素归为一类，反映了元素的物理、化学性质的部分变化规律。同时，三素组的概念也是探求元素性质和原子量之间关系的一次富有启发性的尝试。

门捷列夫的元素周期表　俄国化学家季米特里·门捷列夫（Dmitri Mendeleev），在圣彼得堡大学担任化学教授期间，创建了著名的元素周期表，如**图**3.3所示。在对已知元素的性质进行了仔细分析后，门捷列夫按照原子量的大小排列元素，发现了元素的物理、化学性质会呈现出一种富有规律的变化。例如，铍（Beryllium）和镁（Magnesium），硼（Boron）和铝（Aluminum）之间存在着明显的相似性。元素性质重复性变化的规律也初露端倪。门捷列夫发现，这些规律可以作为识别新元素、预测元素性质的一个重要途径。

■ **图**3.3　在门捷列夫的第一张化学元素表中，处于同一水平线的元素表现出相似性。此外，门捷列夫还用问号代替了一些未知元素，他相信自然界中存在具有这种原子量的元素。

门捷列夫的第一张元素周期表 1869年,门捷列夫将元素依照原子量从小到大的顺序进行排列,制作了一张化学元素表。在排序的时候,他将最轻的元素放在第一位,纵列中依次写下质量大一些的元素。当遇到一种元素与之前元素的性质相似时,门捷列夫就另起一列。通过这种方法,一些具有相似性质的元素被排在了同一行。请仔细观察**图3.3**中有一种未知元素处在Zr=90的右边,原子量为180。门捷列夫用"?"表示这种未知元素。而这种未知元素最终在1923年被发现,正是元素铪。如**图3.4**所示,锆和铪的化学性质与物理性质都极为相似,以至于在自然界中它们总是紧密地结合在一起,很难将它们分开。

门捷列夫的元素周期表之所以至今也能够被广泛接受,是因为它以最清楚的方式对元素进行了排列。门捷列夫还在表中留了空位,这些空位最终都被新发现的元素填满。通过记录已知元素的性质变化规律,门捷列夫成功地预测了当时未被发现的元素——钪、镓、锗的性质。

■ **图3.4** 这块锆石(zircon)晶体中除了含有元素锆(Zirconium,在门捷列夫化学元素表中记为Zr=90)外,还含有元素铪(Hafnium),这在当时是一种未知元素(Hf=180)。

迷你实验 1

预测性质

未知元素具有什么性质 当门捷列夫依照化学元素的原子量排列元素时,一些元素给他出了难题:若按照原定次序紧密排列,一些元素的性质会与同一行中的其他元素相差很大。为了解决这个问题,门捷列夫预测了一些在当时还未知的元素。

实验步骤

1. 编号为14的小组中,在硅的下面、锡的上面有一种未知元素A;编号为16的小组中,硫的下面、碲的上面有一种未知元素B。
2. 按照元素符号、单质密度(g·mL^{-1})、熔点(K)、原子半径(pm)的次序,下面提供了一些反映周边元素性质的数据:Si、2.4、1 680、118;As、5.72、1 087、121;Sn、7.3、505、141;Ga、5.89、303、134;S、2.03、392、103;Br、3.1、266、119;Te、6.24、723、138。
3. 在这张部分的元素周期表中,通过计算周边4种元素对应参数的平均值,来预测未知元素A、B单质的密度、熔点和原子半径。

13小组	14小组	15小组	16小组	17小组
	Si		S	
Ga	未知元素A	As	未知元素B	Br
	Sn		Te	

分析与讨论

1. **判定** 未知元素A和B的真实身份是什么?
2. **分析** 查找数据,或者从老师那获得相应数据。对照元素A的相应参数,真实值是否与你计算得到的数值相同?
3. **比较** 你计算得到的未知元素B的三个参数是否与相对应的真实值一致?
4. **解释** 如果你的预测值与真实值非常接近,你将如何分析和解释这种巧合?

表 3.3　门捷列夫的周期表(1871年)

组	I	II	III	IV	V	VI	VII	VIII
氧化物的分子式	R_2O	RO	R_2O_3	RO_2	R_2O_5	RO_3	R_2O_7	RO_4
	H							
	Li	Be	B	C	N	O	F	
	Na	Mg	Al	Si	P	S	Cl	
	K	Ca	eka-	Ti	V	Cr	Mn	Fe、Co、Ni
	Cu	Zn	eka-	eka-	As	Se	Br	
	Rb	Sr	Yt	Zr	Nb	Mo	—	Ru、Rh、Pd
	Ag	Cd	In	Sn	Sb	Te	I	
	Cs	Ba	Di	Ce	—	—	—	
	—	—	—	—	—	—	—	
	—	—	Er	La	Ta	W	—	Os、Ir、Pt
	Au	Hg	Tl	Pb	Bi	—	—	
	—	—	—	Th	—	U	—	

门捷列夫的现代元素周期表　之后，门捷列夫对最初的图表进行了修改，他将原先的垂直排序转变成水平排序。从而，在同一竖栏里的化学元素表现出相似的性质。**表 3.3** 大致有了现代元素周期表的雏形，其中行与行之间元素的性质变化可以反映出有规律的模式。

仔细观察的话，你会发现这张表的某些变化与我们生活中使用的日历有些相像。日历是将一年中的日子以星期为周期排列而成的。每个星期都从周日开始，周六结尾，不断重复。在日历中，相同星期的日子被安排在了同一列，人们常常在同一列的日子里做着相同的事。例如，你会在每个周四下午学钢琴，周六早晨踢足球，等等。

周期性　门捷列夫的远见卓识有力地推动了化学的发展。在元素周期表中，他指出每一行中的各种化学元素的性质都在重复着有规律的变化。这种有规律的变化是元素性质周期性的一个外在表现。**周期性（periodicity）**是指在经过一定间隔后又会发生的趋势，就像哈雷彗星每隔76年就会在夜空中重复出现，月亮每隔28天就会变圆一样。

科学理论的一个重要功能就是可以通过它进行一些成功的预测。门捷列夫正确地预测了一些未知元素的性质。为了让具有相似性质的元素处在同一列，他不得不在表中留下一些空位。门捷列夫建议"这些空位代表着某些未知元素"。

门捷列夫预测元素　表3.3展示了门捷列夫元素周期表中的一部分，其中锌(Zn)的右边留有两个空位，代表着两种未知元素。门捷列夫将这两种元素分别取名为"Eka-aluminum"和"Eka-silicon"。基于它们在表中的位置，门捷列夫预测了它们的几个性质，而且在有生之年见证了这两种元素的发现。法国化学家在1875年发现了Eka-aluminum，将该元素取名为镓(Gallium，缩写为Ga)。1886年，Eka-silicon在德国被发现，取名为锗(Germanium，缩写为Ge)，如**图3.5**所示。**表3.4**的数据表明锗的性质与门捷列夫预测的性质非常吻合。门捷列夫对镓、锗性质的准确预测，使得他关于元素中存在周期性、将元素整编进周期表的构想逐步被化学家认可。

■ **图3.5**　1875年，Eka-aluminum被发现，取名为镓。镓的熔点非常低，人体手掌的温度就足以将它熔化。

门捷列夫对自己的判断非常自信，因此有时会不完全严格地按照原子量的大小进行排序，而是根据它们的性质将一些元素归为一类。一个典型的例子就是碲。碲(Tellurium，缩写为Te)在当时公认的原子量为128，按照原子量大小它应该排在原子量为127的碘(Iodine，缩写为I)之后。但是碲的性质与氧和硫更为相似，这就需要将碲排在碘的前面；而碘的性质则与氯和溴较为接近。门捷列夫果断地将碲和氧、硫归为一类，并认为碲的原子量为128是错误的。

莫斯利　后来的研究表明，尽管门捷列夫对碲的原子量的判断有误，但是他对碲的排序是完全合理的。1913年，英国化学家亨利·莫斯利(Henry Moseley)解决了部分元素的位置与原子量不一致的问题。莫斯利按照原子序数的大小，而不是像门捷列夫那样按照原子量的大小，对元素进行了重新排列。莫斯利对原子序数的洞察影响了现代元素周期表的结构，如**表3.5**所示。

补充练习

有关元素周期表的额外练习，请见附录C。

表3.4	锗的性质	
性质	预测值(1869年)	真实值(1886年)
原子量	72	72.61
颜色	深灰色	灰白色
密度	5.5 g·mL^{-1}	5.32 g·mL^{-1}
熔点	非常高	937 ℃
氧化物的化学式	EsO$_2$*	GeO$_2$
氧化物的密度	4.7 g·mL^{-1}	4.70 g·mL^{-1}
氧化物在HCl中的溶解性	微溶	不溶
氯化物的化学式	EsCl$_4$*	GeCl$_4$

*Es 代表 Eka-silicono

表 3.5

元素周期表

	IA 1								
1	氢 1 **H** 1.008	IIA 2							
2	锂 3 **Li** 6.941	铍 4 **Be** 9.012							
3	钠 11 **Na** 22.990	镁 12 **Mg** 24.305	IIIB 3	IVB 4	VB 5	VIB 6	VIIB 7	VIII 8	9
4	钾 19 **K** 39.098	钙 20 **Ca** 40.078	钪 21 **Sc** 44.956	钛 22 **Ti** 47.867	钒 23 **V** 50.942	铬 24 **Cr** 51.996	锰 25 **Mn** 54.938	铁 26 **Fe** 55.845	钴 27 **Co** 58.933
5	铷 37 **Rb** 85.468	锶 38 **Sr** 87.62	钇 39 **Y** 88.906	锆 40 **Zr** 91.224	铌 41 **Nb** 92.906	钼 42 **Mo** 95.94	锝 43 **Tc** (98)	钌 44 **Ru** 101.07	铑 45 **Rh** 102.906
6	铯 55 **Cs** 132.905	钡 56 **Ba** 137.327	镧 57 **La** 138.906	铪 72 **Hf** 178.49	钽 73 **Ta** 180.948	钨 74 **W** 183.84	铼 75 **Re** 186.207	锇 76 **Os** 190.23	铱 77 **Ir** 192.217
7	钫 87 **Fr** (223)	镭 88 **Ra** (226)	锕 89 **Ac** (227)	𬬻 104 **Rf** (261)	𬭊 105 **Db** (262)	𬭳 106 **Sg** (266)	𬭛 107 **Bh** (264)	𬭶 108 **Hs** (277)	鿏 109 **Mt** (268)

化学名称 —— 氢
原子序数 —— 1
元素符号 —— H
相对原子质量 —— 1.008
物质状态

气体
液体
固体
人造元素

加括号的相对原子质量为该放射性元素的半衰期最长的同位素的质量数。

镧系:
| 铈 58 **Ce** 140.116 | 镨 59 **Pr** 140.908 | 钕 60 **Nd** 144.24 | 钷 61 **Pm** (145) | 钐 62 **Sm** 150.36 | 铕 63 **Eu** 151.964 |

锕系:
| 钍 90 **Th** 232.038 | 镤 91 **Pa** 231.036 | 铀 92 **U** 238.029 | 镎 93 **Np** (237) | 钚 94 **Pu** (244) | 镅 95 **Am** (243) |

			ⅢA 13	ⅣA 14	ⅤA 15	ⅥA 16	ⅦA 17	0 18
金属 准金属 非金属 最新报道的								氦 2 He 4.003
			硼 5 B 10.811	碳 6 C 12.011	氮 7 N 14.007	氧 8 O 15.999	氟 9 F 18.998	氖 10 Ne 20.180
	ⅠB 11	ⅡB 12	铝 13 Al 26.982	硅 14 Si 28.086	磷 15 P 30.974	硫 16 S 32.065	氯 17 Cl 35.453	氩 18 Ar 39.948
镍 28 Ni 58.693	铜 29 Cu 63.546	锌 30 Zn 65.39	镓 31 Ga 69.723	锗 32 Ge 72.64	砷 33 As 74.922	硒 34 Se 78.96	溴 35 Br 79.904	氪 36 Kr 83.80
钯 46 Pd 106.42	银 47 Ag 107.868	镉 48 Cd 112.411	铟 49 In 114.818	锡 50 Sn 118.710	锑 51 Sb 121.760	碲 52 Te 127.60	碘 53 I 126.904	氙 54 Xe 131.293
铂 78 Pt 195.078	金 79 Au 196.967	汞 80 Hg 200.59	铊 81 Tl 204.383	铅 82 Pb 207.2	铋 83 Bi 208.980	钋 84 Po (209)	砹 85 At (210)	氡 86 Rn (222)
鿏 110 Ds (281)	錀 111 Rg (272)	鎶 112 Cn (285)	鿭 113 Nh (284)	鈇 114 Fl (289)	镆 115 Mc (288)	鉝 116 Lv (293)	鿬 117 Ts (294)	鿫 118 Og (294)

钆 64 Gd 157.25	铽 65 Tb 158.925	镝 66 Dy 162.50	钬 67 Ho 164.930	铒 68 Er 167.259	铥 69 Tm 168.934	镱 70 Yb 173.04	镥 71 Lu 174.967
锔 96 Cm (247)	锫 97 Bk (247)	锎 98 Cf (251)	锿 99 Es (252)	镄 100 Fm (257)	钔 101 Md (258)	锘 102 No (259)	铹 103 Lr (262)

91

现代元素周期表

德贝莱纳和门捷列夫都注意到了元素间的相似性和不同点，并且试图将之与原子量联系起来。在查看第90~91页所示的现代元素周期表时，请注意将它与门捷列夫的元素周期表进行比较，你会发现它们都将化学性质相似的元素分在了同一组。例如，碲在现代元素周期表中与氧、硫同为一组，这也是门捷列夫所提倡的。

门捷列夫在创建元素周期表的时候，人们已知的元素只有60种左右。时至今日，总共已有118种元素被科学家发现或合成。1869年之后发现的元素主要有过渡元素(transition element)、镧系元素(lanthanide)和锕系元素(actinide)等，它们占据了现代元素周期表的中间位置。稀有气体(noble gas)元素在门捷列夫的年代也属于未知元素，如**图3.6**所示的氖(Neon)，现在被分在了第18栏。

周期律　在现代元素周期表中，也有一些原子量大的元素被排在了一些原子量小的元素前面。这是因为，现在对元素的排序不再依照原子量的大小，而是依照原子序数(atomic number)的大小。原子序数与原子核的质子数相等，在每行中从左到右依次增加。一般地，每行都从金属元素开始(第一行除外)，并以稀有气体元素结尾，中间元素的性质从左到右发生有规律的变化。当一轮周期结束后，下一轮周期又重复开始。这种有规律的循环表明元素的性质确实存在周期性的变化：随着原子序数的增加，元素的物理、化学性质发生周期性的变化，这就是著名的**周期律(periodic law)**。

■ **图3.6**　氖属于稀有气体元素，可用于制造霓虹灯。

第1节　本节回顾

要点梳理

- 门捷列夫的元素周期表将元素按原子量的大小排列。
- 门捷列夫将化学性质相似的元素归为同一组。他指出这些元素性质变化的规律可以作为识别新元素、预测元素性质的一个重要途径。
- 现代元素周期律表明，将元素根据原子序数大小的递增排列，其物理性质和化学性质存在有规律的周期性变化。

1. **主要概念　对比**　现代元素周期表和门捷列夫的元素周期表有什么不同？
2. **解释**　哪两个因素使得门捷列夫的周期表被广泛接受？
3. **比较**　德贝莱纳的三素组中哪些排序被现代的元素周期表保留了下来？

三素组1	三素组2	三素组3
Li	Mn	S
Na	Cr	Se
K	Fe	Te

4. **数据分析**　使用元素周期表将下面12种元素归类，分成具有相似性质的6对：Ca、K、Ga、P、Si、Rb、B、Sr、Sn、Cl、Bi、Br。

第2节

核心问题

- 元素的价电子结构与它在元素周期表中的位置有什么联系?
- 金属元素、非金属元素和准金属元素在元素周期表中分别是怎么分布的?
- 金属元素、非金属元素和准金属元素的性质有哪些异同?

术语回顾

周期性: 在有规律的间隔后重复发生的趋势。

关键术语

周　期
族
稀有气体
金　属
过渡元素
镧系金属
锕系金属
非金属
准金属
半导体

■ 图 3.7 一旦你熟知了元素周期表中元素的顺序和符号,你就能够通过查看元素在表中的位置来获得它的相关信息了。

元素周期表的使用

主要 概念 从元素在元素周期表中的位置可以推断其电子排布。

链接真实世界 你是否在报纸上查找过体育赛事、财务信息等类似的报表?是否查寻过火车、汽车的时刻表,为你的出门旅行早做安排?在我们的生活中,图表发挥着重要作用。但是,一些图表中所蕴藏的信息常以缩写词或符号的形式出现,如果我们对这些代码不熟悉,将很难从中获得有价值的信息。但如果你知道其中的符号所代表的含义,一切就会变得简单明了。

元素周期表和原子结构的关系

化学家总是将元素周期表悬挂在他们办公室或者实验室的墙上,如**图 3.7** 所示,因为它可以提供所有元素的重要信息,从而帮助化学家分析研究、预测和安排实验。在学习使用元素周期表时,你也同样会不断地查阅它,因为它很好地整理了你学过的有关元素性质方面的信息。

在现代元素周期表中,元素是依照原子序数排列的。我们之前已经学过,原子的原子序数与核外电子数相等。如果元素是依照原子序数有规律排序的,那么这些元素同样也依照它们所拥有的电子数排序。排在第一位的元素氢只有 1 个电子,氦在第一行中紧随氢之后,因为它拥有 2 个电子。

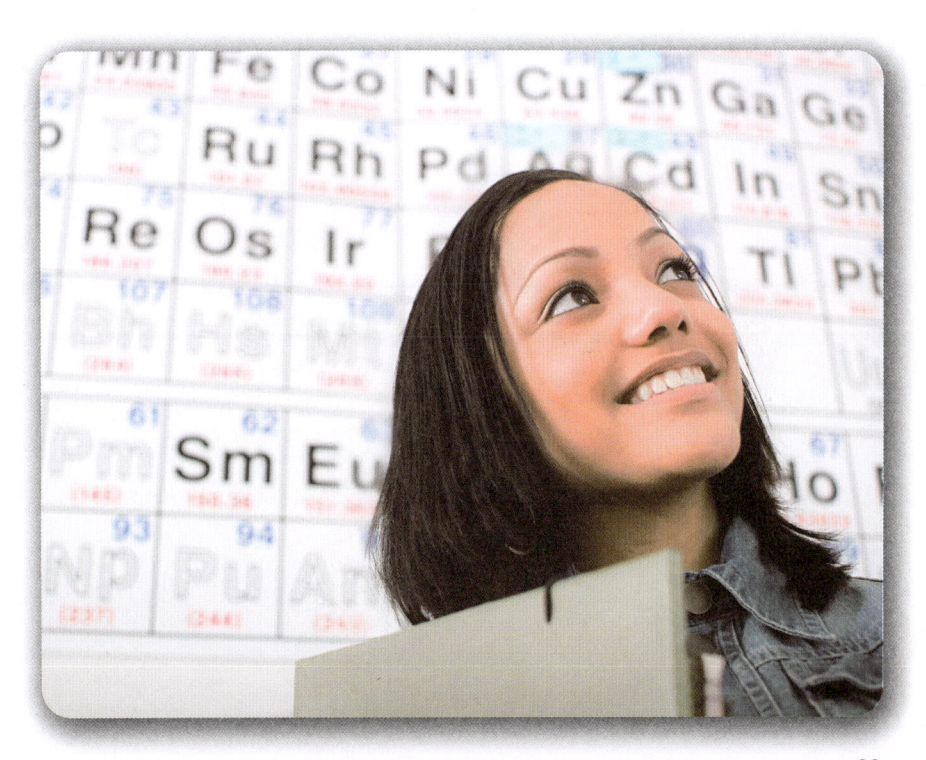

词源

Periodic
周期的
Periodus（希腊语）：时间周期

周期和族

锂有3个电子。但是请注意，在元素周期表中，锂开始了一个新的**周期(period)**，或者说重起了一行。为什么要这样设计？为什么第一个周期只有两种元素？第2章告诉我们，原子核外的电子是处在不连续的能级上。第1能级只能容纳2个电子。锂的第3个电子只能处在更高的能级上。

因此，锂被安排在了周期表最左边的位置，是该族中第二种元素。**族(group)**，是由同一列的元素组成的。族数从左到右依次增加。锂是第1族的第一种元素，同时属于第2周期。

从锂开始，原子序数由3到10的元素被排在第2周期，每种元素都比前面的元素多1个电子。氖的原子序数是10，是这个周期的最后一种元素。由此可以看出，从锂到氖的第2能级上，电子数刚好是从1到8个，而8个电子就是第2能级所能容纳的最大电子数。接下去的元素钠，原子序数是11，是第3周期的第一种元素。钠的第11个电子处在第3能级。第3周期重复了第2周期的规律。

同周期元素的原子结构 第1周期只有两种元素，分别是氢和氦。氢的最外层能级中只有1个电子，所以它只有1个价电子。你能看出氦必须拥有2个价电子吗？每个周期的起始元素都是第1族的元素。这些元素在更高一级的能级中都有1个电子，这是比前一周期中的稀有气体多出的1个电子。因此，第1族的元素有1个价电子。在第2周期和第3周期中，随着原子序数的增加，价电子数也逐渐增加。第18族的元素的第3能级中排布了最多的8个价电子。第18族的元素被称为稀有气体元素。**稀有气体(noble gas)** 元素的价电子挤满了最外层的能级，通常情况下不容易发生反应。

周期数和元素的最高能级数是相等的，从而第2周期元素的价电子就位于第2能级，第3周期的元素，例如铝，见**图**3.8，价电子就位于第3能级。

■ **图3.8** 这顶皇冠是用铝做的。铝元素在元素周期表中位于第3周期、第13族。
判定 铝的每一层能级中各有多少个电子？

94

文学链接

一位化学家的语言

……我喜欢以不寻常的、相反的视角看世界，将世界看成是奏响音乐的乐器；用文学的眼光审视技术，用技术的眼光思考文学。

通过这些文字，图3.9的普里莫·列维(Primo Levi)描述了他一生中最为矛盾的地方。1919年，列维出生于意大利都灵，后来成了一名化学工作者。1944年，他因为参加意大利的反法西斯抵抗运动被扣押，又因为承认自己是犹太人而被关进了波兰的奥斯威辛集中营。

从列维的回忆录《奥斯威辛残存》(Survival in Auschwitz)中我们得知，是化学知识让他的身体和灵魂在集中营里得以存活。由于他具备化学知识，他被选送到集中营附属的橡胶厂工作，这样他便不用在严寒的天气里外出做苦力。战争结束后，列维继续从事写作，直到1987年4月于都灵逝世。

集化学家和作家于一身 在一篇随笔《化学家的语言(I)》中，列维思考了化学家认知真实世界的方法。他追溯了古代从树脂中发现苯及其分子式的历史，还以独特的描述方法，让读者清楚地了解化学家用语言和符号描述物质的全过程。

生命中的元素 在列维的回忆录《元素周期表》(The Periodic Table)中，每个独立故事的标题都是一种化学元素的名称。作者别出心裁地以虚构小说的形式，运用一些元素暗示他本人一生的各个阶段，用另一些元素反映他对人性和自然世界的思考。通读全书，元素的性质和描述，如惰性的、易挥发的、有毒的、必需的，通常反映出生命本身的性质。例如，"氩"篇章就叙述了列维一家是如

■ **图3.9** 集化学家和作家于一身的普里莫·列维。

何像氩一样，拒绝改变。

"氢"篇章描述了他在化学系学生时代的生活。"铅"篇章是一个虚构故事，讲述了一个以开采铅矿为生的一家人。讽刺的是，恰恰是他们赖以生存的铅矿使得他们中毒生病，最终失去了宝贵的生命。

在"镍"篇章中，列维描述了他必须冒名工作才不会被雇主发现他其实是犹太人的经历，就像镍也常常被误认为是其他金属。在"碳"篇章中，列维逐一描述了这种可以组成世间万物的元素：从树叶到牛奶、血液，最后以肌肉收尾。2006年，《元素周期表》被票选为英国皇家学会所写的最佳科学书籍。

化学 链接

1. **解释** 解释分析列维的这句话："化学是一门集分离、称量和鉴别于一身的艺术；这些思路对那些准备描述事件或大胆想象的人同样适用。"
2. **推断** 你认为列维将书名取为"元素周期表"的用意是什么？

迷你实验 2

同族元素反应性的变化规律

如何比较元素的反应性　在元素周期表中,元素的物理、化学性质沿水平、垂直方向呈现一定的规律性。在这个实验室中,你将比较第2族的两种元素的反应性:镁和钙,以及第17族的三种元素的反应性:氯、溴和碘。

实验步骤

1. 阅读并完成实验安全表格。
2. 为了比较镁和钙的反应性,准备好2只小烧杯,里面各加入约1 cm深的水,用镊子将一小段镁和钙分别放入每只烧杯中。观察每种金属与水反应产生含氢气泡的速度。
3. 将1 mL NaBr溶液加入试管中,再加入3滴氯水,振荡试管。加入1 mL的打火机用油,用吸液管吸入混合液体,随后挤压滴管吸球排出吸液管中的混合液体,这样重复几次就可让液体完全混合。**注意:操作氯水时要特别小心。**
4. 用尖嘴吸液管吸起试管中的液体,倒置,让吸液管中的液体流到吸球中;用另外一支吸液管的吸球剪出一个帽子,将其罩在之前的吸液管尖端,请勿用手直接接触尖端部分。
5. 将倒置的吸液管放置在1只小烧杯中,等待片刻,观察液体是否分层。如果上层中没有颜色,将液体重新移入试管中,另外加5滴氯水。重复步骤3和4,直到液体上层中出现颜色。
6. 使用另一支试管和尖嘴吸液管,采用1 mL NaI溶液、氯水和打火机用油重复步骤3、4和5。

分析与讨论

1. **判定**　两种金属元素镁和钙的反应性谁更强?如果这种变化规律对其他族的金属元素同样适用,那么活泼金属的位置是在元素周期表的上面还是下面?

2. **解释**　解释由步骤3和4得到的实验结果。正是因为氯的反应性比溴强,才替换了NaBr中的溴,从而使上层溶液中出现溴的橘红色;正是因为氯的反应性比碘强,才使氯替换了NaI中的碘,导致上层溶液中出现碘的蓝紫色。事实上,科学家也是利用这种置换反应来比较两种元素反应性的强弱。根据这些信息,如何比较氯、溴和碘这三种元素的反应性强弱呢?如果实验所得出的变化规律对于其他的非金属族也同样适用,那么,反应性较强的非金属族元素应该处在元素周期表的上面还是下面?

■ 图3.10　同一族的元素有着相同数目的价电子。

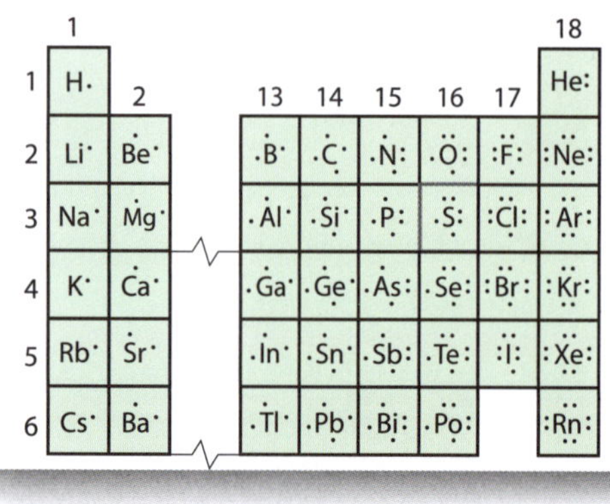

同族元素的原子结构　同一个周期中,从左到右,元素的价电子数从1到8递增;当到达第18族时,同样的规律又将重新开始。对于主族元素,族数和价电子数是相关的。主族元素是指第1、2、13、14、15、16、17、18族的元素。在第1、2族中,族数和价电子数相等;第13、14、15、16、17、18族的元素,族数的个位数字与价电子数相等。图3.10展示了主族元素的电子结构,它揭示了族数与价电子数之间的关系。

价电子和化学性质 因为同族元素拥有相同数量的价电子,所以它们有着相似的性质。因为钠只有1个价电子,所以它是第1族元素。第1族中的所有元素都只有1个价电子,它们有着相似的化学性质。

氯是第17族的元素,拥有7个价电子。第17族中的其他元素也都拥有7个价电子,这样,它们也就有着相似的化学性质。纵观元素周期表,同族元素都具有相似的化学性质,因为它们有着相同数量的价电子。

由于元素周期表在族数、周期数与价电子数之间建立了联系,因此,我们可以方便地运用它来预测元素的结构以及化学性质。例如,第2周期第16族的氧元素,有6个价电子(与族数的个位数字相等),所有这些价电子都处在第2能级上(因为氧元素是第2周期元素)。氧元素和第16族的其他元素拥有相同的价电子数,因此它们也有着相似的化学性质。图3.11展示了第16族前三种元素的电子在能级中的分布情况。

一些族的俗名 其中四个族还有各自的俗名:第1族的元素称为碱金属(alkali metal),第2族的元素称为碱土金属(alkaline earth metal),第17族的元素称为卤素(halogen),第18族的元素称为稀有气体(noble gas)。"halogen"在希腊语中意为"成盐",这是因为卤素可以和金属反应生成盐类化合物。而第18族的元素被称为稀有气体,与其他元素相比,它们几乎不太可能发生反应。

■ **图3.11** 根据族数,可以预测氧、硫和硒最外层能级上拥有6个电子。注意硒的第3能级可以容纳18个电子。

建构 预测第16族的另一种元素碲(Tellurium)的电子将会如何排布。

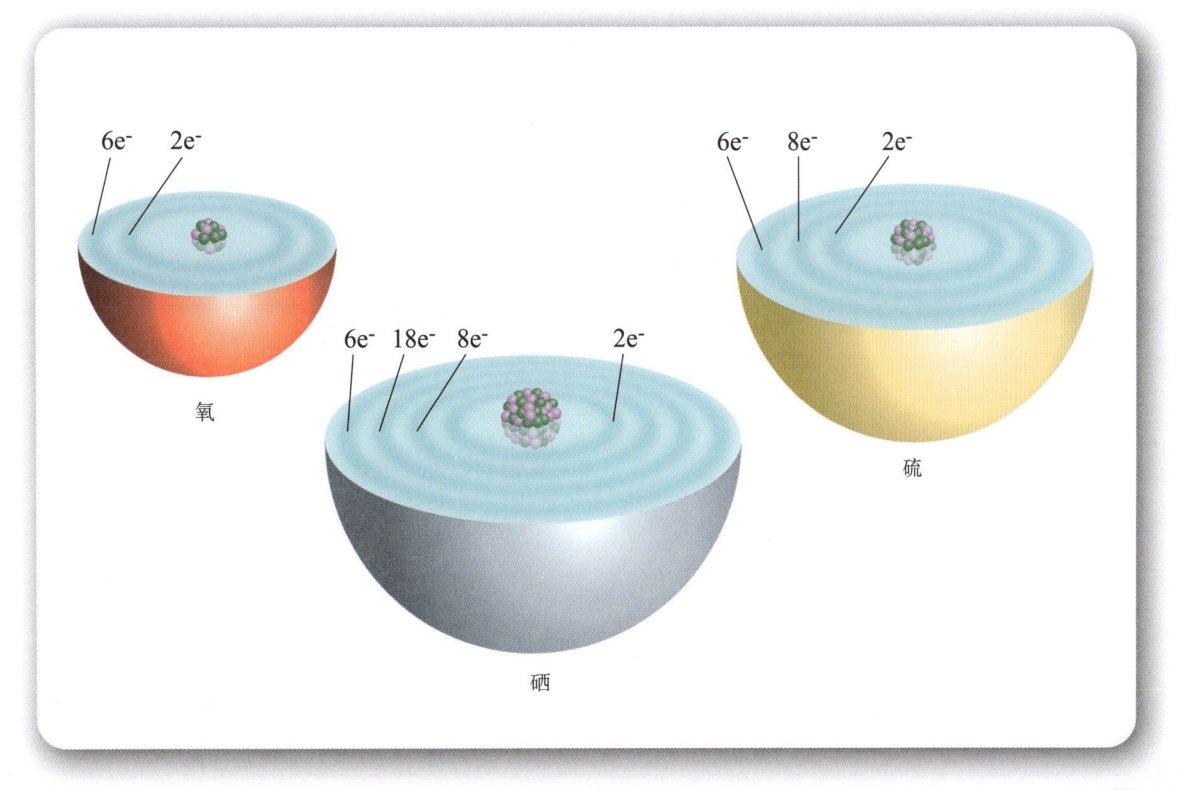

氧

硫

硒

化学实验

元素周期表

背景

19世纪中期，科学家发现，当所有已知元素按照原子量增大的顺序以及元素性质排列时，元素的性质会呈现规律性或者周期性的变化。在这个实验里，你将探索元素周期表中一些族的代表性元素，判断它们归为哪一类：金属、非金属还是准金属。一般来说，室温时，金属是固体，有着金属光泽和延展性；金属可以导电；许多金属还可以与酸起化学反应。同样在室温下，非金属元素可以是固体、液体或者气体，室温下呈固体的非金属元素不但没有延展性，而且会显示出较强的脆性，非金属不能导电，也不会与酸起化学反应。准金属则兼有金属元素和非金属元素的部分性质。

在本次实验中，你将把一些元素归为金属、非金属或准金属，再通过对照元素周期表中这些元素的位置，了解金属元素和非金属元素性质的变化规律。

问题

元素周期表中，金属元素和非金属元素的性质呈现什么样的变化规律？

目标

- **观察** 观察不同样品元素的性质，包括金属元素、非金属元素和准金属元素。
- **分类** 将样品元素按照金属元素、非金属元素或准金属元素归类。
- **分析** 分析实验结果，发现元素周期表中元素性质的变化规律。

实验准备

实验器材

- 分别放有少量的炭、氮气、氧气、镁、铝、硅、红磷、硫、氯气、钙、硒、锡、碘和铅的配有试管塞的试管
- 分别放有炭、镁、铝、硅、硫和锡的塑料盘
- 简易导电测定器
- $1\ mol·L^{-1}$盐酸
- 试管(6支)
- 试管架
- 10 mL量筒
- 药匙
- 小铁锤
- 玻璃画线笔

安全警示

在使用$1\ mol·L^{-1}$盐酸的时候要特别小心。如果皮肤或眼睛沾上了盐酸，请立即用水冲洗，并通知老师。不能用品尝的方法辨认化合物。

实验步骤

1. 阅读并完成实验安全表格。
2. 请设计一张用于记录实验观察结果和数据的表格。
3. 观察并记录每种元素的外表特征，包括物理状态、颜色和其他可以观察到的性质，例如光泽。请不要打开试管塞。
4. 将塑料盘中的6种元素分出一部分，放在老师指定的硬质台面上，小心使用铁锤敲打每种样品。如果敲击时会摊平，说明它具有延展性；如果敲击时散开了，说明它具有脆性。在表格中记录你的实验结果。
5. 将塑料盘中的6种样品再分出一部分，现在来检测它们的导电性。将简易导电测定器的电极与元素相接触，如果灯亮了，说明元素具有导电性。记录观察到的实验结果。在测试下一种元素时，请用水将电极清洗干净，并用纸擦干。

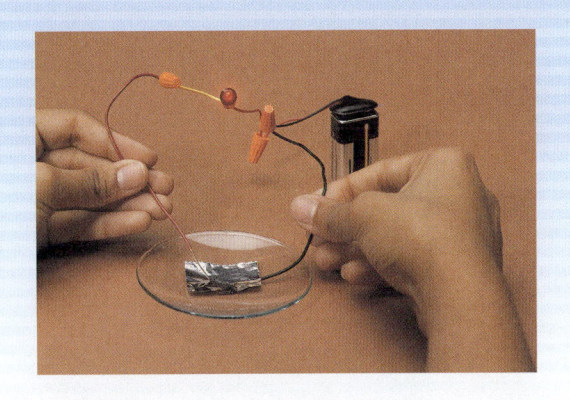

6. 用量筒在6支试管中分别加入5 mL水。
7. 在标签纸上写下6种元素,将它们分别贴于试管外壁。
8. 用药匙在每支试管中分别加入6种元素各少量(带状的大约1 cm,固体的为0.1~0.2 g),记得与标签纸上的元素名称一一对应。
9. 在每支试管中分别加入5 mL 1 mol·L⁻¹盐酸,观察元素在溶液中的反应,保持1分钟。如果元素周围有气泡产生,表明化学反应正在发生。记录你的实验结果。

分析与讨论

1. **数据分析** 哪种元素表现出了金属元素的普遍性质?

2. **数据分析** 哪种元素表现出了非金属元素的普遍性质?
3. **数据分析** 哪种元素同时表现出了金属元素和非金属元素的部分性质?

应用与评估

1. **构建** 构建一张简单的元素周期表,在纸上画一个14 cm长、10 cm宽的长方形,并将长7等分、宽5等分。从左到右依次为第1、2、13、14、15、16、17族的元素,从上到下依次为第2、3、4、5、6周期的元素。在表格中的对应位置写下原子序数和元素符号。根据你的实验分析和结论,写出你对观察或测试过的元素的分类。
2. **总结** 在同一周期中,金属性质是从左到右越来越强,还是从右到左越来越强?
3. **总结** 在同一族中,金属性质是从上到下越来越强,还是从下到上越来越强?
4. **标明** 在元素周期表中,准金属相当于金属元素和非金属元素的分水岭。根据你的观察结果,将这些分界线用黑线标记出来。

进一步探究

调查 有哪些元素不符合三素组的规律?请解释原因。为了了解更多关于这些元素特性的信息,你会进行哪些额外的调查?

实验数据与现象观察

单质	形态	延展性或脆性	导电性	与盐酸的反应性

元素单质的物理状态和分类

从元素周期表中，我们还可以得到元素的其他一些信息。如，周期表的排布可以告诉我们元素单质的物理状态：它是人工合成的，还是自然存在的；是金属、非金属还是准金属；等等。

元素单质的物理状态 元素周期表展示了元素的单质在室温、标准大气压下的物理状态。大多数元素的单质是固态，只有两种元素是液态。除氢以外，其他的气体元素全都位于周期表的右上角。

自然界中并不存在的一些元素是在如**图 3.12** 所示的粒子加速器中用核反应人工合成的。在元素周期表中，人工合成的这些元素都用记号标记出来，包括原子序数 43 的锝、原子序数 93 的镎以及之后的所有元素。尽管原子序数分别为 93、94 的镎、钚在铀矿中也有少量存在，但科学家认为，这很可能是铀原子裂变的产物。

元素分类 在本书所附的元素周期表中，还用不同的颜色表示元素的物理状态：金属元素为蓝色，非金属元素为黄色，准金属元素为绿色。这些元素在表中分别占据了特定的位置：大部分金属元素占据了左边和中央位置；非金属元素处在右上角；准金属元素则处在金属元素和非金属元素之间。这些不同类别的元素都有着自身独特的物理性质和化学性质。因此，如果知道一种元素是金属、非金属或准金属，我们就可以据此预测它的性质。

> **折叠式学习卡**
> 将本节中的信息归纳到你的折叠式学习卡中。

■ **图 3.12** 美国加州大学伯克利分校的重离子直线加速器（HILAC）曾多次合成新元素。

■ 图3.13 合金在生活中有着广泛的应用,例如合金制造的高尔夫球杆(左)和高楼(右)。

发现 举出其他合金及其应用的例子。

金属 在我们的实际生活中,金属制造的日常品无处不在——汽车、自行车、首饰、硬币、餐具、家用电器和花洒,等等。因为具有良好的延展性和耐用性,金属常被用来建造房屋和桥梁,还可用于制造人工骨关节。许多**金属(metal)**的特点是具有光泽,导热导电性能良好,在敲击或揉折下容易发生弯曲但不易断裂。除锡、铅和铋外,大多数的金属元素都含有1个、2个或3个价电子。除汞在室温下是液体外,其他的金属在室温下都呈固态。事实上,绝大多数金属元素都有很高的熔点。

从元素周期表可以看出,大部分的金属元素(蓝底)不是主族元素,绝大部分的金属元素处在第3~12族。请注意,在第4周期中,从原子序数21的钪(Sc)开始,到原子序数30的锌(Zn)为止,这十种元素是第3~12族中最先发现的元素。从第4周期到元素周期表的底部,每个周期都有这些族的元素。

过渡金属 周期表中第3~12族的元素又称作**过渡元素(transition element)**。所有的过渡元素都是金属元素,许多还是日常生活中经常见到的,如铬(Cr)、铁(Fe)、镍(Ni)、铜(Cu)、锌(Zn)、银(Ag)和金(Au)。一些元素尽管不常见但也非常重要,例如钛(Ti)、锰(Mn)和铂(Pt)。第7周期的部分过渡元素是人工合成的,它们都具有放射性。

主族金属元素的化学性质比较容易预测,但过渡元素的化学性质让人难以捉摸。这种性质上的无法预测性,是由过渡元素的复杂结构引起的。

> **拓展 阅读**
>
> 铬元素最吸引人的地方在于它能生成许多色彩鲜艳的化合物,如亮黄色的铬酸钾、亮橙色的重铬酸钾。这些化合物及其他的有色化合物造就了该元素的名字。铬的英文单词"Chromium"来源于希腊语中的"khroma",意为"颜色"。在一些相对无色的矿物晶体中,会因为铬的存在而出现红宝石、绿宝石那样夺目的色彩。

■ **图 3.14** 原子序数为58～71和90～103的元素（绿底）被搁置在元素周期表"外"，如果这部分元素排入周期表中，整个表格就会变得很宽，不方便使用。

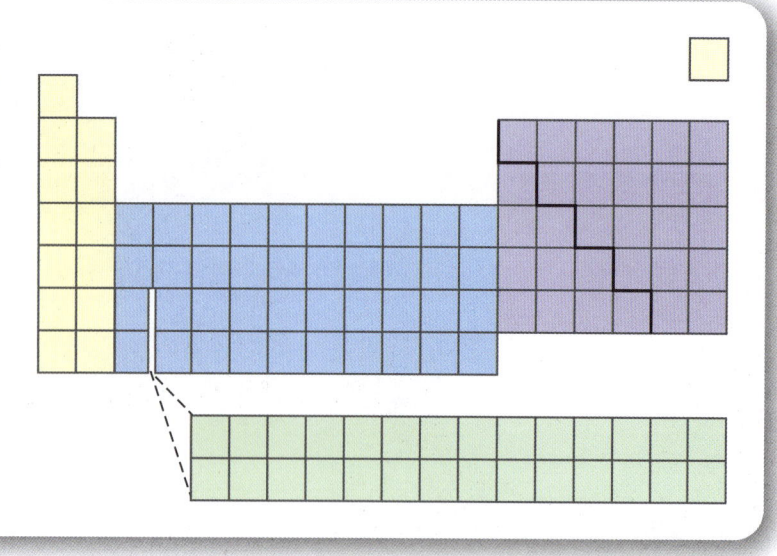

■ **图 3.15** 碳、氮、氧之间的相互作用对热带雨林的生命循环非常重要。

内过渡金属 在元素周期表中，有两行元素被搁置在周期表之"外"，这就是原子序数为58～71和90～103的元素。之所以要将这两行元素从元素周期表中隔离出来，是因为它们性质相近，而且如果将它们排入周期表，整个表格的宽度将拉得很长。这两行元素又被称为内过渡元素，其中的许多元素，虽然门捷列夫及同时代的科学家并不知道，但门捷列夫预测出了其中的一部分元素，并且相信更多的元素将会被发现。

第一行的内过渡元素，因为它们都排在原子序数57的镧元素之后，因此称为**镧系元素（lanthanide）**。镧系元素总共有14种，从原子序数58的铈（Cerium, Ce）到原子序数71的镥（Lutetium, Lu）。这些元素在地球上的含量很稀少，只有不到0.01%，因此，镧系元素又常被称作稀土元素。所有镧系元素都具有相似的性质。

第二行的内过渡元素——**锕系元素（actinide）**，从原子序数90的钍（Thorium, Th）开始，到原子序数103的铹（Lawrencium, Lr）为止。所有的锕系元素都具有放射性，除铀外，其他元素在自然界中并不存在。与过渡元素类似，镧系元素和锕系元素的化学性质都较难预测，同样是因为它们的原子结构过于复杂。如何从亚原子水平去解释内过渡元素的性质，我们将在第7章中介绍。

非金属 尽管元素周期表中大部分元素是金属元素，但在自然界中，依旧存在着大量的非金属元素：大气中99%是非金属元素构成的氧气和氮气；非金属元素碳参与构成最多样化的有机物。在日常生活中，碳、氮和氧非常重要，**图 3.15** 就是其中一例。

表3.6 金属与非金属的性质

金属	非金属
明亮的金属光泽	无金属光泽,有不同颜色
固体容易变形	固体既可能坚硬,也可能柔软,但往往较脆
热和电的良好导体	热和电的不良导体
对价电子的约束力弱	对价电子的约束力强

> **家庭实验**
> 参见附录F,搜索元素。

大多数**非金属(nonmetal)**元素并不具有导电性,在导热方面也比金属元素逊色很多,固态的非金属脆性较大。室温下,许多非金属元素呈气态,呈固态的非金属元素也没有金属元素那样的光泽,而且熔点也比金属元素的低。除碳元素外,非金属元素通常拥有5个、6个、7个或8个价电子。**表3.6**比较了金属和非金属的性质。

准金属 **准金属(metalloid)**既有金属元素的物理和化学性质,也有非金属的物理和化学性质。在元素周期表中,准金属处在金属和非金属之间。硅可能是最重要的准金属。一些准金属是半导体元素,如硅、锗和砷等。尽管这些元素单质形成的**半导体(semi conductor)**在导电性能上没有金属那么出色,但比非金属强得多。半导体的导电性能可以通过掺入其他元素进行调节。可以毫不夸张地说,正是得益于硅的半导体特性,信息革命才会发生,见**图3.16**。

金属、非金属和准金属元素的原子结构 三类元素之所以具有不同的性质,原因在于它们原子中的电子有不同的排列方式。我们知道,决定元素性质的重要因素是价电子的数量、排布以及原子对价电子的约束力的强弱。通常来说,金属原子中价电子的排布比较松散,分布在带正电的核的外周,在固体金属中容易移动,原子也容易失去这些价电子。正是由于价电子可以自由移动,才使金属具有良好的导电性。相反,非金属元素和准金属元素的原子对价电子的约束力很强,价电子不容易失去。在进行化学反应时,金属元素容易失去价电子,而非金属元素更倾向于共享电子或从其他原子那里获得电子。

> **词源**
>
> **Semiconductor**
> 半导体
> conductus(拉丁语):护送,引导

■ **图3.16** 硅是制作电脑芯片的理想半导体材料。

图 3.17

金属、非金属和准金属的一般性质

金属、非金属和准金属的绝大多数性质是由它们的价电子构型决定的。处在元素周期表中不同位置的金属元素，它们的价电子数量并不相同，但金属原子对价电子的约束力普遍较弱。非金属元素通常拥有 4 个或更多的价电子，且原子核对这些电子牢牢掌控。准金属元素的价电子数目从 3 个到 7 个不等。

1. 熟悉的金属

精美的银器和铜首饰因其有夺目的金属光泽而受到人们的喜爱。铜线因良好的导电性能而在电路中有着很好的应用。一些金属被铸成不同形状的物体，例如这座铜牛雕像。铜像材料通常是由铜和锡熔合而成的合金。

铜牛

许多过渡元素是重要的结构材料：铁与碳熔合形成了钢。有时，还加入其他金属以锻造出不同特性的特种钢：铁和锰熔合锻造的钢材硬度很大，常用于铸造颚式碎石机的颚；铁和钒熔合而成的合金（当中还有其他一些元素）足够耐磨，常用来制造汽车引擎的曲轴。

岩石破碎机

当钢处在潮湿的环境中时，其中的主要成分铁就会与空气中的物质发生反应，结果就是生锈。在钢材表面镀一层铬可以有效防止腐蚀，许多日常用品外常镀有一层亮眼的铬，这样不但可以有效地防锈，而且更美观。

绝大多数金属在室温下是固体，汞是室温下唯一呈液态的金属。汞是有毒的，千万不能用手直接接触！

镀铬　　　汞

2. 重要的镧系和锕系金属

铕和镱的化合物被用来制造彩色电视机的显像管。钕常用来制作一些高功率激光器。

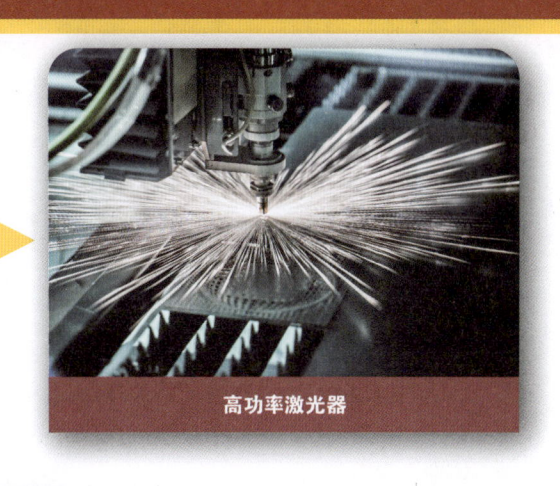

高功率激光器

3. 碳和其他的非金属元素

从煤矿（常常是露天矿）开采的煤几乎完全由碳组成，它可以用作燃料。天然气和石油也是富含碳元素的燃料。尽管石墨和钻石在外形和物理性质上存在巨大差异，但它们都是碳在自然条件下形成的产物。溴和碘可以用于制作高强卤素灯。液氮可以用来维持低温，因为它可以快速冷却空气中的水蒸气。左图中的白雾实际上是冷却后的水蒸气。

煤矿

卤素灯

液氮

4. 准金属

硅看上去像金属，但它质地较脆，导热导电性能也不好。它的熔点高达 1 410 ℃，与许多金属的熔点接近。元素硅熔化后，形成完全由硅组成的单晶。单晶经纯化后，再切成很薄的圆片，就可用来制作电子器件（如右图）。

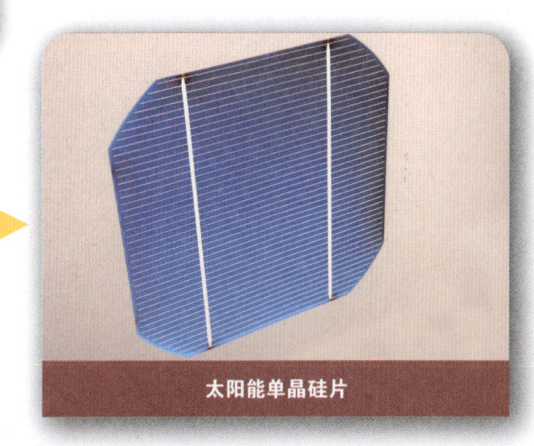

太阳能单晶硅片

105

化学与技术

具有记忆的金属线

将外面包有橡胶或塑料的金属线用作垃圾袋的扎口实在是一项很棒的发明。金属线受力易发生变形，如把金属线揉成一团后不会散开。如果有人告诉你有一种金属线可以自动散开，你是否会感到惊讶？然而，确实存在一些金属线能够自动散开，比如图3.19所示的眼镜。

形状记忆合金

有些合金具有令人叹为观止的本领。在热源或者撤去外力的条件下，有些金属会自动恢复到原先的形状。这些合金称为形状记忆合金。当微弱的电流流过原本弯曲的金属线时，这条金属线就会逐渐恢复原先的形状。形状记忆合金不仅能够增加眼镜的使用寿命，还能够用于制造牙套，为牙齿施加温和、持续的压力，减少牙齿矫正过程中收紧牙套的次数。

■ 图3.18 形状记忆合金制作的眼镜。

不同的固相

熔化是物质从固态转化为液态的过程。对同一固体，如果它的内部有两种晶体结构，我们就说这个固体有两个相。这类固体可以从一个相转化为另外一个相。正是晶体结构的这种变化，使金属有了记忆的本领。例如，一种由相同重量金属熔合而成的合金可能具有一种晶体结构，称作奥氏体相。当奥氏体相在人为控制下降温，物质将呈现马氏体相。新的晶体结构并不改变物质中原子的位置，但是，这种重新组织的内部结构给合金带来了新的特性。

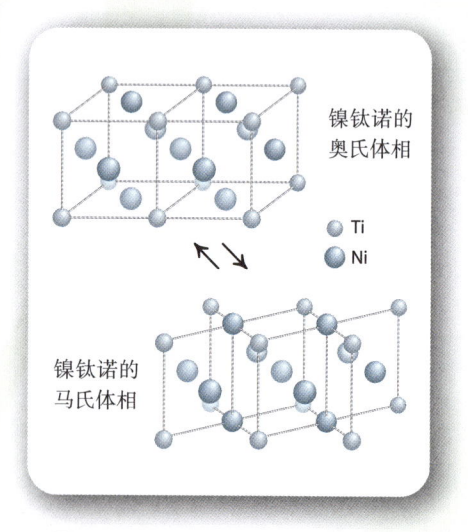

■ 图3.19 镍钛诺的奥氏体相和马氏体相。

镍 钛 诺

镍钛诺是由镍和钛熔合而成的一种合金，具有奥氏体相结构。镍和钛原子在合金中都排列成立方体状。你可以从图3.19中看出，每个镍原子处于钛原子形成的立方体的中心，同时钛原子也处在镍原子形成的立方体的中心。如图3.20所示，如果镍钛诺最先是直线状(a)，当先加热(b)，之后又冷却，并在冷却过程中恰好跨越了它的转化温度(c)，那么，镍钛诺就会呈现马氏体相。请注意，在发生这种变化后，它的外部形态并不发生改变，依旧保持直线状(d)。在(d)所示的状态下，外力可以让镍钛诺弯曲(e)。现在，如果撤去外力，再加热合金线，那么，它会重新回复到之前的马氏体相形态(f)。

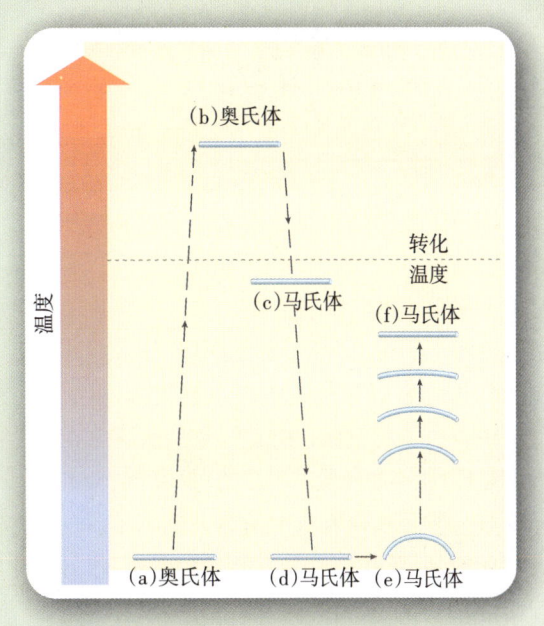

■ 图3.20 不同温度下的奥氏体相和马氏体相的转变。

机器人的手臂

人们已经发明了如图3.21所示的机器人手臂，手臂中含有形状记忆合金制成的金属线，因此，机器人的手指能够更自如地活动。这只手的运动是如此精细，以至于一些既盲又聋的人都可以感受并解码它的移动信号。手指发送回的信号是遵循手语规则的，一种光学字母扫描仪可以读懂其中的意思，从而让手指接收合适的指令。

■ 图3.21 机器人的手臂中含有能够使手进行精细运动的形状记忆合金。

血凝块捕器

这种装置可以捕捉腔静脉（大静脉）中的血凝块，阻止它们进入肺部。在体外的时候，这种血凝块捕器折叠在鞘内，此时的直径只有3 mm。但是当它进入静脉后，这种金属线就会张开，直径可达28 mm。这种血凝块捕器就是由转化温度低于体温的镍钛诺制造的。开始时，金属线被折叠起来并束缚在鞘下，当捕器刚进入静脉时，金属线的周围是冷的盐溶液，最后，鞘会自行脱去；等温度达到体温时，金属线就会逐渐撑开，变得像把雨伞。

技术探讨

1. **推断** 揉折用镍钛诺制造的眼镜框，它会在室温下自动恢复到原来的形态。请问：镍钛诺的转化温度是在室温之下还是在室温之上？
2. **应用** 用镍钛诺金属线设计一种简单的杠杆，使它能够平滑地上升和下降。

生活中的化学

金属币

用一定数量的金属物质来衡量货物或服务价值的观念，可以追溯到古希腊，古希腊人最早使用金属币作为财富的象征。

硬币金属　历史上，硬币都是用铜、银和金来制造的。这些金属在地壳中的含量较少，甚至可以说稀少。另一方面，在自然界中，大多数的元素都是以化合物的形式存在的，只有铜、银和金等少数几种元素在岩石中基本上是以单质的形式存在的，因而开采十分方便。数量稀少、开采方便，加上这些金属的外表美丽，自然得到了人们的推崇。这些金属成为硬币的另一个重要原因是，它们的性质能让铸币师方便地改变它们的形状，并在上面捺印。

■ 图 3.22　全世界的硬币都是由各种金属铸造而成的。

现代硬币金属　正是因为稀少才让它们更显金贵。事实上，金和银变得越来越贵重，以至于它们最终从硬币中消失了。美国于1934年取消了硬币中金的成分，1971年又取消了银的成分。到了1972年，印有肯尼迪头像的50美分硬币中，包在纯铜外面的是75％铜、25％镍合金。而在1970年，这种硬币的内部是21％银、79％铜合金，而外面则由80％银、20％铜合金包裹。1964年之后的10美分和25美分两种硬币，均是在纯铜外包裹了75％铜、25％镍合金。如果用手拿着这些10美分或25美分硬币的边缘，你会发现银色外壳包裹的正是纯铜。

■ 图 3.23　不同年代，1美分硬币的组成各不相同。

图3.23中是1美分硬币。1793年至1851年的1美分硬币是由纯铜铸造的，1851年以后，铸造材料就依次变为青铜（95％铜、5％锡和锌）、黄铜（95％铜、5％锌）、87.5％铜和12.5％镍的合金。1982年至今的1美分硬币，是由97.5％锌作为币芯和2.5％铜作为镀层构成的。因为铜和锌的价格一直上涨，美国铸币局实际上是在亏损铸造1美分硬币——铸造硬币的花费大于硬币的实际价值。

进一步探索

1. **鉴别**　从化学性质和物理性质方面找出理由，说明为什么铜、银和金可以被纳为硬币金属。
2. **推断**　今天的美国硬币中包含哪些金属？
3. **获取信息**　铜、银和金还有哪些其他用途？

电子移动的方向

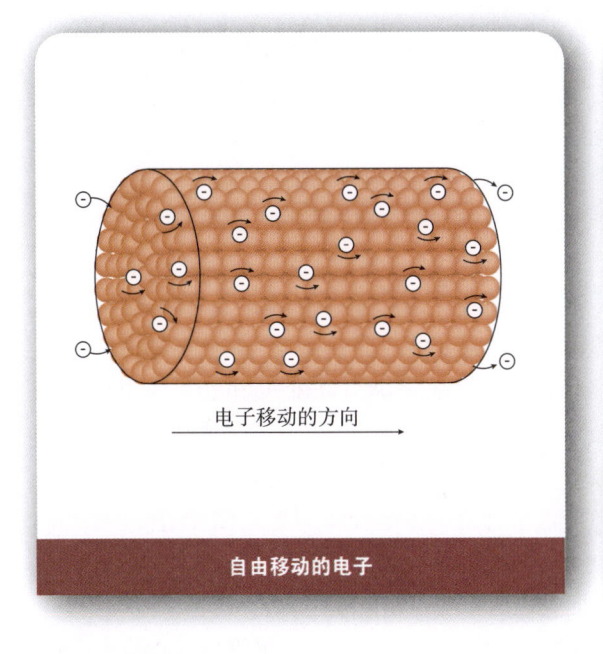

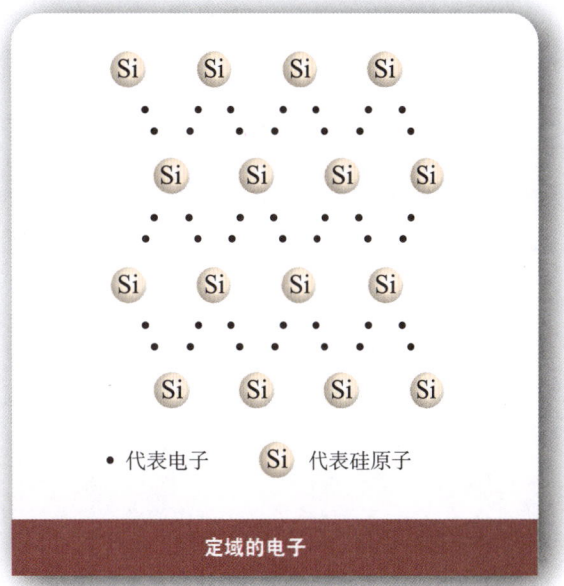

• 代表电子　Si 代表硅原子

自由移动的电子

定域的电子

半导体及其应用

电视、电脑、电子游戏机和计算器都是一些依赖于半导体硅的电子设备，所有这些电子设备中都有一个微型电路，其中都用到了具有半导体特性的硅。通过之前的学习，你已经知道金属是电的良好导体，非金属不具有导电性，而半导体的导电性则恰好处在这两个极端之间。那么，半导体是如何工作的呢？

电子和电流　电流是由电子的流动形成的。大多数金属导电性能良好的原因，是金属中带正电的原子核对价电子的吸引力弱，这样价电子就可以自由移动。铜质电线就是电流的良好导体。**图**3.24展示了铜质电线中电子的流动情况。

室温下，纯硅不是电的良导体。硅拥有4个价电子，在晶体结构中，这些电子被相邻的原子牢牢地吸引。在**图**3.24中，你可以清楚地认识硅的结构。

半导体的导电原理　通过"掺杂"可以增强像硅这样的半导体的导电性。所谓掺杂，就是指在一种半导体晶体中加入少量的其他元素。例如，在硅晶体中掺进少量的磷，而磷原子有5个价电子，这样就打破了硅晶体中清一色的4价电子格局，多出的电子在晶体中自由移动，从而形成了电流。**图**3.25展示了这种用磷掺杂的硅晶体。我们把像硅晶体那样掺有磷的半导体称为n型半导体，因为这种晶体结构中存在多余的电子（带负电）。

■ **图**3.24
左图：在像铜线那样的导体中，价电子可以自由移动，从而形成了电流。
右图：硅的价电子处在相邻硅原子之间。在晶体中，这些电子围绕在原子周围，但是不能随意离开它们的位置，这样就没有电子能形成电流。

■ **图**3.25　在掺有磷的硅晶体中，除了一些必要的电子用于维持晶体结构外，多出的一些电子成了自由电子，它们可以自由移动，形成电流。

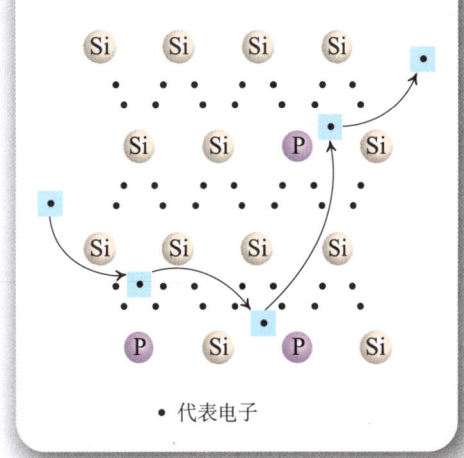

• 代表电子

109

• 代表电子

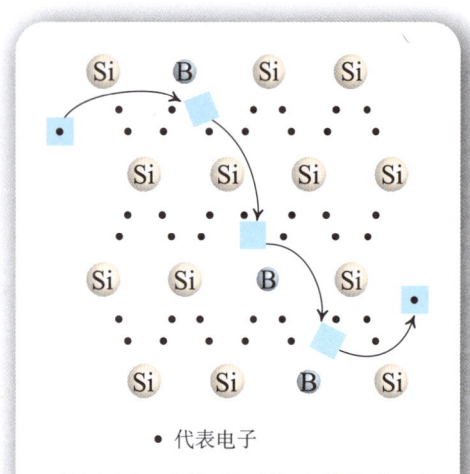

■ 图3.26 在掺有硼的硅晶体中，存在着不少空穴——晶体中缺电子的部位。电子在这些部位不断填补和脱离的活动，形成了电流。

硅晶体中还可以掺杂其他类型的元素，如硼元素。硼只有3个价电子，这个数目要比硅少，这就使得硅晶体中的电子变得短缺，即由于硼比硅的价电子少一个，掺入硼以后，原本该有电子的地方产生了空缺，结果使硅晶体中形成了空穴结构。但电子可以从空穴中迁入迁出，电子迁入和迁出空穴的结果便产生了电流。这种通过空穴导电的半导体称为p型半导体，掺有硼的硅晶体是其中的典型代表。这类半导体的特点是因为缺少电子而表现出类似正电荷在晶体中"跑动"的特点。图3.26展示了掺杂有硼的硅晶体。

二极管 将n型半导体和p型半导体结合，就成了二极管。由于组合了两种半导体的特点，二极管只能让电子向一个方向移动：从负极到正极。

图3.27所示的三极管是电脑、计算器、助听器和电视等电器中电路的关键部件，其作用是可以增大电信号的强度或放大电信号。三极管的体积很小，但效率很高，这就让许多电子设备的小型化成为可能，如笔记本电脑、心脏起搏器和助听器等。这种三极管的制造方法是，将一个p型半导体放置在两个n型半导体之间，使之形成npn型三极管；或将一个n型半导体放置在两个p型半导体之间，形成pnp型三极管。

■ 图3.27 三极管可以增强一些电子设备的电信号强度，例如电视遥控器、电话和手机等。

将三极管、二极管和其他半导体器件整合到薄薄的硅片上,就形成了集成电路。图3.28展示了一个集成电路,这个电路中被称为芯片的硅片上,整合了成百上千的电子元器件。正是这种体积不大的芯片——只有几毫米宽——推动了计算机技术以举世瞩目的速度向前发展。

■ 图3.28 利用硅芯片制成的集成电路的小型化,使得原本有房间大小的电脑(左)缩小成了现在的笔记本电脑(右)。

精彩预告

你已经知道,元素的原子通过化学结合能形成化合物,而这种结合完全依赖于元素的价电子。有了对元素周期表的认识,接下来你就要学习如何来解释元素间的结合,并预测它们结合的产物。

第2节 本节回顾

要点梳理
- 从元素在元素周期表中的位置可以知道该元素的原子结构以及价电子数目。
- 元素可以分为金属元素、非金属元素和准金属元素三大类。
- 价电子数目以及原子核对价电子的约束力决定了元素的化学性质。
- 半导体的导电性是利用在它的晶体中掺入少量其他元素来实现的。

5. **主要 概念 解释** 元素周期表中的元素的排列是如何反映电子结构的?

6. **标明** 画出一张元素周期表,指出金属、非金属和准金属元素在元素周期表中的位置。

7. **对比** 金属、非金属和准金属元素的物理特性有哪些主要区别?

8. **总结** 通过元素周期表,你能推导出钡元素有哪些性质吗?

9. **推断** 锗具有与硅相似的结构和半导体性质,你认为掺有砷的锗晶体是哪种类型的半导体?

第 3 章　学习指南

大 概念　元素性质的周期性变化的规律使得我们能够预测元素或化合物的物理性质和化学性质。

第 1 节　元素周期表的发展史

主要 概念　科学家不断发现更好的方法来对元素进行分组和比较，元素周期表也随之不断发展。

关键术语

周期性
周期律

要点梳理

- 门捷列夫的元素周期表将元素按原子量的大小排列。
- 门捷列夫将化学性质相似的元素归为同一组。他指出这些元素性质变化的规律可以作为识别新元素、预测元素性质的一个重要途径。
- 现代元素周期律表明，将元素根据原子序数大小的递增排列，其物理性质和化学性质存在有规律的周期性变化。

第 2 节　元素周期表的使用

主要 概念　从元素在元素周期表中的位置可以推断其电子排布。

关键术语

周　期
族
稀有气体
金　属
过渡元素
镧系金属
锕系金属
非金属
准金属
半导体

要点梳理

- 从元素在元素周期表中的位置可以知道该元素的原子结构以及价电子数目。
- 元素可以分为金属元素、非金属元素和准金属元素三大类。
- 价电子数目以及原子核对价电子的约束力决定了元素的化学性质。
- 半导体的导电性是利用在它的晶体中掺入少量其他元素来实现的。

第 3 章 测 评

要点理解

10. 描述原子序数为18的元素的周期数、族数、族名以及相邻的元素。
11. 下列各族元素所对应的族数是什么？请用符号表示。
    a) 碱金属　　c) 碱土金属
    b) 卤素　　　d) 稀有气体
12. 下列各元素的一个原子中有多少个价电子？
    a) Ne　　e) Na
    b) Sr　　f) In
    c) Sn　　g) S
    d) Br　　h) As
13. 将第12题中的元素归类为金属元素、非金属元素或准金属元素。
14. 写出下列元素的电子式，并说明它们各属于哪一族。
    a) Cl　　e) Kr
    b) Bi　　f) P
    c) O　　 g) C
    d) Mg　　h) Cs
15. 表3.7中列举了一个三素组的三种元素的原子量、密度和熔点。依照德贝莱纳的三素组学说，将空格填写完整。

表3.7　三素组数据表

元素符号	原子量	密度(g·mL^{-1})	熔点(℃)
K	39.098		336
Rb		1.53	313
Cs	132.905	1.87	

16. 现代元素周期律认为，元素性质因电子排布而具有可预测的规律，这种规律是指什么？

应用概念

17. 下列哪些元素具有相似的化学性质？
    a) Be　　d) Sr
    b) Cs　　e) F
    c) Ar　　f) I
18. 镅(Am)属于锕系元素，常被用于烟雾探测器中。试推测锕系元素的什么性质，使得镅能够用于探测烟雾？
19. **化学与技术**　晶体相的转化与熔化、沸腾有什么区别？
20. **生活中的化学**　是什么优点让镍和锌逐渐取代了硬币中铜和银的位置？
21. **文学链接**　普里莫·列维在他的工作中将哪两个领域很好地联系了起来？

批判性思考

运用图表

22. **迷你实验1**　门捷列夫曾经预测过一种类硼(Eka-boron)元素，这是一种当时未知的元素。类硼的位置在钙和钛之间，请问：类硼在现代元素周期表中的名称是什么？

因果联系

23. **化学实验**　元素周期表中，从左到右，元素的金属性质是如何变化的？尝试解释为什么会按照这种方式进行变化。

预测

24. **迷你实验2**　碱金属锂、钾和铯中，谁的反应性最强？谁的反应性最弱？
25. 锂、铍、硼和碳的氯化物的化学式分别为 $LiCl$、$BeCl_2$、BCl_3 和 CCl_4，请使用元素周期表预测钾、镁、铝和硅的氯化物的化学式。

113

第 3 章 测评

表3.8 元素的原子量和密度

元素	氦	氖	氩	氪
原子量	4.00	20.2	39.9	83.8
密度(g·mL^{-1})	0.179	0.901	1.78	3.74

数据分析

26. **迷你实验2** 表3.8中列举了一些元素的密度和原子量。请描述这些元素的原子量和密度之间的联系,并运用元素周期表定位这些元素。根据这些数据,你能说出该族元素从上到下密度的变化规律吗?

日积月累

27. 元素和你所看到的身边大多数物质有什么不同?
28. 化合物和混合物有什么区别?
29. 一个中性氩原子有22个中子和18个电子,请问:氩原子的质量数和原子序数分别是多少?
30. 氩原子有18个电子,它们是按照能级进行排布的,请问:有多少能级才能容纳这18个电子?每个能级分别容纳了多少个电子?
31. 氩的一种同位素有21个中子和18个电子,请描述其电子的排列方式。
32. 如何根据氩的发射光谱证明存在的能级?
33. 一个原子的质量数为196,质子数比中子数少40,请问:该原子的原子序数是多少?该原子是什么原子?
34. 为什么炼金术士无法把铜(第4周期,第11族)变成金(第6周期,第11族)?

技能训练

35. 参看元素周期表,将它与门捷列夫按照原子量大小排列的元素周期表进行比较,找出其中次序恰好颠倒的成对元素。
36. 写出符合下列有关价电子数描述的元素符号:
    a) 第3能级含有2个电子。
    b) 第4能级含有7个电子。
    c) 第6能级含有4个电子。
    d) 第5能级含有8个电子。
    e) 第1能级含有1个电子。
    f) 第6能级含有6个电子。

科技写作 化学

37. 门捷列夫曾经预测过锗和其他几种当时未知元素的存在及性质,其中三种是镓、钪和钋,请用一段文字叙述门捷列夫预测的准确性。

解决问题

38. 铝的密度是2.7 g·mL^{-1},铁的密度是7.9 g·mL^{-1}。制造商在生产可乐罐的时候,假设分别采用两种金属生产同样数量的罐子,请问:两者的质量谁大谁小?请解释你的答案。
39. 锌的硫化物的化学式是ZnS,请预测下面类似化合物的化学式。
    a) 氧化锌   c) 氧化镉
    b) 硫化汞   d) 硒化锌

标准化测试

卤素三素组数据表

元素符号	原子量	密度(g·mL⁻¹)	熔点(℃)	沸点(℃)
Cl	35.5	0.003 21	−101	−34
Br	79.9	3.12	−7	59
I	127	4.93	114	185

运用上面所展示的卤素三素组数据表回答第1~2题。

1. 氯在室温下是什么状态?
   - **a**) 气态
   - **b**) 液态
   - **c**) 等离子体
   - **d**) 固态

2. 随着卤素原子量的增加,元素从液态转化为气态的温度
   - **a**) 降低。
   - **b**) 波动。
   - **c**) 升高。
   - **d**) 维持恒定。

3. 为什么门捷列夫的元素周期表在19世纪时是化学的一个强有力的工具?
   - **a**) 门捷列夫的元素周期表将元素按照行与列进行排列。
   - **b**) 门捷列夫的元素周期表使得化学家测量元素的密度成为可能。
   - **c**) 门捷列夫的元素周期表使得化学家测量元素的熔点和沸点成为可能。
   - **d**) 门捷列夫的元素周期表使得化学家预测未知元素的性质成为可能。

4. 当一个物质具有以下哪种性质时,可以称它为固体?
   - **a**) 它很坚硬。
   - **b**) 它能够被压缩为更小的体积。
   - **c**) 它能够根据容器改变自身形状。
   - **d**) 它的物质粒子排列紧密。

5. 原子序数为118的元素与下列哪类元素的性质相似?
   - **a**) 碱土金属
   - **b**) 准金属
   - **c**) 卤素
   - **d**) 稀有气体

6. 下面关于同族元素的价电子数和路易斯电子式的论述正确的是
   - **a**) 同族元素有着相同的价电子数,但路易斯电子式不同。
   - **b**) 同族元素有着相同的价电子数和路易斯点子式。
   - **c**) 同族元素有着不同的价电子数,但却具有相同的路易斯电子式。
   - **d**) 同族元素有着不同的价电子数和路易斯电子式。

7. 半导体是
   - **a**) 导电性能良好的物质。
   - **b**) 导电性能很差的物质。
   - **c**) 导电性能比金属好但比非金属差的物质。
   - **d**) 导电性能比非金属好但比金属差的物质。

8. 原子的质量单元的定义是什么?
   - **a**) C-12原子的质量的$\frac{1}{12}$。
   - **b**) 用来测定亚原子粒子质量的一个很小的单元。
   - **c**) 一个质子或中子的质量。
   - **d**) 一个电子的质量。

考点提示

测试题号	1	2	3	4	5	6	7	8
对应章节	3.1	3.1	3.1	1.2	2.1	3.2	3.2	3.2

第 4 章 化合物的形成

大 概念 大多数的元素都能够形成化合物。

第1节 化合物的多样性
主要 概念 化合物的性质与形成该化合物的元素的单质的性质不同。

第2节 元素如何构成化合物
主要 概念 原子中的电子经过重排获得稳定的构型来形成化合物。

你知道吗？

- 加利福尼亚州的莫诺湖湖面下发生着形成钙华塔的化学反应。
- 地下泉中的钙离子和湖水中的碳酸根离子结合在一起形成矿石。
- 在水下，钙华塔的高度每天能增加 2 cm。

课前活动

起步实验

观察产生变化的证据

在化学反应中生成的新物质，往往与反应物有着不同的物理性质。什么证据能够证明有化学反应发生呢？

实验器材
- 500 mL 烧杯
- 水
- 漂白剂
- 25 mL 量筒
- 红色的食用色素
- 玻璃棒

实验步骤

安全警示：在通风条件好或有适当安全防护的环境中进行这个实验。不要吸入烟尘。漂白剂会损伤皮肤和衣物。若有液体溢出，请立即通知老师。

1. 阅读并完成实验安全表格。
2. 将 300 mL 水加入到 500 mL 烧杯中。
3. 将 3 滴红色的食用色素加到烧杯中，用玻璃棒搅拌直至红色均匀分布。
4. 量取 15 mL 漂白剂，加到烧杯中。
5. 搅拌混合液体，仔细观察溶液颜色的变化。

实验分析

1. **描述** 你观察到的溶液中的任何变化。
2. **推断** 根据你的观察，有新物质生成吗？请解释。

探究 当你把漂白剂与其他化合物相混合时，是漂白剂引起了颜色的变化吗？你怎么检验呢？

折叠式学习卡 学习组织者

化合物的形成 按以下图示制作折叠式学习卡，帮助你整理有关原子级别上化合物形成的内容。

▶ **步骤 1** 将一张纸沿着长边折成两半。

▶ **步骤 2** 将顶部折下大约 2 cm。

▶ **步骤 3** 展开并沿着折痕画线，并分别标注"离子化合物"和"共价化合物"。

折叠式学习卡 在第 2 节中使用该折叠式学习卡。在你阅读的过程中，在折叠式学习卡对应的位置记录关于离子化合物与共价化合物的内容。

第1节

化合物的多样性

核心问题
- 化合物的性质与形成该化合物的元素的单质的性质有什么不同？
- 氯化钠、氯气、水和二氧化碳具有哪些相似的性质？它们又有什么不同？

术语回顾
化学性质：物质的组成发生变化时表现出来的性质。

主要概念 化合物的性质与形成该化合物的元素的单质的性质不同。

链接真实世界 就像所有人的指纹都存在差别一样，没有一种物质的物理和化学性质会与另一种物质一模一样。像警察根据指纹来锁定嫌疑犯一样，化学工作者通过观察化合物的性质，就能为探索这些物质的亚微观结构以及原子构成化合物的方式提供重要线索。

食 盐

最常用的食品添加剂是什么？相信在大多数厨房里答案会是食盐。在烹饪中，食盐常用来增加食物的美味。在化学领域里，化学家给了它一个专有名词：氯化钠。这个名字告诉我们，组成此化合物的有两种元素：钠和氯。

尽管可以通过构成食盐的氯和钠来制造氯化钠，但因为食盐在地球上广泛分布，因此，人们不但不用氯和钠来生产食盐，相反，工业上常用氯化钠来生产金属钠和氯气。在全球范围内，地下沉积物中天然存在着大量的氯化钠固体，海洋中也溶解了大量的氯化钠。现在，人们通过开采固体沉积物获取食盐，也通过蒸发海水的方法得到食盐，如**图4.1**所示。无论采用哪种方式，获得的固体都是包含氯化钠的混合物而不仅仅是氯化钠。所以，需要对这种原料进行精炼，直到它的成分几乎全是氯化钠时，才能成为餐桌上的调味品。因此，食盐和氯化钠通常指的是同一种物质。

图 4.1 取自矿藏和海洋中的氯化钠都具有相同的化学组成。

开采地下盐矿所生产的食盐占世界食盐生产总量的90%。这些食盐是古海洋在百万年前蒸发后形成的。

食盐还能够从海洋中获得。当海水蒸发后，食盐就留了下来。

食盐除了可以用来增加美味外,还是生活中不可缺少的营养成分,在人类的正常生理活动中起着非常重要的作用。此外,在冬季下雪或结冰的地方,如果撒上盐,就可以加速冰的融化,如图4.2所示。

食盐的物理性质　你肯定已经了解了食盐的一些物理性质。室温下它是白色固体。如果用放大镜观察,你会发现每颗食盐颗粒都是一些小的晶体,形状类似于立方体。这些晶体比较坚硬,但若你用汤勺的背面敲击它,这种晶体会被敲碎。容易被敲碎的事实表明,这种晶体具有脆性。当加热到大约800 ℃时,氯化钠会熔化成液体。固体氯化钠并不具有导电性,但是熔化的氯化钠就具备了这种本领。食盐也很容易溶解于水中,形成的盐溶液同样是电的良导体,如图4.3所示。

■ **图4.2**　食盐是最常用的调味品,还可用于道路除冰。盐能够将冰的熔点降低到 −9.4 ℃。如果气温低于 −9.4 ℃,那么在道路上撒食盐的除冰作用就收效甚微了。

■ **图4.3**　电灯只有在电流流经连接灯的两极时才能发光。

如图所示,如果电路中连接的是食盐晶体,闭合开关后,电灯并没有亮,说明没有电流流过灯的两极。

当食盐溶于水形成溶液后,电灯就被点亮,这说明食盐溶液具有导电性,而纯水本身是不能导电的。

迷你实验 1

铁生锈

如果铁锈是不同于铁的物质,你怎么通过磁铁吸引去证实 对于铁,人们最为熟悉的性质之一是它能被磁铁吸引。这个性质能够帮助你比较铁和铁锈的不同。你需要的仅仅是一块磁铁。

实验步骤

1. 阅读并完成实验安全表格。
2. 取一小团崭新的钢丝棉和一小团生锈的钢丝棉,将它们分别放入纸杯中。
3. 取一张 7 cm×12 cm 大小的白色卡片和一个用塑料袋包裹起来的磁铁。
4. 用磁铁吸引崭新的钢丝棉。记录观察结果。
5. 将生锈的钢丝棉放在白色卡片的上方,用大拇指和食指轻轻摩擦它们,会有一些很细小的铁锈粉末落在卡片上。
6. 端起卡片,在卡片下方移动磁铁。记录观察结果。

分析与讨论

1. **描述** 崭新的钢丝棉对磁铁的反应是什么?
2. **解释** 当磁铁在卡片下方移动时,你观察到什么现象?
3. **判定** 你获得的铁锈粉末是不是纯的物质?实验结果是如何证明你的答案的?
4. **推断** 你有证明铁锈与铁是不同物质的证据吗?

食盐的化学性质 回顾一下化学性质的概念:物质的组成发生变化时表现出来的性质。食盐一般不与其他物质反应。如**图 4.4**所示,食盐可以在瓶中待上几百年甚至几千年而不发生任何变化,食盐依旧是食盐。因此,在储藏食盐时,我们不必采取一些特殊方式,也不需要使用特殊的容器。具有类似化学性质的化合物,我们称之为稳定的或不活泼的。食盐的这种稳定性是它的一种重要性质,这为探索氯化钠的亚微观结构提供了重要线索。

■ 图 4.4 食盐一般不与其他物质反应,不需要采取特殊方式储藏来防止它变质。

为了获得探索氯化钠的亚微观结构的更多线索,我们先思考下面的问题:氯化钠的性质和组成它的元素钠和氯的单质的性质有何差别?

钠的性质　钠是一种有银白色光泽且质地柔软的固体单质,如**图 4.5a** 所示。从它处在元素周期表左面的位置可以知道,钠属于金属元素。当加热到 98 ℃时,钠便熔化成液体。钠必须保存在煤油中,否则,它就会和大气中的氧气及水蒸气发生反应。事实上,钠是常见元素中反应性最强的元素之一。如果把一小颗钠放入水中,它就会发生剧烈的反应,看上去就像是着了火。由于钠的反应性太强,因此,自然界中没有单纯的金属钠。在自然界中,钠总是与其他元素结合后以化合物的形式存在的。

氯气的性质　氯气是一种黄绿色、有毒且带有刺激性气味的气体,如**图 4.5b** 所示。氯气微溶于水,可以杀死活细胞,是水源和游泳池很好的消毒剂。由氯元素处于元素周期表中右上方的位置可知,它属于非金属元素。氯气必须在 -34 ℃时才能变成液体。像钠一样,氯也是最具反应性的一种元素,使用时必须特别小心。

在现代工业中,氯气的用途非常广泛,如漂白剂、塑料的生产。由于它在工业上的重要用途,大量的氯气通过铁路油槽车、油罐车以及驳船来运输,运输过程中必须采取各种安全措施。如果运输过程中出了事故,导致氯气泄漏,那么,周边的居民必须撤离该区域直至险情消除。

钠和氯气的反应　钠和氯气之间的反应如**图 4.5c** 所示,这个反应从一开始就非常剧烈。两种危险的元素结合,就形成了一种稳定安全的我们日常所需的物质。这当中究竟发生了什么样的变化?在第 2 节中,你将学习这方面的知识。现在,我们先来认识一下另外两种常见的化合物,它们的性质与氯化钠有所不同。

■ **图 4.5**　氯化钠的性质与钠和氯气的性质有很大不同。

a. 钠是金属,但质地柔软,可以用小刀切开。图中所示的是刚切开的钠表面,你可以发现,钠具有银白色的光泽,这是许多金属都具有的特性。

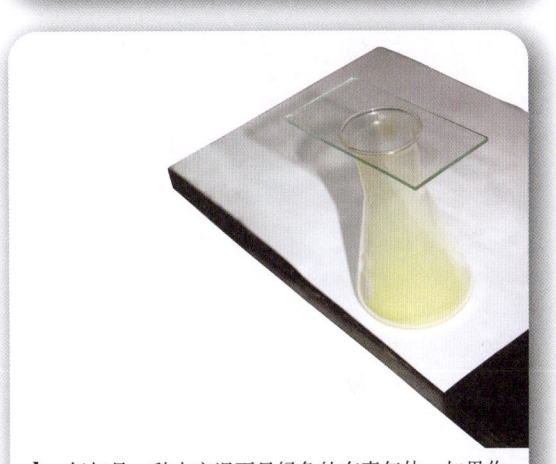

b. 氯气是一种在室温下呈绿色的有毒气体。如果你曾经使用过液氯漂白剂或去过公共游泳池,你肯定闻到过它的气味。

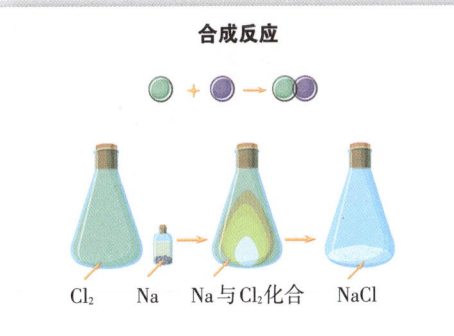

合成反应

Cl_2　　Na　　Na 与 Cl_2 化合　　$NaCl$

$$2Na + Cl_2 = 2NaCl$$

c. 钠和氯气的反应产生光和热,生成一种白色的晶体——氯化钠。

表4.1	吸入和呼出气体的组成	
物质	吸入气体的百分比组成	呼出气体的百分比组成
氮气	78%	75%
氧气	21%	16%
氩气	0.9%	0.9%
二氧化碳	0.03%	4%
水蒸气	可变（0~4%）	大幅增加

二氧化碳

二氧化碳是一种无色气体。现在请做一次深呼吸，并憋气几秒。你所吸入的空气是由氮气和氧气组成的无色混合物，其中还夹杂着少量的氩气、二氧化碳和水蒸气等。再请呼出气体，你所呼出的气体也是混合物，但这种混合物中二氧化碳的含量比吸入的混合气体增加了100多倍！同时，呼出气体中氧气的含量则降低了5%，如**表4.1**所示。在吸进和呼出这一过程中，吸入的空气在你的肺中逗留了一段时间，并发生了一系列的变化，正是这些变化，使氧气减少、二氧化碳增加。

二氧化碳是联系植物世界和动物世界的一类重要化合物。在阳光的作用下，绿色植物可以通过光合作用吸收二氧化碳，产生氧气。动物，包括人类，则在呼吸时消耗氧气，放出二氧化碳。（说明：植物也会消耗氧气，放出二氧化碳）

二氧化碳的物理性质　与氯化钠一样，二氧化碳也是化合物，但它的性质与氯化钠差别很大。例如，食盐在室温下是固体，二氧化碳却是无色、无臭、无味的气体。当冷却到－80 ℃以下时，二氧化碳气体就直接转化成为白色固体，中间不会有液态过渡。固体二氧化碳不会熔化成为液体，我们称它为干冰，如**图**4.6所示。

■ **图**4.6　固体二氧化碳称为干冰。它常用来运输易腐烂的东西，比如左图中的食物。右图烧杯中的干冰浸没在水中，不断冒出二氧化碳气泡。白色蒸气并不是二氧化碳，而是空气中冷凝的水蒸气。

推断　比较二氧化碳的密度与空气的密度。

■ **图4.7** 二氧化碳不支持燃烧。这是人们常用二氧化碳来灭火的化学原理。图中的这个灭火器中储存了压缩的二氧化碳。

综合 二氧化碳的化学性质和物理性质分别对灭火有什么帮助？

二氧化碳能溶于水，打开碳酸饮料瓶盖时冒出的气泡，就是二氧化碳气体。溶有二氧化碳的水具有弱导电性。获得二氧化碳的方法非常简单，只要在空气中点燃含有碳元素的物质即可。煤和木炭的主要成分都是碳。

二氧化碳的化学性质 因为二氧化碳的密度比空气大，在灭火的时候它能够覆盖燃烧物的表面，从而切断燃烧所需的氧的供给。与氯化钠一样，二氧化碳的化学性质也相对稳定。因为它不助燃，人们常用可以产生二氧化碳的灭火器来灭火，如**图4.7**所示。

光合作用可能是二氧化碳参与的最为重要的化学反应了。在光合作用中，植物从阳光中获得能量，通过化学变化将二氧化碳和水转化为简单的糖分子。植物再以这些糖分子为原料合成其他更多更复杂的化合物：从木材和棉花中的纤维素，到玉米油和橄榄油。光合作用仅仅是自然界中物质循环——碳循环的一个组成部分。

碳的性质 如同氯化钠的性质与组成它的两种元素的性质差异很大一样，二氧化碳的性质也和构成它的元素的性质大不相同。碳属于非金属，室温下一般不发生反应。然而，在高温条件下，它可以与许多其他元素的原子结合。木炭中90%是碳元素。炭比较容易燃烧，是一种很好的燃料，用木炭烧烤过的人对此应该有深刻的体会，如**图4.8**所示。碳元素参与构成了大量的化合物。事实上，组成生命体的大部分化合物都含有碳元素。碳的化合物如此重要，以至于化学中的一个重要分支——有机化学就是专门研究碳的学科。

■ **图4.8** 当你用木炭烧烤食物时，炭和空气中的氧气结合生成二氧化碳。一般来说，当两种单质发生反应生成了一种更为稳定的物质时，这个反应往往以热能的形式释放能量。

地壳中元素的质量百分比

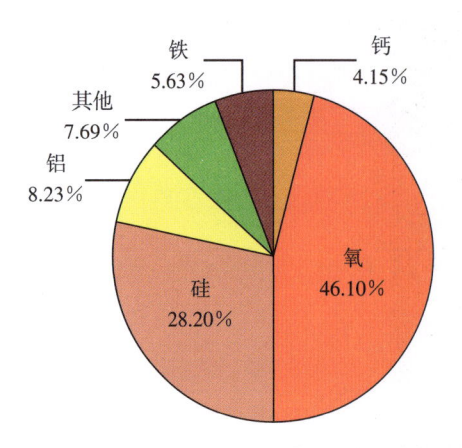

- 铁 5.63%
- 钙 4.15%
- 其他 7.69%
- 铝 8.23%
- 硅 28.20%
- 氧 46.10%

氧元素占地壳总质量的46%，几乎所有这些氧元素都是以化合物的形式存在的。硅是地壳中含量第二丰富的元素。了解了这一点，你就不会对地壳中大量的氧元素是以二氧化硅的形式存在感到惊讶了。二氧化硅就是我们日常所说的石英砂。

人体中元素的质量百分比

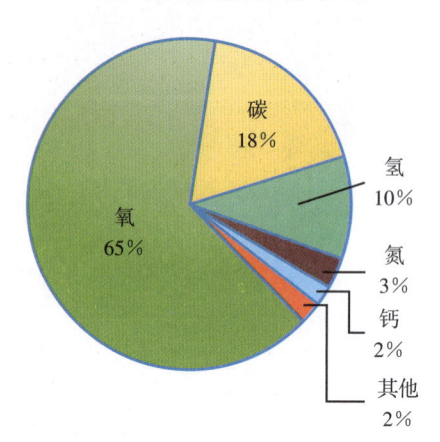

- 碳 18%
- 氢 10%
- 氧 65%
- 氮 3%
- 钙 2%
- 其他 2%

人体是由很多种不同的元素组成的。氧、碳、氢、氮是人体中最丰富的元素。微量元素在人体中所占质量小于2%，但对人的生活和生长同样十分重要。

■ 图 4.9 氧在地壳和人体中的含量都很丰富。

氧气的性质 氧气是一种无色、无臭、无味的气体，我们所呼吸的空气中，氧气占了大约21%。可燃物燃烧时，一般都需要氧气的参与，这就是为什么我们常说氧气能助燃的原因。

当冷却到-183℃以下时，氧气就会成为液体。氧气在水中微溶，鱼类通过鳃的呼吸从周围的水环境中吸收其中的溶解氧。氧气的反应性比碳强，可以与许多种物质反应。最常见的例子就是铁生锈，铁与空气中的氧气相结合。组成地壳的许多化合物都含有氧元素，氧是地壳中含量最丰富的元素，如图4.9所示。

水

第三类我们要仔细分析其亚微观结构的化合物是水。水的化学名称是氧化氢，但很少有人这样称呼它。水覆盖了地球表面的70%左右。在人体中，水约占人体总质量的70%。氧在水中所占的质量分数远大于氢，所以氧占人体质量的百分比很大，如图4.9所示。

水的物理性质 水是一种非常好的溶剂，正因为这个特性，水被称作"通用溶剂"。水还在物质的输送过程中起着重要的作用，无论是河流中的水还是血管中的血液。

■ **图 4.10** 冰山是固态的水——冰;海洋里存在着大量的液态水;海洋上空中漂浮着气态水——水蒸气。云其实是水蒸气遇冷液化成的小水滴或凝华成的小水晶。

水可以在自然环境中以三种状态存在,如**图 4.10**所示。水在 100 ℃时沸腾,成为气态水(蒸汽);在 0 ℃环境下凝固,成为固态水(冰)。纯水是不能导电的,不管它处于什么状态,都不能导电。

水的化学性质 水是一种十分稳定的化合物。在一般条件下,水既不会分解,也不会与其他物质发生反应。水最为有趣的性质莫过于它可以作为许多化学反应的介质。事实上,人体中几乎所有的化学反应都是在水环境中进行的,地球上许多重要的反应也都是在水环境中进行的。如果没有水,这些反应将不会进行,或者进行得非常缓慢。回顾之前所学的内容,水溶液都是以水作为溶剂的均相混合物。

除此之外,水和二氧化碳都是光合作用的原料,而正是不断进行的光合作用,才能让地球上的生命得以生存。现在,让我们来探索一下水和构成它的元素氢、氧的性质。氧气的性质已经在第 124 页中阐述,在此不再重复。

■ **图 4.11** 焊枪通过让氢气在氧气中燃烧,产生极高的温度,从而使焊枪能在水下操作。反应产物是水。

氢气的性质 与氧气一样,氢气也是无色、无臭、无味的气体。氢是宇宙中最轻、最丰富的元素。通常,我们将氢归为非金属。氢气具有很强的反应性,正因为如此,地球上很少发现以氢气的形式存在的氢元素,氢总是以化合物的形式存在于自然界中,其中最常见的就是水了。氢还存在于生命体中的含碳化合物中。氢和许多元素可以发生剧烈的化学反应,和氧反应的产物是水,见**图 4.11**。氢气只有在冷却到 −253 ℃以下时,才能转化为液态。氢气没有导电性,微溶于水。

125

生活中的化学

保持人体健康的化学元素

你知道人体中大约可以发现60种化学元素吗？在所有这些元素中，大约有一半是生命活动所必需的。当然，科学家还认为，另外一半元素中的绝大部分在生命过程中也有一定的作用。下表列举了至今为止科学家认为属于生命活动所必需的一些元素。

生命活动的必需元素	
矿质元素	非矿质元素
F、Na、Mg、Si、P、S、Cl、K、Ca、V、Cr、Mn、Fe、Co、Ni、Cu、Zn、As、Se、Sn、I	H、C、O、N

尽管氢、碳、氧和氮的总量占到了人体总质量的96%，但是，膳食中的矿物质，同样也是生命活动所必需的，它们来自地壳。植物从土壤中吸收矿物质，再被摄入到人体中。

功能各异的矿质元素 钙的化合物组成了人体中一些坚硬的部分，如骨骼和牙齿，钙是这些组织生长和发育所必需的。钙对肌肉收缩、调控心跳和酶的活化都十分重要。除了钙，磷对骨骼和牙齿的形成、调节心跳也至关重要。磷还能帮助蛋白质的合成，这些蛋白质有利于组织和细胞的生长、维护和修复。氟有助于牙齿的形成和维持，也可能有助于防止骨质疏松——一种骨降解速度超过骨合成速度而导致的疾病。铁参与构成了血液血红蛋白的活性部分，而血红蛋白在机体中负责将氧气输送给细胞，因此铁也是十分重要的元素。

辅助铁的元素是铜和钴。铜对血红蛋白的形成是十分必要的，而钴对红细胞的形成也十分重要。

你可能不知道，镁和钾是保证神经和肌肉功能正常所必需的。锌和硒在参与细胞分裂和生长相关的酶的活性以及免疫系统的功能行使中同样是必需的。

不同含量的化学元素 在人体中，维持各种矿质元素的合适含量，对于健康来说是非常重要的。营养学家为此提出了人类日常饮食中必须含有的各种矿物质的数量，称为膳食参考摄入量（Dietary Reference Intake，DRI）。例如，青少年每日钙的膳食参考摄入量为1 300 mg，碘的为150 μg（0.000 150 g）。你也许会认为这150 μg的碘并不重要，但是，这微量的碘对甲状腺的功能至关重要，而甲状腺调控着人体的代谢和生长。因此，你需要食用含有碘化钾的碘盐，这样才能达到膳食参考的建议值。类似地，如**图4.12**所示的几类食物可以为健康提供适量的各种矿质元素。

■ **图4.12** 均衡膳食所需的各种食物。

进一步探索

1. **推断** 为什么在沸水中煮食物会降低食物的矿物质含量？
2. **获取信息** 为什么矿物质摄入量超过DRI可能对身体有害？

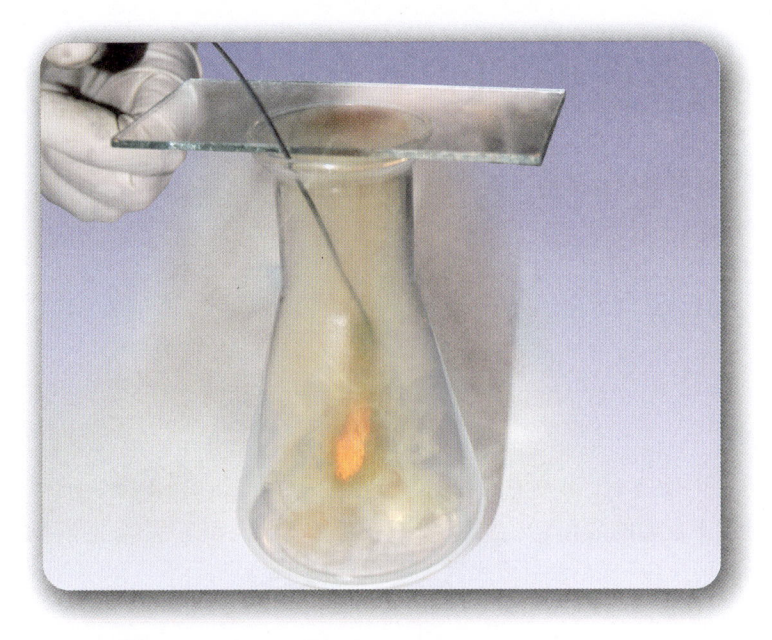

■ **图4.13** 这个例子表明,反应生成的产物与形成产物的两种单质的性质都不一样。烧红的钢丝棉（铁）与氯气反应生成的三氯化铁,就是锥形瓶中棕色的烟。

根据线索合成一种化合物

图4.13展示了一个例子。这个例子表明,经过化学反应生成的产物中的原子,其亚微观结构与参加反应的物质的原子有很大差异。假如元素的原子总是以相同的方式结合,那么,所有的化合物很可能具有相似的性质。但事实上,之前你学过的三种化合物却具有截然不同的性质。这个线索表明,在亚微观水平上,原子肯定可以通过不同的方式结合,从而形成不同类型的产物。结合第2、3章中学过的有关原子结构的知识,你现在可以开始探索原子结合的不同方式了。

补充练习

有关单质和化合物分类的额外练习,请见附录C。

第1节 本节回顾

要点梳理
- 化合物的性质与形成它的元素的单质的性质不同。
- 化合物的性质取决于化合物形成时组成原子所发生的变化。
- 宏观性质为了解物质亚微观层面的变化提供了线索。

1. **主要 概念** 对比化合物和构成该化合物的元素单质的性质,以水为例。
2. **分类** 将下列物质分类,指出是单质还是化合物。
   a) 食盐　　c) 水　　　　　e) 硫黄
   b) 氯气　　d) 二氧化碳气体　f) 干冰
3. **描述**氧如何与其他元素结合形成性质各异的化合物。
4. **对比与比对** 以氯化钠、二氧化碳和水为例,比较化合物与构成化合物的单质,它们的反应性存在哪些相同点和不同点?
5. **查找** 在元素周期表中找出本节所涉及的各种元素。哪些是金属元素?哪些是非金属元素?比较所学的三种化合物,分析它们是由两种非金属元素构成的还是由一种金属元素、一种非金属元素构成的。

第2节

核心问题

- 如何在亚微观层面用模型表示离子化合物和共价化合物的形成？
- 原子是如何通过成键实现化学稳定性？为什么原子在成键之后变得更加稳定？
- 共价化合物与离子化合物的物理性质有什么不同？

术语回顾

价电子：原子最外层的电子。

关键术语

八隅律
稀有气体构型
离　子
离子化合物
离子键
晶　体
共价键
共价化合物
分　子
电解质
粒子间作用力

元素如何构成化合物

主要 概念　原子中的电子经过重排获得稳定的构型来形成化合物。

链接真实世界　你小时候一定玩过积木玩具吧！这些积木只有几种连接方式，你所搭建的物体的形状取决于木块相互连接的有限方式。用原子搭建化合物也类似。

原子碰撞

当物质发生反应时，物质中的原子肯定会发生碰撞，如**图** 4.14 所示。正是碰撞过程中发生的变化，决定了所形成的化合物的类型。那么，钠、氯原子形成食盐的反应与氢、氧形成水的反应有何不同呢？

原子相互碰撞时，究竟是什么发生了接触？回顾之前的学习，我们知道，原子核的体积与原子的电子云相比就像是沧海一粟。而且，原子核深深埋在电子云的中央，因此，在发生化学反应时，原子核间发生碰撞的概率几乎为零。事实上，化学反应过程只涉及原子中的电子云的变化。

通过有关元素周期表的学习，我们知道，元素的性质发生周期性变化的原因在于原子最外层电子（价电子）的周期性变化。正是原子的价电子排布决定着原子的主要化学性质。由此，我们可以认为，原子之间的相互碰撞，实际上是价电子间的相互接触。那么，价电子间又是如何发生相互作用的呢？在我们准备探索有关原子结合成化合物的线索之前，先来认识一类性质不同寻常的元素——稀有气体。

■ **图** 4.14　就像必须用足够大的力气用木棍敲击彩罐才能够敲开一样，化学反应中的粒子也必须有足够的能量碰撞，才能够发生反应。

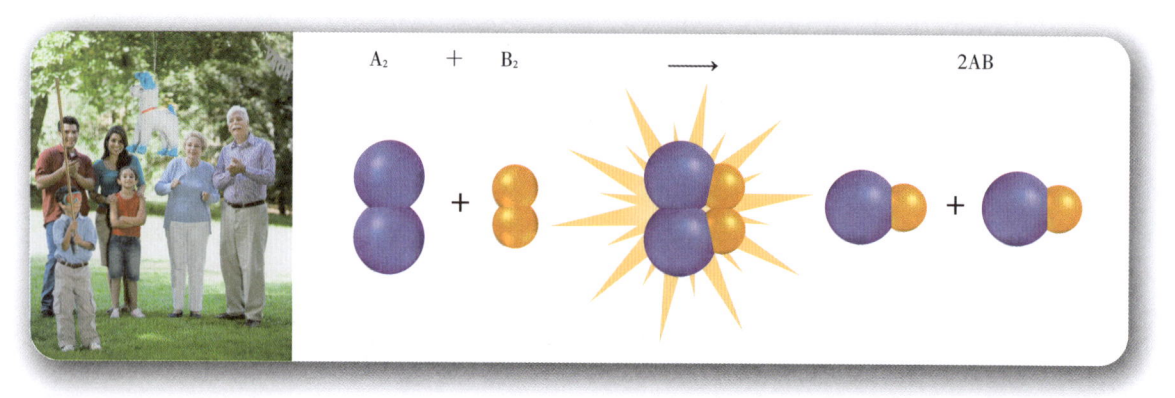

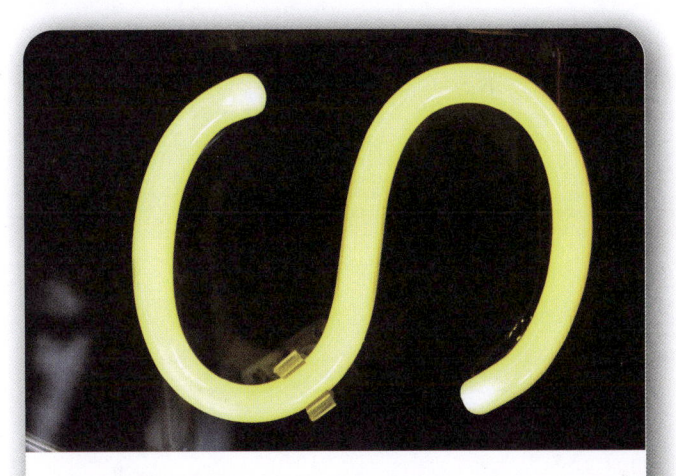

在一些五彩斑斓的霓虹灯中,使用了稀有气体,当高压电子流通过这些气体时,它们会发出不同颜色的光:氖气呈鲜橙色,氩气呈蓝色,氦气呈黄白色。为了获得不同的色彩效果,除稀有气体外,灯的设计者还在灯管中充入水银或其他物质。

稀有气体的化学稳定性

在所有元素中,第18族的元素是非常奇异的一族,这些元素几乎没有化学活性。事实上,正因为它们不会参与任何反应而具有了一些实际用途,如图4.15所示,这些元素被用于霓虹灯,十分夺人眼球。尽管这些元素在自然环境中都存在,但是,如果想在自然环境中找出含有这些元素的化合物,却是不可能的。

起初,第18族的元素因不具反应活性而被称作惰性气体,那时的化学家认为,这些元素根本不可能发生化学反应而形成化合物。然而,到了20世纪60年代,化学家将氟气在高温高压下与氙气、氪气反应,结果得到了由它们构成的化合物。随后,其他一些氙、氪的化合物也相继被合成了出来。化学家认为,这些元素其实并完全惰性,从此,惰性气体被改名为稀有气体。

八隅律 稀有气体的这种超强稳定性,使得它们与其他族的元素相比显得独树一帜。稀有气体缺乏活性,暗示着组成稀有气体的原子也是稳定的。在第3章中我们已经学过,元素周期表中同一族的元素有着相似的价电子排布。第18族中,除氦原子外(只有2个价电子),每种稀有气体元素的原子都有8个价电子。图4.16展示了稀有气体具有的价电子情况。由电子的排布决定原子的化学性质这一原理可以推知,稀有气体的电子排布使得它们缺乏与其他元素相互作用的活性。

白炽灯中充满了稀有气体,通常是氩气和氮气。通电后,灯泡中钨丝的温度变得非常高,几乎可以和除这类最具惰性的物质之外的任何物质发生反应。

■ 图4.15 用于白炽灯和霓虹灯的稀有气体。

■ 图4.16 第18族元素的价电子排布都非常稳定——氦具有2个价电子,其他元素具有8个价电子。

18
He:
:Ne:
:Ar:
:Kr:
:Xe:
:Rn:

■ **图4.17** 氦元素只有1个能级,在此能级中容纳了2个电子。其他稀有气体最外层能级中都有8个电子。这样的电子排布使得它们几乎没有反应活性。

原子之所以会相互结合,是因为结合后会变得更加稳定。稀有气体的电子排布对它们与其他元素的反应究竟有何影响呢?**图4.17**分析比较了稀有气体的电子排布。现在,科学家确信,原子之所以能相互结合,是因为通过这个过程可以使原子达到更为稳定的状态。上述结论是科学家根据稀有气体的价电子排布使得稀有气体性质稳定这一事实得出的。由此,化学家建立了一个原子如何经过反应生成化合物的过程的新模型,这个模型称作**八隅律(octet rule)**。八隅律指出,如果原子的最外层能达到8个电子(对于一些小原子也可以为2个),那么,这个原子就会变得更加稳定。换言之,元素只要获得了与稀有气体一样的价电子排布——**稀有气体构型(noble gas configuration)**,就能变得稳定。

获得稳定的外层能级的方式

如果电子以足够的能量相互碰撞,那么,它们的外层电子就有可能通过重排实现价电子稳定的八隅律结构,即稀有气体构型,同时,原子间就会相互结合。请记住,电子是物质的粒子,所以在化学反应中电子的总数是不会发生变化的。下面,再让我们来考虑原子碰撞过程中,价电子是如何重排以便让每个原子都有一个稳定的八隅体结构。这有两种可能性:第一种是在原子间转移价电子;第二种是原子间共享价电子。本章第1节所讨论的几个反应就分别属于这两种情况。

拓展 阅读

氡(Radon, Rn)是稀有气体族中的最后一种元素。它是一种天然放射性元素,由放射性元素镭衰变产生。尽管地球上也有天然存在的氡,但是存在的时间比较短暂,因为它会迅速衰变成其他元素。

可转移的价电子 我们知道,钠和氯气混合时,就会发生反应,生成氯化钠。图4.5展示的就是这个反应的宏观表现。那么,从原子水平上来说,这个反应中究竟发生了什么呢?还是让我们从分析钠原子和氯原子的碰撞入手吧!在元素周期表中找出这两种元素:钠在第1族,拥有1个价电子;氯在第17族,拥有7个价电子。

在上一章中,你已经学过如何用路易斯电子式来表示一个原子以及它的价电子。现在,你可以用这个模型来展示原子结合时所发生的情况。这两种原子的电子式如下:

$$Na^\cdot \quad \cdot \ddot{\underset{\cdot\cdot}{Cl}}:$$

上述两种原子,它们的价电子结构究竟怎样重排才能使每个原子都获得稳定的价电子构型呢?显然,如果钠原子的1个价电子转移到氯原子上,那么这两个原子就都可以达到稳定的八隅体结构。此时,氯原子多出了1个电子,带了1个单位负电荷。而失去了1个价电子的钠原子,其钠核内的质子数超过了核外的电子数,因而带了1个单位正电荷。

$$Na^\cdot + \cdot \ddot{\underset{\cdot\cdot}{Cl}}: \longrightarrow Na^+ + [:\ddot{\underset{\cdot\cdot}{Cl}}:]^-$$

从图中可以清楚地看出,氯原子已形成稳定的八隅体电子结构。但是,失去了1个价电子的钠原子又是如何获得稳定的结构的呢?请看一下钠原子在元素周期表中的位置。钠失去唯一的价电子后,其最外层就有了和氖相同的电子排布。更准确地说,钠失去最高能级上的电子后,次一级的能级成为最外层,并且达到了稳定的八隅体结构,因而钠原子也稳定了。图4.18对钠和氯气反应的细节作了总结。

> **拓展 阅读**
>
> 请深吸一口气,你所吸入的空气中大约有1%的氩气,它就是稀有气体。

■图4.18 钠原子失去了1个电子,氯原子获得了1个电子,从而形成了钠离子和氯离子。
解释 电子如何转移能够使得两个原子都稳定?

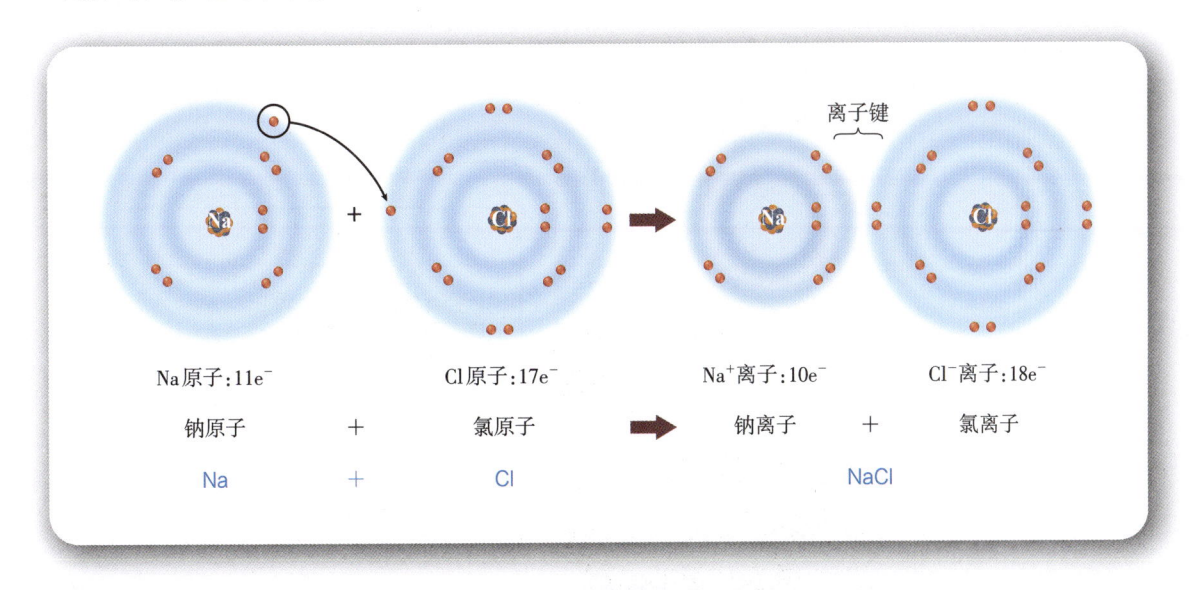

Na原子:11e⁻   Cl原子:17e⁻   Na⁺离子:10e⁻   Cl⁻离子:18e⁻

钠原子 + 氯原子 ➡ 钠离子 + 氯离子

Na + Cl   NaCl

离子键

131

表4.2　钠和氯气的反应

	钠原子	氯原子	钠离子	氯离子
	Na	Cl	Na$^+$	Cl$^-$
质子数	11	17	11	17
电子数	11	17	10	18
最外层电子数	1	7	8	8

折叠式学习卡

将本节中的信息归纳到你的折叠式学习卡中。

现在，每个原子的外层电子都已实现了八隅体结构，而且它们也不再是中性原子，而是带有电荷的离子。**离子(ion)** 就是因失去或得到电子而形成的带有电荷的原子或原子聚集体。离子总是在价电子重排，即原子间发生电子转移时形成的。由离子组成的化合物称为**离子化合物(ionic compound)**。请注意，在这一过程中，只有电子排布发生改变，而原子核的结构丝毫未变。这种结果从表4.2中原子和离子的比较就一目了然了。

离子间相互吸引　带有相反电荷的物体总会相互吸引。同样地，带正电荷的钠离子和带负电荷的氯离子一旦形成，它们就强有力地彼此吸引。带有相反电荷的离子间存在的这种强烈的相互吸引力就是**离子键(ionic bond)**。离子键使离子化合物中的离子紧密结合。

即便是小到肉眼刚可看见的盐粒中，也存在着数百亿亿(10^{18})个钠离子和氯离子。在盐粒中，每个带正电的钠离子吸引着周围所有带负电的氯离子，反之亦然。因此，食盐晶体中，这些离子并不是纯粹地以钠离子/氯离子对的形式存在，而是构建了如**图4.19**所示的立方体结构。这种组织完美的结构就是晶体结构。固体氯化钠是由晶体组成的。**晶体(crystal)** 是由原子、离子或分子有规则地重复排列而成的。

■**图4.19**　由于电子的转移，活泼金属钠和有毒气体氯气结合成为稳定而又无毒的化合物——氯化钠。氯化钠晶体的结构是高度有序的，当用扫描电子显微镜观察氯化钠晶体时，就能够看到它的立方体结构。

氯离子（Cl$^-$）
钠离子（Na$^+$）
氯化钠晶体

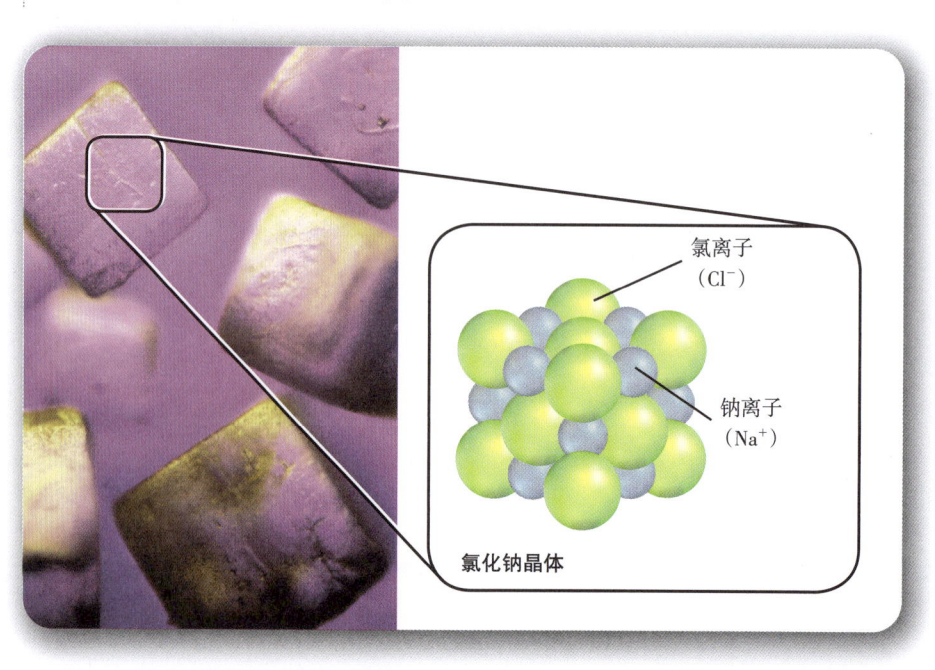

迷你实验 2

离子化合物的形成

其他原子是如何失去或得到电子形成离子的 钠原子失去1个电子变成Na$^+$，氯原子得到1个电子变成Cl$^-$。在这个实验里，你将探索其他类型原子的组合。

实验步骤

1. 阅读并完成实验安全表格。
2. 从纸板上剪下8个直径约为7 cm的圆纸片，分别代表下列几种元素：Li、S、Mg、O、Ca、N、Al和I。最好使用不同的颜色表示不同的元素，并在对应的纸片上写下元素符号。
3. 选择锂原子和硫原子，将这2个圆纸片并排放在1张瓦楞纸板上。
4. 用一种颜色的图钉表示锂原子的价电子，用另一种颜色的图钉表示硫原子的价电子，每个图钉表示1个价电子。在代表相应元素的纸板的圆周上均匀地排布这些图钉。
5. 将金属原子的图钉转移到非金属原子上，以便让两种原子都获得稀有气体的电子排布。如果需要的话，添加更多的图钉来完成这步操作。
6. 一旦你获得了一个稳定的化合物，就在纸板上写下这些离子的符号、所带的电荷数，以及它们结合后形成的化合物的化学式和名称。
7. 将剩下的原子重复进行步骤3~6，以便得到更多的化合物。

分析与讨论

1. **解释** 为什么在组成某些化合物时，你必须使用同一种元素的原子两次或两次以上？为什么你不能从一个金属原子上转移更多的电子或者额外地增加电子给非金属原子？
2. **鉴别** 在元素周期表中找出与你所获得的离子具有相同电子结构的稀有气体元素。

离子彼此吸引的结果 离子键对化合物的宏观性质有哪些影响呢？我们知道，钠离子和氯离子按立方体排列的结果，使食盐成为立方体晶体。而排列成如此严整的空间结构的钠离子和氯离子，彼此间还存在强烈的相互吸引，因此毫不奇怪，氯化钠在室温下是固体。

熔化离子化合物 组成物质的所有粒子都处于不断的运动中，当温度升高时，这些粒子的运动就变得更快。如果你想让固体熔化，就必须加热物质到足够的温度，以使其中的粒子能摆脱周围其他粒子对它的吸引力，这个温度就是熔点。一旦达到熔点，晶体的结构就会瓦解。破坏氯化钠的晶体结构需要很多能量，这从它的熔点超过800 ℃就可以看出。

打碎离子晶体 当你挤压盐晶体时，它们并不会弯曲或被压碎。只有当力量足够大时，盐晶体才会突然粉碎。这种宏观上的刚性和脆性，实际上是盐晶体亚微观结构强度和硬度的外在表现。试图破坏离子晶体就像是破坏一堵砖砌的墙一样，需要借助很大的外力，如**图4.20**所示。

■**图4.20** 离子化合物的晶体结构很像是一堵砖砌的墙，需要借助很大的外力才能够打碎它。

化学实验

碘化锌的形成与分解

背景

化合物是元素化学结合的产物。许多元素的化学反应非常剧烈，因为具有危险性而必须在一定的实验条件下进行。如果单质可以自发地（一经引发，不需要借助外力或外加能量）形成化合物，那就说明，所形成的化合物比单质稳定。反过来，如果你希望通过打破这种稳定的化合物的结构以得到单质，那么，你必须额外加入能量。

电流常能满足这一要求。通过通电而让化合物分解为单质的方法称为电解。比如，电解水就是把水分解成氢气和氧气。在这个实验中，你会用到如下页图所示的一个简单仪器来电解碘化锌溶液。

问题

单质是否能合成一种化合物，随后化合物又分解成初始的单质？

目标

- **比较**化合物和组成它的单质。
- **观察**记录一个化合反应。
- **观察**化合物分解成单质的过程。

实验准备

实验器材

- 10 mm×150 mm试管
- 试管架
- 试管夹
- 100 mL烧杯
- 药匙
- 塑料搅棒
- 锌
- 碘晶体
- 蒸馏水
- 附有接线端和引线的9 V电池
- 两根20 cm长的铜制电线，铜丝端头处至少裸露1 cm

安全警示

注意： 本实验应在通风橱中进行。碘晶体是有毒的，沾上皮肤会染上颜色，使用固体碘时务必小心。锌和碘反应时会释放热量，必须用试管夹夹住用作反应容器的试管。

实验步骤

1. 阅读并完成实验安全表格。
2. 取1支试管和1只小烧杯，将试管管口朝上放置在试管架上。
3. 在试管中加入大约1 g的锌粉和大约10 mL的蒸馏水。
4. 小心地将约1 g的碘加入试管中。将实验观察记录在与下页表格中。
5. 使用塑料搅棒彻底搅拌试管中的物质，直到不再有明显的反应现象为止。记录这个过程中观察到的物理变化或化学变化所伴随的现象。
6. 待反应混合物在试管中静置片刻后，用一个试管夹小心夹住试管，将其中的溶液倒入小烧杯中。
7. 添加水直到烧杯中的溶液体积达到约25 mL。
8. 取附带有导线的9 V电池和两根铜制导线。将铜制导线分别连接到电池两极，确保两根导线之间没有任何接触。

9. 将电线插入溶液中,记录你观察到的实验现象。
10. 2分钟后,将电线从溶液中取出,检查电线。记录你观察到的实验现象。

分析与讨论

1. **观察与推断** 有哪些证据表明化学反应正在进行?
2. **对比与比对** 你是如何判断反应已经结束的?
3. **推断** 可以用哪个术语来描述一个释放热量的化学反应?你是如何解释反应中所释放的热量的?
4. **得出结论** 你凭什么认为锌和碘之间已经停止反应?
5. **检验猜想** 你有哪些证据证明化合物可以通过电解而发生分解?

应用与评估

1. **判定** 在这个反应中,水起着什么作用?
2. **分析** 你认为碘化锌是离子化合物还是共价化合物?有哪些证据可以支持你的结论?
3. **标明** 碘化锌的化学式是 ZnI_2。使用路易斯电子式表示元素结合成化合物的过程。

进一步探究
如果用氯化钠溶液代替碘化锌溶液,这个实验会有什么不同?

实验数据与现象观察

步骤	实验现象
4. 在锌中加入碘	
5. 碘和锌的反应	
9. 溶液的电解	
10. 电线的检查	

135

表4.3	常见化合物的化学式		
化学式	H_2O	$C_9H_8O_4$	$C_{12}H_{22}O_{11}$
常用名	水	阿司匹林	蔗糖
例子			

化合物的表示：化学式 如果每次提及氯化钠(sodium chloride)时都必须写出它的名称，那样就相当烦琐，为此，化学家建立了一种简便地表示化合物的系统——化学式。氯化钠的化学式就是 NaCl，显然这样写十分方便。化合物的化学式还告诉我们很多信息：哪些元素参与构成此化合物，一个单位的化合物中每种元素的原子的个数或比例，等等。当钠原子和氯原子反应时，形成数量比为 1∶1 的离子。再如，水可以写成 H_2O，这个化学式表明，1 个水分子由 2 个氢原子和 1 个氧原子结合而成。

原子也可通过另外一种方式结合，实现一种稳定的外层电子排布，比如水。**表4.3** 展示了 3 种这样结合的常见化合物。

可以共享的电子 在之前的学习中你已知道，氢气和氧气反应可以生成水。那么，氢原子和氧原子碰撞时究竟发生了什么呢？氢只有 1 个价电子；氧是第 16 族的原子，有 6 个价电子。这些原子是否可以通过电子转移来达到与稀有气体类似的稳定电子构型呢？显然，如果氧原子能额外获得 2 个价电子，那么它就可以达到稳定的八隅体结构——稀有气体氖的电子构型。

那么，氢的情况将会如何呢？氢可否失去它唯一的价电子？你可能会先入为主地像对待钠那样来对待氢，但是请注意，因为氢原子一旦失去这个电子，它将没有任何核外电子，这种电子结构将与所有稀有气体元素的结构不同。因此，氢原子只有通过获得 1 个电子才能达到与氦相似的电子排布。但是，这种近似于一厢情愿的获得电子的方式对于水分子中的两个氢原子来说是行不通的。

原子发生碰撞时,只有当一个原子对价电子的吸引力强于其他原子时,才会发生电子的转移。对于钠和氯来说,氯原子对钠的价电子的吸引力非常强,而钠原子对价电子的吸引力又比较弱,这样,电子就很自然地从钠原子转移到氯原子上,由此形成了阳离子和阴离子。在第9章中,你将学习有关这一过程的更多细节,以及影响这一过程的一些因素。对于氢和氧来说,它们的原子发生碰撞时,无论是氧原子还是氢原子,它们对电子的吸引力都不强,都无力使自己从其他原子上获得电子,在这种情况下,最好的方法是这些原子通过共享价电子的方式结合在一起。

为了理解水分子的形成,先来看一下氢和氧的电子式。

$$H^\times \qquad \cdot \ddot{O}{:}$$

由上式可以看出,氢原子需要额外得到1个电子,才能达到氦的电子排布;而氧原子需要额外得到2个电子,才可达到氖的电子排布。氢原子和氧原子可以各出1个电子由双方共享。这种电子共享可以在原子间标两个点来表示,如下图所示。

$$H{:}\ddot{O}{:}$$

通过和氧共享1个电子后,氢原子便拥有2个电子,达到了稳定的电子结构。但是氧原子此时仍然只有7个价电子。不过不要紧,氧原子只要再和另外一个氢原子共享1个电子,就达到了稳定的八隅体结构,这同时解释了为什么水的化学式是 H_2O。

$$H{:}\ddot{O}{:} \;+\; H^\times \longrightarrow \begin{array}{c} H{:}\ddot{O}{:} \\ H \end{array}$$

与氯化钠通过离子键结合类似,所有反应之前的成分在反应之后依旧存在。那么,氢原子和氧原子在结合过程中又发生了什么样的改变呢?可以知道,反应前后,氧原子和氢原子依旧存在,变化的只是两种原子中的价电子的位置。这是所有化学反应中都会发生的事件:电子重排。**图** 4.21 总结了氢气和氧气的反应。

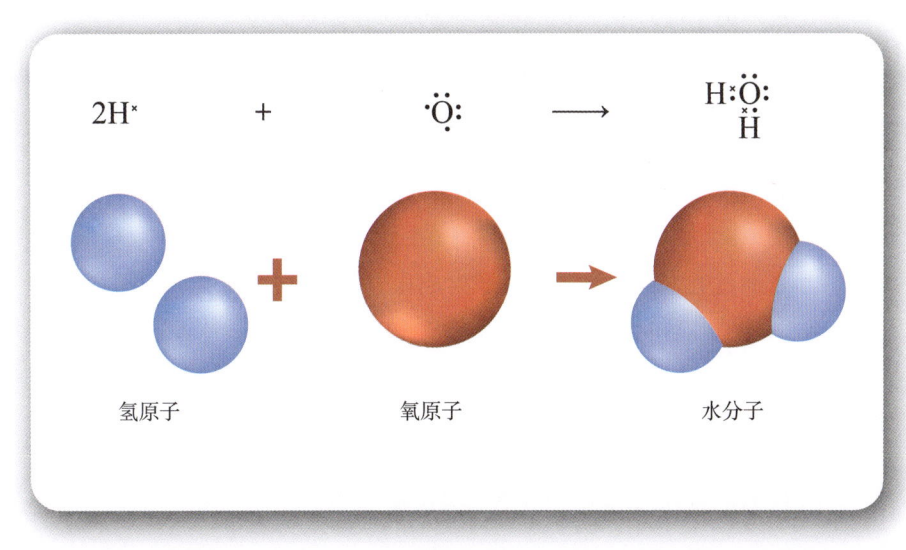

$$2H^\times \;+\; \cdot\ddot{O}{:} \longrightarrow \begin{array}{c} H{:}\ddot{O}{:} \\ H \end{array}$$

氢原子 + 氧原子 → 水分子

■ **图** 4.21 水分子中的3个原子的稳定电子结构是通过8个电子(6个来自氧原子,2个来自2个氢原子)在3个原子之间协调排布来实现的。通过与氧原子共享一对电子对,每个氢原子的外层能级上都填充了2个电子。每个氧原子则通过与2个氢原子共享2个电子对,从而实现了最外层能级上稳定的八隅体结构。通过共享这种方法,每个原子都获得了稳定的稀有气体构型。

137

氯化铁是一种典型的离子化合物,可溶于水,室温下呈晶体状,高温(300 ℃)条件时熔化。氯化铁能够用来处理污水和饮用水,蚀刻铜。

乙醇,又称酒精,是一种典型的共价化合物。室温时为液体,在空气中非常容易挥发。乙醇在 78 ℃时沸腾,在 −114 ℃时凝固。与许多共价化合物不同,乙醇是溶于水的。事实上,医用酒精就是乙醇溶于水的产物。

■ **图 4.22** 离子键和共价键的形成方式并不相同,故离子化合物和共价化合物通常也具有不同的性质。

折叠式学习卡

将本节中的信息归纳到你的折叠式学习卡中。

电子共享形成分子 我们将两个原子对共享电子对的吸引力称为==共价键(covalent bond)==。请注意,在共价键中,原子只是共享电子,没有哪个原子真正占有而带有电荷。通过共价键结合而成的化合物,称为==共价化合物(covalent compound)==。

水就是共价化合物。尽管水是由氢原子和氧原子构成的,但是这些原子已经组合成了水分子,每个水分子中含有 2 个氢原子与 1 个氧原子。在这种==分子(molecule)==中,原子以共价键结合,是一种不带电荷的双原子或多原子基团。有时,化学家也将共价化合物称为分子化合物(molecular compound),其实这两个术语指的是同一类物质。图 4.22 对离子化合物和共价化合物作了比较。

共享电子数可以多于 2 个 木炭燃烧时,碳原子与氧原子发生碰撞形成 CO_2。碳是第 14 族的元素,有 4 个价电子。氧是第 16 族的元素,有 6 个价电子。这三个原子——2 个氧原子和 1 个碳原子如何结合在一起使得三个原子都拥有稳定的电子构型呢?

与氧原子和氢原子结合时一样,氧原子和碳原子发生碰撞时,也是通过共享而不是转移电子生成化合物,因为没有哪个原子可以将电子从其他原子上夺走。事实上,当非金属元素之间发生反应时,一般都是通过共享电子来达到稳定的结构,形成相应的共价化合物;另一方面,如果金属原子和非金属原子反应,那么一般发生电子的转移,从而形成离子化合物。你将在接下来的内容中进一步学习化学键的本质,学会如何分辨离子键和共价键。

现在，我们再来分析炭和氧气反应生成 CO_2 的过程。先检查参与反应的原子的电子式。

$$:\overset{..}{\underset{..}{O}}. \quad .\overset{.}{\underset{.}{C}}. \quad .\overset{..}{\underset{..}{O}}:$$

你能将这3个原子的16个价电子重新排布一下，以使每个原子都达到稳定的电子构型吗？你知道，在碳原子和氧原子之间至少存在一个键，而单个氧原子与2个碳原子共享1对电子时，电子式为：

$$:\overset{..}{\underset{..}{O}}:\overset{.}{\underset{.}{C}}:\overset{..}{\underset{..}{O}}:$$

上述这种排布中，碳原子享有6个电子，每个氧原子则享有7个电子，但没有一个原子获得了八隅体结构。接下来该怎么办？在化学中，没有哪条规律强调原子间的结合只能共享1对电子。如果它们共享2对电子，那么会发生什么情况呢？现在，请你在原子间安置2对共享电子，就得到了下面所示的电子式：

$$:\overset{..}{\underset{..}{O}}::C::\overset{..}{\underset{..}{O}}:$$

现在，请数一下每个原子周围的电子数，包括共享的电子。可以发现，每个原子都已获得了稳定的八隅体结构。通过共享电子，3个原子都获得了比原先更为稳定的电子排布。二氧化碳分子的性质是其特有的，与构成它的碳原子与氧原子的性质完全不同。

原子间除了像二氧化碳那样形成双键外，还能形成叁键。**图 4.23** 展示了氮气（N_2）中的叁键，并与氢气中的共价键进行了对比。N_2 中的叁键非常稳定。氮气在空气中约占78%，但是由于其中的叁键很稳定，需要很高的温度才能够使它与环境中的其他物质发生化学反应。

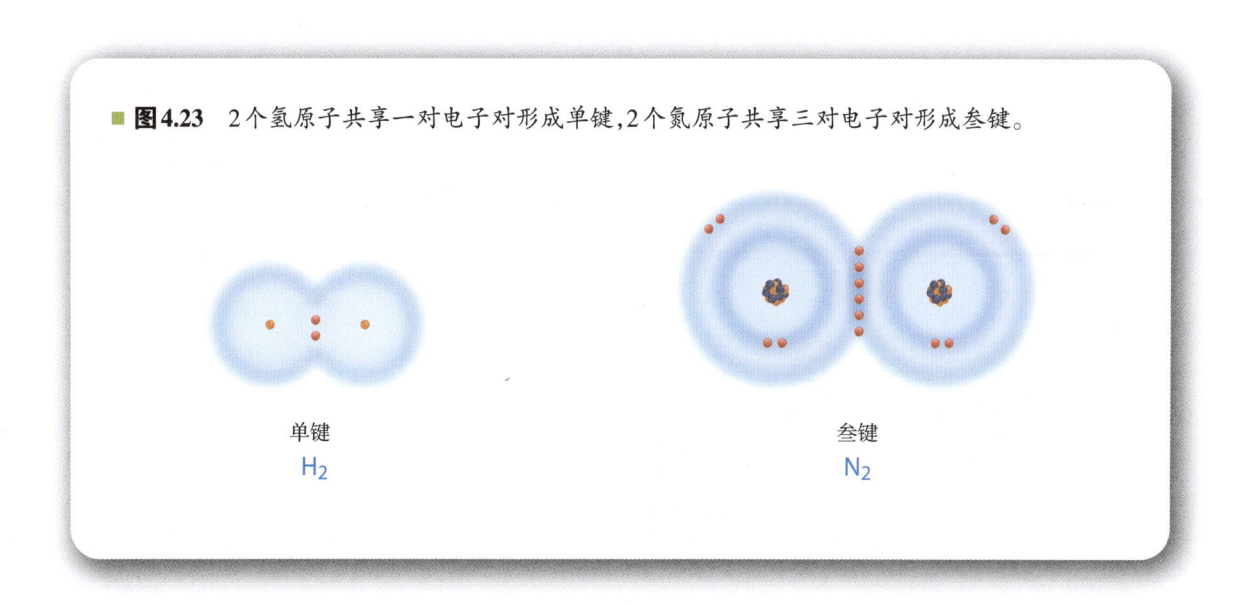

■ **图4.23** 2个氢原子共享一对电子对形成单键，2个氮原子共享三对电子对形成叁键。

单键
H_2

叁键
N_2

139

历 史 链 接

氢气与空难

1783年12月1日早晨,当巴黎市民看J.查理(Jacques Charles)和他的助手乘坐一个吊在大型气球上的篮子,缓缓飞过他们的屋顶时,着实大吃了一惊。查理和助手所用的这个气球里充入的全是氢气,这使得他们成为世界上首次乘坐比空气轻的装置的人。在第一次世界大战中,一些国家的军队利用填充氢气的气球将军人送到高处,以观察部队的行军路线。

兴登堡号飞艇 1936年,德国建造了兴登堡号飞艇(Hindenburg),这是一种真正意义上的飞艇。起初,设计人员曾考虑使用氦气。尽管氦气产生的浮力没有氢气大,但由于它不会与任何物质反应,比起可在空气中剧烈燃烧的氢气,这实在是一个不小的优势。然而,由于没有足够多的氦气,德国人最后不得不重新使用氢气来填充气球。在随后的一年里,兴登堡号飞艇总共承载了超过1 300名旅客跨越大西洋。1937年5月1日,当兴登堡号飞艇准备在新泽西州莱克赫斯特停泊的时候,意外发生了。由于氢气不小心被点燃,飞艇发生了爆炸而被彻底焚毁,36人死亡。这个事件也为氢气因比空气密度小而应用于航空的历史画上了句号。

化学反应 导致兴登堡号飞艇焚毁的就是氢气的燃烧反应:$2H_2(g)+O_2(g) \longrightarrow 2H_2O(g)$。一旦氢气被点燃,这个反应就会自发地进行

■ **图4.24** 兴登堡号空难。

■ **图4.25** 挑战者号事故。

下去。但是,这个反应也是可以人为控制的,航天飞机主发动机中的反应就是一个典型例子。

航天飞机的燃料 航天飞机助推器的主发动机使用液态氢和液态氧为燃料。这些燃料存储在航天飞机底部的外置燃料罐中,材料之间则严格隔离开。发动机点火时,再将两种燃料混合燃烧,反应中所释放的能量推动航天飞机进入指定轨道。

1986年1月28日,在"挑战者号"航天飞机的发射过程中,这个反应突然失控。在飞机起飞后1分13秒,外置燃料罐和航天飞机发生爆炸,机上7名宇航员全部不幸罹难。事后调查发现,此次事故是因其右侧的固体燃料助推器的O型密封垫圈存在设计缺陷引起的。

化学 链接

1. **推断** 许多研究致力于开发以氢气作为燃料的汽车。为什么说这种类型的汽车几乎是无污染的?你认为哪些因素可能会影响公众对这种汽车的认可?

2. **猜想** 你认为是什么原因使得氢气和氧气反应时会释放出如此巨大的能量?请回想一下这些原子结合时所伴随的情况。

离子化合物与共价化合物的性质比较

现在,你可以将 NaCl、H₂O 和 CO₂ 的亚微观模型与上一节中所学的宏观性质联系起来。当两种元素结合的时候,要么形成离子,要么形成分子,没有其他的选择。反应过程中,这些微粒都发生了巨大的改变,无论是钠原子转变为钠离子,还是氢、氧原子结合成水分子。这些改变也解释了为什么化合物与组成它们的元素有着如此截然不同的性质。

离子化合物性质的解释　离子化合物的特点是其中的离子结合成紧密、规则的结构,它们的物理性质就与这类结构直接有关。离子形成了一种强有力的立体晶体结构,这种亚微观结构的模型可以解释离子化合物的常见性质,如,室温下离子化合物常为晶体状固体。就像 NaCl 那样,这些固体通常坚硬、粗糙且具有脆性。

由于带有不同电荷的离子间的相互吸引力很强,只有给予很多能量才能破坏这种结合完好的网络结构,因此,离子化合物一般在高温时才能熔化。大多数离子化合物所具有的另一个性质是它们可以溶于水中。图 4.26 展示了两种典型的离子化合物,请你比较它们的外形与上述性质。

■ **图 4.26**　这里展示了 2 种典型的离子化合物。请注意,它们在室温下都是固体,并且都溶于水。尽管也有例外,但大部分离子化合物是溶于水的。

硫酸铜有时用来遏制游泳池中藻类的生长,在水处理厂中也有应用。

碳酸氢钠常用于烘烤食品,它能够使食物蓬松,俗称小苏打。

■ **图 4.27** 氯化钠溶液的导电性良好，它是一种电解质。蔗糖是一种共价化合物，在水溶液中不会导电，它不是电解质。大多数共价化合物在水溶液中不会产生离子。

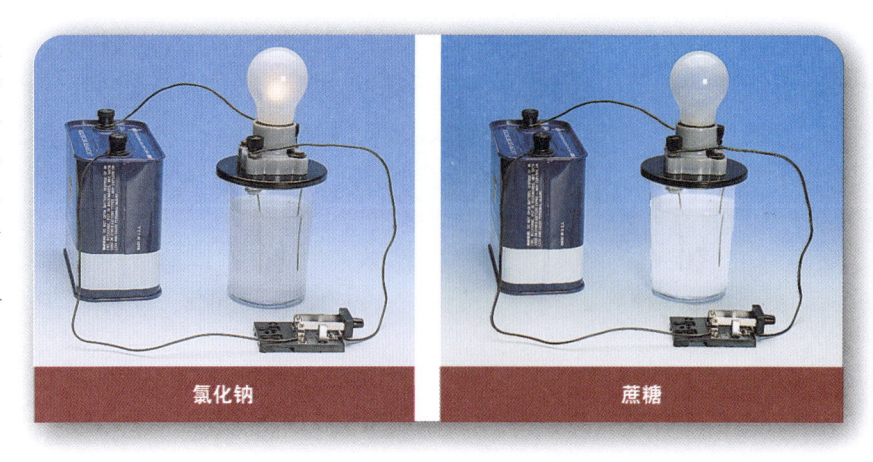

■ **图 4.28** 离子化合物的粒子间作用力强于共价化合物。

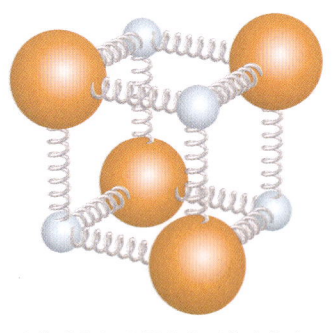

在像溴化锂这样的离子化合物中，由于带有相反电荷的离子相互吸引，粒子间的相互作用力较强。

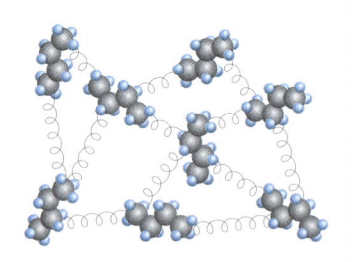

丁烷是一次性打火机中常用的燃料。丁烷是共价化合物，由于分子不带电荷，因此分子间的相互吸引力较弱。事实上，如果丁烷没有了打火机给予的高压，它就会迅速汽化而扩散开来。

离子化合物的另外一个典型物理性质是倾向于溶于水。当它们溶于水中后，形成的溶液具有导电性。离子化合物在液态（熔化状态）时也能导电。如果一种化合物在熔融状态或者溶于水中时能导电，我们就称之为**电解质（electrolyte）**。显然，离子化合物是电解质。

在传导电流过程中，离子必须能自由移动，只有这样，它们才能吸收或释放电子。固态的离子化合物之所以不能导电，就是因为这些离子被禁锢在特定的位置上，不能自由移动。离子化合物溶解在水中时能够产生自由移动的离子。熔化后的离子化合物变成良好导体，这一事实说明，熔融状态下离子所受的束缚力很小，可以自由移动。**图 4.27** 比较了溶解于水中的离子化合物和共价化合物。当蔗糖这种共价化合物溶解时，不会释放离子到溶液中，因此溶液不会导电。蔗糖不是一种电解质。

共价化合物性质解析　与对离子化合物性质的解析相似，根据共价化合物的亚微观结构，同样可以解释许多这类化合物的性质。特别地，你可以用这个模型来解释为什么典型的共价化合物，如 H_2O 和 CO_2，有着与离子化合物完全不同的性质。

在解释性质时，先考虑共价化合物的亚微观结构。共价化合物是由分子构成的，就像你在本章中已学的一样，这些分子中的原子之间被相互作用力（共价键）束缚，由此形成了稳定的分子单元。但这些分子不像离子，本身不带电，因此，分子间的吸引力就比较弱。

当微观粒子（如分子）组合成化合物时，也需要相互作用力，粒子之间的这种相互作用力被称为**粒子间作用力（interparticle force）**，分子间的这种相互作用力叫分子间作用力，如**图 4.28** 所示。共价化合物与离子化合物的粒子间作用力的强度差别很大，正是这种作用力的巨大差异，导致了两类化合物物理性质上的差异。

与所有的离子化合物在室温下是固体不同,共价化合物在室温下通常是液体或气体。但仍需注意,也有许多共价化合物,如糖,由于分子间存在足够强的吸引力而形成了晶体。之后你会学习为什么这类分子能相互吸引而成为晶体的原理。不过,许多室温下是固体的共价化合物,不用太高的温度就可以熔化,例如糖、石蜡等。图4.29比较了一些共价化合物的性质。纯净的共价化合物也不导电。共价化合物一般不溶于水,如组成汽油和菜油的化合物等。但也有一些可溶于水的共价化合物,如糖。由此看来,共价化合物的水溶性差异很大。但是,总体而言,共价化合物的水溶性要比离子化合物差一些。那么,是什么因素造成了这些差异呢?

> **家庭 实验**
>
> 参见附录F,探索离子化合物和共价化合物混合成的液体。

■ 图4.29 共价化合物由共价分子构成,而这些分子又是原子之间通过电子共享方式结合而成的。因为共价分子间的作用力较弱,因此,室温下共价化合物通常是气体或液体。大多数的共价化合物不溶于水,但也有一些化合物例外。

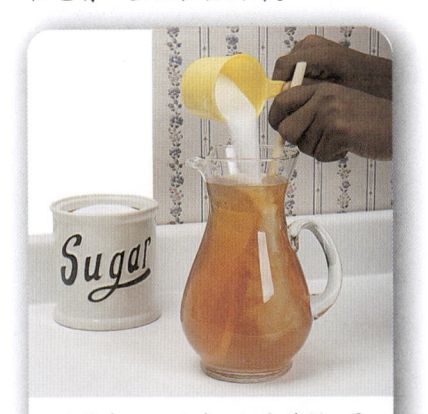

砂糖($C_{12}H_{22}O_{11}$),又称蔗糖,是共价化合物中呈晶体状固体且溶于水的典型代表。

蜡烛也是多种共价化合物的混合物,因为其化合物的分子比较大而且重,所以室温下为固体,但熔点很低。

石油是多种共价化合物的混合物。石油不溶于水,它只能以薄薄的一层浮在水面上。

在一些没有天然气的地区,居民们燃烧压缩的丙烷气来取暖和烹饪食物。这些压缩气体通常被压缩在高压罐里,通过卡车运送到需要的地区。

化学与社会

热带雨林药学

很久以前,一位名叫萨摩亚的医生从一种热带雨林植物下垂澳杨(Homalanthus nutans)的树皮中提取药物制成茶,分发给患者用于治疗黄热病(一种病毒性疾病)。之后,科学家对这种树皮进行了研究,鉴别出了其中的有效成分是 prostratin。现在,科学家正研究 prostratin 对其他病毒性疾病的疗效。

人类用植物治疗疾病已有悠久的历史。一些常用药物,如阿司匹林、可待因和奎宁,最初都是从植物中提取的。时至今日,科学家只深入研究了约0.5%的植物物种,初步了解了这些植物的化学组成和医疗价值。考虑到世界上约25万种开花植物中的绝大部分都生长在热带雨林,为此,科学家正在对这些植物茂盛的土地进行广泛的研究,以图研制出可用于治疗各种疾病的新药物。

筛选植物 挑选用于药用植物研究的一种方法,就是从一个地区搜集大量不同物种的植物,检测它们可能的医疗用途。由于植物的种类丰富多样,因此,科学家希望能从中找到更多样的化学物质。一些部门,如美国国立癌症研究所,通常采用这种筛选方法。筛选药用植物的另一种方法是进化统计。科学家根据一些已被证实有药用价值的植物,追踪研究与这些植物有亲缘关系的其他植物。这样做的理由是科学家认为,在进化树上靠近的植物,可能会生成性质相似的化学物质。

民族植物学方法 现在,有一种筛选药用植物的新的研究方法引起了科学家的注意。这种方法是建立在民族植物学研究工作的基础之上的。民族植物学的研究者调查了当地人药用植物的利用情况,结果发现这些人掌握了丰富的有关药用植物的知识。通过这一途径,科学家

■ 图4.30 亚马孙河流域中的一些植物具有药用价值。

期望能快速识别出对将来研究有用的植物。prostratin 的发现就是一个通过民族植物学方法筛选药用植物的典型例子。

将来 分离和检测植物中的药用成分通常需要多年的时间。在这一过程中,热带雨林可能已发生了重大改变。大多数的热带雨林分布在发展中国家,当地居民为了改善生活,总想多种植一些庄稼以保证生活所需,为此就不得不毁林伐木、伐林以耕,这些举措使热带雨林的面积逐年减少。一些科学家在热带雨林中建立了一些保护区,用以保护和维持森林中生物的多样性。还有一些研究者在热带雨林的苗圃中种植了那些正迅速消亡的植物。科学家还教导当地居民保护热带雨林比伐林以耕具有更大的经济效益,例如热带雨林能够持续产出坚果、水果、产油植物和药用植物。

课题 分析

1. **推断** 为什么药物研究者会将一种害虫数量较少的植物作为有着潜在价值的植物来对待?
2. **获取信息** 对热带雨林植物中的物质的药用价值的研究,对现在以及将来热带雨林的开发有何影响?

不同粒子间相互作用力导致的差异　离子化合物和共价化合物的性质不同,很大程度上是由于两者粒子间的相互作用力不同。粒子间相互作用力是决定一种物质在室温下呈何种状态的关键因素。你已经知道,固态离子化合物中的离子因受周围其他离子的强烈作用力而只能固定在特定位置上。如果是共价化合物,那么其中粒子间的相互作用力相对较弱,分子与分子之间的排列也不够紧密,所以,室温下的共价化合物一般以气体或液体的状态存在。

共价化合物中没有离子,因此,它们通常不是电的良导体。而离子化合物由于含有离子,因此通常能溶于水,这与共价化合物有明显区别。利用粒子间的相互作用力,可以方便地解释两种化合物的上述差异。当离子化合物放入水中时,其中的离子可以被水分子吸引,以至于离子不断地从离子晶体中脱离下来,最终的表现就是溶于水。共价化合物中不含离子,而这种共价分子又不会被水分子吸引,因而它们通常不溶于水。物质在水中的溶解性以及水溶液的性质是化学研究的重要课题。

> **补充练习**
> 有关单质和化合物分类的额外练习,请见附录C。

精彩预告

现在,你已经知道了自然界中存在着两大类化合物,但是,你可能会想,日常生活中我们何时何地会与这些化合物接触呢。不用着急,在下一章中,你就要接触更多的离子化合物和共价化合物,包括一些比本章中作为范例介绍的化合物更复杂的化合物。你还将学习化合物的命名及化学式的书写等方面的知识与技巧。此外,你还会学到如何识别一些特殊种类的化合物,如酸、碱和有机化合物等。

第2节　本节回顾

要点梳理

- 原子通过反应达到了稀有气体的外层电子结构,从而达到了稳定状态。
- 原子达到稳定状态的一种方法是,电子从一个原子转移到另外一个原子上,从而使这两个原子变成了带有相反电荷的离子。离子相互吸引形成离子化合物。
- 一些原子以共享电子的方式形成共价化合物。两个原子间能够共享多对电子。
- 离子化合物中,粒子间相互作用力是带有相反电荷的离子间的吸引力,远远强于共价化合物中分子间的粒子间相互作用力。

6. **主要** **概念**　**画图**表示原子通过相互结合达到稳定状态的两种方式。比较用这两种不同结合方式形成的化合物。

7. **解释**　氯化钠是由带正电的钠离子和带负电的氯离子构成的,但为什么它仍是一种中性化合物?

8. **推断**　你如何解释氯化钠需要加热到800 ℃才能熔化,而蜡烛只需50 ℃就可以熔化?

9. **解释**　为什么离子化合物在水溶液中能够导电,而共价化合物不能?

10. **预测**　请仔细观察下面的式子,解释你是如何判断所形成的化合物是离子化合物还是共价化合物的。你认为此化合物在室温下更偏向于是一种固体还是气体?请说明理由。

    $Ca{:}\ +\ \cdot\ddot{B}r{:}\ +\ \cdot\ddot{B}r{:}\ \longrightarrow\ Ca^{2+}\ +\ [{:}\ddot{B}r{:}]^-\ +\ [{:}\ddot{B}r{:}]^-$

11. **应用**　金属钾和硫反应生成一种离子化合物。请使用元素周期表判断每种元素的价电子数目,再用路易斯电子式画出它们结合成离子化合物的过程。想一想,你应当如何书写此化合物的化学式?

第 4 章 学习指南

大 概念 大多数的元素都能够形成化合物。

第 1 节 化合物的多样性

主要 概念 化合物的性质与形成该化合物的元素的单质的性质不同。

要点梳理
- 化合物的性质与形成它的元素的单质的性质不同。
- 化合物的性质取决于化合物形成时组成原子所发生的变化。
- 宏观性质为了解物质亚微观层面的变化提供了线索。

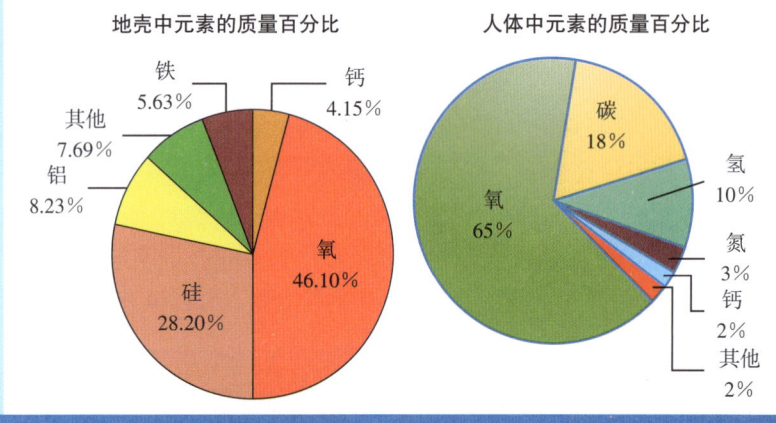

地壳中元素的质量百分比
- 铁 5.63%
- 钙 4.15%
- 其他 7.69%
- 铝 8.23%
- 硅 28.20%
- 氧 46.10%

人体中元素的质量百分比
- 碳 18%
- 氢 10%
- 氧 65%
- 氮 3%
- 钙 2%
- 其他 2%

第 2 节 元素如何构成化合物

主要 概念 原子中的电子经过重排获得稳定的构型来形成化合物。

关键术语
八隅律
稀有气体构型
离　子
离子化合物
离子键
晶　体
共价键
共价化合物
分　子
电解质
粒子间作用力

要点梳理
- 原子通过反应达到了稀有气体的外层电子结构,从而达到了稳定状态。
- 原子达到稳定状态的一种方法是,电子从一个原子转移到另外一个原子上去,从而使这两个原子变成了带有相反电荷的离子。离子相互吸引形成离子化合物。
- 一些原子以共享电子的方式形成共价化合物。两个原子间能够共享多对电子。
- 离子化合物中,粒子间相互作用力是带有相反电荷的离子间的吸引力,远远强于共价化合物中分子间的粒子间相互作用力。

第 4 章 测 评

要点理解

12. 如果只呼吸 CO_2，你就会窒息而死。那么，为什么说 CO_2 对地球上的所有生命都是必需的？

13. 第1节讨论了氯化钠、水、二氧化碳这三种化合物。下面各项分别在描述哪种化合物？
    a）占地球表面的70%
    b）由金属和非金属反应形成
    c）在室温下是一种气体
    d）三种状态都很常见

14. 描述元素结合成稳定化合物的两种方式，并给每种方式命名。

15. 钠与氟气反应可生成氟化钠（NaF），这是牙膏中为防龋齿而常用的添加剂。这个反应中电子转移的情况与钠和氯气反应时的情况相同。使用**表4.2**中的格式来分析这个反应。

16. 离子化合物的三个主要性质是什么？这些性质与离子化合物的亚微观结构之间有何联系？

17. 共价化合物的三个主要性质是什么？这些性质与共价化合物的亚微观结构有何联系？

18. 为什么 Na_2Cl 不是一种稳定的化合物？

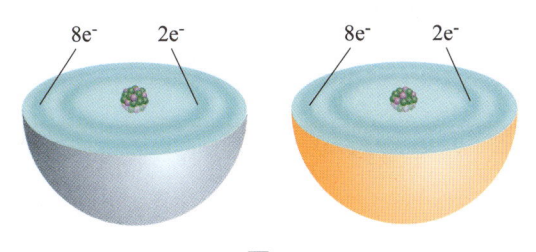

■ 图 4.31

19. 图 4.31 展示了钠离子和氖原子，它们有什么不同？有什么相似之处？钠离子与钠原子又有什么不同？

20. 等电子（isoelectronic）这一术语常用来描述具有相同电子数的离子和原子。下列哪些微粒是等电子的？
    Na^+、Ca^{2+}、Ne、K、O^{2-}、P^{3-}

应用概念

21. 一种未知的化合物溶解在水中，整个溶液不导电。这种化合物是更倾向于离子化合物还是共价化合物？请解释。

22. 饼干包装袋上的标签，都标明了饼干中含有钠元素。但我们知道，钠可以与水发生剧烈反应，那么，为什么吃这些含有钠元素的饼干时不会发生爆炸？对于化学家来说，这条标签的真正含义是什么？

23. 肼是一种化合物，化学式是 N_2H_4。请问：肼属于哪种类型的化合物？描述氮原子与氢原子形成肼的过程。

24. 化学反应其实就是物质的重排，你如何理解这句话的含义？

25. 当硫与金属反应时，通常会形成离子化合物。请画出硫原子和硫离子的路易斯电子式。写出与硫离子具有相同价电子结构的元素。

生活中的化学

26. 一氧化碳气体（CO）可以与血液中血红蛋白上的铁原子紧密结合，这种结合是如何对机体造成危害的？

历史链接

27. 你认为由氢气和氧气提供能量的火箭会造成严重的大气污染吗？请说明理由。

链接社会

28. 试举出导致热带雨林减少的两个生态因素。

147

第 4 章 测 评

批判性思考

解释化学结构

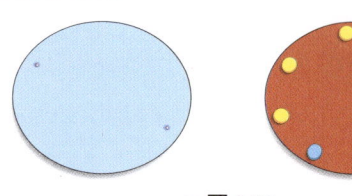

■ 图 4.32

29. 迷你实验 2　图 4.32 所示的"大头针模型"可以表示以下哪种化合物：氯化镁，氟化钾，氧化钙或溴化铝？

观察与推断

30. 迷你实验 1　黄铜是铜和锌的合金，两种金属都不具有磁性。有些想去拍卖会、展览会或商店购买黄铜古董的人，会随身携带一小块磁铁。你认为他们携带磁铁的目的是什么？

原因分析

31. 化学实验　在碘化锌的电解实验中，哪些因素会影响你将原来的锌和碘全部还原出来？

数据分析

32. 化学实验　在碘化锌的合成实验中，加入的锌是过量的，在这里"过量"的意思是什么？你观察到的哪两个实验现象可以证明锌过量？

日积月累

33. 木炭中的碳在空气中燃烧生成 CO_2，这个过程是吸热的还是放热的？你是如何知道的？

34. 钙原子的电子填充在多少个能级上？钙离子、溴原子、溴离子的情况又如何呢？

35. 碳和第 14 族的其他原子中价电子的排列有什么共性？

技能训练

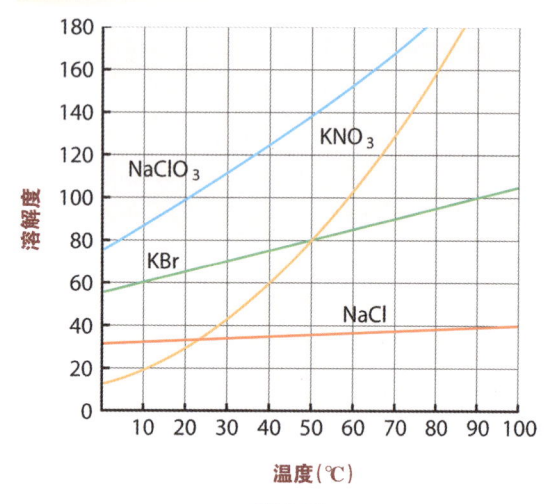

■ 图 4.33

36. 解释图表　根据图 4.33 所示的溶解度图，回答以下问题。

　a）图中哪种化合物是离子化合物？你是如何知道的？

　b）在 100 g 温度为 60 ℃ 的水中，可以溶解多少克 KBr？

　c）人们认为盐是极易溶于水的，这种想法是否准确？请说明理由。

科技写作　化学

37. 写一篇文章介绍稀有气体的发现。内容包括发现每种稀有气体的人物、时间和地点。

解决问题

38. 氢气和氯气反应后，生成氯化氢（HCl）。氯化氢在室温下是气体，当冷却到 -85 ℃ 时就变为液体。基于这些信息，你认为氯化氢是离子化合物还是共价化合物？请说明理由。

标准化测试

1. 下列哪项不是砂糖的物理性质？
   a) 白色晶体
   b) 加热时会分解为碳和水蒸气
   c) 尝上去是甜的
   d) 能够溶解在水中

2. 氧元素在地壳中的含量为什么占有如此多？
   a) 大量的氧元素存在于深埋在地表下的岩石中。
   b) 大量由氧原子构成的水存在于地表以下。
   c) 地表深处因为低温的缘故将大气中的氧气冷凝成固体保存下来。
   d) 氧是非常活泼的元素，能与其他物质结合成固体化合物。

3. 八隅律认为
   a) 当外层能级上排布8个电子时，原子就变得更不稳定。
   b) 当外层能级上排布8个电子时，原子将变得更稳定。
   c) 原子的电子构型发生了改变，并变成一种稀有气体。
   d) 原子的活动性增强，甚至可以与稀有气体发生化学反应。

4. 由带电的原子组合而成的化合物被称为
   a) 八隅体化合物。
   b) 稳定的化合物。
   c) 离子化合物。
   d) 共价化合物。

5. 根据下表所提供的信息，说明水在不同状态下的不同密度是如何确保北方水生生物生存的。

水的密度	
水的状态	密度(g·mL^{-1})
固态	0.917
液态	1.000
气态(25 ℃)	0.008

   a) 在冬季，湖面和池塘的水面结冰，这样就隔绝了冷空气，从而保护水生生物免受低温的伤害。
   b) 在冬季，冰沉到湖和池塘的底部，促使生物体冬眠。
   c) 在夏季，水蒸气沉到湖和池塘的底部，给生物体带来所需的氧气。
   d) 在冬季，水蒸气沉到湖和池塘的底部，给生物体带来所需的氧气。

6. 元素周期律表明
   a) 随着原子半径的增大，元素的物理性质会不断重复。
   b) 随着原子量的增大，元素的化学性质会不断重复。
   c) 随着原子序数的增大，元素的性质会周期性地重复。
   d) 随着原子量的增大，元素的性质会周期性地重复。

7. 原子没有净电荷，这是因为
   a) 它的亚原子粒子不带电荷。
   b) 质子所带的正电荷与中子所带的负电荷相抵消。
   c) 中子所带的正电荷与电子所带的负电荷相抵消。
   d) 质子所带的正电荷与电子所带的负电荷相抵消。

考点提示							
测试题号	1	2	3	4	5	6	7
对应章节	1.1	4.1	4.2	4.2	4.1	3.1	2.2

第 5 章　化合物的类型

大　概念　一般来说，化合物有两种类型：离子化合物和共价化合物。

第1节　离子化合物
主要　概念　离子化合物中的原子通过带相反电荷的离子间的相互吸引而紧紧结合在一起。

第2节　共价化合物
主要　概念　共价化合物中的原子通过共用电子对紧紧结合在一起。

你知道吗？

- 世界上97%的水存在于海洋。
- 海洋中丰富的化合物是海洋生物多样性和海洋宝贵资源的基础。
- 珊瑚礁是由碳酸钙组成的。氯化钠等盐类物质溶解在海水中形成离子。二氧化碳等溶解在海水中的气体在海洋中的浓度也很大。

课前活动

起步实验

单质、化合物和混合物

单质、化合物和混合物之间有哪些不同之处？

实验器材

在1只塑料袋中装入以下几种物质：
- 铜线
- 粉笔（碳酸钙）
- 1小袋食盐
- 1小块花岗石
- 1小瓶糖水
- 铅笔

实验步骤

1. 阅读并完成实验安全表格。
2. 制作一张实验数据表，用于随时记录实验过程中观察到的实验现象。
3. 从老师处领取装有不同物质的塑料袋，先鉴别袋中的每一种物质，再将之归类，如单质、化合物、非均相混合物和均相混合物等，最后在元素周期表中找出参与构成这些物质的元素。

实验分析

1. **总结**你的观察结果。单质、化合物、混合物的区别是什么？
2. **判定** 如果知道了一种物质的名称，如何判断它是否属于单质？

探究 如何测试一个物质属于单质、化合物还是混合物？

折叠式学习卡 学习组织者

化合物的类型 按以下图示制作折叠式学习卡，帮助你比较离子化合物和共价化合物。

▶ **步骤1** 把一张纸对折，然后再对折。

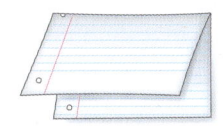

▶ **步骤2** 展开，沿着上半部的折痕剪开形成两个标签。

▶ **步骤3** 标注为"离子化合物"和"共价化合物"。

折叠式学习卡 在第1节和第2节中使用该**折叠式学习卡**。在你阅读的过程中，在折叠式学习卡对应的标注位置记录下有关离子化合物和共价化合物的相关内容。

第1节

核心问题
- 如果离子所带电荷是已知的,如何书写离子化合物的化学式?
- 如何根据离子化合物的名称写出其化学式?
- 我们能够从化学式中得到什么信息?

术语回顾
离子:因失去或得到电子而形成的带有电荷的原子或原子聚集体。

关键术语
二元化合物
化学式单位
氧化数
多原子离子
水合物
吸　湿
潮　解
无　水

折叠式学习卡
将本节中的信息归纳到你的折叠式学习卡中。

离子化合物

主要 概念　离子化合物中的原子通过带相反电荷的离子间的相互吸引而紧紧结合在一起。

链接真实世界　海水是一种水溶液,其中溶解了许多物质,主要的溶质是氯化钠和氯化镁,两者都是离子化合物。此外,还有生活中常见的一些离子化合物,包括氯化钾、碘化钾、氟化钠。氯化钾也是一种盐,当有的人因为健康原因要避免摄入钠时,它可以做替代品;碘化钾添加到食盐中可以有效预防碘缺乏症;氟化钠添加到牙膏中来保护牙釉质。

二元离子化合物

在第4章中,我们学习了如何通过离子化合物的亚微观结构来解析化合物的各种宏观性质,如高熔点、脆性,以及在熔融状态或溶于水时能导电。那么,究竟是什么样的结构才使这些化合物具有这些性质?答案可以从组成它们的离子上去找。

我们已经知道,离子化合物是由带有相反电荷的离子组成的,这种离子的结合非常紧密,并形成了非常严整的结构单元。正是因为这种结构,室温下离子化合物通常是坚硬的固体,且难以熔化。当离子化合物处于熔融状态或溶于水时,它们的三维结构会被打破,离子就从结构中游离出来。游离出来的这些带电荷的离子可以自由移动,从而具备了传导电流的本领。

图5.1展示的是氧化镁的结构。氧化镁的结构中,镁离子(Mg^{2+})和氧离子(O^{2-})不断地交替重复。每个Mg^{2+}周围围绕着6个O^{2-},而每个O^{2-}周围也围绕着6个Mg^{2+}。

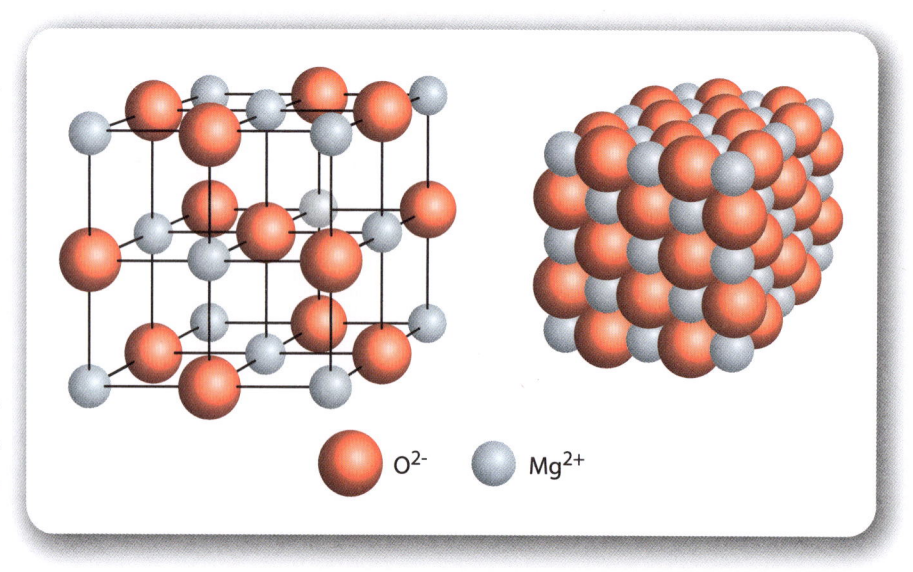

■ **图 5.1**　氧化镁(MgO)晶体呈电中性,因为负电荷总数与正电荷总数相等。MgO等离子化合物的性质都可以由这些电荷间的强吸引作用解释。

评价　每个Mg^{2+}周围围绕着几个O^{2-}?每个O^{2-}周围围绕着几个Mg^{2+}?

O^{2-}　　Mg^{2+}

■ 图5.2 这些铅的氧化物分别是黑色的二氧化铅（PbO_2）、黄色的氧化铅（PbO）、橙色的三氧化二铅（Pb_2O_3）。它们都是二元离子化合物，虽然含有不同数量的原子，但都是由铅和氧构成的。

化学家在交流有关物质的信息时，使用的是化学语言，化学式就是化学语言的一个重要组成部分。在这一节中，你将学习如何给离子化合物命名并书写化学式。

氯化钠（NaCl）中只含有两种元素：氯和钠；氯化钾（KCl）中也只含有两种元素：钾和氯，它们都是**二元化合物（binary compound）**。二元化合物，是指只由两种元素组成的化合物。不过，不要就此认为，一个二元化合物单位中，每种元素的离子只有1个。事实上，在许多二元化合物中，同种元素的离子可以不止1个，如氟化钙（CaF_2）。图5.2展示了几种铅的氧化物，它们是二元化合物的几个实例。

二元离子化合物的命名 在给二元离子化合物命名时，按照从左到右的顺序，依次写下非金属元素和金属元素的名称，并在两种元素名称中间用"化"字连接。就像图5.1和图5.2所示的是氧化镁和三种不同的铅的氧化物。由钾和氯组成的化合物的名称是氯化钾。

二元离子化合物的化学式 通过前面几章的学习，相信你一定不会再对 NaCl 这一化学式陌生了。氯化钠包含两种离子：带1个单位正电荷的 Na^+ 和带1个单位负电荷的 Cl^-。你也知道，化合物是呈电中性的，这就表明晶体中离子的电荷总数必然为零。因此，在氯化钠中，1个 Na^+ 对应1个 Cl^-。在书写化合物的化学式时，你可以在离子符号的右下角写上正整数来确保晶体中离子电荷的代数和为零。在 NaCl 中，让总电荷数为零的最小下标数字为1，但不用写。一般地，如果没有下标数字，默认数字就是1。在 NaCl 的化学式中，我们并没有看见下标数字，这表明氯化钠晶体中每个 Na^+ 都对应着1个 Cl^-，整体呈电中性。

词源

Binary
二元的
bini（拉丁语）：
两个并列

153

氟化钙

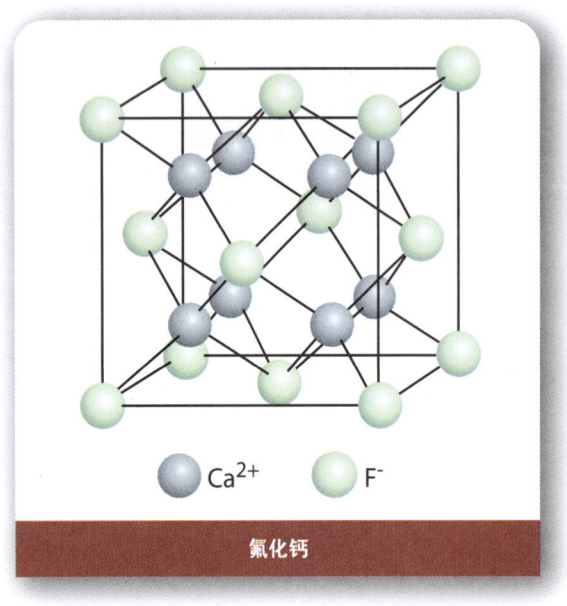

萤石

■ 图5.3 当 Ca 原子与 F 原子结合时,每个 Ca 原子会提供2个价电子给2个氟原子。这样,生成的化合物氯化钙中,Ca 带有2个单位正电荷,而 F 带有1个单位负电荷。自然界中的氟化钙来自矿石——萤石。

测试 一个 CaF_2 化学式单位中包含多少个 Ca^{2+} 和 F^-?

拓展 阅读

海洋上空和海洋附近的降水常常是咸的,这是因为海风将海水中的盐分带到了空中。因此,一些沿海地方,如美国旧金山南部所种植的蔬菜,由于咸雨而具有独特的味道,令游客赞不绝口。

如果化合物的每个单位中,有一种离子的个数多于1个,那么,其化学式中就应该用下标数字来表示该离子的个数。例如,萤石的主要成分是氟化钙,其化学式是 CaF_2。这就是说,在氟化钙中,平均每个 Ca^{2+} 结合2个 F^-。在离子化合物中,化学式代表的是化合物中原子或离子的最简整数比。

化学式单位与分子 对于共价化合物,化合物的最小单元是分子,因而其化学式就表示该化合物的单个分子。但是,我们知道,离子化合物中并不存在单个的分子,是离子重复、规则的排布。那么,我们能否将氟化钙的化学式写成 CaF_2、Ca_2F_4,甚至是 Ca_3F_6 呢? 一种恰当的表达方式就是表示出化合物中离子之间最简单的比例关系。我们将能反映化合物离子组成的最简单的离子组称作**化学式单位(formula unit)**。

图5.3展现了氟化钙的结构。每个氟化钙化学式单位中,都含有1个 Ca^{2+} 和2个 F^-,其中的所有离子都含有稳定的8个价电子结构,化学式单位并不带电荷。由此可见,尽管 CaF_2 和 Ca_2F_4 中离子的电荷总数都为零,但只有 CaF_2 才是正确的化学式,因为它准确反映了氟化钙的每个化学式单位。

预测离子的电荷数 你已经知道,钠成为离子时,变成了带有1个单位正电荷的阳离子,而钙成为带有2个单位正电荷的阳离子。现在再来仔细观察元素周期表,看看是否可以借助它来预测不同元素成为离子后所带的电荷数的情况。哪些元素会失去电子? 哪些则会得到电子?

稀有气体元素的原子的最外层能级上都有8个电子。金属元素原子的价电子数目较少,所以它们倾向于失去这些价电子,成为阳离子。如钠原子失去1个电子成为 Na^+,而钙原子失去2个电子成为 Ca^{2+}。与金属元素恰好相反,大多数非金属元素原子的最外层能级上有4~7个电子,所以它们更倾向于得到电子成为阴离子。仔细观察**图5.4**所示的获得和失去电子的过程。

族数和离子电荷　对于主族元素(第1、2、13～18族的元素),根据族数就可以预测原子成为离子后所带的电荷数。在同一族中,由于所有元素的最外层能级上的电子数都相同,因此,它们获得或者失去同样数目的电子就能达到稀有气体的电子排布结构。一般来说,金属原子在变成离子时,总是失去电子,而非金属原子总是获得电子。离子的电荷数也称作该原子的**氧化数(oxidation number)**。表5.1依照族的顺序列举了一些主族元素的氧化数。要注意的是,第3～12族元素(过渡元素)的氧化数,我们不能简单地根据族数来预测。

运用氧化数写化学式　矾土是氧化铝的俗称,主要用来生产金属铝、砂纸和其他摩擦材料。使用一种称为色谱法的技术,还可将其中的成分分离出来。铝是第13族的元素,可以失去最外层的3个电子变成Al^{3+};氧是第16族的元素,拥有6个价电子,氧原子获得2个电子后就变成了O^{2-}。

如果铝原子失去3个电子,但是氧原子只接收其中的2个电子,铝原子中的1个电子就没有被接收。由于化学反应中,所有的电子都必须被原子接收,因此,可以肯定,与铝结合的不止1个氧原子。但是,如果再增加1个氧原子,那么可供的电子又显少了。显然,还应该有第二个铝原子参与反应,它也贡献出了1个电子给这个氧原子。因此,总共有2个Al^{3+}与3个O^{2-}结合形成了Al_2O_3。可以看出,氧化铝的化学式中,电荷总数为零。

$$\dot{Al}\cdot + \dot{Al}\cdot + \overset{\times\times}{\underset{\times\times}{O}}\!\!\overset{\times}{} + \overset{\times\times}{\underset{\times\times}{O}}\!\!\overset{\times}{} + \overset{\times\times}{\underset{\times\times}{O}}\!\!\overset{\times}{} \longrightarrow$$

$$Al^{3+} + Al^{3+} + [\overset{\times\times}{\underset{\times\times}{\ddot{O}}}]^{2-} + [\overset{\times\times}{\underset{\times\times}{\ddot{O}}}]^{2-} + [\overset{\times\times}{\underset{\times\times}{\ddot{O}}}]^{2-}$$

$$Ca\!:\, \rightarrow Ca^{2+} \qquad \ddot{O}\!: \rightarrow [:\!\ddot{O}\!:]^{2-}$$

$$Ca^{2+} + [:\!\ddot{O}\!:]^{2-} \longrightarrow CaO$$

■**图5.4**　我们常说的生石灰,其实就是氧化钙,它常被用来制造钢筋水泥,也可加到酸性湖泊和土壤中可以中和酸度。钙是一种金属元素,钙原子失去2个电子成为Ca^{2+};氧是非金属元素,氧原子必须获得2个电子才能获得与稀有气体氖一样的稳定8电子结构,得到2个电子的氧就变成了O^{2-}。因为化学式单位是不带电荷的,一个Ca^{2+}只能结合一个O^{2-},所以氧化钙的化学式是CaO。

表5.1　典型离子的电荷数

族数	氧化数	范例	族数	氧化数	范例
金属			非金属		
1	+1	Li^+、Na^+、K^+	15	−3	N^{3-}、P^{3-}
2	+2	Mg^{2+}、Ca^{2+}	16	−2	O^{2-}、S^{2-}
13	+3	B^{3+}、Al^{3+}	17	−1	F^-、Cl^-、Br^-、I^-

例题1　书写简单的化学式

写出由钠离子和硫离子组成的离子化合物的化学式。

1　分析

钠是第1族的元素,所以它的氧化数是+1。硫是第16族的元素,氧化数是-2。

2　方案

像书写化学式那样写下钠和硫的离子符号,记住阳离子在前:Na^+S^{2-}。

3　实施

从上式可以看出,其中有1个单位正电荷和2个单位负电荷。为了实现电中性,需要另外找1个单位正电荷来平衡"-2"电荷。这可以通过引入第二个钠离子来实现,我们只需将钠的元素符号的下标数字改为2就可以了。正确的化学式是Na_2S。

4　检查

确认一下你没有改动过离子的电荷数,化学式的电荷总数是否为零。
$2×(+1)+1×(-2)=0$,书写的化学式是正确的。

练一练

1. 写出下列化合物的化学式。
   a）氧化锂　　b）溴化钙　　c）氧化钠　　d）硫化铝

2. 写出下列各组元素组成的化合物的化学式。
   a）钡和氧　　b）锶和碘　　c）锂和氯　　d）镭和氯

[补充练习]
有关书写离子化合物化学式的额外练习,请见附录C。

多原子离子的化合物

到现在为止,你学过的离子都只含有一种元素。然而,存在着这样一些离子,它们所含的元素不止一种。我们将这种由两种或多种不同元素组成的离子称为**多原子离子(polyatomic ion)**。多原子离子中,原子是通过共享电子的方式共价结合的。要注意的是,多原子离子中的原子不带电荷,但整个子团是带电荷的。**图**5.5列出了三种常见的多原子离子的模型。

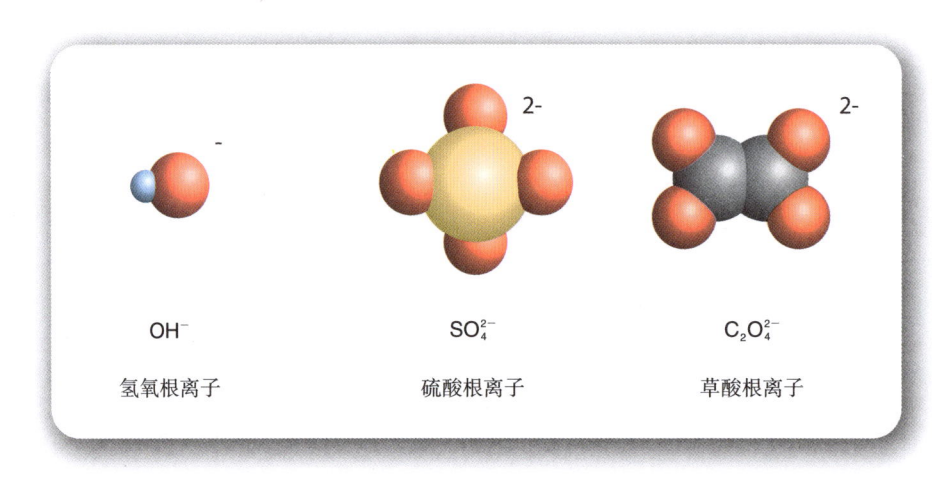

■ 图5.5　多原子离子是由多个原子组成的,其中的原子之间通过共享电子生成共价键,所带的电荷为整个多原子离子所有,而非任何单独的原子。多原子离子能与其他离子通过离子键结合成离子化合物。

OH^- 氢氧根离子　　SO_4^{2-} 硫酸根离子　　$C_2O_4^{2-}$ 草酸根离子

多原子离子可以以不同的方式参与形成离子化合物：带正电的金属离子与带负电的多原子离子结合，如 NaOH；带负电的非金属离子与带正电的多原子离子结合，如 NH₄I；带正电的多原子离子与带负电的多原子离子结合，如 NH₄NO₃。在书写含有一个或多个多原子离子的化合物的时候，我们需要将多原子离子看成是单个的离子，即将它们作为一个整体进行处理。记住化学式中正电荷总数和负电荷总数之和必须等于零。

如果一种化合物中含有的多原子离子不止 1 个，书写时，可将多原子离子的电荷除去后用括号括起，并在括号外边用下标数字注明多原子离子的个数。此时，千万不可随意改动多原子离子中各原子的下标数字，否则就等于改变了多原子离子的组成。根据上述书写方法，含有 1 个镁离子和 2 个硝酸根离子的化合物的化学式就可以书写为 $Mg(NO_3)_2$。

多原子离子化合物的命名　多原子离子化合物的命名方法，与二元化合物的命名方法相似，按照从右到左的顺序记作"某化某"。例如，NH_4Cl 的名称是氯化铵。含有 OH^- 的化合物，一般命名为"氢氧化某"，例如 $Ca(OH)_2$ 就称作氢氧化钙。请注意，此时不需要读出原子或多原子离子的个数。又如，由钙离子和碳酸根离子组成的化合物可以称作碳酸钙。

碳酸钙的化学式是怎么样的呢？钙是第 2 族的元素，所以钙离子带有 2 个单位正电荷。碳酸根离子带有 2 个单位负电荷（如**表 5.2** 所示），为了保证化合物的电中性，1 个 Ca^{2+} 必须结合 1 个 CO_3^{2-}，所以它的化学式就是 $CaCO_3$。

> **折叠式学习卡**
>
> 将本节中的信息归纳到你的折叠式学习卡中。

表 5.2	常见的多原子离子		
化学式	离子名称	化学式	离子名称
NH_4^+	铵离子	IO_4^-	高碘酸根离子
NO_2^-	亚硝酸根离子	$C_2H_3O_2^-$	醋酸根离子
NO_3^-	硝酸根离子	$H_2PO_4^-$	磷酸二氢根离子
OH^-	氢氧根离子	CO_3^{2-}	碳酸根离子
CN^-	氰离子	SO_3^{2-}	亚硫酸根离子
MnO_4^-	高锰酸根离子	SO_4^{2-}	硫酸根离子
HCO_3^-	碳酸氢根离子	$S_2O_3^{2-}$	硫代硫酸根离子
ClO^-	次氯酸根离子	O_2^{2-}	过氧根离子
ClO_2^-	亚氯酸根离子	CrO_4^{2-}	铬酸根离子
ClO_3^-	氯酸根离子	$Cr_2O_7^{2-}$	重铬酸根离子
ClO_4^-	高氯酸根离子	HPO_4^{2-}	磷酸一氢根离子
BrO_3^-	溴酸根离子	PO_4^{3-}	磷酸根离子
IO_3^-	碘酸根离子	AsO_4^{3-}	砷酸根离子

生活中的化学

硬 水

硬水这一名称并不是用来描述水的物理状态的,而是指一类溶有钙离子、镁离子的水溶液。地下水流经土壤和岩石,会溶解少量的钙、镁以及其他矿物质。地下水中的钙和镁越多,水就越"硬"。水的硬度以每升中的毫克数($mg \cdot L^{-1}$)或百万分比(ppm)为单位来测定。当水中所含的矿物质超过 150 $mg \cdot L^{-1}$ 或 150 ppm 时,这种水就被认为是硬水。

肥皂垢 硬水很容易辨认,因为它几乎会干扰洗涤的各个方面,包括衣服、餐具的清洗和洗澡。人们经常会抱怨的一点就是硬水会使得肥皂和其他洗涤剂难以起泡。肥皂中帮助产生泡沫的一种化合物是硬脂酸钠($NaC_{18}H_{35}O_2$),它本身可溶于水。

在硬水中,水中的钙离子会与硬脂酸根离子结合形成不溶于水的硬脂酸钙[$Ca(C_{18}H_{35}O_2)_2$],它会形成肥皂垢,如**图**5.6所示,一般情况下,它就像围着水槽或浴缸的一个圆环。肥皂垢附着在头发上会使得头发看上去死板、毫无生气,而且黏黏的。用硬水洗衣服时,衣服会很硬,摸上去很粗糙。如果洗盘子的时候使用了硬水,会在盘子上形成一层薄薄的肥皂垢,干了后会留下污点。当硬水软化器去除了水中的钙离子和镁离子后,洗涤的过程中就会正常起泡,也不会形成额外的肥皂垢。

水垢 硬水引起的问题其实不仅仅是阻碍起泡和形成肥皂垢。加热硬水时,其中的钙、镁的矿物质就会溶解在水中,在水管内侧形成固体水垢。这种固体会阻塞和损坏水管。水垢也会作为绝热体使得加热水耗费的能量更多。硬水还会在茶壶和咖啡壶内留下一层水垢。因此,许多工厂都会持续监测水的硬度,防止锅炉、冷却塔和其他仪器出现故障。

离子交换器 人们通常使用离子交换器来软化硬水,降低水中钙离子和镁离子的数量。离子交换器中含有一种由碳、氢元素和钠离子构成的物质,称为树脂。硬水流过树脂时,水中的钙离子或镁离子与树脂中的钠离子发生交换,从而减少硬水中钙、镁离子的数量,而水中的钠离子数量增加。

■ **图**5.6 肥皂垢难以清除,因为它不溶于水。

进一步探索

1. **解释** 硬脂酸根离子的电荷数是多少?
2. **批判性思考** 为什么需要2个钠离子才能替换1个钙离子或者镁离子?
3. **获取信息** 为什么在硬水中,洗涤剂的洗涤效果比肥皂更好?

例题 2

书写包含多原子离子的化合物的化学式。

写出由锂离子、碳酸根离子组成的离子化合物的化学式。

1　分析

锂是第1族的元素,所以锂离子带1个单位正电荷。依照**表5.2**,碳酸根离子带2个单位负电荷,写作CO_3^{2-}。

2　方案

按照化学式的写法,写下碳酸锂的符号:

$Li^+CO_3^{2-}$

3　实施

观察阴、阳离子的电荷数,判断锂离子和碳酸根离子的数量比。根据化学式中阴、阳离子的电荷总数为零的原则,需要2个锂离子才能平衡碳酸根离子。因为我们不能随意更改离子的电荷数,所以我们只能在Li^+的下标处写上2。这样,碳酸锂的正确化学式是Li_2CO_3。

4　检查

确保化学式的电荷总数是零。

$2\times(+1)+1\times(-2)=0$,书写的化学式是正确的。

例题 3

书写更为复杂的化合物的化学式。

写出由铝离子、硫酸根离子组成的离子化合物的化学式。

1　分析

铝是第13族的元素,氧化数是+3。依据**表5.2**所提供的数据,硫酸根离子带2个单位负电荷。

2　方案

依照化学式构成方法写下硫酸铝的符号:

$Al^{3+}SO_4^{2-}$

3　实施

观察铝离子和硫酸根离子的电荷数,判断它们之间的比例关系。在上面的式子中,阴、阳离子的电荷总数不为零。为了达到电中性,我们需要寻找3和2的最小公倍数,即为6。那么,需要多少个Al^{3+}才能达到+6？又需要多少个SO_4^{2-}才能达到-6？显然,2个Al^{3+}可平衡3个SO_4^{2-},所以在铝离子的下标处写上2,在硫酸根离子的下标处写上3。注意多原子离子要用括号括起来,以表明化学式中存在3个硫酸根离子。正确的硫酸铝的化学式应当是$Al_2(SO_4)_3$。

4　检查

确保化学式的电荷总数是零。

$2\times(+3)+3\times(-2)=0$,表明所写的化学式是正确的。

> **补充练习**
>
> 有关书写离子化合物的化学式的额外练习,请见附录C。

练一练

3. 写出分别由以下几组离子组成的化合物的化学式。
  a）铵离子和亚硫酸根离子
  b）钙离子和磷酸一氢根离子
  c）铵离子和重铬酸根离子
  d）钡离子和硝酸根离子

4. 写出下列几种化合物的化学式。
  a）硫酸钠
  b）氢氧化镁
  c）磷酸铵
  d）重铬酸钾

过渡元素的化合物

之前你已经学习了,元素周期表中第3～12族的元素都是过渡元素。过渡元素可以像其他的金属元素那样成为阳离子,但是大多数过渡元素可以形成不止一种的阳离子。换言之,过渡元素可以有几种氧化数。例如,铜原子可以成为Cu^+或Cu^{2+},铁原子可以成为Fe^{2+}或Fe^{3+}。**图**5.7展示了铁离子与硫酸根离子形成的两种化合物。但与其他过渡元素的氧化数可以变化不同,锌和银的氧化数是固定的,只会形成一种离子:锌离子是Zn^{2+},银离子是Ag^+。

■ **图** 5.7 铁原子可以成为Fe^{2+}或Fe^{3+},分别称为亚铁离子和铁离子,每种离子都可以与硫酸根离子结合。

硫酸亚铁,化学式为$FeSO_4$,是一种蓝绿色的晶体物质（上图）,常用作肥料（下图）和食品添加剂。

硫酸铁,化学式为$Fe_2(SO_4)_3$,是一种黄色的晶体物质（上图）,常用作凝结剂应用于污水处理厂中（下图）。

艺术链接

中国瓷器

看看**图 5.8** 中腾跃在花瓶表面的，象征中国古老文化的龙是多么的令人自豪。确实，它值得骄傲，因为这个花瓶代表了中国传统技术和艺术结合的重要成就——釉面瓷器。

黏土、釉和火　在 3～6 世纪，中国人就已经发明了釉面瓷器。他们发现，如果在黏土容器（例如碗）外面涂一层透明的釉，然后加热到高温，可以煅烧出一种半透明的陶器材料，这种材料就是釉面瓷器。

火烧的普通黏土容器有时会渗水，而且不透明，而这种质地像玻璃的容器却很好地弥补了这些缺点。而且，通过改变釉的化学成分，中国的能工巧匠们就能够改变釉的颜色和质量。例如，它们在釉中加入一些相互间会起反应的物质，反应的结果是在釉中生成了一些微小的气泡，而这些气泡使得瓷器的表面能反射光线，从而使瓷器看上去显得更为明亮。

五颜六色的釉　在给陶器上釉的过程中，有

■ **图 5.9**　过渡元素为釉面瓷器增添颜色。

一个非常重要的步骤就是在釉中掺和其他材料，以便制出五颜六色的陶器，就像**图 5.9**中的陶器一样。这些材料就是含有过渡元素的离子的溶液，包括铁、锰、铬、钴、铜和钛等。

在烧制釉的过程中，这些离子变成了氧化物，不同的氧化物中的金属离子只反射一些特定波长的光线，所以瓷器就呈现出了不同的颜色。通过改变釉中金属离子的浓度和电荷数，中国工匠制作出了色彩多样的瓷器。例如，钴呈蓝色，铬依据不同的电荷数可呈粉红色或绿色，锰则呈紫色。这些上千年的古物，其丰富的色彩和图案至今依旧栩栩如生，而且有些技术直到今天我们还在应用。

■ **图 5.8**　因为瓷釉，百年后瓷器上的龙形图案依然清晰艳丽。

化学链接

1. **应用**　陶瓷盘与木质盘相比，优点是什么？
2. **批判性思考**　是什么性质使金属化合物在彩釉中得到应用？

表5.3		铜和氯的化合物		
铜离子	氯离子	化学式	中文名称	英文名称
Cu^+	Cl^-	$CuCl$	氯化亚铜	copper(Ⅰ) chloride
Cu^{2+}	$2Cl^-$	$CuCl_2$	氯化铜	copper(Ⅱ) chloride

过渡元素化合物的命名 为了能够区分由同一种过渡元素的不同离子所组成的不同化合物，化学工作者还提出了一个标注过渡元素化合物的方法，就是在化合物的英文名称中用罗马数字注明过渡元素离子的氧化数，这个罗马数字被置于括号内，紧随元素名称之后。不过，对于锌和银的化合物，化学工作者们无需如此，因为它们的化学式不会引起歧义。表5.3列出了氯离子和两种铜离子形成的不同离子化合物。铜的氧化数可以是＋1和＋2，当Cu^+与Cl^-相结合时，就形成$CuCl$。当Cu^{2+}与Cl^-相结合时，需要2个Cl^-与Cu^{2+}的正电荷平衡，因此形成$CuCl_2$。

表5.4列出了部分过渡元素的离子的化学名称。如果你完成了练习5和练习6，就会对这些名称更加熟悉。同种过渡元素的不同离子常常会产生具有不同颜色的化合物。表5.4列出了铬的三种常见离子——Cr^{2+}、Cr^{3+}和Cr^{6+}。这些离子的氧化物分别是黑色的CrO，绿色的Cr_2O_3和红色的CrO_3。请思考铬在这些化合物中表现出的氧化数。

表5.4		部分过渡元素常见离子及其名称			
元素名称	离子	英文名称	元素名称	离子	英文名称
铬	Cr^{2+}	Chromium(Ⅱ)	铁	Fe^{2+}	Iron(Ⅱ)
	Cr^{3+}	Chromium(Ⅲ)		Fe^{3+}	Iron(Ⅲ)
	Cr^{6+}	Chromium(Ⅵ)	锰	Mn^{2+}	Manganese(Ⅱ)
钴	Co^{2+}	Cobalt(Ⅱ)		Mn^{3+}	Manganese(Ⅲ)
	Co^{3+}	Cobalt(Ⅲ)		Mn^{7+}	Manganese(Ⅶ)
铜	Cu^+	Copper(Ⅰ)	汞	Hg^+	Mercury(Ⅰ)
	Cu^{2+}	Copper(Ⅱ)		Hg^{2+}	Mercury(Ⅱ)
金	Au^+	Gold(Ⅰ)	镍	Ni^{2+}	Nickel(Ⅱ)
	Au^{3+}	Gold(Ⅲ)		Ni^{3+}	Nickel(Ⅲ)
				Ni^{4+}	Nickel(Ⅳ)

■ 图 5.10 二硫化亚铁（FeS₂），俗称"愚人金"。在这种离子化合物中，硫以一种特殊的价态存在——S₂²⁻，铁的氧化数是+2。

过渡元素化合物的化学式

先请你想一想你会如何书写含有一种过渡元素的化合物的化学式，请再复习一下例题1中介绍的含有钠离子和硫离子的化合物的化学式的书写步骤。现在，你知道如何书写亚铁（Ⅱ）离子与硫离子结合而成的化合物的化学式了吗？亚铁（Ⅱ）离子的氧化数是+2，所以写成Fe²⁺。你也知道硫离子的电荷数是-2，可以写成S²⁻。平衡正负电荷之后，就得到硫化亚铁[英文名称：iron（Ⅱ）sulfide]的化学式为FeS。

你也可以通过用同样的方法书写硫化铁[英文名称：iron（Ⅲ）sulfide]的化学式。按照例题3介绍的步骤，硫化铁的化学式是Fe₂S₃。罗马数字指的是铁的氧化数，而不是指化学式中的离子数。此外，还有其他硫铁化合物，比如二硫化亚铁（FeS₂），它就是我们熟知的黄铁矿。通过图5.10，你就能知道为什么有时黄铁矿被称为"愚人金"了。

那么，知道了一种含有过渡元素的化合物的化学式后，你如何来命名它呢？关键是弄清过渡元素的离子的电荷数。例如，对于化学式Cr(NO₃)₃的电荷数，由于硝酸根离子的电荷数为-1，这个化学式中共有3个硝酸根离子，即负电荷总数为3，那么，铬离子的电荷数必须达到+3才能保证电荷总数为零。这样，上述化合物的中文名称为硝酸铬[英文名称：chromium（Ⅲ）nitrate]。

家庭 🏠 实验
参见附录F，**含铁墨水**。

补充练习
有关书写过渡元素化合物化学式的额外练习，请见附录C。

练一练

5. 写出分别由以下几组离子组成的化合物的化学式。
  a) 铜离子（Ⅰ）和亚硫酸根离子
  b) 锡离子（Ⅳ）和氟离子
  c) 金离子（Ⅲ）和氰离子
  d) 铅离子（Ⅱ）和硫酸根离子

6. 写出下列化合物的名称。
  a) Pb(NO₃)₂   c) Mn₂O₃
  b) Ni(C₂H₃O₂)₂   d) HgF₂

■ **图 5.11** 氢氧化钠是一类非常容易潮解的物质，它对水分子有着强烈的吸引力。氢氧化钠会吸收周围空气中的水蒸气，并不断溶解。最终，它会吸收足够多的水分而彻底溶解在水中。

折叠式学习卡

将本节中的信息归纳到你的折叠式学习卡中。

水 合 物

许多离子化合物都是通过其水溶液结晶获得的，这类晶体中常结合有水分子，并且水成了晶体的组成部分。我们将水与离子化合物以特定比例结合而成的化合物称为**水合物（hydrate）**。在水合物中，水分子与离子化合物是通过化学键结合在一起的。

吸湿性物质 化学老师是否经常提醒你们要随时盖好试剂瓶的瓶塞？现在，你应当能理解老师的用意：一些离子化合物非常容易吸收空气中的水蒸气而变成水合物。**图** 5.11 展示的就是氢氧化钠（NaOH）吸收空气中水蒸气的过程。

迷你实验 1

能预测天气的化合物

如何制作"化学天气预测员" 在无水二氯化钴中加入水就会形成一种水合物，化合物的颜色也会随之改变。如果告诉你，这种化合物的颜色会随着天气的变化而变化，兴许它还能做一名"化学天气预测员"呢！

实验步骤

1. 阅读并完成实验安全表格。
2. 在烧杯中加入 5 mL 95% 的乙醇。
3. 取 1 小药匙的二氯化钴，加入烧杯中，搅拌直至化合物完全溶解。
4. 取 1 张白纸，用棉签蘸一些刚制备的粉红色溶液，在白纸上写下二氯化钴的化学式。
5. 将白纸放在电热板上，或者有阳光照射的地方晒干。现在这种物质是什么颜色？
6. 将你的"化学天气预测员"放置在一个方便的地方，每天早晨和下午各检查一次它的颜色，记下时间、天气和纸上字母的颜色，统计 3 周。

分析与讨论

1. **判定** 二氯化钴的化学式是什么？
2. **分析** 二氯化钴的水合物包含 6 个水分子，那么，它的化学式会是怎样的？
3. **推断** 通过你的观察，这张二氯化钴测试纸是不是一名可靠的"化学天气预测员"？为什么？

很容易吸收空气中的水蒸气的化合物被称作**吸湿（hygroscopic）**性物质，其代表就是碳酸钠（Na₂CO₃）。有些物质的吸湿能力很强，可以溶解在从空气吸收的水中，形成水溶液，这个过程被称作**潮解（deliquescent）**。能够形成水合物的化合物通常可以被用作干燥剂，因为当它们成为水合物时，吸收了空气中大量的水分。

水合物的化学式　书写水合物的化学式的方法与其他物质的类似，先写下化合物的化学式，再写下每个化合物单元所结合的水分子数，化合物与水分子之间用分隔符隔开。分隔符的作用是向我们清晰地展示化合物单元与水分子的比率。例如，二水硫酸钙的化学式为 $CaSO_4 \cdot 2H_2O$，表明每个化合物单位中硫酸钙结合了两个水分子。这种物质就是用来制造硅酸盐水泥和石膏的水合物。在命名水合物的时候，我们只需在化合物的名称前添加"水"字，并在它前面加上一个用以表明水分子数的数词即可。例如，化合物 $CaSO_4 \cdot 2H_2O$ 的名称是二水硫酸钙。**表 5.5** 比较了英文前缀和中文数词的用法。

加热水合物可以除去所含的水分子，如果加热后物质中的所有水分子都被除去了，那么称为**无水（anhydrous）**化合物。在某些情况下，无水化合物的颜色可能与水合物有些不同，如**图 5.12** 所示。

表 5.5　水合物命名中的英文前缀和中文数词

水分子数	英文前缀	中文数词
1	Mono-	一
2	di-	二
3	tri-	三
4	tetra-	四
5	penta-	五
6	hexa-	六
7	hepta-	七
8	octa-	八
9	nona-	九
10	deca-	十

■ **图 5.12**　五水硫酸铜 [$CuSO_4 \cdot 5H_2O$；英文名称 copper(Ⅱ) sulfate pentahydrate] 常在水库或葡萄园中用作杀菌剂，它也常被用来生长晶体。

五水硫酸铜是亮蓝色的，它是硫酸铜的水合物。

当五水硫酸铜被加热时，水分子会不断地从化合物中释放出来。

水被完全蒸发后，最终留下的是白色的无水硫酸铜。

工作原理

水 泥

人类使用胶凝材料已有数千年的历史了，图5.13所示的埃及金字塔的石块就是通过沙和石膏联结起来的。石膏是二水硫酸钙，当石膏受热时，水被蒸发，结果就形成了一种新的化合物。其中两个硫酸钙共享一个水分子，这就是熟石膏。水泥是另一种起联结作用的材料。

■ 图5.13 埃及金字塔。

❶ 制作水泥的最初原料是石灰石和黏土。黏土中最为重要的物质是硅酸铝。

❷ 这种石灰石—黏土混合物在使用前需要加热。加热可以去除二氧化碳，从而形成新的离子化合物。这是一种由硅酸钙、铝酸钙和高铁钙铝组成的混合物，我们将这种混合物称作熟料。

❸ 在熟料中掺入少量硫酸钙，这种混合物就是硅酸盐水泥，如图5.14所示。

❹ 水泥可以单独用于建造公路或者建筑物平整而又坚硬的表面，当然它也可以与沙和砾石一起形成更为粗糙的物质——混凝土。

❺ 当混凝土与水混合后，复合硅酸盐就会水合形成被称作凝胶的胶质物。

■ 图5.14 硅酸盐水泥被倒入混凝土混合器中。

❻ 随后的硬化过程需要数日才能完成。在这段时间里，围绕在沙和砾石周围的凝胶会散发一部分水分，而其中的氢氧化钙则从空气中吸收二氧化碳重新形成碳酸钙。水泥物质结成的组织将有助于巩固和增强混凝土的结构。

批判性 思考

1. **判定** 组成石膏的二水硫酸钙的化学式是怎样的？
2. **分析** 铝酸三钙在水泥固化过程中也会水合成 $Ca_3Al_2O_6 \cdot 6H_2O$，这种水合物的名称是什么？

解读化学式

你已经学过如何书写化学式,并用它来表示一种离子化合物的化学式单位。有时,我们可能需要表示超过一个化学式单位的化合物,此时,只需在化学式的前面添加一个系数即可。例如,2个NaCl化学式单位就可以写作2NaCl,3个化学式单位就可以写作3NaCl,依此类推。

化学式还表明了化学式单位中各种元素原子的数量。如氯化钠的每个化学式单位中,有1个钠离子和1个氯离子。现在请想一想:$3HNO_3$中究竟有多少个氧原子?因为每个化学式单位包含3个氧原子,这里共有3个化学式单位,所以总共有9个氧原子。

类似地,可算出1个化学式单位的硫酸铵中的氢原子个数。硫酸铵常常作为面包中的食品添加剂,如**图5.15**所示。因为硫酸铵的化学式是$(NH_4)_2SO_4$,每个铵离子中有4个氢原子,每个硫酸铵中有2个铵离子,所以每个化学式单位中共有8个氢原子。用同样的方法可以算出$3(NH_4)_2SO_4$中有24个氢原子。

■ **图5.15** 硫酸铵常常作为面团改良剂被添加到烘焙食物中。面团改良剂帮助面包均匀胀大,尤其是当混入的面团很大的时候。

第1节 本节回顾

要点梳理

- 元素在元素周期表中的位置表明了它所对应的离子将带有哪种电荷。
- 二元离子化合物的命名规则是:按照化学式中从右到左的顺序,依次写下非金属元素和金属元素的名称,并在两种元素名称中间用"化"字连接。化学式中的下标数字用以表明化合物中该元素的原子数目。
- 化学式中的下标数字表明了化合物中各元素对应原子的个数。
- 多原子离子能够与带有相反电荷的离子结合成为离子化合物。
- 大多数过渡元素可以形成两种或多种电荷的离子。当给含有过渡元素的化合物命名时,要用罗马数字表明过渡元素的氧化数,并用括号括起来。
- 水合物是指结合了水分子的离子化合物。

7. **主要** **概念** **解释** 为什么固体的离子化合物不能导电?

8. **写出**下列离子化合物的化学式。
   a) 碳酸锰(Ⅱ)   d) 二水碘化钡
   b) 氧化铝   e) 亚硫酸镁
   c) 硝酸铵   f) 氰化钠

9. **命名**下列几种化学式所表示的离子化合物。
   a) Na_2SO_4 e) $KMnO_4$
   b) CaF_2 f) $Ni(OH)_2$
   c) $MgBr_2·6H_2O$ g) $NaC_2H_3O_2$
   d) Na_2CO_3

10. **解释** 从化学式$3Ni(HCO_3)_2$中,你能否得知每种元素的原子数?

11. **推断** 离子化合物硝酸钙$[Ca(NO_3)_2]$常被用作肥料,它能够溶于水。$Ca(NO_3)_2$溶于水后会释放出什么离子呢?一化学式单位的$Ca(NO_3)_2$会释放出多少离子?

12. **测试** 检查牙膏上的成分标签,依照上面所列举的化学名称写下它们的化学式,越多越好,并将这些化合物按离子化合物和共价化合物分类。

167

第2节

共价化合物

核心问题
- 共价化合物和离子化合物的性质有何异同?
- 相同元素构成的同素异形体,在亚微观尺度上有什么不同?相应的宏观性质呢?
- 如何根据化学式来命名共价化合物?

术语回顾
无水: 指用加热方法除去了化合物中所有的水分子,通常指无水化合物。

关键术语
蒸馏
单质
同素异形体
有机化合物
无机化合物
烃

折叠式学习卡
将本节中的信息归纳到你的折叠式学习卡中。

主要 概念 共价化合物中的原子通过共用电子对紧紧结合在一起。

链接真实世界 在室温下以液态或气态形式存在的化合物,你能说出多少种?水、二氧化碳和氨气仅仅是其中很小的一部分。因为大多数的离子化合物在室温下都是固体,所以你所想到的大多数化合物都是下面将要描述的另一类主要的化合物——共价化合物,是不是很奇妙!

共价化合物的性质

你已经知道离子化合物有许多共性。与离子化合物相比,通过共价键而非离子键实现原子结合的物质——共价化合物,有着更多的可变性。例如,聚乙烯塑料和黄油中的脂肪质地柔软,而橡胶富有弹性,金刚石和石英则坚硬无比。

比较离子化合物和共价化合物 尽管共价化合物性质各异,但是我们依然可以找出它们的一些共性,用以区别离子化合物。共价化合物通常熔点较低,大多数物质并不像离子化合物那样坚硬,如**图5.16**所示。此外,比起离子化合物,大多数共价化合物在水中的溶解性较小,也不导电。

大多数情况下,离子化合物和共价化合物的性质差异明显,足以用来区分和分离它们。例如,通过蒸馏的方法就可分离水和食盐。**蒸馏(distillation)** 是一种常用的分离物质的方法,分离的方法是:将混合物中的液体蒸发,再冷凝蒸气,即可实现物质的分离。之前我们学过的制取淡水的太阳能蒸发器,利用的就是这一工作原理。**图5.17**中展示了实验室的简易蒸馏装置。

■ **图5.16** 蜡笔是由共价化合物构成的,它们质地柔软,不溶于水。如果你曾经将它们放在太阳光下暴晒,那么你肯定知道它们的熔点较低。

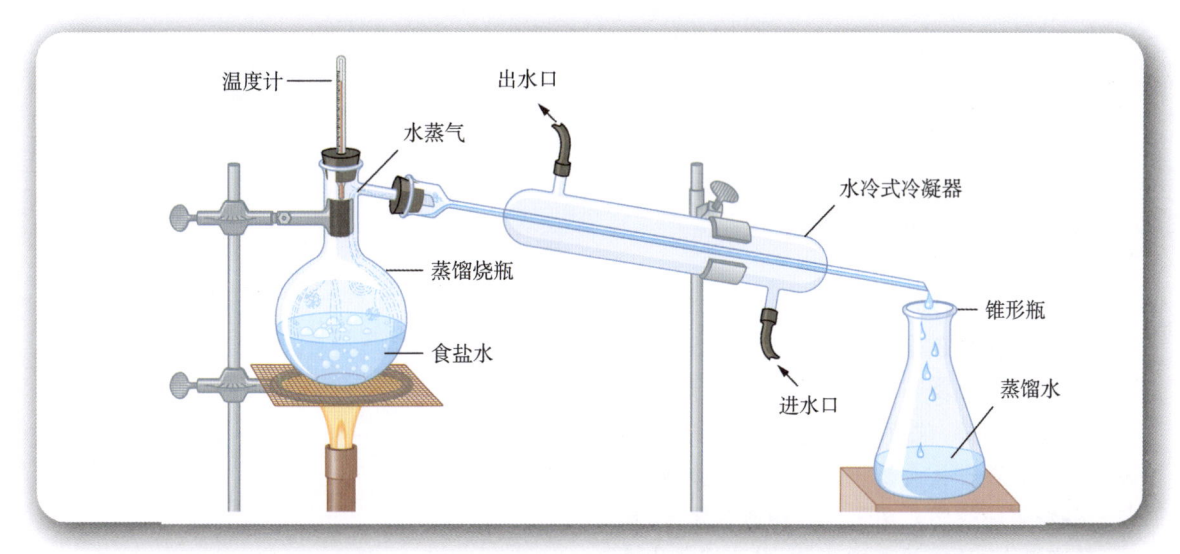

共价化合物的亚微观结构是如何影响它们的宏观性质的呢？因为共价化合物中不存在离子，也不存在通过异性电荷相吸而形成的强有力的网络结构，所以分子间的相互作用力往往很弱。根据分子间作用力较弱这一特点，可以解释绝大多数共价化合物质地柔软和熔点较低的性质。又因为大多数分子在水溶液中不易形成离子，所以它们一般不是电解质。

■ **图5.17** 在实验室里，可以通过如图所示的蒸馏装置分离水和溶于水的离子化合物，如食盐。蒸馏过程中，当蒸馏烧瓶中的食盐溶液被煮沸后，其中的水就转化为水蒸气逸出，而食盐则留在烧瓶中。水蒸气通过水冷式冷凝器时，被冷凝成为纯净的蒸馏水，流入冷凝器下端的锥形瓶中。

迷你实验 2

骨头中的化学键

你如何确定骨头中的化学键属于什么类型　钙是骨组织和蛋壳中的一个重要成分。醋中含有醋酸，能够与含钙的化合物反应形成醋酸钙。

实验步骤

1. 阅读并完成实验安全表格。
2. 选取1根体积不大、从未煮过的鸡骨，剔除上面的鸡肉。
3. 将鸡骨放置在1只烧杯中，倒上醋，用1块透明玻璃盖上。
4. 在烧杯表面标注上你的姓名，将烧杯放置在老师指定的地方，保持2天。
5. 用镊子从醋中取出鸡骨，将它放置在1张摊好的吸水纸上，仔细检查鸡骨，观察它的变化。
6. 将鸡骨放回醋中，让它继续浸泡2天。重复步骤5。
7. 弄直1枚回形针，用镊子夹住蘸取少量反应烧杯中的醋酸，随后将回形针放在本生灯的蓝色火焰上方灼烧。再取一枚回形针，蘸取未反应的醋酸后，也灼烧，比较两者的火焰颜色。(钙离子会产生橙红色火焰)

分析与讨论

1. **描述**　浸泡2天和4天后鸡骨性质的变化情况。
2. **推断**　如果火焰测试证实了醋酸溶液中存在钙离子，那么这些钙离子可能来自哪里？
3. **总结**　你认为钙形成的离子化合物对于骨的性质有什么样的影响？这些性质与典型的离子化合物的性质是否保持一致？
4. **解释**　浸泡之后鸡骨的性质是如何反映其中的大部分物质是共价化合物？

化学实验

离子化合物还是共价化合物

背景

你很难通过肉眼观察来判断一种化合物究竟是离子化合物还是共价化合物,因为有时这两类化合物的外观非常相似。不过,有时通过一些简单的测试,就能方便地进行判断。这是因为无论是离子化合物还是共价化合物,都具有一些特有的性质。离子化合物通常坚硬、易碎,易溶于水,具有较高的熔点,当溶解在水中时具有导电性。共价化合物则往往显得柔软、易变形,水溶性一般较差,具有较低的熔点,即便溶于水也不会导电。

问题

如何根据各自的物理性质来区别离子化合物和共价化合物?

目标

- **测试**几种常见物质的性质。
- **解释**反映物质性质的实验数据,并将物质进行分类:离子化合物还是共价化合物。

实验准备

实验器材

- 显微镜用载玻片
- 蜡笔
- 电热板
- 药匙
- 50 mL 或 100 mL 烧杯(4只)
- 搅棒
- 天平
- 导电计
- 小号量筒
- 温度计(量程必须超过150 ℃)
- 称取以下物质中的四样,每样1~2 g:盐替代物(KCl)、果糖、阿司匹林、石蜡、尿素、食盐、泻盐

安全警示

在处理温度高的物体时注意安全。

实验步骤

1. 阅读并完成实验安全表格。
2. 用蜡笔将载玻片划分成四部分,分别标为A、B、C、D。
3. 制作一张类似"实验数据与现象观察"的数据记录表。
4. 用药匙取4种物质中1种物质的 $\frac{1}{10}$,即 0.1~0.2 g,将它放置在载玻片的A部分。
5. 重复第4步骤,各取其余3种物质后,分别放置在载进玻片的B、C、D部分,记住每次更换物质前须将药匙擦干净。记录每个部分所对应的物质。
6. 将载玻片放到电热板上。将加热按钮调为中档,开始加热。
7. 手持温度计,轻轻地将球部搁在载玻片上。注意不要搅动上面的化合物。

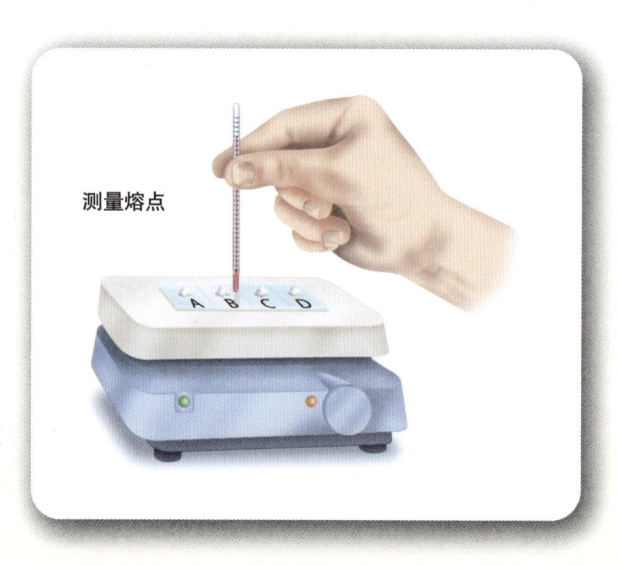

测量熔点

8. 继续加热使温度达到135 ℃。观察载玻片上每个部分的情况,记录下已经熔化的物质。关闭电热板。
9. 在4只烧杯上分别注明四种化合物的名称。
10. 称取等量的4种物质,1~2 g为宜,将它们放入对应的烧杯中。
11. 在每只烧杯中分别加入10 mL蒸馏水。
12. 搅拌物质,在搅拌其他物质时注意先擦净玻璃棒,在记录表中记录物质的溶解情况。
13. 用导电计检测水溶液是否导电,在记录表中记录物质的导电情况。

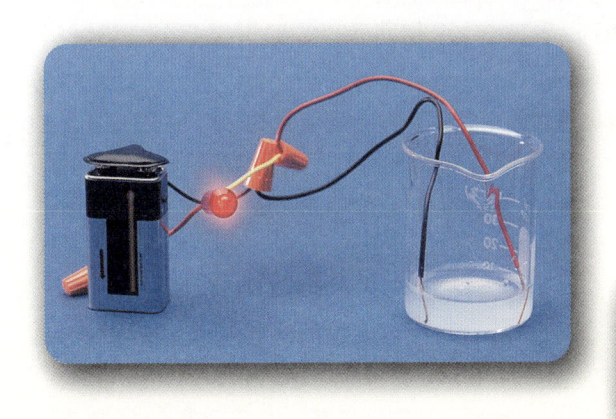

分析与讨论

1. **现象分析** 当一种物质熔化时,分子间的力发生了什么样的变化?
2. **对比与比对** 是否所有的化合物在同一温度下都熔化了?
3. **分类** 根据你的实验结果和观察,完成你的实验数据表,并将每种物质进行归类:离子化合物或共价化合物。

应用与评估

1. **对比** 离子化合物和共价化合物在性质上有哪些不同?
2. **比较** 离子化合物和共价化合物的熔点有何区别?是什么因素影响了熔点的高低呢?
3. **解释** 有些共价化合物的溶液具有良好的导电性。从需要离子导电这一角度出发来解释这一现象。

进一步探究

推断 根据物质性质的不同,设计一个实验分离沙、盐和水的混合物。

实验数据与现象观察

物质	是否熔化?	是否溶于水?	溶液是否导电?	分类
A				
B				
C				
D				

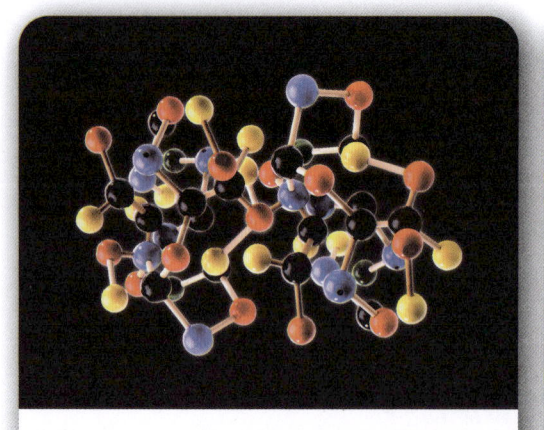

DNA是由成千上万个碳、氢、氧、氮和硫原子通过共价键结合在一起而形成的化合物。

细胞色素c存在于所有活细胞中,在有氧气存在的条件下,它参与食物分子的降解过程。从事体力劳动的人的肌肉组织中有大量该物质。

■ **图5.18** 共价化合物可以很简单,如碘(I_2)和氢气(H_2),只由两个原子结合而成;这些简单的分子与大体积、复杂的分子形成强烈对比,如DNA和用来构成生命体的细胞色素c。

折叠式学习卡

将本节中的信息归纳到你的折叠式学习卡中。

单 质

分子的大小差别很大,每个分子所包含的原子数量也不尽相同,可以从区区2个到成千上万甚至数百万,如**图5.18**所示。自然界中,绝大多数元素是与其他元素结合在一起的,换言之,它们以化合物的形式存在。然而,也存在一些特例,如只由2个相同元素的原子结合在一块构成的分子。这种由同种元素的原子结合而成的物质称作**单质(element)**。注意单质不是化合物,它们仅包含同一种元素。那么,这些元素的原子又是如何结合在一起的呢?实际上,这与共价化合物的形成一样,也是通过原子之间共享电子对达到稀有气体的电子排布而结合的。

双原子单质 在自然界中,有7种非金属元素以两个相同原子结合成单质的形式存在,它们是氢气、氮气、氧气、氟气、氯气、溴和碘,化学式分别为H_2、N_2、O_2、F_2、Cl_2、Br_2和I_2。这些分子也被称作双原子单质。除溴和碘之外,其余5种在室温下都是气体,溴是液体,碘是固体。

仔细分析双原子单质的结构,你发现了什么?先画出它们的路易斯电子式,看看有何发现。氯原子有7个价电子,需要1个额外的电子才能获得稀有气体元素氩的电子结构。如果两个氯原子结合,它们共享一对电子对,每个原子都获得了稳定的8个价电子的结构。

$$:\overset{..}{\underset{..}{Cl}}\cdot + \cdot\overset{..}{\underset{..}{Cl}}: \longrightarrow :\overset{..}{\underset{..}{Cl}}:\overset{..}{\underset{..}{Cl}}:$$

同样的道理,氢气、氟气、溴和碘都可通过共享一对电子对来获得稳定的电子结构。不过,氮原子在形成分子时,共享了3对电子对。**图5.19**展示了N_2中的叁键。氧原子在形成分子时也形成了共价键,但并非普通意义上的双键。

:N̈· + ·N̈: ⟶ :N≡N: 共享三对电子对

■ 图 5.19 当两个原子共享的电子对数超过一对时，就形成了多重共价键。两个氮原子形成叁键。

同素异形体 由相同元素组成，但晶体结构或分子结构不同的分子，称为**同素异形体（allotrope）**。同素异形体虽然由同种元素组成，但性质不同。由此可以看出，在影响分子的性质方面，结构比组成更为重要。

磷的同素异形体 磷有三种常见的同素异形体：白磷、红磷和黑磷。这三种同素异形体都是由 P_4 分子组成的，只是每种分子中原子的结合方式各不相同，因而各自具有独特的性质，如图 5.20 所示。

碳的同素异形体 碳元素有几种重要的同素异形体，各自有着不同的性质。金刚石是一种晶体，其中的碳原子被严格地固定在立体网络结构中。石墨中同一层的碳原子之间结合紧密，但层与层之间可以轻易滑动，这种特性使得石墨质地柔软，有油腻感，可以用作固体润滑剂。

另外一组碳的同素异形体富勒烯是由碳原子簇构成的，这些分子超乎寻常的稳定。富勒烯的发现开拓了一个令人兴奋的研究领域，这类单质可能在超导体中得到应用。在下面的"化学与技术"栏目中，你可以更加深入地了解碳的几种同素异形体。

词源

Allotrope
同素异形体
allos（希腊语）：其他的
tropos（希腊语）：方法，方式

白磷　　红磷

■ 图 5.20 白磷和红磷都是磷的两种常见的同素异形体。白磷在空气中会自燃，而红磷只有在接触火焰的时候才会被点燃。因为这些性质上的差异，白磷必须保存在水中，红磷则常用于制造安全火柴。

化学与技术

碳的同素异形体：从煤到金刚石

碳可以形成多种同素异形体。这是因为碳原子可以通过各种不同的方式排列，其排列的方式之多，可说是变幻莫测。不过，无论是以哪种方式排列而成的同素异形体，有一点却是相同的，即它们都是由碳元素以共价键构成的物质。

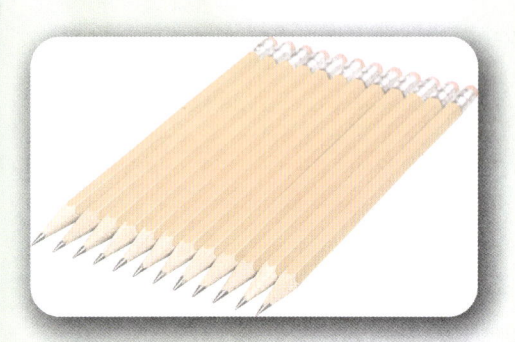

■ 图5.21 石墨及其结构。

石 墨

在碳的同素异形体中，人们最为熟悉的可能要数石墨了，图5.21展示的就是石墨。混合一些黏土，将石墨做成柱状，这就是我们经常使用的铅笔的笔芯了。请看图中所示的石墨的结构。你可以发现，石墨中的碳原子与周边碳原子都相互连接，形成一层层连续排列的六边形网。注意每个碳原子连接着三个不同的六边形。显而易见，石墨的结构是组织有序的。这些六边形有序地组装成层，但层与层之间松弛地结合在一起。石墨的这种结构特点，使石墨变得松弛，因此，我们可以方便地用石墨做成的铅笔芯写字。而用铅笔在纸上写下的字，是一层松弛的石墨，很容易用橡皮擦去。

炭 黑

炭黑是烟囱中煤烟的主要成分，这种煤烟容易引起火灾。炭黑是烃不完全燃烧产生的碳的一种同素异形体，如图5.22所示。在小小的一块炭黑中，就有数百万的碳原子层。显然，这里的碳层远没有石墨中的碳层那样井然有序，因此炭黑呈现出一种无序结构。炭黑一般应用于油墨、橡胶制品的生产。20世纪初期，人们发现炭黑对轮胎有补强作用。

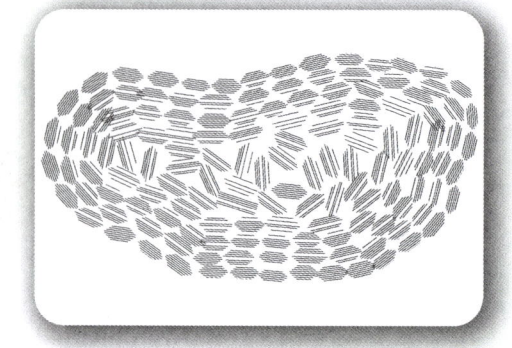

■ 图5.22 炭黑及其结构。

金刚石

还有一种碳的同素异形体就是金刚石,如图5.23所示。金刚石除具有璀璨夺目的光芒外,还是地球上最坚硬的物质。正因为如此,金刚石常被用来制作切割工具和钻头。那么,为什么金刚石具有这样特殊的性质呢?这当然还得从分析它的内部结构入手。先看一下它的结构。每个碳原子与另外4个碳原子相连,而4个碳原子中的每个原子又分别与另外的4个碳原子相连,结果所有的碳原子都相互连接了起来,这样就形成了世界上最为严整的结构。事实上,每块金刚石就是一个由碳原子构成的超级大分子。金刚石中这种贯穿始末的共价结合的组织结构,正是它具有坚硬特性的关键因素。如果你想用金刚石来写字,那么只会将你的本子划破,因为它不会像石墨那样能轻易滑落。生成金刚石的条件非常苛刻,只有在极高的压力和温度下,碳原子才能铸就成金刚石的组织结构。例如,自然界天然存在的金刚石,都是在地下200 km处经历漫长岁月后才形成的,所以金刚石的年龄往往从6亿年到30亿年不等。

木 炭

木炭是内部结构最不规则的碳的同素异形体,常用来烧火做饭,偶尔还会成为艺术家手中的画笔。木炭是有机质燃烧的产物。仔细观察,你会发现木炭中有许多小孔。由于空隙、孔洞很多,因而木炭获得了很大的表面积。一些称作活性炭的木炭,每克就有1 000 m²的表面积。利用活性炭的这种特性,人们常用它来过滤水中的杂质,如图5.24所示。当水流经过滤装置时,水中那些引起异味的分子、原子和离子都会被吸附到活性炭的表面。

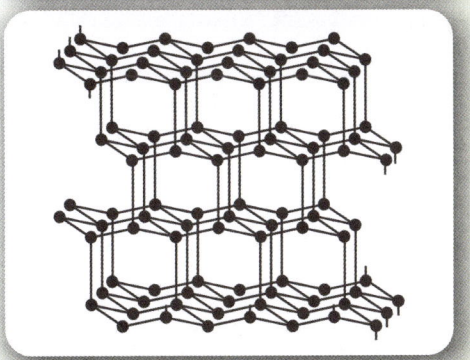

■ 图5.23 由于结构高度严整,金刚石很坚硬。

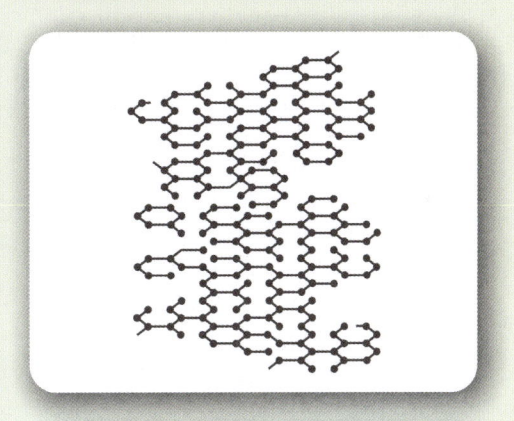

■ 图5.24 木炭具有多孔结构,能够用于过滤杂质。

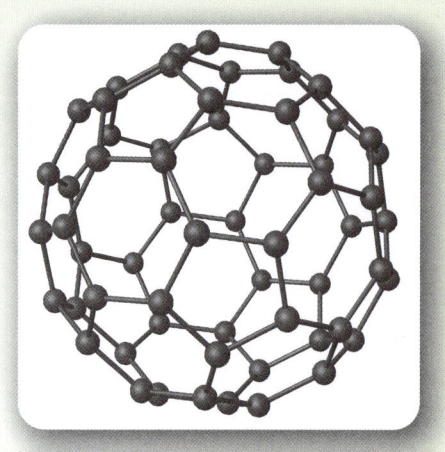

■ 图5.25 "巴基球"模型和穹顶。

富勒烯

图5.25所示的是一个"巴基球"（buckmansterfullerene）——C_{60}的模型，它是以工程师、建筑师巴克明斯特·富勒（Buckminster fuller）的名字命名的。巴克明斯特·富勒设计建造了如图所示的穹顶（geodesic dome）建筑。无论是穹顶建筑，还是分子本身，都出奇地稳定。C_{60}也是碳的一种同素异形体，其分子中的碳高度组织化，现在我们称之为富勒烯（fullerene）。C_{60}是1985年在煤烟中首次发现的，但它像足球那样的结构直到1991年才被证实。从那以后，不断有报道说其他的富勒烯在自然界中被发现或人工合成。富勒烯中的碳原子数都是偶数，如C_{70}和C_{78}等。不同的富勒烯空间构型也不同，有的呈中空球形，有的呈空心管状。这种笼形结构非常灵活，具有很强的柔韧性，将用富勒烯做成的物件以7 000 m·s^{-1}的速度冲击钢板，富勒烯能在反弹后能完全恢复原状。

线性炔键碳

如图5.26所示，这是一种线状的碳的同素异形体，由共价结合的碳原子排列成长螺旋形，每个螺旋包括300～500个碳原子。线性炔键碳是在充满氩气的玻璃容器中诞生的：用高能激光照射石墨棒，形成的这种同素异形体会飞溅到玻璃壁上。因为这些碳纤维具有导电性，科学家预计其可能会在微电子领域有重要用途。一些线状的炔键碳最终会转化为富勒烯，其他一些则成了煤烟。

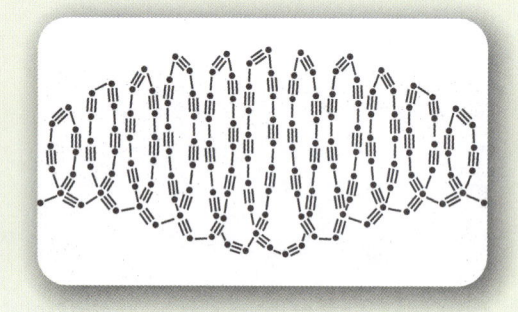

■ 图5.26 线性炔键碳的模型。

技术探讨

1. **应用** 联系碳的各种同素异形体的结构，预测富勒烯、金刚石和石墨的密度大小，并说明理由。
2. **批判性思考** 你是如何看待"巴基球"分子、线性炔键碳分子、金刚石分子的？
3. **获取信息** 富勒烯和线性炔键碳有哪些潜在用途？

图 5.27 在水的净化过程中，臭氧与生物大分子反应，从而杀死微生物。

氧的同素异形体　尽管空气中的氧元素主要是双原子的氧气，但实际上，大气中还存在由氧元素构成的另一种物质 O_3——臭氧。氧的这两种物质的结构不同，氧气分子是由2个氧原子构成的，而臭氧分子则含有3个氧原子。

$$\ddot{\underset{..}{O}}::\ddot{O}:\ddot{\underset{..}{O}}:$$

就像双原子单质氧气一样，臭氧也存在于自然界中，它是在闪电或紫外线的作用下由氧气转化而来的。在电闪雷鸣之后，空气中常弥漫着刺鼻的气味，这就是闪电诱发生成的臭氧的气味。当电视机或电脑显示器产生的电火花穿过空气时，也会有少量的臭氧产生。如果此时你离显示器很近，就有可能闻到这种气味。因为臭氧对生物体的健康是有害的，所以建议你不要与电视机或电脑靠得太近。

虽然地球表面的臭氧对人体有害，但臭氧也有对人类有用的一面。例如，臭氧可以用来净化水源，如**图** 5.27所示。而地球高空中的臭氧，对于人类及地球上生物的生存具有更大的意义。正是这些臭氧，吸收了来自宇宙的大量紫外线，保护了人类的生命安全。

共价化合物的化学式和命名

共价化合物的家族成员众多，目前已发现的就有数百万种，而且，科学家还在不断发现或合成更多共价化合物。面对如此众多的化合物，你将如何开始学习呢？在你学习这些共价化合物的结构、性质以及这些性质是如何决定它们的用途之前，你首先要学会如何给这些化合物命名，准确书写它们的分子式。幸运的是，化学家们已为我们创建了一套用以命名共价化合物的系统。相对数量巨大的共价化合物而言，这套系统所用的规则要简单得多。

177

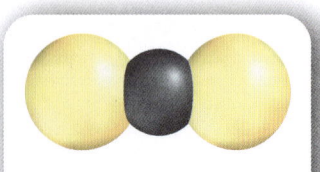

■ 图5.28 二硫化碳的分子式是 CS_2，之所以命名为二硫化碳，是因为有两个硫原子与一个碳原子结合。

二元无机化合物的命名　物质要么是有机物，要么是无机物。含有碳原子的化合物，除个别物质外，都可归为**有机化合物（organic compound）**；不含碳原子的化合物都属于**无机化合物（inorganic compound）**。那么，无机化合物是如何结合在一起的呢？一些无机化合物只由两种非金属元素以共价键结合而成，我们将这些化合物归为二元无机化合物。

用"化"字连接　二元无机化合物的命名方法如下：先写下第一种非金属元素的名称，再写第二种非金属元素的名称，中间用"化"字连接。那么，如何知道应该先写哪种元素的名称呢？命名原则中规定，除含氢元素的少量化合物外，处在元素周期表右侧的元素应该先写。如果两种元素恰好处在同一族，那么就先写比较靠近元素周期表顶端的元素名称。例如，二氧化硫是一种含硫和氧的化合物，按上述规则，因为氧元素比硫元素更靠近元素周期表的顶端，所以氧元素的名称在前。

表示原子的数量　二元共价化合物的命名方法基本上就是这些。不过，两种非金属原子之间可以共享不同数量的电子对，因此可以结合成几种不同的化合物。在这种情况下，为了在命名时不会引起歧义，需要额外增加一个步骤，即在每种元素的前面添加一个前缀（对应于中文名称的数字）。如在命名水合物的名称时，为表明分子中水分子的数量，就使用了一些前缀。再如，CS_2 的名称是二硫化碳，如**图5.28**所示。请回顾**表5.5**中介绍的英文前缀的正确用法。

还有一些其他的命名规则。如，化合物的名称前至少包括一个数字词头，并且当名称中有两个"一"字时就不能全部略去，而只可略去后一个"一"字。例如，一氧化一氮只能简化成一氧化氮，不宜简化成氧化一氮，更不能简化成氧化氮。

现在，你可以亲自来命名共价化合物了，比如**图5.29**所示的棕色气体是二氧化氮（NO_2）。不同数量的氮原子和氧原子结合可以形成几种不同的分子，请根据**表5.6**中第一栏的各种化合物的分子式来给它们命名，注意不要看第二、第三栏的名称。

■ 图5.29 硝酸和铜反应会生成棕红色的二氧化氮气体。二氧化氮是一种空气污染物。

表5.6	一些共价化合物的分子式和名称	
分子式	英文名称	中文名称
NO	nitrogen monoxide	一氧化氮
NO_2	nitrogen dioxide	二氧化氮
N_2O	dinitrogen monoxide	一氧化二氮
N_2O_5	dinitrogen pentoxide	五氧化二氮

根据名称写出分子式 现在我们来考虑一下由碳和氧构成的两类化合物:当木材完全燃烧时,其中的碳就转化为二氧化碳,分子式为CO_2;当木材不完全燃烧时,就会产生毒性很大的一氧化碳气体。那么,如何书写一氧化碳(carbon monoxide)的分子式呢?现在我们来分析如何根据已知的名称书写共价化合物的分子式。先依次写下名称中的每种元素。随后,在一些有2个或更多个原子的元素下标处添加合适的数字。记住,名称中的前缀已经告诉我们每种元素原子的个数。如果一个元素没有前缀,就代表该元素只有一个原子。因此一氧化碳的分子式就是CO。

你可以再练习一下如何书写六氟化硫的分子式。六氟化硫包含两种元素——硫和氟,因为硫前没有数词,表明分子中只有一个硫原子,所以元素符号S的下标处无需添加任何数字;而数词六告诉我们此化合物中有6个氟原子,所以需要在F的下标处添加数字6,这样六氟化硫的分子式就是SF_6。请你查看**图**5.30中所示的分子式,并回顾一下共价化合物的分子式的书写规则。

N_2O_3
三氧化二氮

■ **图**5.30 三氧化二氮的分子式是N_2O_3。分析化合物的名称以确定如何书写分子式。

练一练

13. 命名下列几种共价化合物。
    a) S_2Cl_2 c) CS_2
    b) SO_3 d) P_4O_{10}
14. 写出下列共价化合物的分子式。
    a) 四氯化碳   c) 七氟化碘
    b) 一氧化二氮   d) 二氧化硫

补充练习
有关书写共价化合物的分子式的额外练习,请见附录C。

俗称 少数无机共价化合物有俗称,而且所有科学家都用这些俗称来代替其正式名称,最典型的就是水和氨。水的化学名称是一氧化二氢(dihydrogen monoxide),因为每个水分子含有2个氢原子和1个氧原子。假如在餐馆里想要一杯水时,你会对服务生说来一杯一氧化二氢吗?肯定不会!否则绝大多数人都不会理解你的意思,因为你用了一个连化学家都不会使用的名称。因此,尽管你已学习了化学语言的一些规则,也能轻易地写出各种离子化合物和共价化合物的名称,但是,你还是有必要了解一些化合物的俗称,这很有必要。

表 5.7	常见酸和碱的俗称
化学式	俗称
酸	
HCl	盐酸
H_2SO_4	硫酸
H_3PO_4	磷酸
HNO_3	硝酸
$HC_2H_3O_2$	冰醋酸/乙酸（一种有机化合物）
碱	
NaOH	氢氧化钠
KOH	氢氧化钾
NH_3	氨

常见酸和碱　我们经常使用酸和碱的俗称而非正式名称。**表 5.7** 列出了化学实验室中经常使用的一些酸和碱的俗称。虽然这些俗称并不遵循命名规则，但相信你会很快熟悉它们并轻而易举地写出它们的分子式和名称。

有机化合物的命名　绝大多数含碳的化合物都是有机化合物，事实上，有机化合物是至今所知的共价化合物中最大的家族，这是因为碳原子可以与其他碳原子结合成不同长度的环状或者链状结构。

即便是最复杂的有机化合物的名称也都是建立在**烃（hydrocarbon）**的名称基础上的。烃是一类只含有碳元素和氢元素的有机化合物。化石燃料（如天然气和石油等）的主要成分就是烃，烃除了用作燃料、还能作为制造其他有机化合物的原材料。

一个碳原子可以形成四个共价键。在最简单的烃——甲烷中，一个碳原子与四个氢原子结合。甲烷是天然气的主要成分，一般用作燃料。第二简单的烃是乙烷，分子中两个碳原子相连，每个碳原子又分别与三个氢原子相连。**表 5.8** 列出了最简单的 10 种烃的分子式和名称，注意烃的名称与分子中的碳原子个数有关。你是否对这些烃有印象？丙烷有哪些用途？**图 5.31** 展示了它的结构和常见的一种用途。

表 5.8	烃
分子式	名称
CH_4	甲烷
C_2H_6	乙烷
C_3H_8	丙烷
C_4H_{10}	丁烷
C_5H_{12}	戊烷
C_6H_{14}	己烷
C_7H_{16}	庚烷
C_8H_{18}	辛烷
C_9H_{20}	壬烷
$C_{10}H_{22}$	癸烷

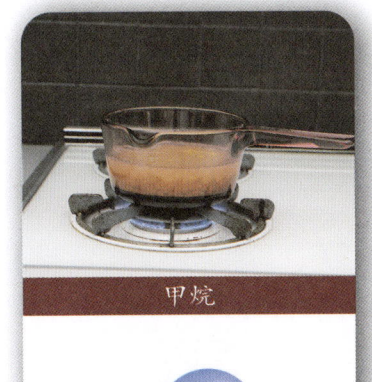

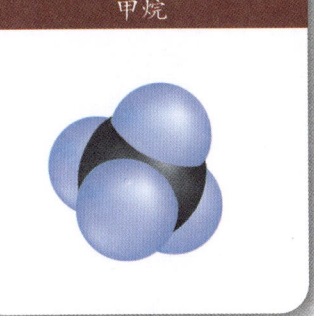

■ **图5.31** 图中展示了甲烷和丙烷的分子结构。甲烷是天然气的主要成分，丙烷则常用作燃料。许多其他的烃类物质也用作燃料。

判定 甲烷中含有多少碳原子？丙烷呢？

甲烷

丙烷

精彩预告

分子（化学）式可以表示出客观存在的物质的组成，但是并不一定能表示这种化合物的真实状况。例如，你可以轻易地写出分子式HeP_2，但是这种化合物从未被分离成功。在下一章中，你将学习单质和化合物的化学变化，并学习如何用化学语言来描述这些变化。

第2节 本节回顾

要点梳理

■ 共价化合物一般熔点较低，水溶性较差，绝大多数不能导电。

■ 一些以不同的结构形式存在的单质叫作同素异形体。

■ 二元共价化合物的命名规则是按照从右到左的顺序，依次写出化合物中两种元素的名称，并用"化"字连接。

■ 名称中的前缀表示的是每种元素原子的个数。

■ 烃是由氢和碳组成的常见化合物。

15. **主要概念 解释** 根据电子排列结构，为什么碳原子常常能形成四个键？

16. **写出**下列每个化学（分子）式所表示的共价化合物的名称。

   a) BF_3 d) PBr_5
   b) C_2H_6 e) IF_7
   c) NO f) SiO_2

17. **解释**什么是同素异形体，举两例加以说明。

18. **应用** 写出下列几种共价化合物的化学（分子）式。

   a) 一氧化碳   d) 五氯化磷
   b) 六氟化硫   e) 五氧化二氮
   c) 三氯化碘   f) 庚烷

19. **评价** 气体罐有一个运输罐的罐体上标明了C_4H_{10}，请问：这个罐中所装物质的名称是什么？该化合物最有可能的用途是什么？

181

第 5 章 学习指南

大 概念 一般来说，化合物有两种类型：离子化合物和共价化合物。

第1节 离子化合物

主要 概念 离子化合物中的原子通过带相反电荷的离子间的相互吸引而紧紧结合在一起。

关键术语
二元化合物
化学式单位
氧化数
多原子离子
水合物
吸 湿
潮 解
无 水

要点梳理

- 元素在元素周期表中的位置表明了它所对应的离子将带有哪种电荷。
- 二元离子化合物的命名规则是：按照化学式中从右到左的顺序，依次写下非金属元素和金属元素的名称，并在两种元素名称中间用"化"字连接。化学式中的下标数字用以表明化合物中该元素的原子数目。
- 化学式中的下标数字表明了化合物中各元素对应原子的个数。
- 多原子离子能够与带有相反电荷的离子结合成为离子化合物。
- 大多数过渡元素可以形成两种或多种电荷的离子。当给含有过渡元素的化合物命名时，要用罗马数字表明过渡元素的氧化数，并用括号括起来。
- 水合物是指结合了水分子的离子化合物。

第2节 共价化合物

主要 概念 共价化合物中的原子通过共用电子对紧紧结合在一起。

关键术语
蒸 馏
单 质
同素异形体
有机化合物
无机化合物
烃

要点梳理

- 共价化合物一般熔点较低，水溶性较差，绝大多数不能导电。
- 一些以不同的结构形式存在的单质叫作同素异形体。
- 二元共价化合物的命名规则是按照从右到左的顺序，依次写出化合物中两种元素的名称，并用"化"字连接。
- 名称中的前缀表示的是每种元素原子的个数。
- 烃是由氢和碳组成的常见化合物。

$:\dot{N} + \dot{N}: \longrightarrow :N\equiv N:$

共享三对电子对

第 5 章 测 评

要点理解

20. 下列物质中，哪些是离子化合物？哪些是共价化合物？
    a）硫化镁
    b）一氧化碳
    c）氯化铯
    d）己烷
    e）臭氧
    f）氯化钴（Ⅱ）

21. 写出由下列元素构成的二元离子化合物的化学式。
    a）锰（Ⅲ）和碘
    b）钙和氧
    c）铝和氟

22. 写出下列包含多原子离子的化合物的名称。
    a）$Ca(C_2H_3O_2)_2$
    b）$(NH_4)_2SO_3 \cdot H_2O$
    c）$NaNO_2$
    d）$NaOH$
    e）$MgSO_4$
    f）$Ca(OH)_2$

23. 绘制一张表格，比较离子化合物和共价化合物性质的异同。

24. 下列化合物中的金属元素可能有着不同的氧化数。先预测每种金属离子的电荷数，随后写出每种化合物的名称。
    a）$FeCl_3$
    b）$AuBr_3$
    c）FeS
    d）CuF_2
    e）$SnBr_4$
    f）$Pb(C_2H_3O_2)_2$

25. 如何从溶解了离子化合物的水溶液分离得到水？

26. 写出下列几个分子式所表示的共价化合物的名称。
    a）NO
    b）N_2O_4
    c）SiO_2
    d）IBr
    e）CO
    f）ClF_3

27. 当加热水合物时，它的成分发生了怎样的变化？

应用概念

28. 请预测一下，随着雨水酸性增强，石灰岩溶洞的形成速度将会如何改变？

29. 如何定量比较离子化合物食盐和共价化合物糖哪个更容易溶于水？

30. 解释在自然条件下，大多数元素为什么不以单质形式存在？

生活中的化学

31. 什么是硬水？如何处理硬水？

艺术链接

32. 假如一名工艺师希望给一个黏土器皿上一层浅红色的釉，那么他应该在透明的釉中添加什么材料？

化学与技术

33. 通过分析石墨的晶体结构，解释它为何是一种良好的润滑剂。

批判性思考

设计实验

34. **迷你实验1** 设计一个实验，计算一下要改变无水钴化合物的颜色至少需要多少水。

预测

35. **化学实验** 你认为热的饱和KNO_3溶液的导电性好，还是冷的好？试说明理由。

应用概念

36. 汞（Mercury）是一种特殊的元素，因为两个汞原子会结合形成一个离子，这个双原子离子可作为一个独立单位起作用。那么，这个双原子离子的电荷数是多少？写出这个双原子离子与氯原子构成的化合物的化学式。

第 5 章 测评

运用图表

37. **表** 5.9 列举了一些离子化合物的熔点,请结合元素周期表,回答以下问题。当你的手指在第17族从上到下移动时,钠、钾的化合物的熔点是升高还是降低?这对金属原子与第17族非金属元素原子的结合力有何暗示?

表5.9	几种化合物的熔点
化合物	熔点(℃)
NaCl	804
NaI	651
KCl	773
KBr	730
NaF	993
KI	680
NaBr	755

日积月累

38. 物理变化与化学变化的区别有哪些?
39. 在一个中性原子中,原子序数与电子数有何关系?
40. 如何运用元素周期表来判断一种元素的价电子数目?

科技写作 化学

41. 描述并比较足球、穹顶建筑和"巴基球"的形态和结构。它们的相似性是不是一种巧合?

技能训练

42. **图表的制作与使用** 分析**表** 5.10中的数据,再绘制两个图表:熔点—碳原子数(熔点作为y轴,碳原子数为x轴),水溶性—碳原子数(水溶性为y轴,碳原子数为x轴)。请问:链长(碳原子数)与熔点存在怎样的关系?你能解释其中的原因吗?链长(碳原子数)与水溶性的关系又如何?

表5.10	碳原子数与熔点和水溶性比较	
碳原子数	熔点(℃)	水溶性(g/100mL)
1(methane,甲烷)	−183	0.002 4
2(ethane,乙烷)	−172	0.005 9
3(propane,丙烷)	−188	0.012
4(butane,丁烷)	−138	0.037
5(pentane,戊烷)	−130	0.036
6(hexane,己烷)	−95	0.013 8
7(heptane,庚烷)	−91	0.005 2
8(octane,辛烷)	−57	0.001 5
9(nonane,壬烷)	−54	不溶
10(decane,癸烷)	−30	不溶

解决问题

43. 写出三氧化二磷和五氧化二磷的化学式。
    a) 在三氧化二磷中,磷原子占了多少百分比?氧原子占了多少百分比?
    b) 在五氧化二磷中,磷原子占了多少百分比?氧原子占了多少百分比?

标准化测试

1. 一种二元化合物包括
   a）两种元素。
   b）两个离子。
   c）两种氧化的元素。
   d）两个键。

2. 氧化数是指
   a）1个原子将失去的电子数。
   b）1个原子将得到的电子数。
   c）1个原子的总电荷数。
   d）1个离子的总电荷数。

3. 为什么在地球上很少存在氢气？
   a）氢是一种稀有的元素。
   b）氢难以沉积。
   c）氢气很容易形成化合物。
   d）氢气是一种不活泼的气体。

4. 下列几个化学式中，哪个表示钙离子和醋酸根离子形成的离子化合物？
   a）$CaC_2H_3O_2$
   b）$CaC_4H_6O_8$
   c）$(Ca)_2C_2H_3O_2$
   d）$Ca(C_2H_3O_2)_2$

5. 一个原子的什么部分占据了其绝大部分的空间？
   a）质子
   b）电子
   c）中子
   d）空隙

6. 下面哪个不是铅笔的定量测量参数？
   a）长度
   b）质量
   c）颜色
   d）周长

7. 硫酸铜的化学式是什么？
   a）$CuSO_4$
   b）Cu_2SO_4
   c）$Cu_2(SO_4)_2$
   d）CuS_2O_8

常见含氮化合物的化学式和名称

化学式	共价化合物的名称	俗称
?	一氧化氮	一氧化氮
NH_3	?	氨
?	四氢化二氮	肼
N_2O	?	笑气
NO_2	?	二氧化氮

运用上表回答8～9题。

8. 笑气这一共价化合物的名称是什么？
   a）二氧化氮
   b）氧化氮
   c）一氧化二氮
   d）氧化二氮

9. 肼的化学式是什么？
   a）N_4H_2
   b）$N_2(OH)_4$
   c）N_2H_4
   d）$N_4(OH)_2$

10. 元素周期表中位于同一族的元素具有什么相同的性质？
    a）价电子数
    b）物理性质
    c）质子数
    d）电子排布

考点提示										
测试题号	1	2	3	4	5	6	7	8	9	10
对应章节	5.1	5.1	4.1	5.1	2.1	1.1	5.1	5.2	5.2	3.2

第 6 章 化学反应与化学方程式

大 概念 在你身体中或周围正发生着成千上万的化学反应，反应发生的同时会吸收或放出能量。

第1节 化学方程式
主要 概念 可以用配平的化学方程式来准确描述化学反应。

第2节 化学反应的类型
主要 概念 一般来说，有五大类化学反应：化合反应、分解反应、置换反应、复分解反应和燃烧反应。

第3节 化学反应的本质
主要 概念 外部因素影响着化学反应的方向和速率。

你知道吗？

- 生物发光是指生命体发光的现象。
- 生物发光的功能包括吸引同伴或猎物、交流、伪装和防御。
- 生物发光在海洋中比在陆地上更常见。
- 大约有一半已知类型的水母都能够发光。几乎所有的深海水母都能够发光。

课前活动

起步实验

观察一个化学反应

你能够通过哪些证据判断化学反应正在进行呢?

实验器材
- 10 mL 量筒
- 100 mL 烧杯
- 搅拌棒
- 0.01 mol·L^{-1} 高锰酸钾(KMnO$_4$)溶液
- 0.01 mol·L^{-1} 亚硫酸氢钠(NaHSO$_3$)溶液

实验步骤

1. 阅读并完成实验安全表格。
2. 量取 5.0 mL 0.01 mol·L^{-1} 高锰酸钾溶液,加入到 100 mL 烧杯中。
3. 量取 5.0 mL 0.01 mol·L^{-1} 亚硫酸氢钠溶液,加入到含有高锰酸钾溶液的烧杯中,一边加一边搅拌,记录下你所观察到的实验现象。
4. 再量取 5.0 mL 0.01 mol·L^{-1} 亚硫酸氢钠溶液,缓慢加入到烧杯中,直到高锰酸钾溶液褪色,记录你所观察到的实验现象。
5. 统计一下,让烧杯中的溶液变成无色时,你共使用了多少体积的亚硫酸氢钠溶液。

实验分析

推断 你有哪些证据可以证明反应发生了?

探究 如果你继续往烧杯中加入亚硫酸氢钠溶液,烧杯中还会继续反应吗?请说明理由。

折叠式学习卡 学习组织者

化合物的形成 按以下图示制作折叠式学习卡,帮助你整理有关化学反应如何分类的内容。

▷ **步骤1** 把一张纸沿着长边折叠,使左边缘露出一截。

▷ **步骤2** 把折到上面的部分剪裁成五份。

▷ **步骤3** 标注:化学反应、化合反应、分解反应、置换反应、复分解反应、燃烧反应。

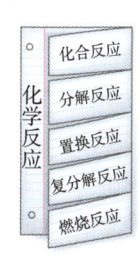

折叠式学习卡 在第2节中使用该折叠式学习卡。在你阅读的过程中,在折叠式学习卡对应的位置记录关于化合反应、分解反应、置换反应、复分解反应和燃烧反应的内容。

187

第1节

核心问题
- 化学变化和宏观性质有什么联系？
- 化学方程式是如何描述一个化学反应的？
- 怎么通过改变化学计量数配平化学方程式？

术语回顾
能量： 做功的能力。

关键术语
反应物
产　物
化学计量数

化学方程式

主要 概念　可以用配平的化学方程式来准确描述化学反应。

链接真实世界　你是否还记得夏天烟花大会的情景？夜空中绽放的五颜六色的烟花，烧烤架上散发出的令人垂涎欲滴的阵阵肉香……这些颜色和气味的产生是否有着相通的地方？

化学反应

在第1章中，你已经知道物质可以发生物理变化和化学变化，物理变化并不改变物质本身，但化学变化改变了物质的组成。那么，上述过程中，组成烟火、木炭和烧烤食品的化合物是否发生了化学变化？如**图 6.1**所示，它们确实发生了化学变化。

当物质发生化学变化时，它就参与了化学反应。反应的结果，是物质的化学成分发生了改变。物质经历变化后可以变成其他物质，这听起来有些神奇，但事实上，物质经历变化后变成了其他物质的化学反应，时时刻刻都在我们的身边发生。化学变化可以用来取暖，给汽车提供动力，合成衣物布料，制造医疗药物，生产五颜六色的油漆和染料，等等。化学反应还为我们的步行、跑步、工作和思考提供能量。

有许多重要的线索可以证明化学反应的发生。但是，我们所观察到的变化并不全是由化学反应引起的，因为某些物理变化，比如沸腾，也会伴随着一个或多个现象。请分析**图 6.2**所示的照片，看看能否找出一些线索。

■ **图 6.1** 当物质经历化学变化时，可以观察到不同的现象。这些烟火的绚丽色彩，食物飘散的香气，还有烧烤时炭发出光和热，都是化学变化的现象。

图 6.2

化学反应的信号

如果你知道如何搜寻这些信号,那么你就可以判断是否正在进行化学反应。

颜色变化 化学反应常常伴随着颜色的变化。如果你在一块刚切开的马铃薯片上滴几滴棕红色的碘溶液,碘溶液就会与白色淀粉发生反应,生成一种蓝色的化合物。

产生沉淀 在溶液中发生的化学变化,有时会沉淀出一些固体物质。比如,在 NaF 溶液中加入 $CaCl_2$ 溶液,就会有固体 CaF_2 沉淀析出。

能量变化 所有化学反应都伴随着能量的变化。在化学反应中,通常会吸收或产生光或热。如木材及其他燃料燃烧时,都会产生热和发出光。

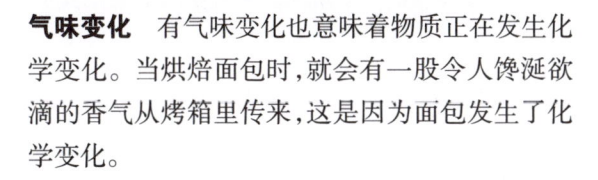

气味变化 有气味变化也意味着物质正在发生化学变化。当烘焙面包时,就会有一股令人馋涎欲滴的香气从烤箱里传来,这是因为面包发生了化学变化。

产生气体 有些物质发生化学反应后,会产生气体。机动车安全气囊里的气体就是叠氮化钠发生化学反应产生的。

当火柴燃烧时，木棒中的化合物与氧气发生化学反应，产生水和二氧化碳。

我们的日常活动都需要能量，这些能量绝大多数来源于细胞中葡萄糖与氧气的反应，反应生成的产物与木棒结合氧气生成的产物一样，都是水和二氧化碳。

■ **图 6.3** 木棒燃烧生成的产物和提供你身体能量的反应生成的产物是一样的。

鉴别 这些反应的反应物是什么？产物又是什么？

词源

Product
产物
Producturn（拉丁语）：产生了某物

书写化学方程式

为了彻底理解一个化学反应，你必须能描述所发生的任何变化，包括参与反应的是什么物质、生成的又是什么物质等。参与反应的物质被称为**反应物（reactant）**，而反应物发生化学变化后所生成的每种新物质都称为**产物（product）**。以我们熟知的铁生锈为例，反应物是铁与氧气，产物是铁锈，即三氧化二铁[iron(Ⅲ) oxide]。最简单的反应可能只涉及一种反应物或一种产物，但是复杂的反应就会涉及许多反应物和产物，图6.3展示了两个反应物中有氧气的化学反应。在第一个反应中，氧气和木头中的分子反应，以光和热的形式释放能量。在第二个反应中，氧气和葡萄糖反应释放出可供你身体使用的能量。

化学变化的完整描述 通过一般的观察可以帮助我们判断是否发生了化学反应。但是，这些观察并没有完整地描述出反应物之间发生了什么情况以及生成了哪些产物这些重要事实。你看见过小苏打与醋之间的反应吗？该反应非常迅速，还会产生很多气泡，如图6.4所示。但是这些描述还不能完整地解释所发生的变化。气泡的成分是什么？醋和小苏打中的所有原子是否都参与气泡的生成？由此可见，反应所涉及的问题要比仅靠观察所了解的信息多得多。正如你可以写一句话告诉别人今天你上学的路上所发生的事情一样，化学家们也需要一种工具来展示一个反应所经历的种种变化，这种工具就是化学方程式。

■ **图6.4** 醋和小苏打剧烈地发生反应,生成了气泡状的产物。这个反应曾经被用在灭火器上,因为生成的气泡中含有二氧化碳,它可以有效扑灭火源。这个反应可以用下面的文字方程式来描述:
醋＋小苏打 ⟶
　　醋酸钠＋水＋二氧化碳

文字方程式　描述一个反应最简单的方法,是写出所有的反应物和产物,再在反应物与产物之间用箭头标明变化的方向,如**图6.4**所示。从这个文字方程式可以看出,反应物处在箭头的左端,产物处在箭头的右端。加号用来隔开反应物,也用来隔开产物。

　　醋和小苏打都是俗称。事实上,醋中参与反应的化合物是醋酸(乙酸),小苏打的有效成分是碳酸氢钠,在文字方程式中,也可以使用这些科学名称:
醋酸＋碳酸氢钠 ⟶ 醋酸钠＋水＋二氧化碳

化学方程式　文字方程式虽然可以描述反应物和产物,但显得冗长、笨拙,也不能正确地表示出真正参与反应的物质。因此,将化合物、单质的名称替换为化学(分子)式,则文字方程式就可转化为化学方程式。请复习第5章中所学的用元素的氧化数和多原子离子的电荷数书写化学式(分子式)的原则。例如,用反应物和产物的化学式(分子式)后,醋和小苏打反应的化学方程式就可以书写为:
$HC_2H_3O_2 + NaHCO_3 \longrightarrow NaC_2H_3O_2 + H_2O + CO_2 \uparrow$
　醋酸　碳酸氢钠　　醋酸钠　水　二氧化碳

　　从上述化学方程式中,你可以清楚地看出反应物中究竟是哪些成分参与了反应,又生成了哪些化合物。

生活中的化学

漂 白

为什么说在一片泥泞的足球场上踢足球特别糟糕呢？看看图6.5的照片你就明白了，这时因为白袜子可能再也白不回来了！不过，大多数的泥渍是能够被3%～6%的次氯酸钠水溶液去除的。

家用漂白剂 最受欢迎的家用漂白剂也许是次氯酸钠（NaClO）的水溶液。次氯酸钠可以通过氯气和氢氧化钠的水溶液反应制得。这个反应可以用下面的化学方程式表示：

$$Cl_2(g) + 2NaOH(aq) \longrightarrow NaClO(aq) + NaCl(aq) + H_2O(l)$$

在水溶液中，NaClO并不是以完整的单元存在的，而是以钠离子（Na^+）和次氯酸根离子（ClO^-）的形式存在的。在这种类型的漂白剂中，真正起漂白作用的有效成分是次氯酸根离子。在许多其他类型的液体漂白剂中，过氧化氢（H_2O_2）取代了次氯酸钠，这些漂白剂溶液中的有效成分是过氧氢根离子（HOO^-）。那么，ClO^-与HOO^-都有哪些共同点？

漂白反应 正如你所看到的,这两种多原子离子都带1个单位负电荷，如果它们能与氢离子结合，那么以下两个化学反应就都有可能发生。

$$ClO^- + H^+ \longrightarrow HCl + O$$
$$HOO^- + H^+ \longrightarrow H_2O + O$$

因为化合物HCl、H_2O比次氯酸根离子、过氧氢根离子都稳定，这些反应是可以发生的。反应的结果是起到漂白效果，因为反应所释放的氧可以与有色物质中的分子反应。参与染色的化合物分子具有一种独特的结构，这种结构使物质有颜色。在这些化合物与氧原子反应时，所形成的化合物改变了有色物质原先的结构，即使之不再具有产生颜色的结构，这样，漂白剂就将有色化合物漂白为无色了。

■ 图6.5 漂白剂并不是除去污渍，而是使污渍变无色。

家用漂白剂的历史 漂白剂中的活性成分——次氯酸钠是法国化学家贝托莱（Berthollet）于1787年发现的。很快，人们就发现它能够漂白衣物。到了19世纪末，它又被发现能够有效地消灭致病细菌，因此也被用作消毒剂。今天，这种家用漂白剂在家庭、学校、医院、游泳池中广泛使用，除了能够去除衣物上的有色污渍外，还能够为硬质表面和手术器械消毒。

进一步探索

1. **应用** 含有次氯酸钠的液体漂白剂常常装在不透明的塑料容器内出售，因为阳光可以使它降解，生成氧气和氯化钠。写出这个反应的化学方程式。

2. **推断** 你认为含有次氯酸钠的漂白剂对精细织物的损害和含过氧化氢的漂白剂比，谁更大？

物理状态　在描述化学反应时，了解每种反应物和产物的物理状态也很重要，这样就可表明上述反应中所冒出的气泡就是CO₂。其方法是，在化学式（分子式）后，用括号里的符号标明物质的状态，固体、液体、气体和水溶液分别用符号s、l、g和aq表示。下面这个表示醋和小苏打反应的化学方程式中就标注了这些符号。

$HC_2H_3O_2(aq) + NaHCO_3(s) \longrightarrow$
$\qquad NaC_2H_3O_2(aq) + H_2O(l) + CO_2(g)$

上述这个化学方程式就基本上表明了反应的全部信息，即冰醋酸的水溶液与碳酸氢钠固体（小苏打）混合后，产生了醋酸钠的水溶液、液态水和气体二氧化碳。如果在混合醋和小苏打前，你看过这个化学方程式，你就可以预测出反应中有气泡产生。

能量和化学方程式　在化学反应过程中，人们常常会感觉到有大量的能量释放或吸收。我们将吸收能量的反应称为吸热反应，**图**6.6展示了一个吸热反应。

在书写吸热反应的化学方程式时，我们有时会在化学方程式中写上"能量"。例如，对于水分解为氢气和氧气的反应，我们可以在表示这个反应的化学方程式中加上"能量"：

$2H_2O(l) + 能量 \longrightarrow 2H_2(g) + O_2(g)$

> **拓展 阅读**
>
> 稀有气体通常不会发生化学反应，但并不是完全不能反应。第一个含有稀有气体元素的化合物是尼尔·巴特利特（Neil Bartlett）在1962年合成的。他通过下面这个反应合成了六氟化氙：
>
> $Xe(g) + 3F_2(g) \longrightarrow XeF_6(s)$。
>
> 现在，所有稀有气体的稳定化合物都已经被合成。

■ **图**6.6　氯化铵与八水氢氧化钡的反应是吸热的。如果这个反应在20 ℃的室温下进行，则反应后的温度将低于室温，因为反应过程中吸收了能量。

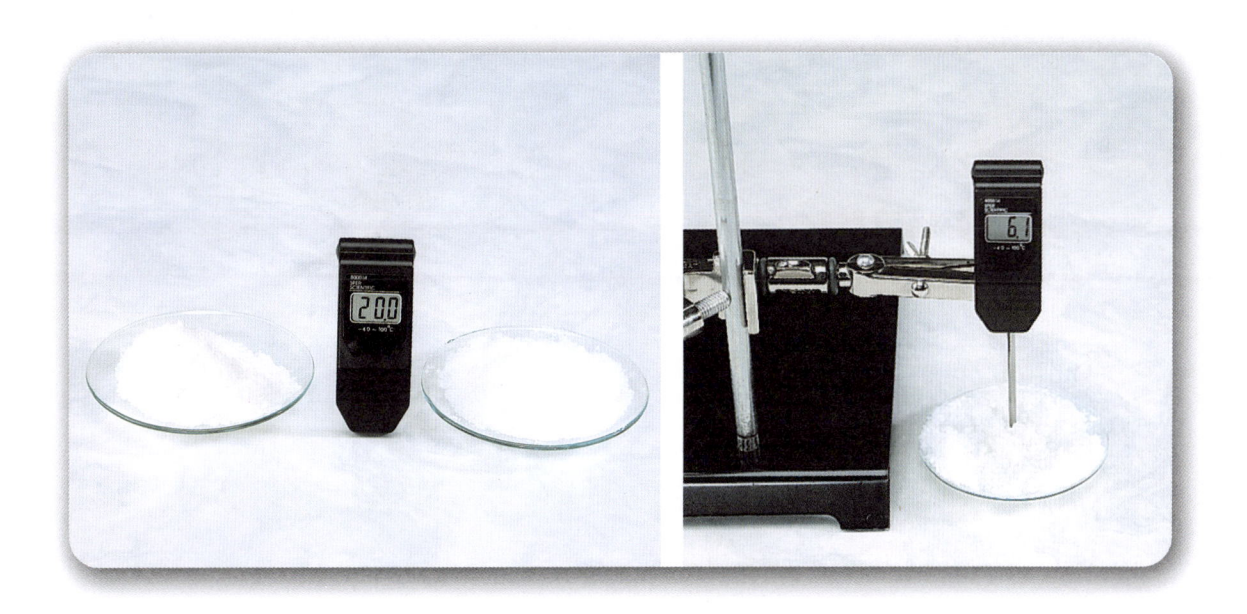

所有的燃气灯、燃气烧烤炉以及为汽车提供动力的反应都是释放能量的。在第1章中,你已知道释放热量的反应可称为放热反应。在书写这类反应的化学方程式时,常在产物的后面写上"能量",表示反应放出能量。例如,当你点燃燃气灯时,里面的甲烷燃烧释放出能量,其中大部分的能量是热能:

$$CH_4(g) + 2O_2(g) \longrightarrow CO_2(g) + 2H_2O(g) + 能量$$

你可能已经注意到了,并不是所有的化学方程式中都会出现能量一词。一般来说,只有当释放或吸收能量这一信息非常重要时,化学方程式中才会出现这个词。甲烷燃烧的化学方程式中,之所以要出现能量一词,是因为燃烧的主要目的是获取热量。水分解为氢气和氧气的化学方程式中,如果没有附加能量这个条件,则反应就不会发生,因而同样需要把能量写上去。但在许多反应中,如铁生锈,能量的变化在反应中并不重要,所以不用在化学方程式中写出。其他的一些化学反应,比如下页的"工作原理"栏目的化学反应中,能量主要是以光而不是热的形式放出。

迷你实验 1

能量变化

如何观察能量变化 所有化学反应都伴随着能量的变化。不过有些化学反应的能量变化非常细微,只有用灵敏的仪器才能检测到,也有一些化学反应的能量变化则非常明显。

实验步骤

1. 阅读并完成实验安全表格。
2. 在1个可封口的塑料袋中放置25 g铁粉和1 g氯化钠。
3. 在这个塑料袋中加入30 g的蛭石,拉上塑料袋的拉链,摇晃袋子以混匀内容物。
4. 在袋中加入5 mL水,封好拉链,轻轻挤压和摇晃以混匀内容物。
5. 用双手夹住袋子,注意体会温度的任何改变。

分析与讨论

1. **分类** 你观察到了什么?什么类型的反应促成了这样的变化?
2. **应用** 结合上图,你认为这个反应有哪些实际应用价值?

工作原理

荧光棒

20世纪60年代早期，研发公司发明了一种军用荧光棒，到了1976年，专利被开放。这种荧光棒所发出的光是由一个化学反应释放的能量产生的。荧光棒中释放光的这个反应称为光化学反应。荧光棒产生的光是暂时的，当反应物消耗完后，就不会再发光了。

各种化学物质结合产生不同颜色的光，但大多数的光是黄色或绿色的，这是因为它们是最容易在荧光棒中产生的颜色。最难产生的颜色是红色和紫色。当某地不通电或者需要在水下安置光源时，就可以用荧光棒发光。在派对、音乐会和其他夜间活动中，荧光棒还是调节气氛、增加娱乐性的装饰物。

① 荧光棒是一根含有两种化合物溶液的塑料棒。如图 6.7 所示，细的安瓿玻璃管中是一种叫过氧化氢的氧化剂溶液，在它的周围，管外是另一种溶液，其中含有荧光染料。

② 如图 6.8 所示，当揉折荧光棒时，安瓿玻璃破裂，两种溶液混合在一起，反应就发生了。反应的结果是释放能量。

③ 所释放的能量提高了染料分子中电子的能级。

■ 图 6.7　荧光棒构造。

④ 当电子恢复到原先的能级时，就有能量以光的形式释放。这种光也被称为冷光，因为在反应过程中并没有可察觉的热量产生。

■ 图 6.8　当两种溶液混合在一起时，荧光棒中发生反应。

批判性 思考

1. **解释**　为什么荧光棒中的化学反应虽然有能量放出，但不放热？
2. **推断**　比起常规光源，荧光棒光源有哪些优越之处？

■ **图6.9** 拉瓦锡通过氧化汞分解等实验发现了质量守恒定律。他先加热红色的氧化汞，生成了汞和氧气，然后称出了分解生成的Hg和O_2的质量，发现与HgO的质量相等。

氧化汞

液态汞和氧气

化学方程式的配平

当反应物通过反应转化为产物的时候，你认为反应物中的原子究竟发生了什么变化？一些产物，例如烘烤蛋糕过程中，由发酵粉产生的CO_2似乎消失在了空气中。那么，反应过程中究竟发生了什么？

质量守恒定律 在第2章中，你已接触到了化学反应中反应物和产物的质量是否相等的问题。历史上，法国科学家拉瓦锡最早对此问题进行了研究，如**图6.9**所示。他的研究结果表明，产物的质量永远等于反应物的质量。这最终促成了质量守恒定律的发现：在化学反应中，物质既不会被创造，也不会被消灭。

原子守恒 还记得原子在化学反应过程中是不会发生变化的吗？在反应过程中，原子仅仅是发生了重排，反应物中存在的原子的类型和数量与产物中的完全保持一致。当从这个角度来陈述化学反应时，质量守恒定律也就成为了原子守恒定律，而一个反应的准确的化学方程式应该是，箭头左边的每种原子的数量必须等于右边对应的原子数量。如果一个化学方程式遵守原子守恒定律，那么就可以说这个化学方程式已经配平了。

那么，对于具体的化学反应，我们如何来配平其化学方程式呢？让我们先从简单的反应入手。来看一下碳酸分解为水和二氧化碳的化学方程式：

$$H_2CO_3(aq) \longrightarrow H_2O(l) + CO_2(g)$$

元素符号的下标数字表明该元素原子在1个化合物分子中的个数。你可以看出，在化学方程式的左边和右边都有2个氢原子、1个碳原子和3个氧原子，这就是说，反应物中的总的原子个数等于产物中的总的原子个数。所以，这是一个配平了的化学方程式。

下面来检查氢氧化钠和二氧化碳反应得到碳酸钠和水的化学方程式：

$$NaOH(aq) + CO_2(g) \longrightarrow Na_2CO_3(aq) + H_2O(l)$$

可以看出，方程式两边各种类型原子的数量并不相等。方程式两边的碳原子相等，都只有1个，但钠、氧和氢原子的数量并不相等。因此，这个方程式并没有正确地表示出实际的化学反应，因为它没有遵循原子守恒定律。

化学计量数　为了使化学方程式中各原子的数量相等，可以通过在化合物前添加**化学计量数(coefficient)**的办法来解决。在上面介绍的化学方程式中，将氢氧化钠的化学计量数改为2，得到下面的方程式：

$$2NaOH(aq) + CO_2(g) \longrightarrow Na_2CO_3(aq) + H_2O(l)$$

现在这个化学方程式配平了吗？两边各有2个钠原子，那么两边各有多少个氧原子呢？你应该能够数出两边各有4个氧原子。两边各有多少个氢原子？各有2个氢原子。又因为两边的碳原子也是各1个，所以整个化学方程式是平衡的。这个方程式就准确地表示了氢氧化钠和二氧化碳的实际反应过程。

它告诉我们，氢氧化钠与二氧化碳反应时，2个单位的氢氧化钠与1个单位的二氧化碳反应，生成1个单位的碳酸钠和1个单位的水。请看图6.10中的另外一个已配平的化学方程式。

请注意，在配平化学方程式时，我们不能随意改动化合物的下标数字，否则就意味着改变了物质的种类。请看图6.10中的化学方程式，如果将二氧化碳(CO_2)中氧原子的下标数字去掉，就意味着二氧化碳变为一氧化碳(CO)，这是一种不同的化合物。而如果改动化学计量数，仅仅表明你修改了参加反应的反应物或生成的产物的数量。如将二氧化碳的化学计量数改为2，就是说有2分子的二氧化碳——$2CO_2$，而二氧化碳的性质保持不变。

■ **图6.10**　当煤炭燃烧时，碳(C)和氧气(O_2)反应生成二氧化碳(CO_2)。这个方程式配平了吗？

确定　如果一块煤炭中含有100亿个C原子，那么需要多少个O_2分子参与反应？将生成多少个CO_2分子？

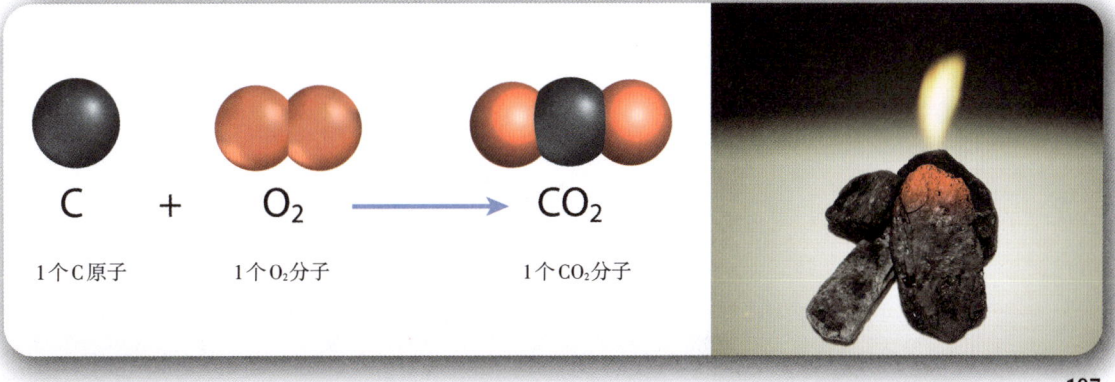

C　　+　　O_2　　⟶　　CO_2

1个C原子　　　1个O_2分子　　　1个CO_2分子

例题1

书写简单的化学方程式　氢气和氧气反应生成气态水并释放出能量,这就是为航天飞机提供主要能量的化学反应。请写出它的文字方程式和化学方程式。

> **提示**
> 在配平时,只能改动化学计量数,而不能改动下标。

1　分析

书写反应的文字方程式的步骤:先写下反应物的名称,再画一个箭头,最后写出所有产物的名称。如果反应物或产物不止一种,就用加号将它们分开。

$$氢气 + 氧气 \longrightarrow 水 + 能量$$

2　方案

书写反应的化学方程式。在已完成的文字方程式的基础上,用化学式(分子式)替换反应物和产物的名称。随后,添加符号标明每种化合物的物理状态。注意氢气和氧气都是双原子气体。

$$H_2(g) + O_2(g) \longrightarrow H_2O(g) + 能量$$

3　实施

为了平衡箭头两边的原子,先数一下箭头两边每种原子的个数。左边有2个氢原子和2个氧原子,右边也有2个氢原子,但只有1个氧原子。将水的化学计量数改为2,氧原子的数目就平衡了。但这又使得箭头右边的氢原子的个数变为4,故氢气的化学计量数也要改为2。这样,氧和氢原子都平衡了。

$$2H_2(g) + O_2(g) \longrightarrow 2H_2O(g) + 能量$$

4　检查

最后检查一下所有的原子,确保它们全部配平。

例题2

书写化学方程式　用文字方程式和化学方程式表示氯化镁溶液与硝酸银溶液的反应,该反应的产物是硝酸镁溶液和氯化银固体。

1　分析

书写反应的文字方程式。写出所有反应物的名称,画一个箭头,接着写出所有产物的名称。如果反应物或产物不止一种,就用加号将它们分开。

$$氯化镁 + 硝酸银 \longrightarrow 硝酸镁 + 氯化银$$

2　方案

书写反应的化学方程式。在写出的文字方程式的基础上,用化学式(分子式)替换反应物和产物的名称。记住运用元素的氧化数和多原子离子的电荷数书写出正确的化学式(分子式)。随后,添加符号标明每种物质的物理状态。

$$MgCl_2(aq) + AgNO_3(aq) \longrightarrow Mg(NO_3)_2(aq) + AgCl(s)$$

3 **实施**

为了平衡箭头两边的原子,先数一下箭头两边每种原子的个数。左边有1个镁原子和2个氯原子,右边也有1个镁原子,但只有1个氯原子。将AgCl的化学计量数改为2,氯原子的数目就平衡了。但又使得箭头右边的银原子的个数变为2,故AgNO₃的化学计量数也要改为2。这样,氧和氮原子都平衡了。

$$MgCl_2(aq) + 2AgNO_3(aq) \longrightarrow Mg(NO_3)_2(aq) + 2AgCl(s)$$

4 **检查**

最后检查化学方程式两边的所有原子,确保它们全部配平。

> 补充练习
> 有关书写化学方程式的额外练习,请见附录C。

练一练

写出下列反应的文字方程式和化学方程式。

1. 金属镁和水结合生成氢氧化镁固体和氢气。
2. 过氧化氢的水溶液与硫化铅[lead(Ⅱ) sulfide]结合生成硫酸铅[lead(Ⅱ) sulfate]固体和液态水。
3. 当固体七水硫酸锰[manganese(Ⅱ) sulfate heptahydrate]晶体得到能量后,分解产生液态水和固体一水硫酸锰。
4. 固体钾与液态水反应,生成氢氧化钾水溶液和氢气。

第1节 本节回顾

要点梳理

- 化学家用化学方程式来准确描述各种化学反应。在化学方程式中,单质和化合物用化学式表示。
- 化学方程式通过改变化学计量数进行配平。
- 化学方程式可以告诉你单质和化合物在反应过程中的变化,也可以告诉你这个反应是放热的还是吸热的。
- 配平的化学方程式能够反映质量守恒定律。

5. 主要概念 解释 为什么说配平方程式是很重要的?

6. 应用 写出下列反应的化学方程式,请记住配平。

a) 金属钠＋氯气 ⟶ 氯化钠晶体
b) 丙烷＋氧气 ⟶ 二氧化碳＋水蒸气＋能量
c) 金属锌＋盐酸 ⟶ 氯化锌溶液＋氢气

7. 解释 你是如何判断一个化学反应是否正在进行的?

8. 计算 运用质量守恒定律计算下列各题:

a) 计算由4.00 g C和10.67 g O₂生成的CO₂的质量。
$$C + O_2 \longrightarrow CO_2$$

b) 如果7.75 g H₂CO₃生成了5.50 g CO₂,请问有多少克水生成?
$$H_2CO_3 \longrightarrow H_2O + CO_2$$

9. 书写 在汽车的催化转换器中,一氧化氮气体(NO)与氢气发生反应生成氨气和水蒸气。请写出这个反应的化学方程式并配平。

第2节

核心问题
- 五大类化学反应是如何进行分类的?
- 五大类化学反应的特征各是什么?

术语回顾
反应物:参加化学反应的物质。

关键术语
化 合
分 解
置 换
复分解
燃 烧

化学反应的类型

主要 概念 一般来说,有五大类化学反应:化合反应、分解反应、置换反应、复分解反应和燃烧反应。

链接真实世界 化学与烹饪有着许多共通之处。要想制作美味佳肴,你要在所需的条件下,按照合理的顺序加入合适数量的特定配料。怎样才能够成为一名出色的厨师呢?你必须知道需要做些什么,并不断学习,进行更多的训练。对于化学也是如此。

将反应分类的理由

为什么要将反应进行分类呢?请联想一下为什么生物学家要将一些生物分为动物和植物。比如,你会把**图6.11**中的两种猫科动物归为宠物还是野生动物?分类结果会影响你思考,你会在什么地方看到这些动物,如果你身边就有一只,你会怎么办之类的问题。像这样组织你所知道的相关信息能够帮助你更好地理解它们,当你遇到你所不熟悉的动物的时候,你也能够根据规律做出预测。给化学反应进行分类也是类似的,它能够帮助你更容易地记住熟悉的反应,对不熟悉的反应做出预测。

■ **图6.11** 对动物进行快速的分类能够帮助你决定如何行动。比如,饲养一只猫是安全的,但是你不会去接近一只危险的野生动物。与此类似,对化学反应进行分类能够帮助你理解反应,并对反应做出预测。

生物学 链接

空间站中的空气

地球大气中二氧化碳的浓度受到人类、生物学机制和地质学机制的综合影响，但在空间站中，这些机制就不起任何作用了。一旦失控，宇航员呼吸产生的二氧化碳将会对他们的健康构成危害。那么，空间站中的空气质量是如何维持的呢？

837 m³ 的空气　在国际空间站内，宇航员呼吸的空气必须与地球大气大致相同。如果有特殊的气味和污染性气体，必须去除，二氧化碳的浓度也必须进行调控。空间站内部的体积大约是 837 m³。气压保持在 101.3 kPa，与地球海平面上方的大气压强相似。

在空间站中，乘员舱的氮气维持在约 79%，氧气维持在约 21%，这与地球大气几乎相同，如图 6.12 所示。制氧系统通过电解，即给水通电使水分解出氢气和氧气来造氧，这是获得氧气的主要来源。随后氧气传至工作区域，氢气被排放到太空。

除此之外，为了确保供氧，国际空间站还配备了氧气储存罐、固体燃料氧气发生罐（Solid Fuel Oxygen Generation，简称 SFOG）作为备用。在 SFOG 罐中，通过分解高氯酸锂（LiClO₄）提供氧气：

$$LiClO_4(s) \longrightarrow LiCl(s) + 2O_2(g)$$

每个 SFOG 罐中都储存了 1 升 LiClO₄，能够提供一个人 24 小时所需的氧气。

空气的过滤　当空气循环的时候，一些产生气味的化学物质可以被过滤器中的活性炭颗粒吸附，二氧化碳可以通过空气过滤器去除，过滤器中填充了多孔的沸石，能够捕获 CO₂，并且

■ 图 6.12　空间站里的空气组成与地球大气差不多。

能够定期地在真空的太空中重新"充电"，将二氧化碳释放到空间站外。

如果这些过滤器不能运作了，空间站的人员也有备用方案——用固体氢氧化锂清除过量的 CO₂：

$$CO_2(g) + 2LiOH(s) \longrightarrow Li_2CO_3(s) + H_2O(g)$$

氢氧化锂储存在每 6~24 小时一换的霰弹筒内，更换时间的长短取决于空间站里的人数。

化学 链接

1. **应用**　说出二氧化碳与氢氧化锂反应得到的产物的名称。
2. **研究**　空间站中除去二氧化碳的化学方法，与地球上除去大气中二氧化碳的化学方法有何相同点和不同点？

■ **图6.13** 铁生锈时，金属铁与氧气结合生成一种新物质——三氧化二铁[iron(Ⅲ) oxide]。从这个配平的化学方程式可以看出，这个反应的反应物有多种，但产物只有一种，所以是一个化合反应。

$$4Fe(s) + 3O_2(g) \longrightarrow 2Fe_2O_3(s)$$

陈述 这个反应中有几种反应物？有几种产物？

折叠式学习卡

将本节中的信息归纳到你的折叠式学习卡中。

化学反应的主要类型

正如自然界中存在成千上万种生物一样，化学反应也有许多不同的类型。常见的化学反应可归为五大类。如果你能根据一个反应的一些特征将它准确归入这五类中的一类，那就说明你对这个反应已经有了相当的了解。

化合反应 第一类反应的特点是，两种或两种以上物质——既可以是单质也可以是化合物——结合生成一种化合物。这类由两种或多种物质结合生成单一产物的反应称为**化合(synthesis)**反应。

图6.13中展示了一个由单质反应生成化合物的化合反应的例子。当然，两种化合物结合生成一种化合物的反应也是化合反应，如雨水与空气中的二氧化碳结合生成碳酸。此外，化合物与单质结合也可以是化合反应，如一氧化碳与氧气结合生成二氧化碳。

分解反应 如果一种化合物分解为两种或多种相对简单的物质，这种反应称为**分解(decomposition)**反应。在分解反应中，化合物分解的产物既可以是单质，如氧化汞[mercury(Ⅱ) oxide]分解为汞和氧气；也可以是单质和化合物，如过氧化氢分解产生水和氧气；还可以是更简单的化合物，如图6.14所示。

■ **图6.14** 过氧化氢分解得较为缓慢，但是有些化合物会快速剧烈地分解，这些化合物在分解的时候会爆炸，可以用于爆破拆除，如TNT(三硝基甲苯)。

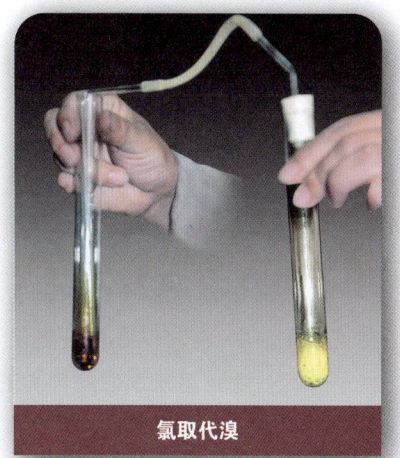

铁取代溶液中的铜离子　　　　　　　　　　　　氯取代溴

置换反应　**置换（single displacement）**反应是指一种单质取代一种化合物中的另外一种元素的反应。图6.15展示了铁与硫酸铜溶液之间的置换反应和氯气与溴化钠溶液之间的置换反应。就像你从照片上看到的一样，反应物单质能够取代化合物中的前一种元素，也可以取代后一种元素。

■ **图6.15**　如果将铁钉放入硫酸铜[copper(Ⅱ) sulfate]的水溶液中，铁就可以取代溶液中的铜离子，产生的金属铜则附在钉子上。

$$Fe(s)+CuSO_4(aq) \longrightarrow FeSO_4(aq)+Cu(s)$$

当右边试管中的氯气进入左边溶液时，氯气就会取代溴化钠中的溴，溶液中的红棕色液体就是新生成的溴。

$$Cl_2(g)+2NaBr(aq) \longrightarrow 2NaCl(aq)+Br_2(l)$$

迷你实验 2

一个简单的置换反应

置换反应是指一种单质取代一种化合物中的另外一种元素的反应。不过，并不是所有的单质与化合物混合在一起时，都能发生置换反应。

实验步骤

1. 阅读并完成实验安全表格。
2. 将 $0.1\ mol·L^{-1}\ AgNO_3$ 溶液倒入1支试管中，数量以半试管为宜。用钢丝绒擦净一根铜线或一片铜箔。
3. 将铜线或铜箔放入溶液中。
4. 保持试管静止，观察试管中的现象约半小时。

分析与讨论

1. **观察**　你在铜线上观察到了什么变化？溶液中又发生了什么变化？
2. **总结**　铜是否置换了硝酸银中的银？银是否置换了硝酸铜中的铜？你是怎么知道的？
3. **应用**　写出这个反应配平的化学方程式。

化学实验

探索化学变化

背景

绝大多数反应都可以归入五类化学反应。在这个实验中,你将观察这五类化学反应的一些例子,同时,观察这些反应所伴随的物理变化。

问题

哪些物理变化可以表明一个反应正在进行?

目标

- **观察**化学变化过程中所发生的物理变化。
- **比较**不同类型化学反应所伴随的变化。

实验准备

实验器材

- 125 mL烧瓶(4只)
- 大试管和带有玻璃管、橡胶管的单孔塞
- 崭新的硬币(要求含有金属锌)
- 饱和$Ca(OH)_2$溶液(石灰水)
- 天平
- 电热板
- 表面皿
- 250 mL烧瓶
- 粒状铜(Cu)
- 0.1 mol·L^{-1} $CuSO_4$溶液
- 微粒状的$CaCO_3$
- 锉刀
- 0.5 mol·L^{-1} Na_2CO_3溶液
- 0.5 mol·L^{-1} $CuCl_2$溶液
- 铁架
- 试管夹
- 钳子
- 搅棒
- 硫黄粉末(S)
- 药匙
- 燃气灯
- 6 mol·L^{-1} 盐酸
- 冰
- 100 mL量筒

安全警示

穿好实验服,戴好护目镜。在处理烫手物体时要特别小心。按照老师的要求处理反应物与产物。

实验步骤

1. 阅读并完成实验安全表格。
2. 实验过程中随时在数据表中记录所观察到的变化。

化合反应

1. 将50 mL 0.1 mol·L^{-1} $CuSO_4$溶液加入到125 mL烧瓶中。
2. 将1.6 g粒状铜和0.8 g硫黄粉末放在表面皿上,并用药匙混合均匀。
3. 设定好电热板的温度,加热烧瓶直到溶液开始沸腾。
4. 把Cu和S的混合物加入到沸腾的$CuSO_4$溶液中。
5. 继续煮沸,直到有黑色的固体生成。

分解反应

1. 将100 mL饱和$Ca(OH)_2$溶液(石灰水)加入到250 mL烧瓶中。
2. 取一支大试管,加入大约$\frac{1}{4}$的粒状$CaCO_3$,用带有玻璃管和橡胶管的单孔塞将试管塞紧,并将试管用夹子固定在铁架台上。
3. 点燃燃气灯,加热试管。将连在单孔塞上的橡胶管插入石灰水当中,使所有从试管中溢出的气体都进入石灰水中。
4. 继续加热$CaCO_3$,直到你观察到石灰水变浑浊为止。

置换反应

1. 将 30 mL 6 mol·L⁻¹ HCl 溶液加入 125 mL 烧瓶中。
2. 使用锉刀在 1 枚崭新的硬币上锉出 6 个 0.2 cm 深的刻痕，要求这 6 个刻痕均匀分布在硬币的边缘。
3. 将这枚硬币放入到盛有盐酸的烧瓶中，并将烧瓶转移到通风橱过夜。

复分解反应

1. 在 125 mL 烧瓶中加入 25 mL 0.5 mol·L⁻¹ Na₂CO₃ 溶液和 25 mL 的 0.5 mol·L⁻¹ CuCl₂ 溶液。
2. 轻轻摇晃烧瓶，直到你观察到有沉淀产生为止。

燃烧反应

1. 点燃燃气灯，调整空气旋钮，使火焰呈蓝色，观察所发生的现象。
2. 用钳子夹住含有冰块的烧瓶或烧杯，将它放在火焰上方 10 cm 处，约 1 分钟后将烧瓶从火焰上移开，仔细观察烧瓶底部，记录你观察到的现象。

实验数据与现象观察

反应	现象
化合反应	
分解反应	
置换反应	
复分解反应	
燃烧反应	

分析与讨论

1. **推断** 在每个反应过程中，分别都有哪些现象表明反应正在进行？
2. **对比与比对** 所有这些反应有什么共同点？
3. **判定** 写出下列反应中产物的名称和化学式。
   a）化合反应中产生的黑色固体。
   b）分解反应中产生的气体。
   c）分解反应中产生的固体。
   d）复分解反应中产生的淡蓝色沉淀。
   e）燃烧反应中产生的液体。
4. **解释** 解释硬币在置换反应中的反应过程。如果换用纯铜铸造的硬币，将会发生什么变化？
5. **识别** 能量能否属于燃烧反应的一种反应物或产物？

应用与评估

1. **错误分析** 本实验的各个化学反应中，是否存在一些你没注意到却经常发生的物理变化？如果存在，请描述这些物理变化。
2. **应用** 写出所有这些反应的化学方程式。

进一步探究

分析与解释 在进行置换反应的实验中，所有被测试的硬币是否都有相同的变化？请解释为什么有不同的变化。

■ **图 6.16** 当无色的硝酸铅[lead(Ⅱ) nitrate]溶液与碘化钾溶液混合时,就会发生复分解反应,生成一种黄色的固体,即碘化铅[lead(Ⅱ) iodide]。这种物质不溶于水,因此就沉淀下来。这是发生复分解反应最重要的证据。

$$Pb(NO_3)_2(aq) + 2KI(aq) \longrightarrow PbI_2(s) + 2KNO_3(aq)$$

词源

Combustion
燃烧
Comburere(拉丁语):烧起来

复分解反应 **复分解(double-displacement)** 反应是指两种离子化合物带相同种类电荷的部分相互交换,至少产生一种沉淀或水或气体的反应。图 6.16 所示的就是一例复分解反应。

燃烧反应 第五种常见的反应就是燃烧反应。**燃烧(combustion)** 反应是指一种物质快速结合氧气生成一种或多种氧化物的反应,如图 6.17 中汽车发动机里发生的反应。

尽管有一些例外,但绝大多数的化学反应都可以归入这五种反应类型。有的反应还可归入多种反应类型,比如碳的燃烧,就同时属于燃烧反应和化合反应。

$$C + O_2 \longrightarrow CO_2$$

表 6.1 总结了这些反应类型的重要信息。

■ **图 6.17** 辛烷燃烧后会形成二氧化碳和水。辛烷是汽油的一种基本成分,这个反应在我们的日常生活中常常发生。

$$2C_8H_{18}(g) + 25O_2 \longrightarrow 16CO_2 + 18H_2O$$

推断 这个反应是放热的还是吸热的?请解释原因。

206

表6.1	反应的类型
反应类型	通用方程式
化合反应	单质/化合物 + 单质/化合物 ⟶ 化合物 范例:2Na(s) + Cl₂(g) ⟶ 2NaCl(s) CaO(s) + SiO₂(l) ⟶ CaSiO₃(l)
分解反应	化合物 ⟶ 两种或多种单质/化合物 范例:PCl₅(s) ⟶ PCl₃(s) + Cl₂(g) 2Ag₂O(s) ⟶ 4Ag(s) + O₂(g)
置换反应	*单质a + 化合物bc ⟶ 单质b + 化合物ac 范例:2Al(s) + Fe₂O₃(s) ⟶ 2Fe(s) + Al₂O₃(s) 单质d + 化合物bc ⟶ 单质c + 化合物bd 范例:Cl₂(aq) + 2KBr(aq) ⟶ 2KCl(aq) + Br₂(aq)
复分解反应	化合物ac + 化合物bd ⟶ 化合物ad + 化合物bc 范例:PbCl₂(s) + Li₂SO₄(aq) ⟶ PbSO₄(s) + 2LiCl(aq) BaCl₂(aq) + H₂SO₄(aq) ⟶ 2HCl(aq) + BaSO₄(s)
燃烧反应	单质/化合物 + 氧气 ⟶ 氧化物 范例:CH₄(g) + 2O₂(g) ⟶ CO₂(g) + 2H₂O(g) C₆H₁₂O₆(s) + 6O₂(g) ⟶ 6CO₂(g) + 6H₂O(l)

*字母a、b、c和d代表不同的单质或化合物的组分。例如,在化合物ac中,a表示此化合物中带有正电荷的部分,c表示带有负电荷的部分。

补充练习

有关化学性质和化学变化的额外练习,请见附录C。

第2节 本节回顾

要点梳理

- 尽管存在成千上万的化学反应,但是绝大多数反应都可以依据反应物和产物的情况归入五类化学反应。
- 五大类化学反应分别是化合反应、分解反应、置换反应、复分解反应和燃烧反应。
- 有时,不同类型的化学反应会相互重叠,比如一些燃烧反应同时也是化合反应。

10. **主要 概念 解释** 为什么将反应进行分类是有意义的?

11. **画图** 用不同的符号来表示不同的原子,画出能表示下列各种类型反应的图:

   a) 化合反应 　d) 分解反应
   b) 置换反应 　e) 复分解反应
   c) 燃烧反应

12. **分类** 将下列反应进行分类。

   a) $N_2O_4(g) \longrightarrow 2NO_2(g)$
   b) $2Fe(s) + O_2(g) \longrightarrow 2FeO(s)$
   c) $2Al(s) + 3Cl_2(g) \longrightarrow 2AlCl_3(s)$
   d) $BaCl_2(aq) + Na_2SO_4(aq) \longrightarrow BaSO_4(s) + 2NaCl(aq)$
   e) $Mg(s) + CuSO_4(aq) \longrightarrow Cu(s) + MgSO_4(aq)$

13. **推断** 蜡烛燃烧时,蜡参与了燃烧反应。蜡烛在倒置的玻璃瓶下比在露天时燃烧得更长久吗?试说明理由。

14. **比较** 真菌能破坏倒在地上的树木,生物学上将这个过程称为分解。请问:这个过程与化学的分解反应有何相似之处?

第3节

核心问题
- 影响化学反应方向的因素是什么?
- 影响化学反应速率的因素是什么?

术语回顾
化合反应:两种或两种以上物质结合生成单一产物的反应。

关键术语
平　衡
动态平衡
勒夏特列原理
可溶的
不溶的
活化能
浓　度
限量反应物
催化剂
酶
抑制剂

化学反应的本质

主要 概念 外部因素影响着化学反应的方向和速率。

链接真实世界 有些变化是持续发生的,但有些变化不是,例如液态水可凝结成冰,冰也可融化成液态水。换句话说,结冰这一过程是可逆的。那么,化学反应是否可逆?一个反应中的产物是否会重新变回反应物?

可逆反应

许多反应都能够改变反应的方向,这些反应被称为可逆反应。图6.18所示的汽车电池中就存在着这样的可逆反应。当你要启动一辆车时,汽车蓄电池就会发生化学反应来提供能量,这个过程就是电池的放电过程。汽车运行时,引擎产生的能量,就会驱使反应朝相反的方向进行,这个过程就是电池的充电过程。

不是所有的化学变化都是可逆的。食物腐败、油漆硬化、燃料燃烧,这些反应的结果是产生了新的产物。如果其中的一种反应物全部消耗后,反应就彻底结束了,因而不能够逆转。但是当一个反应是可逆的时候,又会发生什么呢?

■ **图6.18** 当汽车停住,汽车蓄电池释放能量时,下面的反应就会朝右边进行;如果车启动了,即当汽车引擎发动时,机械能就会推动这一反应朝左边进行。

$$Pb(s) + PbO_2(s) + 2H_2SO_4(aq) \rightleftharpoons 2PbSO_4(s) + 2H_2O(l) + 能量$$

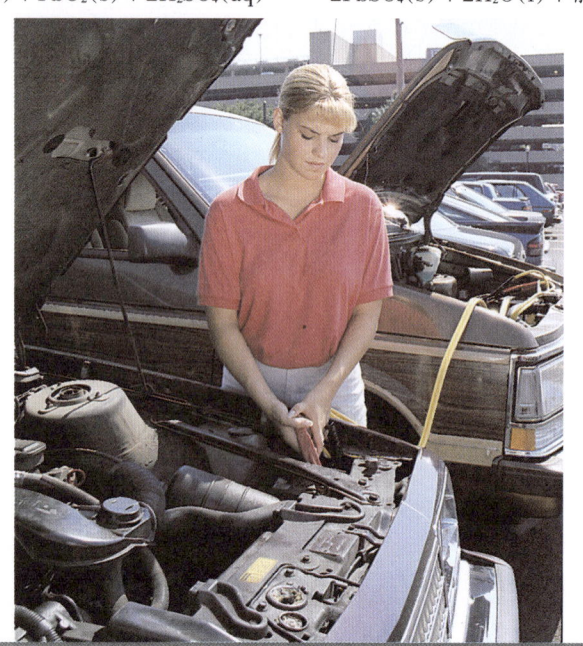

图6.19 发车时,地铁上并没有乘客,每一站都有乘客上车,因此地铁上的乘客数会增加。在高峰期时,地铁上的乘客总人数变化不大,这是因为下车的与上车的乘客人数大致相当。

想象一下清晨第一辆地铁开门时的情景,乘客们匆忙地跨上地铁。此时,没有下车的乘客,因为这是一天中最早的一班地铁。当地铁停靠第二站时,更多的乘客进入地铁,可能只有小部分的乘客下车。随着一站又一站的停靠,越来越多的乘客上车,但同时也有越来越多的乘客下车了。**图6.19**所示的照片就展示了这样的情景。对于一些自动发生的可逆反应来说,情况与这一情景相似。当反应朝两个方向进行的速率相等时,即没有了净变化,我们将这种状态描述成平衡。

平衡 当反应物和产物的数量没有净变动(不再变化)时,这个反应体系就进入了**平衡(equilibrium)**状态。在绝大多数情况下,当产物生成和反应物消耗的速率相等时,反应就达到了平衡状态。在这样的体系中,方向相反的两个反应以同样的速率进行着,因此,这一状态更为准确的表述是**动态平衡(dynamic equilibrium)**。

在平衡的反应体系中,反应物和产物经常更换"角色",很像地铁站里上下车的乘客。在平衡状态,反应物不会被消耗完,因为产物会不断地转化为反应物。最终,反应物和生成物形成的速率相等。

生石灰的生成就是一个可逆反应。CaO,俗称生石灰,常用来减弱土壤的酸性。它可通过分解石灰石($CaCO_3$)获得的。

$$CaCO_3(s) \rightleftharpoons CaO(s) + CO_2(g)$$

注意上述化学方程式中的单箭头已改成了双箭头,因为箭头表示的是反应的方向,所以双箭头就表示反应可以朝两个方向进行。在这种情况下,$CaCO_3$分解为CaO和CO_2。但是,随着产物的生成,CaO和CO_2也可以结合生成$CaCO_3$。每个反应的速率,可以用反应物消失(损耗)的快慢来反映。最终,在两个反应的速率相等时,平衡就实现了。

化学工作者

卡罗琳·萨特莉菲
植物护理专家

有一句古老的园艺格言："一棵杂草就像是你不想见到它的地方长出的一朵花。"风景园林师卡罗琳·萨特莉菲的工作就是根除这些耐寒的入侵植物,如蒲公英。在本次采访中,她将介绍运用园林工具和化学物质与杂草作斗争的亲身经历。

关于工作

Q 萨特莉菲小姐,您工作的主要内容是什么?

A 我主要的工作是照料花、灌木和树。我所服务的公司负责园林的维护,包括公司办公室的绿化,以及为一些家庭提供花木。我的工作需要使用除草剂、杀菌剂和杀虫剂等化学物质。

Q 这些化学物质危险吗?

A 如果你处理不当,它们确实有些危险。我已经获得了药物喷洒相关的执照,因为我学过很多有关安全使用方面的知识。例如,混合化学物质往往比喷洒更危险。在混合化学物质时,我总是穿上涂塑夹克、涂塑裤和重型靴,并戴好橡胶手套和面罩等。

Q 您和您的同事知道万一发生事故该怎么处理吗?

A 我们所有的卡车上都备有洗眼液和急救包。我们经过专门的训练,化学物质沾到衣服上时能快速作出反应:必须尽快脱下受污染的衣物,并把它清洗干净。如果一些化学物质接触到了皮肤,它们会被机体吸收,并储存在脂肪细胞内,这种累积效应是有害的。因为我完全遵循操作流程,而且非常小心,所以我一直没遇上什么麻烦事。

Q 为什么您的工作中化学物质是必不可少的?

A 对于大型公司来说,这是一个经济和时间的问题。与两小时的手工除草和培育相比,几分钟的药物喷洒显然高效得多。然而,化学物质只是我们计划中的一部分。在我们喷洒药物前,我们会人工培育,做一些手工除草的活,例如给植物施肥、松土都是必要的。事实上,健康植物比杂草和害虫更有存活的机会。

Q 您会运用高中化学课堂上学到的知识吗？

A 是的。例如，如果对化学物质的性质非常熟悉，那么，我就知道哪些化学物质可以安全地混合，哪些是不能混合的。用来混合化学物质的容器的化学性质也需要考虑。例如不锈钢容器也会被腐蚀，这样就会改变化学药物的成分，从而使得这些药物的作用也随之发生变化。此时，我们可以采用塑料容器。

早期影响

Q 在孩童时期，您是否对植物特别感兴趣？

A 事实上，我小时候对植物并不感兴趣，因为我总是想立即看到结果，而植物却不是这样子的。但现在，我对植物越来越有兴趣了，也喜欢在我住的地方种些花。

Q 那您后来又是如何踏进植物护理这一领域的？

A 我最初的计划是取得一个心理学学位，然后去法律院校读书。当我准备找一份律师助理的工作时，我才开始接触植物护理，并且发现我喜欢在室外工作。现在我实在不能想象整天待在屋里做一些案头的工作了。

个人观点

Q 您会建议学生们像你那样从事植物护理工作吗？

A 只要不怕吃苦，喜欢体力劳动的人，都能从事植物护理工作。我每个工作日常常工作10~12小时，而且不管是什么样的天气。但这给我带来的好处是，我再也不必去健身房，以保持匀称的身材了！当看见越来越多的女性进入这一领域工作时，我非常高兴。

Q 您是怎样看待植物护理这一领域今后的发展的？

A 我认为人们将会越来越关注植物，尤其是树木的价值。树木可以很好地改善周围的环境：净化空气，给人行道遮阴，美化环境等。我希望能参与植树活动，成为一名志愿者。

职业 链接

其他与植物护理有关的重要工作有：
园艺师：硕士学位，具有研究、田间工作的经历。
景观设计师：学士学位，通常需要通过资格考试。
水土保持技师：两年的大学培训。

211

达到平衡　一个反应达到平衡后,并不表示反应体系中反应物和产物的质量相等。平衡仅仅意味着反应没有净变化。事实上,反应达到平衡时,反应物和产物的质量通常是不相等的。

请看五氯化磷分解成三氯化磷和氯气的反应:

$$PCl_5(g) \rightleftharpoons PCl_3(g) + Cl_2(g)$$

假设你已称出了反应物和产物的质量,确定这个体系已经达到了平衡。从称量结果可以发现,反应体系中PCl_5的质量要比PCl_3和Cl_2的多,即两个方向上的反应速率是相等的。一般来说,可逆反应更倾向于朝着生成最为稳定的产物的方向进行,即生成那些最不容易变化的物质。在这个例子中,PCl_5分解的可能性要比两种产物PCl_3和Cl_2结合的可能性小。

勒夏特列原理　如果一个反应已达到了平衡,为了获得更多的产物,该如何操作呢?产物会不会不断变成反应物?请记住,可逆反应是稳定的。1984年,法国科学家亨利·路易·勒夏特列(Henri Louis Le Chatelier)对上述问题进行了研究,结果发现平衡体系会发生变化,直到再次达到平衡,如**图 6.15**所示。这个有关平衡改变的原理被称为**勒夏特列原理(Le Chatelier's principle)**。换句话说,勒夏特列原理阐述了如果当一个体系达到平衡时改变反应条件,化学平衡就会被破坏,并向减弱这种改变的方向移动。

比如,想象一只狗在喝饮水器里的水,如**图 6.20**所示。当狗还没喝水时,储水瓶里的水位维持在一个稳定的平衡位置。狗开始喝水,这个平衡就受到影响被破坏,水位下降,直到达到新的平衡。

利用这个原理,化学工程师就可以利用反应体系的维持平衡的倾向性来获得更多的产物。例如,将产物从平衡体系中移走,就会使更多的反应物变成产物。如果产物继续被移走,最终可使大部分的反应物转化为产物。现在来看上面提到的石灰石分解为生石灰和二氧化碳的例子:

$$CaCO_3(s) \rightleftharpoons CaO(s) + CO_2(g)$$

如果将生成的二氧化碳移走,反应将倾向于朝着生成更多二氧化碳的方向进行,以便重新建立平衡。随着反应朝这个方向不断进行,另外一种产物——生石灰也源源不断地产生了。

■ **图 6.20**　狗开始喝水前,容器中的水已经达到了一个平衡。狗喝水时,这个平衡就因为压力的产生而被破坏,结果瓶子里的水就不断流入碗中,直到重新建立平衡。

如果反应的产物有一种是气体，就像上面的例子以及图6.21所示的那样，那么，将气体产物从反应体系中移走是轻而易举的事。但是，如果产物中没有气体，那又该如何操作才能移走产物呢？

有些反应是在溶液中进行的，此时反应物和产物完全混合在一起，要想移走一种产物真是非常困难。不过，我们仍然可以根据不同的反应情况选择相应的移走产物的方法。例如，如果产物中有一种不溶于水，而其他的物质都溶于水，就可移走这种不溶的产物。可以溶解在另一种液体中的化合物，我们就称此化合物在这种液体中是**可溶的（soluble）**；反之，则称该化合物是**不溶的（insoluble）**。一种不溶的产物会形成一种固体，沉淀到溶液的底部，如图6.22所示。沉淀不容易反应，因为它在反应体系中与其他物质相隔离。

在反应体系中加入更多的反应物与移走产物有着相同的效果。对于能重建反应物、产物质量平衡的反应体系来说，反应物加入越多，产物也会生成越多。

能量的作用　增加或移除能量——常常以热能的形式——也可以影响反应的方向。因为能量是任何反应的一部分，你可以将之想象为一种反应物或产物。就像在反应体系中加入反应物可以促使反应向右进行一样，在吸热的反应体系中增加能量也有相同的效果。例如，下面的化学方程式表示的是生产金属铝的反应，可以看出，由铝土矿（一种铝矿石）生产铝的过程中需要能量的参与。

$$3C + 2Al_2O_3(s) + 能量 \rightleftharpoons 4Al(s) + 3CO_2(g)$$

显然，加入的能量越多，反应就越容易朝右边进行，生成更多的铝和二氧化碳。

对于放热的反应体系，加入更多的能量会促使反应朝左边进行。在哈伯发明的合成氨生产技术中，氢气和氮气结合生成氨气的过程就是一个产生能量的反应。

$$3H_2(g) + N_2(g) \rightleftharpoons 2NH_3(g) + 能量$$

增加能量会促使反应向氨分解成氢气和氮气的方向进行。因此，在哈伯的合成氨生产中，温度是需要严格控制的，只有这样才能生产出大量的产物——氨。

■ **图6.21**　在伤口处滴上过氧化氢（H_2O_2）时，它便分解为水和氧气。其中氧气立即扩散到空气中，从而阻断了生成更多的H_2O_2。

$$2H_2O_2(aq) \longrightarrow 2H_2O(l) + O_2(g)$$

■ **图6.22**　将氢氧化钾加入到氯化钙溶液中，生成氢氧化钙和氯化钾。因为氢氧化钙在水中是微溶的，所以就以固体的形式沉淀下来。

化学与技术

从空气中采矿

氮气是地球大气中含量最丰富的气体,约占气体总体积的78%。氮是生命活动中不可缺少的元素,然而只有极少的生物体能直接利用空气的氮气。土壤中的细菌可以将氨转化为亚硝酸根离子和硝酸根离子,然后才能被植物吸收和利用。

哈伯的合成氨技术

除了自然界中少数的微生物能将氮气转化为可被植物直接利用的含氮化合物外,目前已经能够通过化学方法合成氨气,图6.23所示的是储藏氨气的罐子。由氮气和氢气大量合成氨的技术是由德国化学家弗里茨·哈伯(Fritz Haber)发明的。此项技术在1909年首次公开,到了今天,仍然应用于合成氨厂中,如图6.24所示。

在哈伯的合成氨技术中,反应物是氢气(H_2)和氮气(N_2),产物是氨气(NH_3)和热量。这个反应过程中,有三大影响因素——压强、温度、催化剂会影响氨气的合成产率。

$$3H_2(g) + N_2(g) \longrightarrow 2NH_3(g) + 热量$$

图6.23 氨气储藏罐。

图6.24 合成氨厂。

压　强

在合成氨的反应中,3分子的H_2和1分子的N_2生成2分子的NH_3。依据勒夏特列原理,如果增大反应体系的压强,正反应就会加快以减小整个反应体系的压强,这是因为,2个分子产生的压强要小于4个分子所产生的压强。同时,增大压强还会增加反应物分子相互碰撞的机会,这也会加大反应的速率。为此,哈伯将他实验室里的合成氨装置调到所能达到的最高压强——2×10^5 kPa。

温　度

要确定合成氨所需的温度,需要综合考虑两个因素。低温可以促使反应向正方向进行,因为这样可以减轻反应产生的热量所带来的作用。但是,高温又可以增加反应物相互碰撞的机会,这也会加大反应的速率。哈伯最后采用的反应温度大约为600 ℃。

催化剂

催化剂可以降低活化能,加快反应速率,从而提早达到平衡。据此,哈伯在他的反应装置中添加了锇、铀两种催化剂。

技术流程

这一合成氨技术采取了一系列措施以促进氨的生成，如图 6.25 所示：反应物气体在进入反应罐之前，先要用反应产生的热量预热；在催化剂上反应之后，反应物与新生成的产物所组成的混合物才开始逐渐降温；将合成的氨液化后从反应体系中移走，而未参与反应的氮气和氢气则被重新送回反应体系。

哈伯发明的这一合成氨技术引起了德国化工制造龙头企业 BASF 的关注。公司指定德国工业化学家卡尔·波施(Carl bosch)负责将哈伯的合成氨技术商业化。波施和他的同事重新设计、建造和测试了新的反应罐，改良了加压泵，使用不昂贵的催化剂。1913 年，波施在德国奥堡(Oppau)建成了一个合成氨工厂，该厂使用的反应物氮气由空气液化获得，氢气则用甲烷、水制取。在第一次世界大战中，这家工厂和之后建成的工厂为德国提供了大量用以合成炸药的氨。今天，世界各国所用的氨，基本上都是运用哈伯—波施合成氨技术生产的，生产的氨主要用作合成农业化肥，如图 6.26 所示。

■ 图 6.26 田地里施加氨肥。

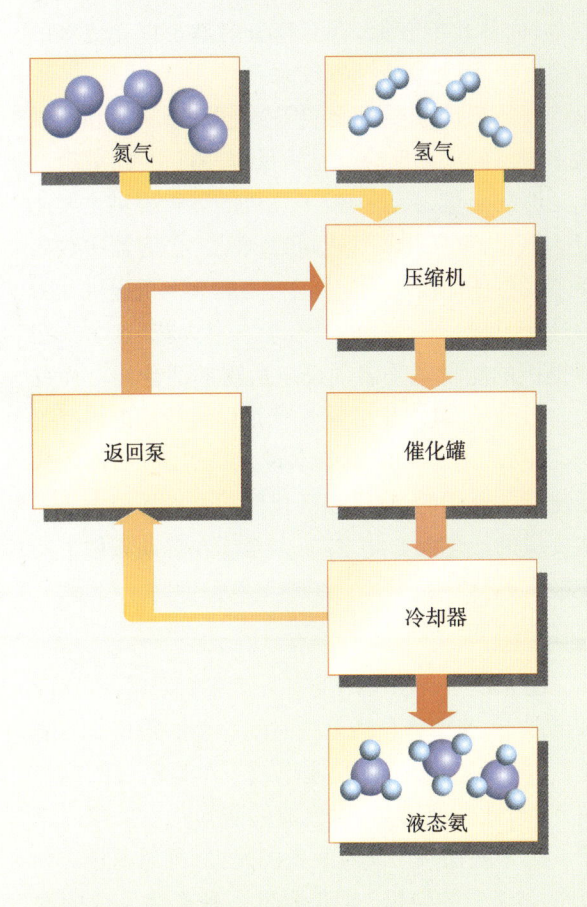

■ 图 6.25 哈伯的合成氨技术。

技术探讨

1. **应用** 缓慢冷却反应物—产物的混合物对反应的平衡有何影响？
2. **获取信息** 氨在化肥生产中有哪些应用？

活化能

你已经知道，许多可逆反应最终会达到平衡状态。在这种状态下，产物生成的速率和转化的速率是相等的。现有一个新问题，即这个反应究竟有多快？在硝酸铅溶液中加入碘化钾溶液，立刻就会产生黄色的碘化铅沉淀；如果你点燃一根火柴，它完全燃烧也只需要很少的时间。当然，也有许多反应进行得非常缓慢。为了解反应为什么会以不同的速率进行，我们先来看一下反应过程中发生的事。

对于两种物质之间发生的反应，首先是不同物质的粒子之间发生碰撞。而只有在这种碰撞激烈到一定程度时，反应才能继续进行，生成产物。这种能引起反应的粒子碰撞所需的最少能量，称为这个反应的**活化能（activation energy）**。活化能较高意味着能量只能够让少数碰撞发生，因此反应速率较小；而活化能较低，就意味着能量足以让更多的碰撞发生，因此反应速率较大。

放热反应需要活化能吗？想一想氢气和氧气这一强烈的放热反应。这一反应一旦引发，就会产生足够的能量，甚至为航天飞机的飞行提供主要能量。但是，氢气和氧气也可以同处一个容器中数年而不发生任何反应。实际上，为航天飞机提供动力的这个反应，开始时必须给予一个火花，这个火花所提供的能量就是启动反应所需的活化能。而反应一旦开始，其产生的能量就足以维持反应继续进行。不过，对不同的反应来说，启动反应所需要的活化能是不同的，有时候活化能的差别还很大。一些反应的活化能如此之高，以至于在普通条件下反应根本不会发生。

反应速率

图6.27中展示了两例有关速率的问题，在这两种情况下，速率都是指单位时间移动的距离。你能够获知一辆赛车的行驶速率或一个运动员的跑步速率，与此类似的是，你也能够获知化学反应的速率。为了获知一个反应发生的快慢，可以测量一种反应物消失的快慢，或者测量一种产物生成的快慢。无论测量哪种物质，只要得到该物质单位时间内变化的数量，都可表示化学反应的速率。

■ **图6.27** 赛车上的车速表能够以千米每小时的形式显示汽车的行驶速率。对于运动员，你可以用运动员所跑的米数除以所用的秒数来获得运动员的速率，速率以米每秒为单位。化学反应的速率也与此类似，但反映的是产物生成或反应物消失的快慢。

对于化学工程师来说,研究反应速率有着十分重要的实际意义。熟知反应速率有助于设计出一套能得到较高产率的反应流程。速率越快,在限定时间内得到的产物也越多。反应速率对于食品加工师来说也同样重要,因为减慢一些不利的反应,可以减缓食物腐败的速度。因此,需要研究影响反应速率的各种因素。有四个因素会影响速率的大小。

温度的影响 影响反应速率的第一个因素是温度,一般来说,温度越高,大多数的反应进行得就会越快。例如,通过烘烤就可大大加快面团转化为蓬松的蛋糕的进程。相反,降低温度则会减慢绝大多数反应的速率,如**图6.28**所示。将胶片和电池低温保存,有助于延长它们的使用寿命,因为低温可以减慢那些损坏产品的反应。

■ **图6.28** 减少热量会减慢反应速率,这就是冷冻食物可以让腐败延缓的原因。

浓度的影响 改变反应体系中反应物的数量可以改变反应的速率。在一定体积内物质的数量被称为该物质的**浓度(concentration)**。增大反应物的浓度可以加快反应,这是因为浓度越高,单位体积里的粒子数量也就越多,而更多的粒子就会发生更多的碰撞,从而促使反应速率加快,如**图6.29**所示。

在大多数情况下,加入更多的反应物可以增加反应物的浓度。如果柴火烧得很慢,你只要扇一扇,火就会烧得快起来,因为你为柴火增加了氧气的量。如果反应物中有气体,那么可以通过增大压强来增加浓度。增大压强虽不会增加粒子的数量,但它可以让粒子靠得更近,从而使碰撞的机会增大。在哈伯的合成氨生产中,增大压强可以增加氢气、氮气生成氨的反应速率。

反之,降低反应物浓度就会减慢反应的速率。许多重要的历史档案都被密封保存,原因就在于这样做可以减少与纸张反应的粒子的数量。

■ **图6.29** 增加碰碰船的数量会增加碰撞的机会,相反,减少一些则会减少船之间接触的机会。当更多的粒子参与到反应体系中时,粒子碰撞和反应的机会就会增加。

217

迷你实验 3

淀粉与碘的时钟反应

可观察到的变化多快能发生　一些物质混合后,在某些特定的时刻会发生一些可观察到的变化。这种反应称为时钟反应。反应中现象出现的快慢取决于反应的速率,改变影响反应速率的任一因素,都将改变可观察现象出现的时间。

实验步骤

1. 阅读并完成实验安全表格。
2. 用蜡笔在5支大试管外壁上分别标注阿拉伯数字1~5,标好后将试管放置在试管架上。
3. 在每支试管中分别加入10 mL含淀粉的溶液。
4. 将试管4放入冰浴中,试管5放入水浴中,水浴温度为35 ℃。两者至少保持10分钟。
5. 按下列要求加入特定量的可产生碘的溶液,并用干净的搅棒或搅拌器小心混匀溶液,记录每支试管产生蓝色化合物所用的时间。
    a) 加10 mL 到试管 1
    b) 加5 mL 到试管 2
    c) 加20 mL 到试管 3
    d) 加10 mL 到试管 4
    e) 加10 mL 到试管 5
6. 画一张表格,总结你的实验结果。

分析与讨论

1. **总结**　通过改变反应物的量以改变反应物的浓度,这对反应的速率有何影响?为什么?
2. **总结**　降低温度对反应速率有何影响?为什么?

限量反应物　如果反应过程中有一种反应物被耗尽,那么,即使你再如何提高其他反应物的浓度,都是没有意义的。有时候,在由两种反应物组成的反应体系中,如果一种反应物比另一种反应物更早地被消耗完,那么,数量不足的反应物被称作**限量反应物(limiting reactant)**。当它被消耗完的时候,反应就停止了。这是因为剩下的反应物无法形成任何产物。

图6.30说明了限量反应物的概念。图中所示的一些工具可以组装成4套完整的工具,每套工具都含有1个钳子、1个榔头和2把螺丝刀。剩下的工具——1个钳子和2把螺丝刀不能够组成一套完整的工具。同样,如果一个反应物被消耗完,化学反应也会停止。

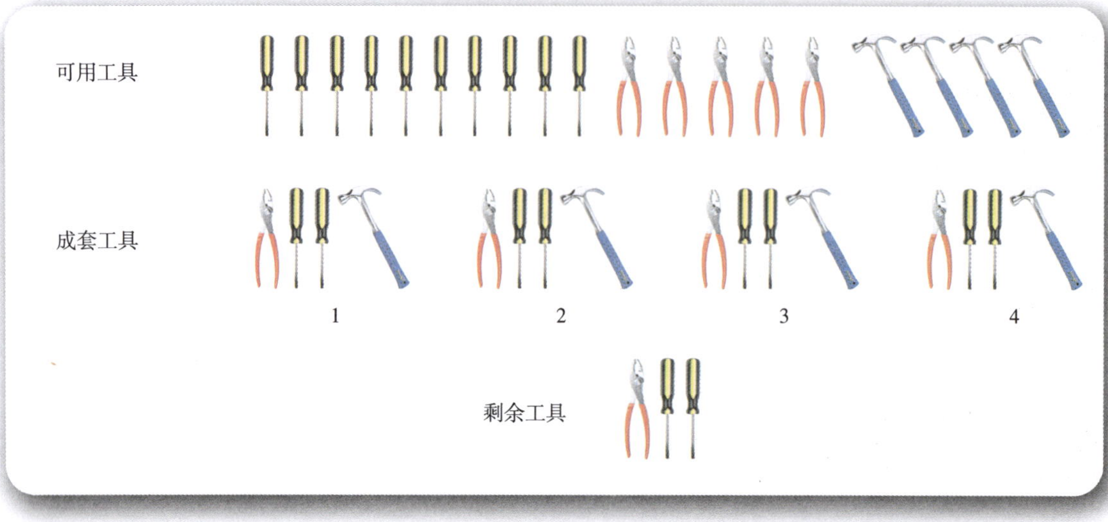

■ 图 6.30　每组工具都必须含有1个榔头,因此这些工具只能组装4套完整的工具。

生活中的化学

袖子里的炉灶

兵马未动,粮草先行。口粮是部队行军打战必不可少的军需品。过去,前线的士兵常常吃冷的食物。用火给食物加热花费的时间太长,而且炊烟可能还会引来敌军的袭击。因此,军队需要的是一种无烟的、便捷的加热食物的方法。

无烟食物加热器 这种无烟食物加热器每次可加热一人份的食物,人们称之为MRE(Meal, Ready-to-Eat)。它通过镁的氧化产生热量,也就是利用镁和水反应生成氢氧化镁[$Mg(OH)_2$]和氢气的放热反应。但是纯镁在加热器中是不能使用的。镁能与空气中的氧气反应,生成的氧化镁(MgO)会覆盖在镁的表面,阻止镁与其他材料进一步发生反应。

有一种镁铁合金,其中含95%的镁和5%的铁,另有少量的氯化钠,将这种合金与塑胶粉混合后做成一种多孔垫。需要时,将水加到多孔垫上,就可引发化学反应,所产生的热量可用于加热食物,效果良好。

热腾腾的MRE 20世纪80年代早期,MRE取代了战斗口粮。战斗口粮由6部分组成:主菜、芝士、饼干、糖果、甜点和一个附带的包。战斗口粮中的主菜种类并不多,并不像今天的MRE有24种。MRE中的主菜有牛肉馄饨、鸡肉面、蔬菜烤猪排、炖牛肉、辣椒通心粉和猪排肋骨等。MRE还有素食餐,里面有芝士蔬菜卷、蔬菜宽面或芝士饺作为主食。这些食物都装在纸板套筒里的袋子里。一份MRE中有主菜、饼干、芝士、花生酱、甜点、糖果、混合饮料粉、速溶咖啡、饮料袋、一个附带的包和一个无烟食物加热器。

MRE主菜的袋子装在了一个小小的塑料袋中,里面还有镁铁合金做成的垫子。加热水后,把袋子放在包裹的套筒里即可,反应产生的热就转移到MRE袋中,套筒是一种热的绝缘体,可以有效防止热量流失。反应可以产生足够的热量,在12分钟内将约合0.227 kg的食物升高60 ℃,并能保温1小时。这种加热器和MRE与制服是相配套的,士兵可以方便携带。如**图6.31**所示,这种随手可得的热腾腾的饭菜正是战地士兵所需要的。

■ **图6.31** MRE给战地士兵提供快速便捷而又热腾腾的饭菜。

进一步探索

1. **分类** 加热器中的化学反应可以归入吸热反应还是放热反应?
2. **应用** 无烟加热的其他应用有哪些?

> **家庭实验**
> 参见附录F，阻止一个化学反应。

催化剂 改变反应速率的另外一种方法是在反应体系中加入或撤去催化剂。**催化剂(catalyst)** 是这样一类物质，它可以加快反应速率，但在反应过程中其本身不会发生永久性的变化，也不会发生任何损耗。当然，催化剂的作用是加快反应的速率，它不会改变平衡的位置。所以，如果你在反应中使用了催化剂，不会影响你从反应中获得产物的多少，但能缩短获得相同数量产物的时间。

催化剂是如何加快化学反应速率的？你已知道，化学反应实际是旧的化学键被打破，而新的化学键不断形成的过程，用以打破这些旧的化学键的能量就是该反应的活化能。催化剂的作用就是降低反应的活化能，从而加快了反应的速率。你可以将这个过程想象成跳高运动。如果栏杆的高度降低，那么越过栏杆就更方便，能够越过栏杆的运动员也就越多。

酶——一种生物催化剂 许多化合物都可以用作催化剂，而最为有效的催化剂是在大自然中发现的。这些存在于生命体中的催化剂，可以加快细胞中反应的速率，使细胞高效率地实现功能。生物学上将这种催化剂命名为**酶(enzyme)**。酶可以帮助机体降解食物获取能量，也可以帮助构建骨骼和肌肉系统，还可以将多余的能量以脂肪的形式储存起来……酶几乎参与了细胞中所有的生物学过程。例如，蛋白酶是一类专门负责降解蛋白质的酶，如**图6.32**所示。这些酶在细胞中可以帮助回收蛋白质，以使蛋白质的成分被重复利用。蛋白酶也应用在了许多常见的产品中，如隐形眼镜清洗液和嫩肉剂等。

酶对于人类的健康有着重要意义，这可以从一些缺乏特定酶的患者身上得到反映。例如，乳糖不耐受症就是因为人体缺乏一种能降解乳糖的酶而引起的。乳糖是日常饮食中的一种重要糖分，如果人体的消化系统中缺少了这种能降解乳糖的酶，那么，未降解的乳糖就会淀积在肠中，引发腹胀、腹泻等症状。

■ **图6.32** 由新鲜菠萝丁调制的明胶通常较难硬化，但用罐装菠萝丁调制的明胶却会很快变硬。这是因为，新鲜菠萝中含有活性蛋白酶，可以降解明胶中的蛋白分子；罐装菠萝曾被加热过，而酶是一类对热敏感的蛋白，所以罐装菠萝中的酶已失去了活性。

抑制剂　在反应体系中加入催化剂可以加快反应的速率,但你是否有过这样的想法——能否让反应的速度慢下来? 在很多场合,我们确实需要减慢一些对人类有危害的反应的速率。最典型的就是导致食物腐败的反应、分解药物从而破坏或降低药效的一些反应,等等。那么,是否有能减缓这些反应的物质?

答案是肯定的。这类能减缓反应的物质被称为**抑制剂(inhibitor)**。与催化剂只能加快反应而不能启动反应一样,抑制剂也只能减缓反应的速率而不能完全阻止反应的进行。在装有过氧化氢的瓶子里加入一些抑制剂,可以阻止它过快地分解为水和氧气,但如果不加抑制剂,那么过氧化氢的保质期将会大为缩短,因为这种分子的分解速率很快。抑制剂还能够加入到许多食品中防止食物腐败,如图6.33所示的猫粮。

精彩预告

通过本章的学习,你对发生在周围的各类化学反应已有了初步了解,认识了反应过程中达到平衡的意义,也知道了影响反应速率的各种因素。但是,为什么有些物质之间能发生反应,而其他物质无论怎样处理都不会发生反应? 在下一章中,你将学习原子结构是如何影响原子间的相互反应的有关机理。

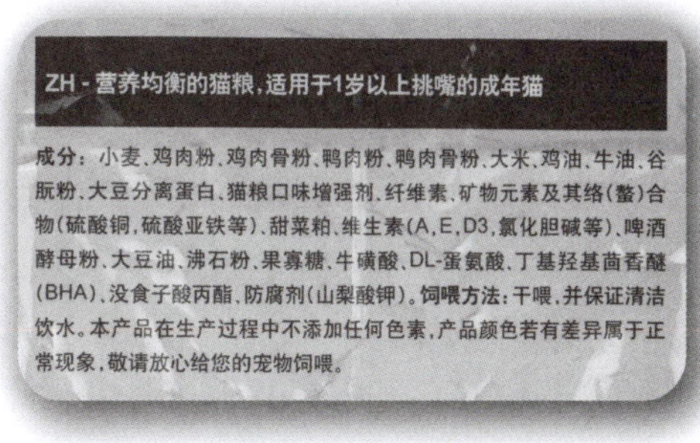

■ **图6.33**　这种猫粮中含有BHA和BHT,这两种化学物质都能够抑制一些使食物腐败的反应。

第3节　本节回顾

要点梳理

- 可逆反应是指产物可以逆向生成反应物的一类反应。
- 当正反应和逆反应的速率相等时,反应达到平衡。
- 当反应达到平衡时,就不再有任何的净变化发生。
- 根据勒夏特列原理,如果当一个体系达到平衡的时候改变反应条件,化学平衡就会被破坏,并向减弱这种改变的方向移动。

15. **主要 概念** **列举和描述**　能够影响反应速率的四种因素。

16. **解释**　当一个放热反应达到平衡后,如果分别进行下列操作,该反应的平衡将向左边还是右边移动。
    a) 移去产物。　　　c) 加入更多的反应物。
    b) 升温。　　　　　d) 降温。

17. **解释**　请分析抑制剂和催化剂的不同点。

18. **分析**　氢气可以由镁和盐酸反应制得,这个反应可用下面的化学方程式表示:
$$Mg(s)+2HCl(aq)\longrightarrow MgCl_2(aq)+H_2(g)$$
在一个特定的反应中,60亿个HCl分子和10亿个Mg原子混合,请问:
    a) 哪种反应物是限量反应物?
    b) 当这个反应结束后,总共可得到多少分子的H_2?

19. **推断**　汽车的排气管中安装了一个催化转化器,其中含有由铂、铑等金属组成的催化剂。这种转化器可将汽车产生的废气转化为二氧化碳、氮气和水。请问:为什么不需要定期更换汽车上的铂、铑金属?

第 6 章 学习指南

大 概念 在你身体中或周围正发生着成千上万的化学反应,反应发生的同时会吸收或放出能量。

第1节 化学方程式

主要 概念 可以用配平的化学方程式来准确描述化学反应。

关键术语
反应物
产物
化学计量数

要点梳理
- 化学家用化学方程式来准确描述各种化学反应。在化学方程式中,单质和化合物用化学式表示。
- 化学方程式通过改变化学计量数进行配平。
- 化学方程式可以告诉你单质和化合物在反应过程中的变化,也可以告诉你这个反应是放热的还是吸热的。
- 配平的化学方程式能够反应质量守恒定律。

第2节 化学反应的类型

主要 概念 一般来说,有五大类化学反应:化合反应、分解反应、置换反应、复分解反应和燃烧反应。

关键术语
化合　　复分解
分解　　燃烧
置换

要点梳理
- 尽管存在成千上万的化学反应,但是绝大多数反应都可以依据反应物和产物的情况归入五类化学反应。
- 五大类化学反应分别是化合反应、分解反应、置换反应、复分解反应和燃烧反应。
- 有时,不同类型的化学反应会相互重叠,比如一些燃烧反应同时也是化合反应。

第3节 化学反应的本质

主要 概念 外部因素影响着化学反应的方向和速率。

关键术语
平衡　　　浓度
动态平衡　限量反应物
勒夏特列原理　催化剂
可溶的　　酶
不溶的　　抑制剂
活化能

要点梳理
- 可逆反应是指产物可以逆向生成反应物的一类反应。
- 当正反应和逆反应的速率相等时,反应达到平衡。
- 当反应达到平衡时,就不再有任何的净变化发生。
- 根据勒夏特列原理,如果当一个体系达到平衡的时候改变反应条件,化学平衡就会被破坏,并向减弱这种改变的方向移动。

第 6 章 测 评

要点理解

20. 写出下列情形中,能够证明发生了化学反应的一项证据。
    a) 一片面包卡在了面包机里,烧了起来。
    b) 一盒未开封的牛奶在厨房的台子上放了两个星期。
    c) 木头在火中燃烧。
    d) 荧光棒被掰弯了。

21. 运用下面的化学方程式回答有关问题:
    $$2Sr(s)+O_2(g) \longrightarrow 2SrO(s)$$
    a) 锶处于什么物理状态?
    b) 氧化锶的化学计量数是多少?
    c) 氧气的下标是多少?
    d) 有多少种反应物参与了这个反应?

22. 写出下列化学方程式相应的文字方程式。
    a) $AgNO_3(aq)+NaBr(aq) \longrightarrow AgBr(s)+NaNO_3(aq)$
    b) $C_5H_{12}(l)+8O_2(g) \longrightarrow 5CO_2(g)+6H_2O(g)$
    c) $CoCO_3(s)+$ 能量 $\longrightarrow CoO(s)+CO_2(g)$
    d) $BaCO_3(s)+C(s)+H_2O(g) \longrightarrow 2CO(g)+Ba(OH)_2(s)$

23. 解释为什么在配平化学方程式过程中,绝对不能修改单质或化合物的下标。

24. 配平下列化学方程式。
    a) $Fe(s)+O_2(g) \longrightarrow Fe_3O_4(s)$
    b) $NH_4NO_3(s) \longrightarrow N_2O(g)+H_2O(g)$
    c) $COCl_2(g)+H_2O(l) \longrightarrow HCl(aq)+CO_2(g)$
    d) $Sn(s)+NaOH(aq) \longrightarrow Na_2SnO_2(aq)+H_2(g)$

应用概念

25. 汽车发动机会产生一种称作二氧化氮(NO_2)的污染物。在阳光的作用下,二氧化氮会降解为一氧化氮(NO)和氧原子。请问:这个反应属于哪种类型的化学反应?

26. 如果你将一块咸饼干含在口中几分钟,起先只感觉到咸味,之后会逐渐感觉到甜味。请问:这种味觉的变化是化学变化还是物理变化? 为什么?

化学与生活

27. 请分析为什么不同产品的清洁剂——如分别含有氨和漂白剂——若混合使用,有时会引起严重的后果。生产商是如何制造出这些让普通百姓必须小心使用的产品的?

化学与技术

28. 为什么哈伯的合成氨技术需要高温、高压的条件?

化学与生活

29. 如果有这样一套装置,它与MRE有些类似,但采用的是吸热反应,试想一下它可能的用途。

工作原理

30. 你认为什么时候会用到五颜六色的荧光棒?

生物学链接

31. 为什么说航天飞机机舱内的气体组成与地球大气保持一致是非常必要的?

批判性思考

应用概念

32. **化学实验** 在"化学实验"中,为什么你找不到可同时归入两类不同反应类型的化学反应?

提出假设

33. **迷你实验1** 在"迷你实验1"中发生的反应是彻底完成了,还是达到了一个平衡状态? 说出你的理由。

第 6 章 测评

预测

34. **迷你实验 3** 预测下列几种操作将对淀粉—碘时钟反应产生怎样的影响。
    a) 在反应体系中加入一种抑制剂。
    b) 在反应体系中加入一种催化剂。
    c) 升高反应体系的温度。

日积月累

35. 比较金属原子、非金属原子和准金属原子外层能级上的电子数目。
36. 写出金属钠和氯气反应生成氯化钠的化学方程式,并配平。
37. 比较离子化合物和共价化合物的性质。

技能训练

38. **因果联系** 运用你所学的有关影响化学反应速率的因素的知识,分析下面的陈述。
    a) 窗帘上直接受阳光照射的一面布料容易褪色。
    b) 肉放在冷冻箱中要比放在保鲜箱中存放的时间更长久。
    c) 服用一片或两片阿司匹林对于绝大多数人来说是无害的,但如果一次服用一瓶,可能有致命的危险。
    d) 叔丁基-4-羟基苯甲醚(BHA)是一类抗氧化剂,常被加入到食物、油漆、塑料和其他产品中用作防腐剂。

39. **建立模型** 使用牙签和不同颜色的泡沫球来配平下面的化学方程式。
    a) $Cl_2O(g) + H_2O(l) \longrightarrow HClO(aq)$
    b) $Fe_2O_3(s) + CO(g) \longrightarrow Fe(s) + CO_2(g)$
    c) $H_2(g) + N_2(g) \longrightarrow NH_3(g)$
    d) $ZnO(s) + HCl(aq) \longrightarrow ZnCl_2(aq) + H_2O(l)$

40. **图表解析** 图 6.34 中的 A 和 B 是参加某一反应的两类化合物,且该反应已达到了平衡状态。试回答有关问题:
    a) 在这个反应中,哪种化合物表示反应物?哪种表示产物?
    b) 反应达到平衡时共花了多长时间?
    c) 如果在反应达到平衡后 1 分钟时额外加入产物,图中的曲线将会如何变化?

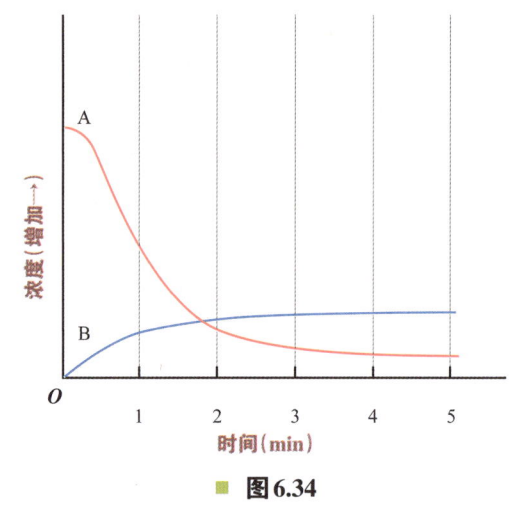

■ 图 6.34

科技写作 化学

41. 写一篇小短文,列举每天发生在你身边的五类化学反应,仔细描述你所看见、听见、闻到、尝到和感觉到的反应现象。

解决问题

42. 配平下列化学方程式,并将这些反应分类,指出它们分别属于哪种反应类型。
    a) $Al(s) + H_2SO_4(aq) \longrightarrow Al_2(SO_4)_3(aq) + H_2(g)$
    b) $CS_2(l) + O_2(g) \longrightarrow CO_2(g) + SO_2(g)$
    c) $H_2SO_4(aq) + NaCN(s) \longrightarrow HCN(g) + Na_2SO_4(aq)$

标准化测试

1. 下列哪个是多原子离子？
  - **a**）CO_2
  - **b**）Mg^{2+}
  - **c**）MnO^{4-}
  - **d**）$NaCl$

2. 下列化学方程式所表示的反应中，哪个反应生成了水？
  - **a**）$2H_2O \longrightarrow 2H_2 + O_2$
  - **b**）$HC_2H_3O_2 + NaHCO_3 \longrightarrow NaC_2H_3O_2 + H_2O + CO_2$
  - **c**）$H_2 + O_2 \longrightarrow H_2O_2$
  - **d**）$H_2O(aq) \longrightarrow H_2O(s)$

3. 一个反应体系达到化学平衡状态的标志是
  - **a**）正向反应不会生成新的产物。
  - **b**）反应体系中不再发生逆反应。
  - **c**）反应体系中反应物与产物的浓度相等。
  - **d**）正反应与逆反应的速率相等。

4. 化合物氧化镁（MgO）的性质与镁和氧气单质的性质相比，有什么异同？
  - **a**）化合物与两种单质的性质完全不同。
  - **b**）化合物与两种单质的性质相同。
  - **c**）化合物与两种单质的性质相似。
  - **d**）化合物和两种单质的性质不能做比较。

化学反应的自由能	
化学反应	自由能($KJ·mol^{-1}$)
a) $CH_4(g) + 2O_2(g) \longrightarrow CO_2(g) + 2H_2O(l)$	−890
b) $2H_2(g) + O_2(g) \longrightarrow 2H_2O(g)$	−458
c) $2H_2(g) + O_2(g) \longrightarrow 2H_2O(l)$	−572
d) $C_2H_4(g) + H_2(g) \longrightarrow C_2H_6(g)$	+137
e) $6CO_2 + 6H_2O \longrightarrow C_6H_{12}O_6 + 6O_2 + 6H_2O$	+470

运用上表中的信息回答第5题。

5. 哪个化学反应是吸热反应？
  - **a**）a、b和c
  - **b**）d和e
  - **c**）所有反应
  - **d**）所有反应都不是

6. 同位素在哪些方面不同？
  - **a**）原子中的电子数
  - **b**）原子中的中子数
  - **c**）原子中的质子数
  - **d**）原子中的空隙

7. 下面哪种元素是类金属？
  - **a**）铝
  - **b**）砷
  - **c**）氩
  - **d**）钙

8. 下面这个化学方程式所描述的反应属于哪一类型的反应？

$$Cs(s) + H_2O(l) \longrightarrow CsOH(aq) + H_2(g)$$

  - **a**）化合反应
  - **b**）置换反应
  - **c**）分解反应
  - **d**）复分解反应

考点提示								
测试题号	1	2	3	4	5	6	7	8
对应章节	5.1	6.1	6.3	4.1	6.1	2.1	3.2	6.2

第 7 章　原子模型的完善

大概念　价电子数决定了元素的性质。

第1节　现代原子理论
主要概念　电子按照能级和次能级排布。

第2节　元素周期表和原子结构
主要概念　元素周期表的排布反映了元素的电子组态。

你知道吗?

- 早在一千多年前,中国人就发明了烟花。
- 现在,烟花常用于盛大的典礼或表演中。
- 烟花的色彩取决于它的化学成分。

课前活动

起步实验

观察电荷效应

电荷是原子结构的重要组成部分,而且在整个化学领域中有着重要的地位。你能否仅仅借助寻常事物来探索电荷的行为?

实验器材
- 尺子
- 打孔机
- 塑料梳子
- 白纸
- 10 cm 长的透明胶带(4段)

实验步骤

1. 阅读并完成实验安全表格。
2. 用打孔机在白纸上打孔,获得一些小圆纸片。用塑料梳子梳几下头发,然后用梳子去吸这些小圆纸片,记录下你所观察到的实验现象。
3. 取 4 段胶带,将每段胶带的两端粘贴在桌面上,做成拱桥状。取其中 2 段,让它们分别紧密地粘贴在桌面上,随后迅速撕下,将它们的不粘面靠拢,记录下你所观察到的实验现象。
4. 将一段胶带紧紧粘贴在桌面上,并将另一段胶带粘贴在这段胶带上,随后把两段胶带作为一个整体迅速撕下,之后将它们分开,使它们的不粘面靠拢,记录下你所观察到的实验现象。

实验分析

1. **解释** 运用你学过的电荷的相关知识来解释你所观察到的现象。
2. **判定** 哪些东西上所带的电荷是相同的?哪些是不同的?
3. **解释** 你是如何判断的?

探究 你如何将你所观察到的电荷与物质的结构相联系?

折叠式学习卡
学习组织者

能级 按以下图示制作折叠式学习卡,帮助你整理有关能级和次能级的内容。

▶ **步骤 1** 沿着长边将一张纸对折。

▶ **步骤 2** 对折两次。

▶ **步骤 3** 展开并沿着折痕将左半部分剪成四份。

▶ **步骤 4** 如下标注:s、p、d、f。

折叠式学习卡 在第 1 节和第 2 节中使用该**折叠式学习卡**。在你阅读的过程中,在对应的标签位置总结有关能级和次能级的内容。

227

第1节

核心问题
- 发射光谱与原子的电子组态之间有什么关系？
- 原子中的次能级和原子中电子运动的轨道分别是什么？

术语回顾
电磁波谱：电磁波的整个范围。

关键术语
次能级
构造原理
海森堡测不准原理
轨 道
电子组态

现代原子理论

主要 概念 电子按照能级和次能级排布。

链接真实世界 当我们要把文件夹放到文件柜里时，总是按照从上到下的顺序先放入文件夹，然后再把这些文件夹放进抽屉柜。同样，电子也是按照先后顺序排列到次能级和能级中的。

原子结构模型的发展

第2章已经介绍过，1803年，约翰·道尔顿在物质守恒定律的基础上提出了一个原子理论，在他看来，原子是物质的最小微粒。1897年，汤姆生发现了电子。电子的存在表明原子是由更小的微粒组成的，这些微粒包括质子、中子和电子。

起初，科学家们还不知道这些亚原子粒子是如何排布的，他们猜想这些微粒是像曲奇饼中的各个组分混合成曲奇饼那样组成原子的。但1909年，欧内斯特·卢瑟福（Ernest Rutherford）做了一个金箔实验，他用α粒子轰击金箔，结果发现大多数α粒子都能直接穿过金箔而不改变方向，部分α粒子的运动方向发生了偏离，还有极小部分α粒子被直接弹回，这些现象表明原子中大部分区域是空的，并存在一个质量极大的微小的核。卢瑟福提出了一个原子模型，认为原子的质量几乎全部集中在直径很小的原子核上，电子在核外的空间里绕核运动。

1913年，丹麦物理学家尼尔斯·玻尔（Niels Bohr）提出了一个新模型，他认为电子绕核旋转与行星绕太阳运转相似。这个模型可以很好地解释氢原子的发射光谱（emission spectrum），但解释不了更为复杂的原子的情况。**图7.1**展示了原子理论发展到玻尔的原子模型的历程。

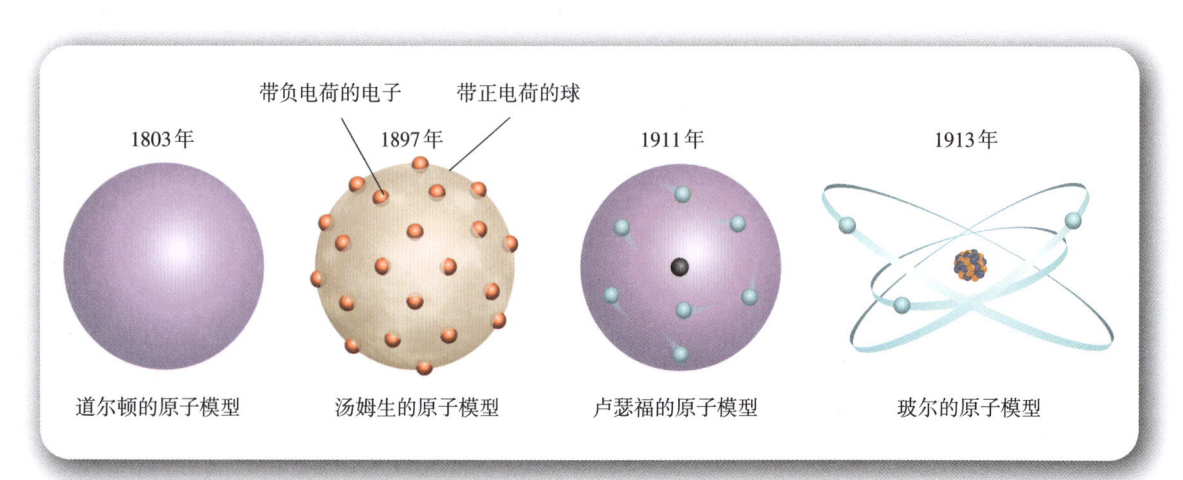

■ **图7.1** 自原子理论首次提出后，已过去了2 000多年。但直到最近200多年来所进行的一系列实验，才真正揭开了这个亚微观世界的复杂本质。因为电子对元素的化学性质至关重要，所以科学家需要一个可以描述电子排布的原子模型。**总结** 从道尔顿原子模型到玻尔原子模型，原子理论的发展历程。

带负电荷的电子　带正电荷的球

1803年　　1897年　　1911年　　1913年

道尔顿的原子模型　　汤姆生的原子模型　　卢瑟福的原子模型　　玻尔的原子模型

228

1935年,现代原子理论诞生了。这个原子模型通过解释所有元素的发射光谱,进一步阐明了电子的行为,它将能级视为电子最可能出现的空间区域。在深入学习现代原子理论之前,先让我们复习一下所学过的原子和电子的相关知识。

现代原子模型 在现代原子模型中,如**图7.2**所示,中子和质子构成了居于原子中心的原子核,带有负电荷的电子分布在核外的空间,能量越大的电子离核越远,离原子核最远的能级上的电子具有的能量最高。回顾第2章已学过的知识,我们知道原子的发射光谱是能级存在的证据。在化学学习中,原子能级的知识非常重要,因为它可以帮助我们理解化学键的形成,理解原子为何形成不同类型的化合物,如离子化合物和共价化合物。

价电子和元素周期表 元素周期表反映了每种元素的电子排布。在第3章中,你已学过,第1、2族的元素的价电子数和元素族数是等同的;第13~18族的元素的价电子数和元素族数的个位数字相同。元素的周期数等于最外层能级数,即价电子所在的能级数。例如,第2周期第1族的锂,在第2能级有1个价电子;第3周期第16族的硫在第3能级有6个价电子。

借助元素周期表,你可以给每一种元素绘制一幅完整的能级图。硫的原子序数是16,表明它总共拥有16个电子。从元素周期表可以看出,硫是第3周期第16族的元素,那么它的第3能级上拥有6个价电子,其余的10个电子肯定分布在第1、2能级,**图7.3**展示了硫原子的能级情况。

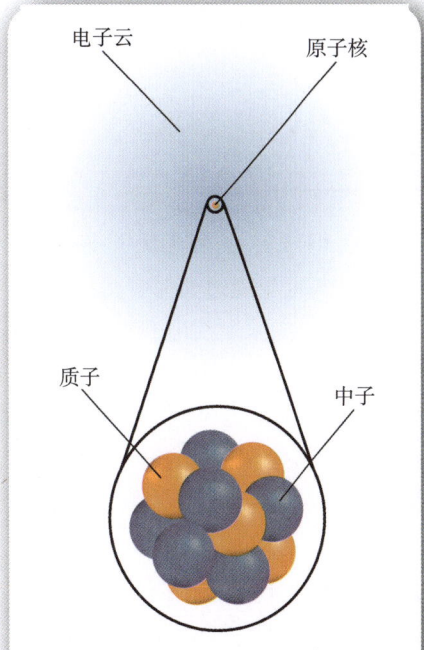

■ **图7.2** 现代原子模型中,原子是由原子核和核外电子构成的,绝大多数原子的原子核由质子和中子构成。

■ **图7.3** 能级代表电子在原子核周围分布的主要区域。离原子核最远的电子具有最大的势能。
联系 将第1、2和3能级中的电子与右边硫原子模型中电子的位置联系起来。

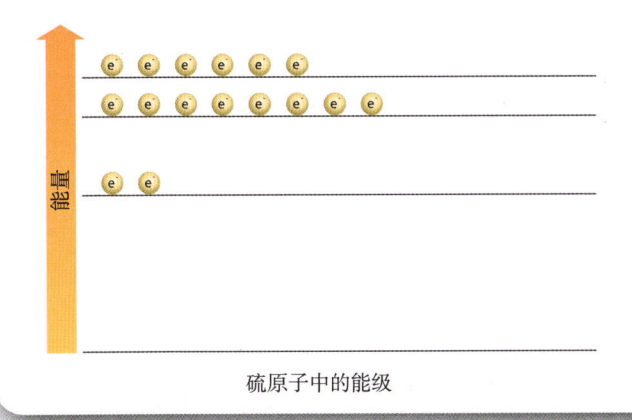

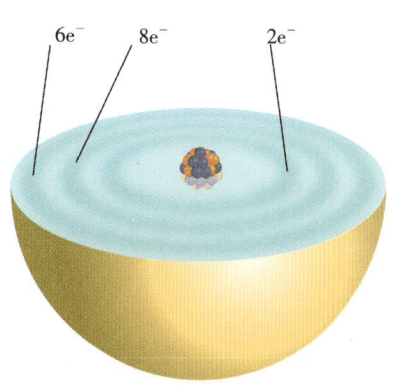

硫原子中的能级

物理学 链接

尼尔斯·玻尔——原子物理学家和博爱者

人们常常将科学家想象成既奇怪又孤僻的人,但事实上,科学家与普通人一样,有日常工作,也与周边人保持交流,处理每天面临的问题。如果要问他们有哪些与众不同的地方,那可能就是科学家具有创新精神并在科学领域里做出了创造性的劳动。另外,科学家一般都有着强烈的道德信仰以及为之奋斗的勇气。尼尔斯·玻尔就以他的人生很好地诠释了科学家的这些优秀品质。

玻尔的原子理论 图 7.4 是玻尔的一张照片。在 28 岁的时候,玻尔就已经建立了自己的原子理论。9 年后,也就是在 1922 年,他因为这项伟大的工作获得了诺贝尔物理学奖。玻尔原子理论中最基本的思想是,电子是在称作轨道的圆形路径上绕原子核运动的。这些轨道各自有着不同而又确定的离核距离,对应着可决定电子能量的能级。在离核最近的轨道上运动的电子能量最小,在离核最远的轨道上运动的电子能量最大。如果电子吸收能量,就可以跃迁到更高能级的轨道上去;反之,当它们从高能级轨道返回到低能级轨道上时,会释放出能量。

玻尔理论的最新认识 玻尔理论中的大部分内容现在依旧被科学界认可,也有部分内容随着科学的发展而显得有些过时。例如,电子确实绕核运动,但是没有确定的轨道;能级的思想是正确的,但是我们只能发现电子运动的可能区域,而不能严格地确定 1 个电子的精确位置。

原子弹 1939 年,玻尔参加了美国的一次学术会议,在那次会议上,玻尔报告了利斯·迈特纳(Lise Meitner)和奥托·哈恩(Otto Hahn)发现的铀核裂变,这次重要的宣告为原子弹的制造作了铺垫。

■ 图 7.4 尼尔斯·玻尔因在有关原子结构和辐射领域的工作取得瞩目成就而享有盛名。

玻尔摆脱纳粹的纠缠 1940 年,纳粹入侵并占领了尼尔斯·玻尔的祖国——丹麦。玻尔反对纳粹,但还是继续担任哥本哈根理论物理研究所所长一职直到 1943 年。当获知纳粹准备逮捕并将强迫他去德国从事原子工程时,玻尔便举家迁到了瑞典避难。1943 年,玻尔到了美国,与来自世界各地的科学家一道实施了曼哈顿计划。

化学 链接

1. **解释** 玻尔认为外层电子决定了元素的化学性质,你能参透其中的含义吗?
2. **批判性思考** 物理学家在原子结构方面的探索性工作对于化学的发展有多大意义?
3. **获取信息** 查阅有关曼哈顿计划的信息资料,查找参与此项计划的科学家以及他们的国籍、年龄、性别和研究方向。

狭缝　棱镜分光

410　434　486　　　　　　656

λ (nm)　400　　450　　500　　550　　600　　650　　700　　750

氢原子光谱

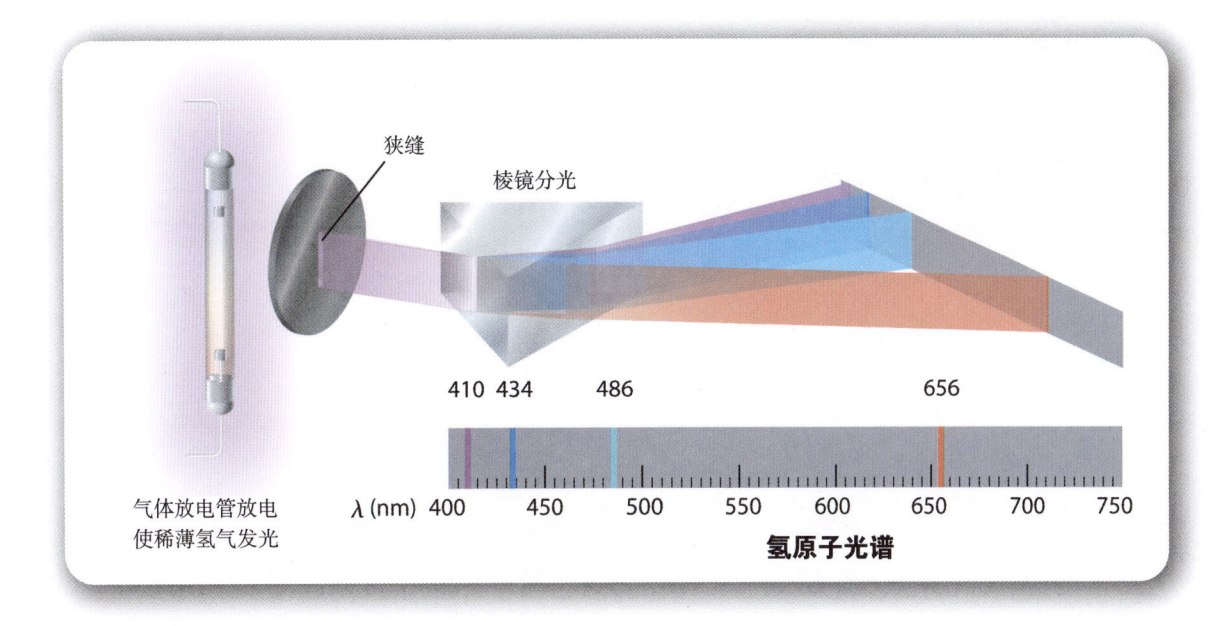

气体放电管放电使稀薄氢气发光

氢的发射光谱　光，或者说电磁辐射，可以被描述成具有一定频率和波长的波，具有能量。辐射的能量直接影响着波的频率。波的频率越高，波长就越短，能量也就越大；反之，频率越低，波长就越长，能量也就越小。这种关系可以用以精确计算原子中电子所释放的能量。可见光就是一种电磁辐射。

图7.5 所示的就是氢原子光谱，从中你可以看见四种不同颜色的可见光。在第2章中，我们将能级比作梯子的每一横档，电子可以从一个能级跃迁到其他能级，但是它们不能处在能级之间。通过吸收一定的能量，1个电子可以跃迁到更高的能级上去；当电子从这个高能级返回先前的能级时，电子就会以一定频率的辐射释放出相同的能量。**图**7.6 展示了电子在能级间的跃迁与能量间的这种相关性。

■ **图**7.5　氢发射的光能够被棱镜分散成几种不同的光。氢原子光谱包含了4种不同颜色的可见光。

词源

Spectrum

光谱

Spectrum（拉丁语）：出现，幽灵

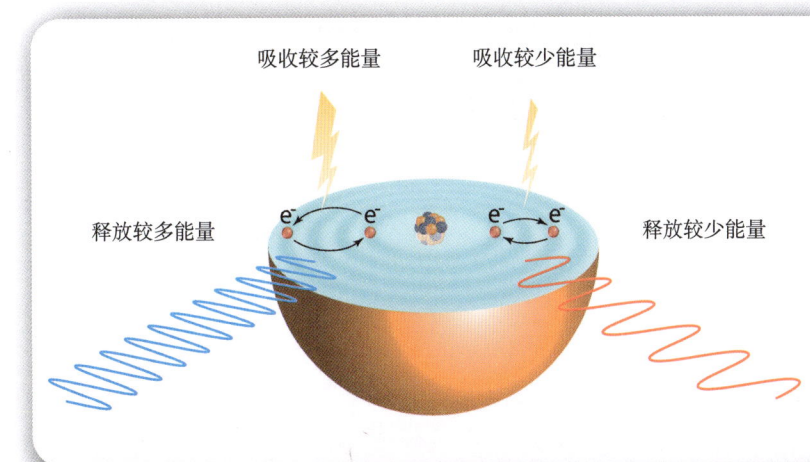

吸收较多能量　　吸收较少能量

释放较多能量　　释放较少能量

■ **图**7.6　电子跃过的能级数量取决于它所吸收的能量的大小。当电子回到原先的能级时，它以电磁波的形式释放出能量，电磁波的能量（频率）取决于电子能级下降的程度，释放的能量越多，电磁波的频率越高。

迷你实验 1

有色火焰

为什么不同元素的火焰颜色不同　火焰是五颜六色的，这些颜色实际上是金属原子获得热能后，电子从低能量能级跃迁到高能量能级，又从高能量能级跃迁到低能量能级的结果。同样，我们也可以加热含有金属原子的化合物，通过火焰的颜色来鉴别未知金属元素。

实验步骤

1. 阅读并完成实验安全表格。
2. 从老师那儿领取 6 根带有标记的小木条，这些木条已分别在氯化锂、氯化钠、氯化钾、氯化钙、氯化锶和氯化钡的饱和溶液中浸泡处理过。
3. 点燃燃气灯，调整进气口，直到出现温度最高的蓝色火焰。
4. 用夹子夹持浸过溶液的木条的一端，将其在火焰上方保持片刻，观察并记录火焰的颜色。一旦火焰中不再有颜色出现时，就将木条熄灭。
5. 从老师那儿领取 1 根浸有未知溶液的小木条，重复上述的焰色试验，尝试识别这种未知的金属元素。

分析与讨论

1. **描述**　六种金属元素各具有什么颜色的火焰？
2. **鉴别**　未知的元素是什么？为你的选择做出解释。
3. **解释**　如何测试一种未知晶体物质中是否含有食盐？禁止用品尝的办法进行识别。

多电子原子　氢元素可以发射出四条谱线，反过来，利用这四条谱线，就可以鉴别出氢元素。同样的，所有的元素都有自己独特的发射谱线，这表明每种元素原子的能级也是独特的。但是，当科学家开始探索多电子的原子时，他们发现其他元素的谱线要比氢元素的复杂得多，因此，氢元素的一套简单能级并不能完美地解决其他元素的问题。**图** 7.7 展示了三种元素——氢(H)、汞(Hg)、氖(Ne)的谱线。

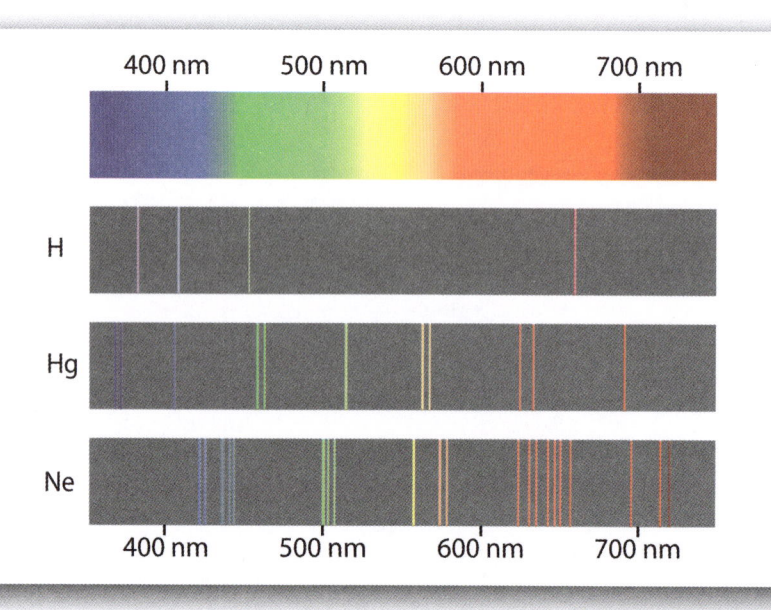

■ **图** 7.7　谱线之间较大的空隙表明电子在能量差异较大的能级间跃迁，而小组细线表明电子在能量接近的能级间跃迁。次能级可以很好地解释元素谱线中精细谱线的存在。

次能级 由**图**7.7可以看出,这些光谱中的谱线数量要比氢元素的谱线多得多。一些谱线靠得很近,像是一小组的谱线,同时,不同组的谱线之间存在着较大的间隙,这种较大的间隙与电子在能级间跃迁所释放的能量相对应。对于那些靠得较近的谱线,可以认为是电子在能级相差不大的水平上进行移动,这表明,在给定的能级中,还存在一些分级——**次能级(sublevel)**。如果原子中的一些电子处在同一能级的一个或多个次能级中,那么它们的能量差就会很小。次能级可以用s、p、d或f等字母来表示。

由此看来,多原子中的每个能级都由几个能量接近的次能级组成,而每个能级中次能级的数目是一定的,与能级数相同。例如,第1能级拥有1个次能级,被称作1s次能级;第2能级拥有2个次能级,分别是2s和2p;第3能级拥有3个次能级,分别是3s、3p和3d;第4能级拥有4个次能级,分别是4s、4p、4d和4f。在一个给定的能级中,次能级的能量从低到高依次是s、p、d和f。

根据**构造原理(aufban principle)**,每个电子都会优先填充能量最低的次能级。原子内电子的排布情况如**图**7.8所示。注意处于同一能级中的次能级是非常接近的,这就解释了发射光谱中小组细线的形成。例如,你可以预测当3s、3p和3d次能级的电子跃迁到2s次能级时,将会产生3条频率差别不大的谱线,因为3种电子在第3能级中能量的差别很小,所以辐射能的差别也很小。

折叠式学习卡

将本节中的信息归纳到你的折叠式学习卡中。

■ **图**7.8 图中展示了次能级间能量大小的情况。

应用 4d和5p相比,哪个次能级的能量更大?

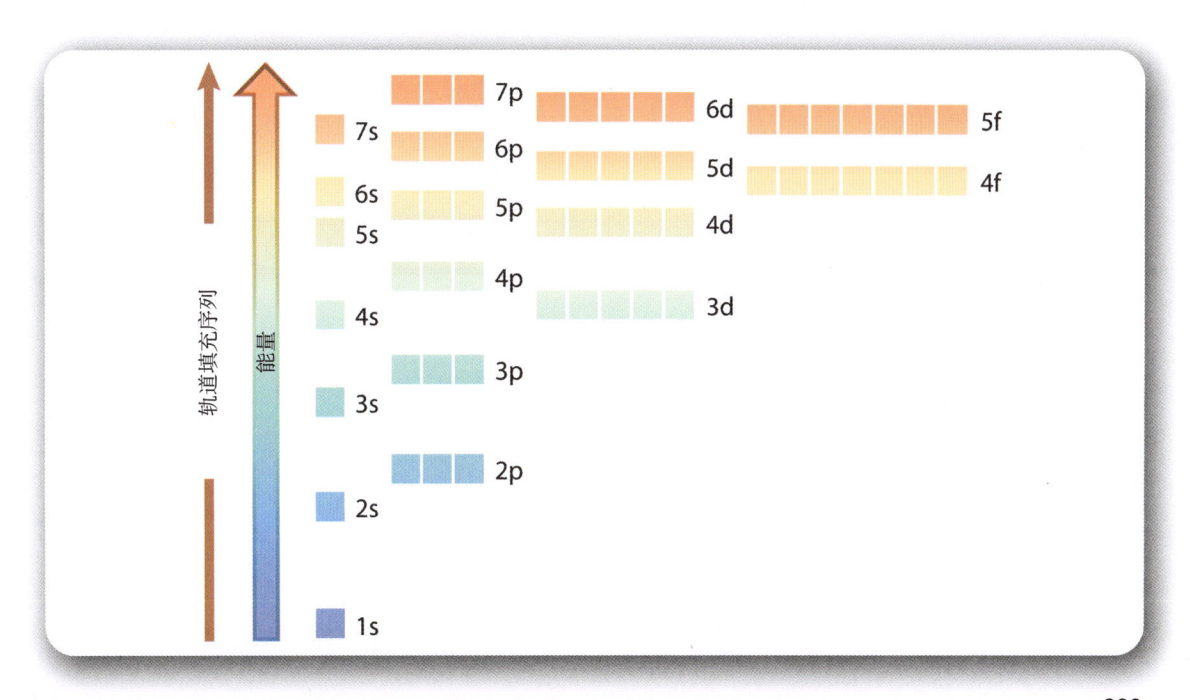

233

化学实验

金属、反应能力和价电子

背景

许多金属都可以与酸发生反应,产生氢气。如果金属与酸以这种方式发生反应,那么生成的氢气的量与金属原子的价电子数量是直接相关的。在这个化学实验中,你将采用相同物质的量的镁、铝两种金属,让它们分别与盐酸发生反应,通过比较两种金属与盐酸反应产生氢气的量来比较两种金属的反应能力。请注意,每个反应只有在有反应性的金属原子存在的条件下才会进行。

问题

镁和铝的反应能力有何差别?这种能力上的差别与两种元素的价电子数有何关系?

目标

- **比较**镁和铝的反应能力。
- **分析**实验结果,可从两种元素的价电子数的角度思考。

实验准备

实验器材

- 吸液管(2支)
- 50 mL量筒
- 铝箔
- 水槽或塑料盆
- 1 mol·L^{-1}盐酸
- 3 mol·L^{-1}盐酸
- 镁带
- 透明防水的胶带
- 塑料包装膜
- 镊子(2把)

安全警示

穿好实验服,戴好护目镜。 吸液管的球部在反应过程中可能会很烫,请用镊子夹住吸液管的茎干部位。

实验步骤

1. 阅读并完成实验安全表格。
2. 取两支吸液管,在球部分别开一小口子,如下图所示。从老师那儿领取0.020 g的镁条和0.022 g的铝箔,将它们分别插入两支吸液管的球部中,并用透明防水的胶带封好切口。在吸液管上分别作标记Mg和Al。

3. 在水池或塑料盆中注入水,以接近满池或满盆为宜。
4. 取50 mL量筒,将其灌满水,用塑料包装膜封住量筒的顶部,随后倒置量筒(在此过程中注意不要让水流出),将量筒的开口端没入水槽的水中,去除塑料包装膜。此时,量筒的底部应该看不见明显的气泡,如果有气泡,请重复之前的实验步骤。将倒置的量筒固定好。

5. 将含有镁条的吸液管球部中的绝大部分气体挤出，再吸取 3 mL 的 1 mol·L⁻¹ 盐酸。

   (**注意**：盐酸不仅会损伤眼睛、皮肤，而且会腐蚀衣物，所以在处理盐酸时，要特别小心。如果有酸液滴到你的皮肤或者眼睛上，或有酸液溅洒，请立刻用水清洗，并通知老师)

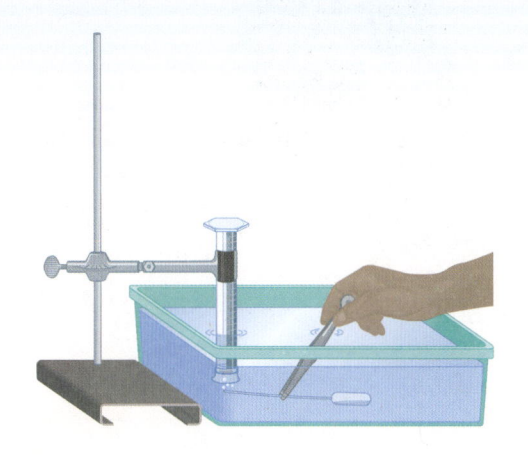

6. 手持镊子夹住吸液管，如上图所示，将吸液管快速浸入水槽的水中，并将吸液管的尖口部对准放入量筒的开口端。

7. 用量筒收集氢气。在镁带反应完全之前，请保持反应顺利进行。

8. 等量筒中液面的位置不再变化时，读出产生的氢气的体积数，并将它记录在如图所示的表格中。

9. 除去吸液管上的胶带，让水完全浸没吸液管。

10. 取含有铝箔的吸液管和 3 mol·L 盐酸，重复步骤 5~9。读出并记录反应产生的氢气的体积数。

实验数据与现象观察

镁带产生的氢气的体积(mL)	
铝箔产生的氢气的体积(mL)	

分析与讨论

1. **数据分析** 你收集到的氢气的体积数与两次所产生的氢分子数是成比例关系的，请问：哪种元素产生了更多的氢分子？

2. **得出结论** 哪种元素的单位原子的反应能力更强？请根据你所获得的氢气体积数的大小，用比值来描述两种金属的相对反应能力。

3. **联系概念** 在本次实验中，两种金属原子在反应过程中都失去了电子，成了阳离子。请将代表元素反应能力的比值与每种金属的价电子数联系起来。

应用与评估

总结 写出本实验中两个反应的化学方程式，并配平。

进一步探究

预测 假如你采用的是金属钠，物质的量与铝、镁的原子数量相等，请你预测一下将能获得的氢气的体积数。(**注意**：因为金属钠与水的反应过于激烈，为安全起见，本实验一般不推荐由学生操作)

化学与技术

高科技显微镜

如果你是一名20世纪60年代以前的化学系学生,你很可能被告知没有人可以看见原子。但是现在,在电脑和显微镜的帮助下,科学家已拍摄出了原子的二维和三维图像,我们甚至可以运用技术拨动原子以观察它们的电子云。即便是在20年前,这些都是不可想象的。那么,究竟是什么样的仪器能让我们实现如此的壮举?在此,有三类功勋卓著的显微镜需要重点介绍:扫描探针显微镜、扫描隧道显微镜和原子力显微镜。

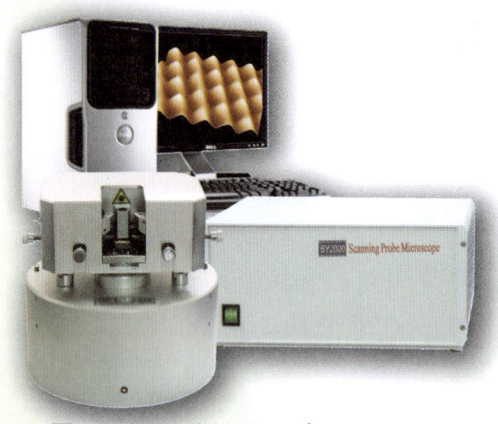

扫描探针显微镜

扫描探针显微镜通过探针来感觉物体的表面,并将有关物体表面的信息用三维图像的方式展现出来,如图7.9所示。由这些三维图像,我们可以观看到原子在三维空间的精细排列,这是通过测量探针在样品表面移动过程中电流的变化来实现的。扫描探针显微镜还可以每次移动单个原子,用它们组成字母,如图7.10所示。

■ 图7.10 扫描探针显微镜。

示。借助这项技术,国家图书馆中的所有信息都可以存储在 400 cm^2 大小的硅片上。科学家们还可以用扫描探针显微镜技术来探索两个表面相黏合的原理,或者尝试压缩芯片电路让电脑工作得更为快捷,甚至还可以在一个 2 cm^2 的硅芯片上安置上千个SPM探针。

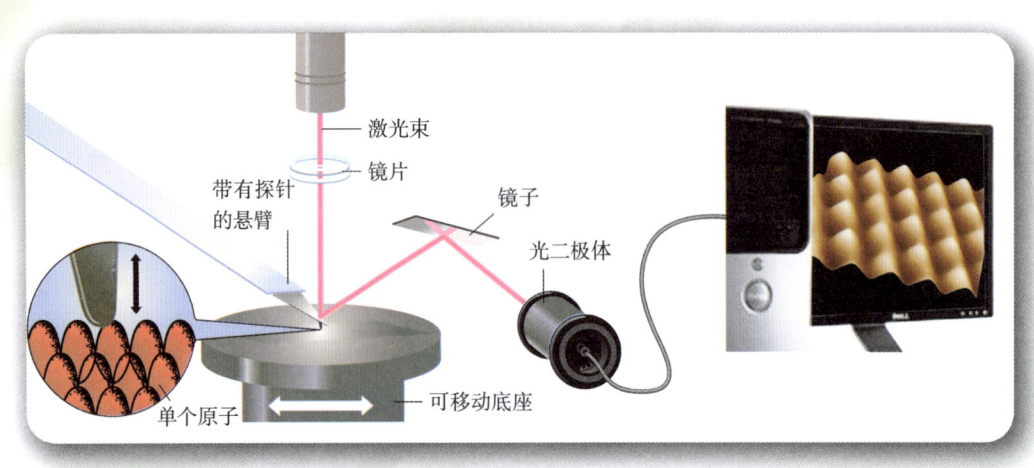

■ 图7.9 扫描探针显微镜的原理。

扫描隧道显微镜

对于化学家和物理学家而言,扫描隧道显微镜是他们进行科学研究的一个强有力的新工具。在**图7.11**中,黄色区域展示了金属晶体中可以自由移动的价电子。可以看出,在晶体的表面,这些价电子只能在二维空间内以波的形式运动。图中展示了晶体表面各原子电子云的相互作用,犹如水波一般。图中还展示了两处存在缺陷的晶体表面,从而形成了以这两点为中心的水波图案。

■ **图7.12** 羊毛纤维。

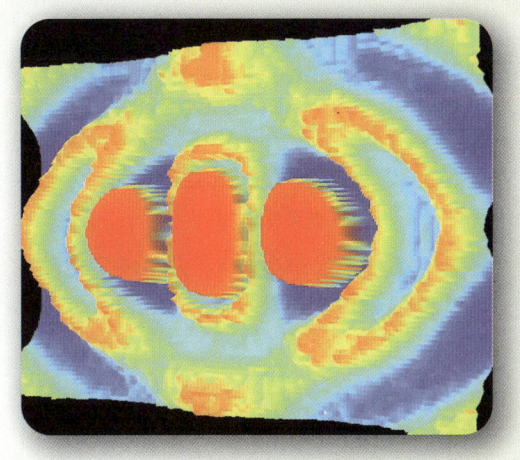

■ **图7.11** 由电子引起的波形图案。

当前正在使用的另一项扫描隧道显微镜技术,是用氢气推开半导体的表面原子,进而"窥视"半导体内部的原子结构。借助这种方法,研究者可以每次移去一层原子。

现在,扫描隧道显微镜已经可以成功地观测到各种不同物质的表面图像。**图7.12**所示的是中国科学家利用自主研发的扫描隧道显微镜展现的羊毛纤维的彩色图像:纤维层层排列,纤维表面由一颗颗的分子组成。在此之前,科学家已经通过一些间接的证据,如X射线衍射、数学计算等,计算出纤维表面的结构。现在,通过扫描隧道显微镜,就可以直接获得羊毛纤维表面的纤维结构。

原子力显微镜

原子力显微镜发明于1985年,它利用探针尖端原子与样品表面原子间的排斥力,形成电脑显示器上可呈现的图像。原子力显微镜的一个突出优点在于它不受真空环境的限制,可在多种环境下运作,使得样品制备非常简便,无需对样品进行特殊处理。同时,原子力显微镜还可以提供活组织中分子的图像,并可在一次运作中剥下活细胞的单层细胞膜。

技术探讨

1. **对比与比对** 一些扫描隧道显微镜可以移除原子层,这种本领与扫描探针显微镜技术相比有哪些相似之处和不同点?
2. **获取信息** 搜集有关近场(near-field)光学显微镜的资料。
3. **推断** 比较分子示意图和STM技术、电脑技术结合完成的分子图像。现在,重新回顾利用照相技术获取分子结构的传统方法,你是否还觉得正确?请说明理由。

表7.1	电子在前4个能级中的排布		
能级	能级中的电子数	次能级	次能级中的电子数
1	2	1s	2
2	8	2s	2
		2p	6
3	18	3s	2
		3p	6
		3d	10
4	32	4s	2
		4p	6
		4d	10
		4f	14

电子在能级中的分布

每个次能级可以容纳一定数量的电子:1个s次能级最多可以容纳2个电子,1个p次能级最多可以容纳6个电子,一个d次能级最多可以容纳10个电子,一个f次能级最多可以容纳14个电子。**表7.1**展示了前4个能级的次能级中电子的排布情况。

需要注意的是,在第1能级中只有1个次能级,即1s,因为s次能级最多只能容纳2个电子,所以第1能级只需要2个电子就可以填满。第2能级有2个次能级,即2s和2p。因为p次能级最多可容纳6个电子,所以第2能级需要8个电子才能填满——2个在2s次能级,6个在2p次能级。请看表中第3能级和第4能级所能容纳的电子数量。你可以发现,第3能级所能容纳电子的数量要比第2能级多10个,这是因为多出了d次能级;第4能级所能容纳的电子数量比第3能级多14个,因为多出了f次能级。

轨道 1920年,沃纳·海森堡(Werner Heisenberg)得出了一个重要结论——无法同时精确测量某个电子在某一时刻的位置和动量,这就是著名的**海森堡测不准原理(Heisenberg uncertainty principle)**。1932年,海森堡因此项发现获得了诺贝尔物理学奖。这一原理也促进了科学家们采用更为先进的模型来描述原子中的电子——电子云模型。

概率和电子云模型 电子云模型是建立在概率统计的基础上的,即在任何一个给定的时刻,可以计算出1个电子在某个位置出现的概率。这里简单介绍一下它的计算方法。假设你可以采用照相的方法捕捉氢原子中被核吸引的单个电子的位置,那么,每隔1秒按一次相机的快门,就得到电子的一幅照片,如此拍得成百上千幅照片,再将这些照片合成,就可以得到电子在核外的分布图了。

词源

Orbital

轨道

Orbita(拉丁语):轮子、踪迹、路线、一圈

■ 图7.13

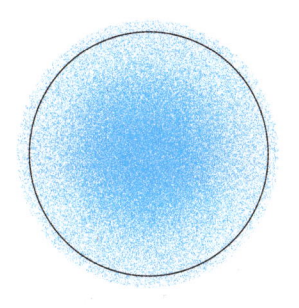

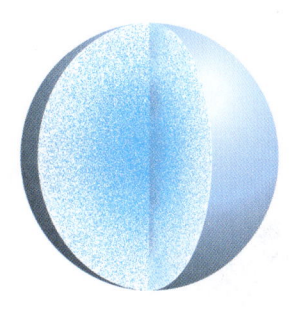

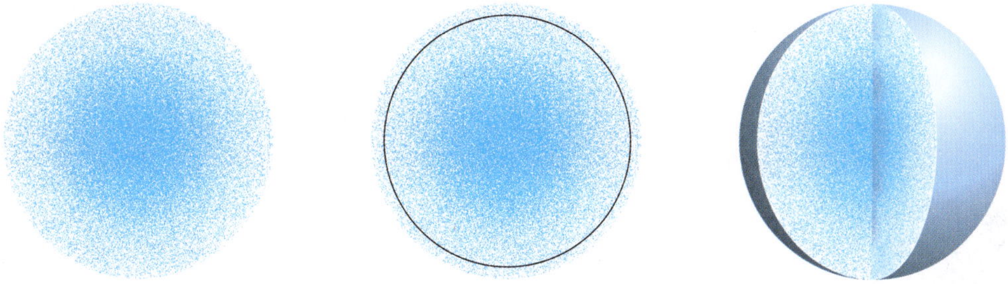

| 大多数情况下,氢的电子就在这幅二维图像所示的模糊的电子云中。 | 以原子核为圆心,画一个可以将95%的电子云包括在内的圆,这就是二维图像中的轨道。 | 这个球面模型代表了氢在三维立体中的1s轨道。 |

有些时候,电子离核近;有些时候,电子离核远;多数情况下,电子所处在的区域就像是一团云。这种电子云并没有严格的界限,边界也相当模糊,如果你让某人观看图7.13所示的照片并让他告诉你电子的位置,他很可能会说电子就在电子云中的某处。这个由电子云所反映出的电子在空间中分布的概率情况是非常有用的信息:如果将95%的"云"用一个球面囊括起来,你就可以说电子在95%的时间内处在这个空间中。科学家把这个最能发现电子存在的空间称作**轨道(orbital)**。

电子在轨道中的分布 轨道是指围绕着原子核的一定空间区域,每个轨道上的电子都有着与次能级相对应的能量,而且轨道只占次能级中的一部分。轨道可以有不同的大小和形状。在所有已知元素的原子中,四种类型的轨道容纳了所有类型的电子。关于各种轨道可容纳的电子的数量,科学家总结出了两条简单规则:第一,1个轨道可以容纳的最大电子数目是2个;第二,轨道的名称与次能级的名称相同。每个能级只有1个s轨道,最多可以容纳2个电子;1个p次能级上最多可以容纳6个电子,因而它有3个p轨道,每个各容纳2个电子。图7.14展示了s和p轨道的形状。

折叠式学习卡

将本节中的信息归纳到你的折叠式学习卡中。

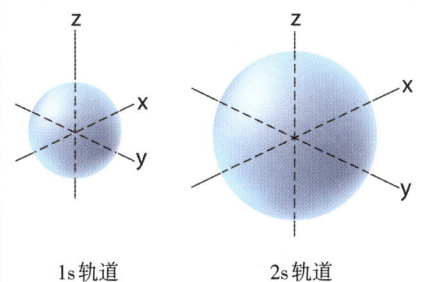

■ 图7.14 依据次能级中电子的数量,不同轨道具有不同的形状。

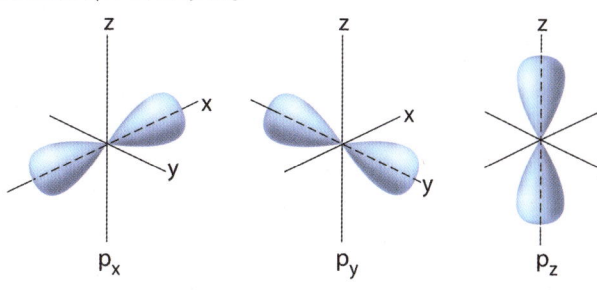

| 1s轨道 | 2s轨道 | p_x | p_y | p_z |

s轨道都是以核为中心的一个球面,它的大小随着能级的增大而增大。

p轨道的形状类似于哑铃。在每个能级上,3个p轨道分别排列在以x、y和z为轴的立体图形中。

239

> **拓展 阅读**
>
> 随着电子获得的能量越来越多,电子跃迁的能级也越来越大,电子离原子核的距离也越来越远。最终的结局就是电子彻底离开原子核,剩下的部分则成为离子。

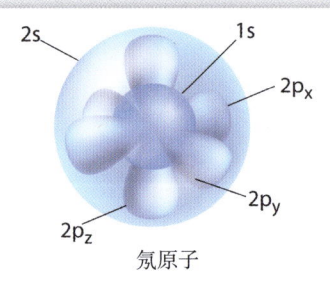

图7.15 试想一下,一对电子在一个轨道上运动时,在任何时刻,大多数的轨道是闲置空间,这些空间可以被其他电子对占用。

判定 一个氖原子中有多少电子?

球形原子 图7.15展示了2s和2p轨道重叠而成的类似球形的电子云,这就是原子的核外电子可以用一系列模糊的中心对称的球体来表示的原因。在下一节中,你将会学习如何运用元素周期表来预测原子中的电子排布。

电子排布 在任何一个原子中,电子在次能级和轨道上的排布都采取最为稳定的方式,即遵守能量最低原则。这种电子在次能级和轨道上最为稳定的排布被称为**电子组态(electron configuration)**。

电子组态 电子在填充轨道和次能级的时候是有先后次序的:先填充最里面的次能级,再填充外层的次能级;无论在哪个次能级,电子先填充s轨道,再填充p轨道。例如,第1能级可以容纳2个电子,当中的电子成对地占据1s轨道;第2能级共有4个轨道,可以容纳8个电子,头2个电子成对出现在2s轨道上,剩余的6个电子成对出现在3个2p轨道上。

> **补充练习**
>
> 有关电子组态和能量的额外练习,请见附录C。

第1节 本节回顾

要点梳理
- 元素在元素周期表上的位置表明了元素的价电子数。
- 最外层的价电子数决定了元素的性质。
- 原子中的电子只能出现在一定能量的能级上,而不会出现在能级之间。
- 能级由次能级组成,每个次能级可以容纳特定数量的电子。
- 次能级能够分割为s、p、d、f轨道,分别能够填充2、6、10、14个电子。

1. **主要 概念 预测** 第3能级总共有多少个s轨道?多少个p轨道?多少个d轨道?
2. **预测** 第4能级中的每个p轨道与同能级的其他轨道有何区别?
3. **描述** p轨道的形状是怎样的?p轨道与同级的其他轨道有何区别?
4. **应用概念** 原子序数分别为12和15的元素存在哪两个不同之处?
5. **解释** 在接通高压电源时,灯泡或灯管中的钠蒸汽可以发出明亮的黄色灯光。请分析钠原子在发射光线的过程中所发生的变化。

第2节

核心问题
- 元素周期表中的s、p、d、f区在哪里？它们与元素的电子组态之间有什么联系？
- 如何运用元素周期表写出元素的电子组态？

术语回顾
轨道： 电子出现概率大的一些区域。

关键术语
内过渡元素

折叠式学习卡
将本节中的信息归纳到你的折叠式学习卡中。

元素周期表和原子结构

主要 概念　元素周期表的排布反映了元素的电子组态。

链接真实世界　你还记得第一次玩跳棋时的情景吗？面对棋盘上繁多的凹巢，当时你可能还不知道如何摆放玻璃珠吧！如果没有游戏规则或者棋盘上没有不同颜色的划分，你可能真的会束手无策。

原子结构的模式

电子在能级上的排布是按照数字顺序，先占据第1能级，随后才开始占据更高的能级。主族元素的价电子占据的是最外层能级的s、p轨道。事实上，对于每种元素，我们都可以从它在元素周期表中的位置，看出价电子所处的轨道：s、p、d或f轨道。

轨道与元素周期表　电子在填充次能级和轨道的过程中遵循着一定的规则，这些规则又直接决定了现代元素周期表的形状。图7.16所示的元素周期表被分割成几个区，分别展示了原子上的电子在次能级和轨道上的分布情况。从中可以看出，第1、2族元素（一些活性金属元素）的价电子处在s轨道；第13～18族元素（包括金属元素、准金属元素和非金属元素）的价电子处在s、p轨道。从而，所有的主族元素都将它们的价电子安放在s或p轨道。在元素周期表中，第1、2族区域被指定为s区，第13到18族区域被指定为p区。d区指的是第3～12族的元素，每行（第7周期所在的行除外）都有10种元素。在周期表的下方是f区，每行有14种元素。

■ **图7.16**　元素周期表被划分为4个区域——s区、p区、d区和f区。
分析　一个次能级上能填充的最大电子数与图中的区域之间有什么联系？

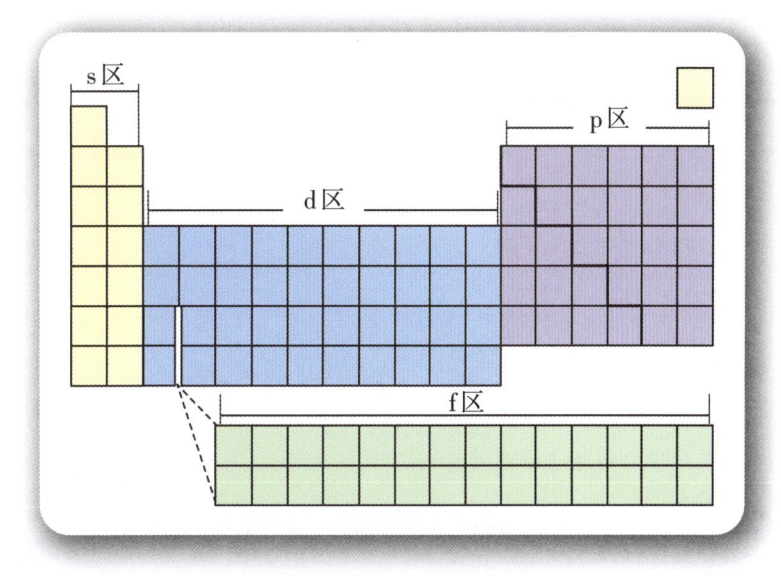

电子组态的构建

随着原子序数的增加，元素的化学性质会发生周期性的变化，这其实是元素的电子组态规律性重复的缘故。回顾**图7.8**和构造原理，氢在第1能级拥有单个电子，它的电子组态是$1s^1$，这是表示电子组态的标准写法，数字1表明能级，字母s表示次能级，上标数字1表明在这个次能级（轨道）上存在的电子数是1。又如氦在1s轨道上拥有2个电子，所以它的电子组态是$1s^2$。从氦的电子组态可以看出，第1能级已经被占满了，如果其他元素有多出的电子，那么这些电子将排布到第2能级上。电子在次能级上的排布必须满足最稳定组态的要求，从而使原子的能量最低。

第二周期元素的电子组态　第2周期的起始元素是锂，它最先的2个电子填入第1能级，第3个电子需要排布在第2能级，由此可得锂的电子组态是$1s^22s^1$。铍在2s轨道拥有2个电子，所以它的电子组态是$1s^22s^2$。如果顺着第2周期继续书写元素的电子组态，电子将开始进入p轨道。后面的元素总要比前一元素多出一个分布在p轨道上的电子。例如碳元素，在第2能级拥有4个电子，其中2个在2s轨道，另2个在2p轨道，所以碳元素的电子组态是$1s^22s^22p^2$。再如，原子序数为10的氖，在p轨道上拥有6个电子，所以它的电子组态是$1s^22s^22p^6$。从氖的电子组态可以看出，它的8个价电子，有2个处在s轨道，另6个处在p轨道。**图7.17**能够帮助你书写任一元素的电子组态。

■ **图7.17**　构造图能够说明电子填充次能级的周期性规律。下列步骤和构造图能够帮助你书写任一元素的电子组态。
① 确定你要书写的元素的电子组态所对应的电子数。在中性原子中，电子数与元素的原子序数相等。
② 从1s开始书写电子组态，然后根据图中自上而下的箭头序列依次写下途经的次能级，当你写完了一条箭头中的次能级时，就继续写下右边一条箭头序列中途经的次能级。在此过程中，要写出上标数字来表示每个次能级中的电子数，直到所有的电子都被填充到原子的次能级中。

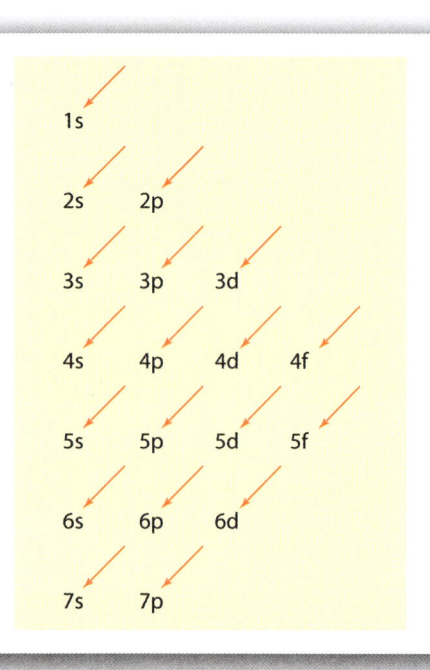

第三周期元素的电子组态 钠的原子序数是11,它是第3周期的起始元素。因为钠元素比氖元素多出一个3s电子,所以它的电子组态是$1s^22s^22p^63s^1$。如果你将它与锂的电子组态$1s^22s^1$相比,就可以轻而易举地看出,钠和锂化学性质相似的原因在于它们的最外层轨道上都只有1个电子。

电子组态的简写:用稀有气体表示 请注意观察氖的电子组态,它的内核电子与氦($1s^2$)的电子组态完全一样,我们可以据此简化电子组态的书写,如氖的电子组态可以简写为$[He]2s^22p^6$。在这个电子组态的简写式中,氖的内层电子用前一行的稀有气体(He)来代替,随后跟着当前周期的轨道上的电子排布。这套简写式也可以应用到其他元素,如钠的电子组态的简写式是$[Ne]3s^1$,其中氖核代表了钠的10个内层电子。类似地,锂的电子组态的简写式是$[He]2s^1$,从这可以更为明显地看出,第1族的元素在相同类型的轨道上有着相同数量的价电子。

表7.2展示了第2、3周期所有元素的电子组态。请注意相同族的元素有着相似的电子组态,这一点非常重要,它表明元素周期表上的元素性质之所以呈现周期性变化的趋势,实际上是因为电子组态重复变化的产物。

表7.2　第2、3周期元素的电子组态

第2周期元素	电子组态	第3周期元素	电子组态
锂	$[He]2s^1$	钠	$[Ne]3s^1$
铍	$[He]2s^2$	镁	$[Ne]3s^2$
硼	$[He]2s^22p^1$	铝	$[Ne]3s^23p^1$
碳	$[He]2s^22p^2$	硅	$[Ne]3s^23p^2$
氮	$[He]2s^22p^3$	磷	$[Ne]3s^23p^3$
氧	$[He]2s^22p^4$	硫	$[Ne]3s^23p^4$
氟	$[He]2s^22p^5$	氯	$[Ne]3s^23p^5$
氖	$[He]2s^22p^6$	氩	$[Ne]3s^23p^6$

迷你实验 2

原子中的电子

你如何对电子可能的分布进行建模 原子的现代理论表明,我们无法确定电子在原子中的准确位置,但是可以在空间中圈出一块区域,并称在这一区域中有95%的把握可以发现电子,这块确定的区域就是轨道。在所有的原子中,能量最低的轨道称为1s轨道。在这个实验里,你将统计中心点周边区域击中点的数目,用来模拟1s轨道的可能性分布。

实验步骤

1. 阅读并完成实验安全表格。
2. 取两张大小约为 22 cm×28 cm 的空白纸,并在每张纸的中央做一个小的但肉眼可见的记号。将两张纸对齐拿起,对着灯光,你可以发现两张纸上的记号重叠。
3. 选其中一张纸作为目标纸,围绕它的中心点画半径分别为 1 cm、3 cm、5 cm、7 cm 和 9 cm 的圆,最中央的区域编号为1,从内到外分别将圆环区域编号为2、3、4、5。
4. 将一块海报纸板放在地板上,并将目标纸有字的一面朝上摊在纸板上。
5. 在目标纸上铺上一张复写纸,有复写功能的一面朝下,最后将第二张空白纸放上,有记号的一面朝上。用胶带将三张纸固定在纸板上,并将纸板固定好。
6. 站直,从大约胸部这个高度投出飞镖,每次都试图命中中央的记号,尝试100次左右。
7. 剥去胶带,分开白纸和复写纸。制作一张表格,记录下目标纸上每个区域被击中的点数。

分析与讨论

1. **类比** 在每个目标区域上分别有多少击中数?如果拿原子模型作比照,每次击中意味着什么?
2. **作图** 以不同的目标区域为横坐标,击中数为纵坐标制作一个图表。
3. **分析** 哪个目标区域最有可能被命中?将你的发现与原子模型相对照。

稀有气体稳定的电子组态 每一周期都是以一种稀有气体元素结尾,由此可知,所有的稀有气体已经填满所占据的能级,从而获得稳定的电子组态。表7.3 展示了所有稀有气体的电子组态,从中可以看出,除氦外,所有稀有气体都含有8个价电子。而氦的2个电子已经填满了它最外层的能级,同样实现了稳定的电子组态。稀有气体的这种稳定的电子组态,让它们无需通过化学键就可获得稳定,也让它们表现为缺乏反应性。

表7.3	稀有气体的电子组态		
稀有气体	电子组态	稀有气体	电子组态
氦	$1s^2$	氪	$[Ar]4s^2 3d^{10} 4p^6$
氖	$[He]2s^2 2p^6$	氙	$[Kr]5s^2 4d^{10} 5p^6$
氩	$[Ne]3s^2 3p^6$	氡	$[Xe]6s^2 4f^{14} 5d^{10} 6p^6$

第四周期元素的电子组态　你可能会认为,在填满了3p轨道的氩之后的元素会将电子填入3d轨道,事实上并非如此。紧随氩的是钾元素,由它来开始第4周期。钾的电子组态是[Ar]4s^1。如果你将这个电子组态与**表7.2**中锂、钠的电子组态相比,你就不难发现钾也是第1族元素,有着与该族其他元素相似的化学性质。实验证据表明,4s和3d次能级在能量上是接近的,但4s次能级的能量要略低些。所以,遵循原子能量降低的原则,电子首先选择4s次能级进行填充。钾之后的元素是钙,钙元素将4s轨道全部填满,电子组态是[Ar]4s^2。

过渡元素　注意在元素周期表中,钙元素之后是该周期中的一系列过渡元素,从钪开始,以锌结尾,总共10种元素。由于性质上的差异,有时第11族和第12族元素并不被看作过渡金属。现在,电子开始在3d次能级上排布了,这样可使原子的能量最低。我们可以看一下元素周期表中各区与电子排布的规律:s区在每个能级上可容纳2个电子,将其纳入1个s轨道;p区在每个能级上可容纳6个电子,将其纳入3个p轨道;d区在每个能级上可容纳10个电子,将其纳入5个d轨道;f区在每个能级上可容纳14个电子,将其纳入7个f轨道。第一种过渡元素钪的电子组态是[Ar]4s^{2}3d^1,该系列最后一种元素锌的电子组态是[Ar]4s^{2}3d^{10}。**图7.18**展示了这些3d过渡元素的电子组态。在3d元素后的6种元素,从镓到氪,将多出的电子填入了4p轨道,完成了第4周期。

■ **图7.18**　3d区总共容纳10个电子,都处在d轨道上。注意铬、铜在4s轨道上只有1个电子,这种不可预测的结果表明4s和3d次能级在能量上是非常接近的。

	3	4	5	6	7	8	9	10	11	12
3d	钪 21 Sc [Ar]4s^{2}3d^1	钛 22 Ti [Ar]4s^{2}3d^2	钒 23 V [Ar]4s^{2}3d^3	铬 24 Cr [Ar]4s^{1}3d^5	锰 25 Mn [Ar]4s^{2}3d^5	铁 26 Fe [Ar]4s^{2}3d^6	钴 27 Co [Ar]4s^{2}3d^7	镍 28 Ni [Ar]4s^{2}3d^8	铜 29 Cu [Ar]4s^{1}3d^{10}	锌 30 Zn [Ar]4s^{2}3d^{10}

生活中的化学

宝石的颜色

你是否曾问过自己,究竟是什么让玻璃五彩斑斓?又是什么让镶嵌在戒指上的红宝石、祖母绿或蓝宝石光彩璀璨?现在就让我们来揭开这些谜底吧!过渡元素的化合物可以创造出所有你想要的色彩。

给宝石和玻璃上色的过渡元素 过渡元素有着许多重要的应用,其中之一是可以让各种宝石和玻璃获得颜色。尽管并非所有过渡元素的化合物都有颜色,但多数有色的无机化合物中都含有一种或多种过渡元素,例如铬、铁、钴、铜、锰、镍、镉、钛、金或钒等。化合物的颜色取决于三个因素:

1. 金属种类。
2. 金属元素的氧化数。
3. 与金属阳离子结合的阴离子类型。

■ 图7.19 石英晶体。

杂质让宝石获得颜色 晶体有着引人入胜的性质,**图7.19**中透明、无色的石英晶体就是由纯的二氧化硅(SiO_2)组成的。当在一些无色的纯晶体中掺入少量过渡元素的化合物(常常是过渡元素的氧化物)之后,就成为彩色的宝石。

紫水晶(紫色)、柠檬黄(黄棕色)和玫瑰石英(粉红色)就是一些过渡元素杂质散布在石英晶体中形成的。蓝宝石由氧化铝组成,当中掺有氧化亚铁[iron(Ⅱ) oxide, FeO]和二氧化钛[titanium(Ⅳ) oxide, TiO_2]。但如果氧化铝晶体中掺有少量的三氧化二铬[chromium(Ⅲ) oxide, Cr_2O_3],它就会变成红宝石。另一种类型的宝石则完全是由有色化合物组成,大多数是过渡元素的化合物,如玫瑰红的菱锰矿($MnCO_3$)、灰黑色的赤铁矿(Fe_2O_3)和绿色的孔雀石[$CuCO_3 \cdot Cu(OH)_2$],等等。

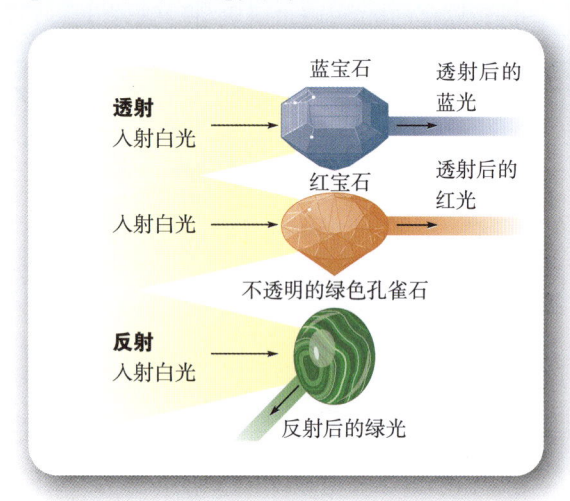

■ 图7.20 宝石的颜色是透射或反射后的光的颜色。

金属离子是如何与光作用产生颜色的 为何Al_2O_3晶体中存有少量的Cr_2O_3就可形成红宝石?因为Cr^{3+}吸收了照射在红宝石上白光中的黄绿光,剩下的红蓝光穿过宝石后就成了我们眼中的深红色,如**图7.20**所示。这个原理可以用来解释所有宝石的颜色,即宝石中的杂质吸收了白光中部分色调的光,剩下的光反射或透射后,产生了宝石的不同颜色。

有色玻璃中的过渡元素　在玻璃还处在熔融状态时，加入一些过渡元素可以让玻璃带有颜色。有色玻璃（如**图 7.21** 所示的玻璃吹制）和陶瓷釉都是通过这种方式获得颜色的。**表 7.4** 总结了一些在玻璃中产生颜色的过渡元素、金属元素和非金属元素。

■ **图 7.21**　吹制玻璃。

表 7.4	玻璃吹制		
元素	氧化态	颜色	强度
过渡元素			
钴	氧化/还原	蓝色	很强
铁	氧化	绿色	强
	还原	蓝色	中
铜	氧化	蓝—绿色	强
铬	强氧化	黄—绿色	
	还原	翠绿色	很强
锰	氧化	紫色	很强
	还原	无色	
铀	氧化	黄色，发荧光	弱
钛		黄—棕色	弱
金属元素			
金		蓝红色	强
铜		红色	强
银		黄色	强
非金属元素			
硫	强还原	琥珀色（微红）	弱
硒	轻微氧化	粉红色	弱

> **进一步探索**
>
> 1. **应用**　解释为何硫化铁是黄色，二价铁的硫氰酸盐是绿色，三价铁的硫氰酸盐是红色。
> 2. **获取信息**　找出是什么杂质，让紫水晶、柠檬黄和玫瑰石英获得颜色的。

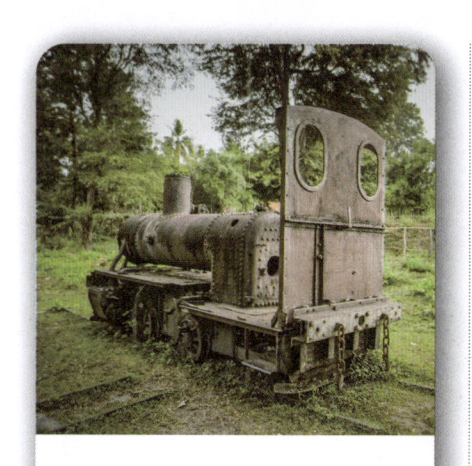

■ 图 7.22 曾经美丽而又牢固的钢铁在空气和雨水的侵蚀之下锈迹斑斑。

推断 铁的哪些性质使得它适合用于制造火车？又有哪些性质使得它不适合用于制造火车？

家庭 实验

参见附录F，比较轨道的大小。

折叠式学习卡

将本节中的信息归纳到你的折叠式学习卡中。

多种氧化态 与大多数的金属相似，过渡元素通过失去电子达到更为稳定的组态。大多数过渡元素常常有着几个氧化数，这是因为它们的s、d轨道的能量非常接近，以至于两个轨道上都可以失去电子。例如，钴（原子序数为27）可以形成两类氟化物，化学式分别是CoF_2和CoF_3。在CoF_2中，钴共转移给氟2个电子；在CoF_3中，钴则失去了3个电子。

过渡元素铁的生锈过程表明，铁的氧化数不止一个，如图7.22所示。在生锈过程中，铁先形成化合物FeO，随后，FeO继续与氧气、水反应生成我们熟悉的棕黑色化合物Fe_2O_3，也称作铁锈。因为氧原子需要2个电子才能获得稀有气体的电子组态，所以铁原子先是失去了2个4s电子给氧原子，形成了FeO化合物。而为了形成更为复杂的化合物Fe_2O_3，2个铁原子总共失去了6个电子给3个氧原子，即每个铁原子都必须让出2个4s电子和1个3d电子。

内过渡元素 在元素周期表主体的下方有两行元素，分别是镧系元素（原子序数从58～71）和锕系元素（原子序数从90～103）。因为这两行元素最后排布的电子占据了内层4f轨道（第6周期）和5f轨道（第7周期），所以也将它们称作**内过渡元素（inner transition element）**。因为4f轨道和5f轨道与相应的d轨道（分别是5d和6d轨道）的能量非常接近，使得内过渡元素的电子有时会重新分布到相应的d轨道，这就增加了元素氧化数的可变性，但这些元素最为常见的氧化数都是+3。

轨道的大小

氢元素和第1族的元素在一个s轨道上都拥有单个价电子：氢的组态是$1s^1$；锂的价电子组态是$2s^1$；对于钠，则是$3s^1$；对于钾，则是$4s^1$；随着这一纵列继续下去，铷、铯和钫的价电子组态分别为$5s^1$、$6s^1$和$7s^1$。那么，这些s轨道间存在哪些差别？随着元素从上到下，最外次能级的能量逐渐增加，最外层电子离核也越来越远。氢和第1族元素的价电子所占的s轨道是被描述成原子核外的球体。价电子离核的距离越远，它所占据的s轨道的范围也就越大。

图7.23展示了1s、2s和3s轨道的相对大小。请注意，1s、2s、3s轨道在三维坐标系中重叠，原子的尺寸随着元素周期表中元素次能级数的增大而增大。同一族的元素价电子结构相似，但是所属能级不同，因此也具有不同的能量。

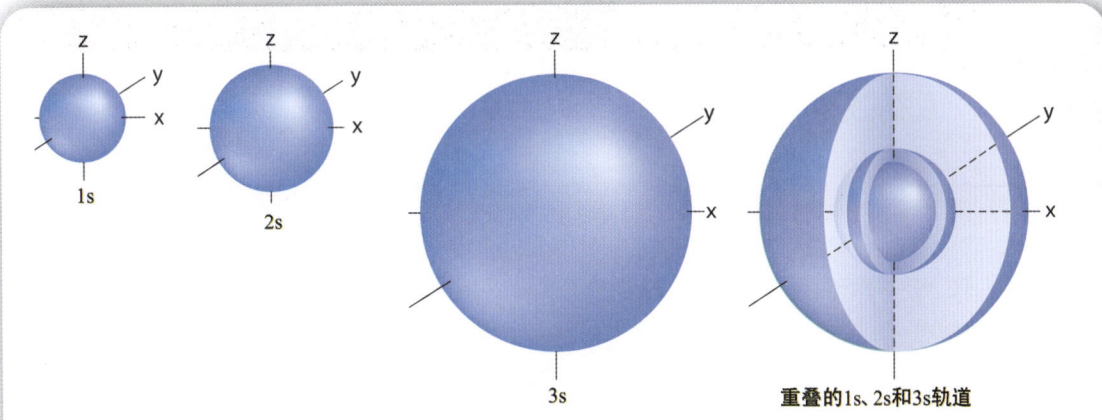

■ **图7.23** 随着最外层能级数的变大，最外围轨道的大小和能量也相应增加。坐标轴相交处就是原子核。右边的模型展示了重叠的1s、2s和3s轨道。最后一个模型可以表示钠元素。

精彩预告

通过本章的学习，你已经掌握了一项重要技能——运用元素周期表来书写元素的电子组态。现在，你应该能清楚地认识到，周期表的排布反映了元素的电子组态。在具备了这种洞察力之后，你将学习第8章有关元素的性质变化趋势和行为模式的相关知识。对电子组态和周期性趋势的理解，将让你在整理看似巨量的信息资料时更有效率。

补充练习
有关电子组态的额外练习，请见附录C。

第2节 本节回顾

要点梳理

■ 活泼金属占据了周期表的s区；p区元素有三类：金属、准金属和非金属。

■ 同一周期的主族元素，价电子数从1个增加到8个。

■ 第3~12族的过渡元素占据了元素周期表的d区，这些元素的价电子可以分布在s轨道或d轨道。

■ 镧系元素和锕系元素被称作内过渡元素，占据周期表的f区，这些元素的价电子分布在s轨道或f轨道。

6. **主要 概念 应用** 借助元素周期表，写出下列原子的电子组态，请选择合适的稀有气体的内核简写这些电子。
   a) Ca
   b) Mg
   c) Si
   d) Cl
   e) Ne

7. **鉴别** 写出与下列电子组态相对应的元素。
   a) $1s^2 2s^2$
   b) $1s^2$
   c) $1s^2 2s^2 2p^5$
   d) $1s^2 2s^2 2p^2$
   e) $[Ne]3s^2 3p^4$
   f) $[Ar]4s^1$

8. **比较** 填满和未填满的轨道有什么不同之处？

9. **应用概念** 包含s轨道的最低能级是多少？周期表中哪块区域被指定为s区？在这个区域中的元素，大部分是金属、准金属还是非金属？

10. **解释** 为什么元素周期表的第4、5周期包含18种元素，而不是像第2、3周期那样只有8种元素？

11. **书写** 根据构造图写出金(Au)的电子组态。这个原子具有多少个电子？用稀有气体氙(Xe)的内核简写电子组态。

249

第 7 章　学习指南

大　概念　价电子数决定了元素的性质。

第 1 节　现代原子理论

主要 概念　电子按照能级和次能级排布。

关键术语
次能级
构造原理
海森堡测不准原理
轨　道
电子组态

要点梳理

- 元素在元素周期表上的位置表明了元素的价电子数。
- 最外层的价电子数决定了元素的性质。
- 原子中的电子只能出现在一定能量的能级上，而不会出现在能级之间。
- 能级由次能级组成，每个次能级可以容纳特定数量的电子。
- 次能级能够分为 s、p、d、f 轨道，分别能够填充 2、6、10、14 个电子。

第 2 节　元素周期表和原子结构

主要 概念　元素周期表的排布反映了元素的电子组态。

关键术语
内过渡元素

要点梳理

- 活泼金属占据了周期表的 s 区；p 区元素却有三类：金属、准金属和非金属。
- 同一周期的主族元素，价电子数从 1 个增加到 8 个。
- 第 3～12 族的过渡元素占据了元素周期表的 d 区，这些元素的价电子可以分布在 s 轨道或 d 轨道。
- 镧系元素和锕系元素被称作内过渡元素，占据周期表的 f 区，这些元素的价电子分布在 s 轨道或 f 轨道。

第 7 章 测 评

要点理解

12. 解释电子云是什么。
13. 描述 s 和 p 轨道的形状。
14. 什么是电子的八隅体结构？八隅体结构的重要性是什么？
15. 一个轨道可以容纳多少个电子？
16. 一个能级可以拥有多少个 d 轨道？一个能级中的 d 轨道最多能够容纳多少个电子？拥有 d 轨道的最低能级是哪一能级？
17. 前 4 个能级上，每个能级可以容纳的最大电子数分别是多少？
18. 一个能级可以拥有多少个 p 轨道？拥有 p 轨道的最低能级是哪一能级？
19. 以下几种符号分别代表什么：2s、4d、3p、5f？
20. 完成**表 7.5**。

表 7.5	次能级拥有的最大电子数
次能级	最大电子数
2s	
3p	
4d	
4f	

21. 第 1 周期为何只有 2 种元素？
22. **表 7.6** 中的哪些元素属于内过渡元素？

表 7.6	内过渡元素
元素	是/否
V	
Er	
Cl	
Po	
Cm	

23. 周期表的 f 区在哪里？说出占据这个区的两系列元素的名称。
24. 价电子是什么？它们在原子中处于什么位置？为什么说它们很重要？
25. 在硫的电子组态 [Ne]$3s^2 3p^4$ 中，哪部分表示价电子？

应用概念

物理学链接

26. 玻尔的原子理论对现代原子理论的贡献是什么？

化学与生活

27. 过渡金属为何能让宝石（如红宝石、绿宝石）带有颜色？

化学与技术

28. 解释为何说扫描探针显微镜、扫描隧道显微镜和原子力显微镜的发展对于现代化学是非常重要的。
29. 识别出与**表 7.7** 中电子组态相对应的元素。

表 7.7	电子组态
电子组态	元素
[Kr] $5s^2 4d^3$	
$1s^2 2s^2 2p^1$	
[Xe] $6s^2$	
[Ar] $4s^1 3d^{10}$	

30. 烟花燃放所产生的烟花与元素的发射光谱有哪些相似之处？
31. 钠和氧气结合生成氧化钠，化学式是 Na_2O。运用周期表预测钾、铷和铯的氧化物的化学式。在此过程中，你运用了元素的哪个周期性性质？

251

第 7 章 测评

批判性思考

观察与推断

32. **迷你实验2** 为什么将电子轨迹描述为电子云是最恰当的？

33. **化学实验** 在探索镁和铝的反应能力的实验中，加入的两种金属的质量不同，但采用了相同数量的盐酸，请问：这样做能否得到正确的结果？请解释。

数据解释

对比与比对

34. 运用元素周期表，比较和对比下面成对元素的电子组态的相似性和不同点：F 和 Cl、O 和 F、Cl 和 Ar。

日积月累

35. 对那些可以成为阳离子的元素来说，离子的电荷数与该元素的价电子数有着怎样的联系？

36. 描述道尔顿的原子模型，比较和对比道尔顿原子模型和现今的原子模型的相似性和不同点。

37. 在 5 个化学式单位的高锰酸钙中，每种元素的原子分别有多少？

技能训练

38. **运用图表** 运用**图 7.24** 推测，当频率加倍时能量将如何变化。

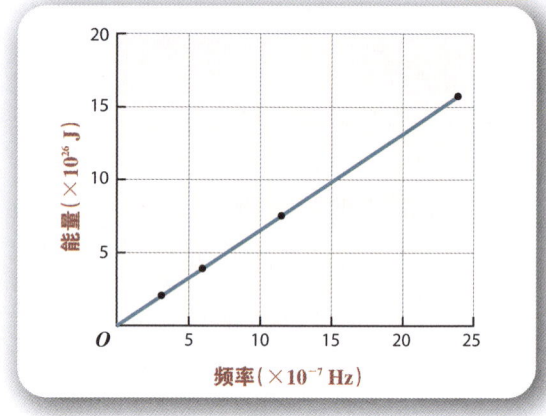

■ 图 7.24

科技写作 化学

39. 激光的英文名称 "LASER" 是英文 "Light Amplification by Stimulated Emission of Radiation" 各单词的首字母组成的缩写词，意思是"受激辐射的光放大"。除了用于光电表演外，激光有着许多重要用途，请找出激光的相关资料：激光的产生过程，哪些物质参与激光的生成以及激光的用途。用一篇小短文来描述你的收获。

解决问题

40. **图 7.25** 所示的电磁波谱中列举了几种类型的辐射：用于烹调食物的微波，来自太阳的紫外辐射，医用的 X 射线，计算器显示屏上的红光，γ 射线。请运用这幅图回答下面的问题：哪种类型的辐射能量最强？哪种类型的辐射能量最弱？

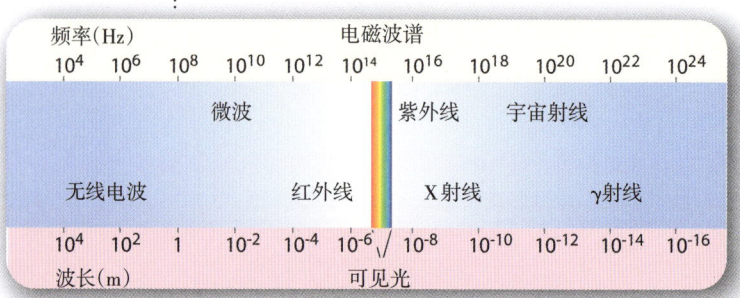

■ 图 7.25

标准化测试

1. 现代的原子模型替代了
   a) 道尔顿的模型。
   b) 汤姆生的模型。
   c) 卢瑟福的模型。
   d) 玻尔的模型。

2. 1个电子退回到之前的能级，会
   a) 释放能量。
   b) 吸收能量。
   c) 转移能量。
   d) 储存能量。

部分过渡金属的电子组态			
元素	符号	原子序数	电子组态
钒	V	23	$[Ar]4s^23d^3$
钇	Y	39	$[Kr]5s^24d^1$
			$[Xe]6s^24f^{14}5d^6$
钪	Sc	21	$[Ar]4s^23d^1$
镉	Cd	48	

运用元素周期表和上表回答第3~5题。

3. 下列哪一项是用稀有气体的内核简写的Cd的电子组态？
   a) $[Kr]4d^{10}4f^2$
   b) $[Ar]4s^23d^{10}$
   c) $[Kr]5s^24d^{10}$
   d) $[Xe]5s^24d^{10}$

4. 下列哪个元素属于非金属元素？
   a) 锡
   b) 氩
   c) 钨
   d) 砷

5. 下列哪个元素的电子组态为$[Xe]6s^24f^{14}5d^6$？
   a) La
   b) Ti
   c) W
   d) Os

6. 钪原子完整的电子组态是哪一项？
   a) $1s^22s^22p^63s^23p^64s^23d^1$
   b) $1s^22s^22p^73s^23p^74s^23d^1$
   c) $1s^22s^22p^53s^23p^54s^23d^1$
   d) $1s^22s^12p^73s^13p^74s^23d^1$

7. 下列次能级中，谁对应的能量最高？
   a) s
   b) p
   c) d
   d) f

8. 当铁钉被放入水中时，会发生铁钉生锈的化学反应，这个反应的反应物是哪个(些)？
   a) 铁
   b) 水
   c) 铁和铁锈
   d) 铁和水

9. 下列哪一项关于同素异形体的描述不正确？
   a) 同素异形体中只含有一种元素。
   b) 同素异形体中元素的氧化数不同。
   c) 同素异形体之间的性质不相同。
   d) 同素异形体具有不同的分子结构。

10. 如果用氮气替换白炽灯灯泡中填充的稀有气体，会产生什么结果？
    a) 灯泡中的钨丝会和调光器一起燃烧。
    b) 灯泡中的钨丝会燃烧。
    c) 产生的化学反应会延长灯泡的寿命。
    d) 产生的化学反应会缩短灯泡的寿命。

考点提示										
测试题号	1	2	3	4	5	6	7	8	9	10
对应章节	7.1	7.1	7.2	3.2	7.2	7.2	7.1	6.1	5.2	3.2

253

图书在版编目（CIP）数据

科学发现者. 化学 第二版 2023修订版 上册 ／（美）菲利普（John S. Phillips）等著；王祖浩等译. -- 杭州：浙江教育出版社，2023.7
ISBN 978-7-5722-6273-9

Ⅰ.①科… Ⅱ.①菲… ②王… Ⅲ.①中学化学课－高中－教学参考资料 Ⅳ.①G634

中国国家版本馆CIP数据核字(2023)第138012号

美国高中主流理科教材
科学发现者

第二版 2023修订版

化学 | 概念与应用
Chemistry
Concepts and Applications

[美] 菲利普 等 著　　王祖浩 等 译

中册

浙江教育出版社·杭州

目　录

8 第8章　元素性质的周期性 …………………………… 254
　　起步实验　周期性质 ……………………………………… 255
第1节　主族元素 ………………………………………… 256
　　迷你实验8.1　原子半径的周期性规律 ………………… 260
　　化学实验　碱土金属的反应及其离子所带的电荷数 …… 266
　　历　史　链　接　罗马帝国的衰落与铅中毒 ………… 270
　　生活中的化学　火柴与化学 …………………………… 273
　　生物学　链　接　氟化物与蛀牙 ……………………… 278
第2节　过渡元素 ………………………………………… 280
　　工作原理　灯泡中的过渡元素 ………………………… 282
　　迷你实验8.2　过渡金属离子所带的电荷数 …………… 283
　　化学与技术　碳与钢 …………………………………… 286

9 第9章　化 学 键 ………………………………………… 298
　　起步实验　油和醋的混合 ……………………………… 299
第1节　原子间的化学键 ………………………………… 300
　　历　史　链　接　莱纳斯·鲍林：知识与和平的倡导者 … 305
　　迷你实验9.1　纸上层析 ………………………………… 310
第2节　分子的形状与极性 ……………………………… 313
　　化学工作者　化 学 家 ………………………………… 316
　　生活中的化学　振动着的分子 ………………………… 318
　　迷你实验9.2　搭建分子模型 …………………………… 323
　　化学与技术　层　析 …………………………………… 324
　　化学实验　糖果中有哪些色素 ………………………… 326

1

10 第10章 物质的动力学理论 **336**

起步实验　温度与混合 337

第1节 物质的物理学行为 338

　　迷你实验10.1　扩散速率 341

　　艺术链接　玻璃雕刻 344

第2节 能量与物质状态的变化 346

　　生活中的化学　冷冻干燥 351

　　化学与技术　空气的分馏 352

　　迷你实验10.2　汽化速率 355

　　工作原理　高压锅 357

　　化学实验　分子与能量 360

11 第11章　气体的行为 **368**

起步实验　气体的体积和温度 369

第1节 气压 370

　　迷你实验11.1　气体的质量和体积 373

　　工作原理　轮胎压力表 375

第2节 气体定律 380

　　地球科学链接　气象气球 383

　　迷你实验11.2　吸管的工作原理 384

　　化学实验　波义耳定律 386

　　化学与技术　压力下的健康 388

　　生活中的化学　爆米花 395

2

12 第12章 化学量 402

起步实验　1摩尔是多少 403

第1节　计算物质的微粒数 404

迷你实验 12.1　用质量来计数 408

艺术链接　加纳阿散蒂的黄铜砝码 411

第2节　摩尔的应用 413

生活中的化学　安全气囊 417

迷你实验 12.2　计算反应物的量 418

化学实验　分析混合物 422

化学与技术　提高化学合成的产率 424

13 第13章 水和溶液 434

起步实验　溶液的形成 435

第1节　神奇的水 436

迷你实验 13.1　表面张力 443

化学与社会　水 处 理 447

化学工作者　废水处理员 448

第2节　溶液及其性质 451

迷你实验 13.2　硬水和软水 452

生活中的化学　肥皂与清洁剂 455

化学实验　溶液的鉴定 456

生活中的化学　防 冻 剂 466

工作原理　便携式反渗透设备 468

化学与技术　凝　胶 470

14

第14章　酸、碱和pH ·················· 478
起步实验　日用品测试 ·················· 479
第1节　酸和碱 ·················· 480
迷你实验14.1　酸的反应 ·················· 482
化学与技术　柠檬酸的生产 ·················· 485
生物学 链接　血液检测 ·················· 487
化学工作者　化妆品药剂师 ·················· 490
化学与社会　大气污染 ·················· 495
第2节　酸和碱的强度 ·················· 497
迷你实验14.2　抗酸剂 ·················· 504
生活中的化学　平衡化妆品中的pH ·················· 505
化学实验　家用的酸和碱 ·················· 506

15

第15章　酸碱反应 ·················· 514
起步实验　缓冲剂 ·················· 515
第1节　酸碱中和反应 ·················· 516
迷你实验15.1　酸性,碱性还是中性 ·················· 518
工作原理　味觉 ·················· 519
地球科学 链接　溶洞的形成 ·················· 525
第2节　酸碱中和反应的应用 ·················· 531
迷你实验15.2　缓冲溶液 ·················· 533
生活中的化学　打嗝 ·················· 534
化学与社会　人造血液 ·················· 537
工作原理　指示剂 ·················· 543
化学实验　醋的滴定 ·················· 544

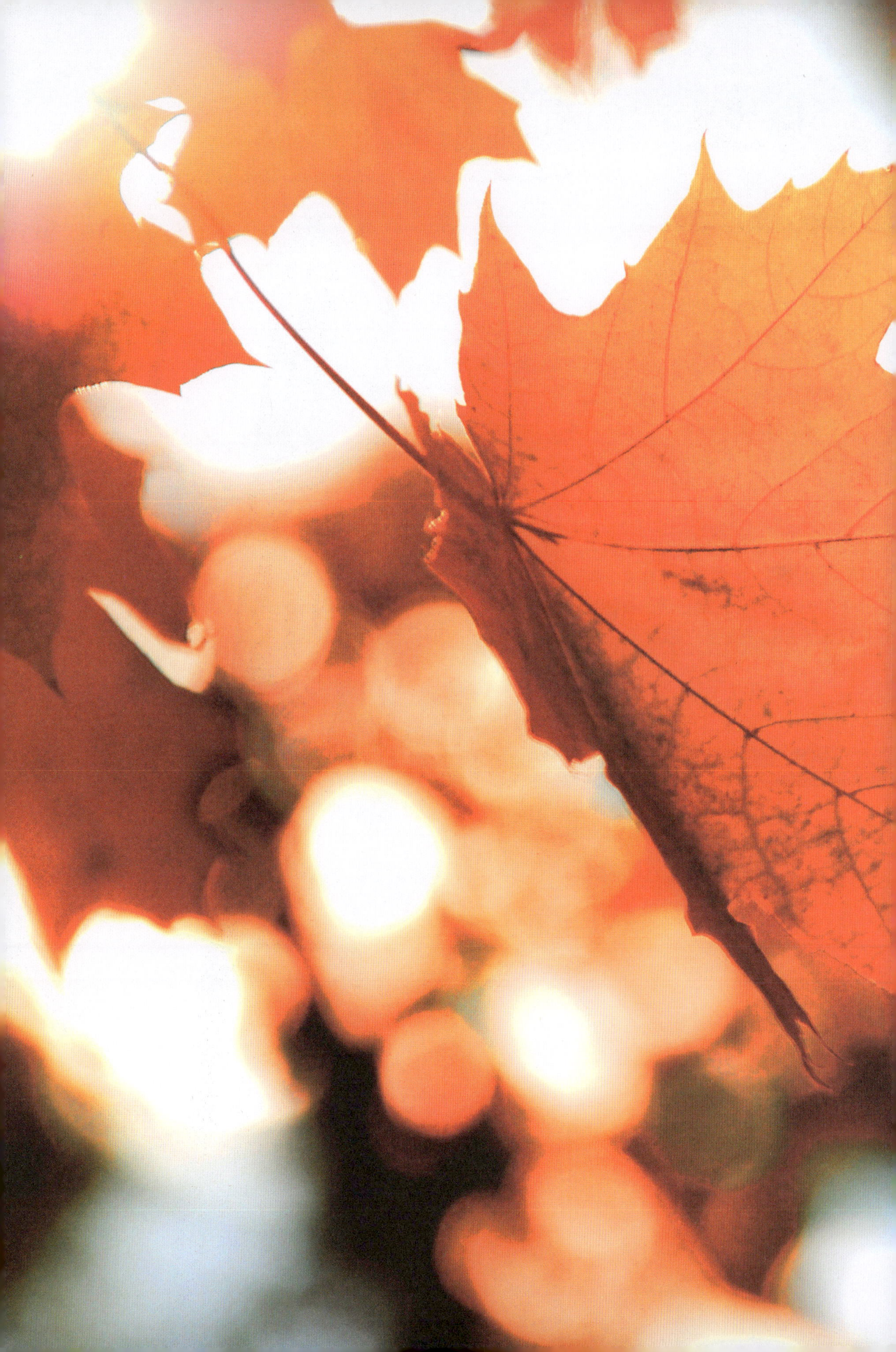

第 8 章　元素性质的周期性

大　概念　元素周期表中元素的变化规律包括它们的大小以及得失电子的能力。

第1节　主族元素
主要　概念　同一周期主族元素的金属性和原子半径从左到右逐渐减小。

第2节　过渡元素
主要　概念　过渡元素的性质取决于d轨道上的电子，内过渡元素的性质还取决于f轨道上的电子。

你知道吗？

- 颜料根据颜色和亮度来分类。
- 元素根据质子数来分类。
- 氢是宇宙中最丰富的元素。

课 前 活 动

起步实验

周期性质
熔点具有周期性吗?

实验器材
- 笔记本
- 图形计算器或坐标纸

实验步骤
1. 创建一张数据表来记录第四周期元素(19~36号元素)的熔点。表格内容应当包含原子序数、元素名称和熔点。
2. 利用元素周期表找到元素名称。利用附录的**表 E.4** 找到这些元素的熔点,以 ℃ 为单位。在数据表中记录不同元素的熔点。
3. 利用图形计算器或坐标纸来画出熔点曲线图。以原子序数为 x 轴,熔点为 y 轴。一定要标注坐标并且给表格命名。

实验分析
1. **描述** 你能在创建的图表中看出什么规律吗?
2. **推断** 熔点是否呈现出周期性?请说明理由。

探究 沸点和密度具有周期性吗?做出预测,然后试着验证。

折叠式学习卡 学习组织者

周期性规律 按以下图示制作折叠式学习卡,帮助你整理有关元素周期表规律的内容。

▶ **步骤1** 将5张纸每隔2 cm垂直放置。

▶ **步骤2** 折叠纸张的底边形成10层,钉住折叠处。

▶ **步骤3** 在第一层上标注"元素周期表",按序号和主族元素族的名称依次标注,最后一层写"过渡元素"。

1. 碱金属
2. 碱土金属
第13族
第14族
第15族
第16族
17. 卤素
18. 稀有气体
过渡元素

折叠式学习卡 在第1节和第2节中使用该折叠式学习卡。在你阅读的过程中,利用折叠式学习卡记录电子组态、化学性质以及元素的用途。

第1节

主族元素

核心问题
- 主族元素在周期表中的位置与它们的电子组态有何关联?
- 主族元素的化学性质是什么?
- 元素的电子组态和原子半径与它的化学性质有何关联?

术语回顾

内过渡元素:镧系或锕系中的任一元素。

关键术语

碱金属
碱土金属
卤素

主要 概念 同一周期主族元素的金属性和原子半径从左到右逐渐减小。

链接真实世界 你可能还没意识到,你家里有好多化学品:水槽边,你会发现洗涤剂、清洁剂等;在厨房,你会找到醋、发酵粉和小苏打等。这些产品中含有许多简单的化合物,例如氯化钠和氢氧化钠。

主族元素性质的规律

你已学过,元素周期表中同族元素的价电子数相同,并因此具有相似的性质。而同周期元素性质各异,这是因为,除第1周期外,其他周期按从左到右的顺序,每一行元素的价电子数从1递增到8,所以元素呈现出各自不同的特性。图8.1列出了主族元素,由图中可以看出,除了第1周期,每一周期从两种或两种以上金属元素开始,接下来是一到两种准金属元素,再右边是非金属元素,最后总是以一种稀有气体元素结尾。

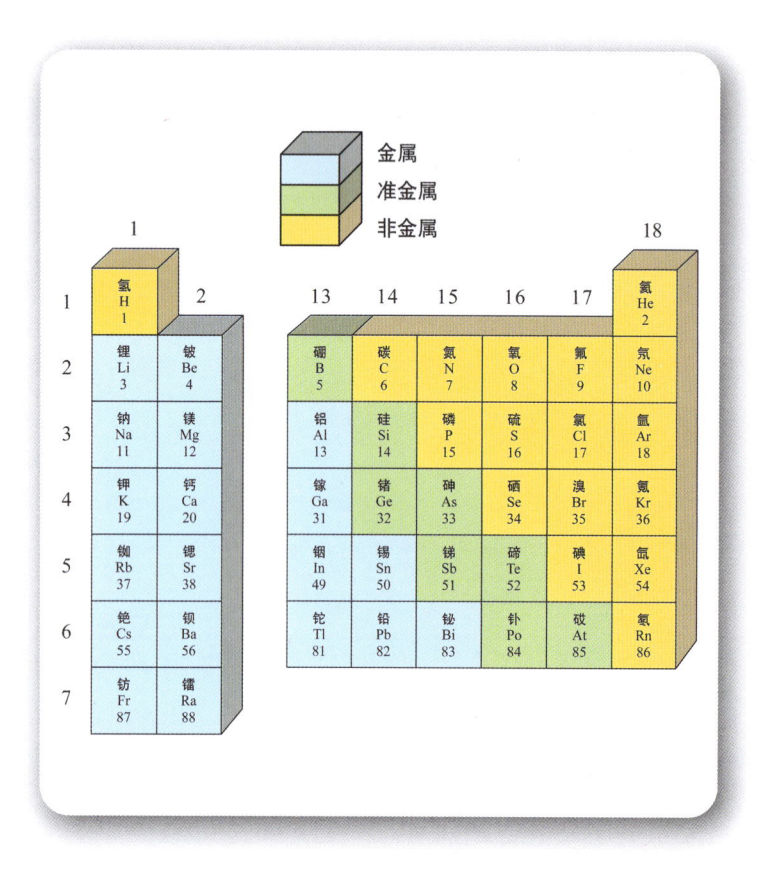

■ **图8.1** 金属—准金属—非金属—稀有气体,这是除第1周期外每一周期主族元素所呈现出的规律。记住,最活泼的金属元素——第1、2族元素,位于周期表的s区。准金属、非金属以及较不活泼的金属位于周期表的p区。

阐述 写出从第3周期开始的金属元素的名称。第4周期以哪一种非金属元素结尾?

原子半径的规律　我们知道,同主族元素自上而下原子半径逐渐增大,这是因为价电子所处的电子层离原子核越来越远。那么,同周期元素从左到右,原子半径是如何变化的呢?以第2周期为例,你也许会认为,从锂原子到氟原子,随着电子数越来越多,半径肯定也会越来越大。然而,事实正好相反。锂原子虽然只有3个电子,半径却比拥有9个电子的氟原子大。这种规律对于整张周期表都适用。**图 8.2** 和 **图 8.3** 展示了原子半径的周期性规律。

核电荷递增效应　要理解为什么同周期元素从左到右原子半径逐渐减小,我们要知道是什么决定了原子半径的大小。原子半径的定义为两个同种原子相结合后原子核之间距离的一半,原子半径与价电子数和原子核中的质子数有关。比较锂原子和铍原子,锂原子核内有3个质子,其最外层电子受到3个单位正电荷的吸引;而铍原子核内有4个质子,因此铍的最外层电子受到4个单位正电荷的吸引,使得铍的两个电子离核更近。吸引力越强,电子所受原子核的吸引力越大。

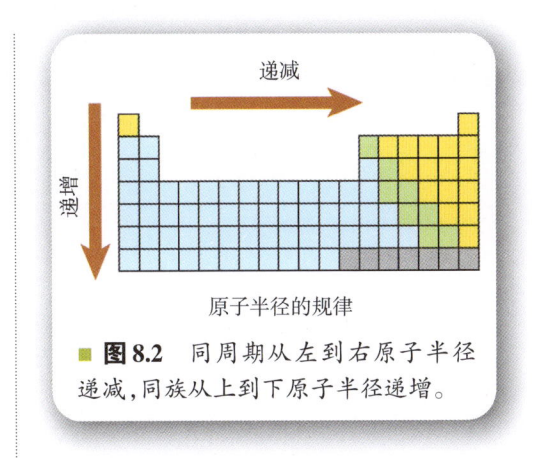

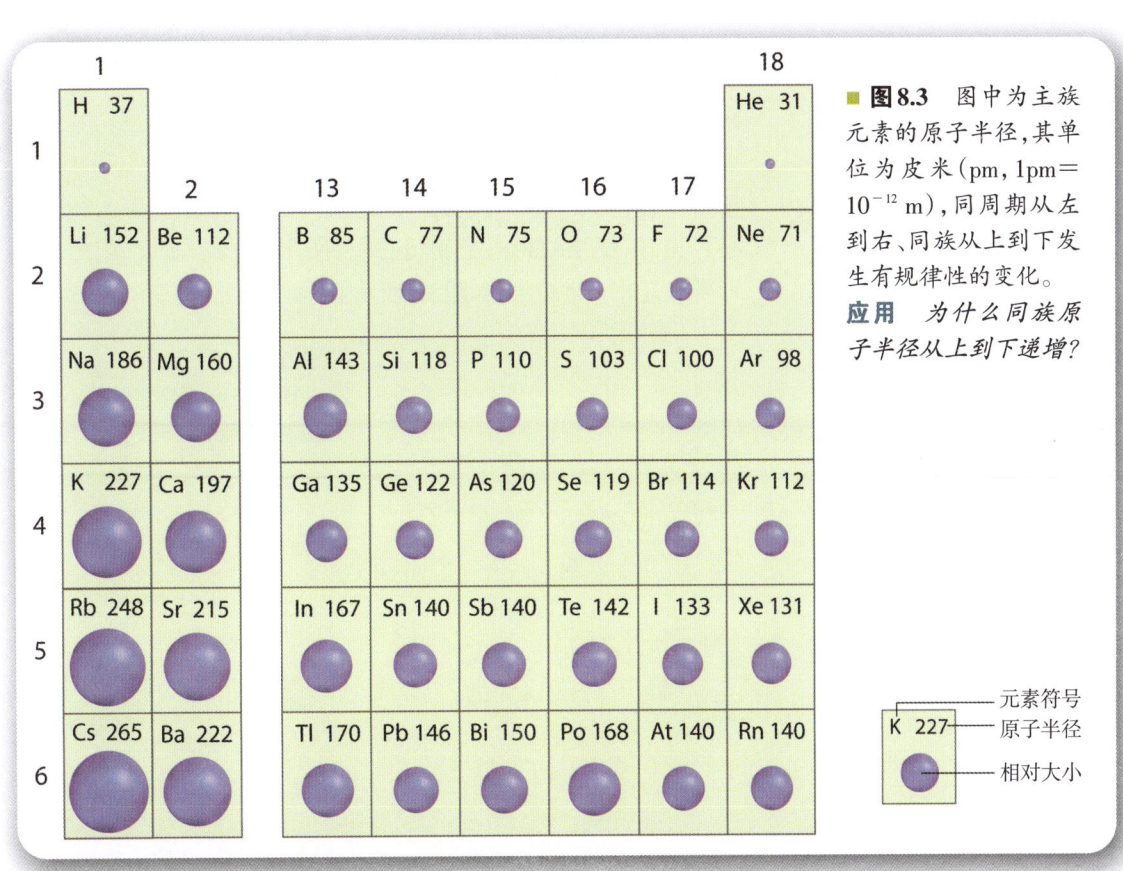

■ **图 8.2**　同周期从左到右原子半径递减,同族从上到下原子半径递增。

■ **图 8.3**　图中为主族元素的原子半径,其单位为皮米(pm,1pm=10^{-12} m),同周期从左到右、同族从上到下发生有规律性的变化。

应用　为什么同族原子半径从上到下递增?

■ **图 8.4** 铯离子的半径要比钠离子的大，因此在氯化铯晶体中，每个铯离子周围能够同时吸引 8 个氯离子，而在氯化钠晶体中，相对较小的钠离子只能同时吸引 6 个氯离子。

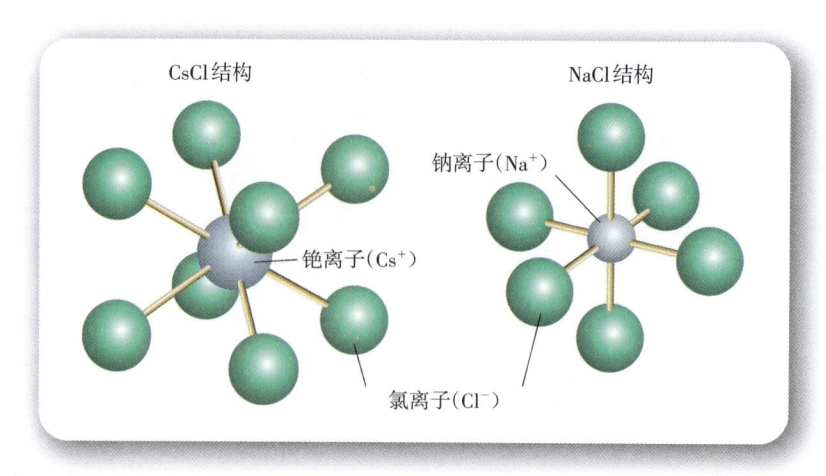

CsCl结构　　　　　　NaCl结构

钠离子（Na⁺）
铯离子（Cs⁺）
氯离子（Cl⁻）

离子半径　原子半径是影响元素化学性质的一个重要因素，离子半径则决定了离子在溶液中的性质以及固态离子化合物的结构。从**图 8.4**中我们可以看出，两种离子化合物因为阳离子半径的差异，而具有不同的晶体结构。那么，当原子变成离子时，其大小发生了怎样的变化呢？

阳离子　当金属元素的原子失去一个或多个电子变成阳离子时，它们将形成上一周期中的稀有气体元素原子的电子层结构。也就是说，比起原来呈电中性的原子的最外层电子，阳离子的最外层电子离核更近，那些未失去的电子受核的吸引作用更强，因而半径也就更小。所以，阳离子半径比其原子半径要小。由**图 8.5**我们可以比较钠和锂与其阳离子半径的大小。

阴离子　当原子得到电子成为阴离子时，该原子将形成与本周期中的稀有气体元素原子相同的电子层结构。虽然核外电子数增加了，但核内质子数依然不变。例如氟离子，核电荷数为 9，核外电子数为 10，结果使得电子受到的吸引作用减弱。所以，阴离子半径要比其原子半径大，如**图 8.5**所示。

■ **图 8.5**　锂原子和钠原子失去最外层的 1 个电子成为阳离子，其剩余电子位于较低能级，受核的吸引更强，因而半径减小。氟原子和氯原子得到一个电子成为阴离子，其原子核对更多电子的吸引力要比中性原子小，因而半径增大。

总结　氧离子的半径比其中性原子的半径大还是小？为什么？

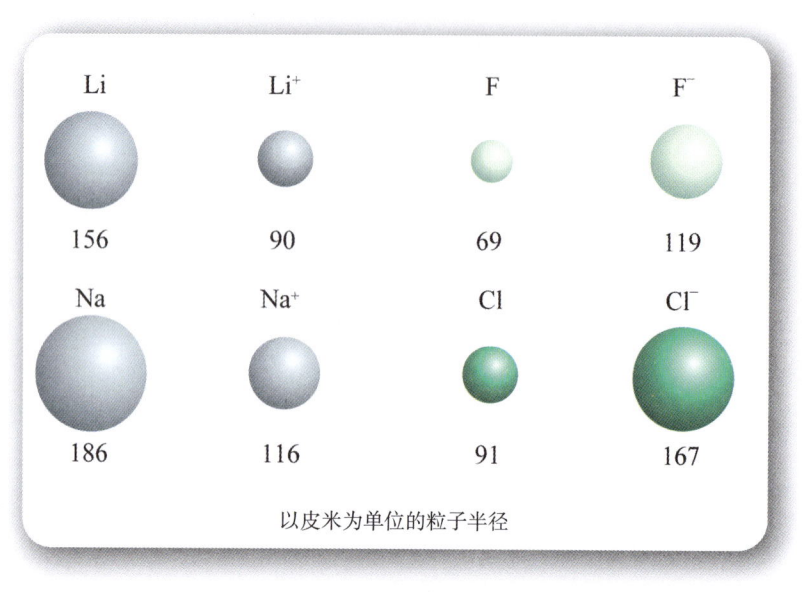

Li	Li⁺	F	F⁻
156	90	69	119
Na	Na⁺	Cl	Cl⁻
186	116	91	167

以皮米为单位的粒子半径

■ **图8.6** 请注意第15~17族元素的阴离子都远比同周期的阳离子大得多，这是因为电子相互排斥，增加电子使得阴离子电子云因排斥而变得更大。从第15族到第17族，离子中的电荷数逐个递减且原子核中的正电荷逐个递增，所以半径大小规律和阳离子的相似。

解释 为什么阳离子和阴离子的离子半径在同族中都是从上到下递增？

周期	1	2	13	14	15	16	17
2	Li 76 1+	Be 31 2+	B 20 3+	C 15 4+	N 146 3−	O 140 2−	F 133 1−
3	Na 102 1+	Mg 72 2+	Al 54 3+	Si 41 4+	P 212 3−	S 184 2−	Cl 181 1−
4	K 138 1+	Ca 100 2+	Ga 62 3+	Ge 53 4+	As 222 3−	Se 198 2−	Br 196 1−
5	Rb 152 1+	Sr 118 2+	In 81 3+	Sn 71 4+	Sb 62 5+	Te 221 2−	I 220 1−
6	Cs 167 1+	Ba 135 2+	Tl 95 3+	Pb 84 4+	Bi 74 5+		

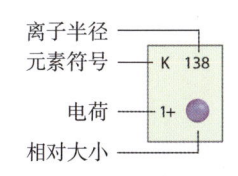

图例：离子半径 — 元素符号 K 138 — 电荷 1+ — 相对大小

离子半径的规律 在**图**8.5中我们可以看出，钠离子的半径要比锂离子大。正如**图**8.6所示，第1族自上而下，离子半径越来越大。在同一周期中，分别带1个、2个、3个单位正电荷的离子（第1、2、13族）的半径从左到右递减，虽然这些离子具有相同的电子组态，但核电荷从左到右递增，导致原子核对电子的吸引力变强，从而半径越来越小。同样，第15、16、17族的阴离子半径也都呈现出同样的变化规律，离子半径随着核电荷的递增而递减。**图**8.6还揭示出同周期元素的阳离子半径和阴离子半径的变化趋势。

第2周期元素的化学反应规律 我们已经知道，从左到右，第2周期的元素从金属过渡到准金属、非金属，再到稀有气体。为什么金属易失电子，非金属易共用或得到电子？为什么稀有气体性质不活泼？这些与元素原子的核外电子排布有何关系呢？

锂是第2周期最活泼的金属，因为它可以通过失去1个电子形成稀有气体的电子层结构。当锂原子失去2s轨道上的1个电子时，它的电子组态由$1s^22s^1$变为$1s^2$。锂离子带1个单位正电荷，电子排布与氦相同。虽然最外层不是8个电子，但这也是稀有气体的电子组态。元素往往通过化学反应形成离它们最近的稀有气体的电子组态。

铍是第2周期的第2种元素,必须失去2s轨道上的2个电子才能形成氦的电子组态。失去2个电子比失去1个电子困难,因而金属铍的活动性比锂稍弱。不过,铍在化学反应中还是会失去2个2s电子,形成带2个单位正电荷的离子,从而实现氦的电子组态。

如果照这种规律继续下去,你可能认为硼会失去3个电子形成氦原子的电子结构。有时候,硼确实会在反应中失去电子,但它更容易形成共用电子对。硼是第2周期唯一的准金属元素。有时候,它会像前两种金属锂和铍那样,在反应中失去电子而表现出金属的性质,实现氦原子的电子排布。但在更多情况下,硼表现得像非金属,易形成共用电子对。硼的性质较为特殊,它只有3个电子可以参与共用,因而无法通过共用电子对形成最外层8电子结构。在后续的学习中,你将了解更多有关硼的化学性质。

迷你实验 1

原子半径的周期性规律

主族元素的原子半径是怎样周期性变化的   原子的活动性由价电子转移的难易程度决定,而这种难易程度取决于原子核与价电子间距离的长短以及对价电子吸引作用的强弱。在本实验中,你将探究从氢到钡这前36种主族元素的原子半径的周期性变化规律。

实验步骤

1. 阅读并完成实验安全表格。
2. 准备好以下实验材料:96孔板、大小适合小孔的吸管、剪刀、尺子。将96孔板编排为元素周期表的样式:第1行代表第1周期,H1为氢,A1为氦;第2行代表第2周期,从H2(锂)到A2(氖)。第3行到第7行依次代表第3到第7周期。当然,在此我们只考虑主族元素。在96孔板上贴上标签"原子半径(单位:pm)"。
3. 运用图8.1和图8.3来制作模型,注意在附录中的表E.4中可以查到各元素的原子半径。
4. 按1 cm:40 pm的比例,将原子半径的单位由皮米转换为厘米。例如:氢原子半径为78 pm,78 pm×1 cm/40 pm=1.95 cm,约为2.0 cm。剪一段吸管,长度为2.0 cm。按照同样的方法,用不同长度的吸管代表不同元素的原子半径,将它们分别插入每个小孔中。

分析与讨论

1. **解释** 同一周期从左到右,元素的原子半径如何变化?根据元素原子的电子组态,解释你的发现。
2. **解释** 同一主族从上到下,元素的原子半径如何变化?根据元素原子的电子组态,解释你的发现。
3. **解释** 为什么原子半径呈现出周期性的变化规律?

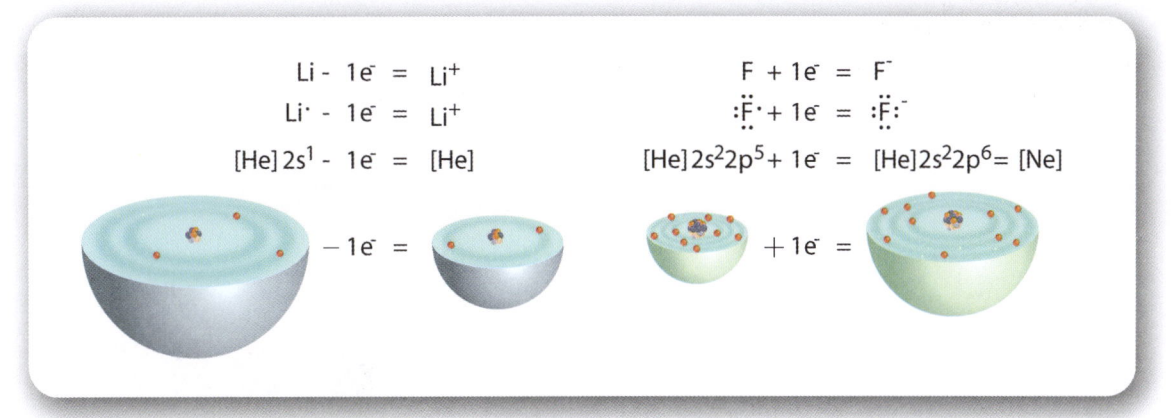

$$Li - 1e^- = Li^+$$
$$Li\cdot - 1e^- = Li^+$$
$$[He]2s^1 - 1e^- = [He]$$

$$F + 1e^- = F^-$$
$$:\!\ddot{F}\!: + 1e^- = :\!\ddot{F}\!:^-$$
$$[He]2s^2 2p^5 + 1e^- = [He]2s^2 2p^6 = [Ne]$$

碳、氮、氧和氟都是非金属元素。碳的电子组态为[He]$2s^2 2p^2$，氮的电子组态为[He]$2s^2 2p^3$，它们通过共用电子对形成稀有气体氖的电子组态[He]$2s^2 2p^6$。氧的电子组态为[He]$2s^2 2p^4$，易得2个电子形成氧离子(O^{2-})。氟的电子组态为[He]$2s^2 2p^5$，易得1个电子形成氟离子(F^-)。图8.7展示了第2周期的两种元素通过得失电子形成离子化合物的过程，同时每个原子形成稀有气体电子组态。

主族的金属元素与非金属元素

主族元素是指那些在第1、2和13～18族的元素，这些元素几乎代表了完整的理化性质范围——高度活泼的元素和基本不参加反应的元素；室温下为固态、液态和气态的元素；金属元素、非金属元素和准金属元素。因为它们表现出这么广泛的性质，有时候也被叫作代表性元素。当你学习主族元素时，会发现同族元素的价电子都是以同样的方式排布在s和p轨道上，因此同族元素具有相似的化学性质。

碱金属　第1族元素——锂(Li)、钠(Na)、钾(K)、铷(Rb)、铯(Cs)、钫(Fr)被称为**碱金属(alkali metal)**。碱金属是银白色的单质，质软，具有良好的导电性和导热性。它们的化学性质相对较简单，在反应中易失去s轨道上的1个电子，成为带1个单位正电荷的阳离子，所形成的电子排布与上一周期稀有气体元素原子相同。

因为碱金属在反应中都会失去s轨道上的1个电子，所以对这个电子吸引最弱的就是最活泼的碱金属。原子半径越大，价电子离核越远，受核的束缚也就越小。在碱金属家族中，钫的原子半径最大，应该是化学性质最活泼的。但我们对金属钫还不太了解，因为它稀少且具有放射性。因此，铯(Cs)就成为我们通常所说的最活泼的碱金属了——事实上，它是所有金属中最活泼的。锂是碱金属中原子半径最小的，因此也是第1族元素中最不活泼的金属元素。图8.8展示了碱金属的一些反应和用途。

■ 图8.7　碱金属元素的原子，例如锂原子，在失去1个电子后成为阳离子，所形成的电子排布与前一周期的稀有气体元素原子相同。非金属元素的原子，例如氟原子，在得到1个电子后成为阴离子，所形成的电子排布与同周期的稀有气体元素原子相同。这样，阴、阳离子结合生成离子化合物LiF。

折叠式学习卡

将本节中的信息归纳到你的折叠式学习卡中。

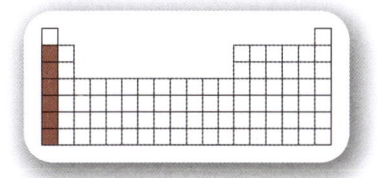

图8.8

观察碱金属

金属化合物

碱金属非常活泼,因此,在自然界中不存在碱金属单质。例如金属钠,其最常见的形式是与氯元素结合而成的氯化钠。用电解法(使电流通过熔融的盐)可从氯化钠中制得金属钠。

碱金属和水

金属钠容易与空气中的氧气或者水蒸气反应,所以它往往保存在煤油中(上图)。金属钠质地柔软,我们可以用小刀进行切割(左图),切开后会看到闪亮的金属表面。钠以及其他碱金属是金属中最活泼的一类。所有碱金属都能与水剧烈反应,产生氢气和相应的碱。如下所示的是钠与水反应的化学方程式:

$$2Na + 2H_2O \longrightarrow H_2\uparrow + 2NaOH$$
$$\text{钠} \quad \text{水} \quad \text{氢气} \quad \text{氢氧化钠}$$

自发反应

金属钠与水反应时会释放出大量的热,足以使钠融化成闪亮小球而四处游动。若向水中滴加指示剂酚酞试液,我们会观察到溶液变红,说明反应后的溶液显碱性。这种碱性是因反应中生成的氢氧化钠(NaOH)引起的。碱既是家庭中的常用物质,也是工业上的重要原料。

工业应用

在其他工业应用中,造纸工业在蒸煮纸浆过程中要使用氢氧化钠。造纸过程的其他阶段也需要碱性环境,因而在这些过程中需使用氢氧化钠来保持相对的碱性条件。

制皂工业、石油炼制、橡胶回收以及制造人造纤维等也都要用到氢氧化钠。右图中的人造纤维是由一种经过氢氧化钠处理的纤维素浓溶液制成的。

生活及生物领域中的应用

日常生活中,清洁剂中含有氢氧化钠溶液,疏通下水道的粉末中也有固体氢氧化钠。氢氧化钠能将油脂转化为硬脂酸钠(肥皂的主要成分),这让它成为清洁厨房的好帮手。在生物体内,钠离子和钾离子在传导神经刺激中起着关键作用。钾元素还是植物必需的营养元素之一。

263

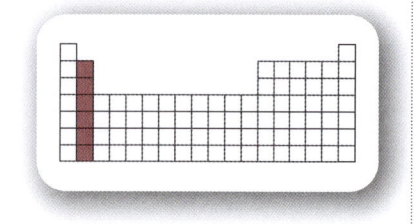

碱土金属　第2族元素——铍(Be)、镁(Mg)、钙(Ca)、锶(Sr)、钡(Ba)、镭(Ra)被称为**碱土金属(alkaline earth metal)**，它们的性质与第1族元素相似。和碱金属一样，它们也非常活泼，因而自然界中也无单质存在。在反应过程中，它们易失去s轨道上的2个电子，成为带2个单位正电荷的阳离子，所形成的电子排布与上一周期的稀有气体元素相同。由于第2族元素必须失去2个电子而不是1个，它们的活泼程度要比第1族稍弱一些。与相邻的碱金属相比，每种碱土金属的密度、硬度更大，熔点也更高。

碱土金属中性质最活泼的元素，应当是原子半径最大、价电子受核束缚最弱的金属。知道这一点之后，应该不难预测出：第2族元素中原子半径最大的镭是其中最活泼的金属。

原子半径越大，碱土金属越活泼，这一点可以通过金属单质与水的反应得到证实。如**图8.9**所示，铍不能与水反应，镁能和热水反应，而钙可与水反应生成氢氧化钙[$Ca(OH)_2$]，化学方程式如下：

$$Ca + 2H_2O \longrightarrow H_2\uparrow + Ca(OH)_2$$

碱土金属在许多方面都有着重要的作用。例如，叶绿素分子中有镁元素，而叶绿素是植物中负责光合作用的色素，光合作用对于许多生物的生存都至关重要。**图8.10**展示了碱土金属的另外一些应用。

■ **图8.9**　将金属铍投入水中，无任何现象产生。钙可以与水反应产生氢气。锶、钡和镭与水的反应则是越来越剧烈。

图 8.10

观察碱土金属

碱土金属的用途

金属铍已经成为核工业与军事工业中具有重要战略地位的一种金属。由于独特的性质,金属镁和铍备受重视,但在实际应用过程中,它们往往与其他金属混合后做成合金。镁合金轻而坚韧,有着重要用途,如制作飞机的引擎。镁耐腐蚀,这是因为它能与空气中的氧气反应,形成致密的氧化镁(MgO)薄膜,这层薄膜阻止了内部金属继续与氧气的反应。

镁、钙的反应

当镁在空气中点燃时,会剧烈地燃烧,发出耀眼的白光,同时生成氧化镁。在这个过程中,镁原子失去2个电子成为镁离子(Mg^{2+}),氧原子得到2个电子成为氧离子(O^{2-})。阴、阳离子相互结合形成离子化合物氧化镁(MgO),反应的化学方程式如下:

$$2Mg + O_2 \longrightarrow 2MgO$$

镁和钙是动植物体内的必需元素,植物需要镁元素才能进行光合作用,每个叶绿素分子的中心都有一个镁原子。

  人们每天摄入的食物中必须含有钙离子,它们可以帮助维持心跳的频率,促进血液凝结。但钙离子的最大作用是参与了骨骼和牙齿的生长发育。骨骼由蛋白质、水和矿物质组成,其中最重要的就是羟磷灰石——$Ca_5(PO_4)_3OH$,这是一种由钙、磷、氧和氢元素组成的化合物。(真巧,它们也都是主族元素)

锶的红光

在第2族的元素中,锶的名气似乎较小,然而它也是一种重要的元素。锶的化学性质与钙相似,可以代替骨骼里羟磷灰石中的钙,形成$Sr_5(PO_4)_3OH$。但请注意,锶-90是一种具有放射性的同位素,若它进入人体骨骼,将会对人造成严重的伤害。锶的焰火呈绚丽的红色,在实验室中,我们根据这一点来鉴别锶元素。

化学实验　小规模

碱土金属的反应及其离子所带的电荷数

背景

碱土金属位于元素周期表第2族，包括铍（Be）、镁（Mg）、钙（Ca）、锶（Sr）、钡（Ba）、镭（Ra）。大多数碱土金属的阳离子能够与草酸根离子（$C_2O_4^{2-}$）结合，产生不溶于水的沉淀。在这个实验里，你将研究碱土金属与草酸根离子的反应，并确定沉淀物的化学式。

问题

钙离子、锶离子和钡离子是按怎样的比例与草酸根离子结合的？

目标

- **观察**钙离子、锶离子和钡离子与草酸根离子的反应。
- **确定**沉淀物的化学式，以及碱土金属离子所带的电荷数。
- **解释**碱土金属所带的电荷数与其他电子组态间的关系。

实验准备

实验器材

- 96孔板(3块)
- 尖头滴管(4支)
- 黑色纸张
- 牙签(3根)
- 记号笔
- $0.1\ mol·L^{-1}$ 硝酸钙溶液
- $0.1\ mol·L^{-1}$ 硝酸锶溶液
- $0.1\ mol·L^{-1}$ 硝酸钡溶液
- $0.1\ mol·L^{-1}$ 草酸钠溶液

安全警告

警告：许多溶液都有毒且对皮肤有刺激作用，因此不能直接接触溶液，更不可品尝。应在老师的指导下处理试剂。

实验步骤

1. 阅读并完成实验安全表格。
2. 取3块96孔板，分别贴上标签：钙、锶、钡。4支贴有标签的尖头滴管分别盛放以下4种溶液：硝酸钙溶液、硝酸锶溶液、硝酸钡溶液和草酸钠溶液。
3. 将贴有"钙"标签的96孔板放在桌子的边上，使其H行与桌子的边缘对齐。实验过程中，你只需用到H1到H9的孔。在96孔板下面铺一张黑色纸，以便于更好地观察产物。
4. 滴1滴硝酸钙溶液于H1孔，2滴于H2孔，3滴于H3孔，以此类推，直到滴9滴硝酸钙溶液于H9孔。
5. 滴1滴草酸钠溶液于H9孔，2滴于H8孔，3滴于H7孔，依此类推，直到滴9滴草酸钠溶液于H1孔。
6. 用一根牙签搅拌混合物。
7. 反应可能需要几分钟时间，当沉淀沉降到底部时，弯下腰，使你的眼睛与96孔板保持水平。
8. 观察并记录沉淀量最多的小孔，将你的观察结果记录在实验数据与现象观察表格中。

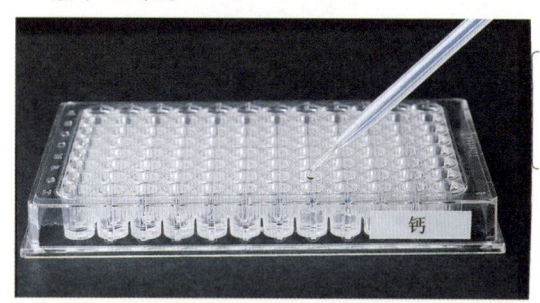

9. 重复步骤3~8,完成硝酸锶溶液与草酸钠溶液反应的实验。
10. 重复步骤3~8,完成硝酸钡溶液与草酸钠溶液反应的实验。
11. 在老师的指导下,处理3块96孔板中的物质,再用自来水冲洗96孔板,最后用蒸馏水洗净。

分析与讨论

1. **解释数据** 在你完成的3组实验中,参加反应的溶液以哪种比例混合可获得最多的沉淀?
2. **分析数据** 你所使用的所有溶液的浓度都是 $0.1\ mol·L^{-1}$,也就是说,每滴溶液所含的离子数目相等。因此,如果最大沉淀量出现在2滴硝酸钙溶液与8滴草酸钠溶液的混合物时,则沉淀中钙离子与草酸根离子的比例为1:4,该化合物的化学式则为 $Ca(C_2O_4)_4$。根据你的实验结果,写出草酸钙、草酸锶和草酸钡的化学式。

3. **得出结论** 草酸根离子带2个单位负电荷,它与碱土金属离子结合成为电中性的化合物。你认为钙离子、锶离子和钡离子各带多少单位正电荷?你是如何通过实验结果推断出碱土金属的离子所带的电荷数的?

应用与评估

1. **应用** 写出钙、锶和钡原子的电子组态,指出钙离子、锶离子和钡离子所带的电荷数与其原子的电子排布之间的关系。
2. **预测** 运用问题1的解决方法,推断第1族的钾离子和第13族的镓离子所带的电荷数。试说明你的理由。

> **进一步探究**
> **设计** 硝酸铅和碘化钾混合会生成黄色的碘化铅沉淀,设计一个与本化学实验的过程相似的实验来探究这个沉淀中铅所带的电荷数。

实验数据与现象观察

与草酸钠反应的物质	沉淀量最大的小孔号	草酸钠的滴数	含第2族元素的离子溶液的滴数
硝酸钙			
硝酸锶			
硝酸钡			

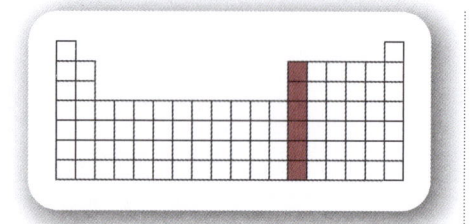

第13族元素 第13族元素中,除了准金属硼外,其他元素——铝(Al)、镓(Ga)、铟(In)、铊(Tl)都是金属元素。这些金属不如第1、2族的金属活泼,但它们都有良好的导电性和导热性。这些金属都呈银白色,质地较软。第13族的金属元素并不容易失去电子形成离子化合物,它们更倾向于与其他元素的原子共用电子。从这点上来说,它们与硼元素相似。它们的价电子排布为s^2p^1,在化合物中,它们的氧化数大多为+3。

铝是地壳中含量最多的金属元素,众多优良的性质使得它成为用途最广泛的金属之一。铝的密度较小,具有良好的导电性、导热性、延展性和耐腐蚀性。和镁一样,铝也是具有一定抗腐蚀性的金属。当铝接触到空气中的氧气时,其表面会立即形成一层致密的氧化铝(Al_2O_3)薄膜,阻止了内部金属继续与氧气反应。

$$4Al + 3O_2 \longrightarrow 2Al_2O_3$$

金属铝可通过电解法从其矿物中获得,制铝工业所消耗的电能占美国总发电量的4.5%。所以,铝制品的回收不仅可以促进铝的循环利用、减少电能的消耗,也降低了铝制品的生产成本。**图**8.11展示了第13族元素的应用。

图8.11

观察第13族元素

硼的用途

硼存在于硼酸(H_3BO_3)和硼砂($Na_2B_4O_7 \cdot 10H_2O$)当中。硼酸是滴眼液和隐形眼镜清洗液中的有效成分。硼砂是一些强力去污粉中的研磨剂。

铝的重要性

想想铝在你的生活中有多重要!铝箔和铝制食品罐随处可见。在你家里的小药箱中,抗胃酸过多的药物中可能含有氢氧化铝[$Al(OH)_3$],抗汗除臭剂中可能含有氧化锆铝或者碱式氯化铝。尽管铝没有钢铁那样坚硬,铝的合金却广泛用作建筑材料。铝合金轻巧而又坚硬,可应用于汽车引擎、飞机以及卡车车厢等。在家里,你能找到很多用铝或铝合金制成的生活用品,例如自行车、门窗、梯子、水壶以及煎锅等。

第14族元素 第14族元素有碳(C)、硅(Si)、锗(Ge)、锡(Sn)和铅(Pb)，它们的性质各不相同。碳是一种非金属，硅和锗属于准金属，而锡和铅则是两种金属。由于它们的价电子组态为s^2p^2，理论上，通过得到或者失去4个电子，就可形成稀有气体的电子层排布。然而，对于该族元素的原子来说，要得到或者失去4个电子都不太容易。所以，碳、硅、锗并不是通过得失电子，而是采用共用电子的方式形成稀有气体的电子层排布。但锡和铅则更像前面几族的金属，在化学反应中失去电子。它们是该族最底端的两种元素，原子半径较大，原子核对最外层电子的吸引较弱，因此失去电子的能力比上面几种元素的原子要强。该族元素最常见的氧化数是＋4。图**8.12**展示了第14族元素的应用。"历史链接"栏目讨论了第14族最稳定的元素铅的重要历史事件。

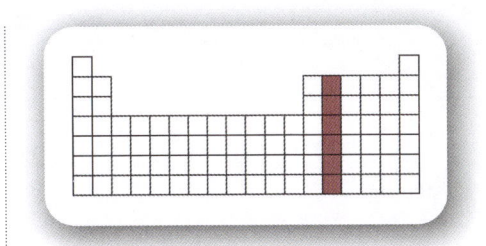

图8.12

观察第14族元素

在你的家中能找到许多含有第14族元素的物质，如铅笔、塑料制品、钻石首饰等。另外，几乎所有的食品中都含有碳元素。

从沙子到硅的应用

像硼一样，硅是一种准金属元素。硅以二氧化硅(SiO_2)的形式大量存在于沙子中，有时我们将其称作脉石。地壳中59%是脉石。单质硅是一种坚硬的灰色固体，熔点较高，为1 410 ℃。窗户玻璃和电脑芯片里都有硅元素，润滑剂、填缝剂以及密封剂中也都有含硅的化合物。

锡制的罐头与合金

锡(Sn)常被用于镀在铁制食品罐的表面，从而增强它们的耐腐蚀性。锡也是青铜、焊锡、白镴等合金的重要成分。锡的质地柔软，能够被卷成锡箔。

铅酸蓄电池

铅(Pb)的应用历史非常悠久，人们通过冶炼方铅矿(PbS)获得金属铅。铅最重要的用途是用于制造汽车上的铅蓄电池。

历史链接

罗马帝国的衰落与铅中毒

铅的毒性与罗马帝国的衰落有联系吗？有些研究者认为有联系，因为他们在早期历史遗迹中发现了铅中毒的证据。

铅中毒是如何发生的 当人们摄取含铅器皿所盛放的食物、饮用水，或吸入含铅粉尘后，铅就进入了人体。体内铅的含量越高，身体排除铅的能力就越弱。铅在肝脏、肾脏、骨骼或其他组织中的积累达到一定量时，就会对人体构成危害，例如腹部疼痛、贫血、衰弱、手足神经麻痹等。

古老而用途广泛的金属 在古代，铅是一种贵重的金属。古埃及人早在公元前3000年就掌握了炼铅的技术。在古希腊的首都雅典附近就有方铅矿石(PbS)，古希腊人在公元前6世纪也开始加工处理这些矿石。然而，直到公元前1世纪，罗马人才真正意识到铅的潜力，他们开发出了铅的各种各样的用途。罗马人用铅管将饮用水输送到各家各户，用铅釉陶器盛放啤酒、葡萄酒(如**图8.13**所示)，用铅制的酒杯饮酒，水壶也是用铅制作的。

铅，无处不在 古罗马使用了铅制的水管，这就使得铅溶解在饮用水当中。此外，在许多食物和饮料中，古罗马人常用黏稠的糖浆来增加甜味，而这种糖浆的制作方法是将葡萄酒放在铅壶中加热至沸腾，这样绝大部分水和酒精逐渐被蒸发出来，最终剩下香甜但有毒的糖浆。糖浆中含有少量的醋酸铅，又称铅糖。任何一个生活在古罗马时代的人都无法避免铅的摄入。

有研究者认为，由于铅广泛地使用在生活的方方面面，罗马统治阶级慢慢地被毒害致死。铅除了被用来制作陶器和水管，还被用来做颜料、调味品、香粉、睫毛膏以及硬币。长时间的铅中毒会引发很多健康问题，包括不孕不

■ **图8.13** 用来盛放食物和酒的铅釉陶器。

育、肾损伤、攻击行为、智商降低、兴奋易怒以及其他行为问题。

铅尘，大量排放 在罗马制铅工业的鼎盛时期，每年约生产80 000 t的铅。在探究历史上空气成分的变化时，研究者在英国的泥煤沼泽地和瑞典湖泊的沉积物中，检测到了古罗马和古希腊时期所沉积的铅元素。定量测量后发现，从古罗马冶炼厂排出的铅的数量，竟与1760~1840年间英国工业革命时期所排放的一样多。

化学链接

1. **获取信息** 了解现在铅进入供水系统的一些途径。
2. **对比与比对** 调查中国所面临的铅污染和铅中毒的问题以及政府机构的应对措施。
3. **解释** 醋酸根离子的化学式为 $C_2H_3O_2^-$，则醋酸铅(其中铅显+2价)的化学式是什么？

第15族元素 氮(N)、磷(P)、砷(As)、锑(Sb)、铋(Bi),第15族元素自上而下,元素金属性的递变规律非常明显。氮和磷属于非金属,它们通过共用电子对,实现稳定的电子组态。砷和锑为准金属,既可以得电子,也能形成共用电子对。铋则更多地表现出金属性,在反应过程中往往失去电子。

第15族元素的价电子数为5,价电子组态为s^2p^3,它们还需要得到3个电子才能形成同周期稀有气体的电子组态。氮、磷和砷在某些化合物中的氧化数为-3,也可以是+3或+5。氮是一种生命元素,存在于蛋白质、脱氧核糖核酸(DNA)和核糖核酸(RNA)中,如**图8.14**所示。磷元素也很重要,在DNA长链中,磷酸根离子(PO_4^{3-})起到连接的作用。DNA分子携带基因密码,控制着许多生命体的细胞活动。另一种重要的生物分子三磷酸腺苷(ATP)中也含有磷酸根离子,ATP在生命体储存和释放能量中发挥着重要的作用。

氮气(N_2)的化学性质比较稳定,它在大气中的体积分数约为78%。动植物的生存都需要氮元素,然而,动植物一般不能直接利用氮气。苔藓和土壤中的细菌、大豆的根瘤菌、苜蓿以及其他一些类似的植物,都可以将氮气转化为氨和硝酸盐。闪电也能将空气中的氮气转化为一氧化氮(NO)。植物则利用这些简单的含氮化合物合成蛋白质以及其他复杂的含氮物质,从而将氮元素带入食物链。土壤、植物以及有机污染物的分解产物中的氮资源并不能提供足够的氮以提高粮食产量。农民们利用富含氮元素和磷元素的肥料来使粮食增产。**图8.15**和"生活中的化学"栏目展示了第15族元素的其他应用。

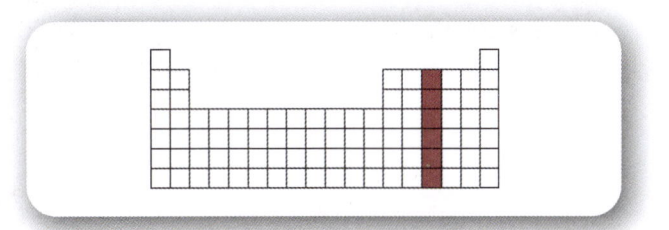

■ **图**8.14 第15族元素氮和磷是构成DNA的重要成分,DNA是包含所有生物组织的基因密码的分子。磷是分子结构中磷酸基的中心原子,氮是分子结构的一种重要组成成分。

图 8.15

观察第15族元素

一种常见元素：氮

氮气（N_2）一般通过分馏液态空气获得，其中大部分用来合成氨（NH_3）——部分家用清洁剂的主要成分。

氨，一种化肥

氨可以作为一种液态化肥，直接施入土壤中，也可以将其转化为固态化肥，如硝酸铵（NH_4NO_3）、硫酸铵[$(NH_4)_2SO_4$]、磷酸氢二铵[$(NH_4)_2HPO_4$]。一般来说，化肥包装袋上会标注三种主族元素氮、磷和钾的百分含量。不同的化肥可以为植物的不同生长阶段提供恰当的养料。

磷的两种同素异形体

白磷和红磷是磷的两种常见的同素异形体。你是否注意到照片中的白磷保存于液体当中？这是因为白磷（P_4）会与空气中的氧气剧烈反应。红磷常用来制造火柴，在"生活中的化学"栏目中，你将了解更多有关这方面的知识。

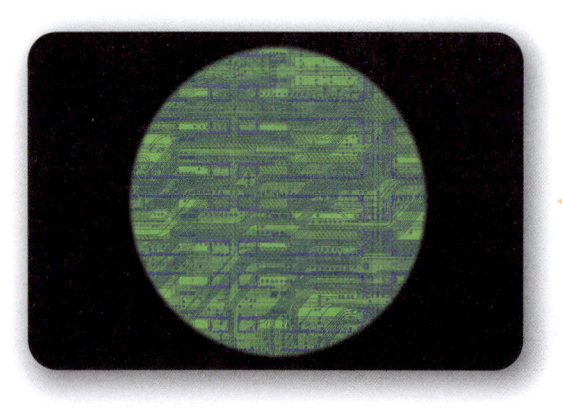

半导体材料砷化镓

砷是地壳中广泛存在的一种准金属元素，可以与镓形成二元化合物砷化镓（GaAs），该化合物的应用范围正在逐步拓宽。作为半导体材料，砷化镓因其传导信息的速度快、性能好，在某些电子行业取代了硅材料。

生活中的化学

火柴与化学

安全火柴的生产与使用过程中包含着许多化学知识。

生产普通火柴 首先将松木削成细棍,浸入硼砂(十水合硼酸钠,$Na_2B_4O_7 \cdot 10H_2O$)或者磷酸铵$[(NH_4)_3PO_4]$的溶液中,这样做可以增加火柴的安全性,如**图8.16**所示。在经过石蜡处理后,将火柴头浸入黏合剂、上色剂、可燃物和氧化剂的混合物中。可燃物一般选择硫或者三硫化二锑(Sb_2S_3),氧化剂则是氯酸钾($KClO_3$)和二氧化锰(MnO_2)的混合物。最后一道工序是在火柴头上添加一些由三硫化四磷(P_4S_3)、玻璃粉和黏合剂组成的混合物。

■ **图8.16** 在粗糙表面上摩擦以点燃火柴。

划普通火柴时的化学变化 在火柴盒一侧的火柴皮上,含有玻璃粉和黏合剂组成的混合物。火柴头上P_4S_3的着火点较低,当你划火柴时,摩擦产生的热量可使其着火燃烧。

$$P_4S_3(s) + 6O_2(g) \longrightarrow P_4O_6(g) + 3SO_2(g) + 热量$$

反应产生的热量使氯酸钾分解:

$$2KClO_3(s) \longrightarrow 2KCl(s) + 3O_2(g)$$

反应放出的氧气加上第一个反应产生的热量使硫着火燃烧,这又引燃了石蜡。燃烧的石蜡将火焰从火柴头引到火柴杆上。

■ **图8.17** 与盒边摩擦安全引燃火柴。

安全火柴的工作原理 安全火柴的火柴杆,不管是木制的还是纸制的,处理的方法与普通火柴差不多。如**图8.17**,火柴头上均有三硫化二锑(或硫)、氯酸钾(或其他氧化剂)、玻璃粉、黏合剂和石蜡层。之所以将它们取名为安全火柴,是因为只有与火柴盒上的火柴皮摩擦时,它们才会着火燃烧。火柴皮上的摩擦面所起的作用,与普通火柴头上最后所加的物质相同,都是为了引燃火柴头。火柴皮上覆盖了一层由红磷、玻璃粉和黏合剂组成的混合物。摩擦过程中,红磷会转化为白磷。

$$P(红) + 热量 \longrightarrow P(白)$$

白磷一旦生成,会在空气中迅速着火,并剧烈燃烧,释放出的能量足以引燃火柴头。

$$4P(白)(s) + 5O_2(g) \longrightarrow 2P_2O_5(s) + 热量$$

进一步探索

1. **对比与比对** 点燃安全火柴的第一步是让红磷转化为白磷,比较这两种同素异形体的化学性质。
2. **应用** 设计一种能产生有色火焰的火柴。

表 8.1	氧气与金属、非金属的反应
氧气＋金属	氧气＋非金属
$O_2 + 4Na \longrightarrow 2Na_2O$	$O_2 + C \longrightarrow CO_2$
$O_2 + 2Ca \longrightarrow 2CaO$	$O_2 + S \longrightarrow SO_2$

第16族元素 第16族元素中，氧(O)、硫(S)、硒(Se)、碲(Te)都是非金属，钋(Po)为准金属，价电子组态为 s^2p^4。绝大多数情况下，氧原子会获得2个电子形成氧离子(O^{2-})，以形成氖的电子组态。氧气既能与金属反应，也能与非金属反应。在所有的非金属元素中，氧的活动性仅次于氟，排在第二位。

氧是地壳中含量最高的元素，氧元素约占地壳质量的50%，氧气的体积分数占空气的21%。氧元素主要以水或其他氧化物的形式存在。如**表8.1**中的化学方程式所示，金属和非金属都能和氧气反应生成氧化物。和氮气一样，纯氧也是通过分馏液态空气获得的。

氧元素有两种同素异形体——最常见的 O_2 和被称作臭氧的 O_3。臭氧的化学性质很活泼，在低层大气中它是一种污染物。然而，在大气层的上部，臭氧可以吸收来自太阳的紫外线，从而保护地球的生物免受紫外线辐射的伤害。臭氧的名称来源于它的刺激性气味。在电闪雷鸣过后，或使用计算机等电子设备时，你可能会闻到这种刺激性气味。

和氧原子一样，硫原子在与金属或氢气反应时会获得2个电子，形成硫离子(S^{2-})。但与非金属反应时，硫则表现出其他的氧化数。美国大多数的单质硫是通过弗拉什采矿法从硫矿中获得的，如**图8.18**所示。**图8.19**展示了第16族元素其他的一些重要用途。

■ **图 8.18** 19世纪90年代，赫尔曼·弗拉什(Herman Frasch)发明了弗拉什采矿法(左图)。该法先从钻孔处灌入热水，熔融地下硫矿，再通过压气管增大硫矿的气压，将液态硫从升硫管中送到地表，最后液态硫会结晶凝固(右图)。

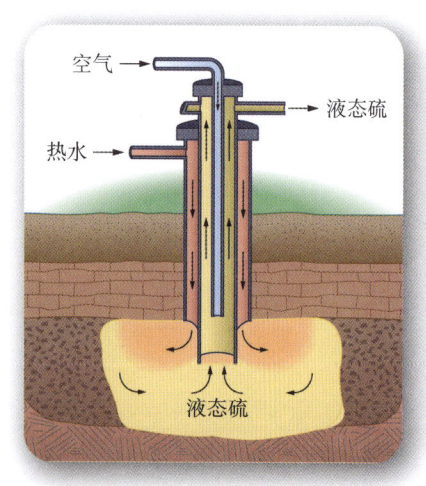

图 8.19

观察第 16 族元素

氧气的重要性
氧气在工业上最大的用途是炼钢,这一点我们将在下一节中进一步讨论。除此之外,氧气还可用于治理污水、制作火箭氢氧燃料,以及辅助病人呼吸等。

不稳定的过氧化氢
在家中的药箱里,过氧化氢(H_2O_2)溶液中就含有氧元素,如左图所示。过氧化物不稳定,易分解产生氧气,放于棕色瓶中避光保存能够减慢过氧化氢的分解,该反应的化学方程式如下:

$$2H_2O_2 \longrightarrow 2H_2O + O_2\uparrow$$

氧气:消毒剂和漂白剂
当你使用过氧化氢溶液清洗伤口时,你看见的气泡正是生成的氧气。同样的,当使用过氧化物漂白剂漂白毛发时,也正是氧气在起作用。比起含氯漂白剂,有些家庭更偏爱于使用含氧漂白剂。

硫酸的多种用途
大多数单质硫用来生产硫酸(H_2SO_4)。硫酸是一种重要的化工原料,许多物质的合成都需要用到它,如化肥、染料、清洁剂、光导纤维、汽车蓄电池和合成橡胶等。

硒的感光性的应用
硒、碲的化学性质与硫相似。当接触到光线时,硒的导电性会增强,从而将光信号转变为电信号。硒的这个性质被应用于安全装置以及机械开关装置中,但硒最为重要的用途是应用于现代影印技术——静电复印。

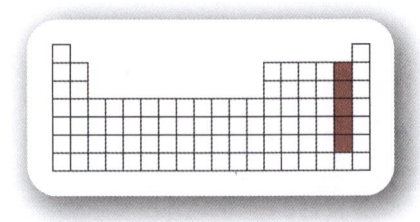

家庭 实验

参见附录F，**碘的溶解**。

卤素 **卤素(halogen)**包括氟(F)、氯(Cl)、溴(Br)、碘(I)和砹(At)，它们都是活泼的非金属元素。正因为这样，自然界中不存在游离态的卤素单质。它们的价电子组态为s^2p^5，在化学反应中，易得1个电子而成为带有1个单位负电荷的阴离子，形成稀有气体的电子组态。例如，氯原子的电子组态为$[Ne]3s^23p^5$，当它获得1个电子成为氯离子(Cl^-)后，电子组态就和氩$\{[Ne]3s^23p^6\}$相同。卤素也可以通过共用电子对，形成稀有气体的电子组态。

因为卤素在化学反应中易得电子，所以该族元素中最活泼的应当是吸引电子能力最强的元素。卤素中氟的原子半径最小，因此其吸引电子的能力最强。自上而下，卤素的原子半径依次增大，核对最外层电子的吸引能力依次减弱。从氟到碘，其活泼程度依次减弱。碘的原子半径较大，化学性质是卤素中最不活泼的。砹的原子半径最大，活泼性应该比碘更差，但由于其稀少且具有放射性，科学家还不太了解它的性质。

卤素单质都是双原子分子，性质极为活泼且具有毒性。日常生活所用的一些含氯化合物，如果处理不当就可能会产生氯气。但是，全世界的人们正安全地消费这些卤素离子，如你所知道的，氯离子就是食盐的一种成分。在适量的情况下，碘离子是保持甲状腺健康的必要元素，如**图8.20**所示。**图8.21**和"生物学链接"栏目展示了卤素的其他一些重要应用。

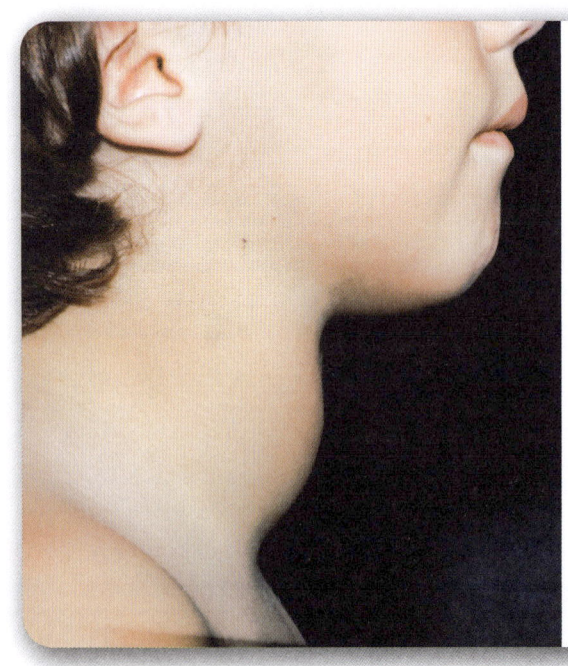

■ **图8.20** 图中食盐包装上标明了这是加碘盐，也就是说这种食盐中加有少量的含碘化合物。碘元素是饮食中一种必需的成分，人体中的大部分碘元素位于甲状腺。甲状腺需要吸收碘元素，才能正常调节新陈代谢，甲状腺肿大就意味着这种微量元素的摄入不足。

图 8.21

观察卤素

卤素的用途
氟和氯广泛存在于自然界中,参与组成一些生命所必需的物质。食盐(NaCl)作为食物调味剂,提供了健康饮食所需的氯离子。

氟化物:预防蛀牙
美国的许多城镇在它们的饮水系统中添加了氟化物,牙膏生产商也会在牙膏中添加氟化钠(NaF)或者氟化亚锡(SnF_2),用以预防蛀牙。

碘:消毒剂
卤素有着重要的杀菌消毒作用。在手术前,医生会用碘酒给伤口消毒。

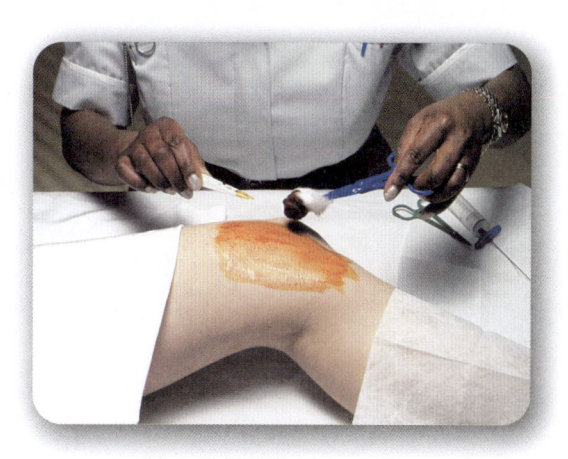

氯气:用于水体消毒
许多城市都使用氯气来给饮用水或游泳池杀菌消毒。在游泳池中通入氯气会使池水显弱酸性,这可能会使你在游泳后感觉眼睛受到刺激而有些不舒服。

溴化银:胶卷上的感光材料
卤素化合物比它们的单质更加重要。氯元素和碳元素参与组成的化合物,如四氯化碳、氯仿,都是重要的有机溶剂。溴化银(AgBr)则是涂在胶卷表面的重要感光材料。

生物学 链接

氟化物与蛀牙

你是否担心自己的牙齿会被蛀个大洞？这种担心并非杞人忧天，因为目前还不能完全防止蛀牙，但是在口腔清洁卫生时使用含有氟化物的物品可以有效地减少蛀牙。

防止蛀牙　据报道，在饮水中加入微量的氟化物，能够帮助预防蛀牙。饮用含氟硅酸钠（Na_2SiF_4）浓度为 1 ppm 的水，孩子得蛀牙的概率比不饮用这种含氟的水的孩子低 18%～40%。

通过接受牙医的氟化凝胶治疗、在家使用氟化物冲洗或者使用含氟牙膏都可以预防蛀牙，氟化凝胶中使用的是 NaF、氟化冲洗使用的是 SnF_2、含氟牙膏中用的是 NaF、SnF_2 或者 Na_2PO_3F（MFP）等。

蛀牙过程　如**图 8.22** 所示，牙釉层的厚度约为 2.5 mm，其中 96% 的成分为羟磷灰石 [$Ca_5(PO_4)_3OH$]。

尽管羟磷灰石几乎不溶于水，但仍然会有极少量溶解于唾液中，这个过程称为脱矿作用。其逆反应称为矿化作用，是我们机体抵抗酸性细菌的手段。人体尝试用从食物中咀嚼得到的矿物质和呼吸中的二氧化碳代替被酸性唾液溶解的牙釉质，当脱矿作用与矿化作用的反应速率相等时，达到了一种动态平衡状态，牙齿空洞就不会形成。

细菌与蛀牙　口腔细菌以你口中的糖为食，可产生副产物乳酸。乳酸使唾液的 pH 由正常的 5.5～6.5 降至 5.0 以下。一旦 pH 下降，低 pH 的环境下羟磷灰石的溶解速率加快，脱矿作用的速率也加快，从而诱发蛀牙。

氟化物预防蛀牙的原理　氟化合物溶解于水中可产生氟离子。氟离子取代部分羟磷灰石中的氢氧根离子，形成氟磷灰石 [$Ca_5(PO_4)_3F$]。氟磷灰石的溶解度比羟磷灰石小，并且更加坚硬、致密。这样，牙釉层就更加坚固，其抵抗细菌腐蚀的能力就更强。虽然大多数专家提倡氟化你的牙齿，但也存在反对的声音。然而，这一实践背后的化学知识是支持牙齿的氟化处理的。

■ **图 8.22**　牙釉质。

化学 链接

1. **获取信息**　分析为什么有些城市不对饮用水进行氟化处理。
2. **应用**　找 5 支不同的牙膏，了解其成分，它们是否含有氟化物？如果是，添加的又是哪种氟化物？

▪ **图8.23** 由于氦气是不可燃气体，它可取代氢气填充到气球中。

第18族元素 稀有气体氦(He)、氖(Ne)、氩(Ar)、氪(Kr)、氙(Xe)和氡(Rn)曾被叫作惰性气体，这是因为在此之前化学家无法让它们参与化学反应。稀有气体的化学性质之所以如此稳定，是由于它们的价电子已经排满，不再有得失电子的趋势。图8.23为氦气因其化学惰性而得到的一种应用。氦气轻且显化学惰性，使它成为填充气球的理想气体。然而近年来，化学家成功制得了较重的稀有气体氪和氙的氟化物。

无论哪族的主族元素，其化学性质的递变规律与其原子半径的递变规律直接相关。对于那些在反应过程中原子易失去电子的主族元素，原子半径越大，原子失去电子的能力就越强，在反应中原子也就越活泼。而对于在反应过程中原子易获得电子的主族元素，原子半径越大，原子对电子的吸引能力就越弱，在反应中原子也就越不活泼。在过渡元素中，你也会发现类似的规律。

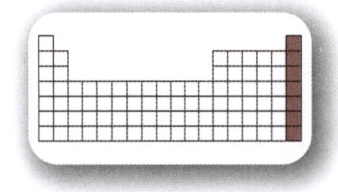

补充练习
有关使用周期表规律的额外练习，请见附录C。

第1节 本节回顾

要点梳理
- 在元素周期表中，同周期元素的价电子数随着原子序数的增加而增加。
- 同一周期中，从左到右，原子半径递减。同一主族中，从上到下，原子半径递增。
- 半径最大、价电子数最少的金属是最活泼的。
- 半径最小、价电子数最多的非金属是最活泼的。

1. **主要概念 判定** 只使用元素周期表，判断钾的原子半径与碘的原子半径哪个更大。它们中哪个是金属？
2. **解释** 为什么同一周期从左到右原子半径递减？同一主族从上到下原子半径递增？
3. **比较** 阳离子半径的大小与其原子相比如何？阴离子半径的大小与其原子相比如何？说明理由。
4. **批判性思考** 比较金属离子和非金属离子的形成过程，解释两者的不同之处。
5. **评价** 在硬水中使用肥皂会产生很多泡沫，这是由于硬水中含有镁离子和钙离子。这两种元素的单质，哪种与水的反应更剧烈？

第2节

核心问题
- 过渡元素的电子组态与它的物理、化学性质有何关系？
- 元素周期表中过渡元素的化学性质是怎样的？

术语回顾
卤素：包括氟、氯、溴、碘和砹，能与金属反应生成盐。

过渡元素

主要概念 过渡元素的性质取决于d轨道上的电子，内过渡元素的性质还取决于f轨道上的电子。

链接真实世界 想一想生活中使用金属的各种方面，用贵金属打制的首饰、工艺品和装饰品，曾一度是国王与贵族权力和地位的象征；铁通常被认为是世界上最重要的结构材料，并且可以与其他金属一起制成合金来增强硬度并避免腐蚀；铜的导电性能出众。你会在过渡元素中发现金、铁、铜以及许多其他重要的金属。

过渡元素的性质

每种过渡元素都有其独特的性质，这是由它们的原子结构决定的。例如，金属铁很坚硬，可用作桥梁和摩天大楼的结构骨架，但如果长期暴露在潮湿的空气中，就会覆盖一层红褐色的铁锈。有些过渡金属的硬度或许不如铁，但它们更耐腐蚀。幸运的是，我们通常使用过渡金属组成的合金，如**图 8.24** 所示。

■ **图 8.24** 当我们需要轻便、耐用、坚固的材料时，可以考虑使用铁与其他过渡元素形成的合金，比如图中运动员的假肢。

熔点和沸点 除了第12族元素(锌、镉和汞)外,其他过渡金属的熔沸点都比绝大多数的主族元素要高。例如第4周期元素(从钪到铜),熔点范围从1 083 ℃(Cu)到1 890 ℃(V)。当比较主族金属与这些过渡金属的熔点时,你会发现只有铍(Be)的熔点高于1 000 ℃,绝大多数主族金属的熔点都低于此温度。

每一周期中,过渡金属的熔沸点总是从第3族开始递增,到第5族或第6族达到最大值,然后逐渐减小。第6周期第6族的钨(W)的熔点为3 410 ℃,是所有金属中熔点最高的。正因为如此,钨被用作灯泡中的灯丝,你将在"工作原理"栏目中了解到更多有关钨的知识。第6周期第12族的汞的熔点只有-38 ℃,是所有金属中熔点最低的。**图**8.25比较了钨和汞的不同性质。

氧化数 过渡元素的特点是具有多个氧化数。现在请回忆一下铁原子的氧化数:氧化物FeO中,铁失去2个电子,成为亚铁离子(Fe^{2+});在氧化物Fe_2O_3中,则失去2个4s电子和1个3d电子,成为铁离子(Fe^{3+})。许多过渡元素都有从+2到+7的多个氧化数,这是因为它们d轨道上的电子能够参与形成化学键。而主族元素中只有较重的一些元素,如锡、铅和铋等,拥有多个氧化数,因为这些元素的d轨道电子也能参与成键。

> **词源**
>
> **Tungsten**
> 钨
> tung(瑞典语):重的
> sten(瑞典语):石头

> **折叠式学习卡**
> 将本节中的信息归纳到你的折叠式学习卡中。

■ **图**8.25 在所有金属中,钨的熔点最高,这一性质使得钨广泛应用于高温环境。例如,在气态钨电弧焊接中,焊机的尖端是一个钨电极(左图)。即使在高温焊接时,这个电极也不会被熔化。汞是所有金属中熔点最低的,室温下为液体(右图)。

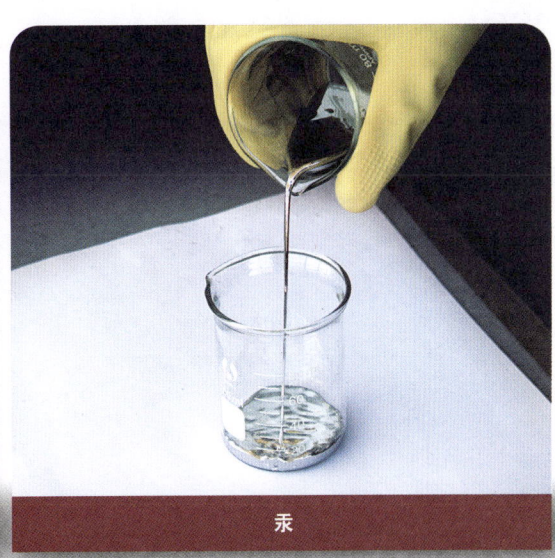

| 钨电弧焊接 | 汞 |

工作原理

灯泡中的过渡元素

钨(W)可用作白炽灯的灯丝,如图 8.26;它也被用作荧光灯中的电极材料,如图 8.27。钨的熔点很高,为 3 422 ℃,沸点可达 5 555 ℃,这些性质使它成为灯泡中灯丝的理想材料。

1 如果灯泡中含有空气,灯丝就会与氧气反应,燃烧、断裂,直至失去发光能力。如果将灯泡抽成真空,灯丝又会迅速气化,同样无法正常工作。

■ 图8.26 白炽灯的钨灯丝。

2 白炽灯和荧光灯中都充满了混合的不活泼的气体,比如氮气和氩气,这些气体不和灯丝与电极中的钨反应。另外,足够多的氩原子和氮气分子阻止了灯丝或电极中的钨原子的逃离,使得钨重新回到灯丝或电极上。

■ 图8.27 荧光灯。

3 在荧光灯中,另一种过渡元素汞(Hg)负责产生光。打开荧光灯,电子就开始在灯泡两端的两个电极之间传递,灯泡中的汞蒸发,当蒸发的汞原子碰撞到电子时,它们就释放出质子。

4 荧光灯内的白色粉末涂层是一种叫钨酸钙的化合物,它含有钨、钙和氧元素。汞原子释放出的质子能使钨酸钙发光。

批判性 思考

1. **获取信息** 调查卤素灯的工作原理,并与传统的荧光灯进行比较。
2. **解释** 使用氩、氮和氙的混合气体来填充灯泡,可能存在什么缺点?

迷你实验 2

过渡金属离子所带的电荷数

铁的电子组态与铁的化合物构造有何关系　铁是最常见的一种过渡元素,其电子组态为[Ar]4s²3d⁶。位于最高能级的2个4s电子最容易参与化学反应,然而与许多其他的过渡元素一样,铁原子的内层d轨道未填满电子,这些d轨道上的电子也可能参与化学反应。在这个迷你实验中,你将研究含铁化合物的一些反应,并用铁原子的电子组态去解释实验结果。

实验步骤

1. 阅读并完成实验安全表格。
2. 向贴有$FeCl_3$标签的125 mL烧瓶中加入20 mL的氯化铁溶液,滴入两滴$1\ mol·L^{-1}$的NaOH溶液。记录下实验现象。
3. 向另一贴有$FeCl_2$标签的125 mL烧瓶中加入20 mL的氯化亚铁溶液,滴入两滴$1\ mol·L^{-1}$的NaOH溶液。记录下实验现象。
4. 塞住瓶塞,振荡贴有$FeCl_2$标签的烧瓶,每隔30秒后停止振荡,打开瓶塞一会儿,以便让更多的氧气进入瓶中。塞住瓶塞继续振荡,直到发生变化。
5. 把观察到的实验现象记录在你的数据表中。

分析与讨论

1. **描述**　分别描述两种沉淀的颜色。
2. **推断**　两种沉淀中阳离子所带的电荷数各是多少?在形成这两种离子的过程中,铁原子最可能失去哪些电子?
3. **解释**　从第4步开始的实验结果。当氧气进入烧瓶后,亚铁离子发生了怎样的变化?
4. **应用**　亚铁离子(Fe^{2+})可用作营养剂,而铁离子(Fe^{3+})不能,根据你的实验结果,解释为什么人们常使用单质铁(Fe)作为食品添加剂,而不是用含亚铁离子(Fe^{2+})的化合物。

原子半径递变规律　我们已经在第1节知道,同一周期的主族元素,从左到右,原子半径随核电荷数的递增而逐渐减小。过渡元素的变化规律与其相似,但是原子半径的变化不如主族元素那么明显。我们也知道,同一主族元素自上而下原子半径逐渐增加。过渡元素亦是如此,但过渡元素的这一规律并不明显,例如从第5周期到第6周期,原子半径的变化不大。

由于原子半径影响着元素的化学性质,我们可以预计第5周期和第6周期同族的过渡元素的性质非常相似,如**图8.28**所示。从第4周期到第5周期,原子半径增大。许多过渡金属相互之间或者与过渡金属族以外的元素形成合金(由多种金属组成的混合物),由于电子组态的不同,它们的反应方式不一定相同,例如铁能以多种氧化态的形式存在。**图8.29**展示了第4族最常见的过渡元素——铁的重要性。

■ **图 8.28**　在合金中加入过渡元素钯、镍和铬来建构牙冠。

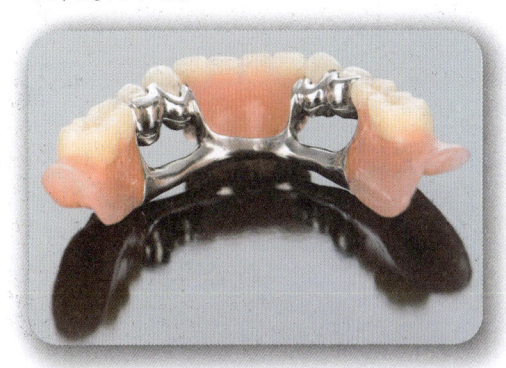

图 8.29

观 察 铁

铁:最重要的过渡元素

早在远古时期,人们就已经认识到并开始利用金属铁和许多含铁合金。铁元素在地壳中的含量居第四位;在所有金属元素中,它的含量仅次于铝,居第二位。

铁:重要的生命元素

除了作为重要的结构材料外,铁也是生命系统不可或缺的元素。可携带氧气的血红素分子的中心是亚铁离子,只有亚铁离子才有结合氧的功能。亚铁血红素参与组成血红蛋白和肌球蛋白。血红蛋白将氧气从肺部输送到身体的各个细胞以维持生命。肌球蛋白则为某些肌肉组织储存氧气,以供生理活动所需。

从矿石中炼铁

我们可以将铁矿石(氧化物)放入高炉中炼铁。氧化铁(Fe_2O_3)、焦炭和石灰石($CaCO_3$)的混合物不断从炉顶进入高炉,热空气则从炉底进入。混合物在下落过程中发生了化学反应,产生的温度可高达 2 000 ℃。整个反应过程较为复杂,但以下几个化学方程式可表示其中最重要的几步。首先,焦炭在热空气中燃烧,生成二氧化碳。

$$C(s)+O_2(g) \longrightarrow CO_2(g)$$

然后,CO_2 与过剩的焦炭反应产生一氧化碳。

$$CO_2(g)+C(s) \longrightarrow 2CO(g)$$

一氧化碳再将铁矿石(Fe_2O_3)转化为单质铁。

$$Fe_2O_3(g)+3CO(g) \longrightarrow 2Fe(l)+3CO_2(g)$$

熔融的铁水(生铁)沉入炉底,以液体的形式流出。其中的杂质(炉渣)浮于铁水之上,从另一出口流出。从高炉中获得的粗产品生铁,其中含有多种杂质,如碳、硅和锰等。生铁将进一步精炼,其中的大部分会转化为钢。

炼 钢

炼钢的第一步是除去生铁中的杂质，第二步则是添加一定量的硅或各种过渡金属。不同的合金元素可使钢具有独特的性能。有些钢材柔韧易被弯曲，可用作铁丝网；有些钢材非常坚硬，可用作火车铁轨、建筑支架或者横梁等。

最硬的钢材，可用作外科手术器械、钻孔机和剃须刀片。需要注意的是，这些钢除主要由铁元素组成外，还含有少量碳、钼和镍等其他元素。外科不锈钢用具中的铬增强了金属的耐划伤性；钼有助于形成更坚固的刀刃。

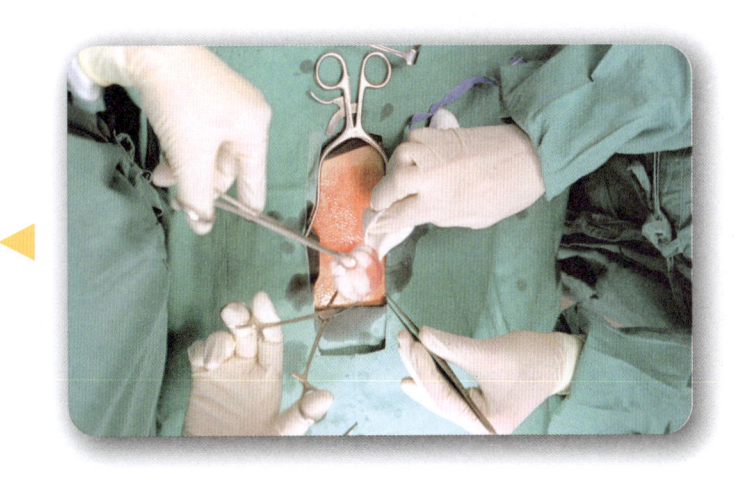

热 处 理

热处理是炼钢的最后一个步骤。将提纯后的钢加热到500 ℃，其中少量的碳会与铁结合生成碳化物（Fe_3C）。碳化物可溶解在钢当中，这使得钢更加坚硬。随后，把钢放进油或者水中迅速冷却，就能使钢持久保持这种坚硬状态。

化学与技术

碳 与 钢

在古代，人们就已经掌握了精良的炼钢技术。已知最早的钢制品，可追溯到公元前1500～公元前1200年。大约在公元前300年，印度人将铁矿石和木材混合，放置于密闭的炉中，加热制得伍兹钢。欧洲人在叙利亚的大马士革首次见到这种由钢制造的高质量剑刃，由此伍兹钢化名为大马士革钢而闻名于世，如图8.30所示。大马士革钢之所以享有盛誉，就因为这些剑在经多次战斗后依然能保持锋利和坚硬，同时非常易弯曲而不易被折断。大马士革钢的表面还有一种特有的在生产时形成的波形图案。

炼制大马士革钢的工艺在19世纪时失传，新研发的超塑性钢在强度上与古代的大马士革钢相似，表面也有波形图案，但如今的超塑性钢的内部结构和古代的钢是不同的。

什么是钢

钢是指含有少量碳（0.02%～2.1%）

■ **图8.30** 大马士革钢拥有一种波形图案，这是在制造过程中形成的。

或者其他元素（如铬、钴、锰、镍、钨、钼、铜、硅和钒）的铁合金。碳素钢就只含有铁和碳两种元素（**表8.2**）。

钢中的含碳量不能超过2.1%，否则会脆而易碎。商业用铁，也叫作铸铁，含碳量为2%～4%，因此很脆。最常见的碳素钢是低碳钢，它的含碳量小于0.30%，占据了钢产业中的大部分，通常用于制造钢制食品罐、汽车和电子设备。

表8.2	碳素钢		
名称	组成	性质	用途
低碳钢	Fe、0.02%～0.29%的C	延展性很好	钢制食品罐、汽车车身
中碳钢	Fe、0.30%～0.59%的C	延展性较差	结构材料：横梁、桥梁支架
高碳钢	Fe、0.60%～1.5%的C	坚硬，较脆	切削工具、砖石钉、钻头、高强度张力钢丝、车架弹簧
超塑性钢*	Fe、1.5%～2.1%的C	耐腐蚀，耐磨损，锻造性好	小刀、车轴、冲压机、推土机、拖拉机底座

*超塑性钢是一种超高碳钢（UHCS）。

■ 图 8.31　由低碳钢制造的汽车车身。

■ 图 8.33　超塑性钢制造的刀具。

90%的钢是碳素钢

碳素钢的性质取决于其含碳量的多少。根据含碳量的多少，可将它们分为低碳钢、中碳钢和高碳钢。低碳钢易于加工锻造，可低温锻造为铸造模具板材或者汽车外壳，如图 8.31 所示。中碳钢强度更大，但锻造性能稍差，它们可用作结构材料，比如图 8.32 所示的桥梁。高碳钢硬而脆，它们被用作表面的防护层。

超塑性钢重获新生

一种新型钢材——超塑性钢，是一种超高碳钢（UHCS），它能被加工成各种复杂的形状，如图 8.33 所示的刀具。这种新型的钢材有时候也叫作大马士革钢，虽然它的内部结构与古代的大马士革钢不同，但钢材的强度以及在生产中形成的波形图案是一样的。

超塑性钢是一种重要的钢材，因为它的耐磨性很好，还可以一步制成最后形状。一种金属要展现出超塑性，它必须在温度高达 725 ℃时仍具有良好的晶粒尺寸。在高温下，金属对应力速率和应变速率是高度敏感的，这种高度敏感性可以避免制造超塑性钢过程中机械不稳定的问题。避免这个问题可以使得超塑性钢延伸至本身长度的十多倍而不会折断。

大多数钢的延展度的极限为原长的 1.5～2 倍，在高温下，超塑性钢能像太妃糖那样被随意拉长。超塑性钢的这种性质使得材料能够一步完成加工，避免了生产过程中的浪费和二次加工，从而节约了原材料和能源。

■ 图 8.32　由中碳钢制造的桥梁。

表8.3　合金钢

名称	质量分数(%)*	性质	用途
磁钢	Ni:20, Al:12, Co:5	良好的磁性	扩音器、电表、麦克风
不变钢	Ni:36～50	热膨胀系数小	精密仪器、测量工具
锰钢	Mn:12～14	硬度大	保险箱
18-8不锈钢	Cr:18, Ni:8	耐腐蚀	手术器械、餐具、首饰
钨钢	W:5	高温下保持强度	高速切割工具

*所有的合金钢都含有铁和0.1%～1.5%的碳。

合金钢含有碳和其他元素

所有的合金钢都由铁、碳以及不同含量的其他元素(主要为金属)混合而成(**表8.3**)。加入的金属可使钢产生我们需要的性质，例如坚硬和耐腐蚀(Cr)、耐磨损(Mn)、韧性好(Ni)、耐高温(W和Mo)。不锈钢是一种众所周知的合金钢，如**图8.34**，它含有10%～30%的铬，有时还有镍、硅和磷。磁钢，由于其出众的磁性，可用于制造永久性磁铁。这种磁铁可用于伏特计中，做成螺旋形的线圈，用于连接指示器或麦克风，如**图8.35**。

■ 图8.35　磁钢应用于麦克风中。

■ 图8.34　不锈钢用于制作烹饪器具。

钢的加工成型

为满足不同的需求，将钢材加工成各种形状的常见方法主要有两种：冷加工和热加工。在热加工过程中，钢材在高于重结晶温度时，在晶体结构形成之前进行锤炼、碾压、挤塑或者滚扎操作。热加工可以控制钢材的形状和尺寸，而不改变钢材的性质。锤炼和碾压又称锻造，这些过程最早是手工完成的。事实上，铁匠们现在依然使用手工锻造钢铁。然而，今天大多数钢厂是用蒸汽动力锤和液压模来锻造钢铁的。

热加工与冷加工

挤塑过程是指将熔融的钢挤入所需形状的钢模中,如图8.36所示的钢梁。滚扎是最常用的使钢材成型的方法,操作时让钢材经过两个转向不同的滚筒,最终产品的形状取决于滚筒的类型。火车铁轨和工字型梁就是通过这种方法成型的。

冷加工是指在温度低于重结晶温度且晶体结构已经形成时重塑钢材以改善它的硬度和强度。冷加工通过在金属的晶体结构中引入缺陷,减小金属的晶粒尺寸,避免晶粒的滑动,从而增强金属的强度和硬度。冷加工钢材通常用来降低金属薄片的厚度,并且通常伴随热加工一起使用。

■ 图8.36 热加工中的钢梁。

■ 图8.37 钢筋混凝土使摩天大楼成为可能。

钢材的重要性

19世纪80年代,钢材生产和加工工艺的发展给建筑业带来了一场革命,钢筋混凝土成为一种重要的结构材料。钢梁使得摩天大楼的建造成为可能,从此改变了现代都市的面貌。现代都市摩天大厦林立,如图8.37所示。

由于钢材与基础建设和经济发展紧密相联,钢铁工业的发展水平通常被认为是各个国家经济进步的指示器。中国和印度的经济增长引起了钢材需求量的增长,中国钢材使用量超过全球产量的三分之一。中国、日本和美国是钢材的主要生产国家。

技术探讨

1. **应用** 查阅资料,飞机发动机中所使用的含有铁、碳、铬和镍的钢是哪种类型的钢材?其中,铬和镍的作用是什么?
2. **推断** 查阅资料,你认为大多数情况下所使用的金属是哪种类型的钢材?(提示:注意这些元素在元素周期表中的位置)并指出合金钢中经常使用的一些金属元素。
3. **获取信息** 热处理、淬火、回火和退火是如何进一步影响不同钢材的性能的?

> **拓展 阅读**
>
> 第4族元素的主要矿石——锆石是一种无色透明晶体,它经常用于人造珠宝,珠宝商也把他叫作方晶锆石。

其他重要的过渡元素

我们已经知道,有些过渡金属在炼钢业中非常重要,在钢中加入这些元素能够改善钢的性能。事实上,大多数过渡金属各尽其能,广泛应用于现代社会的基础物资和消费品生产当中。

铁系、铂系和造币金属 铁(Fe)、钴(Co)和镍(Ni)的原子半径几乎相等,化学性质也非常相似。和铁一样,钴和镍具有天然磁性。由于性质相似,这三种元素合称为铁系元素。观察**图 8.38**中铁、钴和镍在周期表中的位置,它们都是第4周期元素,分别是第8、9、10族元素。第5和第6周期中这三种元素正下方分别是钌(Ru)、铑(Rh)、钯(Pd)和锇(Os)、铱(Ir)、铂(Pt)六种元素,它们的性质都与铂相似,故称作铂系元素。这些金属常用作催化剂以加快化学反应。第11族的元素铜(Cu)、银(Ag)和金(Au),因为延展性好,易被加工,化学性质相对稳定,而且金、银的数量稀少,于是成为传统铸造货币的金属。这些金属位于同一族,你也许已经预测出它们具有相似的化学性质了。观察**图 8.38**中铂系金属和造币金属在周期表中的位置。

■ **图 8.38** 铁、钴和镍的化学性质相似,这可以用它们的原子半径几乎相等来解释。第5和第6周期的铂系元素的性质也相似,更是强调了这样一个事实:原子中的电子可以填充入内层d轨道,使得它们的原子半径相差无几。几种造币金属元素则说明同族元素的性质相似。

族数→ 周期数↓	3	4	5	6	7	8	9	10	11	12
4	钪 Sc 21	钛 Ti 22	钒 V 23	铬 Cr 24	锰 Mn 25	铁 Fe 26	钴 Co 27	镍 Ni 28	铜 Cu 29	锌 Zn 30
5	钇 Y 39	锆 Zr 40	铌 Nb 41	钼 Mo 42	锝 Tc 43	钌 Ru 44	铑 Rh 45	钯 Pd 46	银 Ag 47	镉 Cd 48
6	镧 La 57	铪 Hf 72	钽 Ta 73	钨 W 74	铼 Re 75	锇 Os 76	铱 Ir 77	铂 Pt 78	金 Au 79	汞 Hg 80

■ 铁系　■ 铂系　■ 造币金属

铬　金属铬与铁熔合而成的合金钢，坚硬而耐腐蚀。铬还能与其他过渡金属形成耐高温的结构合金，用于制造喷气机引擎。作为一种耐腐蚀的金属，铬还常常被镀在其他金属的表面，以防止这些金属的腐蚀。

铬的电子组态为[Ar]$4s^13d^5$，主要氧化数有+2、+3和+6。当铬原子失去2个电子时，便成为Cr^{2+}，其电子组态为[Ar]$3d^4$。若再失去1个3d电子，则形成Cr^{3+}。

铬原子也能够失去6个价电子，氧化数达到+6。这时，它失去所有外层s轨道和d轨道上的电子，与稀有气体氩的电子排布相同。在铬酸钾(K_2CrO_4)和重铬酸钾($K_2Cr_2O_7$)中，铬的氧化数都是+6。过渡金属形成的化合物往往具有鲜艳的颜色，如图8.39所示。铬的名称来源于希腊语中的"chroma"，意思为"彩色"。含铬化合物大多具有鲜亮的颜色，如黄色、橙色、蓝色、绿色和紫色等。

锌　与铬一样，锌也是一种耐腐蚀的金属，它的一项主要用途是作为铁和钢表面的保护层，以防止钢铁生锈。电镀工艺上，将铁浸入熔融的锌中，铁的表面就覆盖了一层锌。锌也是一种重要的合金元素，在锌的合金中，最重要的是锌与铜的合金——黄铜。黄铜制品既光亮又实用，如图8.40所示。

■ **图8.39**　这些含铬化合物的鲜艳色彩，反映了许多过渡金属化合物的特点。铬酸钾(K_2CrO_4)呈黄色，重铬酸钾($K_2Cr_2O_7$)为橙色。两种化合物中，铬的氧化数都是+6。

判定　这两种化合物中钾(K)和氧(O)的氧化数分别是多少？

■ **图8.40**　黄铜制品外形光滑，还能被拉伸为细长而又壁薄的金属管，适合于制造各种乐器。在你周围，有哪些既美观又实用的黄铜制品呢？

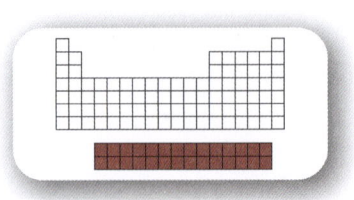

内过渡元素：镧系和锕系

内过渡元素位于元素周期表的 f 区。镧系元素（lanthanide）中，4f 次能级上的电子能量最高。镧系元素都属于稀土元素（rare earth element），因为这些元素都以氧化物（earth 是氧化物 oxide 的旧术语）的形式存在于地壳的土壤层当中，而且曾被认为相对稀少（rare 是稀少的意思）。锕系元素（actinide）中，最高能量的电子位于 5f 次能级。在我们日常所用的化学物质中是不包含这些元素的，甚至连它们的名称我们也很不熟悉（除了铀和钚，这两种元素常与核反应堆、核武器联系在一起）。尽管如此，这些元素——尤其是一些镧系元素——却有着许多重要的用途。

铈：含量最丰富的镧系元素　铈是一类称作混合稀土的合金中的主要元素。混合稀土含 50% 的铈，还含有镧、钕和少量铁。混合稀土可用于制造打火机中的燧石。铈也常与铁或其他金属（如镁元素）一起制造合金。含铈 3% 的镁铈合金非常耐高温，常用于制造喷气机的引擎。一些含铈（Ⅳ）的化合物，例如氧化铈（CeO_2），可用于镜面抛光剂，玻璃制造业用它给玻璃脱色，为陶瓷上釉，等等。

其他镧系元素　其他镧系元素常用于玻璃工业。钕（Nd）不仅能为玻璃脱色，也能给玻璃上色。供焊接工使用的护目镜中添加的钕和镨（Pr），能够吸收焊接过程中产生的对眼睛有伤害作用的辐射，如**图 8.41**所示。用它们制作电视机的荧屏，也能够减少刺眼的反射光线。由钇（Y，一种过渡元素）和铕（Eu）的氧化物所组成的混合物，在遇到电子束撞击时能发出亮红色的光，这个特点曾在电视机的显像管中得到了广泛的应用。这种亮红色光与蓝光、绿光一起，就可组合产生逼真的电视图像。

> **拓展　阅读**
>
> 世界镧系元素的一半以上产自美国加利福尼亚的一个矿场。许多镧系元素都用于制造陶瓷超导体。

■ **图 8.41**　焊接金属时产生的强光会伤害眼睛，加入到护目镜中的钕和镨可以吸收对眼睛有伤害作用的辐射。

铕(Eu)、钆(Gd)和镝(Dy)是良好的中子吸收剂,因此它们被用在核反应堆的控制棒中。在核反应堆中能产生少量的钷(Pm),它是镧系元素中唯一的人造元素,可用于专门的微型电池中。钐(Sm)与钆通常应用于电子学,铽(Tb)则用于固态电子元件和激光器中。

锕系元素与放射性 铀(U)是天然存在的一种放射性元素,可用作核燃料,并可制造其他的放射性元素。钚(Pu)就是以铀为核燃料而获得的一种元素。钚的同位素Pu-238所产生的辐射很容易被防护罩吸收,因而它可以为心脏起搏器和导航救生器提供能源。钚的其他同位素可用作核燃料,或制造核武器。钚还是合成人造元素镅(Am)的原料,镅可用于烟雾探测器,如**图8.42**所示。

有些锕系元素可用于医疗,例如,具有放射性的锎(Cf)的同位素Cf-252可用于治疗癌症。与传统的X射线相比,使用锎这种同位素能更好地杀死癌细胞。

精彩预告

如果能判断一种元素在周期表中的位置,你就能据此预测这种元素的性质。每一种元素都有各自独特的性质,这源于它们特有的核外电子排布。简言之,这些元素的单质、合金和化合物,为人类的生产、生活提供了各式各样的原材料。其中,化合物的变化最多,从离子化合物到共价化合物,从极性分子到非极性分子,它们形状各异、大小不同。在第9章中,你将学到更多有关化合物形成的知识,并学会判断化合物分子的形状和极性。

■ **图**8.42 在烟雾探测器中,使用少量放射性的锕系元素镅可以产生电流,当烟雾进入到探测器时就会中断电流,引起警报声。

第2节 本节回顾

要点梳理

- 过渡元素构成了元素周期表的d区。
- 多氧化数是过渡元素的特征。
- 原子半径相似的过渡元素通常有相似的化学性质,例如铁系、铂系和造币金属。
- 内过渡元素镧系和锕系构成了元素周期表的f区。

6. **主要 概念 描述** 什么是过渡元素?什么是内过渡元素?描述过渡元素在元素周期表中的位置。

7. **描述** 过渡元素和内过渡元素的电子组态与主族元素相比有什么不同?

8. **解释** 铁、铝和镁都可用作重要的结构材料,然而铁易生锈,镁和铝却不会。请解释铁易生锈的原因。

9. **批判性思考** 为什么过渡元素有多个氧化数,而碱金属和碱土金属却分别只有+1或+2的单一氧化数?

10. **解释** 列举三种可改善铁或钢的性能、增强其抗腐蚀性的过渡元素,解释各添加成分的作用。

第 8 章 学习指南

大 概念 元素周期表中元素的变化规律包括它们的大小以及得失电子的能力。

第1节 主族元素

主要 概念 同一周期主族元素的金属性和原子半径从左到右逐渐减小。

关键术语
碱金属
碱土金属
卤 素

要点梳理

- 在元素周期表中，同周期元素的价电子数随着原子序数的增加而增加。
- 同一周期中，从左到右，原子半径递减。同一主族中，从上到下，原子半径递增。
- 半径最大、价电子数最少的金属是最活泼的。
- 半径最小、价电子数最多的非金属是最活泼的。

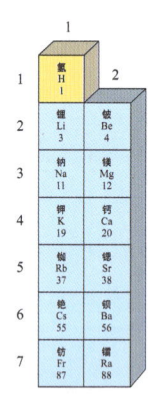

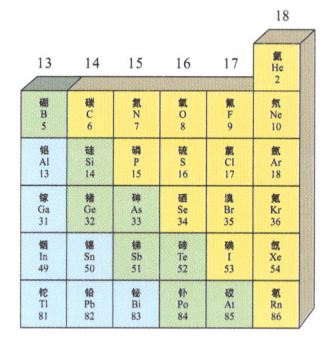

第2节 过渡元素

主要 概念 过渡元素的性质取决于d轨道上的电子，内过渡元素的性质还取决于f轨道上的电子。

要点梳理

- 过渡元素构成了元素周期表的d区。
- 多氧化数是过渡元素的特征。
- 原子半径相似的过渡元素通常有相似的化学性质，例如铁系、铂系和造币金属。
- 内过渡元素镧系和锕系构成了元素周期表的f区。

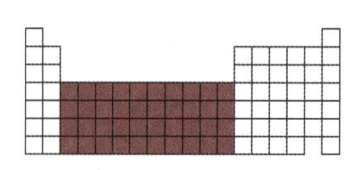

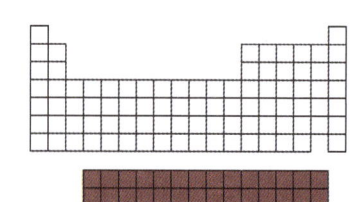

第 8 章 测评

要点理解

11. 在下列各组原子中,哪个的原子半径较大?
    a) K、Ca
    b) Mg、Ca
    c) Ca、Sr
    d) F、Na
    e) Rb、Cs
    f) S、C

12. 卤素的原子半径对其化学性质有何影响? 最活泼的卤素是哪个? 最不活泼的卤素是哪个?

13. 下列哪些原子在变成离子时半径会增大? 为什么?
    Cs、I、Zn、O、Sr、Al

14. 为什么同族的元素性质相似?

15. 碱金属与水反应的产物是什么? 碱土金属与水反应的产物又是什么?

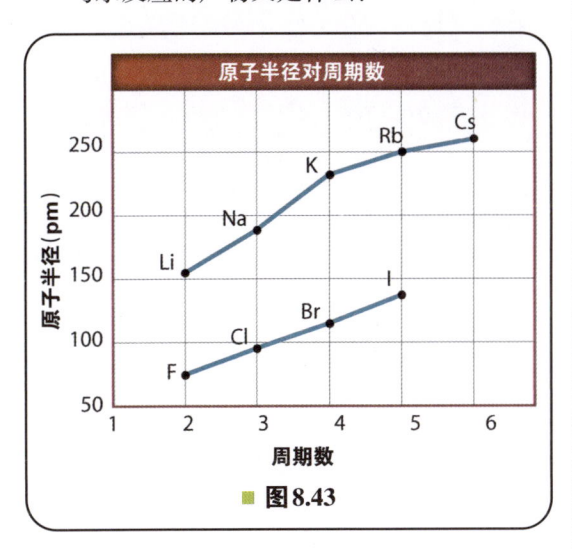

图 8.43

16. 运用图 8.43,回答下列问题:锂原子半径与铯原子相比如何? 氟原子半径与碘原子相比如何? 锂原子和氟原子的半径哪个大? 由原子半径判断,哪个是最活泼的碱金属? 哪个是最活泼的卤素? 说明你的理由。

应用概念

工作原理

17. 灯泡内为什么要填充不活泼的气体? 比起真空,它们具有哪些优点?

化学与技术

18. 解释碳素钢与合金钢的差别,说说其中哪一种的产量更多。

历史链接

19. 方铅矿(PbS)是铅的一种主要矿石,运用元素周期表,判断铅和硫在方铅矿中的氧化数。

生物学链接

20. 四氟硅酸钠(Na_2SiF_4)被加入到饮用水中以防止蛀牙的发生,硅在 Na_2SiF_4 中的氧化数是多少? 说明理由。

21. 氮、氧和磷是维持生命活动必不可少的元素,哪种基本生物分子中含有这三种元素?

22. 氮气(N_2)能转化为氮肥供植物利用,说出一种转化途径。

23. 金属镁和金属铝都能与氧气反应生成氧化物,为什么却说它们是抗腐蚀的金属?

批判性思考

对比与比对

24. 氧气能与活泼金属反应,如金属钙;也能与非金属反应,如硫。比较氧气在这两种反应中表现出的化学性质的差异。

联系概念

25. 二氧化碳(CO_2)分子是通过共用电子对还是通过电子的得失而形成的? 画出二氧化碳的电子式,解释分子中各原子是如何达到八隅体结构的。

第 8 章 测评

联系概念

26. **迷你实验 2** 写出铁原子、亚铁离子（Fe^{2+}）和铁离子（Fe^{3+}）的电子组态。

预测

27. 金属钠和铯都能与水反应，预测它们与水反应的产物，并写出这两个反应的化学方程式。

日积月累

28. 描述金属、准金属和非金属的物理性质。

29. 写出下列各原子的电子组态，可选用合适的稀有气体元素为内核，简写电子组态。
    a) 氟 c) 铝
    b) 钛 d) 氩

30. 为什么许多化合物都是由一个第 1 族或第 2 族的元素与一个第 16 族或第 17 族的元素构成？写出一个由第 1 族和第 17 族元素构成的化合物的化学式。写出一个由第 1 族和第 16 族元素构成的化合物的化学式。

31. 写出下列化合物的化学式。它们是离子化合物还是共价化合物？
    a) 硫酸铝
    b) 一氧化二氮
    c) 碳酸氢钠
    d) 硝酸铅

32. 含氟牙膏的使用使牙釉质中的羟磷灰石变为氟磷灰石。
$$Ca_5(PO_4)_3OH(s) + F^-(aq) \longrightarrow Ca_5(PO_4)_3F(s) + OH^-(aq)$$
这个反应属于五类化学反应中的哪一类？

技能训练

制作与使用数据表

33. 利用**图 8.44**中的数据画出第 2、3 周期主族元素的原子半径随原子序数的变化图像，并描述你发现的规律。

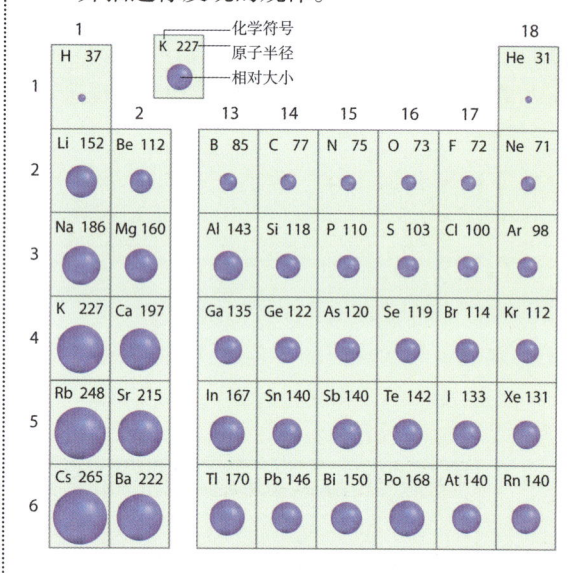

■ 图 8.44

科技写作 化学

34. 设计一本手册解释准金属元素的性质，以周期性概念为基础整理你的信息，列出准金属的化学符号并且描述准金属与金属、非金属相关的性质。

解决问题

35. 画出能反映周期表轮廓的草图，利用**图 8.44**，在草图中用箭头表示原子半径变化的趋势。比较金属和非金属的原子半径与活动性的关系。

标准化测试

1. 元素周期表同一周期从左到右,元素的原子半径
   a) 增大。
   b) 无规律。
   c) 减小。
   d) 不变。

2. 元素周期表同一主族由上到下,元素的原子半径
   a) 增大。
   b) 无规律。
   c) 减小。
   d) 不变。

3. 随着原子序数的增加,元素的原子半径
   a) 增大。
   b) 无规律。
   c) 减小。
   d) 不变。

4. 为什么铝的原子半径大于硅?
   a) 金属元素的原子半径要比非金属元素的原子半径大。
   b) 铝原子核所带的正电荷对其电子云的吸引力较强。
   c) 硅原子核所带的正电荷对其电子云的吸引力较强。
   d) 硅原子的电子数更多。

5. 下列关于海森堡不确定性原理的说法中,哪项是正确的?
   a) 这个原理说明电子云中电子的位置是不能确定的。
   b) 这个原理说明电子的位置和能量不能同时确定。
   c) 这个原理说明围绕原子的电子的准确位置是不能测量的。
   d) 这个原理说明围绕原子的电子的准确能量是不能精确测量的。

6. 烃类最常被用作
   a) 酸。
   b) 燃料。
   c) 碱。
   d) 爆炸物。

7. 下面这个合成反应的产物是什么?
   $Cl_2(g) + 2NO(g) \longrightarrow ?$
   a) NCl_2
   b) N_2O_2
   c) $2NOCl$
   d) $2ClO$

8. 碳酸氢钠的化学式为 $NaHCO_3$,确定碳酸氢钠中有哪些元素,并计算各自的原子数。
   a) 1个钠原子,1个氢原子,3个钴原子。
   b) 1个氮原子,1个氢原子,3个钴原子。
   c) 1个钠原子,1个氢原子,1个碳原子,3个氧原子。
   d) 1个钠原子,1个氦原子,1个碳原子,3个氧原子。

9. 下列关于过渡元素的说法中,哪个是正确的?
   a) 过渡元素是最坚硬的金属。
   b) 过渡元素的熔点往往要比主族元素的高。
   c) 过渡元素很少有多氧化数。
   d) 过渡元素中的一些有最大的原子质量。

10. 下列关于非金属的说法中,哪个是不正确的?
    a) 它们占据了地壳的很大部分。
    b) 它们存在于大多数的化合物中。
    c) 它们有很好的电导性。
    d) 它们的熔点比金属低。

考点提示										
测试题号	1	2	3	4	5	6	7	8	9	10
对应章节	8.1	8.1	8.1	8.1	7.1	5.2	6.1	1.1	8.2	3.2

第 9 章 化学键

大 概念 原子间共用电子或转移电子形成了化学键。

第 1 节　原子间的化学键
主要 概念 两种原子间的电负性差异决定了化学键的类型。

第 2 节　分子的形状与极性
主要 概念 分子的空间构型和分子中键的极性决定了分子是否具有极性。

你知道吗？

- 我们常常把木材搭成紧密的网状结构以建造木屋。
- 这些木榫结构为木屋提供了一个稳定的架构。
- 当原子或离子形成化学键时,粒子的比例和类型决定了物质的形状和稳定性。

课前活动

起步实验

油和醋的混合
当你混合不同的物质时，它们真的合而为一了吗？

实验器材
- 试管
- 吸液管
- 醋
- 植物油

实验步骤
1. 阅读并完成实验安全表格。
2. 在试管中加入 2 mL 的醋和 2 mL 的植物油，振荡，观察并记录实验现象。
3. 将试管静置 5 分钟，观察并记录实验现象。

实验分析
1. **观察** 油和醋混合在一起了吗？
2. **解释** 对于该实验的现象，你的解释是什么？
3. **推断** 为什么在许多沙拉酱上的使用说明中会标有"使用前请摇匀"这样的提示？

探究 你有什么办法能让油和醋或油和水混合？请对此进行研究。

折叠式学习卡 学习组织者

成键特征 按以下图示制作折叠式学习卡，帮助你整理有关三种类型的化学键的内容。

▶ **步骤1** 准备三张纸，分别对折，在距左边缘 3 cm 处画一条虚线，沿虚线裁剪至折叠处。

▶ **步骤2** 在左侧边缘写上"成键特征"，在每张右侧分别写上价键类型："离子键""共价键""极性共价键"。

▶ **步骤3** 沿左侧将三张纸钉在一起。

折叠式学习卡 在第 1 节中使用该折叠式学习卡。在你阅读的过程中，利用折叠式学习卡总结你学习到的关于成键特征及其对化学物性质影响的相关知识。

第1节

原子间的化学键

核心问题
- 如何根据化学键中两种原子的电负性差异来预测成键类型?
- 离子键、共价键、极性共价键有哪些异同点?
- 什么是金属键中自由电子的"海洋"模型?如何用它来描述金属键?

术语回顾

碱金属: 第1族中的金属元素,包括锂、钠、钾、铷、铯和钫。

关键术语

电负性
屏蔽效应
极性共价键
展 性
延 性
导电性
金属键

主要概念 两种原子间的电负性差异决定了化学键的类型。

链接真实世界 你用胶水粘贴过模型吗?众所周知,胶水可以将原来分散的各部分联结成一个整体。类似地,物质中将原子联结起来的"胶水",实际上就是原子间所转移或共用的一些电子。

化学键的模型

回顾一下,原子间通过得失电子可以形成离子化合物,或者通过共用电子对可以形成共价化合物。不管采用哪种方式,形成的化学键都是为了使原子更加稳定。通过形成化学键,原子的最外层电子达到八隅体结构,其电子排布与稳定的稀有气体元素的原子相同。通常情况下,化合物中的原子比游离的原子更加稳定。

原子间可以形成两种不同的化学键——离子键和共价键。知道了化合物中化学键的类型,我们就可以预测该物质的很多物理性质。**表9.1**概括了离子化合物与共价化合物的一些物理性质,但其中不乏反例,例如,$CaCO_3$虽是离子化合物但基本不溶于水。反过来,我们也可以根据物理性质去判断化合物中化学键的类型。然而,这种预测并非总是正确的,因为在离子化合物与共价化合物之间并没有明显的界限。化合物可能兼有部分离子性和部分共价性。

共用的程度 一种更加实际的观点是,所有的化学键都涉及电子的共用。电子可能被原子平均地共用,也可能只是共用了一点点,甚至几乎没有共用。化合物的性质,尤其是物理性质,与电子共用的程度有关。

表9.1 离子化合物与共价化合物的物理性质

性质	离子化合物	共价化合物
室温下的状态	晶态固体	固态、液态、气体
熔点	高	低
液态时导电性	有	无
在水中的溶解性	强	弱
水溶液导电性	有	无

我们已经探究了共用电子的两种极端情况——离子键和非极性共价键。纯粹的离子键,是由于电子共用的极端不平衡而形成的。这种情况可以看作是电子从一个成键原子完全转移到另一个成键原子上。非极性共价键是由于电子被平均共用而形成。大多数化合物的成键方式介于两者之间,它们既有一些离子键的性质,也有一些共价键的性质。

电负性:原子对电子的吸引作用

原子成键可看作是原子为争夺共用的价电子而进行的"拔河比赛"。使用这种共用电子模型,我们需要知道每个原子对共用电子的吸引作用的强弱。电负性就是用来衡量这种吸引作用的。**电负性(electronegativity)** 是指成键原子对电子的吸引能力。原子在争夺共用电子的过程中能否占上风,取决于两个成键原子电负性的大小。**图9.1**展示了几种化合物中化学键类型的变化。

确定电负性的数值 决定成键类型的电负性差异的数值从何而来?有许多种不同的电负性量表,而最基本、最常用的量表是美国化学家莱纳斯·鲍林发明的。鲍林将电负性最大的原子——氟的电负性定为4.0,其他元素的电负性则根据氟来确定。电负性大的原子共用价电子的能力比电负性小的原子强。

> **词源**
>
> **Electronegative**
> 电负性的
> electron(希腊语):琥珀(摩擦琥珀会产生电荷)
> negare(拉丁语):拒绝

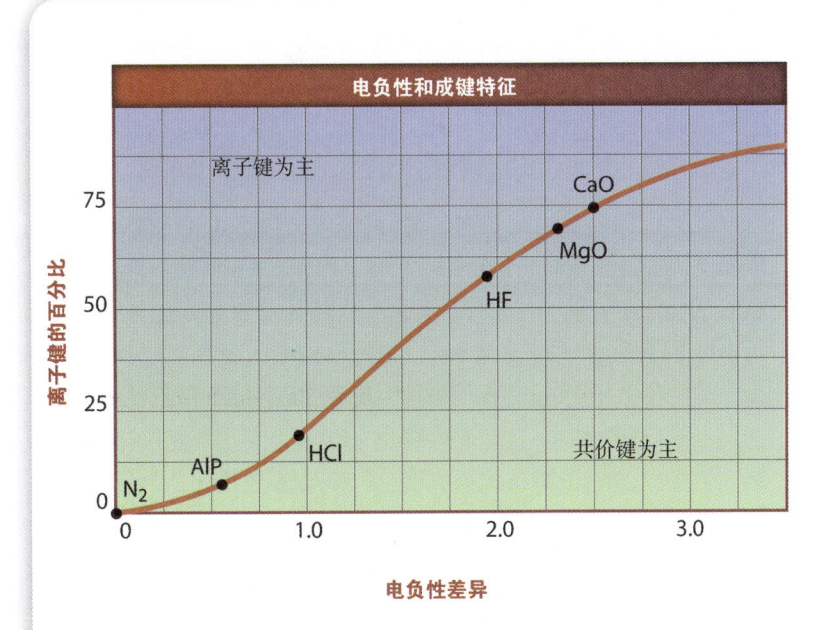

■ **图9.1** 化合物中原子间电子共享的差异,可以看作是由成键原子间的电负性之差(ΔEN)引起的。这种差别形成了三种主要的化学键类型:离子键、极性共价键和非极性共价键。
确定 氧化钙中离子键的百分比为多少?

■ **图 9.2** 元素的电负性呈现出周期性的变化规律。注意同周期或同族元素中方格高度的变化情况,方格的高度代表元素的电负性大小。

鉴别 电负性最大和最小的元素分别是什么?

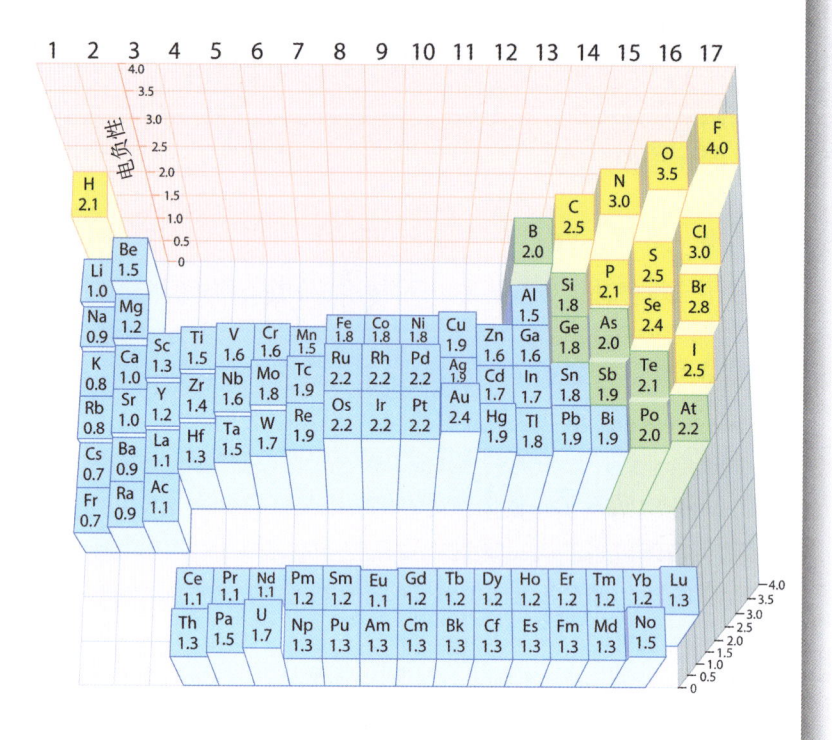

绝大部分元素的电负性如**图 9.2**所示。这张表查阅起来并不是很方便,事实上,你只要有一张元素周期表就够了。在元素周期表中,元素的电负性呈现出周期性的变化规律。除少数特例外,同一周期自左而右,元素的电负性数值逐渐增大;同一族元素自上而下,电负性数值逐渐减小。因此,电负性数值最大的元素位于周期表的右上角,而电负性数值最小的元素位于周期表的左下角。稀有气体元素的电负性全被视为零,不呈现这种周期性的变化规律。

电负性与屏蔽 同一族元素自上而下电负性逐渐减小,这是因为电子的能级逐渐增加,价电子离带正电的原子核越来越远,核对其价电子的吸引作用越来越小。同时,内层电子也在阻碍原子核对价电子的吸引作用,这种作用被称为**屏蔽效应**(shielding effect)。由于同一族元素中,自上而下内层电子越来越多,屏蔽效应逐渐增强。例如镁的电子排布式为 $1s^2 2s^2 2p^6 3s^2$,电负性为 1.2;钙的电子排布式为 $1s^2 2s^2 2p^6 3s^2 3p^6 4s^2$,电负性为 1.0。尽管它们的价电子数都为 2,但钙原子比镁原子多了 8 个内层电子。这些电子使得核对外层电子的吸引作用受到屏蔽,如**图 9.3**所示。

镁原子　　　　　　　　　　　　　钙原子

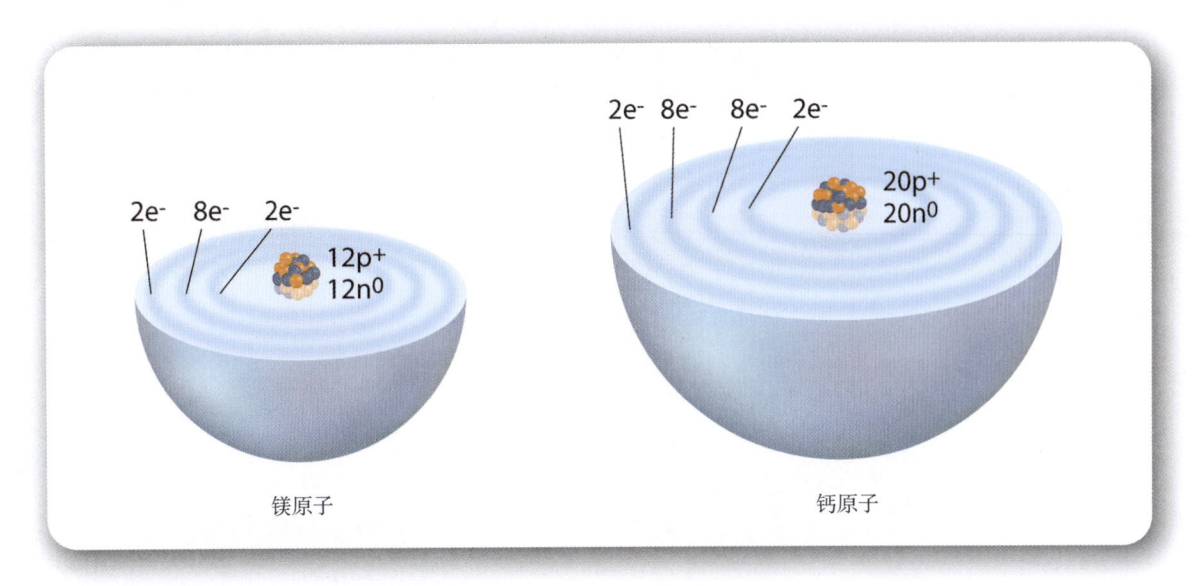

电负性与核电荷数　同周期元素从左到右，原子核内的质子数递增。随着核电荷数的增加，原子核对价电子的吸引作用也越来越强，因此，电负性趋向于逐渐增大。第4周期元素中，如**图9.2**所示，第1族的钾元素的电负性为0.8，而第17族的溴则为2.8。

由于电负性呈现出周期性变化，我们可以根据两个成键原子在周期表中距离的远近判断其电负性差值的大小。一般来说，成键原子在周期表中的距离越远，其电负性的差值越大。**图9.4**表示了电负性的这种变化趋势。

离 子 键

成键原子的电负性数值相差越大，共用电子对的偏移程度也就越大。两个成键原子间的电负性之差常以符号ΔEN表示，EN是电负性的缩写，Δ为希腊字母delta，意思为"差值"。计算ΔEN时用电负性较大的减去电负性较小的，所以ΔEN总是正数。例如，铯和氟的ΔEN为：$4.0 - 0.7 = 3.3$。

■ **图9.3**　镁原子中第1层和第2层的电子，使核内12个质子对最外层的2个价电子的吸引作用被屏蔽。钙原子的2个价电子所受原子核内20个正电荷的吸引作用，受到第1、第2和第3层电子的屏蔽。因为钙原子的内层电子比镁原子多8个，所以钙原子的价电子受到的吸引作用较弱。

折叠式学习卡

将本节中的信息归纳到你的折叠式学习卡中。

电负性逐渐减小　　电负性逐渐增大

■ **图9.4**　元素周期表中，同周期元素从左到右电负性递增；同族元素自上而下电负性递减。

推断　为什么稀有气体元素的电负性被视为零？

303

共用电子对的偏移 我们仍以拔河作类比。试想一下,一名相扑运动员在绳子的一端,一个小孩在另一端,结果显而易见。在化学键中,当成键原子的$\Delta EN \geq 2.0$时,情况也是一样。

当成键原子的$\Delta EN \geq 2.0$时,电子的共用极不均衡。此时,我们可以假定电子从电负性较小的原子转移到电负性较大的原子上,形成了阴、阳离子。这种不同电荷的离子间所形成的键,属于离子性成分较高的化学键——离子键。许多化学键都属于离子键,但它们的离子性成分所占的比例并不相同。原子间的电负性相差越大,它们所形成的化学键的离子性比例就越大。也就是说,成键原子在周期表中的距离越远,键的离子性成分就越大。

氯化钠中的离子键 在氯化钠的形成过程中,发生了电子的转移。钠的电负性为0.9。氯的电负性为3.0,它是周期表中电负性最大的元素之一。可以算出,氯化钠的ΔEN为:

$$\Delta EN = 3.0 - 0.9 = 2.1$$

在钠原子和氯原子之间的共用电子对,发生了很大程度的偏移,2个电子几乎都被氯原子所占有,形成了氯离子(Cl^-)。钠原子无法与氯原子争得共用电子,成为钠离子(Na^+)。钠离子与氯离子结合为氯化钠(NaCl)。氯化钠是一种典型的离子化合物。

图9.5比较了氯化钠、氟化锂和溴化钾的形成。这三种化合物的ΔEN都大于或等于2.0。与氯化钠一样,氟化锂和溴化钾都是典型的离子化合物。可以发现这些键的成键原子在周期表中的间隔都比较远。

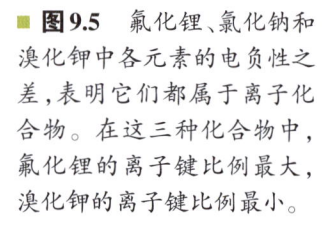

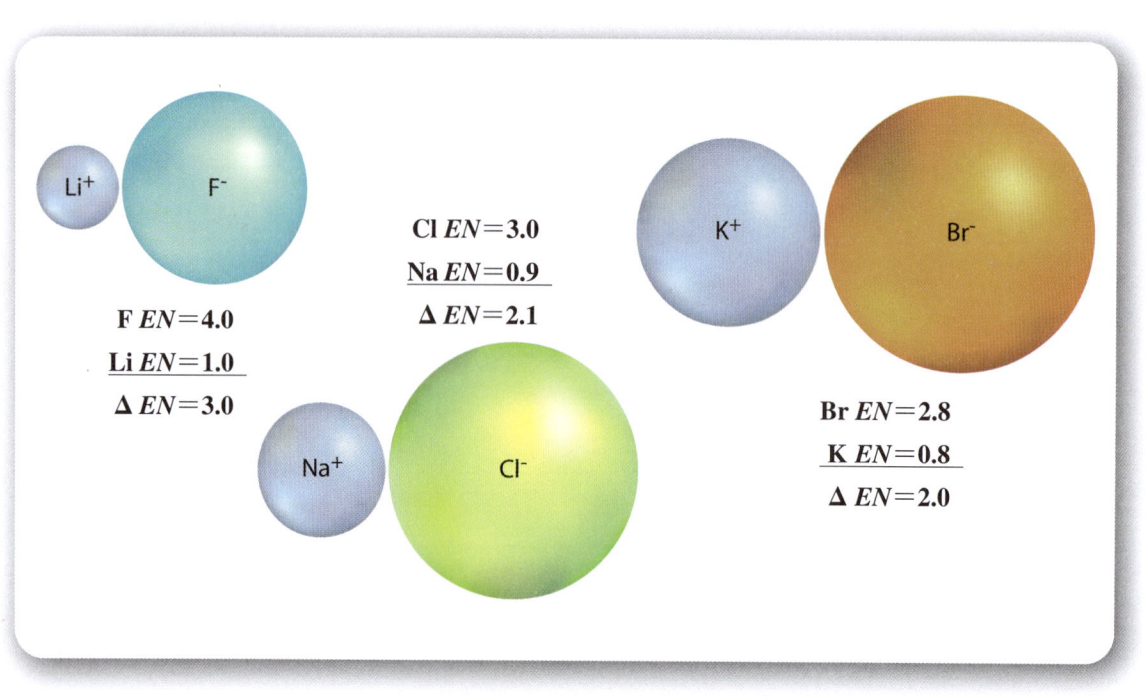

■ 图9.5 氟化锂、氯化钠和溴化钾中各元素的电负性之差,表明它们都属于离子化合物。在这三种化合物中,氟化锂的离子键比例最大,溴化钾的离子键比例最小。

F EN=4.0
Li EN=1.0
ΔEN=3.0

Cl EN=3.0
Na EN=0.9
ΔEN=2.1

Br EN=2.8
K EN=0.8
ΔEN=2.0

历 史 链 接

莱纳斯·鲍林：
知识与和平的倡导者

　　有人将莱纳斯·鲍林誉为史上最杰出的20位科学家之一。然而他觉得，自己只是作了充分的准备，在正确的时间出现在了正确的位置上。他说的正确时间就是20世纪20年代中期，即量子物理学刚刚开始的时候。

化学中的量子理论　1925年，鲍林获得加利福尼亚理工学院的化学博士学位，主修材料的晶体结构学。一年以后，他被授予古根海姆学者奖（Guggenheim Fellowship），去欧洲学习原子的量子理论。回到加利福尼亚理工学院后，他将材料结构的知识与量子理论相结合，建立了化学键的概念，如**图9.6**所示。鲍林的著作《化学键的本质》，影响深远，为学习和推断无机化合物、有机化合物的结构和性质提供了一个整体框架。基于此项工作对理解化学键的重要意义，鲍林于1954年获得了诺贝尔化学奖。

反对核武器　鲍林公开反对核试验活动，并指出核试验产生的放射性核尘埃将会对几代人的健康构成危害。鲍林呼吁全世界科学家共同请愿在全球范围内禁止核试验。鲍林于1962年获得了诺贝尔和平奖，奖项的宣布时间与世界上首个部分禁止核试验条约的生效日恰好是同一天。

维生素C　在20世纪70年代早期鲍林认为大剂量服用维生素C具有保健价值，如**图9.7**所示。他的论著《维生素C和感冒》，也因此成了热门畅销图书。鲍林的一些观点至今还存在争议，如他认为维生素C有助于治疗一些小病，甚至是癌症治疗的备选方案。

■ 图9.7　维生素C对我们的健康很重要。

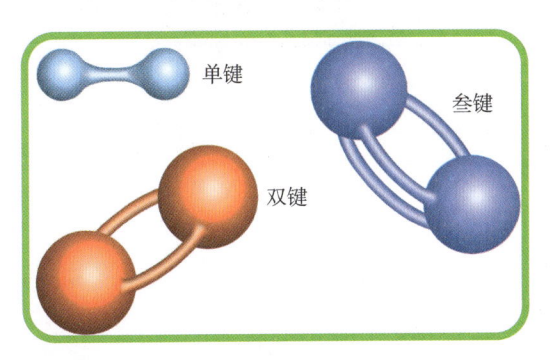

■ 图9.6　鲍林的化学键。

化学 链接

1. **应用**　为什么对化学键本质的理解非常重要？
2. **获取信息**　调查鲍林在DNA结构的发现过程中所起的作用。

> **折叠式学习卡**
>
> 将本节中的信息归纳到你的折叠式学习卡中。

非极性共价键

我们已经了解,当成键元素的电负性之差 $\Delta EN \geq 2.0$ 时,原子间形成的化学键为典型的离子键。那么,如果成键元素的电负性相等或者相差很小时,成键情况又将如何呢?

平均占有　想象一场不一样的拔河比赛,两支队伍在成员人数、力量和耐力上都势均力敌。如**图 9.8**所示,这场比赛胜负难料,任何一队都不会占上风。当两个相同的原子间形成化学键时,情况也与此相似。例如,两个氟原子可以形成氟分子(F_2)。下面是 F_2 的电子式:

$$:\!\ddot{F}\!:\!\ddot{F}\!:$$

由于形成化学键的两个原子相同,电负性之差为 0。在氟分子中,共用电子被两个原子平均占有。这种类型的化学键就是非极性共价键。所有双原子分子(Cl_2、Br_2、I_2、O_2、N_2 和 H_2)都含有非极性共价键。在这些分子中,共用电子都是被成键原子平均占有。

■ **图 9.8**　当两支队伍的力量和人数相当时,两支队伍都不会赢。同样地,当电负性相同的原子间形成共价键时,电子被平均共用。

共用,接近于平均的共用 有时候,成键原子的电负性相差不大但不完全相等。例如,碳的电负性为2.5,氢的电负性为2.1。电负性之差不等于零,因此成键原子并不是平均地占有共用电子。当电负性之差$\Delta EN \leq 0.5$时,共用电子对略有偏移,对分子的性质并没有显著的影响。因此,成键元素的电负性之差$\Delta EN \leq 0.5$的化学键,被称作弱极性共价键。由碳元素和氢元素组成的许多化合物中,都含有弱极性共价键。

非极性共价化合物的物理性质 熔沸点较低是非极性共价键形成的化合物的典型特点。大多数双原子分子构成的单质,在室温下都为气态,如Cl_2、F_2、O_2、N_2和H_2等。**图9.9**所示的二硫化碳、甲烷和二氧化氮是含有弱极性共价键的化合物,这些物质在室温下都是气体或低沸点液体。

极性共价键

想象这样一场拔河比赛:一名130千克的相扑运动员站在绳子的一端,一名180千克的相扑运动员在另一端。两端力量不等,绳子的中点被拉向180千克运动员的那一边。这与化学键中共用电子对的偏移类似。这种化学键介于两种极端情况之间,既非平均占有共用电子的非极性共价键,也不是电子完全得失的离子键。电负性之差介于0.5~2.0的化学键中,共用电子对发生了一定程度的偏移。

■ **图9.9** 二硫化碳是溶解石蜡和油脂的重要溶剂。甲烷是天然气的主要成分。二氧化氮可用于生产硝酸,是大气污染物之一。这三种化合物中的共用电子对都或多或少地发生了偏移。

鉴别 在这三种共价化合物中,电子对共用程度最大的是哪一种?电子对共用程度最小的又是哪一种?

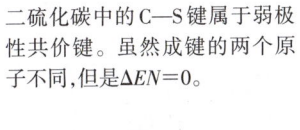

二硫化碳中的C—S键属于弱极性共价键。虽然成键的两个原子不同,但是$\Delta EN = 0$。

甲烷化学键的$\Delta EN = 0.4$,化学键微弱的极性对化合物的性质没有显著的影响。

二氧化氮中,N—O键的共用电子对的偏移要比甲烷中的C—H键更多。但是,二氧化氮仍属于共价化合物。

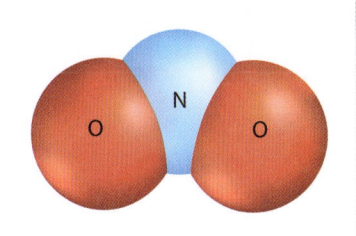

C $EN = 2.5$
S $EN = 2.5$
$\Delta EN = 0.0$

C $EN = 2.5$
H $EN = 2.1$
$\Delta EN = 0.4$

O $EN = 3.5$
N $EN = 3.0$
$\Delta EN = 0.5$

共价键中共用电子对的偏移 当化学键中成键元素的电负性之差介于0.5~2.0之间时,共用电子对的偏移并不是非常显著。电子没有发生转移,而是向电负性较大的原子偏移,电负性较小的原子仍然吸引着共用电子。共用电子对发生偏移的化学键被称为**极性共价键**(polar covalent bond)。极性共价键在一定程度上已经有了离子键的一些特点。

极性共价键之所以称为"极性",是由于共用电子对发生偏移时使得化学键产生了两极。就像汽车蓄电池或干电池有正、负两极一样,极性共价键也有两极,如**图9.10**所示。负极的中心处在电负性较大的原子上,它吸引着一个外来的电子。正极的中心处在电负性较小的原子上,它几乎失去了一个自己的电子。由于极性共价键的形成并没有发生完全的电子得失,两极所带的电荷并不是1+和1-,而是δ^+和δ^-。符号δ^+,代表部分正电荷,δ^-代表部分负电荷。这种电荷分布的不均匀,使得共价键产生了正、负两极,从而让极性共价键具有一定程度的离子性。

极性共价化合物的物理性质

含有极性共价键的化合物的性质与含有非(弱)极性共价键的化合物不同。我们已经知道,含有非极性共价键的化合物,熔沸点都较低。二硫化碳(CS_2)分子中含三个原子,成键元素的ΔEN等于0,如**图9.9**所示。二硫化碳的沸点为46 ℃。水分子中也有三个原子,但水分子中的化学键是极性共价键。虽然水分子的相对分子质量比二硫化碳小许多,其沸点却达到了100 ℃。

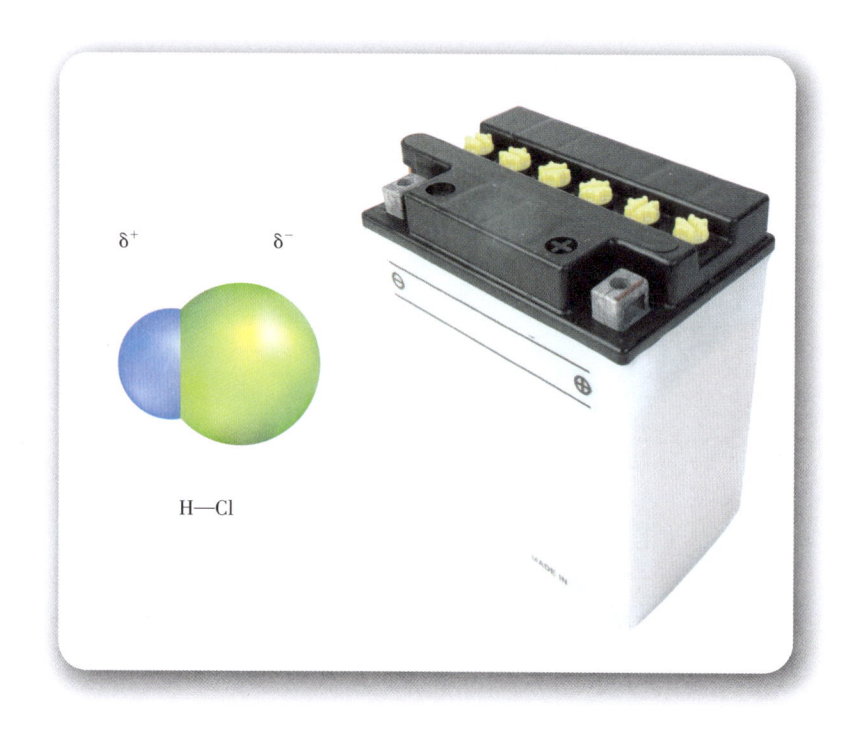

■ **图9.10** 当共用电子对发生偏移时,共价键产生了极性,如H—Cl键。就像这块电池一样,共价键有了两极,一端为正极,另一端为负极。在极性共价键中,用符号δ^+和δ^-(delta 正和 delta 负)来表示两极所带的部分电荷。

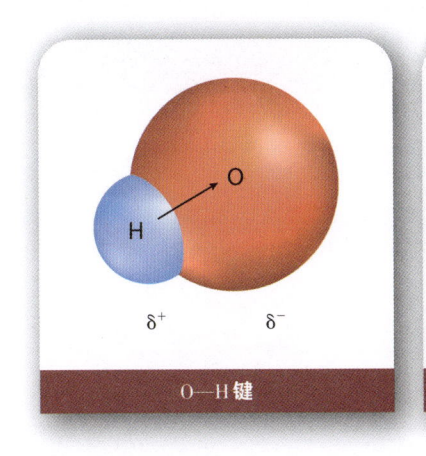

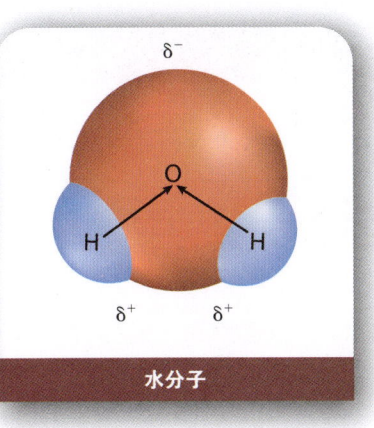

图9.11 由于氧元素的电负性比氢元素大，O—H键中的共用电子对出现在氧原子附近的几率要比氢原子附近大得多。这使得氧原子带部分负电荷，而氢原子带部分正电荷。在水分子中，有两个O—H键，所有这些键中的电子都更靠近氧原子。

O—H键的ΔEN为1.4，所以水分子中含有极性共价键。当氢原子和氧原子形成共价键时，共用电子对偏向电负性较大的氧原子。这种共用电子对的偏移，使得两个原子的电荷呈现不均匀分布，如**图9.11**所示。

通过比较水和第16族其他元素的氢化物——硫化氢、硒化氢和碲化氢，可以看出极性共价键对物质沸点的影响。氢化物就是氢与另一种元素形成的化合物。水是第16族的第一种氢化物。O—H键的ΔEN为1.4，而S—H键和Se—H键的ΔEN都是0.4，Te—H键的ΔEN为0.3。这些电负性差异的数据告诉我们，水分子中含有较强的极性共价键，而H_2S、H_2Se、H_2Te为弱极性共价键。由**图9.12**可以看出，虽然水分子是这四种氢化物中相对分子质量最小的，其沸点却比第16族其他元素的氢化物明显高很多。

> **家庭实验**
> 参见附录F，**共价键的断裂**。

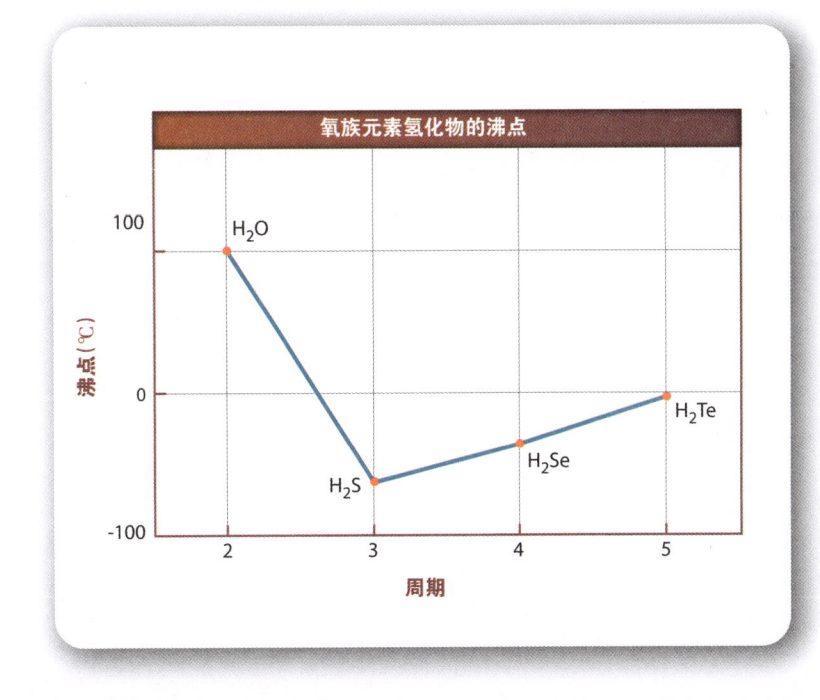

图9.12 根据水分子的相对分子质量，你也许会认为水是这四种氢化物中沸点最低的。然而，事实恰好相反。以后，你将了解极性键对极性分子性质的影响，就像它对水分子的影响那样。

练一练

1. 计算下列化学键中原子间的 ΔEN。
   - **a)** Ca—S
   - **b)** Ba—O
   - **c)** C—Br
   - **d)** Ca—F
   - **e)** H—Br

2. 利用 ΔEN 的数值,判断第1题中的化学键哪些是非极性共价键,哪些是极性共价键,哪些是离子键。

迷你实验 1

纸上层析

你能利用层析法判别物质的组成吗 纸上层析是利用滤纸对混合物中各组分吸附能力的差异来分离混合物的一种方法。滤纸称为系统的固定相,溶剂称为流动相。在这个实验中,流动相是水,属于极性溶剂。

实验步骤

1. 阅读并完成实验安全表格。
2. 准备一些记号笔和两张圆形滤纸。
3. 在一只塑料杯中加入少量水。
4. 将两张滤纸叠放在干燥的桌面上,折为八分之一圆的扇形,如图所示。
5. 打开滤纸,但不要将两张分开,找到两张滤纸重叠的中心。
6. 在距离中心 5 cm 处用一支记号笔沿折痕点一点墨水,使得两张滤纸上均有墨迹。
7. 用不同颜色的笔在其他折痕上点上不同颜色的墨迹。
8. 将两张滤纸分开,一张打开作为对照,另一张依旧折叠好。
9. 将折叠好的滤纸尖端向下轻轻放入盛有少量水的杯中。
10. 当水向上到达滤纸的顶端时,轻轻将滤纸取出。
11. 小心地打开滤纸,将其与对照滤纸上的墨迹作比较。

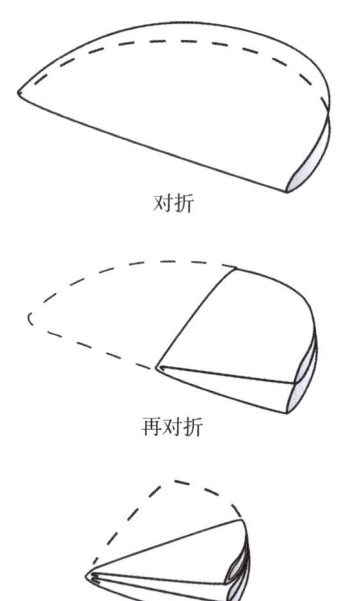

对折

再对折

再对折

分析与讨论

1. **比较** 比较两张滤纸上的墨迹,它们有何不同?
2. **观察** 层析实验后,哪些颜色与对照滤纸上不同?
3. **推断** 极性分子易受滤纸成分中的极性分子的吸引,所以,非极性分子在滤纸上运动得较快。想一想,墨水中的哪种物质极性最强?

金属键

金属中的化学键并没有形成化合物，它只是将金属中的原子联结在一起的一种相互作用。这种键使得金属和合金产生了特殊的性质。那么，金属有哪些性质呢？

金属的通性　金属以及合金具有良好的延展性和导电性。金属能够被敲打或者碾压为薄片，这种性质称为**展性（malleable）**。金是一种展性很好的金属，一块金能够被敲打成很薄的金箔。**延性（ductile）**良好的金属能够被拉成细丝。例如，金属铜能够被拉成细铜丝，用于制造电线，如**图9.13**所示。**导电性（conductivity）**用来衡量导电能力的强弱。大多数金属都是优良的导体，银是其中导电性最好的。电子在通过金属银时，所受的阻力很小。金属的延展性和导电性，都是因为金属原子间存在金属键。

价电子的"海洋"　金属原子的价电子，受带正电荷的原子核的吸引较弱。有时，当金属与非金属反应时，金属原子失去电子成为阳离子。但在金属键中，金属并没有失去其价电子。如**图9.13**所示，每个金属原子都释放出价电子，形成了被所有金属原子共用的电子"海洋"。这种通过共享价电子的方式所形成的化学键，被称作**金属键（metallic bond）**。这种金属键模型因此被称为电子"海洋"模型。

> **拓展 阅读**
>
> 在所有金属中，银的导电性最好，其次为铜。由于银较为稀少，价格也比铜昂贵，制造电线的"重任"就落在了金属铜身上。

■ **图9.13**　铜表现出典型的金属性质，如延性和导电性。
解释　为什么金属中的电子被称为不受限制的电子？

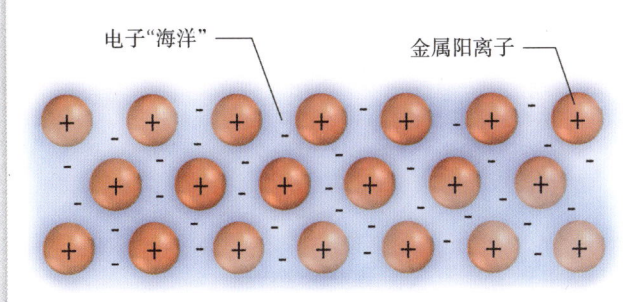

金属中的价电子（负号的蓝色电子云）均匀地分布在金属阳离子（红色）周围，带正电荷的阳离子与电子"海洋"之间的吸引力使金属原子以点阵形式排列在一起。

金属铜的延性和导电性较好，常用于制造电线。

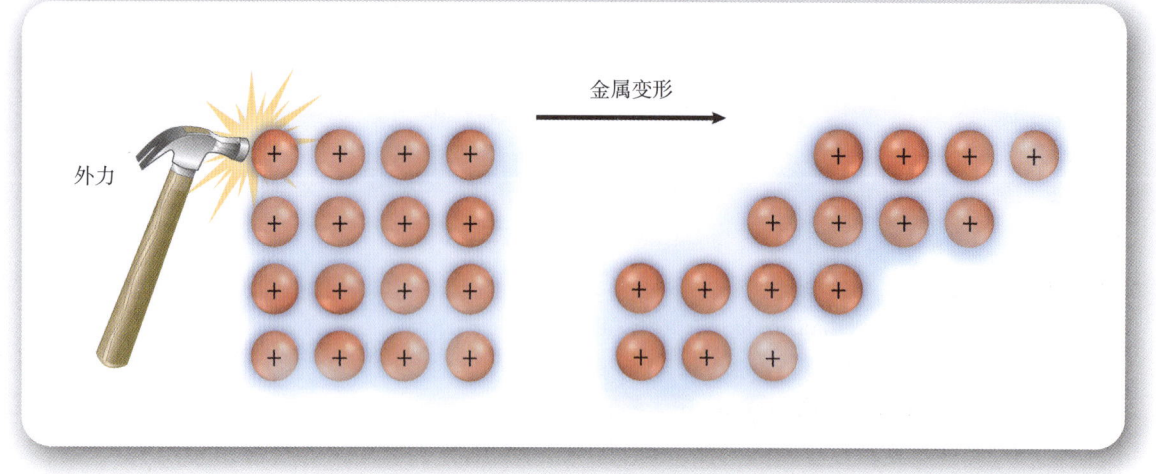

■ 图 9.14 外力使得金属离子在离域电子间移动,这就是金属具有延展性的原因。

这种金属原子间相互作用的微观模拟,可以用于解释金属的宏观性质。尽管所有金属原子都结合在一起,但在单个原子间并没有形成化学键,这就是金属往往具有良好的延展性的原因。当图9.14中的金属受到铁锤敲打时,金属原子在电子海洋中移动。它们的位置发生了改变,但是相互间的作用并没有被破坏。这种能够改变外形的能力,解释了为什么金属能够被拉伸为长长的细丝。

金属的导电性则可以通过金属键的电子"海洋"加以解释。因为价电子被所有金属原子共用,而不是被单个原子拥有,所以当金属受到外部作用(如外接电源)时,价电子可以在金属中自由移动。

第1节 本节回顾

要点梳理

- 离子键与共价键是不同的化学键,但是并没有清晰的界限。
- 电负性——衡量原子吸引共用电子对的吸引能力的强弱——能够根据元素周期表估算大小。
- 电负性之差(ΔEN)可用来衡量化学键的离子性成分。
- $\Delta EN \geq 2.0$,形成离子键。
  $\Delta EN = 0.5 \sim 2.0$,形成极性共价键。
  $\Delta EN \leq 0.5$,形成非极性共价键。
- 金属原子通过共用电子"海洋"结合在一起。

3. **主要** **概念** **分类** 利用ΔEN的数值判断下列化合物中的化学键是非(弱)极性共价键、极性共价键还是离子键。

   a) H_2S中的H—S键
   b) SO_2中的S—O键
   c) $MgBr_2$中的Mg—Br键
   d) NO_2中的N—O键
   e) CCl_4中的C—Cl键

4. **组织** 利用周期表,将下列元素按电负性从小到大的顺序排列。
   Na、Br、I、F、Hg

5. **分类** 将下列键按极性由弱到强的顺序排列。

   a) C—F
   b) Al—Br
   c) O—H
   d) O—F
   e) Cl—F

6. **预测** 图9.12呈现了第16族元素氢化物的沸点,根据图中所给的信息,预测第17族前4种氢化物(HF、HCl、HBr和HI)的沸点高低,并将它们按从高到低的顺序排列。

7. **解释** 如何根据金属键的特点,解释金属的延展性和导电性?

8. **推断** 你认为LiF和LiCl中哪一种具有较高的熔点?为什么?

第2节

核心问题
- 如何描绘分子的电子结构式?
- 如何根据电子结构式构建分子的三维构型?
- 为预测分子的极性,为什么有必要知道键的极性和分子的三维构型?

术语回顾
电负性:成键原子对电子的吸引能力。

关键术语
双 键
叁 键
极性分子

分子的形状与极性

主要 概念   分子的空间构型和分子中键的极性决定了分子是否具有极性。

链接真实世界   你见过楼宇或桥梁的设计模型吗?在破土动工以前,这些模型为建筑设计师们提供了非常重要的信息。当然,我们也可用模型来放大那些肉眼看不见的微观物质。

分子的形状

模型可以帮助我们直观地了解分子的三维空间构型。想想最简单的分子——氢气(H_2)。两个氢原子共用一对电子,形成了一个非极性共价键,电子式如下:

$$H:H$$

用一根牙签连接两颗相同颜色的软糖也可看作是这个分子的模型。软糖代表氢原子,牙签代表形成共价键的共用电子对。

氢分子的软糖模型能告诉我们哪些信息呢?搭建这种模型只有一种方法,如**图**9.15所示。用一根牙签连接两颗软糖时,它们处在同一条直线上。所以,氢分子是直线形分子。你可以搭建其他双原子分子的模型,例如氧分子、氮分子、氯分子、碘分子、氟分子和氯化氢分子(HCl)。这些模型都是同样的结构:直线形。

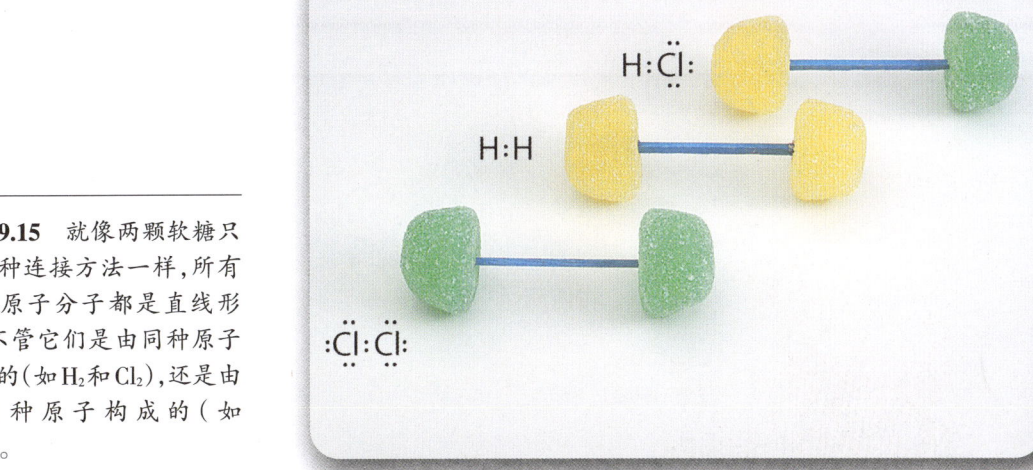

■ **图**9.15   就像两颗软糖只有一种连接方法一样,所有的双原子分子都是直线形的,不管它们是由同种原子构成的(如H_2和Cl_2),还是由不同种原子构成的(如HCl)。

■ **图9.16** 在水分子的软糖模型中，我们可以看到这3个原子形成了V形。

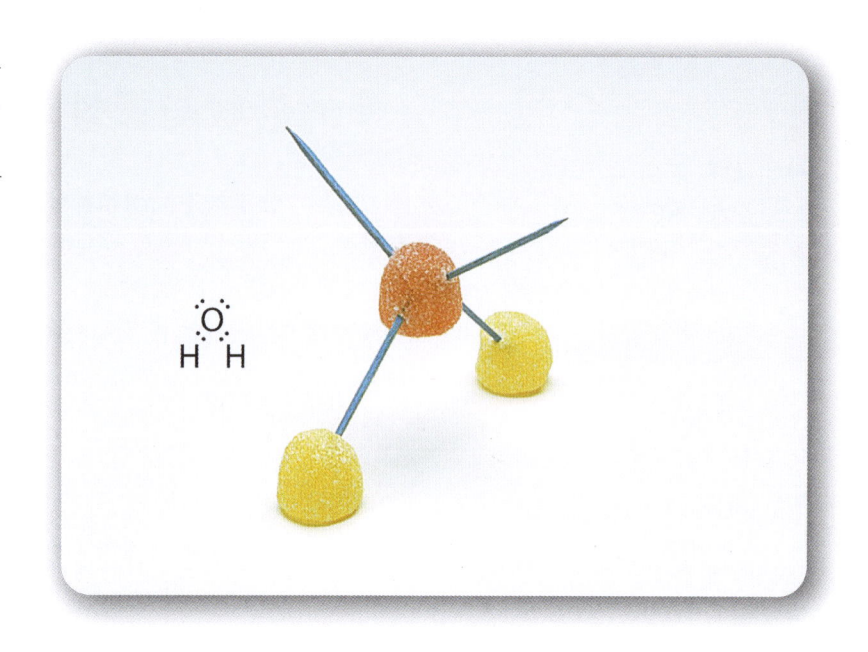

水分子的模型 图9.16展示了水分子的软糖结构模型。你会如何来搭建这个模型呢？首先，画出水分子的电子式，记住电子式表示二维空间的价电子分布。水分子的电子式表明每个氢原子和氧原子共用一对电子。

8个价电子的分布方式，表明氧原子已经实现了稳定的8电子结构，形成了稀有气体氖的电子组态。每个氢原子拥有2个价电子，获得了氦的稳定电子层结构。两对共用电子形成了两个化学键，这些电子叫作成键电子对。另外两对电子没有参与成键，它们被称作未成键电子，或者叫作孤对电子。

从电子式到结构模型 要搭建水分子模型，你需要两种颜色的软糖，例如用红色表示氧原子，黄色表示氢原子。你还需要两根牙签用于表示两个共价键，另两根牙签表示孤对电子。虽然孤对电子并没有参与成键，但它们切实地存在于分子当中，并占据一定的空间，在确定分子的形状方面起着很重要的作用。

氢原子是如何与氧原子连接的呢？很明显，我们需要遵循一定的规则。观察水的电子式，氧原子周围有4对电子，这些电子都带有负电荷。由于所带电性相同，它们相互排斥。因而，它们在水分子周围的三维空间内尽可能地相互远离。这种三维构型叫作四面体。在四面体构型中，电子对间的相互排斥作用最小。

314

搭建水分子四面体模型时,将4根牙签插在红色软糖上,使得每两根牙签之间的夹角最大。将2块黄色的软糖插在任意两根牙签上,这两根牙签代表两个O—H键,另外两根代表孤对电子。**图 9.16**展示了水分子的软糖模型,我们可以观察到4对电子的四面体构型。

水分子的软糖模型能够用其他形式的模型表示吗?**图9.17**展示了两种经典的水分子结构模型。第一种模型使用气球显示了4对电子的空间位置,第二种模型称为比例模型。比例模型清楚地展现了分子中的每一个原子,是现在应用最广泛的模型之一。

从结构模型到真实分子 **图9.16**和**图9.17**所示模型表明水分子中的3个原子是呈V形的。正四面体中的夹角为109.5°,而在水分子中,两个键的夹角为105°——比用软糖模型预测的角度略小。预测的夹角与实验值略有差异,这是由于孤对电子之间的排斥作用比成键电子对之间的排斥作用更强引起的。实际上,孤对电子需要更大的空间,因此它们使四面体发生了变形,将成键电子对挤得更近一些,使得键角从109.5°减小到105°。

■ **图9.17** 4个气球表示了水分子中的成键电子对和孤对电子,比例模型展示了每一个原子的球形电子云。

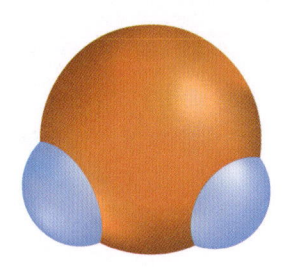

将4个气球充成相同大小,系在一个中心上。气球很容易地就排成四面体构型,这其实是4个物体围绕同一个中心时,空间利用率最高的一种排法。在这个模型中,气球可以代表水分子中的4对电子。红色气球代表成键电子对,白色气球代表孤对电子。

在比例模型中,每种原子的电子云用不同颜色表示。在这个模型中,红色代表氧原子,蓝色代表氢原子。当2个原子形成化学键时,电子云发生重叠。

315

化学工作者

威廉·斯凯文斯基博士
化学家

一份《物理学中的数学》的复印资料也就 5 cm 厚,然而威廉·斯凯文斯基博士书架上的盲文书却有 8 cm 厚。威廉·斯凯文斯基博士幼年失明,他参考盲文特点创造出了分子三维构型的模型。在下面的对话中,威廉·斯凯文斯基博士将介绍他的创造性工作以及他对化学的热爱。

关于工作

Q 威廉·斯凯文斯基博士,您能告诉我们您是如何建立分子模型的吗?

A 我先将分子的信息输入计算机辅助设计(computer aided design,CAD)软件,这个软件利用这些信息计算该分子的结构。然后利用计算所得的数据,在立体平版印刷术的帮助下建立一个实际模型。下面我来简单介绍一下它的工作流程。将聚合物胶卷放在盛有液态塑料的水槽上面一块工作台台面上。打开激光电源,让激光扫描胶卷中分子的各个横截面,由下往上依次扫描。同时,液体塑料中的对应层面也逐渐变硬,直到分子的所有层面都已成型。8~12 小时后,我就得到一块固体塑料,即某化合物分子的复制模型。

Q 这些模型比实际物体大多少呢?

A 举个例子来说,一个碳原子的半径只有 0.2 nm,而其模型的直径约为 2.5 cm,大了几十亿倍。

Q 为什么说这些三维模型非常有用?

A 将数学上的数据分布转化为实物模型,可以让所有研究者——不管是不是盲人——都能更好地了解分子的内部结构。

Q 在您建立的模型中,哪个是您最喜欢的?

A β-环式糊精的环形结构非常有趣。人们都说许多分子模型看上去就像是一件件艺术品。

早期影响

Q 在您小时候,有什么特别的事情让你对科学产生了浓厚的兴趣?

A 记得在2岁时,燃气热水器中的火焰在黑色背景中发出明亮的蓝光,让我着了迷。5岁时,我在后院中用锤子将各种颜色的石头——红色、黄色和灰色——敲成粉末,然后将它们与水混合,得到了彩色的悬浊液。

Q 您在高中时期都有哪些兴趣爱好?

A 尽管那时我的视力很差,我还是参加了一个火箭兴趣小组。这些火箭不是那种只有10 cm、只能飞几十米高的小火箭。我制作的一个混有化学燃料的火箭,可以飞到12 000 m高。我那时非常喜欢思考将飞行物送入太空的问题——直到现在我依然乐此不疲。事实上,如果有人给我一张去其他星球的票,我随时都可以整装待发。

Q 您对高中化学课感兴趣吗?

A 我的化学老师让化学成为了真实世界不可分割的一部分。有一次,他拿了一块绿色的胡桃大小的东西,那其实是一块有瑕疵的翡翠。他解释说这块不值钱的石头与那些价值连城的宝石,在化学组成上只有极其细微的差别。

个人观点

Q 您现在还保持着小时候对科学的那种好奇心吗?

A 当然。我认为只有保持那种特质,才能算真正融入科学。科学家就是一帮对世界充满好奇的大孩子。

Q 您是如何挑战失明带来的种种困难的?

A 大学生活,我的视力还能允许我学到很多重要的知识。但快毕业时,我的视力突然变得很差,必须借助度数很高的镜片,才能看见极少的几个单词。我下定决心,终于凭借努力获得了硕士和博士学位。我的方法是承认困难的存在,然后集中精力找到解决问题的办法。

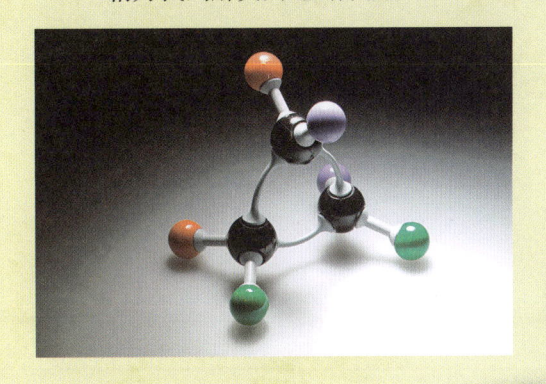

职业 链接

其他与化学领域有关的重要工作有:

化学工程师:获得化学工程的理学学士学位。
化学实验技师:参加两年的培训。
化学技工:高中学历外加在职培训。

317

生活中的化学

振动着的分子

你是否经常使用微波炉来加热食品？或许由于饥饿，你并没有注意到加热之后，食物要比盛放食物的盘子或容器热得多。回想一下，当我们在等食物冷却时，是否会不停地吹开热气？这个生活经历所蕴藏的信息往往被我们所忽视。

微波加热 微波是一种电磁辐射。微波炉中产生的微波波长为 11.8 cm，频率为 24.5 亿赫兹（简写为 2.45 GHz）。这种辐射以运动的电磁场形式从空间和材料中穿过。电磁场由电场和磁场组成，电磁波的频率是指每秒振动的次数或者波数。频率也是衡量电磁波能量的数据。

对大多数分子来说，微波的影响很小。然而，微波振荡着的电磁场会与极性分子中带正、负电的两极发生作用，结果造成这些分子发生振动（来回运动）。分子被拉伸、平移（线性移动）、转动，如**图 9.18** 所示。分子运动的加快意味着分子动能的增加（动能是物体运动的能量，分子的与物体的温度直接相关）。当含有极性水分子的食物吸收微波后，水的温度会迅速升高。随后，热量就从水分子转移到食物的其他部分。

微波分解 如果你曾经用谷筛来剔除过粮食中的秕糠和砂粒，你就会懂得剧烈振荡也能用于分离物体。研究者运用同样的理念，利用微波来分解有毒物质中的分子。一些对大气有污染的气态化合物分子，如硫化氢、二氧化硫和二氧化氮，都是极性分子，在微波辐射下会振荡而分解成无毒的单质。当振荡足够剧烈时，原子间的相互吸引作用无法继续将它们结合在一起，分子就会分解。这时，微波产生的能量就克服了分子内的化学键能。类似的研究也试图通过微波促使有毒的极性有机物与其他物质（如氧气）反应生成无毒物质。简言之，此项研究希望通过微波来清除有害物质，从而控制大气污染。

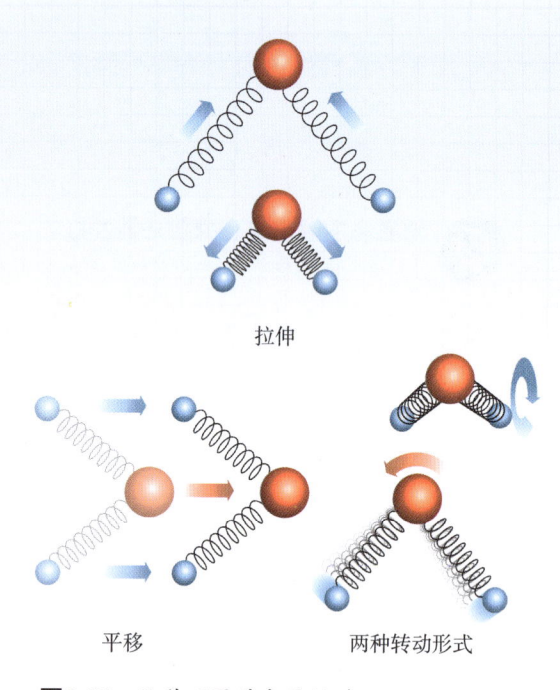

拉伸

平移　　　两种转动形式

■ **图 9.18**　几种不同的分子运动。

进一步探索

1. **应用**　为什么微波辐射可以用来去除三氯甲烷（$CHCl_3$）的毒性，却不能去除四氯化碳（CCl_4）的毒性？
2. **推断**　为什么在许多微波食品的包装袋上都会建议：在微波加热后需等几分钟再食用？

二氧化碳分子模型 是否所有的三原子分子都像水分子那样为V形分子？类似于搭建水分子的模型，我们可以搭建一个二氧化碳（CO_2）分子模型，来探究二氧化碳分子是否也为V形。首先画出两个原子的电子式，碳原子有4个价电子，氧原子有6个价电子。

$$\cdot \overset{\cdot}{\underset{\cdot}{C}} \cdot \quad \cdot \overset{\cdot \cdot}{\underset{\cdot \cdot}{O}} :$$

为获得8电子稳定结构，碳原子还需要4个电子，每个氧原子还需要2个电子。这样，每个氧原子必须与碳原子共用两对电子。两个原子之间共用两对电子形成的化学键叫作**双键（double bond）**，就像二氧化碳的电子结构式。现在数一下这三个原子中，每个原子周围成键的和未成键的电子数目，可以发现它们都已获得了八隅体结构。

$$: \overset{\cdot \cdot}{O} :: C :: \overset{\cdot \cdot}{O} :$$

如何确定二氧化碳分子的三维构型呢？首先，观察中心原子周围的电子对。将每个双键看作一团共用电子云，在碳原子周围有两团电子云。哪种构型能使这两团电子云距离最远呢？如**图9.19**所示，直线形构型可以使它们距离最远。这一模型说明二氧化碳分子中的三个原子为直线形构型。实验证明，二氧化碳分子的空间构型确实为直线形。

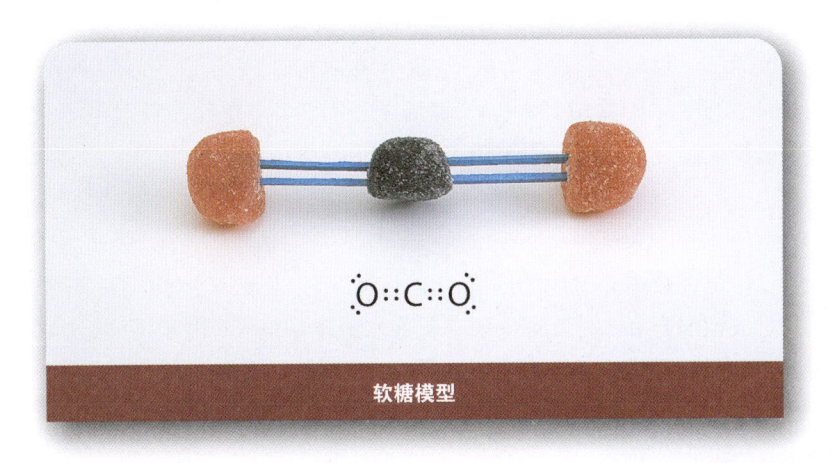

软糖模型

比例模型

气球模型

■ **图9.19** 在二氧化碳分子的软糖模型中，我们可以看到两个C—O键指向相反的方向，3个原子形成直线形结构。比例模型能很好地表示二氧化碳（CO_2）分子的空间结构。气球模型表示碳原子两边的成键电子云。
解释 二氧化碳分子为直线形的原因是什么？

319

气球模型

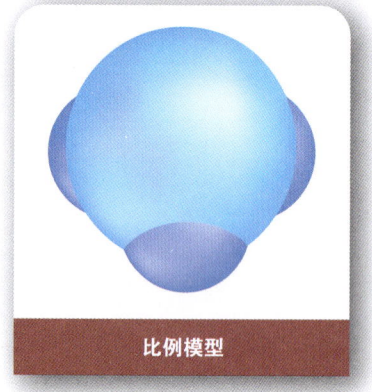

比例模型

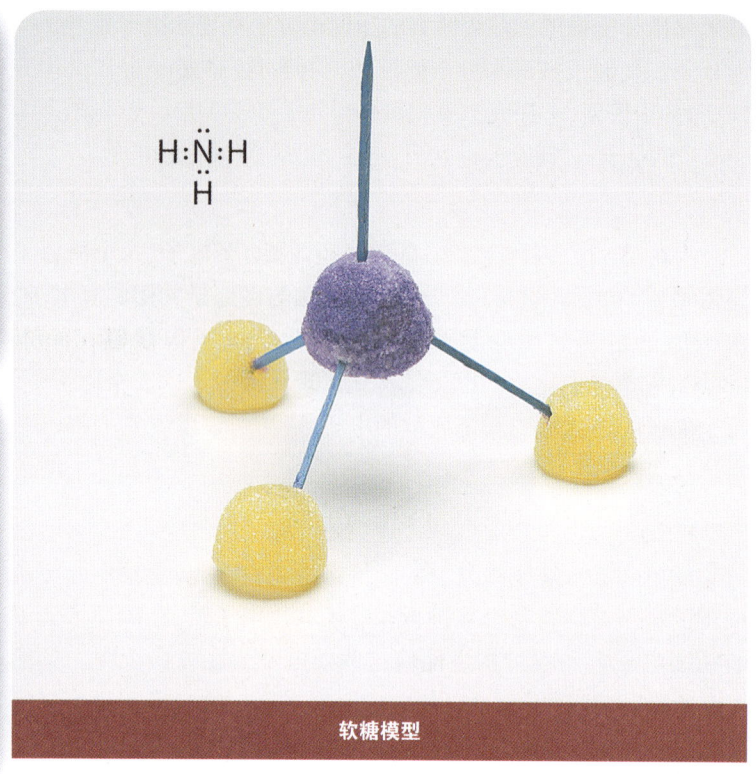

软糖模型

■ **图 9.20** 氨分子中有 1 对孤对电子和 3 对成键电子。这些电子在氮原子周围形成四面体结构，4 个原子的空间构型为三角锥形。孤对电子使得氨分子中 H—N—H 键的夹角为 107°，略小于正四面体中的 109.5°。气球模型和比例模型通过三角锥的结构来表示成键电子对和孤对电子。

氨分子模型 氨（NH₃）分子中有 3 根键连接着中心的氮原子和 3 个氢原子。氮原子有 5 个价电子，每个氢原子有 1 个价电子。每个氢原子与氮原子共用 1 对电子，氮原子还有 2 个电子作为孤对电子。这种成键方式使得氮原子获得了最外层的 8 电子结构。

$$H:\overset{..}{\underset{H}{N}}:H$$

数一数中心氮原子周围的电子对，你会发现有 4 对电子——3 对成键电子和 1 对孤对电子。就像水分子中的 4 对电子那样，这 4 对电子相互排斥，形成四面体结构。但氨分子中有 3 个 N—H 键和 1 对孤对电子，所以氨分子中的 4 个原子的空间构型为三角锥形。3 个氢原子位于三角锥的底部，氮原子位于顶点，如**图 9.20** 所示。按照四面体模型，你也许推断 H—N—H 键的夹角为 109.5°。实验测得氨分子的空间构型为三角锥形，键角为 107°。

甲烷分子的三维模型 甲烷分子的结构模型如**图 9.21** 所示。甲烷是最简单的烃。烃是仅由碳元素与氢元素组成的化合物。甲烷的电子式由中心的碳原子和 4 个 C—H 共价键组成。

| 软糖模型 | 气球模型 | 比例模型 |

■ **图9.21** 碳原子周围的4对电子都是C—H键共用电子,所以这是一种立体对称结构,所有的键角均为109.5°。甲烷的气球模型和比例模型展示了分子的对称结构。

和水分子、氨分子一样,甲烷中的4对电子在碳原子周围形成四面体结构。但甲烷分子中的4对电子都是碳原子和氢原子之间的共用电子。由于没有孤对电子占据空间,甲烷分子的构型为正四面体,键角为109.5°。

乙烷分子的三维模型 乙烷(C_2H_6)是烷烃系列中继甲烷之后的第二种烃。烷烃是指所有原子之间只含有单键的烃。乙烷分子中的2个碳原子以单键相连,每个碳原子再分别与3个氢原子相连,乙烷的电子结构式见**图9.22**。每个碳原子有4个单键,正如上面所讨论的甲烷分子,每个碳原子周围的电子对形成了四面体结构。

■ **图9.22** 每个碳原子周围的电子对形成四面体结构,由模型可推断所有键角都为109.5°。乙烷的软糖模型和比例模型都是两个四面体相连的构型。
对比与比对 将乙烷的比例模型与**图9.21**中甲烷的比例模型比较。

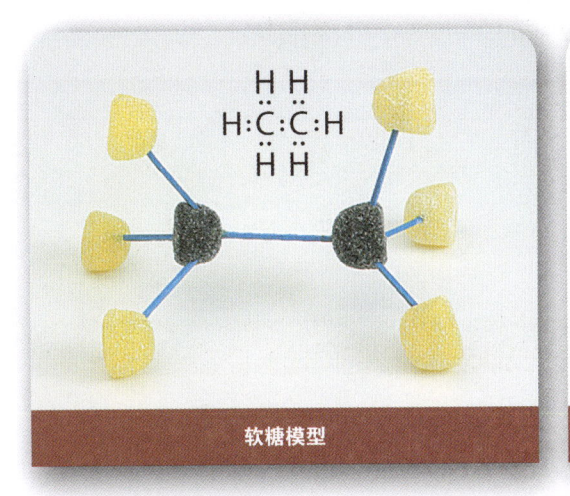

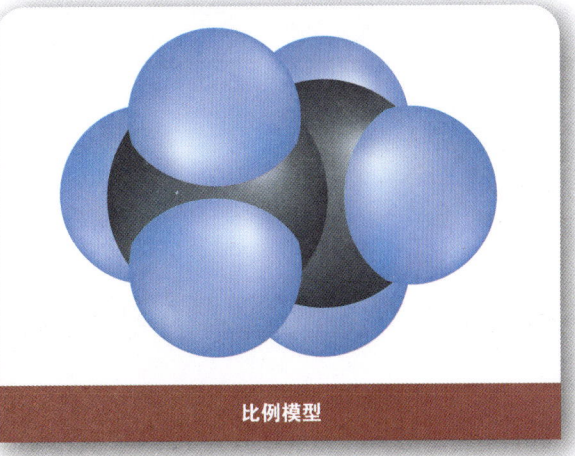

| 软糖模型 | 比例模型 |

乙烯分子的三维模型　乙烯(C_2H_4)是一种称为"烯烃"系列中的第一种烃。乙烯与乙烷有相似之处，但它只有4个氢原子而不是6个。要使乙烯中的碳原子达到八隅体结构，2个碳原子之间必须形成双键。

乙烯中每个碳原子形成3个键：2个C—H键和1个C=C双键。在碳原子周围的三团电子，最合理的空间构型是平面三角形结构，如图9.23所示。H—C—H和H—C—C键的夹角均为120°。

如果制作一个乙烷模型，会发现C—C单键是可以自由旋转的，而由于乙烯中存在碳碳双键，原子无法旋转。与模型类似，乙烯的分子结构也是如此。碳碳双键使乙烯分子结构紧密。

乙烯是最简单的烯烃，一种存在于自然界且对很多植物的生长起重要作用的化合物。例如，乙烯使得叶子在冬天来临之前从树上凋落。乙烯还能催熟水果，如图9.23所示，我们可以利用乙烯的这个性质让水果快速成熟。乙烯也被广泛应用于石油化工，是合成多种塑料的原料。

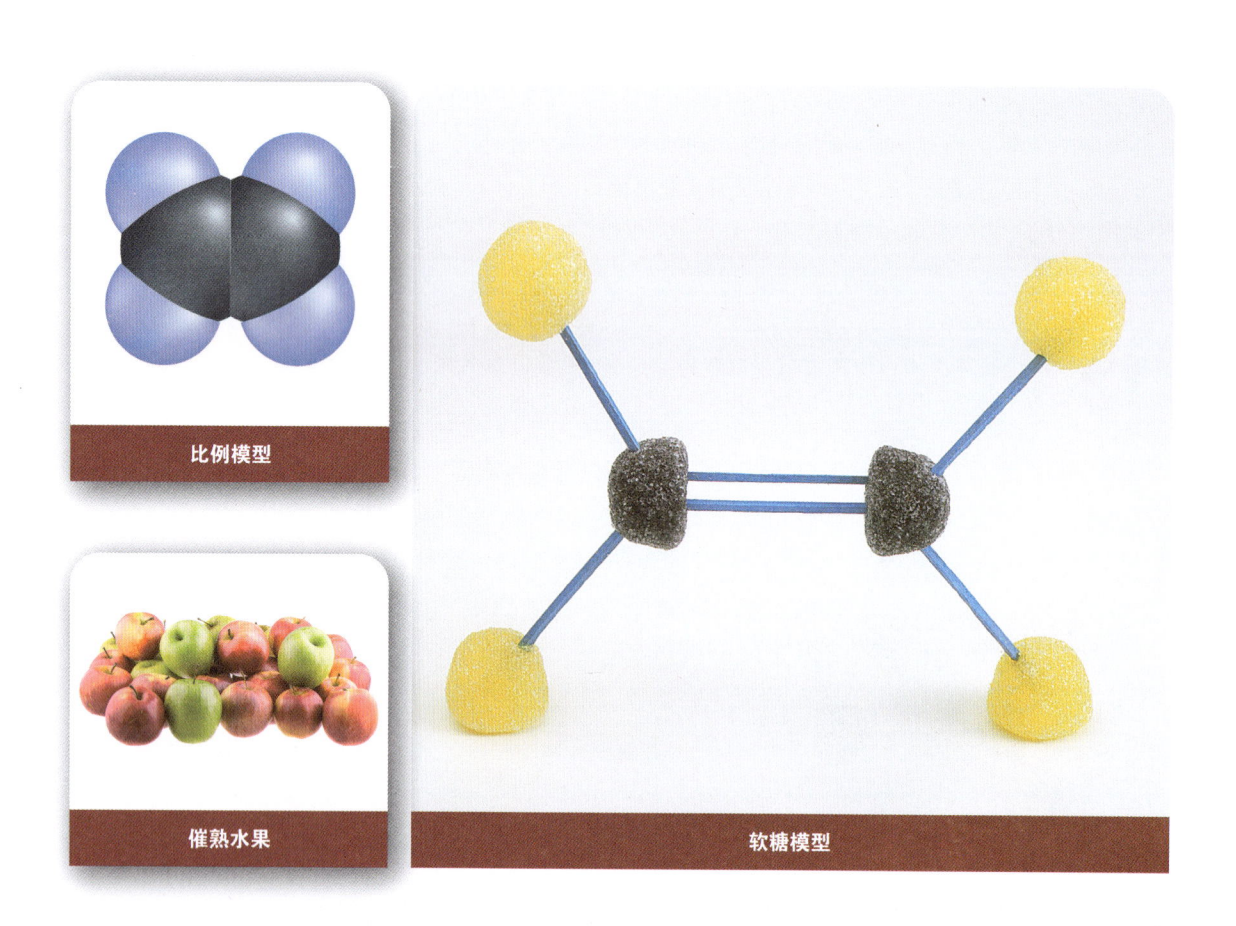

■ 图9.23　和乙烷一样，乙烯的比例模型有两个中心。乙烯分子中的每个碳原子都与相连的2个氢原子形成平面三角形结构，所有的6个原子都位于同一平面，如下图中软糖模型所示。你在家中也可以利用乙烯催熟的性质，将未成熟的水果放在塑料袋中，扎紧袋口，防止乙烯泄露，使水果快速成熟。

比例模型

催熟水果

软糖模型

| 软糖模型 | 比例模型 |

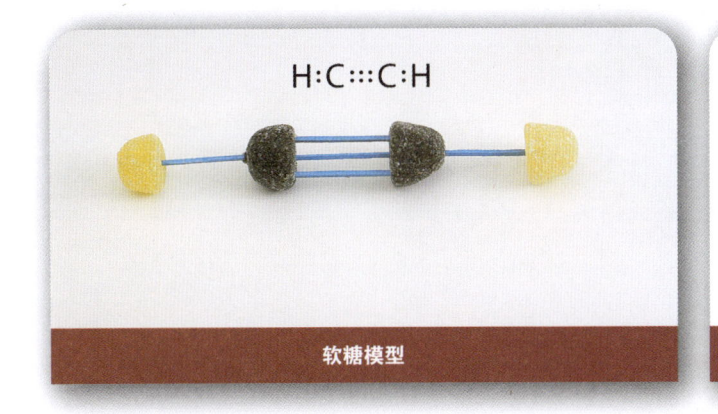

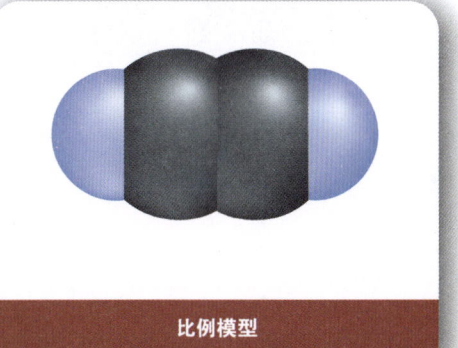

乙炔分子模型 乙炔则是被称为"炔烃"系列中的第一种烃,如**图9.24**所示。乙炔的分子式为C_2H_2,乙炔分子与乙烯、乙烷一样,都有2个碳原子,但它只有2个氢原子。乙炔又被称为电石气,是切割金属的焊枪中的燃料气。

我们已经知道,在乙烯分子中,2个碳原子之间通过共用2对电子形成双键。在乙炔分子中,碳原子间通过共用3对电子形成最外层的八电子结构。两个原子之间共用3对电子形成的化学键叫作**叁键(triple bond)**。

乙炔分子中每个碳原子都有2个键,1个C—H单键和1个C≡C叁键。这样,每个碳原子周围都有两团电子云,它们以直线形结构排在碳原子两边,使得相互间的距离最远。在乙炔分子中,4个原子位于同一直线上,所以乙炔是直线形分子。

■ **图9.24** 软糖模型显示乙炔分子为直线形结构,乙炔分子中的叁键无法转动。乙炔的比例模型表明其电子云的排布。当乙炔与过量氧气反应时,产生的火焰温度很高,可用于切割金属。

迷你实验 2

搭建分子模型

如何搭建分子模型 搭建一个模型并用来说明问题是化学研究中的一项重要技能。本实验将帮你练习搭建并运用模型进行研究。

实验步骤

1. 阅读并完成实验安全表格。
2. 从老师那里领取一套模型。
3. 从下列分子中选择任何一个,画出它的电子结构式。
   H_2、HCl、H_2O、CO_2、NH_3、CH_4、C_2H_6、C_2H_4、C_2H_2
4. 搭建该分子的三维结构模型。
5. 推断该分子的几何构型,并画出草图。
6. 重复3~5步,搭建上面所列出的所有分子的模型。
7. 设计一张表格,填写你搭建分子模型的结果。

分析与讨论

1. **解释** 你是如何根据每种分子的电子式来推断其空间构型的?
2. **总结** 选择你搭建的一个模型,指出其中有多少对孤对电子,又有多少对成键电子。

化学与技术

层　析

物质世界中的绝大多数物质都是混合物，血液、泥土、空气、比萨饼等，都属于混合物。这些物质的组成非常复杂，正是物质复杂的组成使世界精彩纷呈。科学家们设计了种种方法来分析复杂的物质，其中之一就是层析。

随流动相而运动

图9.25中被雨水淋湿的海报就是一个很好的层析实验的例子。层析是利用混合物中各组分通过某介质能力的差别，而实现混合物分离的一种方法。层析时涉及两个相：固定相和流动相。流动相在通过固定相时，由于混合物中各组分的移动速率不同，使得它们分离开来。

■ 图9.25　当海报板上的墨水溶于水时，有部分墨水进入流动相。

纸上层析

纸上层析是一种用于分离色素的常用方法，如图9.26所示。一张多孔易渗水的纸作为固定相，水或者其他溶剂作为流动相。将要分离的混合物滴一滴于纸上（也可画一道线）。由于毛细管作用，溶剂沿着纸向上运动。当溶剂分子运动到那滴混合物时，混合物便溶解于溶剂中。

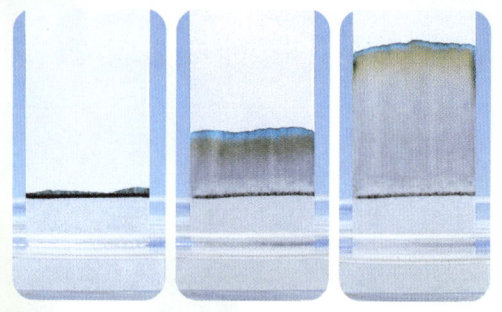

■ 图9.26　薄层层析利用吸附材料分离混合物。

混合物中的各组分随着溶剂一起向上运动。那些难被纸吸附的成分移动得几乎和溶剂一样快，而易被纸吸附的成分则移动得较慢。各组分移动速率的不同使得他们在相同时间内在纸上移动的距离也不相等。

薄层层析

薄层层析中，如图9.27所示，固定相是纤维素在溶剂中形成的悬浊液或一种硅胶。将悬浊液覆盖在一块玻璃或金属片的表面，然后烘干，就得到"薄层"。随后，将待分离的混合物置于"薄层"的底部，然后将"薄层"垂直浸入溶剂中，溶剂蒸气或者溶剂本身就是流动相。

■ 图9.27　纸上层析利用毛细现象分离混合物。

凝胶层析法

凝胶层析法，如**图9.28**所示，常用于分离活性生物分子，液体带着这些分子通过作为固定相的多孔硅胶。孔径的大小刚好能够影响分子通过凝胶，大分子不通过凝胶，直接通过凝胶之间的缝隙下来。而小分子通过凝胶需要更多时间。因此，凝胶层析法可以用来分离大小不同的活性分子。

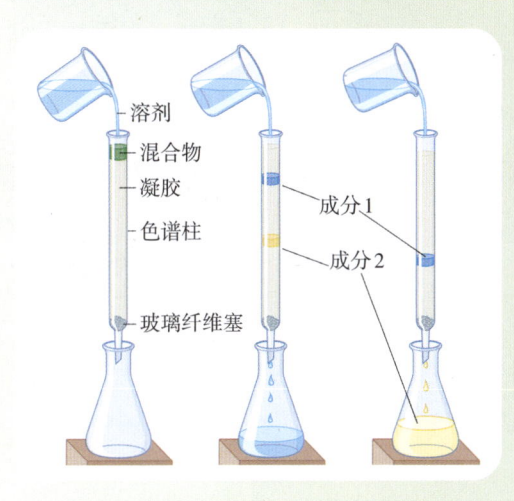

■ **图9.28** 在凝胶层析法中，常用凝胶作为固定相。

气相色谱法

在气相色谱法中，如**图9.29**所示，流动相是气体。固定相则通常是一种附着于一根管子内壁的液体薄膜，混合物在这根管子内被分离。流动相通常选用氦气。气体混合物中各组分与管内壁薄膜之间相互作用的程度决定了该气体移动的速率。不同的组分经过不同时间到达管子的另一端，这时我们再通过光谱法或质谱法就能鉴定出这些依次出现的纯净物。

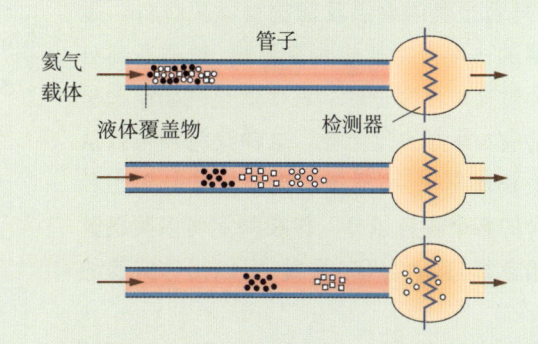

■ **图9.29** 气相色谱法根据管内壁对各组分的吸附力来分离气体混合物。

便携式气相色谱仪与质谱仪联用，如**图9.30**所示，能够分析出造成大气污染的痕量气体。气相色谱仪的功能很多，它可用来帮助研究者分析香精和香料的复杂混合物成分。

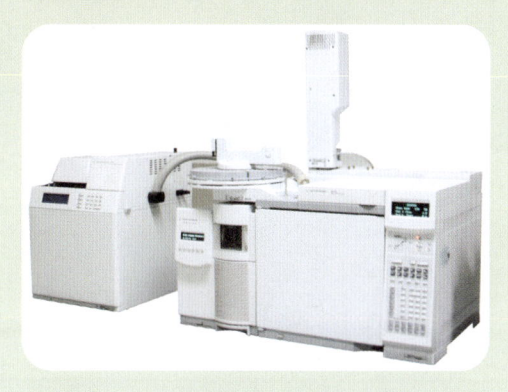

■ **图9.30** 气相色谱仪（左边）分离混合物，质谱仪（右边）分析和鉴定成分。

技术探讨

1. **分析** 被雨水淋湿的海报中，固定相是什么？流动相是什么？
2. **设计** 设计一个实验方案，利用纸上层析法分离混合物的组分并获得纯物质。

化学实验

糖果中有哪些色素

背景

5号黄是美国食品及药物管理局(FDA)批准使用的一种人工合成食用色素,然而有部分人群会对这种色素过敏。许多糖果的染色剂是一种含有5号黄的混合物。这种染色剂可以从糖果中提取出来,再通过纸上层析法分离出其中所含的各个颜色组分。你在网上可以买到黄色食用色素,其中含有5号黄,可以用作实验的对照。

纸上层析法能够分离混合物,是由于不同物质被纸吸附的作用力不同。物质被纸吸附的作用力越大,它随溶剂向上运动的速率就越慢。

问题

对5号黄色素过敏的人可以食用哪些有色的糖果呢?

目标

- **观察**染料中各颜色的分离。
- **判断**哪种糖果中含有5号黄。

实验准备

实验器材

- 10 cm×10 cm 1号滤纸
- 表面皿
- 水
- 盐
- 牙签
- 尺子
- 大烧杯
- 有色糖果
- 黄色色素
- 小塑料杯
- 铅笔

安全警示

实验步骤

1. 阅读并完成实验安全表格。
2. 参照下页所示表格绘制一张数据表。
3. 用铅笔在距滤纸一端3 cm处画1条直线。
4. 在1只塑料杯中放少量水。
5. 将牙签的一端浸入水中。
6. 将牙签浸湿的一端轻轻涂在1块有色糖果上,溶解其表面的一些色素。
7. 将带有色素的牙签尖端放在滤纸上铅笔所画的线上,形成一个斑点。
8. 将牙签再次润湿,再涂于同一块糖果上以溶解表面上的更多色素。将牙签的尖端依旧放在第7步中获得的同一个斑点上。
9. 使用不同的牙签、清水和不同颜色的糖果,重复步骤5~8,每个糖果的色素都对应1个斑点,记录在表格中。
10. 再取1根牙签蘸取作为参考的黄色食用色素,在铅笔线上点上1个斑点,给对照点做上记号。
11. 小心地将滤纸卷为筒状,斑点位于筒的底部,用订书钉钉住纸的边缘,操作时须避免接触滤纸。
12. 向烧杯中加水至1.5 cm深,撒一些盐,盖上盖子,振荡。

13. 将滤纸筒带斑点的一端向下放入烧杯中,水面至少低于铅笔线 1 cm,若需要可调节水面高度。盖上表面皿。
14. 待水升至距离滤纸顶端 1 cm 处。
15. 小心地取出滤纸,展开,轻轻用铅笔标记溶剂运动的边缘(水到达的最远处),将滤纸放在纸巾上干燥。
16. 测量每个糖果色素斑点的颜色中心到原来铅笔线的距离,记录下数据。请注意,分离后有些糖果色素可能不止有一个颜色中心。
17. 测量并记录原铅笔线到溶剂运动边缘的距离。
18. 测量并记录对照斑点中 5 号黄染料的颜色中心到原铅笔线的距离。

实验数据与现象观察

溶剂运动距离(从原铅笔线到溶剂上升顶端的距离):

最初点	距离(颜色1)	距离(颜色2)	距离(颜色3)
5号黄对照			
糖果1			

分析与讨论

1. **解释** 这些糖果中含有 5 号黄吗?你根据什么作出判断?
2. **对比与比对** 这些糖果中含有相同的色素吗?为什么?
3. **推断** 如果你对 5 号黄过敏,那么你可以安全食用哪些糖果?

应用与评估

1. **分析** 哪一部分色素与滤纸的吸附作用最强?已知极性最强的成分被滤纸吸附的作用也最强,则这些色素分子的极性如何?
2. **推断** 为什么用铅笔画线而不用钢笔?
3. **总结** 为什么实验中应给烧杯盖上表面皿?
4. **解释** 水为什么会沿着滤纸上升?
5. **总结** 当水沿滤纸上升时,其运动的速率随着上升的高度如何变化?为什么会发生这样的变化?提出你的假设。

进一步探究

设计 设计一个更好的实验来分离糖果中的色素,在纸上标记斑点。实施你的实验方案。

327

■ 图9.31 水分子间存在相互吸引作用，是因为它具有正、负两极。这两张图片展示了这种吸引作用对水滴形状的影响。

这片树叶上的水珠呈球形，就是因为水珠表面的水分子受到内部水分子的吸引。

类似地，下落水滴的形状为球形是因为表面的水分子受到来自内部水分子的吸引。

极性分子和非极性分子

你是否有过这样的经历：将衣服从烘干机中取出时，发现它们由于静电作用而粘在了一起。这种静电作用是因为正电荷与负电荷之间的吸引作用而产生的。除了烘干机，还有一些情况也会产生静电现象，可以用它来解释一些物质的物理性质。例如，水在光滑的表面往往形成水珠，小雨滴也是球形的，如图9.31所示。为什么水分子会相互粘在一起形成水珠呢？原因就是水分子有正、负两极。分子电性相反的两端相互吸引，就像烘干机中的衣服相互粘连一样。共价键的极性和分子的空间构型会影响物质的性质，水就是一个很好的例子。

水：一种极性分子 我们已经知道，水分子的空间构型为V形。O—H键的ΔEN为1.4，因此水分子中的两个O—H键为极性键。氧原子带部分负电荷，氢原子带部分正电荷。由于水分子的V形结构，使得整个分子的一端带负电，另一端带正电。

水分子这个例子说明，特定的空间结构中的极性键能排列形成**极性分子**（polar molecule）。极性分子就是有正、负两极的分子，也称为偶极子。水能够很好地溶解其他极性分子，如蔗糖（糖）和氨气，因此它是一种常用的溶剂。

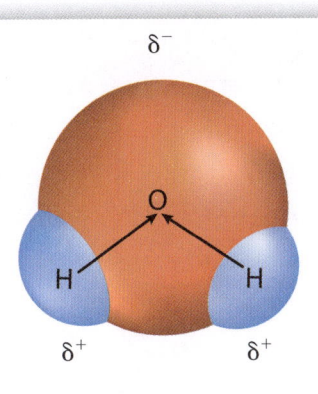

水分子中的O—H键是极性键,由于水分子的空间构型为V形,氢原子一端带正电,氧原子一端带负电。

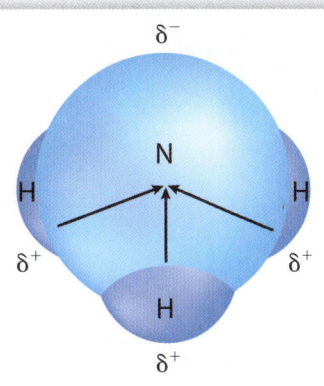

和水分子一样,氨分子也拥有两个极。由于键的极性,氢原子一端带正电,氮原子一端带负电。

氨:另一种极性分子 氨(NH_3)是另一种含有极性键的分子,N—H键的ΔEN为0.9,氨分子的空间构型为三角锥形。当3个极性键N—H排列在三角锥中时,氨分子也就有了极性。正电荷的中心位于三角锥的底部,负电荷的中心落在氮原子上。**图**9.32比较了水分子与氨分子的电荷分布与形状。

二氧化碳:一种非极性分子 二氧化碳分子中也含有极性共价键,C—O键的ΔEN为1.0,因此二氧化碳分子中C—O键的极性接近于氨分子中N—H键的极性。但是,二氧化碳分子的空间构型与氨分子不同,CO_2为直线形分子。由**图**9.33可知,由于二氧化碳分子中的极性键C=O处在同一条直线上,键的极性相互抵消。这样,二氧化碳分子中就没有正、负两极。因此,尽管二氧化碳分子中含有较强的极性共价键,它却是一种非极性分子。

■ **图**9.32 水和氨都是极性分子。在这些模型中,箭头表示吸引电子的方向。

解释 根据极性键说明氨分子中的电荷是如何分布的。

■ **图**9.33 二氧化碳是一种非极性分子。极性溶剂,例如水,通常不能溶解非极性物质。而非极性分子CO_2却能少量溶于水中。在加压的条件下,CO_2的溶解度会增大。

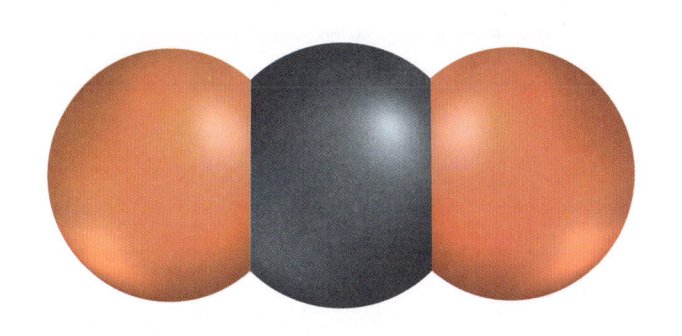

二氧化碳分子中2个键的ΔEN相等,都为1.0,都是极性键。但因为这2个极性键的方向相反,因而相互抵消。

瓶装的苏打汽水溶解有加压的二氧化碳。当你打开瓶塞时,压强减小,二氧化碳气体会从溶液中溢出——有时会非常剧烈。

329

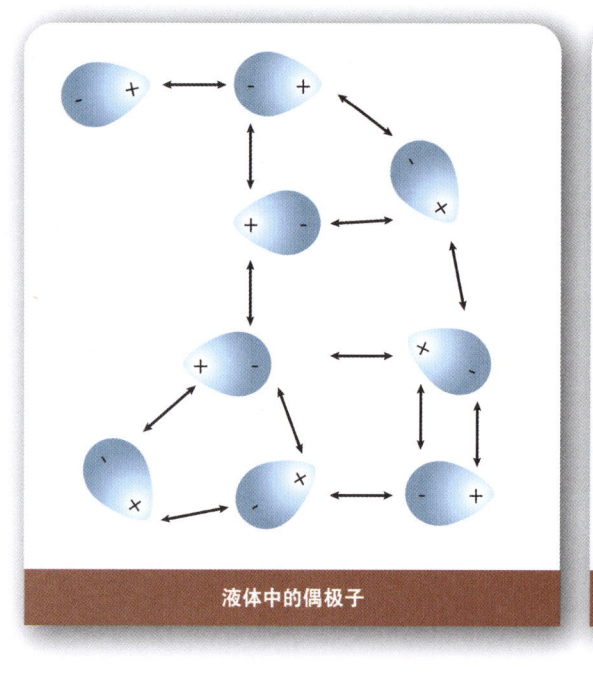

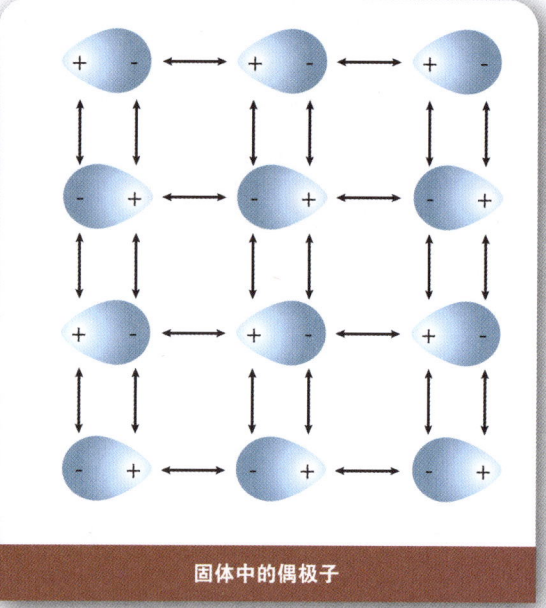

■ 图9.34 极性分子的相互作用，表现为一个偶极子带正电荷的一端与另一个偶极子带负电荷的一端相互吸引。这是液体和固体中偶极子间相互吸引的示意图。

甲烷与水的对比 极性分子由于有正、负两极而相互吸引，**图9.34** 表示了偶极子之间的相互作用。由于存在这种吸引作用，极性分子和非极性分子组成的物质的性质有一定差异。例如，由极性分子组成的物质的熔沸点往往高于非极性分子组成的物质。

当你比较由极性分子构成的水和由非极性分子构成的甲烷的物理性质时，你会发现它们之间存在很大的差异。尽管水和甲烷分子的大小很接近，且都含有共价键，然而，常温下水是一种液体，甲烷却为气体。从**表9.2**中水和甲烷的熔沸点可以看出，水的沸点比甲烷高261 ℃。这是水分子间存在亚微观的相互吸引作用的一个宏观证据。

离子、极性分子与物理性质

回忆以前所学的内容，物质微观粒子间的相互作用决定着该物质的许多宏观的物理和化学性质。例如在离子化合物中，阳离子和阴离子间存在较强的相互作用，使得它们排列成有序的晶体，因而离子化合物相对难以发生形变。

表9.2	熔点与沸点的比较	
化合物	熔点	沸点
甲烷(非极性)	−183 ℃	−161 ℃
水(极性)	0 ℃	100 ℃

离子化合物在室温下一般为固体。

共价化合物在室温下可能为固体、液体或者气体。

图9.35 展示了几种离子化合物和共价化合物。由于不同电荷的离子间存在强烈的相互吸引作用,离子化合物具有较高的熔点。蔗糖虽然是一种共价化合物,但其中的极性键使得蔗糖分子间的相互作用也较强,它在室温下形成固态的晶体结构。

水(H_2O)也是由共价键构成的化合物,在室温下它是一种液体。由图9.12可知,相较于其他结构相似的物质来说,水的沸点更高,因为水分子是极性的。丙烷(C_3H_8)是图9.35中极性最弱的物质,丙烷分子之间的相互作用很小。因此,丙烷在室温下为气体,但它可以被压缩为液体以便运输和储存。

■ 图9.35 与共价化合物相比,离子化合物间的物理性质差异较小。离子化合物一般都为固体,且较脆,熔点较高。共价化合物在室温下可能为固体、液体或者气体。

精彩预告

不管你是用软糖模型、电子结构式还是计算机,为原子间的键构建模型都是一项非常有意义的实践活动。通过研究分子的形状和极性,你可以推断物质的行为和性质。接下来,你将了解更多微粒间的相互作用以及它们对物质物理性质的影响。

第2节 本节回顾

要点梳理

- 中心原子周围的电子对包括成键电子对和孤对电子。
- 分子是否具有极性由两个因素共同决定:分子中键的极性,分子的空间构型。
- 微粒间的相互作用决定了物质的很多物理性质。

9. **主要 概念 推断** 氯仿($CHCl_3$)分子的结构与甲烷类似,它是极性分子还是非极性分子?

10. **画图** 画出下列分子的电子式。
    a) PH_3　　c) CCl_4
    b) HBr　　d) OCl_2

11. **描述** 描述第10题中各分子的形状。

12. **比较** 单键、双键和叁键有何差别?

13. **应用** 蔗糖、水和氨气都是共价化合物,它们分别代表着共价化合物的哪些不同类型?

331

第 9 章 学习指南

大 概念 原子间共用电子或转移电子形成了化学键。

第1节 原子间的化学键

主要 概念 两种原子间的电负性差异决定了化学键的类型。

关键术语
电负性
屏蔽效应
极性共价键
展 性
延 性
导电性
金属键

要点梳理
- 离子键与共价键是不同的化学键,但是并没有清晰的界限。
- 电负性——衡量原子吸引共用电子对的吸引能力的强弱——能够根据元素周期表估算大小。
- 电负性之差(ΔEN)可用来衡量化学键的离子性成分。
- $\Delta EN \geq 2.0$,形成离子键。
  $\Delta EN = 0.5 \sim 2.0$,形成极性共价键。
  $\Delta EN \leq 0.5$,形成非极性共价键。
- 金属原子通过共用电子"海洋"结合在一起。

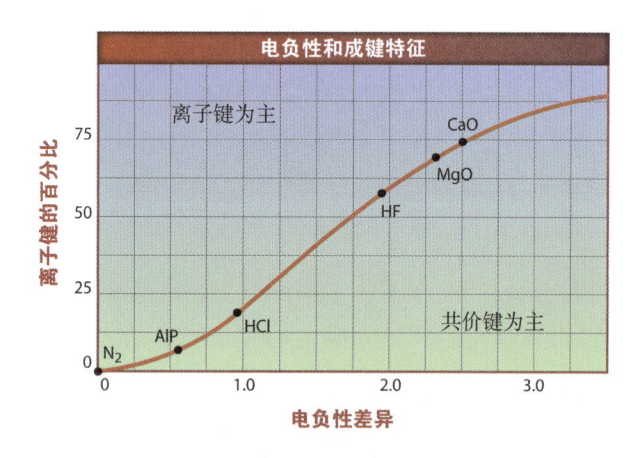

电负性和成键特征

第2节 分子的形状与极性

主要 概念 分子的空间构型和分子中键的极性决定了分子是否具有极性。

关键术语
双 键
叁 键
极性分子

要点梳理
- 中心原子周围的电子对包括成键电子对和孤对电子。
- 分子是否具有极性由两个因素共同决定:分子中键的极性,分子的空间构型。
- 微粒间的相互作用决定了物质的很多物理性质。

第 9 章 测评

要点理解

14. 阐明下列化学键是离子键、非极性共价键还是极性共价键。
    a) Mg—O　　c) S—Cl
    b) B—F　　　d) Ti—Cl

15. 什么是极性共价键？什么是非极性共价键？

16. 根据元素周期表,将下列化学键按照 ΔEN 由小到大的顺序排列：O—F、P—F、F—F、Al—F、Mg—F、N—F、K—F。你认为哪些是离子键？根据**图 9.2** 中的数据计算实际的 ΔEN 大小,检验你的判断是否正确。

17. 一氧化碳(CO)是极性分子还是非极性分子？请解释原因。

18. 什么是屏蔽效应？对碳原子和铅原子来说,哪种原子的屏蔽效应更大？为什么？

19. 哪些实验事实能够支持金属键模型？

20. 含有铵根离子的化合物常用作化肥,铵根离子(NH_4^+)的空间构型是怎样的？

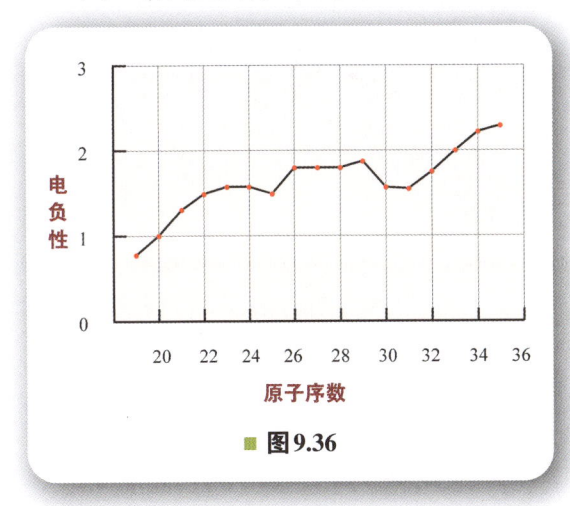

■ 图9.36

21. **图9.36** 展示了第4周期元素的电负性随原子序数的变化图。请用语言描述随着原子序数的递增,第4周期元素电负性的变化规律。

应用概念

22. 二氧化硫(SO_2)是一种大气污染物,主要是由含硫煤炭的燃烧产生的。二氧化硫的空间构型是怎样的？是极性分子还是非极性分子？

化学与技术

23. 哪种层析技术可以用来分离气态烃？

生活中的化学

24. 在日常生活中,微波炉通过微波加热食品,它是怎样用于分解大气中的污染物的？哪类分子可用这种方法进行分解？

批判性思考

提出假设

25. 乙醇和二甲醚的分子式都是 C_2H_6O,根据它们的结构式画出两种物质的电子式,判断两分子的极性有何差别,并解释其原因。

设计实验

26. **化学实验**　绿色染料可由黄色染料与蓝色染料混合而成。你怎样判断绿色是黄色与蓝色的混合色,还是一种纯的颜色？

提出假设

27. **迷你实验2**　下面是 $AlBr_3$ 的电子式,你认为该分子的空间构型是什么？

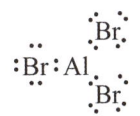

333

第 9 章 测评

日积月累

28. 假设你有 1 块边长为 1 cm 的正方体金块,将其敲打为底边边长为 15 cm 的实心正方体,如图 9.37 所示,则其平均厚度是多少?

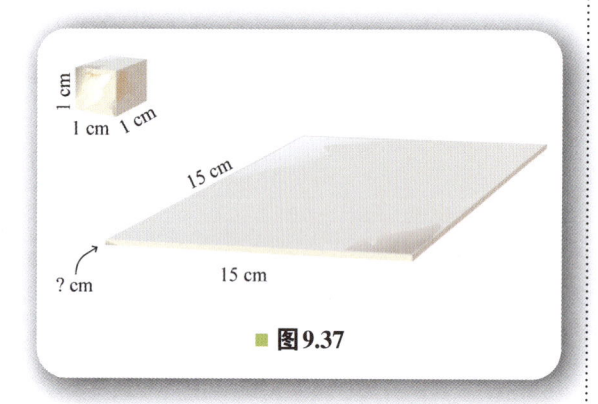

■ 图 9.37

29. 二氧化碳与二硫化碳的电子结构式相同,为什么?
30. 当原子形成化学键时,其质量会发生变化吗?为什么?

技能训练

31. **整合信息** 完成表 9.3,画出所列各物质的电子结构式。除了水分子,其他所有分子的中心原子为分子式中的第 1 个原子。先判断中心原子周围电子对的空间构型,再判断分子的空间构型。根据你预测的空间构型,判断分子的极性。

科技写作 化学

32. 选择莱纳斯·鲍林职业生涯的一个阶段,查阅鲍林在这一阶段的一篇著作,写一篇短文介绍其成就。

解决问题

33. 戊烷(C_5H_{12})有 3 种不同的结构。因为每种结构都对应不同的分子形状,所以它们被称作同分异构体。试画出这 3 种可能结构的电子结构式。就像软糖模型中的牙签那样,你可以用 1 根短线代表 1 对共用电子。

表 9.3 分子构型与极性

化学分子式	电子式	中心原子的电子构型	分子构型	极性键	非极性键	是否为极性分子
H_2O	H:Ö:H	四面体	V 形	O—H	无	是
CCl_4						
$CHCl_3$						
CH_2Cl_2						
CH_3Cl						
CH_4						

标准化测试

元素	电负性（EN）
锂	1.0
铁	1.8
硫	2.5
氮	3.0
氧	3.5
氟	4.0

卤素的电子组态	
卤素	电子组态
氟	2,7
氯	2,8,7
溴	2,8,18,7
碘	2,8,18,18,7
砹	2,8,18,32,18,7

运用上表回答第1～4题。

运用上表回答第6～7题。

1. 铁与氧形成键的电负性差值是多少？
   a) 1.7 c) 3.5
   b) 1.8 d) 5.3

2. 哪一对元素会结合形成离子化合物？
   a) 锂与铁 c) 锂与氧
   b) 氧与铁 d) 硫与氧

3. 哪一对元素会结合形成共价化合物？
   a) 锂与铁 c) 氟与锂
   b) 铁与硫 d) 氮与氧

4. 为什么说水是极性分子？
   a) 水分子的V结构使氧端带负电，氢端带正电。
   b) 水分子的V结构使氢端带负电，氧端带正电。
   c) 水分子中的氢原子和氧原子形成了四面体结构。
   d) 水分子中氢原子与氧原子形成直线结构。

5. 二氧化碳分子的构型是怎样的？
   a) V形 c) 直线形
   b) 三角形 d) 直角形

6. 为什么卤素的氧化数通常为－1？
   a) 它们的第一层轨道有2个电子。
   b) 它们的外层能级需要1个电子。
   c) 它们的次外层能级失去1个电子。
   d) 它们的2p轨道需要1个电子。

7. 卤素有什么共同点？
   a) 它们有相同的价电子数。
   b) 它们的轨道数目相同。
   c) 它们的次外层能级上面电子数目相同。
   d) 它们每一个轨道的电子数都相等。

8. 电解水制备氢气和氧气是
   a) 化合反应。 c) 单取代反应。
   b) 分解反应。 d) 双取代反应。

9. 钇是一种原子序数为39的金属元素，它能够形成
   a) 阳离子。
   b) 阴离子。
   c) 阳离子或阴离子。
   d) 不能形成离子。

考点提示									
测试题号	1	2	3	4	5	6	7	8	9
对应章节	9.1	9.1	9.1	9.2	9.2	8.1	8.1	6.2	5.1

第 10 章　物质的动力学理论

大　概念　物质的动力学理论能够解释固体、液体和气体的性质。

第 1 节　物质的物理学行为
主要　概念　物质常见的三种状态是固态、液态和气态。

第 2 节　能量与物质状态的变化
主要　概念　能量升高或降低时，物质状态会发生变化。

你知道吗？

- 寒冷的冬天，泡温泉赏景是不少人养生休闲的选择。
- 这张图片展示了水的三种状态：
  固态——亭上的积雪
  液态——温泉中的水
  气态——空气中的水蒸气
- 因为冷空气和地热，水的三种状态可以在一个地方同时存在。

课 前 活 动

起步实验

温度与混合

热量增加或减少,分子运动的平均速率也会随之变化。分子运动的平均速率的增加能够加快两种液体混合的速率。那么,温度和混合速率之间有着怎样的联系呢?

实验器材
- 250 mL 烧杯(3只)
- 200 mL 常温水
- 温度计
- 食用色素
- 200 mL 冰水
- 200 mL 热水
- 滴管

实验步骤

1. 阅读并完成实验安全表格。
2. 分别往3只烧杯中倒入 200 mL 的冰水、常温水、热水。
3. 用滴管往每只烧杯中分别滴加一滴食用色素,观察10分钟。

实验分析

1. **描述** 食用色素在冰水、常温水、热水中的分散情况分别是怎样的?
2. **解释** 为什么物质在热水中比在冷水中更容易溶解?

探究 如果使用不同颜色的食用色素,请预测可以观察到什么不同的现象。如何检验?请加以解释。

折叠式学习卡 学习组织者

物质状态 按以下图示制作折叠式学习卡,帮助你整理有关三种常见的物质状态的内容。

▶ **步骤 1** 把纸纵向对折,使后面的纸比前面的纸长 2 cm。

▶ **步骤 2** 折成三部分。

▶ **步骤 3** 展开并沿着前页的折痕裁剪,形成三个标签。

▶ **步骤 4** 在三个标签上分别写上"气态""液态""固态",在后页的左侧写上"物质状态"。

折叠式学习卡 在第1节中使用该折叠式学习卡。在你阅读的过程中,用自己的话总结三种常见的物质状态。

337

第1节

核心问题

- 固体、气体和液体的特征分别是什么?
- 物质的动力学理论是如何解释固体、气体和液体的性质的?
- 无定形物质、液晶和等离子体的性质有什么区别?

术语回顾

极性分子: 有正、负两极的分子。

关键术语

固　体
液　体
气　体
布朗运动
动力学理论
理想气体
压　强
晶　格
无定形固体
液　晶
等离子体

■ **图 10.1** 无论固体的形状是天然造就的(如水晶),还是人工塑造的(如玻璃仪器),它们都是坚硬的,具有一定的外形。绝大多数元素在室温下都以固态形式存在。

物质的物理学行为

主要 概念　物质常见的三种状态是固态、液态和气态。

联系真实世界　在日常生活中,我们可以闻到花的芳香,可以将果汁倒进杯中,还可以将木柴摆放成堆,这些现象告诉了我们物质有三种存在形态:气态、液态和固态。那么,我们如何描述花香、果汁和木柴的性质呢?

物质的状态

如果要你将一本书塞进一只细口瓶中,不用试,你肯定会说这是不可能的。**固体(solid)** 是具有确定形状的刚硬物,如**图** 10.1 所示。固体之所以坚硬,是因为组成固体的分子、离子或原子的空间位置相对固定。所以,固体的体积很难再被压缩。当固体被加热时,微粒振动地更剧烈,但整体上只是发生轻微地移动。固体的判断标准并不是刚度或者硬度,这一点非常重要。举个例子,在室温下,混凝土和蜡烛都是固体,但是它们的刚度和硬度却有很大的不同。

液体(liquid) 明显不同于固体,它是一种可流动的物质。在容器中,液体维持一定的形状,此时可以测出它的体积。一旦离开了容器,它就失去原有的形状,如**图** 10.2 所示。用抹布擦拭洒出的液体,你会发现液体具有流动性,而且其中的成分会相互混杂在一起。淋浴时,你也会感觉到水的流动。与固体类似,液体的体积也很难被压缩。液体受热时会膨胀,但程度很小。

■ 图 10.2 与固体不同,液体的形状由盛装它的容器决定。水池里的水维持着水池的底部和边缘的形状,如果水溅到岸边,会形成水坑。

同液体一样,气体也具有流动性。只需站在微风中,你就可以感觉到气体的流动。但气体的流动与液体的流动是有区别的,这是因为气体微粒之间的距离比液体大得多。当气球充气或放气时,我们可以观察到气体的一些特性,如**图 10.3** 所示。通过观察,我们发现**气体(gas)**是可流动、可压缩的,所以它们没有固定的体积和形状。气体微粒间的距离比固体和液体大得多,所以气体很容易被压缩或改变形状。另外,温度对气体体积的影响比对固体和液体体积的影响更大。

动力学理论

1827 年,苏格兰生物学家罗伯特·布朗(Robert Brown)在显微镜下观察到水中悬浮的花粉一直在做无规则运动。随后,布朗用染料重复实验,得到同样的结论。为了纪念罗伯特·布朗的贡献,我们将这种微小颗粒的持续的无规则运动称作**布朗运动(Brownian motion)**。

折叠式学习卡

将本节中的信息归纳到你的折叠式学习卡中。

■ 图 10.3 空气可以填充塑料袋。无论什么样的形状或多大容积的塑料袋,空气都可以充满它们。挤一下袋子,里面的空气就被压缩了。

那么，是只有水分子才做这种无规则运动，还是所有物质中都存在这种运动？**动力学理论（Kinetic theory）**，又称为分子运动理论，证实了所有物质的亚微观粒子都存在这种持续的、无规则的运动。物体由于运动而具有的能量就叫作物体的动能。

气体的动力学模型 在动力学理论中，气体的每个粒子都像**图 10.4**所示的曲棍球一样，在撞到挡板之前，都做直线运动。根据动力学理论，气体在容器中任意运动。与之相似，气体分子也只有在撞到容器壁或其他气体分子时，才会改变运动方向。

动力学理论的假设 动力学理论关于气体分子的运动做了额外的假设。一种假设就是气体分子间的碰撞是弹性碰撞。将气体分子的运动与曲棍球进行比较，或许可以帮助你理解弹性碰撞。这个类比简化了动力学理论，在曲棍球运动时，撞击了挡板后，曲棍球的速度会降低，这是因为曲棍球将一部分能量传递给了挡板。随着撞击次数的增加，曲棍球的速度会越来越慢，最终停止。与曲棍球不同，气体分子在与容器壁或其他分子碰撞的过程中，动能并不会损失。动能不会减少的碰撞称为弹性碰撞。动力学理论假定气体分子的碰撞即为弹性碰撞。

动力学理论的另一种假设是关于气体分子大小与分子间距的。气体分子很小，且气体分子间有着相对较大的空间。因此，动力学理论假定气体分子的自身体积可被忽略。根据分子间距和运动速度，动力学理论还假定气体分子间不存在吸引力或排斥力。

■ **图 10.4** 动力学理论表明，物质的亚微观粒子一直在做持续的无规则运动。

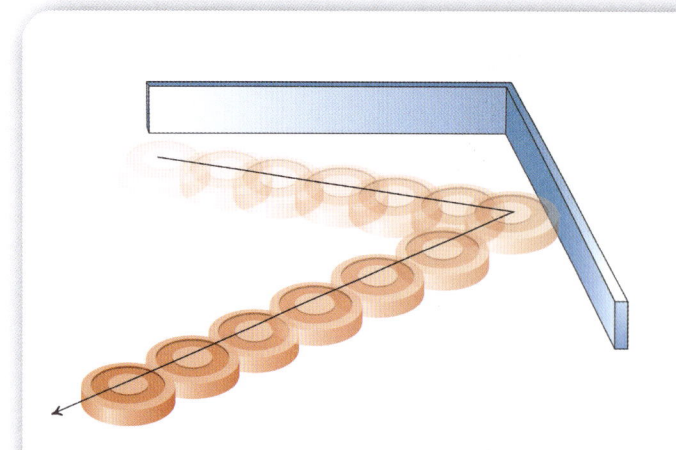

曲棍球做直线运动，直到它撞到挡板，才以新的方向直线弹回。

与曲棍球相似，气体分子在容器中的运动路径也是直线。曲棍球的运动速率大约是每秒1米，气体粒子的运动速率要快得多，大约每秒100～1 000米。

理想气体　如果气体微粒做持续的无规则运动,并且彼此间不存在吸引力,我们将这种气体称为**理想气体(ideal gas)**。理想气体中的微粒进行的是弹性碰撞,事实上,除了在极低温度或极大压强的条件下,几乎所有的气体都可看作理想气体。可以想象,在低温高压的环境下,微粒间的相互作用以及微粒的大小就会对其运动产生影响。因此,气体不再遵循动力学理论的假设,换言之,气体就不再是理想气体了。

气体微粒和压强　动力学理论解释了为什么气体会充满容器,以及为什么气体会对容器壁产生压力。在宏观世界中,打排球是我们改变物体运动方向的一个很好的例子。你可能还没有忘记在猛击排球后,手上麻痛的感觉吧!这是因为手掌感觉到了压力。**压强(pressure)**就是作用在单位面积上的压力,如每平方厘米上的力。正如排球对皮肤有压力一样,当容器壁使气体粒子改变运动方向的同时,气体粒子对容器壁也施加了作用力。

迷你实验 1

扩散速率

通过观察两种气体在空气中的扩散,你可以推断出气体分子的什么性质?

实验步骤

1. 阅读并完成实验安全表格。
2. 取2支透明的吸管,让它们尾端相连。
3. 将连接好的吸管放在黑色的水平桌面上,管子的一端贴上标签"NH_3",另一端贴上标签"HCl"。
4. 用剪刀将一条棉布条剪成两半,用胶带分别缠住每个切口(并非封住),粗细以恰好可塞紧管口为宜。
5. 从老师那里领取浓氨水和盐酸。(**注意**:这两种溶液都会伤害眼睛、皮肤和衣物,使用过程中要特别小心。如果液体溅出或是沾在皮肤上,请立刻通知老师)
6. 取出事先剪好的两条棉布,一条浸入氨水中,另一条浸入盐酸中。棉布只需浸透即可,不能渗出液滴。
7. 将棉布的切口端对应塞入吸管的一端。塞入两条棉布的操作应当同时进行。
8. 不能晃动或移动吸管。几秒后,仔细观察反应产生的白色氯化铵环。
9. 分别测量和记录氯化铵环到两端棉布条的距离。

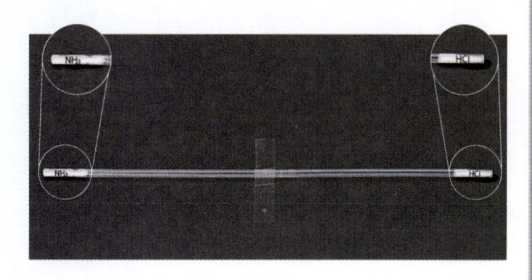

分析与讨论

1. **比较**　比较这两种气体的扩散速度。
2. **解释**　对不同的扩散速率作出合理的解释。

正如排球对皮肤有压力一样,当容器壁使气体粒子改变运动方向的同时,气体粒子对容器壁也施加了作用力。气球中粒子对球壁的碰撞作用促使气球膨胀。如果压力过大,气球就会爆炸。轻轻地挤压气球或是排球,你便能感受到这种压力。

大气层和气压 空气是混合气体,也会产生压强。大气压是由空气中的分子的持续撞击引起的。大气压取决于你上方的空气柱的高度,这也就解释了为什么高海拔气压会减小,低海拔气压会增加。

人以及地球上的其他生物早已适应了这个大气压,只有气压变化时才有感觉。这也就解释了为什么你在生活中不会注意到你所处位置的大气压。但是,如果你尝试**图10.5**中的简单实验,你就会感受到苏打水瓶模拟的与大气压大致相当的压强。

液体的动力学模型 如同曲棍球模型可模拟气体分子一样,烧杯中的磁珠可以作为液体的模型,如**图10.6**所示。当液体从容器中流出后,粒子间的力使它们拥有固定的体积,但不能维持原有形状。液体粒子可以滑动,但是彼此之间结合得很紧密,不能像曲棍球那样滑动或以直线形式运动。在拥挤的人群中,你也不能快速地直行,其中的道理是一样的。

■ **图10.5** 三个2L的瓶子以瓶盖面积施加于手掌上的力的大小,与大气作用在同样面积皮肤上的力相等。当然,三个瓶子施加于人手掌上的力,是在正常大气压力之外的附加力。

■ **图10.6** 磁珠在烧杯中表现出一些与液体相同的行为。
描述 磁珠是如何表现出液体的行为的?

磁珠均匀地充满容器,它们占据的体积不会减小。

当容器旋转时,磁珠也跟着一起旋转。

当容器侧翻时,磁珠滚落在桌子上。

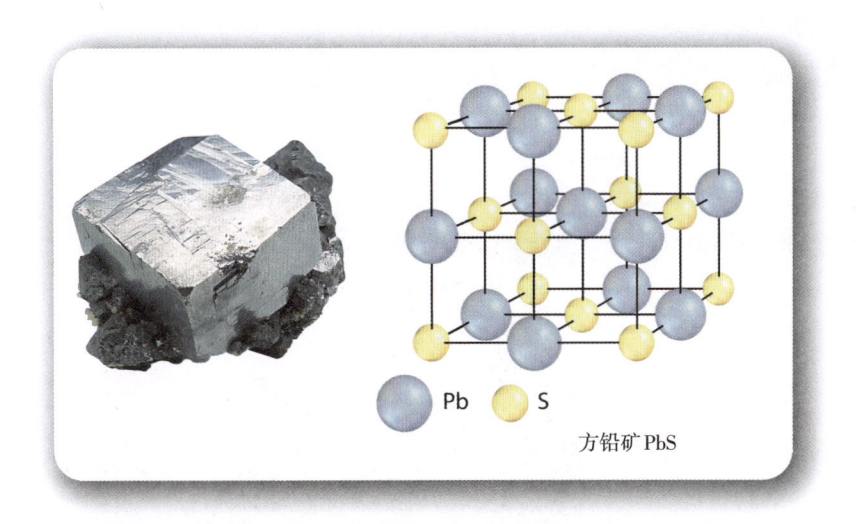

■ **图** 10.7 晶格存在于整个固体中。图中所示的是硫化铅(铅显+2价)的晶格结构,以及富含硫化铅的方铅矿。
比较 微粒在固体和液体中的排布有何不同?

方铅矿 PbS

固体的动力学模型 根据动力学理论,微粒之间的强作用力可以用来解释固体的刚硬结构。尽管固体中的粒子彼此间不能相互滑动,但是它们可以做一种持续运动,即与相邻的粒子发生碰撞。微粒在确定的、三维的排列中占据特定的位置,这种排列在固体中是可以重复的,我们将之称为 **晶格(crystal lattice)**,如**图** 10.7 所示。

其他形态的物质

有些物质不能被简单地归为固体、液体或气体。它们看起来像是固体,但在性质上更接近液体。以这种形式存在的物质有无定形固体、液晶和等离子体等。

无定形固体 涂在面包上的花生黄油酱是固体吗?蜡烛油呢?尽管这些物质有着固定的体积与形状,但是它们不宜被称作固体,而称为**无定形固体(amorphous solids)**。无定形固体有一个随意的、松散的、不完整的晶格结构。蜡烛和棉花糖是我们日常生活中经常接触到的无定形固体。玻璃也是日常生活中常见的无定形固体。玻璃的种类多种多样,有些玻璃是由二氧化硅制备的,同时具备晶体形式和无定形形式。**图** 10.8 展示了晶体形式的二氧化硅和无定形形式的二氧化硅之间的区别。

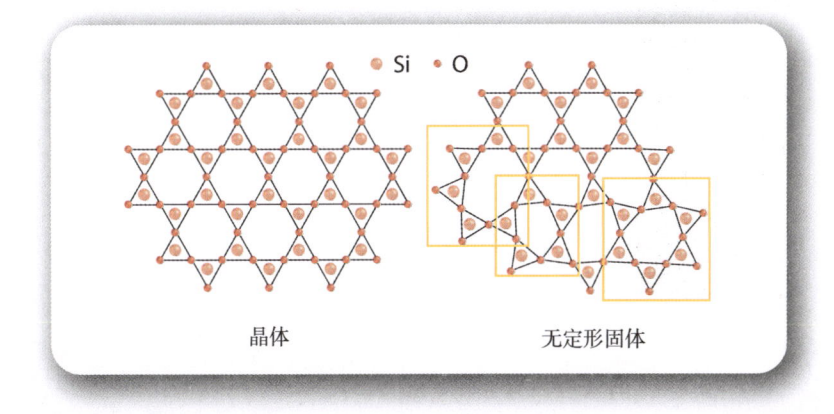

晶体　　　　　无定形固体

■ **图** 10.8 二氧化硅(SiO_2)晶体有着规则的蜂巢结构。如果加热后快速冷却,二氧化硅就会失去原先的规则结构,变成无定形固体。

艺术链接

玻璃雕刻

1971年,戴尔·奇胡利(Dale Chihuly)在华盛顿的斯坦伍德(Stanwood)创建了皮尔切克玻璃中心(Pilchuck Glass Center),这是一所专门培养玻璃艺术家的学校。然而,不幸的是,1976年,一场车祸导致奇胡利的左眼失明。但这并没有结束他艺术家的生涯。尽管奇胡利失去了深层次的感知觉,不能再吹制玻璃,但他继续鼓励其他人从事玻璃吹制艺术的事业。

将玻璃塑造成艺术品 公元前1世纪,玻璃吹制艺术在叙利亚发展起来。随着技术的进步,我们在日常生活中经常可以接触到各种玻璃器皿。如今,如**图10.9**所示的奇胡利的玻璃吹制雕刻品是昂贵的艺术品。如**图10.10**所示,奇胡利设计作品,他的学生根据他的设计吹制玻璃。玻璃吹制者将一根铁制吹管插入到熔化的玻璃中,吹出玻璃泡。在奇胡利对玻璃泡的大小满意后,吹制者就将它放到彩色的玻璃灰尘中滚动,这些玻璃灰尘将附着于玻璃的表面。不同的玻璃着色层是在不同的熔炉中煅烧出来的。

在高温下,进一步地吹气和塑形,就可完成整个玻璃的加工工作。冷却下来的玻璃,就成为了精美的艺术品——饱含人类智慧的奇迹。

■ **图10.9** 奇胡利的玻璃艺术品。

■ **图10.10** 创造玻璃艺术品的过程。

制造玻璃 用来做艺术品的玻璃有两种:钠钙玻璃和铅玻璃。钠钙玻璃是世界上应用最广泛的玻璃,是窗户、瓶子、罐子和灯泡材料中的共同组成成分。钠钙玻璃由66%的沙子(SiO_2)、15%的碳酸钠(Na_2CO_3)、10%的石灰(CaO)和其他物质组成的。钠钙玻璃价格便宜,而且容易熔化和塑形,因此它适用范围很广,包括制作艺术品。

铅玻璃比钠钙玻璃贵得多,但是铅玻璃更易熔化和塑形。铅玻璃的折射率很大,这使得它很清晰很闪耀。铅玻璃的硬度比大多数的玻璃小,所以易于切割、雕刻和打磨。除了艺术品,铅玻璃还可以用于制造细晶和雕花玻璃品。

当玻璃熔化时,看起来就像是做硬糖时炉中熔化的糖浆。先在熔炉里将原料加热到1 370 ℃,变成糖浆状,待它们冷却后,就可得到无定型玻璃。

化学链接

1. **应用** 玻璃的什么特性使得它适合于不断地吹制成型?
2. **批判性思考** 为什么把玻璃酒杯叫作水晶杯是不科学的?

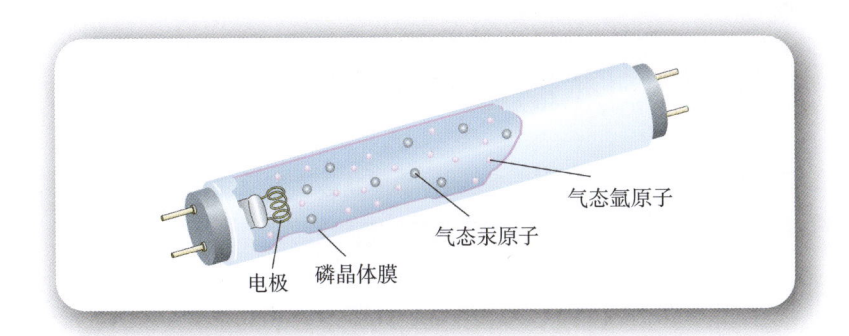

■ **图 10.11** 当微小电流通过电极时,电极上的一些电子便获得了足够的能量,离开电极表面并与氩气分子相撞,促使氩气分子离子化。随着更多的电子被释放,促使一部分水银分子离子化,从而形成了等离子体。电子和汞离子与汞原子碰撞,将汞原子上的电子激发到高能级。当受到激发的电子回到低能级时,将会以肉眼看不见的紫外光的形式辐射出能量,荧光管内壁上覆有一层磷晶体膜,它可以吸收紫外光,同时辐射出可见光。

液晶 当固体熔化时,内部的晶格碎裂,同时组成它的粒子也失去了三维结构。然而,有一类称作**液晶(liquid crystal)**的材料,当它们熔化时,却只失去一维或二维的严密结构。液晶分子之间的作用力相对较弱,它们的排列容易被破坏。当晶格结构被破坏后,液晶可以像液体一样流出。随着电荷的改变,液晶形状会发生变化。因此,液晶显示屏(LCD)广泛应用于手表、温度计、计算器、手提电脑中。

等离子体 有一种物质形态,在宇宙中普遍存在,但在地球上很少出现,它就是等离子体。太阳和其他的恒星都是由等离子体组成的。等离子体也可以在一些荧光灯中出现,如**图10.11**所示。**等离子体(plasma)**是一种离子化的气体。像普通电线一样,等离子体可以导电,但它本身是呈电中性的,因为其内部含有等量的自由电子与正离子。等离子体是物质在高温下吸收能量后裂解成正离子和电子而形成的。有时候,裂解的产物甚至可以是原子核与自由电子。宇宙恒星中,气体离子化的能量来自核聚变反应。

第1节 本节回顾

要点梳理
- 物质常见的三种状态是固态、液态和气态。
- 物质的动力学理论认为,组成物质的粒子一直处在运动中。
- 在特定的温度和压强下,微粒间的相互作用决定了物质的状态是固态、液态还是气态。
- 等离子体是物质的第四种状态,是宇宙中最常见的物质状态,但在地球上并不常见。

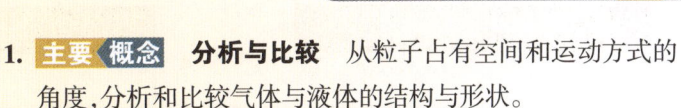

1. **主要** **概念** **分析与比较** 从粒子占有空间和运动方式的角度,分析和比较气体与液体的结构与形状。
2. **描述** 理想气体的粒子的性质是怎样的?
3. **解释** 为什么等离子体被称作是高能量状态的物质?
4. **鉴别** 微粒的动能是如何随温度变化而变化的?
5. **解释** 在培育植物时,我们可以用荧光灯作为室内的光源。请问:为什么在选择光时,我们会采用红光到蓝光波段的可见光?
6. **定义** 定义等离子体并描述它的性质。宇宙中,等离子体在哪里最常见?地球上哪里能发现等离子体?

第2节

核心问题
- 动力学理论是如何解释物质温度和状态的变化的？
- 开尔文温标与摄氏温标有什么联系？
- 温度和压强是如何影响物质状态的？

术语回顾
布朗运动：物质粒子持续的、无规则的运动。

关键术语
温　度	蒸气压
绝对零度	沸　点
开尔文温标	焦　耳(J)
开(K)	汽化热
扩　散	熔　点
蒸　发	凝固点
升　华	熔化热
凝　结	

能量与物质状态的变化

主要 概念　能量升高或降低时，物质状态会发生变化。

链接真实世界　你是否有过晚上睡觉之前忘记洗碗的经历？第二天早上，你发现吃剩的米粒、菜汁早已在盘中变干变硬了。你是用热水还是冷水来清洗盘子？

温度与动能

当你用热水洗盘子时，其中大多数的水分子要比冷水中的水分子运动得快。换言之，热水的水分子具有更大的动能。但是热水中的水分子的动能并非都相同，它们的速率也是各不相同的。与此类似，气球中的粒子也都是以不同的速率运动的。

温度与粒子运动　图10.12a是容器中气体粒子的速率分布图。大部分粒子的速率(动能)，比较接近图形中峰所对应的速率。根据动能理论，物质的**温度(temperature)**是物质中粒子的平均动能的量度。动能与粒子的质量和速率有关。当粒子的质量相同时，粒子的动能取决于粒子的速率。加热气体时，气体分子的平均动能就会增大。随着温度的升高，气体粒子的平均动能也不断增大，如**图10.12b**所示。冷却下来后，气体粒子的速率和平均动能都会下降。

■ **图10.12**　同一容器中的气体粒子，有的移动很快，有的移动较慢，但是大部分粒子的运动速率与平均速率相近。

描述　如何根据气体粒子速率分布图寻找更高温度下的相同气体？

a　气体粒子速率分布图

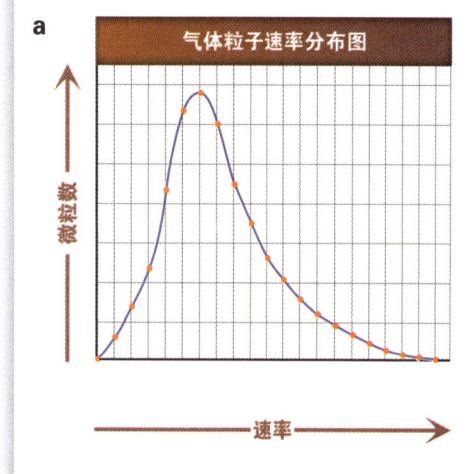

图上的峰代表了粒子最常见的速率。温度越高，粒子的平均速率也越大。

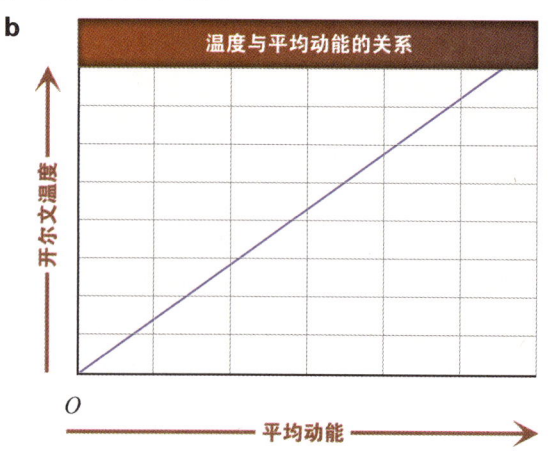

b　温度与平均动能的关系

图中的直线表明，气体的温度与气体粒子的平均动能成正比。

346

开尔文温标　动力学理论告诉我们，微观粒子一直都处在运动当中。从**图 10.12** 上可以看出，随着气体温度上升，气体粒子的平均动能也相应增加。反之，当气体温度下降时，粒子的平均动能也随之下降。也就是说，当物质冷却时，组成物质的粒子会逐渐失去其拥有的动能。

图 10.12b 表明了当温度到达零点时，微粒的动能也变为零，这个温度叫作**绝对零度（absolute zero）**。在这个温度下，粒子彻底停止了运动，它们的速率及动能都为零。物质的温度可以接近零度，但却永远达不到绝对零度。

图 10.12 中的温标是**开尔文温标（Kelvin scale）**。这个刻度是根据温度与平均动能成正比来确定的，所以开尔文温标上的零度与粒子的平均动能为零相对应。**图** 10.13 展示了开尔文温标与摄氏温标以及华氏温标之间的关系。摄氏温标在世界范围内得到广泛的应用，华氏温标在美、英等国仍有使用。

如果将**图** 10.12 中的开尔文温标换算成摄氏温标或者华氏温标，尽管得到的图形依旧是直线，但不再通过原点。摄氏温标或华氏温标上的零度与动能为零并不对应，只有开尔文温标上的读数才与动能成正相关。开尔文温标的使用可以使气体问题的计算更为简便。

华氏温标和摄氏温标的最小刻度称为"度"，而开尔文温标的最小刻度则称为**"开"（Kelvin，K）**。开尔文是 SI 制中温度的基本单位。注意，用开尔文表示的温度中不用度的符号，例如，绝对零度就写成 0 K（不能写成 0 °K）。在摄氏温标中，绝对零度是 −273.15 °C，通常简写成 −273 °C。摄氏温标的最小刻度与开尔文温标相同，因此，只需将摄氏温标数值加上 273，就可得到开尔文温标的对应数值。由于开尔文温标测量的都是绝对零度以上的温度，数值都是正值，所以开尔文温标又称为绝对温标。

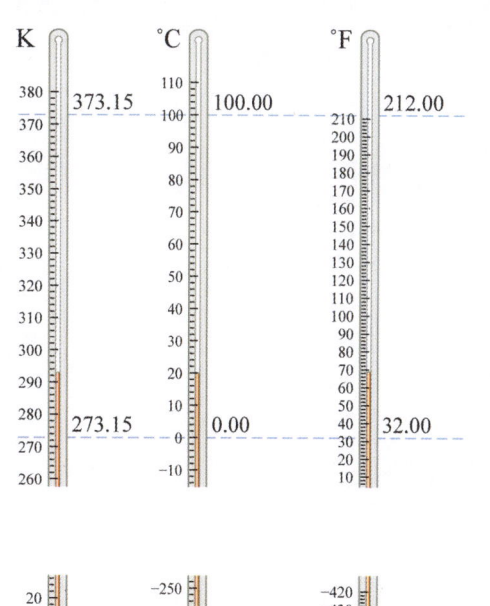

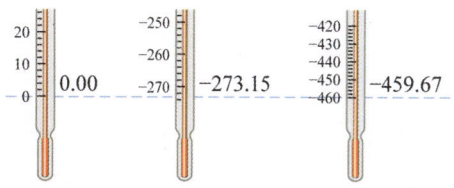

■ **图 10.13**　摄氏温标规定水结冰时的温度为 0 °C，水沸腾时的温度为 100 °C。在开尔文温标中，水在 273.15 K 时结冰，在 373.15 K 时沸腾。两者都相差 100，因此摄氏温标与开尔文温标的刻度大小是一样的。

换算　根据图 10.13 将 50 °C 换算为开尔文温标。

> **家庭 实验**
> 参见附录F，**估测温度**。

> **补充练习**
> 有关温度换算的额外练习，请见附录C。

■ **图10.14** 物体的动能大小取决于它自身的质量与速度。图中的两辆火车最终可能以相同的速率运动，但是它们的质量相差巨大，所以它们的动能也是不同的。质量大的火车具有更大的动能。

温度换算 因为摄氏温标与开尔文温标的刻度大小相同，并且开尔文温标的读数总比摄氏温标的读数大273，所以，任何摄氏温标的读数都可以容易地用开尔文温标来表示。我们只要在摄氏温标的读数上加273，就可得到开尔文温标的读数：

$$T_K = (T_C + 273) \text{ K}$$

例如，某室内的温度为25 ℃，其对应的开尔文温标的读数就是：

$$T_K = (25 + 273) \text{K} = 298 \text{ K}$$

类似地，开尔文温标读数减去273，就成了摄氏温标读数：

$$T_C = (T_K - 273) \text{ ℃}$$

例如，人的正常体温为310 K，其对应的摄氏温标的读数就是：

$$T_C = (310 - 273) = 37 \text{ ℃}$$

从**图10.13**上可以发现，计算所得的37 ℃是正确的。

粒子的质量与速度

在保龄球撞击瓶子的一刹那，你可以看到运动物体所蕴藏的动能作用。因为动能与速度有关，你总是希望球滚动得更快，这样就可以击倒更多的瓶子。你肯定还有这样的生活体验，移动重的物体比移动轻的物体要难。换言之，移动重的物体需要我们付出更多的动能和功。**图10.14**表明移动物体（如火车）的动能取决于它的质量和速度。

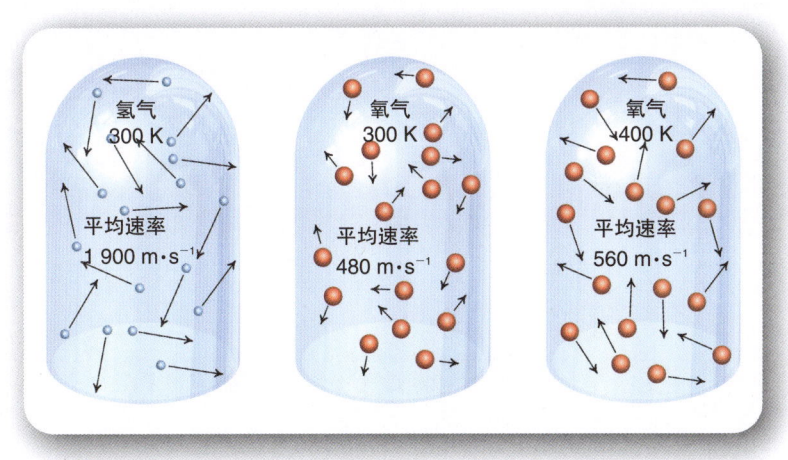

■ **图10.15** 左边容器中的氢气和中间容器中的氧气处在相同的温度下，它们具有相同的平均动能。因为氧气分子的质量是32 u，而氢气分子的质量为2 u，因而氢气分子具有较大的平均速度。中间和右边两个容器中的氧气处在不同的温度下。因为都是氧气，所以两个容器中的分子具有相同的质量。在温度较高的容器中，因为氧气分子的平均速度较大，所以它们的动能也较大。

和火车一样，气体粒子的动能也取决于气体粒子的质量和速率，如**图10.15**所示。我们知道温度能够衡量粒子的平均动能，所以上图中的氧气和氢气具有相同的平均动能。氧气粒子的质量是氢气粒子质量的16倍，由于上述例子中物质的平均动能是相同的，所以在300 K时，氢气分子运动的速率比氧气分子快。

扩散 气体分子的运动使得它们均匀分布在容器当中。**扩散（diffusion）** 就是物质分子由于无规则运动而充满整个空间的过程，如**图10.16**所示。你是否见过食品着色剂（或墨水）在液体中不断散开的现象？事实上，这就是扩散。随着气流和气体分子的扩散，我们可以用鼻子嗅出空气中的一些气味分子。在空气中，扩散是个缓慢的过程；但在肺里，氧气进入血液的扩散速度非常快。吸入的空气进入肺泡，其中的氧气会快速地穿过毛细血管的管壁，进入血液中。气体的扩散速度取决于它的动能大小，即分子的质量及速度。

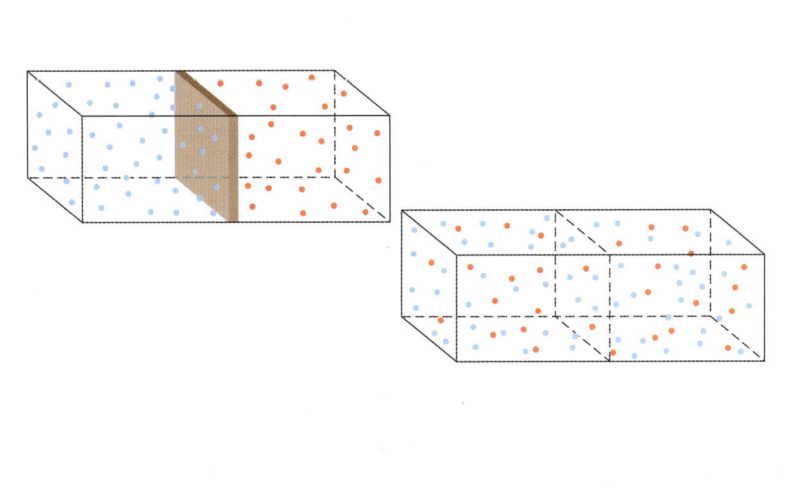

■ **图10.16** 不同的气体分子分别充满了容器的左边和右边。撤去容器中间的隔板后，气体互相流动。对于每一种气体，流动的结果是从左边容器流向右边容器的分子数与反方向流动的分子数相等。最终，两种气体分子都均匀分布在容器中，两边的分子数也相等。容器中气体的流动不会停止，但是一直处于平衡状态，分子数目不会发生变化。

解释 气体的何种性质导致了扩散？

349

■ **图 10.17** 在水杯和水洼中有同样体积的水,并且处于相同的温度下。但因为水洼的表面积更大,所以有更多的水分子"逃逸"出来。

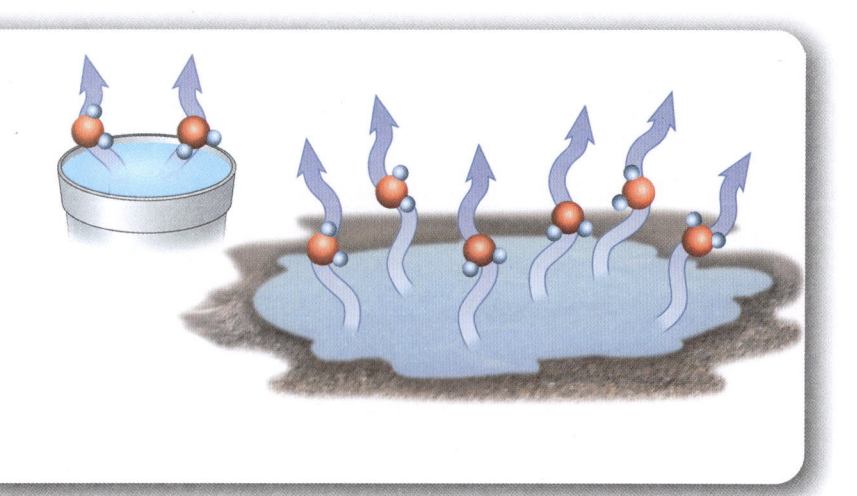

■ **图 10.18** 溶液中的一些微粒有足够的动能克服相互作用力,从而脱离液面成为气体。

解释 加热液体时,有多少微粒可以蒸发?

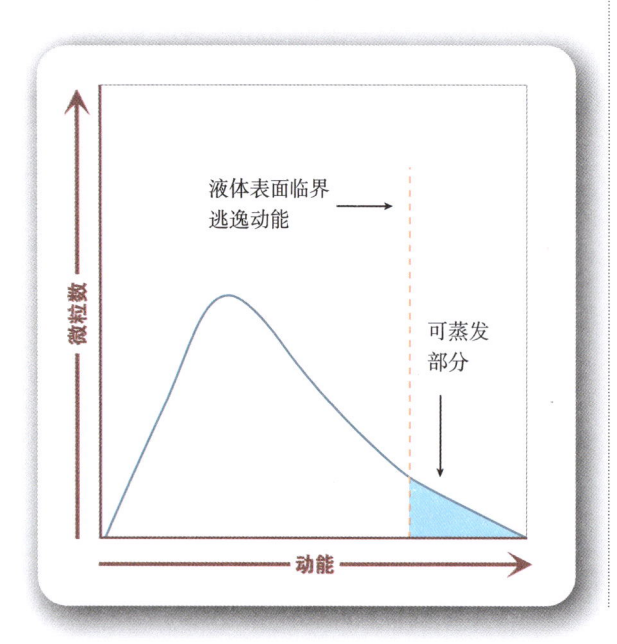

状态的改变

你很熟悉水的各种状态——水蒸气、液态水、冰块。周围环境对物质状态的改变会有影响吗?从冰箱中取出的棒冰,很快就会融化成水;烧菜做饭时,水蒸气会不断从锅中冒出。通过这些观察不难发现,温度在水的状态改变中扮演着重要角色。事实上,温度在所有物质的状态变化中都起着重要作用。

蒸发 在炎炎夏日的艰苦训练之后你可能感受过汗的蒸发。汗蒸发时,你的身体会感受到凉意。你也知道衣服在夏天比在冬天更容易晾干。**蒸发**(evaporation)就是指液体微粒脱离液面而成为气体微粒的过程。表面积、温度和蒸汽分压都会影响蒸发的速度,如**图 10.17** 所示。

我们将蒸发速度很快的液体,如香水和油漆,叫作挥发性物质。将香水喷洒在皮肤上,由于具有较大的蒸发表面积,因此香水更容易挥发。与气体中的粒子一样,液体中的这些粒子,它们的动能也有一个分布图。**图 10.18** 展示了液体蒸发的动力学模型。如图所示,微粒动能分布的范围很广,但只有处于分布图虚线右侧的微粒具有足够的能量可以逃离液体。因为这些"逃逸"的微粒的动能比较大,这无疑使剩下的分子的平均动能减小了。因此,随着液体的蒸发,液体本身的温度降低了。

生活中的化学

冷冻干燥

冷冻干燥,是一个脱水过程,用来保存易变质材料或者使材料减重易于运输。你吃的一些食物可能是经冷冻干燥处理过的。这个过程大致是:先将食物冷冻,在低压和真空的环境下,食物中的冰就会升华;然后,升华产生的水蒸气可以通过泵或水蒸气移除器除去。

秘鲁和玻利维亚高原上的居民,自印加时代开始,就已经食用一种名为 chuño 的马铃薯,如图 10.19。chuño 其实是经海拔 4 000 m 以上的冰冷干燥空气干燥处理后获得的。

冷冻干燥的优点 经过冷冻干燥或热处理的材料只含有极少的水分,所以在使用前可以在室温下安全保存很多年。与需要加热的脱水过程相比,冷冻干燥对材料的破坏性比较小。而且,冷冻干燥既不会使被干燥物收缩,也不会改变它的味道或香味,甚至不会降低其维生素含量。冷冻干燥食物能够快速地水化并立即食用。

■ **图 10.20** 经冷冻干燥的太空食品。

冷冻干燥的食物,比如图 10.20 中经过冷冻干燥的太空食品,不仅减轻了质量,而且节约了不少空间。鸡肉、土豆沙拉等食物,可以通过冷冻干燥存放在密封罐中,为军队的机动作战提供了方便。

冷冻干燥技术的应用 药品和食品工业是使用冷冻干燥技术的两个主要行业。制药公司用冷冻干燥技术来延长疫苗或其他注射药品的保质期。食品工业用冷冻干燥技术保存许多类型的食物,比如军用食物、太空食品和露营食物。像肉类、鱼类、蔬菜、冰淇淋和咖啡都能被冷冻干燥。冷冻干燥技术还可以应用在其他方面,比如用于准备扫描电子显微镜(SEM)的生物学样本,储藏易吸潮的书本和文件,保存血液、花卉及标本。

■ **图 10.19** 经冰冷干燥空气处理后的 chuño。

进一步探索

1. **比较** 请将 chuño 的保存方法与冷冻干燥技术进行比较。
2. **应用** 举出一些冷冻食品的例子。

351

化学与技术

空气的分馏

无论在医院里还是在极地或太空上，纯氧都是维持生命的必需物质。钢铁及化工生产也需要大量氧气。空气中的主要成分氮气，也有着广泛的工业用途。气态氮可以用作变压器的隔离气体，或用来驱除电炉中的空气。这两种气体在化学工业上都是通过空气分馏而制得的。

分馏

分馏是一种根据组分间的沸点差异进行分离的方法。干燥空气中78%是氮气，21%是氧气，还有少量的二氧化碳、氢、氖、氖、氩、氪、氙以及臭氧（总共占1%）。将类似空气这样的混合气体分馏后，可得到其中的各个组分，如图10.21所示。

1. 通过过滤器除去空气中的煤烟和灰尘。
2. 水蒸气可通过降温变成液态水，用硅胶海绵除湿的方法除去。二氧化碳通过与石灰反应除去。
3. 压缩空气，将空气的压强提高100倍。压缩过程中，空气的温度会上升。
4. 在热交换器中，空气可将热量传递给周围较冷的液体。
5. 压缩过的冷空气通过管道进入一个直径稍大一些的容器（扩展阀）中。当空气经过这个容器时，它会膨胀并降温（这种降温作用最先是被焦耳和汤姆

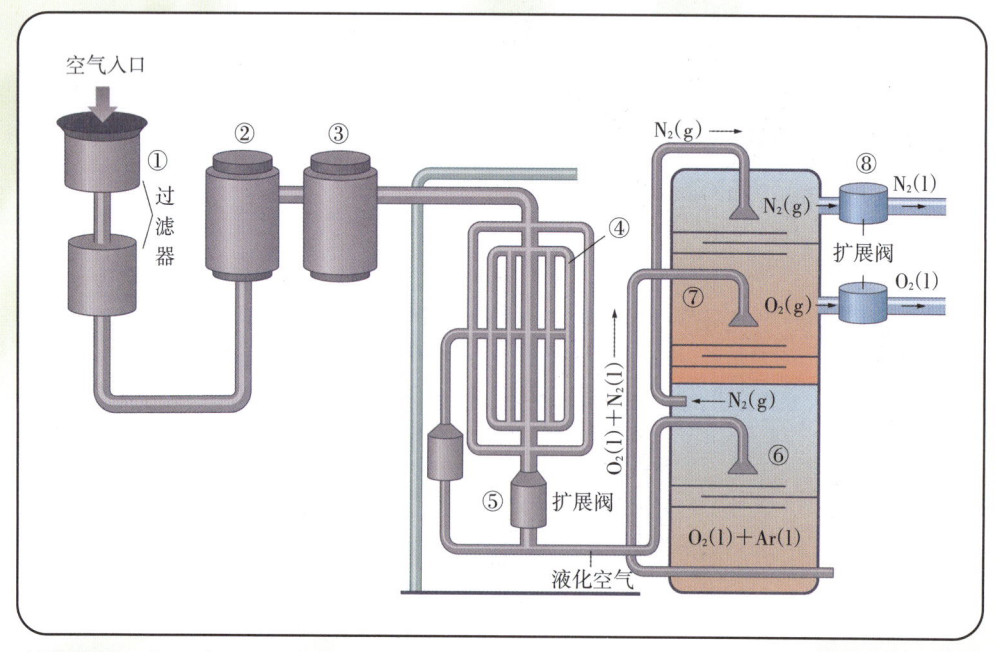

■ 图10.21 分馏过程。

生发现的,所以称之为焦耳—汤姆生效应)。由于温度落差非常大,以至于空气会迅速液化。

6. 液化气体通过一些加热装置后,温度逐渐升高到氮气的沸点(−198.5 ℃),使绝大部分氮气以及极少量的氧气蒸发出来。

7. 收集起来的液氧和剩余的液氮,进入温度稍高的腔室中再次分馏。在这里,蒸发出的氮气和氧气由于密度不同而得到分离。

8. 经过扩展阀之后,已分离的气体再次液化。将之罐装,就可得到液氮和液氧。

液氧和液氮常用特殊隔热半挂罐装车运输,如**图10.22**所示,环境温度要低于它们的沸点。氧气的沸点是 −189.9 ℃,氮气的沸点是 −195.79 ℃。因此,许多罐装车用双层真空壁隔热来保持低于 −150 ℃ 的低温。

■ **图10.22** 运输液氮的半挂罐装车。

技术探讨

1. **分析** 为什么在分离空气组分前必须经过液化?
2. **推断** 为什么液氮可以用来冷冻食品?

■ **图10.23** 当加热烧杯中的固态碘时,会形成略带紫色的气体——碘蒸气。碘蒸气上升到试管顶部,遇冷又重新变成固态碘。

碘蒸气

升华 某些固体物质可以不经熔化而直接变为气体。微粒从固体的表面直接逃逸而成为气体的过程称作**升华(sublimation)**。比如,干冰(固态二氧化碳)就可以不经过熔化而直接升华。冰也会升华,冰的分子能够离开表面而变为水蒸气。正是因为冰的升华,才使长期储存在冰箱中的食品表面变得又干又硬。

凝结 当水蒸气变成液态时,就形成了水珠。可以看出,凝结是蒸发的逆过程。在**凝结(condensation)**过程中,微粒间的距离变小,从而形成了液体,有时候也会形成固体。如**图10.23**所示,有时气体直接变为固体,这个过程是升华的逆过程,称为凝华。

蒸气压 雨水坑干涸是因为水分子离开液体表面,变成了水蒸气。然而,如果是在密闭容器中的液态水,只有少量的水蒸发。**图10.24** 比较了敞开容器中的蒸发与密闭容器中的蒸发。在密闭容器中,液体与气体建立了平衡。在平衡点,气体微粒进入液体中的速率与液体微粒进入气体中的速率相等。

■ **图10.24** 蒸发在敞开容器和密闭容器中都会发生。在敞开容器中,水分子蒸发离开容器,同时有一些水分子凝结,回到溶液中,总的来说是水分子进入了气相中。在密闭容器中,水蒸气转化成液体。最终建立一个平衡:进入气相中的水分子与进入液相中的气体分子相等。

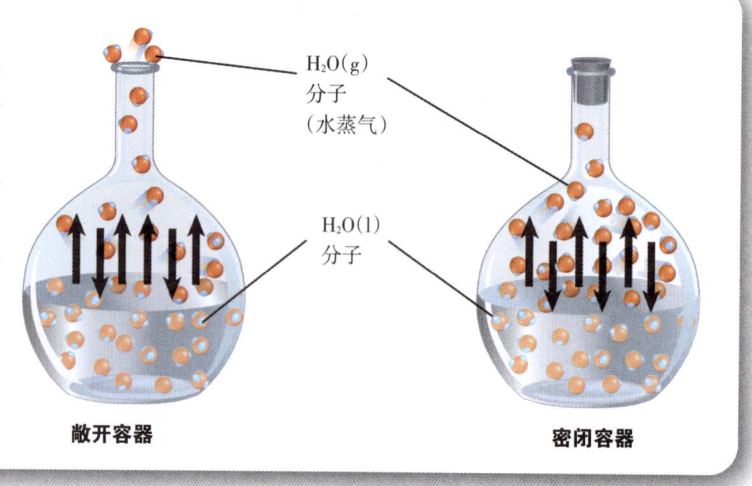

$H_2O(g)$ 分子(水蒸气)

$H_2O(l)$ 分子

敞开容器　　　密闭容器

354

迷你实验 2

汽化速率

通过观察液体的蒸发,你能推测出液体的哪些性质 在液体中,并不是所有的分子都以同样的速率在运动。例如,在一个敞开的容器中,液体表面速率最大的分子因具有足够的能量而蒸发。

实验步骤

1. 阅读并完成实验安全表格。
2. 在 250 mL 烧杯中放入一半的水,将其置于一块热的金属板上。插入温度计,加热到 60 ℃ 为止。用钳子将烧杯从金属板上取下,放在实验桌上。
3. 将 3 支细颈吸液管标记为 A、B、C。另取 3 支吸液管,分别截取其球部的一半,做成 3 个塑料帽。
4. 从老师那里领取分别装有染过颜色的水、酒精(C_2H_5OH)、己烷(C_6H_{14})的 3 只小烧杯。
5. 取出准备好的吸液管 A,从小烧杯中吸取染有颜色的水,吸入水的体积大约为吸液管容积的 $\frac{1}{3}$。然后将吸液管倒置(注意此时细管中依旧存有液体),并罩上塑料帽。
6. 用镊子夹紧吸液管的细管部位,将吸液管浸入热水中,观察细管中液体的变化。
7. 从将吸液管浸入热水中开始计时,到细管中的液体全部溢出为止。记录下需要的时间。
8. 取吸液管 B 和 C,重复步骤 4～7 的操作,观察并记录所需的时间。

分析与讨论

1. **联系** 比较三种液体从细管溢出的时间,试推断与它们的蒸发速率的关系。
2. **排序** 将三种液体的蒸发速率从高到低进行排列。
3. **推断** 考虑三种液体中分子的极性,粒子间的相互作用力是如何影响蒸发速率的?

平衡是如何建立的? 在密闭容器中,随着液体的蒸发,蒸气的总量和压力都会不断增大。到达平衡点时,蒸气的压力达到最大值,同时液体的体积不再变化。此时的压力称作该液体的**蒸气压(vapor pressure)**。一种物质的蒸气压的数值,表明了该物质蒸发的难易程度。当压力达到这个数值时,粒子的蒸发速率和凝结速率相等。

易挥发液体与蒸气压 易挥发的酒精有着较高的蒸气压。因为酒精分子的极性没有水分子那么强,酒精中粒子间的相互吸引力比水弱,从而更容易蒸发,并且在密闭汽缸里的蒸气压会更大。相同温度下,像水这样不易挥发的液体,它们的蒸气压就比较小。因为水分子极性较强,分子间的相互作用力较强,它们更倾向于保持液体状态。

在密闭容器中,液体不断蒸发,蒸气压也随之不断增大,直到蒸发速率与凝结速率相等。在敞口容器中,液体就难以达成这样的平衡,因为产生的蒸气会不断地扩散出去。但可以肯定的是,在同一开放环境中,具有高蒸气压的液体将比具有低蒸气压的液体蒸发得快。

■ **图10.25** 当你加热烧杯中的水时，水分子获得动能。蒸气压增加（如黑色箭头所示），但是一开始小于大气压（如红色箭头所示）。然而，当水的温度到达沸点时，蒸气压与大气压相等。在海平面，水的沸点是100 ℃。

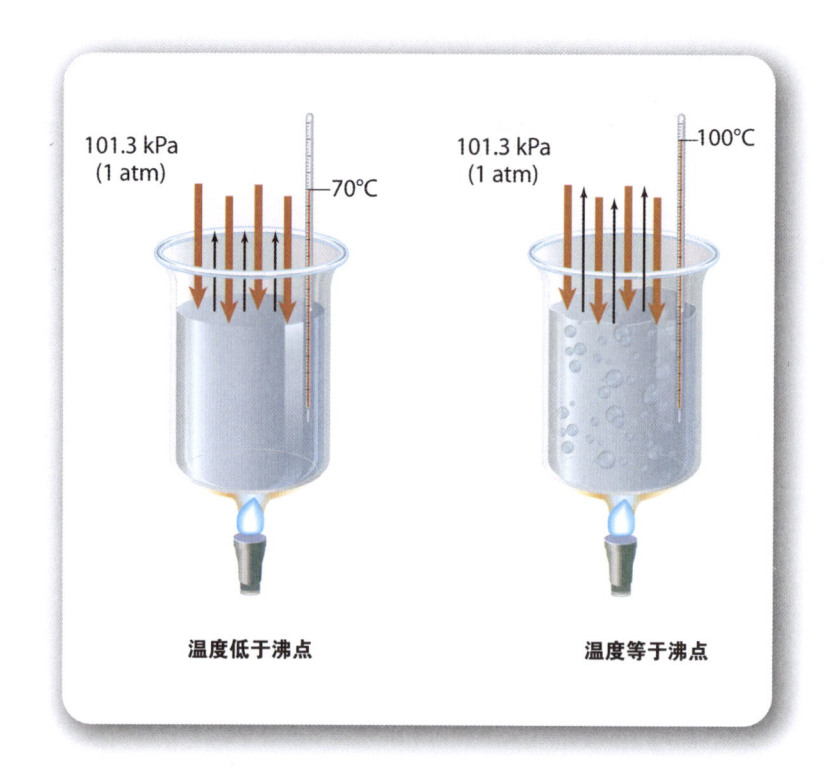

温度、蒸气压和沸点 温度与蒸气压之间具有密切联系，温度越高，蒸发速率也越大。当液体的温度足够高时，不仅液体表面的分子会不断逸出，液面以下也会有气泡生成。

你可能对液面以下产生气泡的现象很熟悉——每次你烧开水时都会有这种现象。**沸点（boiling point）**是指蒸气压与液体表面的气压相同时的温度，如**图**10.25所示。对于在敞开容器中的液体，液体表面的气压就是指大气压。大气压是指地球上单位面积所承受的气体压力。一般所说的沸点，是指在开放环境中，标准大气压力下液体沸腾时的温度。例如，异丙醇的沸点是82.3 ℃（355.5 K），氨的沸点是－33.35 ℃（239.80 K）。氨的蒸气压很高，所以在室温下很容易沸腾。

升高和降低沸点 当液体表面的气压高于标准大气压时，液体沸腾时的蒸气压也必定比一般值高。为了达到更高的蒸气压，液体的沸点便相应升高。这就是本章"工作原理"中所讨论的高压锅的情况。相反地，当液体表面的气压低于标准大气压时，液体沸点就会降低。从中不难得出这样的结论：液体的沸点与液体上方的压强同增同减。

工作原理

高压锅

高压锅真可谓是铜墙铁壁,整个设计就是为了将水蒸气"囚禁"起来。因为高度密封,锅内便形成了高气压,从而提高了水的沸点。正因为水和蒸气的温度很高,食物很快可以煮熟。高压锅不仅节约了烹饪时间,还为人们提供了风味独特的可口食物。

一只普通高压锅,工作时内部温度可达到130 ℃,煮熟一只鸡只需12分钟,这远比传统煮法需花费1小时要省时得多,但并不比油炸来得快。由于油的沸点较高,这表明它所需要消耗的能量也更多。

❶ 高压锅坚实的结构可以保证做饭的安全性。

❷ 紧扣的盖子,使得高压锅的气密性良好,保证了安全。

❺ 将食物放在水面上的食物架上。在蒸气不断填充高压锅的过程中,蒸气压不断上升,水的沸点也随之升高。由于水和水蒸气的温度都升高了,高压锅中的食物要比敞口锅中的熟得更快。

■ 图10.26 高压锅。

❸ 摇杆很轻,搁放在高压锅盖顶部的一个小阀门上。它可以让锅内多余的水蒸气以安全的方式排放出来。当摇杆有规律地转动时,表示加热适中。

❹ 有些高压锅还配有压力表,用于监测内部的压力,人们可以通过调整火焰大小来调节锅内的压力。

> **批判性 思考**
>
> 1. **解释** 在高纬度地区,高压锅是如何抵消低气压对水的沸点的影响的?
> 2. **描述** 摇杆如何调节锅内的压力?

357

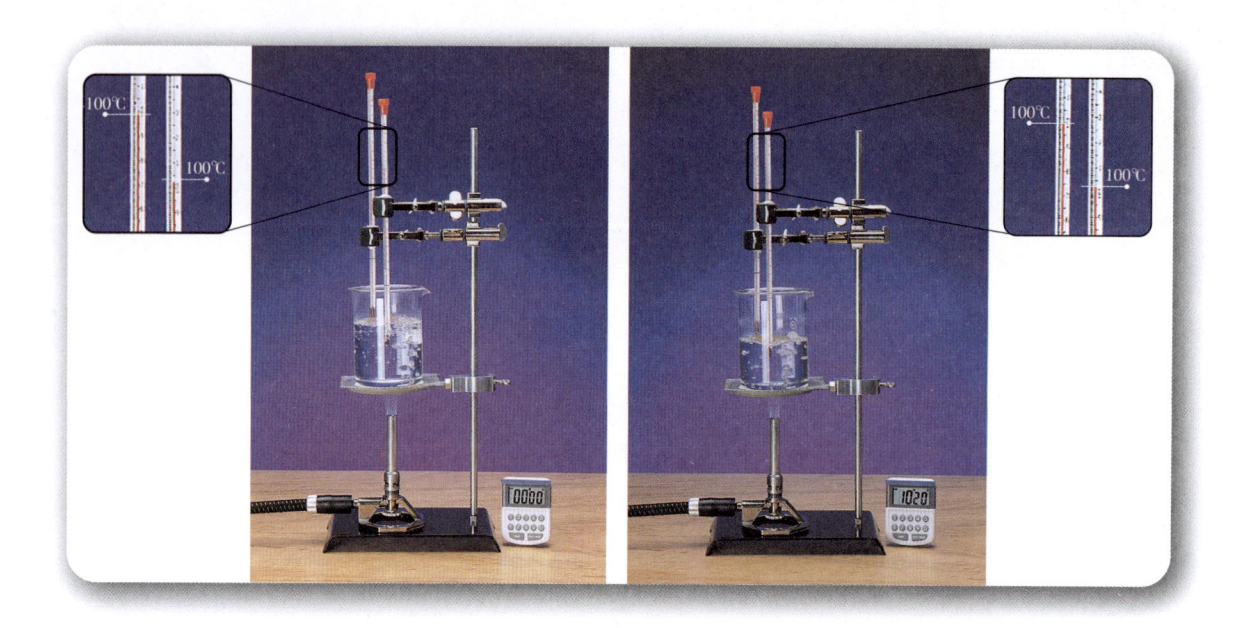

■ **图**10.27　左图的钟表零点表明是从水开始沸腾时计时的。在水沸腾了10分钟后（右图），温度计上的读数丝毫没有变化。

比较　比较水蒸气分子的动能与液态水分子的动能。

汽化热

将一烧杯水放在酒精喷灯上加热可以煮沸，但你可能会对**图**10.27所示的水和蒸汽的温度感到惊讶。在沸点时，水的温度与水蒸气的温度相同，只要还有水存在，这就会成立。

能量增加但体系的温度没有升高，这看起来很奇怪。当中究竟发生了什么呢？杯中沸腾的水泡一直没停过，这会是一条重要线索吗？

上升的气泡比液体水的密度小，因为气泡中水分子之间的距离比液体中的更大。在将液体微粒分离开来形成蒸汽的过程中，需要克服液体内水分子间的作用力。克服这些力的能量，正是来源于火焰的热量。换句话说，火焰提供的能量被用于克服液体水分子之间的相互作用，使水沸腾。

想象一下，从地面提起一袋苹果到1 m高的桌面上，苹果有5个，约重1 kg。苹果离开地面的过程要克服重力，需要消耗能量。将苹果提至1 m高大约需要10 **焦耳（Joule, J）** 的能量。类似地，让1 kg液态水中的水分子摆脱分子间作用力而成为气体分子所需的能量为 2.26×10^6 J，如**图**10.28所示。不管是水沸腾还是汽化，这些能量都是要被消耗的。

358

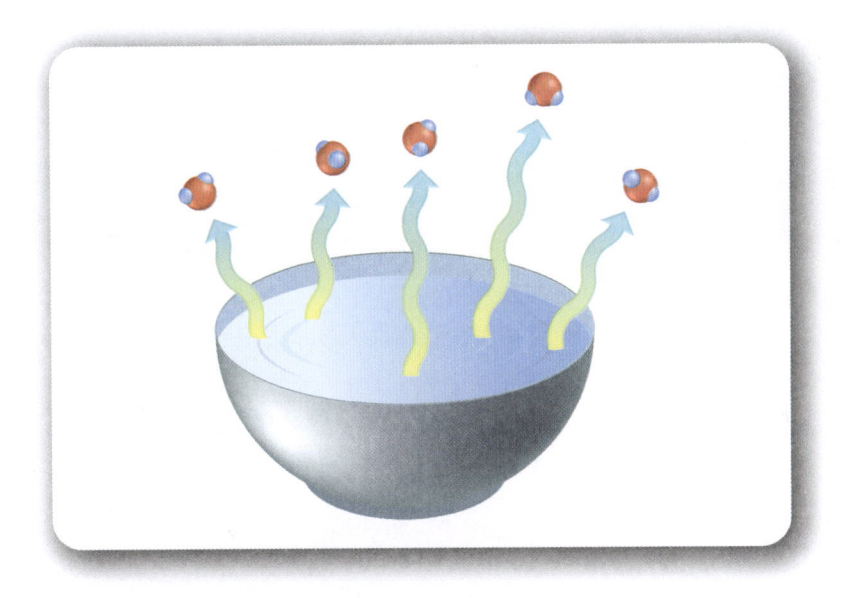

■ **图10.28** 1 kg液态水中的水分子完全克服粒子间的作用力，大约需要$2.26×10^6$ J的能量。不论是水沸腾还是汽化，这个数值都是一样的。

与苹果类似，将1 kg水提到1 m高的桌面上也需要10 J的能量。使用$2.26×10^6$ J的能量你能将多少水提到1 m高？1 kg纯水的体积是1 L。由于1 kg的物质提高1 m需要10 J能量，所以$2.26×10^5$ kg水——也就是$2.26×10^5$ L水能够被提高1 m。**图10.29**比较了1 L水与$2.26×10^5$ L水。

能量与汽化热　在正常沸点下，1 kg液体汽化所需要的能量称作**汽化热(heat of vaporization)**。水的汽化热是每千克$2.26×10^6$焦耳，书写成$2.26×10^6$ J·kg^{-1}。这个数值大约是1 kg水温度每升高1 ℃所需能量(4 200 J)的500倍。

因为能量守恒，蒸气变成液体的过程中，必然会释放能量。在转化过程中，粒子间的距离变近。例如，1 kg水蒸气在正常沸点时，也就是100 ℃时液化，它所释放出的能量与它汽化所吸收的能量相等，都是$2.26×10^6$ J。你可能知道，水蒸气烫伤一般都比热水烫伤更为严重，因为水蒸气在液化过程中会释放出大量热量。

■ **图10.29**　左图是1 L水，1 L纯水的质量是1 kg，将1 kg水转化成水蒸气，需要$2.26×10^6$ J的能量。同样的能量，你能够将右图$2.26×10^5$ L水提高1 m。

359

化学实验

分子与能量

背景

运动员跑步加速时,腿部肌肉会消耗从食物中摄取的能量。

问题

物质获得或失去能量,会如何影响其内部分子的平均动能?

目标

- **观察**物质在加热或冷却过程中温度和状态的变化情况。
- **绘制**图表分析温度的变化。
- **分析**物质的分子平均动能与温度的关系。

实验准备

实验器材

- 计时器
- 400 mL烧杯(2只)
- 烧杯钳
- 铁夹和铁圈
- 20mm×150mm规格的试管
- 加热板
- 温度计(2支)
- 试管架
- 硬脂酸

安全警示

注意:取放热烧杯时须用烧杯钳,取放热试管时须用试管夹。

实验步骤

1. 阅读并完成实验安全表格。
2. 参照下页表格绘制两张数据表。
3. 取1只400 mL的烧杯,加入300 mL的自来水,随后将烧杯放在加热板上。
4. 将温度计插入烧杯中,加热至90 ℃。运用加热板的温度控制装置或加冷水的方法,将温度维持在90 ℃。
5. 在1支试管中加入一半容积的硬脂酸。小心地将第2支温度计的水银球插入其中。当温度计的读数不再发生变化时,在加热数据表的第一行中记录下这个读数。
6. 用铁夹夹好试管,并将试管浸入烧杯的热水中,如下图所示。每隔30秒,记录下硬脂酸的温度及状态,直到硬脂酸完全熔化,温度大约是80 ℃。

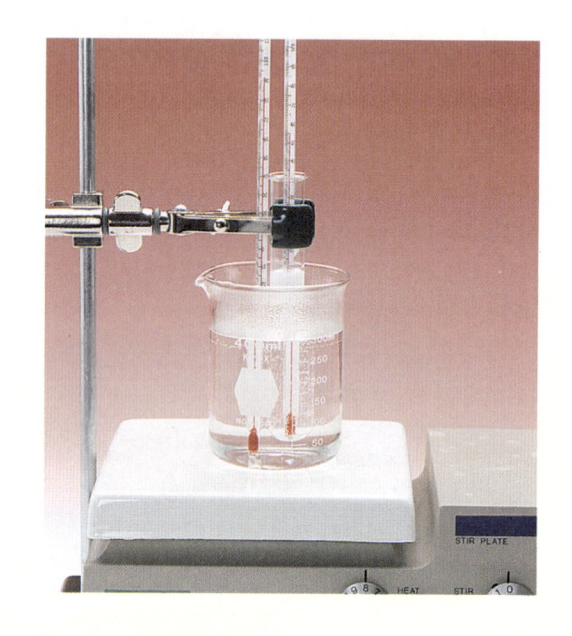

7. 将300 mL冷水倒入第2只400 mL的烧杯中。
8. 将试管中的物质从第1只烧杯中移出,浸入第2只烧杯的冷水中。读取温度。每隔30秒记录一次硬脂酸的温度和状态,直到它完全凝固为止。

实验数据与现象观察

实验数据表1

时间(s)	温度(℃)	物理状态
0		
30		
60		

实验数据表2

时间(s)	温度(℃)	物理状态
0		
30		
60		

分析与讨论

1. **绘制图表** 以温度读数为纵坐标,时间为横坐标,将加热数据表中的数据转化为直角坐标系中的点,再将各点以直线或平滑的曲线连起来。在图上标出固体、固体与液体并存、液体的部分。用同样的方法绘制出冷却数据表的图象。

2. **分析数据** 在每个图象中斜率改变的地方做上标记,将每条曲线分为三部分,第一个图象的三部分分别标为A、B、C,第二个图象的三个部分分别记为D、E、F。

3. **得出结论** 根据你的数据,硬脂酸的熔点大概是多少?

4. **联系概念** 描述在每一段曲线所对应的时间段上,硬脂酸分子的动能变化情况。

应用与评估

1. **描述** 试描述在加热和冷却的图象中,每一段曲线所对应的时间段上,硬脂酸分子运动的变化情况。

2. **误差分析** 分析实验操作中可能的误差来源。如何减小这些误差来源的影响?

进一步探究

假设实验中硬脂酸的量加倍,图象将会作何变化?做出草图。

> **拓展阅读**
>
> 能量的定义是"做功的能力"。能量的单位——焦耳、千瓦时和度，也是功的单位。

熔化热

与在沸腾和凝结过程一样，物质的内能在熔化和凝固过程中也不会发生变化。如果给固体提供足够的热量，它的晶格会瓦解，变成液体。**熔点（melting point）** 是固体晶格瓦解时的温度。如果在固体达到熔点后继续获得能量，额外的能量将被用于克服分子间作用力直到晶格完全破坏，固体完全变为液体。

液体物质冷却的过程中，随着温度下降，液体逐渐转变为固体。液体开始形成晶格并转化成固体时的温度就是该物质的**凝固点（freezing point）**。如果热量继续散失，温度保持不变直到液体完全变成固体，此后温度会继续下降。

1 kg 物质在凝固点凝固时所放出的热量叫作**熔化热（heat of fusion）**。如水的熔化热是 3.34×10^5 J·kg^{-1}。熔化热的大小等于 1 kg 物质加热到熔化时所吸收的能量。

升温曲线 物质加热时温度的变化如**图 10.30**所示，这种图象称为升温曲线。如在水的升温曲线中，上升的折线表明了冰在达到熔点前的温度变化，然后是水被加热到沸点前的温度变化，最后是水蒸气的温度上升。平台期表明了继续吸收能量但温度保持不变，这发生在熔化和沸腾过程中。这幅图的总体代表了大多数物质从固体变为液体，最后变为气体过程中温度的变化特征。

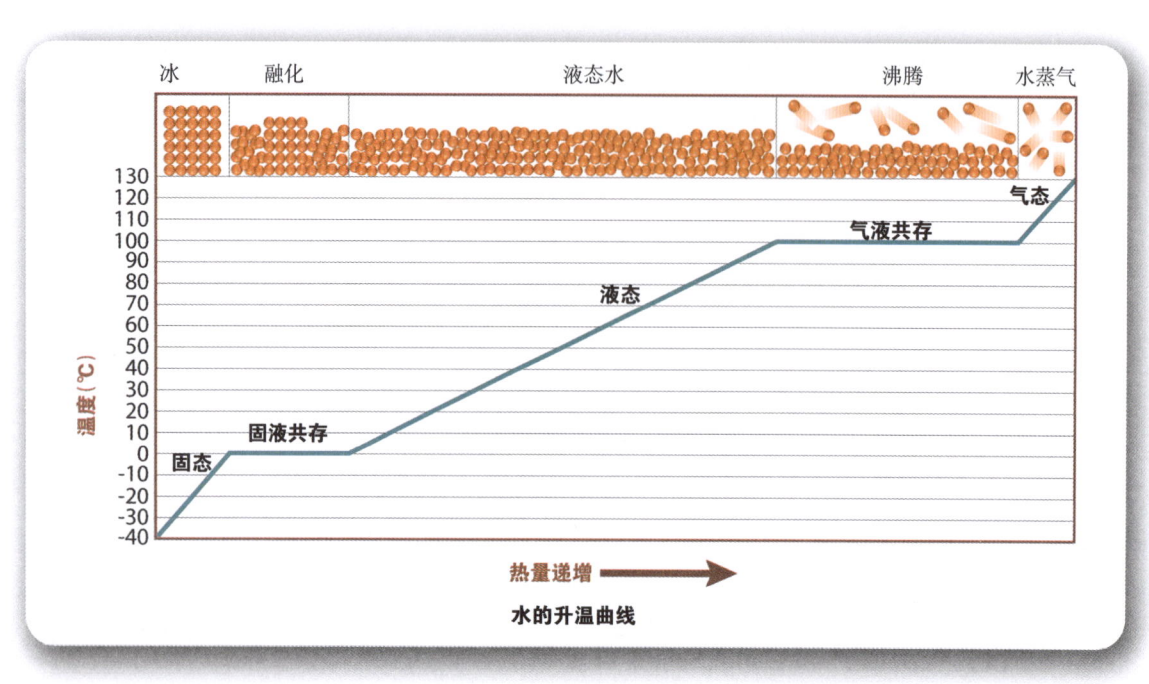

■ **图 10.30** 0.100 kg 的冰在 −40 ℃开始加热，直到成为 130 ℃的水蒸气。上升的折线表明了冰、水或水蒸气的温度是不断上升的。但在水的状态变化过程中，图中的线条是平坦的。在这些点，增加的能量用来克服分子间的相互作用，温度保持不变。等到状态转变完成，温度会再次上升。

推断 在图中哪部分代表水沸腾的状态？

水的升温曲线

水的降温曲线

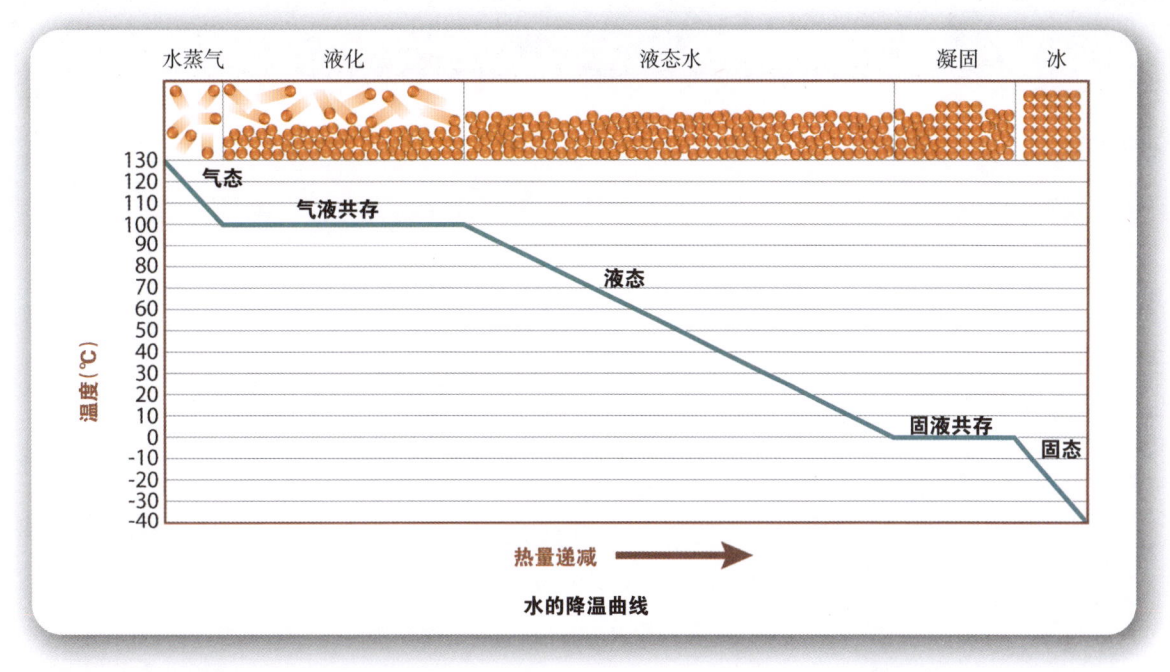

降温曲线 如图 10.31 所示是物质的降温曲线。降温曲线与升温曲线相反:下降的折线代表随着热量减少,温度下降;平台期代表能量继续减少,但温度不变。比较图 10.30 和图 10.31 可以发现,两条曲线在 0 ℃都有平台期:当压强不变时,物质的熔点和凝固点是相同的。

精彩预告

通过学习物质的动能理论,你已能解释固体、液体和气体的一些性质,并能从微粒间的作用力和能量角度来分析物质状态的变化。事实上,动能理论也定量地与气体的压强、体积和温度相关。

■ 图 10.31　130 ℃下 0.100 kg 的水蒸气,随着温度的降低,先液化,后结晶为固体,最后降温至 −40 ℃。随着水蒸气逐渐冷却,曲线逐渐下降。蒸汽冷凝时,曲线变平;冷凝结束时,曲线下落;液态水结冰时,曲线又变平;冷冻过后,曲线又下落。

推断　充满冷冻食物的冷冻柜在图中处于哪个位置?

第2节　本节回顾

要点梳理

- 改变物质的温度意味着改变物质粒子的平均动能。
- 开尔文温度直接与物质粒子的平均动能相关。
- 当物质达到沸点时,敞口容器中液体的蒸气压与外界大气压相等。
- 物质达到熔点或沸点并改变状态时,温度保持不变。

7. **主要概念 解释**　从总能量变化的角度进行分析:同在 0 ℃的环境下,1 kg 冰融化成水与 1 kg 水凝固成冰有何不同?

8. **排序**　将下列温度按照从低到高进行排序:32.0 ℉,32.0 ℃,32.0 K,102.1 ℃,102.1 K。

9. **推断**　为什么将空气抽出后,烧瓶中的水竟然在室温下就能沸腾?

10. **分析**　为什么大多数元素的单质在室温下以固体形态存在?

11. **解释**　为什么在油漆和除臭剂等气溶胶喷雾中,挥发性液体常用作推进剂?

363

第 10 章 学习指南

大概念 物质的动力学理论能够解释固体、液体和气体的性质。

第1节 物质的物理学行为

主要概念 物质常见的三种状态是固态、液态和气态。

关键术语
固体
液体
气体
布朗运动
动力学理论
理想气体
压强
晶格
无定形固体
液晶
等离子体

要点梳理
- 物质常见的三种状态是固态、液态和气态。
- 物质的动力学理论认为,组成物质的粒子一直处在运动中。
- 在特定的温度和压强下,微粒间的相互作用决定了物质的状态是固态、液态还是气态。
- 等离子体是物质的第四种状态,是宇宙中最常见的物质状态,但在地球上并不常见。

第2节 能量与物质状态的变化

主要概念 能量升高或降低时,物质状态会发生变化。

关键术语
温度　　蒸气压
绝对零度　沸点
开尔文温标　焦耳(J)
开(K)　　汽化热
扩散　　熔点
蒸发　　凝固点
升华　　熔化热
凝结

要点梳理
- 改变物质的温度意味着改变物质粒子的平均动能。
- 开尔文温度直接与物质粒子的平均动能相关。
- 当物质达到沸点时,敞口容器中液体的蒸气压与外界大气压相等。
- 物质达到熔点或沸点并改变状态时,温度保持不变。

364

第 10 章 测 评

要点理解

12. 比较蒸发与沸腾这两个概念。
13. 无定形固体与固体有什么不同？
14. 为什么大多数的分子型固体比离子型固体的熔点要低？
15. 描述温度升高对蒸气压的影响。
16. 为什么液体不像气体那样容易被压缩？
17. 气体是如何施加压力的？
18. 实际气体与理想气体有什么不同？

应用概念

19. 在 100 ℃ 条件下，5.00 g 液态水完全蒸发需要吸收多少能量？
20. 解释为什么当车在山上行驶时，尽管外界空气比较冷，车的水箱里的水仍会发生沸溢的情况。

生活中的化学

21. 为什么在冷冻干燥食物时，需要将其放置在低压室中？

艺术链接

22. 玻璃吹制过程中，运用了气体的哪些物理性质？

化学与技术

23. 分馏方法可以用于分离化合物吗？请解释原因。

批判性思考

解释数据

24. 下面列出五种液体沸点的摄氏温度或开尔文温度。计算出**表 10.1** 中空白的数据，并按沸点从低到高的顺序排列这五种液体。

表 10.1	沸点	
液体	开尔文温度	摄氏温度
丙酮(C_3H_6O)	329 K	
庚烷(C_7H_{16})		98 ℃
硝基甲烷(CH_3NO_2)	374 K	
苯(C_6H_6)		80 ℃
三氧化硫(SO_3)	318 K	

对比与比对

25. 25 ℃ 时，试比较 Cl_2 与 N_2 分子的平均动能及运动速率。

预测

26. 预测在比海平面低 400 m 的死海岸边，水的沸点是低于还是高于 100 ℃，并解释。

推断

27. 你认为蒸发皿的形状应当是怎样的？试说明理由。

对比与比对

28. 为什么 HCl 的沸点比 H_2 的高？

推断

29. 解释为什么无定形固体的熔点是一个范围而不是固定的。

比较

30. 下列哪种气体粒子的平均速率最高？哪一种的平均速率最低？可以运用以下事实：NF_3 的相对分子质量最大，CH_4 的相对分子质量最小。

a) 90 ℃ 下的一氧化碳（CO）
b) 30 ℃ 下的三氟化氮（NF_3）
c) 90 ℃ 下的甲烷（CH_4）
d) 30 ℃ 下的一氧化碳（CO）

第 10 章 测评

运用图表

31. 查阅**表 10.2**，回答下面问题：
   a）50 ℃下哪些物质是气体？250 ℃呢？
   b）50 ℃下哪些物质是液体？250 ℃呢？
   c）50 ℃下哪些物质是固体？250 ℃呢？
   d）哪种物质的液体状态所对应的温度范围最窄？
   e）在回答问题 d 时，运用开尔文温度是否会简便一些？试说明理由。

表 10.2　凝固点和沸点

物质	凝固点（℃）	沸点（℃）
溴	−7	58
汞	−39	357
丙烷	−188	−42
氪	−71	−62
银	961	2195

分析图像

32. **化学实验**　图 10.32 是某物质在加热过程中的温度变化曲线，你能根据曲线说明这种物质发生的变化吗？

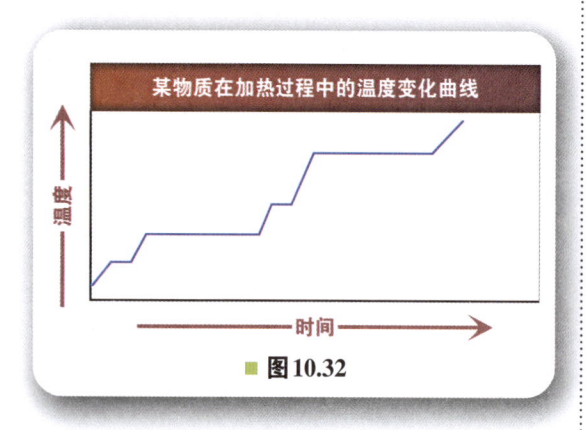

■ 图 10.32　某物质在加热过程中的温度变化曲线（横坐标：时间，纵坐标：温度）

预测

33. **迷你实验 1**　如果 NH_3 事先加热过，这将对实验结果有怎样的影响？

推断

34. **迷你实验 2**　相对分子质量对非极性共价化合物的蒸发速率有何影响？

日积月累

35. 什么是现代元素周期律？它与门捷列夫的周期律相比有什么不同？
36. 解释原子半径对碱土金属的化学性质有何影响。

技能训练

37. 乙醇在 79 ℃时沸腾，−114 ℃时熔化。现加热少量的乙醇，从 −130 ℃到 130 ℃。以横坐标表示时间，纵坐标表示温度，画出加热过程中乙醇的温度变化曲线。

科技写作　化学

38. 写一篇文章来比较氯化钠、金刚石、铜的晶体结构，并附以图示。
39. 查找关于液晶的资料，写一篇关于液晶共同的特征与性质的报告。

解决问题

40. 乙醇在 −114 ℃时熔化，请以开尔文温度表示乙醇的熔点。

标准化测试

金属元素的沸点与熔点				
金属元素	熔点(℃)	熔点(K)	沸点(℃)	沸点(K)
铀	1 130	?	3 930	?
金	?	1 337	?	3 081
铜	1 085	1 358	2 570	?
银	961	1 234	2 195	?
铅	?	600	?	2 013

运用上表回答第1~3题。

1. 铀的沸点是
   a) 857 K。   c) 1 130 K。
   b) 3 930 K。 d) 4 203 K。

2. 铅的熔点是
   a) 327 ℃。   c) 327 K。
   b) 873 ℃。   d) 873 K。

3. 哪种金属的熔点最高?
   a) 铅   c) 铜
   b) 金   d) 铀

4. 下列状态中哪种有固定体积却没有固定形状?
   a) 气态   c) 液态
   b) 固态   d) 等离子态

5. 下列选项中哪项不能起到加快反应速率的作用?
   a) 升温   c) 增加浓度
   b) 加催化剂 d) 降温

6. d轨道最多可容纳的电子数目是多少?
   a) 2   c) 6
   b) 10   d) 18

7. 下列关于碱土金属的说法,哪项是正确的?
   a) 碱土金属与碱金属的性质相同。
   b) 碱土金属是最活泼的金属。
   c) 碱土金属的密度和硬度都比碱金属大。
   d) 碱土金属易失去三个价电子形成带正电的金属离子。

8. 下列关于屏蔽效应的说法正确的是
   a) 同一族元素从下往上,屏蔽效应递增。
   b) 内部能级会阻碍核对价电子的吸引作用。
   c) 能级的增加能减弱其他离子对原子核的吸引。
   d) 屏蔽效应的存在,使得原子的电负性增加。

9. 下列关于钛原子的说法正确的是
   a) 能被分成更小的且能保持原有性质微粒。
   b) 不能被分成更小的且能保持原有性质的微粒。
   c) 大量该原子的聚集体不能保持原有的性质。
   d) 用目前的技术无法说明。

考点提示									
测试题号	1	2	3	4	5	6	7	8	9
对应章节	10.2	10.2	10.2	10.1	6.3	7.1	8.1	9.1	2.1

第 11 章　气体的行为

大 概念　气体的压强、温度、体积和分子数的变化而产生的变化是可预测的。

第1节　气　压
主要 概念　气压与气体的分子数和分子的运动有关。

第2节　气体定律
主要 概念　对于一定量的气体，压强、温度或者体积中任意一个变量的变化都会引起另外两个变量的变化。

你知道吗？

- 木星上的大红斑点是其湍急大气中产生的风暴。
- 太阳系中的四个行星——木星、土星、天王星和海王星的主要成分不是岩石或其他固体，而是气体。
- 这些行星的内部气温范围是 7 000 K 到 20 000 K。

课 前 活 动

起步实验

气体的体积和温度
温度变化如何影响气球中的空气?

实验器材
- 容积约20 L的桶
- 圆形气球
- 冰块
- 绳子

实验步骤
1. 阅读并完成实验安全表格。
2. 给气球充气后扎紧。
3. 在桶里装半桶冷水,再加一些冰块。
4. 用绳子量出气球的周长。
5. 搅拌桶里的水使水温均匀,把气球浸没在水中15分钟。
6. 把气球从水中取出,测量气球的周长。

实验分析

推断 当温度降低时,气球大小发生变化了吗?

探究 如果温度升高,你认为气球会发生怎样的变化?

折叠式学习卡 学习组织者

气体定律 按以下图示制作折叠式学习卡,帮助你整理有关气体定律的内容。

▶ **步骤1** 把两张纸合在一起,两张纸的上端相差2 cm。

▶ **步骤2** 沿纸的底边往上折,折出三个大小相当的标签纸。调整折痕的位置使每个标签处于合适的位置。

▶ **步骤3** 沿着折线用钉子钉住,从上到下标注"波义耳""查理"和"混合"。

波义耳
查理
混合

折叠式学习卡 在第2节中使用该折叠式学习卡。在你阅读的过程中,用你自己的话归纳气体定律。

369

第1节

核心问题
- 分子动力学理论是如何解释气体的质量、温度、气压和体积的改变对气体的影响的?
- 什么是大气压?
- 怎样通过因子标签法换算压力单位?

术语回顾
扩散: 物质微粒由于无规则运动而充满空间的过程。

关键术语
气压计
标准大气压
帕斯卡

气 压

主要 概念 气压与气体的分子数和分子的运动有关。

链接真实世界 你可能不敢相信,几只充气的袋子竟能将翻倒在地的拖拉机"扶"起来。但是,如果说有一辆卡车被18个充气的轮胎"托"着,就一点也不会感到奇怪了。空气可以支撑拖拉机和卡车,因为空气是一种混合气体,而气体是一种可产生压力的物质。

气压的定义

除非是足球明显瘪了,否则仅看外表是无法判断它是否需要充气的。你必须挤压它。如果它是软的,你就知道它需要充更多的空气。充满气的足球的弹性正是源于内部的空气。图11.1表明,随着空气的不断充入,足球内部的压力会不断地增大。

能用动力学理论来解释这种气压的变化吗? 动力学理论表明,所有物质的微观粒子——原子、离子和分子都一直在做不规则运动。空气中的分子处于不断的运动中,在撞击球壁时就会产生压力。这种压力与另外两种压力(橡胶球壁所施加的压力和大气压)实现了平衡。

■ **图11.1** 在足球(左)中充入更多的空气可以增加里面的空气分子数量,这样就有更多的分子撞击球壁,产生的压力也会随之增大(右)。而且,这种压力的增大,会"唤起"足球壁上的压力,结果这个球就会变得坚硬而又有弹性。

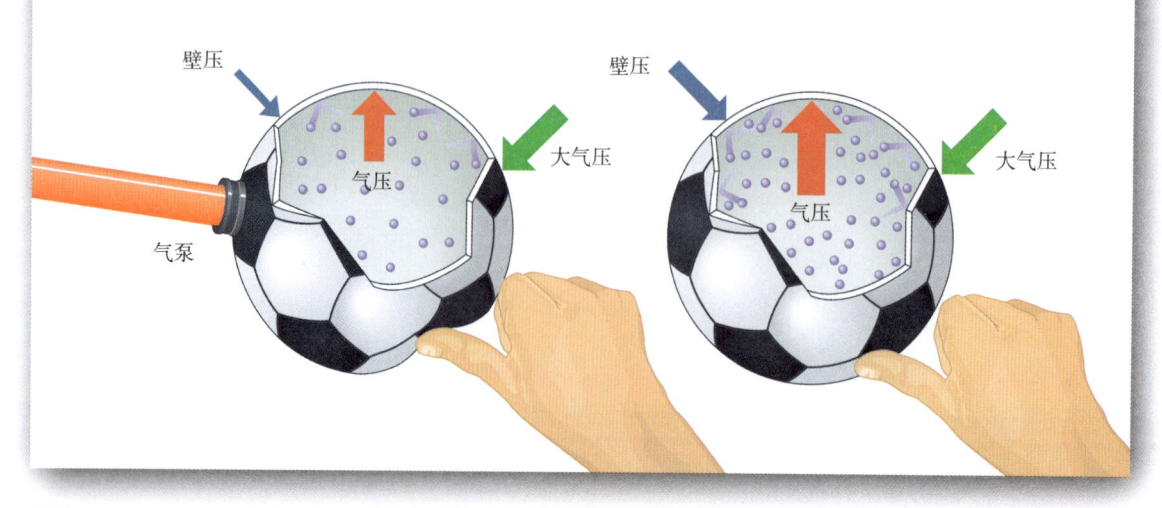

■ **图11.2** 内部气压不等的两只篮球。左边篮球的质量要大于右边的篮球。这是因为左边的篮球充满了气体,所以左边篮球的内部压强也大于右边的篮球。

解释 为什么气压随着质量的增大而增大?

气体微粒数与气压 回顾第10章,气体的压强是指单位面积上的压力,这种压力是由气体微粒作用在容器壁上产生的。正如你已经知道的,球中的气体微粒数越多,内部的质量就越大。在**图11.2**中,一个篮球没有充满气,另一个则充满了气,将它们放在一台天平的两端,会发现充满气的球有着较大的压力,也有着较大的质量。

通过类似的观察与测量,早在18世纪,科学家就发现气体的压力与它们的质量存在比例关系。根据动力学原理,构成物质的所有微粒都处于不断运动当中,压力是由气体微粒撞击容器壁产生的。气体微粒撞击容器壁越频繁,产生的压力就越大。所以气压与气体的微粒数有直接的比例关系。如果篮球中的气体微粒数加倍,气压也加倍。相反,如果球内的气体微粒数减半,气压也减半。

■ **图11.3** 活塞的位置和气体分子对每个面的压力有关。用气体分子和活塞表面的碰撞次数来描述活塞每一个面的压力。

将气体充入圆柱体中,活塞被向外推动(右图)。当圆柱体内的压强等于外界大气压时,活塞停止向外移动。

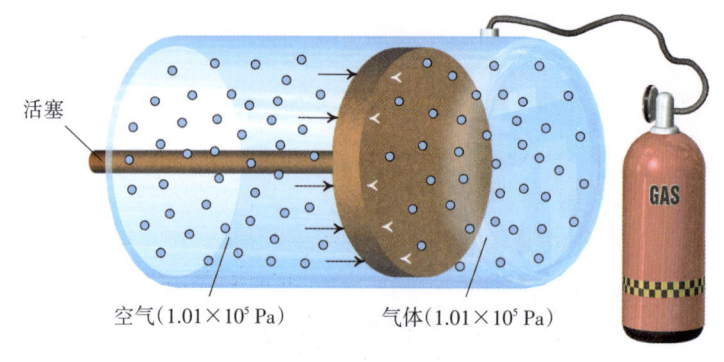

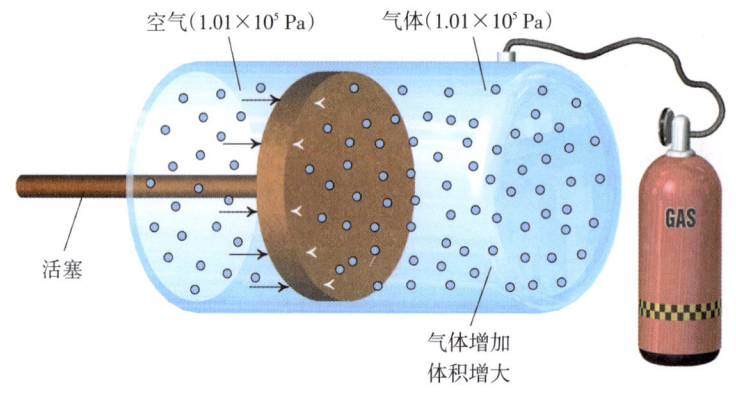

活塞

空气(1.01×10^5 Pa)　　气体(1.01×10^5 Pa)

空气(1.01×10^5 Pa)　气体(1.01×10^5 Pa)

活塞

气体增加
体积增大

大气中的分子不断撞击活塞外表面,给活塞施加了一个恒定的压强。这个压强等于容器中气体对活塞所产生的压强(左图)。

气体、压强和功　气压也可以用来做功。为了证明气体在恒温下可以做功,我们设计了如**图11.3**所示的活塞。圆柱体中的活塞具有类似于瓶盖的功能,可将空气密封,但它同时又像是一堵可移动的墙。在靠上的一幅图中,将气体充入圆柱体,气体会推动活塞移动,直到圆柱体内的压强与外界大气压达到平衡为止。

如果向圆柱体中充入更多气体,气体的微粒数就会增加,微粒撞击容器壁的次数也会增加。由于容器里的气体对活塞的压力大于外界对活塞的压力,活塞就会向外移动。这样,容器内气体的体积就会变大,单位面积上的撞击数减少,容器内的压强随之下降,直到与外界大气压相等,活塞就会在一个新的位置上停下来,即停在一个靠外面一点的位置上。需要注意的是,在活塞移动、气体膨胀的过程中,外界大气压始终未变。

温度和气压　温度是怎样影响气体的体积与压强的? 从第10章了解到,在高温条件下,气体微粒有着较大的动能。因为,在高温时,气体粒子运动较快,撞击容器壁的频率较高,力量也较大,所以压强上升。如果容器的容积和微粒的数量保持不变,气压与开尔文温度成正比。

如果像**图 11.3**的活塞一样，体积不是一个定值会如何？温度是怎样影响气体的体积与压强的？如果活塞室里的气体温度升高，气压将立刻上升；若气体可以膨胀，那么随着温度的上升，气体的压强保持与大气压一致，则气体的体积就会增大。因此在气压恒定不变时，气体的体积与开尔文温度成正比。

如果圆柱体是在一辆汽车的引擎内，另一头（如**图 11.3**所示）连接着曲轴，当圆柱体中的汽油和空气的混合物被点燃后，气体产物就产生了。圆柱体中的气体会因为燃烧产生的热升高了温度而膨胀。扩散气体的压力把活塞向外推，活塞的来回移动带动曲轴转动，把能量转移到车轮上，使汽车前进。

> **家庭实验**
> 参见附录F，**压缩罐**。

迷你实验 1

气体的质量与体积

你可以从干冰升华中推导出气体的其他性质吗 回顾第4章，二氧化碳的一个性质是它可以从固体（干冰）直接变成气体，也就是说，它可以升华。

实验步骤

1. 阅读并完成实验安全表格。
2. 将1个可以封口的塑料袋放在天平托盘上。戴上手套，用钳子夹20～30 g干冰放入袋中。
3. 称量并记录下塑料袋和内容物的总质量。迅速挤出袋中的空气，并将袋子封口。
4. 立刻将袋子放进1个更大、更干净的塑料袋中，这样你就可以观察到升华的过程。等到里面的袋子充满气体时，拉开外面袋子的拉链。立刻取出装有干冰的袋子，并挤出袋子中的气体，拉上拉链。
5. 称量并记录袋子及其内容物的质量。
6. 戴手套，用钳子将袋子里的干冰全部移走。
7. 测量小袋子的容积：将袋子装满水，随后将水倒入量筒里测量其体积。
8. 取用1个更小的可以用拉链封口的袋子和更少量的干冰，重复步骤2～7。

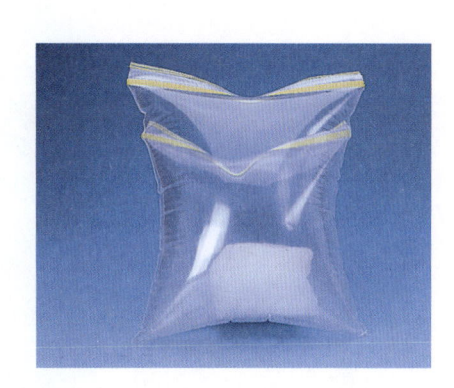

分析与讨论

1. **计算** 计算两次实验过程中升华的二氧化碳的质量。
2. **计算** 计算两次实验过程中升华的二氧化碳的质量比和体积比。
3. **比较** 体积比与质量比之间存在什么样的关系？
4. **推断** 请推断气体体积与质量之间的关系。

词源

Barometer
气压计
baros(希腊语)：重
metron(希腊语)：测量

■ **图11.4** 气压计由水银管和水银盘组成，水银管直立在水银盘上。水银可以在密封管中升起来，根据水银柱上升的高度可以判断外界大气作用在水银盘上的压力。这个作用力支撑住了柱中的水银，使其不会掉落下来。

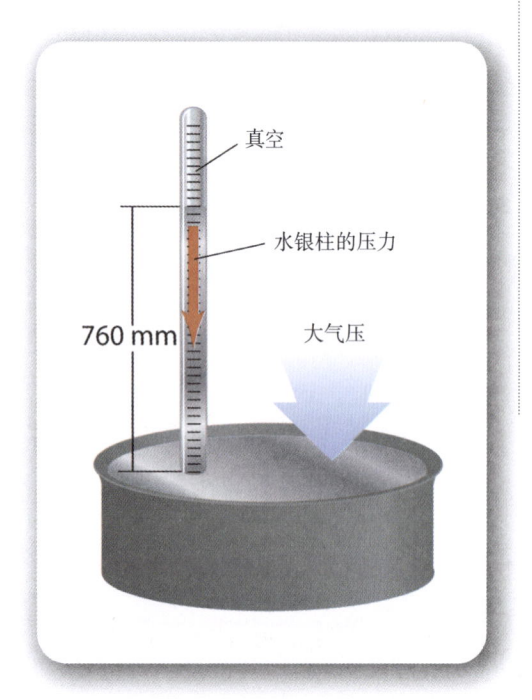

压强测量设备

你可以通过挤压篮球来判断球内的气压是不是足够大，但用这种方法无法得知球内压强的精确数值。为此，我们需要一种测量气压的仪器。

气压计 意大利科学家托里拆利是最早发明仪器测量气压的科学家之一。他发明的**气压计（barometer）**可以测量大气压强。他发明的气压计有很高的灵敏度，能够分辨出天花板到地板的气压变化。**图11.4**解释了托里拆利气压计的工作原理。

在气压计里，汞柱的高度指示了大气的压强。我们居住的环境是被空气包围着的。空气分子对水银盘施加的压力形成了管中的水银柱。如果你曾在海里潜过水，你会感受到潜得越深，你的身体承受的压强越大。类似地，海拔越低，气压越高。如果你走到山上，大气压反而会下降，这是因为你周围的空气变得稀薄。

伴随着托里拆利气压计的使用，压强也有了它自己的单位，这就是**标准大气压（standard atmosphere，atm）**，人们规定标准大气压是与760 mm汞柱相等的压强。这个定义可以用下面的式子来表示：

$$1.00 \text{ atm} = 760 \text{ mm Hg}$$

压力表 可是，气压计只能测量大气的压强，不能测量自行车轮胎或是氧气罐内的气体压强。此时，你需要一种可以接到轮胎或是罐子上测量其内部压力的仪器。这种测量仪器必须能够对压强改变作出有规则的反应，并方便观察。如果你曾经测过自行车轮胎的压力，你应该对压力表比较熟悉了。

在你测量轮胎压强的时候，你测出的实际上是超出大气压的那部分压强。所测得的轮胎的内部压强是量表压强，即从量表上读取的压强。气压计测量的是绝对压强，是由所有气体产生的压强，包括大气压。为了确定轮胎中的绝对压强，就必须将量表压强与气压计上读取的压强相加。

工作原理

轮胎压力表

　　轮胎压力表是用来测量充气轮胎或者篮球里的压强的装置。因为在大气压下,一个干瘪的轮胎里原先就存在一定量的空气,其气压就等于大气压,所以轮胎压力表所测量的轮胎内压强是超过大气压的部分。

　　最为常用的轮胎压力表,其大小和形状都类似于一支圆珠笔,它可以很方便地检测出轮胎的充气量是否合适。合适的充气量可以确保轮胎安全地工作。

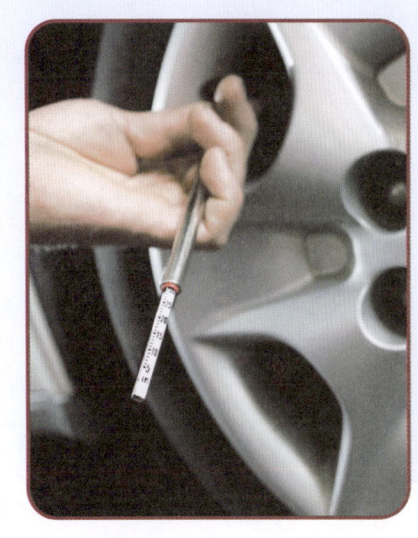

图11.5 轮胎压力表。

❶ 将量表顶部的钉向下插入轮胎的阀门,使得轮胎中的气体可以进入量表。

轮胎的气阀
钉
密封活塞
弹簧
刻度表

❷ 进入量表的空气推动一个可移动的活塞,活塞又可以推动一个可以滑动的刻度表。

❸ 活塞沿着圆柱移动,压缩弹簧直到气体对活塞的压力等于弹簧对活塞施加的压力。

轮胎内压

❹ 此时,圆柱中气体的压强与轮胎中气体的压强相等,这个数值可以从刻度盘上读出来。

批判性 思考

1. **描述** 刻度盘上的数值是如何反映弹簧和压强的关系的?
2. **解释** 当大气压与海平面的大气压不相同时,轮胎压力表是否需要重新校正?试说明理由。

> **拓展 阅读**
>
> 一枚邮票对信封所产生的压强大约是 1 Pa。

压强单位

在了解了大气压强可以通过毫米汞柱来衡量后,请让我们回顾一下第 10 章的内容。大气压强指的是大气层在单位地球表面积上产生的压力。**图 11.6** 显示了另两个可用于表示压强的单位。

气压的国际标准单位是 **帕斯卡(Pascal, Pa)**,这是以法国科学家帕斯卡(1623～1662)的名字命名的。因为帕斯卡是个比较小的压强单位,我们常常使用千帕(kilopascal, kPa)为压强单位。回顾第 1 章,英文前缀 k 表示 1 000,所以,1 kPa 等于 1 000 Pa。一个标准大气压等于 101.3 kPa。

表 11.1 展示了几种以不同单位表示的标准大气压。为了统一压强单位,国际科学界推荐使用国际标准单位,但在英美,磅每平方英寸这一单位被广泛地应用于工程方面,同时,在美国非科学领域也常使用磅每平方英寸这个单位。

■ **图 11.6** 每一柱状体中的空气对柱状体底部产生的压强就是一个标准大气压。每个柱状体中的空气在向外扩散时也都受到了周边大气的限制。

如果面积的单位是平方英寸,力的单位是磅,那么压强的单位就是磅每平方英寸(psi)。以这个单位来表示标准大气压,就是 14.7 磅每平方英寸,或 14.7 psi。

用国际单位制表示,一个标准大气压是 101 300 Pa。

压强单位间的换算　你可以使用**表11.1**来实现不同压强单位之间的换算,如计算自行车轮胎中的绝对压强。假设量表上显示的压强是44 psi,而绝对压强等于大气压加上量表上显示的压强。因为量表上显示的压强是以磅每平方英寸为单位的,这样在表示标准大气压时也要用到磅每平方英寸这个单位。一个标准大气压是14.7 psi,所以轮胎中的绝对压强就是:

$$44 \text{ psi} + 14.7 \text{ psi} = 58.7 \text{ psi}$$

然后,运用**表11.1**中的数值将psi换算为kPa。

$$58.7 \text{ psi} \times \frac{101.3 \text{ kPa}}{14.7 \text{ psi}} = 404.5 \text{ kPa}$$

下面的例题介绍了如何使用**表11.1**中的值,用其他的压强单位来表示压强。

表11.1	相等的压强
1.00 atm	
760 mm Hg	
14.7 psi	
101.3 kPa	

例题1

压强单位间的换算　在天气预报中,可以从汞柱的高度读出大气压。那么一个标准大气压是多少英寸汞柱?

1　分析

大家知道,一个标准大气压等于760 mm Hg,若用英寸表示的话那是多高? 1.00英寸等于25.4 mm。

2　方案

用每毫米的英寸数乘以760 mm来表示测量到的英寸数。

$$760 \text{ mm} \times \left(\frac{1.00 \text{ in.}}{25.4 \text{ mm}}\right)$$

上述式子中括号内的因子是一个换算因子。

3　实施

约去单位,乘除数值。

$$760 \text{ mm} \times \left(\frac{1.00 \text{ in.}}{25.4 \text{ mm}}\right) = 29.9 \text{ in.}$$

由上述式子可以看出,毫米单位可以上下约掉,最后就只剩下英寸了。

4　检查

因为1 mm要比1英寸短得多,用毫米表示的数值760,当然要比用英寸表示的数值大得多了。

■ **图 11.7** 因子标签法可以计算出一个派对需要多少比萨。

应用 如果一个比萨分成 8 块，一个人吃 3 块，那么一共 32 个人，需要多少个比萨？

补充练习

有关转化测量单位的额外练习，请见附录C。

在例题中所采用的测量单位之间的换算方法称为因子标签法。因子标签法是解决此类问题的一个强有力且系统化的方法，在许多领域都很有用。**图 11.7** 则展示了一个在日常生活中使用因子标签法的例子。

让我们再分析一下例题。下面的等式就是一种换算因子，因为它包含了已知的单位和目标单位。

$$1.00 \text{ in.} = 25.4 \text{ mm}$$

将等式两边除以同样数值，等式仍然相等。如，将等式两边同时除以 25.4 mm：

$$\frac{1.00 \text{ in.}}{25.4 \text{ mm}} = \frac{25.4 \text{ mm}}{25.4 \text{ mm}}$$

然后，将等式右边进行简化。换算因子就在等式左边。

$$\frac{1.00 \text{ in.}}{25.4 \text{ mm}} = 1$$

例题中是以毫米为单位的汞柱高度乘以换算因子，因为任何数乘以 1 都不会改变它的值的大小，汞柱的高度仍然没有改变，只是单位变了。因子标签法改变的是单位，而没有改变数值。可以使用因子标签法解决本章以及之后几章的一些问题。参看附录，你将了解更多有关因子标签法的知识。

例题 2

转换压强单位 用轮胎压力表测量轮胎内部压强,读数是 35 psi。请问:用千帕表示是多少?

1 分析

已知单位是磅每平方英寸(psi),目标单位是千帕(kPa)。

根据**表 11.1**,这两个单位之间的关系是 14.7 psi＝101.3 kPa。

2 方案

写下换算因子,以 kPa 单位作分子,psi 单位作分母。注意 psi 单位将会被约掉,最后答案中将只会出现 kPa 单位。

$$35 \text{ psi} \times \left(\frac{101.3 \text{ kPa}}{14.7 \text{ psi}}\right)$$

> **提示**
> 在因子标签法中,要善于安排单位的位置,这样一些单位就可以约去了。

3 实施

约去单位,乘除数值。

$$35 \text{ psi} \times \left(\frac{101.3 \text{ kPa}}{14.7 \text{ psi}}\right) = 240 \text{ kPa}$$

注意已知单位 psi 将会约掉,数值最后所带的单位是 kPa,即所要的最终答案。

4 检查

因为 1 psi 要比 1 kPa 大得多,以 psi 为单位的数值 35,当然要比以 kPa 为单位的数值小得多。

练一练

学会单位之间的转化运算,将有助于你理解以不同单位表示的气压的大小。

运用表 11.1 和等式 1.00 英寸＝25.4 mm 来转化下面的测量值。

1. 将 59.8 英寸汞柱转化为以 psi 为单位的值。
2. 将 1 140 mm Hg 转化为以 kPa 为单位的值。
3. 将 202 kPa 转化为以 psi 为单位的值。
4. 将 7.35 psi 转化为以 mm Hg 为单位的值。
5. 将 19.0 psi 转化为以 kPa 为单位的值。

第1节 本节回顾

要点梳理

- 在恒温恒体积条件下,气体的压强与气体所含的微粒数成正比。
- 在恒温恒压条件下,气体的体积与气体所含的微粒数成正比。
- 在海平面上,气体所受的大气压强等于 1 个标准大气压(1 atm)。

6. **主要概念** **预测** 用天平称得一个圆柱体中充了 32 g 的氧气,现将气阀打开,发现有 16 g 的气体逃逸,压强将怎样变化?

7. **对比与比对** 比较用气压计、轮胎压力表测量气体气压的过程的异同。

8. **预测** 在大气压下,一个气球中装了 2.00 L 的氮气。如果现在温度(以开尔文为单位)只有起始温度的 75%,那么气体的体积将会如何变化?

9. **分析数据** 对一个大的塑料垃圾袋充气,直到塑料袋破裂。请问:在此过程中,它的压强、体积、微粒数随时间的变化情况如何? 请以时间为横坐标绘制这几个量的变化趋势图。

10. **推断** 增大轮胎内的压强会对车辆有何影响?

第2节

核心问题
- 气体的温度、压强和体积之间有何联系？
- 压强和温度是如何影响气体体积的？
- 动力学理论是如何解释波义耳定律和查理定律的？
- 气体动力学理论是如何解释气体体积变化的？

术语回顾
帕斯卡：压强的国际标准单位。

关键术语
波义耳定律
查理定律
混合气体定律
标准状况（STP）
气体化合体积定律
阿伏加德罗定律

折叠式学习卡
将本节中的信息归纳到你的折叠式学习卡中。

气体定律

主要 概念 对于一定量的气体，压强、温度或者体积中任意一个变量的变化都会引起另外两个变量的变化。

链接真实世界 没有充足气的床垫让人躺着不舒服，舒服感似乎依赖于床垫内部气体的压力。为此，你需要再往床垫里充气，使得它膨胀起来。在这个过程中，床垫内部的气体压强就会增大。等里面的空气撑起床垫的内壁，顶住外部大气对床垫外表面所施加的压力后，你往上一躺，就舒服多了。

波义耳定律：压强和体积

在挤压一只气球的时候，你发现一定量的气体可以被压缩到一个更小的体积。英国科学家罗伯特·波义耳（1627～1691），曾采用一个很简单的装置来压缩空气。他在一支末端封闭的 J 型管的末端留有空气，再在开口处不断添加水银，水银的质量使被封闭起来的气体的体积不断被压缩。

如图 11.8 所示是一个类似的设计，用活塞和圆柱来总结波义耳的发现。圆柱内气体分子数不变，随着活塞的下压，气体占据的空间越来越小，导致压强增大。从图中可以看到，压强增大一倍，体积就缩小一半。

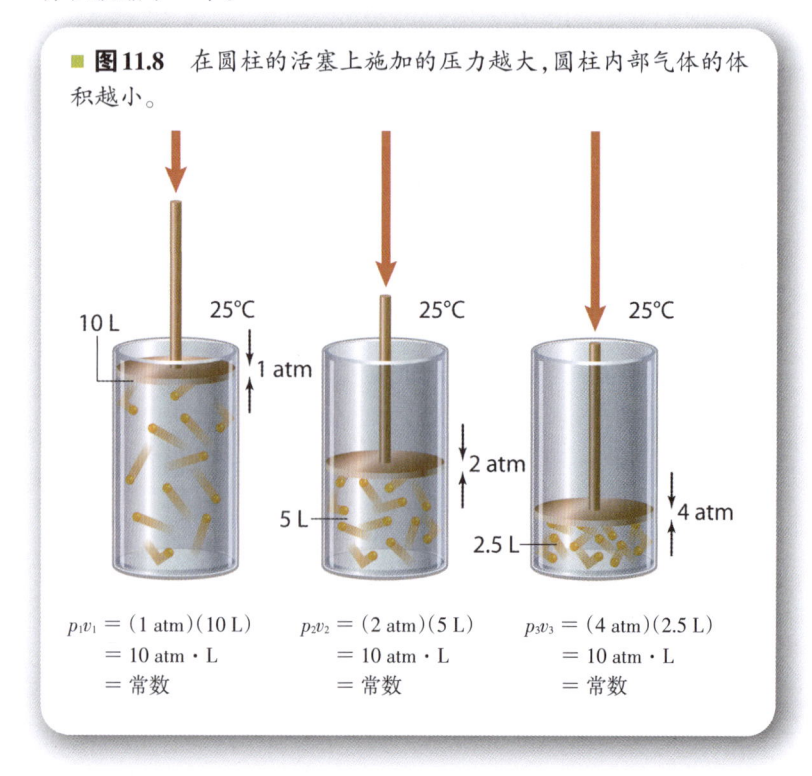

■ **图 11.8** 在圆柱的活塞上施加的压力越大，圆柱内部气体的体积越小。

$p_1v_1 = (1\ atm)(10\ L)$
$= 10\ atm \cdot L$
$= 常数$

$p_2v_2 = (2\ atm)(5\ L)$
$= 10\ atm \cdot L$
$= 常数$

$p_3v_3 = (4\ atm)(2.5\ L)$
$= 10\ atm \cdot L$
$= 常数$

波义耳的发现　在恒温条件下,波义耳进行了大量的气体实验,并由此得出了四个结论:

a) 如果气体的压强增大,其体积会成比例减小。
b) 如果气体的压强减小,其体积会成比例增大。
c) 如果气体的体积增大,其压强会成比例减小。
d) 如果气体的体积减小,其压强会成比例增大。

因为压强和体积的改变总是相反且成一定比例,所以压强与体积成反比例关系,将以上四个结论用一句话来概括,就得到波义耳定律。**波义耳定律(Boyle's law)** 指出,温度恒定时,气体的压强与体积成反比。

反比例关系　回顾第 10 章所学的"理想气体的动能与温度成正比",我们可以用一条直线来表示这种正比例关系。类似地,波义耳定律中的反比例关系可以用**图 11.9** 所示的曲线来表示。正如汽车在公路上可以双向行驶那样,可以认为温度和压强是按 A—B—C 的顺序或 C—B—A 的顺序变化的。A—B—C 的顺序表示气体被压缩而压强在增大。当气体体积由 10.0 L 压缩至 5.0 L 时,其压强由 1.00 atm 变为 2.00 atm;若继续压缩至 2.5 L,其压强将增大到 4.00 atm。如果按 C—B—A 的顺序进行分析,当气体的压强下降时,其体积便相应增大。

■ **图 11.9**　这张图展示了压强和体积之间的反比例关系,沿着曲线从左向右看,随着压强的增大,体积减小。
应用　用图表来找出压强为 2.5 个标准大气压时的体积。

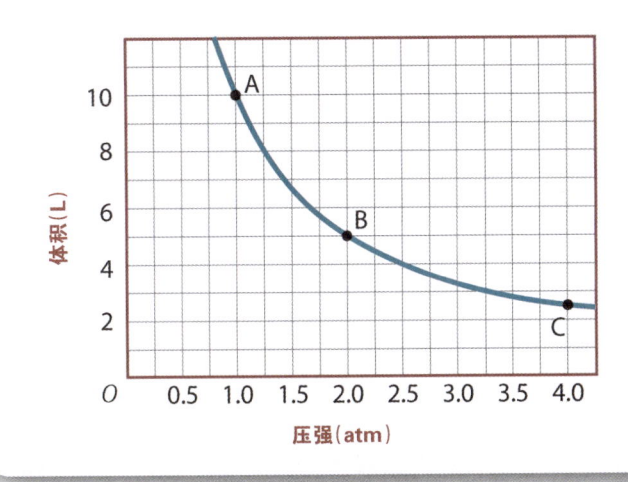

381

■ **图11.10** 在海拔15 km的高空，大气压仅为海平面上的$\frac{1}{10}$。当气球充满1个标准大气压的氦气并位于这一高度时，它的体积将是地面上的10倍。

波义耳定律应用 图11.10中的气象气球可以用于解释波义耳定律。正如给足球充气那样，向气球充氦气时，它会不断膨胀，直到气球里面的压强等于气球外面的压强为止。因为氦气的密度小于空气的密度，所以在恒温恒压下，相同体积的氦气比空气的质量要小。这样，气象气球就会浮起来。随着气球向上爬升，大气压强就会逐渐减小。根据波义耳定律，加在气球上的压强减小，氦气的体积就会增加。气象气球不断上升，当气球内外部的压强平衡时，气球便可以悬浮在空中，记录气象数据。

波义耳定律还可以用来解释在飞机起飞时或爬山时你的耳朵感受到的不舒服。当你往高海拔处飞或者爬时，你周围的气压减小，导致你耳朵里气体的体积增大。气体从你的耳朵里向外释放，引起轻微的不舒服，只要耳朵里的气体排出，内外压重新平衡，不适感就会减轻。

波义耳定律的动力学解释 你一定给轮胎打过气吧！给气筒里的气体施加压力时，它的体积就会减小。根据动力学理论，如果气体的温度不变，体积被压缩，其压强就一定会增加。波义耳定律正是通过"在恒温下对气体体积与压强的测量"，才得出体积与压强成反比例关系的结论。图11.11描述的是如何用动力学理论来解释波义耳所观测到的气体的体积与压强的关系。

■ **图11.11** 动力学理论将压强和每个气体分子单位时间内的撞击数联系起来。

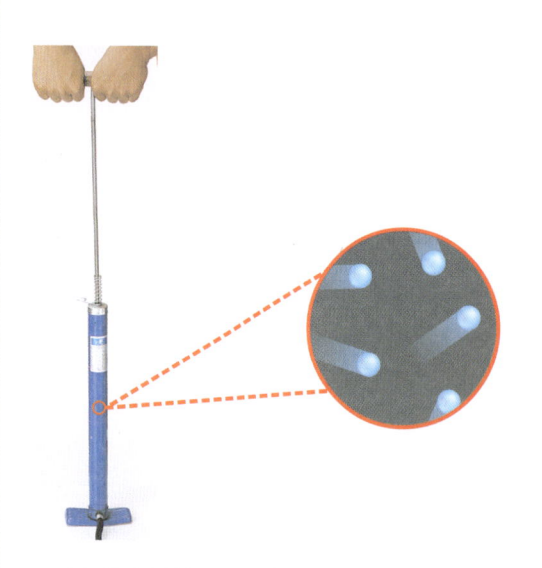

当气筒活塞被拉至最上端时，气筒内外的气压相等。

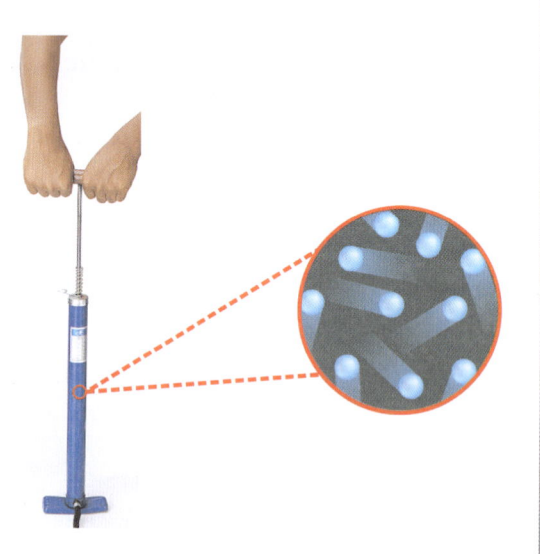

当活塞被压至筒内$\frac{1}{2}$处时，气体体积变为原来的一半，这样气体分子撞击筒壁的频率就变为原来的2倍，此时气筒内部气体的压强为2个标准大气压。

地球科学 链接

气象气球

图11.12中所示的是气象气球。这种充有氦气或氢气的气象气球,每隔12个小时,就会在美国70个地点同时被释放到空中。气球提供的数据将用于美国的气象预报。

气象气球系统 第二次世界大战以来,气象学家一直在使用气象气球来收集气温、气压、相对湿度、风速等高空气象信息。除了本土的70个气象气球发射站外,美国还在全球设置了700多个这样的站点。所有的气球都在同一时间释放:6:00和18:00(格林尼治标准时间)。

来自全世界各气象站的数据信息,通过设在马里兰州的中央计算机进行汇总,处理后的数据再由这里传递到全国各地的地方服务站,最后在报纸、电视、广播上发布。

将气球释放至高空 这些气象气球由橡胶制成,充满氦气或氢气后,直径大约在2 m左右。每个气球下端连接着一个气象工具包(里面装有无线电发报机和测量工具)。气球升起来后,它的直径扩大到6 m左右。当气球爬升至距地面30 km的高度时,气球就会爆裂。然后,降落伞便会携带工具包安全降落至地面。在最高点处,无线电探空仪承受的温度低到-95 ℃,风速接近320 km·h^{-1}。

气球上升的时间要持续2个小时左右,可以飘200 km远。每年美国释放的75 000个气球中,大约有20%的能被找到并返回国家气象局。然后国家气象局会修理并重新利用它们。

数据采集 在高空中,装在工具包中的仪器记录并传输着气温、相对湿度、气压等数据信息。气象工具包可以将气压、相对湿度、气温等数据通过多功能无线电传输装置反馈至地面。这个系统对不同种类的数据

■ **图11.12** 充满氦气的气象气球。

的传输是交替进行的。例如,先向地面反馈气温数据,接着传输湿度数据,最后是气压信息。

相对湿度数据的获取是由装有一种聚合物的装置来读取的。这种聚合物在潮湿的环境中会膨胀,而膨胀会造成聚合物中碳层之间的电阻增大,通过测量该聚合物的电阻,就能间接地反映出相对湿度的大小了。风速和风向的测量是通过气球上的雷达或全球定位系统(GPS)来完成的。

化学 链接

1. **批判性思考** 一些人认为,随着气象卫星的应用,气象气球会被淘汰。但直到现在,这种情况为什么还未发生?请说出你的理由。
2. **推断** 为什么气象学家一定要理解气体定律呢?

迷你实验 2

吸管的工作原理

吸管是如何发挥作用的 我们每个人可能都曾用吸管喝汽水、牛奶或其他饮料。

实验步骤

1. 阅读并完成实验安全表格。
2. 找一个干净的空食品罐,要选带有螺旋盖的,在罐中装一半自来水。
3. 把两支吸管的一端同时放在你的嘴里。将其中一支试管的末端插入罐中的自来水里,另一支吸管的末端悬空。随后,你同时吸含在嘴里的吸管,记录你观察到的现象。
4. 用锤子和钉子在螺旋盖上打1个洞,其半径与吸管半径大小一致。然后将吸管插入盖中2～3 cm,再用石蜡或泥密封螺旋盖与吸管间的间隙。
5. 将罐子装满水,直至水溢出来为止。小心地旋紧盖子,并确保没有空气进入罐子。然后用吸管吸水,记录你观察到的现象。

分析与讨论

1. **解释** 你在第3步操作中观察到的现象。
2. **描述** 你在第5步操作中观察到的现象。
3. **画图** 用图表示软饮料吸管的工作原理。

例题 3

波义耳定律:确定体积 气象气球在破裂之前所能达到的最大体积是22 000 L,此时对应的高度是30 km。在这一高度上,大气压强是0.012 5 atm,那么在气象气球释放之前,充入氦气的最大量应是多少呢?

1 分析

在30 km的高空,气球内部的压强与外部大气压强相等,都是0.012 5 atm,那么在 1 atm 时,这些氦气的体积应是多少呢?根据波义耳定律,在地面时气体的体积是在高空时体积的 $\frac{0.012\,5\ \text{atm}}{1.0\ \text{atm}}$,小于1。

2 方案

根据波义耳定律,用最大体积乘以所得到的倍数。

$$V = 22\,000\ \text{L} \times \left(\frac{0.012\,5\ \text{atm}}{1.0\ \text{atm}} \right)$$

3 实施

数值相乘除,并约去相同的单位。

$$V = 22\,000\ \text{L} \times \left(\frac{0.012\,5\ \text{atm}}{1.0\ \text{atm}} \right) = \left(\frac{22\,000\ \text{L} \times 0.012\,5}{1.0} \right) = 275\ \text{L}$$

4 检查

正如预料的那样,海平面上的气体压强较大,所以气体的体积要小一些。

例题 4

波义耳定律:确定压强 将1个标准大气压下的2 L空气全部充入容积为0.45 L的金属瓶中。如果温度恒定,瓶中压缩空气的压强是多少?

1 分析

显然,起初时2 L空气的压强为1个标准大气压。由于空气体积减小,其压强就增大了。用1个标准大气压乘以气体体积缩小的倍数就可列出等式。

2 方案

$$p = 1.00 \text{ atm} \times \left(\frac{2.0 \text{ L}}{0.45 \text{ L}}\right)$$

3 实施

$$p = 1.00 \text{ atm} \times \left(\frac{2.0 \text{ L}}{0.45 \text{ L}}\right) = \frac{1.00 \text{ atm} \times 2.0}{0.45} = 4.4 \text{ atm}$$

4 检查

估算和理由:因为空气的体积从原来的2 L减小到大约0.5 L,即体积变化为原来的 $\frac{0.5}{2}$(或 $\frac{1}{4}$),所以,压强变为原来的4倍,经计算得知,最终压强4.4 atm确实约是最初的4倍。

练一练

假设下列问题中,温度保持恒定。

11. 在沼气池中,细菌分解腐败的植物可以产生甲烷气体,人们常收集这种气体用作燃料。假如,在700.0 mm Hg这一气压下,细菌分解植物生成60.0 mL甲烷,那么这些甲烷在760.0 mm Hg的气压下体积将会是多少毫升?

12. 在1 atm压强下,每个沼气池每天可以产生1 000 L甲烷气体,那么在5.0 atm压强下,贮存这些气体的气罐体积是多少?

13. 医院购买400 L(150 atm)的氧气,通过气压为3.0 atm的输氧机提供给病人。问:400 L(150 atm)氧气在3.0 atm的条件下可以转变为多少升?

14. 用气筒给轮胎打气,当给轮胎充入0.78 L气体,压强达到9.00 atm时,气阀就被顶开了。为避免气阀被顶开,用气筒最多可以往轮胎里充多少体积的空气?

15. 自携带式水下呼吸器的贮气罐容积为10.0 L,里面贮存着N_2和O_2的混合气体,内部压强为290.0 atm。如果将这些气体在2.40 atm的条件下提供给潜水员,那么潜水员能获得多少升的气体供应?

16. 一个气球充满1.00 L氦气时的压强为1.20 atm。如果将气球塞进一个容积为0.500 L的烧杯中,并且保证不会破裂,此时这只气球内的压强是多大?

> **补充练习**
> 有关波义耳定律的额外练习,请见附录C。

化学实验

波义耳定律

背景

在恒温条件下,气体的体积和压强之间存在着定量(比例)关系,这就是波义耳定律。如果你对空气的体积与压强进行测量,就可推导出波义耳定律。

问题

在恒温条件下,气体体积与压强之间存在什么样的关系?

目标

- **观察**不同压强下空气柱的长度。
- **验证**气体体积与压强之间的数学关系。

实验准备

实验器材

- 细颈吸液管
- 火柴
- 螺旋夹
- 米尺
- 剪刀
- 记号笔
- 小烧杯
- 食物色素
- 水

安全警示

注意:点燃火柴熔化吸液管的细颈时要注意安全。

实验步骤

1. 阅读并完成实验安全表格。
2. 用剪刀剪去吸液管的尖嘴部分。
3. 向小烧杯中倒入 20 mL 水,并加入几滴食用色素,搅拌使其均匀混合。
4. 用吸液管吸满水,水位从瓶体部分沿细颈向外延伸出大约 5 mm。
5. 用火柴缓慢加热吸液管细颈尖端,直至它熔化变软(**注意**:一旦细颈发生燃烧,要将其吹灭)。然后,用金属或者玻璃物体将尖端压平,密封吸液管中的空气与水。
6. 用手指对吸液管的瓶身进行挤压,观察空气柱长度的变化。
7. 用螺丝夹夹住瓶身中间部分,直到刚好夹紧为止。调整螺旋夹的松紧度,使吸液管细颈中的空气柱长度在 50～55 mm 之间。
8. 在数据表中,记录下旋转的次数以及空气柱的长度。
9. 旋转螺旋夹的螺母一圈,同时记录下实验序号和旋转的总次数。每旋转一次,记录相应的空气柱长度。
10. 重复第 9 步操作,直到空气长度缩减为 25～30 mm 为止。

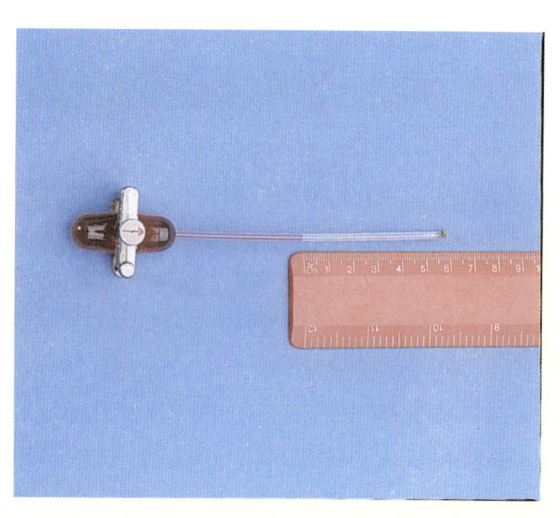

分析与讨论

1. **观察** 吸液管细颈中空气的体积 V 与空气柱长度 L 成正比例关系吗？请解释。
2. **推断** 从空气柱的压强 p 和旋转的次数 T 中，你能得出什么样的结论？
3. **解释数据** 计算每一次 L 与 T 的乘积（LT）、L 与 T 的商（$\frac{L}{T}$）。看哪一种形式的计算数据前后更为一致？如果 L 与 T 成正比，则每次 $\frac{L}{T}$ 的结果将是一个常数；如果 L 和 T 成反比，则 LT 将是一个常数。那么，L 与 T 是成正比例还是反比例？
4. **得出结论** 在恒温条件下，气体的体积与压强是否也存在着一定的正比例或反比例关系呢？请你做出解释。

应用与评估

1. **解释** 用水银气压计测量大气压时，气压计中的空气必须排尽。但是，如果气压计中的空气没有彻底排尽，气压计仍然可以测量气压的变化。第二种情况与波义耳定律有关联吗？
2. **解释** 运用动力学理论来解释"气体体积减少"是如何造成"气体压强增加"的。

实验数据与现象观察

实验序号	旋转的次数 T	空气柱的长度 L(mm)	数值 LT	数值 $\frac{L}{T}$

进一步探究

观察 观察不同压强下空气柱的长度，验证气体体积与压强之间的数学关系式。

化学与技术

压力下的健康

你平时生活、工作、娱乐的环境的大气压通常是1个标准大气压，空气中氧气含量为21%。你是否想过，若大气压值和空气氧气含量增大会发生什么？你会更快地从疾病或伤痛中恢复吗？这些问题都是高压氧治疗上的核心问题。

高压治疗　高压指的是压强大于1个标准大气压。接受高压氧治疗的病人所处环境的气压大于海平面的大气压。

与氧气的联系　高压与高含氧量常常一起用来治疗病人。高压氧疗法（HBOT）是指在纯氧环境中的治疗。图11.13展示的高压氧舱可以用于高压氧疗法。在高压氧舱中，压力能达到常压的5~6倍。随着高压氧疗法的不断普及，高压氧疗法可以应用于各种各样的情况，如烧伤、减压病、难愈合的伤口、贫血和一些传染病。

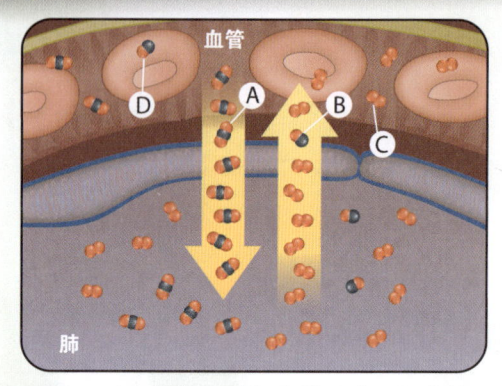

■ 图11.14　气体在肺部和循环系统间交换。

一氧化碳中毒　图11.14可帮助你理解如何用高压氧疗法辅助治疗一氧化碳中毒。

正常的气体交换　氧气从肺部转移到血液，在红细胞中与血红蛋白结合，释放二氧化碳，如图11.14中过程A所示。

异常的气体交换　如图11.14中过程B所示，一氧化碳进入血液，代替氧气与血红蛋白结合。体内细胞由于氧气匮乏而开始不断死亡。

血浆中的氧气　除了血红蛋白会携带氧气，氧气还会溶于血浆中，如图11.14中过程C所示。高压氧疗法能增加氧气的溶解量，使体内氧含量能维持生命。

消除一氧化碳　高压氧疗法还可以帮助除去与血红蛋白结合的一氧化碳，如图11.14中过程D所示。

■ 图11.13　在高压氧疗法中，病人在高压氧舱中，由技术人员控制压强与氧气含量。

> **技术探讨**
> 1. **批判性思考**　哪两个因素使得高压氧疗法的治疗效果显著？请解释。
> 2. **假设**　高压氧疗法也可以用来治疗身体表面的二级、三级烧伤，为什么？

388

查理定律：温度与体积

你也许看到过空中滑行优美、五颜六色的热气球吧，但是你想过吗，当热气球遇冷后会出现什么情况？**图 11.15** 所示实验描述的就是当充满气体的气球遭遇骤冷骤热时所发生的变化。在**图 11.15** 中，气球被放入盛有 77 K 的液氮的烧杯中。液氮可以迅速冷却充有气体的气球，气球萎缩。当把气球从图中的烧杯中移出，气球温度恢复至室温时，气球又重新膨胀起来。

法国科学家杰克森·查理（Jacques Charles，1746～1823）虽然没有使用液氮，却是研究热气球问题的先驱。他深入研究了恒压条件下一定量气体的体积随温度改变而变化的状况。**图 11.16** 就解释了查理所发现的恒压条件下温度与体积的关系。

■ **图 11.15** 气体的体积与温度直接相关。在盛有液氮的烧杯中放入一个气球，气球会慢慢萎缩。把气球从图中的烧杯中移出，气球温度恢复至室温时，气球又重新膨胀起来。

折叠式学习卡

将本节中的信息归纳到你的折叠式学习卡中。

$$\frac{V_1}{T_1} = \frac{300 \text{ mL}}{150 \text{ K}} = 2 \text{ mL} \cdot \text{K}^{-1} \qquad \frac{V_2}{T_2} = \frac{600 \text{ mL}}{300 \text{ K}} = 2 \text{ mL} \cdot \text{K}^{-1}$$

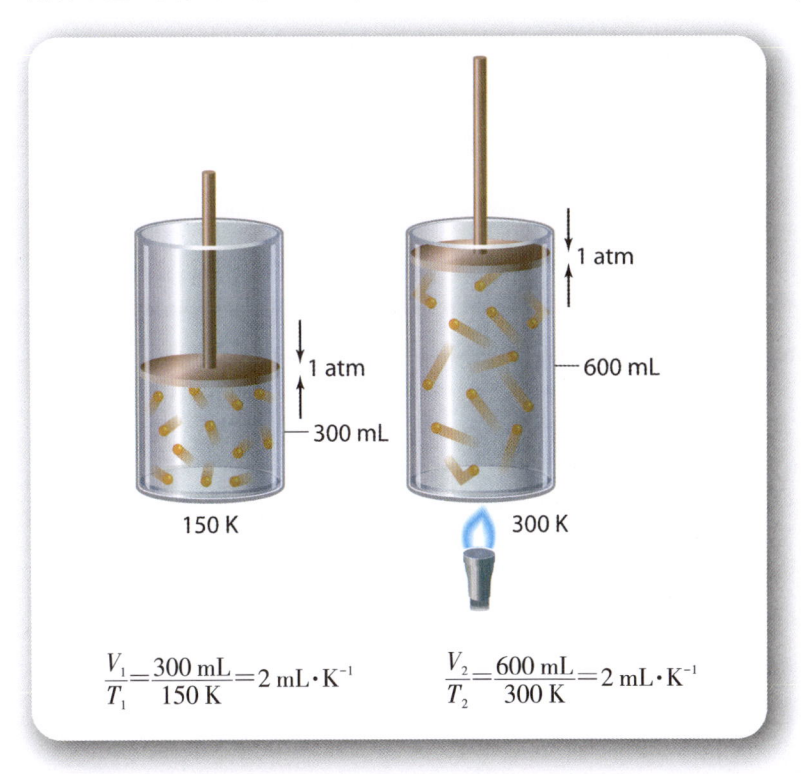

■ **图 11.16** 加热圆柱体，气体分子的动能增大，向外推动活塞。

■ **图 11.17** 图中三条直线表示的是三种气体的开尔文温度与体积之间的正比例关系，即体积随开尔文温度的升高而增大。实线部分表示的是实际的数据，而虚线部分表明，在沸点以下气体已经转变成了液体。

比较 气体A和气体B在350 K温度下的体积。

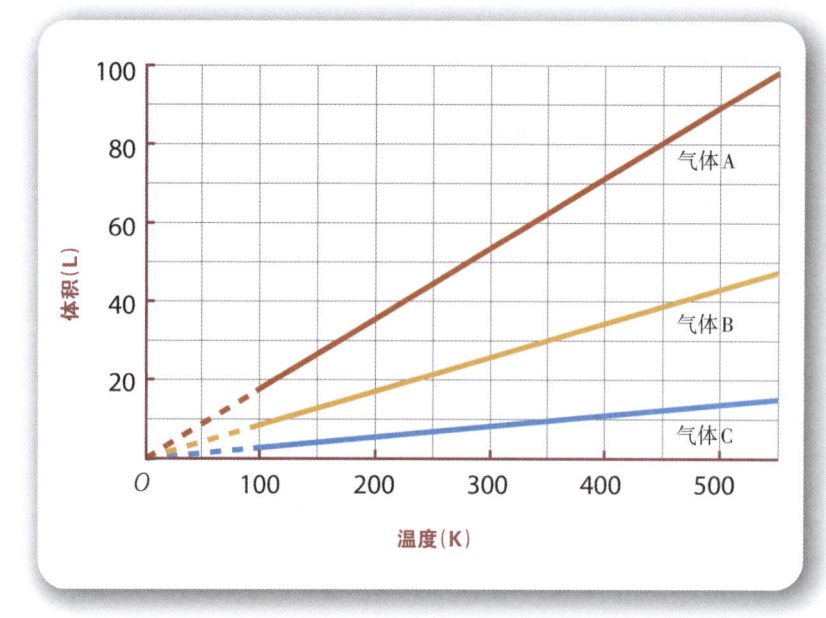

查理定律（Charles's law）表明，在恒压条件下，气体的体积与开尔文温度成正比。如**图 11.17**所示，直线所表示的是气体体积与开尔文温度之间的正比例关系。即：如果开尔文温度成倍增加，那么气体体积也成倍增加；如果温度降低，那么气体体积也随之减小。

查理定律的动力学解释 为什么**图 11.15**中气球中的空气在液氮中遇冷会收缩呢？研究**图 11.18**，然后用动力学理论来解释查理定律。从图中可以看出，气温的降低导致气体分子与球壁之间的碰撞次数和碰撞力都降低。如果球壁是坚固的（体积恒定），那么压强就会减小。然而，因为在恒压下球壁会发生变化，所以体积会减小。加热气球内的空气会得到截然相反的结果。

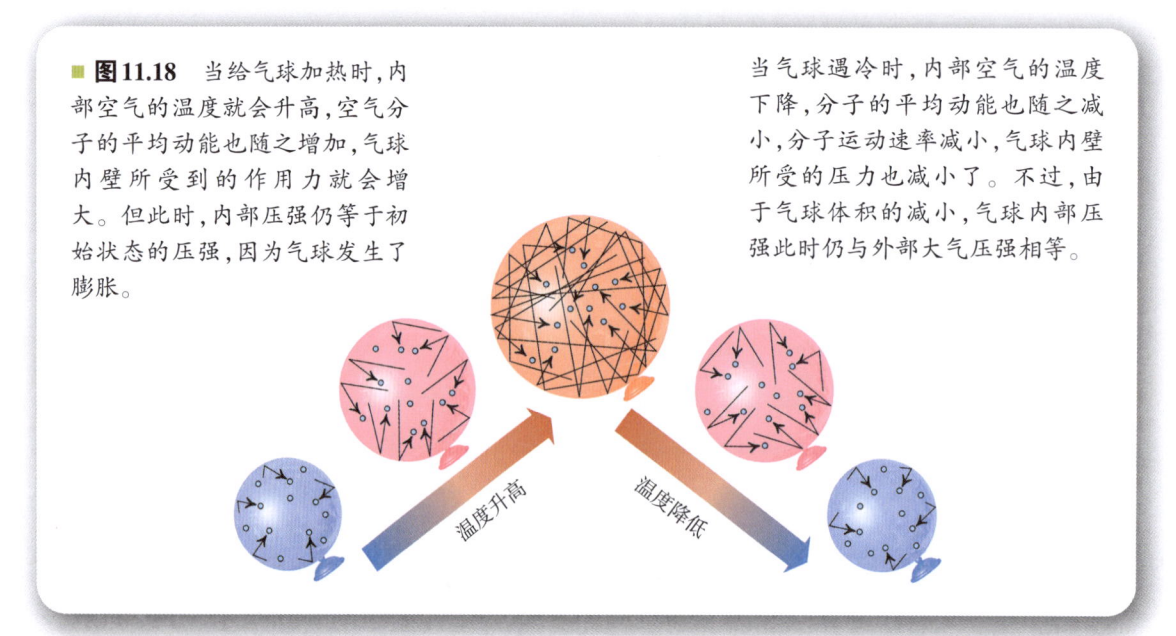

■ **图 11.18** 当给气球加热时，内部空气的温度就会升高，空气分子的平均动能也随之增加，气球内壁所受到的作用力就会增大。但此时，内部压强仍等于初始状态的压强，因为气球发生了膨胀。

当气球遇冷时，内部空气的温度下降，分子的平均动能也随之减小，分子运动速率减小，气球内壁所受的压力也减小了。不过，由于气球体积的减小，气球内部压强此时仍与外部大气压强相等。

例题 5

查理定律 在 22 ℃、760 mm Hg 的条件下,给一只气球充入 3.0 L 氦气,然后将这只气球放置于室外(温度为 31 ℃),如果压强恒定,那么这只气球的体积将变为多少?

> **提示**
> 记住只有在温度的单位为开尔文时,气体的体积和压强才与温度成正比。

1 分析

因为气体的体积与开尔文温度成正比,你必须先将摄氏温度转化为开尔文温度。在第 10 章的学习中我们知道,摄氏温度加上 273 这一数值就转化为开尔文温度了。

$T_K = T_C + 273$

$T_K = 22 + 273 = 295 \text{ K}$

$T_{K'} = 31 + 273 = 304 \text{ K}$

因为氦气温度从 295 K 升至 304 K,其体积会随之增加,温度上升的倍数是 $\frac{304 \text{ K}}{295 \text{ K}}$,所以体积也按此比例增加。

2 方案

$V = 3.0 \text{ L} \times \left(\frac{304 \text{ K}}{295 \text{ K}} \right)$

3 实施

$V = 3.0 \text{ L} \times \left(\frac{304 \text{ K}}{295 \text{ K}} \right) = \frac{3.0 \text{ L} \times 304}{295} = 3.1 \text{ L}$

4 检查

所得数值有体积单位吗? 体积的增加和预期的一样吗? 回答如果是肯定的,那么就可判断所得到的答案是正确的。

练一练

假设下列问题中,压强保持恒定。

17. 在 310 K、1 atm 条件下,给一只气球充入 3.0 L 氦气。将气球置于炉边,温度升至 340 K,则气球的体积变为多少?

18. 在 30.0 ℃时,收集 4 L 甲烷气体,预测 0 ℃时这些甲烷气体的体积是多少升。

19. 110 ℃时,一个氮气样本的体积为 25 L。将其温度升高至 260 ℃,该样本的体积会如何变化?

20. 在 273 K、1.00 atm 条件下,16 g O_2 样本的体积是 11.2 L。预测 409 K 时这些 O_2 样本的体积将是多少升。

21. 在 15 ℃、101 kPa 的条件下,一个氩气样本的体积是 8.5 mL,那么在 0.00 ℃、101 kPa 时,其体积是多少毫升?

> **补充练习**
> 有关查理定律的额外练习,请见附录 C。

391

混合气体定律

根据波义耳定律可知,当温度恒定时,气体的体积变为原来的2倍,那么气体的压强就为初始压强的$\frac{1}{2}$。根据查理定律可知,当压强恒定时,若气体的开尔文温度变为原来的2倍,那么气体的体积也变为原来的2倍。这两个气体定律的一个应用就是**图11.19**中的热气球。如果将气体的体积和温度同时增加为原来的2倍,那么气体的压强会发生什么样的变化呢?

假如你是一位像波义耳与查理那样的科学家,对气体的性质产生了浓厚的兴趣,你也许会像他们那样用实验来证明你的观点。你要对样本气体的温度、压强和体积进行测量。先让气体体积膨胀为原来的2倍,并让气体的温度升高到原来的2倍,然后测量它的压强。在实验过程中,要遵循一定的科学方法和原则,进行多次实验。你可以让体积与温度同时增加为原来的3倍,或降低为原来的$\frac{1}{2}$,或更低,以此来收集更多的数据。你可以用计算机来绘制数据图表,帮助你寻找这些变量之间的关系。

在实验中,当你改变另外两个变量时,要保持第三个量恒定不变。你会发现,先让体积变为原来的2倍,然后再将温度变为原来的2倍,所得出的结论与先让温度变为原来的2倍,再将体积变为原来2倍所得的结论一致。这些结果不会令你感到惊奇,因为这与波义耳定律、查理定律所描述的图表是一致的。这些定律都适用于气体微粒。无论气体是膨胀还是压缩,只要知道它的体积,便可以确定其压强,反之亦然。

混合定律 综合运用波义耳定律和查理定律的结论,无论三个变量中的任何两个变量怎样变化,另外一个变量都是可以确定的。即,如果同时让体积和温度变为原来的2倍,所得的第三个变量的数值与先让体积变为原来的2倍,再让温度变为原来2倍所得的第三个变量的数值是一致的。

例如,1 atm、200 K下的3 L气体,如果你让其压强变为原来的2倍,根据波义耳定律,体积就会降低至1.5 L;然后你再让温度升高1倍,根据查理定律,体积也随之增加1倍,变为3 L。或者按照另一个顺序,温度翻一倍,体积变为6 L,压强增加一倍,体积变为3 L,结果是相同的。

注意,先让体积增大1倍,再让温度升高1倍,此时的压强和初始压强是一样的。体积增大1倍和温度升高1倍,两者的效果相互抵消,因为压强与体积成反比例,与温度成正比例。

> **折叠式学习卡**
> 将本节中的信息归纳到你的折叠式学习卡中。

■ **图11.19** 热气球运动在全世界都很受欢迎,热气球飞行的高度是通过改变气球内空气的温度来调节的。

将波义耳定律和查理定律合并，就是**混合气体定律**(combined gas law)。这个定律里面的变量与合并以前的变量是相同的，但是可以在一个问题里同时考虑多个因素。**表**11.2列出了各个气体定律中的恒定不变的常量。我们常常把0.00 ℃和1 atm定义为**标准状况**(standard temperature and pressure)，可简写为 **STP**。

表 11.2　气体定律

定律	波义耳定律	查理定律	混合气体定律
恒久不变的量	气体分子数，温度	气体分子数，压强	气体分子数

例题 6

在 STP 条件下确定体积　木炭在纯氧中燃烧，生成154 mL二氧化碳，此时的温度与压强分别是117 ℃和121 kPa。那么，在标准状况(STP)下，这些二氧化碳的体积是多少？

1　分析

当压强由121 kPa降至101 kPa时，二氧化碳的体积会增加。根据波义耳定律，增加的比例为 $\frac{121\text{ kPa}}{101\text{ kPa}} > 1$，所以当体积与这一比例相乘时，所得的体积是增加的。不过，当温度从117 ℃降至0.00 ℃时，气体的体积又会减小。根据查理定律计算，你必须先将温度转变为开尔文温度。

$T_K = T_C + 273$　　　　　$T_K' = T_C + 273$

　　$= 117 + 273$　　　　　$= 0.00 + 273$

　　$= 390$ K　　　　　　　$= 273$ K

温度下降，体积减小，根据查理定律，下降的比例为 $\frac{273\text{ K}}{390\text{ K}} < 1$。用初始体积与上述所得的两个比值相乘，即得气体的最后体积。

2　方案

将体积与下列两个因子相乘。

$V = 154\text{ mL} \times \left(\frac{121\text{ kPa}}{101\text{ kPa}}\right) \times \left(\frac{273\text{ K}}{390\text{ K}}\right)$

3　实施

这个混合气体定律方程可以通过下述步骤求解。

$V' = 154\text{ mL} \times \left(\frac{121\text{ kPa}}{101\text{ kPa}}\right) \times \left(\frac{273\text{ K}}{390\text{ K}}\right) =$

$\frac{154\text{ mL} \times 121 \times 273}{101 \times 390} = 129\text{ mL}$

4　检查

估计一下结论是否合理。压强减小，体积增大，大约增加为原先的 $\frac{12}{10}$。温度降低，体积缩小，约缩小为原先的 $\frac{7}{10}$。两个因素综合考虑，体积变为初始的 $\frac{84}{100}$，计算结果129 mL确实小于初始的154 mL。

[补充练习]

有关混合气体定律的额外练习,请见附录C。

练一练

22. 在 121 kPa、288 K 的条件下,收集一个体积为 2.7 L 的氮气样本,如果将压强增加到 202 kPa,温度提高到 303 K,那么此时氮气所占的体积是多少?

23. 在 22 ℃、720 mm Hg 的条件下,置于蒸发皿中的一块干冰升华为体积是 0.80 L 的 CO_2 气体。请问:这些气体在 STP 条件下,体积会是多少?

[折叠式学习卡]

将本节中的信息归纳到你的折叠式学习卡中。

气体化合体积定律

水在一定条件下分解,生成氢气和氧气,其体积比为 2∶1。反过来,若用氢气和氧气合成水,所耗气体体积比仍为 2∶1。

大量的气体反应实验表明,参加反应的气体体积之比是整数比。图 11.20 描述的是气态氯化氢(HCl)分解为氢气和氯气的体积比。反过来,氢气和氯气化合成氯化氢的体积比没有变。正如你所观察到的,在同温同压下,气体是按体积的简单整数比进行反应的,这被称为**"气体化合体积定律"**(law of combining gas volumes)。

■ **图 11.20** 当 2 L HCl 气体分解生成 H_2 和 Cl_2 时,产生的 H_2 和 Cl_2 的体积相等,各为 1 L。H_2 和 Cl_2 的体积比为 1∶1,而 H_2 与 HCl 的体积比为 1∶2,Cl_2 气体与 HCl 气体的体积比也为 1∶2。

推断 逆反应:H_2 和 Cl_2 化合成 HCl 气体时,该反应中反应物之间的体积比以及每种反应物与产物的体积比各是多少?

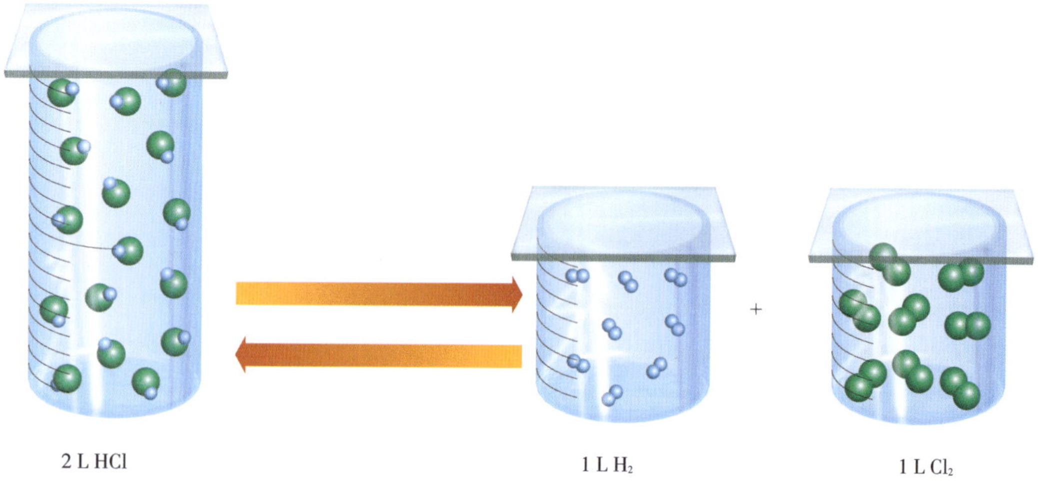

2 L HCl   1 L H_2 1 L Cl_2

生活中的化学

爆 米 花

你知道散发着香甜味道的爆米花的制作过程吗？是什么原因让谷核发生爆裂，发出"噼噼啪啪"的声音呢？

爆米花的历史 最古老的爆米花有5 600年的历史，是在新墨西哥被发现的。在秘鲁的墓穴中发现了有1 000年历史的爆米花。美国土著往特殊的容器中加入热的沙子来做爆米花，这些容器能让玉米粒均匀受热，并阻止玉米粒到处乱跑。爆米花可以用作礼仪头饰、颈饰的装饰物和上帝雕像的装饰品。最开始，玉米只生长在拉丁美洲，所以欧洲人在发现新大陆后才知道爆米花。现在，世界上消费爆米花最多的国家是美国，每年平均每个美国人要吃掉66升的爆米花。

玉米粒 玉米粒是玉米的种子。有25种不同的玉米粒可以做爆米花。制作爆米花的玉米粒非常小，也十分坚硬，其外面包裹着粗糙的外壳，以保护里面的胚和胚乳。胚乳中含有大量的淀粉。玉米粒还含有少量的水分。

核的爆裂 玉米粒能做爆米花是因为核内有水分。当加热玉米到204 ℃，核中的水分就转变成水蒸气，膨胀的水蒸气突破外壳的束缚，冲到壳外，从而发生爆裂。白色的淀粉心现在在外面。这就是为什么不管外壳是什么颜色，爆米花都是白色的，如**图11.21**所示。裂开后，整个爆米花体积增大为原玉米粒的20～40倍。水蒸气所释放的热量让淀粉变得蓬松可口。因此，爆米花很受人们欢迎。

■ **图11.21** 爆米花。

水分 玉米粒中的水分对爆裂的发生起着至关重要的作用。食品学家发现水分含量为13.5%时最为合适。玉米粒没有爆开都是因为水分不够。这有两种原因：外壳被损坏了，使内部水分蒸发；或者种子在生长时，内部水分不充足。玉米粒太干会发生三种情况：爆米花比往常的小；只有在加热时会爆开；不会爆开。

进一步探索

1. **假设** 水分太多或太少都会大大减少爆裂的概率，请问这是为什么？
2. **应用** 为什么要把爆米花放在冰箱或冷藏室里，而不是放在室温下的架子上？
3. **获取信息** 目前在全世界种植的玉米品种超过1 000种，请写一份关于玉米用途和产量的调查报告。

■ 图11.22 阿伏加德罗认为，水是由众多微粒组成的。

拓展 阅读

由于阿伏加德罗对涉及氧气、氮气和氢气的反应做了深入细致的研究，因此他第一个提出这些气体是由双原子分子组成的设想。

气体体积和微粒数 在合成水的反应中，2体积氢气和1体积氧气化合，生成2体积水蒸气。你也许会认为应该产生3体积水蒸气吧？在上述反应的逆反应过程中，2体积水分解生成1体积氧气和2体积氢气，这时却出现3体积气体。这样的结果令人感到有些迷惑。这该如何解释呢？

意大利物理学家阿伏加德罗(1776~1856)通过观察并提出同样的问题。他首先注意到，当水分解生成氢气和氧气时，2体积的气体反应生成3体积的气体，于是他设想水是由小的微粒构成的。如图11.22所示，当水蒸气微粒破裂后，其中的每个微粒生成2份氢和1份氧。今天我们可以用化学方程式来表示水的形成过程，但这在阿伏加德罗生活的时代是无法做到的。

$$2H_2(g) + O_2(g) \longrightarrow 2H_2O(g)$$

阿伏加德罗定律 阿伏加德罗是第一位用微粒模型来解释气体化合体积定律的人。他提出，在一定的温度和压强下，气体的体积是由组成气体的微粒个数决定的。在相同的温度和压强下，相同体积的气体所含的微粒个数相同，这就是**阿伏加德罗定律(Avogadro's principle)**。

精彩预告

根据阿伏加德罗定律，我们可以知道某一气体样本中所含的微粒的数量。我们也可以根据反应物中的微粒个数和反应物之间的比例（通过化学方程式），来预测产物的数量。

第2节 本节回顾

要点梳理

- 波义耳定律表明，恒温条件下，气体的体积与压强成反比。
- 查理定律表明，恒压条件下，气体的体积与开尔文温度成正比。
- 阿伏加德罗定律表明，在同温同压的条件下，相同体积的气体所含的微粒数相同。

24. **主要 概念** 总结 气体定律中有下列变量：气体微粒数、温度、压强、体积。在波义耳定律中哪些量是恒定不变的？在查理定律、混合气体定律中，哪些量恒定不变？

25. **解释** 气垫可以支撑人体的质量，请你解释原因。

26. **推断** 为什么计算出标准状况(STP)下气体的体积非常重要？

27. **分析** 在恒温下，要想使氢气球的体积增加20%，那么压强该如何变化？

28. **解释** 用动力学理论解释，为什么液化气瓶瓶身上要注明"远离火源"的字样。

29. **解释** 三个定律中，在气体体积相等的情况下，哪个定律成正比例关系？哪个成反比例关系？

第 11 章 学习指南

> **大 概念** 气体的压强、温度、体积和分子数的变化而产生的变化是可以预测的。

第1节 气压

主要 概念 气压与气体的分子数和分子的运动有关。

关键术语
气压计
标准大气压
帕斯卡

要点梳理
- 在恒温恒体积条件下,气体的压强与气体所含的微粒数成正比。
- 在恒温恒压条件下,气体的体积与气体所含的微粒数成正比。
- 在海平面上,气体所受的大气压强等于1个标准大气压(1 atm)。

第2节 气体定律

主要 概念 对于一定量的气体,压强、温度或者体积中任意一个变量的变化都会引起另外两个变量的变化。

关键术语
波义耳定律
查理定律
混合气体定律
标准状况(STP)
气体化合体积定律
阿伏加德罗定律

要点梳理
- 波义耳定律表明,恒温条件下,气体的体积与压强成反比。
- 查理定律表明,恒压条件下,气体的体积与开尔文温度成正比。
- 阿伏加德罗定律表明,在同温同压的条件下,相同体积的气体所含的微粒数相同。

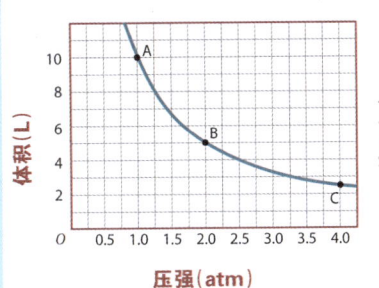

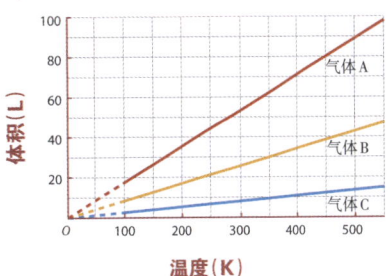

第 11 章 测评

要点理解

30. 请说出三种可以增加氧气瓶中气体压强的方法。
31. 绝对零度对应的摄氏温度是多少？
32. 在化工厂，六氟化氙储存在标准状况下。用开尔文温度来表示这个状态。
33. STP（标准状况）所对应的物理条件是什么？
34. 哪些因素影响着气体的压强？
35. 将 574 mm Hg 用下列单位表示：
    a）psi　　　　c）in. Hg
    b）kPa　　　　d）atm
36. 在 25 ℃、3 atm 时，一个氧气罐可以储存 12 L 的氧气。在相同温度和压强下，氧气罐中充入 4 L 氧气，氧气罐内的压强是多少？

应用概念

37. 飞机机舱内需要增压，请解释其原因。
38. 为什么充有氦气的气球会上升，而充有二氧化碳的气球会下沉？
39. 图 11.23 中的概念图展示了如何从混合气体定律中推导出波义耳定律和查理定律，请将这张图填完。

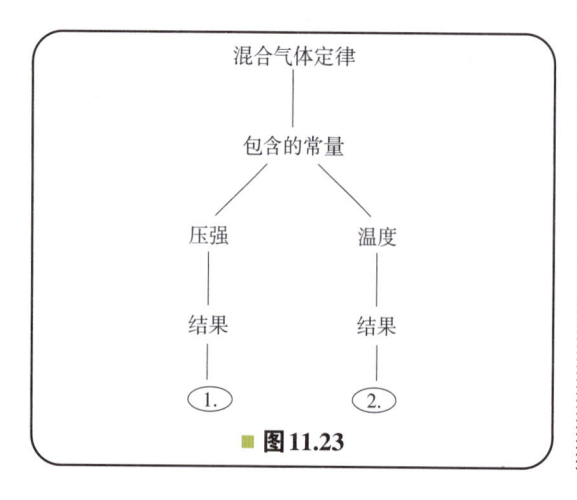

■ 图 11.23

40. 在 1 250 mm Hg、75 ℃时，氨气样本的体积是 6.28 L，那么在标准状况（STP）下，氨气的体积是多少？
41. 在 760 mm Hg 时，某一气体样本的体积是 550 mL，那么当温度不变、压强降至 380 mm Hg 时，其体积又是多少？
42. 在 STP 条件下，一气体样本的体积是 375 mL，体积保持不变，当该气体的温度变为多少时，其压强为 980 mm Hg？
43. 在 160 ℃时，一氮气样本体积为 822 mL，当压强恒定时，给该气体降温至多少时，体积将变为 586 mL？
44. 在 1 atm、27 ℃时，一气体样本的体积为 1.5 L，当压强保持不变时，让该气体升温至 127 ℃，其体积将变为多少？
45. 在 STP 条件下，一氮气样本的体积为 50 mL，恒压降温至 −73 ℃时，其体积将变为多少？
46. 用波义耳定律计算**表 11.3** 中空缺的数据。

表11.3	波义耳定律		
V_1	p_1	V_2	p_2
1.4 L	?	3.0 L	1.2 atm
2.0 L	0.82 atm	1.0 L	?
2.5 L	0.75 atm	?	1.3 atm
?	1.2 atm	3.0 L	1 atm

47. 在制备过氧化氢的反应中，若 10 L 氧气全部参加反应，则需要消耗多少升氢气？
48. 在 101 kPa 时，气体体积是 400 mL，如果温度不变，压强变为 404 kPa，体积如何变化？
49. 在标准状况下，压强不变，45 mL 的氨气被加热到 73 ℃，气体体积变为多少？

398

第 11 章 测 评

50. 在标准状况下收集的 500 L 二氧化碳,如果在压强为 380 mm Hg、温度为 100 ℃的情况下,体积将会是多少?

51. 在 900 mm Hg、0 ℃时,收集 120 mL 氮气。当温度升至 100 ℃,大气压增至 15 atm,体积将变为多少?

化学与技术

52. 高压氧舱给你提供氧气,若想得到相同量的氧气,需要的空气量是多少?

生活中的化学

53. 为什么能爆裂的玉米核其密度要小于不会发生爆裂的玉米核的密度?

地球科学链接

54. 气象气球中的氦气能用氯气来代替吗?请解释原因。

批判性思考

对比与比对

55. 化学实验 从本章化学实验部分得出的体积与压强关系,与从图 11.8 中所得出的结论是否一致?

观察与推断

56. 迷你实验 1 如何解释装有干冰的袋子会发生膨胀?

应用概念

57. 迷你实验 2 请你解释,用吸液管移取液体时,气压是怎样帮助你来完成移取任务的?

运用图表

58. 冬天温度下降,如果不给轮胎打气的话,汽车轮胎会瘪下去。每下降 12.2 ℃,汽车轮胎内压强降低 1 psi(14.7 psi=1 atm)。完成**表 11.4**,绘制图表说明温度从 5 ℃降到 −25 ℃时,轮胎内压强是如何变化的。假设初始压强为 30 psi,初始温度为 5 ℃。

表 11.4	轮胎压力随温度变化而变化
温度(℃)	压强(psi)
5	
−5	
−15	
−25	

预测

59. 运用波义耳定律预测,随着压强的增加,空气密度是如何变化的?

日积月累

60. 什么是同素异形体?说出三种具有同素异形体的元素的名称。

61. 在原子核的 2p 亚能级上,会存在 6 个电子吗?

62. 根据离子键、共价键对下列化学键进行分类。

a) NH 　　c) BaCl
b) BH 　　d) NaI

第 11 章 测 评

63. 大气压上升会对下列情况产生什么影响？
    a）水的沸点
    b）冰的熔点

技能训练

64. **因子标签法** 实验室里，有处于 1.25 atm、600 K 条件下的 400 L 甲烷气体。若将该气体压入 200 L 的瓶体内，冷却至 300 K，则压强是怎样变化的？

科技写作 化学

65. 现代工业常利用气体的不同性质来制造产品，请你举出三个有关气体在生活中应用的例子，其中至少有一项是家用产品，并对每一个产品所用到的气体性质做出解释。

66. 研究潜水减压病。解释它的起因和症状。给深潜者准备一本小册子告诉他们如何避免这一问题。

67. 用气体压强的知识解释活塞是如何疏通阻塞的排水管的。

68. 很多早期的气球驾驶者梦想坐着热气球环游世界，而直到 1999 年才成功。写一写你想象中坐热气球的旅行是什么样子的，包括如何通过调整空气的温度来控制你的高度。

69. 调查并解释潜水者使用的氧气罐上的校准器的功能。

解决问题

70. 在 1.50 atm、−33.0 ℃时，一氩气样本的体积是 2.00 L，那么在 207 ℃、2.00 atm 下，其体积如何变化？

71. 焊接时需要 2 atm 条件下的 4 500 L 乙炔气体。假如用 150 L 的钢瓶来贮存这些气体，钢瓶内部压强应为多少？

72. 25 ℃时，一个氦气球能储存 43 L 气体，如果温度升高至 55 ℃，体积变成多少？

73. 用查理定律判断图 11.24 的数据点的精确度。

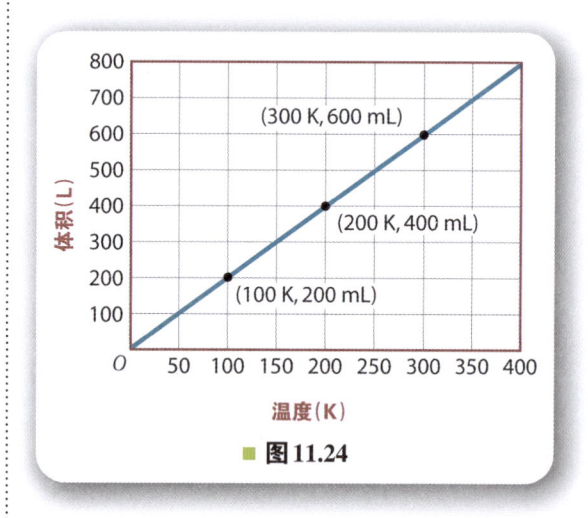

■ 图 11.24

74. 在水深 20 m 处，潜水员的排气管放出一个 0.5 mL 的气泡。当气泡到达水平面时它的体积变为 1.5 mL，那么潜水员所在的地方，压强为多少？

75. 在 2 atm、300 K 时，生产 15.4 L 的二氧化氮，至少需要多少升的氮气和氧气？

标准化测试

1. 下列哪项等于 1.00 atm？
   a) 760 mm Hg　　c) 14.7 psi
   b) 101.3 kpa　　d) 以上都是

2. 以下哪个是有机物的主要成分？
   a) 钠　　c) 钙
   b) 碳　　d) 钾

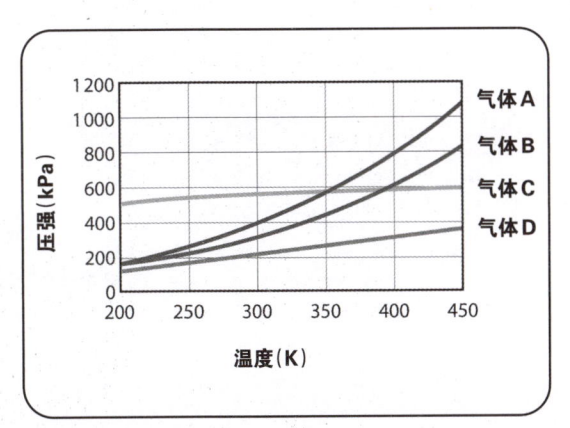

运用上图回答第 3~4 题。

3. 从上图可以看出
   a) 压强随温度上升而减小。
   b) 体积随压强减小而减小。
   c) 物质的量随温度下降而减少。
   d) 温度随压强减小而降低。

4. 在 310K 时，气体 B 的压强应该是
   a) 350 kPa。　　c) 620 kPa。
   b) 1 000 kPa。　　d) 1 200 kPa。

5. 用活塞以 3.92 atm 的压强将氩气压缩进 0.712 L 的容器中。慢慢释放活塞，直到气体的压强变成 1.5 atm。请问此时气体的体积将变成多少？
   a) 0.272 L　　c) 3.67 L
   b) 1.86 L　　d) 4.19 L

6. 如何减慢反应速率？
   a) 添加抑制剂
   b) 增大反应活化能
   c) 加入反应物
   d) 以上都是

7. 有 d 轨道的元素被称为
   a) 稀有气体。
   b) 过渡元素。
   c) 碱金属。
   d) 非金属。

8. 下面哪种元素不属于第 15 族？
   a) 钾　　c) 砷
   b) 铋　　d) 锑

9. 以下哪种化合物的 ΔEN 等于 0？
   a) CO　　c) H_2O
   b) O_2　　d) CH_4

10. 哪个说法能解释液体的行为？
    a) 液体分子相互接触，易相互流动。
    b) 液体分子相互接触，易沿直线流动。
    c) 液体分子被隔离开，能够相互移动。
    d) 液体分子被固定在一起，高温可破坏分子间的结合。

考点提示										
测试题号	1	2	3	4	5	6	7	8	9	10
对应章节	11.1	5.2	11.1	11.1	11.2	6.3	7.2	8.1	9.1	10.1

401

第 12 章 化学量

大 概念 摩尔代表大量微粒的集合。

第1节 计算物质的微粒数
主要 概念 1 mol 任何物质含有的微粒数目都是相同的,但是物质的量相同时,物质的质量通常并不相同。

第2节 摩尔的应用
主要 概念 化学方程式中反应物的摩尔数与生成物的摩尔数是有联系的。

你知道吗?

- 全世界有 7 500 种苹果,中国的苹果产量占全世界产量的 41%,居世界第一位。
- 4 个小苹果或者 3 个中等大小苹果的质量约为 500 g。
- 可以数个数或者称重来衡量苹果的多少。

课前活动

起步实验

1摩尔是多少

在计数数量较多的物质时,用"打"这样的单位总是显得方便一些。化学家也使用类似的计量单位,它就是摩尔。

实验器材
- 刻度尺
- 回形针

实验步骤
1. 测量一枚回形针的长度,精确到0.1 cm。
2. 称量一枚回形针的质量,精确到0.1 g。

实验分析
1. **计算** 假如1摩尔是6.02×10^{23}个,那么将回形针头尾相连,1摩尔的回形针的总长度是多少?
2. **确定** 1摩尔回形针的质量是多少?与地球的质量相比呢?(地球质量约为6.0×10^{24} kg)

探究 你算出的回形针的总长度折合多少光年?(1光年等于9.46×10^{15} m)将你测量出的距离如何与下面的天文距离相比较:地球离最近的恒星(除太阳之外)为4.3光年,离银河系的中心为30 000光年,离最近的河外星系为2×10^6光年。

折叠式学习卡 学习组织者

转换关系 按以下图示制作折叠式学习卡,帮助你整理有关转换因子的内容。

▶ **步骤1** 准备两张纸,横向对折。

▶ **步骤2** 在第一张纸上,沿一边折痕剪3 cm。在第二张纸上,沿一边的折痕剪小于3 cm的长度。

▶ **步骤3** 把第一张纸插入第二张纸的切口,制作成一本8页的小册子。

折叠式学习卡 在第1节和第2节中使用该折叠式学习卡。在你阅读的过程中,在折叠卡对应的位置记录关于换算因子的内容,并归纳每个转换的步骤。

403

第1节

核心问题
- 如何使用摩尔计数？
- 如何计算一定质量物质的微粒数？
- 如何用摩尔质量解决化学计量的问题？

术语回顾
阿伏加德罗定律：在相同的温度和压强下，等体积不同种的气体含有的微粒数相等。

关键术语
化学计量学
摩 尔
阿伏加德罗常数
摩尔质量
相对分子质量

计算物质的微粒数

主要 **概念** 1 mol 任何物质含有的微粒数目都是相同的，但是物质的量相同时，物质的质量通常并不相同。

链接真实世界 当你站在山峰上望着下面的森林时，你可能想知道这些树有多少叶子。你能用什么单位来衡量这个数量呢？化学家需要解决的，是比这更大的数量。

化学计量学

回忆一下，不同的气体以一定的比例化合称为气体化合定律，它是通过测定气体体积得到的。当初，阿伏加德罗认为，气体以固定的比率化合的原因是：在相同的温度和压强下，相同体积的气体包含相同的微粒数。他也许是考虑到了气体的混合实际上是气体微粒的重新排列。单个的气体微粒极小，以至于我们无法观察它重排的情况，但体积是可以直接测量的。阿伏加德罗最早尝试将样品微粒的个数与可直接的测量的物理量联系起来。

今天，通过运用**化学计量学（stoichiometry）**，我们可以测定参与化学反应的物质的量，并将其与其他的量联系起来。例如，知道了一份样品的质量和体积，就可以将其转换成其他形式，如原子、离子或分子的数目。

然而，即使是质量很小的物质，其中微粒的数目也是相当庞大的。好在我们找到了一种简便的方法来表示大量的原子、离子和分子。**图 12.1** 展示了几种生活中常见的物质。你想数 1 500 张纸还是 3 令纸？化学家们将粒子集合起来表示，使问题更简便。

■ **图 12.1** 计量不同类型的物质时，应使用合适的单位。一对是 2，一打是 12，一令是 500。
罗列 还有哪些计量单位是你熟悉的？

摩尔 举个例子，假设我们要数清满满一大桶的硬币，这是一个艰巨的任务。你会一个个数吗？又或者，你会不会先将硬币组成一个个集合，然后数这些集合的个数，得到硬币的总数？

图12.2提供了一种数大量硬币的方法。如果一个个数，你需要处理成千上万个硬币。但是你也可以仅做三次测量：测出盛硬币的桶的质量，测出装满硬币后桶的质量，以及1 000个硬币的质量。**图12.2**介绍了这种数大量硬币的方法，基于这三次测量可以得到硬币的精确数量。

阿伏加德罗常数 计算原子个数，你需要一个更大的集合，比1 000这个集合大得多。原子实在太小，即使是一个普通大小的样品物质，其所包含的微观粒子数也是无法数清的，乃至于把它们按照每组1 000个来数，仍不具有可操作性。即使以1 000 000作为单位进行处理也是不合适的。用来计量物质中原子、分子数的标准单位是**摩尔 (mol)**，1摩尔物质含有的微粒是6.02×10^{23}个，这个庞大的数量有一个名称：**阿伏加德罗常数（Avogadro constant）**。**图12.3**展示了各为1 mol的三种不同物质——水、铜和食盐。

所有的亚微观粒子都可以很方便地通过阿伏加德罗常数表示。1摩尔的碳中含有6.02×10^{23}个碳原子，1摩尔的二氧化碳分子中含有6.02×10^{23}个碳原子，1摩尔的钠离子中含有6.02×10^{23}个钠离子。以此类推，1摩尔的鸡蛋中就含有6.02×10^{23}个鸡蛋。但是，比起化学中相互作用的微粒，鸡蛋的质量很大，因此根本不需要使用阿伏加德罗常数对一个鸡蛋样品进行估测。

■ **图12.2** 如果你想确定一桶硬币的数目，所有的硬币总质量为70 125 g，1 000个硬币的质量为2 890.7 g，利用下面的比例式$70\ 125\ \text{g} \times \dfrac{1\ 000\ \text{个硬币}}{2\ 890.7\ \text{g}}$可计算出硬币的总数是24 259个，所以该容器中含有24 259个硬币。

■ **图12.3** 1 mol水、铜和食盐的微粒数都是6.02×10^{23}。

■ **图12.4** 你可以用天平称出500 g甲醇,但是500 g甲醇中有多少分子呢?又需要多少二氧化碳和氢气来合成甲醇呢?你需要想一种办法将宏观质量与化学反应中的微观粒子联系起来。

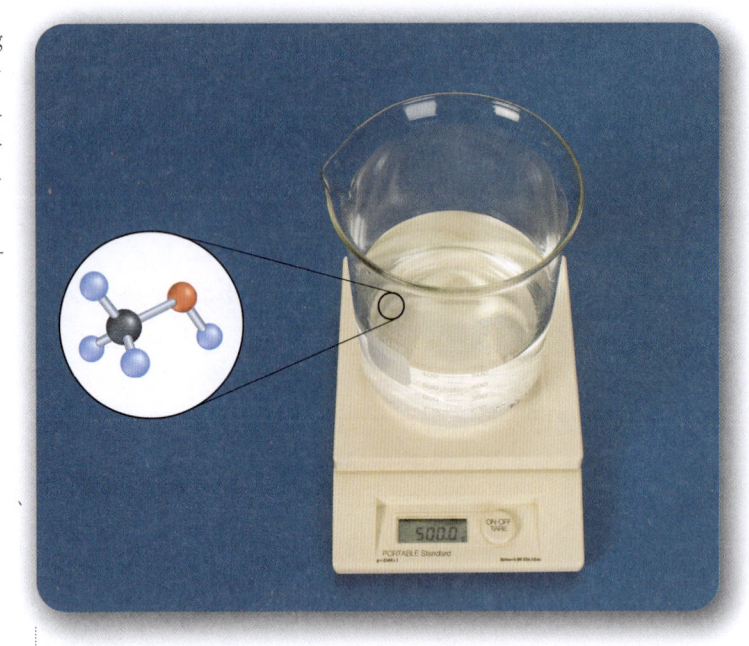

|拓展| 阅读|

阿伏加德罗常数的确切数字是 $6.022\ 141\ 79×10^{23}$。一般情况下,保留到 $6.02×10^{23}$ 就足够了。

|折叠式学习卡|

将本节中的信息归纳到你的折叠式学习卡中。

摩尔质量

在化学中,知道摩尔的大小能帮助我们解决多少问题呢?与纸可以打包成令不同的是,化学实验室并不能直接数出有多少摩尔,但是你可以用天平称出物质的质量。

比如,想要根据下面的化学方程式合成500 g甲醇,如**图12.4**所示。

$$CO_2(g) + 3H_2(g) \longrightarrow CH_3OH(l) + H_2O(g)$$

假如你想合成500 g的甲醇,需要多少克的二氧化碳和氢气?同时又会产生多少克的副产品水?这些都是关于产物和生成物的质量的问题。但是化学方程式显示的是3分子的氢气和1分子的二氧化碳进行反应,它只指明了反应物和生成物分子之间的关系,并没有表明其质量之间的关系。

为此,你需要像阿伏加德罗一样,将宏观的测量——二氧化碳和氢气的质量与甲醇的分子数目联系起来。要想知道生成500 g的甲醇需要多少克的二氧化碳和氢气,你首先得知道500 g的甲醇中含有多少个甲醇分子。

还记得清点桶装硬币数目的简便方法吗?我们先称一桶硬币的总质量,再随意取1 000枚硬币作为一份,称取它的质量,就不难算出一桶硬币所含的份数,从而得到硬币的总个数。我们可以采取同样的思路来计算甲醇分子的个数,但无需采用1 000这个数量级,而是另有一个更适合的单位——摩尔(mol)。结合需要制得的甲醇的质量,我们只需知道1摩尔甲醇的质量,即可算出甲醇分子的个数。

■ **图12.5** 一打橙子的质量约为一打鸡蛋的2倍,两者的质量不同是很好理解的,因为橙子的成分和大小与鸡蛋不同。

单质的摩尔质量 一打橙子与一打鸡蛋的质量不同,如**图12.5**所示。这是可以理解的——单个橙子的质量不等于单个鸡蛋的质量。类似地,不同的元素也有不同的质量。回忆一下元素周期表中已给出的每种元素原子的平均原子质量。例如,1个铁原子的平均质量是55.8 u,这里的u是指"原子质量单位"。

如何将1个原子的质量与1 mol原子的质量联系起来呢?原子质量单位是确定的,在碳的同位素中,最普通的1个碳原子的质量恰好是12 u,而1摩尔碳原子的质量正好是12 g。1摩尔纯净物的质量称为**摩尔质量(molar mass)**。你可以查找一下周期表中单质的摩尔质量:1摩尔铁原子的质量是55.847 g,1摩尔铂原子的质量是195.08 g。**图12.6**展示了用天平称量1摩尔铁。

假如某种单质以分子形式存在,那么请记住在计算该单质的摩尔质量时,须考虑分子中存在的原子个数。例如,氧元素以分子的形式存在,1个氧气分子中含有2个氧原子,所以,1摩尔氧气分子含有2摩尔的氧原子。因此氧气分子的摩尔质量是氧原子的摩尔质量的2倍:$2 \times 16.00 \text{ g·mol}^{-1} = 32 \text{ g·mol}^{-1}$。

词源

Stoichiometry

化学计量法

stoichen(希腊语):元素

metreon(希腊语):测量

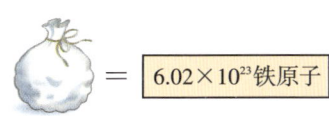

■ **图12.6** 1 mol铁,用1袋微粒表示,含有阿伏加德罗常数个微粒,质量与相对原子质量相等。
应用 铜的摩尔质量是多少?

1 mol铁 = 6.02×10^{23}铁原子

407

迷你实验 1

用质量来计数

不用计数的方法,你能确定一袋纽扣的数目吗 化学家和化学工程师常常需要在化学反应中精确地控制原子、分子或是离子的数目。虽然这些微粒小到无法用肉眼识别,而且数量十分庞大,但是通过测量它们的质量就可以确定它们的数目。我们也可以运用这个方法,不用计数而是利用称量的方法来估测小物件的数目。

实验步骤

1. 阅读并完成实验安全表格。
2. 数10枚纽扣并称量其质量,记录结果。
3. 称量并记录空塑料袋的质量。
4. 将袋子装满纽扣,并封好袋口。
5. 称量并记录其质量。

分析与讨论

1. **设计** 设计并实施这样的实验:利用已有数据,如何不打开袋子,就能确定纽扣的数目?
2. **计算** 计算袋子中的纽扣数量。
3. **验证** 打开袋子核查纽扣数目,与你的计算是否符合?请解释。

家庭实验
参见附录F,**测量白糖的物质的量。**

化合物的摩尔质量 在第4章中,你已经学过共价化合物是由分子组成的,离子化合物是由离子组成的。一种共价化合物的摩尔质量就是指1摩尔该分子中所有原子的质量之和。离子化合物的**相对分子质量(formula mass)**是指该化合物的化学式中各原子的相对原子质量的总和。摩尔质量就是1摩尔物质的质量。由此,就可计算共价化合物乙醇、离子化合物氯化钙的摩尔质量。如下所示:

乙醇(C_2H_5OH):共价化合物

2个C原子	2×12.0	=	24.0
6个H原子	6×1.00	=	6.00
1个O原子	1×16.0	=	+16.0
C_2H_5OH的相对分子质量			46

1摩尔C_2H_5OH的质量	46.0 g
乙醇的摩尔质量	46 g·mol^{-1}

氯化钙($CaCl_2$):离子化合物

1个钙原子	1×40.1	=	40.1
2个氯原子	2×35.5	=	+71.0
$CaCl_2$的相对分子质量			111.1

1摩尔$CaCl_2$的质量	111.1 g
$CaCl_2$的摩尔质量	111.1 g·mol^{-1}

例题1

样品中元素原子的数目 一根铁棒的质量是 16.8 g,那么这根铁棒中含有多少个铁原子?

1. **分析**

   利用元素周期表找到铁的摩尔质量。1个铁原子的平均质量是 55.8 u,1摩尔铁原子的质量是 55.8 g。

   > **提示**
   >
   > 摩尔质量的单位是克每摩尔,它可作为一个换算因子。

2. **方案**

   将铁棒的质量转换成摩尔数,利用1摩尔铁原子的质量作为换算因子。

   $$(16.8 \text{ g Fe})\left(\frac{1 \text{ mol Fe}}{55.8 \text{ g Fe}}\right)$$

   利用1摩尔铁原子的数目计算该铁棒中铁原子的数目。

   $$(16.8 \text{ g Fe})\left(\frac{1 \text{ mol Fe}}{55.8 \text{ g Fe}}\right)\left(\frac{6.02 \times 10^{23} \text{ Fe原子}}{1 \text{ mol Fe}}\right)$$

3. **实施**

   $$(16.8 \text{ g Fe})\left(\frac{1 \text{ mol Fe}}{55.8 \text{ g Fe}}\right)\left(\frac{6.02 \times 10^{23} \text{ Fe原子}}{1 \text{ mol Fe}}\right) = \frac{16.8 \times 6.02 \times 10^{23} \text{ Fe原子}}{55.8}$$

   $= 1.81 \times 10^{23}$ Fe原子

4. **检查**

   注意单位都消去了,只剩下铁原子数目。

例题2

化合物中所含粒子的个数 一份氧化铁粉末的质量是 16.8 g,那么其中含有的粒子数是多少?

1. **分析**

   运用元素周期表计算氧化铁的相对分子质量。

2个铁原子	$2 \times 55.8 =$	111.6
3个氧原子	$3 \times 16.0 =$	+ 48.0
氧化铁的相对分子质量		159.6

   因此,氧化铁的摩尔质量为 159.6 g·mol^{-1}。

2. **方案**

   把 Fe_2O_3 的摩尔转换成质量,利用1摩尔 Fe_2O_3 的质量作为换算因子。

   $$(16.8 \text{ g Fe}_2\text{O}_3)\left(\frac{1 \text{ mol Fe}_2\text{O}_3}{159.6 \text{ g Fe}_2\text{O}_3}\right)$$

   然后,我们将之乘以1摩尔氧化铁所含有的粒子数目。

   $$(16.8 \text{ g Fe}_2\text{O}_3)\left(\frac{1 \text{ mol Fe}_2\text{O}_3}{159.6 \text{ g Fe}_2\text{O}_3}\right)\left(\frac{6.02 \times 10^{23} \text{ Fe}_2\text{O}_3\text{单位}}{1 \text{ mol Fe}_2\text{O}_3}\right)$$

3. **实施**

   $$(16.8 \text{ g Fe}_2\text{O}_3)\left(\frac{1 \text{ mol Fe}_2\text{O}_3}{159.6 \text{ g Fe}_2\text{O}_3}\right)\left(\frac{6.02 \times 10^{23} \text{ Fe}_2\text{O}_3\text{单位}}{1 \text{ mol Fe}_2\text{O}_3}\right)$$

   $$= \frac{16.8 \times 6.02 \times 10^{23} \text{ Fe}_2\text{O}_3\text{单位}}{159.6 \text{ g Fe}_2\text{O}_3} = 6.34 \times 10^{22} \text{ Fe}_2\text{O}_3\text{单位}$$

4. **检查**

   计算方法是正确的,计算结果也是正确的。

例题 3

计算不同物质的量的化合物的质量 含有 7.50 mol H_2O 分子的水的质量是多少?

1 分析

通过水的相对分子质量计算水的摩尔质量。

2 个氢原子	2×1.00=	2.0
1 个氧原子	1×16.0=	+16.0
水的相对分子质量		18.0

水的摩尔质量为 18.0 $g \cdot mol^{-1}$。

2 方案

利用摩尔质量将物质的量转化为物质的质量:

$$(7.50 \text{ mol } H_2O)\left(\frac{18.0 \text{ g } H_2O}{1 \text{ mol } H_2O}\right)$$

3 实施

$$(7.50 \text{ mol } H_2O)\left(\frac{18.0 \text{ g } H_2O}{1 \text{ mol } H_2O}\right) = 7.50 \times 18.0 \text{ g } H_2O$$

$$= 135 \text{ g } H_2O$$

4 检查

最终的结果是小的质量,经检查知计算结果是正确的。

[补充练习]
有关质量与摩尔之间换算的额外练习,请见附录C。

练一练

1. 不用计算,判断 50.0 g 硫和 50.0 g 锡哪种物质含有较多数目的粒子,并通过计算证明你的答案。

2. 计算下列物质的粒子数目:
   a) 98.3 g 水银,Hg
   b) 45.6 g 金,Au
   c) 10.7 g 锂,Li
   d) 144.6 g 钨,W

3. 计算下列物质的粒子数:
   a) 6.84 g 蔗糖,$C_{12}H_{22}O_{11}$
   b) 16.0 g 二氧化硫,SO_2
   c) 68.0 g 氨气,NH_3
   d) 17.5 g 氧化铜,CuO

4. 计算下列物质的质量:
   a) 3.52 mol Si
   b) 1.25 mol 阿司匹林,$C_9H_8O_4$
   c) 0.550 mol F_2
   d) 2.35 mol BaI_2

艺术链接

加纳阿散蒂的黄铜砝码

想象一下，某个雨后的早晨，你去后院时发现地上放着一块黄金，你会有怎样的反应？这听起来是不是像在做梦？过去就有这样的事情，而且在加纳是司空见惯的。这是因为，那里的土地属于冲积层，富含金子。除了能从地上捡起裸露的金子外，还能从小溪里捞出金子。加纳的语言多达35种，阿散蒂居民就使用着其中的一种。阿散蒂的金子非常多，在小溪汇聚的地方常能见到金子，挖掘沉淀物可以找到金子，甚至在岩石中也能找到金子。正因为如此，当地居民将金粉和小颗粒的金子作为日常流通的货币。

阿散蒂的标准砝码 早在1 400年，阿散蒂人就铸造出充满艺术气息的砝码。最初，他们制造的砝码是简单的横条，但后来他们又铸造出了柱状、金字塔形、三角体、立方体等各种形状的砝码。他们还铸造了种子、甲虫、贝壳、鸡爪等形状的砝码。17世纪早期，铸造工艺更加精湛。在欧洲人殖民统治美洲期间，阿散蒂人制造出了许多精美的砝码，有精心雕刻的平面形状，还有复制人或动物形状的，如**图12.7**所示。

■ **图12.8** 现代砝码。

阿散蒂人都是技术娴熟的金属制造工匠。他们使用失传的石蜡法铸造黄铜砝码。他们先用石蜡铸制模具，外面包上陶土后进行烘烤。将热的石蜡倒出后，就留下了陶瓷模具。然后将熔化的金属倒入模具中。当金属冷却后，将模具打碎，就得到了铸造物。

今天，阿散蒂砝码作为艺术品被世界各地的艺术品爱好者收藏——这也是过去几个世纪中阿散蒂文化的见证。与现在使用的单调的砝码（**图12.8**）相比，阿散蒂砝码更富有生活情趣。

■ **图12.7** 精美的砝码。

化学 链接

1. **假设** 为什么实验室里的砝码易被腐蚀？
2. **应用** 为什么金很少能形成化合物？

■ **图12.9** 每种共价化合物样品中都含有$6.02×10^{23}$个分子，每种离子化合物中含有$6.02×10^{23}$个基本单位。每种化合物都有对应的摩尔质量。

推断 哪种化合物的摩尔质量最大？哪种最小？请解释。

图中标签：18 g 水；342 g 蔗糖；294 g 重铬酸钾；58.5 g 氯化钠

摩尔质量与化学计算

有了摩尔质量的概念，我们就能通过称量物质的质量这样简单的操作来计算物质中所含有的粒子数目。在寻找化学反应中反应物和生成物之间的关系时，这个概念同样是非常有用的。回忆一下我们刚开始讨论摩尔质量时提出的问题：500 g 甲醇是多少摩尔？现在通过化学计算，我们可以知道500 g 甲醇的摩尔数，参加反应的二氧化碳和氢气的分子数目以及二氧化碳、氢气和副产物水的质量。在下一节，你将会学习反应物的摩尔数与生成物的摩尔数之间的换算。**图12.9** 展示了一些常见物质的摩尔质量。

第1节 本节回顾

要点梳理

- 化学计量学将化学方程式中反应物与生成物的数量联系起来。
- 摩尔是计量微粒数目的单位，1摩尔纯净物含有$6.02×10^{23}$个微粒。
- 利用摩尔质量进行质量与物质的量之间的换算。

5. **主要概念** **比对与对比** 怎样利用类似数10.0 g铝中的原子个数的方法，计算一大卡车的硬币的数量？两种算法有什么不同？

6. **测评** 氮气的平均原子质量是氢气平均原子质量的14倍，据此你能推测氮气的质量是氢气质量的14倍吗？为什么？

7. **解释** 为什么说下面这句话是没有意义的？工业生产中需要糖—盐混合物2.15 mol。

8. **分析** 以克为单位，如何计算物质的平均原子质量？

9. **推断** 既然摩尔在化学计算中具有如此重要的地位，那为什么在化学实验室中要称量物质的质量而不是数物质的量？

第2节

核心问题
- 如何推测化学反应中反应物与生成物的质量？
- 如何用公式计算物质的量？
- 如何根据物质的量之比确定化合物的化学式？

术语回顾
摩尔：用于计算物质的原子数、分子数或其他粒子数的单位。

关键术语
摩尔体积
理想气体定律
理论产量
产 率
经验式

摩尔的应用

主要 概念 化学方程式中反应物的摩尔数与生成物的摩尔数是有联系的。

链接真实世界 你有没有自己动手烘烤过饼干？如果有的话，你一定知道，制作一定量的面团需要各种原料按照一定的比例混合。要想制得2倍大的面团，你就需要2倍的原料。化学反应也是类似的——一定量的反应物生成一定量的生成物。

摩尔质量在化学计算中的应用

在第11章中我们已经学到，配平后的化学方程式可以表明反应所需的气体的体积或是生成的气体的体积。类似地，我们也可以应用配平的化学方程式和每种物质的物质的量来推测反应物或生成物的质量。图12.10总结了从化学反应中一种物质的质量换算到另一种物质的质量的步骤。

必须要注意的是，我们无法直接从一种物质的质量换算到另一种物质的质量，必须先将已知的质量转换成摩尔。根据化学方程式的系数，我们可以知道每种参加反应的化学物质的微粒数，也就是知道了反应中每种化学物质的摩尔数。只要我们知道了某种反应物或生成物的摩尔数，我们就可以利用化学方程式的化学计量数计算另一种反应物或生成物的摩尔数。例题可以帮助你练习如何解决这类问题。

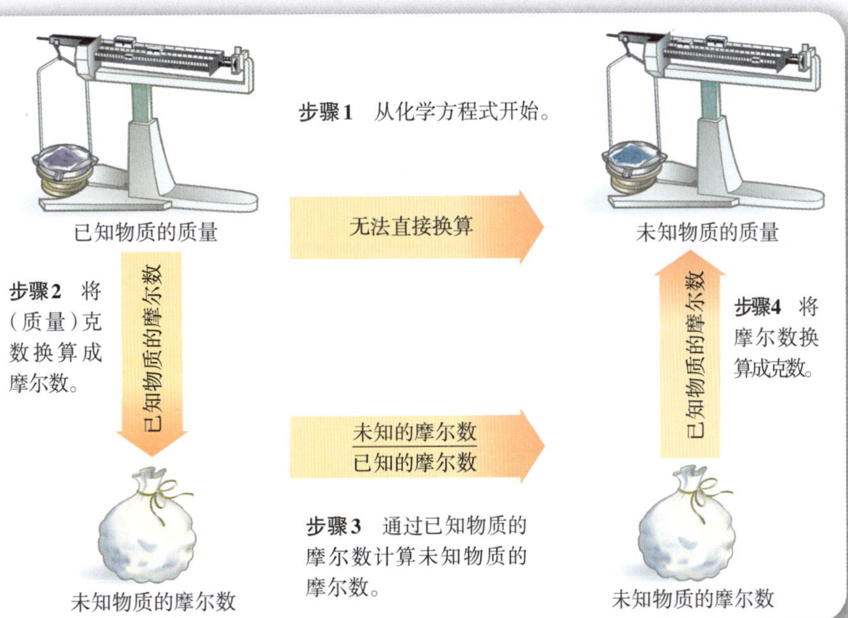

■ **图 12.10** 按照下列步骤，根据反应的化学方程式求得未知物质质量。注意，从已知物质转换到未知物质没有质量损耗，通过摩尔进行转化。但是，如果已知物质的摩尔数，你可以直接从步骤1跳到步骤3。

步骤1 从化学方程式开始。
已知物质的质量 → 无法直接换算 → 未知物质的质量
步骤2 将（质量）克数换算成摩尔数。
步骤3 通过已知物质的摩尔数计算未知物质的摩尔数。
步骤4 将摩尔数换算成克数。
已知物质的摩尔数 → 未知的摩尔数 / 已知的摩尔数 → 未知物质的摩尔数

413

例题 4

推测反应物和生成物的质量 氨气是由氮气和氢气通过下面的反应生成的:

$$N_2(g) + 3H_2(g) \longrightarrow 2NH_3(g)$$

要使3.75 g的氮气完全反应,需要氢气的质量是多少克? 生成多少克氨气?

> **提示**
> 配平的化学方程式是将一种物质的物质的量转化为另一种物质的物质的量的桥梁。

1 分析

反应物和产物是通过摩尔联系起来的,而不是质量。所需氢气的质量取决于3.75 g的氮气中所含有的氮气分子的数量以及在配平的化学方程式中氮气和氢气的物质的量之比。

2 方案

应用摩尔质量计算出氮气分子的物质的量。

$$(3.75 \text{ g N}_2)\left(\frac{1 \text{ mol N}_2}{28.0 \text{ g N}_2}\right)$$

为了计算出所需的氢气的质量,首先应当计算出氮气全部参加反应时所需的氢气的物质的量。由配平的化学方程式可知,3 mol 氢气和 1 mol 氮气可以完全反应。根据上面的计算方法,氮气分子的物质的量可通过下列比例式求算:

$$(3.75 \text{ g N}_2)\left(\frac{1 \text{ mol N}_2}{28.0 \text{ g N}_2}\right)\left(\frac{3 \text{ mol H}_2}{1 \text{ mol N}_2}\right)$$

要计算氢气的质量应使用氢气的摩尔质量:2.00 g。

$$(3.75 \text{ g N}_2)\left(\frac{1 \text{ mol N}_2}{28.0 \text{ g N}_2}\right)\left(\frac{3 \text{ mol H}_2}{1 \text{ mol N}_2}\right)\left(\frac{2.0 \text{ g H}_2}{1 \text{ mol H}_2}\right)$$

要计算生成氨气的质量:可通过氨气与氮气的物质的量之比计算出氨气的物质的量。

$$(3.75 \text{ g N}_2)\left(\frac{1 \text{ mol N}_2}{28.0 \text{ g N}_2}\right)\left(\frac{2 \text{ mol NH}_3}{1 \text{ mol N}_2}\right)$$

应用氨气的摩尔质量(17.0 g·mol^{-1})来计算生成氨气的质量。

$$(3.75 \text{ g N}_2)\left(\frac{1 \text{ mol N}_2}{28.0 \text{ g N}_2}\right)\left(\frac{2 \text{ mol NH}_3}{1 \text{ mol N}_2}\right)\left(\frac{17.0 \text{ g NH}_3}{1 \text{ mol NH}_3}\right)$$

3 实施

氢气的质量:

$$(3.75 \text{ g N}_2)\left(\frac{1 \text{ mol N}_2}{28.0 \text{ g N}_2}\right)\left(\frac{3 \text{ mol H}_2}{1 \text{ mol N}_2}\right)\left(\frac{2.0 \text{ g H}_2}{1 \text{ mol H}_2}\right) = \frac{3.75 \times 1 \times 3 \times 2.0 \text{ g H}_2}{28.0} = 0.804 \text{ g H}_2$$

氨气的质量:

$$(3.75 \text{ g N}_2)\left(\frac{1 \text{ mol N}_2}{28.0 \text{ g N}_2}\right)\left(\frac{2 \text{ mol NH}_3}{1 \text{ mol N}_2}\right)\left(\frac{17.0 \text{ g NH}_3}{1 \text{ mol NH}_3}\right) = \frac{3.75 \times 1 \times 2 \times 17.0 \text{ g NH}_3}{28.0}$$

$$= 4.55 \text{ g NH}_3$$

4 检查

单位约掉后只剩下克,与预期的一样。氢气的质量是正确的,因为氢气的摩尔质量比氮气的摩尔质量小。生成的氨气的质量也是正确的,参与反应的氢气和氮气的总质量就是氨的质量。

练一练

10. 丙烷 C_3H_8 是一种常用于家庭烧烤和露营野炊的燃料。燃烧 95.6 g 丙烷时，生成的二氧化碳的质量是多少克？

    $$C_3H_8(g) + 5O_2(g) \longrightarrow 3CO_2(g) + 4H_2O(g)$$

11. 固体六氟化氙是由氙气和氟气反应生成的。要生成 10.0 g XeF_6，需要多少克的氟气参加反应？

    $$Xe(g) + 3F_2(g) \longrightarrow XeF_6(s)$$

12. 使用问题 11 中的反应，计算生成 10.0 g XeF_6 需要多少克的 Xe 参加反应。

摩尔体积在化学计算中的应用

在第 11 章中，我们介绍了气体体积化合定律。阿伏加德罗由此定律推出了一个重要的结论：相同体积的气体含有相同数量的微粒。从摩尔角度考虑，阿伏加德罗定律也可以表述成：同温同压下，相同体积的气体所含物质的量相同。

气体**摩尔体积**(molar volume)是指在 1 个标准大气压(约 101 kPa)和 0.00 ℃(STP)条件下，1 摩尔气体所占据的体积。在 STP 条件下，1 摩尔任何气体的体积都是 22.4 L，如**图 12.11** 所示。例如，在 STP 条件下，1 摩尔氦气和 1 摩尔氯气的体积都是 22.4 L。

即使在 STP 条件下，1 摩尔任何气体的体积都是 22.4 L，但它们的质量是不同的。氦气分子的质量很轻，所以 1 摩尔氦气的质量要小于 1 摩尔空气的质量。因此，22.4 L 氦气要比 22.4 L 空气轻，这就是为什么氦气球能飘在空气中。但是，22.4 L 氯气的质量要比 22.4 L 空气重，所以充满氯气的气球会下沉。与摩尔质量一样，摩尔体积也经常应用于化学计算中，但是在使用摩尔体积前，必须确保是 STP 的条件下有关气体体积的问题。

> **折叠式学习卡**
>
> 将本节中的信息归纳到你的折叠式学习卡中。

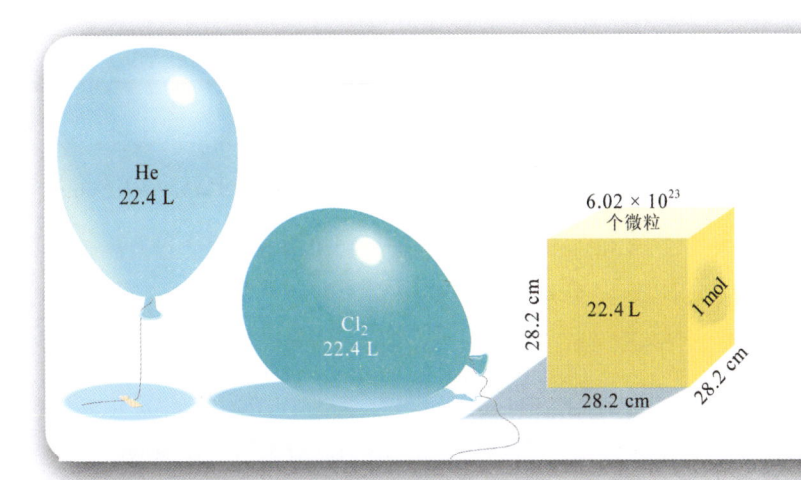

■ **图 12.11** 1 摩尔任何气体在 STP 条件下所占有的体积都是 22.4 L。那么这样的体积有多大呢？它相当于一个边长为 28.2 cm 的正方体大小。22.4 L 的气体含有该气体的原子数或分子数或物质数量都是 6.02×10^{23} 个，但 1 摩尔物质的质量是不同的。

解释 为什么充了 1 mol 氦气的气球会向上飘？

例题 5

利用气体摩尔体积　航天飞机释放出的 CO_2 气体通过含有 LiOH 的滤毒罐而被除去,发生反应的化学方程式如下:

$$CO_2(g) + 2LiOH(s) \longrightarrow Li_2CO_3(s) + H_2O(g)$$

在 101 kPa、25 ℃条件下,除去 500.0 L 的 CO_2 气体需要 LiOH 多少克?

1　分析

利用摩尔体积来计算物质的量。

2　方案

25 ℃时气体体积必须换算为标准状况(STP)下的体积。

$$V = (500.0 \text{ L CO}_2)\left(\frac{273 \text{ K}}{298 \text{ K}}\right) = 458 \text{ L CO}_2$$

再求出 CO_2 的物质的量:

$$(458 \text{ L CO}_2)\left(\frac{1 \text{ mol CO}_2}{22.4 \text{ L CO}_2}\right)$$

化学方程式表明 LiOH 与 CO_2 的物质的量比为 2∶1。因此,LiOH 的物质的量用下式来表示:

$$(458 \text{ L CO}_2)\left(\frac{1 \text{ mol CO}_2}{22.4 \text{ L CO}_2}\right)\left(\frac{2 \text{ mol LiOH}}{1 \text{ mol CO}_2}\right)$$

利用 LiOH 的摩尔质量 23.9 g·mol^{-1},把 LiOH 的物质的量换算成质量。

$$(458 \text{ L CO}_2)\left(\frac{1 \text{ mol CO}_2}{22.4 \text{ L CO}_2}\right)\left(\frac{2 \text{ mol LiOH}}{1 \text{ mol CO}_2}\right)\left(\frac{23.9 \text{ g LiOH}}{1 \text{ mol LiOH}}\right)$$

3　实施

$$(458 \text{ L } \cancel{CO_2})\left(\frac{1 \cancel{\text{mol CO}_2}}{22.4 \text{ L } \cancel{CO_2}}\right)\left(\frac{2 \cancel{\text{mol LiOH}}}{1 \cancel{\text{mol CO}_2}}\right)\left(\frac{23.9 \text{ g LiOH}}{1 \cancel{\text{mol LiOH}}}\right)$$

$$= \frac{458 \times 2 \times 23.9 \text{ g LiOH}}{22.4} = 977 \text{ g LiOH}$$

4　检查

1 000 g LiOH 约为 40 mol,根据化学方程式,大约 20 mol 的 CO_2 要从空气中除去,在 STP 条件下,20 mol 的任何气体所占的体积都约为 450 L,温度升高到 25 ℃时将膨胀为 500 L。

> **补充练习**
> 有关气体摩尔体积的额外练习,请见附录C。

练一练

13. 在 101 kPa、25 ℃条件下,生成 SO_2 3.42 L 需要多少克 S?
    化学方程式:$S(s) + O_2(g) \longrightarrow SO_2(g)$

14. 4.20 g 钠与过量的水反应,能生成多少升 500 ℃、101 kPa 下的氢气?
    化学方程式:$2Na + 2H_2O \longrightarrow 2NaOH + H_2\uparrow$

生活中的化学

安全气囊

1990年，在弗吉尼亚的一个小山顶上，两辆汽车发生了正面碰撞，还好两个司机都只受了一点轻伤，避免了一场灾难。这全得感谢化学反应以及安全带。这也是安装安全气囊的汽车正面撞车的首次记录。数据表明，安全气囊能够减少正面撞车中30%的死亡率。

安全气囊的工作原理 安全气囊膨胀的过程分以下几步，能够减缓司机和乘客的前倾，如**图12.12**所示。

1. 当汽车以16～24千米/时或者更大的速度与坚硬的障碍碰撞时，在撞击后的0.01秒内，装在车前端的传感器发出电流传送给控制器，后者立即发出点火信号并触发气体发生器。
2. 在0.03秒之内，储气囊发生化学反应产生大量氮气，立即吹胀气囊。在强大的冲击力作用下，气囊冲开方向盘上或者乘客侧门上的盖子并完全展开。
3. 司机或乘客撞到膨胀的气囊上。
4. 0.045秒后气囊缩小，气体从气囊底部的洞中排出，从而减缓撞击力，不致伤害司乘人员。

发生的化学反应 气囊中含有NaN_3固体，NaN_3能产生N_2而使气囊膨胀。平时，NaN_3颗粒、硝酸钾(KNO_3)、二氧化硅(SiO_2)、气体发生器，以及一个密封的安全袋放在汽车前轮上一个可打开的盖子下面。如果发生碰撞事故，点火器立即产生电流使NaN_3分解产生氮气和钠。

高活性钠会与硝酸钾反应生成氧化钾(K_2O)、氧化钠(Na_2O)和大量N_2。生成的金属氧化物(K_2O和Na_2O)与二氧化硅反应生成无害、稳定的硅酸盐玻璃。

与气体体积的关系 能保护司机不受伤害的气囊需要$0.065\,0\,m^3$的N_2——不能多也不能少。乘客的气囊需要$0.134\,0\,m^3$的N_2，因此固体NaN_3的质量要刚好能产生这些体积的N_2。不过，反应时的压强和温度都会影响气体的体积，从而影响需要的NaN_3的量。

理想气体定律可以用于计算特定压力下安全气囊所需要的N_2。当N_2的质量已知时，NaN_3的质量也可被精确计算出来。

安全气囊的发展前景 NaN_3的分解是快速填充气囊的可靠且高效的方法，但这并不是说它是完美的。如果反应物的计算不正确，Na会反应生成腐蚀性物质NaOH。目前人们也在尽可能地寻找NaN_3的替代物。另外，氩气和氦气可以压缩在更小的安全气囊中，不需要化学反应的参与。

■ 图12.12 膨胀的安全气囊。

进一步探索

1. **应用** 如果司机的气囊中需要130 g的NaN_3，那么乘客的气囊中需要NaN_3多少克？说明理由。
2. **推断** NaN_3反应时放出的热量对生成的氮气的压强和体积有什么影响？

迷你实验 2

计算反应物的量

为了让塑料袋充满二氧化碳，需要多少醋酸和烤面包用的小苏打参与反应 化学家们常常需要计算反应物与生成物的数量，从而达到效率高、投入少的目的。在这个实验中，我们将计算与醋酸反应生成的二氧化碳恰好充满1夸脱(约1.1 L)自封塑料袋所需的小苏打量。

实验步骤

1. 阅读并完成实验安全表格。
2. 写出烤面包用的小苏打(碳酸氢钠)和醋(醋酸)反应生成醋酸钠、水和二氧化碳的化学方程式并配平。
3. 测出1夸脱自封塑料袋的容积：把塑料袋装满水，然后把水倒入量筒或烧杯，水的体积就是塑料袋的容积。
4. 根据上述容积，以及碳酸氢钠与过量的醋酸反应的化学方程式，计算所需的碳酸氢钠的质量。
5. 称量所需要的碳酸氢钠，把碳酸氢钠放到袋子底部的一个小角落里，用包有塑料的螺旋线封住这个角落。
6. 往袋子的另一个角落注入60 mL 1 mol·L^{-1}的醋酸。小心操作以免反应物混合在一起。把袋子里的空气挤出去后，封住拉链的顶部。
7. 把袋子放在一个废弃的容器中或放在爆炸防护屏的后面。
8. 松开螺旋状的线，使反应物迅速混合发生反应。

分析与讨论

1. **解释** 列出用来计算所需烤面包用的小苏打质量的式子，并说明理由。
2. **计算** 一水处理厂现有过量的乙酸，若要生成20 000 L二氧化碳气体，则需要碳酸氢钠多少克？
3. **分析** 如果醋酸不足，那么在步骤8中会有什么现象？
4. **推测** 假设袋内的气体压强为101.5 kPa，这个压强与理想气体定律的压强一致吗？假设$T=20\ ℃,p=101$ kPa。

■ 图 12.13 轮胎内的压强随着气体分子数目的增多而增大。

理想气体定律

我们已经学习了解决关于温度、压强和气体体积变化的问题。所有这些问题都是假设气体的微粒数是一个常数。但是，如果气体的微粒数改变会怎样呢？例如，给轮胎打气，如**图 12.13**所示，轮胎内气体的微粒数目改变。**理想气体定律(ideal gas law)** 描述了压强(p)、体积(V)、温度(T)和气体的物质的量(n)之间的关系。

$$pV=nRT$$

在这个关系式中，常数R的值可以利用摩尔体积的定义计算。在STP条件下，1 mol任何气体所占的体积为22.4 L。因此，当$p=101.3$ kPa, $V=22.4$ L, $n=1$ mol, $T=273.15$ K时，根据理想气体定律可得：

$$101.3 \text{ kPa} \times 22.4 \text{ L}=1 \text{ mol} \times R \times 273.15 \text{ K}$$

现在,我们就可以把 R 算出来:
$$R=\frac{(101.3\text{ kPa})(22.4\text{ L})}{(1\text{ mol})(273.15\text{ K})}=\frac{8.31\text{ kPa}\cdot\text{L}}{\text{mol}\cdot\text{K}}$$

利用这一定律,你就能计算出气体的体积、压强、温度或物质的量。

例题 6

理想气体定律的应用 25 ℃、202 kPa 条件下,2.44 L 气体的物质的量是多少?

1 分析

利用理想气体定律,求解 n。
$$n=\frac{pV}{RT}$$

2 方案
$$n=\frac{202\text{ kPa}\times 2.44\text{ L}}{\left(\dfrac{8.31\text{ kPa}\cdot\text{L}}{\text{mol}\cdot\text{K}}\right)\times 298\text{ K}}$$

3 实施
$$n=\frac{202\text{ kPa}\times 2.44\text{ L}}{\left(\dfrac{8.31\text{ kPa}\cdot\text{L}}{\text{mol}\cdot\text{K}}\right)\times 298\text{ K}}=0.199\text{ mol}$$

4 检查

首先,求出 2.44 L 气体在 STP 条件下的体积。
$$V=(2.44\text{ L})\left(\frac{273\text{ K}}{298\text{ K}}\right)\left(\frac{202\text{ kPa}}{101\text{ kPa}}\right)=4.47\text{ L}$$

然后,求出 4.47 L 气体的物质的量。
$$(4.47\text{ L})\left(\frac{1\text{ mol}}{22.4\text{ L}}\right)=0.200\text{ mol}$$

0.200 mol 与计算值相近。

练一练

15. 在 101 kPa、30 ℃时,5.00 L 的罐中装的氦气是多少摩尔?

16. 在 27 ℃、0.505 kPa 时,0.02 mol 氖气所占的体积是多少?

17. 为了生成 32 ℃、115 kPa 条件下的 15.5 L 氢气,参加反应的锌的质量是多少克?
$$\text{Zn(s)}+\text{H}_2\text{SO}_4\text{(aq)}\longrightarrow\text{ZnSO}_4\text{(aq)}+\text{H}_2\text{(g)}$$

补充练习

有关理想气体定律的额外练习,请见附录 C。

理论产量和实际产量

通过化学计算得出的产量叫作**理论产量**(theoretical yield)。正如之前所示,如果 3.75 g N_2 完全反应,NH_3 的理论产量为 4.55 g。一个化学反应的实际产量通常要比预期的少。收集的方法、仪器、时间和化学工艺的不同,都有可能影响实际产量。

我们用**产率**(percent yield)来表示实际产量与理论产量的关系,它反映了一个化学反应的效率。一个反应的产率是实际产量和理论产量的比值,以百分数的形式来表示。假设氨的实际产量为 3.86 g,那么产率就可以用下式计算:

$$产率 = \frac{实际产量}{理论产量} \times 100\%$$

$$\frac{3.86 \text{ g NH}_3}{4.55 \text{ g NH}_3} \times 100\% = 84.8\%$$

这意味着从反应中获得的氨占理论产量的 84.8%。计算产率与计算棒球运动员的安打率类似,如**图 12.14**所示。

制造商对能否以较低成本高效率地生产化学药品非常重视,因为高产量使得物质的商业生产成为现实。例如,紫杉醇是天然存在的复杂化合物,具有强抗癌性。化学家历时 10 年尝试在实验室合成这种化合物。1994 年,两个独立的研究小组获得了成功。然而,由于合成过程复杂、耗时长,其产率甚至不到 1%。

■ **图 12.14** 你可以用击中次数除以攻击次数计算棒球运动员的安打率。例如,一位运动员击打 1 000 次,击中 352 次,安打率为 0.352。

$$\frac{击中次数}{攻击次数} = \frac{352}{1\ 000} = 0.352$$

正如安打率可以用来衡量一个击球手的击球效率一样,产率可以衡量反应的效率。

计算质量分数

众所周知,分子式可以表明化合物的元素组成,如香叶醇的分子式是 $C_{10}H_{18}O$(香叶醇具有玫瑰香味)。这个式子表明香叶醇是由碳、氢和氧元素组成的。因为这些元素都是非金属,所以,香叶醇极有可能是共价化合物,并且由分子组成。

另外,从分子式可以知道,每一个香叶醇分子由 10 个碳原子、18 个氢原子和 1 个氧原子构成。从原子数目来看,氢是构成香叶醇的主要元素。那么,从质量上看,你怎样才能判断哪些是构成香叶醇的主要元素呢?通过计算香叶醇中每种元素的质量分数,你就能回答这个问题。

已知香叶醇的摩尔质量为 $154\ g\cdot mol^{-1}$。那么,1 mol 香叶醇所含的碳原子的质量为多少克?分子式表明,1 个香叶醇分子含有 10 个碳原子,因此 1 mol 香叶醇含有 10 mol 的碳原子,把 1 mol 碳原子的质量乘以 10,就可得到 1 mol 香叶醇中碳原子的质量。

$$(10\ mol)\left(\frac{12.0\ g\ C}{mol}\right)=120\ g\ C$$

利用碳原子的质量就可以得出香叶醇中碳元素的质量分数:

$$C\%=\frac{120\ g\ C}{154\ g\ C_{10}H_{18}O}\times 100\%=77.9\%$$

通过类似的公式,可以计算出其他元素的质量分数。
1 mol 香叶醇中氢元素的质量:

$$(18\ mol)\times\left(\frac{1.0\ g\ H}{mol}\right)=18.0\ g\ H$$

$$氢元素的质量分数=\frac{氢元素的质量}{1\ mol\ 香叶醇的质量}\times 100\%$$

$$=\frac{18.0\ g\ H}{154\ g\ C_{10}H_{18}O}\times 100\%=11.7\%$$

1 mol 香叶醇中氧元素的质量:

$$(1\ mol)\times\left(\frac{16.0\ g\ O}{mol}\right)=16.0\ g\ O$$

$$氧元素的质量分数=\frac{氧元素的质量}{1\ mol\ 香叶醇的质量}\times 100\%$$

$$=\frac{16.0\ g\ O}{154\ g\ C_{10}H_{18}O}\times 100\%=10.4\%$$

通过上面的例子,你学会了怎样利用分子式和摩尔质量来计算化合物中每种元素的质量分数。**图 12.15** 中的饼图列出了香叶醇的组成元素及质量数。

■ **图 12.15** 这张饼图表示出了香叶醇中各元素的质量分数。

香叶醇中各元素的质量分数

H 11.7%
O 10.4%
C 77.9%

化学实验

分析混合物

背景
化学家常通过分析混合物来确定它的组成。分析的方法有很多,如气相色谱法、质谱分析、红外光谱等。在实验中,你可以用氯化锶和硫酸钠之间的复分解反应,来分析硫酸钠和氯化钠的混合物。

问题
硫酸钠在硫酸钠和氯化钠的混合物中的质量分数是多少?

目标
- **观察**氯化锶和硫酸钠的复分解反应。
- **称量**生成硫酸锶的质量。
- **比较**生成的硫酸锶和反应的硫酸钠的质量。

实验准备

实验器材
- 漏斗
- 装有蒸馏水的洗瓶
- 滤纸
- 250 mL的烧杯(2只)
- 50 mL的量筒
- 玻璃棒
- 铁架台
- 铁圈
- 药匙
- 称量盘或称量纸
- 天平

安全警示

实验步骤

1. 阅读并完成实验安全表格。
2. 先称出称量盘或称量纸的质量,将结果记录在数据表中。
3. 把0.5~0.6 g硫酸钠和氯化钠的混合物样本放在称量盘或称量纸上称量。把样本和容器的总质量记录在数据表中。
4. 将混合物倒入250 mL烧杯中,加入大约50 mL的蒸馏水,缓慢搅拌直到样品完全溶解。
5. 用量筒量取15 mL 0.5 mol·L^{-1}的氯化锶溶液,然后把它倒入盛有溶液的烧杯中,缓慢搅拌30秒,使硫酸锶完全沉淀。
6. 取一张滤纸,对折,撕掉其中的一个角。然后再对折。称出滤纸的质量,将结果记录在你的数据表中。
7. 在铁架台上固定一个漏斗支撑物或铁圈,把漏斗放进支撑物或铁圈中,随后把折叠好的滤纸放到漏斗里。取来洗瓶,用少量蒸馏水润湿滤纸。把250 mL的烧杯放在漏斗下面。

8. 用一根玻璃棒和一个洗瓶小心地把烧杯中的混合物（包括所有的沉淀物）转移到滤纸上，可以在老师的指导或示范下进行操作。
9. 往滤纸上滴加 10 mL 蒸馏水清洗沉淀。
10. 当不再有液滴从漏斗中流出时，小心地将滤纸和残余物从漏斗中移出。打开滤纸，将它放到一张纸巾上，并在纸巾上写下你的姓名。
11. 在老师的指导下处理滤液。
12. 次日，称量已经干燥的滤纸，把滤纸和剩余物的质量记录在数据表中。

实验数据与现象观察

数据表	
样本和称量盘的总质量	
称量盘的质量	
样本的质量	
硫酸锶和滤纸的总质量	
滤纸的质量	
硫酸锶的质量	

分析与讨论

1. **解释** 硫酸钠和氯化锶反应，配平后的化学方程式是什么？
2. **推断** 反应后生成的氯化钠和没有参与反应的原样品中的氯化钠，是在沉淀物中，还是在滤液中？
3. **计算** 反应生成的硫酸锶有多少克？提示：可以通过硫酸锶和滤纸的总质量减去滤纸的质量得到。
4. **计算** 原样品中硫酸钠的质量和质量分数分别是多少？

应用与评估

1. **预测** 加过量的氯化铝溶液可以沉淀硫酸钠中的硫酸根离子吗？请解释。
2. **误差分析** 称量时硫酸锶沉淀如果没有完全干燥，这对计算样品中硫酸钠的质量分数有何影响？

进一步探究
怎样验证沉淀中确实含有锶元素？

化学与技术

提高化学合成的产率

硫酸是世界上最重要的化工产品之一。硫酸的世界年产量大约是1.7亿吨，甚至可以说，经济的发展状况可以用硫酸的年产量来衡量，因为很多工作都与硫酸的生产和使用有关。在过去的几年里，硫酸的生产工艺已有较大提高，从而能高产量和高效益地生产硫酸。

硫酸的用途

硫酸生产总量的60%用来制造肥料。此外，硫酸还用于生产清洗剂、胶卷、合成纤维、颜料、涂料、药品以及其他的酸。硫酸也是某些电池中的电解质，还用作催化剂和脱水剂。提炼石油和冶炼金属时，硫酸也是一种重要原料。

铅室生产法——低产率的方法

铅室生产法是工业生产硫酸的第一代方法，因为此方法得到的硫酸纯度低（62%～72%的硫酸）、产率只有60%～80%，所以应用它的厂家已不多见。比起之后改进的"接触法"，尽管铅室生产法的产率低，但也有一个优点，就是成本相对较低。铅室生产法只被用来生产较低纯度的硫酸。

接触法——高产率的方法

接触法是应用最广泛的商业化生产方法。它比铅室生产法的成本高，但工艺相对简单，能生产出高纯度的硫酸，约为98%。此外，它不会产生污染大气的副产品。接触法生产可分为四步。

产率最大化

通过几种方法可以提高"接触法"的产率——选择最适宜的温度，使用高效的催化剂，及时移除循环反应中的产物，控制SO_3与水反应的速率。另外，选择合适的反应压力也能提高产率。阅读"接触法"的步骤，并与图12.16对照。

第1步

硫黄在空气中燃烧产生一种较稳定的化合物（SO_2），这个反应容易发生，反应速度很快。

$$S(s) + O_2(g) \longrightarrow SO_2(g)$$

在燃烧过程中产生的杂质要从SO_2中除去，这样，杂质就不会与下一步操作中的催化剂反应，也不会使催化剂中毒。

第2步

因为SO_2与过量氧气间的反应十分缓慢，所以要使用催化剂——V_2O_5或研磨得很细的铂。在催化剂的作用下，400 ℃时，反应生成SO_3。

$$2SO_2(g) + O_2(g) \xrightarrow{\text{催化剂}} 2SO_3(g)$$

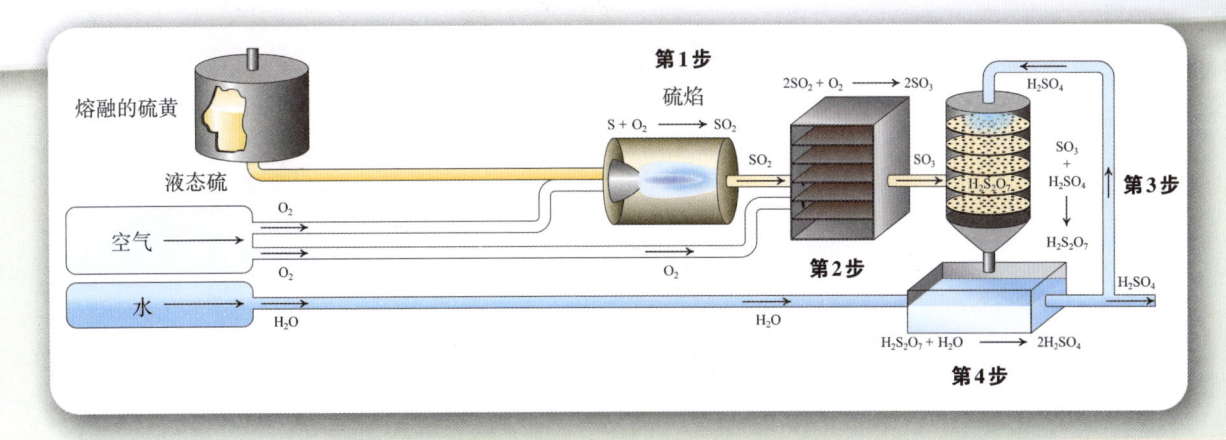

■ 图12.16 硫酸的"接触法"生产过程。

将SO₃迅速从接触室移走，否则它会逆向分解生成SO₂和O₂，移走SO₃能促使生成更多的SO₃。

第3步

因为SO₃能与水剧烈反应，当SO₃通过98%的浓硫酸时会起泡，形成焦硫酸——H₂S₂O₇，化学方程式为

$$SO_3(g) + H_2SO_4(l) \longrightarrow H_2S_2O_7(l)$$

第4步

向焦硫酸中加水，即生成了高质量的98%的浓硫酸。

$$H_2S_2O_7(l) + H_2O(l) \longrightarrow 2H_2SO_4(l)$$

获得更高产率

为了得到与理论值最接近的高产率，化学家不断调整生产工艺的温度、压力和其他条件。他们寻找更好的催化剂或采用新方法来避免副反应。对化学家来说，不想要的副产物是需要格外注意的。副产物通常会污染环境，增加生产成本。

绿色化学

接触法的过程是非常经济的，因为反应物不仅丰富而且便宜，也不会产生多余的副产物。我们知道副产物的储存或处理非常昂贵，而且会污染环境。所以，这种能保护生态的化学制造业被称为绿色化学或绿色工艺。

技术探讨

1. **假设** 煅烧黄铁矿（FeS₂）能够取代第一步中硫的燃烧，生成SO₂。写成这个反应的化学方程式。
2. **获取信息** 如何用硫酸来制造盐酸？查找资料，写出相关的化学方程式。

■ **图 12.17** 当你解决质量分数的题目时,将这幅图记在脑海中。你可以假设有 100 g 这种化合物,那么各元素的质量分数就成了各元素的质量。

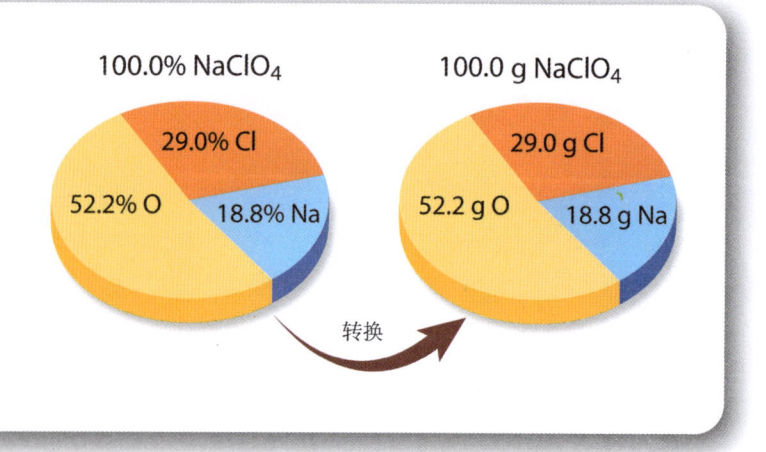

确定化学(分子)式

假定你分析一种未知物时发现:在质量组成上,其中有 18.8% Na、29.0% Cl、52.2% O。因为这种化合物既含有金属元素又含有非金属元素,它有可能是离子化合物。为确定它的化学式,需要求出化合物中 Na、Cl、O 原子的相对数目。

假设你有 100.0 g 未知的化合物,如**图 12.17** 所示。已知样品中 Na 的质量为 18.8 g,Cl 的质量为 29.0 g,O 的质量为 52.2 g,利用摩尔质量可得出每种元素的物质的量。

$$(18.8 \text{ g Na}) \left(\frac{1 \text{ mol Na}}{23.0 \text{ g Na}} \right) = 0.817 \text{ mol Na}$$

$$(29.0 \text{ g Cl}) \left(\frac{1 \text{ mol Cl}}{35.5 \text{ g Cl}} \right) = 0.817 \text{ mol Cl}$$

$$(52.2 \text{ g O}) \left(\frac{1 \text{ mol O}}{16.0 \text{ g O}} \right) = 3.26 \text{ mol O}$$

我们知道,原子是以最小整数比结合形成化合物的。为了得到最小整数比,只要将所有数据都除以物质的量最小的那一个即可。

$$\frac{0.817 \text{ mol Na}}{0.817} = 1.00 \text{ mol Na}$$

$$\frac{0.817 \text{ mol Cl}}{0.817} = 1.00 \text{ mol Cl}$$

$$\frac{3.26 \text{ mol O}}{0.817} = 3.99 \text{ mol O}$$

这些值都是整数或与整数非常接近。因此,这种化合物中各元素原子的物质的量之比为 Na:Cl:O = 1 mol:1 mol:4 mol。类似地,这个化合物中原子个数比为 Na:Cl:O = 1:1:4。

化合物的化学式中各原子的个数比是最简整数比。我们把这样的化学式称为**经验式(empirical formula)**,也称成分式、实验式。上述未知化合物的经验式为 $NaClO_4$。

词源

Empirical
经验的,实验的
empeirikos(希腊语):
从经验中得出来

从经验式到化学式　这种化合物的化学式又是什么呢？我们已经知道，表示离子化合物中离子间数量比的最简式称为化学式。绝大多数的离子化合物的化学式与它们的经验式一样。因为未知化合物是离子化合物，该化合物基本单元的化学式与其经验式一样，也是 $NaClO_4$，该化合物称作高氯酸钠。

化学式不同于经验式　现在来看另一个例子。假定一种化合物中各原子的质量分数分别为 40.0% C、6.7% H、53.3% O。因为这些元素都是非金属元素，所以此化合物很可能为共价化合物。假如该化合物的质量为 100 g，那么就有 40.0 g C、6.70 g H、53.3 g O。利用摩尔质量就可以得出每一种元素的物质的量。

$$(40.0 \text{ g C})\left(\frac{1 \text{ mol C}}{12.0 \text{ g C}}\right) = 3.33 \text{ mol C}$$

$$(6.70 \text{ g H})\left(\frac{1 \text{ mol H}}{1.00 \text{ g H}}\right) = 6.70 \text{ mol H}$$

$$(53.3 \text{ g O})\left(\frac{1 \text{ mol O}}{16.0 \text{ g O}}\right) = 3.33 \text{ mol O}$$

现在，把各元素的物质的量除以它们当中的最小值，就可得到

$$\frac{3.33 \text{ mol C}}{3.33} = 1.00 \text{ mol C}$$

$$\frac{6.70 \text{ mol H}}{3.33} = 2.01 \text{ mol H}$$

$$\frac{3.33 \text{ mol O}}{3.33} = 1.00 \text{ mol O}$$

因为物质的量之比等于原子的个数比，所以该化合物的经验式为 CH_2O。但经验式不一定就是分子式，许多不同的共价化合物具有相同的经验式，如**图 12.18** 所示，这是因为原子可以以不同的方式来共用电子。

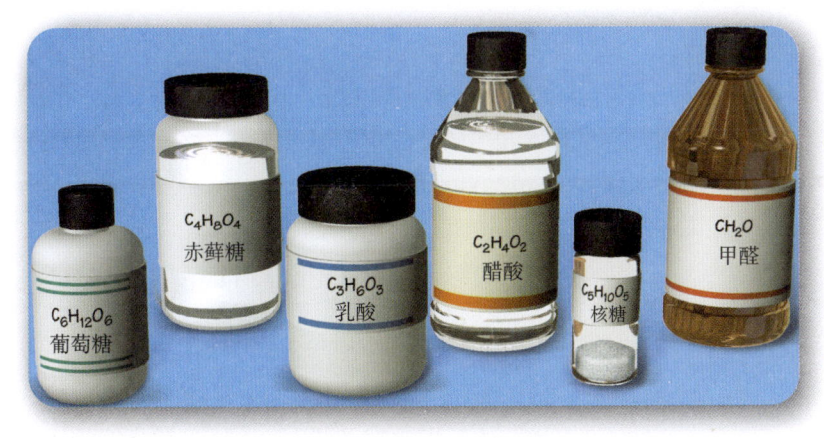

■ **图 12.18**　这些化合物中，原子个数比都为 C∶H∶O＝1∶2∶1。但每种化合物中，一分子物质所含的原子数并不相同，所以它们是不同种化合物。

描述　请描述醋酸和核糖物理性质上的一个不同之处。

经验式乘以一个系数就可得到正确的分子式。在这个过程中,你需要知道该化合物的摩尔质量。假定分析表明该化合物的摩尔质量是 90.0 g·mol⁻¹,一个 CH₂O 分子的摩尔质量为 30.0 g·mol⁻¹,把化合物的摩尔质量除以 30.0 g·mol⁻¹,你就可以得到要乘的系数。

$$\frac{90.0 \text{ u}}{30.0 \text{ u}} = 3$$

该化合物的分子式包含三个经验式或化学式单位,其分子式为 $C_3H_6O_3$。该化合物是乳酸,是让变质牛奶尝起来有酸味的主要物质。肌肉运动也会产生乳酸。剧烈运动之后,如果肌肉产生乳酸的速率比血液移除乳酸的速率快,就会让人感觉肌肉酸痛。锻炼过程中肌肉产生的乳酸会让人在之后的几天里感受到疼痛。

精彩预告

你学会了多种类型的化学计算。每种类型的计算都用到了摩尔的概念。因为物质反应就是微粒之间的相互作用,在微观水平上的微粒数目决定了宏观上的变化。在下一章里,将运用摩尔的概念和物质微粒的本质来学习溶液中的物质。

■ 图 12.19 激烈的运动中,肌肉会产生乳酸。剧烈运动后一两天肌肉疼痛就是乳酸堆积的结果。

第2节 本节回顾

要点梳理

- 化学方程式规定了反应中各物质的物质的量之比。
- 理想气体状态方程表示如下:$pV=nRT$。
- 产率是用来衡量化学反应效率的一个概念。

$$产率 = \frac{实际产量}{理论产量} \times 100\%$$

- 元素的质量分数可以通过化合物的化学式计算出来;一种化合物的经验式也可以通过其组成元素的质量分数求算出来。
- 如果知道一种化合物的摩尔质量和经验式,那么就可以求出这种物质的化学式。

18. **主要 概念** 列出 辛烷(C_8H_{18})是汽油的主要成分。请写出辛烷物燃烧生成 CO_2 气体和水蒸气的化学方程式,并确定燃烧反应中各物质的物质的量之比。

19. **计算** 如果问题 18 中有 25.0 g 辛烷燃烧,那么生成的水和二氧化碳各有多少克?

20. **评价** 某个生产商宣称研发出合成 CH_4 的新方法,该方法的产率为 110%。针对此言论,请发表你的见解。

21. **预测** 三氧化铁和铝的反应叫作铝热反应。该反应会放出大量的热,生成的铁都能被熔化。以前,这一反应常用来焊接偏远地区的铁轨。化学方程式如下。

$$Fe_2O_3(s) + 2Al(s) \longrightarrow Al_2O_3(s) + 2Fe(l)$$

如果每种反应物的质量都是 20.0 g,那么哪一种反应物可称为限量反应物?

22. **确定** 靛蓝,这种染料过去常用来染蓝色牛仔布。已知靛蓝的生产原料中有一种是氨基钠。氨基钠中各元素的质量分数如下:H 5.1%,N 35.9%,Na 59.0%。求氨基钠的经验式。

第 12 章 学习指南

大 概念 摩尔代表大量微粒的集合。

第1节 计算物质的微粒数

主要 概念 1 mol 任何物质含有的微粒数目都是相同的，但是物质的量相同时，物质的质量通常并不相同。

关键术语
化学计量学
摩　尔
阿伏加德罗常数
摩尔质量
相对分子质量

要点梳理

- 化学计量学将化学方程式中反应物与生成物的数量联系起来。
- 摩尔是计量微粒数目的单位，1 摩尔纯净物含有 6.02×10^{23} 个微粒。
- 利用摩尔质量进行质量与物质的量之间的换算。

第2节 摩尔的应用

主要 概念 化学方程式中反应物的摩尔数与生成物的摩尔数是有联系的。

关键术语
摩尔体积
理想气体定律
理论产量
产　率
经验式

要点梳理

- 化学方程式规定了反应中各物质的物质的量之比。
- 理想气体状态方程表示如下：$pV = nRT$。
- 产率是用来衡量化学反应效率的一个概念。

$$产率 = \frac{实际产量}{理论产量} \times 100\%$$

- 元素的质量分数可以通过化合物的化学式计算出来；一种化合物的经验式也可以通过其组成元素的质量分数求算出来。
- 如果知道一种化合物的摩尔质量和经验式，那么就可以求出这种物质的化学式。

第 12 章 测 评

要点理解

23. 一个生产商需要提供 20 000 套连通管。每套包括 1 个螺栓、2 个洗涤器和 3 个螺帽。那么,每种零件各需要多少?

24. 你的叔叔留给你一桶硬币。这桶硬币总共重 609 kg。若测得 50 个硬币重 105 kg,那么这桶硬币总共多少个?

25. 算出下列每种物质的摩尔质量。
    a) 液溴   c) 硝酸铅
    b) 氩气   d) 四氧化二氮

26. 说明你将如何利用称量法来取 40 000 个洗涤器。

27. 下列哪项中物质的质量最大?
    a) 3 个镁原子
    b) 1 个蔗糖($C_{12}H_{22}O_{11}$)分子
    c) 10 个氦原子

28. 下列哪项中物质的质量最大?
    a) 3 mol Mg
    b) 1 mol 蔗糖($C_{12}H_{22}O_{11}$)
    c) 10 mol He

29. 一个反应需要 0.498 mol 的 Cu_2SO_4,请问你必须称量多少克的 Cu_2SO_4?

30. UF_6 的相对分子质量是多少?UF_6 的摩尔质量是多少?

表12.1	一些化合物的摩尔质量
化合物	摩尔质量
C_6H_5Br	?
$K_2Cr_2O_7$	?
$(NH_4)_3PO_4$	?
$Fe(NO_3)_3$	?

31. 计算表 12.1 中缺失的摩尔质量。

32. 与 68.7 g 铁具有相同原子数的铜的质量是多少?

33. 解释在问题 32 中,为什么铜的质量和铁的质量不等。

34. 计算 0.345 mol $NaNO_2$ 的质量。

35. 计算。
    a) 求 0.254 mol $CaSO_4$ 的质量。
    b) 求 2.0 g 氮所含原子的数目。
    c) 求 198 g 葡萄糖($C_6H_{12}O_6$)的摩尔数。
    d) 求 10.8 g $MgBr_2$ 中的离子总数。

36. 油酸中有 76.6% C、12.1% H 和 11.3% O,摩尔质量为 282 g·mol^{-1}。求油酸的分子式。

37. 亚硝酸铝和氯化铵反应生成氯化铝、氮气和水。43.0 g 亚硝酸铝和 43.0 g 氯化铵完全反应,将生成氯化铝多少克?

38. 计算下列物质的摩尔质量。
    a) N_2 c) O_2
    b) I_2 d) Ni

39. 硝酸钠受热分解生成亚硝酸钠和氧气,这个反应常用于实验室中制备少量氧气。欲制取 128 g 氧气,需要硝酸钠多少克?

40. 85.6 g Ag_2S 与过量盐酸反应,计算生成的 AgCl 和 H_2S 的质量各是多少。

41. 某氮氧化合物中,N 的质量分数为 26%,又知该化合物的摩尔质量为 108 g·mol^{-1}。求该化合物的化学式。

42. 计算下列物质的物质的量。
    a) 43.6 g NH_3 c) 15.0 g CuO
    b) 5.0 g 阿司匹林($C_9H_8O_4$)

第 12 章 测评

43. 10.0 g 镁与过量的盐酸反应生成氯化镁。反应完全后,回收得到 30.8 g 氯化镁,请问产率是多少?

$$Mg(s)+2HCl(aq)\longrightarrow MgCl_2(aq)+H_2(g)$$

44. 求下列化合物的分子式。

　　a) 经验式:CH_2;摩尔质量:42 g·mol^{-1}
　　b) 经验式:CH;摩尔质量:78 g·mol^{-1}
　　c) 经验式:NO_2;摩尔质量:92 g·mol^{-1}

应用概念

45. 氢燃料的价格与含氢量有关。算出下列燃料中氢元素的质量分数。

　　a) 乙烷,C_2H_6　　**c)** 鲸油,$C_{32}H_{64}O_2$
　　b) 甲烷,CH_4

46. 过氧化氢和硝酸钠都是氧化剂的典型代表。比较这两种化合物中氧元素的质量分数。

艺术链接

47. 在中国,质量的标准单位是什么?质量还有哪些单位?

48. 血清素是大脑中的一种神经传导物质。其摩尔质量为 176 g·mol^{-1},利用**图 12.20** 中的饼图计算血清素的分子式。

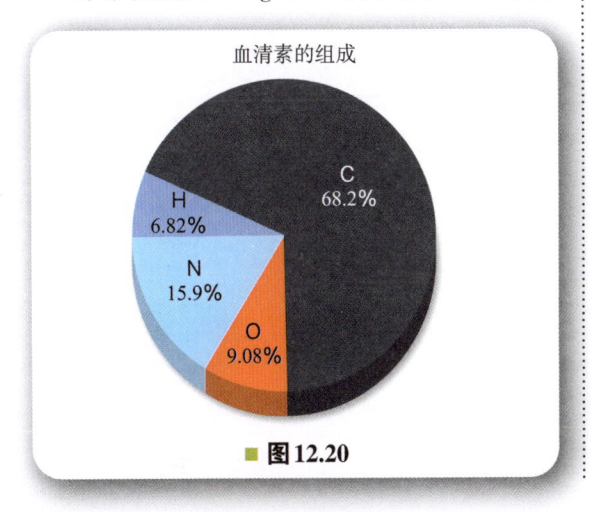

生活中的化学

49. 在 2.00 个标准大气压和 40.0 ℃的条件下,要用 N_2 填充 0.065 0 m^3 的安全气囊,请问需要叠氮化钠(NaN_3)多少克?(提示:1 m^3=1 000 L)

化学与技术

50. 列举硫酸的一些用途。

批判性思考

对比与比对

51. 区别摩尔质量和相对分子质量。

52. 化学实验　设计实验,测定硝酸银和硝酸钠的混合物中硝酸银的质量分数。

对比与比对

53. 迷你实验 1　如果已知某物质的摩尔质量,你将如何进行实验,确定该物质样品中的微粒数?

因果联系

54. 迷你实验 2　如果用碳酸钙来替代烤面包的苏打,那么反应物的质量要怎样改变?

日积月累

55. 区别原子序数和质量数。一种元素的同位素中,原子序数和质量数有何关联?

56. 为什么在元素周期表中,第 2 周期包含了 8 种元素?

57. 在标准状况下,某气体的体积为 8.50 L,求在 12 500 mm Hg 压强、75.00 ℃的条件下,它的体积是多少。

血清素的组成

C 68.2%
H 6.82%
N 15.9%
O 9.08%

图 12.20

第 12 章 测评

表12.2	利用化学计算			
项目	化学(分子)式	摩尔质量(g·mol^{-1})	微粒数	排序
10.0 g 萤石中的化学式单位				
10.0 g 氯化钠中的钠离子				
10.0 g 水中的水分子				
10.0 g 水中的氢原子				
10.0 g 二氧化碳中的二氧化碳分子				
10.0 g 一氧化碳中的一氧化碳分子				
10.0 g 阿司匹林中的阿司匹林分子($C_9H_8O_4$)				
10.0 g 阿司匹林中的碳原子				
10.0 g 阿司匹林中的价电子				

58. 回答下列有关糖和食盐的问题。
  a) 两种化合物的类型各是什么？
  b) 哪种化合物是电解质？
  c) 哪种化合物由分子构成？

技能训练

59. 运用图表 完成上面的**表12.2**，在最后一栏，请按照微粒数由少到多进行排序。在排序时，你用到每种微粒的物质的量或微粒数了吗？解释原因。

科技写作 化学

60. 1 mol 是一个如此巨大的数，因此很难想象 6.02×10^{23} 有多大。举 3 个例子表示 1 mol 事物的数目。第 1 个例子是时间，第 2 个例子是距离，第 3 个例子由你自己决定。

解决问题

61. 一个学生用 0.635 g 纯净的铜来进行下面一系列的化学反应(假设其他酸均过量)。

$$3Cu(s) + 8HNO_3(aq) \longrightarrow$$
$$3Cu(NO_3)_2(aq) + 2NO(g) + 4H_2O(l)$$
$$Cu(NO_3)_2(aq) + 2NaOH(aq) \longrightarrow$$
$$Cu(OH)_2(s) + 2NaNO_3(aq)$$
$$Cu(OH)_2(s) \longrightarrow CuO(s) + H_2O(l)$$
$$CuO(s) + H_2SO_4(aq) \longrightarrow CuSO_4(aq) + H_2O(l)$$
$$CuSO_4(aq) + Mg(s) \longrightarrow Cu(s) + MgSO_4(aq)$$

该学生在每一步反应结束后、下一步反应开始前分离并称量了化合物的质量。请问：在每一步反应中，铜制品的理论产量是多少克？根据质量守恒定律，与起始反应中铜的质量相比，最后一步中铜的产量是多少？

432

标准化测试

1. 宇宙中最常见的物质形态是
   a) 气态。
   b) 液态。
   c) 固态。
   d) 等离子体。

2. 查理定律指出气体的体积
   a) 与气体的温度成反比。
   b) 与气体的温度成正比。
   c) 与气体的压强成反比。
   d) 与气体的压强成正比。

根据下图,回答第3~4题。

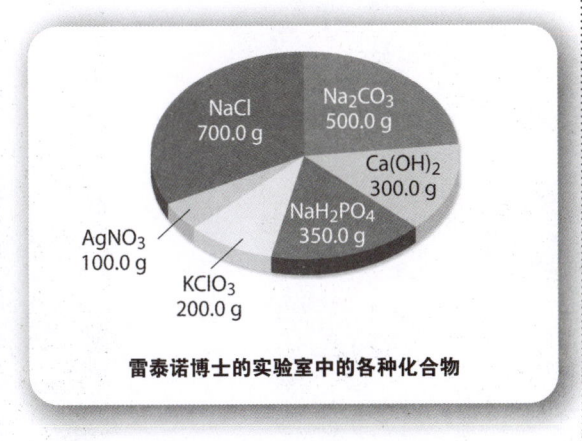

雷泰诺博士的实验室中的各种化合物:
- NaCl 700.0 g
- Na₂CO₃ 500.0 g
- Ca(OH)₂ 300.0 g
- NaH₂PO₄ 350.0 g
- KClO₃ 200.0 g
- AgNO₃ 100.0 g

3. 通过下面的反应可以制得银单质:
$$Cu(s)+2AgNO_3(aq) \longrightarrow 2Ag(s)+Cu(NO_3)_2(aq)$$
若把雷泰诺博士实验室中的$AgNO_3$反应完,需要多少克的金属铜?
   a) 18.7 g
   b) 37.3 g
   c) 74.7 g
   d) 100.0 g

4. 勒布朗克过程是制造氢氧化钠的传统方法。
$$NaCO_3(aq)+Ca(OH)_2(aq) \longrightarrow 2NaOH(aq)+CaCO_3(s)$$
使用雷泰诺博士实验室中的药品,可得到的NaOH的最大物质的量是多少?
   a) 4.050 mol
   b) 4.720 mol
   c) 8.097 mol
   d) 9.430 mol

5. 下列哪种物质的摩尔质量最大?
   a) KCl
   b) CH₃OH
   c) Ba(OH)₂
   d) CH₃COOH

6. 在元素周期表的同一周期中,原子的哪两种性质的变化趋势相同?
   a) 原子半径和电离能
   b) 离子半径和原子半径
   c) 电离能和离子半径
   d) 离子半径和电负性

7. 下列金属的哪种特性不能用价电子"海洋"理论解释?
   a) 导电性
   b) 导热性
   c) 延展性
   d) 低沸点

考点提示							
测试题号	1	2	3	4	5	6	7
对应章节	10.1	11.2	12.2	12.2	12.1	3.2	9.1

433

第 13 章 水和溶液

大 概念 水在许多化学反应中起着重要的作用。

第1节 神奇的水
主要 概念 水分子的亚微观结构决定了其独特的性质。

第2节 溶液及其性质
主要 概念 水能溶解许多不同的离子化合物和共价化合物。

你知道吗?

- 哈瓦苏河从37米高的悬崖落下,形成了哈瓦苏瀑布。
- 河水的蓝绿色是由于水中高含量的矿物造成的,其中主要成分是碳酸钙。
- 哈瓦苏瀑布的形状和流向每年都有很大的不同,因为矿物晶体的碎片会融入瀑布。
- 当碳酸盐矿物溶解在河水中时,会形成一种沉积岩,称为石灰华。

课前活动

起步实验

溶液的形成

溶剂粒子间的作用力以及溶质和溶剂粒子间的相互吸引,使得溶液的能量发生了变化。我们可以观察到这种变化吗?

实验器材
- 天平
- 50 mL 量筒
- 100 mL 烧杯(2只)
- 玻璃棒
- 氯化铵(NH_4Cl)
- 氯化钙($CaCl_2$)
- 水

实验步骤

1. 阅读并完成实验安全表格。
2. 称取 10 g 氯化铵放入 100 mL 的烧杯中。
3. 加入 30 mL 水,用玻璃棒搅拌。
4. 用手触摸烧杯底部,记录观察结果。
5. 用 $CaCl_2$ 重复上述步骤。

实验分析

推断 哪一个溶解过程是放热的?哪一个是吸热的?

探究 举例说明溶解时放热和吸热的实际应用。

折叠式学习卡 学习组织者

水的性质 按以下图示制作折叠式学习卡,帮助你整理有关水分子的内容。

步骤1 把一张纸从底边水平向上折 5 cm。

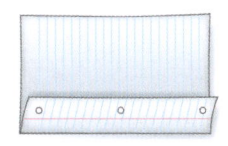

步骤2 对折。

步骤3 展开,将纸装订起来,形成两个口袋,分别标记为"水""溶液"。

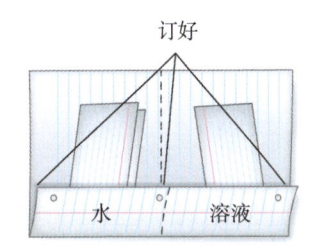

订好

水　溶液

折叠式学习卡 在第1节和第2节中使用该**折叠式学习卡**。在你阅读的过程中,用小卡片归纳关于水的分子结构如何影响水和溶液性质的相关内容,并把卡片放入对应口袋中。

435

第1节

核心问题
- 作为一种化学物质,水在哪些方面比较神奇?
- 水分子的三维结构是怎么样的?
- 水分子的结构是如何影响它的物理性质的?

术语回顾
粒子间作用力: 当微观粒子组成化合物时,粒子之间的相互作用力。

关键术语
氢　键
表面张力
毛细现象
比　热

神奇的水

主要 概念　水分子的亚微观结构决定了其独特的性质。

链接真实世界　水,覆盖了地球71%的表面,是一种常见的物质,但性质却不普通。大气中的水蒸气影响了天气的变化,山间的溪水是一种洁净的水,海洋是一个丰富的生态系统。甚至连维持生命的化学反应也离不开水——作为反应物、作为反应发生的场所,或是两者都是。为什么水会如此独特呢?

水的物理性质

由于水在生命中的作用如此之多,因此,我们对它的性质非常熟悉。如果科学地去研究水,你会发现它的确是一种不同寻常的化合物。**表13.1**比较了水和与其相对分子质量接近的物质的一些物理性质,包括状态、熔点和沸点等。由表可见,与其他小分子物质相比,水表现出了一些不同之处,它是一种独特的物质。

水通常被认为是一种液体,说起其他常见的液体,最容易想到的是水溶液。但在地球上,固态水(冰)和气态水(水蒸气)也大量存在。气态水存在于温泉周围以及空气中,对天气变化起重要的调节作用。冰河和冰川中的冰是一个巨大的淡水库。水是地球上唯一一种能以三种状态同时大量存在的物质。

水是独特的,因为大多数物质固态时的密度要比液态时大,而水是一个例外,固态水的密度反而比液态水小。因此,冰可以浮在液态水上而不沉入水中。如果冰与大多数固体一样,比相应的液态水的密度大,那么,湖泊和池塘将从底部开始结冰。

表13.1　水的特性

物质	化学(分子)式	相对分子质量	状态(室温)	熔点(℃)	沸点(℃)
甲烷	CH_4	16	气态	−183	−161
氨气	NH_3	17	气态	−78	−33
水	H_2O	18	液态	0	100
氮气	N_2	28	气态	−210	−196
氧气	O_2	32	气态	−218	−183

■ **图13.1** 冰的密度比水的密度小，所以冰总是浮在水面而不是沉入水底。否则，就不能滑冰了。

好在结冰总是发生在湖泊和池塘的表面，使得生活在水中的生物能度过寒冷的冬天。另外，如果冰与大多数固体一样的话，那么像冰球、花样滑冰和冰上钓鱼这样的时尚运动就无法开展了，如**图13.1**所示。

如何来解释水的这种独特的物理性质呢？**图13.2**讨论了前面学过的有关水的组成问题，包括电子分布情况和三维空间结构。氧原子的电负性比氢原子大很多，此外，氧原子带有两对未成对电子。因为电负性大和未成对电子的存在，分子中氧原子一端带部分负电荷。

水中的分子间作用力

像水分子这样的极性分子，其粒子间存在比非极性分子更强的相互作用力。你可以把水分子想象成一根根小的条形磁铁。

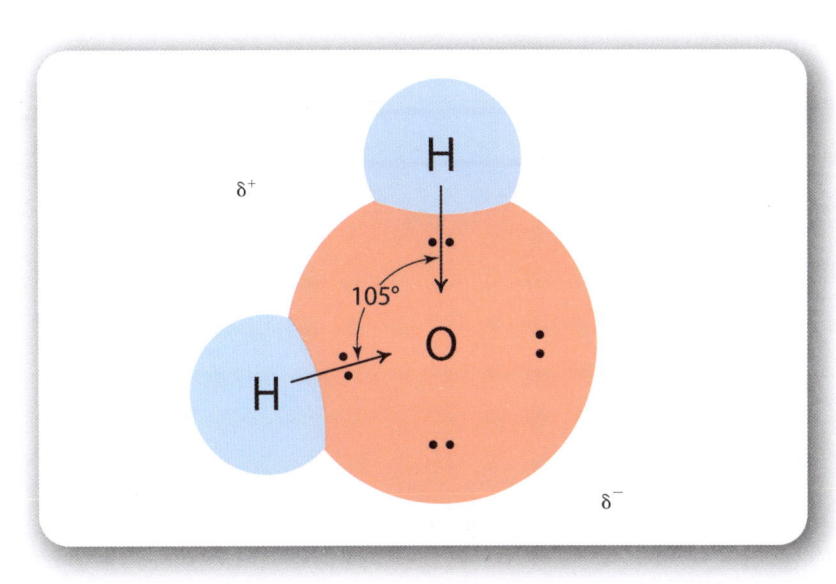

■ **图13.2** 水分子的中心原子氧的电子排布与它的三维空间结构有关。由于氢和氧的电负性相差很大，因此，当它们以共价键结合时，电子对并非被两个原子平均占有。再加上分子的弯曲结构，两个共价键上的正电荷和负电荷无法互相抵消，所以水分子表现出极性。

437

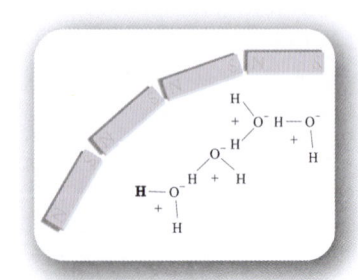

■ **图13.3** 水分子的相互吸引与磁铁的相互吸引类似。但是,水分子的分子间作用力是由相反的电性造成的,而不是磁性。这种相互作用在低温时更显著。

推断 为什么分子间作用力在低温时更显著?

图13.3 显示了水分子带正电荷的一极与带负电荷的一极相互吸引,就像磁铁的N极吸引S极一样。磁铁之间总是异名的磁极彼此吸引的。与磁极不同的是,水分子之间不是通过磁力彼此吸引,而是通过电性相互吸引,水分子也能做同样的排列。极性相反的两个原子相互吸引,从而使分子按一定的取向排列。

如**图**13.3 所示,如果你抽掉其中的一根条形磁铁,你会发现所有磁铁的位置将发生变化。对于一组水分子,如果去掉其中一个水分子,那么会发生同样的情况。这个模型说明了不管这个物体是条形磁铁还是水分子,物体间的吸引力并非只在两个物体分子间发生作用,吸引力可以共同作用从而组织起一组物体分子。

氢键 由于水分子之间存在相互作用力,因此,水中的大量水分子是有序排列的。为了弄清水分子之间的这种相互作用,我们可以用少量的水分子来进行模拟。如**图**13.4 所示,一个水分子上的氧原子与另一个水分子上的氢原子相互吸引,这种吸引并不属于共价键,不过其作用力还是比较强的。

像这样一个分子上的氢原子与另一个分子上电负性较大的其他原子相互吸引的作用叫作**氢键**(hydrogen bonding)。氢键是氢原子与体积小、电负性大、至少有1对未成对电子的原子之间形成的相互作用。能形成氢键的都是电负性较大的原子,包括氧、氟和氮。这三种原子符合形成氢键的所有条件:体积小,意味着能够接近氢原子;电负性大,意味着与氢原子形成的化学键有很强的电正性端和电负性端;至少1对孤对电子,正是这些孤电子对与另一分子显电正性的氢原子形成氢键。

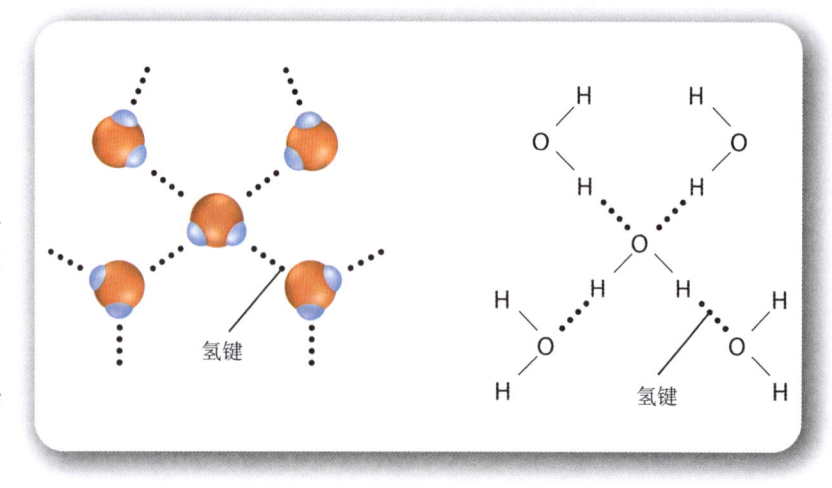

■ **图13.4** 水分子间的氢键比经典的偶极间的相互作用更强,因为氢原子与氧原子间键的极性很强。

解释 哪个是分子间作用力?哪个是分子内作用力?

438

形成氢键的分子　由于水分子之间存在相互作用力,因此,水中的大量水分子是有序排列的。由于氧原子的电负性很大,极易吸引氢原子上的电子,这使得氢原子几乎成为一个裸露的质子。在纯水中,每个水分子能与其他4个水分子形成氢键,如**图**13.4所示。由于这种很强的电荷偏移可以与其他4个分子发生相互作用,水很容易形成氢键网络。

水很容易形成氢键,含有O—H键的分子都有可能形成氢键。含有O—H键的有机化合物,如醇,也可以形成氢键,如**图**13.5。因此,酒精具有与水类似的一些物理性质。

许多生物分子中都含有O—H键,如蛋白质、核酸和碳水化合物,因此这些生物分子之间可以形成氢键网络。这些网络构架的延伸性连同其三维结构决定了生物分子在生命体中的作用。

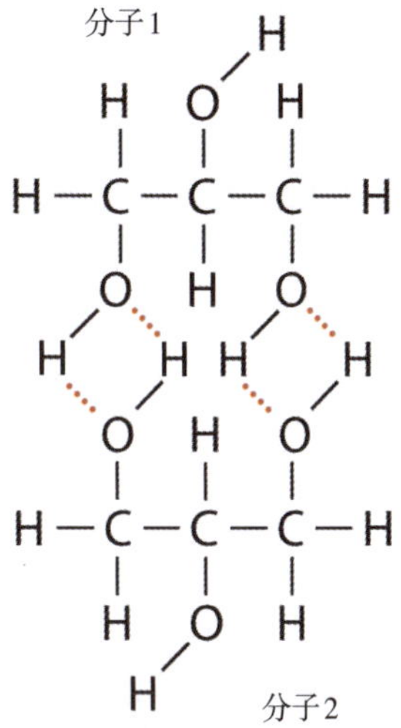

水的状态

表13.2中列举了与水分子质量相近的两种分子。你可以再比较一下体积相近的分子,水的物理性质是比较特殊的。例如,水分子很小,熔、沸点却很高。这些独特的物理性质中很大部分是由于水分子之间存在氢键。这是宏观性质与亚微观结构相互联系的又一个极好的例证。

■ **图** 13.5　醇类物质,如丙醇,含有O—H键。像水分子一样,这些O—H键可以形成氢键网络。

确定　两个丙醇分子间可能形成几个氢键?

表13.2	三种化合物分子的性质		
物质	分子结构	相对分子质量	沸点(℃)
甲烷(CH_4)		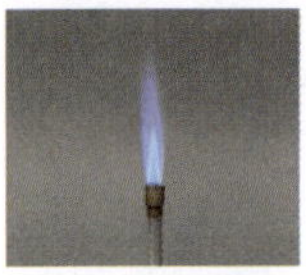 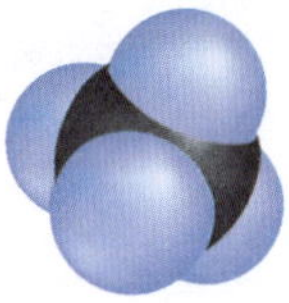 16	−161
氨气(NH_3)		 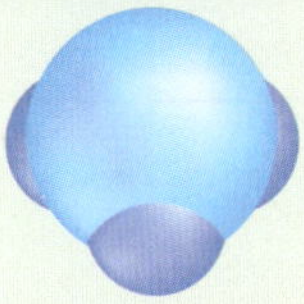 17	−33
水(H_2O)		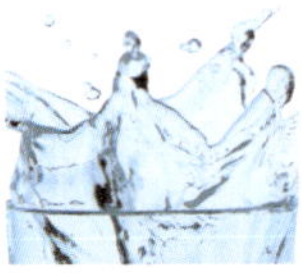  18	100

折叠式学习卡

将本节中的信息归纳到你的折叠式学习卡中。

固态水和液态水 地球上的水主要是以液态和固态存在的,气态的较少。这是因为,水分子间的氢键使分子牢牢地结合在了一起,无法在常温下轻易地转变成气体,这也是水分子虽小却具有高沸点(100 ℃)的原因。为了使水沸腾,必须破坏氢键,因此需要更多的能量。当温度达到100 ℃,氢键被破坏,水分子分开转变成水蒸气。

冰的密度 如果你将一小块冰投入一杯水中,你会发现冰是浮在水面上的。这说明,固态水的密度要比液态水的小。水的密度随温度变化的情况如**图13.6**所示。与大多数物质一样,液态水冷却时体积缩小,密度增大。这是因为随着温度的降低,水分子的运动减慢,彼此间通过吸引而靠得更近,而水的质量保持不变,因此密度就增大了。

水的密度转折点 当水冷却到4 ℃左右时,却出现了异常的情况:水的体积不再减小,密度达到最大值,此时,水分子之间已不能继续靠近。如果温度继续下降,水的体积随之增大,密度相应减小。

要解释上述现象,必须了解水结成冰时分子的排列发生了什么变化。在低于4 ℃时,水分子的排列开始倾向于固态时的排列,此时分子的排列变得高度有序,并形成敞开式的排列。这种排列是氢键作用的结果,它是水分子在接近或处于固态时最稳定的结构。

水结冰时体积膨胀使得水下生命得以幸存,但也会导致水管破裂,道路产生裂缝。水结冰时体积膨胀产生的力大得惊人,可以将巨石裂成碎片!**图13.7**显示了水的相变。

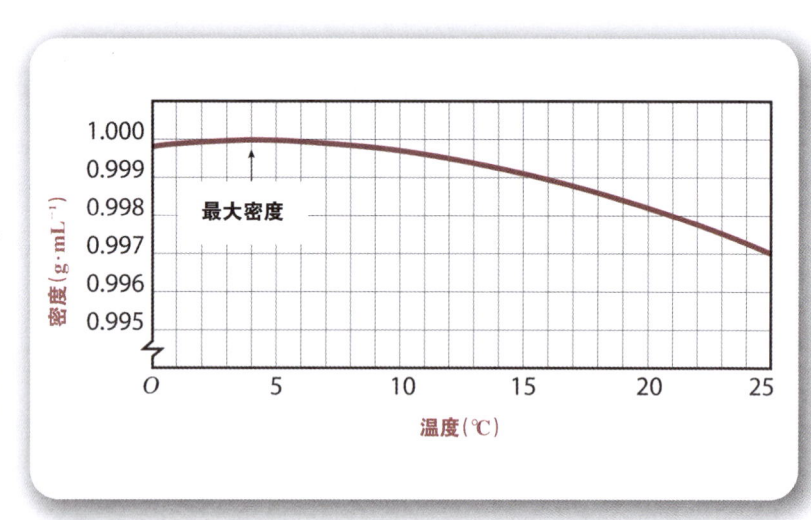

■ **图13.6** 4 ℃时,水的密度最大。

推断 当你将5 ℃的水倒入15 ℃的水中时,两者温度达到相同之前,冷水会沉入底部还是漂浮在水面上?

图形 13.7

水的相变

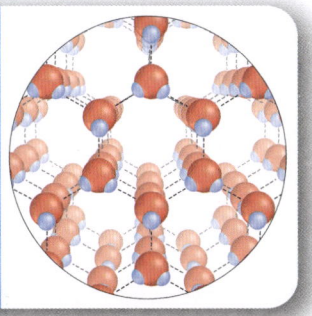

雪花都呈六瓣形,这反映了其中的键是敞开排列的。结冰时,在氢键的作用下,液态水分子彼此慢慢分开。

到 0 ℃时,液态水凝固成了冰。此时由于水分子的排列改变,水的体积骤增,而密度从 1.000 g·mL^{-1} 降为 0.916 7 g·mL^{-1}。正如这只被冰胀破的瓶子一样,水结成冰时体积的膨胀会带来一些危害。这一行为能加快腐蚀,不断地冷冻与解冻甚至能分裂大石头。

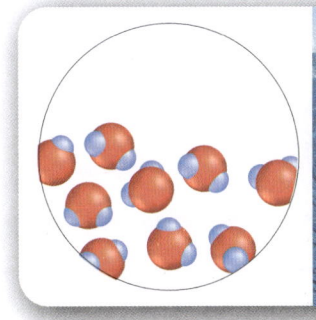

当温度达到 0 ℃以上时,冰开始融化。冰融化成水以后,水分子不再是整齐排列的了,而能够自由移动了。游泳池表面的水泡证明了水具有流动的性质。

当液体水达到沸点的时候,水分子能够快速移动。随着温度升高,密度不断减小。当水变成水蒸气以后,它的密度比周围的空气密度还要小。在大气中,水蒸气冷却形成云。

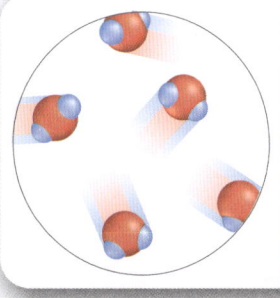

441

水分子间作用力存在的进一步证据

水的其他一些性质也证明,水分子间存在一种将水分子结合在一起的强作用力。借助这些可观察到的宏观性质,可为水分子的微观结构模型提供更多的证据。所有这些性质都与水分子独特的空间构型以及使 O—H 键形成极性键的电荷分布有关。

表面张力 你见过从水龙头滴下的水滴吗?每一滴水都包含了大量的水分子——大约有 $2×10^{21}$ 个。这么多的水分子结合在一起形成一滴水,这就是分子间作用力存在的最有力证据。

使水分子形成水滴的原因是**表面张力(surface tension)**,这种力可以克服分子间的作用力,使水分子在液体表面展开。液体的表面张力越大,就越难破坏其表面。太空中的水滴呈现完美的球形,水滴中心的分子完全被其他分子包围着,受到来自四面八方的分子吸引,而向内的作用力使水滴表面紧缩而凝聚起来。

表面张力的例子 水存在表面张力的例子随处可见。你可能见过水落在刚上过蜡的车身上形成的小水珠。水分子之间能够相互吸引,却不能吸引车蜡。由于表面张力的存在,水形成了小水珠。向杯中加水,水面可以稍微高出玻璃杯口而不溢出,这是水存在表面张力的另一个例子。**图13.8** 中的水黾是另一个很好的例子。

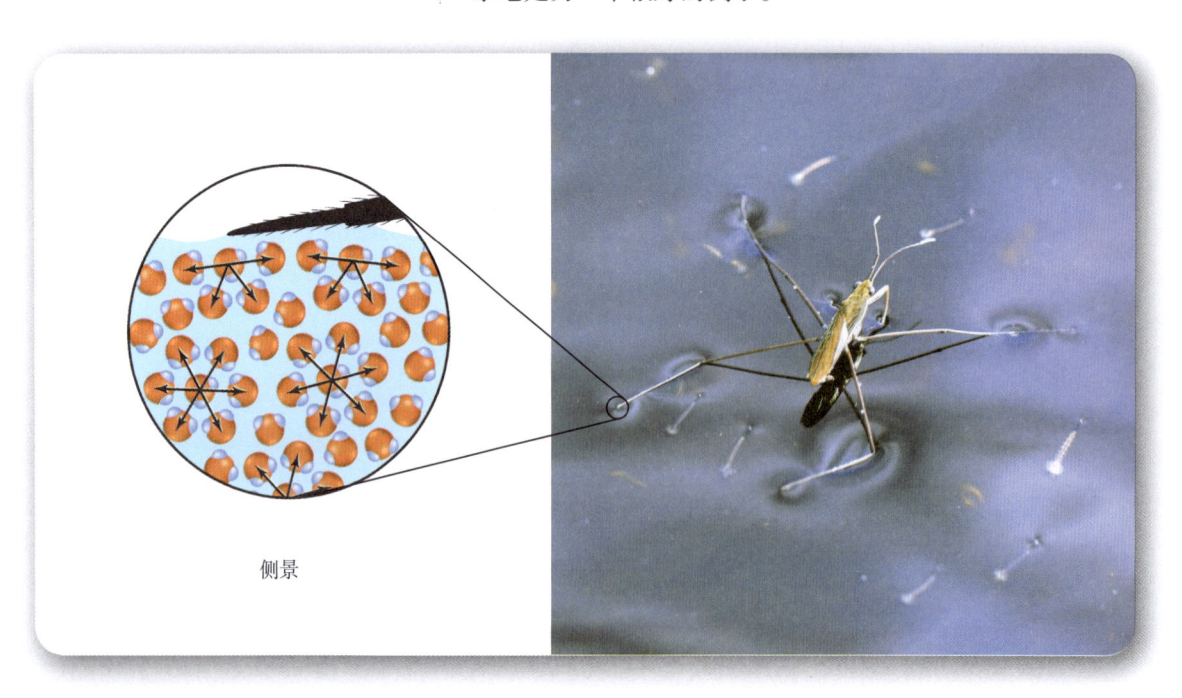

折叠式学习卡

将本节中的信息归纳到你的折叠式学习卡中。

■ **图 13.8** 在水的表面,水分子被吸引到内部,直到吸引和排斥平衡。
推断 你如何判断图中的水黾不是漂浮在水面上的?

侧景

442

迷你实验 1

表面张力
一枚硬币上能滴多少滴水或洗涤液？

实验步骤

1. 阅读并完成实验安全表格。
2. 在实验桌上平放一枚硬币。
3. 用尖嘴滴管吸取自来水，往硬币上滴水，注意不能溢出硬币的边缘，记录水滴数。
4. 用老师提供的洗涤液重复步骤3。

分析与讨论

1. **解释** 在这个实验中，哪些体现了表面张力的作用效果？
2. **推测** 水和洗涤液哪种液体的表面张力较小？为什么？

除水以外，其他液体也有表面张力，汞是其中的典型代表。汞的表面张力很大，其分子间作用力很强。实际上，汞的分子之间作用力如此之强，以至于在平整的表面上也能够形成小液滴。

毛细现象 你还记得做血常规检查时，医生从你手指上取少量血液样本时的情形吗？医生在用针扎破你的手指后，马上会用一根叫作毛细管的细长玻璃管来收集血样。即使没有任何吸引力的作用，血液也能直接进入毛细管中。**图 13.9** 利用毛细管证明了这个现象。细毛细管里的水的液面比粗毛细管里的水的液面要高。

词源

Capillarity
毛细作用、毛细现象
capillus（拉丁语）：头发

附着　凝聚

水分子和玻璃中二氧化硅的吸引力使得水分子能沿玻璃渗上去。

水分子之间相互内聚，附着在玻璃中的二氧化硅上。

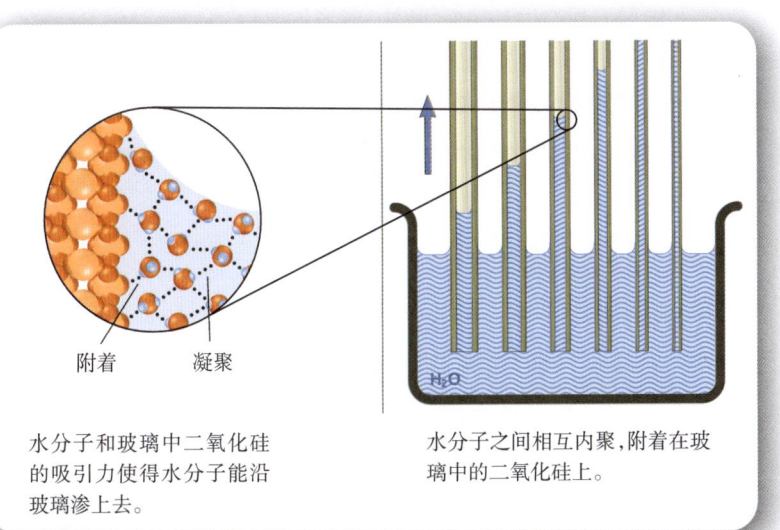

■ **图 13.9** 水分子具有内聚性质和附着性质。

推断 为什么细毛细管里的水面更高？

443

■ **图 13.10** 在试管中,水面形成下凹的弯月面(左),而汞则形成上凸的弯月面(右)。这是因为,汞原子与二氧化硅之间没有吸引力,所以不会与汞原子间的吸引力相竞争,只有因汞原子间的相互吸引力而产生的表面张力。

家庭 实验
参见附录F,**毛细现象**。

　　这种液体沿着狭窄的细管上升的现象就是**毛细现象(capillarity)**,有时也叫毛细作用。毛细现象的产生,是液体分子间的吸引力和液体与玻璃间的吸引力相互竞争的结果。

　　在玻璃管中,水分子能与组成玻璃的二氧化硅中的氧原子形成氢键,水与二氧化硅之间的这种吸引力使得水沿着管壁上升。由于水分子也能相互吸引,因此越来越多的水都向上移动。如果管很细,液体就会在管中上升得很高。由于管径很小,几乎所有的分子都能贴着管壁,从而使所有的水分子受到管壁的强烈吸引,更多水分子与管壁成键。所以,细管中的水面更高。

弯月的形成　　如果玻璃管直径像量筒那样大,你会发现液面上升的毛细现象仅仅发生在管壁处,即靠近管壁的分子上移,导致液面形成弯月的形状,如**图13.10**所示。**图13.10**比较了水和汞在玻璃管中的现象。汞原子之间相互吸引作用很强,但几乎与玻璃管壁没有吸引,所以汞形成的弯月方向与水相反。

比热　　在炎热的夏天,如果你跳入池塘,就会倍感凉爽。虽然气温很高,但水总是保持较低的温度。如果夜晚气温下降时,你再次跳入同一个池塘,就会发现水温并没有下降多少,比外界环境略高,水在温度改变上又一次滞后于环境。通过大量的观察发现,水的温度变化随环境的温度变化并不大。烧开的水很长时间才能凉下来,同样,煮沸一壶水要等很长一段时间,都是同样的道理。

表13.3　一些物质的比热值

物质	比热[J·(g·℃)⁻¹]
金，Au	0.129
铜，Cu	0.385
铁，Fe	0.450
玻璃	0.84
水泥	0.88
木材	1.76
乙醇，$C_2H_5OH(l)$	2.46
水，$H_2O(l)$	4.18

这些例子说明，水的比热很大。**比热(specific heat)** 是指1 g物质温度升高1 ℃时吸收的热量，热量的单位用焦耳表示。水和其他一些常见物质的比热值见**表13.3**。

水的比热　表13.3所列的物质中，水的比热最大。这表明与其他物质相比，要使水的温度改变1 ℃，必须吸收或放出更多的热量。换句话说，在其他条件不变的情况下，水的温度升高或降低比其他物质难。

水的比热是4.18 J·(g·℃)⁻¹（读作"焦耳每克每摄氏度"）。为了使1 g水的温度升高1 ℃，必须提供4.18 J的能量。相反，要使1 g水的温度降低1 ℃，则必须放出4.18 J的能量。这就是为什么游泳池中的水温上升或下降都很缓慢的道理，如**图13.11**所示。

■ 图13.11　白天，游泳池中的水温会随着气温的升高而慢慢升高，但当晚上室外温度降低时，池中的水还保持了适当的温度。这是因为水的比热较大，可以储存大量的热量。

■ **图 13.12** 黄昏时,沙漠的温度变化很大。因为缺少水,从太阳吸收的热量很快就散失了。

地球上的水资源是巨大的热量储藏库,它对调节地球表面的温度起到了重大的作用。白天,海洋吸收太阳辐射的热量,由于水的比热很高且量很大,虽然它吸收了大量的热量,但海水温度的上升并不明显。晚上,在没有太阳提供能量的情况下,储藏在海水中的热量就释放出来维持气温。

如果地球表面没有水作为温度调节器,那么白天气温将会剧增。由于岩石的比热比水小很多,岩石储存能量和缓慢放出能量的能力很弱。因此,如果没有水,那么到了晚上,地球就会变得异常寒冷。如果你去过沙漠,你一定对晴天时沙漠地区白天和夜晚的极端温差有深切的体会,如图 **13.12** 所示。

汽化热 从前面的学习我们已经知道,汽化是指从液态转变成气态的过程;在汽化过程中,必须克服粒子间的作用力。因此,液体汽化是一个吸热过程;使一定量的液体汽化所需的热量叫作汽化热(heat of vaporization)。物质从气态转变成液态的液化,则是放热过程。由于水分子的相互作用很强,水汽化时需要吸收大量的热,因此,水的汽化热很高。水在液化时也会放出大量的热,因此,水蒸气可以用于室内取暖,但也会造成烫伤。

蒸发是发生在液体表面的汽化现象。水的蒸发是人体调节体温的机能之一。当水蒸发时,它会带走皮肤表面的热量,降低体温。帮助调节体温的汗腺遍布全身皮肤,但主要集中在手心、脚底、额头,如图 **13.13** 所示。

■ **图 13.13** 出汗是身体通过汗腺将水排到体表的一种机理。水的蒸发是吸热过程,当水蒸发时,它会带走皮肤表面的热量。

推断 与皮肤其他部位相比,为什么额头调节体温的效果最好?

化学与社会

水 处 理

拧开水龙头,就会有清澈的水流出。虽然天天使用自来水,但你可能会像大多数人一样,不曾想过能够得到洁净的水是多么幸运!世界上有许多地方,人们被迫长途跋涉去取水,然而,经过艰苦的努力之后,仍不能保证所取的水是安全卫生的。在城市中使用的水大致是安全可靠的,因为这些水在到达你家里前,已经在自来水厂按照下列程序进行了处理,如图13.14。

1. 通过管道把远处的湖水或其他淡水资源运送到水处理厂。当这些水进入贮水池入口时,通过铁栅筛除去大的悬浮固体和垃圾。

2. 通过铁栅筛后,抽水机把水抽到6 m或者更高的地方,在重力的作用下,送到高处的水再分流到后面的几个水池中去。

3. 水中含有一些颗粒很小的物质,它们只能通过聚沉除去。为此,在水池中加入一些化学试剂,如铝盐、氯和生石灰。加入铝盐的目的是形成絮凝,铝盐是一种可以使水中较小的悬浮颗粒聚集在一起的凝结剂。氯可以杀死水中的细菌。生石灰可产生碳酸钙沉淀,从而可以用于净化。

4. 在沉降池中,细菌、淤泥和其他杂质黏附在絮凝剂上,沉降到池底,余下的水继续流向过滤池。

5. 在过滤池中,让水经过过滤,除去其中的沙砾,有时候还用木炭作最后的净化。

6. 经过以上处理的水在进入千家万户前,还要用氯进行消毒处理。最后,纯水保存在贮水库中,并被运送到千家万户、机关及企业。

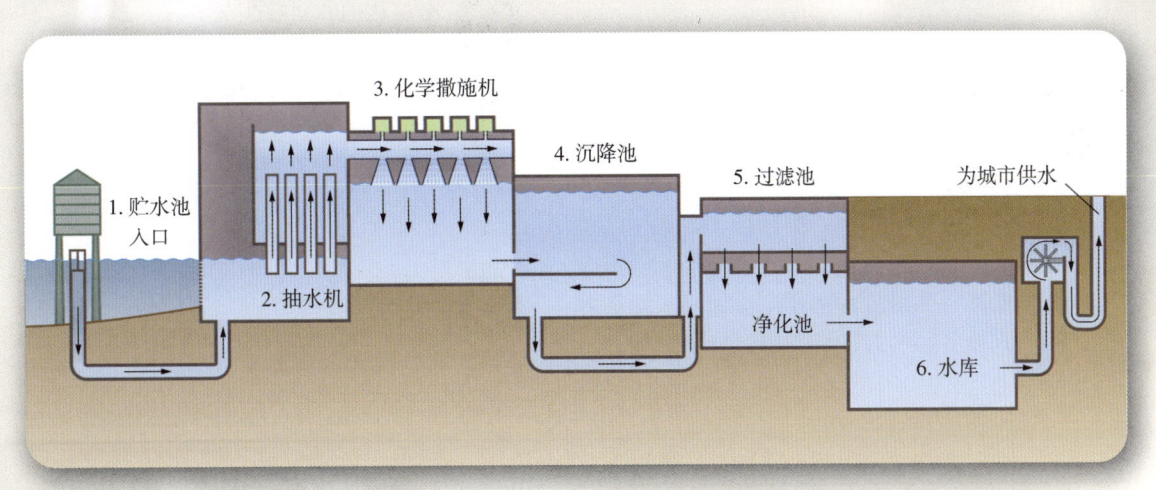

■ 图13.14 水处理车间的图示。

课题 分析

1. **获取信息** 调查水处理厂中如何采用生物处理来清除水中的有机废物。
2. **科技写作** 解释哪些社区活动可以确保当地的饮用水不会被污染。

化学工作者

艾丽斯·阿丽拉诺
废水处理员

工作日的早晨,闹钟响了,成千上万的人都涌向盥洗室,开始为新的一天做准备。打开淋浴头、冲厕所、刷牙,这些活动产生了大量的废水。这些废水通过城市污水管道系统送到废水处理厂。在废水处理厂,许多和艾丽斯·阿丽拉诺一样的工人与技术人员整天都在忙碌,用科学的方法处理这些废水,保证人们和环境的健康。

关于工作

Q 艾丽斯·阿丽拉诺女士,您能为我们介绍一下您的工作职责吗?

A 我是废水控制室的处理员,我们工厂负责净化得克萨斯州奥斯汀区域的废水。

Q 能否给我们介绍一下净水的流程?

A 首先,废水通过一根直径大约是137厘米的大管道流到工厂。我曾经在管道中见过一些极脏的物质。水通过铁栅筛后除掉了一些残渣,而较重的固体,如无机金属和沙子,沉到沉降池的底部。之后,用螺旋推运器将这些垃圾送到卡车上,卡车再把它们运到垃圾掩埋场填埋。对于经沉降后的水,先进行初级处理,除去仍然悬浮在水上的漂浮物,然后再进行二次处理,将水送入充气槽罐。在那里,微生物分解有害的物质。如果用我喜欢的非技术性的语言来说,微生物从池的顶部开始一路披荆斩棘吃掉有机物。

Q 净化后的水送往何处?

A 流到小溪中,最后到达科罗拉多河和鲍威尔湖。过滤过的水又可以再次利用。地球上的总水量是有限的,所以必须重复使用。

Q 天气对您的工作有影响吗?

A 在下雨天,我的工作会变得很棘手。一般来说,工厂每天处理15 000万升的水。水总容量大概是4.5亿升。但是一场暴雨会大大地超过这个容量,达到15亿升。这样,我们只能通过简单的加氯处理后,打开水阀,让水流出。

Q 当您与他人谈到自己的职业时，人们作何反应？

A 有些人很羡慕，因为这个工作薪酬高且稳定。但并不是所有人都愿意从事这份工作，因为氨的气味很浓。有一次，尽管我戴上了手套和护目镜，用上了我全部的安全装备，但还是患了胃病。不过，我热爱这份工作，我想学习工厂中的每一道工序，所以我向很多人请教问题，其中包括技工、仪器工作人员和电工。

早期影响

Q 这是您毕业后的第一份工作吗？

A 因为我很早当母亲，所以比较晚获得高中同等学历证书。我的一个朋友，也是我的垒球队友，在这个工厂里工作，鼓励我考取操作员的资格证书。因为真的想提高自己，我就参加了废水处理学习班。

Q 您觉得在学校里学的数学和化学有用吗？

A 我必须知道添加二氧化硫或氯后发生的反应。经过处理除去氯后，排放到小溪里的水才不会危害鱼类。除了化学知识外，工作中的经验也是至关重要的。

个人观点

Q 并不是很多的女性从事这份工作吧？

A 这里男性同事占大多数，但目前情况正在改变。我女儿参加了"带着女儿上班"的活动，开始对我从事的工作感兴趣了。

Q 您对不喜欢学校的年轻人有何忠告？

A 在学校里应当努力学习，我告诉我的女儿，当她有了成年人的责任感时，她才可以按自己的意愿做事。这几天总是有一群年轻人向我寻求帮助。因为我在他们的年龄时，也有过类似的经历，所以他们相信我能帮他们解决困扰。

职业 链接

其他与水有关的重要工作有：

环境安全检查员：要求大学学历并持有相关证书。

环境技术员：两年资格鉴定。

工业机械技工：高中学历，要有见习经历。

449

■ 图 13.15 你喝的都是水溶液。软饮料、茶、咖啡、泉水,甚至自来水都是水溶液。蒸馏水也是水溶液,它溶解了气体。

水:超级溶剂

地球上的水大多不是纯水,而是含有各种成分的溶液。由于水能溶解许多物质,因此,水很难保持纯净。水的重要物理性质之一是它能够溶解各种各样的物质,因此人们有时将它称作万能溶剂。水之所以具有这种优良的溶解性能,原因仍然是水分子对其他分子的吸引力,以及水分子间的相互吸引。

从某种意义上说,人类所消耗的水几乎都是水溶液,如图13.15所示。对生命体来说,水溶液的意义重大。在植物体中,水溶液运送营养物质,人体血液中也是如此。另外,几乎所有发生在生命体中的化学反应都是在水环境中进行的。没有水,这些反应都不会发生。

第1节 本节回顾

要点梳理

- 水之所以具有特殊的物理性质,原因在于水分子的极性。
- 氢原子与另一分子中电负性很大的原子形成氢键。
- 比热是指1 g某物质温度升高1 ℃所需要吸收的热量。

1. **主要** **概念** **列表** 列出水与其他分子大小相似的化合物的五种不同的物理性质。
2. **模型** 画图说明什么是氢键。
3. **描述** 什么是表面张力?运用表面张力的概念解释为什么水滴呈球形。
4. **比较** 乙二醇的分子式是 $C_2H_4(OH)_2$,每个分子中含有两个 O—H 键,而乙醇(C_2H_5OH)分子中只有一个 O—H 键,据此判断乙醇和乙二醇沸点的高低。
5. **推断** 为什么如果湿度很大,炎热的天气会更加让人感到不舒服?
6. **解释** 为什么水在量筒中会形成弯月面?

第2节

核心问题
- 比较和对比水溶解离子化合物和共价化合物的能力。
- 如何计算溶液的浓度？
- 溶液的依数性是什么？

术语回顾
毛细现象：液体沿着狭窄的细管上升的现象。

关键术语
离解
不饱和溶液
饱和溶液
过饱和溶液
溶解热
渗透
胶体
丁达尔效应

溶液及其性质

主要 概念　水能溶解许多不同的离子化合物和共价化合物。

链接真实世界　泡茶时，我们将茶包放入热水中，几分钟以后，拿走茶包。我们知道茶中一定有什么东西溶解到水中了，因为水的颜色变深了，而且味道变了。清理茶包时，剩下一些不溶的物质。为什么一些物质能溶解在水中，一些物质不能呢？

溶解过程

就像研究水的其他物理性质时所用的方法一样，在研究水的溶解性时，我们可以从水分子的结构入手。正是水分子与各种各样的溶质粒子间的微观相互作用，决定了水的溶解能力。

水能溶解离子化合物　往水中加食盐，即氯化钠，盐很快溶解了，如**图 13.16**所示。如果你对此进行仔细测量的话，你会发现，在室温下，100 mL 的水大约可以溶解 36 g 氯化钠。与许多其他离子化合物一样，食盐能溶解于水中。食盐溶液具有很强的导电性。一般来说，如果离子化合物在水中的溶解度很大时，溶液通常具有良好的导电性。

解离　为什么盐溶液能导电呢？为此，我们仍然要从微观角度来分析，即分析作为溶剂的水分子和作为溶质的各种离子化合物粒子之间的相互作用。

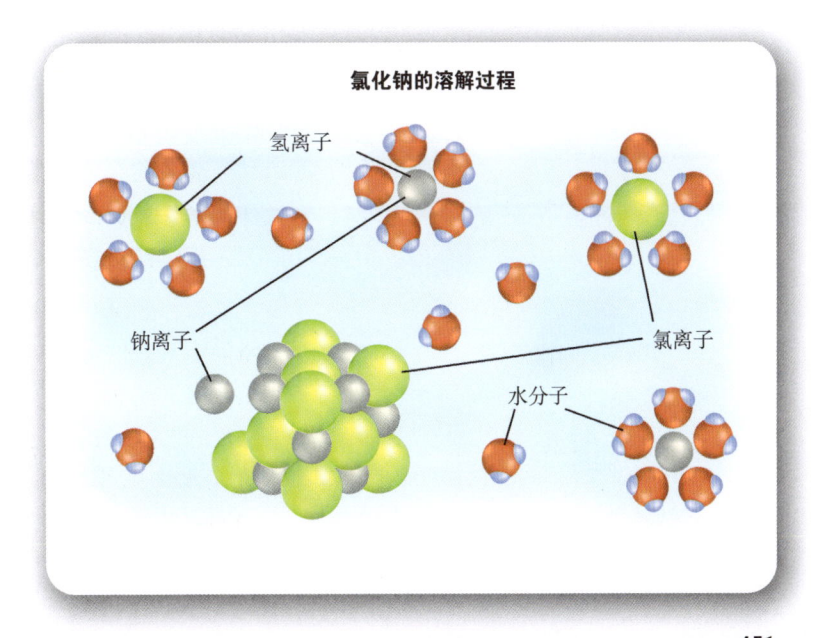

■ **图 13.16**　加水后，极性的水分子就将钠离子和氯离子包围起来，离子化合物便发生电离。由于水分子是极性的，一端带正电，另一端带负电，因此既能吸引带正电的钠离子，也能吸引带负电的氯离子。这样，水分子通过异性电荷的相互吸引，把两种离子团团围住。

解释　为什么水分子能吸引阴离子和阳离子？

氯化钠的溶解过程

氢离子
钠离子
氯离子
水分子

迷你实验 2

硬水和软水

如果硬水、软水和蒸馏水分别与肥皂液混合时，产生泡沫的情况会怎样呢 如果水中含有较高浓度的 Ca^{2+} 和 Mg^{2+}，这种水叫作硬水。如果水中的 Ca^{2+} 和 Mg^{2+} 浓度很低，这种水叫作软水。蒸馏水中只含有溶解了的气体和极少量的离子。通常用草酸钠溶液（$Na_2C_2O_4$）作试剂，检验某种水是不是硬水。它能和溶液中的 Ca^{2+} 和 Mg^{2+} 反应，分别生成草酸钙沉淀（CaC_2O_4）和草酸镁沉淀（MgC_2O_4）。

实验步骤

1. 阅读并完成实验安全表格。
2. 在 3 支小试管中分别滴加约 1 mL 的硬水、软水和蒸馏水。
3. 分别往三种溶液中滴加 2 滴 0.1 mol·L^{-1} 乙酸和 2 滴 0.1 mol·L^{-1} 草酸钠溶液，振荡，以使试管中的物质混合均匀，在试管的背面衬一黑色纸，观察溶液，记录观察结果。
4. 在 3 支大试管中分别加入约 2 mL 的硬水、软水和蒸馏水。
5. 分别往三种溶液中加入约 1 mL 的肥皂液。
6. 用大拇指盖住试管口，分别振荡三种溶液 10~15 次，测量并记录每支试管的泡沫高度。

分析与讨论

1. **总结** 如果用草酸盐测得的硬度为负（即不形成沉淀），是不是就能确定完全不存在钙离子和镁离子？
2. **推断** 水的硬度对产生肥皂泡的多少有何影响？

折叠式学习卡

将本节中的信息归纳到你的折叠式学习卡中。

请记住，离子化合物固体是由阴、阳离子组成的三维网络结构，其中阴、阳离子之间形成离子键。参考**图 13.16**，了解氯化钠晶体在水中的溶解过程。因为氯化钠中的离子与水分子发生相互作用，所以氯化钠溶解在水中。

离子化合物固体中带电粒子相互分离的过程叫作**离解（dissociation）**，可以用下列化学方程式简单地表示氯化钠离解的过程：

$$NaCl(s) \xrightarrow{H_2O} Na^+(aq) + Cl^-(aq)$$

水能溶解共价化合物 水不仅能溶解离子化合物，也是许多共价化合物的良好溶剂。以共价化合物蔗糖（分子式为 $C_{12}H_{22}O_{11}$）为例，你肯定知道这种物质能溶解在水中。事实上，蔗糖在水中的溶解度很大，100 mL 水中大约可以溶解 200 g 蔗糖。

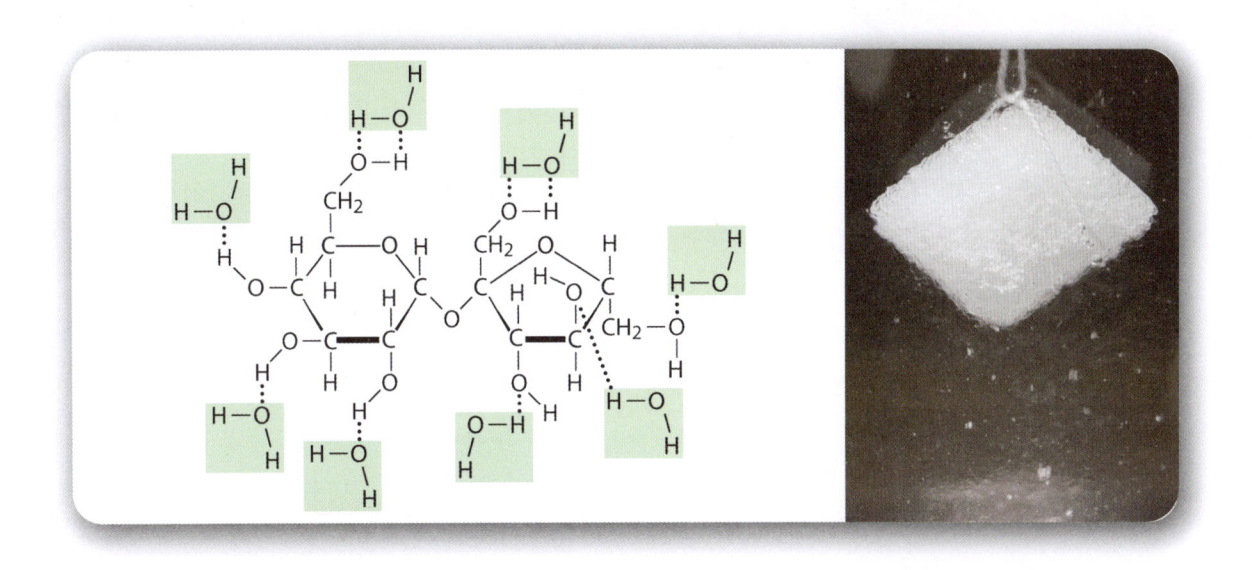

图13.17展示了蔗糖分子的结构,该结构含有许多O—H键,因此,该分子应该具有极性,并能形成氢键。事实上,蔗糖在室温下之所以是固体而非液体,原因之一就是蔗糖分子间彼此能形成氢键。它们也能与水形成氢键,这就是蔗糖能轻易地溶于水的原因。

溶液中的分子与离子 蔗糖与氯化钠都是因为溶质粒子与溶剂粒子间的相互吸引力克服了溶质粒子间的相互吸引力而溶解的。但是,由于蔗糖是共价化合物,其分子只是简单地被水分子彼此分离,分子本身没有电离成带电荷的粒子,而是继续以中性的分子形式存在。因此,蔗糖溶液不能导电如**图13.18**所示。蔗糖的溶解可以用下列简单的化学方程式来表示:

$$C_{12}H_{22}O_{11}(s) \xrightarrow{H_2O} C_{12}H_{22}O_{11}(aq)$$

■ **图13.17** 蔗糖分子含有8个O—H键,且都是极性的。极性的水分子与O—H键形成氢键,将蔗糖分子溶于水中。

■ **图13.18** 氯化钠能够导电(左),因为它是电解质;蔗糖不能导电(右),因为它是非电解质。蔗糖分子溶解的时候不能电离出离子。

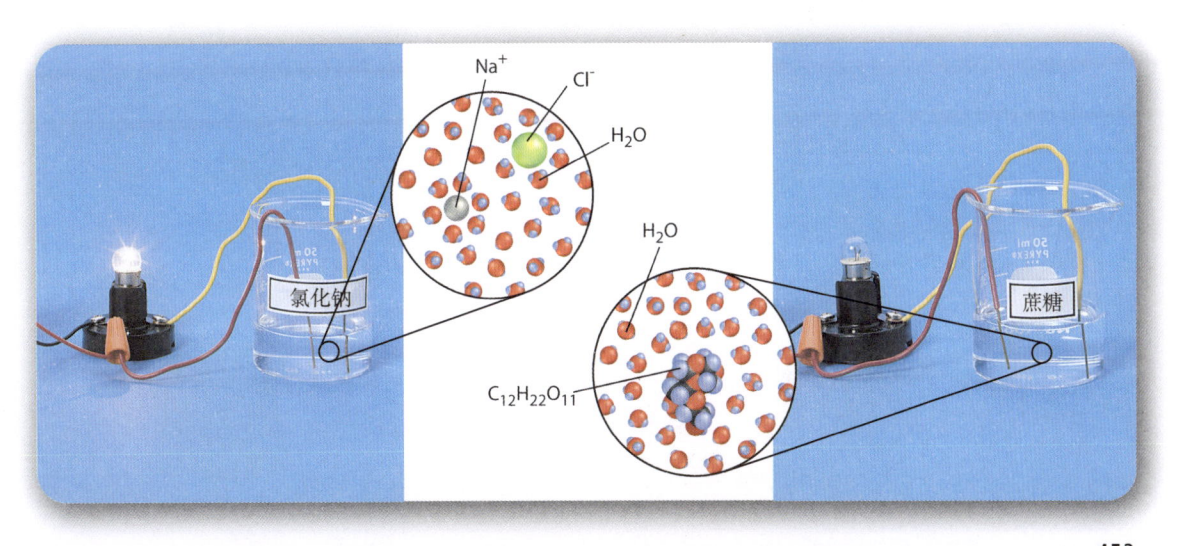

453

相似相溶　虽然水能溶解包括离子化合物和共价化合物在内的大量物质,但是,并不是所有的物质都能溶解于水。那么,什么样的物质才能溶解于水呢?科学家在预测物质在水中的溶解性时,有一条经验规则:相似相溶。就是说,如果溶质与溶剂极性相似,那么就能溶解。

用食盐和糖在水中溶解这两个例子来说明。当食盐溶解于水时,由于水是极性的,它的两端带有部分电荷,就像带电的离子那样。而食盐是由阳离子和阴离子组成的,因而也可将离子化合物的分子看作一端带正电,另一端带负电。换句话说,极性的水分子与离子化合物具有类似的结构。这样,当盐加入水中时,盐中的阳离子就会与水分子中带负电的一端相互吸引,而阴离子就会与水分子中带正电的一端相互吸引,于是盐便溶解在了水中。

再来看糖,水与蔗糖相似的地方在于两种化合物分子中都含有极性键,一端带正电,另一端带负电。蔗糖分子间作用力与水分子间作用力相类似,由相似相溶原理,水作为一种有极性并含有氢键的物质,倾向于溶解有极性并含有氢键的其他物质。由此,蔗糖便溶解于水了。

油与水不相溶　如果两种物质的极性不同,那么它们就不会互相溶解。油和水是两种物质不相溶的典型例子。油是非极性共价化合物的混合物,主要由碳和氢组成。油的这种组成决定了它不能溶解在水中。当你将这两种物质放在一起时,因两者的分子间作用力极弱,因而根本无法混合。它们的结构完全不一样! 如**图 13.19** 所示,即使进行剧烈的振荡,油和水还是会迅速地分成两层。不过,如果将不同的非极性的油放在一起,那么可以完全混合。

■ **图 13.19**　a)振荡盛有婴儿油(无色的)与水(染成蓝色)的瓶子,开始时两者似乎相溶。b)但静置后不久,两种物质便分成了两层。c,d)作为对比,橄榄油(黄绿色)和红花油(几乎无色)可以迅速相溶,并保持混合状态。

454

生活中的化学

肥皂与清洁剂

你有过比萨饼掉在你心爱的牛仔裤上而留下污渍的经历吗？用水清洗，很难洗掉污渍。如果用些肥皂，就能容易地洗掉污渍。这是什么原因？原来，水与油是不相溶的，但肥皂分子可以使水与油互溶。

制作肥皂 肥皂是人类最早大批使用的洗涤用品。多少年来，人们一直用肥皂洗浴、洗衣服。目前，可以用来洗涤的产品已十分多样。这些洗涤用品，都是因为其结构与水有相似性，能与水互溶，而具有了洗涤功能。

肥皂可能是人类偶然发现的。如果炉火灰烬掉到沸腾着的脂肪中，人们很快就会发现浮在混合物表面的光滑白色凝胶体，并找到其用途。在这里，灰烬实际上作为碱，并且是一种如 KOH 和 NaOH 一样的强碱。当油脂与碱混合时，就会发生化学反应，生成的产物就是肥皂（通常是硬脂酸钠）和甘油。硬脂酸钠的分子式中，带负电的羧基离子（—COO$^-$）连接在带正电的钠离子（Na$^+$）上，还有一长串的—CH$_2$—基团。

$$CH_3—(CH_2)_{16}—COO^-Na^+$$

与肥皂类似，清洁剂分子的一端呈极性，另一端呈非极性。常见的清洁剂是磺酸盐，其中的碳链或碳环上连有—SO$_3$基。清洁剂一般是这些磺酸的钠盐，分子末端为 SO$_3^-$，而不是 COO$^-$，后者是肥皂的分子特点。

在硬水中，由于存在 Ca^{2+} 和 Mg^{2+} 等离子，它们可与肥皂形成渣状沉淀。但是，当清洁剂遇到 Ca^{2+} 和 Mg^{2+} 时，产生的磺酸盐可以溶解于水，不会沉淀。所以，使用清洁剂时不必像使用肥皂那样。

■ **图 13.20** 肥皂和洗涤剂常用于家庭清洁。

肥皂与清洁剂去污原理 肥皂分子的两端性质截然不同：一端是亲水基，能与水相互吸引；另一端则是亲油基，被水排斥。肥皂分子的亲油基一端由一长串的链烃基组成，结构上与油相似，因此可在油中溶解。

肥皂中的链烃基可吸引油污粒子，并在油性物质的周围形成一个保护层，而亲水基（—COONa）可吸引极性水分子。这样，整个肥皂分子与油性物质就会一起被拉到水中，油污—肥皂混合物在水中悬浮，然后被漂洗除去。因此，肥皂和洗涤剂，如**图 13.20**，在清洁时都十分有效。

进一步探索

1. **应用** 通过摩擦和冲洗，肥皂是如何除去衣物上的油污的？
2. **推断** 古埃及和古罗马人采用了一种独特的清洗身体的方法：往自己身上涂油，再把它们擦去。比较这种方法与今天人们用水和肥皂洗浴的效果有何不同。

化学实验 小规模

溶液的鉴定

背景

在水溶液中,离子化合物完全电离成离子。例如,硝酸钡[$Ba(NO_3)_2$]的水溶液中有Ba^{2+}和NO_3^-。若将不同离子化合物的水溶液混合,有些离子可能会相互作用,形成沉淀。例如,将硝酸钡溶液与硫酸钠溶液混合时,会生成不溶的硫酸钡沉淀,这个反应的化学方程式如下:

$$Ba(NO_3)_2(aq) + Na_2SO_4(aq) \longrightarrow 2NaNO_3(aq) + BaSO_4(s)$$

硫酸钡是一种白色沉淀,可以利用此反应来鉴定未知溶液。在本实验中,有六种未知离子化合物的水溶液,通过实验观察这些溶液及它们之间的反应,来加以鉴别。

问题

这六种未知水溶液是什么?

目标

- **观察**六种化合物水溶液的相互反应。
- **解释**反应结果,并根据实验结果鉴定溶液。

实验准备

实验器材

- 96孔板
- 10 mL浓度均为0.1 mol·L^{-1}的六种溶液:碳酸钠溶液、碘化钠溶液、硫酸铜溶液、硝酸铜溶液、硝酸铅溶液、硝酸钡溶液,从A到F做好标记
- 从A到F做好标记的尖嘴滴管(6支)
- 牙签(15根)
- 装在洗瓶中的蒸馏水

安全警示

穿上实验服,戴上护目镜,实验结束后彻底清洁双手,因为有些溶液是有毒的。

实验步骤

1. 阅读并完成实验安全表格。
2. 将六种溶液两两混合,只需96孔板的右上角的15个孔。
3. 使用对应标签的尖嘴滴管在96孔板第1排的5个孔中分别滴3滴A溶液,在第2排的4个孔中滴3滴B溶液,在第3排的3个孔中滴3滴C溶液,在第4排的2个孔中滴3滴D溶液,在第5排的1个孔中滴3滴E溶液。在表格中每一格的第一个字母显示出此安排。
4. 第二次加溶液,使用对应标签的尖嘴滴管在同样标签的孔中滴加3滴溶液,观察现象并将结果记录在表格中。注意,在第1栏的单个孔中滴加3滴B溶液,在第2栏的2个孔中滴加3滴加C溶液,依此类推,直到在第5栏的5个孔中滴加3滴F溶液。现在你已经考虑到了所有溶液两两混合的可能。
5. 分别用干净的牙签将每个孔中的溶液充分搅拌。
6. 把96孔板放在一张白纸上,从上往下观察每个孔中是否有沉淀产生。如果孔中溶液变浑浊,说明有沉淀产生。再把孔板放在一张黑纸上,再次观察,并在表格中记录沉淀的颜色。如果没有沉淀生成,那么写NR,表示"不反应"。

实验数据与现象观察

混合				
A+B	A+C	A+D	A+E	A+F
	B+C	B+D	B+E	B+F
		C+D	C+E	C+F
			D+E	D+F
				E+F

分析与讨论

1. **模型构建** 写出所有可能的15个复分解反应的化学方程式,不管这些反应是否真的发生。写出每个反应可能的两种产物。如果两种可能的产物与两种反应物相同,则可以将它们排除出可能的反应,在化学方程式后面写上NR(不反应)。
2. **分类** 借助附录找出每种产物的颜色以及它们在水中的溶解性。
3. **结论** 通过把观察到的现象与预期应该出现的颜色和反应联系起来,以鉴定六种水溶液。假定除了白色溶质形成的溶液是无色的,溶液的颜色与其溶质的颜色保持一致。

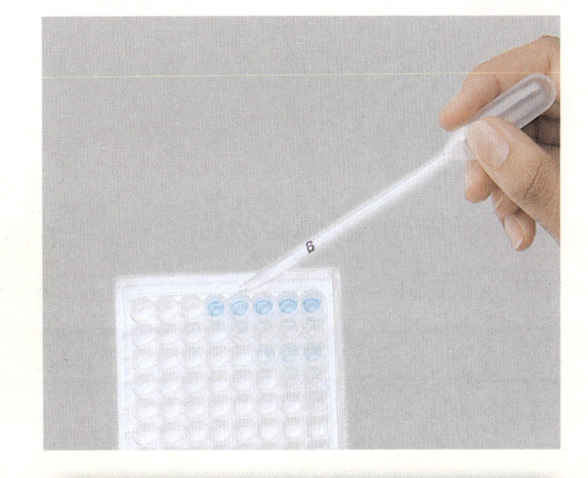

进一步探究

推断 在鉴定溶液的过程中,你还可以使用哪些方法?

应用与评估

解释 说明你鉴定的理由。

> **拓展 阅读**
>
> 位于以色列的死海,从几条河流获得水源,但没有出海口,水只能蒸发出去,以至死海中的含盐量很大。与盐度只有 3.5% 的海洋相比,死海的盐度是 30%,它是盐的饱和溶液。在这样高盐度的水中,鱼类无法生存。但因其浮力很大,游泳者甚至可以自由地躺在水面上而不会下沉。

溶液浓度

假如有人给你一个瓶子,说:"这是一瓶氨水。"你肯定知道它是由氨气溶解在水中形成的。但是你是否知道,水中溶解了多少氨呢?换句话说,你不知道溶液的浓度。所谓浓度,就是指溶液中溶质与溶液的相对量。

浓缩与稀释　每个人在泡茶的时候,总会根据个人口味,加入适当量的茶叶以获得合适的浓度。如果你喜欢浓茶,那么你泡出的茶水化学家会把它叫作茶的浓溶液。这种茶水中,有大量的茶溶解在水中,因此浓度很高。如果你喜欢淡茶,化学家会把它叫作茶的稀溶液,因其中只含有少量的茶,因此,浓度很低。图 13.21 简洁地说明了这些术语。化学家从来不用"强"和"弱"来形容溶液的浓度,而是用"浓"和"稀"。在下一章里,你会发现化学家是用"强"和"弱"这些词来描述酸、碱的化学性质的。

不饱和溶液与饱和溶液　描述溶液组成的另一种方法就是指出溶液中所能溶解溶质的最大值。如果溶液中溶解的溶质质量低于最大值,就称其为**不饱和溶液(unsaturated solution)**。海水就是不饱和的盐溶液,它还可以溶解更多的盐。在 20 ℃左右,100 g 水中最多可溶解约 36 g 食盐。在一定条件下,溶剂中溶解的溶质达到最大值,这样的溶液叫作**饱和溶液(saturated solution)**。

■ **图 13.21**　如果茶很浓,它就是浓溶液;如果茶很淡,它就是稀溶液。

过饱和溶液　第三种溶液很有意思,叫作**过饱和溶液**(supersaturated solution)。这种溶液中溶解的溶质比最大值还大,因此很不稳定,过多的那部分溶质,很容易结晶出来。因此,可以想象,配制过饱和溶液时必须很小心。一般的配制方法是,在溶液中加入过量溶质,再加热到高温,通常来说,温度越高,可溶解的溶质越多,故高温时可溶解更多的溶质;然后再缓慢冷却溶液。制作奶油软糖的操作就是如此,如图13.22所示。

温度对溶解度的影响　从制作奶油软糖的例子中,你会发现,糖的溶解度随着温度的升高而增大。温度越高,可以溶解的溶质也越多。对大多数溶质来说,温度对它们的溶解度有很大的影响。作为一条通用的规律,大多数固体溶质的溶解度随温度升高而增大。但是,在后面你将会学到,气体的溶解度随温度的升高而下降。

图13.23表示了六种不同溶质的溶解度随温度变化的情况。每种溶质随温度变化溶解度的变化有所不同。有些溶质,如$NaNO_3$和KNO_3,随着温度升高,溶解度迅速增大(注意图中曲线上升的程度)。另一些溶质,如$NaCl$和KCl,随着温度的升高,溶解度缓慢增大。还有少数溶质,如$Ce_2(SO_4)_3$,随着温度的升高,溶解度反而减小。

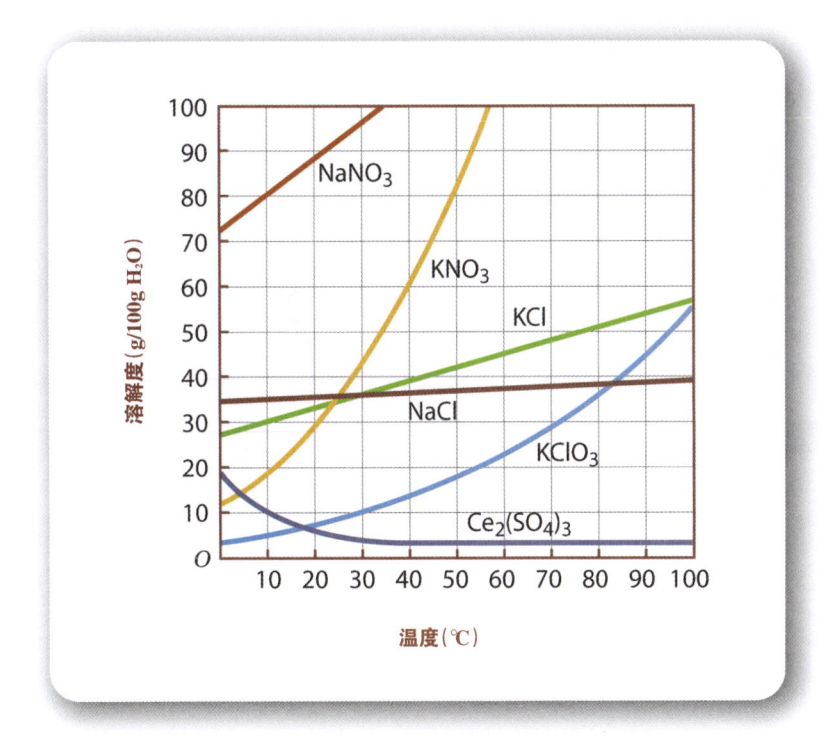

■ **图13.22**　把由糖、巧克力和水基溶剂(如牛奶)组成的高浓度混合物加热到足够高的温度,就形成了过饱和的糖溶液,搅拌这一混合物再缓慢冷却至室温,即可制得奶油软糖。如果你每一步都正确操作,那么,做出来的奶油软糖会很软,呈乳脂状,这正是糖结晶成的细小晶体。

■ **图13.23**　形成饱和溶液所需的溶质的量取决于温度。随着温度升高,大多数物质的溶解度增大。
解释　在80℃时氯化钠的溶解度是多少?

溶解热　我们已经知道,温度对溶质的溶解度有很大影响。大量的观察还发现,溶质的溶解过程中,常伴随着热量的变化。科学家把溶解过程中吸收或放出的热量叫作**溶解热(heat of solution)**。对大多数溶质来说,溶解是一个吸热过程,例如,硝酸铵的溶解。这一过程可用以下的化学方程式来表示,其中伴随着热量的变化:

$$NH_4NO_3(s) + 热量 \xrightarrow{H_2O} NH_4^+(aq) + NO_3^-(aq)$$

请注意上述化学方程式中热量的写法,把热量看作一种反应物,这是因为只有加入了热量才能生成产物。为了增大 NH_4NO_3 的溶解度,可以加热,以使温度升高,升温可以促使生成更多的水合离子。另外,由于溶解过程中需要吸收热量,而这些热量是从溶液中获得的,你会发现混合物在溶解过程中温度降低。

另外,有些溶质溶解时则会放热,氯化钙就是这种溶质的典型例子。请注意下面所示的溶解过程的化学方程式,其中热量写在产物一边。

$$CaCl_2(s) \xrightarrow{H_2O} Ca^{2+}(aq) + 2Cl^-(aq) + 热量$$

体育运动中,当运动员受伤时常用热袋或冷袋敷在伤口上,如**图 13.24** 所示。这里就是分别利用了溶质溶解时剧烈放热或吸热的原理。通常,应用在热袋与冷袋中的溶质的溶解热都很大。

物质的量浓度　假设你在医院药剂室里工作,那么你的一项重要工作就是配制出与病人血液中的盐度相同的盐溶液。为此,你需要认真测量。血液是很稀的盐溶液,不过这个"稀"字只能提供有关血液的定性的信息。要做好上述工作,你还需要获取有关的定量的信息,在这里就是指盐溶液的浓度。

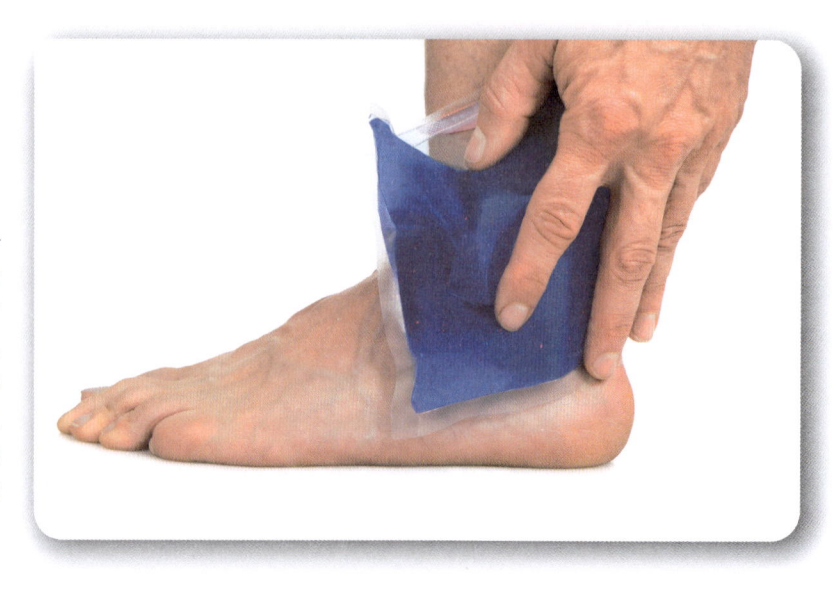

■ **图 13.24**　将热袋或冷袋敷在伤口上,热袋里的溶质便溶解在水中,同时放出热量;同样,冷袋里的溶质溶解在水中时,会吸收热量。通常,热袋中装的是氯化钙($CaCl_2$),而冷袋中装的是硝酸铵(NH_4NO_3)。

要测量溶液的浓度,必须使用合适的单位。浓度的单位有很多,但表示的都是溶质的量与溶剂或溶液的量之间的比值。在化学应用上,最常用的浓度是物质的量浓度。它的定义是每升溶液中所含溶质的物质的量。

$$物质的量浓度 = \frac{溶质的物质的量}{溶液的体积}$$

请注意,定义式的分母是指溶液的体积,而不是溶剂的体积。如果你需要配制 1.0 L 与人体血液中盐度一样的溶液,那么每升溶液中含 0.15 mol 氯化钠。换句话说,所配溶液的物质的量浓度是 0.15 mol·L^{-1}。那么,如何配制 1.0 L 0.15 mol·L^{-1} 的 NaCl 溶液呢?

配制溶液 在配制物质的水溶液时,需要注意三个量:浓度、溶质的量和所需溶液的总体积。**图 13.25** 较具体地描绘了配制溶液的大致步骤,所用的仪器一般实验室中都有。

■ **图 13.25** 配制溶液是一项重要的实验室工作。其操作步骤是:(1)称量溶质的质量。(2)将称好的溶质放入烧杯,用适量蒸馏水溶解。(3)待溶液冷却后移入容量瓶。(4)用少量蒸馏水洗涤烧杯内壁 2~3 次,洗涤液全部移入容量瓶中。(5)再加入足量的水直到容量瓶的标线处。

推断 配制溶液时,为什么不能先将水加到刻度线,然后放入溶质呢?

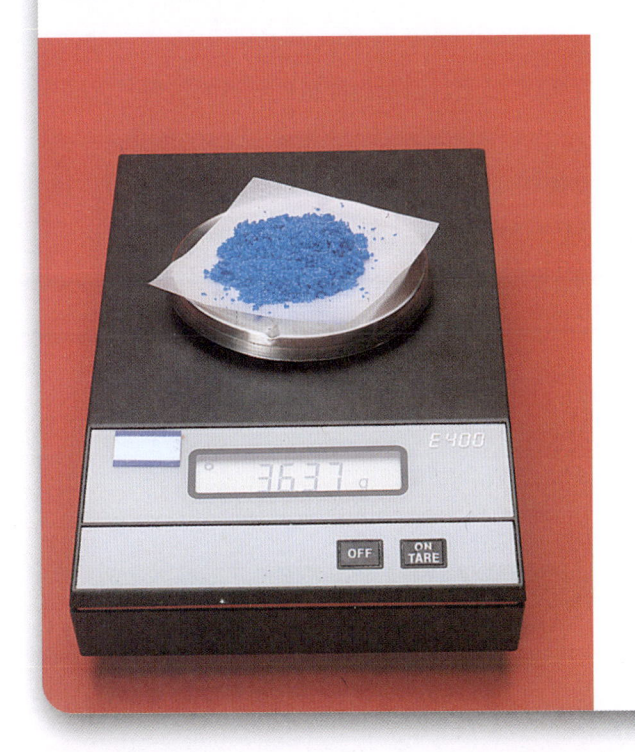

> **提示**
> 换算因子是不同单位间相互转换的桥梁。

例题 1

配制不同体积的溶液 如何配制 5.00 L 1.5 mol·L⁻¹ 的葡萄糖（分子式为 $C_6H_{12}O_6$）溶液？

1 分析

确定 5.00 L 所需溶液中葡萄糖的克数。注意每升 1.5 mol·L⁻¹ 的葡萄糖溶液中含有 1.5 mol 葡萄糖。

2 方案

先利用溶液的物质的量浓度（1.5 mol 葡萄糖/1 L 溶液）计算葡萄糖的物质的量。再用葡萄糖的摩尔质量把葡萄糖从物质的量转化成质量（g）。可以利用所给的葡萄糖的分子式来计算摩尔质量（180 g·mol⁻¹），注意单位是 g·mol⁻¹。

3 实施

根据上述方案可进行如下计算：

$$\left(5.00\text{ L 溶液}\right)\left(\frac{1.5\text{ mol 葡萄糖}}{1\text{ L 溶液}}\right)\left(\frac{180\text{ g 葡萄糖}}{1\text{ mol 葡萄糖}}\right)$$

约去相同项，即得答案。

$$\left(5.00\text{ L 溶液}\right)\left(\frac{1.5\text{ mol 葡萄糖}}{1\text{ L 溶液}}\right)\left(\frac{180\text{ g 葡萄糖}}{1\text{ mol 葡萄糖}}\right)$$

= 1 350 g 葡萄糖

配制 5.00 L 1.5 mol·L⁻¹ 的葡萄糖溶液，需称取 1 350 g 葡萄糖，放入 5.00 L 的容量瓶中，加入足量的水溶解，再把水加至 5.00 L 刻度处。

4 检查

确认所有的单位准确无误，重复计算后也能得到同样的结果。

练一练

7. 如何配制 1.00 L 0.400 mol·L⁻¹ 的硫酸铜（化学式为 $CuSO_4$）溶液？
8. 如何配制 2.50 L 0.800 mol·L⁻¹ 的硝酸钾（化学式为 KNO_3）溶液？
9. 要配制 460 mL 1.10 mol·L⁻¹ 的蔗糖溶液，需要溶解多少克蔗糖（分子式为 $C_{12}H_{22}O_{11}$）？
10. 要配制 1.00 L 0.194 mol·L⁻¹ 的氯化锂溶液，需要溶解多少克氯化锂（化学式为 LiCl）？
11. 计算并完成**表 13.4**。

表 13.4	配制溶液	
溶液	体积	溶质质量
0.1 mol·L⁻¹ $CaCl_2$	1.0 L	
0.2 mol·L⁻¹ $CaCl_2$	500.0 mL	
3.0 mol·L⁻¹ NaOH	250 mL	

例题 2

计算物质的量浓度　先在容器中加入 32.0 g 的氯化钾,再加水到溶液的总体积为 955 mL,则该溶液的物质的量浓度是多少?

1 分析

题目告知了配制溶液所需的所有信息:溶质的质量以及溶液的总体积,要求计算溶液的物质的量浓度(每升溶液中有多少摩尔的 KCl)。

2 方案

已知 955 mL 溶液中含有 32.0 g 溶质,可先列出以下的关系式:

$$\frac{32.0 \text{ g KCl}}{955 \text{ mL 溶液}}$$

再计算 KCl 的摩尔质量,结果为 74.5 g·mol^{-1}。再利用此数据把 KCl 的质量转化成物质的量:

$$\left(\frac{32.0 \text{ g KCl}}{955 \text{ mL 溶液}}\right)\left(\frac{1 \text{ mol KCl}}{74.5 \text{ g KCl}}\right)$$

再把毫升转化为升,因为 1 L 溶液即 1 000 mL 溶液:

$$\left(\frac{32.0 \text{ g KCl}}{955 \text{ mL 溶液}}\right)\left(\frac{1 \text{ mol KCl}}{74.5 \text{ g KCl}}\right)\left(\frac{1\,000 \text{ mL 溶液}}{1 \text{ L 溶液}}\right)$$

3 实施

应用上述方案,约去相同的项,即得答案。

$$\left(\frac{32.0 \text{ g KCl}}{955 \text{ mL 溶液}}\right)\left(\frac{1 \text{ mol KCl}}{74.5 \text{ g KCl}}\right)\left(\frac{1\,000 \text{ mL 溶液}}{1 \text{ L 溶液}}\right)$$

$= 0.450$ mol·L^{-1} KCl

4 检查

确认所有的单位准确无误,重复计算后也能得到同样的结果。设立和计算的各方面都要正确。

练一练

12. 1.6 L 溶液中溶解了 14 g 硫酸钠(Na_2SO_4),则该溶液的物质的量浓度是多少?

13. 820 mL 溶液中溶解了 7.4 g 氯化铵(NH_4Cl),试计算溶液的物质的量浓度。

补充练习

有关物质的量浓度的额外练习,请见附录 C。

■ **图 13.26** 溶质粒子会干扰溶剂分子之间的吸引力，阻止溶剂在正常的凝固点成为固体。在结冰的道路上撒盐正是这一性质的应用，称为凝固点降低。

溶液的性质与应用

在结了冰的道路上撒盐（如**图 13.26** 所示），在汽车散热器中添加防冻剂，两者之间有什么共同点？它们都是人们对溶液的一些有趣且重要的性质的实际应用。这当中涉及的性质有凝固点下降和沸点上升。实验发现，溶液的这些性质只与溶质粒子的数量和浓度有关。

凝固点下降 溶液的凝固点总是比相应的纯溶剂的凝固点低。对于水溶液而言，所有水溶液的凝固点都低于 0 ℃。凝固点的下降程度，只取决于溶质的浓度。不论溶质是钠离子、硫酸根离子还是葡萄糖，都没有关系。

前面提到的冬天在结冰的道路上撒盐，就是利用了凝固点降低的原理。在这里，加入的盐溶解在组成冰的水中，形成了溶液，从而具有了更低的凝固点，水要再结成冰就需要更低的温度，即融化了的水就不会再结冰，如**图 13.27** 所示。在家里制作冰激凌是凝固点下降的另一应用。为了达到适当的硬度，冰激凌必须在水的凝固点以下的温度混合。将水、冰、盐混合可以达到这个温度。

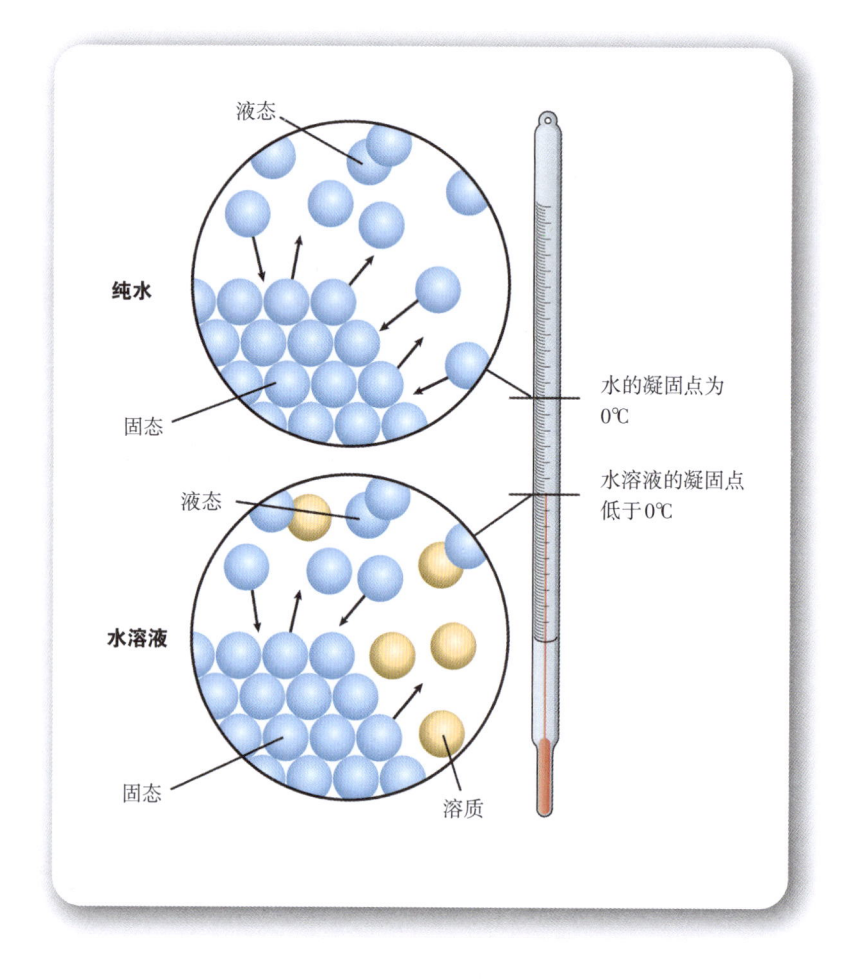

■ **图 13.27** 在环境温度达到水的凝固点时，水就会凝固成冰。但是，水溶液的凝固点要比纯净水的凝固点要低。

推断 溶质数量不同时，凝固点如何变化？

464

■ **图 13.28** 凝固点降低有一些实际用途，如将乙二醇用作溶质配制成水溶液，喷洒在飞机表面，可以除去表面的冰块。

凝固点与微粒数目 离子化合物溶液的凝固点降低程度要比共价化合物的明显，这是因为前者电离出了离子。1 mol NaCl在溶液中形成了 2 mol 的溶质粒子，与 1 mol 蔗糖相比，它对凝固点下降程度的影响是蔗糖的 2 倍。同样，1mol CaCl$_2$ 所产生的凝固点降低程度是 1 mol 蔗糖的 3 倍，因为每个 CaCl$_2$ 可电离形成 3 个离子：一个 Ca^{2+} 和两个 Cl$^-$。**图 13.28** 给出了凝固点降低的其他应用实例。

沸点上升 研究表明，溶液的凝固点要比纯溶剂的低，而溶液的沸点则比纯溶剂的高。例如，在标准状况下，水溶液的沸点高于 100 ℃。不过前提是溶液中的溶质必须是非挥发性的，也就是说，溶质不易蒸发。如果你在煮面的时候放一些盐进去，如**图 13.29** 所示，水的沸点会高于 100 ℃，这样面能熟得更快。

溶质粒子影响沸点的原因是溶质粒子占据了液体与气体的交界面，从而降低了溶剂粒子逃离液体变成气体的可能性。我们知道，只有溶剂蒸发并在液面上产生的蒸气压达到外界气压时，溶剂才会沸腾。如果溶质阻挠了溶剂的正常蒸发，那么，要达到纯溶剂时相同的蒸气压，必然需要更高的温度，这就导致沸点升高。而且，溶质粒子浓度越大，沸点上升得越多。

■ **图 13.29** 盐加入水中后，水的沸点会升高。也就是说，水沸腾的温度更高，面熟得更快。

生活中的化学

防冻剂

1885年,德国的卡尔·奔驰(Karl Benz)发明了第一个汽车水箱并申请了专利,这是一个大变革。过去,汽车发动机只能利用蒸发作用来冷却,每小时要用去4 L水,并需不断地补充水。而新发明的这个水箱,利用水的循环来冷却发动机,可节约用水。水吸收发动机产生的热量后,经空气冷却又被送回到散热器中,重新用于冷却。

化学防冻剂的工作原理 发动机中首次使用的防冻剂是乙二醇,于1916年在英国的高性能军用飞机发动机上开始使用。

乙二醇,分子式$C_2H_4(OH)_2$,目前仍然是美国大多数汽车防冻剂的主要成分。把它添加到汽车水箱中,其中的溶液的沸点就会升高。这样,散热器中的水就不易沸腾,如果没有防冻剂,则水很容易沸腾。回顾一下,物质的沸点是指液体的蒸气压与外界大气压相等时的温度。当存在溶质时,它会把溶液表面的一些水分子推开,从而降低了以水蒸气状态逃逸的水分子数,结果导致溶液的蒸气压比纯水的低。如果散热器中溶液的蒸气压降低了,就需要额外的能量维持其与外界大气压处在同样的水平,这样,溶液的沸点就比纯水的高了。

作为防冻剂的乙二醇 往水中加入溶质后降低了水的凝固点。凝固点下降的程度与溶解在水中的溶质数量成正比。任何溶质加入到水中都会降低其凝固点。凝固点较低的溶液,如汽车散热器中的乙二醇,在冬天就较难冰冻起来,如图13.30。

优质防冻剂的性质 除了使沸点上升和凝固点下降外,优良的防冻剂还应该不会腐蚀水箱和泵的材料。另外,随着使用时间的增长,与防冻剂接触的金属部件常常会被腐蚀。现在,可以通过往防冻剂中加抑制剂或改变材料成分的方法来解决这一问题。

优良的防冻剂还应该容易降解。例如,乙二醇就可以通过生物降解。不过,如果哺乳动物不小心吃了乙二醇,则会中毒。而且,这种物质气味香甜,很吸引动物,有时候甚至包括儿童。因此,在找到更安全的物质前,必须小心处理这些化学试剂。

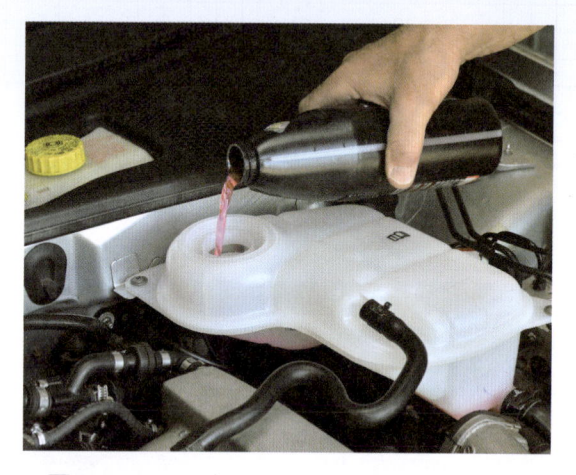

■ **图13.30** 用绿色、蓝色、红色能更容易地区分不同的防冻剂。

进一步探索

1. **获取信息** 调查如何在家中制作冰激凌。思考这一过程与冬天里汽车使用防冻剂的原理的相关性。
2. **应用** 如果防冻剂变成油脂状、暗黑或生了锈斑,那么意味着发生了什么?

渗透　你见过菜场里营业员在蔬菜上洒水的情景吗？蔬菜吸收了水之后，看上去就显得更加饱满、清脆、新鲜。水之所以能进入蔬菜，这是因为蔬菜外部的细胞膜是选择性透过的，也就是说，它们可以允许某些物质透过，比如水。

在第10章我们已经学过，气体分子会从高浓度的区域扩散到低浓度的区域。液体中的粒子也有相似的特性。以蔬菜为例，蔬菜细胞里的水中含有一些溶质，如糖和盐。由于有这些溶质存在，每单位体积蔬菜中所含的水较少。若在蔬菜表面喷洒纯水，纯水便可扩散进入蔬菜中，即从高水分子区域（即低浓度溶液）渗入蔬菜中低水分子区域（即高浓度溶液）。像这种由于浓度差异，溶剂分子穿过选择性透过膜的运动，叫作**渗透（osmosis）**。

图13.31展示了一个可表明渗透原理的系统。将纯净水放在选择性透过膜的左边，将蔗糖溶液放置在右侧。水分子可通过选择性透过膜，而蔗糖分子无法通过。

> **词源**
>
> **Osmosis**
>
> 渗透
>
> osmos（希腊语）：推动
>
> othein（希腊语）：推

■ **图**13.31　注意纯净水与蔗糖溶液被一层选择性透过膜分开后发生了什么。

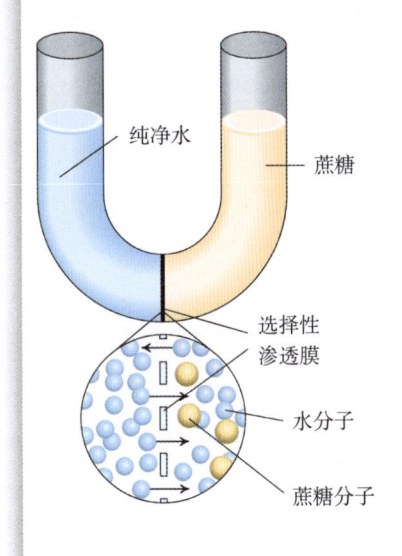

| 渗透 | 反渗透 |

渗透开始时，水分子从纯净水中扩散到蔗糖溶液中的速度比从蔗糖溶液中扩散到纯净水中的速度快得多，因此，蔗糖溶液获得水，溶液变稀，体积增大。

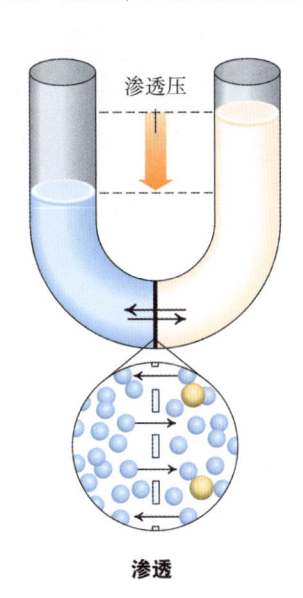

不断上升的蔗糖溶液产生了压力，抑制水分子从左到右扩散。最后，压力大到使得两个方向的扩散速率相等。

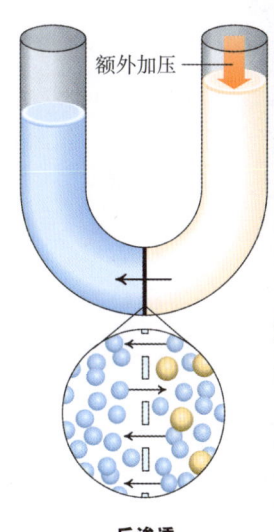

在蔗糖溶液一边施加额外的压力，可以使水分子向反方向扩散，即从溶液中跑出，进入纯净水，这个过程叫作反渗透，可以用这一原理来纯化水。在下一页的"工作原理"中将讨论这一过程。

467

工作原理

便携式反渗透设备

反渗透(reverse osmosis, RO)是指在选择性透过膜一边的溶液上施加压力,迫使溶液中的水通过选择性透过膜向另一边移动的过程。市场上已有便携式 RO 设备出售,可以用来除去海水中的盐分,使之成为饮用水。为了使溶剂通过选择性透过膜,需要对海水施加大约 27 个标准大气压的压力。而要制得可饮用的水,则要施加的压力是该压力的 2 倍。一台便携式 RO 设备一般能提供这么大的压力。

❶ 压下操作手柄,与其相连的活塞就把海水压到汽缸里,部分水通过选择性透过膜,盐分则留了下来。

❸ 余下的没有通过选择性透过膜的盐水回到活塞下面的区域,从而提供了处理海水所需的一些压力。

滑动阀
球阀
活塞
三层透过膜
淡水
海水

■ 图13.32 便携式反渗透设备。

❷ 纯水流出设备并被收集起来。

❹ 抬高操作手柄,留在活塞中的海水就如同废弃物一样被排出来,新的海水进入,穿过可移动的球阀,这样又可以重复进行上面的操作了。

> **批判性 思考**
> 1. **解释** 为什么便携式反渗透设备所需的压力要大于 27 个标准大气压?
> 2. **推断** 为什么反渗透不能作为纯化大量水的方法?

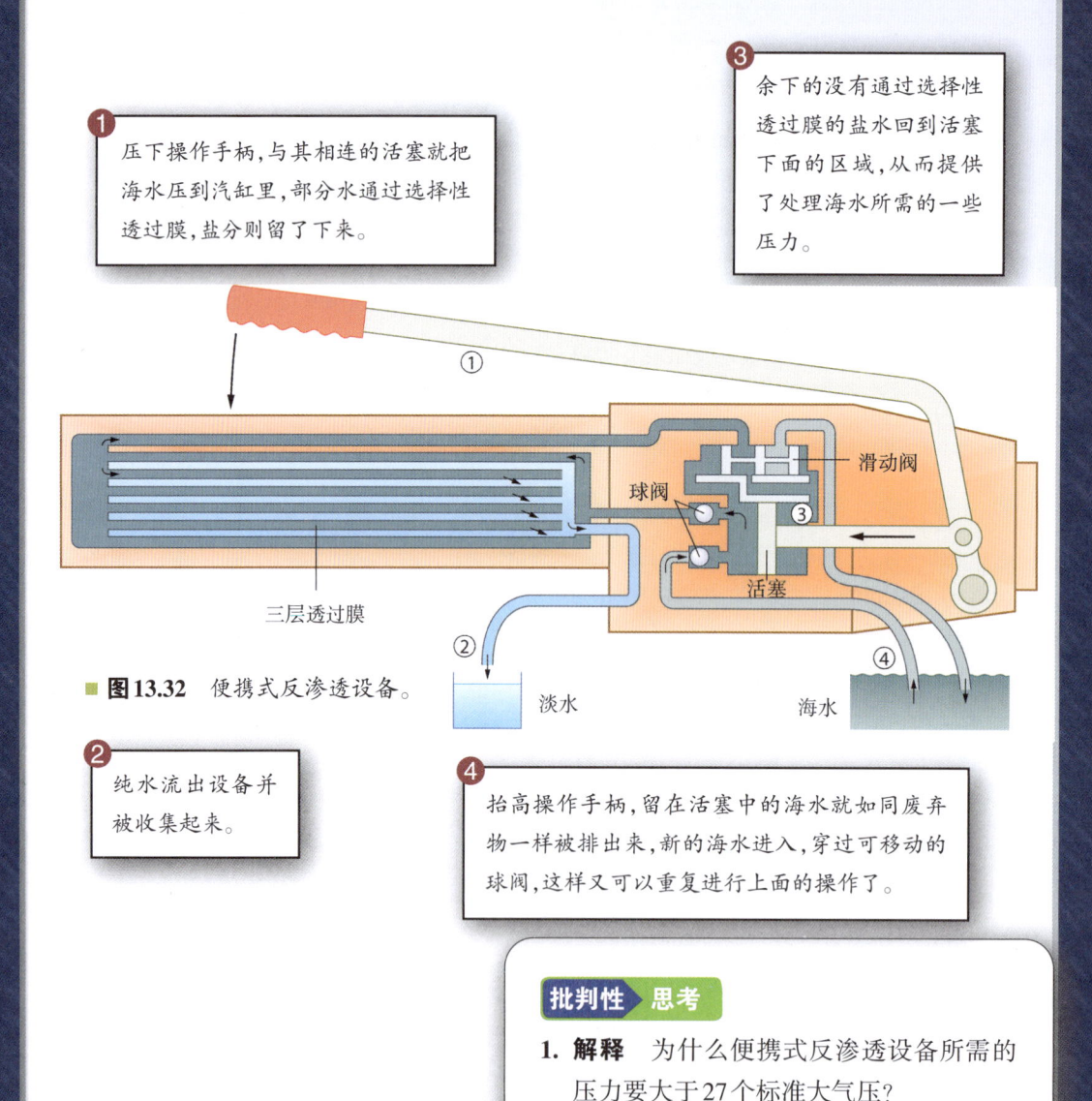

气体水溶液

静置一瓶未开封的苏打水,认真观察,你会发现里面的液体看起来就像纯水一样。但是,当你打开瓶盖后,溶液中就会产生许多小气泡并从瓶口冒出来。若加热苏打水,水溶液中的气体向上涌的情况会更剧烈,并使液面上升到瓶口。这是因为气体在液体中的溶解度取决于该气体对液体表面的压力。压力越大,气体的溶解度就越大。当你打开瓶盖时,压力突然释放,就会有大量气泡从溶液中冒出,如图 13.33 所示。

当加热苏打水时,瓶内的液体会上升甚至冲出瓶口。这是因为气体的溶解度除了受压强影响外,还受温度影响。对于气体溶液来说,气体的溶解度随着温度的升高而减小。这就是苏打水受热会嘶嘶作响的原因。江河海洋中的生命离不开溶解在水中的气体,因此它们受压强和气温影响较大,如图 13.34 所示。

■ 图 13.33 苏打水就是二氧化碳的水溶液。a) 未打开瓶盖时,气体在压力的作用下溶解在水中;b) 打开瓶盖后,压力减小,使得被困在液体上部的二氧化碳气体首先逃离瓶子。

瓶盖一旦打开,溶解在液体中的二氧化碳就会立即变成气体,形成了你所看到的气泡。

■ 图 13.34 在深海中,水压很高,潜水员肺部血液中溶解的氮气比正常浓度高。当他们从海底回到海面时,因压力骤降,潜水员血液中氮气的溶解度也随之骤降。如果潜水员回到水面的速度过快,从血液中释放出来的氮气将在血管中形成气泡,导致阻塞,使潜水员十分痛苦,甚至有生命危险。鱼类能否生存取决于水中的溶解氧。如果水温过高,溶解氧偏低,鱼类就会死亡。

化学与技术

凝 胶

胶体是由一种物质的细小微粒较均匀地分散在另一种物质中形成的混合物。胶体粒子的直径介于悬浊液与溶液粒子之间。静置胶体,其粒子不会沉淀。

液体气溶胶

如图13.35,雾是一种常见的液体气溶胶,它是小液滴分散在气体中形成的。当靠近地球表面的潮湿空气被冷却至水蒸气开始凝结的温度时,就会出现雾。你所熟悉的其他液体气溶胶还有喷雾式除臭剂和头发喷雾剂。

■ 图13.35 雾是一种由空气中水蒸气形成的液体气溶胶。

固体气溶胶

有时固态粒子会分散在气体中。如图13.36,从工厂烟囱排到空气中的污染性煤烟就是一种固体气溶胶。在烟囱中安装除尘器则可以有效去除这种污染物。这种除尘器有一块带电板,能吸引胶质煤烟粒子,将其从空气中除去。很多工业就是这样处理空气污染物的。

■ 图13.36 煤烟是一种固体气溶胶。

乳浊液

牛奶和蛋黄酱是乳浊液,如图13.37。乳浊液是小液滴(通常是脂肪)分散在另一种液体中而形成的。许多乳浊液在某些材料(如树脂)的作用下可以维持其稳定性。这是因为,树脂和其他稳定剂可以使液体层加厚,使得分散在其中的小液体难以凝聚在一起。

■ 图13.37 沙拉酱是一种乳浊液。

溶 胶

溶胶是指固体小颗粒分散在液体介质中形成的流动性的胶状物质。大多数家用油漆都是由磨碎的颜料微粒与丙烯酸类树脂溶解在水中混合而成的，如**图13.38**。人们可以像用液体一样方便地把油漆涂在物体表面。一段时间后，水分蒸干，树脂硬化，只在物体表面留下固体薄层。

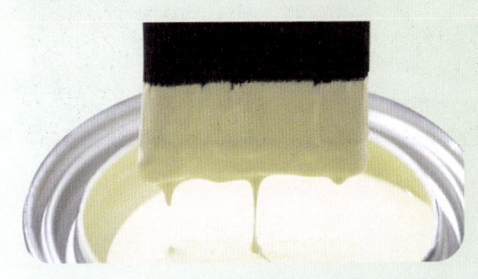

■ **图13.38** 颜料是一种溶胶。

凝 胶

食品厂常使用胶体使液态食品变厚凝结，从而成为凝胶。凝胶是大分子分散在液体中形成的。许多凝胶是在海藻和陆地植物中发现的天然树脂，在水果中发现的天然胶质就是制作果冻的必需品，如**图13.39**。

■ **图13.39** 果冻中含有形成胶凝结构的胶质。

湿黏土

湿黏土实际上是高浓度的固体分散在限量的液体中形成的。为了制作出如**图13.40**漂亮的陶瓷花瓶，需要将磨碎的石英和长石与一种叫作高岭土的白色黏土混合，再渗入少量水。当水吸附在黏土的表面时就形成了湿黏土，这就是瓷器的原料。

■ **图13.40** 由湿黏土制作的花瓶。

泡 沫

你应该很熟悉搅拌鸡蛋白时产生的泡沫，这些泡沫是气泡分散在液体中形成的。酵母可产生另一种可在面团中看到的泡沫。酵母通过发酵糖类，放出二氧化碳气体，从而在面团中生成许多小洞。

> **技术探讨**
>
> 1. **分类** 根据本课涉及的胶体的种类，举出几种健康产品和装饰物品，并对其进行分类。
> 2. **批判性思考** 胶体不能通过选择性半透膜，根据这一事实你可以得出什么结论？
> 3. **假设** 通过加热可以破坏胶体，使其结块，这个过程叫作凝结。为什么加热可以使胶体凝结呢？

■ **图 13.41** 玻璃属于无定形固体，因此可以通过加入某种固体制造出各种色彩鲜艳的玻璃。例如，将 1 份氧化镍粉末加到 50 000 份乳白玻璃的原料中，就可制得黄色玻璃。1 份氧化钴加到 10 000 份普通玻璃原料中，就可生产出蓝色玻璃。加入金、铜或氧化硒，则可以生产出红色玻璃。

词源

Colloid

胶体

kolla（希腊语）：胶水

eidos（希腊语）：形成

胶　体

有一类物质，它既不属于溶液，也不属于非均相混合物，这样的物质就是**胶体（colloid）**。由于胶体粒子是均匀地分散在介质中的，因此，胶体颗粒可以长时间地保持分散而不会沉淀。胶体与溶液最大的区别在于溶质粒子的大小不同。胶粒通常是簇生的，是溶解在溶液中的离子或分子大小的 10～100 倍。有时候，固体微粒也能分散在其他固体中，如**图** 13.41 所示。有些生物分子，如蛋白质，体积很大，通常也能形成胶体，利用胶体模型能很好地解释它们的特性。

胶粒是均匀分散的，因此有时很难区分胶体与溶液。但是，胶体中的较大粒子使胶体有了某些独特的性质，利用这些性质可以鉴别胶体。注意观察光束通过溶液与胶体时有什么差别。当光束通过溶液时，光路很不明显。但用光束照射胶体时，由于光线被胶体粒子部分分散而发生散射，使光路变得清晰可见。如果太阳光照在空气中的尘埃上，或在有雾的夜晚打开车前灯，你就能看到这样的现象。这种光线被分散的现象叫作**丁达尔效应（Tyndall effect）**。出现丁达尔效应的原因是分散质粒子的大小与可见光的波长相近（400～700 nm），而溶液中的粒子太小，无法产生这种效应。**图** 13.42 展示了丁达尔效应。

■ **图 13.42** 光的散射使得光束通过胶体时变得清晰可见。汽车前灯在雾中能形成明显的光路也是因为这个原因。

确定 哪些混合物是胶体？

精彩预告

你已学习了水、溶质和胶体的一些性质，现在，你也应该能理解为什么常把水和溶液的概念联系在一起的原因了。正如你在本章中学到的，水的物理性质使之成为一种独特且重要的物质，它能形成溶液的能力使它在生命体的各个方面，包括酸碱反应，起着不可或缺的作用。你还将了解到，水的作用看似微不足道，其实却是至关重要的。

第2节 本节回顾

要点梳理
- 相似相溶。
- 溶剂与溶质粒子间的相互作用对溶液的形成影响显著。
- 离子化合物溶解于水中发生电离。
- 溶液可分为不饱和溶液、饱和溶液和过饱和溶液。
- 温度会影响溶解度。
- 溶液的物质的量浓度相当于1 L该溶液所含溶质的物质的量。
- 溶液的依数性，如凝固点下降、沸点上升，只取决于溶液的浓度。

14. **主要** **概念** **解释** 水在溶解离子化合物时，水分子为什么既受到阳离子的吸引，也受到阴离子的吸引？

15. **应用** 写出下列离子化合物溶解在水中时的电离方程式：
    a) Na_2SO_4 b) $NaOH$ c) $CaCl_2$

16. **判断** 下列溶液在加入溶质之前是不饱和溶液、饱和溶液还是过饱和溶液。
    a) 在该溶液中只要再添加少量溶质就会产生大量晶体。
    b) 在该溶液中再加入一些溶质，溶质会溶解在溶液中。
    c) 在该溶液中再加入溶质，这些溶质会沉到容器底部且不溶解。

17. **比较** 确定哪种溶液浓度最高，然后按照凝固点从低到高的顺序对溶液进行排序，并说明这样排列的原因。
    a) 100.0 mL 含 0.1 mol KBr 的溶液
    b) 1.00 L 含 1.1 mol NaOH 的溶液
    c) 2.00 L 含 1.6 mol $KMnO_4$ 的溶液

18. **解释** 厨房中的胶体。油和水溶液一般情况下不互溶。但是，若将油和醋或柠檬汁与鸡蛋液搅拌在一起，会形成一种稳定的混合物。分析出现这种现象的原因。

第 13 章 学习指南

大概念 水在许多化学反应中起着重要的作用。

第1节 神奇的水

主要概念 水分子的亚微观结构决定了其独特的性质。

关键术语
氢　键
表面张力
毛细现象
比　热

要点梳理
- 水之所以具有特殊的物理性质，原因在于水分子的极性。
- 氢原子与另一分子中电负性很大的原子形成氢键。
- 比热是指 1 g 某物质温度升高 1 ℃所需要吸收的热量。

第2节 溶液及其性质

主要概念 水能溶解许多不同的离子化合物和共价化合物。

关键术语
离　解
不饱和溶液
饱和溶液
过饱和溶液
溶解热
渗　透
胶　体
丁达尔效应

要点梳理
- 相似相溶。
- 溶剂与溶质粒子间的相互作用对溶液的形成影响显著。
- 离子化合物溶解于水中发生电离。
- 溶液可分为不饱和溶液、饱和溶液和过饱和溶液。
- 温度会影响溶解度。
- 溶液的物质的量浓度相当于 1 L 该溶液所含溶质的物质的量。
- 溶液的依数性，如凝固点下降、沸点上升，只取决于溶液的浓度。

第 13 章 测评

要点理解

19. 列出水作为化学药品的几项用途。
20. 解释水的极性。
21. 解释说明水的密度与温度的关系。
22. 哪种类型的分子会形成氢键?
23. 解释什么是毛细现象,举出两个例子。
24. 水银放在玻璃管中时,会形成上凸的弯月面,为什么?
25. 图 13.43 是水分子的结构,指出哪个是共价键,哪个是氢键。

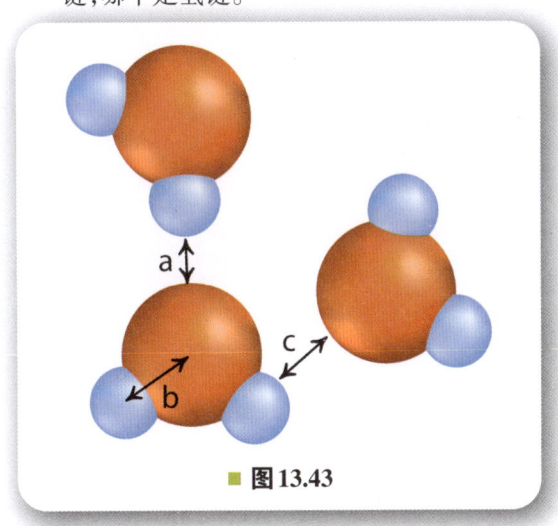

■ 图 13.43

26. 为什么蔗糖可以完全溶解在水中?
27. 如何配制过饱和溶液?
28. 什么是比热?为什么水的高比热值对地球来说很重要?
29. 为什么冰漂浮在水面上?这一科学事实对生命的意义是什么?
30. 人体是如何通过排汗来保持凉爽的?
31. 0.217 mol 乙醇(C_2H_5OH)溶解于足量的水中,配制成 100.0 mL 的溶液,该溶液的物质的量浓度是多少?
32. 要配制 1.30 L 0.890 mol·L^{-1} 的 Na_2CO_3 溶液,需要多少克碳酸钠?

应用概念

33. 相同质量的金和铁放置在太阳下,吸收相等的能量,哪种金属升高的温度更大?
34. 要配制 1.00 L 0.255 mol·L^{-1} 的氯化铁溶液,需要多少克氯化铁($FeCl_3$)?
35. 0.845 L 溶液中含有 4.13 g 溴化镁($MgBr_2$),则该溶液的物质的量浓度是多少?
36. 要配制 5.60 L 1.13 mol·L^{-1} 的碘化钾溶液,需要多少克碘化钾(KI)?
37. 说明在汽车水箱中加入防冻剂后就能防冻的原因。
38. 氯化钙被用于融化道路上的冰雪。为什么用氯化钙比用氯化钠好?请给出两条原因。
39. 铝的比热是 0.903 J·(g·℃)$^{-1}$,铜的比热是 0.385 J·(g·℃)$^{-1}$。如果两支试管分别装有 100 g 的 Al 和 Cu,温度为 100 ℃,若将它们冷却至 20 ℃,哪支试管放出的热量较多?
40. 若你在 25 ℃ 条件下配制出饱和氯化钾溶液,然后把它加热到 50 ℃,所得到的溶液是饱和溶液、不饱和溶液,还是过饱和溶液?说明理由。
41. 把 100.0 mL 1.00 mol·L^{-1} 硝酸钡[$Ba(NO_3)_2$]溶液与 100.0 mL 1.00 mol·L^{-1} 硫酸钠(Na_2SO_4)溶液混合,会生成多少克硫酸钡?
$Ba(NO_3)_2(aq) + Na_2SO_4(aq) \longrightarrow BaSO_4(s) + 2NaNO_3(aq)$

生活中的化学

42. 解释为什么肥皂能有效去除油污。

475

第 13 章 测评

工作原理

43. 为什么用反渗透设备净化死海中的水比净化普通海水困难？

批判性思考

因果联系

44. **迷你实验1** 钢的密度比水的密度大得多，但如果小心地把钢制剃刀片放在水面上，它并不会下沉。解释原因。

图像解释

45. 根据**图13.23**，比较在 10～40 ℃ 的温度范围内，氯化钠溶液与硝酸钾溶液的溶解度。

得出结论

46. **化学实验** 假定你的衬衫不小心溅到了一些蓝色的硫酸铜溶液，在洗涤这件衬衫时，为什么要避免使用碱性洗涤液（碳酸钠）？

日积月累

47. 从分子式 $CHCl_3$ 可以得出哪些信息？
48. 说明钾原子是如何与溴原子成键的。
49. 第二电子层最多有几个电子？第三电子层呢？请解释。
50. 皮肤上擦医用酒精时，为什么会感到凉爽？
51. 为了合成二氧化氮，需要多少升氮气与 28 L 氧气完全反应？

技能训练

52. **分析** 分析**图13.44**中的信息，解释折线在周期表中的趋势。能否用该趋势预测 H_2O、HF 和 NH_3 在各族中的趋势？

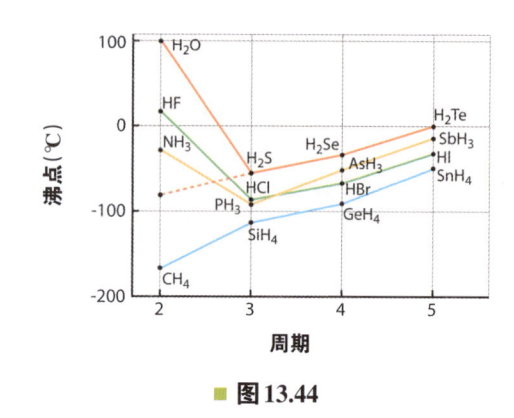

■ 图13.44

科技写作 化学

53. 饮用水是宝贵的资源，从水龙头里流出的水，使用后将进入下水道，再进入当地的污水处理厂，最后又回到水龙头里。请写一篇短文说明水的这一历程及其中的水处理，并描述当地是如何进行污水处理和饮用水处理净化的。

解决问题

54. 假如你把一根玻璃管插到一烧杯水中，玻璃管中的水面会比烧杯中的水面高还是低？说明原因。再假设你把一根洁净、干燥的毛细管插到熔化的蜡中，再把它拿出来，管内壁在冷却后会覆盖一薄层固体蜡。若你把这支覆盖着蜡的毛细管插到水中，会出现什么现象？管内壁的水面变高还是变低？说明理由。

标准化测试

1. 下列哪对元素组合形成极性共价化合物?

    a) Ca 和 Cl

    b) Li 和 O

    c) F 和 Fe

    d) Fe 和 S

2. 冬天,雪直接变成水蒸气是什么现象?

    a) 升华

    b) 蒸发

    c) 汽化

    d) 冷凝

3. 在地面上,一只汽艇内部充满 5.66×10^6 L 氦气,此时温度为 25 ℃,压强为 1.10 atm。现在的汽艇大多是非刚性的,其体积可变。如果汽艇内部压力不变,当汽艇处于 2 300 m 高,温度为 12 ℃ 的环境时,体积是多少?

    a) 5.66×10^6 L   c) 2.72×10^6 L

    b) 5.41×10^6 L   d) 5.92×10^6 L

4. 理想气体状态方程中,温度的单位是什么?

    a) ℃   c) ℉

    b) K   d) kPa

5. 水作为一种独特的物质,主要特点是

    a) 尽管水的相对分子质量很小,在室温下却是液体。

    b) 固态水的密度低于液态水的密度。

    c) 水作为相对分子质量很小的物质,沸点却很高。

    d) 以上都是。

根据下图,回答第6~7题。

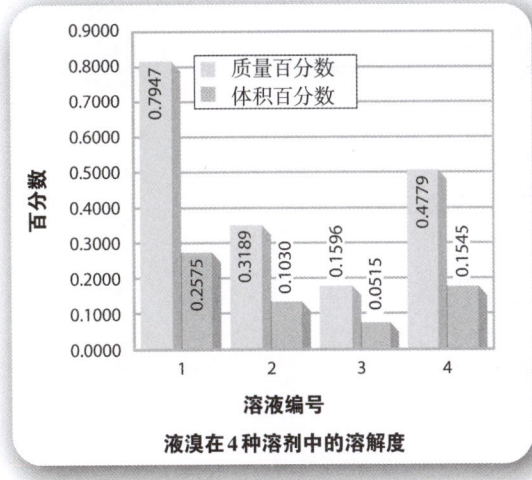

液溴在4种溶剂中的溶解度

6. 7.000 L 溶液 1 中溴的体积是多少?

    a) 55.63 mL   c) 8.808 mL

    b) 18.03 mL   d) 27.18 mL

7. 55.00 g 溶液 4 中含溴多少克?

    a) 3.560 g   c) 0.084 g

    b) 1.151 g   d) 0.2628 g

8. 下列哪项关于原子的八隅规则的说法是不正确的?

    a) 有 8 个价电子

    b) 与惰性气体的价电子组态相同

    c) 总共含有 8 个电子

    d) 有一个 s^2p^6 价电子组态

9. $AlPO_4$ 中阴离子带的电荷是多少?

    a) +2   c) +3

    b) −2   d) −3

考点提示									
测试题号	1	2	3	4	5	6	7	8	9
对应章节	9.2	10.2	11.2	12.2	13.1	13.2	13.2	4.2	5.1

第 14 章 酸、碱和 pH

大 概念 酸和碱可以根据氢离子和氢氧根离子来定义。

第1节 酸和碱
主要 概念 酸在溶液中生成水合氢离子(H_3O^+),而碱在溶液中生成氢氧根离子(OH^-)。

第2节 酸和碱的强度
主要 概念 在溶液中,强酸和强碱完全电离,弱酸和弱碱只是部分电离。

你知道吗?

- 世界上有超过280种的咬蚁,其中有一种叫作火蚁的咬蚁,是最具有破坏力的生物之一。
- 每个火蚁种群平均包含100 000~500 000只火蚁。
- 火蚁的毒液会导致过敏反应。
- 被火蚁咬伤感觉像是被火灼烧,这是火蚁毒液中的蚁酸所导致的。

课前活动

起步实验

日用品测试

你能将下面的日用品分为两类吗?

实验器材
- 多孔板
- 选取日用品并贴好标签:门窗清洁剂、小苏打溶液、醋、无色碳酸饮料、肥皂、蒸馏水和下水道清洁剂
- 红色和蓝色石蕊试纸
- 酚酞试剂

实验步骤

1. 阅读并完成实验安全表格。
2. 每样日用品取三或四滴于多孔板的独立小孔中;列出表格以表示每种日用品的位置。
3. 用红色和蓝色石蕊试纸测试每一个样品,然后在每个样品中加入两滴酚酞试剂,记录你的观察结果。

(注意:*酚酞试剂为易燃物,请远离火源*)

实验分析

1. **分类** 根据你的观察结果将所有产品分为两类。
2. **总结** 如何将日用品分为两类?

探究 选出一种能与酚酞试剂发生反应的样品。你可以倒推出这个反应吗?设计一个实验检验你的假设。

折叠式学习卡
学习组织者

酸和碱 按以下图示制作折叠式学习卡,帮助你整理有关酸和碱的内容。

▶ **步骤1** 找到一页纸的水平中线;将纸的两边折至中线处。

▶ **步骤2** 将纸对折。

▶ **步骤3** 打开并沿着折叠线剪成4个区域。

▶ **步骤4** 在4个区域上分别标上"强酸""强碱""弱酸"和"弱碱"。

强酸	强碱
弱酸	弱碱

折叠式学习卡 在第2节中使用该折叠式学习卡。在你阅读的过程中,在折叠式学习卡对应的位置记录关于强酸、弱酸、强碱和弱碱的相关性质,并写上每一类酸和碱的具体例子。

第1节

核心问题
- 酸与碱的性质有何区别?
- 为什么酸、碱溶液能导电?
- 酸和碱与水的作用时有何不同?
- 在酸碱化学中,水有什么作用?

术语回顾
电解质: 在熔融状态或溶于水中时能导电的化合物。

关键术语
酸
水合氢离子
酸性氢
电离
碱
酸性氧化物
碱性氧化物

酸 和 碱

主要 概念 酸在溶液中生成水合氢离子(H_3O^+),而碱在溶液中生成氢氧根离子(OH^-)。

链接真实世界 对物质进行分类可以帮助我们学习化学。虽然你也许没有意识到,但酸和碱确实是你所遇到的最常见的一种分类。你对酸、碱的认识可能是一些你最喜欢的饮料的酸味和香皂的滑腻感。

酸碱的宏观性质

日常生活中,酸和碱随处可见。事实上,从炼丹时代开始,酸和碱就被认为是有趣的物质。用简单、可观察到的性质就能区别酸和碱。

味觉和触觉 我们不能用尝味道的方法来区分酸和碱,那样做很不安全。不过,你对酸味应该是非常熟悉的。例如,柠檬汁和醋都是酸的水溶液,而碱却是苦味的。

碱液有滑腻感。与不能用尝味道的办法区别酸一样,触摸也不是检验碱的安全方法。但是,你肯定对碱性的肥皂涂在皮肤上后的感觉很熟悉。碱,如肥皂,会与你皮肤上的蛋白质反应,去除表层细胞,这个反应既起清洁作用,也是肥皂具有滑腻感的原因。图14.1所示的反应说明了某些碱为何能成为下水道清洁剂。

■ **图14.1** 头发经常会造成下水道堵塞,某些碱可以洗去这些头发,原因是头发是由蛋白质组成的,碱能溶解蛋白质。

表14.1	常见的工业酸和碱	
物质	酸/碱	部分用途
硫酸(H_2SO_4)	酸	汽车电池；生产化学试剂、肥料和纸
生石灰(CaO)	碱	中和酸性土壤
氨气(NH_3)	碱	肥料；清洁剂；生产人造纤维、尼龙和硝酸
氢氧化钠(NaOH)	碱	下水道和烘箱的清洁剂；生产肥皂和化学试剂
磷酸(H_3PO_4)	酸	软饮料；生产洗涤剂和肥料

酸和碱的反应 酸碱反应是生命化学、环境化学和许多重要工业流程的核心。**表14.1**列出了美国常见的几种工业酸和碱，并附上了它们的一些用途。你会在今后的课程中学到更多关于酸、碱的知识。

石蕊试验和其他颜色变化 酸和碱能使特定的染料变色。由于这些染料常被用来鉴别一种物质是酸还是碱，所以也叫作酸碱指示剂。指示剂中最常见的是石蕊。与酸混合时，石蕊呈红色；与碱混合时，石蕊呈蓝色。因此，石蕊是鉴别物质酸碱性的可靠指示剂。**图14.2**展示了天然物质在酸、碱存在下的颜色变化。

■ **图14.2** 常见的酸碱指示剂包括：石蕊、红色卷心菜、萝卜、郁金香和玫瑰花瓣。

迷你实验 1

酸的反应

酸是如何进行反应的 绝大多数酸的化学性质活泼。本实验将测试三种酸与某些常见物质的反应,并对酸溶液下一个操作性定义。

实验步骤

1. 阅读并完成实验安全表格。
2. 用一支贴有标签的小型尖嘴滴管取10滴 3 mol·L^{-1} 盐酸(HCl),滴到洁净的24孔板的D1~D6六个孔中。用同样的方法,取10滴 3 mol·L^{-1} 硫酸(H_2SO_4)到C1~C6中,取10滴 3 mol·L^{-1} 醋酸($HC_2H_3O_2$)到B1~B6中。
3. 把蓝色石蕊试纸浸到D1、C1和B1中,记录你观察到的现象。
4. 滴2滴溴百里酚蓝蓝色指示剂到D2、C2和B2中,随着酸性的增加,指示剂颜色由蓝色变为黄色。记录你观察到的现象。
5. 用同样的方法,添加大理石碎块(碳酸钙)到D3、C3和B3中,加锌粒到D4、C4和B4中,加铝片到D5、C5和B5中,加少量的鸡蛋清到D6、C6和B6中。记录你观察到的现象。
6. 在老师的指导下处理材料,24孔板先用自来水清洗,再用蒸馏水清洗。

分析与讨论

1. **总结** 总结三种酸与测试物的反应,并据此提出有关酸的操作性定义。
2. **推断** 哪一种酸反应得不太剧烈?请解释这一现象。

与金属和碳酸盐的反应 酸的另一个特性是能与比氢活泼的金属反应。另一方面,碱一般不与金属反应。如**图14.3**所示,金属铁(Fe)能与盐酸(HCl)反应。图中还附上了一些常见金属的活动性顺序表。可以看到的是氢排在序列的中下部——这说明只有少数金属性质不那么活泼。这一性质解释了为什么酸能腐蚀大多数金属。

■ **图14.3** 某些化学反应中的典型现象可以用于鉴别酸。酸能与比氢活泼的金属反应生成该金属的化合物和氢气。

$$Fe(s) + 2HCl(aq) \longrightarrow FeCl_2(aq) + H_2(g)$$

应用 运用活动性顺序表解释为什么图中酸能和钉子上的铁发生反应。

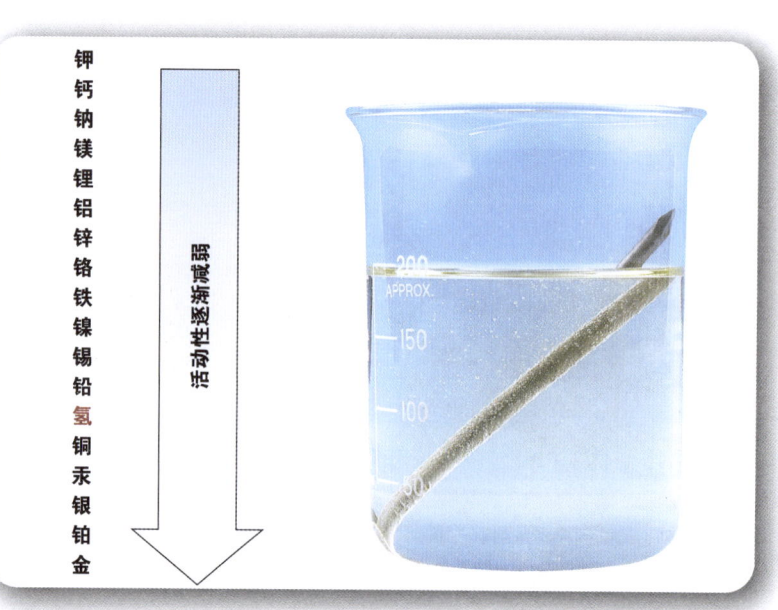

钾 钙 钠 镁 锂 铝 锌 铬 铁 镍 锡 铅 氢 铜 汞 银 铂 金

活动性逐渐减弱

醋(醋酸)能与蛋壳(主要成分为碳酸钙)反应生成二氧化碳、醋酸钙和水。

$2HC_2H_3O_2(aq) + CaCO_3(s) \longrightarrow CO_2(g) + Ca(C_2H_3O_2)_2(aq) + H_2O(l)$

石灰石和大理石的主要成分是 $CaCO_3$，环境中的酸会破坏甚至毁坏大理石、石雕和建筑。

你可能将金属铁与盐酸的反应视为一个简单的置换反应，这在化学反应的学习中有所涉及。金属与酸的反应是最常见的置换反应之一，在反应物是金属的置换反应中，你都可以应用**图14.3**中的活动性顺序。例如，铜比银更活泼，因此，金属铜可以与硝酸银反应生成金属银和硝酸铜。然而，金属银却不能和硝酸铜反应。

如**图14.4**所示，另一个区分酸和碱的简单方法就是酸能与含有碳酸根离子(CO_3^{2-})的离子化合物反应，生成二氧化碳、水和另一种化合物。**图14.4**也表明类似的反应会导致酸雨对大理石和石雕的破坏现象。碱不会和碳酸盐反应。

酸的微观特征

从易观察的宏观性质(包括物理性质和化学性质)来描述酸碱易于区分两者。然而，要理解这些性质，你需要知道酸碱的微观特征。

水合氢离子的形成　当酸溶解于水中后，它的微观特征可用几种方式来描述。最简单的定义是：**酸(acid)**是一种在水中溶解时能产生 H^+ 的物质。H^+ 与 H_2O 分子结合生成**水合氢离子(H_3O^+, hydronium ion)**。

■ **图14.4**　酸与碳酸根离子(CO_3^{2-})的反应可以区别酸和碱。碳酸钙中就含有碳酸根离子。

拓展　阅读

除了第1族元素的碳酸盐外，含有碳酸根离子的化合物几乎是完全不溶于水的。这使得自然界中的碳酸盐，如大理石和石灰石很坚固，可用于雕刻和建筑。

词源

Acid

酸

acidus(拉丁文)：酸的

483

HC₂H₃O₂	HCl
醋酸	盐酸
一元酸	
H₂SO₄	H₃C₆H₅O₇
硫酸	柠檬酸
二元酸	三元酸

■ **图 14.5** 如果 1 个氢原子失去 1 个电子，剩下的就是质子。质子的数目就表示一种酸中含有几个酸性氢。

推断 一些酸，例如磷酸，有 3 个酸性氢原子。你会怎样向人们形容一个酸分子中有 3 个氢原子？

举个例子，盐酸是氯化氢气体溶解在水中形成的。水是一种极性分子，能与其他的溶质分子形成强的氢键。当 HCl 溶解于水时，发生如下反应，产生 H_3O^+。因此，盐酸毫无疑问是一种酸。

$$HCl(g) + H_2O(l) \longrightarrow H_3O^+(aq) + Cl^-(aq)$$

CH_3COOH 溶于水形成醋酸溶液时也有类似的反应。

$$CH_3COOH(aq) + H_2O(l) \longrightarrow H_3O^+(aq) + CH_3COO^-(aq)$$

注意这两个反应的相同点，在这两种情况下，溶解的物质与水反应生成了水合氢离子和阴离子。

酸性氢 为什么酸溶解于水时会产生水合氢离子？它是怎样产生的？从微观角度看，酸与水的反应是氢离子（H^+）从酸转移到水分子的过程，转移的结果是形成了带正电的 H_3O^+ 和带负电的阴离子。在酸中，能被转移到水中的氢原子叫作**酸性氢(acidic hydrogen)**。如**图 14.5** 所示，每个酸分子中可能不止含有 1 个酸性氢。

哪一种氢是酸性的 再以醋酸为例，1 分子醋酸（CH_3COOH）有 4 个氢原子。那么哪一个氢原子能够转移到水中形成氢离子？如**图 14.6** 所示，只有与电负性很大的氧原子成键的氢，才是酸性的。与碳成键的氢原子是没有极性的键，不是酸性的。

当 O—H 键中电负性的差别促使氢原子向水中转移时，分子才显酸性，但不是所有极性键中的氢都是酸性的。举个例子，甲醇（CH_3OH）含有一个 O—H 键，但是它不是酸性的。然而，可以肯定的是非极性键中的氢原子不是酸性的。因此，你可以在醋酸中区分出酸性氢。你也可以推断出像苯（C_6H_6）这样的化合物中是没有酸性氢的。

■ **图 14.6** 氢原子是否可电离，部分取决于它形成的键的极性。醋酸和氢氟酸中的氢分别与电负性较大的原子——氧和氟相连。这些氢是酸性的，但苯中的氢并没有。

醋酸　　　　　氢氟酸　　　　　苯

化学与技术

柠檬酸的生产

你可能不会想到,你今天就可能接触过柠檬酸。它在你喝的饮料里,它在卫生间的清洁剂中,它在润唇膏、护手霜、糖果和零食中。柠檬酸,被用在数百种不同的生活用品中。

在美国,一半数量的柠檬酸用于生产饮料,使果味饮料具有特别的酸味。柠檬酸也被用作食品防腐剂,或在化妆品中调节pH。

■ 图 14.8 发酵室。

生产过程

柠檬酸使柑橘类水果具有特别的酸味。第一次世界大战之前,世界上大多数柠檬酸都来自柑橘类水果。现在,柠檬酸主要由图 14.7 所示的微生物制造而得。黑曲霉菌在蔬果和坚果(如葡萄、洋葱和花生)上生长,通过分解简单的糖类来生产柠檬酸。

■ 图 14.7 黑曲霉菌。

如图 14.8 所示,为生产柠檬酸,工人将黑曲霉菌加入糖水中,密封在容器里。容器在五天里都会保持恒定的温度。然后,将溶液中的黑曲霉菌过滤出来,留下柠檬酸($H_3C_6H_5O_7$)、未分解的糖水和其他化合物的混合物。为提取柠檬酸,需在溶液中加入氢氧化钙[$Ca(OH)_2$],以便与柠檬酸结合形成柠檬酸钙[$Ca_3(C_6H_5O_7)_2$]。

$$3Ca(OH)_2 + 2H_3C_6H_5O_7 \longrightarrow Ca_3(C_6H_5O_7)_2 + 6H_2O$$

在物理分离出柠檬酸钙后,通过加入硫酸(H_2SO_4)再生成柠檬酸,得到硫酸钙($CaSO_4$)沉淀。

$$3H_2SO_4 + Ca_3(C_6H_5O_7)_2 \longrightarrow 2H_3C_6H_5O_7 + 3CaSO_4$$

把硫酸钙都过滤掉以后,剩余的所有物质均为柠檬酸。

技术探讨

1. **假设** 在硫酸钙形成硫酸盐的反应中会产生杂质,这有影响吗?请说明理由。
2. **获取信息** 调查并撰写一份关于使用黑曲霉菌生产其他产品的报告。

■ **图 14.9** 硫酸,可用于制造钢铁,是一种二元酸。

化学反应的简写 你能写出具体的酸的电离方程式,但有时候我们常利用化学方程式来表示一类酸溶解于水生成 H_3O^+ 的过程。一般地,在化学方程式中,一元酸用化学式 HA 表示。现在来对比一下通式和盐酸电离的具体方程式。

$$HCl(g) + H_2O(l) \longrightarrow H_3O^+(aq) + Cl^-(aq)$$

$$HA + H_2O(l) \longrightarrow H_3O^+(aq) + A^-(aq)$$

上面所写的这个化学方程式是非常完整的,不过,如果采用简写的形式来表示这个反应,则更为方便。用简写形式时,反应物中不出现水,水合氢离子用氢离子来表示。

$$HA(aq) \longrightarrow H^+(aq) + A^-(aq)$$

在书写多元酸中的氢离子转移时,通常也可使用这种简写形式。例如硫酸,如**图 14.9** 所示。**图 14.10** 展示了 H^+ 的转移。

使用简写形式时,要记住,尽管化学方程式中并没有全部写出来,但该反应的反应物中必须有水。

■ **图 14.10** 多元酸一次只失去一个酸性氢。
描述 请说明二元酸和三元酸失去酸性氢的步骤。

	一般规律	范例
二元酸	$H_2A(aq) \longrightarrow H^+(aq) + HA^-(aq)$ $HA^-(aq) \longrightarrow H^+(aq) + A^{2-}(aq)$	$H_2SO_4(aq) \longrightarrow H^+(aq) + HSO_4^-(aq)$ $HSO_4^-(aq) \longrightarrow H^+(aq) + SO_4^{2-}(aq)$
三元酸	$H_3A(aq) \longrightarrow H^+(aq) + H_2A^-(aq)$ $H_2A^-(aq) \longrightarrow H^+(aq) + HA^{2-}(aq)$ $HA^{2-}(aq) \longrightarrow H^+(aq) + A^{3-}(aq)$	$H_3PO_4(aq) \longrightarrow H^+(aq) + H_2PO_4^-(aq)$ $H_2PO_4^-(aq) \longrightarrow H^+(aq) + HPO_4^{2-}(aq)$ $HPO_4^{2-}(aq) \longrightarrow H^+(aq) + PO_4^{3-}(aq)$

生物学 链接

血液检测

血液中的 H^+ 与其他离子和分子的数量比约为 $4:100\,000\,000$。但是,人体里的酶反应对 H_3O^+ 浓度的变化相当敏感,因此,H_3O^+ 是相当重要的,它影响着体液中的酸碱平衡。

了解血液中的酸碱状况 医生的责任是诊断病人的状况,但有时诊断会比较困难,因为不同的病情可能会有类似的症状。帮助诊断的一种有效方法就是化验血液,通过验血,就能了解到血液中的酸碱信息。详细的血液测试可以提供血液中的 pH、血液中因溶解二氧化碳而产生的压强 $[p(CO_2)]$、因溶解氧气而产生的压强 $[p(O_2)]$ 和碳酸氢根的浓度 $[c(HCO_3^-)]$ 等。正常人体中这些组分的变化范围见下表。

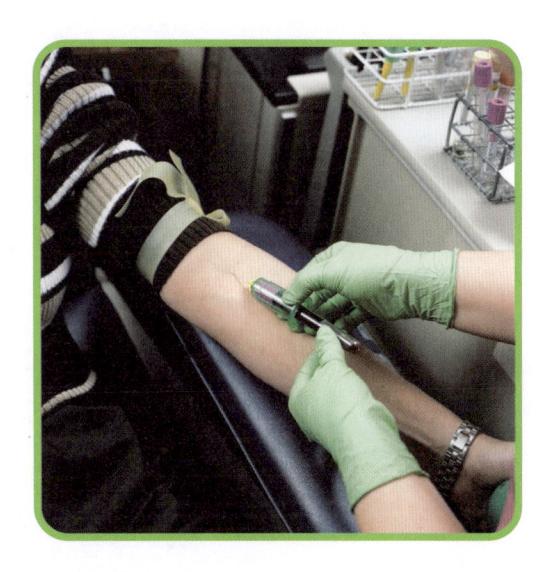

■ **图 14.11** 病人抽出的血液可以检测 pH、CO_2、O_2 和碳酸氢根离子的情况。

CO_2 的含量偏低,而 pH 偏高,这是未曾预料到的。为此,医生检查了呼吸装置,发现装置上的体积调整器滑动了,病人吸入了推荐量的 2 倍。这导致了病人吸氧后,发生了碱中毒,所以血液和组织中的酸浓度下降。调整后,病人血液中的各项指标恢复正常,酸碱平衡也达到了,病人逐渐开始康复。

某些血液成分的正常变化范围

血浆的组成	一般的变化范围
$c(HCO_3^-)$	$23 \sim 29$ mEq·L^{-1}*
$p(CO_2)$	$35 \sim 45$ mm Hg
$p(O_2)$	$75 \sim 100$ mm Hg
pH	$7.35 \sim 7.45$

*以毫克当量每升来表示。

历史案例 为了解医生是如何利用酸碱关系的,可以参考下面的历史案例。有一个肺炎病人在戴上呼吸装置后,状况并没有得到改善。她的验血报告如下:

$c(HCO_3^-)$	18 mEq·L^{-1}	$p(O_2)$	75 mm Hg
$p(CO_2)$	17 mm Hg	pH	7.65

化学 链接

1. **假设** 在心脏病发作时,流向心脏某些部位的血液可能会停止流动或流量大大减少。这将如何影响心脏肌肉中血液的酸碱关系?
2. **应用** 病人休息时,血液中的气体可能表现反常。如果病人不是卧病在床,请设计一个方案来解决这个问题。

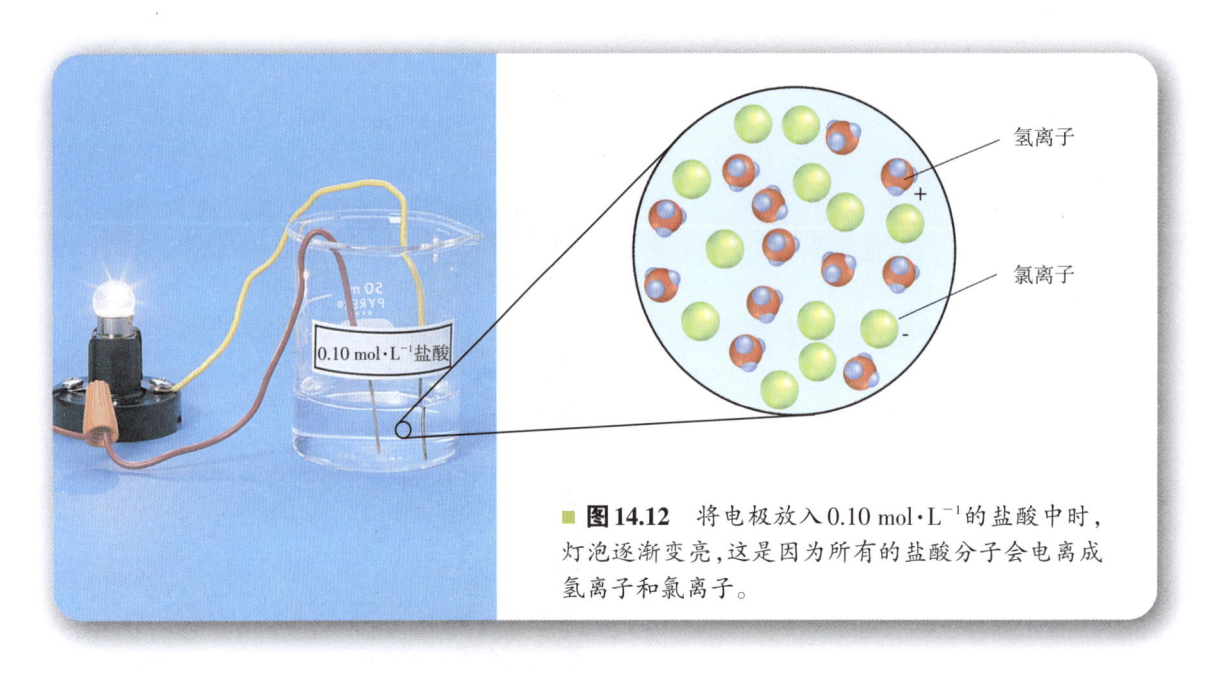

■ 图14.12 将电极放入0.10 mol·L⁻¹的盐酸中时，灯泡逐渐变亮，这是因为所有的盐酸分子会电离成氢离子和氯离子。

酸是电解质　我们已经知道纯水是不能导电的。如果纯水中溶解了一些物质后，溶液能导电，这些物质就称为电解质。共价化合物在溶液中形成离子的过程称为 **电离（ionization）**。具体地说，在这个过程中酸产生了离子，称作酸的电离。因为酸在水中会电离形成离子，酸溶液可导电，因此酸是电解质。

离子化合物（如食盐）的溶液通常是电的良导体，与其相比，酸溶液的导电性有强有弱。图14.12说明了0.10 mol·L⁻¹的盐酸溶液是电的良导体，而图14.13展示了浓度同样为0.10 mol·L⁻¹的醋酸不是良导体，这是因为醋酸并没有完全电离。导电性的差异说明各种酸生成离子的能力是不同的。

■ 图14.13　通过0.10 mol·L⁻¹醋酸溶液的电路中的灯泡是昏暗的。将此图与图14.12进行比较。
解释　在溶液中离子浓度不同时，灯泡亮度为什么会有差异？

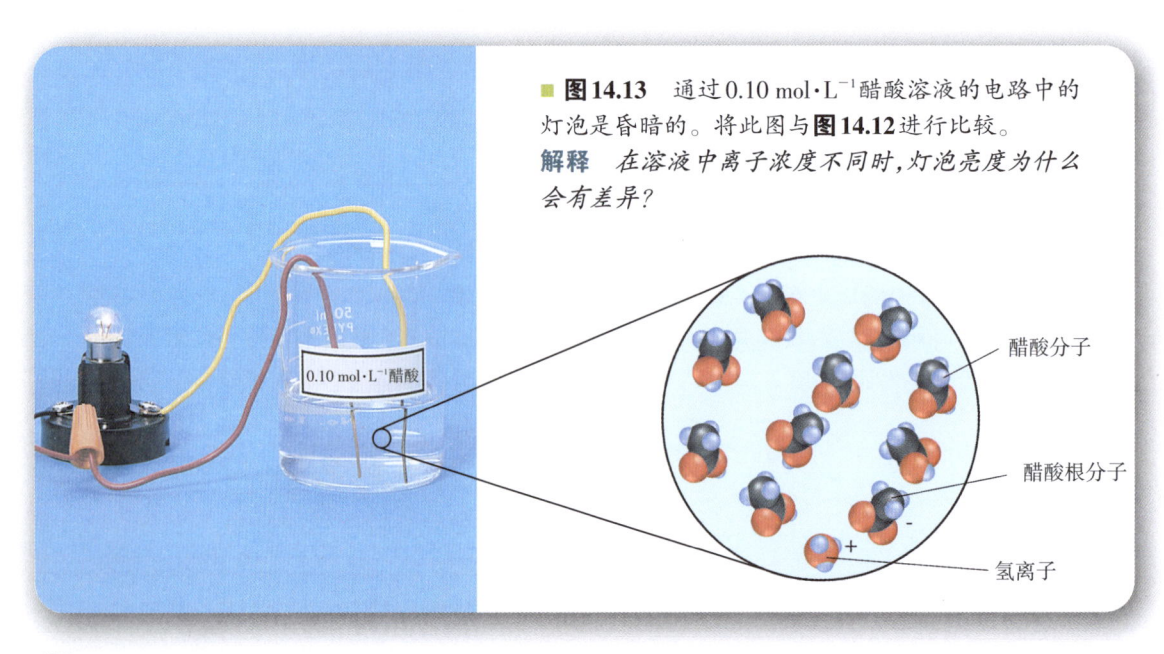

■ **图14.14** 所有这些化合物都是碱,因为它们溶于水后都会产生氢氧根离子。和多元酸一样,一分子碱在水中也可能产生多个氢氧根离子,氢氧化钙和氢氧化铝就是这样的碱。

碱的微观特征

通过碱与水的作用,我们可以从分子层面上描述碱的行为。**碱(base)** 是溶于水能产生氢氧根(OH⁻)的物质。碱溶于水时,会通过两种机制生成氢氧根离子。

简单的碱:金属氢氧化物 最简单的碱是可溶于水的离子化合物,其中氢氧根离子作为阴离子。例如,当氢氧化钠溶于水时,它电离成钠离子(Na^+)和氢氧根离子(OH^-)。

$$NaOH(s) \longrightarrow Na^+(aq) + OH^-(aq)$$

一般来说,任何可溶于水或微溶于水的金属氢氧化物溶于水后,都会生成氢氧根离子。水所起的作用与酸在水中电离生成水合氢离子时的情况不同。氢氧根离子纯粹是由碱的简单电离生成的,而不是由碱与水分子作用生成的。**图14.14** 展示了三种常见的金属氢氧化物。

碱是H^+的受体 只有极少数的碱属于共价化合物,这些碱溶于水后通过电离生成氢氧根离子,电离过程是H^+从水转移到碱,氨(NH_3)就是这类碱中最常见的例子。

当氨气溶于水时,一些氨分子会与水分子反应生成铵根离子和氢氧根离子,反应的化学方程式如下:

$$NH_3(g) + H_2O(l) \rightleftharpoons NH_4^+(aq) + OH^-(aq)$$

了解属于共价化合物的碱的总电离方程式是很有用的,通常用字母B来表示这类碱,总电离方程式如下:

$$B + H_2O(l) \rightleftharpoons BH^+(aq) + OH^-(aq)$$

化学工作者

费·塔娅
化妆品药剂师

产品使用前，必须仔细阅读标签，这是费·塔娅给我们的忠告。20多年来，她一直在生产化妆品。许多化妆品公司宣称，他们的产品中添加了防晒剂。但是，如果没有以具体的数字来说明SPF值（防晒指数），再多的防晒剂恐怕也没用。在这次访谈中，塔娅女士会与你分享一些化妆品的知识，这会帮助你成为更聪明的消费者。

关于工作

Q 塔娅女士，您能简单介绍一下您的工作吗？

A 我在化妆品实验室的研发部门工作，为化妆品公司研制新产品，如洗发香波、护肤液和沐浴露。

Q 您能告诉我们洗发香波的常规制法吗？

A 单纯的洗发香波是由水、月桂基硫酸钠和能产生泡沫的氨基化合物的混合物组成的。生产时，先对混合物进行加热，然后调节酸度，大多数洗发香波是中性的，如果略显碱性，我会用柠檬酸溶液来调节。接下来把它冷却，并检验黏度或流动性。我既不希望它像水那么稀，也不希望它像蜜糖那么稠。所以我会用20%的氯化钠溶液来调节黏度。最后加入香水和色素，使它美观芳香。

Q 大多数的化妆品标签上通常把水列在第一种成分，这是否说明主要成分就是水？

A 是的，面霜中含有的水分最少，大约占60%。水量的多少取决于肤质。

Q 在您研制化妆品时，通常会添加哪些色素？

A 我会使用食品和药物管理局批准使用的色素，大多是基本色，但可通过混合形成其他的颜色。绿色是洗发香波最常用的色彩，它给人的感觉是新鲜和洁净。

Q 您觉得化妆品行业的发展方向是什么？

A 将来，为不同的种族设计专门的化妆品会越来越多。越来越多的化妆品中都添加了防晒剂，因为人们对紫外线可能给皮肤带来的伤害越来越担心。而且，由于人们总会慢慢变老，因此，掺入一些被认为是可以延缓衰老的成分，如抗氧化剂，将变得更加受欢迎。人们也很关注抗过敏、无色无味的天然化妆品。

早期影响

Q 您是如何对成为一名化妆品药剂师产生兴趣的？

A 我父亲在菲律宾时曾是一家化妆品公司的员工，那儿也是我成长的地方。父亲被生产化妆品的过程迷住了。他觉得化妆品药剂师是一个很尊贵的职业，所以就鼓励我学习化学。我家有8个孩子，很穷，但是父亲还是想办法送我进了大学。

Q 您喜欢大学里的化学课程吗？

A 起初并不喜欢，我在大学里度过了很艰难的一段时光，一直问我自己："为什么我要选择这个专业？"我在考试时哭泣，但是我不能忍受使父亲失望。我经常祈祷，想想父亲为了我的学费还在辛苦地赚钱。所有这些让我找到了继续学习的勇气。大学三年级是个转折点，学习对我来说变得容易多了。

Q 除了您父亲，还有没有其他人对您的职业产生影响？

A 我还在上学的时候，我父亲的一个朋友帮我在一家化妆品实验室找到了一份工作。我白天上班，晚上学习。在这段时间里，我发现了化学在现实生活中的价值。我感觉自己走在了那些缺乏实践经验的学生前面。例如，在上胶体化学课时，我带了一些材料到课堂上，并给同学们演示如何制作洁面霜。

个人观点

Q 您会不会觉得化学有点像烹饪？

A 是的，我在烹饪的时候，十分依赖视觉和嗅觉。在我看来，敏锐的嗅觉和良好的观察力对一名药剂师来说也很重要。

Q 有人认为化妆品是没有用的，您同意这个观点吗？

A 我不同意。我认为让人们有自信的外表是很重要的。因为人人都想有魅力和永葆青春，这一行业是会经久不衰的。

职业 链接

其他与化妆品化学有关的重要工作有：
食品和药物测试员：大学学历并通过笔试。
制造商销售代表：高中文凭。
美容师：国家统一考试。

491

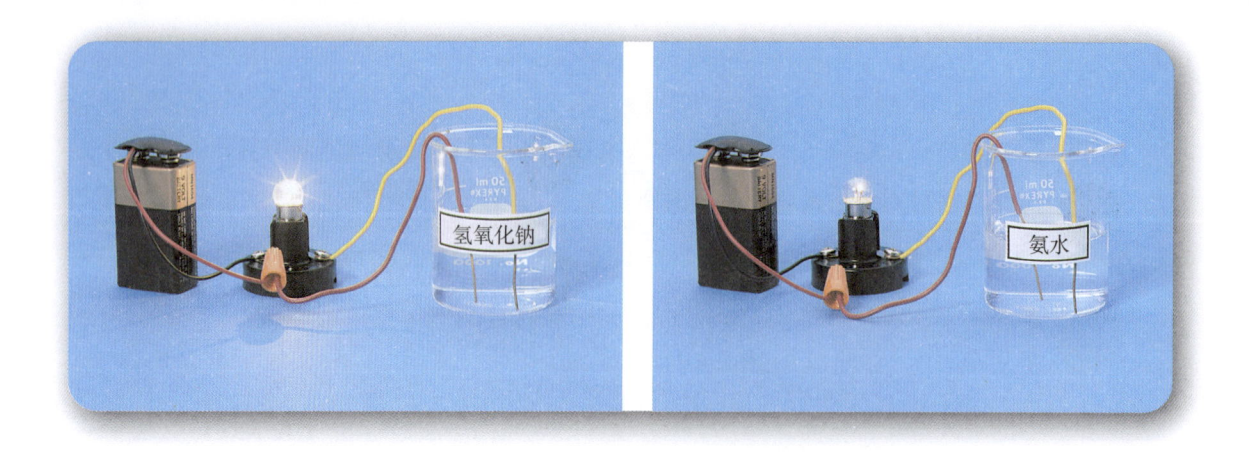

■ **图 14.15** 1 mol·L^{-1} NaOH 溶液的导电能力比 1 mol·L^{-1} 氨水强。

解释 为什么一些碱溶液的导电性强，而另一些的导电性弱呢？

■ **图 14.16** 氨是极性分子。NH$_3$ 中的 N 原子和 H$_2$O 中的 H 原子之间形成了很强的氢键，导致 H$^+$ 从 H$_2$O 中脱离。被破坏的 O—H 键上的两个电子以孤对电子的形式存在于 O 原子上，生成了稳定的 OH$^-$。借助 N 原子上的孤对电子，使 H$^+$ 与 NH$_3$ 上的 N 原子成键，从而形成第 4 个 N—H 键，生成了稳定的铵离子（NH$_4^+$）。电子式中的每个原子都具有稳定的价电子数。

碱是电解质 因为碱在水中能生成离子，因此，你可以预见碱溶液是可以导电的。图 14.15 比较了 1 mol·L^{-1} NaOH 溶液和 1 mol·L^{-1} 氨水的导电性。与酸一样，不同的碱的导电能力也是不同的。导电能力的大小反映了不同的碱产生离子的能力的高低。

为什么水会传递 H$^+$ 给碱 类似于酸会传递 H$^+$ 给水的情况，我们也可以采用同样的模型来解释碱溶于水时，为什么水分子也会失去氢离子并传递给碱。以氨为例，因含有 N—H 共价键，氨是极性分子，分子中 N 原子略带负电，每个氢原子略带正电，中心氮原子上还有一对孤电子。请观察图 14.16，想一想极性的氨分子溶于极性的水中时会发生什么现象。回想一下，可以发现该反应是可逆的。NH$_3$ 和 H$_2$O 极性分子的构成特点对这个反应是有利的。质子从水转移至氨分子形成铵根离子和氢氧根离子的情况只是少数，大部分氨分子是不电离的。

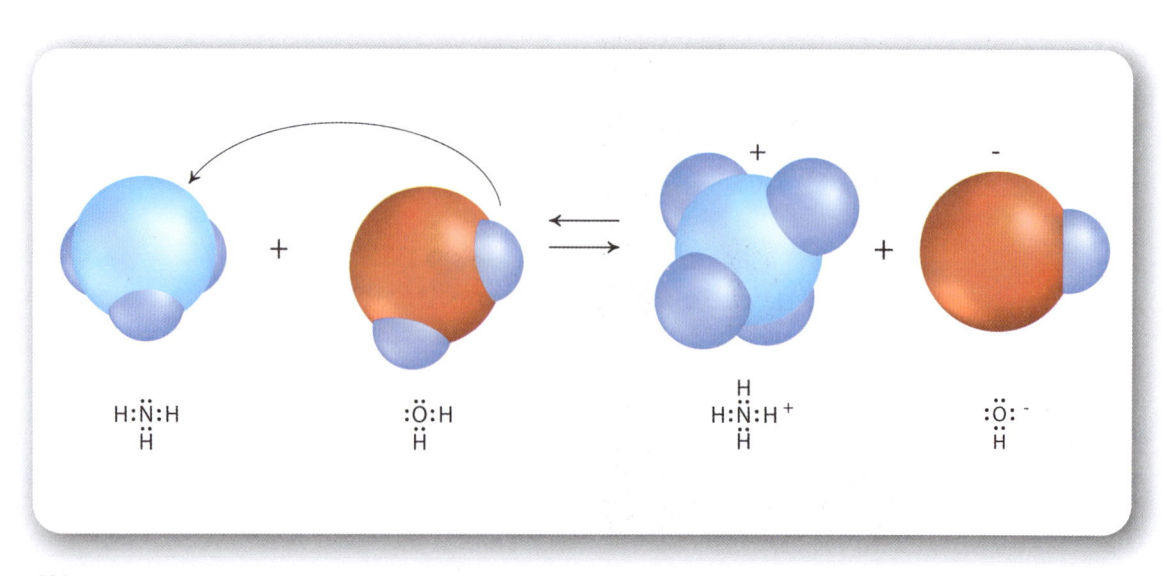

492

特殊的氧化物：酐

还有两种化合物不属于酸或碱，但它们的性质像酸或碱，它们属于氧化物，存在氧与其他元素结合而成的化学键。这类氧化物还有一个名称叫酐，意为不含水的化合物。

酐的种类取决于氧原子与金属成键还是与非金属成键。若氧原子与非金属成键，这种氧化物与水反应时生成酸，因此叫作**酸性氧化物**（acidic anhydride）；若氧原子与金属成键，这种氧化物与水反应时生成碱，因此叫作**碱性氧化物**（basic anhydride）。不管哪种情况，水都是活泼的反应物。现在，让我们来研究几种酐的例子。

酸性氧化物　大家最熟悉的酸性氧化物可能就是二氧化碳（CO_2）。若往水中通入 CO_2 气体，加入蓝色石蕊试液后溶液会变红，这说明 CO_2 与水反应生成了酸：碳酸（H_2CO_3）。碳酸是 CO_2 的水溶液，略带酸味，有一种清新怡人的味道。我们常说的碳酸饮料就是指在一定条件下充入二氧化碳气体的饮料，如**图** 14.17 所示。

酸雨　CO_2 是地球大气的成分之一，虽然含量很少，却是碳循环的重要部分。因为 CO_2 总存在于大气中，下雨时，CO_2 会溶解在雨水中，生成碳酸。既然雨水总是呈酸性的，为什么人们会非常关注雨水酸度对环境的影响呢？正常雨水的酸度不会破坏环境，但是大气中有时还会有其他的酸性氧化物，如二氧化硫和二氧化氮，由于这些气体与水结合生成了酸，使雨水从正常的酸度上升至会破坏环境的水平。

二氧化硫的来源　大气中的二氧化硫主要来源于发电厂含硫煤的燃烧。这种煤燃烧时，会产生二氧化硫（SO_2）。生成的 SO_2 逸到大气中，与空气中的 O_2 反应生成三氧化硫（SO_3）。

> **家庭实验**
>
> 参见附录F，**酸雨测试**。

■ **图** 14.17　碳酸饮料，又称"汽水"，是指在一定条件下充入二氧化碳气体的饮料。碳酸饮料的生产始于18世纪末，最初的发现是从饮用天然涌出的碳酸泉开始的。过量饮用碳酸饮料对身体有害。

推断　你可以推断出碳酸饮料的酸碱性吗？其他我们日常饮用的饮料呢？

二氧化氮的来源 室温下 N_2 与 O_2 的反应很慢,但是在汽车发动机的高温环境中,N_2 与 O_2 反应非常快,生成了大量的氮氧化物,以汽车尾气的形式排入空气中,如**图 14.18** 所示。

当二氧化硫、氮氧化物以及高浓度的二氧化碳溶解在雨水中时,就生成了酸,形成酸雨。由于对非金属氧化物的处理技术的发展,近几十年来,酸雨已经得到了一定程度的控制。

碱性氧化物 非金属氧化物属于共价化合物,而金属氧化物是离子化合物。当金属氧化物与水反应时,会生成氢氧根离子。

花匠们有时用氧化钙,也叫石灰,来处理土壤。把 CaO 撒在土壤中,CaO 会与土壤中的水反应生成氢氧化钙[$Ca(OH)_2$],后者会生成钙离子和氢氧根离子。

$$CaO(s) + H_2O(l) \longrightarrow Ca(OH)_2(aq)$$
$$Ca(OH)_2(aq) \longrightarrow Ca^{2+}(aq) + 2OH^-(aq)$$

肥皂生产 如**图 14.19** 所示,历史上,肥皂的生产与此反应类似。燃烧木材时,木材里的金属原子会生成固态金属氧化物。此类氧化物主要是钠、钾和钙的氧化物。它们也是离子化合物,即使在高温下也是固体。当火熄灭,它们就是灰烬的主要成分。收集灰烬形成的溶液称为碱液,与动物的油脂混合即生成肥皂的主要成分。Na_2O 是木材灰烬中的一种金属氧化物,它和水的反应与石灰和水的反应相似。

$$Na_2O(s) + H_2O(l) \longrightarrow 2NaOH(aq)$$
$$NaOH(aq) \longrightarrow Na^+(aq) + OH^-(aq)$$

■ **图 14.18** 城市大气中的氮氧化物主要来源于汽车尾气。

■ **图 14.19** 将木材燃烧后的灰烬浸在水中即可形成碱液。几天后,将强碱性的溶液与不溶的灰烬分离开来。如图所示,溶液再与动物油脂混合并煮沸。碱液与油脂反应就制造出了肥皂。

化学与社会

大气污染

空气与生命息息相关。人体通过呼吸作用从空气中获得氧气，再与葡萄糖反应产生能量，这些能量是维持所有生命过程所必需的。

不幸的是，有时空气中含有一些有害物质，会引发呼吸道疾病并带来其他的副作用。人类活动产生的一些化学物质常常会污染空气。有时，自然界的活动也会导致空气污染，例如火山喷发和森林火灾。

■ 图14.21 森林因酸雨侵蚀死亡。

主要空气污染物介绍 污染空气的主要化学物质是一氧化碳（CO）、二氧化碳（CO_2）、二氧化硫（SO_2）、一氧化氮（NO）、二氧化氮（NO_2）、烃和悬浮颗粒。

此外，在阳光作用下，氧气、氮氧化物和烃可相互反应生成新的污染物。这些污染物包括臭氧（O_3）和醛类，如甲醛（CH_2O）。这些物质为什么会产生污染问题呢？

物。汽车尾气中的污染物更是加剧了这个问题。这些化学物质与空气中的水蒸气反应，生成了酸，如硫酸。这些酸随降水到达地球表面。酸雨进入水体和水循环系统后会导致灾难性的后果。如果湖中石灰石的含量较高，有可能中和掉一些酸。

烟雾 大城市中汽车很多，由此产生了另一个空气污染问题——烟雾，包括悬浮颗粒物，这是一种有害的烟雾。

当汽车尾气中的污染物排放到空气中，在阳光照射下，通常会产生一种有害的烟雾，叫作光化学烟雾。天热的时候，从早上11时到下午4时的这段时间里，由于污染物在空气里聚集，这种类型的烟雾通常更加严重。

■ 图14.20 鱼因酸性水体死亡。

酸雨 图14.20的鱼和图14.21的森林有何共同点？答案是两者都生存在酸性环境中，都是酸雨的受害者。

许多工厂和发电厂燃烧煤和石油，产生的烟中含有大量的二氧化硫、悬浮颗粒和氮氧化

课题 分析

1. **获取信息** 研究本国的自由贸易状况。为什么说自由贸易会影响本国的空气质量？
2. **辩论** 老牌旧汽车对大气中的污染物的排放负有责任。举办一次辩论会，讨论这种汽车是否应淘汰。

表 14.2　日常生活中的酸和碱

酸：
- 柠檬
- 西红柿
- 醋
- 咖啡

碱：
- 烘炉清洗剂
- 肥皂
- 漂白剂
- 抗酸剂

从宏观与微观的角度构建酸碱的联系

表 14.2 列举了日常生活中的一些酸和碱。酸碱的性质是由它们与水的微观反应决定的。例如，盐酸和醋酸都能产生氢离子，其溶液都能使蓝色石蕊试纸变成红色。然而，1 mol·L^{-1}盐酸溶液的导电性要比 1 mol·L^{-1}醋酸溶液的导电性强得多。

碱与水分子反应，不论是电离，还是氢离子从水分子传递给碱，都会生成氢氧根离子。以 1 mol·L^{-1}氢氧化钠溶液和 1 mol·L^{-1}氨水为例，两种溶液都是碱性的，都能使红色石蕊试纸变蓝，但是氢氧化钠溶液的导电性很强，而氨水的导电性很弱。

补充练习

有关酸碱知识的额外练习，请见附录 C。

第 1 节　本节回顾

要点梳理

- 水合氢离子（H$_3$O$^+$）和氢氧根离子（OH$^-$）的浓度决定了水溶液是酸性、碱性或中性。
- 酸性氧化物是非金属氧化物，与水反应形成酸；碱性氧化物是金属氧化物，与水反应形成碱。

1. **主要 概念　列表**　用表格对比与比对酸和碱的性质。
2. **说明**　用化学方程式说明为什么 HNO$_3$ 水溶液符合酸的定义。
3. **鉴别**　说明 MgO 和 CO$_2$ 这两种氧化物是碱性氧化物还是酸性氧化物。写出化学方程式来说明它们的酸碱性。
4. **解释**　化学家通常把氢离子叫作质子。解释为什么酸被叫作质子给予体，而碱被叫作质子受体。
5. **应用**　用肥皂洗完盘子后，手上有时还是会感到滑腻。解释为什么用柠檬汁洗涤后就不会变得那么滑腻了。

第2节

酸和碱的强度

核心问题
- 强酸强碱与弱酸弱碱在电离程度上有何区别？
- 强酸溶液与弱酸溶液在组分上有何区别？
- 强碱溶液与弱碱溶液在组分上有何区别？
- pH与溶液的酸碱强度之间有何联系？

术语回顾
电离：共价化合物在溶液中形成离子的过程。

关键术语
强　碱
强　酸
弱　酸
弱　碱
pH

折叠式学习卡
将本节中的信息归纳到你的折叠式学习卡中。

主要概念　在溶液中，强酸和强碱完全电离，弱酸和弱碱只是部分电离。

链接真实世界　你可能会在沙拉中加一些醋酸，但你肯定不会把盐酸加在食物中。另一方面，盐酸清洁砖块的能力要比醋酸强得多。碱的情况也是类似，氨水是良好的柔和清洁剂，但是不能用作排水沟清洁剂。而氢氧化钠是用于清洁排水沟的碱类之一。

强酸与强碱

你已知道，酸和碱与水混合时都会生成离子；酸和碱的许多性质都与酸或碱在水中生成的离子的数量有关，而酸和碱产生离子的多少则由酸、碱的性质决定。

根据酸和碱生成离子的多少不同，可以把它们划分为两大类。第一类是强酸和强碱，如 HCl 和 NaOH。强酸强碱溶于水时完全电离，都以离子的形式存在。第二类是弱酸弱碱，这些酸和碱溶于水时只产生少量的离子。**图 14.22** 展示了强酸盐酸和强碱氢氧化钙的一种用途。

强碱　**强碱(strong base)** 是溶于水时完全离解成离子的碱。氢氧化钙是一种强碱，因为在溶液中所有的 $Ca(OH)_2$ 分子都电离成了钙离子和氢氧根离子，这种碱的电离是完全的。

■ **图 14.22**　强酸盐酸可用于清洁砖块和凝结物；强碱氢氧化钙可用于粉刷外墙。

表14.3	常见的强酸和强碱
强酸	强碱
高氯酸,HClO₄	氢氧化锂,LiOH
硫酸,H₂SO₄	氢氧化钠,NaOH
氢碘酸,HI	氢氧化钾,KOH
氢溴酸,HBr	氢氧化钙,Ca(OH)₂
盐酸,HCl	氢氧化锶,Sr(OH)₂
硝酸,HNO₃	氢氧化钡,Ba(OH)₂

酸和碱的强弱都取决于分子电离的比例。**表14.3**列举了一些常见的强酸和强碱。**表14.3**中的强酸都是含有氢离子的离子化合物。NaOH 和 KOH 是两种最常见的强碱。1 mol·L⁻¹ NaOH 溶液和 1 mol·L⁻¹ KOH 溶液分别含有 1 mol·L⁻¹ OH⁻,因为两种化合物是完全电离的。

强酸 **强酸（strong acid）**是在水中完全离解的酸。如**图14.22**所示,盐酸是一种强酸。回顾**图14.6**,键的极性部分决定了氢原子是否有酸性。因为水分子与 HCl 的氢原子的吸引作用比 HCl 中氢与氯的要强,所以 HCl 所有分子都电离了。1 mol·L⁻¹ HCl 溶液含有 1 mol·L⁻¹ H₃O⁺和 1 mol·L⁻¹ Cl⁻。相似的,1 mol·L⁻¹ HNO₃ 溶液含有 1 mol·L⁻¹ H₃O⁺和 1 mol·L⁻¹ NO₃⁻。

表14.3列出了一些常见的强酸和强碱。因为经常会用到它们,所以需要记住它们的名称和化学式。还要记住,这些物质溶于水时是完全电离的。当然,酸或碱的强弱并不是绝对的。酸和碱的强度范围很大,从非常强到非常弱。请注意,最强的碱都是第1族碱金属和第2族碱土金属的氢氧化物。

弱酸与弱碱

弱酸与弱碱的强度范围也很广。大多数的酸和碱都被划分到这一类别。在水溶液中,弱酸和弱碱只有部分电离。

弱酸 醋酸（CH₃COOH）是一种**弱酸（weak acid）**。1 mol·L⁻¹ CH₃COOH 溶液中,只有不到 0.5% 的醋酸分子发生电离,99.5% 的醋酸分子仍然以分子形式存在。让我们用另一种方式来思考这一问题,假如水溶液中有 1000 个醋酸分子,其中只有 5 个分子把它们的单个氢离子传递给水分子。由于只有极少数分子电离,1 mol·L⁻¹ CH₃COOH 溶液产生的水合氢离子的浓度远远小于 1 mol·L⁻¹。其他常见的弱酸,如磷酸（H₃PO₄）和碳酸（H₂CO₃）可用于制造软饮料。

图14.23展示了一些常见弱酸的不同结构。可以看到每个酸性氢都与氧成键,形成了极性键。酸性氢与氧原子的吸引作用比其与水的吸引作用要强。因此,只有少数分子电离。

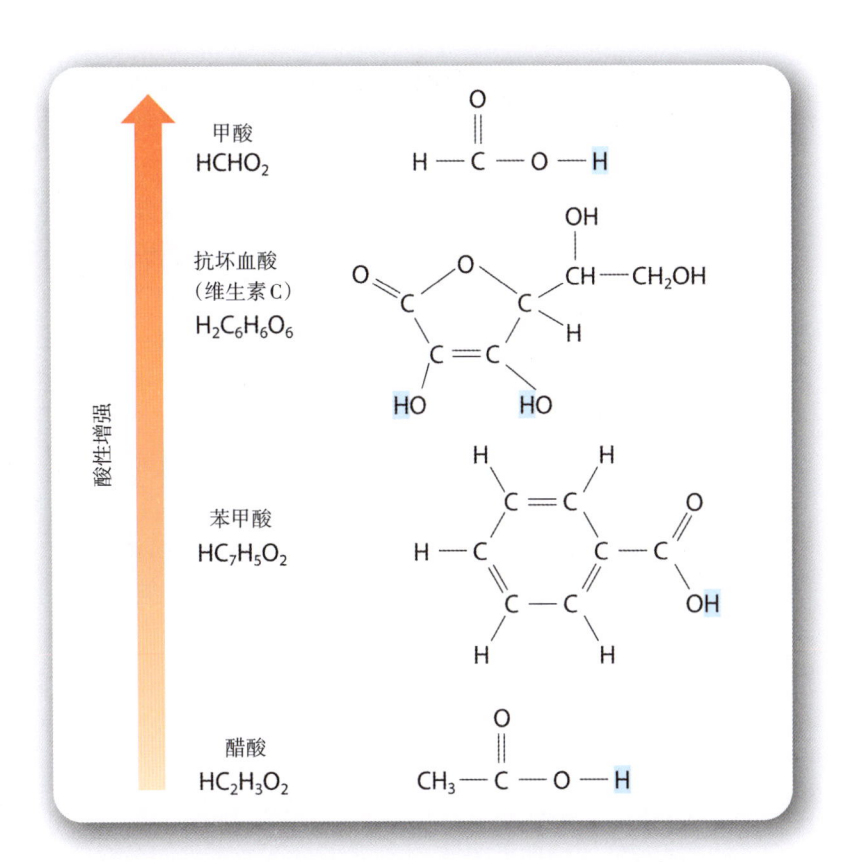

■ **图 14.23** 一些常见的弱酸在结构上有所不同。酸性氢已用蓝底标出。

表 **14.4** 说明了弱酸与强酸电离程度的差异。弱酸溶液中大多数是未电离的弱酸分子，小部分是水合氢离子和相应的阴离子。未电离的弱酸分子的浓度通常是三者中最高的。事实上，对于最弱的酸，未电离的分子几乎占 100％，而电离的分子几乎为 0。

表14.4	某些化学符号的历史渊源		
酸的类型	未电离时的浓度	电离	电离后的平衡浓度
强酸(如 HCl)	HA	完全(100%)	H_3O^+　A^-
弱酸(如 $HCHO_2$)	HA	部分	HA　H_3O^+　A^-

弱碱 氨水是一种 **弱碱(weak base)**。与弱酸相似,弱碱在水中只是部分电离。NH₃是极性分子,可以吸引水中的氢离子。在 1 mol·L⁻¹ 氨水中,只有约0.5%的氨分子与水反应生成铵离子和氢氧根离子,99.5%的氨分子仍以完整的分子形式存在。1 mol·L⁻¹ 氨水中氢氧根浓度比 1 mol·L⁻¹ 小得多。对弱碱来说,其溶液中的主要成分是未电离的碱分子。常见的弱碱还有 Al(OH)₃ 和 Fe(OH)₃。

弱不等于不重要 虽然绝大多数的酸和碱都为弱酸和弱碱,但它们都很重要。在生命体中进行的酸碱反应,大多数是弱酸与弱碱的反应。例如,构成蛋白质的氨基酸分子,既有弱酸的性质,也有弱碱的性质。在与强酸接触时,氨基酸分子上的氨基部分表现为碱;而与碱接触时,氨基酸分子上的羧基部分表现为弱酸。DNA 的双螺旋结构也是由弱酸与弱碱相互作用形成的。

强度不等于浓度 化学家一般用"弱"与"强"来比较酸和碱的强度,用"稀"与"浓"来描述溶液的浓度。但事实上,酸、碱溶液的性质主要是由强度与浓度共同决定的。举个例子,比较**图** 14.24 中的溶液。请注意标签,它可能是弱酸或弱碱的浓溶液,也可能是弱酸或弱碱的稀溶液。同样,可以是强酸或强碱的浓溶液,也可以是强酸或强碱的稀溶液。

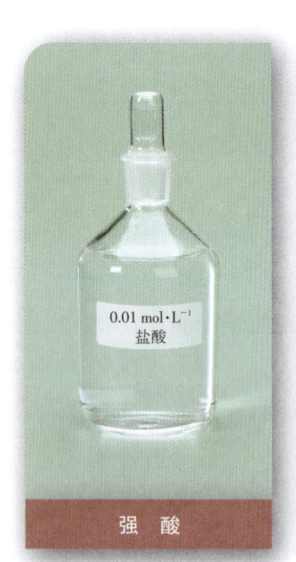

■ **图 14.24** 强度和浓度是酸、碱的两种不同的性质。酸、碱提供给溶液离子的数目是由强度和浓度共同决定的。

判定 哪一种酸浓度更大?哪一种酸更强?哪一种碱浓度更大?哪一种碱更强?

0.01 mol·L⁻¹ 盐酸	6 mol·L⁻¹ 氢氧化钠	6 mol·L⁻¹ 醋酸	0.1 mol·L⁻¹ 氨水溶液
强酸	强碱	弱酸	弱碱

pH等级

酸溶液中的水合氢离子浓度范围和碱溶液中氢氧根离子的浓度范围都很广。例如，6 mol·L⁻¹ HCl溶液中H_3O^+的物质的量浓度是 6 mol·L⁻¹，而 6 mol·L⁻¹ $HC_2H_3O_2$溶液中H_3O^+的物质的量浓度是 0.01 mol·L⁻¹。在常用的酸、碱溶液中，用途最广的是水合氢离子或氢氧根离子的浓度范围在 10^{-14} mol·L⁻¹～1 mol·L⁻¹ 之间的溶液。这么大的浓度范围，在比较不同的酸和碱时会造成很大的麻烦。为了方便地处理由此带来的问题，丹麦化学家索伦森(S. Sørenson)提出了pH等级。

什么是pH　pH是以数字0～14来表示溶液中水合氢离子浓度的数值。可想而知，处理0～14这十多个数字，要比处理10^{-14}～1(10^{-14}～10^0)这么大的数值范围要容易得多。pH是用来描述溶液中的水合氢离子浓度的简便方法。

那么，pH的0～14是如何来的呢？它与水合氢离子的浓度存在怎样的关系呢？化学家规定，pH是水合氢离子浓度的负对数，即 $pH=-\lg c(H^+)$。例如，氢离子浓度为 10^{-11} mol·L⁻¹ 的溶液，其pH为11；pH为4的溶液，其氢离子浓度为 10^{-4} mol·L⁻¹。

水合氢离子与氢氧根离子的联系　这些数值是如何与氢氧根离子浓度相关联的呢？实验证明，在25℃的水溶液中，水合氢离子的浓度与氢氧根离子浓度的乘积是 10^{-14}。因此，如果溶液pH为3，那么水合氢离子浓度是 10^{-3} mol·L⁻¹，而氢氧根离子的浓度就是 $10^{-14}/10^{-3}$ mol·L⁻¹，即为 $10^{-14-(-3)}$ mol·L⁻¹ = 10^{-11} mol·L⁻¹。

你可以认为水合氢离子和氢氧根离子"此消彼长"：当其中一个浓度上升时，另一个就会下降。酸性溶液中氢离子多于氢氧根离子，碱性溶液则相反。**图14.25**使水合氢离子与氢氧根离子之间的浓度关系更加形象化。

中性溶液　在中性溶液中，水合氢离子与氢氧根离子浓度相等。因为两者浓度的乘积为 10^{-14}，所以在中性溶液中水合氢离子和氢氧根离子的浓度均为 10^{-7}，这与中性溶液的pH为7的结果也是符合的。

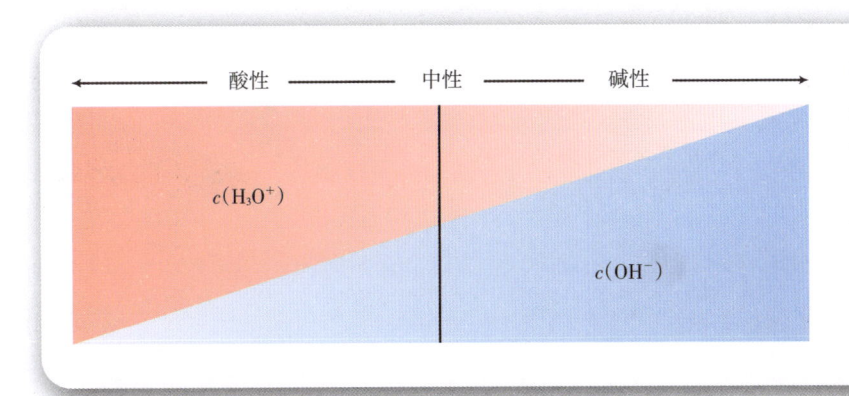

■ **图14.25**　注意$c(H_3O^+)$和$c(OH^-)$是如何同时变化的？当$c(H_3O^+)$下降时，$c(OH^-)$上升。

鉴别　在图中的哪一点两种离子的浓度是相等的？

501

> **补充练习**
>
> 有关pH和离子浓度的额外练习，请见附录C。

练一练

写出下列每种溶液的pH。

6. 水合氢离子的浓度为
   a) 10^{-5} mol·L^{-1} b) 10^{-12} mol·L^{-1} c) 10^{-2} mol·L^{-1}

7. 氢氧根离子的浓度为
   a) 10^{-4} mol·L^{-1} b) 10^{-11} mol·L^{-1} c) 10^{-8} mol·L^{-1}

■ **图14.26** 石蕊试液可以判断溶液的酸碱性——变红表示酸性，变蓝表示碱性。如果想知道溶液的pH，就需要pH试纸或pH计。

pH范围　pH的数值范围可分为三个区域。溶液pH小于7的为酸性，大于7的为碱性。若溶液的pH刚好为7，则为中性，既不呈酸性，也不呈碱性。**图14.26**展示了测量pH的两种常见的方法。pH的变化表明了溶液中氢离子和氢氧根离子浓度的什么信息？

pH减小　随着pH的减小，溶液中的水合氢离子浓度增大，而氢氧根离子浓度减小。pH每下降1，意味着水合氢离子浓度增大了10倍。例如，pH为4和pH为3的溶液均为酸性，因为它们的pH都小于7。但pH为3的溶液中水合氢离子浓度是pH为4的溶液的10倍。pH数值的微小变化都意味着水合氢离子浓度的巨大变化。

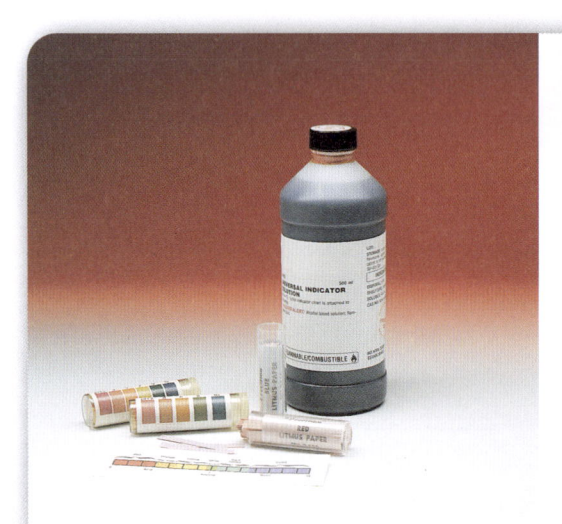

将待测溶液滴在pH试纸上，等待3分钟，观察试纸变色情况并将试纸的颜色与标准比色卡对照，可以获得溶液大致的pH。此方法简便实用，所以应用十分广泛。

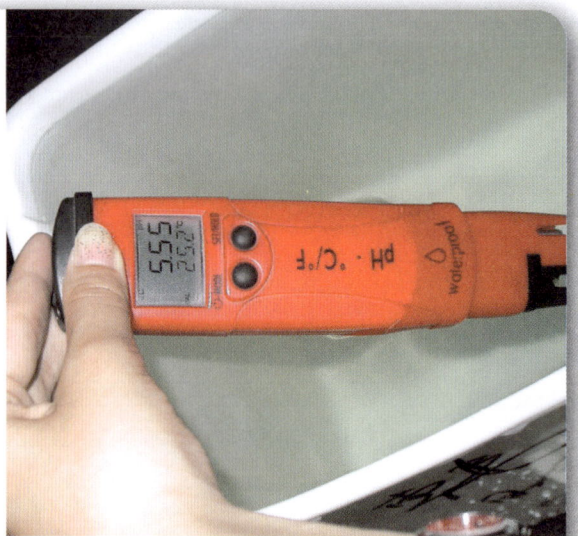

图中所示的便携式的pH计常用于测量雨水的pH，这是测量pH的一种更精确的方法。

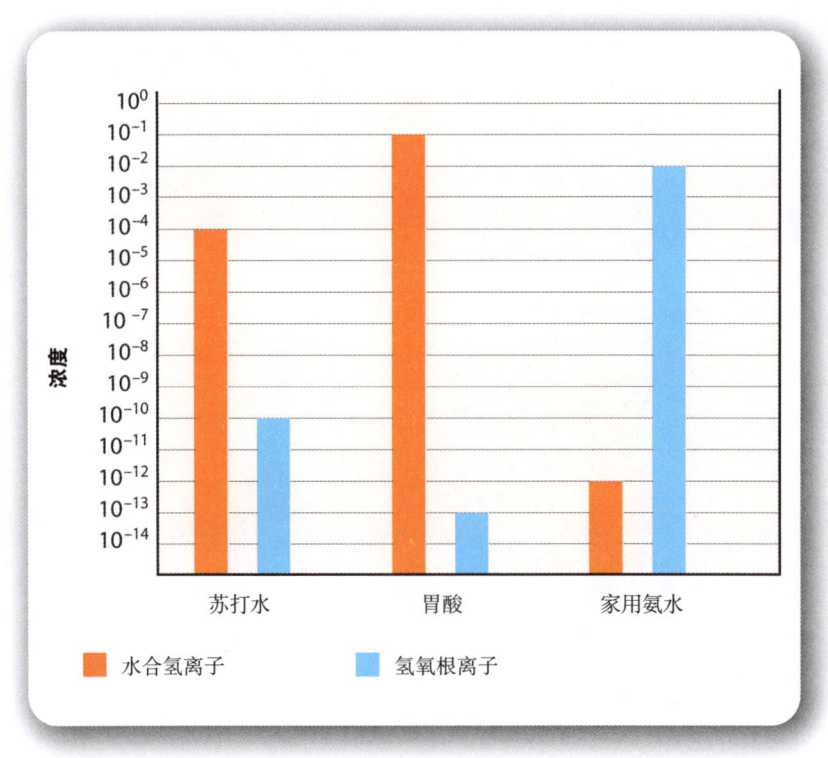

■ **图14.27** 请看3种常见溶液中水合氢离子和氢氧根离子的浓度。
应用 对于每一种溶液，这两者浓度的乘积是多少？

pH增大 随着pH的增大，氢氧根离子浓度不断增大，而水合氢离子浓度则不断减小。例如，pH为10和pH为11的溶液比较，pH为11的溶液中的氢氧根离子浓度是pH为10的溶液中氢氧根离子浓度的10倍。

在中性溶液中，水合氢离子与氢氧根离子浓度相等。图14.27比较了3种不同pH的溶液中的水合氢离子浓度和氢氧根离子浓度。

常见物质的pH 图14.28给出了一些常见物质的pH。请注意从蓄电池酸液到烘炉清洁剂的pH范围。纯水的pH刚好是7。

请比较醋和牛奶的pH。不同品牌和类型的醋，其pH的范围是2.4~3.4。如果你有一瓶pH为3.4的醋，这毫无疑问是酸性的。pH为6.4的牛奶也是酸性的，只是酸性弱得多。3.4和6.4的区别（3个pH）似乎看起来不大，但要记得1个pH就代表10倍。3个pH的差别意味着醋中氢离子的浓度是牛奶中氢离子浓度的1 000倍。

■ **图14.28** 请比较这些常见物品的pH。
判定 海水中的水合氢离子浓度比清洁剂高吗？高多少倍？

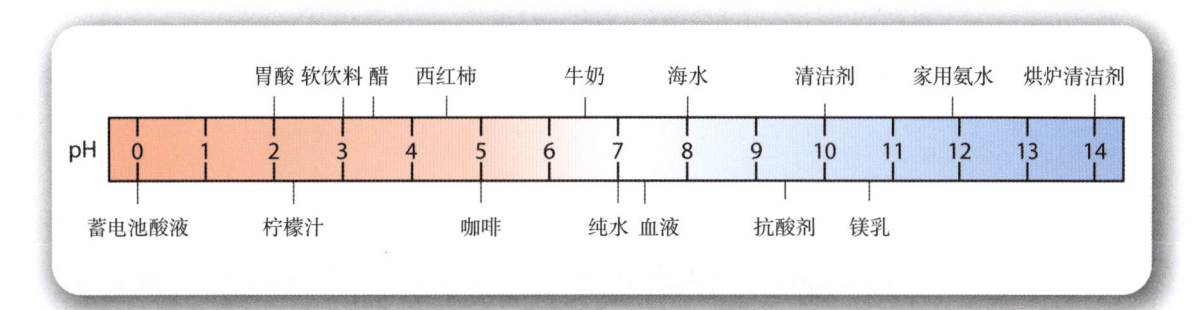

503

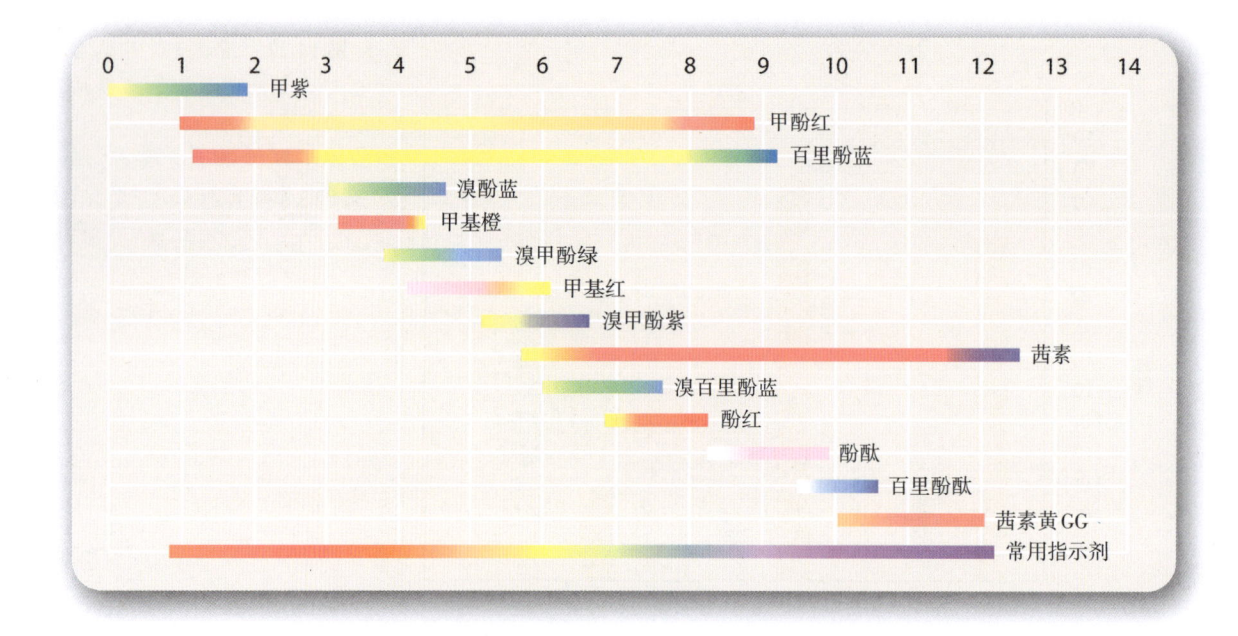

■ **图 14.29** 注意这几种不同的酸碱指示剂在不同 pH 条件下的颜色变化。有些是低 pH 的指示剂，有些是中 pH 或高 pH 的指示剂。

用指示剂测定 pH

也许你见过有人用指示剂测试游泳池中水的 pH。pH 反映了水的状况。测试中所用的有色溶液就是对不同的 pH 显示不同颜色的指示剂。使用指示剂，通过对照比色卡，可以得到大致的 pH。图 14.29 展示了几种指示剂在不同 pH 时的颜色。

迷你实验 2

抗酸剂

你可以如何评价抗酸剂的功效 运用化学中酸的知识，来评价几种常见的治疗胃灼烧的抗酸剂。

实验步骤

1. 阅读并完成实验安全表格。
2. 取 4 个快餐盒大小的拉链式封闭袋，分别写上待测抗酸剂的名称。
3. 在每个袋子中加入 5 mL 白醋、10 mL 水和足量的红色卷心菜汁指示剂（30～40 滴），使之呈现明显的颜色。
4. 在每个袋子中加入合适的抗酸剂，挤出空气，拉上拉链封闭袋口。
5. 把抗酸剂片捏成小碎块。当反应停止时，观察记录溶液的颜色及大概的 pH。参考本节中"家用酸和碱"化学实验中的 pH 颜色对照表。

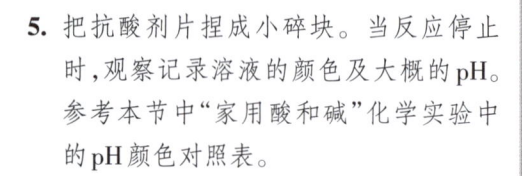

分析与讨论

1. **描述** 说一说不同抗酸剂与醋反应的现象。
2. **推断** 判断哪种抗酸剂中含有碳酸盐，并说明理由。
3. **结论** 你认为哪种抗酸剂最有效？请解释。

生活中的化学

平衡化妆品中的pH

市场上的洗发液这么多，你很难知道最适合你发质的是哪一种。每种洗发液的广告都说自己的产品好。那么，怎么知道要选择哪一种呢？

化妆品药剂师有许多方法来测定产品对不同发质的影响。他们采用新开发的一项技术，把头发放在与电子显示屏相连的显微镜下面，电子显示屏又与计算机相连。计算机对用洗发液处理前后的头发进行测定。通过测定不同的头发，可以帮助药剂师确定最适合每种发质的洗发液。

■ 图14.30　pH平衡的产品。

洗发液与平衡pH　一根头发外面光亮的一层是表皮，由角蛋白组成。表皮细胞如同交错的鹅卵石一样排列。高pH的洗发液会使发干膨胀，角质层的细胞与发干分离。为了使染发效果持久，染发剂中通常会添加一些强碱性的物质，这些物质可溶解一些表皮而损伤头发。被损伤的头发呈干枯状。

相比之下，洗发液中低pH的酸性物质通过收缩发干并使表皮细胞在平面上排列，从而使发干紧密光滑。低pH的洗发液可以修复被损伤的头发，使其恢复到最初的样子，重现光彩。这类洗发液也能增强角蛋白，提高头发的弹性和韧性。不过，对于头发粗糙、卷曲的人来说，使用碱性的或高pH的洗发液相对较好。这些洗发液可以使头发变软，且不再卷曲。

为什么要在护肤品中平衡pH　皮肤的外层与头发一样，也是角蛋白结构。要使皮肤看起来更光泽透亮，护肤用品的pH应该要高些，其目的是除去最外层的角蛋白。皮肤最外层通常含有一些死细胞，而皮肤下面的细胞则是清新有活力的。当然，偶尔使用这些产品是有用的，经常使用则可能因为除去了太多细胞而损坏健康的皮肤。

碱性护肤品的另一个问题与皮肤最外层——表皮上的酸性覆盖物有关。这层覆盖物由油脂、糖和其他细胞分泌物组成，是抵抗细菌的天然屏障。碱可中和这层具有保护性的酸性覆盖层。长粉刺或油性皮肤的人，要注意保护这层酸性覆盖层。

进一步探索

1. **推断**　如果你生活的地方的水是硬水，那么你的头发看起来会很干枯。为什么用含柠檬汁的水清洗头发会有所帮助？
2. **批判性思考**　为什么长粉刺的人应使用中性或微酸性的护肤品？

化学实验 小规模

家用的酸和碱

背景

通常用指示剂来估计溶液的大致pH。在本实验中,你将制作红色卷心菜汁指示剂,并用它来测试各种家用液体的pH。红色卷心菜汁指示剂中含有的花青素分子,是使颜色变化的原因。

问题

不同种类家用液体的pH大致是多少?

目标

- **测定**并比较各种家用液体的pH。
- 根据各种液体的化学组成**比较**它们的用途。

实验准备

实验器材

- 红色卷心菜
- 电炉
- 烧杯钳
- 100 mL烧杯(2只)
- 蒸馏水
- 吸液管(9支)
- 96孔板
- 白纸片
- 100 mL量筒
- 牙签
- 下列物质的溶液:滴眼液、柠檬汁、白醋、食盐、肥皂、发酵粉、硼砂、洁净剂

安全警示

注意事项:用烧杯钳来夹取热的烧杯,穿上实验服,戴好护目镜。有些待测溶液是有腐蚀性的,特别是清洁剂,应尽可能避免溶液与皮肤或眼睛接触。如果不小心沾到了,立即用大量水清洗,并及时告知老师。

实验步骤

1. 阅读并完成实验安全表格。
2. 把一片红色卷心菜叶子撕成碎片后,放在100 mL烧杯中,大约2 cm高,再加入30 mL蒸馏水。
3. 把烧杯放在电炉上,加热至水沸腾,可得到深紫色溶液。用烧杯钳把烧杯从电炉上取下来,冷却后把卷心菜汁倒进干净烧杯中。
4. 在白纸上放一个洁净的96孔板。依次在H1、H2、H3、H4、H5、H6、H7、H8中滴5滴滴眼液、柠檬汁、白醋、食盐溶液、肥皂溶液、发酵粉溶液、硼砂溶液和洁净剂。每种溶液各用一支洁净的吸液管吸取。
5. 用洁净的吸液管吸取卷心菜汁,在H1~H8中分别加入5滴。用洁净的牙签搅拌,使溶液充分混合。
6. 观察每种溶液的颜色,将结果记录在下面的数据表中。利用颜色柱形图,将每种溶液的大致pH记录在数据表中。

指示剂颜色	定性衡量
鲜红色	强酸
红色	中强酸
红紫色	弱酸
紫色	中性
蓝绿色	弱碱
绿色	中强碱
黄色	强碱

分析与讨论

1. **解释** 食物类溶液,如柠檬汁或醋,显酸性还是碱性?这些溶液不是酸性的就是碱性的,什么离子可以解释这种特征?
2. **解释** 洁净剂溶液显酸性还是碱性?清洁过程中可能涉及什么离子?
3. **观察与推断** 你如何解释柠檬汁(柠檬酸溶液)和滴眼液(硼酸溶液)之间pH的差别?
4. **运用变量、常量和控制手段** 若在待测溶液中增加纯蒸馏水这一项,有何目的?

应用与评估

1. **解释** 指示剂能否很好地测定番茄酱的pH?说明理由。
2. **应用** 你可能已经发现,某些洗发液标明是pH平衡的,制造商这么说有何意图?为什么对肥皂或洗涤剂也要作此说明?

进一步探究

预测 分析其他家用溶液与卷心菜汁指示剂反应的情况,并说明理由。

实验数据与现象观察

溶液	颜色	pH
滴眼液		
柠檬汁		
白醋		
食盐溶液		
肥皂溶液		
发酵粉溶液		
硼砂溶液		
洁净剂		

■ 图 14.31 若大气中二氧化碳的浓度上升，将会有更多的二氧化碳溶解在海洋中，使海洋的酸性增强。一些海洋中的生物，例如珊瑚，在这种酸性增强的环境中，难以形成骨架，甚至连生存都会十分困难。

精彩预告

本章介绍了酸和碱的性质，下一章中会关注水的性质。酸和碱的性质不同，其常见的关联就是酸和碱发生化学反应中水的作用。无论是细胞中还是在海洋里，很多最重要的、维持生命活动的反应都是在水溶液中发生的。图 14.31 说明了海洋 pH 对珊瑚礁的重要性。

除了离子型氢氧化物溶解于水中形成自由的氢氧根外，酸、碱的强度还取决于它们使氢离子从酸转移到水分子或从水分子转移到碱的能力。溶液中氢离子的移动可以用来说明不同类型的酸碱反应。

第2节 本节回顾

要点梳理

- 绝大多数的酸和碱都是弱酸和弱碱，弱酸和弱碱只是部分电离。
- pH 是比较溶液酸性和碱性的简便方法。
- 酸性溶液 pH 小于7；碱性溶液 pH 大于7；中性溶液 pH 刚好为7。

8. **主要 概念 描述** 水溶液中水合氢离子和氢氧根离子的浓度有何联系？请描述当其中一种浓度上升或下降时，另一种浓度如何变化。

9. **分类** 区分下列酸、碱的强弱：NH_3，KOH，HBr，$HCHO_2$，HNO_2，$Ca(OH)_2$。

10. **鉴别** 除水分子以外，氨水中什么粒子的浓度最高？什么粒子的浓度最低？为什么？

11. **解释数据** 雨水因为溶解了 CO_2，pH 大约是 5.5。现有一个雨水样品，其 pH 是 3.5。如何比较这两种雨水样品中的水合氢离子浓度？

12. **估计** 有一种 pH 未知的溶液，在加入酚酞指示剂后呈粉红色，加入通用指示剂后呈蓝灰色。利用图 14.29 来估计该溶液的 pH。

第 14 章　学习指南

> **大概念**　酸和碱可以根据氢离子和氢氧根离子来定义。

第1节　酸 和 碱

主要概念　酸在溶液中生成水合氢离子(H_3O^+)，而碱在溶液中生成氢氧根离子(OH^-)。

关键术语
酸
水合氢离子
酸性氢
电　离
碱
酸性氧化物
碱性氧化物

要点梳理

- 水合氢离子(H_3O^+)和氢氧根离子(OH^-)的浓度决定了水溶液是酸性、碱性或中性。
- 酸性氧化物是非金属氧化物，与水反应生成酸；碱性氧化物是金属氧化物，与水反应生成碱。

醋酸　　　氢氟酸　　　苯

第2节　酸和碱的强度

主要概念　在溶液中，强酸和强碱完全电离，弱酸和弱碱只是部分电离。

关键术语
强　碱
强　酸
弱　酸
弱　碱
pH

要点梳理

- 绝大多数的酸和碱都是弱酸和弱碱，弱酸和弱碱只是部分电离。
- pH是比较溶液酸性和碱性的简便方法。
- 酸性溶液pH小于7；碱性溶液pH大于7；中性溶液pH刚好为7。

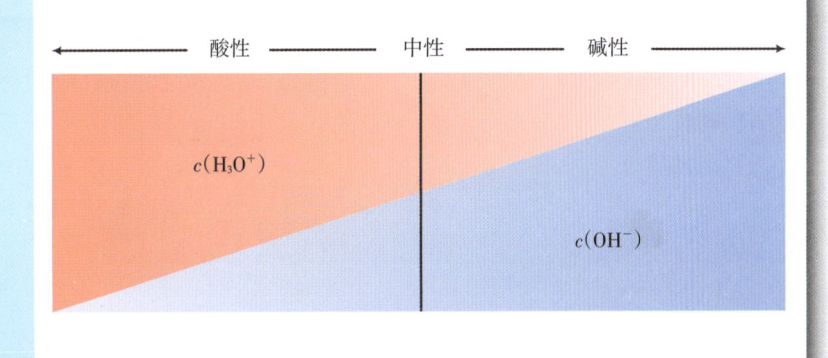

酸性　　　中性　　　碱性

$c(H_3O^+)$　　　$c(OH^-)$

509

第 14 章 测 评

要点理解

13. 说明为什么氢氧化镁溶于水后是一种碱。

14. 判断往下列物质的水溶液中加水后，pH 是上升、降低还是保持不变。
    a）NaOH
    b）$H_2C_2O_4$
    c）NH_3
    d）CO_2
    e）CH_4
    f）Fe_2O_3

15. 几种溶液的 pH 分别是 7.6、9.8、4.5、2.3、4.0 和 11.6。哪一种溶液最接近中性？假设溶液浓度相同，哪一种溶液的碱性最强？

16. 写出 HBr 在水中的电离方程式。

17. 用化学方程式表示将 NH_3 和 KOH 分别投入水中时发生的反应。这两个反应有何不同？

18. 解释水在酸电离时所起的作用，用化学方程式具体说明。

19. 解释水在碱电离时所起的作用，用化学方程式具体说明。

20. 柠檬酸（$H_3C_6H_5O_7$）和维生素 C（抗坏血酸，$H_2C_6H_6O_6$）都是从柑橘中发现的多元酸。为什么这些酸被归为多元酸？写出这些酸在水中分步电离的离子方程式。

21. 写出硝酸和碳酸钠反应的化学方程式。

22. 三氧化硫与水反应时会生成什么物质？该产物是酸还是碱？

23. 写出下列每种酸的化学式，并判断是一元酸、二元酸还是三元酸。
    a）硫酸
    b）高氯酸
    c）磷酸
    d）氢氟酸
    e）醋酸

24. 写出下列物质的化学式，并判断是强碱还是弱碱。
    a）氨水
    b）氢氧化钙
    c）氢氧化锂
    d）氢氧化钡

25. 二甲胺是氨的三种甲基衍生物中最强的碱，而三甲胺是最弱的碱。如何比较这些浓度相同的溶液的 pH？

26. 为什么可溶的离子型氢氧化物总是强碱？

27. 区别强酸和弱酸的依据是什么？

28. 判断下列 pH 的数值分别代表酸性溶液、中性溶液还是碱性溶液。
    a）3.5
    b）11.5
    c）8.8
    d）7.0

29. 前面问题中提到的溶液的水合氢离子浓度分别是多少？

应用概念

30. 自然雨水的 pH 大约是 5.5，写出表示自然雨水呈酸性的化学方程式。

31. 自然雨水（pH＝5.5）的水合氢离子浓度是纯水（pH＝7.0）的多少倍？

32. $0.10\ mol·L^{-1}$ 硫化氢（H_2S）溶液的 pH 是 4.0，则其电离度是多少？

33. 血液的 pH 是 7.4，氧化镁牛奶（一种治胃痛的常见抗酸剂）的 pH 是 10.4。这两种碱的 pH 有何不同？再比较两种溶液中的水合氢离子浓度的大小。

34. 氨水有时候被叫作氢氧化铵，为什么？

35. 为什么酸雨会溶解大理石雕塑？写出含有硫酸的酸雨与由大理石（$CaCO_3$）制造的雕塑之间反应的化学方程式（其中一种产物是硫酸钙）。

36. 备受酸雨折磨的芬兰试图利用石灰（CaO）使被酸化的湖泊恢复生机，这是基于什么原理？

第 14 章 测评

生活中的化学

37. 有些人把他们刚用洗发液洗过的头发浸在柠檬汁或醋中，为什么这样做对头发有好处？

生物学链接

38. 剧烈运动后，由于乳酸的累积，肌肉会变得很酸痛。乳酸的产生对血液中的酸碱平衡有何影响？

化学与社会

39. 为什么医生建议患有哮喘和肺气肿等呼吸道疾病的城市居民在天热时最好待在家里？

化学与技术

40. 参考酸的相关反应，推断出柠檬酸如何转变成柠檬酸钙这种盐。

批判性思考

应用概念

41. $0.50\ mol·L^{-1}$ HCl 溶液中的 HCl、H_3O^+ 和 Cl^- 的物质的量浓度分别是多少？

因果联系

42. 制作蛋糕时利用了发酵粉与水反应时会起泡这个原理。那么，利用酸的什么性质可以推断发酵粉的成分以及反应放出的气体？

应用概念

43. 硬水在水槽周围形成的沉淀的成分可能是碳酸钙或碳酸镁。你可以买些洗涤剂来除去这些不溶物，也可以用你厨房里的某些物质来清除，这是什么物质？

解释数据

44. 判断下列反应中的第一个反应物是酸还是碱。

a) $C_5H_5N + H_2O \longrightarrow C_5H_5NH^+ + OH^-$

b) $HClO_3 + H_2O \longrightarrow H_3O^+ + ClO_3^-$

c) $HCHO_2 + H_2O \longrightarrow H_3O^+ + CHO_2^-$

d) $C_6H_5SH + H_2O \longrightarrow H_3O^+ + C_6H_5S^-$

45. 在化学反应中，酸碱的相互作用的实质是氢离子的转移。酸是 H^+ 的供体，而碱是 H^+ 的受体。判断前面反应中的反应物是酸还是碱。

解释结构

46. 什么是酸性氢？写出醋酸的电子式，并解释为什么醋酸的四个氢原子中只有一个是酸性的。

观察与推断

47. 化学实验　氯化钙溶液的 pH 是多少？

形成假说

48. 迷你实验1　在酸中不能加入锌粉，只能加入锌块。为什么使用锌粉不安全？

观察与推断

49. 迷你实验2　鉴定抗酸剂的成分。有些抗酸剂片中的成分不是抗酸剂本身，那么这些成分是什么？推断为什么这些成分的存在会影响抗酸剂片中抗酸剂的含量。

第 14 章测评

日积月累

50. 写出下列酸碱反应的化学方程式,并指出其基本反应类型。
    a) 水与石灰反应生成氢氧化钙
    b) 硫酸与锌粒
    c) 硝酸与氢氧化钾溶液

51. 下列物质的摩尔质量是多少?
    a) 碳酸钙　　　c) 氯气
    b) 硫酸铵

52. 要配制 2.50 L 2.00 mol·L^{-1} NaOH 溶液,需要多少克氢氧化钠?

技能训练

53. **制作和应用表格** 根据下列表格给出的信息完成表格,某些空格中有一个以上的正确答案。假定所有的物质都溶解在纯水中,溶液的物质的量浓度都是 0.10 mol·L^{-1}。

科技写作 化学

54. 调查硫酸工业生产过程以及硫酸的用途。写一篇小论文,内容包括你调查、研究的信息及图表,如解释硫酸的用途或不同国家的产量。

解决问题

55. 一个学生买了些蒸馏水,测得其 pH 为 6.0。她把水煮沸后,倒入一个容器中至满,盖上盖子。当水恢复到室温时,测得其 pH 变为 7.0。这个学生把其中的一半倒入另一个容器中,搅拌 5 分钟。再用麦秆向另一半水样中吹气。经测定,两个水样的 pH 都是 6.0。在你的科学日志中,解释测定的结果。

表 14.5　　酸和碱的性质

物质名称	化学式	酸,碱或中性	强电解质或弱电解质	pH:大于,等于或小于 7	石蕊试液颜色	溶液中的主要粒子
醋酸						
	HCl					
		酸	强			
氨水						
	LiOH					
		碱	强			
			弱	<7		
		中性				Na$^+$,Cl$^-$
						H$^+$,NO$_3^-$
磷酸						

标准化测试

运用下表回答第1~4题。

物质	H₃O⁺浓度	pH
滴眼液	?	5
苹果	10^{-3}	?
柠檬	10^{-2}	?
碱液	10^{-14}	?
家用氨水	?	12

1. 苹果的pH是多少?
   a) −3   c) −10
   b) 3   d) 10

2. 滴眼液中的水合氢离子的浓度
   a) 比柠檬中的水合氢离子的浓度大3倍。
   b) 比柠檬中的水合氢离子的浓度小3倍。
   c) 比柠檬中的水合氢离子的浓度大1 000倍。
   d) 比柠檬中的水合氢离子的浓度小1 000倍。

3. 苹果中的氢氧根离子浓度是多少?
   a) 10^{-11} mol·L⁻¹
   b) 10^{11} mol·L⁻¹
   c) 10^{-3} mol·L⁻¹
   d) 10^{3} mol·L⁻¹

4. 家用氨水中的水合氢离子的浓度是多少?
   a) 10^{-2} mol·L⁻¹
   b) 10^{2} mol·L⁻¹
   c) 10^{-12} mol·L⁻¹
   d) 10^{12} mol·L⁻¹

5. 随着温度的上升,物质的
   a) 沸点会上升。
   b) 蒸发速度会变快。
   c) 沸点会下降。
   d) 蒸发速度会变慢。

6. 当篮球里面气体的温度上升,
   a) 篮球里面气体的压力增大。
   b) 气体微粒的动能减小。
   c) 气体体积减小。
   d) 篮球里面气体的压力减小。

7. 在103.0 kPa,10.0 ℃的环境下,26.4 L氦气的物质的量有多少摩尔?
   a) 0.115 mol   c) 0.865 mol
   b) 1.16 mol   d) 32.7 mol

8. 为什么水的沸点为100 ℃?
   a) 水分子的质量大,阻碍其在更低的温度下沸腾。
   b) 水分子的质量小,使其在更低的温度下沸腾。
   c) 水分子之间的氢键阻碍其在更低的温度下沸腾。
   d) 水分子之间的氢键使其在更低的温度下沸腾。

9. 氯酸钾($KClO_3$)分解可以产生洁净的氧气:
   $$2\ KClO_3(s) \longrightarrow 2\ KCl(s) + 3O_2(g)$$
   如果使用了100 g的$KClO_3$,得到12.8 g氧气,那么反应的产率是多少?
   a) 12.8%   c) 32.7%
   b) 65.6%   d) 98.0%

考点提示									
测试题号	1	2	3	4	5	6	7	8	9
对应章节	14.2	14.2	14.2	14.2	10.2	11.1	12.2	13.1	12.2

第 15 章　酸碱反应

大 概念　酸和碱反应生成盐和水。

第1节　酸碱中和反应
主要 概念　酸和碱的强度决定了酸碱反应的类型。

第2节　酸碱中和反应的应用
主要 概念　酸碱中和反应在人体中起着重要的作用。

你知道吗？

- 摩艾，是位于智利复活节岛的一群巨型石像，据考古测定，这些石像大约雕凿于1250～1500年。
- 天气变化会侵蚀石像，这是由于石像与大气中的化学物质发生了反应。
- 硫元素和氮元素通过人类活动进入大气，从而导致酸雨。

课前活动

起步实验

缓冲剂

缓冲剂的作用是什么?

实验器材

- 普通型阿司匹林和缓冲剂型阿司匹林
- 研钵和研棒
- 蒸馏水
- 250 mL 烧杯(2 只)
- 磁性搅拌棒和搅拌机
- 数字 pH 计

实验步骤

1. 阅读并完成实验安全表格。
2. 在 250 mL 烧杯中加入一片压碎的普通型阿司匹林药片和 100 mL 蒸馏水。
3. 在另一只 250 mL 烧杯中加入一片压碎的缓冲剂型阿司匹林药片和 100 mL 蒸馏水。
4. 将磁性搅拌棒分别放入两只烧杯中,并将烧杯放入磁性搅拌机。
5. 把搅拌机调为低速,并将数字 pH 计的探针放入两只烧杯的溶液中。
6. 分别记录每只烧杯的溶液最初的 pH、5 分钟后的 pH 和 10 分钟后的 pH。

实验分析

1. **比较** 两种类型阿司匹林溶液的实验结果分别是什么?
2. **推断** 阿司匹林是酸性的,这意味着当它溶解于水会降低溶液 pH。根据你的实验,在缓冲剂型阿司匹林中缓冲剂的作用是什么?

探究 哪一种阿司匹林更适合于有溃疡或倾向于胃酸过多性消化不良的人?

折叠式学习卡 学习组织者

酸碱中和反应 按以下图示制作折叠式学习卡,帮助你整理有关酸碱反应的内容。

▶ **步骤 1** 将纸横向折成三等份。

▶ **步骤 2** 打开后纵向折成三等份,再打开沿着折痕画线。

▶ **步骤 3** 进行标记:酸碱反应、强碱、弱碱、强酸、弱酸。

酸碱反应	强碱	弱碱
强酸		
弱酸		

折叠式学习卡 在第 1 节中使用该折叠式学习卡。在你阅读的过程中,在折叠式学习卡对应的位置总结出每种反应的特点。

515

第1节

核心问题
- 酸碱反应的化学方程式、离子方程式和净离子方程式有何不同？
- 如何用氢转移定义酸、碱？
- 强酸弱酸和强碱弱碱反应的产物分别是什么？

术语回顾
pH：表示溶液中氢离子浓度，精确的数值范围通常是0～14。

关键术语
中和反应
盐
离子方程式
旁观离子
净离子方程式

酸碱中和反应

主要 概念 酸和碱的强度决定了酸碱反应的类型。

链接真实世界 当你观看辩论比赛时，你可能支持正方或反方。然而，有时候你的想法可能会发生转变。酸碱反应也是如此：结果有时偏酸性，有时偏碱性，有时完全是中性的。

酸碱反应的类型

酸与碱的反应称为**中和反应（neutralization reaction）**，是因为当酸与碱反应时，酸、碱原来的性质都消失了。酸碱中和反应就是酸和碱在水溶液中反应生成水和盐的反应，用方程式表示为：

$$酸 + 碱 \longrightarrow 盐 + 水$$

在化学上，**盐（salt）** 指的是由酸根阴离子和碱的阳离子组成的离子化合物。如氯化钠，俗称食盐，就是众多离子化合物中的一种盐类物质。KCl、NH_4NO_3、$Fe_3(PO_4)_2$等物质也属于盐。

让我们来看看下面的中和反应。盐酸（HCl）是一种家庭和实验室常用的酸，可用于除去砖面上的灰浆。氢氧化钠（NaOH）是一种家庭和实验室常用的碱，俗称火碱，是管道清洁剂的主要成分。**图15.1**展示了用石蕊作指示剂测定NaOH和HCl反应前后的酸碱性特征。

■ **图15.1** 向盐酸中加入碱性的氢氧化钠（NaOH）溶液，两者发生反应形成既不显酸性，也不显碱性的盐溶液。
$NaOH(aq) + HCl(aq) \longrightarrow NaCl(aq) + H_2O(l)$

表15.1	酸碱反应的类型
酸	碱
强	强
强	弱
弱	强
弱	弱

酸碱发生中和反应后,生成的混合物中只含有可溶于水的氯化钠。石蕊测定结果显示,溶液中已不再含有酸和碱。

因为酸和碱都有强弱之分,所以酸碱反应就有四种组合,**表15.1**总结了这几种可能的组合。学完本节内容后,你会发现其中三种组合在生活中应用广泛。

酸、碱中只要有一种是强的,就能完全反应。正如之前所学,就是指一定量的反应物完全消耗。

尽管**表15.1**中的所有反应都是酸碱中和反应,但其各自的微观变化却不尽相同。下面我们研究每一种酸碱中和反应,看看它们都是如何反应的。

强酸＋强碱

典型的酸碱中和反应就是指强酸和强碱的反应。**图15.1**中盐酸和氢氧化钠的反应就是一个典型的例子。

宏观视角 写出强酸和强碱反应的化学方程式并不困难。如前例中的HCl是强酸,NaOH是强碱,生成盐(NaCl)和水。现在就让我们来进一步研究这些反应物和它们的产物。

微观视角:离子方程式 回顾之前学过的盐酸,因为它是强酸,所以当它溶于水时,能完全电离成氢离子和氯离子,氢离子用简化形式H^+表示。

$$HCl(aq) \longrightarrow H^+(aq) + Cl^-(aq)$$

氢氧化钠是强碱,在水中也能完全电离。

$$NaOH(aq) \longrightarrow Na^+(aq) + OH^-(aq)$$

> **折叠式学习卡**
>
> 将本节中的信息归纳到你的折叠式学习卡中。

■ 图15.2 用电导仪测量反应物和产物的电离程度,你会发现,强酸、强碱和盐在溶液中都是以离子形式存在的。

NaOH 和 HCl 反应的化学方程式包含了每一种物质。

$$NaOH(aq)+HCl(aq) \longrightarrow NaCl(aq)+H_2O(l)$$

盐酸和氢氧化钠反应的化学方程式,可以表示参加反应的是什么物质,但不能表示哪些物质是以离子形式存在的。表示酸碱中和反应的微观特征的最好方式就是将反应物和产物在水溶液中的真实存在形式表示出来。这就要用到**离子方程式(ionic equation)**了。在离子方程式中,以离子形式存在的物质就以离子形式表示,盐酸和氢氧化钠的反应可以写成:

$$H^+(aq)+Cl^-(aq)+Na^+(aq)+OH^-(aq) \longrightarrow$$
$$Cl^-(aq)+Na^+(aq)+H_2O(l)$$

在上面的离子方程式中,除了酸、碱可以完全电离成离子之外,产物 NaCl(离子化合物)也是可以完全电离的。因为水本身不能完全电离,所以它主要以分子而不是 H^+ 和 OH^- 的形式存在。这个离子方程式可以从**图15.2**得到证实。

迷你实验 1

酸性,碱性还是中性

你怎样确定一种溶液是酸性、碱性还是中性 用溴百里酚蓝作为指示剂检测下列几种盐溶液,判断溶液是酸性(黄色)、碱性(蓝色)还是中性(绿色)。

实验步骤

1. 阅读并完成实验安全表格。
2. 用带刻度的小型吸管吸取下列 6 种盐溶液,并分别在 24 孔板中各滴 6 滴:NaAc(A1)、KNO_3(A2)、NH_4Cl(A3)、Na_2CO_3(A4)、NaCl(A5)、$Al_2(SO_4)_3$(A6)。
3. 向每种盐溶液中加入 2 滴蓝色溴酚蓝指示剂,分别用不同的牙签搅拌。
4. 将 24 孔板放在一张白纸上,观察每种溶液的颜色变化,记录观察结果。

分析与讨论

1. **总结** 根据各种溶液中指示剂颜色的变化,判断各种溶液是酸性、碱性还是中性。
2. **联系** 参加反应的酸、碱的相对强度与盐溶液的酸碱性有什么关系?
3. **推断** 可以向洗发水中加入哪一种盐而使之呈弱酸性来减少对皮肤和头发的伤害?检查不同品牌洗发水的标签,看看其中是否存在这些弱酸性盐。

工作原理

味 觉

食物的味道来自于各种感觉的综合，如通过味觉、嗅觉、触觉体会到的食物纹理、韧性以及温度等。其中味觉是最主要的一种感觉，而四种基本味觉中有三种直接与酸碱有关。舌头上有四种不同的味蕾——甜、咸、苦和酸——它们分布在舌头的不同区域。只有特定的分子和离子才能与这些特殊的味蕾反应，产生的信号输送到大脑，大脑接受并处理这些信号后，你便有了味觉。

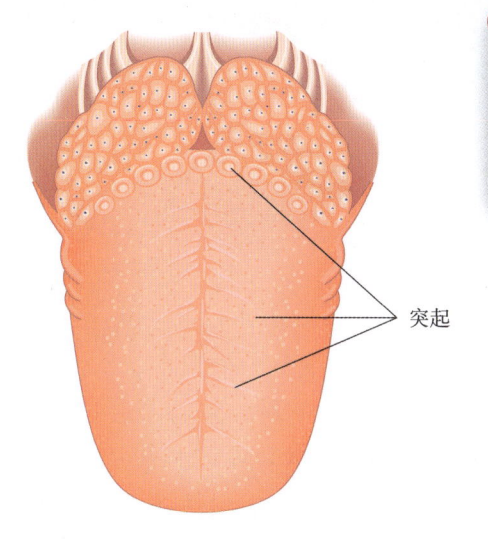

■ **图15.3** 舌头上的味蕾。

突起

1 舌头表面的隆起物叫突起。有些突起只是用于加大摩擦来帮助食物的移动的。另一些突起含有味蕾，一个味蕾由50个或更多的特殊的感受细胞组成，可以感受这些基本味觉。

2 一些味蕾用于感受苦味。碱尝起来是苦的。很多酶都呈碱性，一些制药公司一直在尝试如何用其他味道来掩盖苦味。

3 酸味味蕾分布在舌头两边。酸味来自食物中的酸，如醋、柑橘类水果等。

4 有些味蕾检测咸味。咸味的盐是酸碱反应的产物。

香甜可口的味道取决于形成单个分子的酸碱的性质，但这种味觉不像其他味觉那么容易区分。

批判性 思考

1. **解释** 四种味觉是如何与酸、碱性质相联系的？
2. **推断** 你认为哪类公司会支持味觉研究？
3. **获取信息** 你可能听说过"味觉图"，科学家用它来描述不同味道味蕾的分布。调查"味觉图"，并写一段关于人们对于味觉理解的变化的话。

■ **图 15.4** 尽管运动会上的观众是不可或缺的,但他们并没有真正参与比赛,不能决定比赛的最后结果。

旁观离子和净离子方程式 离子方程式提供了强酸和强碱反应的很多信息。当你检查第 518 页的离子方程式时,你会发现,反应物和生成物中都有 Na^+ 与 Cl^-。尽管它们出现在溶液中但没有参加反应,所以被称为**旁观离子**(spectator ion),就像图 15.4 所示的观众实际并没有参与比赛。

整体反应的简化 如果旁观离子没有真正参加反应,那么离子方程式中是否一定得出现它们呢?离子方程式需要简化处理这个问题。如同数学中方程,方程两边相等的项可以约去,这样做可以简化离子方程式,同时还能清晰地看到真正参加反应的物质。

$$H^+(aq) + \cancel{Cl^-(aq)} + \cancel{Na^+(aq)} + OH^-(aq) \longrightarrow$$
$$\cancel{Cl^-(aq)} + \cancel{Na^+(aq)} + H_2O(l)$$

除去化学方程式两边相同的离子后,就得到了反应的**净离子方程式**(net ionic equation)。对于 HCl 和 NaOH 的反应,如下所示:

$$H^+(aq) + OH^-(aq) \longrightarrow H_2O(l)$$

净离子方程式反映了微观的化学变化。如 HCl 和 NaOH 反应的净离子方程式表明,反应的本质是 H^+ 和 OH^- 结合生成水。

即使反应中的强酸、强碱与 HCl 和 NaOH 有所不同,但其净离子方程式却是相同的,都是酸中的 H^+ 和碱中的 OH^- 反应生成水。这也是所有强酸与强碱反应通用的净离子方程式。

例题 1

方程式——强酸、强碱 写出硫酸和氢氧化钾反应的化学方程式、离子方程式和净离子方程式。

> **提示**
> 方程式中化学计量数之比应当是最简整数比。

1 分析

确定酸、碱的强弱。第14章的**表14.3**列出了常用的强酸、强碱,查表后发现,硫酸是强酸,氢氧化钾是强碱。

2 方案

写出两者反应的化学方程式,因为H_2SO_4是二元酸,1 mol 硫酸需要 2 mol KOH,并得到 2 mol H_2O 与 1 mol K_2SO_4。

$$2KOH(aq)+H_2SO_4(aq) \longrightarrow K_2SO_4(aq)+2H_2O(l)$$

将H_2SO_4、KOH 与 K_2SO_4 改写成离子形式,写出反应的离子方程式。在写离子系数时要同时联系化学方程式中的化学计量数和物质的化学式。

$$2H^+(aq)+SO_4^{2-}(aq)+2K^+(aq)+2OH^-(aq) \longrightarrow SO_4^{2-}(aq)+2K^+(aq)+2H_2O(l)$$

3 实施

找出旁观离子,在这个反应中,SO_4^{2-} 和 K^+ 是旁观离子,删除两边相同的离子,从而得到净离子方程式:

$$2H^+(aq)+\cancel{SO_4^{2-}(aq)}+\cancel{2K^+(aq)}+2OH^-(aq) \longrightarrow \cancel{SO_4^{2-}(aq)}+\cancel{2K^+(aq)}+2H_2O(l)$$

$$2H^+(aq)+2OH^-(aq) \longrightarrow 2H_2O(l)$$

两边同时除以2,得到简化后的净离子方程式:

$$H^+(aq)+OH^-(aq) \longrightarrow H_2O(l)$$

4 检查

检查净离子方程式,确定两边不再有相同的离子。

练一练

写出下列反应的化学方程式、离子方程式和净离子方程式。

1. HI 与 $Ca(OH)_2$
2. HBr 与 LiOH
3. H_2SO_4 与 $Sr(OH)_2$
4. $HClO_4$ 与 $Ba(OH)_2$

> **补充练习**
> 有关书写净离子方程式的额外练习,请见附录C。

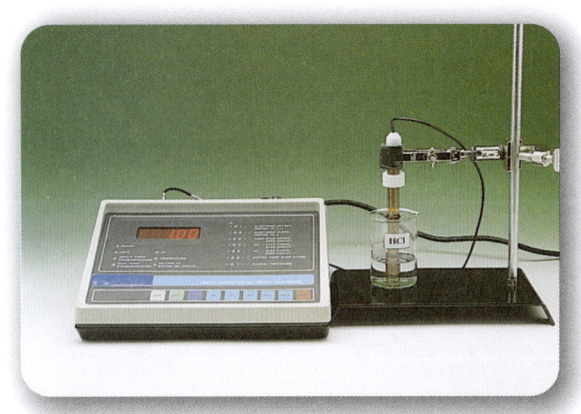

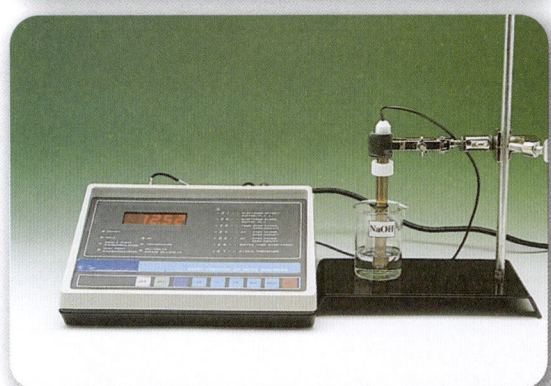

强酸、强碱和 pH　净离子方程式解释了为什么酸和碱的反应称为中和反应。酸中的 H⁺ 和碱中的 OH⁻ 反应生成水。

图 15.5 显示了 50.0 mL 0.100 mol·L⁻¹ HCl 溶液与 50.0 mL 0.100 mol·L⁻¹ NaOH 溶液的反应,酸碱刚好完全反应,当将 NaOH 溶液滴入到 HCl 溶液中时,溶液的 pH 会不断上升。当 NaOH 溶液全部加入 HCl 溶液中后,溶液的 pH 变为 7。

强酸＋弱碱

当酸、碱的强度改变时,反应也会改变吗?让我们来看看强酸与弱碱混合时的情况。以氢溴酸与氢氧化铝的反应为例,其反应的化学方程式表示了反应物和产物。

$Al(OH)_3(s) + 3HBr(aq) \longrightarrow$

$AlBr_3(aq) + 3H_2O(l)$

氢溴酸在水中完全电离,属于强酸。氢氧化铝能溶解的部分完全电离,所以理论上说它是一种强碱。可是因为它难溶于水,电离出的 OH⁻ 很少,因此氢氧化铝被看作是一种弱碱,在离子方程式中不写成离子形式。$AlBr_3$ 是完全电离的盐。

$3H^+(aq) + 3Br^-(aq) + Al(OH)_3(s) \longrightarrow$

$3Br^-(aq) + Al^{3+}(aq) + 3H_2O(l)$

反应中的溴离子是旁观离子,两边都删去,得到净离子方程式。

$3H^+(aq) + Al(OH)_3(s) \longrightarrow 3H_2O(l) + Al^{3+}(aq)$

比较这个净离子方程式与强酸、强碱反应的净离子方程式有什么异同。当强酸和弱碱反应,碱没有完全电离。碱中的铝离子溶解在水中,而水不是反应的副产物。

■ **图 15.5**　强酸和强碱的反应称为中和反应。0.100 mol·L⁻¹ HCl 溶液的 pH 为 1(上图),0.100 mol·L⁻¹ NaOH 溶液的 pH 接近 13(中图)。

计算　当反应完全时,溶液的 pH 是多少(下图)?

折叠式学习卡

将本节中的信息归纳到你的折叠式学习卡中。

强酸＋氨水　回顾一种不含有氢氧根离子的常见的弱碱——氨水。下面是盐酸和氨水反应的化学方程式：

$$HCl(aq) + NH_3(aq) \longrightarrow NH_4Cl(aq)$$

尽管反应产生 NH_4Cl 这种盐，但整个反应中没有水产生。如同前例，我们用净离子方程式来分析弱碱强酸反应的微观过程。

净离子方程式　当氨气溶于水时，一小部分的氨气可与水反应生成 NH_4^+ 和 OH^-，大多数以 NH_3 分子的形式存在。除了水分子，氨水中存在的主要微粒是氨分子。

氨水主要以 NH_3 分子表示，而盐酸则以 $H^+(aq)$ 和 $Cl^-(aq)$ 形式表示，其离子方程式为：
$$H^+(aq) + Cl^-(aq) + NH_3(aq) \longrightarrow Cl^-(aq) + NH_4^+(aq)$$

其中，离子型盐 NH_4Cl 写成了离子形式。**图 15.6** 显示了实际参加反应的微粒。

强酸、弱碱反应的净离子方程式与强酸、强碱反应的有所不同。强酸、弱碱的反应，微观上是氢离子和碱的反应。

> **拓展　阅读**
>
> 氯化铵是氨水与其他化合物反应生成的物质，最早是由埃及人在阿蒙神（Ammon）庙宇旁提炼出来的。

■ **图 15.6**　观察离子方程式可以发现，Cl^- 是旁观离子，因为离子方程式两边都出现了它。除去两边的 Cl^-，就可以得到净离子方程式。

$$H^+(aq) + \cancel{Cl^-(aq)} + NH_3(aq) \longrightarrow \cancel{Cl^-(aq)} + NH_4^+(aq)$$
$$H^+(aq) + NH_3(aq) \longrightarrow NH_4^+(aq)$$

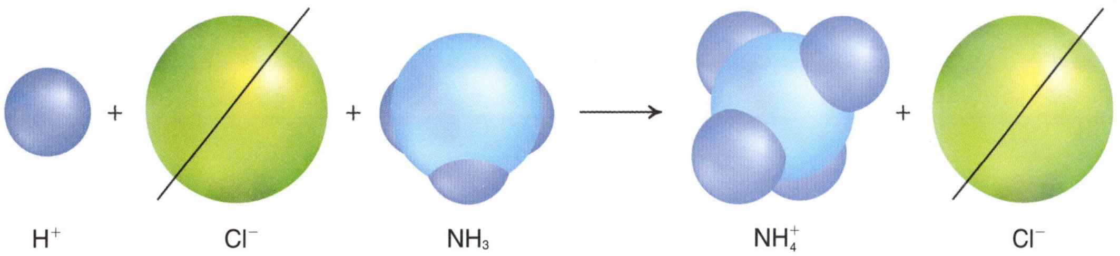

例题 2

方程式——强酸、弱碱 写出硝酸与氨水反应的化学方程式、离子方程式和净离子方程式。

1 分析

先确定酸、碱的强弱。硝酸是强酸,氨水是弱碱。

2 方案

写出化学方程式:

$HNO_3(aq) + NH_3(aq) \longrightarrow NH_4NO_3(aq)$

写出离子方程式。硝酸是强酸,写成离子形式;氨水是弱碱,写成分子形式;硝酸铵是离子化合物,写成离子形式。

$H^+(aq) + NO_3^-(aq) + NH_3(aq) \longrightarrow NO_3^-(aq) + NH_4^+(aq)$

3 实施

找出旁观离子。反应中只有 NO_3^- 是旁观离子,除去方程式两边的 NO_3^-,得到净离子方程式:

$H^+(aq) + \cancel{NO_3^-(aq)} + NH_3(aq) \longrightarrow \cancel{NO_3^-(aq)} + NH_4^+(aq)$

$H^+(aq) + NH_3(aq) \longrightarrow NH_4^+(aq)$

注意,这个反应与盐酸和氨水(**图 15.6**)反应的净离子方程式相同。

4 检查

检查方程式,确定两边已没有相同的离子。

练一练

写出下列反应的化学方程式、离子方程式和净离子方程式。

5. 高氯酸($HClO_4$)与氨水(NH_3)

6. 盐酸(HCl)与氢氧化铝$[Al(OH)_3]$

7. 硫酸(H_2SO_4)与氢氧化铁$[Fe(OH)_3]$

> [补充练习]
> 有关书写化学方程式、离子方程式和净离子方程式的额外练习,请见附录C。

地球科学 链接

溶洞的形成

一说起溶洞,你的脑海中会出现什么样的画面呢?是一个深入地球内部的潮湿而凉爽的地下迷窟,还是一个石笋拔地而起、钟乳悬空高吊的奇妙的地下世界?不管怎么说,溶洞都堪称自然界的一大奇观。

岩洞中的碳酸钙 溶洞一般存在于有石灰石的地区。石灰石的主要成分是碳酸钙,它难溶于水,在这些岩石中形成的岩洞又称为溶洞。

为什么天然水显酸性 大多数雨水因含有二氧化碳而显酸性。少量的二氧化碳溶解在水中,其中一些与水反应生成碳酸:

$$CO_2(g) + H_2O(l) \longrightarrow H_2CO_3(aq)$$

碳酸和水反应生成水合离子和碳酸根离子:

$$H_2CO_3(aq) + H_2O(l) \longrightarrow H_3O^+(aq) + HCO_3^-(aq)$$

碳酸如何促成溶洞 水合氢离子和石灰石反应生成钙离子和碳酸氢根离子。

$$H_3O^+(aq) + CaCO_3(s) \longrightarrow Ca^{2+}(aq) + HCO_3^-(aq) + H_2O(l)$$

酸性溶液溶解了石灰石,在岩石内产生了一些充满水的空间。这是溶洞形成的第一阶段。

钟乳石与石笋 图15.7中的钟乳石和石笋是因钙质水的流动而形成的碳酸钙的沉淀。钟乳石像冰锥,在溶洞的顶部和边沿形成。石笋就好像一个倒转的钟乳石沉积物,在溶洞的地面形成。

在第二阶段,黏土、淤泥、沙或砾石就会填塞进洞中,而流动的水渐渐将这些东西冲走,重新扩大了洞的空间。钟乳石与石笋就是在形成溶洞的化学和物理作用下形成的。$Ca(HCO_3)_2$在溶解了CO_2和H_2CO_3的水中形成饱和溶液。当溶液慢慢从溶洞顶部渗出水滴时,其中的水分子就蒸发出来了。

■ **图15.7** 钟乳石和石笋是碳酸钙的沉淀。

有些H_2CO_3分解成了CO_2和H_2O,使溶液pH升高,导致$Ca(HCO_3)_2$的溶解度减小而析出,同时$Ca(HCO_3)_2$容易分解生成$CaCO_3$,这样,$CaCO_3$就会慢慢析出,经过几千年的积累就形成了钟乳石。随着水滴落在溶洞地面上,天长日久就逐渐长成石笋。当往下的钟乳石与向上的石笋连接在一起时,就形成了石柱。

化学 链接

1. **应用** 各说出两个形成溶洞过程中的物理和化学变化。
2. **批判性思考** 试写出白云石($CaCO_3 \cdot MgCO_3$)中的碳酸镁形成溶洞的化学方程式。

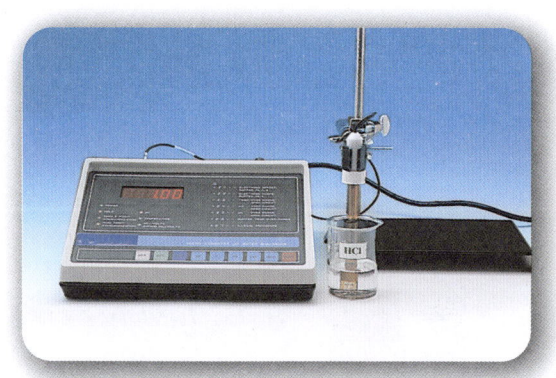

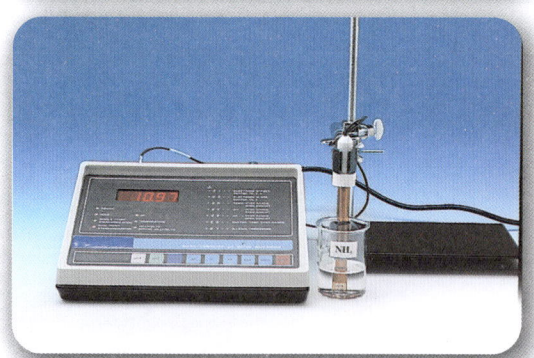

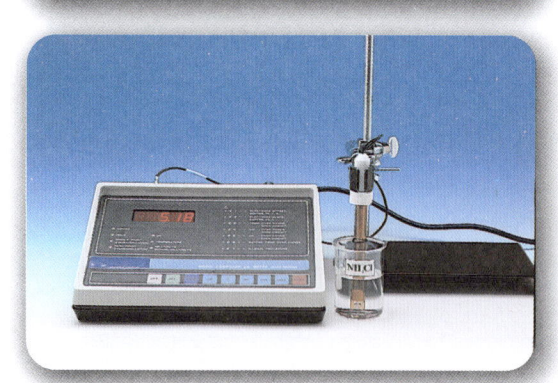

强酸、弱碱和pH 图15.8展示的是0.100 mol·L^{-1}氨水的pH>7，属于碱性物质，但如果比较0.100 mol·L^{-1} NaOH溶液与0.100 mol·L^{-1}氨水，你会发现氨水的pH较小，因此氨水是一种弱碱。

图15.8表示了当等物质的量的氨水和盐酸混合后，最终混合物的pH小于7，这意味着溶液显酸性，溶液中的H$^+$比OH$^-$多。

等物质的量的酸、碱反应后，本应得到中性溶液，这里为什么会生成酸性溶液呢？这是因为，最终溶液的酸碱性与参加反应的酸、碱的相对强弱有关。

广义的酸碱定义

强酸、弱碱的反应表明，酸、碱需要一个更加宽泛的定义。在上一章提到，大多数酸、碱在水中所表现出来的性质，都可以用H$^+$从酸转移到碱的模型来解释。这种模型也可用来解释不是所有的酸碱反应都能得到中性溶液的原因。

H$^+$的提供者和接受者 用H$^+$的交换能力定义酸、碱，称为酸碱质子理论，又称布朗斯特—劳里定义。此定义中，酸是化学反应中贡献H$^+$的物质，而碱则是接受H$^+$的物质。

回顾第523页HCl与NH$_3$反应的净离子方程式。如将碱定义为在水中电离出OH$^-$的物质，那么从方程式来看，没有一个方程式中的NH$_3$是碱。因为氨水在水中只能电离出极少量的OH$^-$，无法在方程式中体现出来。

$$H^+(aq) + NH_3(aq) \longrightarrow NH_4^+(aq)$$

■ **图15.8** 强酸、弱碱反应不是完全的中和反应，0.100 mol·L^{-1} HCl溶液的pH为1（上图），0.100 mol·L^{-1} NH$_3$溶液的pH大约为11（中图）。
应用 当等量的两种溶液混合至完全反应，pH是多少（下图）？

A. H⁺从HCl转移到H₂O，HCl是酸，H₂O是碱。

$$\text{HCl(aq)} + \text{H}_2\text{O(l)} \longrightarrow \text{H}_3\text{O}^+\text{(aq)} + \text{Cl}^-\text{(aq)}$$
　酸　　　碱

B. H⁺从H₃O⁺转移到NH₃，H₃O⁺是酸，NH₃是碱。

$$\text{H}_3\text{O}^+\text{(aq)} + \text{NH}_3\text{(aq)} \longrightarrow \text{NH}_4^+\text{(aq)} + \text{H}_2\text{O(l)}$$
　酸　　　碱

C. H₂O也与NH₃反应，H₂O是酸，NH₃是碱。

$$\text{H}_2\text{O(l)} + \text{NH}_3\text{(aq)} \longrightarrow \text{NH}_4^+\text{(aq)} + \text{OH}^-\text{(aq)}$$
　酸　　　碱

■ **图15.9** 在HCl和NH₃的反应中，有好几种H⁺的转移。

> **家庭 实验**
> 参见附录F，**氨的检测**。

如按照酸、碱的布朗斯特—劳尔定义去理解氨水，氨水就属于碱，因为它是H⁺的接受者。**图15.9**表示了它的完整形式，清晰地表示了H⁺的转移过程。而水合氢离子，因为提供了H⁺，所以它属于酸。

转移需要两种物质　注意**图15.9**，能电离产生H⁺的是酸，能电离产生OH⁻的是碱，酸、碱的电离理论，其实也可以用H⁺的转移理论来解释。当HCl与水反应时，HCl提供H⁺，所以是酸；水是H⁺的接受者，所以是碱(**图15.9A**)。当NH₃与水反应时，NH₃分子从水中接受H⁺，所以NH₃是碱，水是酸(**图15.9B**)。实际上，转移需要两种物质，每一种酸(H⁺的提供者)必然有其对应的碱(H⁺的接受者)。

我们通常认为水是中性的，但现在看来水的性质是独特的，实际上水既可以是酸又可以是碱，其性质取决于溶液中的其他物质。在**图15.9A**中，水是碱；在**图15.9B**中，水是酸。

水不是必需的　尽管大多数反应在水中发生，但H⁺转移理论并不局限在水中。例如，**图15.10**中HCl与NH₃的反应是在气态下发生的，H⁺从气态HCl分子转移给气态NH₃分子，形成固态物质。这个气态反应也可以看成是一种酸碱反应。

■ **图15.10**　HCl(g)和NH₃(g)反应生成NH₄Cl(s)，从一定浓度溶液中挥发出的气体相互作用形成固体白烟：NH₄Cl。

弱酸＋强碱

若用 H⁺ 转移理论来理解酸、碱反应，下面就是弱酸与强碱反应的例子：

以乙酸（HC₂H₃O₂）、氢氧化钠（NaOH）反应为例，其化学方程式与强酸、强碱反应类似：

$$HC_2H_3O_2(aq)+NaOH(aq)\longrightarrow NaC_2H_3O_2(aq)+H_2O(l)$$

离子方程式：溶液中有什么 乙酸是一种弱酸，在乙酸溶液中，只有小部分的乙酸电离成离子。除了水分子，乙酸溶液中的主要微粒是 HC₂H₃O₂ 分子，而 NaOH 可以完全电离成离子。离子方程式表示了酸、碱反应时各种物质在溶液中的呈现形式，与前面反应一样，盐还是写成离子形式。

$$HC_2H_3O_2(aq)+Na^+(aq)+OH^-(aq)\longrightarrow Na^+(aq)+C_2H_3O_2^-(aq)+H_2O(l)$$

净离子方程式：H⁺ 的转移 离子方程式中 Na⁺ 是旁观离子，两边删除 Na⁺ 得到净离子方程式：

$$HC_2H_3O_2(aq)+\cancel{Na^+(aq)}+OH^-(aq)\longrightarrow \cancel{Na^+(aq)}+C_2H_3O_2^-(aq)+H_2O(l)$$

$$HC_2H_3O_2(aq)+OH^-(aq)\longrightarrow C_2H_3O_2^-(aq)+H_2O(l)$$

净离子方程式表示弱酸与强碱的反应是由弱酸的 H⁺ 转移给了 OH⁻ 而实现的。乙酸是 H⁺ 的提供者，属于酸；OH⁻ 是 H⁺ 的接受者，属于碱。尽管这是一个酸碱反应，可 H⁺ 并不是一种反应物或产物。用 H⁺ 转移理论就可将这个反应看成酸碱反应。

弱酸，强碱和 pH 图 15.11 中的照片显示了当 0.100 mol·L⁻¹ NaOH 溶液与乙酸混合后所发生的反应。0.100 mol·L⁻¹ 乙酸的 pH 比 0.100 mol·L⁻¹ HCl 溶液的 pH 要高，见**图 15.11**。

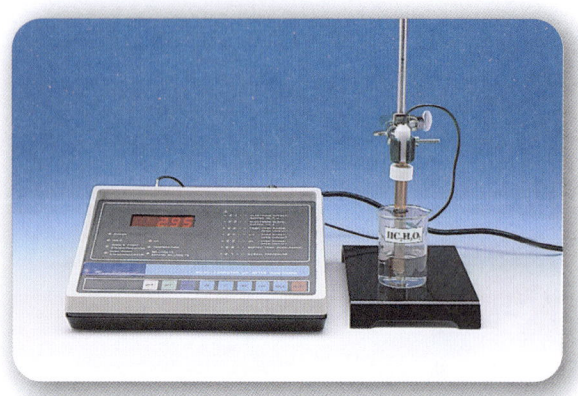

■ **图 15.11** 弱酸、强碱反应并没有生成中性溶液。0.100 mol·L⁻¹ HC₂H₃O₂ 溶液的 pH 大约为 3（上图），0.100 mol·L⁻¹ NaOH 溶液的 pH 大约为 13（中图）。
计算 完全反应后，溶液的 pH 大约为多少（下图）？

折叠式学习卡

将本节中的信息归纳到你的折叠式学习卡中。

当 NaOH 溶液中加入乙酸时,随着乙酸电离出的 H^+ 与 OH^- 反应,pH 增大。当两者等体积混合后,最终溶液的 pH 大于 7,溶液呈碱性。

当弱酸与强碱反应时,若两者等物质的量混合,则不会得到中性溶液,因为溶液中 OH^- 的数目比 H^+ 多,最终溶液显碱性。

词源

Vinegar
醋
Vinaigre(法语):
酸葡萄酒

例题 3

方程式——弱酸、强碱 写出磷酸和氢氧化锂反应的化学方程式、离子方程式和净离子方程式。

1 分析

先确定酸、碱的强弱。磷酸是弱酸,氢氧化锂是强碱。

2 方案

写出化学方程式,产物为盐(磷酸锂)和水。1 摩尔的磷酸需要 3 摩尔的氢氧化锂,生成 3 摩尔水。

$3LiOH(aq) + H_3PO_4(aq) \longrightarrow Li_3PO_4(aq) + 3H_2O(l)$

3 实施

写出离子方程式。因为磷酸是弱酸,部分电离,离子方程式中写成 H_3PO_4 分子的形式,LiOH 和 Li_3PO_4 完全电离。注意配平。

$\cancel{3Li^+(aq)} + 3OH^-(aq) + H_3PO_4(aq) \longrightarrow \cancel{3Li^+(aq)} + PO_4^{3-}(aq) + 3H_2O(l)$

找出旁观离子。反应中只有 Li^+ 是旁观离子,除去离子方程式两边的 Li^+ 得到净离子方程式。

$3OH^-(aq) + H_3PO_4(aq) \longrightarrow PO_4^{3-}(aq) + 3H_2O(l)$

4 检查

检查方程式。磷酸与氢氧化锂反应是如何转移 H^+ 的?弱酸与强碱这类反应是通过 H^+ 转移发生的。

拓展 阅读

醋酸(vinegar)是乙酸的水溶液,纯净的乙酸通常称为冰醋酸(glacial acetic acid)。因为早在 1700 年首先从醋中蒸馏制取而得名。室温下,纯乙酸是液体,但在 17 ℃ 时结冰。"glacial" 意为"像冰一样",因为在低温加热的化学实验中,纯乙酸为固态。

练一练

写出下列反应的化学方程式、离子方程式和净离子方程式。

8. 碳酸(H_2CO_3)与氢氧化钠(NaOH)
9. 硼酸(H_3BO_3)与氢氧化钾(KOH)
10. 乙酸($HC_2H_3O_2$)与氢氧化钙[$Ca(OH)_2$]

补充练习

有关书写弱酸和强碱反应的净离子方程式的额外练习,请见附录 C。

■ **图 15.12** 弱酸醋酸与弱碱氢氧化铝不反应。

弱酸与弱碱：不确定的反应

强—强反应与弱—强反应是应用广泛的酸碱反应，而弱—弱反应并不常见，我们来看一个酸碱反应的例子。

因为弱酸与弱碱都没有转移 H^+ 的倾向，所以有可能发生 H^+ 转移，但为数不多。弱酸、弱碱的反应在酸碱反应中没有多大作用。如**图 15.12**。

折叠式学习卡
将本节中的信息归纳到你的折叠式学习卡中。

第1节 本节回顾

要点梳理

- 根据酸、碱的强度，可以将酸碱反应分为四类。
- 强酸—强碱、弱酸—强碱和弱碱—强酸是主要的酸碱反应。
- 酸、碱可用 H^+ 转移理论来解释，酸是 H^+ 的提供者，碱是 H^+ 的接受者。
- 酸、碱反应时，最终溶液的 pH 取决于反应物的多少和相对强弱。
- 强酸和强碱反应生成中性溶液。
- 弱酸—强碱反应多生成碱性溶液；强酸—弱碱反应多生成酸性溶液。

11. **主要 概念 书写** 写出下列反应的化学方程式、离子方程式和净离子方程式。
    a) 高氯酸与氢氧化钠
    b) 硫酸和氨水
    c) 柠檬酸（$H_3C_6H_5O_7$）与氢氧化钾

12. **预测** 11题中的产物呈酸性、碱性还是中性？请解释。

13. **鉴别** 判断下列反应中各物质的酸碱性。
    a) $HBr(aq) + H_2O(l) \longrightarrow H_3O^+(aq) + Br^-(aq)$
    b) $NH_3(aq) + H_3PO_4(aq) \longrightarrow NH_4^+(aq) + H_2PO_4^-(aq)$
    c) $HS^-(aq) + H_2O(l) \longrightarrow H_2S(aq) + OH^-(aq)$

14. **应用概念** 下面的盐是由哪些酸、碱反应生成的？如果盐溶液不显中性，请用化学方程式解释原因。
    a) NH_4Cl　　c) $LiC_2H_3O_2$
    b) $NaCl$　　d) $NH_4C_2H_3O_2$

15. **预测** 肌肉在运动中会产生乳酸，牛奶在乳酸菌作用下也能产生乳酸。写出乳酸与氢氧化钠反应的化学方程式、离子方程式和净离子方程式。反应后溶液的 pH 是大于7、等于7还是小于7？

第2节

核心问题
- 如何评价缓冲溶液在控制pH方面的作用?
- 酸碱滴定如何进行操作?
- 在酸碱滴定中可以收集到什么数据?
- 如何利用酸碱滴定得到的数据来计算未知溶液的浓度?

术语回顾
旁观离子:在溶液中不参与反应的离子。

关键术语
缓冲溶液
滴　定
标准溶液

■ **图 15.13** 为了给水母提供适宜的环境,水族馆的pH要控制在8.1～8.4之间。

预测 如果pH降到7.0,会发生什么?

酸碱中和反应的应用

主要 **概念**　酸碱中和反应在人体中起着重要的作用。

链接真实世界　血液、雨水和湖泊,以及你最喜欢的洗发液,在化学上有何共同之处?这些物品以及其他很多物品,都保持着最佳的酸碱平衡状态。在这些系统中,酸碱是如何保持平衡的呢?让我们来看看酸碱反应的一些实际应用,你会发现,理解酸碱化学至关重要。

缓冲溶液可维持正常pH

维持pH对生活至关重要。例如,血液中的许多化学反应都依赖于血液中的酸碱平衡。血液的pH大约是7.4,显碱性,而健康人血液中pH的变化值不会超过0.1。

我们知道,每时每刻都有许多的酸性和碱性物质在血液中流进流出,但通过仔细测量,你会惊奇地发现,血液的pH几乎为一个常数。血液pH保持稳定的根本原因,是因为血液是一种有效的缓冲溶液。

环境的pH对人可能没那么重要,但对很多反应和有些生命体维持生命非常重要。例如,**图15.13**中的水母没有血液,环境的pH范围维持在8.1～8.4对水母的生存很重要。

缓冲溶液的定义　**缓冲溶液(buffer)** 是这样的一种溶液,在这种溶液中,即使加入酸或碱,其pH基本保持不变。缓冲溶液中含有能与加入溶液中的H^+或OH^-反应的离子或分子。

缓冲溶液一般是由弱酸与它的弱酸盐或弱碱与它的弱碱盐组成。例如,氨水和铵盐就是一种常见的缓冲溶液。如果往溶液中加入H^+,H^+会与NH_3反应。

$$NH_3(aq) + H^+(aq) \longrightarrow NH_4^+(aq)$$

如果加入碱,那么盐中的NH_4^+与OH^-反应:

$$NH_4^+(aq) + OH^-(aq) \longrightarrow NH_3(aq) + H_2O(l)$$

另一种缓冲溶液是乙酸与乙酸钠溶液。如果在这种溶液中加入强碱,那么弱酸与OH^-发生中和反应。

$$HC_2H_3O_2(aq) + OH^-(aq) \longrightarrow C_2H_3O_2^-(aq) + H_2O(l)$$

531

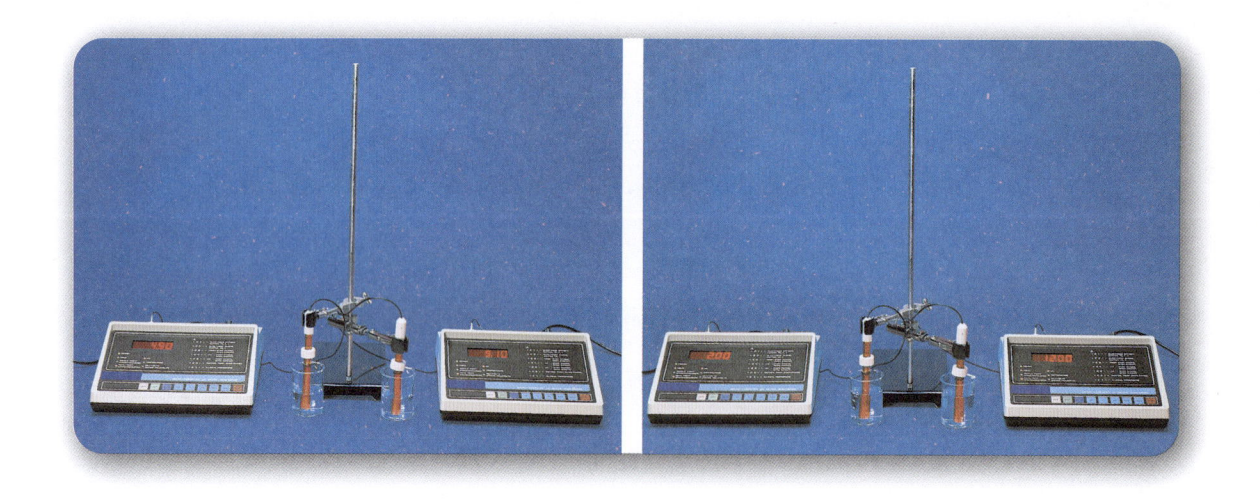

■ **图 15.14** 缓冲溶液能保持溶液的 pH 稳定。

对比 如果在 pH=5 的乙酸和乙酸钠缓冲溶液(左图)和非缓冲溶液(右图)中各加入酸或碱,分别会发生什么变化呢?

这个反应可抵消加入 OH⁻ 时 pH 的变化。若加入 H⁺,乙酸根离子可以中和 H⁺:

$$C_2H_3O_2^-(aq) + H^+(aq) \longrightarrow HC_2H_3O_2(aq)$$

图 15.14 表示,缓冲溶液的 pH 并不是绝对不变的,在加入酸或碱时,它的 pH 会发生轻微的变化,不过,相对于非缓冲溶液的 pH 变化来说是微不足道的。

血液缓冲溶液:可溶的 CO_2 这是两种实验室常用的缓冲溶液。与这些实验室缓冲溶液相比,血液中的缓冲系统又是怎样的呢?虽然包含的化学物质不同,但其工作原理应该是相同的。

血液的 pH 能始终维持在 7.4 左右,这是由于血液中有缓冲体系存在。其中一种缓冲体系是可溶性的 CO_2。CO_2 溶于水可以产生 H_2CO_3:

$$CO_2(g) + H_2O(l) \longrightarrow H_2CO_3(aq)$$

这种血液缓冲体系的另一种成分是碳酸根离子。当血液中的 OH⁻ 浓度升高时,H_2CO_3 就会与之反应而降低 OH⁻ 浓度,阻止 pH 升高。

$$H_2CO_3(aq) + OH^-(aq) \longrightarrow HCO_3^-(aq) + H_2O(l)$$

如果 H⁺ 的浓度增大,HCO_3^- 就会与 H⁺ 反应,阻止 pH 的减小。

$$HCO_3^-(aq) + H^+(aq) \longrightarrow H_2CO_3(aq)$$

血液 pH 和肺 血液中的 CO_2 与 HCO_3^- 的浓度完全由肺来控制。如果血液中 H⁺ 数目增多,就会产生大量的能降低 H⁺ 浓度的 H_2CO_3。

为了降低 H_2CO_3 的浓度,肺就会通过呼吸而除去 CO_2。然而,快速的深呼吸能增加血液中 CO_2 的含量,这个叫作换气过度。当一个人紧张或害怕时,会不自觉地深呼吸。在这种情况下,肺里的空气快速变换,释放更多的 CO_2,血液中 CO_2 浓度下降可使其中 H_2CO_3 的数量减少,而使血液 pH 上升。如果不采取一定的措施停止这类呼吸,结果是致命的。

当一个人换气过度时,他(她)需要平静下来,正常呼吸。如果用一个纸袋罩住鼻子和嘴巴,吸入的空气的 CO_2 浓度会上升。通过肺的作用,更多的 CO_2 被迫进入血液,血液就能回到正常 pH。图 15.15 表示血液的 pH 变化范围,总结了缓冲溶液控制 pH 的工作原理。

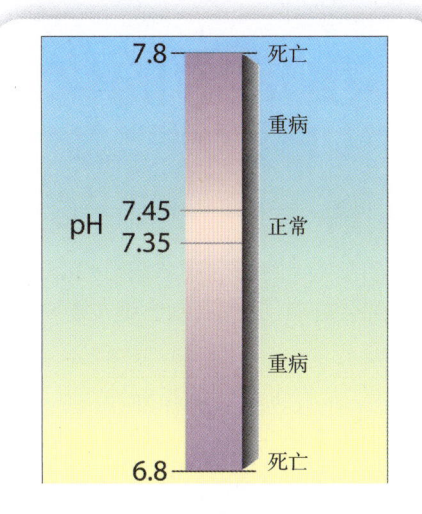

■ 图 15.15 在缓冲溶液作用下,人体血液的 pH 能维持在一个很小的范围内。其中缓冲对 H_2CO_3/HCO_3^- 发挥了重要的作用。

迷你实验 2

缓冲溶液

你如何改变溶液的 pH 比较下列两种溶液发生相同的 pH 变化时,所需要加入的酸或碱溶液的量:一种是 pH 为 7 的氯化钠溶液,另一种是 pH 为 7 的缓冲溶液。

实验步骤

1. 阅读并完成实验安全表格。
2. 取 4 支试管,分别编号为 1～4,放置于测试试管架上。
3. 用量筒量取 5.0 mL NaCl 溶液,分别倒入 1 号与 3 号试管中。
4. 用另一个量筒量取 5.0 mL pH 为 7 的缓冲溶液,分别倒入 2 号与 4 号试管中。
5. 向 1 号、2 号两支试管中各滴 2 滴甲基橙指示剂。已知当 pH>4.4 时,甲基橙呈黄色;当 pH<3.2 时,甲基橙呈橘红色;当 pH 在 3.2～4.4 之间时,甲基橙呈橙色。
6. 向 1 号、2 号试管中逐滴加入 0.100 mol·L^{-1} HCl 溶液,边加边振荡,直到溶液颜色变成橘红色为止。记录每一支试管加入盐酸的滴数。
7. 向 3 号、4 号试管中加入 2 滴酚酞指示剂。若 pH 小于 8.2,酚酞为无色;当 pH 从 8.2 升到 10.0,酚酞会变为粉红色或洋红色。
8. 向 3 号、4 号试管中逐滴加入 0.100 mol·L^{-1} NaOH 溶液,边加边振荡,直到溶液颜色变成粉红色为止。记录每一支试管加入 NaOH 溶液的滴数。

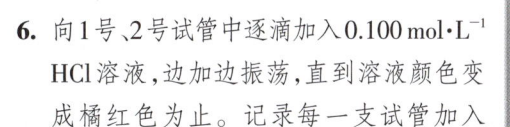

分析与讨论

1. **比较** 对比两支试管中使甲基橙变为橘红色的盐酸滴数。
2. **比较** 对比两支试管中使酚酞变为洋红色的氢氧化钠溶液滴数。
3. **描述** 缓冲溶液对溶液 pH 有什么影响?

生活中的化学

打 嗝

你是否一直对为什么会打嗝心存疑惑？每个人都会打嗝，但打嗝似乎对人体没什么用处。

什么是打嗝 一般来说，打嗝是一种对人体无害的行为，它可以持续几分钟到几小时。打嗝是膈膜的重复性痉挛。膈膜就是分开胸腔和腹腔的圆拱形呼吸肌，如**图 15.16**所示。打嗝时，膈膜受到猛拉，会厌软骨关闭气管入口，使得吸入的空气突然停止，就会出现我们熟悉的"打嗝"现象。这个过程可能是由于大脑中控制膈膜与气管的神经受到反常刺激所致。

什么时候会打嗝 当胃里充满气体、吃得过多或喝碳酸饮料后，就会引起打嗝。其他原因也可能导致打嗝，如温度骤变、喝热饮或冷饮、洗冷水浴，以及情绪激动、紧张等都会引起打嗝。

治疗方法 一些常见的方法可以治疗这种有节奏的反射性的打嗝活动，包括喝水、啜冰、吃干砂糖或品尝柠檬。还有一些打断正常呼吸的方法，如打喷嚏、咳嗽或突然的疼痛或惊吓，也可以阻止打嗝。

大多数奏效的方法似乎都与血液中的 CO_2 增加使得 pH 降低的机理有关。血液中有一个缓冲系统可保持血液的 pH 在 7.35～7.45 范围内，pH 的降低可能关闭了引起打嗝的神经控制系统。

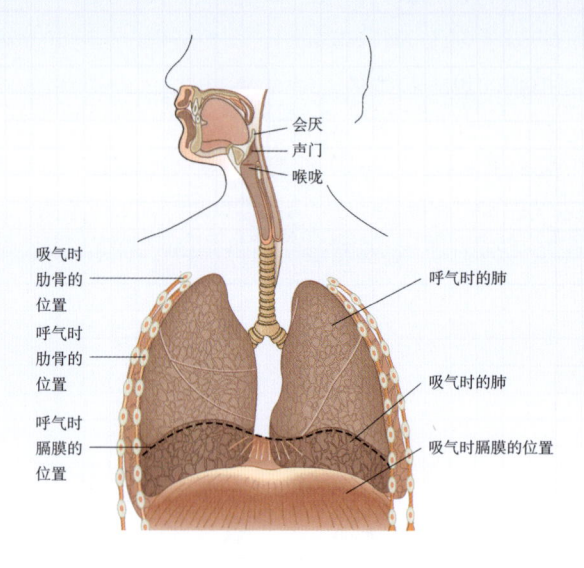

■ **图 15.16** 呼吸时肋骨和膈膜的位置。

正常的呼吸和打嗝 下列几点描述的是正常呼吸和打嗝时的情形。

A 吸气时，膈膜紧缩变平，声门和喉咙打开，让空气进入肺中。

B 呼气时，膈膜放松，恢复成圆拱形，让体内气体得以释放。

C 当你打嗝时，膈膜抽搐。空气被迫从声门和会厌中间通过，导致会厌突然关闭，从而引起打嗝。

进一步探索

1. **对比与比对** 比较打嗝的几种可能治疗方法。
2. **假设** 为什么通过纸袋呼吸或屏住呼吸可能对阻止打嗝有用？

■ **图15.17** 如果湖泊周围的岩石和土壤富含石灰石，湖水就能通过酸碱反应中和酸雨。湖水有能力吸收酸雨而不至于引起pH发生很大改变。可以说，湖中的水溶液和$Ca(HCO_3)_2$就是一种缓冲溶液。

酸雨与酸湖 之前，我们已经讨论过酸雨的来源，以及酸雨对植物、动物和人造建筑如纪念碑的影响。当酸雨降落在湖泊或小溪，可以推测水的酸度会上升，pH会下降。

实际确实如此。美国西北部、加拿大南部、北欧与斯堪纳维亚等国家和地区，有许多湖水的pH已经降至4.0，而正常湖水的pH应当为6.5。

美国中部的一些湖，也受到酸雨的危害，但湖水的pH没有下降很多。这些湖水之所以能抵抗酸雨，关键在于它们有独特的地理环境，如**图15.17**所示。

石灰石的主要成分是$CaCO_3$，$CaCO_3$能够与CO_2、H_2O反应生成一种水溶性物质$Ca(HCO_3)_2$。

$$CaCO_3(s) + CO_2(g) + H_2O(l) \longrightarrow Ca(HCO_3)_2(aq)$$

如果湖泊位于富含碳酸钙的地区，湖水中就会有大量的HCO_3^-。如同血液中的缓冲机理一样，从$Ca(HCO_3)_2$电离出的HCO_3^-是一种能够中和湖中的酸的碱性物质。

$$HCO_3^-(aq) + H^+(aq) \longrightarrow CO_2(g) + H_2O(l)$$

酸碱化学中的抗酸剂

胃病是一个大问题。**图15.18**展示了一些在药房可以买到的抗酸剂。很多人用这些产品或类似的产品来缓解胃酸过多性的消化不良。

胃的酸性环境 胃酸可能会导致痛苦，但要知道健康的胃本来就是酸性的。胃液的酸度接近常见稀盐酸的酸度，pH大约为2.5。良好的胃的酸性环境对消化非常重要。

■ **图15.18** 抗酸剂中碱作为缓冲剂，来治疗与胃酸有关的胃病。

■ **图 15.19** 当保护胃的黏膜分解,胃酸侵蚀到胃壁,就会导致胃溃疡。

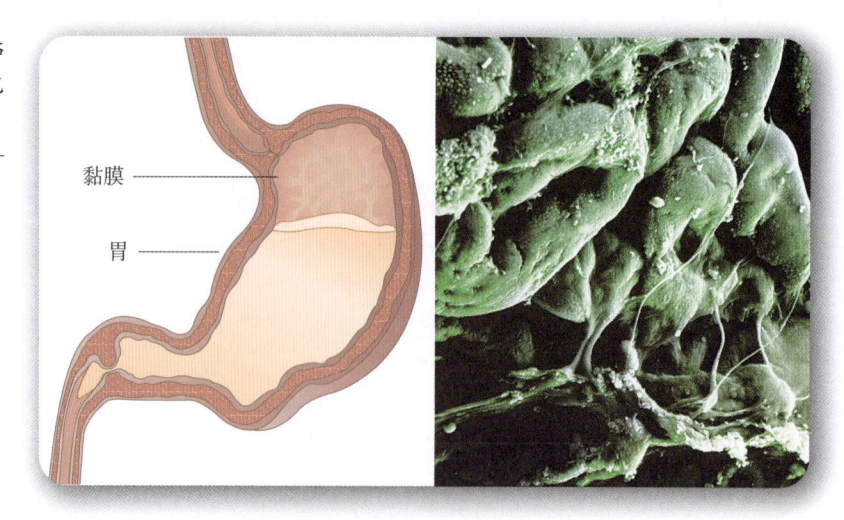

胃中的化学　在胃的酸性环境和胃蠕动的作用下,一些大分子分解成小分子,这些小分子可以通过血液运送到身体的各个细胞。这些小分子就是能量的来源和构成细胞的物质。

胃是由蛋白质组成的,这些蛋白质与汉堡中的蛋白质有所不同。胃的内壁是一层黏膜,可以保护胃免受酸的侵蚀和蠕动磨损。如果胃中物质酸性太强,黏膜就会发生酸碱中和反应而分解。这个时候,胃液就开始和胃组织中的蛋白质作用,如**图 15.19**所示。这样就会引起胃酸过高导致消化不良,甚至会出现更严重的问题。

大多数人的胃黏膜损伤会在短时间内自动修复,不会对胃造成长久伤害。可是在某些情况下,损伤可能是长期的,如不及时治疗就会导致胃溃疡。使用抗酸剂可以加快治愈的进度。

抗酸剂＝碱　不管是药店里还是医院里的抗酸剂,它们都会发生相同的酸碱反应。**表 15.2** 给出了几种常用抗酸剂的成分。这些化合物可以分为两类:含有氢氧根的碱和含有碳酸根的碱。

> **拓展 阅读**
>
> 另一类用来控制胃酸的药物药店有售。这类药是通过降低胃中的酸度而发挥作用的。以前这类药只给那些有消化障碍的病人和患有胃溃疡的病人作为处方药使用。

表15.2	抗酸剂的成分
难溶的氢氧化物	碳酸盐
氢氧化铝,Al(OH)$_3$	碳酸钙,CaCO$_3$
	碳酸镁,MgCO$_3$
氢氧化镁,Mg(OH)$_2$	碳酸氢钠,NaHCO$_3$
	碳酸氢钾,KHCO$_3$

化学与社会

人造血液

如果你出了车祸，必须立即输血，如果不能马上找到匹配你血型的血源怎么办？在不久的将来，人造血液就是一种解决方法。

什么是血液 血液由血浆和悬浮于其中的血细胞组成，血细胞包括红细胞、白细胞和血小板。白细胞抵抗疾病，受伤时血小板使血液凝结，血液最主要的成分——红细胞负责人体中氧气和二氧化碳的运输。

为什么需要人造血液 医用血液一个主要的作用是在大量失血（超过人体40%容量的血液）时维持向主要器官输送氧气。在过去的一个世纪里，输血已经拯救了很多生命。然而，输血的过程因为几个要素而被质疑：兼容性、有效存储、献血者短缺和感染的风险。这些问题的解决方法可能就是人造血液。

人造血液的功能 如**图15.20**所示，人造血液的目标就是模仿血液中的血红蛋白，它有携带氧气的功能。这种类型的人造血液被称为"氧气—治疗"血液替代品。有两种方法可以生产这种人造血液。一种方法就是从牛、猪血或过期的人体血液以及转基因细菌中提取血红蛋白。另一种方法是用四氟化碳来携带或释放氧气。四氟化碳的乳剂可以用抗生素、水、维生素、营养物和盐制成，它具有血液的很多功能。四氟化碳乳剂携带氧气的能力很好，以至于老鼠可以在这种液体混合物中呼吸存活。

■ **图15.20** 人造血液。

人工合成的成功 目前，血红蛋白型和四氟化碳型的人造血液的使用都没有得到美国食品和药品管理局（FDA）的认证。很多血液替代品正在进行医学试验，一些血液已经被用于动物医院中动物的供血。在不久的将来，"氧气—治疗"血液替代品将得到认证，用于人体输血。

课题 分析

1. **获取信息** 研究血红蛋白的结构，做一个简单的血红蛋白模型。
2. **推断** 为什么科学家研制人造血液需要广博的化学知识？
3. **批判性思考** 政府控制人造血液研究会出现什么问题？又有什么好处？

氢氧化物类抗酸剂 查看整个抗酸剂的清单时,你肯定会发现它们都包含像碱一样的氢氧化物。这类抗酸剂在水中的溶解度很小。因为人体唾液的pH显中性或弱碱性,抗酸剂不能在口腔中溶解,直到它们经过消化道进入胃的强酸性环境中才能溶解。

难溶的奶白色氢氧化镁就是这类抗酸剂的典型例子。如果你曾经吃过这种物质,可能会记得它有碱的苦涩味。

碳酸盐类抗酸剂 在血液缓冲溶液或酸雨一节中你已知道,碳酸盐与碳酸氢盐可以中和酸。碳酸类抗酸剂可以与酸反应生成碳酸,碳酸因不稳定而分解,生成二氧化碳和水。

$$CaCO_3(s) + 2HCl(aq) \longrightarrow CaCl_2(aq) + H_2CO_3(aq)$$
$$NaHCO_3(aq) + HCl(aq) \longrightarrow NaCl(aq) + H_2CO_3(aq)$$
$$H_2CO_3(aq) \longrightarrow H_2O(l) + CO_2(g)$$

许多碳酸盐与碳酸氢盐不溶于水,但有很强的中和能力。它们是大多数抗酸剂的主要成分,如**图15.21**所示。

任何一种抗酸剂都只能偶尔一用,如果长期服用抗酸剂帮助消化,可能会造成严重的健康问题,因此,应当及时咨询医生。

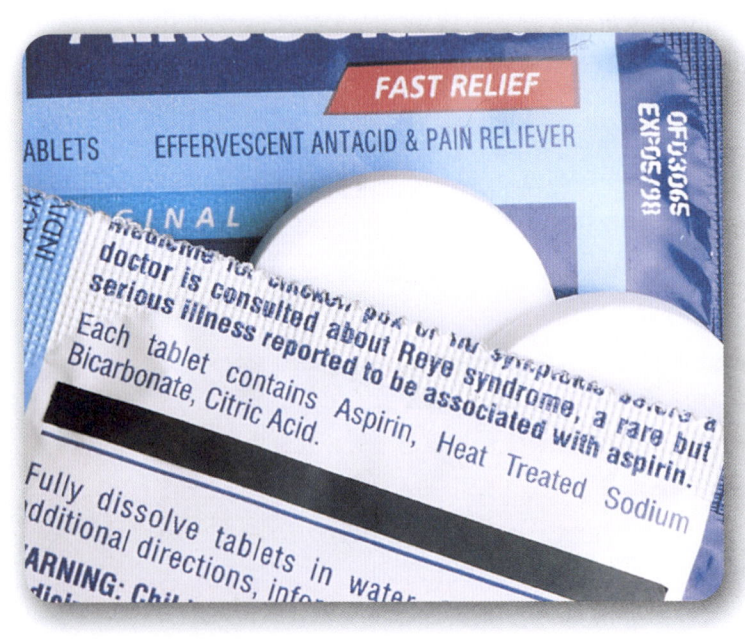

■ **图15.21** 有些抗酸剂含有碳酸根、碳酸氢根和一种弱酸,如柠檬酸。将这些物质加入水中,它们会发生反应,生成盐和碳酸,碳酸分解成水和二氧化碳。

酸碱滴定

除了少数的酸碱反应不在水溶液中发生外,大多数的中和反应都在水溶液中进行。在这些反应中,酸、碱的浓度是十分重要的。

利用酸碱反应来测定酸碱浓度的过程,叫作酸碱**滴定(titration)**。在酸碱滴定中,一种反应物(酸或碱)的浓度是已知的,而另一种是未知的。根据化学计量关系,用已知浓度的溶液来求未知浓度的溶液,这个已知浓度的溶液称为**标准溶液(standard solution)**。

用碱滴定酸 如果你是化学实验室的管理员,就需要每天清理化学贮藏室,将药品分门别类,那么,你首先要做的事就是给药品架上的不同溶液贴上标签。你发现其中一瓶溶液瓶口紧封,有一个完好的"0.100 mol·L⁻¹ NaOH"标签。

在另一个药品架上,你发现有一瓶瓶口密封但标签已经损坏的溶液。在残存的标签上,只有"mol·L⁻¹ HCl"几个数字和字母。这就意味着瓶内装的是HCl溶液,但不知道其准确浓度。为了给药品编目,你需要知道这种溶液的浓度,你该怎么做呢?

酸碱滴定操作 NaOH和HCl在中和反应中是完全反应的。

$$HCl(aq) + NaOH(aq) \longrightarrow NaCl(aq) + H_2O(l)$$

已知NaOH溶液的浓度,也就是标准溶液的浓度,你可以利用这个反应、酸碱的体积以及碱的浓度,求出这瓶失去标签的盐酸溶液的准确浓度。按**图15.22**所示的步骤操作。

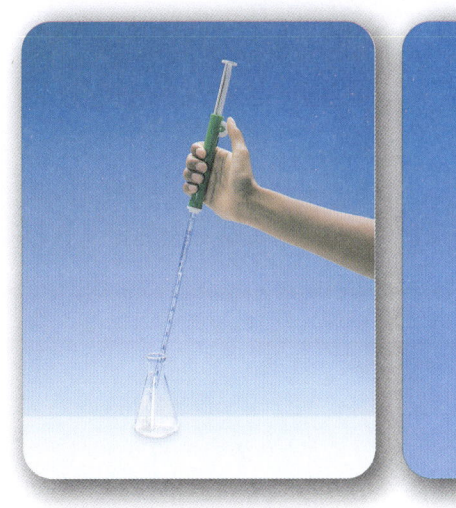

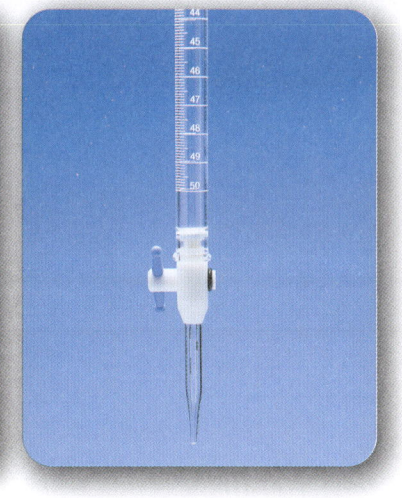

仔细量取一定体积的未知浓度的HCl溶液,放入锥形瓶中。为了精确起见,你可以用吸量管。

为了向HCl中滴加NaOH以及测量反应所需的NaOH的用量,你需要用滴定管。滴定管是一种有开关阀的经过校正的玻璃长管。

■ **图15.22** 滴定需要混合已知体积的标准溶液和未知溶液。

滴定中的指示剂 当溶液为中性时，意味着你加入的酸、碱已完全反应，达到了滴定终点。但是，如何知道到达终点了呢？酸碱指示剂可以用来指示终点。因为不同的指示剂在不同的pH时有不同的颜色。

请观察**图15.23**所示的指示剂。对于NaOH-HCl滴定而言，当溶液的pH为7时到达滴定终点，这样你就需要一种尽可能在pH=7左右能变色的指示剂。选用的最佳指示剂为溴百里酚蓝。在pH接近7时，它可以从黄色变为蓝色。

收集数据 如**图15.22**所示，滴定管和锥形瓶中已经分别装有NaOH标准溶液和20.0 mL未知浓度的HCl溶液。使用溴百里酚蓝指示剂。为了进行准确的NaOH-HCl滴定，请按照**图15.24**的步骤进行操作，并记录实验数据。

在滴定开始时，我们知道标准溶液的浓度（如例子中的NaOH）和未知溶液的体积。滴定会得到刚好中和未知溶液的标准溶液的体积。这三个数据——标准溶液所用的体积、标准溶液的浓度和未知溶液的体积，可以用来计算出未知溶液的浓度。

酸—碱指示剂对于测定未知酸或碱溶液的浓度很有帮助。**图15.23**分别呈现了强酸与强碱、弱酸与强碱、弱碱与强酸反应的滴定曲线。上面的图表描绘出了强酸和强碱反应的滴定结果，其滴定终点是中性的，溴百里酚蓝是有效的指示剂。如中间的图表显示，当弱酸和强碱反应，滴定终点是弱碱性的，就适合用酚酞做指示剂。弱碱和强酸的滴定，如下面的图表显示，滴定终点是弱酸性的，适合使用甲基红。

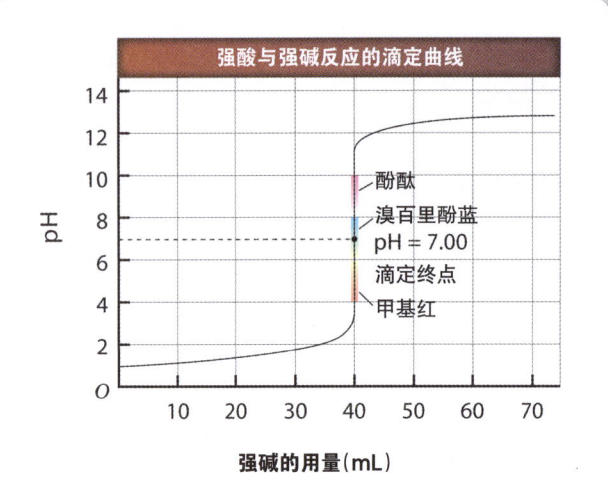

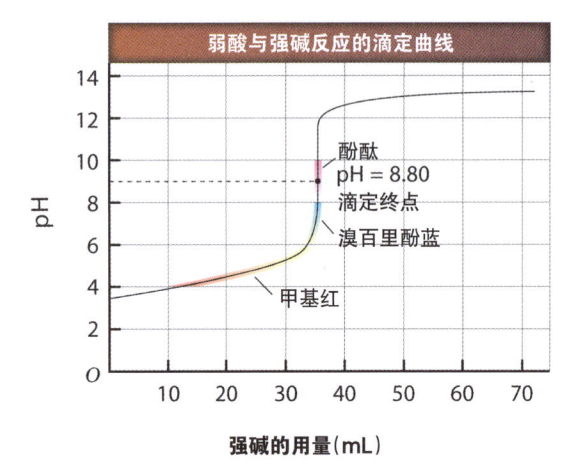

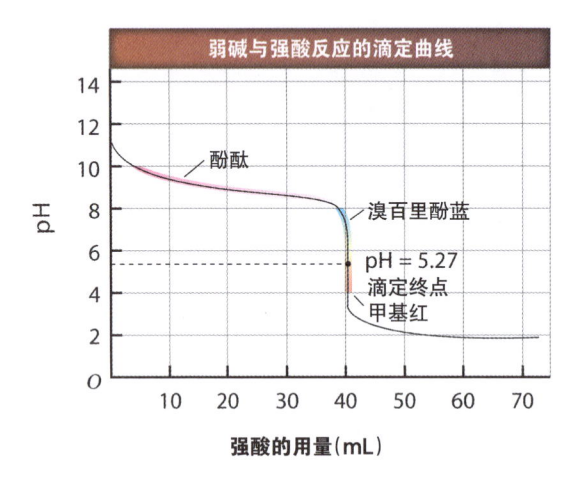

■ **图15.23** 这些图表列出了化学实验室中常用的指示剂以及它们变色的pH范围。
应用 酚酞、溴百里酚蓝、甲基红在pH为多少时，发生颜色变化？

用化学计量法计算浓度 现在你已经有了所有的实验数据。你如何利用这些实验数据来计算 HCl 溶液的浓度呢？预期的实验结果是怎么样的？

首先，列出已知条件。你知道 20 mL 的 HCl 溶液与 19.9 mL 0.100 mol·L^{-1} 的 NaOH 溶液完全反应。从化学方程式来看，1 mol 的 HCl 可以与 1 mol 的 NaOH 反应。那么，20 mL 的 HCl 溶液中溶质物质的量等于 19.9 mL 的 NaOH 溶液中溶质的物质的量。

现在，用因子标签法来解决这个溶液中的化学计算问题，如同用它来解决其他问题一样。因为你已经知道 NaOH 溶液的浓度，首先找出反应中涉及的 NaOH 的物质的量。

$$19.9 \text{ mL}\text{溶液}\left(\frac{1 \text{ L}}{10^3 \text{ mL}}\right)\left(\frac{0.100 \text{ mol NaOH}}{1.00 \text{ L}\text{溶液}}\right) = 1.99 \times 10^{-3} \text{ mol NaOH}$$

接下来，检查反应的化学方程式，NaOH 和 HCl 的化学计量数相同，所以反应中 NaOH 的物质的量与 HCl 的物质的量相同。

$$\text{HCl(aq)} + \text{NaOH(aq)} \longrightarrow \text{NaCl(aq)} + \text{H}_2\text{O(l)}$$

因为有 1.99×10^{-3} mol NaOH 反应，所以也有 1.99×10^{-3} mol HCl 反应。

最后，用体积算出酸的浓度。

$$\left(\frac{19.9 \times 10^{-3} \text{ mol HCl}}{20.0 \text{ mL}\text{溶液}}\right)\left(\frac{10^3 \text{mL}}{1 \text{ L}}\right) = \left(\frac{0.099 \text{ 5 mol HCl}}{1 \text{ L}\text{溶液}}\right)$$

$= 0.099 \text{ 5 mol·L}^{-1} \text{ HCl}$

根据第一次的滴定结果，HCl 溶液的浓度是 0.099 5 mol·L^{-1}。然而，在你把这个数值写在标签上之前，你应该会重复滴定几次来验证你的结果，然后对这个数值更确定。通过学习下面的例题来更好地掌握如何解决溶液的化学计量问题。

■ **图 15.24** 上面的实验过程表示了如何进行 HCl-NaOH 的滴定操作，以及如何从中获得数据的方法。

左：向锥形瓶的 HCl 溶液中加入几滴溴百里酚蓝指示剂，溶液变黄。

中：通过滴定管慢慢加入 NaOH 溶液来滴定 HCl，边加边振荡。

右：持续慢慢滴加 NaOH 溶液，直到溶液颜色由黄色变蓝色。

例题4

求解物质的量浓度 用 32.4 mL 0.145 mol·L^{-1} NaOH 溶液滴定 15.0 mL 未知浓度的 H$_2$SO$_4$ 溶液，用溴百里酚蓝作指示剂。求硫酸的物质的量浓度。

1 分析

已知氢氧化钠溶液的浓度，就可以算出滴入的氢氧化钠的物质的量。由此可以得出相应硫酸的物质的量，利用物质的量可以求出其物质的量浓度。

2 方案

写出化学方程式，注意硫酸是二元酸。

H$_2$SO$_4$(aq) + 2NaOH(aq) ⟶ Na$_2$SO$_4$(aq) + 2H$_2$O(l)

3 实施

已知氢氧化钠溶液的浓度，算出其物质的量。

$$32.4 \text{ mL 溶液} \left(\frac{1 \text{ L}}{10^3 \text{ mL}}\right)\left(\frac{0.145 \text{ mol NaOH}}{1.00 \text{ L 溶液}}\right) = 4.70 \times 10^{-3} \text{ mol NaOH}$$

用化学方程式，求出和 4.70×10^{-3} mol NaOH 反应的硫酸的物质的量。

$$4.70 \times 10^{-3} \text{ mol NaOH}\left(\frac{1 \text{ mol H}_2\text{SO}_4}{2 \text{ mol NaOH}}\right) = 2.35 \times 10^{-3} \text{ mol H}_2\text{SO}_4$$

求出硫酸的浓度。

$$\left(\frac{2.35 \times 10^{-3} \text{ mol H}_2\text{SO}_4}{15.0 \text{ mL 溶液}}\right)\left(\frac{10^3 \text{ mL}}{1 \text{ L}}\right) = \frac{0.157 \text{ mol H}_2\text{SO}_4}{1 \text{ L 溶液}}$$
$$= 0.157 \text{ mol·L}^{-1} \text{ H}_2\text{SO}_4$$

4 检查

检查单位，确定计算得到的单位与所求量相吻合。

补充练习

有关求解物质的量浓度的额外练习，请见附录C。

练一练

16. 用 0.100 mol·L^{-1} LiOH 溶液滴定未知浓度的 HBr 溶液，到达终点时，21.0 mL LiOH 溶液中和了 10.0 mL HBr 溶液，HBr 溶液的物质的量浓度是多少？

17. 将 0.150 mol·L^{-1} KOH 溶液加入滴定管至 0 刻度线，滴定 25 mL 的未知浓度的 HNO$_3$ 溶液，在到达终点时，滴定管读数为 34.6 mL。问 HNO$_3$ 溶液的物质的量浓度为多少？

18. 用 15.0 mL 0.125 mol·L^{-1} H$_3$PO$_4$ 溶液，滴定一种未知浓度的 Ca(OH)$_2$ 溶液，如果用去 Ca(OH)$_2$ 溶液 12.4 mL，那么 Ca(OH)$_2$ 溶液的物质的量浓度为多少？

工作原理

指示剂

指示剂是化学染料,在酸和碱溶液中会呈现不同的颜色。这些指示剂是具有复杂结构的酸或碱,当它们得失氢离子时会发生颜色的变化。大多数指示剂是弱酸,在水溶液中分子会电离出酸性氢。例如,百里酚蓝,$H_2C_{27}H_{28}O_5S$,就是一种能用作指示剂的弱酸。

❶ 在pH较小(<2)时,百里酚蓝含有2个酸性氢,在这种情况下,分子是红色的。

❸ 在pH为8.9时,百里酚蓝失去2个酸性氢,这时,分子呈蓝色。

❷ 当pH升到2以上,分子失去1个酸性氢,这时的百里酚蓝是一元酸,呈黄色。

■ 图15.25 指示剂百里酚蓝。

但是,单一的指示剂只能指示溶液的大概pH。例如,在一个溶液中用百里酚蓝显蓝色,它只能表示pH在8.9以上,并不能指示溶液的准确pH。如果利用指示剂在pH=1~14之间的颜色变化,可以获得更为精确的pH。pH试纸就有这样的用途。用纸的颜色与标准比色卡对照,就可以得到精确到一个单位以内的pH。如果需要更精确的pH,应该使用pH计。

> **批判性 思考**
> 1. **解释** 你怎么理解指示剂分子中酸性氢的数目与颜色变化的联系?
> 2. **比较** 与指示剂相比,pH计有哪些优点?

化学实验

醋的滴定

背景

醋是乙酸的水溶液,其体积分数为 3%~5%。醋中的乙酸可以加入 NaOH 溶液中和。

$$CH_3COOH(aq) + NaOH(aq) \longrightarrow H_2O(l) + CH_3COONa(aq)$$

在本实验中,你将用已知浓度的 NaOH 溶液滴定几种不同品牌的醋,用你的数据来计算醋中乙酸的浓度和体积分数。

问题

醋中乙酸的浓度指什么?

目标

- **观察**用标准的 NaOH 溶液滴定,观察几种品牌的醋的酸碱反应。
- **计算**醋中乙酸的体积分数。
- **比较**不同品牌的醋中的乙酸浓度。

实验准备

实验器材

- 24孔板
- 几种品牌的醋
- 有刻度的小型吸管
- 标准 NaOH 溶液
- 酚酞
- 牙签
- 蒸馏水

安全警示

注意:氢氧化钠会腐蚀皮肤和眼睛,如果沾上氢氧化钠溶液,应立即用大量水冲洗,并报告老师,实验后要仔细洗手。

实验步骤

1. 阅读并完成实验安全表格。
2. 制作一张如下页所示的表格。
3. 用一支小型吸管吸取每种品牌的醋,并分别滴入24孔板的 A1、B1、C1 中,记下醋的品牌。
4. 用另一支洁净的小型吸管向每个反应孔中加入一滴酚酞溶液指示剂。
5. 将24孔板放在一张白纸上。

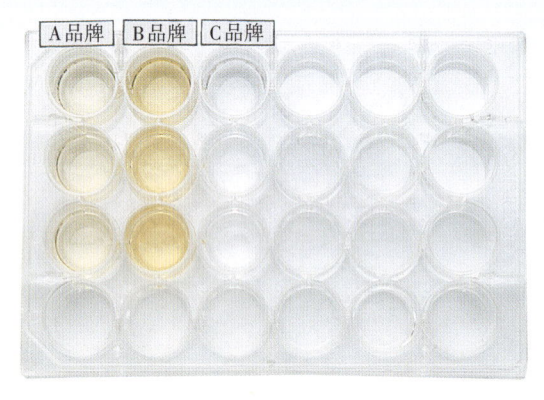

6. 用洁净小型吸管向 A1 中滴标准 NaOH 溶液，用牙签搅拌，等浅粉红色的溶液颜色在 30 秒内不变时，指示滴定已到达终点。记录 NaOH 溶液的滴数。
7. 用 B1 中的第二份样品重复步骤 6，如果结果与第一次滴定的结果差值大于 1 滴，用 C1 中的样品重做。
8. 用其他品牌的醋在点滴板的其他孔中重复步骤 3～7，记录每一次滴定的数据。

分析与讨论

1. **解释数据** 用两个最接近的实验数据，求出滴定每种醋的 NaOH 溶液的平均滴数。用这个平均数和 NaOH 溶液的浓度计算每种品牌的醋中乙酸的浓度。如果醋与 NaOH 溶液的滴数相同，那么反应体积与反应滴数成正比。
2. **计算** 用你的实验结果计算每种品牌醋的体积分数，公式如下：
乙酸的浓度 × (1.00%乙酸/0.175 mol·L^{-1}) ＝乙酸的体积分数
3. **对比与比对** 哪种品牌的醋中乙酸体积分数最大？

应用与评估

如果提供每种品牌醋的价钱和体积，试计算每种品牌醋的单位体积中所含乙酸的价钱。

实验数据与现象观察

不同品牌的醋	第一次滴定——NaOH 溶液滴数	第二次滴定——NaOH 溶液滴数	第三次滴定——NaOH 溶液滴数

进一步探究

推断 为了得到更为精确的醋的浓度，你认为有什么方法可以改进实验操作？

■ **图15.26** 银器会变暗是因为银会与空气中的含硫物质反应。为清除发暗的表层，可以使用含碳酸氢铝或碳酸氢钠的抛光剂。

精彩预告

酸碱反应通常被看作一种复分解反应。如果检查反应中每一种元素的氧化数，你会发现元素的氧化数并没有变化。自然界中有氧化数变化的化学反应吗？

许多重要的化学反应，如汽车生锈或染料燃烧，就是有氧化数改变的化学反应。**图15.26**就是银与空气中含硫物质的反应结果。找出导致氧化数改变的原因并观测这类反应有着十分重要的意义。

第2节 本节回顾

要点梳理

- 缓冲溶液是一种在加入外来酸碱时能维持pH恒定的溶液。
- 抗酸剂是可以与胃酸反应的碱。
- 酸碱滴定是用酸碱反应来测定未知溶液浓度的方法。

19. **主要 概念 应用** 用化学方程式表示血液中的缓冲对是如何起缓冲作用的。

20. **解释** 含有NH_3的NH_4Cl溶液是如何起缓冲作用的？用净离子方程式表示加入H^+或OH^-时，缓冲溶液中发生的反应。

21. **排序** 列出酸碱滴定的步骤。

22. **应用概念** 下面列出了滴定终点时三种溶液的pH，请说出它们表示的分别是弱酸—强碱、弱碱—强酸、强酸—强碱中的哪一种反应。利用**图15.23**为各反应选择最合适的指示剂。在滴定终点时会看到什么颜色？

    a）pH＝4.65　　b）pH＝8.43　　c）pH＝7.00

23. **比较** 想比较两种不同的抗酸剂（X与Y），可以将每种抗酸片研碎，加入100 mL 1.00 mol·L^{-1} HCl溶液，搅拌后，用1.00 mol·L^{-1} NaOH溶液滴定剩余的HCl溶液，X需要的NaOH溶液比Y少，请问：哪种抗酸片的中和能力强？

第 15 章 学习指南

大 概念 酸和碱的反应生成盐和水。

第1节 酸碱中和反应

主要 概念 酸和碱的强度决定了酸碱反应的类型。

关键术语
中和反应
盐
离子方程式
旁观离子
净离子方程式

要点梳理

- 根据酸、碱的强度,可以将酸碱反应分为四类。
- 强酸—强碱、弱酸—强碱、强酸—弱碱是主要的酸碱反应。
- 酸、碱可用 H^+ 转移理论来解释,酸是 H^+ 的提供者,碱是 H^+ 的接受者。
- 酸、碱反应时,最终溶液的 pH 取决于反应物的多少和相对强弱。
- 强酸和强碱反应生成中性溶液。
- 弱酸—强碱反应多生成碱性溶液;强酸—弱碱反应多生成酸性溶液。

第2节 酸碱中和反应的应用

主要 概念 酸碱中和反应在人体中起着重要的作用。

关键术语
缓冲溶液
滴 定
标准溶液

要点梳理

- 缓冲溶液是一种在加入外来酸碱时能维持 pH 恒定的溶液。
- 抗酸剂是可以与胃酸反应的碱。
- 酸碱滴定是用酸碱反应来测定未知溶液浓度的方法。

第 15 章 测评

要点理解

24. 解释反应完全的意思。
25. 哪三类酸、碱能完全反应？试各举一例。
26. 写出下列反应的化学方程式，并说明分别属于哪一类酸碱反应。
    a) $KOH + H_3PO_4$
    b) $HCHO_2 + Ca(OH)_2$
    c) $Ba(OH)_2 + H_2SO_4$
27. 写出第 26 题中每一个反应的离子方程式和净离子方程式。
28. 在第 26 题的反应中，哪些是旁观离子？反应后的混合物呈酸性、碱性还是中性？请说明理由。
29. 用文字解释化学方程式、离子方程式、净离子方程式的区别。
30. 给缓冲溶液下一个定义。
31. 写出血液中缓冲剂控制 pH 的反应。
32. 为什么说缓冲溶液可以保持 pH 不变是不对的？
33. 如果增加血液中的 CO_2 浓度，那么 H_2CO_3、HCO_3^-、H^+ 各有什么变化？
34. 肺在调节血液 pH 上起什么作用？
35. 用两个化学方程式解释为什么富含石灰石的区域的湖水能缓冲酸雨带来的 pH 降低的影响。
36. 有一种含有 $Al(OH)_3$ 的抗酸剂，试写出其和胃酸反应的化学方程式。
37. 用 53.2 mL 0.232 mol·L^{-1} NaOH 溶液可以将 25.0 mL 未知溶液的乙酸滴定至终点。请问：乙酸溶液的物质的量浓度为多少？
38. 一学生用 28.9 mL 0.150 mol·L^{-1} 的盐酸中和 30.0 mL NaOH 溶液，请问：NaOH 溶液的物质的量浓度是多少？
39. 试比较强酸、强碱与弱酸、强碱在滴定终点时的 pH。
40. 试比较强酸、强碱与强酸、弱碱在滴定终点时的 pH。
41. 利用**表 15.3** 的信息来求出氨水溶液的物质的量浓度。

表 15.3	体积和物质的量的浓度	
	NH_3	H_2SO_4
体积(mL)	50.0	36.3
物质的量浓度(mol·L^{-1})		0.100

42. 什么是换气过度？它是如何改变血液 pH 的？

应用概念

43. 甲胺(CH_3NH_2)是与氨水相似的弱碱。当甲胺与盐酸完全反应时，最终溶液的 pH 小于 7。为什么中和后溶液不显中性？用净离子方程式说明。
44. 需要多少毫升 0.2 mol·L^{-1} 的盐酸才能与 25.0 mL 0.100 mol·L^{-1} 甲胺完全反应？
45. 为什么 $Mg(OH)_2$ 与 $Al(OH)_3$ 是有效的抗酸剂，而 NaOH 却不是？
46. 中和 25.0 mL 0.150 mol·L^{-1} HCl 需要 0.1 mol·L^{-1} NaOH 溶液多少毫升？
47. $H_2PO_4^-$ 与 HPO_4^{2-} 在维持细胞内液体的 pH 上起着重要作用，用离子方程式解释其作用原理。

第 15 章 测 评

48. 完成并配平下列化学方程式。
- a） KOH(aq)＋HNO₃(aq)
- b） Ba(OH)₂＋HCl(aq)
- c） NaOH(aq)＋H₃PO₄(aq)
- d） Ca(OH)₂＋H₃PO₄(aq)
- e） HNO₂(aq)＋LiOH(aq)
- f） H₂SO₄(aq)＋Al(OH)₃(s)
- g） HC₇H₅O₂(aq)＋NH₃(aq)
- h） NaOH(aq)＋HCl(aq)

49. 血液中碳酸的浓度是 HCO_3^- 的 $\frac{1}{20}$，但是这对缓冲剂能抵抗酸、碱对溶液 pH 的影响。请解释。

50. 人工合成的水果饮料中经常加入酒石酸。现有一饮料，含有 1.00 g 的酒石酸 (H₂C₄H₄O₆)，用 0.100 mol·L⁻¹ NaOH 溶液滴定该饮料。假如饮料中没有其他的酸。请问：需要多少毫升的碱溶液才能中和酒石酸？

51. 150 mL 0.245 mol·L⁻¹ NaOH 溶液能与多少克酒石酸完全反应？

链接社会
52. 研制人造血液时，血液的哪种功能最为重要？

地球科学链接
53. 什么酸最有可能导致地下水显酸性？地下水又是如何变成酸性的？

化学与生活
54. 血液中的 CO₂ 浓度与打嗝有什么联系？

工作原理
55. 请解释分子、离子与味觉有何联系。

工作原理
56. 指示剂能准确指示 pH 吗？请解释。

批判性思考

观察与推断
57. 一种雨水遇石蕊变红，遇百里酚蓝变黄，遇溴酚蓝变绿，遇甲基橙变红，试估计该雨水的 pH。

数据解释
58. 当蚁酸(HCHO₂)与 NaOH 溶液完全反应时，反应后溶液的 pH 大于 7，为什么中和反应的产物不显中性？用净离子方程式解释。

应用概念
59. 写出产生下列盐的酸碱反应的化学方程式。
- a） NaCl
- b） CaSO₄
- c） MgCl₂
- d）(NH₄)₂SO₄
- e） KBr

观察与推断
60. 化学实验 为什么相同品牌的醋的 pH 并不相同？

预测
61. 迷你实验 1 FeBr₃ 溶液是酸性、碱性还是中性？

因果关系
62. 迷你实验 2 解释在迷你实验 2 中为什么可以用酚酞与甲基橙作指示剂。

549

第 15 章 测评

日积月累

63. 说出 Mn(NO$_3$)$_2$·4H$_2$O 的化学名称。在 3 个化学式单位中，每种元素各含有多少个原子？

64. 有一种酸是制取聚酯的有机物。它含有 57.8% 的 C、3.64% 的 H 和 38.56% 的 O。其摩尔质量接近 166 g·mol^{-1}，请写出其分子式。

65. 写出下列化合物溶于水时的电离方程式。
    a) CuSO$_4$
    b) Ca(NO$_3$)$_2$
    c) Na$_2$CO$_3$

66. 什么是一元酸？什么是三元酸？各举一例。

技能训练

67. **数据图表** 五种不同的一元酸的浓度都为 0.1 mol·L^{-1}，且知每种溶液的 pH 如**表 15.4**。按照从弱到强的顺序排列这些酸。运用指示剂，预测每种溶液与指示剂混合后的颜色。

表 15.4　溶液的 pH

溶液	pH
A	5.45
B	1.00
C	3.45
D	4.50
E	2.36

科技写作　化学

68. 写一篇关于酸雨对本地环境某个方面的影响的文章。内容包括酸雨对湖泊或酸雨对森林的影响。阐述问题的由来、人们何时认识到问题的严重性，又采取了哪些有力措施以及损害的环境能否恢复等。

解决问题

69. 现有含碳酸钙 165 mg 的抗酸剂，将它溶于 50.0 mL 的盐酸中，完全反应后，多余的盐酸用 0.150 mol·L^{-1} NaOH 溶液滴定，用去 NaOH 溶液 15.8 mL。画出实验流程图。

溶液(从弱到强)	pH	溴酚蓝中的颜色	甲基橙中的颜色	百里酚蓝的颜色

标准化测试

1. 氡的电子排布是什么?
   a) 2,8,18,18,7,1
   b) 2,8,18,32,18,7,1
   c) 2,8,18,18,8
   d) 2,8,18,32,18,8

2. 一种不均匀的混合物
   a) 不能用物理方法分离。
   b) 由不同成分的物质组成。
   c) 可以称为溶液。
   d) 整体具有相同的组成。

3. 蒸发的热量和熔化的热量是什么的量度?
   a) 温度
   b) 质量
   c) 能量
   d) 体积

4. 下列哪个条件不是标准状态?
   a) 0.00 ℃
   b) 760 mm Hg
   c) 273 K
   d) 22.4 L

5. 红色氧化汞在高温下会分解生成汞金属和氧气:
   $$2HgO(s) \longrightarrow 2Hg(l) + O_2(g)$$
   如果 3.55 mol HgO 分解生成 1.54 mol O_2 和 618 g Hg,该反应的产率是多少?
   a) 13.2%
   b) 42.5%
   c) 56.6%
   d) 86.8%

6. 水分子形成水滴是因为
   a) 表面张力。
   b) 毛细作用。
   c) 蒸发作用。
   d) 升华作用。

7. 下列符合酸的定义的是
   a) 在水中产生氢离子。
   b) 化合物中含有氢。
   c) 在水中产生氢氧根离子。
   d) 能中和缓冲剂。

利用下表回答第8题。

弱酸的电离常数	
弱酸	电离常数
氢氟酸	6.3×10^{-4}
甲酸	1.8×10^{-4}
乙酸	1.8×10^{-5}
次氯酸	4.0×10^{-8}

8. 弱酸的电离常数是水溶液已经电离的分子数目除以未电离分子的数目得到的常数。哪一种酸最弱?
   a) 氢氟酸
   b) 甲酸
   c) 乙酸
   d) 次氯酸

9. 滴定 6.00 g KOH 需要多少毫升 0.225 mol·L^{-1} HCl?
   a) 0.056 1 mL
   b) 0.047 5 L
   c) 1.50 mL
   d) 475 mL

考点提示									
测试题号	1	2	3	4	5	6	7	8	9
对应章节	7.2	1.1	10.2	11.2	12.2	13.1	14.1	15.1	15.2

图书在版编目（ＣＩＰ）数据

科学发现者. 化学 第二版 2023修订版 中册 /（美）菲利普（John S. Phillips）等著；王祖浩等译. -- 杭州：浙江教育出版社，2023.7
ISBN 978-7-5722-6273-9

Ⅰ. ①科… Ⅱ. ①菲… ②王… Ⅲ. ①中学化学课－高中－教学参考资料 Ⅳ. ①G634

中国国家版本馆CIP数据核字(2023)第138013号

美国高中主流理科教材
科学发现者

第二版 2023修订版

化学
概念与应用
Chemistry
Concepts and Applications

[美] 菲利普 等 著　王祖浩 等 译

下册

浙江教育出版社·杭州

目 录

16 第16章 氧化还原反应 ········ 552

- 起步实验　观察一个氧化还原反应 ········ 553
- **第1节** 氧化还原反应的本质 ········ 554
  - 迷你实验 16.1　铁的腐蚀 ········ 557
- 化学实验　氧化还原反应 ········ 560
- **第2节** 氧化还原反应的应用 ········ 563
  - 物理学 链接　固体火箭助推器 ········ 566
  - 迷你实验 16.2　酒精测试 ········ 568
  - 工作原理　酒驾测试试验 ········ 569
  - 生活中的化学　雷电造肥 ········ 571
  - 化学与技术　法医学中的血液检测 ········ 574

17 第17章 电 化 学 ········ 582

- 起步实验　柠檬电池 ········ 583
- **第1节** 原电池:化学能转化为电能 ········ 584
  - 迷你实验 17.1　柠檬电池 ········ 586
- 化学实验　氧化还原反应与电化学电池 ········ 592
  - 工作原理　心脏起搏器:拯救心脏 ········ 595
  - 工作原理　镍镉充电电池 ········ 597
  - 工作原理　氢氧燃料电池 ········ 598
- **第2节** 电解:电能转化为化学能 ········ 600
  - 迷你实验 17.2　电　解 ········ 602
  - 化学与技术　从铜矿石到铜导线 ········ 606
  - 生活中的化学　高度清晰的化学 ········ 611
  - 化学工作者　电镀工程师 ········ 612

1

第18章　有机化学 ··· **620**

　　起步实验　制作简单的烃的模型 ······················ 621
第1节　烃 ··· 622
　　迷你实验18.1　油的不饱和性 ·························· 630
　　生物学 链接　视觉与维生素A ······················· 632
　　化学工作者　药剂师 ····································· 634
第2节　取代烃 ·· 640
　　迷你实验18.2　合成香料 ································· 645
第3节　塑料和其他聚合物 ······························ 647
　　化学实验　纺织用聚合物的鉴定 ······················ 649
　　迷你实验18.3　当聚合物遇上水 ······················· 652
　　生活中的化学　化学烫发 ······························· 655
　　化学与社会　再循环塑料 ······························· 657

第19章　生命化学 ··· **664**

　　起步实验　测试单糖 ······································· 665
第1节　生命分子 ·· 666
　　化学实验　细胞中的催化分解 ··························· 674
　　化学工作者　生物化学家 ······························· 676
　　生活中的化学　甜味的奥秘 ···························· 680
　　生活中的化学　假脂肪与人造脂肪 ··················· 684
　　迷你实验19.1　提取DNA ································ 687
第2节　生命的化学反应 ·································· 689
　　医学 链接　血红蛋白的功能 ··························· 694
　　迷你实验19.2　酵母发酵 ································· 696

2

20 第20章 化学反应与能量变化 ……………… 702

- 起步实验　加快反应进行 …………………………… 703
- **第1节**　化学反应中的能量变化 ……………………… 704
  - 工作原理　热敷袋和冷敷袋 ……………………… 706
  - 迷你实验20.1　热量的出入 ……………………… 708
  - 生活中的化学　催化转化器 ……………………… 711
- **第2节**　热效应的测量 ………………………………… 715
  - 化学实验　食物中所含的能量 …………………… 720
  - 迷你实验20.2　溶解——放热还是吸热 ………… 722
  - 地球科学链接　细菌法冶炼金属 ………………… 723
  - 化学与技术　可再生能源 ………………………… 724
- **第3节**　光合作用 ……………………………………… 729

21 第21章　核　化　学 ……………………………… 738

- 起步实验　射线的穿透能力 ………………………… 739
- **第1节**　放射的类型 …………………………………… 740
  - 工作原理　烟雾探测器 …………………………… 744
  - 化学实验　放射性衰变的硬币模型 ……………… 748
  - 化学与技术　考古的放射性化学研究 …………… 750
  - 艺术链接　伪造大师范·米格林——恶棍还是英雄 … 754
- **第2节**　核反应与能量 ………………………………… 756
  - 迷你实验21.1　链式反应的模型 ………………… 758
- **第3节**　核工具 ………………………………………… 763
  - 生物学链接　同位素示踪法揭示生物奥秘 ……… 766
  - 迷你实验21.2　测量氡气的浓度 ………………… 770
  - 生活中的化学　氡气——你身边的"隐形杀手" … 771

3

附 录 ······ 778

- 附录A　学生资源 ······ 779
- 附录B　化学技术手册 ······ 783
- 附录C　补充练习 ······ 807
- 附录D　安全手册 ······ 844
- 附录E　化学数据手册 ······ 846
- 附录F　家庭实验 ······ 858

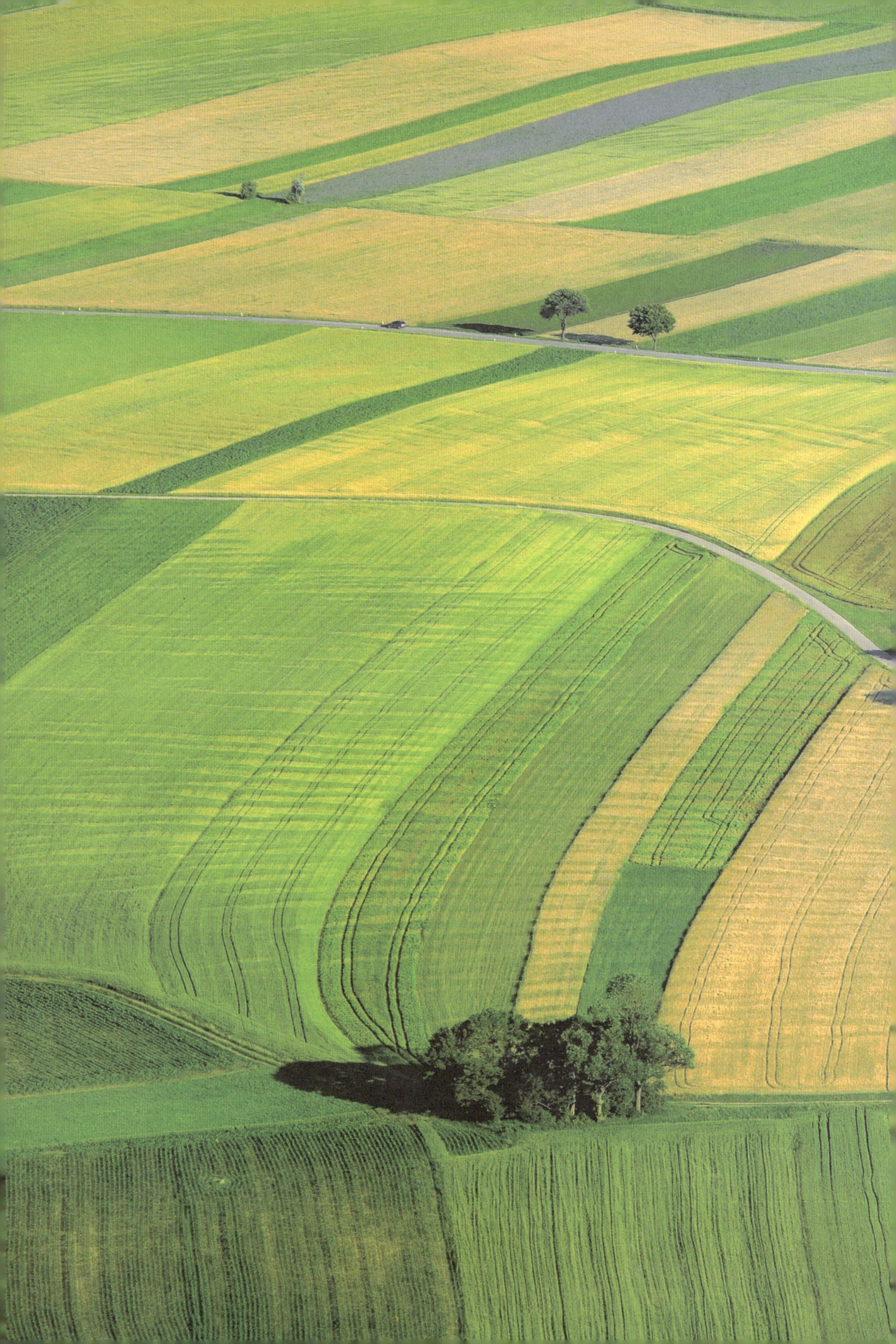

第 16 章 氧化还原反应

大 概念 氧化还原反应涉及电子的转移。

第1节 氧化还原反应的本质
主要 概念 氧化反应与还原反应总是同时发生，有原子被氧化，就有另外原子被还原。

第2节 氧化还原反应的应用
主要 概念 氧化还原反应是自然界和工业生产中最常见的反应。

你知道吗？

- 这些"红色石头"之所以看起来如此美丽，是因其富含的铁矿物氧化形成了红色的赤铁矿（Fe_2O_3）。
- 当氧化反应发生时，原子或离子失去电子。在赤铁矿形成时，铁离子从 Fe^{2+} 变成 Fe^{3+}。
- 氧化的对立面是还原，氧化描述的是原子或离子得到电子。当 Fe^{3+} 转化成 Fe^{2+} 时，"红色石头"会褪色。

课前活动

起步实验

观察一个氧化还原反应

在汽车和桥梁上看到的铁锈是铁和氧气发生反应形成的。那么,铁钉可以与除氧气外的其他物质反应吗?

实验器材

- 铁钉
- 钢丝球或砂纸
- 量筒
- 试管
- 1 mol·L^{-1} CuSO$_4$ 溶液

实验步骤

1. 阅读并完成实验安全表格。
2. 用钢丝球擦亮铁钉的尖端。
3. 在试管中加入 3 mL 1 mol·L^{-1} CuSO$_4$ 溶液,将铁钉擦亮的尖端竖直放入溶液中,观察 10 分钟,记录观察结果。

实验分析

1. **描述** CuSO$_4$ 溶液的颜色发生了怎样的变化?铁钉表面吸附了什么物质?
2. **概述** 写出该反应的化学方程式。

探究 铁钉发生的是化学反应还是物理反应?你怎么来确定?

折叠式学习卡 学习组织者

氧化还原反应 按以下图示制作折叠式学习卡,帮助你整理有关氧化还原反应的内容。

▶ **步骤1** 把一张纸沿底边向上折 5 cm。

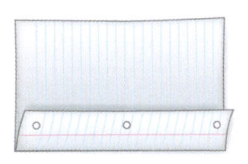

▶ **步骤2** 对折。

▶ **步骤3** 展开后,订上底边隔成两个口袋,分别标记为"氧化""还原"。

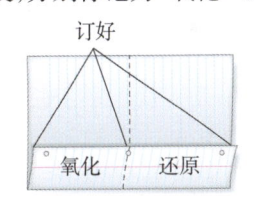

订好
氧化 还原

折叠式学习卡 在第 1 节和第 2 节中使用该**折叠式学习卡**。在你阅读的过程中,用小卡片归纳关于氧化还原的内容,并把卡片放入对应口袋中。

第1节

氧化还原反应的本质

核心问题
- 氧化还原反应的特点是什么?
- 氧化反应的定义是什么? 还原反应的定义呢?
- 你如何鉴别还原反应中被氧化的物质和被还原的物质?
- 氧化还原反应中,氧化剂和还原剂的区别是什么?

术语回顾

氧化数:一个离子或一种元素的电荷数。

关键术语

氧化还原反应
氧化反应
还原反应
氧化剂
还原剂

主要 概念 氧化反应与还原反应总是同时发生,一个原子被氧化,就有另一个原子被还原。

链接真实世界 氧气能与许多物质发生反应,并且现象非常明显,如切开的苹果表面变褐色,自行车和汽车生锈。为什么金属会生锈呢? 如何预防生锈呢? 氧化还原反应为这些问题的回答提供了关键信息。

什么是氧化还原反应

氧是地壳中含量最多的元素。氧气非常活泼,几乎能和其他任何一种元素反应。一种元素与氧元素结合形成的化合物称为氧化物。因为氧的电负性较强,当它与其他元素的原子结合时,通常导致这些原子失去电子。

电负性指的是元素的原子吸引电子的能力。正因为氧具有强烈的吸引电子的能力,因此,反应中其他原子上的电子通常被氧原子"夺"去。早期的化学家将这类与氧结合的反应归为一类,称为氧化反应。

后来,化学家逐渐意识到,许多非金属元素与氧一样,也能与其他物质反应。所以,现代化学中的"氧化反应"指的是任何一种单质或化合物失去电子的反应。

当铁与氧气相遇时,总是铁失去电子,氧气得到电子,从而发生氧化反应。在美国,一般每年要花费数亿美元来防止金属腐蚀,尤其是钢铁腐蚀,如汽车、轮船、桥梁以及其他物质的缓慢氧化。图16.1给出了预防钢铁结构生锈的方法之一。

■ **图 16.1** 防止钢铁结构生锈的一种有效方法就是涂上一层油漆或塑料等保护层。保护层可以隔绝参与腐蚀反应的空气和水,但是一旦保护层受损,生锈就会紧随其后。因此,许多钢铁制品就必须经常涂漆。

■ **图 16.2** 图中的水桶都是钢铁做的，左边的水桶表面镀了锌。在钢铁表面镀上一层更活泼的金属（如锌），可以防止铁被氧化。锌比铁更容易失去电子，先于铁被氧化，并会形成一层坚硬的氧化锌保护层。锌与氧化锌阻止了钢铁与氧气直接接触，从而防止了钢铁生锈。

氧化还原反应 图16.2对比了镀锌的水桶和没镀锌的水桶。镀锌铁桶上的锌与氧气反应生成了氧化锌，反应如下：

$$2Zn(s) + O_2(g) \longrightarrow 2ZnO(s)$$

我们已经学过，这是一个化合反应。由于形成氧化锌反应的特点是电子从一个原子或离子转移到另一个原子或离子，因此它还属于另一种反应。电子从一个原子或离子转移到另一个原子或离子的反应称为**氧化还原反应**（oxidation-reduction reaction）。

许多重要的反应都是氧化还原反应，如铁生锈、燃料的燃烧等。在氧化还原反应中，一个原子失去电子，必然伴随着另一个原子得到电子。然而，不是所有氧化还原反应都会涉及氧元素。例如，铁与氯气生成氯化铁的反应也是氧化还原反应，但并没有涉及氧。

追踪电子 如果你仔细分析锌与氧气反应的化学方程式，你可以看出哪一种原子得电子，哪一种原子失电子。通过比较得失电子的原子在反应前后的氧化数，你就能明白电子的转移情况。

我们已经知道，离子的氧化数等于其所带的电荷数。元素处于游离态时不带电荷，氧化数为0。在形成离子化合物之后，每个氧离子带2个单位的负电荷，其氧化数为-2。因为化合物是呈电中性的，要平衡氧离子4个单位的负电荷，就需要4个单位的正电荷，所以，每个锌离子一定带正电荷，而且氧化数为$+2$。

555

> **折叠式学习卡**
>
> 将本节中的信息归纳到你的折叠式学习卡中。

词源

Reduction
还原
re（拉丁语）：回去
ducere（拉丁语）：引导

氧化反应　元素的原子失去电子的反应称为 **氧化反应（oxidation reaction）**。元素的原子失去电子，意味着带了更多的正电荷，也就是说，它的氧化数增加了，或者说元素被氧化了。在形成氧化锌的过程中，每个锌原子失去2个电子，这个氧化反应可以单独写出以表示锌的转化过程：

$$Zn \longrightarrow Zn^{2+} + 2e^- \text{（失电子）}$$

还原反应　锌失去电子后又发生了什么变化呢？电子不可能随意游荡，它们必须从一个原子转移到另一个原子或离子，这就是氧化反应和还原反应同时发生的原因。**还原反应（reduction reaction）** 是元素的原子获得电子的反应。元素的原子得到电子，意味着带了更多的负电荷，氧化数降低，或者说元素被还原了。因为氧化反应和还原反应同时发生，所以，其中的每个反应都可看成是半反应。

在每个氧化还原反应中，至少有一种元素的原子被还原或被氧化。就像足球比赛中，一名球员接住另一名球员传出的球那样，在氧化还原反应中，一定有一种元素的原子释放电子而另一种元素的原子接受电子，其各自的电子结构在反应中都发生了变化。

图16.3展示了形成氧化锌时电子的转移情况。氧原子接受了锌失去的电子而被还原，每个氧原子可获得2个电子。像氧化反应一样，还原反应也可以单独列出，如：

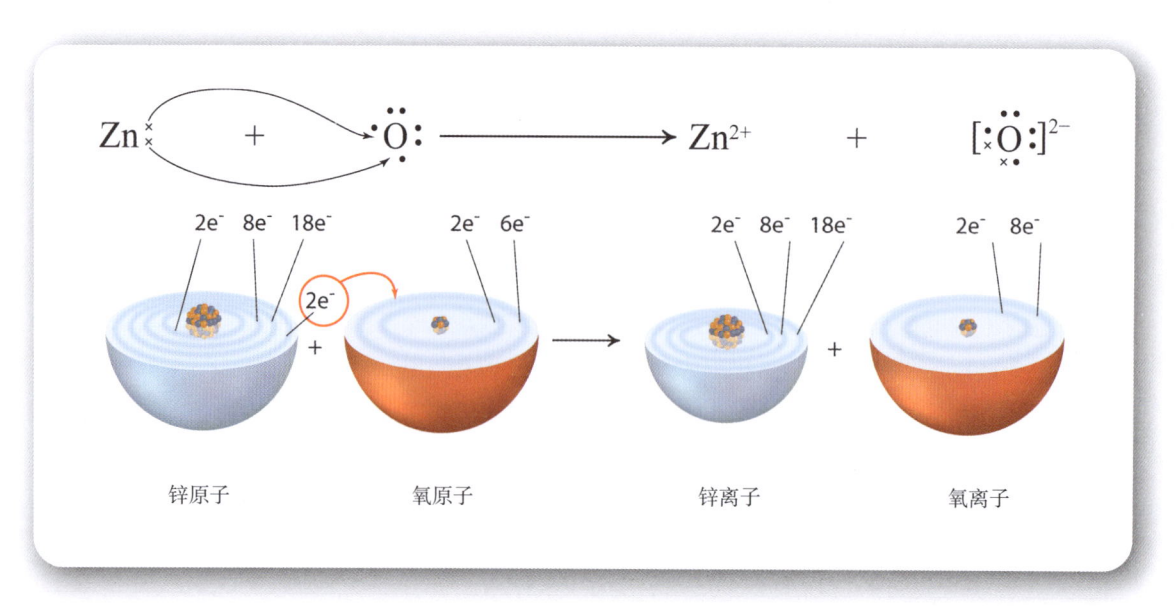

$$\text{:Ö:} + 2e^- \longrightarrow [\text{:Ö:}]^{2-} \text{（得电子）}$$

■ **图 16.3**　形成氧化锌的过程中，锌原子失去2个电子，成为锌离子；氧原子得到锌原子失去的2个电子，成为氧离子。

应用　在这个反应中，锌和氧的氧化数是怎么变化的？

$$Zn + \text{·Ö:} \longrightarrow Zn^{2+} + [\text{:Ö:}]^{2-}$$

锌原子　　氧原子　　锌离子　　氧离子

迷你实验 1

铁的腐蚀

影响铁钉腐蚀的因素有什么 腐蚀常被用来描述金属在环境中发生氧化反应的过程。这个迷你实验,将研究铁钉的腐蚀以及影响铁钉腐蚀的因素。

实验步骤

1. 阅读并完成实验安全表格。
2. 将1袋干净且没有气味的明胶溶于约200 mL的温水中,再加入2 mL酚酞试剂和2 mL铁氰化钾试剂。将混合均匀的溶液倒进广口瓶或培养皿中,使溶液的高度约为1 cm。
3. 将普通铁钉、铝钉、镀锌铁钉和涂有油漆的铁钉各1枚插在液体明胶中。尽量将各枚钉子分开。
4. 静置几小时或一整夜。
5. 记录明胶中的物质与铁钉相互作用的现象。

分析与讨论

1. **鉴别** 哪种铁钉可与明胶反应?哪些现象说明铁钉已被腐蚀?
2. **解释** 若明胶中呈现蓝色,则是形成的亚铁离子与铁氰化钾作用的结果;若呈现粉红色或红色,则是由于氧气和水分子得到电子,形成了氢氧根离子,从而使酚酞变红。上述反应中,哪些是氧化反应?这些反应发生在铁钉的什么部位?
3. **应用** 明胶中有钉子未被腐蚀吗?通常可以采用哪些方法来阻止或减少腐蚀?

半反应的结合 表示还原反应的半反应中只出现了一个氧原子,可大气中氧元素的存在形式并非单个氧原子,而是由两个氧原子结合而成的氧气分子。因此,还原反应的化学方程式必须乘以2,如下所示:

$$O_2 + 4e^- \longrightarrow 2[:\ddot{O}:]^{2-}$$

注意:每个氧气分子获得4个电子,而为了产生4个电子,就必须有2个锌原子参与反应,所以,氧化反应的化学方程式可写成:

$$2Zn \longrightarrow 2Zn^{2+} + 4e^-$$

总反应的化学方程式如**图16.4**所示。

每个氧原子接受1个锌原子失去的2个电子,被还原。

$$2Zn^0 + O_2^0 \longrightarrow 2Zn^{2+} + 2O^{2-}$$

+4e⁻ 来自 Zn⁰
−4e⁻ 给予 O₂

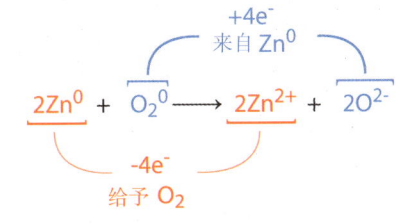

每个锌原子贡献出2个电子给氧原子,被氧化。

■ **图16.4** 2个锌原子与1个氧气分子结合,形成2个单位的氧化锌。

解释 为什么化学方程式要根据电子平衡配平?

图 16.4 中的化学方程式与本节开始时列出的化学方程式相同,代表的是净氧化还原反应,是两个半反应(氧化反应和还原反应)之和。一个小窍门可以帮助你记住氧化和还原的区别。失电子是氧化反应,得电子是还原反应,可以记忆成"失电氧,得电还"。

术语还原的起源 为什么一种元素的原子得到电子,就称其发生了还原反应呢?因为物质发生还原反应后,质量并没有增加,反应的实质是电子的转移。因此,还原,指的是一种物质的原子的氧化数或化合价的还原。

历史上,第一次使用"还原"一词,是为了描述在高温下将金属从矿石中分离出来的过程,如**图 16.5**所示。一般情况下,矿石中的金属都会与其他元素相结合。在冶炼过程中,炉内会烧至很高的温度使金属与其他元素分离开来。在精制矿石的过程中,与金属结合的氧被移除了。也就是说,金属矿石被还原成了金属单质。矿石中带正电荷的金属离子被还原成金属单质,而氧或其他带负电荷的元素则被氧化。精制的过程使得固体材料的数量减少了,体积也明显减小了。(单词"reduction"兼有"减轻、减少""还原"之意)

氧化还原反应的辨别

在金属锌的氧化这一氧化还原反应中,氧气是反应物。除氧之外,其他元素也能在氧化还原反应中得电子而被还原。

■ **图 16.5** 炼铜大约始于 7 000 年前。在炉子里炼铁可以追溯到约 3 000 年前。

| 以前用于炼铁的石屋 | 现代化工业高炉炼铁 |

■ **图 16.6** 锌和硫酸铜溶液反应,会有金属铜沉积在锌片上。

现在,让我们一起来分析钠与氯气生成食盐这个剧烈的反应。

$$2Na(s) + Cl_2(g) \longrightarrow 2NaCl(s)$$

这个反应中有电子转移吗?很显然,在反应中,每个钠离子失去1个电子,成为带1个单位正电荷的钠离子,氧化数从0增为+1;每个氯原子得到1个电子,成为带1个单位负电荷的氯离子,氧化数从0降为-1。因此,它也是一个典型的氧化还原反应。

$$\overset{\displaystyle 2e^-}{2Na + Cl_2} \longrightarrow 2Na^+ + 2Cl^-$$

氧化剂和还原剂　如果把锌片放进硫酸铜溶液中,就会发生一个没有氧气参与的氧化还原反应。这个反应的现象非常明显,锌片上会很快沉积大量的金属铜,如**图 16.6** 所示。**图 16.7** 展示了反应的化学方程式。因为有明显的变化发生,反应的过程很容易跟踪。如果将锌片放入硫酸铜溶液中,那么蓝色溶液会逐渐变成无色。锌失去电子被氧化成锌离子,进入溶液中。铜离子则得到锌失去的电子,被还原成铜原子,沉积在锌片上。如**图 16.6** 所示,金属铜开始在锌片上沉积。

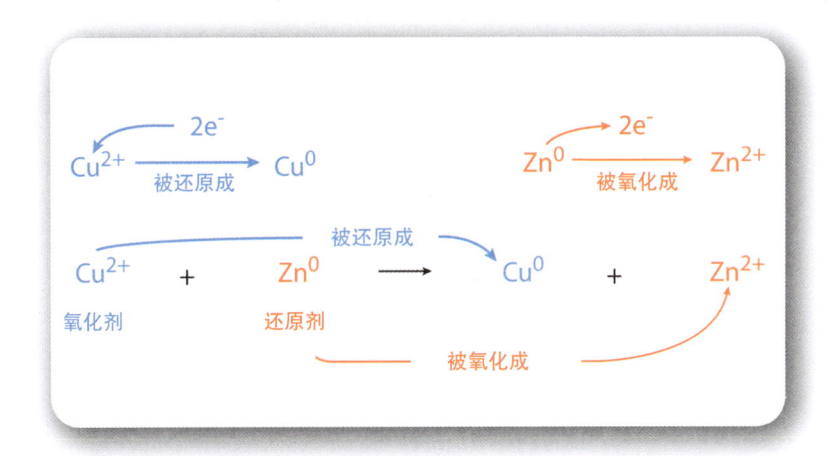

■ **图 16.7** 每个氧化还原反应都有氧化剂和还原剂作反应物。氧化剂得电子,同时还原剂失电子。

559

化学实验

氧化还原反应

背景

铜离子和铜原子通过得失电子而参与氧化还原反应。如果铜原子失去电子成为阳离子，则铜被氧化。同时，其他原子或离子因得到铜失去的这些电子而被还原。被还原的这些原子或离子称为氧化剂。在这个实验中，你将观察到两个与铜相关的氧化或还原反应。

问题

金属铜参与的氧化或还原反应有哪些典型特征？

目标

- **观察**铜的氧化反应和还原反应。
- **分类**　将反应物按照还原剂（被氧化）和氧化剂（被还原）进行分类。

实验准备

实验器材

- 氧化铜
- 炭粉
- 称量纸
- 天平
- 大号硬质试管(2支)
- 有玻璃弯管的单孔塞
- 150 mL烧杯(2只)
- 小号量筒
- 玻璃棒
- 煤气灯
- 试管夹
- 铁架台
- 绝热手套
- 石灰水（氢氧化钙溶液）

安全警示

在处理高温物体或在明火旁操作时，一定要注意安全。演示实验中会产生烟雾，谨防吸入。

实验步骤

1. 阅读并完成实验安全表格。
2. **演示实验**　老师可以在通风橱或在户外演示这个实验。注意：本实验学生不能擅自操作。将1 cm²大小的铜片放在蒸发皿中，先加入5 mL水，再加入5 mL浓硝酸。注意蒸发出的气体以及溶液的颜色，在"实验数据与现象观察"表格中记录观察结果。

3. 在一张称量纸上，混合 1 g 的氧化铜及大约 2 倍体积的炭粉，将混合物倒入硬质试管中。另取 1 支硬质试管，加入 10 mL 左右的石灰水，并将试管放在一只 150 mL 烧杯中。装置如下图所示，盛氧化铜的试管口略向下倾斜，导管插入石灰水中。

4. 加热试管中的混合物，使火焰由小逐渐增大。等到石灰水的颜色发生变化时，小心将导管移出试管。注意：导管插入石灰水中时，不能停止加热。记录石灰水中发生的变化。

5. 继续加热，直至反应物中出现鲜亮的颜色时，熄灭煤气灯。

6. 待盛放反应物的试管冷却到室温时，将试管中的物质转移到装有一半水的烧杯中。打开自来水阀，一边往烧杯中缓慢注水，一边用玻璃棒轻轻搅拌杯中的混合物，直到未反应的炭粉全部被水流冲走。观察留在烧杯中的产物，记录实验现象。

实验数据与现象观察

	现象
第2步：气体	
溶液	
第4步：石灰水	
第6步：产物	

分析与讨论

1. **解释数据** 在每个化学反应中，你能观察到的实验现象是什么？

2. **解释数据** 在第一个反应中，蓝色溶液的出现表明有铜离子存在，棕色气体是二氧化氮，无色气体为一氧化氮。在第二个反应中，如果石灰水变浑浊，则是由于二氧化碳气体与氢氧化钙反应，生成了碳酸钙沉淀。利用这些信息，分析你得到的数据与观察到的现象，判断哪些反应物（第一个反应中的铜和硝酸，第二个反应中的氧化铜和炭）被氧化，哪些反应物被还原。

应用与评估

1. 在第二个反应中，产物铜的质量是否小于氧化铜的质量？为什么说获得电子就意味着被还原？

2. 1 000 t 的氧化铜可制得多少吨铜？提示：运用氧化铜的相对分子质量。

进一步探究
污水处理厂采用氯气与水中的有机物反应生成氯离子的方法来净化水源。在这些反应中谁被氧化，谁被还原？这些反应为什么能使水达到可以饮用的程度？

561

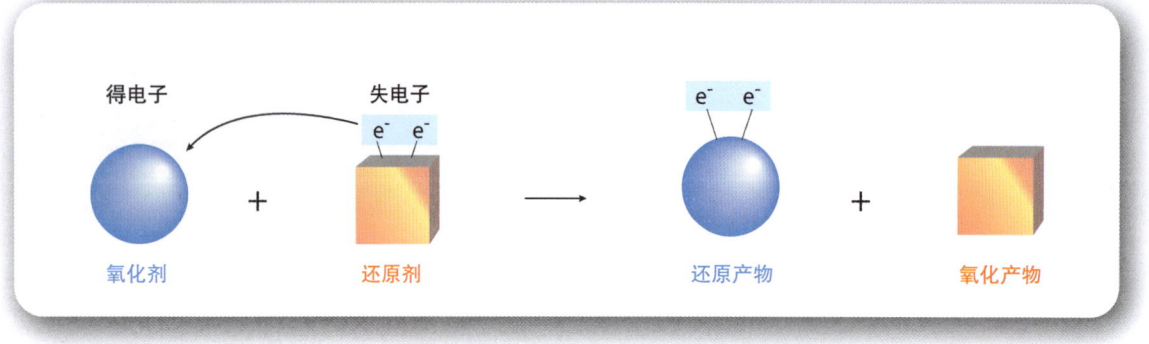

■ **图 16.8** 在氧化还原反应中，被还原的元素，通过获得电子氧化了另一种元素，因此称作氧化剂。而被氧化的元素，因为还原了从它那里接受电子的元素，因此称作还原剂。

氧化剂 在氧化还原反应中，铜离子起什么作用？当铜离子接受锌的电子时，铜离子被还原成不带电的金属铜。因为铜离子将锌氧化成锌离子，所以铜离子被称为氧化剂。**氧化剂（oxidizing agent）**，是指在氧化还原反应中得到电子的物质。氧化剂在化学反应中被还原。

还原剂 因为氧化反应和还原反应同时进行，所以氧化剂被还原的同时肯定存在还原剂。锌提供电子将铜离子还原成金属铜，所以锌被称为还原剂。**还原剂（reducing agent）**，是指在氧化还原反应中失去电子的物质。还原剂在化学反应中被氧化。图 16.8 总结了氧化还原反应中氧化剂和还原剂的作用。

第1节 本节回顾

要点梳理

- 氧化反应中，原子或离子失去一个或多个电子。
- 还原反应中，原子或离子得到一个或多个电子。
- 氧化反应与还原反应总是同时发生，两者合起来的总反应就称为氧化还原反应。
- 在氧化还原反应中，氧化剂得到电子被还原。
- 在氧化还原反应中，还原剂失去电子被氧化。

1. **主要 概念 解释** 命名并解释氧化还原反应的两个半反应。

2. **鉴别** 判断下列反应中哪种物质被还原，哪种物质被氧化。

   a) $2Al(s) + 3Cu^{2+}(aq) \longrightarrow 2Al^{3+}(aq) + 3Cu(s)$

   b) $2Cr^{3+}(aq) + 3Zn(s) \longrightarrow 2Cr(S) + 3Zn^{2+}(aq)$

   c) $2Au^{3+}(aq) + 3Cd(s) \longrightarrow 2Au(s) + 3Cd^{2+}(aq)$

3. **鉴别** 铁生锈过程中，氧化剂和还原剂各是什么物质？

4. **应用** 下面是酸碱中和生成盐和水的反应，试说出每种元素的氧化数。请问：该反应是氧化还原反应吗？试给出解释。

   $2KOH(aq) + H_2SO_4(aq) \longrightarrow K_2SO_4(aq) + 2H_2O(l)$

5. **解释** 一些极易被氧化的物质可充当抗氧化剂，从而防止其他物质被氧化。维生素 C 和 E 是人体内重要的抗氧化剂，能保护人体细胞免遭氧化性物质的破坏。想一想，为什么将柠檬汁加到水果色拉中，可以有效防止水果呈现褐色？

第2节

核心问题
- 常见的氧化还原反应中的氧化剂和还原剂分别是什么?
- 活细胞中发生的氧化还原反应是什么?

术语回顾
氧化反应:元素的原子失去电子的反应。

折叠式学习卡
将本节中的信息归纳到你的折叠式学习卡中。

氧化还原反应的应用

主要概念 氧化还原反应是自然界和工业生产中最常见的反应。

链接真实世界 氧化还原反应无时无刻无处不在发生。常见的氧化还原反应的例子有汽车中汽油的燃烧、钢铁表面铁锈的形成、植物的光合作用、碱性电池的供电等。当你消化食物时,氧化还原反应也在你的体内进行着。

日常的氧化还原反应

在火山口附近,会发现大量的固体硫黄沉积,如**图 16.9**所示。在硫黄的形成过程中,硫元素既作氧化剂,又作还原剂。你能辨别出下列反应中的硫化物各起什么作用吗?

$$2H_2S(g) + SO_2(g) \longrightarrow 3S(s) + 2H_2O(g) + O_2(g)$$

请注意,反应中被氧化和被还原的元素不止一种。硫化氢中的硫与二氧化硫中的氧都被氧化,而二氧化硫中的硫与硫化氢中的氢则都被还原。不难发现,反应物硫化氢和二氧化硫都既是氧化剂,又是还原剂。

正如自然界可通过氧化还原反应生成硫黄那样,化学家也可运用氧化还原反应生产许多有用的物质。如果没有氧化还原反应的发现与应用,摄影、钢铁制造将不复存在,清洗衣服也将变得困难许多。

■ **图 16.9** 这些积淀的亮黄色物质是元素硫。火山口经常喷发硫化氢和二氧化硫气体。除了产生这些沉积物,它们也会引发酸雨并导致湖泊酸化。

■ **图 16.10** 在达盖尔银版法成像系统中,抛光的照相底片上铺有一层感光的碘化银,它是由银与碘蒸气通过氧化还原反应制得的。曝光后,碘化银分解生成单质银。然后用加热的汞蒸气进行处理,便可得到明亮区域。

词源

Photograph

照片

photos(希腊语):光

graphein(希腊语):书写

摄影中的氧化还原反应 早在1519年之前,达·芬奇就设计了一种照相机的原型,并可用它拍照。但要获得"照片",还得将"相机"盒中玻璃盘上的影像描摹出来,可见达·芬奇当时并没有想出将影像转化成照片的方法。直到1838年,法国发明家达盖尔(L.J.M. Daguerre)成功地将照相机中的影像固定在一块抛光的铺有银层的铜版上,从而制作出了第一张照片。为了纪念这位发明家,这种早期的拍摄方法被称作达盖尔银版法。**图16.10**所示的照片就是采用达盖尔银版法获得的。

现代的照相胶片是在塑料基片表面涂上感光层制得的。感光层中有无数个溴化银颗粒,这些颗粒见光后会发生氧化还原反应,银离子和溴离子都转化成了单质。该反应的化学方程式如下:

$$2Ag^+ + 2Br^- \longrightarrow 2Ag + Br_2$$

照相机的快门一按下,这个反应就开始发生了。景物表面的光线穿过相机镜头和快门,照在胶片的溴化银感光层当中。光能激发溴离子释放出电子,将其氧化成单质溴,释放出的电子转移给了银离子,将银离子还原成银原子,这些颗粒也因此被活化了。

活化的化学物质继续发生氧化还原反应。在感光最强的区域,因为有更多的颗粒被活化,冲洗后就变成了较暗的区域。胶片中没有感光的地方则没有银形成,冲洗后仍旧还是透明的。经过冲洗,曝光的胶片就变成了底片,残留的溴化银和溴均被冲去。**图16.11**展示了照片的冲洗和印刷过程。

图 16.11

照片的冲洗和印刷

照片的冲洗和印刷包括一系列步骤。下面展示的是黑白照片的冲洗和印刷过程。对于彩色照片，胶片上的涂层则是由光敏染料和溴化银混合而成的。

1. 将一卷曝光胶片放进盛有还原剂溶液或显影液的显影罐内。常用的显影液是对苯二酚，它可以将所有曝光的银离子还原成银原子，但不能与未曝光的银离子反应。金属银是深色的，而溴化银是浅色的，深浅相间，影像就这样产生了。

2. 胶片冲洗过后，向显影罐中加入含有硫代硫酸根离子的定影液。硫代硫酸根离子可以与未被还原的银离子反应，生成的可溶物溶于溶液中，从而阻止了未被还原的银离子被还原。该反应的离子方程式如下：

$$AgBr(s) + 2S_2O_3^{2-} \longrightarrow [Ag(S_2O_3)_2]^{3-}(aq) + Br^-(aq)$$

3. 用水冲洗定影后的胶片，除去残留的显影液或定影液。底片是胶片的负片，也就是说，影像中明亮的区域恰好对应胶片中灰暗的区域。

4. 照片的印刷就是让光透过底片照在具有光敏性的相纸上，印刷出的照片明暗有度，是与场景完全对应的正像。

物理学 链接

固体火箭助推器

如果你曾组装、发射过火箭模型，你也许会注意到火箭的动力装置其实是一个装有易燃固体燃料的纸管。点火后，膨胀的气体急速向下排放，产生的作用力将轻质火箭迅速发射升空。航天飞机也有类似的动力装置，只是规格上要大得多。

多层动力系统 大多数火箭的动力消耗的是液态氢和液态氧。当巨型燃料罐发射到太空中，分别捆绑在两侧的小型助推火箭可以提供动力。两侧的小型助推火箭装有固体燃料，经点火会发生一系列的氧化还原反应，可产生强大的推动力，从而将航天飞机送入预定的轨道。

■ 图16.12 带有固体助推器的火箭点火发射。

固体火箭燃料 固体燃料是一种混合物，含有69.8%的高氯酸铵、16%的铝粉、12%的高聚合黏合剂、2%的环氧固化剂和0.2%作为催化剂的氧化铁粉末。一旦点火，动力装置就会持续燃烧。活动性非常强的高氯酸铵经反应释放出氧气，氧气氧化铝粉，从而保证该放热反应快速进行。黏合剂的作用是将反应物黏为一体，保证燃烧的平稳进行。总的氧化还原反应的化学方程式如下：

$$\overset{\overset{24e^-}{\longrightarrow}}{8Al + 3NH_4ClO_4} \longrightarrow 4Al_2O_3 + 3NH_4Cl$$

火箭动力 在火箭发射前，每个固体火箭助推器重277 t，能产生 6.5×10^6 N 的作用力。只需2分钟左右，火箭助推器即可让火箭达到飞行所要求的速度。假设现有一辆1 t重的汽车，若要求在7 s内速度达到27 m·s^{-1}，也只需3 830 N的作用力。正是由于固体火箭助推器中发生的氧化还原反应释放了大量的化学能，并引起空气的热膨胀，使得777 t的火箭在129 s内能达到近900 m·s^{-1}的飞行速度。

化学 链接

1. **应用** 铝粉可参与另外一个重要的放热反应，该反应常用于焊接金属，其化学方程式如下：
$$2Al + Fe_2O_3 \longrightarrow Al_2O_3 + 2Fe$$
请问：反应中铝粉起什么作用？

2. **获取信息** 钱学森是世界著名科学家、空气动力学家，被誉为"中国航天之父"和"火箭之王"。搜集他生活和研究的相关资料，写一篇关于他的小论文。

熔炉中的氧化还原反应　制造钢铁所需的金属铁,在自然界中很少以游离态形式存在。这些铁一般是从铁矿石(主要成分是Fe_2O_3)中分离和提纯得到的。冶铁过程包含一系列的氧化还原反应,最主要的是一氧化碳气体还原氧化铁的反应。

首先,向熔炉中鼓入热空气,使焦炭燃烧,从而产生CO_2和大量的热。然后,在高温下,与铁矿石混合的石灰石发生了分解,生成CaO和更多的CO_2。生成的CO_2和焦炭发生氧化还原反应,生成CO,CO可将铁矿石中的铁离子还原成单质铁。反应流程如**图16.13**所示。

$$CaCO_3(s) \longrightarrow CaO(s) + CO_2(g)$$

$$CO_2(g) + C(s) \longrightarrow 2CO(g)$$

$$2Fe^{3+}(s) + 3O^{2-}(s) + 3CO(g) \longrightarrow 2Fe^0(l) + 3CO_2(g)$$

(箭头标注:$6e^-$)

漂白过程中的氧化还原反应　日常生活中,人们常用漂白剂除去衣服上的污渍。那么,污渍去了哪儿呢?实际上,构成污渍的化学物质并未完全消失,而是漂白剂与它们反应生成了无色的化合物。若是含氯漂白剂,则含氯化合物与污渍中的化合物反应。这种含氯化合物就是次氯酸钠(NaClO),次氯酸根可以氧化污渍中的有色物质。

$$ClO^-(aq) + 污渍分子(s) \longrightarrow Cl^-(aq) + 氧化后的污渍分子$$
$$(有色) \qquad\qquad\qquad\qquad (无色)$$

■ **图16.13**　从熔炉的顶部加入铁矿石(Fe_2O_3)、焦炭(C)和石灰石($CaCO_3$),从炉底鼓入大约900 ℃的压缩空气,炉中焦炭剧烈燃烧,释放出大量的热。此时,炉温可高达2 000 ℃。熔融的铁连同副产物炉渣一起从熔炉的底部流出。

> **拓展　阅读**
>
> 历史上的石器时代、青铜时代和铁器时代,都是以该时期制造工具最为常用的材料命名的。青铜时代早于铁器时代,这是因为用来制取青铜的材料铜和锡,比铁容易熔化。炼铁的条件比较苛刻,需要更高的温度才能将铁熔化。

567

■ **图 16.14** 次氯酸盐可用于制作消毒剂,以杀灭游泳池和饮用水中的细菌。在杀菌过程中,次氯酸根离子充当氧化剂,氧化细菌中的重要化合物。氯气能和水反应生成次氯酸根离子。

> **家庭 🏠 实验**
>
> 参见附录 F,**测试漂白剂的氧化能力**。

在使用含次氯酸盐的漂白剂时,请务必小心,因为次氯酸盐是一种强氧化剂,对织物有一定的破坏性。漂白剂的产品标签上通常会有警示符号,建议人们在使用该产品之前,先在衣物上不起眼的地方做个测试。

次氯酸盐除了可作漂白剂外,还可用作消毒剂来杀菌。而且,正是因为次氯酸是强氧化剂,漂白剂也能有效地充当消毒剂。次氯酸根离子通过破坏细菌中重要的化合物来杀死它们。如**图 16.14** 所示,含次氯酸盐的消毒剂可以用来杀灭游泳池中的细菌,还可以用于饮用水或厨房柜台的杀菌。

迷你实验 2

酒精测试

你可以如何鉴定日常用品中的酒精 酒精与橙色的重铬酸根离子反应生成蓝绿色的三价铬离子,这就是酒驾测试的原理。在这个迷你实验中,你将运用这个反应来检验一些常用的药品、化妆品和洗涤剂中是否含有酒精。

实验步骤

1. 阅读并完成实验安全表格。
2. 将 5 支试管分别贴上待测物质的标签。
3. 向每支试管中分别加入 1 mL 的待测液。
4. 穿好实验服,戴上护目镜,再向每支试管中分别加入 3 滴重铬酸钾溶液,并摇匀。注意:皮肤不可直接接触重铬酸钾溶液,万一沾上,应立即用大量清水冲洗。
5. 观察并记录反应液在 1 分钟内的颜色变化。

分析与讨论

1. **判定** 你所检测的产品中哪些含有酒精?产品标识上有说明吗?
2. **鉴别** 如果酒精与橙色的 $Cr_2O_7^{2-}$ 反应,生成蓝绿色的 Cr^{3+}。请问:反应中的还原剂是什么?

工作原理

酒驾测试试验

酒精检测仪是根据呼吸样本来检测血液中酒精含量的仪器。部分饮料、发雾剂和漱口水中含有酒精（即乙醇），这是一种挥发性液体，室温下可以迅速蒸发。正因为乙醇的挥发性，酒后人体呼出的气体中就会有乙醇分子，而且其中的乙醇含量与血液中的乙醇含量成正比。在致命的交通事故中，大约有40%是因为司机酒后驾车造成的。交通警察只需要采用一种简易仪器即可快速判断出司机是否刚喝过酒，这种仪器就是酒精测试仪。

简易酒精检测仪就是基于重铬酸钾溶液氧化乙醇生成醋酸的反应过程中的颜色变化。

现在普遍使用的酒精检测仪是利用红外光检测样本室中捕集到的呼吸气体。决定酒精性质的键是O—H键，红外光会被酒精中的O—H键吸收。酒精含量越大，被吸收的红外光越多，那么测试仪接收到剩余的红外光就减少了。因此，测试仪检测到的红外光越少，说明酒精含量越大。

❶ 简易酒精测试仪中有一只可膨胀的塑料袋，塑料袋与盛有橙色溶液的试管相连，溶液中含有重铬酸钾和硫酸。

❷ 在呼吸测醉试验开始时，要求被测人员向塑料袋中吹气。

■ 图16.15　酒驾测试试验。

❸ 如果呼出的气体中含有酒精蒸气，那么乙醇分子就会和重铬酸钾发生氧化还原反应。当乙醇被氧化后，橙色的Cr^{6+}就被还原成蓝绿色的Cr^{3+}。

❹ 溶液最终的颜色取决于呼出气体中酒精的含量。将所得溶液的颜色与两种铬离子混合的标准颜色相比，就可以推测出血液中的酒精含量了。

批判性思考

1. 假定在测醉试验前，被测人员使用了漱口水，这会影响测试结果吗？
2. 随着血液中乙醇含量的增加，酒驾测试后溶液的颜色将会如何变化？

金属的腐蚀 你知道自由女神像的构造吗？它的内部是钢筋支架，表面覆盖了一层铜。你可能会问，为什么雕像看上去呈绿色而不是铜的红棕色呢？原来，在含有硫的潮湿空气中，铜经历了一个漫长的氧化还原反应的过程，铜原子因失去2个电子而成为铜离子，形成$CuSO_4·3Cu(OH)_2$和$Cu_2(OH)_2CO_3$，这些物质就是铜表面的绿色成分，如**图 16.16**所示。

暴露在空气中的铁容易被氧气氧化，从而转化为铁锈。铝的活动性比铁强，从理论上讲，铝应比铁更易被氧化。那么，为什么铝罐不易被腐蚀，而锡铁罐（锡铁罐是表面镀锡的铁罐）却容易生锈呢？这与铜的情况类似，铝的氧化产物（氧化铝）覆盖在金属铝的表面，从而阻止了铝进一步被腐蚀，如**图 16.17**所示。铝和氧气经过氧化还原反应后生成氧化铝，反应的化学方程式如下：

$$4Al(s) + 3O_2(g) \longrightarrow 2Al_2O_3(s)$$

形成的氧化铝层结构致密，不易剥落。而铁表面的铁锈容易剥落，内部金属会不断暴露于空气当中，从而被空气中的氧气进一步氧化。

■ **图 16.16** 矗立于纽约港的自由女神像，因其表面覆盖有一层铜绿而呈绿色。这层铜绿阻止了氧气对里层单质铜的氧化，保护铜像免遭进一步的腐蚀。

■ **图 16.17** 表面的锡层确实可以起到保护内部金属铁的作用，但当锡层遭到破坏时，这个镀锡的铁罐就会面临危机。不到100年，镀锡的铁罐就会彻底"消失"。铝罐表面致密的氧化铝层，有效防止了内层铝的氧化。一个铝罐大约需要400年才能被完全腐蚀。

解释 为什么像铜和铝这样的金属有时被称为自我保护金属？

铁罐　　　　　　　镀锡铁罐　　　　　　　铝罐

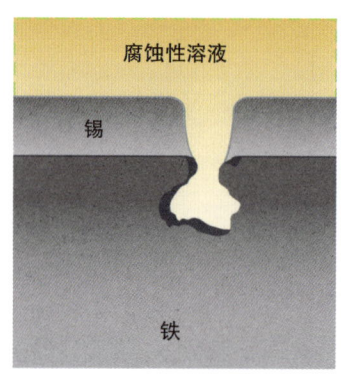

生活中的化学

雷电造肥

氮元素是植物不可缺少的一种主要营养元素。尽管地球大气中氮气占78%左右,但因为它以N_2分子的形式存在,所以大多数的动植物都不能直接吸收。将空气中的氮气转化为植物可以吸收的形式,这个过程就叫固氮。在氮的化合物中,植物吸收和利用效果最好的是铵根离子(NH_4^+中氮的氧化数为-3),其次是硝酸根离子(NO_3^-中氮的氧化数为+5)。

固氮 固氮有三种方法:雷电固氮,固氮菌(生活在植物的根部或土壤中)固氮,以及人工固氮(哈伯的合成氨技术,由氮气和氢气催化生成氨气)。

氮气是一种相当稳定的气体,因为氮气分子中含有很难破坏的氮氮叁键。然而,像**图16.18**展示的那样,在雷电的作用下,周围的云团被加热到10 000 ℃,这个叁键很容易断裂,大气中的N_2得以重新组合。

雷电反应 在雷电固氮过程中,N_2与O_2先是结合形成NO,NO进一步与O_2反应生成NO_2,最后,NO_2与空气中的水反应生成HNO_3与NO,NO又可以参与新的循环反应。

$$N_2 + O_2 \longrightarrow 2NO$$
$$2NO + O_2 \longrightarrow 2NO_2$$
$$3NO_2 + H_2O \longrightarrow 2HNO_3 + NO$$

肥料生产 天然雨水呈弱酸性,其中部分酸性来自于固氮作用产生的硝酸(HNO_3)。当雨水渗入土壤后,细菌能将硝酸根离子(NO_3^-)转化为铵根离子(NH_4^+)。

若将自然条件下的固氮作用与人工固氮相比,会有哪些异同点呢?粗略地看,雷电似乎不太常见,但是据估计,每一秒全世界都会有2 000场雷雨。整个地球平均每秒就有100次雷击,即一天有864万次雷击。每天大量的雷击,大约能固定1 220亿千克的氮气。生物固氮大约每年固氮1 220亿千克,通过哈伯技术可以人工固氮770亿千克。

■ **图16.18** 雷电固氮。

进一步探索

1. **分类** 土壤中的固氮作用是由生活在某些植物根部的细菌完成的,请说出这些植物的名称。

2. **应用** 在上述三个化学方程式中,分别说明每个化学方程式中的氧化剂和还原剂。

3. **获取信息** 氮气重返空气的过程是反硝化作用。查找相关资料,说明这个反应过程所需要的条件,以及所涉及的化学反应。

词源

Tarnish

失去光泽

teme（法语）：暗

银器失色：氧化还原反应　试想一下，经常处理一堆家庭杂物，如清扫垃圾、喂养宠物、照顾弟妹。若在你的曾祖母生活的那个年代。你还需抽时间擦亮银器，你肯定没有时间休闲娱乐了吧？幸运的是，在当今日常生活中，其他材料（如不锈钢）已经取代了大多数的银制品。为什么银器需要擦亮而不锈钢却不用呢？因为银参与了一个氧化还原反应——与空气中的 H_2S 反应，生成的黑色 Ag_2S 覆盖在银器表面，从而使银器逐渐失去光泽。

$$O_2(g) + 4Ag(s) + 2H_2S(g) \longrightarrow 2Ag_2S(s) + 2H_2O(l)$$

许多银器磨亮剂中含有一定量的研磨料，若用它们来处理银器，会不可避免地磨损掉一些银。相对温和的擦亮方法是运用一个氧化还原反应。在这个反应中，铝箔作还原剂。

$$2Al^0(s) + 6Ag^+(s) + 3S^{2-}(s) + 6H_2O(l) \longrightarrow$$
$$6Ag^0(s) + 2Al^{3+}(aq) + 6OH^-(aq) + 3H_2S(g)$$

银器失去光泽的过程实际上是该反应的逆反应。经过该反应，硫化银中的银离子被还原成银原子，而铝箔中的铝则被氧化成铝离子。洗涤溶液中往往含有小苏打（碳酸氢钠），它可以除去银器表面形成的氧化铝膜，从而增强洗涤效果。**图16.19**展示了这种银器保养的方法。

■ **图16.19**　尽管氧化还原反应导致了银器的失色，但是利用另一个氧化还原反应可以除去银器表面的灰暗物质。将一团揉皱的铝箔放入一只大罐子中，随后放入待清洗的银器，务必让两者直接接触。向罐子中加入水和小苏打，将银器浸没在水中。在加热罐子的过程中，硫化银就被还原成了银原子，银器重新恢复了往日的光泽。

■ 图16.20 闪电是光能以化学发光的形式向外释放。

化学发光 一些氧化还原反应在室温下可以释放出光能。这种通过化学反应发出的冷光被称作化学发光。一些荧光棒正是运用化学发光的反应原理制成的,它们无需外部的能源就能发光。我们已经学过荧光棒的发光原理。当你把玻璃管折入塑料盒中,化学反应开始,伴随着电子转移释放出光能。荧光棒中有两种溶液,即氧化剂和还原剂,当它们混合并发生氧化还原反应后,就会发出荧光。当反应物消耗完毕,就不再发光。

闪电 在闪电刺激下,一些化学发光的氧化还原反应会自然发生,如图16.20所示。大气中的电荷以闪电形式释放,氧气和氮气分子中的电子也因此被激发到更高的能级。电能将分子裂解成原子。当原子组合成新的分子,电子回到低能级时,光能就以化学发光的形式向外释放。

法庭调查 另一类化学发光反应涉及鲁米诺,鲁米诺是一种白色或淡黄色的易溶晶体,被氧化后会散发冷蓝绿色荧光。法医可以利用鲁米诺检测分析犯罪证据:将鲁米诺喷洒在怀疑有血迹的地方,如果确有血液存在,血液中的亚铁离子就可以氧化鲁米诺,生成一种在黑暗中能发光的化合物。铁离子被鲁米诺还原,鲁米诺被氧化。图16.21显示了氧化后鲁米诺发蓝绿色光的情况。

■ 图16.21 在暗室中,可以观察到氧化后的鲁米诺,其溶液会散发出神秘的蓝绿色荧光。

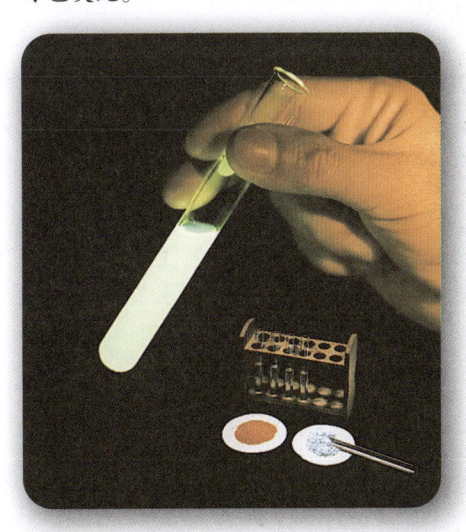

化学与技术

法医学中的血液检测

某商店遭劫，店员被杀。如图 16.22 所示，在现场发现一个带有血迹的脚印。警察已拘留了犯罪嫌疑人 A。警察部门的调查就包括犯罪嫌疑人足迹是否吻合。

■ 图 16.22 被鲁米诺检测到的有血迹的脚印。

鲁米诺检测

法医检测血液存在的方法有很多，但原理基本相同，即血液中的血红蛋白能催化有机指示剂的氧化，从而产生能够发光（包括荧光）的物质，如图 16.22 所示。

在这个案件中，法医就采取了鲁米诺检测的方法。鲁米诺是一种有机物，其分子呈双环结构，如图 16.23 所示。1928 年，德国化学家首先发现它能在碱性溶液中被氧化，并发出蓝绿色的荧光。之后，更多的研究表明，许多氧化剂（如过氧化氢）都可以使鲁米诺发光。研究人员还发现，在血液存在的条件下，这个发光强度会加强。正是因为这个原理，鲁米诺检测成为了法医学上一种重要的检测方法。

鲁米诺检测的法律效力

你也许想问是否可以凭借现有的检测结果给犯罪嫌疑人 A 定罪。当然不能

■ 图 16.23 鲁米诺的分子结构。

这么草率！如果测试的结果是阴性的（即不吻合），基本可以排除 A 作案的可能性。因此，鲁米诺检测是一种初步检测，它需要与其他检测手段相结合，才能做出更为客观的犯罪鉴定。

鲁米诺检测的应用范围很广，因为它不仅可以用于检测新鲜血液，还可以检测干涸血迹。此外，针对同一个污点可以重复检测，只需等喷洒的药剂干了以后，再喷一次即可。

如果鲁米诺检测呈阳性（即出现了明显的荧光），也不能就此下结论，因为鲁米诺不仅可以与血红蛋白中的铁离子反应，还可以与铜离子、钴离子等反应。但是，鲁米诺与血红蛋白的反应更为强烈。尽管鲁米诺检测的阳性结果不能直接用作血迹存在的证据，但许多法医学界的权威人士认为，鲁米诺检测作为初步筛选是很有价值的。

技术探讨

1. **应用** 如果鲁米诺检测的结果呈阳性，那么接下来该进行的步骤有哪些？
2. **推断** 在犯罪侦破过程中，污点证据非常重要，但另一方面，破案人员不能就此断定污点的有效性，为什么？

生物化学中的氧化还原反应　为什么北极熊在冬眠时能维持体温,度过漫长的冬季? 马拉松运动员又是如何获取能量完成比赛的呢? 在上述两个问题中,机体都通过呼吸作用氧化了储藏于体内的脂肪,空气中的氧气分子因获得电子而被还原,参与反应生成水分子。呼吸作用涉及一系列氧化还原反应,随着反应的不断进行,物质逐渐释放出能量。**图16.24**展示了植物释放热量的威力。后续的学习会来讨论呼吸作用。

除了呼吸作用,生物体内还会发生许多其他类型的氧化还原反应。在光合作用的氧化还原反应中,分子间发生了电子的转移。后续你将会学习光合作用的内容。

生物发光　有些生物利用氧化还原反应释放出的能量将化学能转化为光能,这个过程称为生物发光。你可能对萤火虫在发情期时尾部发出亮光很熟悉,但是你知道其他生物也能发光吗? 例如一些奇特的鱼、特别的蘑菇、毛虫等。**图16.25**展示了萤火虫的生物发光现象。

褐变的水果　既然学过了氧化还原反应的基本原理,也了解了一些与生活密切相关的氧化还原反应,我们现在重新分析一下切开的水果变褐色的问题。氧气是空气中无处不在的氧化剂,切开之后的水果变褐色,正是因为氧气氧化了水果细胞中的无色化合物,从而生成了褐色素。氧气接受色素的电子被还原,色素在反应中起还原剂的作用。在氧化还原反应中,氧化反应和还原反应是同时发生的,一种元素得到的电子正是另一种元素失去的。

■ **图16.24**　一般认为,只有哺乳动物才能保持一定的体温。事实上,所有的动植物都能维持在一个最佳温度,在此温度下,生物体内的酶的催化效率最高。植物通过呼吸作用和光合作用所释放的热量来保持温度,防止冻伤。早春,第一批植物利用自身热量破冰而出。这些热量使得它们的生长、发芽比其他植物要早。

■ **图16.25**　萤火虫利用发光来吸引异性。发光的能量来源于一个酶催化的氧化还原反应。荧光酶,顾名思义,是一种可以加速有机体内的荧光素发生氧化反应的酶。

萤火虫发光　　　　萤火虫

575

■ **图 16.26** 维生素C容易与氧气反应,具有抗氧化性。当把维生素C加到食物中时,氧气更易与维生素C反应,从而避免了食物被氧气氧化。另外,还有一些具有抗氧化作用的食物添加剂,如人工合成的BHA、BHT、天然抗氧化剂维生素E。

水果的表皮可以有效阻止氧气的进入,因此,在削皮之前,你用不着担心水果会呈现褐色。如果在切开的水果表面涂上一层抗氧化剂,也可以阻止水果的变色。柠檬中的维生素C是一种优质的抗氧化剂。如果将柠檬果汁洒在切开的香蕉或苹果片上,水果就不容易变色。因为与水果中引起褐色的化合物相比,维生素C更容易与氧气反应,如图16.26所示。

精彩预告

大多数的化学反应都会涉及电子转移,因此可归入氧化还原反应这一大类。通过本章的学习,你已经知道如何判断化学方程式中哪种元素被氧化,哪种元素被还原。但你可能并不清楚其中的原理,例如,为何一种元素可以接受其他元素的电子?在反应开始前,是否就能预测出哪种元素被氧化,哪种元素被还原呢?这将是你下一章要学习的内容,即化学反应中电子转移的问题。对于这些问题的深入分析,将有助于你更好地理解电池中氧化还原反应产生电能的过程。

第2节 本节回顾

要点梳理

- 氧化还原反应能提纯矿石中的金属。
- 漂白剂是通过将有色分子氧化成无色分子而除去污迹的。
- 有一些金属,如铜、铝等,会与氧气反应生成一层抗腐蚀的保护性氧化膜。
- 荧光棒中发生了化学反应,反应过程实现了化学键的键能向光能的转化。

6. **主要** **概念** **列出** 分别列举在工业生产和自然界中的两个重要的氧化还原反应。
7. **描述** 用于炼钢的铁是如何从铁矿石中提取到的?
8. **解释** 为什么铁罐比铝罐更容易被腐蚀?
9. **应用** 萤火虫的发光过程需要氧气,请问氧气在这个反应过程中起什么作用?
10. **思考** 为什么不能用漂白剂除去锈斑?
11. **推断** 冬眠动物通过哪一化学过程保持体温?
12. **概述** 为什么可以用金属铝将银器擦亮?
13. **辨认** 在昂贵的电器设备中,为什么一些电子元件往往采用金,而不是铜来包裹?

第 16 章 学习指南

大 概念 氧化还原反应涉及电子的转移。

第1节 氧化还原反应的本质

主要 概念 氧化反应与还原反应总是同时发生，一个原子被氧化，就有另一个原子被还原。

关键术语
氧化还原反应
氧化反应
还原反应
氧化剂
还原剂

要点梳理
- 氧化反应中，原子或离子失去一个或多个电子。
- 还原反应中，原子或离子得到一个或多个电子。
- 氧化反应与还原反应总是同时发生，两者合起来的总反应就称为氧化还原反应。
- 在氧化还原反应中，氧化剂得到电子被还原。
- 在氧化还原反应中，还原剂失去电子被氧化。

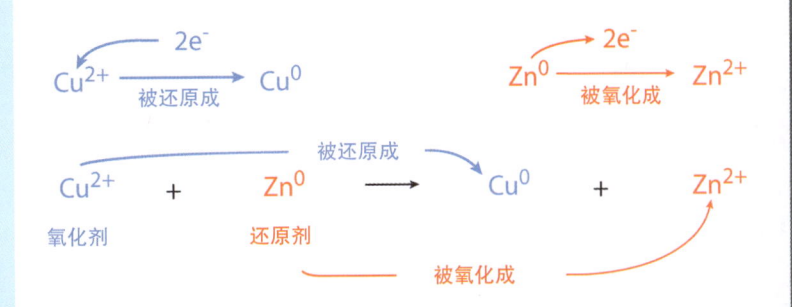

$$Cu^{2+} \xrightarrow{2e^-} Cu^0 \qquad Zn^0 \xrightarrow{2e^-} Zn^{2+}$$
$$\text{被还原成} \qquad\qquad \text{被氧化成}$$

$$Cu^{2+} + Zn^0 \longrightarrow Cu^0 + Zn^{2+}$$
氧化剂　　还原剂　　　　　　　　　　　　
被还原成 / 被氧化成

第2节 氧化还原反应的应用

主要 概念 氧化还原反应是自然界和工业生产中最常见的反应。

要点梳理
- 氧化还原反应能提纯矿石中的金属。
- 漂白剂是通过将有色分子氧化成无色分子而除去污迹的。
- 有一些金属，如铜、铝等，会与氧气反应生成一层抗腐蚀的保护性氧化膜。
- 荧光棒中发生了化学反应，反应过程实现了化学键的键能向光能的转化。

鲁米诺

第 16 章测评

要点理解

14. 氧化剂与还原剂有何区别？
15. 下列变化中，哪些元素被氧化，哪些元素被还原？
    a) Cu 变成 Cu^{2+}
    b) Sn^{4+} 变成 Sn^{2+}
    c) Cr^{3+} 变成 Cr^{6+}
    d) Ag 变成 Ag^+
16. 找出下列反应中的氧化剂。
    a) $Cu^{2+}(aq) + Mg(s) \longrightarrow Cu(s) + Mg^{2+}(aq)$
    b) $Fe_2O_3(s) + 3CO(g) \longrightarrow 2Fe(l) + 3CO_2(g)$
17. 在家用漂白剂中，氧化剂是什么？
18. 为什么在冲洗底片的过程中，需要定影这一步骤？
19. 在氧化还原反应中，电子是如何转移的？是从氧化剂到还原剂，还是相反的方向？
20. 写出金属锌在硫酸铜溶液中发生氧化还原反应的净离子方程式。
21. 请问：图 16.27 中的反应是氧化反应还是还原反应？

$$Fe^{2+} \longrightarrow Fe^{3+} + e^-$$

$$Fe^{2+} \longrightarrow Fe^{3+} + e^-$$

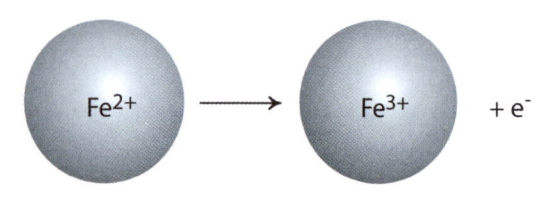

■ 图 16.27

22. 下列化合物中加粗的元素的氧化数是多少？
    a) H**N**O₃
    b) **Sb**₂O₅

应用概念

23. 将镀锌铁钉放入褐色的碘溶液中，溶液逐渐变成无色。再向无色溶液中滴加几滴漂白剂，溶液又变成原来的褐色。请解释两次颜色变化的原因。
24. 列举几种防止铁链生锈的方法。
25. 解释为什么氧化反应和还原反应总是同时发生。
26. 书写一个非氧化还原反应的化学方程式，请问：该反应中有电子转移吗？
27. 氧化反应一定要有氧气参与吗？试说明理由。

生活中的化学

28. 第一次世界大战前，德国化学家弗里茨·哈伯发明了将空气中的氮气转化为氨的生产工艺。生产出的氨又可以转化成硝酸铵，这是一种非常重要的化肥和炸药。

$$3H_2 + N_2 \longrightarrow 2NH_3$$

   a) 上述反应中，什么元素被氧化？什么元素被还原？
   b) 氧化剂和还原剂各是什么物质？

物理学链接

29. 若给水通电，水可以分解成氢气和氧气，反应的化学方程式如下所示。

$$2H_2O(l) + 能量 \longrightarrow 2H_2(g) + O_2(g)$$

该反应的逆过程可以为航天飞机的飞行提供能量。

   a) 该反应是氧化还原反应吗？如果是，什么元素被氧化了？
   b) 此吸热反应的能量来自哪里？

第 16 章 测评

工作原理

30. 如果乙醇没有挥发性,酒驾测试试验是否会受影响?试给出解释。

化学与技术

31. 为什么鲁米诺检测获得的阳性结果不能直接用作血液存在的证据?

批判性思考

运用图表

32. 表16.1列出了几种常见的氧化剂。

表16.1	常见氧化剂	
化学式	名称	用途
O_2		
H_2O_2		
$KMnO_4$		
Cl_2		
$K_2Cr_2O_7$		
HNO_3		
$NaClO$		
$KClO_3$		

a) 分别命名表中的化合物。
b) 至少说出表中各种氧化剂的一种用途,可以从本章内容中查找,也可以从参考书中查找。

预测

33. 含硫化氢的污浊空气,会使油画中含铅的白色颜料变暗,生成黑色的硫化铅。过氧化氢(H_2O_2)可以用于修复被硫化氢污染的油画。

$$PbS + 4H_2O_2 \longrightarrow PbSO_4 + 4H_2O$$
(黑色) (白色)

请问:过氧化氢是否可以用来擦亮银器?该反应会产生不良后果吗?

解释数据

34. **化学实验** 写出使石灰水变浑浊的反应的化学方程式。请问:该反应是氧化还原反应吗?试加以解释。

35. **迷你实验1** 为什么铁钉的腐蚀大多发生在铁钉的尖部和尾部?

推断

36. **迷你实验2** 点燃一堆重铬酸铵,会发生分解反应,放出大量的热,并向上喷射出绿色物质和火焰,如同火山爆发一样。(注意:不能独自操作这个实验)

$$(NH_4)_2Cr_2O_7(s) \longrightarrow Cr_2O_3(s) + N_2(g) + 4H_2O(g)$$

a) 该反应的氧化剂和还原剂各是什么?
b) 该反应与测醉试验有何相似之处?

日积月累

37. 写出下列离子化合物的名称。
   a) NaF   d) $Na_2Cr_2O_7$
   b) CaS   e) KCN
   c) $Al(OH)_3$ f) NH_4Cl

38. 根据哈伯的合成氨反应的化学方程式,需要多少克的氮气才能与346 g氢气完全反应?

$$3H_2 + N_2 \longrightarrow 2NH_3$$

39. 画出下列共价化合物的路易斯电子式。
   a) $CHCl_3$
   b) CH_3CH_2OH
   c) CH_3CH_3

40. 一个气体样本在 −23 ℃和0.075 atm时体积为32.4 mL,那么在标准状态下体积为多少?

579

第 16 章 测评

41. 下列物质是纯净物还是混合物？
   a) 石油
   b) 果汁
   c) 烟雾
   d) 钻石
   e) 牛奶
   f) 铁矿

42. 说出金属的一些特性。

技能训练

43. 实验设计 你认为银器在哪种环境中更容易失去光泽，洁净的空气还是被污染的空气？设计一个实验，证明你的假设。

科技写作 化学

44. 研究表明维生素 C 具有较强的抗氧化性，甚至有研究者称，大量服用维生素 C 有助于预防癌症。写一份简要的研究报告，说明你会采用哪些方法来证明维生素 C 的抗肿瘤特性。

45. 准备一只烧杯，加入带有颜色的水溶液。将浸过酸溶液的钢丝球投入一只烧瓶中，并塞上一个带有细玻璃导管的橡皮塞。把烧瓶倒转过来，并将导管插入事先准备好的烧杯的水溶液中，发现导管中的水柱会慢慢升高。写一份实验报告，解释水柱上升的原因，并预测实验结束时烧瓶中水的体积。

46. 自由女神像外的一层铜绿具有保护作用，能有效防止雕像进一步被腐蚀。但在钢架与雕像相连处，尤其是有水的地方，发生了不同程度的腐蚀。到图书馆查阅相关资料，弄清为什么这些地方更容易被腐蚀。将调查结果写成一份研究报告，可以采用图表的形式表示电子的运动情况。

解决问题

47. 金属锂可以与氟气发生剧烈反应生成氟化锂。
   a) 写出该反应的化学方程式。
   b) 该反应是氧化还原反应吗？
   c) 如果是氧化还原反应，什么物质被氧化？什么物质被还原？
   d) 如果 2.0 g 锂与标准状况下 0.1 L 的氟气反应，哪种反应物将完全反应？
   e) 如果在 d 中生成 0.04 g 氟化锂，反应的转化率是多少？

48. 找出下列反应中的氧化剂。
   a) $C_2H_5OH(l) + 3O_2(g) \longrightarrow 2CO_2(g) + 3H_2O(l)$
   b) $CuO(s) + H_2(g) \longrightarrow Cu(S) + H_2O(l)$
   c) $2FeO(s) + C(s) \longrightarrow 2Fe(S) + CO_2(g)$
   d) $2Fe^{2+}(aq) + Br_2(l) \longrightarrow 2Fe^{3+}(aq) + 2Br^-(aq)$

49. 当煤及其含硫的燃料燃烧时，硫就转化成了二氧化硫：
$S(s) + O_2(g) \longrightarrow SO_2(g)$
   a) 该反应是氧化还原反应吗？
   b) 如果是氧化还原反应，哪种元素被氧化？哪种元素被还原？
   c) 如果某城市一天燃烧含硫 3.5% 的煤 7.0×10^3 kg，那么一天将会释放出多少体积的二氧化硫（标准状况下）？（假定硫完全反应）

50. 硝酸钠与铅反应可以生成亚硝酸钠：
$NaNO_3(s) + Pb(s) \longrightarrow NaNO_2(s) + PbO(s)$
   a) 反应中的氧化剂和还原剂各是什么？
   b) 如果 5.00 g 的硝酸钠与过量的铅反应，在转化率为 100% 时，可得到亚硝酸钠多少克？

标准化测试

氧化还原反应 Zn+4HNO₃ ⟶ Zn(NO₃)₂+2NO₂↑+2H₂O 中元素的相关数据		
元素	氧化数	离子团
Zn	0	—
Zn(NO₃)₂中的Zn	+2	—
HNO₃中的H	+1	—
H₂O中的H	?	—
HNO₃中的N	?	NO₃⁻
NO₂中的N	+4	—
Zn(NO₃)₂中的N	?	NO₃⁻
HNO₃中的O	−2	NO₃⁻
NO₂中的O	?	—
Zn(NO₃)₂中的O	?	NO₃⁻
H₂O中的O	−2	—

运用上表中的信息回答第1～3题。

1. 下列元素中,哪种元素在氧化还原反应中成了单原子的旁观离子?

   a) Zn   b) O   c) N   d) H

2. 在 Zn(NO₃)₂ 中,N 元素的氧化数是多少?

   a) +3   b) +5   c) +1   d) +6

3. 该反应中被氧化的元素是什么?

   a) Zn   b) O   c) N   d) H

运用下面的化学方程式回答第4～5题。

$$Mg(OH)_2(aq)+2HCl(aq) \longrightarrow MgCl_2(aq)+2H_2O(l)$$

4. 化学方程式中的哪种化合物是碱?

   a) Mg(OH)₂   c) MgCl₂
   b) HCl   d) H₂O

5. 化学方程式中的哪种化合物是盐?

   a) Mg(OH)₂   c) MgCl₂
   b) HCl   d) H₂O

6. 某温度下,1体积气体产生的压力为1.4 atm。如果将体积变为两倍,温度下降一半,压力会是多少?

   a) 0.35 atm   c) 2.8 atm
   b) 1.4 atm   d) 5.6 atm

7. 形成3.5 mol C₆H₁₂O₆需要多少氢?

   a) 1.7 g   c) 3.5 g
   b) 42 g   d) 101.5 g

8. 为什么蛋黄酱是乳浊液?

   a) 水是极性的,而油是非极性的。
   b) 油是极性的,而水是非极性的。
   c) 水和油都是离子化合物。
   d) 水和油都是共价化合物。

9. 三元酸是指

   a) 含有三个氢原子的酸。
   b) 含有三个酸性氢原子的酸。
   c) 含有三个氢离子的酸。
   d) 含有三个额外质子的酸。

考点提示								
测试题号	1	2	3	4	5	6	7	8	9
对应章节	16.1	16.1	16.1	14.1	15.1	11.2	12.2	13.2	14.1

581

第 17 章　电化学

大概念　化学能可以转化为电能，电能也可以转化为化学能。

第1节　原电池：化学能转化为电能

主要概念　在原电池中，负极发生氧化反应，正极发生还原反应，电子从负极流向正极。

第2节　电解：电能转化为化学能

主要概念　在电解池中，外加电压促使电解液中非自发氧化还原反应的发生。

你知道吗？

- 闪电的温度比太阳表面的温度还高。
- 闪电使周围空气温度升高，以至于发生爆炸而打雷。
- 在暴风云中，上层的云带正电，下层的云带负电。
- 闪电的路径是不可预测的，也并不一定会击中最高的物体。

课前活动

起步实验

柠檬电池

你可以在便利店里买到电池,你也可以亲手用柠檬制作一个电池。那么,柠檬电池究竟是什么样子的呢?

实验器材
- 柠檬
- 锌片
- 铜片
- 电压表

实验步骤

1. 阅读并完成实验安全表格。
2. 将锌片和铜片分别插入到柠檬中,两者间隔 2 cm。
3. 将电压表的黑表笔与锌片相连,红表笔与铜片相连,读取并记录电势差(电压)。
4. 改变柠檬中一个金属片的位置,注意观察电压表的读数变化。

实验分析

1. **推断** 锌片和铜片的作用是什么?
2. **推断** 柠檬的作用是什么?
3. **对比与比对** 比较柠檬电池和普通电池之间的异同。

探究 用其他的水果或蔬菜能否获得相同的结果?请说明理由。

折叠式学习卡 学习组织者

电化学电池 按以下图示制作折叠式学习卡,帮助你比较原电池和电解池。

▶ **步骤1** 将一张纸对折。

▶ **步骤2** 在距离顶部 3 cm 处向下折叠。

▶ **步骤3** 展开,在折痕上画线。分别标注"原电池"和"电解池"。

折叠式学习卡 在第 1 节和第 2 节中使用该**折叠式学习卡**。在你阅读的过程中,在对应的栏目下进行总结。

583

第1节

核心问题
- 原电池的结构与电压、电流的产生机制有何联系?
- 原电池中电子是如何流动的?
- 原电池两极上发生的反应分别与氧化还原反应有何联系?

术语回顾
还原反应:原子获得一个或者多个电子的反应。

关键术语
电流
负极
正极
电势差
电压
原电池
阳离子
阴离子

原电池:化学能转化为电能

主要概念 在原电池中,负极发生氧化反应,正极发生还原反应,电子从负极流向正极。

链接真实世界 你会如何处理半张一元纸币? 没有另外半张,你不能花费这一元钱。相似的,原电池由两个半电池组成。你需要两个半电池才能组成一个有用的原电池。

氧化还原反应与化学电池

通过之前的学习,你已经知道,氧化反应和还原反应是同时发生的。现在,请你回顾第16章中所学的有关腐蚀这一化学现象的内容。当金属铁和氧气发生反应时,铁被氧化生成了铁锈,即氧化铁。氧化还原反应中一定存在电子的转移。在这个反应过程中,电子从铁原子(还原剂)转移到了氧气分子(氧化剂)上。

现在,假设你可以将氧化还原反应中的氧化反应和还原反应分离开来,并用金属导线连接这两部分,那么不难想象,电子就可以沿着导线移动。我们把电子的定向移动称作**电流(electrical current)**。也就是说,我们可以利用氧化还原反应来产生电流,这就是电化学电池的工作原理。利用这个原理,可以将化学能转化为电能。

化学电池 人们把1800年第一个化学电池的发明归功于亚历山德罗·伏特(Alessandro Volta)。他制作的电池由两种不同金属层构成,被吸满酸性溶液的布或者纸板分离开来。**图17.1**是按照伏特早期电池的设计绘制而成的。那些板层用来分离氧化还原两个自发的半反应,从而产生电流。

■ **图17.1** 早期的电池由银层、锌层和一些纸张组成。先将纸张浸泡在盐水中,随后将银层、纸张、锌层交替叠加,堆积在一起,再用导线相连,放入酸性电解液中,这就组成了伏打电堆。

为了纪念伏特,用氧化还原反应制造电流形成的电化学电池被称为伏特电池(voltaic cell)。现在的电池虽然采用不同的材料,但它们依然是将一个或者多个伏特电池包裹起来而形成的。

柠檬电池 在柠檬电池中,电能是怎么产生的呢?在本章开始的起步实验里,你可以制作一个柠檬电池。柠檬本身就是一个含有电解质溶液——柠檬汁的容器。回顾一下,电解质是可以导电的化合物。柠檬汁是一种酸性饮料,换句话说,它是一种酸性物质。由柠檬酸部分电离生成的 H^+,不仅具有酸味,而且可以作为导电的离子。选用两种不同的金属条作为电极,让其中一极发生氧化反应,另一极发生还原反应,就可以为电池提供能量了。发生氧化反应的电极是 **负极(anode)**,发生还原反应的电极是 **正极(cathode)**。

图17.2所示的是一个柠檬电池模型。易被氧化的金属作负极,另一种金属作正极。在柠檬汁中,最易被还原的物质是大量的氢离子。柠檬电池的氧化还原反应可以用下面的化学方程式表示,M代表被氧化的金属,H^+代表被还原的氢离子:

$$M + 2H^+ \longrightarrow M^{2+} + H_2$$

这个自发的氧化还原反应使得每个电极上具有不同的电势,电池的电压也因此产生了。

电流 柠檬电池里金属电极上的电子在外电路流动形成电流并做了有用功。例如,收音机需要电源才能工作,电子通过导线从电池的负极流向正极形成电源。负极上发生化学反应释放电子,电子沿着电极流向连接负极和正极的外接电路。在正极上,电子被用来进行还原反应。

折叠式学习卡

将本节中的信息归纳到你的折叠式学习卡中。

词源

Spontaneous
自发的
sponte(拉丁语):自愿的

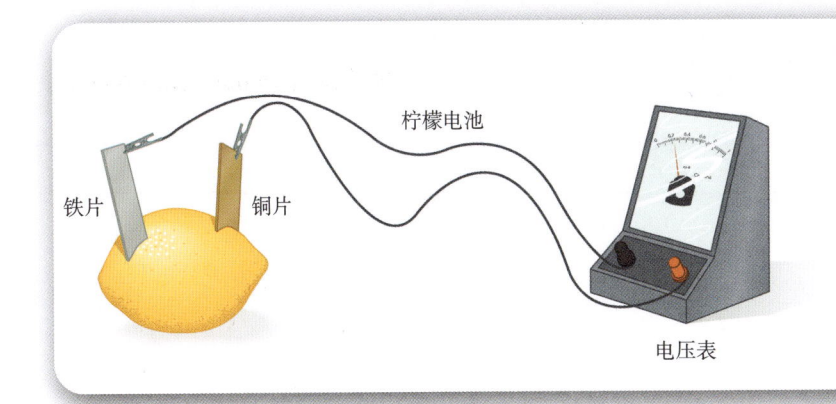

■ **图17.2** 把铁片和铜片分别插入柠檬中,并用外接电路的导线将两极相连。这时柠檬电池就开始工作了。电子通过金属导线流动,通过导电性电解液在柠檬中流动。铁片是负极,上面发生氧化反应。铜片是正极,上面发生还原反应。

迷你实验 1

柠檬电池

如果用两种不同类型的金属制作柠檬电池,会发生什么?

实验步骤

1. 阅读并完成实验安全表格。
2. 轻轻地捏揉柠檬,但不能使柠檬皮破损。然后在柠檬的两端各切一条深为 1 cm 的裂缝。
3. 在两条裂缝中,分别插入锌条和铅条。
4. 用导线将铅条、锌条分别与电压表的正负极相连。若电压表没有读数,则将电压表正负极上的导线接头的位置对调。
5. 观察并记录电压表上的读数。
6. 使用铅条和铝条,重复实验步骤 2~5。在将铝条插入柠檬裂缝前,先用钢丝绒将铝片的表面抛光以除去其表面的氧化层,随后迅速将其插入柠檬的裂缝当中。注意:使用过的柠檬不能再食用,必须丢弃!

分析与讨论

1. **解释** 什么因素促使锌条和铅条之间产生了电势差?
2. **解释** 为什么将锌条替换成铝条后,电势差增大了?
3. **推断** 若先用锌条和镁条进行实验,再用锌条和铅条进行实验,请问:锌条电极上发生的反应是否相同?试给出解释。

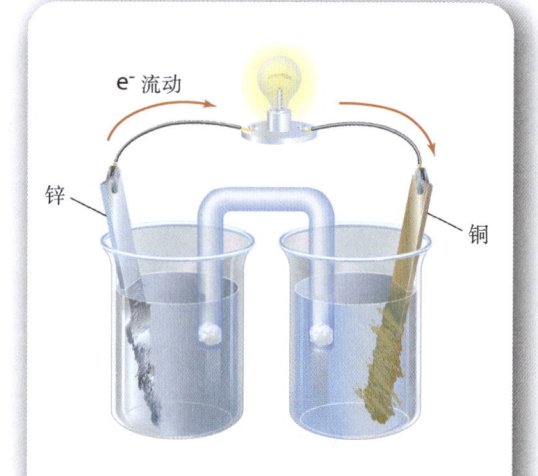

■ **图 17.3** 在这个原电池中,负极上的锌发生氧化反应释放电子,电子流向正极并还原铜离子。

推断 自发的氧化还原反应什么时候会停止?

电势差 如同不断向一个容器中注入水,水位就会升高一样,电子在负极不断富集形成一种负极电势。我们常把电势看成一种力,或者说是电子压力,如**图 17.3** 所示。

为什么电子仅朝一个方向流动而不向另一个方向流动呢?由于还原反应的发生,使得正极的电子压力相对较小,电子就从电子高压区(负极的负电势)流向电子低压区(正极的正电势)。这种正负极之间的电子压力被称为**电势差(potential difference)**。正是因为柠檬电池两电极间的电势差,电流才得以形成。换言之,如果两极间没有电势差,就不会形成电流。

电流的大小与电势差的大小有关。电子从负极流向正极是一个释放能量的过程,因此柠檬电池的放电是一个自发过程。储藏在化学键中的能量转变为电能,最终变成了热。我们也把电势差称作**电压(voltage)**。为了纪念意大利物理学家亚历山德罗·伏特的贡献,用"伏特"作为电压的单位。

表17.1　常见金属的还原性比较

容易氧化 ↑	Li	Li ⟶ Li⁺+e⁻
	K	K ⟶ K⁺+e⁻
	Ca	Ca ⟶ Ca²⁺+2e⁻
	Na	Na ⟶ Na⁺+e⁻
	Mg	Mg ⟶ Mg²⁺+2e⁻
	Al	Al ⟶ Al³⁺+3e⁻
	Mn	Mn ⟶ Mn²⁺+2e⁻
	Zn	Zn ⟶ Zn²⁺+2e⁻
	Cr	Cr ⟶ Cr³⁺+3e⁻
	Fe	Fe ⟶ Fe²⁺+2e⁻
	Ni	Ni ⟶ Ni²⁺+2e⁻
	Sn	Sn ⟶ Sn²⁺+2e⁻
	Pb	Pb ⟶ Pb²⁺+2e⁻
	Cu	Cu ⟶ Cu²⁺+2e⁻
	Ag	Ag ⟶ Ag⁺+e⁻
	Hg	Hg ⟶ Hg²⁺+2e⁻
难氧化	Pt	Pt ⟶ Pt²⁺+2e⁻
	Au	Au ⟶ Au³⁺+3e⁻

氧化反应基础　金属铁容易被氧化,当电子从铁迁移到氧化剂上时,将释放出较多的能量。你还学过其他一些金属,它们在腐蚀过程中同样被氧化。还有一些金属会形成保护膜,因此它们并不容易被氧化。不同的金属在氧化过程中释放的能量是不同的,如**表17.1**所示。从这张表中,我们可以看出不同金属得失电子的难易程度。为什么人们习惯将金、银、铜作为珠宝首饰的材料呢?结合表中数据可知,这三种金属不易被氧化,有着良好的抗腐蚀性能。

原电池　在柠檬电池中,自发进行的氧化还原反应使电池两极同时带上电荷。一旦用导线将电池两极相连,就会产生电流。这种通过运用自发进行的氧化还原反应产生电压的化学电池叫作==原电池(galvanic cell)==。在原电池中,化学能被转化为电能。有时,也将原电池称作"伏打电池"。

> **拓展 阅读**
>
> 美国加利福尼亚大学的科学家研制出了世界上最小的原电池,这种电池远小于人类细胞,必须用电子显微镜才能观察到。该电池是由堆状的铜和银粘着在石墨表面形成的。尽管这种电池不能像普通电池那样在生活中得到应用,但是它可以为科学家研究原子尺度的氧化还原反应提供一臂之力。

有时,可以很容易地观察到原电池中发生的化学变化,如**图 17.4**所示的是简单的镁—铜原电池。使用两个烧杯是为了将氧化半反应和还原半反应分离开。因为镁比铜更容易被氧化,反应过程中,镁失去电子被氧化为镁离子。此时,作为负极的镁,它的电势变得更低,这样就增大了两极间的电势差。同时,在作为正极的铜的表面,铜离子得到电子,被还原为金属铜。当电子从正极离开时,铜电极的电势会变得更高。

如果用电导线将电池的两极相连,电流便会从镁电极流向铜电极。用电压表测量两极间的电压,读数为 2.696 V。电池放电所产生的能量可以驱动收音机正常工作。不难发现,在镁—铜原电池中发生的反应合起来就是一个完整的氧化还原反应。

完整的原电池　为产生电流,还必须有两样东西在两个半反应之间连成电路。首先,用一根导线连接两个电极,使电子能够从镁电极(负极)流向铜电极(正极)。其次,用一个盐桥(装有盐溶液的 U 形管,如**图 17.4**所示)将两个烧杯相连,完成电路。

盐桥　盐桥的作用是什么?两电极间存在电势差,由此会产生电池电压。如**图 17.4**所示,电池负极上产生镁离子进入溶液,铜离子向正极迁移。正离子,比如 Mg^{2+} 和 Cu^{2+},被称为 **阳离子(cation)**。负离子称为 **阴离子(anion)**。离子必须在两极间能自由移动,才能中和负极产生的正电荷(镁离子)和正极周围多出的负电荷(阴离子)。盐桥中的离子溶液让离子的传导成为可能,实现了完整的电流回路,并可防止电极上大量电荷的累积。

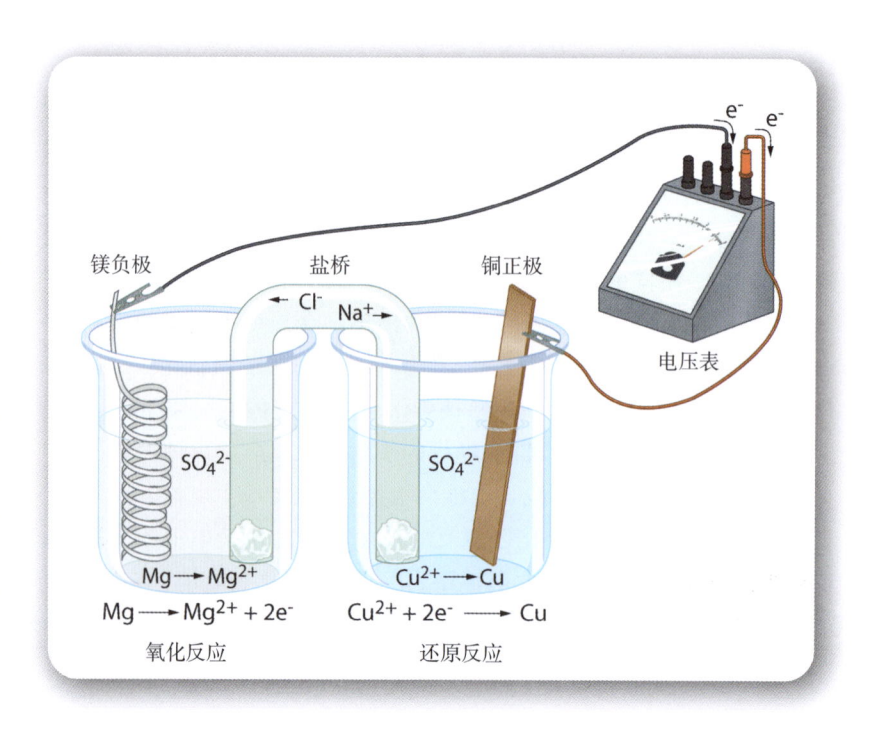

■ **图 17.4**　将一段镁放入盛有硫酸镁溶液的烧杯里,并将一块铜片放入盛有硫酸铜溶液的烧杯里,用外电路将两根金属电极相连,外电路中包含电压表。蓝色的铜离子不断被还原成铜原子,从溶液中析出并沉积在铜片上,所以,溶液的颜色越来越浅。

推断　盐桥的作用是什么?

没有外电路的 Mg/Cu^{2+} 反应　如**图 17.5** 所示,如果将金属镁直接放置于 CuSO$_4$ 溶液中,就会发生上述氧化还原反应。但这并不是原电池,因为电子并没有在外接电路中流动,而是由金属镁直接转移到了铜离子,生成了铜原子。易被氧化的镁生成无色的镁离子溶解在溶液当中,蓝色的铜离子被还原成红棕色的铜沉积于烧杯底部。这是由铜离子制备铜原子的一种方法,但这一过程并没有产生电能。

从理论上讲,你可以将每一个氧化还原反应设计成一个原电池,并从中获取能量。所获取能量的大小取决于电池的两个属性:反应物的量和两电极间的电势差。电极上的反应物越多,反应过程中产生的电子就越多。电势差的大小取决于金属本身的氧化还原特性,也就是说,与电极材料在**表 17.1** 中的相对位置有关。两种金属材料在表中的距离越远,两电极间的电势差就越大,单个电子在导线中流动所释放的电能也就越大。

我们如何判断在电池中是哪种材料被氧化,哪种材料被还原呢？请参考**表 17.1**,这张表是由化学家休佛瑞·大卫和他的学生米歇尔·法拉第经过多次实验得到的。现在,我们可以根据此表来预测反应产物。例如,在锌—铜原电池中,锌会被氧化,铜会被还原,因为锌比铜更容易被氧化,电子从锌流向铜。

电压表　形成电路后,外电路中电压表显示的电压读数为 2.696 V。将导线与收音机的电极相连接,电池放电所产生的能量可以驱动收音机正常工作。将镁—铜原电池中发生的反应合并就是一个完整的氧化还原反应。

$$Mg(s) \longrightarrow Mg^{2+}(aq) + 2e^-$$
氧化反应

$$Cu^{2+}(aq) + 2e^- \longrightarrow Cu(s)$$
还原反应

$$Mg(s) + Cu^{2+}(aq) \longrightarrow Mg^{2+}(aq) + Cu(s)$$
总氧化还原反应

■ **图 17.5**　将金属镁条插入蓝色的 CuSO$_4$ 溶液中,一段时间以后,镁条消失,溶液的蓝色也褪去了。

■ **图17.6** 能有效工作的原电池就是电池。用导线将外接电路与原电池的两极相连,电子就会从发生氧化反应的镁条流出,经过发光二极管(Light Emitting Diode, LED)到达发生还原反应的铜片上,从而使LED发光。

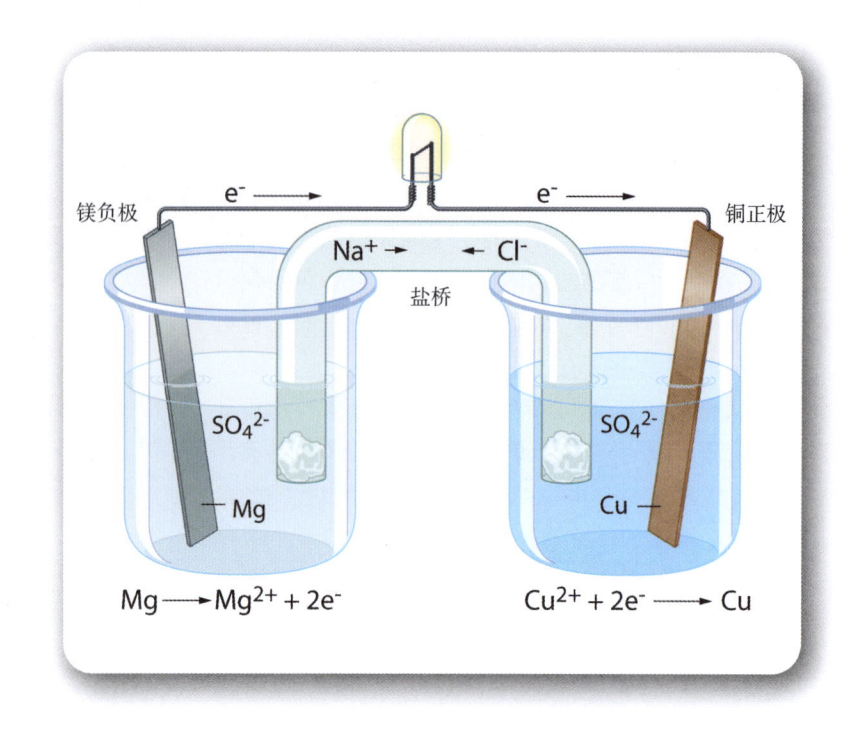

■ **图17.7** 不同大小、形状、强度的现代电池正不断走入人们的生活。它们可以满足人们的不同需求。

反应结束 用电压表替换成灯泡后,电池就可以有效工作了。如**图17.6**所示,用导线把电池和低电压光源(发光二极管)相连,并将电路闭合,二极管能发光,这表明电池可以正常工作。一段时间以后,光的强度会逐渐变弱。为什么发光强度会发生变化呢?这是因为随着镁电极的消耗,电池的发光能力不断减弱,一旦镁电极反应完毕,电池也就停止工作。

电 池

尽管**图17.4**中由镁和铜制得的原电池可以有效工作,但是不便于携带。液体容易泄漏,玻璃易碎且发电能力有限。幸运的是,科学家已研制出了多种新型电池,它们体积小、质量轻、电压更强且经久耐用。

图17.7展示了一些目前常用的电池。与纸张厚度一样的实验电池已被研制出来。你可能认为电池必须用金属和酸来制作,但部分电池可能由微生物组成,通过利用糖分中的能量发电。现在,有一种燃料电池已被开发出来,它仅需2 kg的糖就能让汽车行驶50 km的路程。

我们怎样设计电池呢?在**表17.1**中,两种金属材料相距越远,用它们制造的电池的电压就会越大。假如你想制作一个高电压电池来为收音机提供电能,你就得选择表中相距较远的金属材料。不难发现,使用铜币、铁钉制作的电池,其电压要比使用铜币和镍片制作的电池的电压大,这是因为表中铁与铜的距离要大于镍与铜的距离。

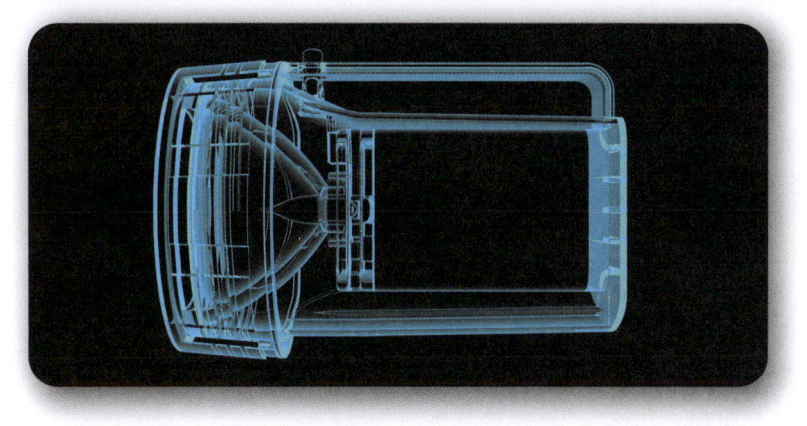

■ **图17.8** 图中展示了手电筒内部的完整构造。想要打开手电筒时,按下图像上方的金属开关,电池就能与灯泡旁边的金属相连。这样就闭合了电路,使电子能够从电池的负极流出,再通过灯泡返回正极。

通常情况下,电池指的是由多个原电池串联而成的一组电池,但也有只包含一个原电池的电池,一般电池含有一打或更多的原电池。当你把电池放到手电筒、收音机或CD机里,然后闭合开关,电子就会从还原剂(发生氧化反应)一端流向氧化剂(发生还原反应)一端。如图17.8所示,手电筒内部有电池接触点,打开手电筒时,电路闭合,氧化还原反应开始进行。

性能强的电池,得配上强氧化剂和强还原剂,以便产生最大可能的电势差。但考虑到这些试剂的安全性、经济性和便利性,人们很少直接使用这种电池。其实,要想得到较高的电压,只需将若干节电压相近的电池串联在一起即可,如图17.9所示。

在图17.9中,一个原电池——此处指柠檬——的正极与下一个原电池的负极相连,图17.8中手电筒的电池也是如此。对于柠檬和手电筒的电池,总电压是各个电池电压的总和。

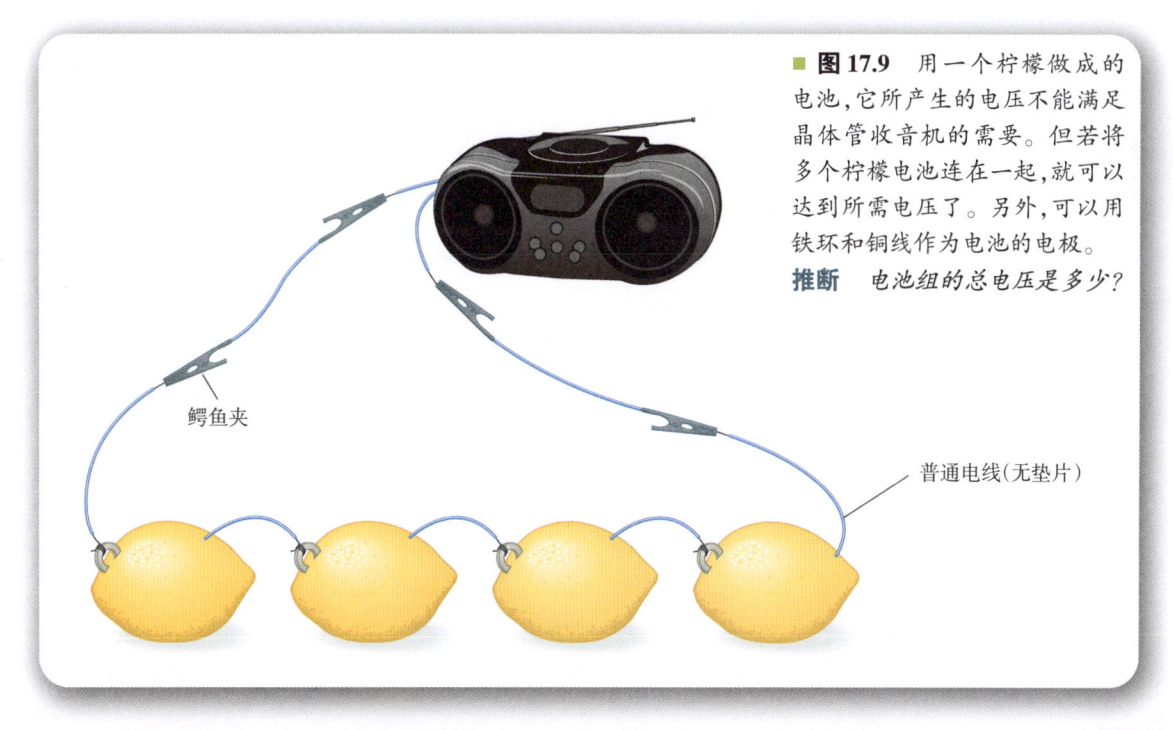

■ **图17.9** 用一个柠檬做成的电池,它所产生的电压不能满足晶体管收音机的需要。但若将多个柠檬电池连在一起,就可以达到所需电压了。另外,可以用铁环和铜线作为电池的电极。

推断 电池组的总电压是多少?

鳄鱼夹

普通电线(无垫片)

化学实验

氧化还原反应与电化学电池

背景

氧化还原反应涉及电子的得失。将氧化反应和还原反应分开,用外接电路将两部分连接起来,就可以利用氧化还原反应发电了。用这种原理制作的发电装置叫作电化学电池。在这个实验中,你将探究一个氧化还原反应,并利用该反应自己动手制作一个电化学电池。

问题

怎样利用一个自发的氧化还原反应制作电化学电池?

目标

- **观察**一个简单的氧化还原反应。
- **联系**反应物的还原性强弱和它参与的反应。
- **利用**该反应制作一个可启动电子设备的电化学电池。

实验准备

实验器材

- 有V形槽和U形槽的木支架
- 直径为25 mm、长为15 cm的透析袋
- 镁条(10 cm长)
- 镁条(1 cm长)
- 铜箔(10 cm×1 cm)
- 铜箔(1 cm×2 mm)
- 刻度尺
- 250 mL烧杯
- 小试管(2支)
- 两端除去塑料外皮的电线(2根)
- 2 V或3 V量程的DC电压表
- 需要2节7号电池支持的手电筒灯泡
- 9 V的晶体管收音机
- 0.5 mol·L^{-1}氯化钠溶液
- 0.5 mol·L^{-1}氯化铜溶液
- 0.1 mol·L^{-1}氯化镁溶液

安全警示

实验步骤

1. 阅读并完成实验安全表格。
2. 将透析袋放在清水中浸泡10分钟左右,在这段时间里,你可以先操作步骤3和步骤4。在透析袋的一端打两个结,用手指将另一端捻开。
3. 将少量氯化铜溶液倒入一支小试管中,并把1 cm长的镁条投入溶液中。观察1分钟,把观察到的现象记录在数据表中。然后把溶液倒入废液缸,并将使用过的镁条放在老师指定的地点,统一处理。
4. 将小段的铜箔投入到氯化镁溶液中,观察并记录实验现象。
5. 从透析袋开口端加入氯化铜溶液,使得从结点到液面的距离为6~8 cm,并将条状铜箔插入透析袋。调试好后,将透析袋和铜箔上端嵌入下图所示的木支架的V形槽中,并将透析袋置于烧杯中。

木支架

镁条的U形槽

透析袋和铜箔的V形槽

镁条　木支架　铜箔

透析袋中的 CuCl₂ 溶液

NaCl 溶液

结

实验数据与现象观察

	实验现象
Mg-Cu²⁺	
Cu-Mg²⁺	
电压	
铜箔和镁条	

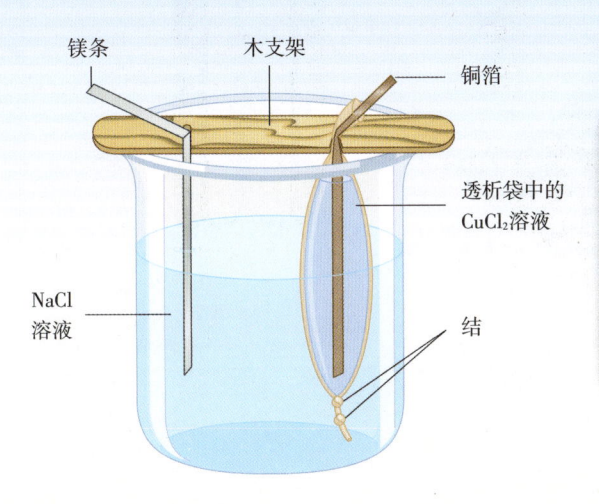

6. 将镁条上端卡在木支架的U形槽中。
7. 将200 mL氯化钠溶液倒入烧杯中。
8. 用两根电线分别将铜箔、镁条与电压表相连，铜箔与电压表上"＋"的一端相连，镁条与电压表上"－"的一端相连，读取并记录电压值。
9. 与其他实验小组合作，完成下面有关灯泡和晶体管收音机的实验操作。手电筒所需的电压为3 V，晶体管收音机所需的电压为9 V。将实验电池逐一连接（从铜到镁）以便获取你所需要的电压。注意：确保电极正确连接。将电池逐一连接，可以使电压不断增加。例如，5节2V的电池串联在一起，它们的总电压就是10V。以这种形式连接在一起的电池就叫作"电池组"。
10. 拆开电池，观察铜箔和镁条的反应情况，并记录下来。然后清洗铜箔和镁条，并按老师的要求处理。

分析与讨论

1. **分析数据**　写出步骤3中镁与氯化铜反应的离子方程式，并配平。铜和镁，哪种金属元素更易失去电子（更易被氧化）？
2. **联系概念**　在电化学电池中，负极发生氧化反应，正极发生还原反应。请问，在本次实验过程中，哪种金属为负极？哪种金属为正极？写出半反应的化学方程式。

应用与评估

应用　当用电化学电池启动一个电气设备时，电子在外电路中向什么方向流动？

进一步探究

推断　若用铅作负极、锂作正极，能否制作一个电化学电池？为什么？

■ **图 17.10** 由标准 2 号电池的外观图和剖面图可以看出碳锌干电池的结构。电池外皮纸包裹的是锌筒。氧化还原反应中，锌作为负极，发生氧化反应。电池的中心是碳棒，它是电池的正极，表面裹着黑色糊状的 MnO_2 和石墨混合物。NH_4Cl-$ZnCl_2$ 是电解质。碱性电池中，用 KOH 代替 NH_4Cl 作电解质，因此可长时间提供较高的电压。

碳锌干电池

碳锌干电池

当你把两节或更多节普通 2 号电池装进手电筒时，务必使它们首尾相连。只有这样，电流才能流经电池组中的每节电池。这些并不昂贵的电池是碳锌原电池，有标准型的、强性能的及碱性的等多种型号。我们称这类电池为干电池，因为它内部所用的材料是一种糊状的半固体物质，而不是液态的电解质。观察**图 17.10** 所示的碳锌干电池的剖面图，并指出原电池的各个部分。

想一想，原电池中是否少了什么呢？注意观察其中的电路，我们发现它并不是一个闭合电路。因为在无外接导线时，电子不能从锌筒转移到碳棒上。这并不是电池的缺点，而是经过精心设计的。当外接电路闭合时，电池就可以提供电能了，如**图 17.8** 所示。例如，打开手电筒的开关时，氧化还原反应就开始进行了。电子从电池中的锌片转移到手电筒的金属片，然后进入电池顶部，沿碳棒进入黑色糊状物，在那里参与还原反应。

碳锌干电池的反应 从锌筒出发的电子，沿着外接电路流回电池，形成一个电流回路，从而为手电筒、收音机、CD 机、玩具、钟表等提供所需的电能。在电子脱离锌筒时，金属锌发生了氧化反应。

$$Zn \longrightarrow Zn^{2+} + 2e^-$$

发生在碳棒上的反应则相对复杂一些。在反应过程中，锰元素的化合价由 +4 降到 +3，MnO_2 被还原。

$$2MnO_2 + H_2O + 2e^- \longrightarrow Mn_2O_3 + 2OH^-$$

将上面的氧化反应和还原反应合并，就可得到碳锌干电池总的氧化还原反应的离子方程式：

$$Zn + 2MnO_2 + H_2O \longrightarrow Zn^{2+} + Mn_2O_3 + 2OH^-$$

工作原理

心脏起搏器：拯救心脏

你的心脏是由一直在收缩放松的心肌组织组成的,心脏的跳动是由在心脏内部遍及的路径上移动的电脉冲引起的。右心房上壁的特化细胞能发出电脉冲,如果这些细胞不起作用或者电脉冲路径被中断,心脏就不能正常跳动。心脏起搏器是可以监控和调整不规律心跳的电子设备。它是怎样工作的呢?

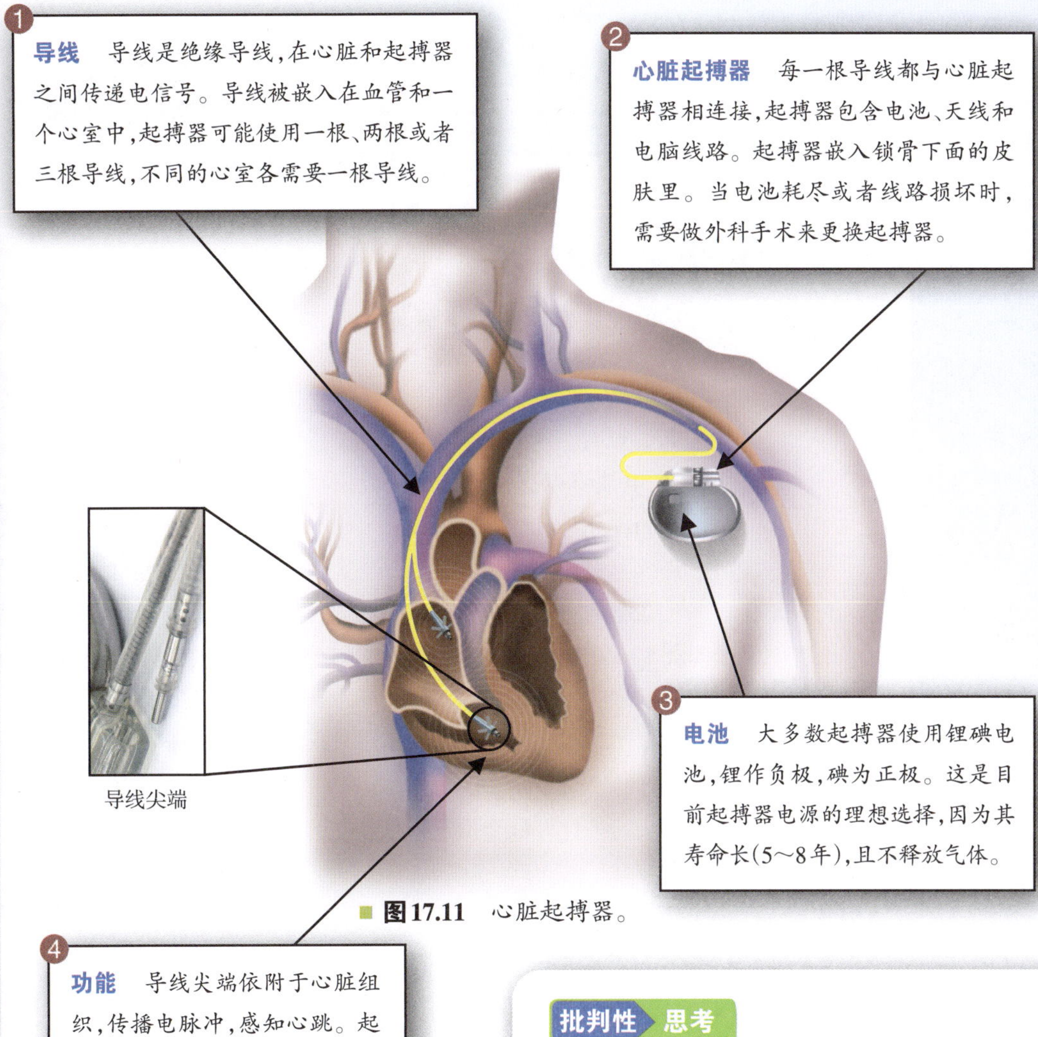

❶ 导线 导线是绝缘导线,在心脏和起搏器之间传递电信号。导线被嵌入在血管和一个心室中,起搏器可能使用一根、两根或者三根导线,不同的心室各需要一根导线。

❷ 心脏起搏器 每一根导线都与心脏起搏器相连接,起搏器包含电池、天线和电脑线路。起搏器嵌入锁骨下面的皮肤里。当电池耗尽或者线路损坏时,需要做外科手术来更换起搏器。

❸ 电池 大多数起搏器使用锂碘电池,锂作负极,碘为正极。这是目前起搏器电源的理想选择,因为其寿命长(5~8年),且不释放气体。

导线尖端

■ **图17.11** 心脏起搏器。

❹ 功能 导线尖端依附于心脏组织,传播电脉冲,感知心跳。起搏器能够刺激迟缓的心跳,平缓不规律的心跳以及激活停止的心跳。

批判性 思考

1. **分析** 写出Li与H_2O反应的化学方程式,配平,并指出其中的氧化剂和还原剂。
2. **应用** 医学技术如何改变你或者你周围人的生活?将来又会有什么变化?

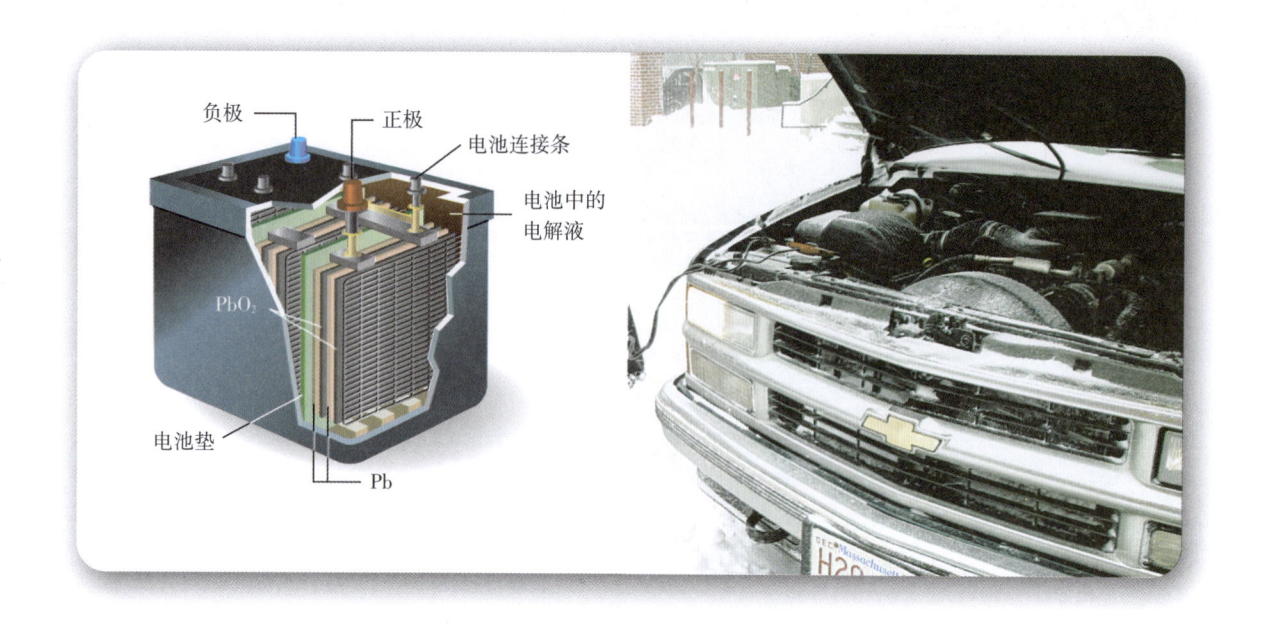

■ **图 17.12** 铅蓄电池中装有 Pb 电极和 PbO₂ 电极,以及电解质硫酸。电池开始使用时,硫酸慢慢消耗,电解质被稀释。在电池损坏的情况下,从另外一辆车上引来电流启动汽车,汽车仍可以发动。所以当汽车电池损坏时,应恰当地进行处理。

汽车的铅蓄电池

汽车使用的电池组是 12 V 的铅蓄电池,由 6 个 2 V 的电池组成。尽管蓄电池的体积和质量都很大,但它的优点也非常明显,如电流大、可充电、经久耐用,因而得到广泛应用。当你用钥匙启动汽车引擎时,蓄电池将化学能转化为电能来发动汽车。当引擎熄火时,电池可以提供电能来满足汽车上收音机和照明的需要,如果长时间使用车上的收音机和照明,电池的能量也会消耗殆尽。但只要汽车引擎重新启动,就又可以给蓄电池进行充电了。

蓄电池中的每一个原电池都有两个电极——PbO₂ 极和 Pb 极,如图 17.12 所示。反应过程中,Pb 是负极,失去电子(Pb→Pb²⁺),被氧化;PbO₂ 是正极,得到电子(Pb⁴⁺→Pb²⁺),被还原。Pb²⁺ 与溶液中的 SO₄²⁻ 反应,生成的 PbSO₄ 沉积在正负电极上。因此,铅酸电池放电时,两个电极上都生成了 PbSO₄。

$$PbO_2 + Pb + 2H_2SO_4 \longrightarrow 2PbSO_4 + 2H_2O$$

电池再生 铅—酸电池的放电过程是自发的化学反应,不需要外加能量。充电过程是放电过程的逆反应,不是自发反应,需要汽车提供交流电来推动这个反应的进行。交流电为电池反应提供能量,使 PbSO₄ 与 H₂O 发生反应,生成 PbO₂、Pb 和 H₂SO₄。H₂SO₄ 具有强腐蚀性,因此在汽车电池周围操作时务必注意安全。

$$2PbSO_4 + 2H_2O \longrightarrow PbO_2 + Pb + 2H_2SO_4$$

工作原理

镍镉充电电池

图 17.13 所示的镍镉电池是一种常见的蓄电池,它可重复充放电 500 多次。这种电池可以提供高功率的短脉冲,这使得它成为无线电动工具,如**图 17.14** 所示的无线冲击钻的理想能源。但当镍镉电池报废时,就面临着对有毒镉的处理问题。因此,镍镉电池尽管可以循环使用,但代价也很昂贵。人们一直在研究与开发由低毒性金属构成的充电电池,然而至今也没有成功开发出像镍镉电池一样供电稳定的电池。

■ **图 17.14** 无线冲击钻。

① 新购买的镍镉电池在使用前必须先充足电。

② 在镍镉电池中,镉做负极,氧化镍做正极,KOH 是电解质,电池中的正极和负极都卷成筒状。

③ 放电过程中发生了氧化还原反应,正极的氧化亚镍被还原,负极上的镉被氧化。
Cd + NiO ⟶ CdO + Ni

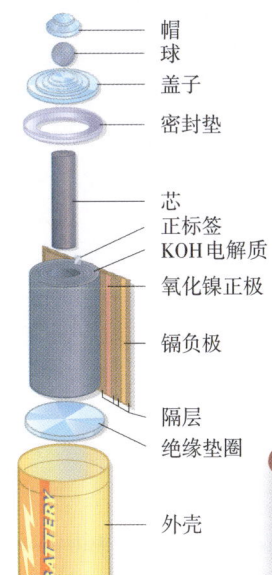

帽
球
盖子
密封垫
芯
正标签
KOH 电解质
氧化镍正极
镉负极
隔层
绝缘垫圈
外壳

■ **图 17.13** 镍镉电池。

⑤ 镍镉电池不适合长期放在闲置的仪器中,如烟雾探测器、照相机和手电筒等,因为镍镉电池不用时每天仍将流失大约 1% 的电能。

④ 充电过程中发生电解反应,电解反应是充电反应的逆反应。
CdO + Ni ⟶ Cd + NiO

> **批判性 思考**
> 1. **判定** 用化学方程式表示镍镉电池在充电过程中的氧化反应和还原反应。
> 2. **解释** 镍镉电池的优点有哪些?

工作原理

氢氧燃料电池

回顾以前所学的知识，我们知道燃烧反应属于氧化还原反应——燃料分子被氧化，氧气被还原，最终生成氧化物。这些年来，科学家一直在寻找理想的方法，将氧化反应和还原反应分隔开来，从而研制出新型电池，进行发电。在最简单的燃料电池中，氢气燃料被氧化生成水。目前，氢氧燃料电池被研发作为汽车天然气驱动器的代替者，并在国际空间站的太空探索中得以应用，甚至可能作为便携电脑的微型发电机。

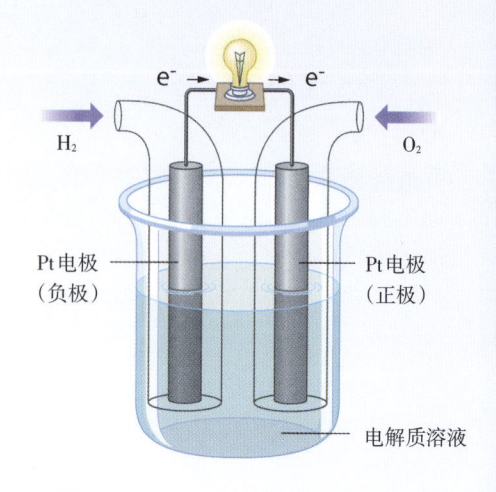

■ 图17.16　含铂电极的氢氧燃料电池。

❶ 与干电池相比，简单的氢氧燃料电池主要有两个特点：电极材料不活泼，例如图17.15中的碳电极和图17.16中的铂电极；需要不断地补充氢气和氧气。

❷ 氢气被填充到燃料电池的一个电极上，氧气被填充到另一个电极上。

❸ 浓的KOH溶液被用作燃料电池的电解液。

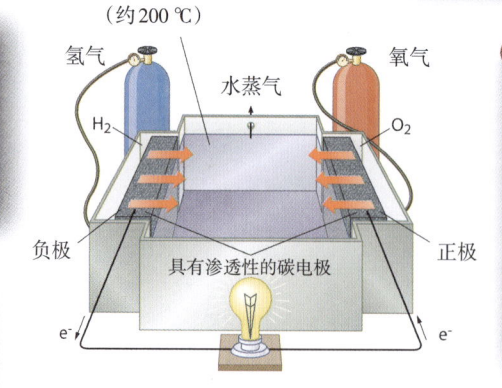

❹ 负极上，氢气分子失去电子被氧化，电子通过燃料电池，沿电路回到燃料电池的正极。正极上的氧气被还原。

❺ 燃料电池的反应产物是水蒸气，水蒸气经冷凝后可以饮用。通过反应，大约有75%的化学能转化为电能。
$$2H_2(g) + O_2(g) \longrightarrow 2H_2O(g) + Q$$

❻ 如果可以研制出价格低廉、经久耐用的燃料电池，在未来它甚至可用于电厂发电。

■ 图17.15　含碳电极的氢氧燃料电池。

批判性 思考

1. **描述**　在燃料电池中，推动电子从氢气电极移向氧气电极的动力是什么？
2. **确定**　假如燃料电池的利用率为75%，剩余25%的能量是以什么形式消失的？

电动汽车

19世纪末，大多数汽车靠蒸汽或电池提供能量。如今，大多数汽车使用汽油做燃料。电动汽车有很多优点，它可以降低汽车对燃料的依赖，减少环境污染，具有长期的经济效益。但它也有缺点，如价格昂贵、可行驶路程较短、充电时间长等。目前，大多数电动汽车使用镍镉电池，但它还面临着一个亟待解决的问题：镉是有毒金属。

近几年，锂聚合物电池的使用克服了一些缺点。该电池还被应用于家用电子产品中，例如移动电话、平板电脑和笔记本电脑，因其持久耐用，在报废前可以充电上万次。

锂是电池的理想材料，因为锂比其他金属更容易被氧化，但其局限性是锂遇水容易发生爆炸。锂电池常作为便携式摄像机的电源，但这需要昂贵的、非水溶液的电解质。锂聚合物电池在使用和充电过程中也会产生大量的热。为了保证驾驶安全，电动汽车的电池系统需要冷却和保护系统。**图17.17** 展示了水溶液式锂电池的内部结构。将来，可能会采用这种电池为电动交通工具进行供电。

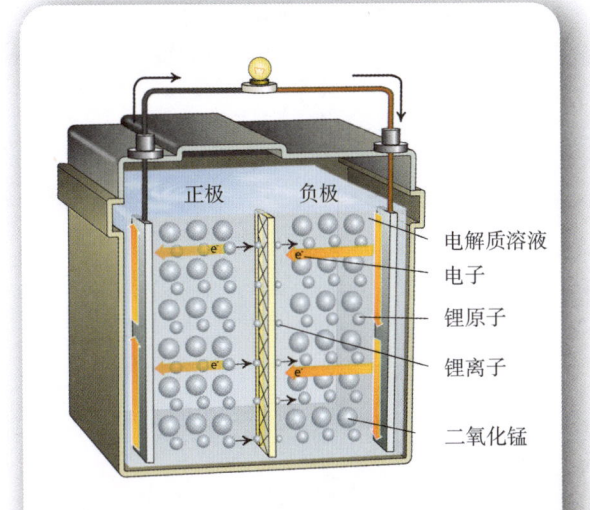

■ **图 17.17** 如何让水溶液成为锂电池的电解质溶液呢？为了让锂与水不发生反应，新型锂电池的结构有两个特点：第一，每个锂原子都分散于类似 MnO_2 的材料当中，而不以固体金属形式存在。第二，电解质溶液中含有不溶性锂盐，生成的锂离子将移动到发生还原反应的一端而不与水发生反应。

补充练习

有关原电池的额外练习，请见附录C。

第1节 本节回顾

要点梳理

- 两种物质的电势差可以用于衡量电子从一种物质移向另一种物质的倾向性。
- 原电池是通过自发氧化还原反应产生电流的装置。
- 电池组包含一节以上的干电池。

1. **主要 概念 描述** 简单描述原电池中电子的移动过程。
2. **绘制** 画一张简单的干电池示意图。
3. **比较** 锌碳电池与铅酸电池相比，主要有哪些区别？
4. **分析** 将一块铜片插入 $1\ mol \cdot L^{-1}\ AgNO_3$ 溶液中。
   a) 借助**表17.1**，预测哪种元素将被还原，哪种元素被氧化。
   b) 书写氧化还原反应的化学方程式（提示：有 Cu^{2+} 生成）。
   c) 这个反应系统是否是原电池？请说明理由。
5. **解释** 干电池不可能完全干燥，试解释原因。

第2节

核心问题
- 电解过程如何驱使非自发氧化还原反应的进行?
- 在电解池中,电荷是如何移动的? 这和电解池中发生的化学反应有什么联系?
- 如何将电解的原理应用到化学合成、提纯、电镀和净化等过程中?

术语回顾
电压:以"伏特"为单位的电势差。

关键术语
电解
电解池

电解:电能转化为化学能

主要 概念 在电解池中,外加电压促使电解液中非自发氧化还原反应的发生。

链接真实世界 当你骑自行车下山时,你不用做功,只要滑行就可以了。这和你骑自行车上山有什么区别呢? 骑自行车上山时,你必须通过踩踏板提供能量。氧化还原反应的负方向与骑自行车上山有相似之处。

氧化还原反应的负方向

当电池产生电流时,电子从负极出发,通过外电路流向正极。有些电池从反方向通入电流可以实现充电。例如,把手机插入充电器,给充电器通电,就可以使电流进入手机给电池充电。电池充电是放电的相反过程。

图 17.18 比较了这两个相反的过程。你已经熟悉其中一类化学电池——原电池。在原电池中,自发的氧化还原反应使电子在线路中移动并做功。图 17.18 中的第二幅图展示了电解过程,**电解(eletrolysis)** 是用电能促使非自发化学反应发生的过程。我们将能发生电解反应的化学装置称为 **电解池(electrolytic cell)**。

在图 17.18 所示的电解池中,"电源"就是用来促使非自发反应发生的,如可以插入手机的电源插座,更恰当地说是能够提供电源插座的电子设备。要记住的是,电解池中的反应是非自发的,它们需要外部的电源促使反应的发生。

■ **图 17.18** 原电池和电解池是电化学电池的两种基本类型,锌—铜化学电池既可以是原电池,也可以是电解池。

推断 在两种电化学电池中,哪种金属被氧化? 哪种金属被还原?

原电池　　　　　电解池

电 解

如**图 17.18** 所示，化学电池是利用氧化还原反应产生电流或者利用电能促使化学反应发生的装置。在伏特发明最原始的化学电池后不久，英国化学家戴维（Humphry Davy）制作了一种装置，他让电流通过熔融的氯化钠。

电解中的阳极和阴极

在戴维的电解熔融氯化钠实验中，阴极上的 Na^+ 被还原成金属 Na，阳极上的 Cl^- 被氧化成 Cl_2。而原电池中正负极的定义为：正极发生还原反应，负极发生氧化反应。

但是，这两种不同类型的装置中的电极不是完全相同的。例如，在原电池中，电子在负极积累并自发地向正极移动，因为电子带负电荷，原电池的负极显正电性，与显负电性的正极相反。而电解池的情况刚好相反，阳极显正电性，阴极显负电性。

下面是电解熔融氯化钠的半反应的化学方程式：

$$2Na^+(l) + 2e^- \longrightarrow 2Na(l)$$

$$2Cl^-(l) \longrightarrow Cl_2(g) + 2e^-$$

将两个半反应相加，即可得到总反应的化学方程式：

$$2Na^+(l) + 2Cl^-(l) \longrightarrow 2Na(l) + Cl_2(g)$$

图 17.19 展示了现代商用电解熔融盐的装置剖面，这个过程生成了纯净的金属钠和氯气。

电解和新元素 从 1807 年起，戴维就用这种方法先后发现了多种元素。从氢氧化钾中提取金属钾之后，戴维仅用了一年左右的时间就制取了镁、锶、钡、钙 4 种金属。1800 年之前，科学家分离得到的单质总共不到 30 种，而到 1850 年，这个数字超过了 50，其中大部分单质是通过电解的方法获取的。

> **折叠式学习卡**
>
> 将本节中的信息归纳到你的折叠式学习卡中。

■ **图 17.19** 在唐氏电解池中，产生的电子用于还原钠原子，当阳极释放出电子时，氯离子被还原为氯气。

解释 铁隔膜的作用是什么？

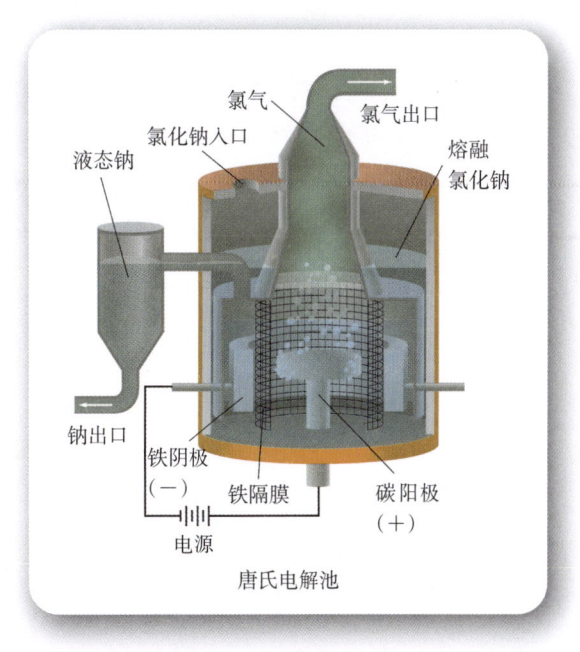

词源

Electrolysis

电解

electricus（拉丁语）：有关电的
lytikos（希腊语）：分离、分裂

电解过程　在电解过程中，电子在导体（金属电极）与电极周围的离子或原子间传递。在电解液里，Na^+、Cl^-等离子都可以传导电荷，当然，离子自身也带有电子，只不过这些电子被各自的离子强烈吸引。在电解液中，只有当离子移动时，才会形成电流，这种类型的传导称为电解传导。例如，在电解熔融NaCl时，阳离子（Na^+）向带负电荷的阴极移动，阴离子（Cl^-）向带正电荷的阳极移动。

在阴极上　当离子移动到电极表面时，会发生哪些变化呢？如果是惰性电极，即电极与溶液中的离子不发生化学反应，那么电极上发生的唯一变化就只有电子的传递。就像抽水机一样，电子被电池"泵"到阴极，并促使阴极上还原反应的发生。在阴极上，参与还原反应的应当是准备得最充分的离子或原子，它们优先与电子结合。在熔融NaCl中，Na^+和Cl^-同时存在于阴极表面附近。相比较而言，Na^+准备得更充分，所以每个Na^+分别获得一个电子，被还原成单质钠。

在阳极上　在阳极上，优先将电子传递给阳极的是那些最容易失去电子的离子。在这个例子中，Cl^-对电子的吸引力相对较弱，所以它更容易失去电子被氧化为氯原子。两个氯原子进一步结合成为氯气分子（Cl_2）。Cl^-失去的电子通过阳极流入电池组，并被传送到阴极发生还原反应。

迷你实验 2

电解

如何运用一个电压为 9 V 的直流电源电解小型电解池中的物质？

实验步骤

1. 阅读并完成实验安全表格。
2. 将 200 mL 0.5 mol·L^{-1}硫酸铜溶液倒入一只 250 mL 的烧杯中。
3. 取 2 段金属导线，分别与一个 9 V 电池的两极相连，并将这 2 段金属导线的另一端分别与 2 根 10 cm 长的石墨棒相连。
4. 将连接好的 2 根石墨棒插入硫酸铜溶液中，并尽可能保持距离。
5. 仔细观察石墨棒上发生的化学反应，5 分钟后，记录实验现象。

分析与讨论

1. **描述**　简单描述电解池中阳极所发生的化学变化，并用化学方程式表示该氧化反应。
2. **描述**　简单描述电解池中阴极所发生的化学变化，并用化学方程式表示该还原反应。
3. **解释**　如何运用电解池原理在铁勺表面镀金属银？

因为阴极上可提供的电子数与阳极上转移的电子数相等,所以阴极上的还原反应总是伴随着阳极上的氧化反应同时进行。两个电极上电荷的传递必须保持严格的平衡,这与氧化还原反应是同一个道理,整个电解液也因此始终表现为电中性。所以,在电解池中,尽管两个半反应发生在两个不同区域,两电极上电解过程的综合效应就是促使一个平衡的氧化还原反应不断进行。

电解制备化工产品 电解熔融氯化钠时,电解池中发生氧化还原反应,可以得到具有重要商业价值的产物。但是,因为电解需要消耗大量的电能,容易造成工厂附近居民的用电紧张。所以,许多采用这套生产工艺的大公司都会将厂址选在电能充足的地区。在美国纽约州,尼亚加拉大瀑布的水力发电为该地区运用电解原理进行生产的企业提供了得天独厚的能源条件。

在这个地区,有一个电解反应得到了广泛的应用,就是通过电解氯化钠溶液,制取 Cl_2、H_2 和 NaOH。该反应的化学方程式如下:

$$2NaCl(aq) + 2H_2O(l) \longrightarrow Cl_2(g) + H_2(g) + 2NaOH(aq)$$

你知道熔融氯化钠的电解和氯化钠溶液的电解有什么不同吗?在熔融氯化钠中,只存在 Na^+ 和 Cl^-。那么,在氯化钠溶液中,又存在哪些离子呢?回想一下,水分子可以发生弱电离产生 H^+ 和 OH^-。因此,在氯化钠溶液里,共存在 Na^+、H^+、Cl^- 和 OH^- 四种离子。如**图 17.20**所示的食盐水电解,可以与**图 17.19**中熔融 NaCl 的电解作比较。

在阳极上 在阳极上,Cl^- 相比其他离子更容易失去电子(这与电解熔融氯化钠的情况一样),生成氯气分子。我们可以用氯气来合成PVC塑料制品以及其他产品。

■ **图 17.20** 在食盐水的电解过程中,由于水更容易被还原,所以不会生成金属钠。氯气可以用来合成PVC塑料制品。

命名 电解食盐水时,被氧化的物质是什么?

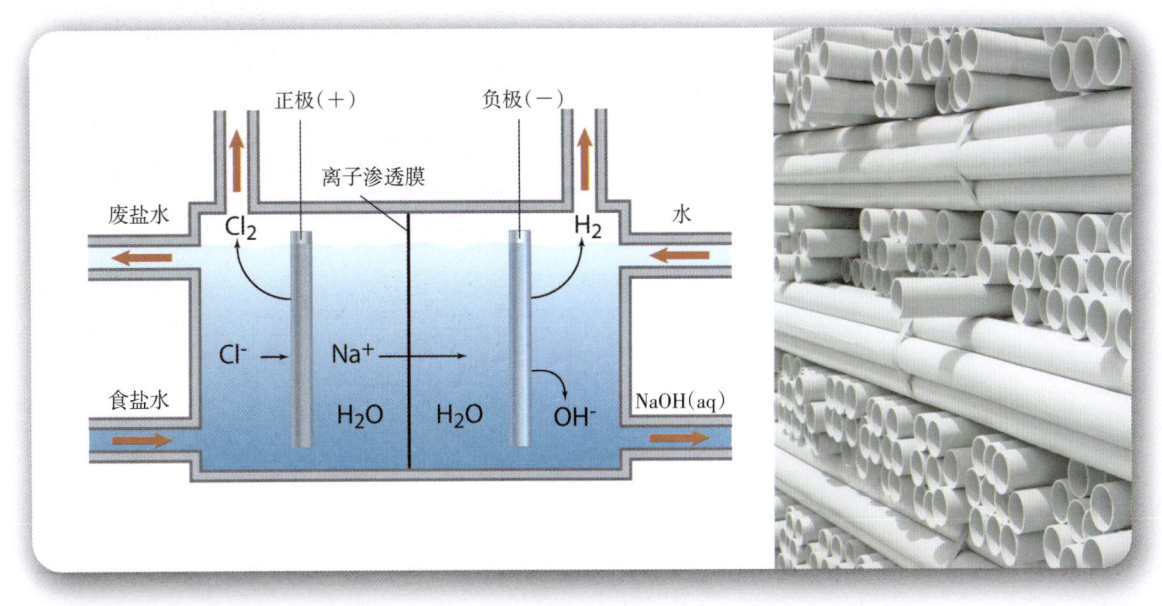

在阴极上 在阴极上,与电解熔融氯化钠不同的是,因为 H^+ 相比其他离子——Na^+、Cl^- 和 OH^- 更容易得到电子,所以 H^+ 在阴极得到电子被还原为氢气。在工业生产过程中,对植物油的催化加氢可制得人造黄油。最后,Na^+ 和 OH^- 残留在溶液当中,也就形成了氢氧化钠溶液。提纯得到的氢氧化钠,无论在工业上还是在家庭中,都有着重要的用途。

电化学工艺可以将一个简单的盐溶液转化成三种有用的产品,每一种产品都可用于销售,将销售所得除去生产成本(包括电费),剩下的即为企业的利润。

电解的其他应用

电解技术广泛应用于化工原料的生产制备,也常用于电镀、污水处理和矿物中的金属提炼。可以毫不夸张地说,从艺术领域到重工业领域,都有电解技术的用武之地。

金属冶炼 与电解熔融氯化钠获得金属钠一样,人们还可以通过电解各种矿石,提炼出其中所含的金属。目前,用电解方法生产的金属中,铝的产量最大。在提炼铝时,先加热铝土矿,除去其中的水分,获得较纯的氧化铝(Al_2O_3)。纯的氧化铝的熔点是 2 000 ℃,但冰晶石(Na_3AlF_6)可将氧化铝的熔点降低至 1 000 ℃。然后,将熔融氧化铝盛放在大型电解槽中。该电解池的阴极是槽内壁的碳隔板,阳极是碳棒。最后,将碳棒插入到熔融盐中进行电解,如图 17.21 所示。

■ **图 17.21** 在熔炉中精炼铝金属,阳极和阴极电极都使用碳棒(石墨),回收利用的铝通常用于铝电池中。熔融铝的出口在电解池的底部,也就是在电解过程中铝积聚的地方。

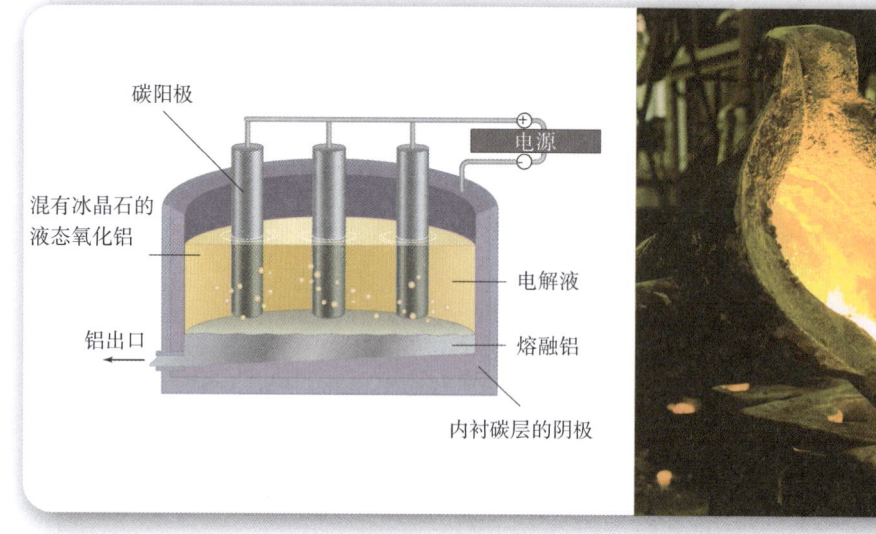

604

在电解熔融 Al_2O_3/Na_3AlF_6 的过程中,电子的转移似乎会牵涉复杂的化学反应。但事实上,整个反应的原理非常简单。在阴极,Al^{3+} 得到电子,被还原为金属单质铝;在阳极,O^{2-} 失去电子,形成氧气分子。氧气又和阳极的碳化合生成二氧化碳。因为阳极碳棒会不断被消耗,所以它需要及时更换。该氧化还原反应的化学方程式是:

$$2Al_2O_3(l) + 3C(s) \longrightarrow 4Al(l) + 3CO_2(g)$$

这就是著名的霍尔—埃鲁(Hall-Héroult)电解法,是由美国人霍尔(Charles Martin Hall)和法国人埃鲁(Paul Héroult)于1886年同时提出的。在这种工艺发明之前,铝极为稀缺,价格甚至比黄金都要昂贵。**图17.22**阐述了铝的历史价值。时至今日,仅中国每年通过电解获得的铝已超过3 000万吨。

铝的循环利用 用霍尔—埃鲁电解法冶炼铝,需要消耗大量的电能,成本较高。从废弃的铝制品中回收利用铝,可以减少对电解制铝的依赖,降低能源消耗。如**图17.23**所示,通过回收利用铝制易拉罐所消耗的能量只占电解耗能的7%。

■ **图17.22** 华盛顿纪念碑的顶部是一个铝制的金字塔,它建造于1884年,是在霍尔—埃鲁电解法发明的两年前,当时铝还是一种稀缺、昂贵的金属。

■ **图17.23** 铝的循环利用可以降低铝的生产成本。目前,在中国,铝制易拉罐的回收率大约为80%。铝金属碎片被重新熔炼,然后制成各种各样的产品。

化学与技术

从铜矿石到铜导线

很难想象,如果有一天,常用金属全都消耗完了,我们的生活将变成什么样子。铜就是一种常见金属,从厨房里的灶具,到空调中的制冷管,再到口袋里的硬币,样样都少不了它。更重要的是,铜因为具有优良的导电性能,生产成本较低,常被用作电器、电路和汽车里的导线。既然金属铜如此重要,那就让我们来了解一下铜的冶炼过程和铜导线的生产工艺吧!

■ 图17.24 露天铜矿。

铜已经至少有10 000年的使用历史。在古罗马时期,人们从塞浦路斯岛得到大量的铜,而"塞浦路斯"的意思就是"铜"。不久之后,工匠们便知道铜在文火中加热之后,形状会发生变化,人们称这一过程为锻造。锻造工艺的逐步改进,推动了冶炼技术的发展。到了公元前3 000年,工匠们已经熟练掌握了铜金属的锻造、氧化还原、熔炼和提纯的全过程。不过,在当时的工艺水平下,只能生产得到少量的铜。现代化的熔炉和轧制技术的发明,真正实现了金属铜的大规模冶炼。

1. 采矿

世界上许多地方都可以找到游离态的铜。但是,地球上的铜元素主要还是以$CuFeS_2$、Cu_2S、CuS等化合物的形式存在于矿石中。如图17.24所示,矿石一般都为露天矿山,且细如粉末。

2. 矿砂的富集

如图17.25所示,由于每种砂矿中的铜含量只有0.4%~12%,因此,必须通过浮选法对砂矿进行精选。将松木油等发泡剂和铜矿砂粉末混合在一起,并向混合物中不断鼓入空气。由于铜矿砂有疏水性(不与水相溶),铜和铁的硫化物就会和油脂粘合在一起,浮在混合物的上层,从而可以不断地富集,将铜含量提高到20%~40%。

■ 图17.25 铜和铁的硫化物浮在上层并被收集。

606

3. 灼烧

将经过富集的铜矿砂进行灼烧，使矿砂中的金属硫化物与氧气反应，转变为金属氧化物。通常情况下，上述混合物中会同时含有铁与铜两种金属元素。

$2Cu_2S(s)+3O_2(g) \longrightarrow 2Cu_2O(s)+2SO_2(g)$

$2FeS(s)+3O_2(g) \longrightarrow 2FeO(s)+2SO_2(g)$

4. 冶炼

在灼烧完毕的铜、铁的氧化物中加入 SiO_2、石灰石，然后将混合物加热至约 1 300 ℃，并不断鼓入空气。这样，就可以得到稠密的铜水，也就是我们常说的粗铜，其中的铜含量为 45%～70%。如**图** 17.26 所示，含有钙离子、亚铁离子的硅酸盐因密度较小，形成矿渣浮在铜水的表面。SO_2 以及其他从铜水中逃逸出来的气体，会在铜水表面留下许多气泡。粗铜可从熔炉底部流出，被制成铜板，如**图** 17.27 所示。

■ **图** 17.27 粗铜流出。

5. 精炼

如**图** 17.28 所示，以第 4 步获得的铜板为阳极，让其悬浮于硫酸铜的水溶液中，并以纯铜作阴极，进行电解。在电解过程中，阳极铜被氧化成铜离子，在溶液中移动并沉积在阴极上。铜板上的杂质形成了阳极泥，沉积在电解槽的底部。阳极泥中常常富含金和银，可以重新加以回收。经过电解纯化制得的铜，其纯度可高达 99.5%。

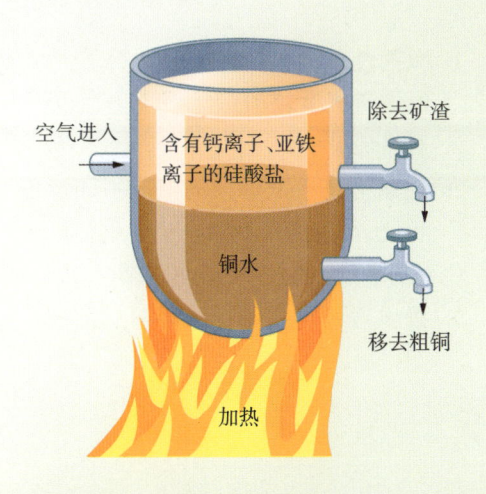

■ **图** 17.26 熔炼后分离得到铜。

■ **图** 17.28 粗铜精炼。

6. 电导线的生产

先把电解得到的精铜浇铸成质量约为 113 kg 的电线棒，加热至 700～1 200 ℃，再进行滚动操作，使电线棒的直径接近 1 cm。

■ 图 17.29　精铜浇铸。

7. 电导线的拉伸

如图 17.30 所示，将直径为 1 cm 的电线棒依次穿过直径逐渐减小的圆孔模具，进行拉伸操作，直至电线棒的规格符合使用要求为止。由于要对大量的电线棒进行拉伸加工，这就对模具材料的硬度提出了考验。典型的模具有碳化钨模具、金刚石模具等。电导线也需要加油润滑以减少拉伸中的磨损。

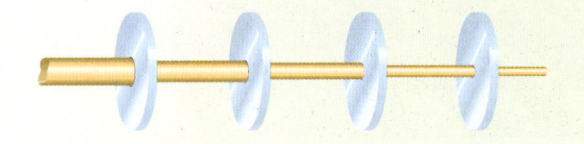

■ 图 17.30　电导线的拉伸。

8. 外保护材料

可以使用塑料、搪瓷或其他金属作为铜裸线的保护层，以防止铜线受潮和氧化，或成为电绝缘体。图 17.31 展示了一些外包电线。

■ 图 17.31　导线的保护层可以防止导线受潮和氧化。

技术探讨

1. **批判性思考**　在冶炼过程中，产生的熔渣密度较小，为什么说这对金属冶炼很重要？
2. **获取信息**　铜可以加工成不同形状，也可以用于制作合金。请你调查不同形式的铜材料及其用途。
3. **提出假设**　如何将金和银从阳极泥中提取出来？

电镀 为防止金属腐蚀,可以在其表面镀上其他种类的金属。我们常常用锌涂层来防止铁的生锈,例如,把铁质垃圾桶浸入熔融的锌中,就可得到锌涂层。但是,用这样的方法所得到的涂层总是凹凸不平、质地不均。对于垃圾桶,进行上述操作的问题不大,但是如果在一部新型跑车的表面镀上不均匀的金属涂层,再喷上优质红漆,那肯定会大煞风景。为了解决这个问题,汽车制造商采用电镀工艺给汽车的钢制车身镀锌。电镀时,把钢板水平放置,让其下底面与电镀液液面接触,这样就可以给钢板的外表面镀上一层薄而均匀的锌层了。因为只有车身外表面常常接触到具有腐蚀性的水和盐类物质,所以钢板的内表面无需镀锌,这样也节约了生产成本。**图17.32**展示了电镀的一些其他用途。

镀锌时,电镀液中的锌离子被还原成锌原子附着在阴极上,同时,阳极上的锌原子被氧化成锌离子进入电镀液中。因此,电镀液的溶质就是锌盐。在电镀金属时,可以通过控制总电荷数(电子数)来调整锌镀层的厚度。当待电镀的物体浸入电镀液时,浸泡的部分将被锌层覆盖。

因为镀层在洁净的材料表面的附着力更强,所以,在电镀前需对待电镀的物体进行除油、清洗、防腐液洗尘等一系列化学处理。然后,将物体浸入电镀液中进行电镀。因为待电镀的物体同时又是电镀池的阴极,所以要求它必须是一个电导体。正因为如此,导电性能优良的金属常作为阴极进行电镀。

> **家庭实验**
> 参见附录F,**去掉电镀层**。

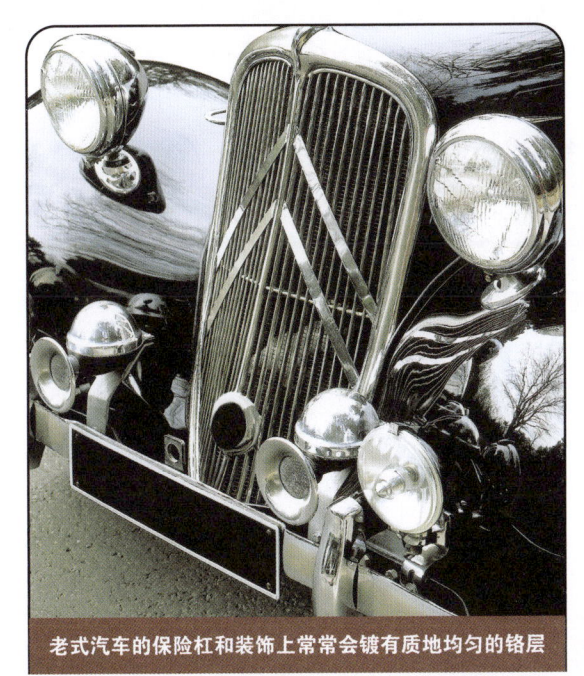

■ **图17.32** 铬常被用来镀在质地较软的金属表面,以提高金属的硬度、稳定性,并改善外观。与在金属上镀铬一样,也可以在金属锌上镀铜。在这一过程中,溶液中的铜离子在锌负极上被还原为铜原子。20世纪80年代初,由于美国较为严重的通货膨胀和世界范围内铜金属的短缺,使得一枚铜硬币的铸造成本几乎等同于它的面值。美国铸币厂开始用电镀的方法给锌币镀上一层铜。

老式汽车的保险杠和装饰上常常会镀有质地均匀的铬层

镀铜硬币

■ **图 17.33** 在复原"泰坦尼克号"沉船上的物品时,化学原理发挥了重要的作用。电解法用于清理和保存许多金属制品。对这些物品的研究,可以帮助科学家整理、收集长期埋藏于海底的信息资料。

词源

Corrosion
腐蚀
com(拉丁语):完全地
rodere(拉丁语):啃,咬;腐蚀,消耗

■ **图 17.34** 电泳是实验室里很重要的实验技术,常用于分离和识别较大的带电粒子,如DNA。电泳过程中,带负电的粒子向正极移动,带正电的粒子向负极移动。

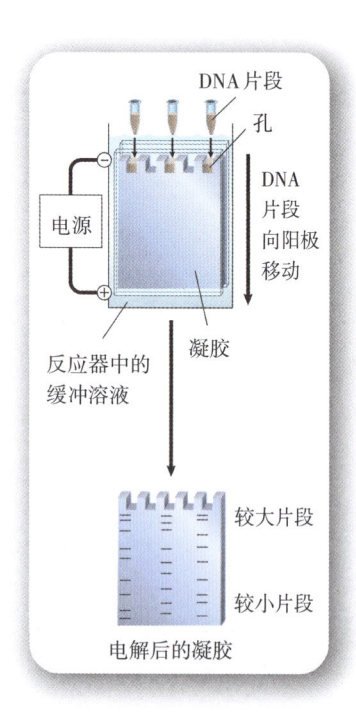

阳极的金属材料与溶液中参与沉积的金属离子是同一种元素,用以补充电镀过程中电镀液所消耗的金属离子。因此,整个电镀过程可以简单地描述为:当电流通过电镀池时,阳极金属发生迁移后沉淀在阴极上,最终在阴极表面形成一层薄而致密的金属膜。

用电解法清理 通过电解,可以将物体上由离子化合物组成的废弃物清理掉。利用这项技术,工作人员已修复了多件发现于"泰坦尼克号"上的珍贵遗物,如**图 17.33**所示。1912年,英国的豪华游轮"泰坦尼克号"在海难中沉没于北大西洋。在这些物品表面,覆盖了一层来自于海水的氯盐,工作人员正是采用电解的方法将它们除去的。在电解池中,阴极是待清理的物体,阳极是不锈钢,电解液采用的是碱性溶液。当电流通过电解池时,氯离子不断离开物体表面,电解液中不断产生氢气气泡,这些都使得物体表面的腐蚀物变得松软进而脱落下来。通过电解清理的物品当中,包括轮船舷窗、枝形吊灯、船员制服上的纽扣等。

电泳 电泳是另一项电化学技术,用这项技术可以还原"泰坦尼克号"上的陶器和有机物品。电泳时,将这些物品放置于正负电极间的缓冲溶液中,并接通电源。在电流作用下,这些物品表面的盐类、脏物和其他粒子,会因为内部成分带电的缘故而解离。

在生物实验室中,电泳常被用于分离和识别一些高分子物质。如**图 17.34**所示,电泳的负离子作用可以分离DNA片段。DNA负载于电解槽的阴极,当提供电流时,DNA片段向电解槽点的阳极移动。越小的碎片移动得越快。

生活中的化学

高度清晰的化学

播放一张你最爱的CD,音质清晰悦耳,旋律优美流畅,如同你坐在演唱现场。这得归功于在光盘制作过程中采用的金属沉积与电镀工艺。

数据采集 像CD、DVD、BD等光盘,从光盘的中心到边缘的螺旋磁道上,刻录着一长串连续的二进制数据。只有当激光照射CD时,才能读取其中的二进制信号并将其发送给电脑的CD播放器。随后,电脑将获取的二进制信号转换成声音信号,经过放大,就成了我们听到的悠扬悦耳的音乐,DVD、BD和录像也是如此。

■ **图17.35** CD上刻录着一长串连续的二进制数据。

母版制作 市场上流通的CD是由金属母盘压模而成的,那么金属母盘是如何制作的呢?用高能激光在玻璃质地的碟片上刻下许多小坑,用来记录并表示音乐信号。这样,相关的音乐信息就完全存放在了玻璃母盘上。

随后,在玻璃母盘上铺一层稀的银氨{[Ag(NH$_3$)$_2$]$^+$}溶液,再加入起还原作用的甲醛溶液,让两者发生氧化还原反应,从而在母盘表面镶上一层薄薄的银镜。通过这些操作,我们就制得了附有银镜的玻璃母盘。上述氧化还原反应的离子方程式如下:

$$HCHO + 4[Ag(NH_3)_2]^+ + 4OH^- \xrightarrow{\triangle}$$
$$CO_3^{2-} + 2NH_4^+ + 4Ag\downarrow + 2H_2O + 6NH_3$$

电沉积 在玻璃母盘表面的银层上,通过电沉积法镀上一层镍,这样制得的母盘称作金属母盘。

$$Ni^{2+}(aq) + 2e^- \longrightarrow Ni(s)$$

随后要做的工作是将镍层(也就是金属母盘)与玻璃母盘分开。获得的金属母盘用以压模,将数据信息印在熔融的聚碳酸酯上,由此制作出子盘。

经过两次翻印,子盘上的信号坑洞与原先的玻璃母盘完全一样。因为聚碳酸酯是透明的,为了满足激光扫描的需要,必须在信号面上镀上一层薄薄的铝反射层。随后,为了防止铝被空气中的氧气氧化,保护铝反射面上的细密坑洞,还需要在铝表面涂上一层保护胶。在子盘的另外一面可以作印刷处理,从而完成CD的制作。

压印特点 每张金属母盘在报废之前,大约可以用于制作2 000张子盘。报废的金属母盘中的镍经溶解后可以重复利用,用于制作新的母盘。对于一些畅销的CD,可以采用更多的金属母盘来制作子盘,如有些畅销CD的金属母盘可达50多张。在电脑上使用的CD-ROM也是通过这套流程制作而成的。

进一步探索

1. **提出假设** 为什么选用金属镍作为金属母盘的材料?
2. **获取信息** 聚碳酸酯是用于制作CD的基础材料,请你研究一下聚碳酸酯的性质及其他主要用途。

化学工作者

哈维·莫瑟
电镀工程师

美国内华达州的利诺每年八月都会举办盛大的庆典,今年庆典上展览了成千上万辆风格亮丽的老款汽车,其中一辆"音乐汽车"——1934年款的福特轿车——赚足了人气。这辆汽车在喷漆和镀铬方面共计花费了 12 000 美元,可以说,当中的每个细节都经过了精心的设计和安排。哈维·莫瑟(Harvey Morser)对自己的手艺也颇为满意。

关于工作

Q 莫瑟先生,能否简单介绍一下您的工作?

A 我自己开了一家公司——西部金属精加工公司。当然,我还是经常下车间,进行电镀加工。可以说,所有铁制品都需要一定形式的保护,只有这样,才能有效防止腐蚀。我们可以采用不同的保护措施,镀铬可能是最有效的办法,但它的缺点是毒性很大。镀硬铬也会释放有害气体到大气中,污染环境。因此,考虑到环境因素,镀镍是比较可行的方法。我们不用电能,而是采用化学的方法来镀镍。我个人认为,这样的做法简单有效,持久性好,比硬镀工艺花费的工夫也少。化学工作者新开发的化学镀镍,其洛氏硬度与电镀硬铬相当。我还了解到,主要的重型装备制造商大都放弃了以前的硬铬工艺,而是采用化学镀镍法,第一年就可节省资金 300 万美元。

Q 公司主要生产哪些电镀金属产品?

A 我们公司的一项重要业务,是给航空母舰上海军使用的听觉保护装置配备金属带。同时,我们也给计算机的底座和立体音响的外壳实施镀金保护。

Q 为什么采用化学镀镍法加工得到的保护层更加平整光滑呢?

A 一块方形的板块,当你用钩子钩住它的一边悬放在电镀池中时,电流会先到达该边的两端点,也就是板块的两个角,再往下到达竖直的两边,最终到达板块的中心。电镀的顺序也是如此,所以边缘的电镀速度大约是中心的2倍。采用化学镀镍法,金属表面会更加平滑,而且它的抗腐蚀效果也仅次于效果最好的电镀镉。

612

早期影响

Q 电镀金属需要经过哪些前期培训？

A 我们在工作中不断培训。先对金属进行打磨，这是一项繁重、肮脏的工作，但是很重要。要想得到美观的镀层，就要把金属打磨得像镜子一样光亮。不然即便是一个小小的污点，也得不到理想的效果。年轻时，我在保龄球馆打杂，像雕刻家一样认真地工作。一路走来，我干过木匠、焊接技术，还当过电工，这些工作中学到的技能让我在后来的金属加工中得心应手。

Q 拥有自己的企业很不容易，您是怎样一步一步走向成功的？

A 我靠的是勤奋的学习和努力的工作，遇到困难从不抱怨。电镀是一项繁重的工作，镀槽的温度很高，通常有160 ℃。在夏天，生产线周围的温度可以达到104 ℃，空气潮湿而又闷热。开句玩笑话，我们可以免费享受桑拿浴了。9年前，我终于拥有了自己的企业。

个人观点

Q 如果有高中毕业生来您的企业找工作，您会提供工作机会吗？

A 荣幸之至。我对员工的要求是不仅接受过正规的学校教育，而且要具备一些基本的生活常识。当然，在正式上岗之前，每一名新员工都要经过培训。更为重要的是，我们的员工得有诚信和责任心，要有不断学习的热情和潜力。

Q 您从事的这项工作压力大吗？

A 压力确实挺大的。我总是带着手机，即使是外出、湖边钓鱼，也会带上。因为我们这个工作容易出事，而且事故往往来得很突然，之前没有什么征兆。我们需要保持联系。

Q 在您看来，电镀工作最吸引您的地方是什么？

A 能让一款破旧的汽车恢复光彩、彰显华贵，我就倍感自豪，很有成就感。我热爱电镀这份工作，尽管它要求我们总是在华丽舞台的背后默默地流汗，我也毫无怨言。

职业 链接

其他与金属冶炼有关的重要职业有：
冶金技师：要求经过2年的相关课程培训。
采矿工程师：要求获得工程学的学士学位。
金属块加工员：要求高中毕业并经过相关工作培训。

■ **图 17.36** 混合动力汽车既有汽油发动机,也有由充电电池供电的电动机,这些电池可以通过反馈制动充电。在这过程中,电动机也起发电机的作用。作为行车制动器,发电机把汽车的一部分动能转换为电能储存在电池里。

解释 反馈制动如何依赖燃料?这违反能量守恒定律吗?

补充练习

有关电解池的额外练习,请见附录C。

电解有毒废弃物 电解时,电解液中可能会残留一些有毒的物质或生成有毒的副产物。出于保护环境的考虑,这些物质必须被转化成对环境友好的化合物。当然,电解反应也是清理这些有毒物质最安全、最彻底的手段之一。当用电解方法处理电解液时,阴极上的有毒金属离子就被还原为金属原子,之后,就可以对有毒金属元素进行回收以及安全处理了。

精彩预告

通过对电化学原理的学习,你明白了电池中发生化学反应产生电流的过程。然而,在大部分情况下,你所使用的电是由其他化学燃料——石油、天然气和煤转化形成的。混合动力汽车中的汽油发动机和充电电池电动机从根本上都是依赖化石燃料产生电能的例子,如**图 17.36**所示。化石燃料代表含碳有机化合物这一大类化合物。在下一章中,你将发现,有机化合物不仅可用作燃料,还为我们提供了绝大多数的药物、染料、塑料和纺织品。

第2节 本节回顾

要点梳理

- 电解池是依靠外加电压促使非自发氧化还原反应发生的化学装置。
- 电解常用于制备化合物、冶炼矿物质、电解精炼和电镀金属等。

6. **主要** **概念** **绘制** 绘制一个电解池模型,并标明各个部分的名称。

7. **解释** 电镀的作用是什么?

8. **描述** 电解是怎样用于清除器物表面的脏物的?

9. **应用概念** 在铁质首饰表面镀一层黄金,是否会明显减缓首饰的腐蚀速度?

10. **应用** 在海洋中,大量的Mg元素存在于$Mg(OH)_2$中,可以用HCl将$Mg(OH)_2$转变为$MgCl_2$,然后再电解熔融态的$MgCl_2$,就可得到较纯的Mg金属了。

   a) 电解过程中,阴极发生了什么反应?
   b) 电解过程中,阳极发生了什么反应?
   c) 写出总反应的化学方程式。

第 17 章 学习指南

大 概念 化学能可以转化为电能，电能也可以转化为化学能。

第1节 原电池:化学能转化为电能

主要 概念 在原电池中，负极发生氧化反应，正极发生还原反应，电子从负极流向正极。

关键术语
电　流
负　极
正　极
电势差
电　压
原电池
阳离子
阴离子

要点梳理
- 两种物质的电势差可以用于衡量电子从一种物质移向另一种物质的倾向性。
- 原电池是通过自发氧化还原反应产生电流的装置。
- 电池组包含一节以上的干电池。

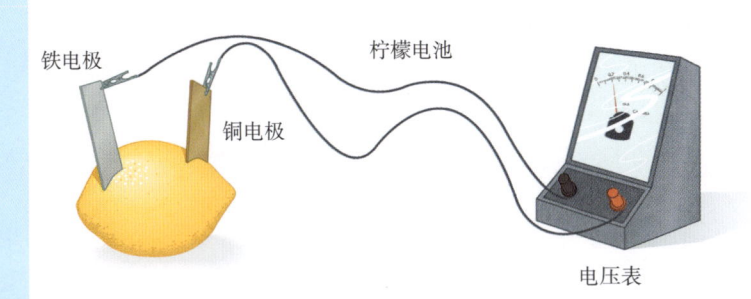

铁电极　柠檬电池　铜电极　电压表

第2节 电解:电能转化为化学能

主要 概念 在电解池中，外加电压促使电解液中非自发氧化还原反应的发生。

关键术语
电　解
电解池

要点梳理
- 电解池是依靠外加电压促使非自发氧化还原反应发生的化学装置。
- 电解常用于制备化合物、冶炼矿物质、电解精炼和电镀金属等。

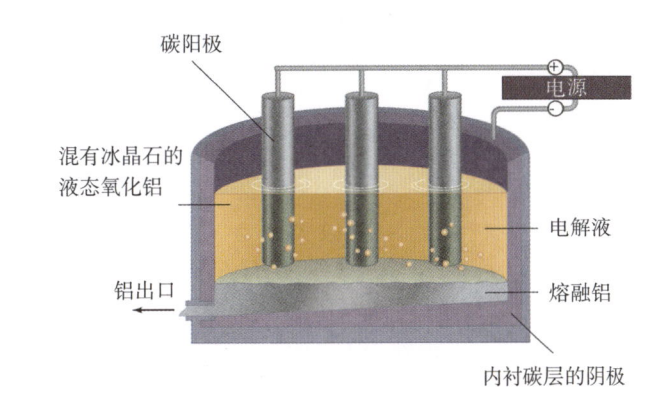

碳阳极　电源　混有冰晶石的液态氧化铝　电解液　铝出口　熔融铝　内衬碳层的阴极

第 17 章 测 评

要点理解

11. 什么是原电池?
12. 电解池与原电池的区别是什么?
13. 原电池中盐桥的作用是什么?
14. 碳锌干电池产生电流的原理是什么?
15. 为什么原电池和电解池都需要有电解质?
16. 怎样能使电池中发生氧化还原反应?
17. 将铜条放入 $AgNO_3$ 溶液中,会发生氧化还原反应吗? 会产生电流吗? 请说明理由。
18. 电解食盐溶液能得到哪些产物?
19. 汽车上使用的铅酸蓄电池中,酸的作用是什么?
20. 商用氯气的生产途径有哪些?

应用概念

21. 用铝棒搅拌 $Fe(NO_3)_2$ 溶液时,会发生什么反应?
22. $CuSO_4$ 溶液是否可存放于由金属 Ni 制成的容器中? 说明理由。
23. 对比镀金首饰与纯金首饰,它们在价格、外观、耐用性方面有哪些不同?
24. 在不锈钢吊坠上镀金,可以将吊坠放入电解池中,电解池中有金电极和含有金离子的电解液,吊坠作为第二个电极。用电池作为电源。吊坠在电解池中是阳极还是阴极?
25. 如何利用电解的方法将饮用水中的铅除去?
26. 对不同类型的常见化学电池进行测试,通过不间断地使用电动玩具进行模拟,发现一段时间后电池的电压会下降。请根据**图 17.37** 进行判断,要使电动玩具长期工作,应选用哪种类型的电池? 哪种电池容易突然报废?

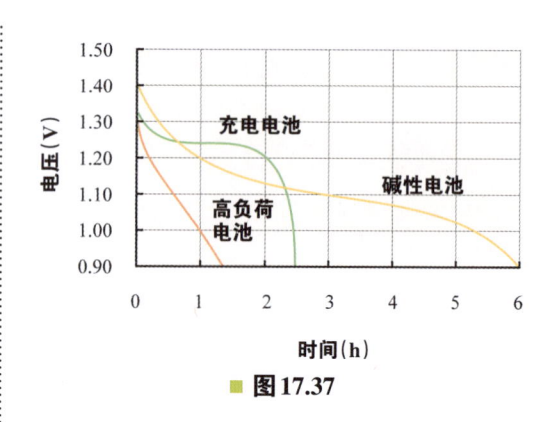

■ 图 17.37

工作原理

27. 在心脏起搏器中使用锂离子电池的优点有哪些?
28. 用充电电池代替常规电池,其优点和缺点各是什么?
29. 写出氢氧燃料电池中发生的两个半反应的化学方程式。

化学与技术

30. 用电解法精炼铜的反应中,纯铜应该作为阴极还是阳极? 请说明理由。

生活中的化学

31. 用高能激光刻录的玻璃母盘,它上面的信号坑洞与金属母盘的信号坑洞恰好相反。请解释其原理。

第 17 章 测 评

批判性思考

得出结论
32. **迷你实验 1** 为什么柠檬电池里的金属电极在正式使用前必须用钢丝绒处理？

预测
33. **迷你实验 2** 能否在银汤匙和金汤匙表面镀一层金属铜？

因果分析
34. **化学实验** 如果将化学实验中的第 8 步按下面的要求改变，将会产生什么结果？
    a）用 Zn 条代替 Mg 条。
    b）用 Ag 箔代替 Cu 箔。

决策
35. 在设计下列电器所用的电池时，需要考虑哪些因素？
    a）手电筒　　　c）助听器
    b）心脏起搏器　d）玩具车

预测
36. 如果仅从被氧化的难易程度考虑，除了金属锂之外，还有哪些金属可以用作心脏起搏器的电池材料？

形成假说
37. 为什么不用电解法而用电泳法来复原"泰坦尼克号"上的陶器和有机材料制成的精细物品？

日积月累

38. 画出下列各离子的路易斯电子式。
    a）Ca^{2+}　　　c）OH^-
    b）Cl^-　　　　d）O^{2-}

39. 写出下列化合物的化学式。
    a）五氧化二锰
    b）碘化钾
    c）硫酸铜
    d）氯化铝
    e）硫酸
    f）氧化亚铁

40. 写出所有稀有气体的名称和符号。

41. 在常温下，将 100 g 水加热至沸腾和将 100 g 冰加热融化，哪个过程需要的能量大？请说明理由。

42. Mg 与 O_2 反应的化学方程式为
    $$2Mg(s)+O_2(g) \longrightarrow 2MgO(s)。$$
    现有 0.543 g Mg 与过量的 O_2 反应，请问：生成的 MgO 的质量是多少？参与反应的 O_2 有多少？

43. 根据上一题，计算 MgO 中 Mg、O 的质量分数。

44. 对比 pH 为 9 的水溶液和 pH 为 11 的水溶液中 H^+ 的浓度。

45. 测试几种溶液的 pH 如下：8.6，4.7，10.4，13.1，2.6，6.1。判断下列选项分别对应的 pH。
    a）强酸
    b）强碱
    c）弱酸
    d）接近于中性的溶液

46. 下列变化中，哪些是氧化反应？哪些是还原反应？
    a）Cu^+ 变成 Cu^{2+}
    b）S 变成 S^{2-}
    c）Na 变成 Na^+
    d）Mn^{4+} 变成 Mn^{2+}

第 17 章 测 评

47. 绿色植物通过光合作用制造葡萄糖和氧气。这个氧化还原反应的化学方程式如下所示。

$$6CO_2 + 6H_2O + Q \longrightarrow C_6H_{12}O_6 + 6O_2$$

　a）CO_2 中的 C 元素是被还原还是被氧化？

　b）你认为这个过程使用的能量是什么？

技能训练

48. 解释科学插图　阴极保护法可以用于保护埋在地下的管道，使其免受腐蚀。在这套方法中，钢管与活泼金属相连，如金属 Mg。由于 Mg 在 Fe 之前先发生化学反应而被腐蚀，这样就保护了钢管。下**图 17.38** 展示了两种金属的连接和反应过程。

　a）在阴极保护法中，什么材料作阴极？什么材料作阳极？

　b）哪种材料是氧化剂？

　c）请总结金属 Mg 的腐蚀过程。

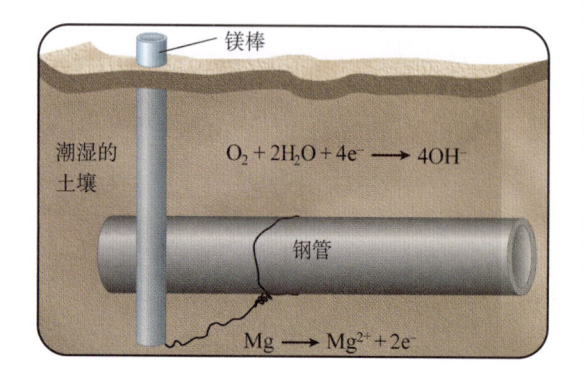

■ 图 17.38

49. 科学解释　根据下面的反应，绘制相应的原电池示意图：

$$Ni(s) + 2Ag^+(aq) \longrightarrow Ni^{2+}(aq) + 2Ag(s)$$

在图中标明阳极、阴极以及两极上的离子反应情况，并指出外电路的电子流动方向。

科技写作　化学

50. 丹尼尔电池是由英国人约翰·弗雷德里克·丹尼尔于 1836 年研制出的早期电池。请查找相关资料，分析丹尼尔电池与伏打电池相比所具有的优势，并说明丹尼尔电池在当代社会的应用情况。

解决问题

51. 加热试管中的氧化铜和木炭粉（C），发生氧化还原反应产生一种气体和金属铜。将气体通入装有石灰水的试管中，生成乳白色沉淀。边操作边写实验报告，在实验报告中回答下列问题。

　a）产生的气体是什么？

　b）写出发生的氧化还原反应的化学方程式。

　c）白色沉淀是什么？

52. 有一种燃料电池，它利用 CH_4 的氧化还原反应产生电流：

$$CH_4(g) + H_2O(g) \longrightarrow CO(g) + 3H_2(g) + Q$$

　a）这是原电池反应，还是电解反应？

　b）氧化剂是什么？

　c）还原剂是什么？

　d）标准状况下，燃烧 224 L 天然气，可生成多少摩尔的 CO 和 H_2？

53. 在室温条件下，将金戒指放在 $FeCl_2$ 溶液中，会发生什么情况？

54. 在室温条件下，让铜手镯与 $AgNO_3$ 溶液接触几小时，会发生什么情况？

618

标准化测试

1. 下列哪一项不是电解的应用?
   a) 电镀
   b) 净化有毒的废弃物
   c) 将金属从矿石中分离出来
   d) 制造合成钻石

利用下表回答第2~3题。

标准还原电势	
金属	标准还原电势(V)
Li	−3.0401
Al	−1.662
Cu	0.521
Ag	0.7996
Au	1.498

2. 表中列举了一些常见金属的标准还原电势,其变化规律是还原电势增大、氧化电势减小。哪一种金属最易被腐蚀?
   a) Li
   b) Al
   c) Cu
   d) Au

3. 如果用铜片和金片构成柠檬电池,会发生什么变化?
   a) 电子由铜片流向金片,铜片上发生还原反应,金片上发生氧化反应。
   b) 电子由铜片流向金片,铜片上发生氧化反应,金片上发生还原反应。
   c) 电子由金片流向铜片,金片上发生还原反应,铜片上发生氧化反应。
   d) 电子由金片流向铜片,金片上发生氧化反应,铜片上发生还原反应。

4. 过饱和溶液是指
   a) 没有溶质的溶液。
   b) 溶质的量小于最大可溶解量的溶液。
   c) 溶质的量为最大可溶解量的溶液。
   d) 溶质的量大于最大可溶解量的溶液。

5. 下列哪一项最能描述丁二酸($H_2C_4H_4O_4$)电离出水合氢离子的总体变化?
   a) $H_2C_4H_4O_4(aq) \longrightarrow HC_4H_4O_4^-(aq) + H_3O(aq)$
   b) $H_2C_4H_4O_4(aq) \longrightarrow H_2C_4H_4O_4^{2-}(aq) + H_3O^+(aq)$
   c) $H_2C_4H_4O_4(aq) \longrightarrow HC_4H_4O_4^-(aq) + H_3O(aq) \longrightarrow C_4H_4O_4^{2-}(aq) + H_3O^+(aq)$
   d) $H_2C_4H_4O_4(aq) \longrightarrow H_2C_4H_3O_4^-(aq) + H_3O^+(aq) \longrightarrow H_2C_4H_2O_4^{2-}(aq) + H_3O^+(aq)$

6. 净离子方程式中不包含下列哪类离子?
   a) 弱酸或弱碱   c) 阴离子
   b) 阳离子   d) 旁观离子

7. 用来描述一种物质失去电子给另一种物质的化学反应的名词是
   a) 氧化反应。   c) 还原反应。
   b) 氧化还原反应。   d) 腐蚀。

8. 这是一个平衡体系:
$$2S(s) + 5F_2(g) \rightleftharpoons SF_4(g) + SF_6(g)$$
下列哪一项可以使平衡向右移动?
   a) 增大SF_4的浓度
   b) 增大SF_6的浓度
   c) 对系统进行加压
   d) 对系统进行减压

考点提示								
测试题号	1	2	3	4	5	6	7	8
对应章节	17.2	17.1	17.1	13.2	14.1	15.1	16.1	6.3

第 18 章　有机化学

大 概念　碳链是有机化学的支柱。

第1节　烃
主要 概念　烃只含有碳元素和氢元素，但存在不同长度的碳链和不同的碳键(包括单键、双键、叁键等)。

第2节　取代烃
主要 概念　官能团取代烃中的氢原子，从而形成多种多样的有机化合物。

第3节　塑料和其他聚合物
主要 概念　聚合物是由很多单体重复连接构成的有机高分子。

你知道吗？

- 棉花糖是由糖、水和明胶做成的。
- 棉花糖是氧化反应的产物。
- 棉花糖烤完后只剩下糖类，它大部分是由碳元素组成的。

课 前 活 动

起步实验

制作简单的烃的模型

烃由碳元素和氢元素组成。回顾一下,碳原子有4个价电子,可以形成4个共价键。如何制作简单的烃的模型呢?

实验器材
- 分子模型工具箱

实验步骤
1. 阅读并完成实验安全表格。
2. 用分子模型工具箱搭建以单键相连的两个碳原子的结构。
3. 在模型中所有空着的位置上都连接上氢原子,使每个碳原子都有4个键。
4. 重复第2～3步来搭建3、4、5个碳原子的模型。要确保每个碳原子最多与另外两个碳原子相连。

实验分析
1. **制作** 设计一张表格,在表中列出每个结构中碳原子和氢原子的数目。
2. **描述** 用分子式描述每个结构的组成。
3. **分析** 用碳氢比例式来揭示只含单键的烃类物质的一般化学式。

探究 如果碳原子连有双键或叁建,你认为这会有怎样的影响?

折叠式学习卡 学习组织者

有机化合物 按以下图示制作折叠式学习卡,帮助你整理有关有机化合物的内容。

▶ **步骤1** 将3张纸水平对折,其中两张放在一起,在纸的两边均沿折线剪3 cm。

▶ **步骤2** 在第3张纸上沿折线裁剪,纸的两边都留下3 cm不要剪。

▶ **步骤3** 把前两张纸放入第三张纸的缝中,形成一本12页的本子。在第1页写上"有机化合物"。

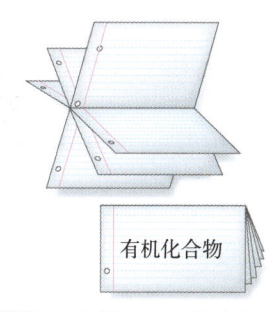

有机化合物

折叠式学习卡 在第1～3节中使用该折叠式学习卡。在你阅读的过程中,用折叠式学习卡记录下每种类型有机化合物的特点、性质的差异和生活中的应用例子。

621

第1节

核心问题
- 直链、支链和环状的烷烃、烯烃及炔烃的结构式分别如何书写?
- 如何分辨给定烃的同分异构体?
- 化石燃料与有机化合物之间有什么联系?

术语回顾
有机化合物:含有碳元素的一类化合物,极个别除外。

关键术语
饱和烃
烷 烃
同分异构体
不饱和烃
烯 烃
炔 烃
芳香烃
分 馏
裂 化
重 整

烃

主要 概念 烃只含有碳元素和氢元素,但存在不同长度的碳链和不同的碳键(包括单键、双键、叁键等)。

链接真实世界 雨后,你是否留意过路边水洼平面上呈现出的不同颜色?这些明亮的颜色是怎样形成的呢?它是由污染造成的!例如汽车泄露出汽油,漏出的油滴在水的表面形成薄层,烃分子均匀地排布在表面,反射太阳光而呈现出五彩斑斓的颜色。

数以千万计的有机化合物

在所有的元素中,碳元素是比较独特的,其特殊性表现在它能与其他的碳原子成键,然后形成可含有上千个碳原子的碳链。因为1个碳原子能同时与4个碳原子成键,这些碳链可以有很多分支,也可以形成闭合的环状结构,因此能形成无数种化合物。另外,碳也能与其他一些元素成键,如氧元素、氮元素,而且还能形成双键或叁键。因此,碳能够形成许多种具有链状结构或环状结构的化合物,每一种化合物都含有不同的成键方式或不同的元素组成。**图**18.1展示了日常生活中丰富的有机化合物。

记住成千上万种有机化合物的结构和性质,这几乎是一项不可能完成的任务。幸运的是,你无需研究它们当中的每一种就可了解有机化合物。虽然有机物数目众多,但可以对它们进行分类,每一类有机化合物都具有相似的结构和性质。

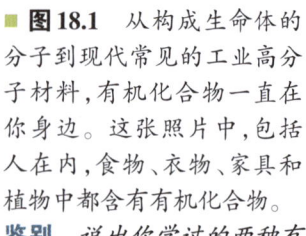

■ **图 18.1** 从构成生命体的分子到现代常见的工业高分子材料,有机化合物一直在你身边。这张照片中,包括人在内,食物、衣物、家具和植物中都含有有机化合物。
鉴别 说出你学过的两种有机化合物。

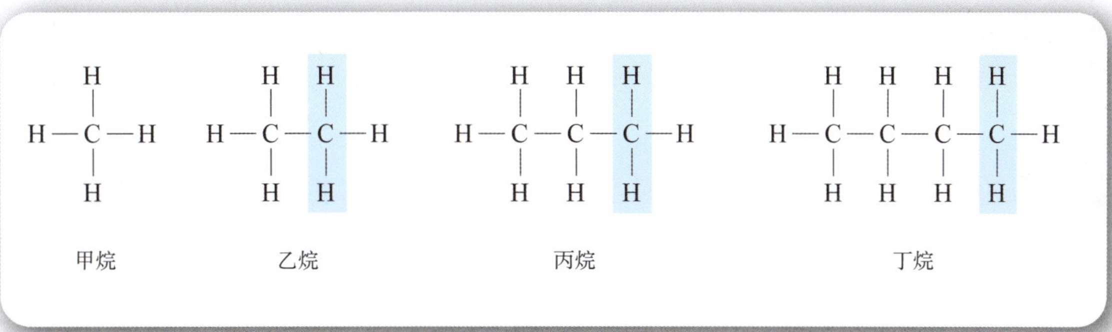

甲烷　　　乙烷　　　丙烷　　　丁烷

饱 和 烃

汽油是从石油中提炼出来的,是由有机化合物组成的混合物。汽油中的化合物大多数是烃。烃是一类只由碳元素和氢元素组成的有机化合物。其中,碳原子之间以单键连接而成的烃叫作**饱和烃(saturated hydrocarbon)**,也叫作**烷烃(alkane)**。烷烃最普遍的用途是作燃料,也可用作脱漆剂、黏胶或其他产品的溶剂。

烷烃　烷烃是最简单的烃。烷烃中的碳原子可以排列成链状或环状,链状结构和环状结构都可以有碳链分支。没有分支的烷烃称为直链烷烃。甲烷(CH_4)、乙烷(C_2H_6)、丙烷(C_3H_8)和丁烷(C_4H_{10})都是常用的燃料。如**图18.2**所示,从它们的结构式可以看出,从左到右,每个结构式都比前一个结构式多一个—CH_2—。

一些烷烃具有分支结构。在这些化合物中,含有1个或多个碳的碳链与最长的碳链(即主链)上的碳相连。例如,2-甲基丙烷中就有1个碳原子与主链上的第2个碳原子相连,结构如下所示:

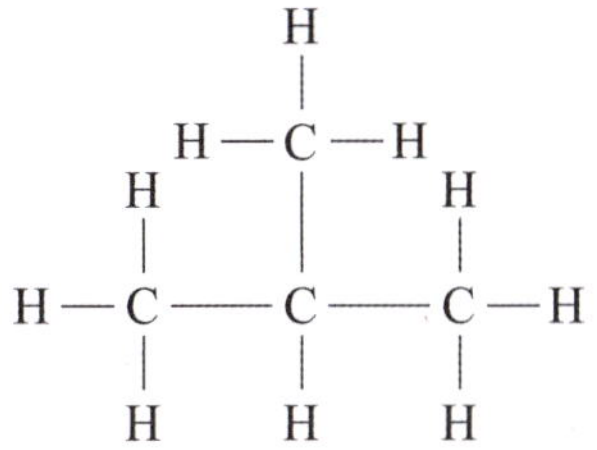

2-甲基丙烷

烷烃中的碳原子还可以形成闭合的环状,一般为五元环或六元环。我们可以通过绘图来表示结构中所有的碳原子和氢原子。

环戊烷　　　　　环己烷

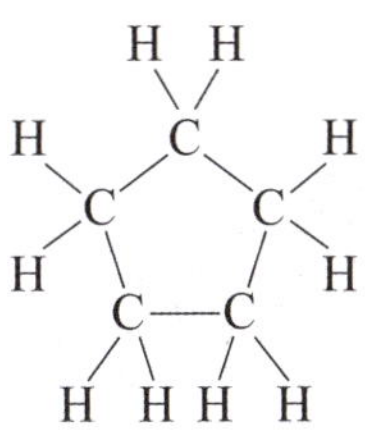

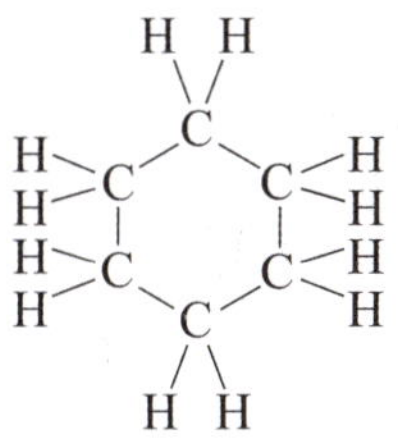

■ **图18.2**　四种最简单的烷烃——甲烷、乙烷、丙烷和丁烷的结构式如图所示。蓝色部分突出强调,每个结构式都比前一个多一个—CH_2—。

折叠式学习卡

将本节中的信息归纳到你的折叠式学习卡中。

623

表18.1	简单的烷烃		
分子式	结构式	球棍模型	比例模型
乙烷(C_2H_6)	H–C(H)(H)–C(H)(H)–H		
丙烷(C_3H_8)	H–C(H)(H)–C(H)(H)–C(H)(H)–H		
丁烷(C_4H_{10})	H–C(H)(H)–C(H)(H)–C(H)(H)–C(H)(H)–H		

油箱里的烷烃 表18.1列出了三种直链烷烃的球棍模型和比例模型。汽油的一些特性——例如它在发动机中的燃烧值——由各成分所占的比例决定,如**图18.3**所示。碳原子数相同时,含有环状结构和支链结构的烃比直链烃燃烧得更平稳。直链烃的抗爆性差,在发动机中容易发生爆炸。加油站中显示的汽油辛烷值表明了含有支链结构和环状结构的烃在汽油中的比重。

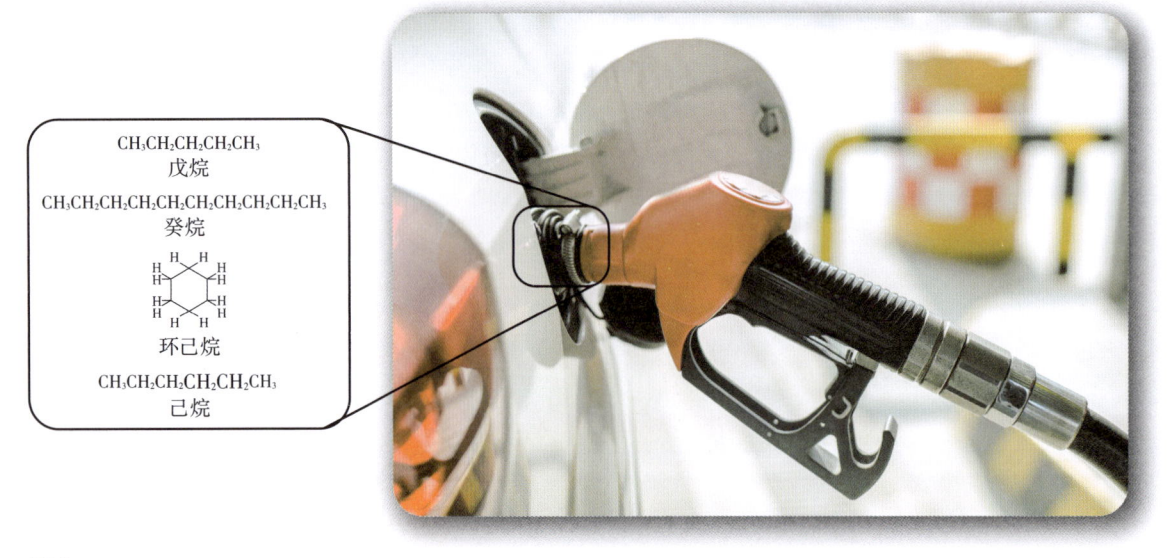

■ **图18.3** 汽油通常根据辛烷值来划分等级。辛烷值高的汽油,表明其中结构复杂的烃的百分含量高。

$CH_3CH_2CH_2CH_2CH_3$
戊烷
$CH_3CH_2CH_2CH_2CH_2CH_2CH_2CH_2CH_3$
癸烷

环己烷

$CH_3CH_2CH_2CH_2CH_3$
己烷

624

结构式的简化 上一页的结构式可以进行简化。对于环烷烃，可以用一条直线表示环烷烃中原子间的键。在这些环状结构式中，每个顶点代表一个碳原子。例如，含有5个和6个碳原子的环烷烃可分别用五边形和六边形来表示。因为每个碳原子可形成四个键，所以我们可以轻而易举地看出与每个碳原子成键的氢原子数。

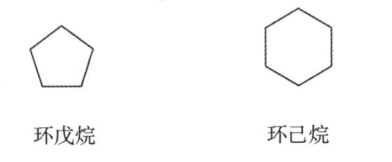

环戊烷　　　　环己烷

直链烃和支链烃的结构式也可以通过省略一些键来简化书写。例如，丙烷的结构式可写成 CH_3—CH_2—CH_3。在这类简式中，C 和 H 之间的键可以省略不写。还有另一种更简略的表示方法，丙烷可直接表示为 $CH_3CH_2CH_3$。本章中的结构式将主要采取后一种表示方法。

烷烃的命名 表 18.2 中是前 10 种直链烷烃的名称，它们是大部分有机化合物命名的基础。若要为支链烷烃命名，你首先要回答以下三个与结构有关的问题：

1. 最长的碳链中含有多少个碳原子？
2. 最长的碳链连接了多少条支链以及它们的长短如何？
3. 支链连接在主链的第几个碳原子上？

碳原子的编号 为方便起见，我们要对有机化合物中的碳原子进行编号。在直链烃中，从两端中的任一端开始编号都可以。在支链烃中，要从靠近连接支链的一端开始编号。

如下列支链烷烃可编号为：

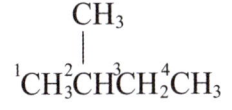

$$\overset{1}{CH_3}\overset{2}{CH}\overset{3}{CH_2}\overset{4}{CH_3}$$
$$\quad\ \ |$$
$$\quad\ \ CH_3$$

因为最长的碳链含有 4 个碳原子，如**表 18.2** 所示，所以丁烷是主链，也是此化合物名称的一部分。这个化合物中只有一条支链，且支链只含有一个碳原子，此时不称支链为甲烷，而是称其为甲基。甲基连接在主链的第 2 个碳原子上，所以这个化合物的名称为 2-甲基丁烷。

表 18.2	前 10 种烷烃	
分子式	名称	结构简式
CH_4	甲烷	CH_4
C_2H_6	乙烷	CH_3CH_3
C_3H_8	丙烷	$CH_3CH_2CH_3$
C_4H_{10}	丁烷	$CH_3(CH_2)_2CH_3$
C_5H_{12}	戊烷	$CH_3(CH_2)_3CH_3$
C_6H_{14}	己烷	$CH_3(CH_2)_4CH_3$
C_7H_{16}	庚烷	$CH_3(CH_2)_5CH_3$
C_8H_{18}	辛烷	$CH_3(CH_2)_6CH_3$
C_9H_{20}	壬烷	$CH_3(CH_2)_7CH_3$
$C_{10}H_{22}$	癸烷	$CH_3(CH_2)_8CH_3$

625

现在,我们再以另一种烃的结构为例来进一步说明烷烃的命名。

$$\overset{\quad\ CH_3}{\underset{\quad\ CH_3}{{}^1CH_3\overset{2}{C}{}^3CH_3}}$$

在这个化合物中,最长的碳链含有 3 个碳原子,因此是丙烷。两个甲基均与主链上第 2 个碳原子相连。像这种含有多个支链的情况,需使用相同的前缀,这在氢氧化物和分子的命名中介绍过。因此,这个化合物可命名为 2,2-二甲基丙烷。一般来说,遵循下面例题 1 中命名支链烷烃的方法和步骤即可。对于环状烷烃,需在名称前面加上"环"。

例题 1

命名支链烷烃 命名下面的烷烃。

1 分析

根据以下三个步骤,命名右面的烷烃。

$$CH_3CH_2CH_2\underset{|}{\overset{|}{C}}H\underset{|}{\overset{CH_2}{\overset{|}{C}H}}\underset{|}{\overset{|}{C}H}CH_2CH_3$$
$$\qquad\qquad\quad CH_3\ \ CH_3$$

2 实施

步骤 1 数出主链的碳原子数。因为结构式中含有不同排列方式的碳链,所以你需要仔细地找到连续的最长的碳链。在这道题中,确定主链是容易的。最长的碳链有 8 个碳原子,所以主链的名称是辛烷。

步骤 2 给主链的每个碳原子编号。从两个方向都给主链编号。从左边开始的编号中,烷基所连碳原子的编号为 4、5 和 6。从右边开始的编号中,烷基所连碳原子的编号为 3、4 和 5。3、4 和 5 的编号最小,所以这里采用这组编号。

步骤 3 记下支链的大小和数目。辨别和命名支链。在第 3 个和第 5 个碳原子上都有 1 个含一个碳原子的甲基,在第 4 个碳原子上有 1 个含两个碳原子的乙基。因为有两个甲基,二甲基就是名称的一部分。一个乙基前面不需要加任何前缀。

一个乙基:无前缀
位置和命名:4-乙基

$$CH_3CH_2CH_2\underset{|}{\overset{|}{\overset{5}{C}}H}\underset{|}{\overset{CH_2}{\overset{|}{\overset{4}{C}H}}}\underset{|}{\overset{|}{\overset{3}{C}H}}CH_2CH_3 \quad 主链:辛烷$$
$$\qquad\qquad\quad CH_3\ \ \ CH_3$$

两个甲基:二
位置和命名:3,5-二甲基

步骤 4 将烷烃支链的名称按字母排序,忽略前缀(例如二)。利用每个基团所连碳原子的编号分辨它们的位置,使用"-"把数字和文字分开,使用","把各个数字分开。因此,支链的名称应是 3,5-二甲基-4-乙基。为完成这个命名,要在支链名称之后加上主链的名称。这个化合物最终被命名为 3,5-二甲基-4-乙基辛烷。

3 检查

确保最长的连续碳链和编号正确,所有的支链都选定了正确的前缀和名字。

练一练

1. 命名下列烷烃。

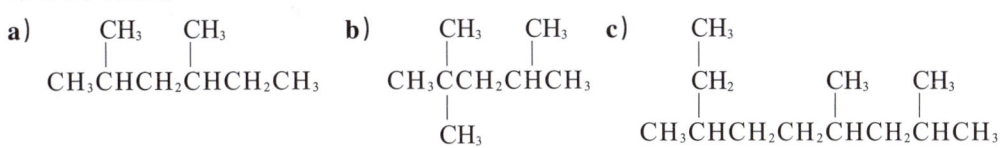

a)
$$CH_3CHCH_2CHCH_2CH_3$$
  位于第2和第4位的 CH_3 支链

b)
$$CH_3CHCH_2CHCH_3$$
  位于第2位的 CH_3，第4位带有 CH_3 和 CH_3 支链

c)
$$CH_3CHCH_2CH_2CHCH_2CHCH_3$$
  第2位带 CH_3 和 CH_2（CH_3），第5位 CH_3，第7位 CH_3

2. 写出下列支链烷烃的结构式。

a) 2,3-二甲基-5-丙基癸烷

b) 3,4,5-三乙基癸烷

同分异构体 丁烷和2-甲基丙烷是名称与结构都不同的两种烷烃，如**图18.4**所示。这两种化合物有什么联系吗？如果你细数一下两者的碳原子数和氢原子数，你就会发现它们都含有4个碳原子和10个氢原子，具有相同的分子式 C_4H_{10}。这种分子式相同，但结构不同的化合物就互称为**同分异构体（isomer）**。丁烷和2-甲基丙烷是同分异构体，它们的分子式都是 C_4H_{10}，但因为碳链类型不同，所以它们拥有不同的结构式。

补充练习
有关烷烃命名的额外练习，请见附录C。

丁烷
分子式：C_4H_{10}

2-甲基丙烷
分子式：C_4H_{10}

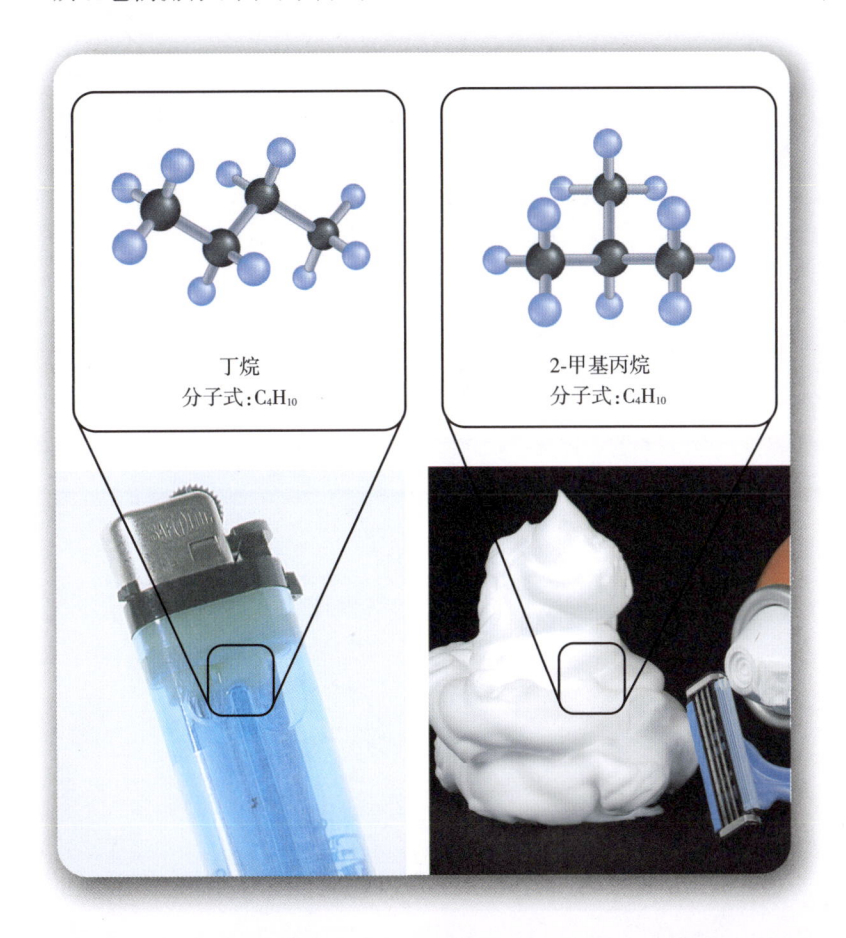

■ **图18.4** 丁烷常作为打火机的燃料。2-甲基丙烷，也称为异丁烷，常用作啫喱膏等产品中的推进物。

627

CH₃—CH₂—CH₂—CH₂—CH₃

戊烷
沸点：36 ℃

CH₃—CH₂—CH(CH₃)—CH₃

2-甲基丁烷
沸点：28 ℃

CH₃—C(CH₃)₂—CH₃

2,2-二甲基丙烷
沸点：9.5 ℃

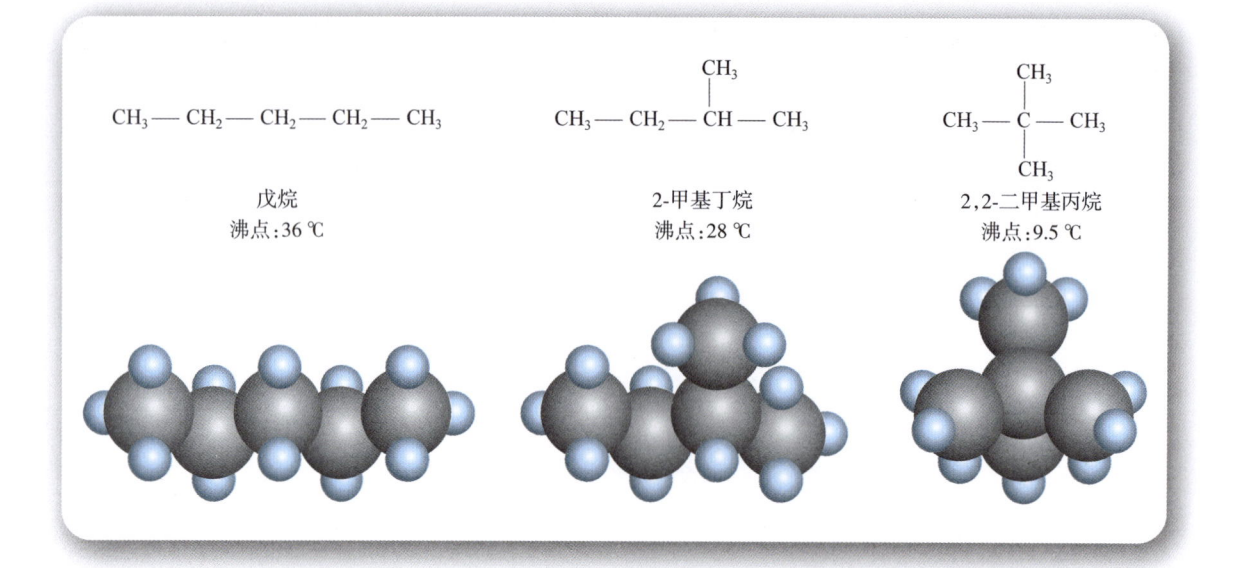

■ **图 18.5** 仔细观察戊烷的同分异构体，你可能发现它们的结构和性质都有着密切的联系。尽管三种化合物的分子式都是 C_5H_{12}，但由于含有的支链不同，性质也有所不同。请注意它们分子形状的差异。

描述 支链的增加对戊烷同分异构体的沸点有什么影响？这与每种化合物的分子间作用力有什么联系？

同分异构体的分子式相同，但性质不同。丁烷和 2-甲基丙烷的熔沸点不同，密度和溶解度也不同。此外，它们的化学性质也有差异。图 18.5 比较了戊烷的同分异构体的一些性质。

含有 4 个碳原子的烷烃有两种同分异构体，但随着碳原子数的增加，同分异构体的数目急剧增多，这是因为越长的碳链可以连接更多的支链。对于一个含有 6 个碳原子的主链来说，1 个甲基既可以连接在第 2 个碳原子上，也可以连接在第 3 个碳原子上，如图 18.6 所示。为了确定两个化合物是不是同分异构体，先得数清碳原子和氢原子的数目，看看两者的分子式是否一致，然后判断甲基的位置是否存在差异。戊烷有 3 种同分异构体，己烷有 5 种，分子式为 $C_{30}H_{62}$ 的有机物具有超过 40 亿种的同分异构体。

■ **图 18.6** 把甲基从第 2 个碳原子移动到第 3 个碳原子上，就产生了不同的同分异构体。这两个同分异构体的分子式都是 C_7H_{16}。

解释 对于仅有一个支链的 C_7H_{16}，把甲基从第 2 个碳原子移到第 5 个碳原子上为什么没有产生新的同分异构体？

2-甲基己烷
C_7H_{16}

3-甲基己烷
C_7H_{16}

烷烃的性质　烷烃的性质由分子结构或分子中原子的排列所决定。还有一个影响因素是烷烃的碳链长度。通常来说，直链烷烃所含的碳原子数越多，它的熔沸点越高。室温下，含有4个或4个以下碳原子的直链烷烃为气态，含有5～16个碳原子的烷烃为液态，超过16个碳原子的烷烃为固态。

烷烃具有相同的性质——相对的不活泼性。在第9章我们已经学过，烷烃中的碳碳键是非极性键，碳氢键是弱极性键。因为烷烃不含有极性键，所以它们能参与的反应并不多，而且只能溶解于非极性或弱极性的有机化合物，例如油和蜡。也正是由于它的非极性和弱极性，烷烃是一类良好的有机溶剂。油漆、脱漆剂和清洁剂中通常含有己烷或环己烷溶剂。

乙　烯

我们已经知道，在有机化合物中，碳原子间可以以单键、双键或叁键成键。含有双键或叁键的烃，称为**不饱和烃**（unsaturated hydrocarbon）。**表 18.3** 比较了含有单键、双键和叁键的分子。注意**表 18.3** 中三个分子名称的相似之处：乙烷、乙烯和乙炔。每一个分子都含有两个碳原子，区别在于碳和碳之间分别是以单键、双键或叁键成键的。你能看出不饱和烃是如何命名的吗？

> **拓展　阅读**
>
> "饱和"与"不饱和"这两个词，其实在科学家认识有机物的结构之前就已经存在了。在实验过程中，科学家发现一些烃在催化剂存在时可以吸收氢气。因此将不与氢气反应的烃称为饱和烃，而把能吸收额外氢气的烃称为不饱和烃。现在我们已经知道不饱和烃含有双键或叁键，它们可以加氢形成单键。

表18.3	单键、双键和叁键的比较		
	乙烷	乙烯	乙炔
结构式	CH_3-CH_3	$CH_2=CH_2$	$CH\equiv CH$
球棍模型			
路易斯电子式	H H H:C:C:H H H	H:C::C:H H H	H:C⋮⋮C:H
比例模型			

迷你实验 1

油的不饱和性

你能判断相对不饱和度吗 将红棕色的碘溶液加入油中，根据其褪色的快慢可以判定油的不饱和度。加入的碘会破坏化合物中的双键或叁键，然后与碳原子结合生成无色的卤代化合物。注意：对花生过敏的学生应避开这些实验操作。

实验步骤

1. 阅读并完成实验安全表格。
2. 取 20 mL 花生油和 20 mL 菜籽油分别倒入两只烧瓶中，贴上标签。
3. 在两只烧瓶中各加入 5 滴碘酒，搅拌均匀。观察液体颜色的变化。
   （注意：碘酒被吸入人体是有毒的，而且碘酒易燃）
4. 将两只烧瓶放在石棉网上加热。
5. 观察哪一种油先恢复原来的颜色。先恢复颜色的油的不饱和性大于后恢复颜色的油的不饱和性。
6. 仔细阅读两瓶油的标签，然后确定你的实验结果是否与标签上的内容保持一致。

分析与讨论

1. **描述** 当红棕色的碘溶液加入不饱和油中时，发生了什么变化？
2. **总结** 哪种油的不饱和性更大？
3. **预测** 根据下列食用油的标签，请判断哪一类油在加入碘溶液后褪色更快。
   a) 菜籽油与玉米油
   b) 椰子油与葵花籽油

■ **图 18.7** 乙烯是一类植物激素，通常用于催熟水果或蔬菜。用乙烯处理未成熟的水果和蔬菜，可以使它们在同一时间成熟，从而提高收成。

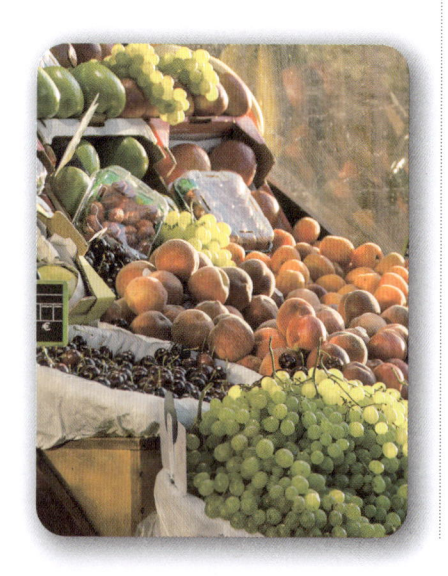

之前已经学过汽油是多种烷烃的混合物，汽油中也有一些含有双键的烃类物质。含有一个或者多个连接碳原子的双键的烃称为**烯烃（alkene）**。

烯烃的命名 烯烃的命名以烷烃的命名为基础，"某烷"改为"某烯"。含有 2 个碳原子的最简单的烯烃称为乙烯，结构简式为 $CH_2 = CH_2$。乙烯在室温下为气态，是工业中最重要的有机化合物，超过一半的乙烯用于制造塑料，也可用于制备汽车的防冻剂。图 18.7 展示了乙烯的另一种应用。

含有 3 个碳原子的烯烃为丙烯，结构简式为 $CH_2 = CHCH_3$。当碳链含有 4 个或 4 个以上的碳原子时，双键的位置可以有多种情况。在为烯烃命名时，必须在名称前用数字来标明双键的位置。在给具有较长碳链的烯烃命名时，必须采取以下三个步骤：

1. 确定含有双键的最长碳链为母链，然后根据所含碳原子数命名为"某烯"。
2. 对母链进行编号，尽可能把较小的编号安排给连有双键的碳原子。
3. 写出与双键相连的第一个碳原子的编号，然后跟上连字符，最后写上烯烃的名称。

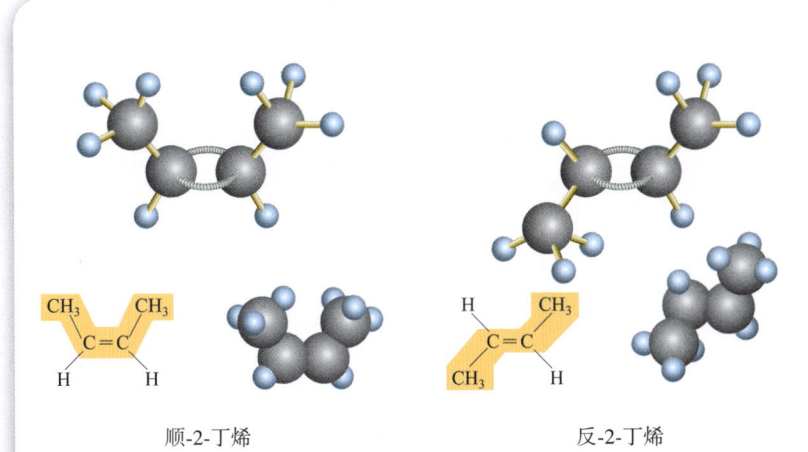

■ **图18.8** 顺-2-丁烯和反-2-丁烯是几何异构体。请注意它们的球棍模型和比例模型。几何异构体的性质有较大差异。顺式异构体的对称性更好,固态下分子间的排列更紧密。因此,顺式异构体的熔点比反式异构体的熔点高。

推断 顺式异构体的紧密排列与其熔点有何关联?

顺-2-丁烯   反-2-丁烯

下列化合物该如何命名呢?

$$CH_2=CHCH_2CH_3$$

这个化合物含有1个双键和4个碳原子,所以丁烯是主链的名称。从左边开始编号,因为最靠近双键。因此,这个化合物应该命名为1-丁烯。

$$\overset{1}{CH_2}=\overset{2}{CH}\overset{3}{CH_2}\overset{4}{CH_3} \quad 1\text{-丁烯}$$

位置异构 1-丁烯的同分异构体是2-丁烯,其结构简式为 $CH_3CH=CHCH_3$。这两种化合物的分子式相同,但结构不同。由于它们只是双键的位置不同,故称为位置异构。与碳链异构相似,位置异构的同分异构体的性质也有很大不同。

双键的存在使双键两端的碳原子无法自由旋转。如果双键两端的碳原子分别连有不同的原子或基团时,这个烯烃就有两种几何结构。含有不同的几何结构的烯烃互为几何异构体。**图18.8**列出的是2-丁烯的几何异构体的模型。在顺-2-丁烯中,氢原子和甲基分别在双键的同一侧;在反-2-丁烯中,两个氢原子处在相反的一侧,两个甲基也处在相反的一侧。

烯烃的反应 烯烃比烷烃活泼,因为双键中两个额外电子不如单键中电子结合得紧密。烯烃可以发生加成反应,在双键断裂之后,碳原子上可以连接小分子或者离子。如果双键参与加氢反应,烯烃将转化为烷烃。这一反应称为加氢反应。

$$CH_2=CH_2 + H_2 \longrightarrow CH_3CH_3$$

乙烯　　　　　　乙烷
(不饱和)　　　　(饱和)

词源

Cis

Cis(拉丁语):在同侧

Trans

trans(拉丁语):异侧

生物学 链接

视觉与维生素A

视觉研究是生命科学中的一个重要课题。光线通过眼睛到达由视杆细胞和视锥细胞组成的视网膜；视杆细胞和视锥细胞是神经接受器，专门感知光线。每只人眼中有1.2亿多个视杆细胞，负责感受白光和提供视觉图像的清晰度；而眼睛里的700多万个视锥细胞则负责辨认颜色。视觉的形成依赖于视杆细胞和视锥细胞末端的色素分子。其中一种色素分子是视紫红质，它由两部分构成，一部分为视蛋白，另一部分为被称作视黄醛的小分子。

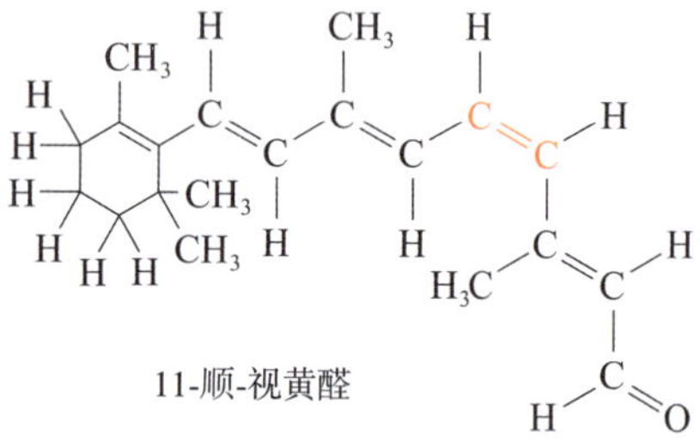

■ **图18.9** 11-顺-视黄醛的结构。

■ **图18.10** 11-反-视黄醛的结构。

视觉化学 β-胡萝卜素是从胡萝卜或其他黄色、绿色蔬菜中提取出的天然橙色色素，在人体内能降解生成维生素A，之后维生素A转变成11-顺-视黄醛（11-cis-retinal）。11-顺-视黄醛与视蛋白在视网膜内共同组成了视紫红质。当视紫红质接受外界光时，外界的能量使得色素分子的形状发生改变。分子的右端部分围绕双键发生旋转，最终形成全反式视黄醛，即当中的所有原子团都是反式结构。

视紫红质的视黄醛异构化成反式时，它就与视蛋白分离开来。因此，光能可以使视紫红质分解。当视紫红质分解时，可能是由于表面产生了离子电荷，视杆细胞被激活。

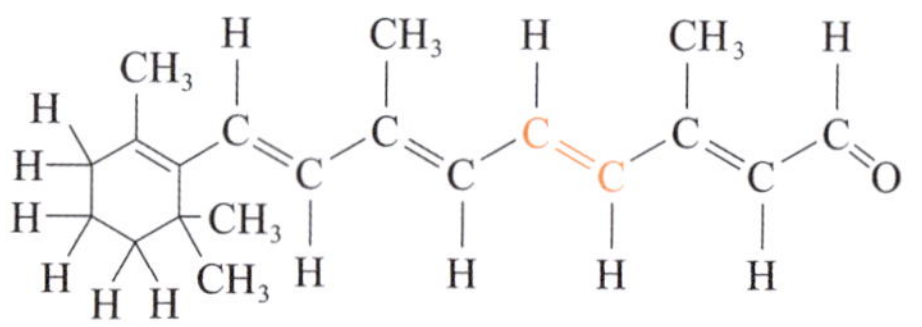

这些电荷可能只存在1秒，但它们能产生神经信号，传送给视觉神经，再到大脑。经过这一系列变化之后，反-视黄醛又变回顺-视黄醛，再次与视蛋白结合。这个过程相对缓慢，这就是为什么你的眼睛需要较长时间去适应弱光的原因。

夜视 当大量的光能刺激视杆细胞时，就会有大量的视紫红质分解，从而导致视杆细胞中的视紫红质的浓度降低。如果你从一个明亮的地方进入一个暗房间，视紫红质的数量还相对较少。这段时间，你会暂时性失明。此后，视紫红质的数量逐渐增多，直到房间里的微弱光线能有效刺激视杆细胞为止。在暗适应的过程中，视网膜的敏感性在几分钟内能上千倍地增加，1小时后，可增加为原来的10万多倍。

化学 链接

1. **提出假设** 猫头鹰和蝙蝠只在夜里活动，这是因为它们的眼睛只含有视杆细胞。请从数量上将它们的视紫红质与人类的进行比较，并对此提出合理的假设。

2. **分析** 11-顺-视黄醛转变成全反式视黄醛的过程对视觉的形成有何影响？

■ **图 18.11** 由于叁键很活泼，乙炔可以作为其他化合物制造的起始反应物，比如这里展示的露天家具。乙炔是石油裂解的副产品，也可以由 CaC_2 和 H_2O 的反应制得。
书写 写出 CaC_2 和 H_2O 反应的化学方程式（生成物是乙炔和氢氧化钙）。

炔 烃

炔烃(alkyne) 也是一种不饱和烃，碳原子间以叁键连接。炔烃的命名也以烷烃的命名为基础，将"某烷"改成"某炔"。乙炔，俗称电石气，是最具有商业价值的炔烃。美国生产的电石气大部分用于乙烯基和丙烯酸材料的制造，不过有大约10%的乙炔消耗在氧乙炔炬上，如**图18.11**所示，氧乙炔炬主要用于切割和焊接金属。

炔烃的化学性质和物理性质　炔烃非常活泼，因此不存在天然炔烃，但我们可以通过其他有机化合物来合成炔烃。**表18.4**中列举了一些简单炔烃的名称和结构。

与烷烃和烯烃相似，随着碳链长度的增加，炔烃的熔沸点逐渐升高。炔烃的物理、化学性质与烯烃有些相似：熔点比烷烃高；能发生加成反应。例如，炔烃加氢之后能生成烯烃和烷烃。

$$CH\equiv CH + H_2 \longrightarrow CH_2=CH_2$$
$$CH_2=CH_2 + H_2 \longrightarrow CH_3CH_3$$

表18.4　简单炔烃

化学名称	俗称	结构
乙炔	电石气	$CH\equiv CH$
丙炔	甲基乙炔	$CH\equiv CCH_3$
1-丁炔	—	$CH\equiv CCH_2CH_3$
2-丁炔	—	$CH_3C\equiv CCH_3$

化学工作者

约翰·加西亚
药剂师

"一个丰富的宝藏即将化为乌有。"这是药剂师约翰·加西亚对亚马孙河流域以火烧方式清理土地的评价。他一直关注人类在开发土地过程中，对自然界中潜在药物的破坏情况。"与我们一般的观念不同，"他解释道，"处于危机中的新药源不只是存在于丛林中。一种抗生素——林可霉素，就发现于内布拉斯加州林肯市的土壤当中。"在此次访谈中，加西亚先生将描述他在从事药剂工作近40年里的所见所闻。

关于工作

Q 加西亚先生，能否介绍一下您今天上午的一些工作？

A 今天上午我要为一位偏头痛的病人配制100份栓剂。这与我同事的工作相比简单多了。他曾经为一头大象配制过栓剂，需要将药物装入铝制的橄榄球状的模子里，每粒药的成本就有300美元。

Q 您是否也为动物配过药？

A 我为兔子配过药。我特地让药物带有山莓香味，因为它们喜欢这种味道。

Q 那么，您的病人是不是也可以自由选择所喜欢的香味呢？

A 是的，我这大约有40种香味：冰镇果汁朗姆酒香味、泡泡糖香味、薄荷香味等。我自己喜欢什锦水果香味。这些调味品不只是装饰。例如，我配制氯奎——一种儿童抗疟药时，会加入巧克力。因为巧克力的分子比较大，它们能够覆盖药物所产生的苦涩味。

Q 您拥有自己的药房，它与其他药房相比，有什么不同吗？

A 不同之处在于我主要从事复合药方的配制，换句话说，就是为每位病人量身定做药物来满足他们的需要。在大多数药房里，药剂师都是在从事"计算和灌注"的工作，他们在配制标准试剂。很多时候，我会与医生合作，为他们提供一些用药方面的建议。除了建议他们改变药物或剂量外，我还和医生探讨给药的方法。

Q 在您从事药剂工作的40年中，发生了哪些变化呢？

A 新出台的法规规定药剂师有义务向病人解释药物的药效和可能出现的副作用。同时，保险业也出现了新的变化。这些变化增加了我们的文书工作，我们的报酬也相应减少了。这就意味着药剂师必须提高工作效率。

Q 现如今,重症病人可以活得更长久了,这对您的行业有影响吗?

A 我还在几家晚期病人安养所工作。那些病人都处于疾病晚期,一般只能活40天。我们的责任就是利用不同的药物来减轻病人的疼痛和不适感。

早期影响

Q 您是如何成为一名药剂师的?

A 在读高中时,放学之后我会到一家药店打工,负责传递药方,并帮助填写一些药方。我喜欢和药店里的人一起工作,药剂师纳瑟·菲舍鼓励我报考药剂学校。他是我的良师益友,我很尊敬他。

Q 在您小时候,您是否害怕进药房,害怕打针吃药?

A 不怎么害怕。高中时,为了参加一项比赛,我接受了身体检查。在此之前,我好像从未看过医生。我的父母来自墨西哥,我的母亲懂得很多家庭急救的方法。当我胃不舒服的时候,她通常会给我吃一些类似薄荷糖的东西。

个人观点

Q 您认为要想成为一名优秀的药剂师,应当具备哪些素质?

A 显而易见,您必须喜欢与人沟通,精通数学和化学计量。我还想说的是,药剂师的工作就像烹调——需要加不同的材料和调味品。就像一位厨师,我希望我的菜肴成分达到最佳比例,味道好,看起来也不错。

Q 您认为药剂行业未来会有什么样的发展前景呢?

A 我认为等到科技发展到一定水平,病人体内就可以植入一种自动监测器,它能根据病人的需要自动配送药物。这种装置还应带有医学芯片——里面记录了个人的病历、年龄、体重和身高等。

职业 链接

其他与药剂行业有关的重要工作有:

药理研究员:大学毕业后进入医药学校或药剂学校学习2~4年。

制药技师:高中毕业后接受为期2年的培训。

药剂员:高中毕业后接受在职培训。

635

在苯的这种结构中，单键与双键交替排列，现在认为这种观点是不正确的，因为它不能解释苯的惰性和键长。

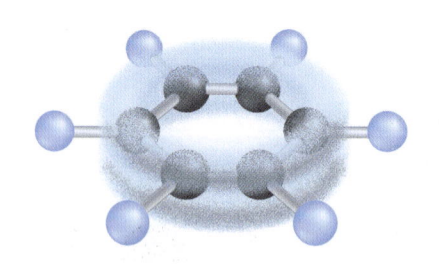

这种结构表示了共用电子云均匀地分布在环的上部和下部。该结构能够解释苯的惰性。

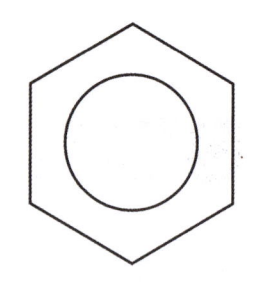

这种六边形结构能比较正确地反映苯的结构。在六边形中，每个顶点代表一个碳原子。中间的圆圈代表分子中6个碳原子所共用的电子云。

■ 图 18.12 作为不饱和烃，苯远比想象中要稳定。另外，研究表明6个C—C键完全相同，这是种新的代表性物质。

芳香烃

另一类不饱和烃比较特别，它们含有六元环结构。这类化合物中最简单的分子是苯，分子式为C_6H_6，苯中的6个碳原子形成一个平面环。化学家起先预测碳原子是通过单键和双键结合起来的，如图 18.12 所示。现在，我们已经知道这个结构是不准确的。

虽然含有双键，但苯的性质与烯烃的性质有很大不同。大部分的烯烃易发生加氢反应，而苯却较难。为了解释苯的惰性，化学家提出了另一种分子模型：电子云均匀地分布在6个碳原子上，而不是集中在几个碳原子上。这种苯分子的结构被普遍接受，如图 18.12 所示。

由于电子为碳原子所共用，所以苯与苯的衍生物有很多独特的性质。含有苯环的一类化合物称为**芳香烃（aromatic hydrocarbon）**。之所以称为芳香烃，是因为大部分此类化合物会产生特殊的香味。例如，由两个苯环直接相连形成的萘，曾用于樟脑丸中来驱赶毛衣上的蛀虫。苯环中碳原子紧密结合，因此芳香烃化合物都异常稳定。

有机化合物的来源

你已经学习了有机化合物的结构和基本命名，你是否考虑过这些有机化合物是从何而来的呢？大部分碳氢化合物来自于化石燃料，例如石油（最主要的来源）、天然气和煤，如图 18.13 所示。还有一些其他的重要来源，如木材、植物体的发酵产物等。

拓展 阅读

19世纪，化学界中的一大难题是解释苯的结构，由于苯中的氢原子太少，用直碳链无法解释。凯库勒（1829~1896）解决这一难题的灵感来自于他的一个梦，他梦见一条会跳舞的蛇咬住了自己的尾巴，从而绕成了一个环状。凯库勒醒来之后，他通过这现象成功解释了苯的结构。凯库勒提出的苯的结构是19世纪理论有机化学中最重要的成就之一。

木材或煤燃烧产生的烟灰中含有很多芳香烃。1930年，研究表明，烟灰中的煤焦油含有大量的芳香烃，这些芳香烃是致癌的。车辆内燃机的运作，为取暖或获取能量而燃烧木材和煤，而这些都是烟灰的来源。

有的石油和天然气的沉积区是通过近海石油钻探发现的。这些沉积物一般位于海底，是由海洋生物（如海藻、细菌和浮游生物等）的遗骸沉积在海底，并在高温和高压的条件下转化而成的。

天然气 天然气中含有大量的甲烷，以及少量其他相对分子质量较小的烷烃（碳原子数目小于5）。除了这些有机化合物，天然气中还含有 CO_2、N_2 和 He。天然气和石油形成的方式类似，所以经常和石油一同被发现。

天然气易通过管道输送，是一类应用广泛的燃料。因为甲烷燃烧无污染，作为燃料使用时，天然气中最理想的成分就是甲烷。因此，未加工的天然气在燃烧前都会经过处理除去甲烷以外的其他成分。此外，天然气也是制备许多小分子有机化合物的原料。

石油 石油是成分复杂的混合物，大部分是直链烷烃和环状烷烃。如**图 18.13**所示，石油可以通过近海石油钻探获取。从石油中能提炼出许多产品，如汽油、喷气发动机燃料、煤油、柴油、燃料油、沥青和润滑油等。为了利用这些产品，我们必须将它们从石油中分离出来。那么，我们可以利用烃的哪些性质进行分离呢？

分馏 可以利用沸点的差异来分离混合物。在第5章中曾学过，蒸馏可以用来分离沸点不同的两种物质。石油工业中，采用蒸馏塔对石油进行蒸馏分离。在塔内有许多平板，可用来增大与石油成分接触的表面积。此外，蒸发—冷凝过程的不断循环，使得分离的效果更佳。分离出的每部分产品只含有一种或几种化合物。这套分离方法就称为**分馏**（**fractional distillation**）。

■ **图 18.13** 大多数碳氢化合物来自于化石燃料，如石油、天然气和煤。
推断 为什么在干旱地区也能找到石油矿床？

词源

Petroleum

石油

petra（拉丁语）：岩石

oleum（拉丁语）：油

■ **图 18.14** 工业上通常采用分馏的方法对石油成分进行分离。将石油或原油放在火炉里加热,液态的烷烃发生汽化,在分馏塔内上升。溶解于石油中的气体在塔顶被分离出来,经冷凝后装入油桶出售;随后分离出的是汽油;在塔的较低部位,分离出来的是相对分子质量较大的烃的混合物,包括煤油、燃料、润滑油和沥青等。

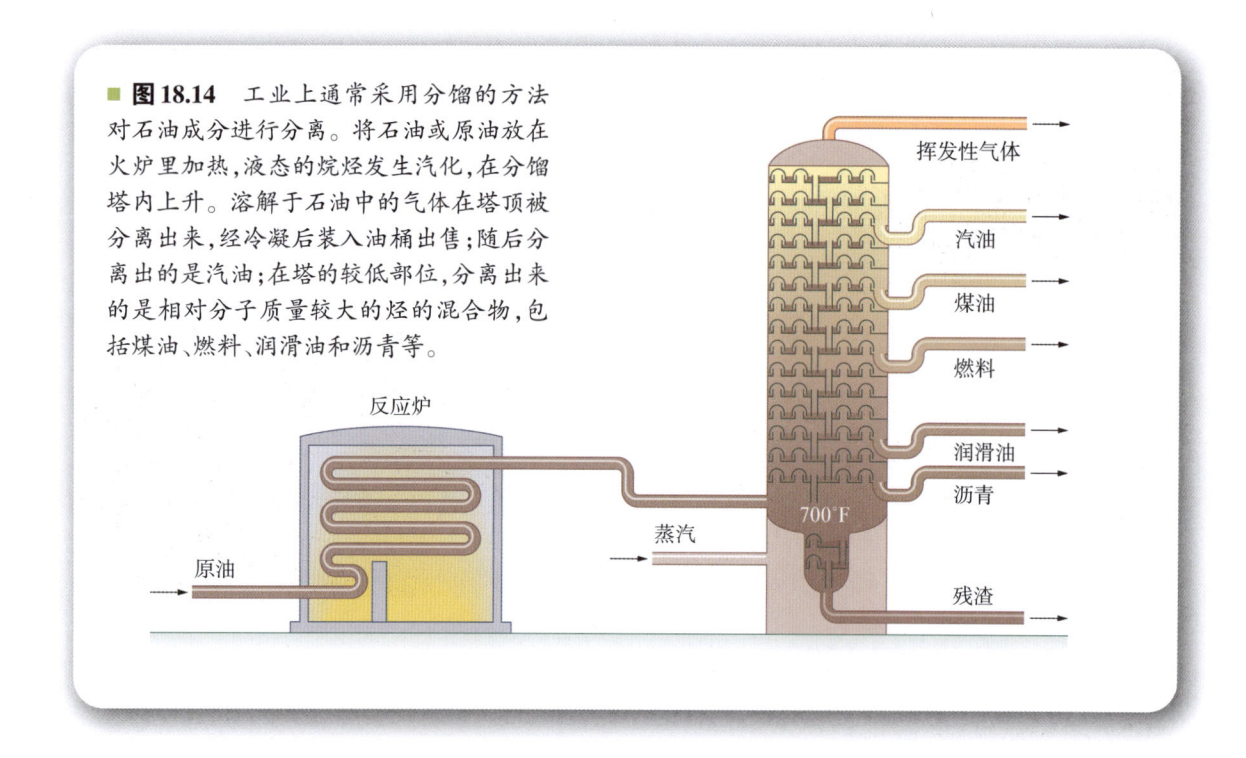

词源

Distillation

分馏

de(拉丁语):下面

stillare(拉丁语):成为液滴

图 18.14 展示了根据沸点的不同,在塔的不同高度分离出不同产品的过程。通过控制塔的温度,使塔底的温度较高,塔顶的温度较低。一般地,随着相对分子质量的增大,化合物的沸点也升高。因此,沸点较高的化合物在底部冷凝,沸点较低的化合物在顶部冷凝。塔外部不同的高度连接了很多管道,用于导出不同的组分。

裂化和重整 分馏石油得到的组分不可能恰好符合工业需求。例如,分馏得到的汽油,它的需求量很大,但是汽油在石油中所占的比例还不到一半。因此,如何提高这些重要化合物的产量成了一项重要的课题。从塔的较低位置分离出的产品大部分是大分子烷烃。这些烷烃可以转化为较小的烷烃或烯烃,这一过程称为**裂化(crack)**。裂化一般需要催化剂或高温条件,在真空中将大分子的烃裂解或重新组合。也能通过裂化将大分子烃转化为烯烃,以此提高天然气的产量。例如,对丙烷进行裂化,可以得到甲烷、乙烯、丙烯和氢气。

$$2CH_3CH_2CH_3 \xrightarrow{500°C \sim 700°C} CH_4 + CH_2 = CH_2 + CH_3CH = CH_2 + H_2$$

此外,在加热、高压和催化条件下,可以将大分子的烷烃转变为其他化合物,这个工艺称为**重整(reform)**。重整常用于制备芳香烃。

煤 　像石油和天然气一样，煤也是一种化石燃料。煤是由埋在水下的植物体残骸在不断堆积的泥层的挤压下形成的。煤中的主要元素是碳，另外含有一些杂质元素，如氢、氧、氮、硫和磷等。除了主要用作燃料外，煤还用于制备芳香烃。煤矿可分为两类：地下煤矿和露天煤矿，如**图 18.15** 所示。从地表开采煤矿后，必须将地区的环境恢复原状，以防止水土流失。

■ **图 18.15** 　煤是最丰富的化石燃料。

第1节　本节回顾

要点梳理

- 烷烃是一类饱和烃，碳原子间通过单键连接。烯烃和炔烃是不饱和烃。
- 同分异构体是一类分子式相同但结构不同的化合物。因为结构决定性质，同分异构体的性质通常不同。
- 苯是一种具有稳定环状结构的化合物。它之所以稳定，是由于分子中的碳原子共用6个电子。
- 化石燃料是烃的主要来源。石油中的成分可通过分馏提取。

3. **主要 概念 命名**　请为下列有机化合物命名。

a) $CH_3CH=CHCH_2CH_2CH_3$　　c) $CH_3CH_2CH_2CH_2CH_2CH_3$

b)
$$\begin{array}{c} CH_3 \\ | \\ CH_3CHCH_2CH_3 \end{array}$$

d)
$$\begin{array}{cc} CH_3 & CH_3 \\ | & | \\ CH_3CH_2CHCH_2CHCH_3 \end{array}$$

4. **绘制**　根据烃的名称画出它的分子结构

a) 己烷　　　　　　　d) 3-乙基辛烷

b) 反-2-戊烯　　　　e) 乙炔

c) 1,2-二甲基环丙烷　f) 1-丁炔

5. **罗列**　烃的主要来源有哪些？主要分布在哪里？

6. **分析**　卤素分子（如 Br_2）可以与烯烃反应，类似于加氢反应。写出 Br_2 与丙烯反应产物的结构式。

7. **推断**　低温条件下，将辛烷或戊烷储存在严格密闭的容器中是否更有必要？为什么？

639

第2节

核心问题
- 如何对比和比对几类主要取代烃的结构?
- 每类取代烃的性质和用途是什么?

术语回顾
烷烃：一种饱和烃,碳原子只以单键相连。

关键术语
取代烃
官能团

折叠式学习卡
将本节中的信息归纳到你的折叠式学习卡中。

取代烃

主要概念 官能团取代烃中的氢原子,从而形成多种多样的有机化合物。

链接真实世界 苹果派看起来是不是很新鲜诱人?你似乎可以闻到很多香味,苹果、肉桂、肉豆蔻或香草。那么,这些香味是怎么产生的呢?苹果、肉桂、肉豆蔻、香草等许多水果和香料里含有一类分子,这类分子的末端含有特殊的原子团。这些特殊的原子排列使分子散发出令人愉快的香味。

官能团

在加热或光照条件下,氯气和甲烷混合会发生爆炸,生成**图 18.16** 中的四种产物。这些产物的结构与烃基本相同,不同之处在于烃的某些氢原子被其他原子所取代,因此称为**取代烃**(substituted hydrocarbon)。

分子中部分原子的特殊排列决定了分子的大部分化学性质,我们将这部分的原子排列称为**官能团**(functional group)。官能团可以是原子、原子团,也可以是化学键。请注意**图 18.16** 所示的分子结构,甲烷中的一个或多个氢原子被氯原子所取代。

取代烃中替代的官能团能改变该烃的结构、性质和用途。例如,一氯甲烷是气体,通常用作制冷剂;二氯甲烷为液体,用作去除咖啡中咖啡因的溶剂;你可能更熟悉三氯甲烷的另一个名字——氯仿,它是一种麻醉剂,曾用于外科手术;四氯甲烷,又称四氯化碳,常用作衣物干洗剂和灭火器中的溶剂。

一些官能团的结构比较复杂,由原子团构成。这些原子团通常含有氧原子或氮原子,有些含有硫原子或磷原子。双键和叁键也是重要的官能团。此外,许多有机化合物的官能团不止一种。简单的有机化合物可根据官能团进行分类。**图 18.17** 将帮助你学习一些重要官能团的结构和代表物。

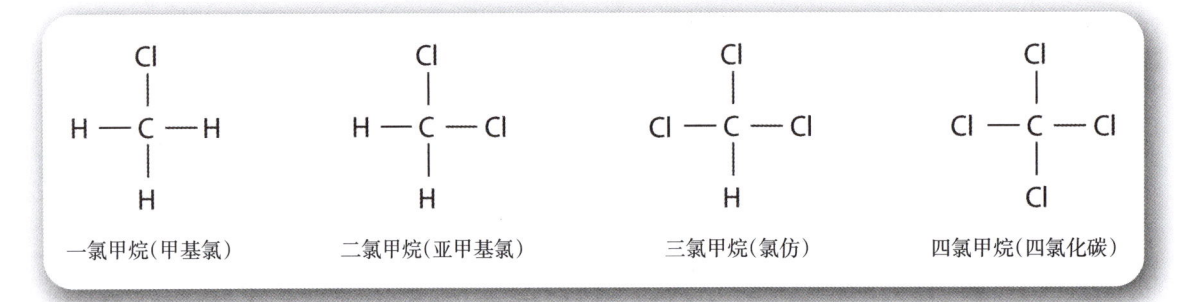

■ **图 18.16** 甲烷和氯气反应有4种产物,分别是一氯甲烷、二氯甲烷、三氯甲烷和四氯甲烷。这4种物质有不同的性质和用途。

一氯甲烷(甲基氯)　　二氯甲烷(亚甲基氯)　　三氯甲烷(氯仿)　　四氯甲烷(四氯化碳)

图 18.17

官能团的结构和功能
卤代化合物
结构：R—X，X代表F、Cl、Br、I
官能团：卤素原子
性质：密度大
用途：制冷剂、溶剂、杀虫剂、防蛀剂、塑料等
生物功能：甲状腺激素类
例子：氯仿、二氯甲烷、甲状腺素、氟利昂、DDT（二氯二苯三氯乙烷）、PCBs（多氯联苯）、PVC（聚氯乙烯）

氟利昂

杀虫剂是用来保护农作物不受害虫和杂草等带来的危害的，很多杀虫剂都含有卤素官能团。例如，全世界用来控制某些类型杂草的阿特拉津，含有一个氯代碳氮环。因为杀虫剂通常毒性很强，所以杀虫剂的使用必须受到严格监管。

喷洒农药

氟氯烃（CFC）中，氯原子和氟原子与碳原子连接成键。最常见的氟氯烃是氟利昂，分子式为CCl_2F_2。氟氯烃早先被广泛应用于制作气溶胶罐的推进剂，溶剂，泡沫塑料材料的起泡剂，空调、冰箱和冰库中的制冷剂等。因为氟氯烃会破坏大气层中的臭氧层，1987年，世界上的一些工业大国签订了公约，同意减少氟氯烃的使用量。现在，氟氯烃已被其他的环境友好型的卤代化合物替代。

臭氧层空洞

醇

结构：R—O—H

官能团：羟基(—OH)；氢原子与氧原子成键，氧原子与分子中的烃基相连

性质：极性，能吸引水分子，故能与水互溶；高沸点；低级醇(质量较小的醇)具有水溶性

用途：溶剂、消毒剂、漱口剂和发胶的原料、抗冻剂

生物功能：糖类的反应基团，发酵产物

例子：甲醇、乙醇、异丙醇(一种外用酒精)、胆固醇、糖

酒精消毒

至少含有一个羟基的有机化合物称为醇。醇有许多用途，最重要的用途是用作消毒剂，用来杀灭细菌或其他有害的微生物。因此，乙醇被添加进漱口水、外用酒精中用作消毒剂。抗冻剂也是一种醇。

乙醇

羧 酸

官能团：羧基(—COOH)；氧原子通过双键与碳原子成键，此外，该碳原子还与羟基和烃基相连

性质：酸性，通常具有水溶性，有刺激性气味，在酸碱反应中生成盐

用途：醋、酸性调味料、皮肤养护产品，用于生产肥皂和清洁剂

生物功能：信息激素，蚂蚁刺毒素，腐败黄油中的成分

例子：醋酸(醋的成分)、甲酸、柠檬酸(柠檬的成分)、水杨酸

蚂蚁

家庭 实验
参见附录F，**比较水和外用酒精**。

$$结构：R-\overset{\overset{O}{\|}}{C}-O-H$$

含有羧基的一类有机化合物称为羧酸，又称为有机酸。许多信息激素含有羧基官能团。信息激素是动物用于交流的一种手段。当一只蚂蚁找到食物后，它会留下信息激素引导其他蚂蚁寻找食物。

甲酸

642

酯

酯是羧酸中的—OH被—OR替代而形成的
性质：有香味，具有挥发性
用途：人造调味品、香料和聚酯织物
生物功能：细胞中储存的脂肪，DNA中的磷酸骨架，天然调味品和香料，蜂蜡
例子：香蕉油、冬青油（水杨酸甲酯）、甘油三酯

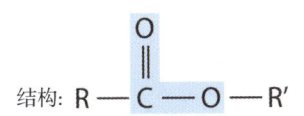

鹿蹄草

菠萝

结构：
$$R-\overset{\overset{O}{\|}}{C}-O-R'$$

由有机酸和醇反应制得的化合物称为酯。一些酯类常用于聚酯织物的生产，另一些则应用于食品生产。天然香料通常是由酯和其他化合物组成的复杂混合物，而人造香料所含的化合物种类较少，所产生的香味与天然香料略有不同。

丁酸乙酯（菠萝香味）

醚

结构：R—O—R'，氧原子连接两个烃基
性质：大部分不发生化学反应，不溶于水，具有挥发性
用途：麻醉剂，脂肪和蜡的溶剂
例子：乙醚

用乙醚作麻醉剂

一个氧原子连接两个烃基的化合物称为醚。乙醚是有效的麻醉剂。因为醚不溶于水，故能轻易穿过细胞膜。由于乙醚具有可燃性，并且会使人感到恶心，现在几乎不用乙醚作麻醉剂了。

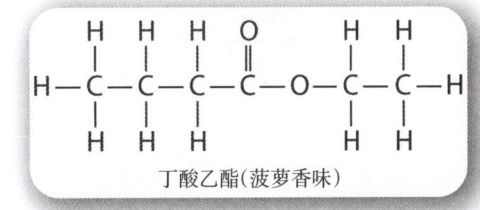

乙醚

酮和醛

官能团:羰基(—CO—),碳原子与氧原子以双键相连
性质:很活泼,具有特殊的气味
用途:溶剂,香料,塑料和黏合剂的加工,防腐剂
例子:丙酮,甲醛,肉桂、香草和杏仁等香料
结构:

酮: R—C(=O)—R′   醛: R—C(=O)—H

含有羰基的一类有机化合物称为醛或酮。如果羰基位于碳链的末端,这类化合物是醛;如果羰基不是位于碳链的末端,这类化合物则为酮。丙酮可用于清除指甲油。指甲油是不溶于水的,若指甲油易溶于水,则你在洗手的时候就会褪去。但指甲油可以溶于许多有机化合物中,丙酮就是其中的一种。

丙酮

胺和酰胺

官能团:胺:含有氨基(—NH₂),氮原子与两个氢原子和烃基相连;酰胺:氨基与羰基相连(—CONH₂)
性质:胺为碱性,与氨气具有类似的气味;酰胺为中性,大部分是固体
用途:溶剂,人工合成的肽类激素,肥料,尼龙合成
生物功能:氨基酸、肽类激素、蛋白质;产生类似乳酪的特殊气味
例子:尿素、腐胺、尸胺、代糖
结构:

胺: R—NH₂   酰胺: R—C(=O)—NH₂

含有氨基的有机化合物为胺。胺和酰胺是重要的生物分子,它们是蛋白质的组成部分。当一个有机体死亡后,它的蛋白质就会被分解成许多种含有不同氨基官能团的化合物。这些化合物会产生很特殊的、难闻的气味,受过训练的狗可以根据这些气味来寻找尸体的痕迹,为法庭审判提供证据。尸胺还会引起口臭。

腐胺

迷你实验 2

合成香料

你能合成酯吗 在适当的条件下，有机酸和醇可以反应生成酯。在这个迷你实验中，你将通过混合甲醇和水杨酸来合成水杨酸甲酯。

实验步骤

1. 阅读并完成实验安全表格。
2. 准备一个水浴加热装置。取 250 mL 或 400 mL 的烧杯，盛半杯水，放置在电热炉上加热。使水保持一定的温度，但不沸腾。
3. 将 3 mL 甲醇和 1 g 水杨酸放入大试管中，用玻璃棒搅拌。
4. 添加 0.5 mL（大概 10 滴）的浓硫酸到混合液中，搅拌。不要将浓硫酸吸入滴管的球部。

注意：浓硫酸对眼睛、皮肤、身体组织和大多数的有机物具有腐蚀性。若溅到浓硫酸，应立即报告老师。

5. 将试管水浴加热 5~6 分钟。
6. 在一只小烧杯中加入 50 mL 的冷蒸馏水，将试管中的混合物倒入烧杯中。取一块表面皿盖住烧杯，静置一两分钟。
7. 将表面皿移开，轻轻扇动，闻闻产物所发出的气味，并记录下来。

分析与讨论

1. **鉴别** 水杨酸甲酯能产生哪种熟悉的气味？
2. **报告** 请查找相关反应物的分子式，并写出相应的产物，列出化学方程式。
3. **推断** 若要制取丁酸乙酯，需要哪些反应物？

官能团的来源

烷烃的性质很稳定，所以较难通过烷烃来制取取代物。在本节的开头，你已经知道甲烷分子中的氢原子可以被氯原子取代。然而，该反应的产物包含 4 种取代烃，这些取代烃只有经过分离纯化后才能得到应用。

相对于烷烃，醇可能是合成有机化合物的理想原材料，因为乙醇分子中的羟基可以转化为许多其他类型的官能团。

工业上所需要的醇从何而来呢？将石油产品进行裂化可以得到烯烃，烯烃与水反应可生成醇。这个反应可以用于合成乙醇，乙醇含有两个碳原子及醇类特有的官能团——羟基。

乙烯 + 水 ⟶ 乙醇

■ **图 18.18** 工业上可以通过酵母菌的发酵,将糖和淀粉转化成乙醇。这些糖和淀粉来自于植物,如玉米、甘蔗的糖浆,以及图中所示的葡萄园里的葡萄。

命名 说一说糖和淀粉的其他来源。

补充练习
有关取代烃的额外练习,请见附录C。

除了工业制法,还可以通过一种相对自然的方法来合成这种反应性较强的分子。在发酵过程中,酵母细胞能将储藏在植物材料中的糖类分子转化为乙醇,如**图 18.18**所示。当然,在工业上,通过发酵方法获得的乙醇,其数量要比乙烯与水反应制得的少得多。在食品工业中,发酵常用于生产酒精饮料。

第2节 本节回顾

要点梳理
- 使分子具有一些特性的化学键、原子或原子团称为官能团。
- 环状烃或链烃中的原子被另一些原子或原子团取代,得到的化合物为取代烃。
- 含有相同官能团的化合物具有相似的性质。

8. **主要 概念 解释** 为什么结构相似的有机化合物的用途也相似?

9. **区别** 现有一瓶醛和一瓶酮,请尝试区分它们。

10. **鉴别** 重新绘制下列甲状腺激素的结构式,圈出所有的官能团并命名。

11. **解释** 为何烯烃和炔烃都含有官能团,但不是取代烃?

12. **推断** 乙二醇常用作汽车发动机的防冻剂,含有两个官能团,如下图所示。从它的结构中,你能推出有关它的沸点、凝固点和水溶性的信息吗?

第3节

核心问题
- 对于给定的聚合物,如何画出构成聚合物的单体?
- 对于给定的单体,如何画出聚合物的结构式?
- 缩聚反应和加聚反应的区别是什么?
- 聚合物的结构和性质之间有何联系?

术语回顾
官能团:分子中的一部分,是决定该分子的化学性质的原子或原子团。

关键术语
聚合物
单 体
加聚反应
缩聚反应
交 联
热塑性
热固性

折叠式学习卡
将本节中的信息归纳到你的折叠式学习卡中。

塑料和其他聚合物

主要概念 聚合物是由很多单体重复连接构成的有机高分子。

链接真实世界 年轻的化学家罗伊在1938年4月6日正尝试制备一种用于冷冻的化合物。当他打开装有四氟乙烯的罐子的阀门时,却没有气体流出。罗伊对此感到很好奇,他打开容器,发现了一种白色、蜡状的固体。今天,我们称这种固体为聚四氟乙烯,你应该对这种固体很熟悉,它是不粘锅的涂层,还用于制作假牙、人工关节和心脏瓣膜、太空服、太空交通工具中的燃料箱等。

单体和聚合物

无色气态的四氟乙烯怎么会变成白色蜡状的固体呢?这个过程中发生了什么反应吗?要判断发生了哪种类型的反应,其中的一条线索就是分析这两种物质的性质。室温下,大部分非极性的小分子呈气态,而大分子通常以固态的形式存在。经测定,发现聚四氟乙烯分子以碳链作骨架,周围连有氟原子。气态的四氟乙烯分子很可能通过某种类型的化学反应,相互连结,最终生成这些长链分子。

这种由许多较小的、重复的单位构成的大分子称为**聚合物(polymer)**。一种聚合物通常由几百个,甚至几千个独立的单位组成,这些单位称为**单体(monomer)**。组成聚合物的单体可以是完全一样的,也可以有所不同。聚四氟乙烯就是由许多相同的四氟乙烯单体相互成键形成长链的。你可以仔细观察图18.19所示的单体和聚合物的结构式。

■ **图18.19** 不粘锅的涂层很有用,因为食物不会黏在上面,而且涂层是惰性的。用来做不黏涂层的稳定分子是由四氟乙烯分子相连形成的聚四氟乙烯聚合物。

推断 为什么煮锅涂层的稳定性和惰性很重要?

四氟乙烯

聚四氟乙烯

647

■ 图 18.20 聚合物有各种各样的性质和用途。花园浇水用软管、眼镜的镜片和一次性餐具都是我们生活中所接触的几种聚合物。

词源

Polymer
聚合物
poly（希腊语）：很多
meros（希腊语）：部分

聚合物的性质与组成它的单体的性质不同。例如，用来做牛奶壶的聚乙烯塑料是由气态的乙烯分子经化学反应而形成的长链聚合物。对于特定的聚合物，它的很多性质，如拉伸强度、抗水性和弹性等，都与聚合物的大小和单体聚合的方式有关。图 18.20 展示了各种聚合物在物理性质上的广泛应用。

人工合成的聚合物 观察图 18.20，你可能已经感觉到聚合物无处不在，如尼龙、聚酯、塑料袋、塑料瓶、橡皮圈，以及许多你日常见到的物品。在图 18.21 中，你能找出一些聚合物吗？这些由不同物质构成的聚合物，它们的性质有什么共同点吗？所有的聚合物都是由较小的单体重复组合而成的大分子物质。

化学家在实验室里成功合成聚合物的历史只有 100 年左右。你能否想象出在聚合物出现之前人们的生活是怎样的？上学路上，若是碰上雨天，又没有尼龙雨衣，你肯定会被淋湿；刚做好的三明治，因为没有合适的塑料袋包装或碟子盛放，非常容易变味；在运动场上，因为没有轻便的合成织物，你必须穿上相对笨重的棉质运动服。聚合物给我们的生活带来了很多便利，而人们早已经习以为常了。

■ 图 18.21 如果没有人工合成的聚合物，如今的体育活动会变得不一样。球、球衣、人造皮革和球网都是人工合成的聚合物。现在，在人造草皮上运动通常比在天然草坪上更安全。

化学实验

纺织用聚合物的鉴定

背景

早在几个世纪前,人们就已学会运用各种天然聚合物来制作衣服,如棉、毛和丝等。化学家试着改进这些天然聚合物以满足人们的需要,一些人工合成的聚合物也开始用作织物,如尼龙、人造丝、醋酸纤维素和聚酯等。

很多合成织物的质感与天然聚合物相差无几,甚至拥有一些更佳的特性,比如抗皱、防水、干爽等。但是,这些仿造品肯定无法逃过化学家的眼睛。只需做上几个简单的化学实验,化学家就可鉴别出真品与赝品,因为不同的结构对应着不同的性质。在这个实验中,你将通过实验来辨别几种织物样品。

问题

可以采用哪些实验来辨别不同织物中的聚合物?

目标

- **分析** 火焰和化学测试过程中织物样品所发生的变化。
- **归类** 根据聚合物材料的不同性质,将织物样品进行分类。

实验准备

实验器材

- 织物样品A~G(共7种样品,每种样品各有6块,尺寸为0.5 cm×0.5 cm)
- 本生灯
- 中号试管(4支)
- 表面皿
- 红色石蕊试纸
- 玻璃棒
- 装有水的烧杯
- 镊子
- 试管架
- 试管夹
- $Ca(OH)_2$
- 1 mol·L^{-1} $BaCl_2$溶液
- 浓硫酸
- 碘溶液
- 0.05 mol·L^{-1} $CuSO_4$溶液
- 100 mL烧杯(2只)
- 10 mL移液管
- 25 mL量筒
- 3 mol·L^{-1} NaOH溶液
- 丙酮
- 天平

安全警示

使用明火、强酸和强碱时要小心。不能吸入塑料散发出的气味。

实验步骤

阅读并完成实验安全表格。

火焰测试

1. 绘制表格,可参考实验数据表1。
2. 用镊子取织物A,将其放在本生灯的火焰上灼烧2秒。
3. 将织物移离火焰,如果织物继续燃烧,熄灭火焰。
4. 将织物夹起,闻一闻它散发出的气味。然后将织物浸入水中,使其彻底熄灭。
5. 在绘制的几张表格中记录你观察到的实验现象,包括织物燃烧的方式、产生的气味和燃烧后的残渣等。
6. 重复步骤2~5,测试织物样品B~G。

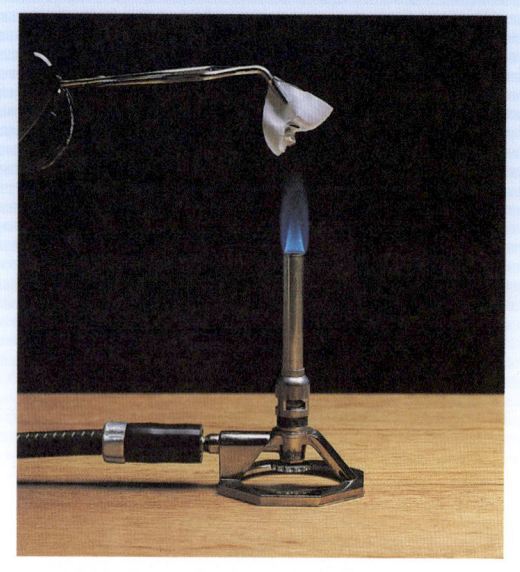

初步鉴别表

聚合物种类	燃烧的方式	产生的气味	残渣的类型
丝或羊毛	燃烧并烧焦	头发	可压碎的珠子
棉	燃烧并烧焦	纸张	灰烬
尼龙、聚酯、醋酸纤维素、丙烯酸纤维	燃烧并熔化	化学药品	塑料珠子

7. 参考下页表格,初步判断所测试的 7 种样品的种类。

化学测试

根据之前的初步鉴定,还需采取哪些测试来进一步鉴定织物样品?你并不需要对每种样品都用所有的方法测试一遍。参照"实验数据与现象观察"中所示的实验数据表 2,绘制几张表格,记录观察结果。

1. **氮测试** 取一小块样品放入试管中,并加入 1 g Ca(OH)$_2$。将试管放在本生灯火焰上稍微加热,用镊子取一湿润的红色石蕊试纸靠近试管口。若红色石蕊试纸变蓝,说明这个样品中含有氮元素。通常只有丝、羊毛、尼龙和丙烯酸纤维中含有氮元素。

2. **硫测试** 取一支装有 10 mL 3 mol·L^{-1} NaOH 溶液的试管,加入一小块样品,然后加热至沸腾。加热过程中,不能将试管口对着任何人。冷却后滴入 30 滴 BaCl$_2$ 溶液,观察是否有沉淀产生。只有羊毛才含有硫元素,测试后生成硫酸钡沉淀。

3. **纤维素测试** 取一小块样品放入烧杯中,加入约 2 mL 的浓硫酸将样品浸没;另取一只烧杯,倒入 25 mL 水,滴入 10 滴碘溶液。将样品与浓硫酸的混合物小心转移到碘溶液所在的烧杯中。将空出的烧杯用大量的清水冲洗。若混合物在 1~2 分钟内变蓝,则样品是棉织物;若是 1~2 小时后变蓝,则样品是醋酸纤维素。(注意:小心处理装有硫酸的烧杯)

4. **蛋白质测试** 取一小块样品,将其置于表面皿中,然后滴加 10 滴 0.05 mol·L^{-1} CuSO$_4$ 溶液。静置 5 分钟,用镊子将经处理后的织物放入装有 3 mol·L^{-1} NaOH 溶液的试管中,保持 5 秒。丝和羊毛是蛋白质聚合物,测试后会显现深紫色。

5. **甲酸测试** 将装有样品的试管交给老师,这

实验数据与现象观察

实验数据表1　火焰测试的观察结果

样品	燃烧的方式	产生的气味	残渣的类型
A			

实验数据表2　化学测试的观察结果

样品	氮	硫	纤维素	蛋白质	甲酸	丙酮
A						

个演示实验需要在通风橱中进行。你将看到老师往试管中加入 1 mL 甲酸,搅拌,观察样品是否溶解。丝、醋酸纤维素和尼龙都将溶解于甲酸中。

6. **丙酮测试**　取一小块样品,将其放入装有 1 mL 丙酮的试管中,搅拌,观察样品是否溶解。只有醋酸纤维素能溶解。(注意:进行这个测试的时候应避免明火)

7. 在老师的指导下,统一处理测试过程中得到的产物。

分析与讨论

1. **批判性思考**　硫测试中,在加入 $BaCl_2$ 溶液前,为什么需要将样品用 NaOH 溶液进行处理并加热?
2. **对比与比对**　请你总结一下人工合成的聚合物和天然聚合物在燃烧过程中的不同点。
3. **分类**　分析从火焰测试和化学测试中所得到的数据资料,将所有的样品进行分类。

应用与评估

1. **解释**　从燃烧后所得的珠状残渣,你是否能推断出一些有关聚合物结构的信息?
2. **解释**　若丝和羊毛燃烧的气味与头发燃烧的气味相似,你是否能据此推断出头发的结构?
3. **预测**　若你检测的是聚酯和棉的混纺织物,你将会观察到什么现象?

进一步探究

若将一小段木头进行纤维素测试,你认为混合物会显现蓝色吗?请解释。

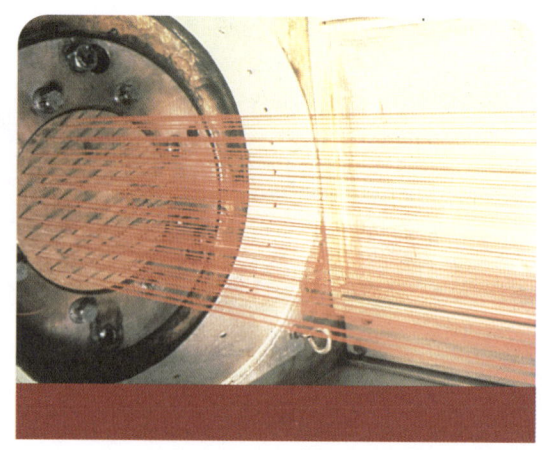

■ **图 18.22** 不管是天然合成，还是工业生产获得，当聚合物分子通过喷丝头的小孔时，经受的挤压让它成为又长又细的丝。

天然聚合物 聚合物并不只能从实验室中合成得到，活细胞也是生产聚合物的工厂。蛋白质、DNA、昆虫的壳、羊毛、蜘蛛丝、蛾的茧、火蜥蜴的卵周围胶状的囊等，它们都是天然的聚合物。这些聚合物都有各自重要的功能。例如，坚硬的纤维素给树木提供了结实的树干，让树得以挺拔生长，有些甚至高达一百多米。这些纤维素是由葡萄糖单体所构成的聚合物，葡萄糖是一种具有甜味的晶体。

科学家们尝试对天然聚合物进行改进，例如，尼龙是丝的替代物，尼龙的生产工艺模仿了蜘蛛吐丝的过程，如**图 18.22**所示。请注意观察蜘蛛的喷丝头和工业上喷丝头的相似之处。

迷你实验 3

当聚合物遇上水

一次性尿布可以吸多少水 一些聚合物具有抗水性，其妙用之一在于假如遇上雨天，你穿上这种织物的衣服就可以避免被雨水淋湿。而有些时候，我们却需要聚合物的吸水性。一次性尿布里含有超强吸附力的聚合物。在这个迷你实验中，你将测试和比较两个不同品牌的尿布的吸水性。

实验步骤

1. 阅读并完成实验安全表格。
2. 取两片大小相似的不同品牌的尿布。
3. 取一个装满水的 100 mL 量筒，缓慢倒在尿布的正中央。有水流出尿布时，停止倒水。
4. 记录量筒中剩余水的体积。
5. 换另一品牌的尿布，重复步骤3和4。

分析与讨论

1. **比较** 是什么使得两种品牌的尿布的吸水性不同？
2. **分析** 若将具有超强吸收能力的聚合物放置于室内植物的根部周围，会有什么结果呢？

纤维素　　　　　　　　　葡萄糖　　　　　　　　淀粉

聚合物的结构　　如果你对聚合物的结构进行探究,会发现聚合物是由重复的单体组成的。因为聚合物的分子很大,我们通常只截取其中的一小段来表示,这一小段必须是能代表其组成的最小单位。

图 18.23 中所示的是纤维素分子的一段,请仔细观察。纤维素是存在于植物细胞的细胞壁上的聚合物,它的功能之一是支撑植物体。在所列的结构式中,你能找出最小的重复单位吗?你会发现所有的环状结构都是一样的,这些环就是构成纤维素的单体。我们将这些单体称为葡萄糖。图 18.23 中所列出的葡萄糖结构已经经过简化,没有标明所有的碳原子。

另一种由葡萄糖构成的天然聚合物是淀粉。请观察图 18.23 所示的淀粉结构,找出它与纤维素在结构上的不同之处。纤维素和淀粉都是由葡萄糖单体构成的,它们的不同之处在于单体的排列方式。在淀粉分子中,将单体连接在一起的氧原子是朝下的;而在纤维素分子中,将单体连接在一起的氧原子则是朝上的。这个差别很细微,却使这两种化合物的性质有了很大的不同。图 18.24 展示了富含纤维素的食物和富含淀粉的食物。

■ 图 18.23　　来源不同的纤维素,分子的长短各不相同,短一些的由几百个葡萄糖单元构成,长一些的则含有几千个葡萄糖单元。淀粉分子通常由几百个葡萄糖单元构成。除了直链状,葡萄糖分子还能形成支链状聚合物。

■ 图 18.24　　纤维素存在于水果和蔬菜的细胞壁上,不能被人体吸收。淀粉能被人体消化吸收,被分解成单个的葡萄糖分子,在消化系统中被吸收利用。

富含纤维素的食物

富含淀粉的食物

乙烯单体　　　　　　　　　聚乙烯

单体　　　加聚　　聚合物　+　更多的单体　　加聚　　更大的聚合物

■ 图 18.25　乙烯分子经过加聚反应形成聚乙烯。聚乙烯被广泛用于生产塑料袋、食品包装袋和塑料瓶等。乙烯单体中双键的额外电子对可以促使单体间形成新键。

■ 图 18.26　由加聚反应制得的聚合物。

聚合反应

各种不同的聚合物是如何形成的呢？它们是通过聚合反应形成的，聚合反应就是单体相互连接构成大分子的一类化学反应。聚合反应可以分为两类：加聚反应和缩聚反应。不同的单体进行聚合的方式与它的结构有关。

加聚反应　由四氟乙烯单体制得聚四氟乙烯的反应就是**加聚反应 (addition reaction)**。在这类反应中，含有双键的单体可相互加合，一个接一个形成长链。加聚反应得到的产物含有单体所有的原子。请注意观察**图 18.25**，乙烯单体含有双键，而聚乙烯中无双键。在加聚反应中，反应物中的双键发生断裂，单体之间得以相互加合，因而聚合物中主链上的碳原子是通过单键相连接的。由加聚反应制得的其他聚合物如**图 18.26**所示。

低密度的聚乙烯可以制成薄膜，这种柔韧的塑料膜可以用来保鲜食物，可以用来包装和储存食物。

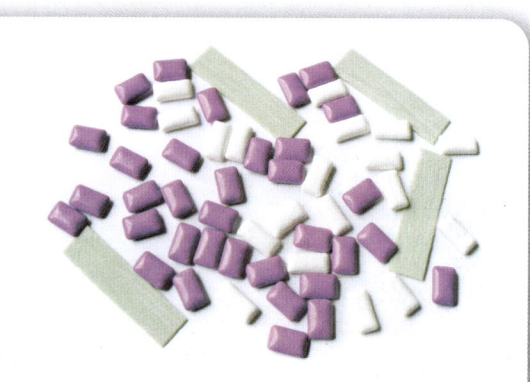

聚乙酸乙烯酯是另外一种通过加聚反应制得的塑料。将糖、香精、丙三醇（软化剂）和其他成分混合在一起，能制得软糖。

生活中的化学

化学烫发

有时候你可能会去找发型师征求烫发的意见。烫发会让你的头发经历化学变化。

烫发过程中会发生什么 烫发剂可以透过表皮——覆盖于发根的表层。烫发剂的工作机理是重塑头发中蛋白质的结构。人类头发的蛋白质中含有半胱氨酸残基，半胱氨酸残基中含有硫原子，硫原子间可形成牢固的共价键——二硫键，如图18.27所示。半胱氨酸残基间的交叉结合使得头发固定在表皮上，并决定了头发的发型和硬度。

在烫发过程中，如图18.28所示，先是用烫发剂破坏二硫键，将头发塑造成一个新的发型之后，再用中性液体进行处理，使半胱氨酸残基间形成新的二硫键，从而固定新发型。因此，烫发过程中发生了两步化学反应：首先，烫发剂使二硫键断裂生成—SH官能团；其次，中性液体使—SH重新形成二硫键。

■ 图18.28 烫发。

烫发剂的种类 烫发剂可分为两种：碱性烫发剂和酸性烫发剂。碱性溶液使表皮上的毛孔张开，使溶液迅速渗入表皮。碱性烫发液的优点有：发型更稳定持久；烫发过程所需的时间较短（通常5～20分钟即可）；在室温下就能进行。用碱性烫发剂烫过的头发其发型比较稳定。

酸性烫发剂中含有硫基乙酸。酸性液体进入表皮的速度较慢，这也是为什么用酸性烫发剂时所需时间较长的原因，而且在烫发过程中需要加热。酸性烫发剂的优点包括：塑造的发型更软更卷曲；更易梳理；更适合纤细的发质或是染过的头发。

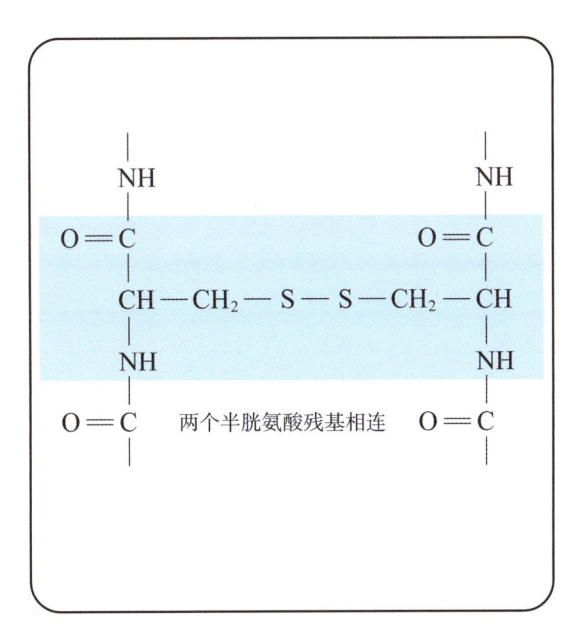

■ 图18.27 含有二硫键的半胱氨酸残基。

进一步探索

1. **调查** 查找更多有关头发中的蛋白质的资料，这种蛋白质还存在于哪些地方？
2. **应用** 为什么头发可以染成其他颜色？为什么第二次烫发时，头发更易吸收烫发剂了？

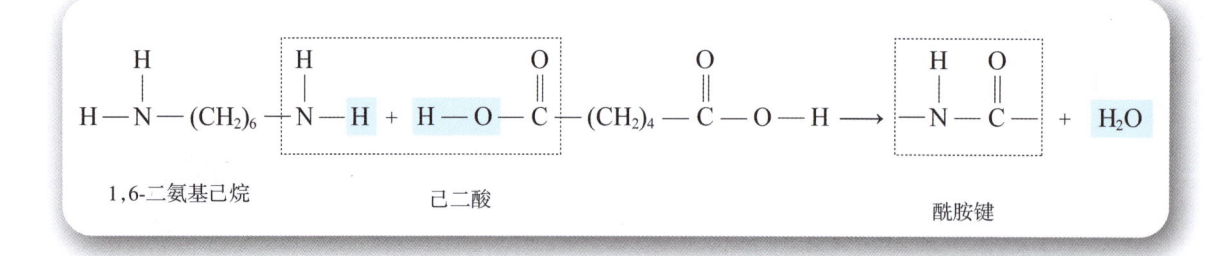

$$H-N-(CH_2)_6-\overset{H}{\underset{}{N}}-\boxed{H + H-O}-\overset{O}{\underset{}{C}}-(CH_2)_4-\overset{O}{\underset{}{C}}-O-H \longrightarrow \boxed{-\overset{H}{\underset{}{N}}-\overset{O}{\underset{}{C}}-} + H_2O$$

1,6-二氨基己烷　　　　　　　　　　己二酸　　　　　　　　　　　　　　　　　酰胺键

■ **图 18.29** 常用的尼龙是由两种不同的单体——1,6-二氨基己烷和己二酸通过缩聚反应制得的。不同的尼龙是根据每个单体中含有的碳原子数来命名的。例如，这种尼龙中，每个单体都含有6个碳原子，故称为尼龙66。
阐述 这两个单体中各有多少个碳原子？

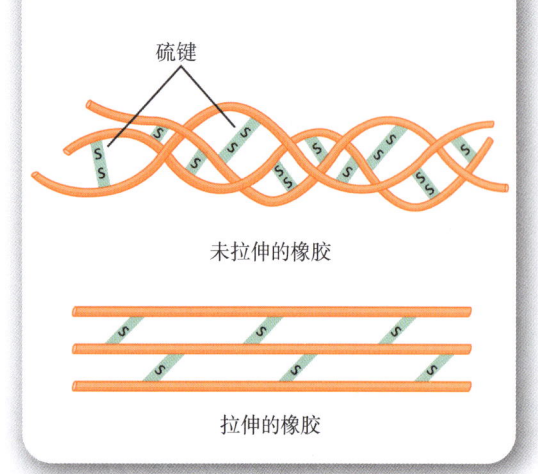

缩聚反应 在第二种聚合反应中，与加聚反应相似，单体也是一个接一个地相互加合形成长链，但不同的是，在形成新键的同时还生成了一些小分子——通常是水。在这类反应中，每个单体至少含有两个官能团。这种反应类型称为**缩聚反应(condensation reaction)**，因为单体加合时，单体中的某一部分并未参与构成聚合体，而是分离开来，生成了水。

在缩聚反应中，一个单体中一端的H原子和另一个单体中的—OH结合生成了水。这类缩聚反应可用于制备尼龙，如**图 18.29**所示。通过缩聚反应制得的其他塑料有胶木和涤纶。胶木是一种坚硬、耐热性良好的塑料，通常用来制作烤面包器和烹饪用具的手柄；涤纶是一种织物，常用于制作衣物、地毯、录音带和录像带的磁带以及塑料包装袋等。

橡胶 在加聚反应和缩聚反应中还伴随着另一个过程，就是将聚合物长链连接在一起。这一过程称为**交联(cross-linking)**。聚合物长链的交联增加了聚合物的强度，如**图 18.30**所示。1844年，查尔斯发现将橡胶树的树汁加热，并加入硫，能促使树汁中的碳氢化合物发生交联，形成的固体橡胶可以用于制造轮胎和橡胶球等。这个过程也叫硫化(vulcanize)。

第二次世界大战的爆发，导致天然橡胶供应紧张，因此化学家开始致力于寻找橡胶的替代品，这使得聚合物工业迅猛发展。较成功的替代品有氯丁橡胶（常用于制造气泵的输气管）、SBR橡胶（绝大部分汽车轮胎就是由SBR和天然橡胶制成的）。

■ **图 18.30** 将一段硫化交联的橡胶（比如一条橡胶绳）拉伸后松开，交联的键能使聚合物长链恢复原状。若是没有硫化，这些长链就容易相互滑动。

硫键

未拉伸的橡胶

拉伸的橡胶

化学与社会

再循环塑料

1	2	3	4	5	6	7
PET	HDPE	PVC	LDPE	PP	PS	其他
聚对苯二甲酸乙二醇酯	高密度聚乙烯	聚氯乙烯	低密度聚乙烯	聚丙烯	聚苯乙烯	其他

　　垃圾掩埋处理法已无法承受越来越多的废弃物，因此，循环利用逐渐引起人们的重视。人们将垃圾进行分类：厨余垃圾、废纸、玻璃和塑料。厨余垃圾和废纸可以通过生物降解处理，玻璃可以再回收利用，只有塑料的处理还存在相当难度。美国所产生的垃圾中大约30%是塑料。不幸的是，塑料的再循环处理过程比起其他的废物处理更为复杂。垃圾中的塑料一般可分为五类：高密度和低密度的聚乙烯、聚对苯二甲酸乙二醇酯、聚苯乙烯、聚氯乙烯、聚丙烯。

　　塑料工业协会规定了一套编码，并用各种塑料的首字母缩写来帮助人们区分不同的塑料，同时方便交流。这些编码的用处很大，方便了人们将塑料进行分类并采取合适的方式来循环使用这些塑料。除此之外，由于不同塑料含有不同的化学成分，因而决定了其具有一些特殊的性质和用途。

塑料的应用　聚乙烯是使用最广泛的塑料。高密度聚乙烯（HDPE）主要用于制作坚硬的容器，如用来制作装牛奶和水的塑料罐，盛机油的瓶子等。低密度聚乙烯（LDPE）主要用于制作电影胶卷和袋子。聚对苯二甲酸乙二醇酯（PET）也用于制作较坚硬的容器，尤其是碳酸饮料瓶。聚苯乙烯（PS）是一种泡沫塑料，用于制作盘子、杯子和食品容器，因为它的坚固性，也可制成塑料刀具、叉子和汤匙等。

　　聚氯乙烯（PVC）是一种较粗糙的塑料，通常用于管道工程和建筑工业，也可制成盛放洗发水和油的容器、家用器皿等。最后介绍聚丙烯（PP）：聚丙烯有着广泛的用途，从食品包装到电池盒，再到一次性尿布的衬料，都可以找到聚丙烯的身影。

再循环塑料　人们通常更关注PET饮料瓶和HDPE牛奶瓶的循环使用，因为它们更易收集和分类。PET饮料瓶的再循环过程比较复杂，因为它是由多种材料制成的：瓶身是PET，瓶底是HDPE，瓶盖是另一种塑料或是铝制品，标签含有黏胶。这些饮料瓶首先被切碎，然后用一种强力清洁剂去除黏胶。在水中，将密度较小的HDPE从PET中分离出来，因为一种沉在水底，另一种浮在水面；铝盖就用静电力将其移除；最后剩下的是塑料碎片。这些碎片可以卖给制造商用于制造新的塑料。但是美国食品和药品管理局规定，再循环的塑料不可用于制造食品容器，这一规定也因此使再循环塑料制造商失去了一个重要市场。

课题　分析

1. **讨论**　塑料厂每年加工生产出大量的塑料制品，请讨论这些工厂是否应当承担起塑料制品循环使用的责任。
2. **写作**　向一家报社投寄一封信或者一篇文章，陈述你支持减少使用食品包装袋的主张。

■ **图 18.31** 模压塑料可用于制成硬度大、耐用性好的物体。如木制野餐桌椅用久了会腐烂，而塑料餐桌椅却经久耐用，不易腐烂。但因此也产生了另外一些问题，由于塑料不易分解，只能通过掩埋法处理塑料废物。现如今，大多数的野餐桌椅是由可再循环的塑料制成的。

■ **图 18.32** 图中显示的是近年用于制造包装袋的不同塑料所占的比重，其中热塑性塑料占 87%，聚乙烯和聚氯乙烯是应用最广泛的可循环塑料，因为它们更易重新熔化、浇铸。

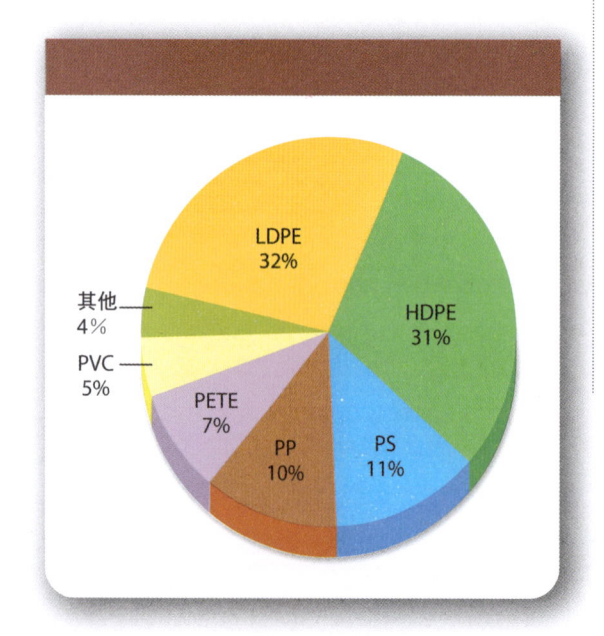

其他 4%
PVC 5%
PETE 7%
PP 10%
PS 11%
HDPE 31%
LDPE 32%

塑　料

我们常常将塑料与聚合物这两个词当成同义词，但需要指出的是，并不是所有的聚合物都是塑料。塑料是一类聚合物，可以通过模型浇铸成不同的形状。那么，浇铸过程中聚合物应当以什么状态存在呢？必须是液态形式。加工聚合物成型时，必须加热到足够的温度使其成为液体，然后将其倒入模具里，冷却后塑料就变硬了，如图 18.31 所示。

一些塑料可以反复加热冷却，变软变硬，这个属性称为**热塑性**(thermoplastic)。热塑性材料较易回收，只要加热，就能将塑料重新浇铸成不同的模型加以利用。聚乙烯和聚氯乙烯就属于这类塑料。

还有一些塑料一旦浇铸成固定的形状就无法变软，被称为**热固性**(thermoset)聚合物。热固性塑料通常都非常坚硬，因为聚合体之间有很多交联。不管加热到多高的温度，都无法软化它们以便重新浇铸；相反，加热只会使它们变得更硬，因为加热过程中形成了更多的交联。酚醛塑料就属于这类塑料。尽管热固性聚合物难以再利用，却因此更经久耐用。图 18.32 中显示的是近年用于制造包装袋的不同塑料所占的比重。

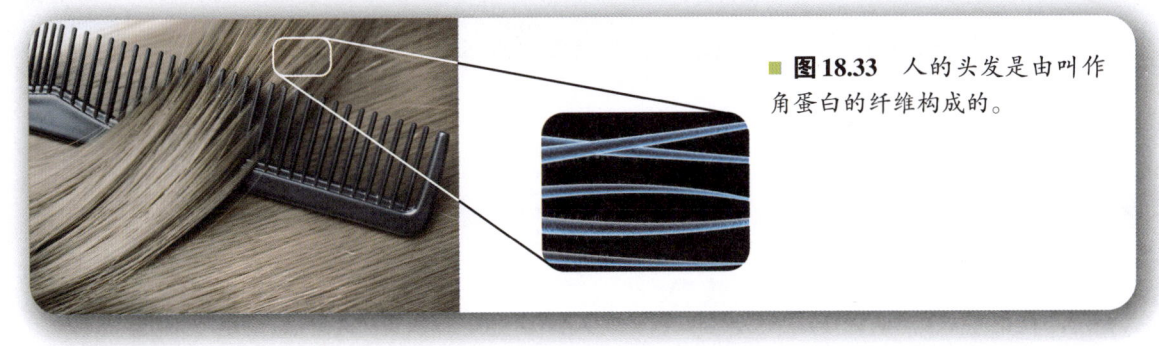

■ 图 18.33 人的头发是由叫作角蛋白的纤维构成的。

精彩预告

虽然聚合物都是复杂大分子，但它们的结构不难掌握，因为它们都是由较简单的结构单元构成的。生命体由有机化合物构成，这些有机物也是极其复杂的大分子物质。例如，图 18.33 展示了一个你很熟悉的重要蛋白质的结构，它是一种生物聚合物。虽然生命体获取能量和制造物质的过程是一系列非常复杂的有机化学反应，但细胞所需要的生物大分子也都是由许多小的结构单位构成的。你将在第 19 章中学到更多关于生物分子的知识。

第3节 本节回顾

要点梳理

- 聚合物是由许多较小的单体重复连接构成的大分子。
- 许多人工合成的聚合物是由小分子的单体制得的。活细胞也可以合成许多聚合物。
- 加聚反应和缩聚反应是制备聚合物的两种方法。在加聚反应中，单体一个接一个地相互加合；在缩聚反应中，每两个单体之间发生反应，通常生成一分子水并形成新键。
- 热塑性聚合物加热时可软化，冷却时可变硬，故可再循环利用。而热固性塑料无法软化，不能再循环利用。

13. **主要 概念 鉴别** 请分别指出构成下列聚合物的单体。

   a）聚苯乙烯 ~$CH_2CHCH_2CHCH_2CHCH_2CH$~
   （各 CH 上连有苯基）

   b）橡胶

   ~CH_2　　　$CH_2—CH_2$　　　CH_2~
   　　$C=C$　　　　　　　　$C=C$
   　H_3C　H　　　　　H_3C　H

14. **绘制** 画出由下列单体构成的聚合体的结构式。

   a）$CH_2=CHCl$

   b）NH_2CH_2COOH

   c）$CH_2=CHOH$

15. **预测** 是否存在一种由烷烃单体通过加聚反应制得的聚合物？请说明理由。

16. **区分** 涂料通常含有三种成分：黏合剂、色素和挥发性溶剂。在乳胶涂料的三种成分中，有一种成分是聚合物。根据你所具备的聚合物知识来判断哪一种成分是聚合物。请说明理由。

第 18 章　学习指南

大　概念　碳链是有机化学的支柱。

第1节　烃

主要　概念　烃只含有碳元素和氢元素，但存在不同长度的碳链和不同的碳键（包括单键、双键、叁键等）。

关键术语
饱和烃
烷　烃
同分异构体
不饱和烃
烯　烃
炔　烃
芳香烃
分　馏
裂　化
重　整

要点梳理

- 烷烃是一类饱和烃，碳原子间通过单键连接。烯烃和炔烃是不饱和烃。
- 同分异构体是一类分子式相同但结构不同的化合物。因为结构决定性质，同分异构体的性质通常不同。
- 苯是一种具有稳定环状结构的化合物。它之所以稳定，是由于分子中的碳原子共用6个电子。
- 化石燃料是烃的主要来源。石油中的成分可通过分馏提取。

第2节　取代烃

主要　概念　官能团取代烃中的氢原子，从而形成多种多样的有机化合物。

关键术语
取代烃
官能团

要点梳理

- 使分子具有一些特性的化学键、原子或原子团称为官能团。
- 环状烃或链烃中的原子被另一些原子或原子团取代，得到的化合物为取代烃。
- 含有相同官能团的化合物具有相似的性质。

第3节　塑料和其他聚合物

主要　概念　聚合物是由很多单体重复连接构成的有机高分子。

关键术语
聚合物
单　体
加聚反应
缩聚反应
交　联
热塑性
热固性

要点梳理

- 聚合物是由许多较小的单体重复连接构成的大分子。
- 许多人工合成的聚合物是由小分子的单体制得的。活细胞也可以合成许多聚合物。
- 加聚反应和缩聚反应是制备聚合物的两种方法。在加聚反应中，单体一个接一个地相互加合；在缩聚反应中，每两个单体之间发生反应，通常生成一分子水并形成新键。
- 热塑性聚合物加热时可软化，冷却时可变硬，故可再循环利用。而热固性塑料无法软化，不能再循环利用。

第 18 章 测评

要点理解

17. 写出下列烃的结构式。
    a) 戊烷　　d) 壬烷
    b) 丙烯　　e) 2-甲基戊烷
    c) 1-丁炔　f) 2-甲基丙烯

18. 命名下列烃。
    a) $CH_3CH_2CH_2CH_3$
    c) $CH_3C≡CH$
    b) $CH_2=CHCH_2CH_2CH_3$
    d) $CH_3CH_2CH_2CH_2CH=CH_2$

19. 在缩聚反应中，当单体结合时，通常会产生哪种分子？

20. 命名下列支链烷烃：

    a) $CH_3CH_2CHCH_2CHCH_2CH_3$ 带有 CH_2CH_3 和 CH_2CH_3 支链（均连 CH_3）

    b) CH_3CHCH_3 带有 CH_2—CH_2CH_3 支链

21. 随着碳链的碳原子数的增多，烷烃的沸点如何变化？

22. 为什么没有一种化合物可命名为 4-甲基己烷？那么，正确的名称应当是什么呢？

应用概念

23. 高密度聚乙烯(HDPE)中含有直链聚合物，而低密度聚乙烯(LDPE)含有大量的支链。预测哪一种聚合物更坚固，并说明理由。

24. 丙三醇和异丙醇都是醇，两者都含有三个碳，但是丙三醇中有三个醇官能团，而异丙醇只有一个。预测哪一种醇更易溶于水。

25. 盘尼西林G是一种抗生素，它的结构如下所示。先抄写盘尼西林G的结构式，再圈出分子中的官能团。

盘尼西林G

批判性思考

设计实验

26. **化学实验**　现有聚酯织物和棉—聚酯混纺织物各一件，请设计一个实验来区分它们。

预测

27. **迷你实验1**　在相同的温度条件下，预测碘在熔化的黄油和人造黄油哪个中的褪色速度更快。

应用

28. **迷你实验2**　由乙醇和醋酸反应制得的酯应如何命名？

预测

29. **迷你实验3**　某品牌的一次性尿布含有两种聚合物。观察下列给出的结构式，指出哪一种聚合物更适合于做外部材料，哪一种更适合于做内部材料。
    a) ~$CH_2CH_2CH_2CH_2$~
    b) ~CH_2—CH—CH_2—CH~ 带有 $C=O$、OH 支链

第 18 章 测评

日积月累

30. 解释为什么不同的化合物有不同的性质。
31. 写出下列化合物的分子式。
    a) 乙酸
    b) 氯化铯
    c) 二硫化碳
32. 比较波义耳定律和查尔斯定律。

技能训练

33. **解释图表** 观察图 18.34 并回答后面的问题。
    a) 烯烃的碳原子数是如何影响其沸点的?
    b) 烯烃中,支链的数量与沸点是否存在联系? 如果存在,是什么样的联系?

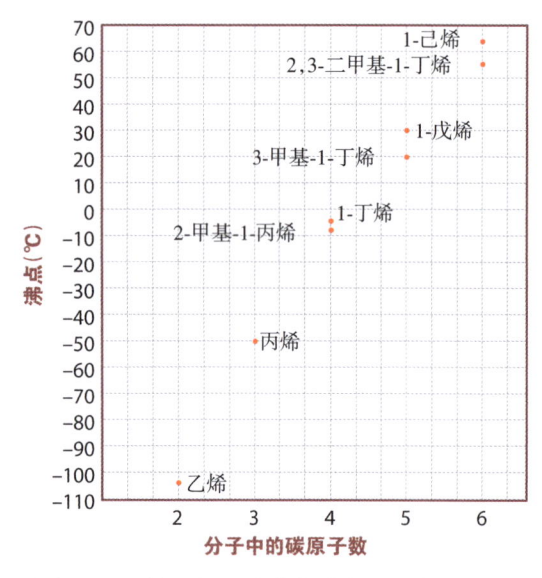

■ **图 18.34** 烯烃分子的沸点随支链及分子大小的变化情况。

34. **提出假设** 汽油站里,与寒冷天气时相比,炎热天气时,出售的汽油混合物中所含的烃分子的相对分子质量较大。整理一份报告,分析汽油混合物的成分发生变化的原因。

35. **设计实验** 假如你是一家纺织企业的工程师,正负责一个研制人造棉的项目。那么,你需要收集哪方面的资料? 需要解决哪些疑问? 请你设计一个实验加以说明。

科技写作 化学

36. 利用图书馆的资源,找出政府对煤燃烧的硫排放标准的相关规定。整理一份报告,表明你是支持还是反对这些规定。如果你有更好的降低硫排放的建议,请在你的报告中加以说明。

解决问题

37. a) 写出乙烯和水反应制取乙醇的化学方程式。
    b) 在标准状态下,若有 448 L 的乙烯气体与过量的水反应,将会生成多少乙醇?
38. a) 写出己烷完全燃烧的化学方程式。
    b) 根据 a 中所写的化学方程式,计算燃烧 4.25 mol 的己烷,将产生多少摩尔的二氧化碳。(假设己烷完全燃烧)
39. 使用大气中 CO_2 作为生产有机化合物的反应物的新技术,对温室效应会产生怎样的影响? 制作一张海报来展示可能会产生的影响。

标准化测试

1. 分子式为 C_6H_6 的分子是
   a) 一个碳环。
   c) 碳原子呈直链状排列的。
   b) 一个烷烃。
   d) 碳原子呈弯曲状排列的。

2. 有一种化合物的结构如下所示，则该化合物是

$$CH_3CH_2CH_2-\overset{\overset{O}{\|}}{C}-H$$

   a) 醚。
   c) 酮。
   b) 醛。
   d) 醇。

3. 摩尔浓度的定义是
   a) 每分子溶质所占溶液的体积数。
   b) 每升溶液中溶质的摩尔数。
   c) 每分子溶液对应的溶质的体积数。
   d) 每升溶质对应的溶液的摩尔数。

4. 下列可作为碱的定义的是
   a) 在水中能释放出水合氢离子。
   b) 化合物结构中含有氢元素。
   c) 在水中能释放出氢氧根离子。
   d) 能中和酸。

5. 下列关于 pH<7 的溶液的说法正确的是
   a) 溶液有强酸性。
   b) 氢离子数目大于氢氧根离子数目。
   c) 氢氧根离子数目大于氢离子数目。
   d) 等摩尔数的酸与碱混合而成的溶液。

6. $CuSO_4$ 中每个元素化合价的情况是什么？
   a) Cu：+2，S：+6，O：−2
   b) Cu：+3，S：+5，O：−2
   c) Cu：+2，S：+2，O：−1
   d) Cu：+2，S：0，O：−2

7. 电解是
   a) 使用电流加速氧化还原反应的过程。
   b) 使用电流加速任何反应的过程。
   c) 使用电流促使非自发的反应开始进行的过程。
   d) 使用电流促使正在进行的反应停止的过程。

8. 塑料是一种
   a) 坚硬的聚合物。
   b) 具有一定形状的聚合物。
   c) 可加热的聚合物。
   d) 抗热聚合物。

9. 下列选项中不是稀有气体呈惰性的原因是
   a) 有稳定的电子结构。
   b) 电子能级已经填满。
   c) 有最大数目的价电子。
   d) 熔点低。

10. C_2H_6O 燃烧后产生 CO_2 气体和水蒸气。下列哪个化学方程式能最好地描述这个反应过程？
    a) $C_2H_6O(l)+O_2(g) \longrightarrow CO_2(g)+H_2O(l)$
    b) $C_2H_6O(l)+3O_2(g) \longrightarrow 2CO_2(g)+3H_2O(g)$
    c) $C_2H_6O(l) \longrightarrow 3O_2(g)+2CO_2(g)+3H_2O(l)$
    d) $C_2H_6O(l) \longrightarrow 2CO_2(g)+3H_2O(g)$

考点提示										
测试题号	1	2	3	4	5	6	7	8	9	10
对应章节	18.1	18.2	13.2	14.1	15.1	16.1	17.1	18.3	7.2	6.1

663

第 19 章　生命化学

大 概念　生物体由碳基分子构成，碳基分子也参与维持生命必需的化学反应。

第1节　生命分子
主要 概念　蛋白质、糖类、油脂和核酸是四类主要的生物分子。

第2节　生命的化学反应
主要 概念　生命体为了维持生命活动所进行的化学反应总称为代谢。

你知道吗？

- 蜜蜂有两个胃，一个真正意义上的胃和一个用来储存花蜜的胃。
- 花蜜由80%的水和一些多糖组成。
- 工蜂在口器和蜜胃中消化花蜜，用酶把多糖分解为单糖。
- 进入蜂巢后，花蜜中的水分会蒸发，从而变为更浓稠的糖浆——蜂蜜。

课前活动

起步实验

测试单糖

能量常以化学键的形式储存在单糖当中。那么，哪些食物中含有单糖呢？

实验器材

- 400 mL 烧杯
- 电热板
- 10 mL 量筒
- 本尼迪克特试剂
- 10%葡萄糖溶液
- 其他溶液，如10%淀粉或蜂蜜溶液
- 试管
- 钳子
- 沸石
- 玻璃棒

实验步骤

1. 阅读并完成实验安全表格。
2. 取400 mL烧杯并加入约 $\frac{1}{3}$ 的水，然后将其置于电热板上加热至沸腾。
3. 取5 mL 10%葡萄糖溶液，将其盛放在试管中。
4. 往装有葡萄糖溶液的试管中滴加3 mL本尼迪克特试剂。用玻璃棒搅拌后，加入一粒沸石。
5. 用试管夹夹持试管，将试管放入沸水中加热5分钟。
6. 记录颜色的变化。溶液的颜色从蓝色变成黄色或橙色，将这一颜色变化作为单糖测试的阳性对照（参照标准）。
7. 取不同的样品，重复以上的实验步骤。

实验分析

解释 哪些食物检测的结果为阳性，即含有单糖？

探究 为什么了解食物中是否含有单糖很重要？

折叠式学习卡 学习组织者

生物分子 按以下图示制作折叠式学习卡，帮助你整理有关生物分子的内容。

▶ **步骤1** 将一张纸纵向对折，露出左边的边缘。

▶ **步骤2** 把上面的一半纸剪成4个部分。

▶ **步骤3** 在边缘部分标注"生物分子"，4个部分上分别标注"蛋白质""糖类""油脂""核酸"。

折叠式学习卡 在第1节中使用该折叠式学习卡。在你阅读的过程中，用折叠式学习卡归纳生物分子的一般结构和功能，并举出各相应的例子。

665

第1节

核心问题
- 蛋白质、糖类、油脂和核酸的结构和功能有何不同?
- 蛋白质的三维空间结构与其功能之间有何联系?

术语回顾
交联: 将许多聚合物的长链连接起来,增加聚合物的强度。

关键术语
生物化学	脂肪酸
蛋白质	类固醇
氨基酸	核酸
变性作用	DNA
底物	RNA
活性中心	核苷酸
糖类	维生素
油脂	辅酶

生命分子

主要 概念 蛋白质、糖类、油脂和核酸是四类主要的生物分子。

链接真实世界 人体中有许多重要的分子都是聚合物,如蛋白质、糖类和核酸等。这些聚合物分子是你的一部分,也遍布在你的周围。例如,你吃的食物中含有蛋白质,这就是聚合物。维持生命体的复杂反应依赖于这些生命分子。

生物化学

所有的生命体,不管它们看起来有多么的不同,都是由种类不多的化学粒子组成的。这些化学粒子可以是分子,也可以是离子,它们排列组成复杂的物质,为生命体的形态维持、能量运输以及自身复制提供物质保证。研究生命体的化学称为**生物化学(biochemistry)**。这门学科探究的是参与生命活动的物质和这些物质所参与的反应。在生物体中,水分子一般占据最大的比重,可达到80%甚至更多,其余与生命活动密切相关的分子(生物分子)绝大多数是有机物。

人体的元素组成与地壳的元素组成不同,如**图19.1**所示。地壳中,氧、硅、铝和铁的含量最多。而在人体中,95%以上是氢、氧、碳和氮,这4种元素在有机分子中都能形成共价键。此外,硫和磷主要参与构成细胞中的蛋白质、油脂和核酸。

■ **图19.1** 地壳和人体的元素组成有很大的不同。下表是地壳和人体中各元素的质量分数。地壳和人体中都含有氧元素和氢元素,而碳元素集中在人体中。

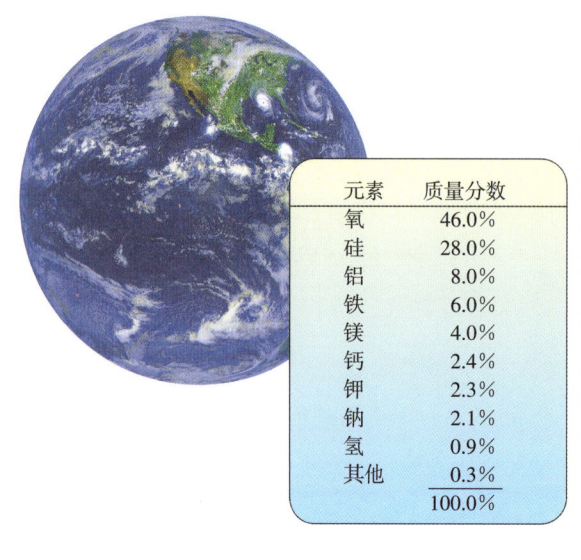

元素	质量分数
氧	46.0%
硅	28.0%
铝	8.0%
铁	6.0%
镁	4.0%
钙	2.4%
钾	2.3%
钠	2.1%
氢	0.9%
其他	0.3%
	100.0%

元素	质量分数
氧	65.0%
碳	18.5%
氢	9.5%
氮	3.0%
钙	1.5%
磷	1.0%
钾	0.4%
硫	0.3%
其他	0.8%
	100.0%

生物分子 这些生物分子是否与你之前所学的有机化合物有所不同呢？科学家曾经以为这些分子中存在特殊的力，这种力不遵循其他物质中的化学和物理规则。甚至到了19世纪早期，尽管很多生物分子已被确定，但还是无法在生命体外进行人工合成。1828年，德国物理学家和化学家维勒(Friedrich Wöhler)宣称他"不需要通过肾也能合成尿素"。

人体中，有机分子尿素是在肾脏中合成的，以尿液的形式排出体外，以此排出体内多余的氮。维勒在实验室里采用氨水和氰酸合成了尿素，他的工作表明在生命体外也能用无机物合成组成生命的分子。今天，科学家已经能合成几千种复杂的生物分子。但是，即使如此，活细胞仍是合成生物分子最为高效的"实验室"。化学家合成一个大分子通常需要几个月甚至几年的时间，而活细胞只需几秒钟或几分钟。

折叠式学习卡

将本节中的信息归纳到你的折叠式学习卡中。

四种高分子 一些生物分子是高分子，高分子是由小分子形成的大分子。**表19.1**总结了生物高分子的四种基本类型。这四种类型的高分子中，糖类、蛋白质和核酸这三种是大分子聚合物。在下面的章节中你会学到，油脂是由小分子构成的，所以通常不被认为是聚合物。

表19.1　生物高分子

类型	蛋白质	糖类	油脂	核酸
举例				
功能	·运输物质 ·加速反应 ·提供结构支持 ·生产激素	·储存能量 ·提供结构支持	·储存能量 ·提供屏障	·储存和交换遗传信息

667

■ **图 19.2** 角蛋白存在于头发和指甲中,也存在于动物(如大角羊)的皮毛和角蹄中。

折叠式学习卡

将本节中的信息归纳到你的折叠式学习卡中。

拓展 阅读

北极的一些鱼类可以自身合成一种独特的抗冻蛋白。这种抗冻蛋白可以防止血液中的物质结晶。科学家将合成这种蛋白质的基因转移到番茄中,使其更耐寒。

蛋 白 质

是什么让鸡肉、大豆和鱼肉富有营养呢?这是因为它们的主要成分都是蛋白质。蛋白质是活细胞所需的最重要的生物分子之一。蛋白质于19世纪最先被发现,其名字来源于希腊语"proteios",意为"第一"或"首要",因为人们认为它是最重要的生命物质。

蛋白质的角色 虽然人体内有近一半的蛋白质充当反应的催化剂,但它在生命系统中还扮演着其他许多重要的角色,图19.2展示了蛋白质的一些重要功能。结构蛋白包括胶原蛋白和角蛋白,它将人体维持在一定的强度和形状下。胶原蛋白存在于韧带、腱、软骨中,为细胞和组织提供胶质,使细胞和组织结合紧密。角蛋白是头发中的蛋白质,也存在于毛皮、蹄、皮肤和指甲中。

另有一些蛋白质,参与构成肌肉组织,以及血液中的物质运输。运输氧气并使血液呈现红色的血红蛋白也是一种蛋白质。血纤蛋白参与伤口的血液凝结,如图18.3所示。

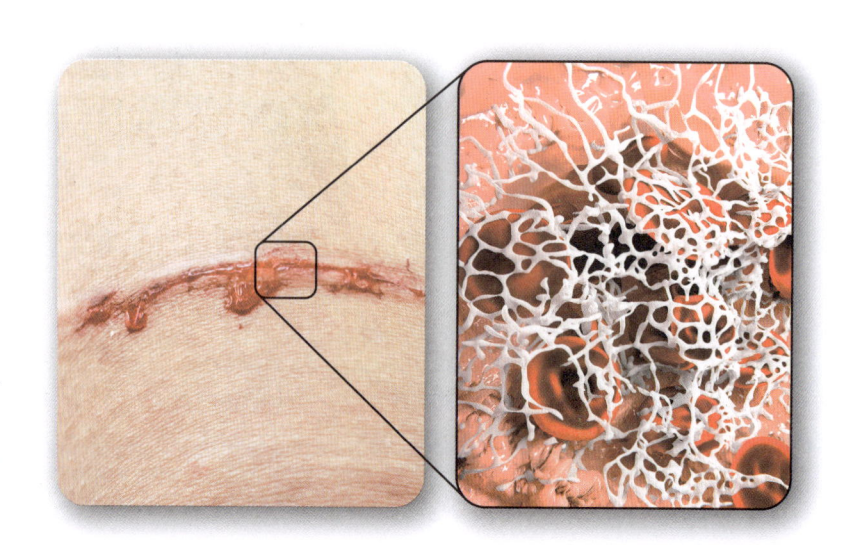

■ **图 19.3** 血纤蛋白捕获血细胞和血小板来促进伤口血液的凝结。

氨基酸 蛋白质中含有碳、氢、氧、氮和硫等元素,这些元素的原子是如何排列的呢? 小的单体分子通过酰胺键结合形成聚合物,这种聚合物就称为**蛋白质(protein)**。构成蛋白质的单体是一类有机化合物,即**氨基酸(amino acid)**。虽然存在许多种氨基酸,但构成蛋白质的氨基酸只有20种。

所有的氨基酸在化学结构上都具有共同的特点。仔细观察下列氨基酸的通式,你能否从中找出两个官能团? 你可以从氨基酸的命名中寻找线索。

结构式的左边是一个氨基($-NH_2$),右边是一个羧基($-COOH$)。两个官能团都与同一个碳原子相连,此碳原子还连有一个氢原子和一条侧链,侧链用R表示。侧链可能是不同的原子或原子团,因此20种氨基酸各具特殊的性质。

表19.2 列出了几种不同的氨基酸。甘氨酸是最简单的氨基酸,它的侧链就是一个氢原子。丙氨酸也是较简单的氨基酸,侧链为一个甲基。苯丙氨酸的侧链中含有一个苯环,而半胱氨酸则含有—SH官能团。

表19.2　氨基酸的结构

甘氨酸	丝氨酸	半胱氨酸	赖氨酸
丙氨酸	谷氨酰胺	缬氨酸	苯丙氨酸

$$\underset{\text{氨基酸}}{\overset{\text{H}\quad\text{R}_1}{\underset{\text{H}\quad\text{H}\;\;\text{O}}{\text{N}-\text{C}-\text{C}-\text{OH}}}} + \underset{\text{氨基酸}}{\overset{\text{H}\quad\text{R}_2}{\underset{\text{H}\quad\text{H}\;\;\text{O}}{\text{N}-\text{C}-\text{C}-\text{OH}}}} \longrightarrow \underset{\text{二肽}}{\overset{\text{H}\quad\text{R}_1\quad\overset{\text{肽键}}{\text{H}}\quad\text{R}_2}{\underset{\text{H}\quad\text{H}\;\;\text{O}\quad\;\;\text{H}\;\;\text{O}}{\text{N}-\text{C}-\text{C}-\text{N}-\text{C}-\text{C}-\text{OH}}}} + \underset{\text{水}}{\text{H}_2\text{O}}$$

■ **图 19.4** 一个氨基酸的氨基和另一个氨基酸的羧基结合，生成肽键和水。形成的有机官能团是酰胺键，称为肽键。

描述 酰胺官能团是如何形成的？

蛋白质的生成：缩聚反应 与第18章所学的塑料合成类似，蛋白质也是通过缩聚反应合成的。当两个氨基酸结合成键时，一个氨基酸的氨基上的氢(—H)与另一个氨基酸的羧基上的羟基(—OH)结合，生成水分子(H_2O)。水分子被释放后，就形成了酰胺键，连接了两个氨基酸。酰胺键的结构如下：

$$\overset{\text{O}\quad\text{H}}{\underset{}{-\text{C}-\text{N}-}}$$

生物化学家将蛋白质中的酰胺键称为肽键。虽然命名不一样，但都是指同一个官能团。两个氨基酸通过肽键连接在一起，形成的分子叫作二肽，如**图 19.4**所示。

氨基酸还可以以同样的反应添加到二肽上，从而形成长链。这种长链称为多肽链，它是氨基酸通过肽键形成的聚合物。大多数蛋白质是由两条或两条以上不同的多肽链组成的，但有些蛋白质仅由一条多肽链组成。

蛋白质的三维结构 多肽链的折叠排列使蛋白质具有三维结构，如**图 19.5**所示。多肽链通过氨基酸相邻侧链间的氢键、二硫键和离子键结合在一起。

■ **图 19.5** 蛋白质既可以环绕成为球状结构，又可以被拉伸成为纤维状结构。因为不同氨基酸的侧链间存在相互吸引作用，氨基酸长链因此有了固定的三维空间结构。由于多肽链可以弯曲与折叠，使得氨基酸侧链连接得十分紧密。

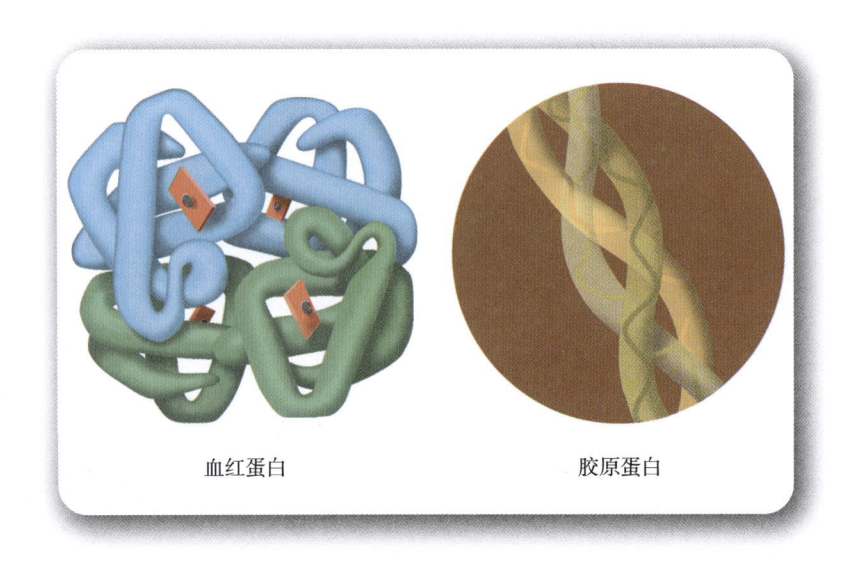

血红蛋白　　　　　胶原蛋白

相邻氨基酸的>N—H 和>C=O 形成了氢键,氢键使蛋白质中的氨基酸可能扭曲成螺旋状,也可能挤压成平板状。在第 18 章中,你学过角蛋白中存在二硫键,它是由两个半胱氨酸分子侧链上的硫原子相互结合形成的。二硫键增加了头发的强度,并使头发具有一定的造型。

蛋白质的形状和性质 分子的空间几何结构直接影响到化学反应的发生。例如,血液中的抗体折叠成特殊的形状,每种特殊的形状只与一种外来入侵物结合。这些抗体通过与入侵物的表面结合,以保护人体免受入侵物的伤害。一旦固定住入侵物,人体的免疫系统就会主动摧毁它们。每一种抗体只对一种入侵物有效。

变性作用 如果蛋白质的三维结构断裂,将会发生什么情况呢?比较一下生鸡蛋的蛋清和熟鸡蛋的蛋白。当维持多肽链空间结构的力断裂时,蛋白质的结构就遭到破坏,这一现象称作**变性作用 (denaturation)**。高温可以使蛋白质变性,变性作用使生鸡蛋中的蛋清变硬。

此外,强酸、强碱、机械搅拌和化学反应都能使蛋白质变性,如**图 19.6** 所示。因为蛋白质的结构决定了其功能,所以变性使得蛋白质失去其特有的功能。这就是为什么有机体只能存活在一定的温度和 pH 范围内的原因。但是,一些生物在高温和低 pH 环境下也能生存。这些生物体内的蛋白质通过共价键形成三维结构,如二硫键。二硫键比氢键更牢固,使得生物体内的蛋白质能在更恶劣的条件下工作。

■ **图 19.6** 柠檬蛋白派上的蛋糖霜,就是由蛋清中蛋白质变性得到的。在空气中用力搅拌蛋清,使部分蛋白质变性,从而形成了蛋糖霜。生活在极冷或极热环境中的生物体,其体内的蛋白质有较强的成键以防止变质和蛋白质功能的损失。如在美国黄石国家公园的温泉中,一些细菌就含有可以抵抗热变性的蛋白质。

671

酶对特定的底物起作用,例如多糖。

多糖

活性中心

酶(蛋白质)

诱导配合

步骤1 底物和酶的活性中心匹配,酶慢慢地改变形状以便与底物更紧密地结合。

＋水

产物

单糖　单糖

活性中心

步骤3 反应后,酶以原来的形状被释放,进而能重复参与相同的反应。

酶

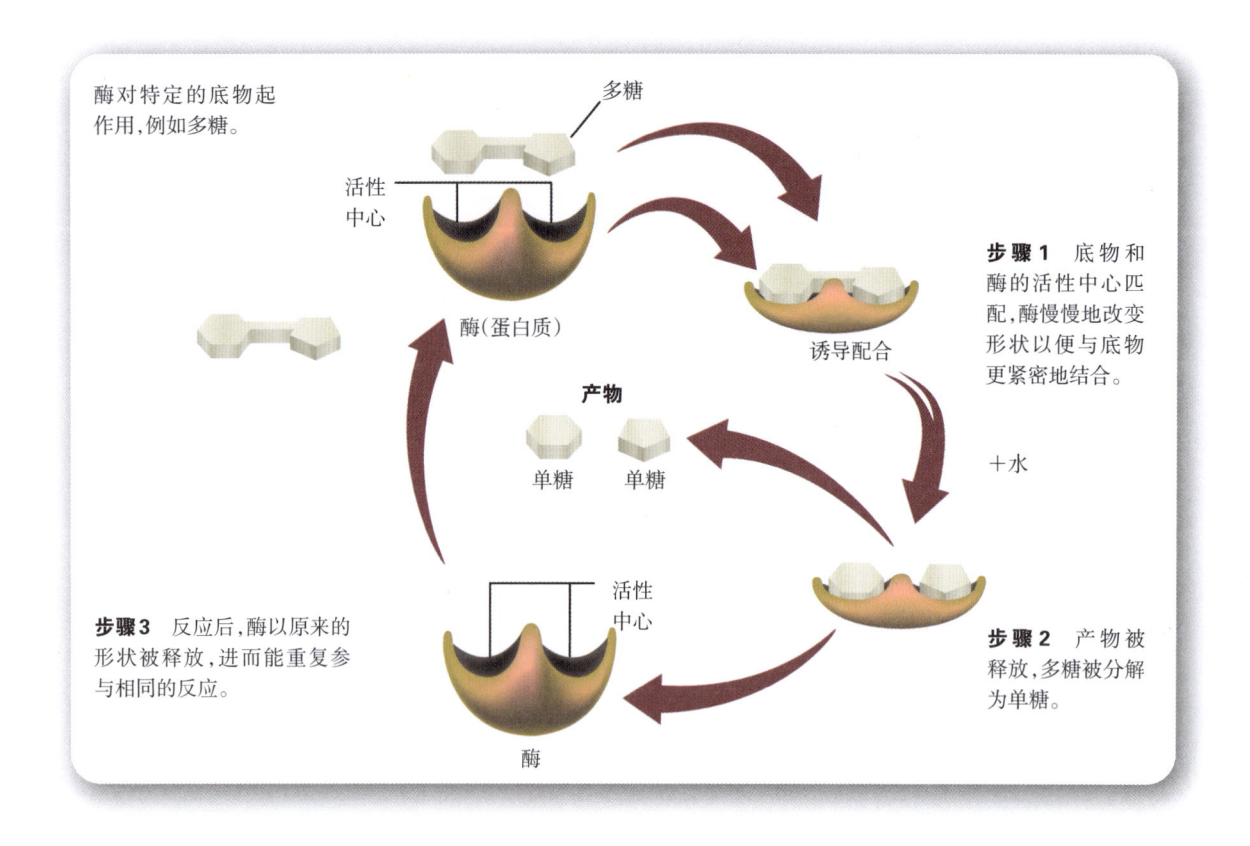

步骤2 产物被释放,多糖被分解为单糖。

■ **图 19.7** 酶能降低反应活化能,改变化学反应的速率,但它们自身并不发生变化。

解释 用自己的话解释酶的工作机理。

蛋白酶的作用 虽然肌肉由蛋白质构成,但这只是蛋白质的功能之一。蛋白质还有一项重要的功能,就是作为生物催化剂——酶(enzyme)。酶能加快反应速率,而自身在反应前后不会发生变化。自发进行的化学反应的速率可能很慢,以至于有些化学反应看似无法进行。酶能极大地加快反应速率,但对于无法自发进行的化学反应是不起作用的。

酶的结构和功能 那么,酶是如何加快反应速率的呢?**图 19.7** 显示了酶的工作机理。酶能提供特殊的部位,通常是三维结构上的穴位或凹槽,这些穴位或凹槽与反应物(也叫**底物,substrate**)相匹配。这类穴位或凹槽称为酶的**活性中心(active site)**。当一种底物与其活性中心接触时,活性中心就会改变形状与底物相匹配。酶的活性中心与底物在空间结构上是匹配的,就像每把锁都有相应的钥匙一样。因此,在酶催化反应中,每一种酶只能催化一种底物。

酶的生物作用 体内所发生的反应几乎都是酶催化反应。消化过程中,酶加速了食物的分解,使食物分解成能被细胞吸收的小分子。酶也可以使细胞从营养物质中获取能量,甚至可以促使细胞合成其他种类的酶。此外,酶还可用于药物中,治疗体内因某种酶的缺少而导致的功能紊乱。例如,乳糖酶可将乳糖分解成两个小的糖分子,促进消化吸收。

■ 图 19.8 许多日用化学品中都含有蛋白酶。隐形眼镜的清洗液里也含有蛋白酶,可帮助去除镜片上沉积的蛋白质。这种酶能将蛋白质水解成单个的氨基酸分子。嫩肉精中的蛋白酶能将蛋白质分解,使牛排更嫩。

有些人患有乳糖不耐受症,无法产生乳糖酶。当机体不能合成这种酶时,每日所摄取的乳糖就会堆积在消化系统中,导致胀气和腹泻。如果在每日的饮食中加入乳糖酶片,就有助于乳糖的分解。图 19.8 展示了酶在日常生活中的其他用途。

折叠式学习卡

将本节中的信息归纳到你的折叠式学习卡中。

糖 类

糖类(carbohydrate) 是一种有机分子,含有碳、氧和氢三种元素,三者的原子构成比例为 1∶1∶2。早期的化学家认为糖类是由碳链连接水分子构成的——含水的碳,所以将其称作碳水化合物。现在,化学家知道糖类并不是含水的碳链,但"碳水化合物"这一名称却沿用了下来。

糖类的作用 面条或其他食物中的糖类,降解后会生成葡萄糖。血液中的葡萄糖也称作血糖,它参与绝大部分的体内活动。细胞中葡萄糖的氧化为生命体提供了大部分的能量。葡萄糖过剩时,能量会被储存在细胞里。动物将葡萄糖以糖原的形式储存在肝脏和肌肉中,植物则将葡萄糖以淀粉的形式储存起来。在第 18 章中,我们已经学过淀粉这一聚合物。

糖类在生物体的结构组成上也起着重要的作用。纤维素是一种糖类聚合物,为植物体提供支撑作用。甲壳素也是由糖类组成的天然聚合物,构成了昆虫和其他节肢动物的外壳,如图 19.9 所示。棉花、人造丝织物、木头和纸张里都含有糖类。

■ 图 19.9 甲壳素是一类结构性糖类,参与构成节肢动物的保护性骨骼,如龙虾和甲虫。因为地球上存在大量的昆虫,所以甲壳素是地球上最丰富的天然聚合物之一。

673

化学实验

细胞中的催化分解

背景

当皮肤擦伤或是割伤时,你可能会选用过氧化氢溶液来消毒。使用过程中你会发现,当过氧化氢溶液接触到皮肤时,会发出嘶嘶响声并产生气泡。过氧化氢会分解生成氧气和水,接触到皮肤时,分解的速率会加快。在你的皮肤细胞(或许多其他类型的细胞)中,存在一种过氧化氢酶,正是这种酶加快了分解反应。

酶的反应活性受环境因素的影响,如pH、温度等。每种酶都有其最佳的反应条件。本实验将探讨胡萝卜细胞中过氧化氢酶对过氧化氢分解的催化作用,并确定酶的最佳反应温度。

问题

温度如何影响胡萝卜细胞中过氧化氢酶对过氧化氢分解的催化作用?

目标

- **观察** 过氧化氢酶对过氧化氢的分解作用。
- **对比** 不同温度下的反应速率。
- **制作** 设计并应用图表分析实验结果。

实验准备

实验器材

- 电热板
- 10 mL量筒
- 干净的小试管(8支,13 mm×100 mm)
- 3%过氧化氢溶液
- 冰块
- 摄氏温度计
- 玻璃棒
- 试管架
- 计时器或时钟
- 小烧杯(4只)
- 刻度尺
- 记号笔
- 隔热手套
- 胡萝卜汁

安全警示

注意:过氧化氢会刺激眼睛,使用时请戴好护目镜。

实验步骤

1. 阅读并完成实验安全表格。
2. 将胡萝卜汁分别装入4支试管中,约2 cm深。
3. 精确量取3.0 mL 3% H_2O_2溶液4次,分别装入4支试管中。如果产生大量的气泡,则取另一支试管,或将原试管洗净再用。
4. 在每只烧杯中各插入1支装有胡萝卜汁的试管和1支装有过氧化氢溶液的试管,并将烧杯编号为A、B、C、D。在烧杯A中加入冰块和自来水,烧杯B中加入热水,另两只烧杯中加入室温下的自来水。

5. 将装有热水的烧杯和一只装有室温自来水的烧杯置于电热板上加热,直至温度分别在 60～65 ℃和37～38 ℃。
6. 制作如下所示的表格。测量4只烧杯中水的温度,并作记录。将试管在水温分别为 0 ℃、室温(18～25 ℃)、37～38 ℃和60～65 ℃四种情况下静置5～10分钟。
7. 将每只烧杯中的过氧化氢溶液分别倒入相应的装有胡萝卜汁的试管中,并用玻璃棒快速搅拌,同时计时。测量从液面到泡沫最高位置的高度,每隔一分钟测量一次,进行4分钟,或是直接测量泡沫能达到的最高位置。记录实验数据。

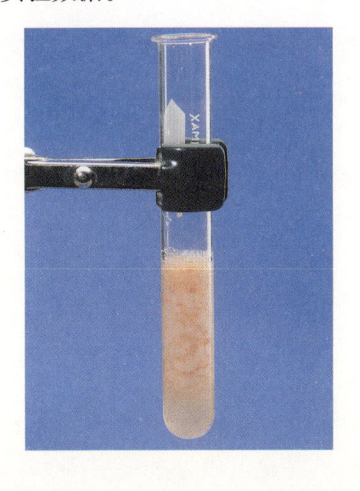

分析与讨论

1. **解释数据** 绘制一个直角坐标系,其中纵坐标表示泡沫的高度,横坐标表示时间,将不同温度下的实验数据标记在直角坐标系中。
2. **解释数据** 另外绘制一个直角坐标系,其中纵坐标表示泡沫的高度,横坐标表示温度,将反应进行了3分钟后的实验数据标记在直角坐标系中。
3. **对比与比对** 胡萝卜细胞中过氧化氢酶对过氧化氢分解的催化作用最佳时,温度是多少?这个温度和人体的体温相比,大小如何?

应用与评估

总结 实验中所产生的气泡含有氧气,你如何证明?

进一步探究

解释 过氧根离子是植物或动物细胞中反应的产物,它会氧化和破坏细胞结构。请你分析:为什么说细胞中的过氧化氢酶是有益的?

实验数据与现象观察

烧杯编号	反应物的温度	1分钟后泡沫的高度	2分钟后泡沫的高度	3分钟后泡沫的高度	4分钟后泡沫的高度
A					
B					
C					
D					

化学工作者

琳达·约旦
生物化学家

琳达·约旦是北卡罗来纳州农业技术州立大学的一位生物化学家,她办公室的大门始终是敞开着的,因为学生和年轻的教员经常向她请教一些实验或私人方面的问题。琳达说:"可以想象,如果没有人曾经对我说'你可以那样做',我的生活将会变成怎样。所以,我尽量腾出时间,让学生们认识到品行良好、工作努力的人肯定是有回报的。"

关于工作

Q 广播电视台特地报道了您在酶研究方面的成果,能和我们谈谈这个项目吗?

A 我研究的对象是一种酶,它与许多疾病有关,如哮喘、关节炎、支气管炎、胃肠紊乱、早产分娩、糖尿病等。我想弄清楚这种酶的结构和功能,以及它们在人体细胞中活动的机制。人体胎盘的细胞中就含有这种酶,但分离酶不是一件简单的工作。我和同事采取了许多策略,例如,根据相对分子质量的大小、pH的不同、钙依赖性的差异等,才最终分离出了这种酶。

Q 为什么酶的研究这么重要?

A 我最早接触酶是在1985年,当时我在法国巴黎的巴斯德研究院做博士后,磷脂酶A就是研究的一部分。在研究过程中,我们发现人体胎盘中存在磷脂酶A,而且我们是最早分离出这种蛋白质的实验室之一。那一刻我非常激动,因为人类的很多疾病都与这种酶关系密切,如果能知道这种酶的作用机理,或许就能弄清楚疾病的起因。这些信息能够帮助我们找出对策,解决生物医学中存在的问题。

Q 您最感兴趣的疾病研究有哪些?

A 最近的科学研究表明,磷脂酶 A_2(PLA_2)和糖尿病有关联。我最感兴趣的是找出 PLA_2 和葡萄糖代谢之间的关系。我的家族中有很多成员,包括我在内,都患有糖尿病。在分子水平上认识这种疾病,对科学的发展有着重要的意义,对我个人来说也是如此。

早期影响

Q 当您还是一名高中生时,您的志向是什么?

A 我就读于一所旧城区的高中,并无多大希望去读大学。虽然我的成绩还行,但也经常逃课。有一天,我与另一个女孩逃课躲进了休息室。礼堂管理员走了进来,我只好跑进另一个房间,碰巧是个讲堂,正在举行一个主题为"前进的方向"的计划宣讲会。演说者很能切中要害,他问我们:"你将如何度过你的余生呢?是站在街上的某个角落,眼睁睁看着世界如何改变吗?"这不就是在说我吗?我很幸运,没有继续那么糟糕地生活下去,当时我果断地报名参加了这项计划。

Q 能向我们简单地介绍一下这个计划吗?

A 我们在布兰德斯大学度过了难忘的6个星期,接受相当于大学生水平的培训。我们住在大学宿舍里,不允许与外界有任何联系,目的是为了彻底改变我们的生活环境。我们每天都过得很充实,从早上6点到晚上11点,排满了各种学习活动。老师一再鼓励我们,希望能激发我们的最大潜能。我们也确实很努力。

个人观点

Q 这么说,导师在您人生道路的选择上起着很重要的作用。您现在是否也同样扮演着这样的角色呢?

A 我的工作主要是帮助其他人,使他们更好地发展。这个工作非常艰巨,尤其是面对大学新生,就像是我早先那样。但这对我来说回报最大。我总是试图尽我所能去帮助学生和年轻的教员,不管是工作问题,还是个人问题,让他们都充满信心。一个人的品质可以决定你能否取得成功。我们要学会诚实、守信、独立和勇于承担责任。

Q 在您看来,实验室里与日常生活中,两个不同背景下解决问题的方式都有哪些相似之处?

A 都得循序渐进。首先,你要搜集信息,然后才能制定策略。同时,还需要准备一些备选方案,用来应对失败的情况。在这些过程中,你都需要不断进行反思。假如你正在进行人生规划,例如,你想成为一名医生,首先要做的就是去参观一下医院或急救诊所。总之,你需要脚踏实地、一步一步地开展工作,并在工作中积累经验。

职业 ● 链接

其他与生物化学有关的重要工作有:
临床检验师:3年的本科学习和1年的医疗技术实习
医学实验员:高中毕业后为期2年的培训
医疗记录员:高中毕业后进行为期2年的培训

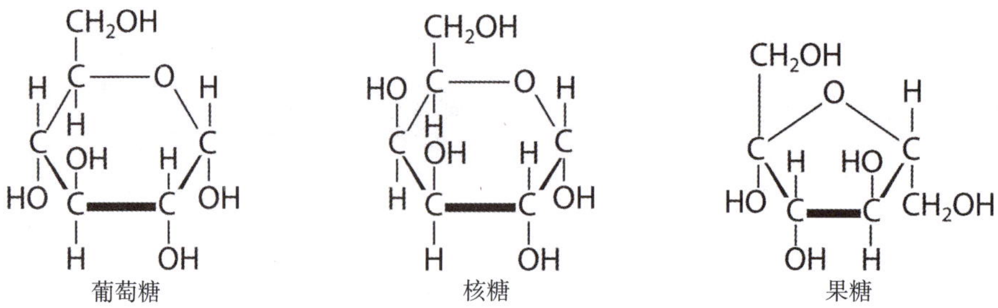

[葡萄糖]　　[核糖]　　[果糖]

■ 图 19.10　葡萄糖、核糖和果糖都是单糖。

■ 图 19.11　葡萄糖和果糖结合,形成二糖的蔗糖。注意水是这个缩合反应的另一个产物。记住每个环状结构都是由连接单个氢原子或官能团的碳原子构成的。环状结构中的碳原子和单个氢原子被简化,没有显示出来。

糖类的结构　糖的种类繁多,包括单糖分子以及由单糖连接而成的大分子。大部分的单糖是含有5个、6个或7个碳原子的环状化合物。氧原子成为这个环中的一个角,每个碳原子上都连接了一个羟基。最常见的单糖是葡萄糖、核糖和果糖。**图 19.10** 展示了这三种常见糖类的分子式。

单糖和二糖　两个单糖可以通过缩聚反应结合在一起,从而生成二糖,如蛋糕、糖果和蔗糖中的糖分子。蔗糖是由一分子葡萄糖和一分子果糖构成的。**图 19.11** 展示了蔗糖的结构。

有机物分子需要满足一个条件,才能成为真正的营养物质:分子能够顺利地进入细胞当中。对于细胞膜来说,二糖分子的体积太大。但是,消化系统中的酶能催化这个反应,将蔗糖分解成葡萄糖和果糖等小分子,促进细胞对糖分子的吸收和利用。食物中其他常见的二糖有乳糖和麦芽糖。

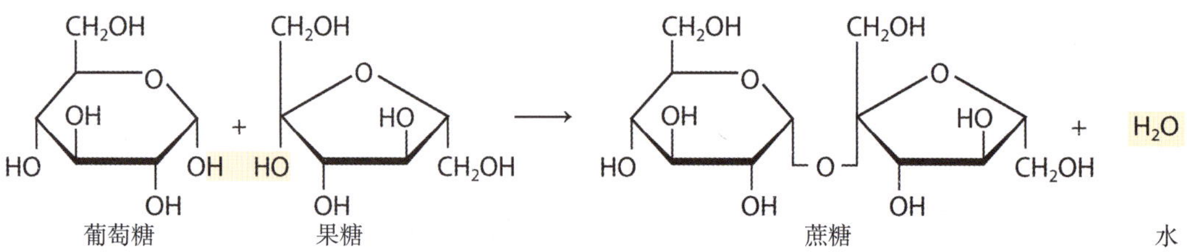

葡萄糖　+　果糖　→　蔗糖　+　水

678

糖原

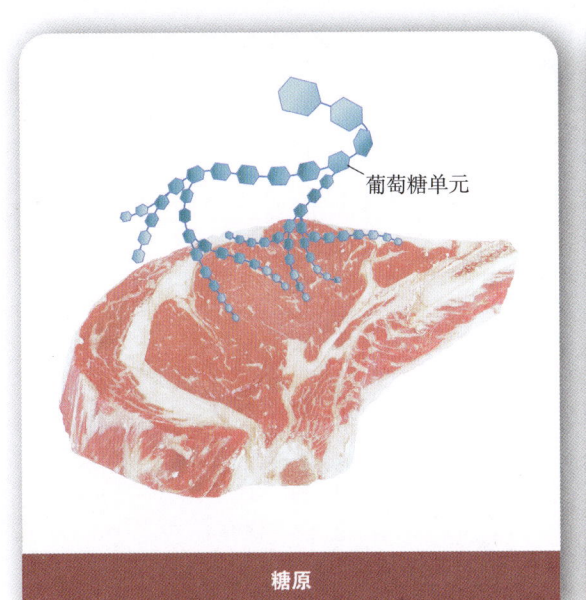

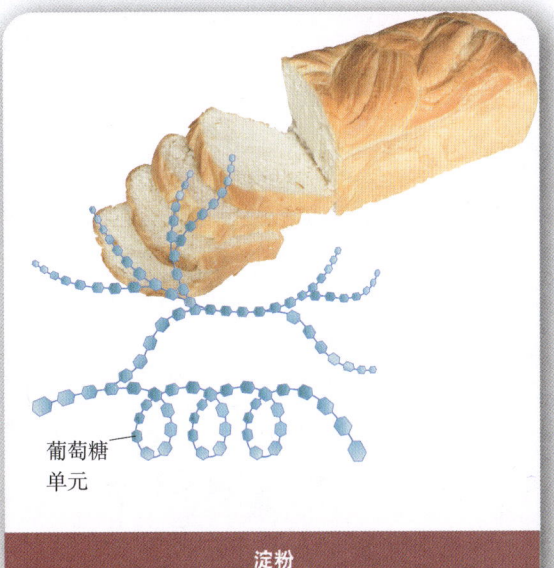

淀粉

纤维素

多聚糖 当你咀嚼面包时,会有什么感觉?是不是感觉有点甜?这种甜味来源于麦芽糖,一种由两个葡萄糖分子构成的二糖。刚咀嚼面包时感觉不到甜味,因为它不含麦芽糖。那么,咀嚼过程对麦芽糖的出现会有影响吗?在咀嚼过程中,面包中的糖类大分子——淀粉和纤维素,在淀粉酶和热效应的作用下发生分解,生成麦芽糖。

这些大分子都是葡萄糖分子的聚合物。另一种常见的葡萄糖聚合物是糖原,也叫动物淀粉。淀粉、纤维素和糖原都是多聚糖的典型代表。多聚糖可能含有几百个或几千个单糖分子。一种多聚糖里可能只含有一种单糖,也可能含有多种单糖。

淀粉、纤维素和糖原中的葡萄糖分子完全一样,换言之,土豆中的淀粉、铅笔中的木杆和动物体内的肝糖原,都是由相同的葡萄糖分子构成的。但这三种聚合物的结构有何不同呢?主要差别在于葡萄糖分子的数量、成键方式和支链的多少。结构的细微差别会导致性质和功能的极大不同。三者的结构比较如**图 19.12**所示。

■ **图 19.12** 动物肌肉和肝脏中的糖原都是由葡萄糖构成的多聚糖,糖原分子中有许多支链。另外两种重要的多聚糖是淀粉和纤维素。淀粉分子是植物用来储存能量的,有的含有支链,有的不含支链。纤维素中的葡萄糖分子排成长链,像篱笆一样,纤维素是植物重要的结构分子。

生活中的化学

甜味的奥秘

为什么成熟的草莓尝起来香甜可口呢?这是因为草莓中含有某些分子,这些分子刺激了舌头味蕾上的受体,受体进而将接收到的信息传递给大脑。分子刺激受体的方式取决于它们的结构。当分子刺激受体时,产生甜味信息的化学反应就会发生。很多人工甜味剂其实并非糖类,在人体内不能被代谢吸收,但却刚好能与味蕾上的甜味受体相匹配,所以同样也能产生甜味。

破解甜味的密码　氢键是分子间最常见的连接方式。当氢原子与电负性较强的原子成键时,氢原子上的电子会偏向于电负性较强的原子,氢原子就成为一个不完全的正电荷。因此,氢原子能吸引一些带负电荷的原子。具有强电负性的原子,如氮、氧、氟和其他一些非金属原子,都能与氢形成氢键。

几十年前,化学家猜想,具有甜味的分子含有两个可形成氢键的位置——A 和 B,两者相邻。预计 A 与 B 两位置相距 0.3 nm,A 位置上有氢原子与 A 原子共价结合,化学家将这两个位置分别称为 AH 和 B,并将这套系统称为 AH—B 系统。舌头上的甜味受体与 AH—B 系统的结构相似,由 >NH 官能团和 >C=O 官能团组成。AH—B 系统可以与甜味受体相互作用。

蛋白质分子中含有 >NH 官能团和 >C=O 官能团,是形成氢键的理想分子。>C=O 中的氧原子电负性很强,需要与另一个分子中的氢原子形成氢键;>NH 中的氢原子,也需要与一个电负性很强的原子形成氢键,如氮原子或氧原子。

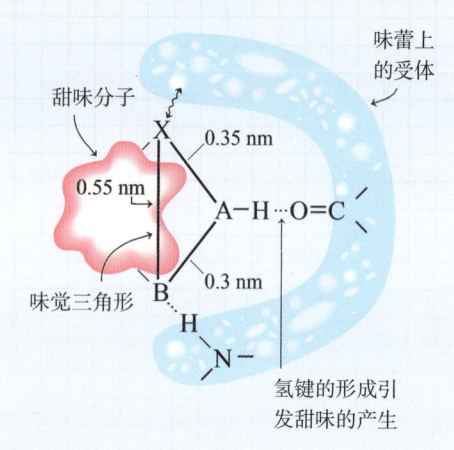

■ 图 19.13　甜味三角形。

有趣的是,>NH 和 >C=O 间的距离也恰好是 0.3 nm。所以,那些拥有与蛋白质分子互补的位点并且位点间距离为 0.3 nm 的分子,可以与蛋白质结合。带有 AH—B 系统的甜味分子就刚好满足这些要求。当甜味分子与味蕾细胞上甜味受体的部分蛋白成键时,就会传递给大脑一个甜味信号。

改进的甜味模型　化学家注意到甜味分子还具有第三个共同特点:甜味分子中含有一个疏水基团,并将该位点称为 X 位点。研究发现,X 位点离 AH 位点近,离 B 位点远,整个甜味分子就形成了一个三角结构。

进一步探索

1. **分析**　在品尝甜品时,甜味的产生原理是什么?
2. **获取信息**　查找文献,找出各种糖和人工甜味剂的相对甜度,试将下列几种人工甜味剂与蔗糖的甜味进行比较:三氯蔗糖、阿斯巴甜、糖精、AK 糖(安赛蜜)。

■ **图19.14** 左边的润唇膏主要由油脂和蜡构成,这些油脂有助于保持嘴唇湿润。右边的鳄梨调味酱中的鳄梨内含大量的油。

油 脂

还有一种生物分子,名为**油脂(lipid)**,它比糖分子含有更多的C—H键,但含较少的氧。脂肪、油和蜡都是油脂。油脂不溶于水,但可溶于有机溶剂。一般地说,从动物体内分离出的油脂称为脂肪,从植物中分离出的油脂称为油。日常生活中,油脂的存在范围很广,不仅食物中含有油脂分子,如黄油、人造黄油、花生酱和油炸薯条等,车蜡和润滑油也都是油脂,而且生物体本身就含有丰富的油脂。**图19.14**列出了一些常见的油脂。

油脂的结构 食物中的大部分油和脂肪都是由羧酸长链(称为**脂肪酸,fatty acid**)与甘油分子连接而成的。甘油含有3个碳原子,每个碳原子都连有一个羟基官能团。3分子的脂肪酸和1分子的甘油分子通过缩合反应,生成3分子的水和1分子的油脂。在反应过程中,脂肪酸中羧基上的羟基与甘油中羟基上的氢原子结合生成水,其余部分结合生成的油脂称为甘油三酯。**图19.15**展示了甘油三酯的结构。

> **折叠式学习卡**
>
> 将本节中的信息归纳到你的折叠式学习卡中。

■ **图19.15** 丙三醇的羟基和脂肪酸的羧基结合反应生成甘油三酯。

丙三醇 + 脂肪酸 ⟶ 甘油三酯 + 3H$_2$O

681

油酸

硬脂酸

■ 图 19.16 油酸是橄榄油的主要成分，它是含有 18 个碳原子的不饱和脂肪酸。硬脂酸存在于猪肉和牛肉中，是含有 18 个碳原子的饱和脂肪酸。

鉴别 双键是如何影响分子结构的？

■ 图 19.17 很多不同的类固醇存在于植物、动物和菌类中，但所有类固醇的结构基础都是 4 个环状结构，如图所示。

饱和脂肪酸和不饱和脂肪酸 大部分的脂肪酸是由 12～26 个碳原子形成的碳链，末端连有一个羧基官能团。由于脂肪酸大多是由含两个碳原子的小分子合成制得，因此通常含有偶数个碳原子。饱和脂肪酸，像饱和烃那样，碳原子间通过单键连接在一起。单不饱和脂肪酸只含有一个双键，如图 19.16 所示。多不饱和脂肪酸含有两个以上的双键。

室温下，动物油是固体，植物油是液体。可以将培根熬出的油在冷锅中凝结后的情况和一瓶植物油作比较。总体来说，动物油脂的饱和度比植物油的饱和度高。植物油中双键周围分子的弯曲使得分子间无法排列紧密，而动物油中分子的堆积更为紧密使其在低温下变为固态。这就是为什么你需要在锅冷掉之前把培根油倒出来，而瓶装植物油总是很容易使用。

类固醇 油脂中还有一类是**类固醇**(steroid)，它是含有四个环状结构的油脂，如图 19.17 所示。重要的类固醇有胆固醇、部分性激素、维生素 D、胆汁盐（由肝脏产生的用于消化脂肪的物质）等。激素胆固醇具有调节新陈代谢过程的功能。胆固醇是细胞膜的重要结构组成。

类固醇环状结构

胆固醇

■ 图 19.18　胆固醇是堵塞人体血管的物质的主要成分。人体血液的胆固醇水平较高时，就会堵塞血管，增加患心脏病的风险。尽管胆固醇的名声不好，但细胞需要它制造各种膜，合成类固醇激素和胆汁盐。人体每天大约合成 1 g 类固醇。

油脂与饮食　长期食用含大量饱和脂肪酸的食物，会引发心血管疾病，如心脏病等。科学家还未完全研究清楚致病的原理，推测可能与肝脏分解脂肪酸的能力有关。血液中胆固醇的含量过高，会导致动脉血管壁变硬变厚，就是人们通常所说的动脉硬化症，继而引发高血压和心脏病，如**图 19.18** 所示。降低饮食中饱和脂肪酸和胆固醇的含量，尤其是蛋、奶酪以及肉类中的动物脂肪，是降低血液中胆固醇水平的一个重要途径。然而，改变饮食并非对所有人都有效，基因、锻炼、压力以及其他因素都会影响胆固醇的水平。

油脂的功能　人体内的油脂有两大生物学功能。当机体吸收并分解超出自身所需的食物时，就会产生超额能量。为了储存多余能量，机体会让油脂分子成键，从而将能量储存起来。需要能量时，酶会分解这些物质，使能量重新释放出来。前面学过，糖类也可用来储存能量，但效果不如油脂。因此，需要长期储存能量时，机体一般采用油脂的形式。

　　油脂也参与形成细胞膜和细胞的其他结构。细胞膜上的油脂，包括胆固醇和磷脂。磷脂分子是由 1 个磷酸基团、2 个脂肪酸分别与甘油的 3 个碳原子连接而成的，而非完全由 3 个脂肪酸与甘油中的 3 个碳原子连接而成。**图 19.19** 展示了磷脂形成双分子层，这种结构是细胞膜的基础。

家庭　实验

参见附录 F，**计算营养物质的量**。

拓展　阅读

很多用于烹调食物的植物油不含胆固醇。胆固醇仅存在于动物组织中，所有的水果、蔬菜以及植物油都是不含胆固醇的。

■ 图 19.19　一个磷脂分子有一个极性头部和两个非极性尾部。生物细胞膜是由双层磷脂形成的，是双分子层。

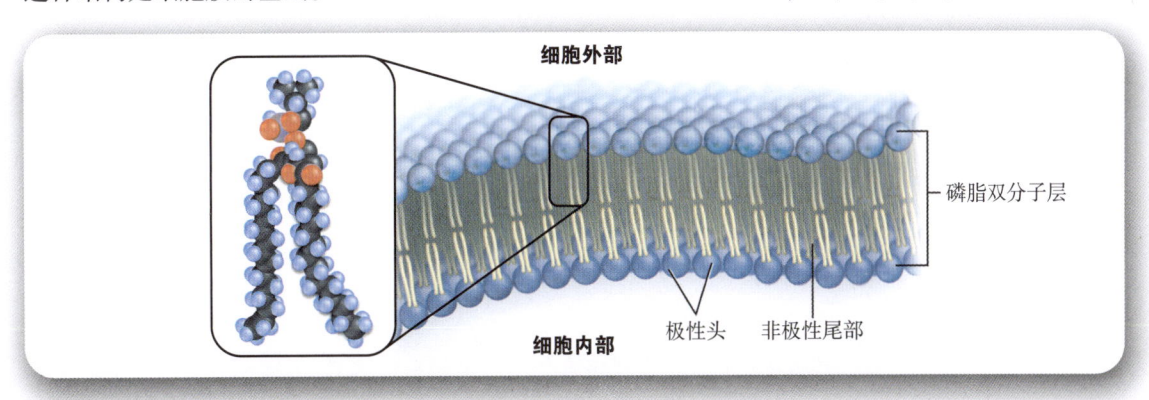

细胞外部
磷脂双分子层
极性头　非极性尾部
细胞内部

683

生活中的化学

假脂肪与人造脂肪

人们认为脂肪会引发许多健康问题,因而在饮食过程中对其保持高度戒心。客观地说,脂肪是一类重要的营养物质,你所吃的食物之所以美味可口,脂肪起着非常重要的作用。营养学家不断提出新的饮食方案,以期在保持食物的色、香、味的同时,使食物更有利于人体健康。

以假乱真的脂肪——糖类 有两种糖类——淀粉和纤维素,营养学家正用以替代食物中的脂肪。你可能对此颇感意外吧!淀粉、纤维素与脂肪会有相似之处吗?当淀粉遇到水时,就会变成胶状,具有脂肪的某些性质。这种凝胶体能代替某些食物中的脂肪,但是它不适于油炸。

1 g 糖大约可提供 16.7 kJ 的热量,1 g 脂肪大约能提供 33.4 kJ 的热量。而纤维素,植物细胞壁上的一种糖,由于无法为人体代谢吸收,因而不提供热量。阿维塞尔(avicel)是一种天然纤维素,与水混合时具有类似脂肪的性质,它可以用来代替面包、餐后甜点中的脂肪。

可用作脂肪的蛋白质 为了将蛋白质模拟成脂肪,就需要把蛋白质分解成直径为 0.1～0.3 μm 的小微粒。微粒化蛋白(simplesse)是唯一可替代脂肪的蛋白质。蛋清和牛奶中的蛋白质,在高温高压下可分解成小的球形粒子,这些蛋白质小分子口感顺滑,并具有奶油口味。和糖类一样,1 g 蛋白质也只提供 16.7 kJ 的热量,但它们同样不适于油炸,也没有脂肪的香味。

化学修饰的脂肪 为了研发出无热量、有益于健康的"完美脂肪",食品化学家建议用化学方法对脂肪进行加工修饰。他们改变脂肪的大小、形状或结构,实现人体最低限度地吸收和利用脂肪。蔗糖多元酯(olestra)就是一种经化学修饰后的脂肪,如图 19.20 所示。食品化学家称,这种蔗糖多元酯能满足人们的口感要求,但不会提供饱和脂肪酸和热量。它能代替黄油,也能用于油炸。脂肪含有 3 个脂肪酸,而蔗糖多元酯含有 6～8 个脂肪酸。从植物油中提取的脂肪酸,与蔗糖反应后即可制得蔗糖多元酯。蔗糖多元酯比传统的脂肪分子大,肠道中的消化酶无法打开蔗糖—脂肪酸键,所以这些分子并不会被人体吸收。

■ **图 19.20** 蔗糖多元酯做成的薯条跟油炸的薯条的味道是一样的,但蔗糖多元酯并不会被身体吸收。

进一步探索

1. **分析** 如果只食用不含脂肪的食物,将会带来哪些不良后果?
2. **批判性思考** 含有人造脂肪的食品,在肠道中能结合脂溶性维生素或一些脂溶性药物,这对人体会造成哪些不良影响?怎样才能避免这些问题?

■ 图 19.21 每个核苷酸都是由三个较小的分子相互连接而成的：磷酸基团、单糖和含氮碱基。

核 酸

核酸是第四大类生物分子，一般不出现在食品标签中，但事实上，人们食用的所有动植物细胞中都含有核酸。**核酸**（nucleic acid）是一类高分子聚合物，不仅含有碳、氢和氧，还含有氮和磷。核酸在细胞中的含量极少，也不是日常饮食中必不可少的成分，因为人体可通过氨基酸和糖合成核酸。核酸中含有细胞复制自身所需的遗传信息，并通过控制蛋白质的合成来调控细胞活动。细胞中有两种核酸：**DNA**（脱氧核糖核酸，**deoxyribonucleic acid**）和 **RNA**（核糖核酸，**ribonucleic acid**）。名称中之所以带有"核"字，是因为它们最初是在细胞核中被发现的。

核酸的结构　从表面上看，核酸的单体非常复杂。但如果你搞清楚了**核苷酸**（nucleotide）的结构，并将它拆分成三部分，问题就简单多了，如图 19.21 所示。

核苷酸中的糖分子可分为两类。组成 RNA 的核苷酸，当中的五碳糖称为核糖；组成 DNA 的核苷酸，当中的五碳糖称为脱氧核糖。图 19.22 展示了核糖和脱氧核糖的结构。脱氧核糖与核糖的结构相似，不同之处在于其中的一个碳原子连接的不是羟基，而是氢，少了一个氧原子。

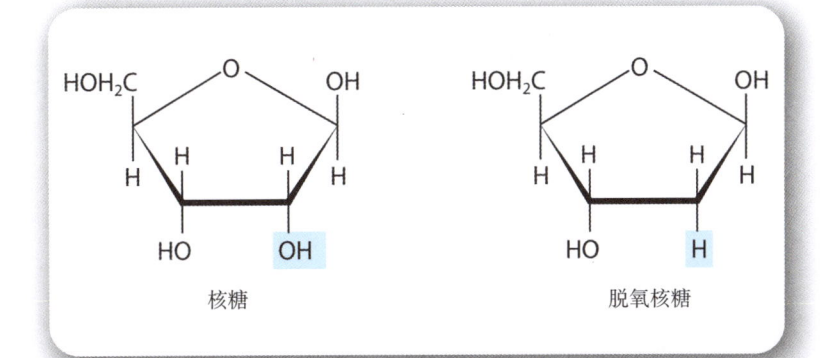

折叠式学习卡

将本节中的信息归纳到你的折叠式学习卡中。

■ 图 19.22　核糖是 RNA 核苷酸的基础，而脱氧核糖是 DNA 核苷酸的基础。由它们的名称可知，两者之间的区别在于脱氧核糖少一个氧原子。

685

■ **图 19.23** 核酸是由单糖和磷酸交替组成的长链,每一个单糖都会连有一个碱基。因为核苷酸相互连结,因此长链形似阶梯。

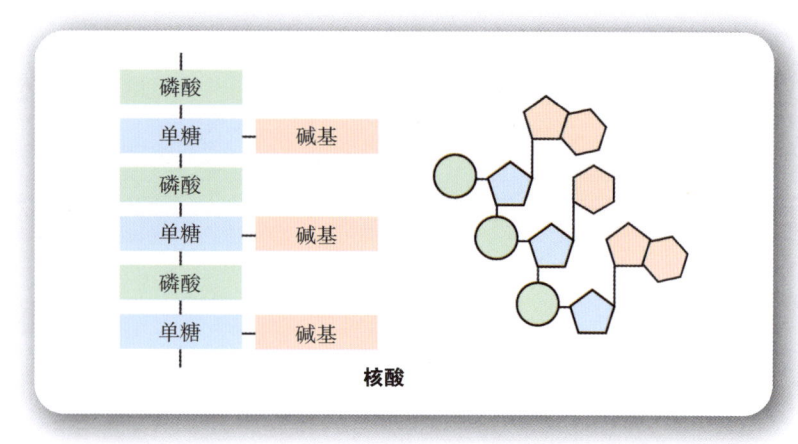

■ **图 19.24** 核苷酸由磷酸、单糖和碱基组成,构成DNA和RNA的核苷酸中存在5种不同的碱基。DNA的结构是像双绞线一样的双螺旋。单糖和磷酸组成的支架在双螺旋的外侧。

比对 鸟嘌呤和胞嘧啶的结构有何不同?

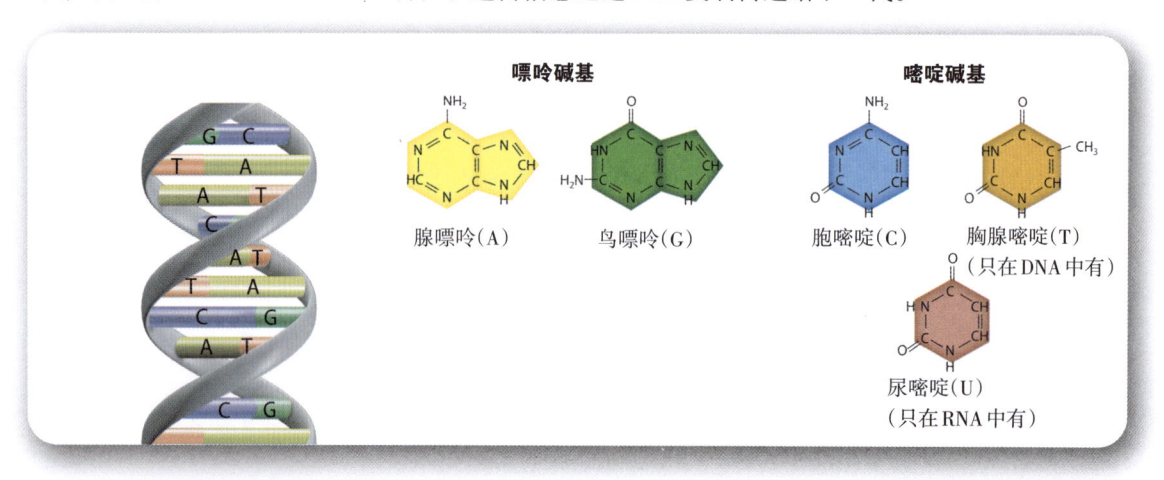

如**图 19.23**所示,核酸聚合物是通过核苷酸相互连接而成的,即一个核苷酸中的单糖与另一个核苷酸中的磷酸相连,构成聚合物。像这样由单糖与磷酸交替组成的长链,就叫作核酸聚合物的主链。同时,每个单糖分子分别连有5种碱基中的一种。核苷酸中存在5种不同的含氮碱基,对应着8种不同的核苷酸单体。科学家用缩写的字母来表示这5种碱基——A 表示腺嘌呤,C 表示胞嘧啶,G 表示鸟嘌呤,T 表示胸腺嘧啶,U 表示尿嘧啶。DNA 含有 A、C、G、T,不含 U;而 RNA 含有 A、C、G、U,不含 T。**图 19.24**展示了构成DNA 和 RNA 的核苷酸中的碱基。

DNA 在 DNA 的三维结构中,两条主链通过碱基间的氢键连接在一起。每种碱基都有特定的形状,只能与特定的一种碱基形成氢键。在 DNA 中,腺嘌呤只能与胸腺嘧啶配对,而胞嘧啶只能与鸟嘌呤配对。当两条 DNA 主链通过碱基连接时,形成的结构形似一把梯子,相连的碱基就是梯档,主链就是梯子两边的扶手。现在,想象着把这两条 DNA 长链缠绕在一根杆上,DNA 就被扭曲成了螺旋结构,就是通常所说的双螺旋结构,如**图 19.24**所示。

在一个生物体中,DNA 分子上特定的碱基顺序构成了遗传密码。遗传密码通过控制蛋白质的生物合成,决定了有机体的所有特征。遗传信息通过 DNA 复制传递给下一代。

迷你实验 1

提取DNA

如何从小麦的胚芽细胞中提取DNA DNA是双链分子,由核苷酸聚合而成。DNA"掌管"着细胞所有活动的蓝图,因为它包含着细胞内蛋白质合成的全套指令(基因)。而且,通过细胞分裂过程中的DNA复制,母细胞可以将这套指令遗传给子细胞,就是说,子细胞所含的DNA是母细胞中DNA的完全翻版。

实验步骤

1. 阅读并完成实验安全表格。
2. 使用一套干净的研钵和杵,将5 g左右的小麦胚芽放在50 mL的细胞裂解液中捣碎。老师将向你提供细胞裂解液,它当中含有一些化学物质,可将胚芽细胞裂解,并将不需要的细胞成分沉淀下来。
3. 将混合物用滤网过滤,倒入一只250 mL烧杯中,弃去滤渣。
4. 加入100 mL浓度为91%的异丙醇溶液,缓慢搅拌。
5. 用玻璃棒小心地挑起液体中的DNA。
6. 将一小段DNA转移到载玻片上,并滴两滴亚甲基蓝染料,在显微镜下观察DNA的形态。

分析与讨论

1. **推断** 你提取获得的DNA数量不少,这表明DNA在细胞中的存在形式是怎么样的?排列是疏松的,还是高度紧密的?
2. **解释** 根据显微镜下DNA的形态,你能否描述它的物理结构?

RNA RNA也是核苷酸聚合物,但在结构上与DNA有很大的不同。研究发现,这两类核酸不仅单糖不同,碱基也存在着差异。在RNA中,与腺嘌呤成键的是尿嘧啶,而非胸腺嘧啶。在三维结构上,RNA与DNA的差别较大:RNA只含有一条核苷酸长链,并扭曲成单螺旋。RNA在细胞中的主要功能是将DNA上的遗传信息运送到合成蛋白质的区域,并在那里指导氨基酸按照一定的顺序组装成蛋白质。DNA可作为合成RNA的模板,如**图19.25**所示。

补充练习

有关生物分子的额外练习,请见附录C。

维 生 素

细胞正常的生命活动还需要另一种有机分子,它就是维生素。**维生素(vitamin)** 这类有机分子在日常饮食中所需的量并不多,但很重要。

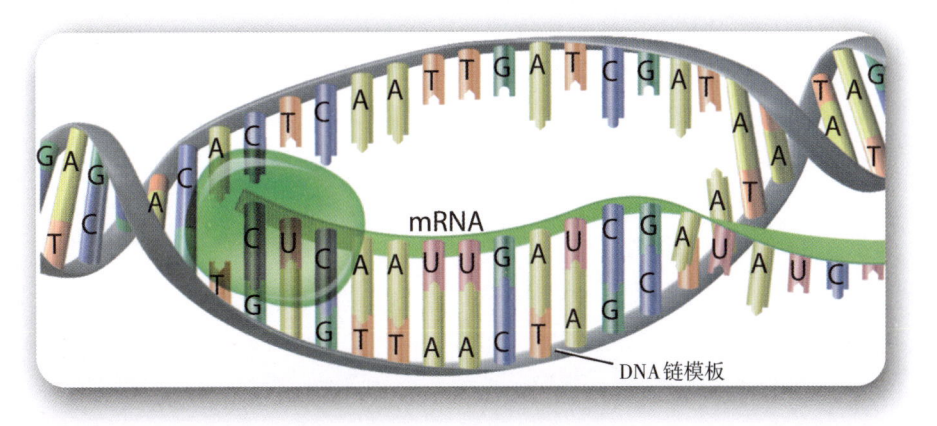

■ **图19.25** 生物学的核心原则之一是DNA可作为合成RNA的模板,然后RNA指导蛋白质的合成。由DNA合成mRNA的过程如图所示,称为转录。

■ **图 19.26** 维生素 A 对保护眼睛、滋养皮肤、维持黏膜都有重要作用。维生素 A 储存于体内脂肪细胞中,特别是肝脏中的脂肪细胞。北极熊的肝脏富含维生素 A。19 世纪,许多北极探险者因食用大量的北极熊的肝脏而死于维生素 A 中毒。

词源

Vitamin

维生素

vita(拉丁语):生命

维生素的分类 维生素可分为两大类:可溶于水的水溶性维生素和可溶于非极性有机溶剂的脂溶性维生素。维生素 D 是一类脂溶性维生素,将其加入牛奶中,能溶于牛奶所含的脂肪中。

与糖类、蛋白质、油脂不同,维生素并不直接参与提供能量,或是作为构建身体的结构材料。许多维生素在体内往往扮演着辅酶的角色。**辅酶(coenzyme)** 是一类有机分子,有助于酶的催化反应。例如,维生素 C 就是一种辅酶,它参与了一个修饰胶原蛋白的反应,使得胶原蛋白的结构更加稳定,从而让人体内各组织、各器官都各得其所。

体内缺少维生素会导致各类疾病。18 世纪,英国海员曾经普遍患有坏血病,就是因缺乏维生素 C。与水溶性维生素不同,脂溶性维生素由于不能以尿液形式排出体外,一旦过剩,也会引发一些疾病。图 19.26 中北极熊的肝脏中就含有一种脂溶性维生素——维生素 A。

第 1 节 本节回顾

要点梳理

- 蛋白质、糖类、油脂和核酸是四类主要的生物分子。
- 有许多蛋白质作为酶发挥作用,其功能是加速反应进行。
- 多个单糖可形成糖类聚合物。
- 油脂是一类不溶于水但溶于非极性溶剂的分子。
- 核酸是一类由核苷酸构成的聚合物。

1. **主要** **概念** **总结** 总结四种主要类型的生物分子的命名、结构和功能。
2. **描述** 请描述甘油三酯的结构。
3. **比对** DNA 和 RNA 的结构有何不同?
4. **应用** 两个氨基酸为什么可能形成两种不同的二肽?根据甘氨酸和丙氨酸的结构式,试画出由它们构成的两种可能的二肽。
5. **解释** 营养学家认为,含多元不饱和脂肪酸的食物比含饱和脂肪酸的食物更健康。请问:什么是多元不饱和脂肪酸?日常食物中,多元不饱和脂肪酸的来源有哪些?

第2节

核心问题
- 细胞在有氧和无氧条件下分别发生什么反应来释放能源物质中的能量？有氧和无氧条件下细胞中发生的反应有何区别？
- 少量化学元素如何实现生命体中纷繁复杂的化学功能？

术语回顾
底物：酶催化反应中反应物的特定名称。

关键术语
代　谢
激　素
有氧呼吸
需　氧
ATP
电子传递链
厌　氧
发　酵

生命的化学反应

主要 概念　生物体为了维持生命活动所进行的化学反应总称为代谢。

链接真实世界　香蕉成熟了吃起来才甜。香蕉成熟的过程中，淀粉分解为简单糖，这个反应是细胞内发生的众多反应的一个。

代　谢

如果吃下一根香蕉，香蕉里的单糖和淀粉在人体内会发生什么变化呢？单糖分子由于体积较小，能够被消化道直接吸收，通过血液循环被输送到需要它的细胞中。淀粉分子体积太大，无法被消化道直接吸收。当你咀嚼水果时，唾液中的酶能将淀粉水解成葡萄糖。同样的道理，食物中种类繁多、结构复杂的大分子，必须被分解成小分子后，才能被吸收。

通过DNA编码并在RNA指导下合成的酶，可以催化蛋白质、糖类、油脂的分解反应，这个过程叫作消化作用。只有足够小的分子才能参与代谢反应。**代谢**(metabolism)是有机体为了维持生命活动所进行的化学反应的总称。

化学能量　这些相互交织在一起的反应，不仅将储藏在营养物中的化学能量转化成其他形式的能量，而且还合成了机体结构和功能上所需要的生物分子。图19.27总结了分解和合成大生物分子的过程。那么，营养物质分子中的能量又是从何而来？这些能量是植物通过光合作用将光能转化而来的。因此，从根本上说，我们所需要的能量都来源于太阳。你将在第20章中学习更多关于光合作用和能量转化的知识。

■ **图19.27**　活细胞中发生着大量的各种各样的代谢反应。一些参加分解营养物质的反应释放能量，另一些利用能量去制造大的生物分子。

描述　选择你最近吃过的一种食物，描述它是如何代谢的。

摄取营养物质
糖类
脂肪
蛋白质
→ 分解营养物质 →
中间体
氨基酸
单糖
脂肪酸
核苷酸
ATP
→ 合成新的分子 →
复杂细胞分子
蛋白质
多糖
甘油三酯
核酸
ADP+P

689

> **补充练习**
>
> 有关代谢的额外练习,请见附录 C。

控制反应 只有在需要的时候,细胞才能进行代谢反应,而且可以随时进行。通过这些反应,细胞不仅储存了能量,而且还制造出组成生命体的各种物质。那么,细胞是如何调控这些反应的呢?它们采用的是一整套复杂的控制体系。许多反应是通过一些小分子——**激素**(hormone)来控制的。激素由特殊器官分泌,通过血液循环,参与调控目标细胞的特定活动。例如,胰岛素就是一类激素,饭后胰腺会分泌出胰岛素,并由它向细胞发出吸收葡萄糖的信号。胰岛素可以激活细胞中的许多代谢反应,其中一个是有氧呼吸,即释放能量的过程。

有氧呼吸

当细胞需要能量的时候,它们会氧化能源物质,如糖类、脂肪等。这个过程会产生二氧化碳和水,同时释放能量。

糖类的氧化 细胞所需的能量大部分来自于糖类的氧化。像大多数的化学反应那样,氧化反应刚开始时需要一些能量来打开化学键。这些能量通常以热量的形式提供。与此相似,在汽车的发动机里,只有当火花塞引燃汽油和氧气的混合物,并达到反应的温度后,烃才开始燃烧。只有当这个爆炸性的反应发生后,才能推动发动机中的活塞运转。热量可以加速反应,但是太高的温度会杀死活细胞。

那么,在正常的体温下,体内的糖类分子是如何发生氧化的呢?可以从酶那里寻找答案。细胞在氧气存在的条件下,通过多种酶的催化作用,将葡萄糖等有机物彻底氧化分解,生成二氧化碳和水并释放能量的过程,称为细胞的**有氧呼吸**(respiration)。有氧呼吸是一个**需氧**(aerobic)过程,也就是说,只有在氧气存在的条件下才能发生。图 19.28 所示的运动员,在无氧环境下是无法完成如此剧烈的运动的。

为了获取葡萄糖中的能量,细胞必须破坏储存能量的物质的化学键。葡萄糖因化学键断裂从而释放出热量的反应,与烃的燃烧反应是相似的。

$$C_6H_{12}O_6 + 6O_2 \longrightarrow 6CO_2 + 6H_2O + 能量$$

> **词源**
>
> **Aerobic**
> 需氧的,有氧的
> areos(希腊语):空气
> bios(希腊语):生命

■ **图 19.28** 日常生活中,人们常常将运动后的喘气描述为呼吸。生化学家对有氧呼吸有着精确的定义,他们把通过呼吸获取氧气,并在有氧条件下细胞内分子所发生的反应称为有氧呼吸。呼吸时,葡萄糖与氧气发生反应,生成水和二氧化碳,释放出能量。

■ 图19.29 棉花糖的燃烧释放储存在糖中的能量,与体内细胞采用的方式不同。细胞的有氧呼吸通过释放食物中的能量来维持生命。

ATP和能量储存　汽缸中的汽油燃烧时,这个爆炸性的反应释放出大量的能量。如**图19.29**所示,糖通过氧化过程释放出能量。但通常情况下,细胞并不是一次性消耗完这些能量的,代谢反应只需其中的一小部分能量。那么细胞是如何处理剩余的能量的呢?它是如何将能量"打包",以便在需要时重新释放能量呢?

当营养物质分解时,能量就从断裂的键转移到储存能量的分子——二磷酸腺苷,简称ADP。ADP的结构与构成核酸的一种核苷酸相似,不同之处在于ADP含有两个磷酸基团,如**图19.30**所示。

当ADP与另一个磷酸基团成键形成三磷酸腺苷——**ATP**时,能量就得以储存起来。细胞需要能量时,ATP中磷酸间的键就断裂,生成ADP和一个磷酸基团,并释放出能量。因此,在代谢过程中,能量的释放和储存对应着ADP和ATP间的相互转化。许多反应是在有氧呼吸的进程中发生的。

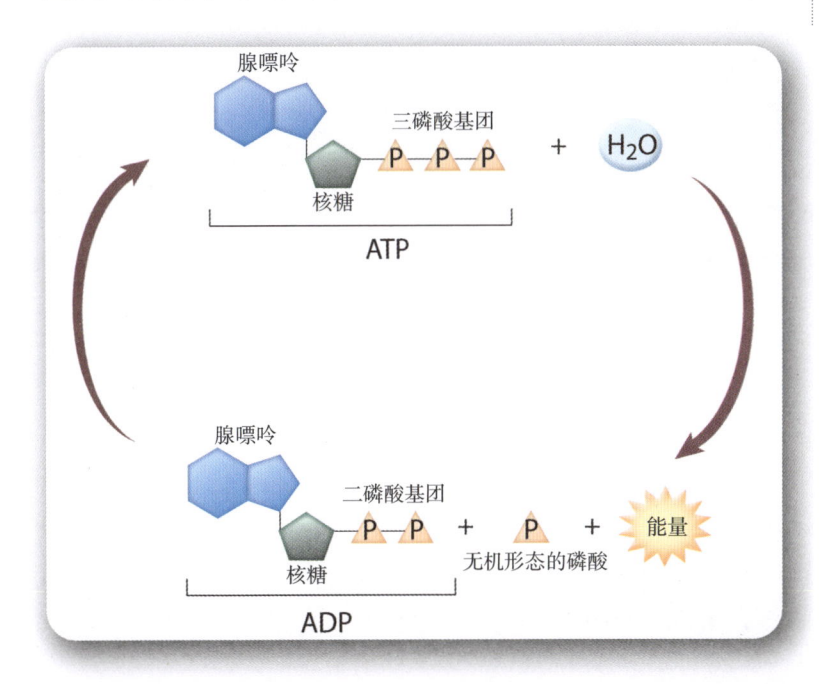

■ 图19.30 ATP的分解为有机生命体的生命活动提供能量。

解释　*能量是如何储存在ATP里的?*

691

糖酵解——有氧呼吸的第一阶段　有氧呼吸这一过程是由许多反应构成的,大体可分为三个阶段。第一阶段包含9个反应,将葡萄糖分解为2个三碳化合物。这个阶段所产生的能量大部分转移到了ATP上,每个葡萄糖分子对应2个ATP。这一系列的反应称为糖酵解,意为"葡萄糖的分解"。

　　细胞为什么需要ATP? 因为比起甘油三酯、淀粉或是肝糖原,ATP所储存的能量更易于释放和控制。

三羧酸循环——有氧呼吸的第二阶段　在有氧呼吸的第二阶段,经过一系列的反应,生成了二氧化碳。之所以将这一阶段命名为三羧酸循环,是因为在这个中间反应过程中产生了一些含有三个羧基的分子。

电子传递链——有氧呼吸的第三阶段　葡萄糖的大部分能量是在最后一个阶段——**电子传递链**(electron transport chain)中释放出来的。电子的能量水平不断降低,从而释放出原来所含的能量。正像一颗玻璃珠滚落楼梯那样,每滚落一次,势能都会减少一些。**图19.31**展示了另一个有控制性地释放原来所含能量的例子。

　　当磷酸基团与ADP结合时,能量就会储存到ATP分子中。最后一步的氧化还原反应将电子传递给了通过有氧呼吸吸入的氧气,并生成水。不难看出,氧气在电子传递链的反应中是必不可少的,因为氧气是葡萄糖释放出的电子的最终受体。如果没有氧气,整个电子传递链就会中断,因为电子无处可去。**图19.32**总结了有氧呼吸的三个阶段。

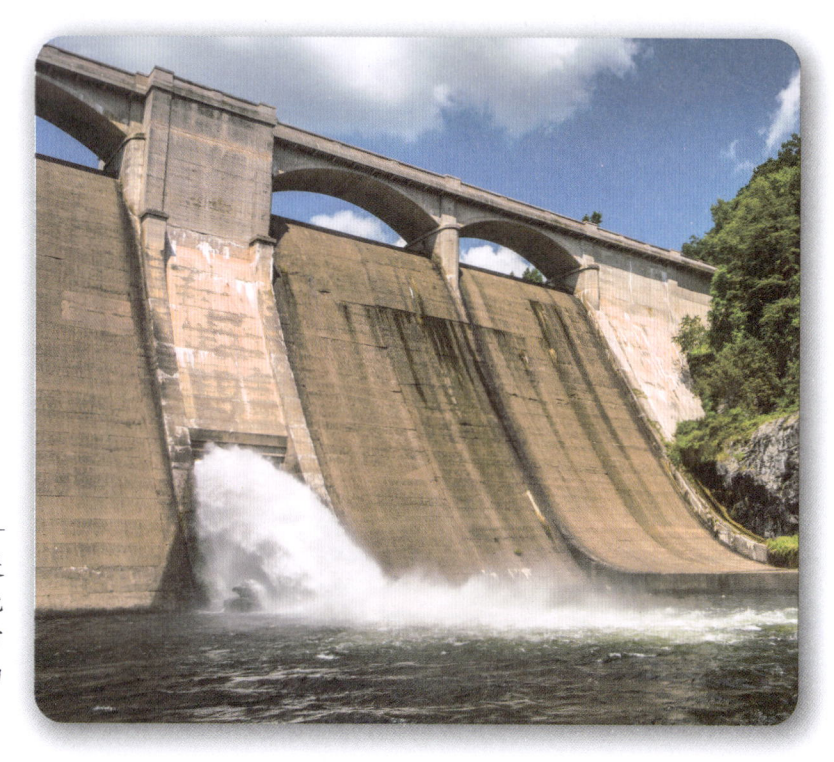

■ **图19.31**　如果水坝决堤了,水坝后面的水所储存的能量会被快速释放。但是,正常运行的水坝能够控制储存的能量的释放情况。

图 19.32

有氧呼吸

有氧呼吸的第一阶段中,含6个碳原子的葡萄糖会分解为2个三碳化合物。糖酵解过程中还会产生氢离子和电子。这些氢离子与携带电子的离子——烟酰胺腺嘌呤二核苷酸离子(NAD^+)反应,生成了烟酰胺腺嘌呤二核苷酸(NADH)。NADH是由维生素B_4合成的一种辅酶,也称烟酸或尼克酸。在有氧呼吸中,ATP和NADH分别是能量和电子的临时储藏所。在糖酵解过程中,共有2分子的ATP参与反应,最后生成4分子的ATP。

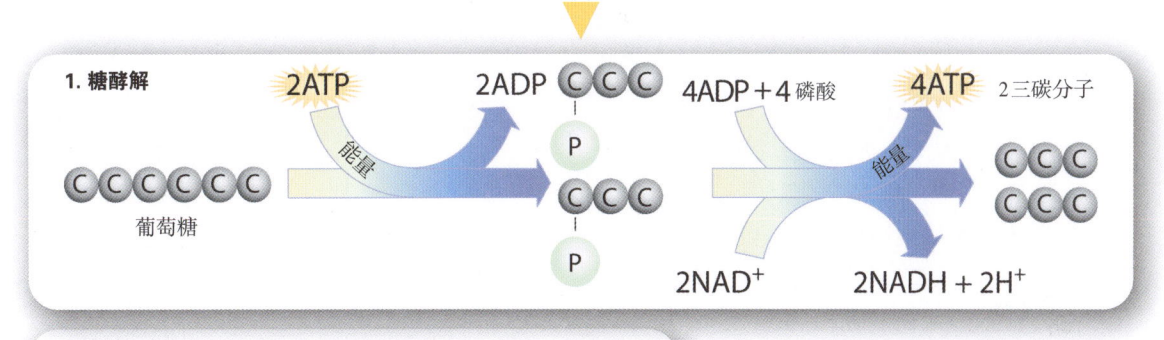

1. 糖酵解

葡萄糖 → 2ATP → 2ADP → CCC + CCC (P) → 4ADP + 4磷酸 → 4ATP → 2三碳分子
$2NAD^+$ → $2NADH + 2H^+$

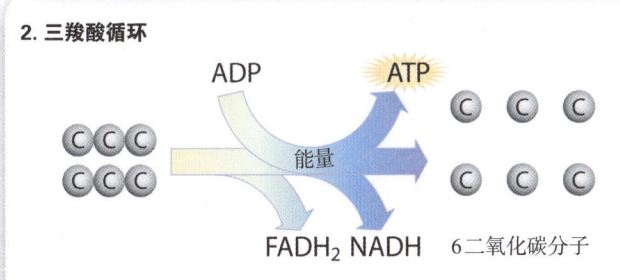

2. 三羧酸循环

CCC + CCC → ADP → ATP → $FADH_2$ NADH → 6二氧化碳分子

第二阶段,2个三碳分子分解生成了6个二氧化碳分子,从而产生更多的ATP和NADH,以及另一种辅酶分子——黄素腺嘌呤二核苷酸($FADH_2$)。

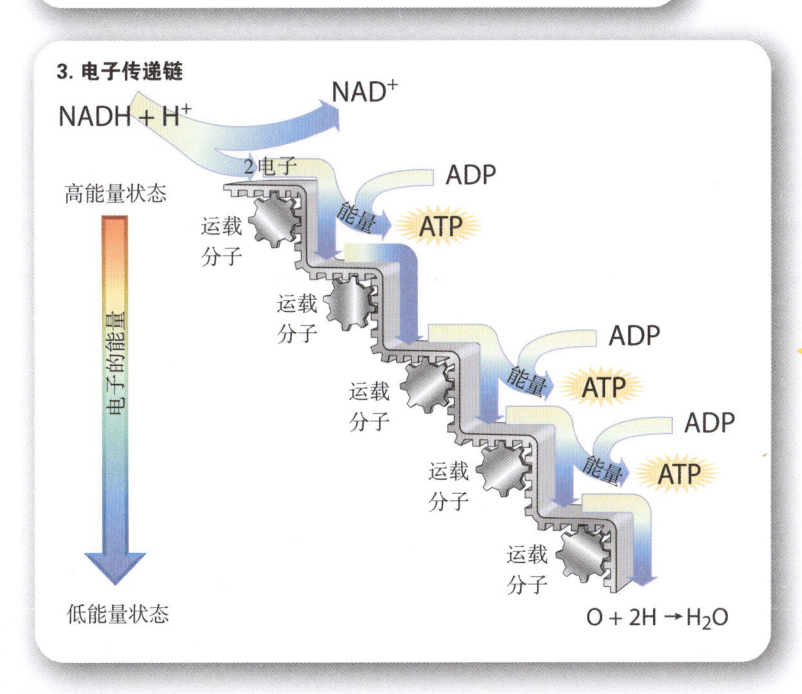

3. 电子传递链

$NADH + H^+$ → NAD^+
2电子 → 运载分子 → ADP → ATP
运载分子 → ADP → ATP
运载分子 → ADP → ATP
运载分子 → $O + 2H → H_2O$

高能量状态 ↓ 低能量状态(电子的能量)

第三阶段,NADH和$FADH_2$将电子和氢原子运载到了电子转移链。然后,进行一系列的氧化还原反应。最终,电子、氢原子与氧结合,生成水。在转移链的上端,电子的能量较高,随着向下一层层地转移,能量就储存于ATP当中。1个葡萄糖分子化学键断裂所释放的能量,可以生成32分子的ATP,其中2分子是在糖酵解阶段产生的,30分子是在电子传递链中产生的。

693

医学链接

血红蛋白的功能

1864 年，一位英国物理学家发现了血红蛋白。这是血液中的一种色素，可以结合和释放氧气。在结合和释放氧气的过程中，血红蛋白的颜色在红色和深红色之间来回变化。在肺部，氧气与血红蛋白中的离子结合，随后被运送到身体的各个部位。在耗氧细胞附近的毛细血管中，血红蛋白分子的形状发生了变化。正是这种形状的变化，才让血红蛋白释放出所携带的氧气。

血红蛋白的结构和功能 血红蛋白的结构决定了它的功能，如**图 19.33** 所示。血红蛋白分子（Hb）由两对相似的多肽链组成——一对 α 链和一对 β 链。在每条多肽链的中心附近都有一个血红素。每个血红素中都含有 1 个铁原子，其周围有 4 个氮原子，围绕成一个环。血红素是携带氧气的血红蛋白与深红色铁离子的组合。

每个血红素中的铁原子都能与 1 个氧分子相结合，即结合 2 个氧原子。因此，每个血红蛋白分子可以携带 8 个氧原子。

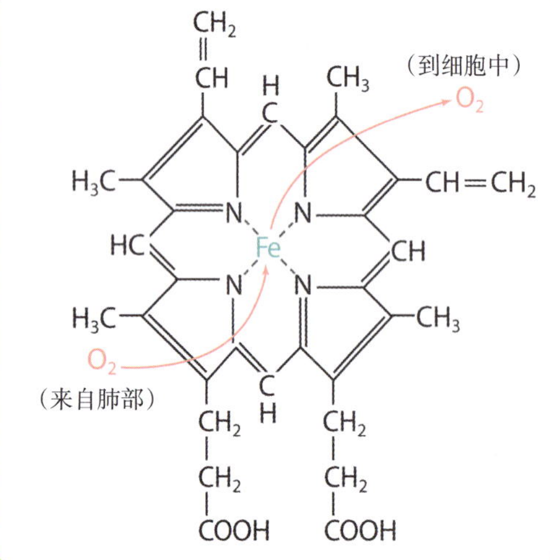

■ **图 19.33** 血红素和氧气。

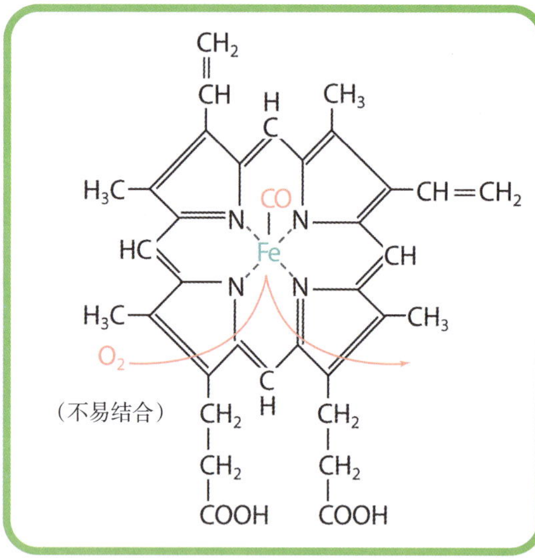

■ **图 19.34** 血红素和一氧化碳。

一氧化碳中毒 因为一氧化碳分子的大小与氧气分子相似，所以一氧化碳分子能像氧气分子那样与血红蛋白相结合（如**图 19.34** 所示）。不幸的是，一氧化碳与血红蛋白的亲和力是氧气的 210 倍。更糟糕的是，一氧化碳和氧气，它们与血红蛋白分子相结合的部位也是一样的。因此，在同一时间内，血红蛋白只能与一种分子结合。即使一氧化碳的含量只有 0.1%，也是很危险的。在这个浓度下，血液中有近一半的血红蛋白会与氧化碳结合，只剩下另一半与氧气结合。当氧化碳的浓度升高到 0.2% 时，血液中与氧气结合的血红蛋白的数量急剧下降，无法维持机体的生命活动，从而导致机体死亡。

化学链接

1. **假设** 当血液中红细胞的数量低于正常值时，就会导致贫血，病人会因此觉得虚弱，容易疲劳。请分析导致这些症状的原因。

2. **分析** 假设某人因一氧化碳中毒而生命垂危，若用纯氧进行抢救，让其肺泡中的氧分压提高 6 倍。请问：这样的措施是否有效？为什么？

酒精发酵

NAD⁺ → NADH + H⁺   NADH + H⁺ → NAD⁺

葡萄糖 →（糖酵解）→ 2 三碳分子 →（酒精发酵）→ 2 乙醇 + 2CO₂

2ADP + 2 磷酸 → 2ATP

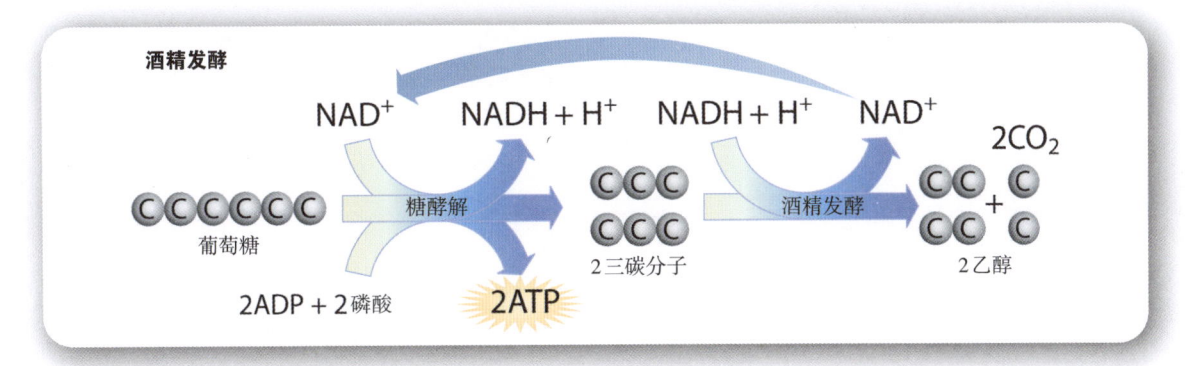

发 酵

在无氧环境下生存的细胞，它们必须通过另外一个途径从葡萄糖中获取能量，否则无法存活。生物学家将这种在无氧条件下进行的代谢过程称为**厌氧**（anaerobic）代谢。在厌氧代谢中，典型代表是**发酵**（fermentation）。细胞可以通过发酵从葡萄糖中获取能量。因为有氧呼吸的第一阶段不需要氧气参与，所以在发酵反应发生之前，葡萄糖通过糖酵解由1个分子分解为2个三碳分子。发酵可大致分为两类：一类得到的产物是乙醇和二氧化碳，另一类得到的产物是乳酸。

酒精发酵　一些细菌和酵母细胞可以进行酒精发酵，如**图**19.35所示。这个过程产生的能量比有氧呼吸要少得多，因为葡萄糖中的能量大部分留在了乙醇当中。虽然发酵的效率低，但产生的能量可以满足细胞的基本活动。酵母的发酵作用在生产生活中得到了广泛的应用，如啤酒和白酒的酿造，面包的制作等。酒精发酵所产生的二氧化碳使面团膨胀，从而让面包具有松软的口感。

乳酸发酵　急速收缩的肌肉细胞需要氧气，但有时血液的供氧速度无法满足细胞的需要。当细胞缺氧时，有氧呼吸就无法维持，就会发生乳酸发酵，**图**19.36展示了乳酸的发酵过程。如果无氧状态持续过久，肌肉中会积聚大量的乳酸，导致肌肉疲劳。因为葡萄糖中的大部分能量依旧保留在乳酸当中，所以此类发酵释放出的能量远远少于有氧呼吸所释放的能量。

■ **图 19.35**　酒精发酵中，糖酵解阶段产生的分子经过再分解，生成含2个碳原子的乙醇分子，以及含1个碳原子的二氧化碳分子。糖酵解阶段，总共产生了2分子的ATP。

■ **图 19.36**　在无氧状态下，1个葡萄糖分子经过糖酵解分解为2个三碳分子，然后再进行乳酸发酵。糖酵解过程中产生了2分子的ATP。乳酸发酵发生在一些种类的细菌、真菌，大部分的动物，以及人类当中。乳品工业中，微生物的乳酸发酵可用于制取乳酪和黄油。

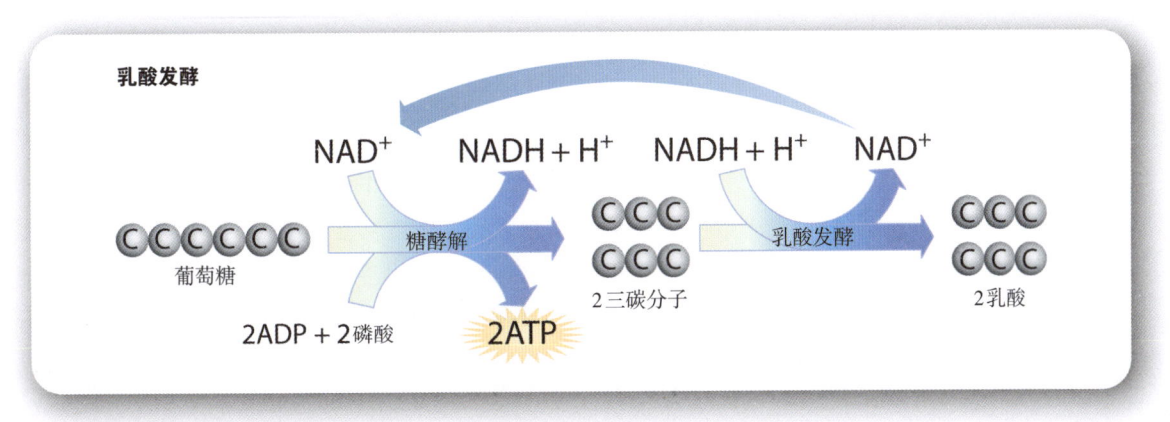

乳酸发酵

NAD⁺ → NADH + H⁺   NADH + H⁺ → NAD⁺

葡萄糖 →（糖酵解）→ 2 三碳分子 →（乳酸发酵）→ 2 乳酸

2ADP + 2 磷酸 → 2ATP

695

迷你实验 2

酵母发酵

酵母能够更快地分解二糖或者多糖吗 对于酵母，你其实并不陌生，甚至可能用它制作过面包或比萨。干酵母是休眠状态的单细胞真菌，当食物中含有糖分时，在适宜的生长条件下，酵母就会分解糖类。无氧呼吸的一种产物是二氧化碳。在这个迷你实验里，你将混合酵母和蔗糖（一种二糖），酵母和面粉（当中的淀粉为多糖），比较两者产生二氧化碳的速度。

实验步骤

1. 阅读并完成实验安全表格。
2. 取两个三明治大小的、能封口的袋子，贴上标签，标明"蔗糖"或"面粉"。
3. 将水槽（或洗碟盆）装满 $\frac{2}{3}$ 的热水，然后调整温度至 40～50 ℃。
4. 在标有"蔗糖"的袋子中，加入 1 小包干酵母和 1 汤匙的蔗糖；在标有"面粉"的袋子中，加入 1 小包干酵母和 1 汤匙的面粉。混匀袋子中的物质。
5. 量取 50 mL 的温水两次，分别迅速将其倒入袋中，排尽袋里的空气，然后将袋子封口。封口后开始计时。
6. 将两个袋子放入水槽中，测定并记录袋子被二氧化碳充满时所花的时间。如果 30 分钟内袋子未充满气体，请估计气体占袋子总容积的比例。

分析与讨论

1. **排序** 根据你所测得的数据，将酵母分解糖类的速率进行排序。
2. **解释** 为什么酵母在分解不同糖类时的速度会不一样呢？

精彩预告

有氧呼吸包括能源物质的氧化。动物必须通过饮食来摄取能源物质，但植物是如何获得能源物质的呢？在第 20 章中，你将学习光合作用。植物通过这一过程从太阳光中摄取能量并合成养料。化学过程中的能量通常以光和热的形式存在，了解和测定伴随化学反应发生的能量改变是非常重要的，在下一章中你将学习这些技能。

第2节 本节回顾

要点梳理

- 代谢是生物体为了维持生命活动所进行的化学反应的总称。这些反应将储藏在营养物中的化学能量转化成其他形式的能量，并合成出所需的生物分子和细胞结构，从而有条不紊地执行生物体的各项功能。
- 有氧呼吸过程中，能源物质与氧气在酶的催化作用下发生反应，生成二氧化碳和水，并释放出能量。
- 发酵是能源物质在无氧条件下释放能量的过程，产物为乙醇或乳酸。

6. **主要概念** **解释** 同样分解 1 分子的葡萄糖，为什么有氧呼吸为细胞提供的能量比发酵提供得更多？
7. **比对** 酒精发酵与乳酸发酵有什么不同？
8. **判定** 有氧呼吸中，1 mol 葡萄糖能产生多少 CO_2？
9. **联系** 马拉松运动员在比赛过程中都要经历一个名为"撞墙"（hitting wall）的生理危机。此时，运动员已彻底消耗完体内储存的糖原，开始动用脂肪作为能源物质。在比赛的前一天，运动员会摄取大量的复合糖，请问：这样做有什么好处呢？
10. **比较** 有氧运动和细胞内的有氧呼吸的异同。

第 19 章 学习指南

大 概念 生物体由碳基分子构成,碳基分子也参与维持生命必需的化学反应。

第1节 生命分子

主要 概念 蛋白质、糖类、油脂和核酸是四类主要的生物分子。

关键术语
生物化学　　脂肪酸
蛋白质　　　类固醇
氨基酸　　　核　酸
变性作用　　DNA
底　物　　　RNA
活性中心　　核苷酸
糖　类　　　维生素
油　脂　　　辅　酶

要点梳理
- 蛋白质、糖类、油脂和核酸是四类主要的生物分子。
- 有许多蛋白质作为酶发挥作用,其功能是加速反应进行。
- 多个单糖可形成糖类聚合物。
- 油脂是一类不溶于水但溶于非极性溶剂的分子。
- 核酸是一类由核苷酸构成的聚合物。

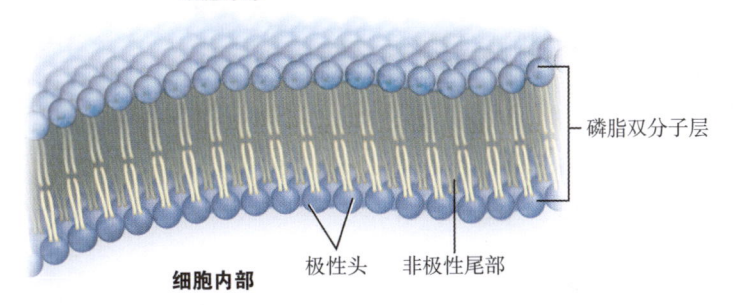

（细胞外部　磷脂双分子层　极性头　非极性尾部　细胞内部）

第2节 生命的化学反应

主要 概念 生物体为了维持生命活动所进行的化学反应总称为代谢。

关键术语
代　谢
激　素
有氧呼吸
需　氧
ATP
电子传递链
厌　氧
发　酵

要点梳理
- 代谢是生物体为了维持生命活动所进行的化学反应的总称。这些反应将储藏在营养物中的化学能量转化成其他形式的能量,并合成出所需的生物分子和细胞结构,从而有条不紊地执行生物体的各项功能。
- 有氧呼吸过程中,能源物质与氧气在酶的催化作用下发生反应,生成二氧化碳和水,并释放出能量。
- 发酵是能源物质在无氧条件下释放能量的过程,产物为乙醇或乳酸。

第 19 章 测评

理解概念

11. 命名肽键形成时氨基酸内参与反应的两个官能团。
12. 请描述DNA双螺旋的三维结构。
13. 为什么不饱和脂肪在室温下多为液体?
14. 请说出二糖与多聚糖的异同。
15. 脂肪酸与甘油反应,生成了哪一种类型的官能团?
16. 对比甘油三酯和磷脂的结构。
17. 描述两个单糖分子结合形成二糖的过程。
18. 酶的功能是什么?
19. 核苷酸由哪三部分构成?
20. 试比较DNA和RNA的生物学功能。
21. DNA分子中的氢键位于哪个部位? 它们的功能是什么?
22. 鉴别油脂的常用方法是检测它的溶解性,为什么油脂通常不溶于水?

应用概念

23. 口腔、胃、肠道中的酶可以将蛋白质和糖类聚合物分别分解成氨基酸和单糖。随着年龄增长,人类体内合成的酶有所减少。这对我们从食物中汲取营养物质会有什么影响?
24. 植物种子里含有大量的淀粉,你认为这些淀粉的作用是什么?
25. 辅酶是什么? 它有什么作用? 命名一种参加有氧呼吸的辅酶。
26. 列出使蛋白质形成折叠三维形状的键的类型。

27. 仔细观察下列分子的结构,判断其为糖类、油脂还是氨基酸。

a)

b)

c)

28. 糖类和蛋白质的消化分解在无水条件下不能进行,请说明原因。
29. 温度和pH的变化是如何影响蛋白质的结构的?
30. 你认为下列哪一种氨基酸的水溶性最好:丙氨酸、半胱氨酸还是苯基丙氨酸。请说明理由。
31. 为什么称蛋白质分子是形成氢键的理想分子?

698

第 19 章 测评

生活中的化学

32. 天然脂肪分子与化学修饰的脂肪分子（如 olestra），它们的结构有何不同？

33. 根据溶解性的不同，可将维生素分为两类：水溶性和脂溶性。请根据下列各种维生素的结构，判断其属于哪一类维生素。

维生素 A

维生素 C

维生素 D

批判性思考

观察与推断

34. 头发燃烧会产生一种烧焦的气味，这是由于头发中含有角蛋白。你认为这种气味是由哪种元素产生的？

形成假说

35. 将新鲜的菠萝加入明胶溶液中，明胶不会变成胶状或是固化。只有用煮过或罐装的菠萝时，明胶才能保持胶状，请解释原因。

分析数据

36. **化学实验**　表 19.3 展示了在不同 pH 的缓冲溶液中唾液淀粉酶的活性。
    a) 唾液淀粉酶在哪个 pH 条件下活性最强？
    b) 当 pH 大于最佳值时，请说明酶活性的变化趋势。若低于最佳值呢？
    c) 为什么 pH 能影响酶的活性？

表19.3	酶的活性
pH	颜色消失的时间
4	10 分钟
5	8 分钟
6	1 分钟
7	20 秒
8	40 秒
9	4 分钟

设计实验

37. **迷你实验 1**　设计一个实验，比较乙醇和异丙醇中哪一个沉淀 DNA 的效果更好。

因果分析

38. **迷你实验 2**　为什么这个实验的条件要选择 40～50 ℃ 的水浴加热？

日积月累

39. 画出下列分子的路易斯结构式。
    a) 水　　　　　c) 甲烷
    b) 二氧化碳　　d) 乙醇

699

第 19 章 测评

40. 比较水、二氧化碳和氨气的沸点,并解释。
41. 什么是缓冲溶液?为什么人体的体液中也存在缓冲溶液?
42. 命名下列各种烃。

a) $CH_3CH_2CH_2CH_3$

b)
$$CH_3CH_2CH\underset{\underset{CH_3}{|}}{C}H_2CH_2CH_3$$

c)
$$\begin{array}{c} CH_2 \\ \diagup \quad \diagdown \\ CH_2 \quad\quad CH_2 \\ | \quad\quad\quad | \\ CH_2 — CH_2 \end{array}$$

d) $CH_3(CH_2)_5CH_3$

技能训练

43. **制作和使用图表** 每种酶都有其最佳的pH,在这个pH条件下,它的活性最强。图19.37展示的是不同的pH条件下两种消化酶的活性情况。两种酶分别为胃蛋白酶和胰岛素,其中胃蛋白酶存在于胃中,胰岛素存在于肠道中。从这幅图中找出每种酶的最佳pH,并翻阅资料查出这两个器官中的pH,将它们进行比较。若胃蛋白酶的最佳pH为8,则胃中将会出现什么情况?

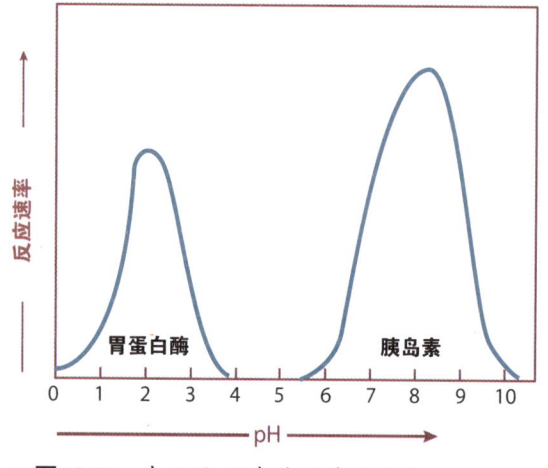

■ 图 19.37 在不同pH条件下酶的活性。

科技写作 化学

44. 阅读约翰·格里宾(John Gribbin)的《双螺旋探秘》,写一份报告,讨论究竟是沃森、克里克还是罗莎琳德·富兰克林,才是DNA结构的真正发现者,并说明运气在DNA结构的发现过程中扮演着怎样的角色。
45. 对于"大量摄入某些维生素,特别是维生素A、C和E,可以帮助预防癌症"的观点进行调查研究,并撰写一篇报告。

解决问题

46. 仔细观察医学链接中氧合血红蛋白的结构,然后列出这个有机分子中的官能团。
47. 30 g谷物可提供26 g糖类物质,它所提供的能量相当于人体每日所需能量的9%。已知人体每日所需的能量为2 000大卡。计算一下,一个人每天需进食多少克此类谷物,才能维持正常的生命活动?
48. 写出油酸氢化的化学方程式。1 mol油酸进行氢化需要多少摩尔的氢气?产物是什么?
49. 根据所学的烷烃熔点随碳链长度增加的变化趋势,预测—CH_2—基团的增加如何影响饱和脂肪酸的熔点。
50. 在有氧呼吸中为什么电子不直接从葡萄糖转移到氧气?为什么需要电子传递链?如果电子直接被转移到氧气上,预测细胞会发生的状况,并写一份相关的短篇报告。

标准化测试

1. 电负性是指
   a) 成键时原子吸引电子的能力的一种测量。
   b) 原子带负电荷的能力的一种测量。
   c) 原子与其他元素化学结合能力的一种测量。
   d) 原子与其他元素物理结合能力的一种测量。

2. 下列哪一项与血液中的胆固醇高有所关联？
   a) 严重骨畸形
   b) 心脏病
   c) 失忆
   d) 皮肤癌

3. 多少体积 0.125 mol·L^{-1} 的 $NiCl_2$ 溶液中含有 3.25 g 的 $NiCl_2$？
   a) 406 mL
   b) 201 mL
   c) 38.5 mL
   d) 26.0 mL

4. 下列哪一项是强酸？
   a) NaOH
   c) H_3O^+
   b) $HC_2H_3O_2$
   d) HCl

5. 酸碱质子理论中的酸可定义为
   a) 在化学反应中提供氢离子的是酸。
   b) 在化学反应中接受氢离子的是酸。
   c) 提供最多氢离子的是强酸。
   d) 提供有限的氢离子的是弱酸。

6. 对于反应 X + Y ⟶ XY，被还原的元素是
   a) 较活泼的那一个。
   b) 较多的那一个。
   c) 电负性较强的那一个。
   d) 放射性较强的那一个。

7. 电化学电池中运输电子到反应离子的部分是
   a) 阴极。
   c) 电极。
   b) 阳极。
   d) 电解质。

8. 含有 11 个碳原子的直链烷烃有多少个氢原子？
   a) 11
   c) 22
   b) 18
   d) 24

9. 下列哪些分子在有氧呼吸中释放能量？
   a) 三磷酸腺苷
   b) 二磷酸腺苷
   c) 磷酸腺苷
   d) 三羧酸

10. 18.7 psi 相当于
    a) 0.360 kPa。
    b) 2.70 kPa。
    c) 129 kPa。
    d) 977 kPa。

考点提示										
测试题号	1	2	3	4	5	6	7	8	9	10
对应章节	9.1	19.1	13.2	14.2	15.1	16.1	17.1	18.1	19.2	11.1

第 20 章 化学反应与能量变化

大 概念 成键时释放能量,断键时吸收能量。

第1节 化学反应中的能量变化
主要 概念 放热反应释放能量,吸热反应吸收能量。

第2节 热效应的测量
主要 概念 储存在化学键中的能量可以转化为其他形式的能量,以满足个人和社会的需求。

第3节 光合作用
主要 概念 光合作用将太阳能转化为储存在生物分子的化学键中的化学能。

你知道吗?

- 在美国,玉米的产量是其他作物的2倍。
- 1 524 千克玉米苞燃烧时产生的能量等于一吨煤燃烧时产生的能量。
- 一万平方米的玉米通过光合作用一天生产的氧气能满足约322个人呼吸作用的需求。

课前活动

起步实验

加速反应进行

许多化学反应进展缓慢,以至于人们常常意识不到它们的发生。例如,过氧化氢本身分解很缓慢,有没有可能改变一个化学反应的速率呢?

实验器材

- 过氧化氢
- 烧杯或杯子
- 发酵粉
- 牙签

实验步骤

1. 阅读并完成实验安全表格。
2. 创建一张"实验前和实验后"的表格,用以记录你观察到的现象。
3. 向一只小烧杯(或杯子)中加入 10 mL 过氧化氢,观察现象。
4. 向过氧化氢中加入少量发酵粉(大约 $\frac{1}{8}$ 匙),用牙签慢慢搅拌,然后观察混合物中的现象。

实验分析

1. **鉴别** 过氧化氢分解后有哪两种产物?
2. **分析** 在步骤 3 中,为什么没有气泡产生?发酵粉的作用是什么?

探究 是否有其他物质能代替发酵粉得到相似的结果?设计实验步骤来验证你的假设。

折叠式学习卡 学习组织者

能量与化学变化 按以下图示制作折叠式学习卡,帮助你整理有关能量和熵的内容。

步骤 1 将一张纸对折后再对折。

步骤 2 把纸展开,沿着折痕剪开,形成两个标签。

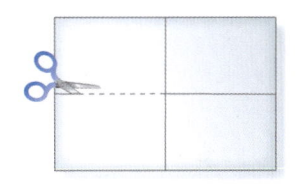

步骤 3 在标签上标注"能量"和"熵"。

折叠式学习卡 在第 1 节中使用该折叠式学习卡。在你阅读的过程中,用折叠式学习卡归纳关于能量和熵的信息,并记录在对应的标签下。

第1节

核心问题
- 放热反应和吸热反应有何相似之处？又有何不同？
- 常见化学反应的热力学特征是什么？
- 熵是什么？
- 在判断一个过程是否自发时，熵变有什么作用？

术语回顾
动态平衡：在绝大多数情况下，当产物生成和反应物消耗的速率相等时，反应就达到了动态平衡。

关键术语
热 量
能量守恒定律
化石燃料
熵

化学反应中的能量变化

主要 概念 放热反应释放能量，吸热反应吸收能量。

链接真实世界 当摄影师即将按下快门的时候，他总会说"笑一下"。照相机的快门按下之后，锂电池产生的电流会穿越闪光管，激发其中的氙气电离，从而产生一道强光。由此可见，锂电池中发生的化学反应所产生的能量已经成功应用于日常生活中。

放热反应和吸热反应

请你回忆一个放热反应和一个吸热反应：放热反应释放能量，吸热反应吸收能量。**热量（heat）**可以定义为由高温物体向低温物体传递的能量。图20.1描绘了化学反应与能量变化的对应关系：在放热反应过程中，能量减少；在吸热反应过程中，能量增加。

放热反应 如果你曾经参加过篝火晚会或用树枝生过火，你就应该知道木柴的燃烧是一个非常典型的放热反应。木柴一旦点燃，其燃烧所放出的热量足以保证反应的继续进行。总体而言，该反应释放的热量大于点燃时吸收的热量，因此该反应为放热反应。

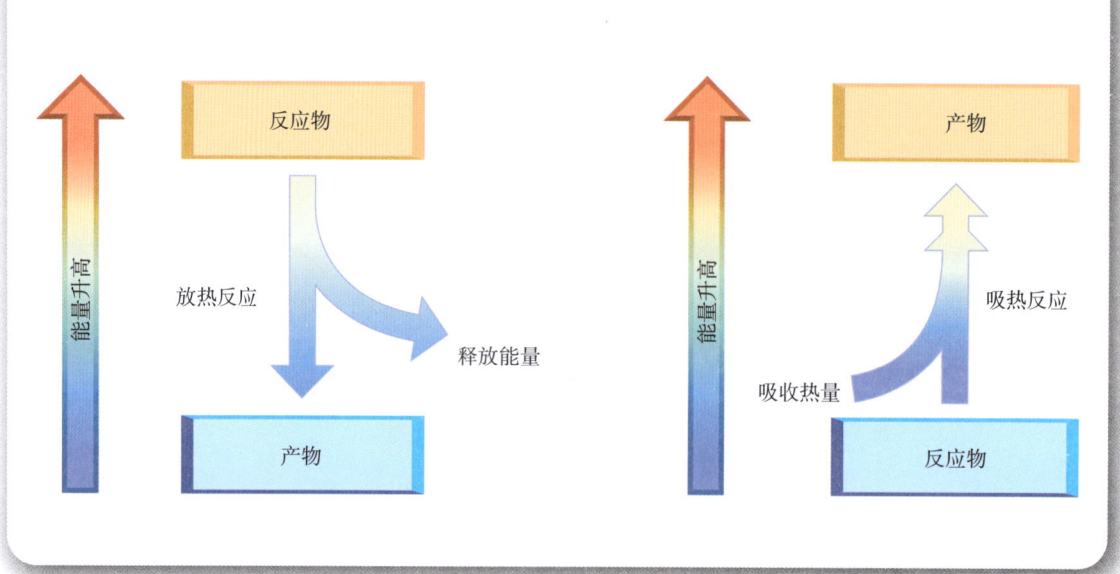

■ **图20.1** 放热反应（左）释放热量，原因在于产物的能量低于反应物的能量。吸热反应（右）吸收热量，原因在于产物的能量高于反应物的能量。

2H₂(g)　　　＋　　　O₂(g)　　　　　　　2H₂O(g)

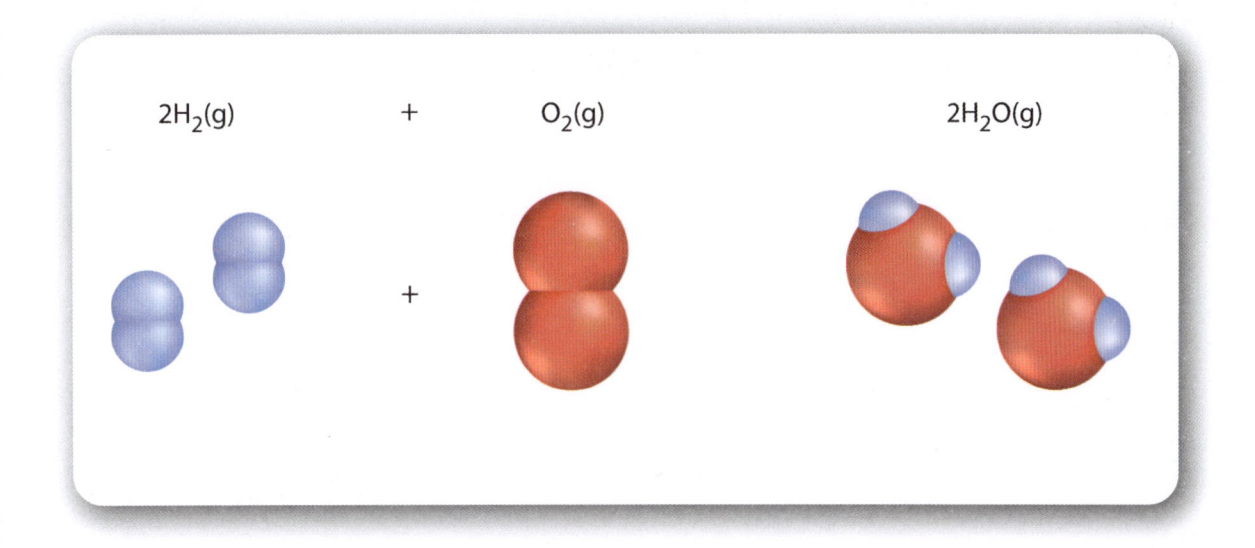

氢气和氧气反应生成水的反应是另一个典型的放热反应。一般情况下，给混合气体提供极少量的能量，如一点小火星，反应就能发生，甚至会发生爆炸，之后不再需要外界提供额外的能量，反应就能持续进行。刚开始，外界提供的能量使得部分氢气和氧气中的共价键断裂，氢、氧原子结合生成水分子，释放出能量，此能量足够断裂剩余氢分子和氧分子中的共价键。如**图 20.2**所示，这个反应是放热的，因为生成水分子中的共价键所释放的能量大于打开氢气和氧气分子中的共价键所吸收的能量。整个过程中的净能量以热量和光的形式释放出来。在所有反应中，断键时必须提供能量，成键时会释放能量。一个放热反应，比如氢气和氧气结合生成水，产物成键时释放的能量多于反应物断键时需要的能量。

吸热反应 思考一下上述反应的逆过程。水可以由氢气和氧气反应生成，相反，水也可以分解成氢气和氧气。在电解过程中，通过电能断裂水分子中氢、氧原子间的共价键，然后氢原子成对形成氢气分子，氧原子成对形成氧气分子。成键过程将释放能量，但是比断键时吸收的能量要少。此时，需要电源来额外补充能量。整个过程需要吸收热量，因此该反应是吸热的。

所有的吸热反应，都以净能量的吸收为判断依据。在第 2 章的历史链接中，你已经了解到一个吸热反应的例子：红色的氧化汞分解生成汞和氧气。只要提供热量，此化合物就会不断分解；一旦移除热源，反应立即停止。该反应需要吸收净热量，因此它是吸热反应。

■ **图 20.2** 氢气和氧气结合生成水，只需要极少的能量，而该反应放出的热量却很多，因此它是放热反应。目前，该反应已被用于为汽车、卡车等交通工具提供能量。

推断 对于放热反应，如何比较反应物中断键所需要的能量和产物中成键所释放的能量？

2H₂＋O₂＋少量能量 ⟶
　　　　　　H₂O＋大量能量

705

工作原理

热敷袋和冷敷袋

热敷袋中含有能够产生热量的溶液,因此能放出热量,冷敷袋则刚好相反。当热敷袋中的氯化钙溶于水时,会立即放出热量;而冷敷袋中的硝酸铵溶于水时,则会吸收热量,因为硝酸铵溶于水是一个吸热过程。在热敷袋和冷敷袋中,盐和水都由一层很薄的膜分开。我们所要做的就是挤压包装袋使两者混合,手掌立即就会感受到热量的变化。

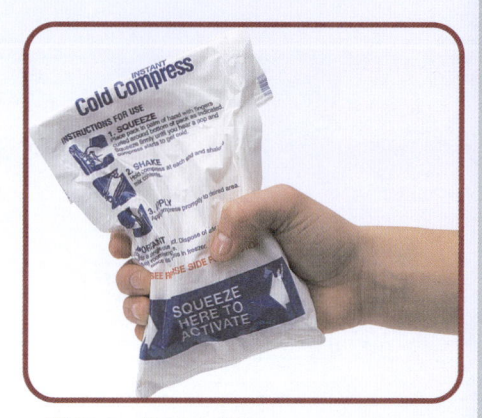

■ 图20.3 挤压冷敷袋。

❶ 外包装袋结实、富有弹性,抗压性很好,而且容易变形。

❷ 水储存在最里面的包装膜中,与固态盐隔离。

❸ 当挤压、揉搓或用硬物敲打时,内层的包装膜很容易破裂。

外包装袋 可溶性盐 水 水袋的包装膜

■ 图20.4 冷敷袋。

❹ 盐被存放在外层。当内层膜破裂,盐与水混合。盐溶解在水中时,会放出或吸收热量。

批判性 思考

1. **图表** 热量被定义为由高温物体向低温物体传递的能量。用图表法表示用在手腕上的热敷袋的热量的传递,然后,用图表法表示使用冷敷袋时的热量传递。
2. **解释** 有一种暖手袋,里面含有细铁粉和能使铁生锈的物质。铁在生锈过程中可以使袋子温度维持在60 ℃以上数小时。请解释这种暖手袋的工作原理。

热量和化学反应

放热反应或吸热反应中的能量变化,通常以热量的形式表现出来。热量通常被定义为由高温物体向低温物体传递的能量。能量的单位是焦耳,符号为 J。1 000 J 可以用 1 kJ 表示。

运用符号表示能量变化 化学方程式中通常注明了能量的变化。反应中吸收和放出热量的多少,可以用来衡量该化学反应的能量变化。氢气和氧气化合生成 1 mol 液态水(18.0 g),能释放出 286 kJ 的能量。这意味着反应前的氢气和氧气具有的能量高于生成的液态水所具有的能量。反之,当 1 mol 液态水(18.0 g)分解生成氢气和氧气时,就得吸收 286 kJ 的能量。这同样证明了氢气和氧气具有的能量高于液态水所具有的能量。上述关系可由图 20.5 表示。

能量守恒定律 科学家通过研究发现:单质形成化合物所释放的能量,与化合物分解成单质所吸收的能量相等。这一结论已成为一条重要的科学规律——**能量守恒定律(law of conservation of energy)**。这条规律表明:在化学变化中,能量既不能被创造,也不能被消灭,只是从一种物质转移到了另一种物质。在放热反应中,由高能量的反应物转变为低能量的产物就要释放能量。放热反应的逆过程是吸热反应,需要吸收能量。

折叠式学习卡

将本节中的信息归纳到你的折叠式学习卡中。

词源

Energy
能量
en(希腊语):进行;进入
ergon(希腊语):工作

■ **图 20.5** 从图中可以看出,氢气和氧气生成 1 mol 液态水所放出的能量,等于液态水分解时所吸收的能量。

应用 哪个反应是放热反应?哪个反应是吸热反应?

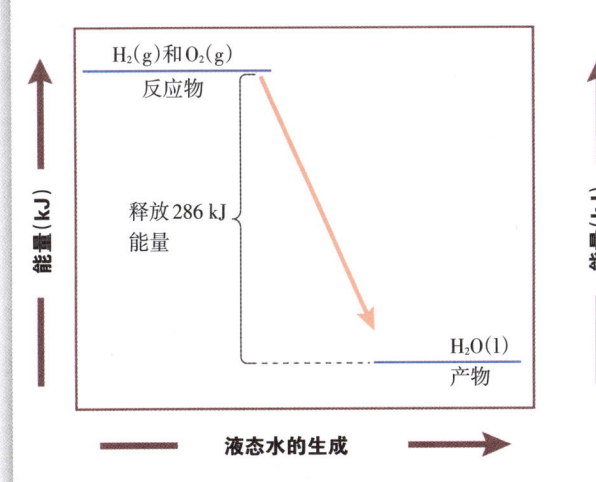

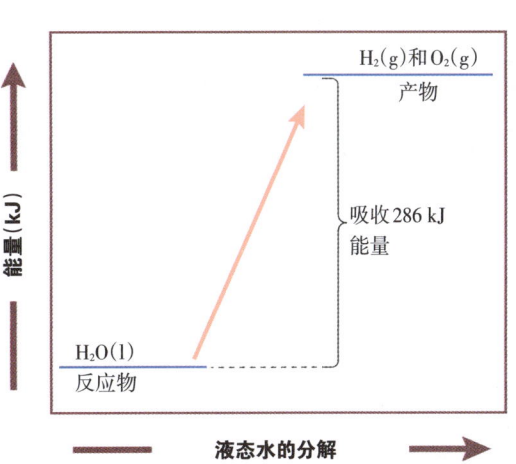

迷你实验 1

热量的出入
你能判断一个化学反应的能量变化吗?

实验步骤
1. 阅读并完成实验安全表格。
2. 在 150 mL 烧杯中倒入 40 mL 的含氯漂白剂。
3. 在溶液中插入摄氏温度计,测量并记录溶液的温度。注意:在通风良好的室内操作本实验,避免吸入刺激性气体。
4. 往烧杯中加入大约 40 mL 0.5 mol·L^{-1} 的硫酸钠液体,并且用玻璃棒轻轻搅拌数次。
5. 记录混合物的最终温度。

分析与讨论
1. **评价** 根据温度变化,判断此反应是放热反应还是吸热反应。此反应的逆反应是放热的还是吸热的?
2. **总结** 写出此反应的化学方程式,并指出反应中的氧化剂和还原剂。

能量变化和焓 化学反应中,产物与反应物之间的能量差异(焓变)用符号 ΔH(即 delta H)来表示,符号 Δ 表示差异或变化,字母 H 代表能量。在恒压下,一个反应或者体系的焓变相当于得到或者失去的热量。

化学反应中吸收或放出的能量,与产物和反应物的能量有关,可用下式表示:

$$\Delta H_{反应热} = H_{产物} - H_{反应物}$$

对于放热反应来说,因为产物的能量低于反应物的能量,所以 ΔH 为负值;对于吸热反应来说,因为产物的能量高于反应物的能量,所以 ΔH 为正值。

化学方程式中 ΔH 的书写 ΔH 通常在热化学方程式的末尾给出。例如,氢气和氧气反应,生成 2 mol 液态水的热化学方程式可以写作:

$$2H_2(g) + O_2(g) \longrightarrow 2H_2O(l) \quad \Delta H = -572 \text{ kJ}$$

2 mol 液态水分解的热化学方程式可以写作:

$$2H_2O(l) \longrightarrow 2H_2(g) + O_2(g) \quad \Delta H = +572 \text{ kJ}$$

上式中的 572 kJ,等于生成 1 mol 液态水时放出能量的 2 倍,即 286 kJ×2。热化学方程式中要标明物质的状态,如(s)、(l)、(g)和(aq)等,这是因为化学反应的能量变化与物质的状态有关。

活化能　石油和天然气中的碳氢化合物,由几百万年前的植物和其他有机物转化而来。因此,石油和天然气被称之为<mark>化石燃料(fossil fuel)</mark>。化石燃料富含能量,在与氧气反应生成二氧化碳和水的过程中,以热能的形式释放出大量的能量。然而,化石燃料不会自动燃烧,通常需要外加能量(如加热、光照等形式),才能发生化学反应。使碳氢化合物燃烧的这部分能量被称为活化能。例如,一次性打火机中的丁烷气体就需要火花激活才能燃烧。反应一旦开始,就会自发地继续进行。

无论是放热反应还是吸热反应,都需要活化能。事实上,燃料的燃烧需要外界的能量(如明火),但这并不意味着此反应是吸热反应。因为该反应的净能量变化是放热的,因此它是放热反应。

活化能和放热反应　作为天然气的主要成分,甲烷燃烧后,分解生成二氧化碳和水蒸气,其热化学方程式为:

$$CH_4(g) + 2O_2(g) \longrightarrow CO_2(g) + 2H_2O(g) \quad \Delta H = -802 \text{ kJ}$$

反应过程中能量的变化如**图 20.6**所示。上升的曲线代表的是反应所需的活化能,等于反应过程中能量最高值与反应物能量的差值。下降的曲线表示的是生成新的化合物所释放出的能量。

以甲烷为例,燃烧 1 mol 甲烷,释放出 802 kJ 的热量。也就是 $\Delta H = -802$ kJ。从图中可以看出,ΔH 为负值,此反应是放热反应。反应物中的能量多于产物中的能量,因此反应过程中释放出热量。释放出的部分热量又继续提供活化能,促使反应继续进行。

> **词源**
>
> **Combustion**
>
> 燃烧
>
> combustus(拉丁语):燃烧的

■ **图 20.6**　为了让甲烷燃烧,先得给它提供能量,满足它的活化能需要,如下图所示。总体来说,1mol 甲烷通过反应释放出 802 kJ 的能量。注意图中曲线的起落变化,产物处在比反应物更低的能量状态上,ΔH 为负值反映了这个事实。

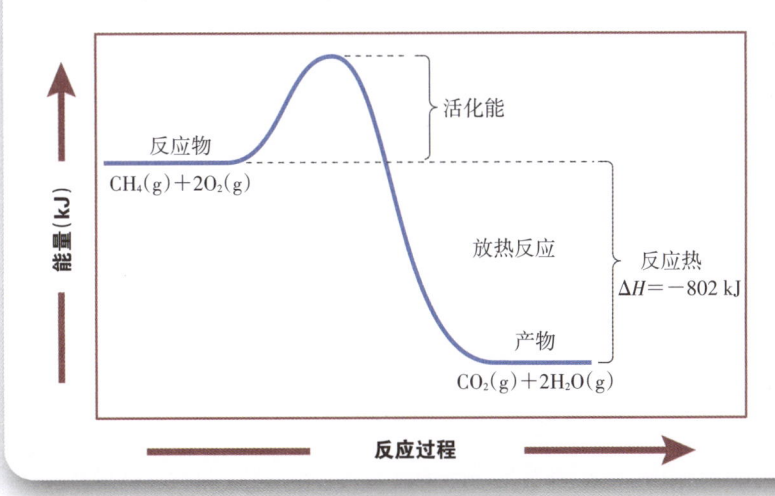

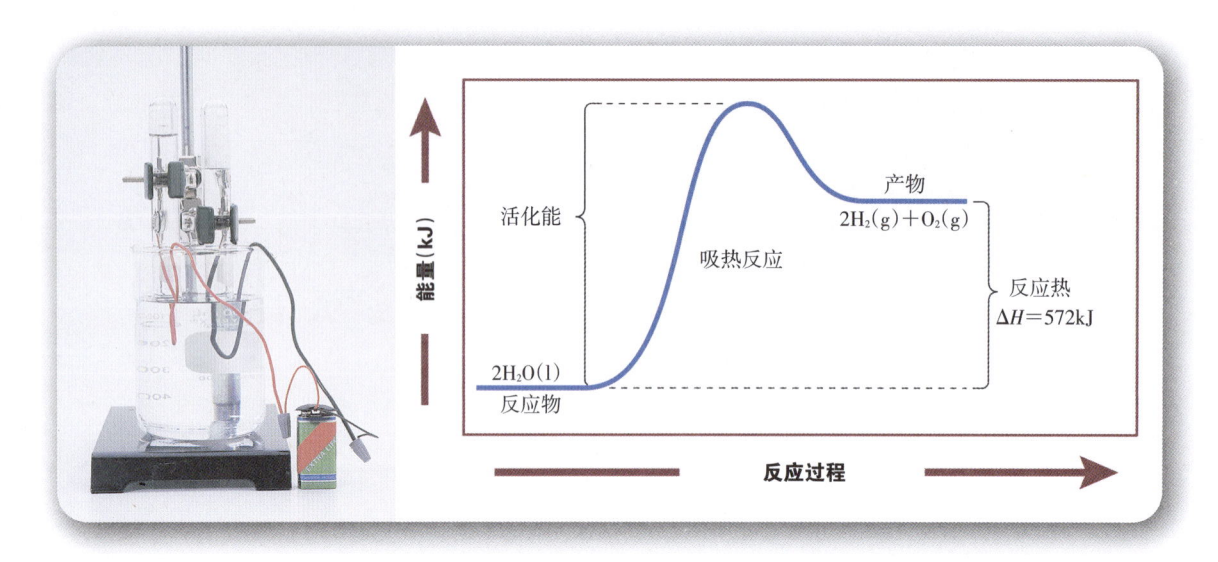

■ 图20.7 要让水的分解反应持续进行，就需要不断提供能量，例如通电。总体上看，2 mol 液态水分解，需要吸收 572 kJ 能量。产物的能量比反应物的能量高，因此 ΔH 为正值。

■ 图20.8 与隧道能够减轻翻山越岭的难度相似，催化剂能够降低反应的活化能，使得反应比没有催化剂时快。

对比 比较催化途径和未经催化途径的 ΔH。

活化能和吸热反应 现在，请思考前面提到的吸热反应的一个例子——水的分解反应。此反应的热化学方程式为：

$$2H_2O(l) \xrightarrow{\text{通电}} 2H_2(g) + O_2(g) \quad \Delta H = +572 \text{ kJ}$$

此反应过程中的能量变化如图20.7所示。先是随着反应物的分解，能量曲线不断升高，当产物形成时，能量曲线开始回落，但回落的幅度较小。最终，产物的能量高于反应物的能量。从图中可以明显看出，该反应获得了净能量。由于获得净能量，ΔH 为正值，因此必须不断提供能量，才能使反应持续进行。

活化能和催化剂 我们已经知道，催化剂可以加快化学反应的速率。催化剂通过改变反应途径，降低活化能，从而加速反应的进行。可以更形象地说，催化剂在反应物和产物之间开辟了一条捷径，打通了一条隧道。由于所需能量较低，因此微粒间极易发生碰撞。图20.8 表示了催化剂对活化能的影响。

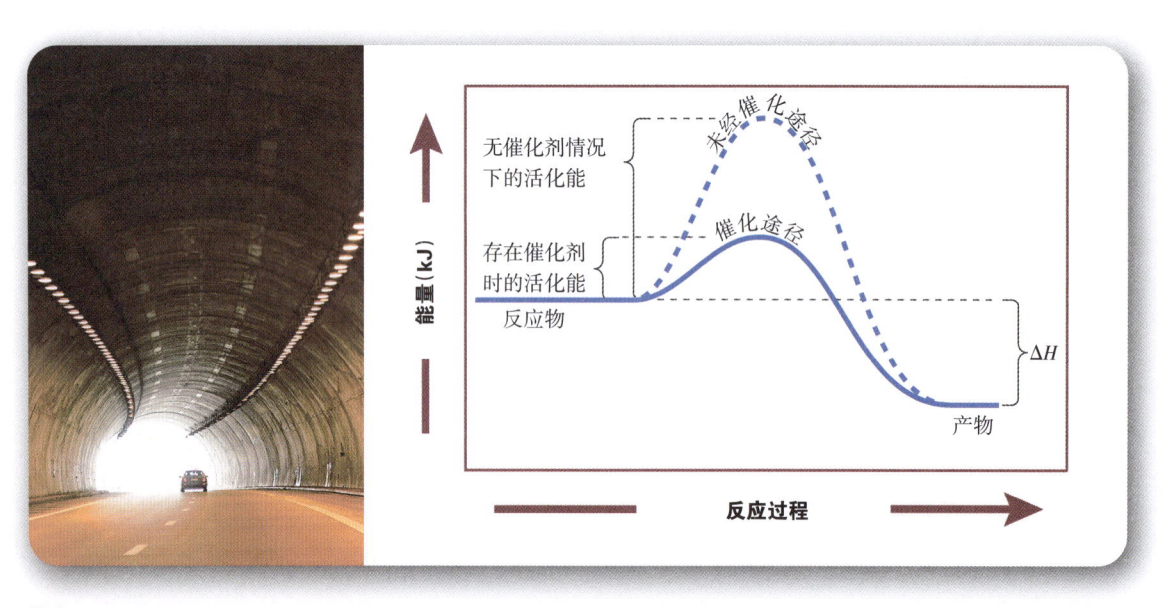

710

生活中的化学

催化转化器

从 1975 年开始,在美国销售的每一辆汽车的排气系统中都得配备催化转化器。该装置中的催化剂涂于多孔、耐热性材料的表面。安装催化转换器的目的,是为了减少尾气的污染。

催化转化器的工作原理 在一个典型的催化转化器中,陶瓷载体呈蜂巢状结构,表面堆积着铂、铑微粒。铂、铑催化的反应能够消除汽车尾气中的污染物,如一氧化氮(NO)、一氧化碳(CO)以及未燃烧的碳氢化合物等。当一氧化氮吸附在铑表面时,它会分解成氧气和氮气。生成的氧气继续同吸附在铑表面的一氧化碳反应,生成二氧化碳。未燃烧的碳氢化合物经过氧化后,生成二氧化碳和水。

如**图 20.9** 所示,在净化器中,将催化剂摆放成蜂巢状,有利于增大反应的接触面积,从而加快消除污染物的速度。催化转化器降低汽车尾气对空气污染的效率高达 90%。

对催化转化器的改进 催化转化器的工作温度为 316~649 ℃,此温度区间正好与汽车正常行驶时排气装置的温度区间相吻合。低于 316 ℃,此装置不起作用。例如,在汽车发动阶段,净化器正在预热,达不到工作温度,因此此时的污染物仅仅通过净化器而未发生任何变化。

为了减少汽车在发动阶段造成的污染,许多净化器在改进后可以在 5 秒内升温至 400 ℃。此时,尾气中的污染物将被有效分解。研究表明,加热后的催化转化器显著提高了工作效率。也许,不久的将来,在净化器升温的 5 秒内排出的污染物也会被清除。

尾气和氧气

$2NO \longrightarrow N_2 + O_2$

铑
铂

$2CO + O_2 \longrightarrow 2CO_2$
$C_xH_y + O_2 \longrightarrow CO_2 + H_2O$

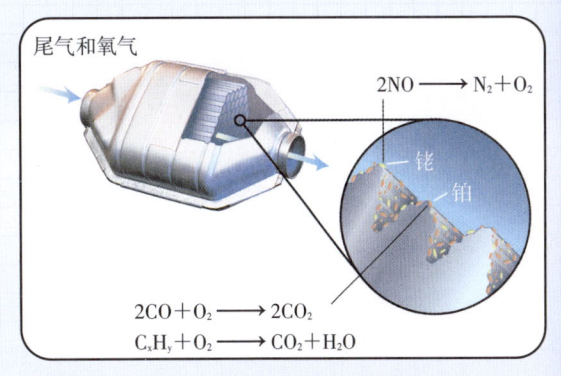

■ **图 20.9** 多孔抗热材料,表面覆盖着用于清除汽车尾气中污染物质的催化剂。

引擎性能

催化转化器曾经是安装在交通工具上最好的尾气净化装置之一,但是,如果催化转化器运转不当,引擎性能和尾气净化装置便会受损。催化转化器运转不当的症状包括燃料经济利用率的下降、高速动力的缺乏、车辆的不稳定怠速运转或停运,以及排气管中碳氢化合物和一氧化碳在尾气中含量的提高。幸运的是,催化转化器已经改进到能够有效工作超过 161 000 千米。

进一步探索

1. **搜集信息** 查阅相关资料,说明为什么装备催化转化器的汽车不能使用含铅汽油。
2. **应用** 除了上文中提到的蜂巢结构,有些催化转化器中含有一些微型小球,小球表面涂有铂、钯混合物。请问:这种微型小球是否有效?

化学反应的动力

当纯净的金属铝与氯气接触时,就会有氯化铝生成。这一化学反应是自发进行的,也就是说,该反应无需额外能量即可发生。不仅如此,该反应在发生过程中还会释放出大量能量,其热化学方程式为:

$$2Al(s) + 3Cl_2(g) \longrightarrow 2AlCl_3(s) \quad \Delta H = -1\ 408\ kJ$$

如果你将 Al 和 Cl_2 之间反应的化学方程式颠倒过来,你就会得到 $AlCl_3$ 的分解方程式,这个反应是吸热的、非自发的。通过这些观察,可以尝试总结出只有放热反应是自发的。但是要记住室温下冰的融化也是自发的。是什么因素促使此类反应能自发进行的呢?现在,就让我们来探讨一下所有可推动反应进行的动力。

熵 科学家经过深入研究后发现,自然界中发生的化学反应都朝着两个方向进行。第一个方向,系统易从高能状态向低能状态转化,原因是能量低的状态更加稳定。例如,放热反应比吸热反应更容易进行。第二个方向,系统趋向于朝着无序的状态发展。

为了帮助你理解能量分布的意思,想象桌上有一幅去掉大小王的扑克牌,共 52 张,如**图 20.10** 所示。洗牌,并将牌分成 4 份,每份 13 张。有可能会分成一份 13 张黑桃牌、一份 13 张红桃牌、一份 13 张梅花牌和一份 13 张方块牌,每一份牌都是从 2 到 A。虽然有这种可能性,但是这几乎是不可能的。从经验来讲,你可能知道同花色的一组牌和大牌、小牌会更均匀地分散在四份里。为什么呢?不是一个比另一个更有可能发生,而是在随机分配的情况下,所有情况都是等可能性的。仅仅只有一个方法有序地分配所有的牌,但是有数以亿计的方法无序地分配这些牌。

> **折叠式学习卡**
> 将本节中的信息归纳到你的折叠式学习卡中。

■ **图 20.10** 一副洗好的牌被有序分成 4 份的可能性有多大?如图 a 所示。你的经验告诉你随机分配得到这个结果的可能性是可以忽略的,随机分配的结果更可能与 b 图所示的相似。

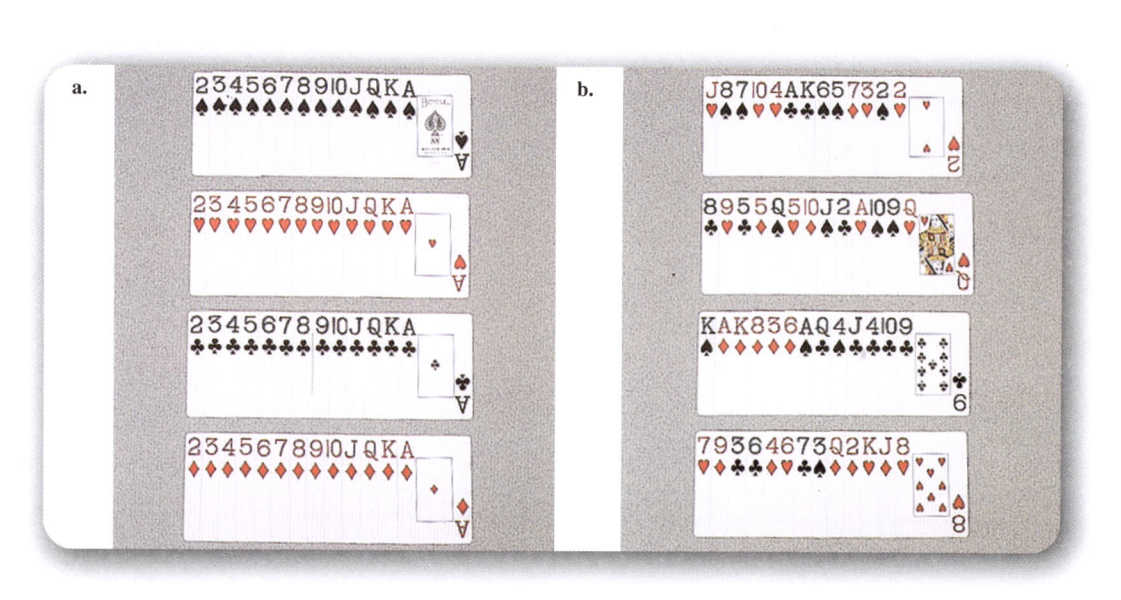

如上述的牌,能量趋于分散分布。科学家用"**熵(entropy)**"这一术语来表示和衡量体系的混乱度。与能量不同,无论是在化学变化中,还是在整个宇宙中,熵并不守恒。熵的趋势是不断增加的。

你可能听过"混乱度增加时,熵也会增加"的说法。**图20.10**中的那副牌可以给我们更加直观的感觉。但是记住展示的这两手牌在随机分配中都是等可能出现的。只是在分牌时拿到整手混乱的牌比高度有序的牌有更多的可能性。在化学系统中,粒子的数目和能量状态远远大于牌的数目。压倒性的概率有利于分散,但这种分散不等同于混乱度。

> 家庭 🏠 实验
> 参见附录F,**观察熵变**。

许多变化朝着熵增加的方向进行,这些变化包括溶解、蒸发等,这些过程使粒子能更自由地移动。在反应过程中,熵会增加,比如说NaCl溶解于水会产生Na^+和Cl^-,使粒子的数目变多。当粒子数目变多,能量就会变得更分散。大量的粒子都是分散的。

化学反应的方向　室温下,大多数的放热反应都倾向于自发进行。也就是说,反应易朝着形成产物的方向进行。在放热反应中,能量以热量的形式释放出来,使得产物以及环境中的许多分子、原子的温度升高。此时,能量的分配比先前更加随机,或者说能量更分散,即熵增加。

不难发现,热和熵在决定反应的自发性上起着重要的作用。一般说来,化学反应的方向,取决于热量、熵变的幅度和方向。例如,如果一个化学反应是放热的,同时熵又是增大的,那么,此化学反应将朝着生成产物的方向进行。例如,**图20.11**中丁烷(C_4H_{10})的燃烧反应。

$$2C_4H_{10}(g) + 13O_2(g) \longrightarrow 8CO_2(g) + 10H_2O(g) + 热量$$

上述反应是朝着正反应方向自发进行的,因为此反应的能量降低,并且混乱度增大。反应能量降低,是因为放出了热量(一个有利因素);熵值增大,是因为分子数增多,从15增大到18(另一个有利因素)。热量的释放、熵的增加,共同推动反应朝着正反应方向进行。

■ **图20.11**　一旦有火花使丁烷开始燃烧,反应就会自发继续进行,直到反应物完全反应。逆反应是非自发的,即使在CO_2和H_2O的混合物中擦出火花,也不会反应生成C_4H_{10}。

表 20.1 化学反应自发性的判断

能量变化	熵变	自发性
减少（放热）	增加	正向自发
减少（放热）	减少	低温正向自发，高温逆向自发
增加（吸热）	增加	低温正向自发，高温逆向自发
增加（吸热）	减少	逆向自发

再看另外一个相似的例子——碳酸钙与盐酸的反应：

$$CaCO_3(s) + 2HCl(aq) \longrightarrow CaCl_2(aq) + H_2O(l) + CO_2(g) + 热量$$

由于反应生成了气体和液体，它们的混乱度高于固体 $CaCO_3$，熵值增加；反应放热，预示着产物的能量比反应物的能量低，这也是一个有利因素。同样地，能量减少，熵值增加，因此反应朝着正反应方向进行。

如果两个有利因素（能量减少、熵值增加）中只存在一个，那么反应将如何变化呢？此时，如果有利因素所起的作用远远大于不利因素，反应仍会自发进行。因此，对于一些混乱度增大的吸热反应来说，反应仍能自发进行。同样地，对于一些有序度增加的反应来说，只要放热的程度足够强，仍是可以自发进行的。

反应的自发性取决于能量和熵两者的平衡。表 20.1 将上述因素进行了归类。从表中可以看出，当两个因素中的一个有利于反应的进行而另一个不利于反应的进行时，温度起着决定性作用。

> **补充练习**
> 有关能量和熵变的额外练习，请见附录 C。

第 1 节 本节回顾

要点梳理

- 化学反应要么放热，要么吸热。
- 能量可以从一种形式转化为另一种形式，但是它既不能被创造，也不能被消灭。
- 活化能是启动反应发生所需的能量。
- 自发的化学反应一旦开始进行，不需要借助外界力量就能自动进行。
- 熵代表了体系的混乱度。

1. **主要 概念 分类** 某化学反应的 ΔH 为负值，请比较该反应的产物和反应物的能量高低，并判断该反应是放热的还是吸热的。
2. **描述** 请描述火柴在燃烧后的能量变化。
3. **总结** 室温下，能自发进行的一般是放热反应，还是吸热反应？请说明理由。
4. **描述** 从熵值变化的角度描述下列过程。
   a) 将一杯水放入冰箱的冷冻室中。
   b) 沿着公路捡垃圾，并将其放进垃圾袋中。
   c) 点燃木柴，有灰白色灰烬生成。
   d) 将一块方糖溶解于一杯茶中。

第2节

热效应的测量

核心问题
- 量热计的结构是什么样的？其用途有哪些？
- 如何比较各种常见食物所具有的能量？
- 一个过程的效率指什么？效率如何用于资源保护？

术语回顾
熵：用以表示和衡量体系的混乱度。

关键术语
卡路里
千卡
大卡

主要 概念 储存在化学键中的能量可以转化为其他形式的能量，以满足个人和社会的需求。

链接真实世界 你研究过你喜欢的食物的标签上的营养表吗？通过这张标签，你可以查到其中含有的热量值(卡路里)。

热量测定

热量测定技术可以用于测量化学反应所产生的热量，所用的测量工具为量热计。图 20.12 显示了量热计的构造和用法。物质在量热计中燃烧放热，使水温上升。在吸热反应中，环境中的水提供热量，自身温度降低。

用量热计进行测量时，一般通过环境中的水计算反应失去或得到的热量。可用如下公式表示：

$$q_w = m \cdot C_w \cdot \Delta T$$

上述公式中，q_w 代表水吸收的热量，m 表示水的质量，ΔT 表示水的温度变化，C_w 是水的比热，等于 $4.184 \, \text{J} \cdot (\text{g} \cdot ℃)^{-1}$。

用符号 $q_{reaction}$ 来表示反应的热量变化。能量守恒定律指出，能量既不会被创造，也不会被消灭。任何被水吸收或释放的热量都是由我们所研究的反应所释放或吸收的。反应的热量有损失，意味着水的热量增加了；反应的热量增加，则意味着水的热量存在损失。因此，反应热就等于水的热量变化的负值。

$$q_{reaction} = -q_w$$

■ **图 20.12** 将一个样本放在铁质的内置容器中，也就是密闭反应室，其中充满了高压的氧气。密闭反应室周围是大量的水，水中有低摩擦搅拌的搅拌棒以保持水恒定的温度。火花促使反应发生，记录温度，直至温度达到最大值。

推断 为什么搅拌时不产生摩擦很重要？

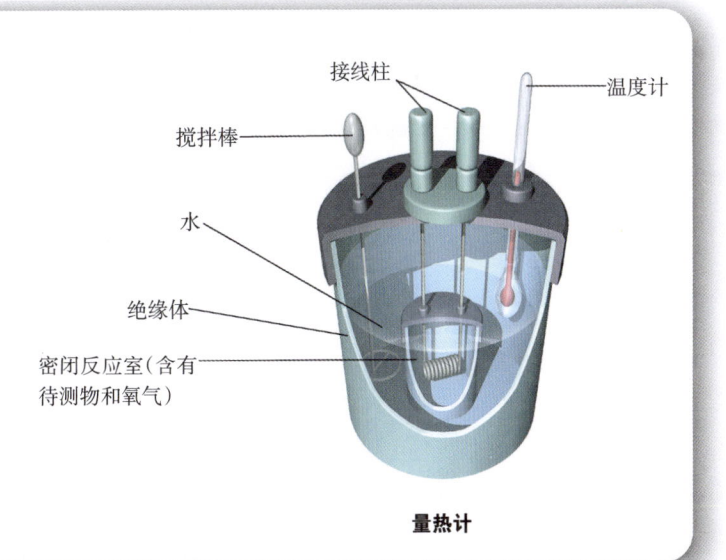

量热计

例题 1

计算燃烧反应的反应热 在量热计中点燃 1.60 g 甲烷,使得量热计中 1.52 kg 水的温度由 20.0 ℃ 升高到 34.0 ℃。求 1 mol 甲烷燃烧放出的热量。

1 分析

题目中已经给出水的热量变化(q_w)的相关信息。水的热量变化就等于燃烧 1.60 g 甲烷放出的热量,即 $-q_{reaction}$。接下来所要做的,就是将其转化为 1 mol 甲烷燃烧所放出的热量,即 ΔH。

2 方案

通过公式 $\Delta T = T_终 - T_始$,求出水的温度变化。然后,运用公式 $q_w = m \cdot \Delta T \cdot C_w$ 求解 q_w。此时,q_w 的负值就等于燃烧 1.60 g 甲烷的 $q_{reaction}$。最后,运用甲烷的式量关系,求解 1 mol 甲烷燃烧反应的反应热。

3 实施

首先,计算 ΔT。

$\Delta T = T_终 - T_始$
$= 34.0\ ℃ - 20.0\ ℃ = 14.0\ ℃$

接着,计算 q_w。

$q_w = m \cdot \Delta T \cdot C_w$
$= (1.52 \times 10^3\ g)(14.0\ ℃)\left(\dfrac{4.184\ J}{g \cdot ℃}\right) = 8.90 \times 10^4\ J = 89.0\ kJ$

> **提示**
> 注意 ΔT 的正负号。如果反应是吸热的,ΔT 为负。

接下来,计算 1.60 g 甲烷燃烧的反应热。

$q_{reaction} = -q_w = -89.0\ kJ = 1.60\ g$ 甲烷燃烧释放出的热量。

现在,通过甲烷的相对分子质量计算 1 mol 甲烷燃烧放出的热量,即 ΔH。

$q_{reaction} = \left(\dfrac{-89.0\ kJ}{1.60\ g\ 甲烷}\right)\left(\dfrac{1.60\ g\ 甲烷}{1\ mol}\right)$
$= -8.90 \times 10^2\ kJ \cdot mol^{-1}$

$q_{reaction} = \Delta H = -8.90 \times 10^2\ kJ \cdot mol^{-1}$

4 检查

检查上述计算过程中的单位以及计算结果,确保它们全部正确。

> **补充练习**
> 有关反应热的额外练习,请见附录 C。

练一练

5. 某反应使量热计中的 500.0 g 水降低 1.10 ℃,此反应所吸收的热量是多少?

6. 金属铝与氧化铁反应,生成氧化铝和铁,放出的热量使量热计中的 1.00 kg 水升高 3.00 ℃,计算此反应放出的热量。

7. 1.00 g 某燃料气体在量热计中燃烧,放出的热量使 1.000 kg 水的温度由 20.00 ℃ 升高到 28.05 ℃。反应物和生成物全为气体。计算此反应放出的热量。假设此气体的摩尔质量为 65.8 g·mol^{-1},则 1 mol 该气体反应放出的热量是多少?

■ **图20.13** 左图中的食物包含多种化学物质,大体可归为三类——蛋白质、糖和脂肪。这三类物质所含的能量值各不相同。这些物质在体内转化为能量,从而保持身体机能的正常运作。当人体摄入过多的食物时,这些多余的能量将以脂肪的形式储存起来,以备将来使用。

食物中蕴藏的能量

很久以前,化学家使用卡路里而不是焦耳来计量热量。1 **卡路里(calorie)** 可简称为1卡,它的热量相当于使1 g液态水温度升高1 ℃所需的热量。1卡等于4.184焦耳,1焦耳等于0.239卡。1 **千卡(kilocalorie)** 等于1 000卡。虽然目前一些营养学家仍选用卡路里来计量热量,但越来越多的人开始采用焦耳这一国际单位。食物所含的能量值以 **大卡(Calorie)** 为单位。请注意开头字母为大写的C。1大卡等于1千卡,也等于4.184 kJ。

食物中的化学物质能给人体提供能量。化学物质进入人体后,被缓慢氧化生成二氧化碳和水,同时产生供给身体生长发育所需的能量。1 g脂肪所含的热量是9大卡,而1 g糖或蛋白质所含的热量仅为4大卡。**图20.13** 展示了一些营养物质的种类。**表20.2** 列出了常见食物中所含能量的数据。

可以通过量热计测量食物中所含的能量。食物在氧气中能够快速燃烧,在身体内可缓慢氧化,两个过程所释放的能量相等。下面的例题将教你如何运用量热计的测量数据来计算食物中所含的能量。

表20.2	食物中的热量		
食物种类	质量	千焦	大卡
黄油	1汤匙=14 g	418	100
花生酱	1汤匙=16 g	418	100
意大利面	0.5杯=55 g	836	200
苹果	1个	283	70
烤鸡	3盎司=84 g	502	120
烤牛肉	3盎司=84 g	1000	241

717

例题 2

计算食物中所含的能量　在量热计中，1.00 g 坚果与氧气充分反应。反应放出的热量使量热计中 1.00 kg 水的温度由 15.40 ℃ 升高到 20.20 ℃。计算坚果中含有的热量，分别用 kJ·g^{-1} 和 Calories·g^{-1} 表示。

1　分析

首先找出水的热量变化 q_w，它等于 1.00 g 坚果与氧气反应放出的热量的负值，即 $q_{reaction}$。

2　方案

找出水的温度变化，将其代入公式 $q_w = m \cdot \Delta T \cdot C_w$，计算 q_w。q_w 的负值就等于 $q_{reaction}$。此时，单位为千焦，可进一步换算为大卡。

3　实施

$\Delta T = T_{终} - T_{始}$
$\quad\quad = 20.20\ ℃ - 15.40\ ℃ = 4.80\ ℃$

$q_w = m \cdot \Delta T \cdot C_w$

$\quad\quad = (1.00 \times 10^3\ g)(4.80\ ℃)\left(\dfrac{4.184\ J}{g \cdot ℃}\right)$

$\quad\quad = 2.01 \times 10^4\ J = 20.1\ kJ$

坚果中含有的热量为 20.1 kJ·g^{-1}。

进行转换：

$(20.1\ kJ)\left(\dfrac{1\ Calories}{4.184\ kJ}\right) = 4.80\ Calories$

坚果中含有的热量为 4.80 Calories·g^{-1}。

4　检查

检查上述计算过程中的单位以及计算结果，确保它们全部正确。

补充练习

有关测量食物的反应热和食物中的能量的额外练习，请见附录 C。

练一练

8. 一组同学想要测量某种食物所含的能量。在铝制易拉罐中燃烧此食物，反应放出的热量使得 50.0 g 水的温度升高。若选用 1.00 g 爆米花作为被测物，可使水的温度升高 24 ℃。试计算爆米花反应放出的热量，分别用 kJ·g^{-1} 和 Calories·g^{-1} 两种方式表示。

9. 另一位同学在一包爆米花包装袋上看到 30 g 爆米花含有 110 Calories 的热量。请用单位 Calories·g^{-1} 表示，并说明它与其他表示方法有什么不同。

10. 3.00 g 食物样品在量热计中燃烧，反应放出的热量使 2.00 kg 水的温度由 25.0 ℃ 升高到 32.4 ℃。请问：每克此食物中含有多少大卡的能量？

■ 图 20.14　图中所示的易拉罐是铝制品,这些易拉罐已经在循环设备中被压缩成块。

能源经济学

你有没有想过,为什么现在废旧物品的回收利用变得如此重要? 其答案与能源有关。对于许多材料来说,回收废弃物品进行二次加工,远比重新制造新的要经济得多。

铝制品的回收利用　如图 20.14 所示,铝是制作易拉罐的主要原料。铝的密度小,比热低 $[0.902\ \text{J}\cdot(\text{g}\cdot\text{℃})^{-1}]$,导热性好。由于铝的比热低,因此铝制品中的饮料能够被快速冷却。在第 17 章中我们学过,通过电解铝土矿可以得到金属铝。但制作铝制品需要大量的能量,尤其是在电解过程中。因此,回收铝制品的一个重要原因是节约能源、降低制铝成本。

从铝土矿中提炼金属铝,并制作 1 个新的易拉罐所需的能量,可用于回收制作 15~20 个易拉罐。因此,使用回收的铝制品进行制作,比重新提炼铝要经济得多。除了降低能源成本外,将回收的铝制品进行重加工可以节约矿产资源和化石燃料。了解化学能转化为电能的过程,将有助于我们理解为何减少使用化石燃料有助于节约能源。

> **拓展　阅读**
>
> 由铝制品回收加工所需的能量,仅为用铝土矿重新提炼加工铝所需能量的 7%。回收 33 个易拉罐所节省的能量相当于燃烧 5 L 汽油所释放的能量。

化学实验

食物中所含的能量

背景

食物能提供身体机能正常运作所需的营养物质和能量。在有氧呼吸过程中,细胞内产生能量,氧气与含有能量的物质(如葡萄糖)相结合,发生反应而生成二氧化碳、水和热量。这个过程是一个缓慢氧化的过程。在这个化学实验中,你将比较三种物质经缓慢氧化所放出的能量。

问题

常见食物在缓慢氧化过程中释放的能量是多少?

目标

- **计算** 山核桃、糖果和你选择的一种食物在缓慢氧化过程中所释放出的能量。
- **对比** 上述食物所含能量的多少。
- **推断** 基于上述数据,哪类物质所含的能量最多。

实验准备

实验器材

- 烤箱手套
- 带锋口的开罐器
- 干净的空易拉罐
- 干净的空饮料瓶,直径与易拉罐相近,剪去饮料瓶的上部和底部
- 环形搅拌棒
- 小铁丝
- 烧杯钳
- 摄氏温度计
- 100 mL量筒
- 玻璃棒
- 天平
- 大号回形针
- 火柴

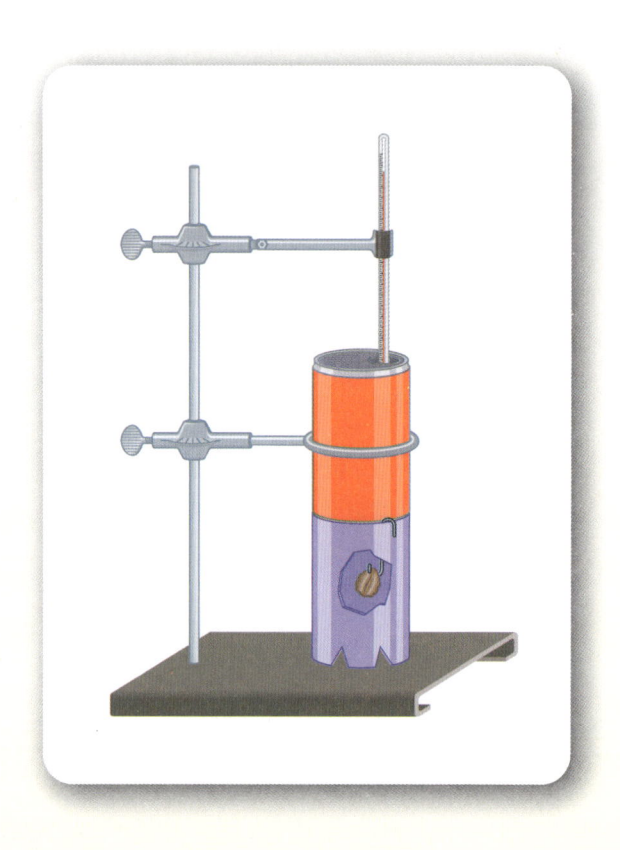

- 山核桃仁
- 糖果(2颗)
- 你所选择的食物

安全警示

小心燃着的火柴以及实验后的容器,它们可能会很烫手。保证室内通风良好,因为氧化过程中将可能放出刺激性气体。穿好实验服,戴上护目镜。

实验步骤

1. 阅读并完成实验安全表格。
2. 用开罐器在饮料瓶体上打个洞,如下图所示,并用回形针将待测物固定在饮料瓶上。

3. 用量筒量取 100 mL 自来水,将水倒进易拉罐中。在固定好的易拉罐中插入温度计,用来测量自来水的温度,如上页图所示。记录水的初始温度,使误差保持在 0.1 ℃。
4. 称量半个山核桃仁的质量,记下数值,并将其固定在回形针上。
5. 用火柴点燃山核桃仁,迅速将装有水的易拉罐放置在上面,允许饮料瓶和易拉罐间留有空隙。
6. 尽量使山核桃仁燃烧完全,如果火焰熄灭或大部分山核桃仁没被点燃,则需要重新更换水和山核桃仁。当山核桃仁燃烧完毕后,记录温度计所达到的最高温度。
7. 小心拆卸装置,将水和待测物倒出。
8. 使用两颗小的糖果,重复实验步骤 3~7。
9. 使用你选择的食物,重复实验步骤 3~7。

分析与讨论

1. **计算** 假定易拉罐中水的密度为 1.00 g·mL^{-1},比热为 $4.18 \text{ J·(g·℃)}^{-1}$,使用所得数据,计算每克食物所放出的能量。
2. **比较** 比较每种食物中平均 1 g 所含有的能量。
3. **推断** 在你食用过的食物中,如蛋白质、糖、脂肪等,哪类食物提供的能量最多?

应用与评估

1. **解释** 食用含能量最高的食物有没有必要?试解释原因。
2. **误差分析** 在测量过程中,哪些步骤会使结果出现偏差?它们是怎样影响实验结果的?

进一步探究

探究食物的营养含量和能量含量之间的比例关系。选择一类重要的营养素,将之与食物的能量含量相关联。如何比较你平时食用的各种食物的营养—能量比例?

实验数据与现象观察

食物名称	质量(g)	初始水温(℃)	最终水温(℃)
山核桃			
糖果			
其他			

迷你实验 2

溶解——放热还是吸热

你能把不同物质的溶解过程分类为放热和吸热吗 将固体溶解在水中,可能放热也可能吸热。如果溶解过程是放热的,那么放出的能量就会使溶液的温度升高;如果溶解过程是吸热的,则会从溶液中吸收热量,从而使溶液温度降低。在本实验中,你将检验几种常见固体的溶解过程。

实验步骤

1. 阅读并完成实验安全表格。
2. 在 250 mL 烧杯中加入 100 mL 水,插入摄氏温度计用于测量溶液的温度。读取并记录温度,然后将温度计移出。
3. 向水中加入约 1 角匙的待测固体,并且用玻璃棒搅拌 20 秒。插入温度计,重新测量此溶液的温度,记录数值。
4. 将溶液倒入水槽中,并用大量自来水冲洗。
5. 重复实验步骤 2~4,测量剩余待测固体的溶解温度。

分析与讨论

1. **分类** 在所测量的固体中,哪种固体的溶解是放热的,哪种是吸热的?
2. **应用** 在所测量的固体中,哪种固体可以用于制成医用冰袋?
3. **解释** 溶解过程中固体的熵值有何变化?

化学能转化为电能 在美国,大多数的电能是通过化石燃料的燃烧获得的,尤其是煤的燃烧。组成化石燃料的分子中的键储存着化学能,燃料燃烧时化学能被释放,发电厂将这些能量转化为电能。**图 20.15** 展示了火力发电厂的发电过程。除了为工业生产如铝制品生产等提供能量外,电能还能通过一些装置转化为光能、热能,让各式各样的机器运转起来。

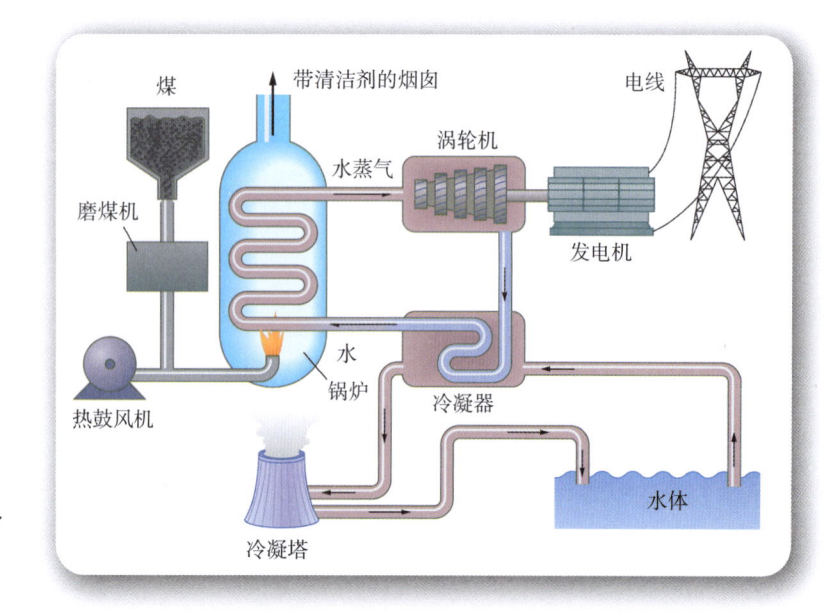

■ **图 20.15** 在火力发电厂中,通过燃烧煤炭,使液态水转变为水蒸气。水蒸气的动能驱动了涡轮机,进而带动发电机发电。

判别 除了化石燃料,还有哪些其他能转化为电能的能源?

722

地球科学 链接

细菌法冶炼金属

大约2 000年前，罗马矿工开始研究废弃的低品位铜矿周边的蓝色液体。他们将蓝色与铜联系起来，可能是因为他们对蓝色矿物的经验，当他们用木炭加热这些蓝色矿物（如土耳其玉）时，就得到了金属铜。

正是液体的蓝色，让他们怀疑其中可能含有铜。于是，他们加热这些液体，看看其中是否真的含有金属铜。他们的努力没有白费，真的从蓝色溶液中制得了铜。但在当时，罗马人并没有意识到，液体中的铜实际上是细菌从铜贫矿中提炼出来的。

细菌在提炼金属中的作用 把矿物开采出来后，首先要将其碾碎，再经过化学处理或加热，将金属提炼出来。另一种提取金属的方法则借助了细菌的作用。这种方法对环境的危害小、能耗低，还提高了劣等矿物的产率。目前，大约有24%的金属铜是通过细菌的生物处理而提炼得到的。

如**图20.16**所示的氧化亚铁硫杆菌通过各种矿物间的反应获得能量，并在反应过程中产生了酸和含有Fe^{3+}的氧化性液体。这些氧化性液体能与矿物中的金属进一步反应。

这个反应的过程较为简单，而且能耗低。先用硫酸与贫矿中的矿石反应，刺激细菌的生长。随后，这些微生物加工处理了矿石，并将铜离子释放到溶液当中。最后，可从溶液中将金属提炼出来。

细菌淘金 生物提炼金属法的另一个前景是淘金。随着富金矿的逐渐消失，矿工们开始从贫矿中炼金。贫矿中的金通常以硫化物的形式存在，传统的除硫方法是煅烧或高

■ **图20.16** 氧化亚铁硫杆菌。

压氧化。在此之后，才能用氰离子将金提炼出来。

在一种生物氧化方法中，贫矿与活化细菌共处于一种大型的搅拌式反应器中。还有一种更新的方法，是将金矿铺在一层不透水的基座上，并在上面撒上一些细菌培养物及相应的养料。在这两种方法中，氧化亚铁硫杆菌处理金的硫化物的能耗低，还原率由70%提高到了95%。

化学 链接

1. **收集信息** 嗜热细菌可在100 ℃或更高的温度下存活，被认为是生物精炼的后备军。请找出这种细菌相比其他细菌的化学优势。

2. **批判性思考** 生物冶金的能源优势有哪些？

723

化学与技术

可再生能源

能量既不能被凭空创造,也不能被消灭。但这是否意味着人类可以照现有速度永久性地使用相同的能源呢?并非这么简单。化石燃料是一种有限的能源,提高化石燃料的利用率,对于节约能源非常重要。另一方面应该积极开发可再生的新能源。

太阳能(Solar Energy)

太阳能是一种非常理想的可替代性能源。太阳提供的能源可持续50亿年。在美国,有近30万户的家庭在使用太阳能作为热源。图20.17中所示的太阳能房屋可接收太阳光,并将其转化为房屋的热源。冬天,砖墙、水泥地板、三层窗户、隔音墙以及储藏室可储存太阳的热量。屋檐可有效阻挡夏天大角度的太阳光,但不妨碍冬天小角度的太阳光射入房屋。

■ 图20.17 利用太阳能的房屋。

■ 图20.18 光电电池。

如图20.18所示的光电电池,可将太阳能转化为电能。这些太阳能电池是由一层层硅及痕量的镓或磷组成的,当它们吸收太阳光时,能放射出电子。若要使太阳能电池成为日常使用的电池,有两个主要问题需要解决:一是太阳能转化为电能的效率;二是找到在夜晚或阴天时储存电能的有效方法。

地热能(Geothermal Energy)

岩浆是熔化的岩石,它可以加热地表的固体岩石。在加热过程中,将存于多孔岩石下的水转变成水蒸气。如果固体岩石上存在裂缝,水蒸气将从中逸出,并最终形成间歇泉或者温泉。这就是地热能的一个来源。许多自然的地热带位于地壳板块边缘的地震带和火山带。

位于美国黄石国家公园的间歇泉就是此处含有地热能的标志。这些能量可以用于发电。世界上最大的地热发电厂位于美国加利福尼亚州,它能够产生

1 000兆瓦特的电能,足以满足100万人的使用需求。

世界上只有少数地区可以使用地热能。要开发一个新的地点,常需要深层次的钻孔。如图20.19所示的加利福尼亚的发电厂,它利用地热能进行发电的费用仅是核电站的25%、煤炭发电厂的一半,但是钻孔的费用非常昂贵。它的另一个缺点是,伴随着地壳内部二氧化硫、氨气以及放射性物质的释放,会产生大量的空气污染物。

■ 图20.20 风力发电。

风能既不会污染大气,也不需要用水进行冷却。然而,风能只在风大的个别地区应用。当风停止的时候,需要后备系统进行供电。目前,风能发电常常比其他能源的利用成本更高,也许风车的成本降低将有助于改变这种状况。

■ 图20.19 加利福尼亚的发电厂。

风能(Wind Energy)

在某些地区,风能几乎是取之不尽的能源。风带动风车的转动产生机械能,如图20.20所示,然后通过其他装置将机械能转化为电能。一般说来,建造一座风力发电厂需要上百架风车。

技术探讨

1. **推测** 在你居住的地区,开发哪种可再生能源的可能性最大?试说明理由。
2. **收集信息** 调查并描述太阳熔炉的工作过程。
3. **批判性思考** 上述三种能源的应用并不广,请说明它们对解决国家能源危机的意义。

725

> **拓展 阅读**
>
> 很久以前,科学家认为热是一种没有颜色、没有气味、没有质量的流质。这种流质被称之为"热质"。科学家认为,将"热质"加入到物体中可以使物体膨胀。

使用催化剂节约能量 在第18章中我们学过,聚乙烯塑料在家庭生活中的应用十分广泛。聚乙烯是由简单的碳氢化合物——乙烯(C_2H_4)制得的。工业上的乙烯,则是由另一种碳氢化合物——乙烷脱氢制得的,其化学方程式如下:

$$C_2H_6(g) + 能量 \longrightarrow C_2H_4(g) + H_2(g)$$

理论上,生成1 mol乙烯只需要137 kJ的能量。但在实际生产过程中,由于反应过程中能量转化的低效性,按上述反应生产1 mol乙烯所需的能量却是理论值的4倍。多年以来,化学家致力于改善此化学反应的条件。随着催化剂的不断开发,上述反应及其他化学反应所需的能量已大为减少。随着能源的价格越来越贵,节能催化剂的研制工作也一直在进行。

熵:一种能量的消耗 任何时候,只要有能量的生成或转化,如发电厂的发电及其他工业过程,就会有能量的损耗。表面上看,这不符合能量守恒定律。其实,在这种情况下,能量并没有消失,只是部分能量没有做功而已。那"消失"的能量散失到哪儿去了?它们转化成了热。在很多过程中,以热量形式散失的能量比参与做功的能量还要多。

体系中产生的多余热量既不能回收,也不能重新利用,因为它们已经增大了环境中分子的随机运动,并增加了这些分子的混乱度。随着环境中混乱度的增大,熵值也变大,如**图20.21**所示。环境不能自发地恢复到熵值增加之前的状态。环境混乱度的增大,是能量利用的一个影响。

■ **图20.21** 当能量做有用功的时候,常有部分能量以热量的形式散失到环境中。这些热量,增大了环境的熵值,不能被回收利用。

在发电厂里,运转部件之间的摩擦会产生废热,如上所示的涡轮机。这些热量通过发电厂的冷却塔散失到环境中。

如果环境的升温是人们需要的,那么散失的热量就是有用的。例如,可以用来升高寒冷气候中温室的温度。

表 20.3　发电厂的一般效率

最大理论效率	63%
锅炉的效率	90%
涡轮机的机械效率	75%
发电机的效率	95%
能量转化效率	90%
实际的总效率	36%

类似循环回收的过程，其意义不仅在于节约电能，还在于节约了现有化石燃料的化学能。因为这些化学能一旦启用，就将永久性地以废热或熵值增加的形式损耗掉。

能源和效率　由于熵值的增加，没有一个发电厂或者工厂——即便它设计得有多么完美——可以将化学反应产生的热量完全转化为有用功。热量的浪费是必然的。这种损失可以用效率来表示。效率等于实际所做的功与所消耗的能量的比值。

例如，一个现代化的燃煤工厂，它理论上的最大效率是 63%。这就意味着，燃料中的化学能最多只有 63% 可以转化为有用功。剩余的化学能将以热量的形式损失掉。

此外，一些低效率的步骤进一步减少了能量向有用功的转化。**表 20.3** 列出了现代化发电厂中的一些相关因素。通过表中的数据，可以计算出整个工厂的效率，即用所有单个步骤的效率乘以最大的理论效率。如果最大的理论效率是 63%，运用**表 20.3** 的数据，可以进行如下运算：

$$0.63 \times 0.90 \times 0.75 \times 0.95 \times 0.90 \approx 0.36 = 36\%$$

这样的效率水平在发电厂和工厂中是常见的。如**图 20.22** 所示，当你使用家用电器时，你只使用了储藏在原始化石燃料中能量的三分之一多一点。

■ **图 20.22**　在一个煤炭发电厂中，煤转化为电能的最大效率是 36%。这些电能可以用来为家用电器提供能源，比如这个吸尘器。

■ **图 20.23** 用冷却塔进行冷却是除去废热的一种常见方式。在塔中,大的扇叶通过空气将热水吹成水滴。尽管这一过程仅是将热量散发到了空气中,但仍是个不小的进步。在此之前,工厂往往将热水直接倒入河流中,这样容易导致河流中的各类生物死亡。

推断 冷却塔释放的气体是什么?

提高工业效率 如果工厂中采用改进后的节能装置,将会提高工业效率,并节约能源。同样的,如果对废热加以利用,如在寒冷天气,为房屋和蔬菜大棚供暖,也可以节约能量。如**图 20.23** 所示的冷却塔是一种将废热进行转换的装置。随着更高效的冰箱、空调和节能灯的不断开发,电能的利用率同样得到了提高。

最后,通过对生物体中能量转化过程的研究,所得成果也可应用于工业生产。生物体对能量的转化,是从一种形式到另一种形式,并且还维持了一个高度有序(熵值较小)的系统。这些自然的过程远比工业过程要高效得多。

第2节 本节回顾

要点梳理

- 化学反应是能量的一种来源。因为化学键的键能可以转化为热能、光能或者电能。
- 热量的变化可以通过量热计来测定。
- 能量从一种形式转化为另一种形式的过程中,许多能量以热的形式散失掉。一般地,散失的能量并不能被重新利用或转化成另一种有用的能量形式。

11. **主要 概念 解释** 为什么化石燃料中的化学能不能完全转化为电能?

12. **推断** 已知铝的比热是 $0.902\ \text{J} \cdot (\text{g} \cdot ℃)^{-1}$,铜的比热是 $0.389\ \text{J} \cdot (\text{g} \cdot ℃)^{-1}$。请问:如果给相同质量的两种金属施加同等热量,哪种金属的温度升高得更多? 请说明理由。

13. **计算** 某一化学反应,其释放的热量使得量热计中 700 g 水的温度升高 1.40 ℃,请问:此化学反应放出的热量是多少千焦?

14. **判定** 参考**表 20.3**,假如某个发电厂的最大理论效率是 50%,其他效率同表中保持一致,请计算该厂实际的总效率。

15. **对比** 参考**表 20.2**,计算 1 g 黄油和 1 g 意大利面中所含的热量。比较同等质量的两种食物,哪种所含的能量更高?

第3节

核心问题
- 光合作用的过程有哪些?
- 光合作用中光反应的产物在卡尔文循环中起什么作用?
- 能量如何从太阳进入食物链?

术语回顾
卡路里:使1 g液态水的温度升高1 ℃所需的热量。

关键术语
光合作用

光合作用

主要 概念　光合作用将太阳能转化为储存在生物分子的化学键中的化学能。

链接真实世界　所有的生物体都需要能量才能存活。对地球而言,几乎所有的能量均来自太阳。然而,太阳能必须得先转化成化学能,才能被地球上的生命体利用。

光合作用的基础

将太阳的光能转化为化学能供细胞利用的过程称为**光合作用 (photosynthesis)**。植物与其他能进行光合作用的生物体,至少有一个显著的共同点:都为绿色,即叶绿素的颜色。高等绿色植物和藻类中的叶绿素存在于名为叶绿体的细胞器中,如**图20.24**所示。某些能进行光合作用的细菌,其叶绿素遍布在细胞内的生物膜上。

上述生物体,细胞内进行的光合作用的过程大致相同:叶绿素吸收光能,并将其转化为化学能,所涉及的一系列复杂的变化便是光合作用。下面我们从细节上考察这一化学过程。记住,这一过程最主要的贡献在于固定了能量。

■ **图20.24**　光合作用发生在绿色的细胞器内,即叶绿体。叶绿体中含有可吸收光的绿色色素——叶绿素。叶绿体的基粒包裹于膜当中,上面带有丰富的叶绿素,周围的流质是基质,是合成糖分子的场所。

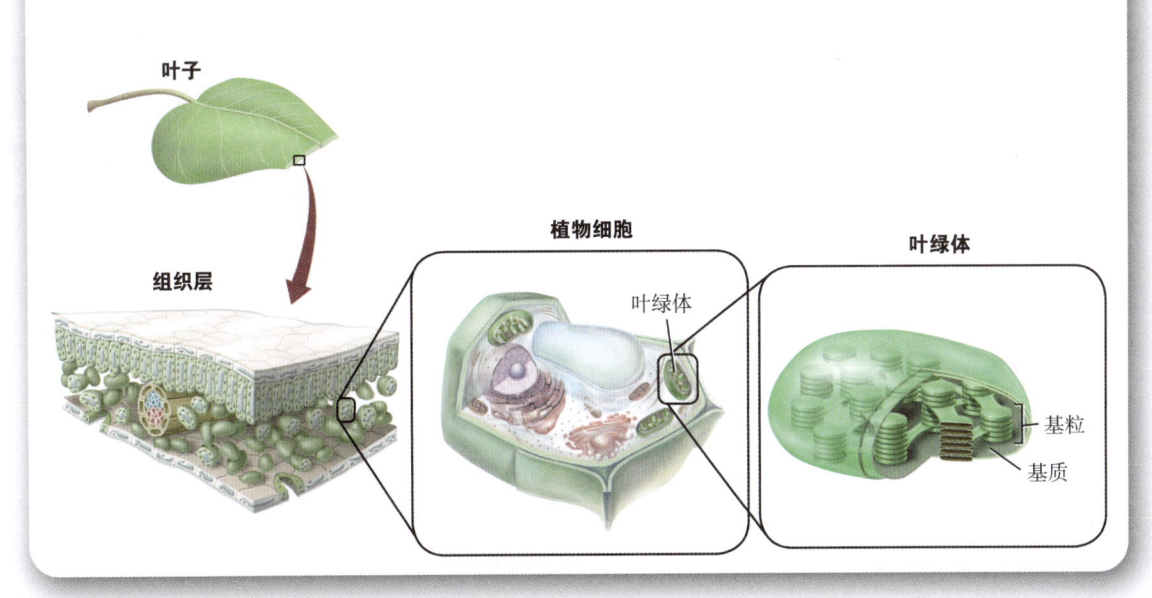

词源

Periodic
周期的
periodus（希腊语）：一段时间

■ **图 20.25** 光反应。
推断 光合作用的能源是什么？

光合作用的化学原理

光合作用是植物及其他一些生物体利用叶绿素，在可见光的照射下，将二氧化碳和水转化为葡萄糖，并释放出氧气的生化过程。反应的化学方程式一般写为：

$$6CO_2 + 6H_2O \longrightarrow C_6H_{12}O_6 + 6O_2$$

分子式 $C_6H_{12}O_6$ 代表的是葡萄糖，这是一种单糖。

光合作用由两部分组成——光反应和卡尔文循环。

光反应 当光到达叶绿素分子时，光能即被吸收。在分子中，光能激活了电子，如**图** 20.25 所示。叶绿素释放出的高能电子，将其能量传递给了 ADP 分子，即二磷酸腺苷。这使得 ADP 分子与第三个磷酸基结合，形成 ATP，即三磷酸腺苷。在第 19 章中我们学过，ATP 是细胞中最主要的能量储存形式，并在呼吸作用中起着关键作用。

从**图** 20.25 可以看出，在第一步中，叶绿素丢失了电子，它将在水分子分解为氧气、氢离子的反应中重获电子。释放到空气中的氧气，会被生物体——包括人类在内——吸收并参与有氧呼吸。

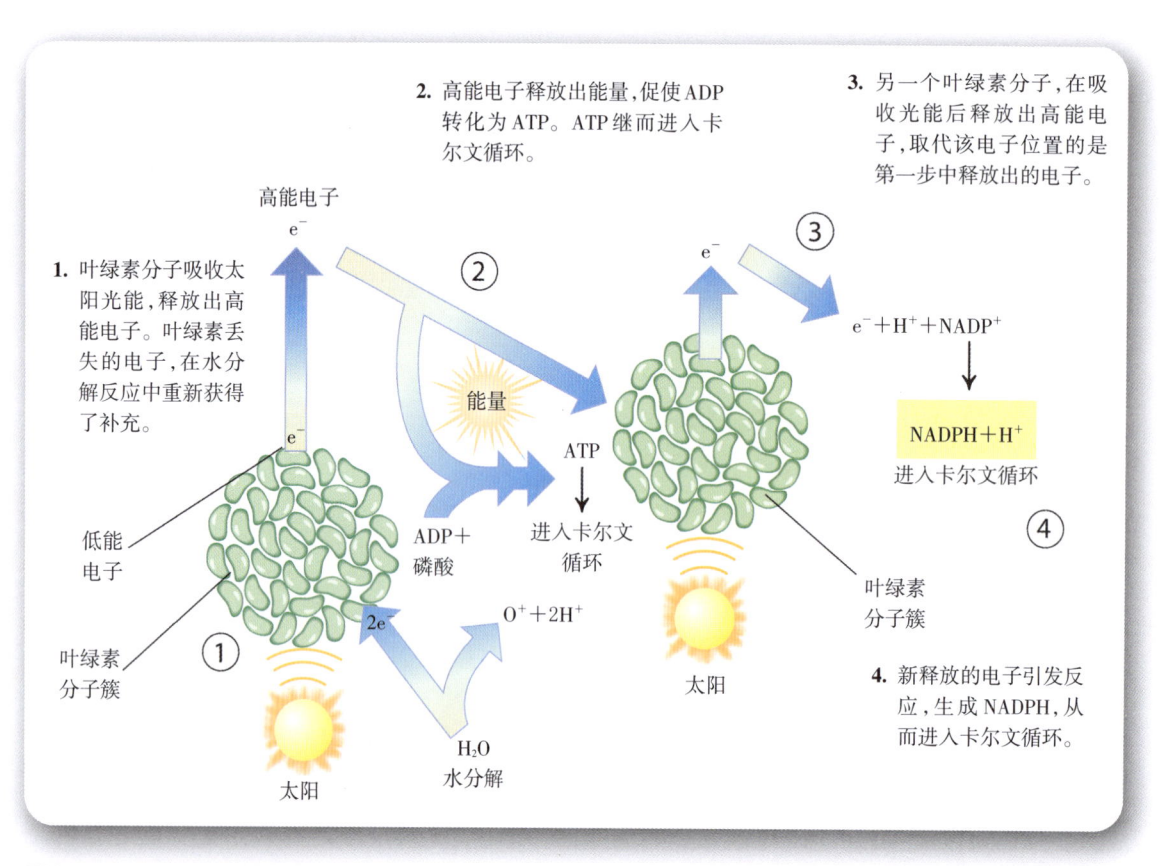

1. 叶绿素分子吸收太阳光能，释放出高能电子。叶绿素丢失的电子，在水分解反应中重新获得了补充。

2. 高能电子释放出能量，促使 ADP 转化为 ATP。ATP 继而进入卡尔文循环。

3. 另一个叶绿素分子，在吸收光能后释放出高能电子，取代该电子位置的是第一步中释放出的电子。

4. 新释放的电子引发反应，生成 NADPH，从而进入卡尔文循环。

730

1. 在卡尔文循环中，二氧化碳与1分子五碳化合物结合，形成1分子不稳定的六碳化合物。六碳化合物会分解成2分子三碳化合物。

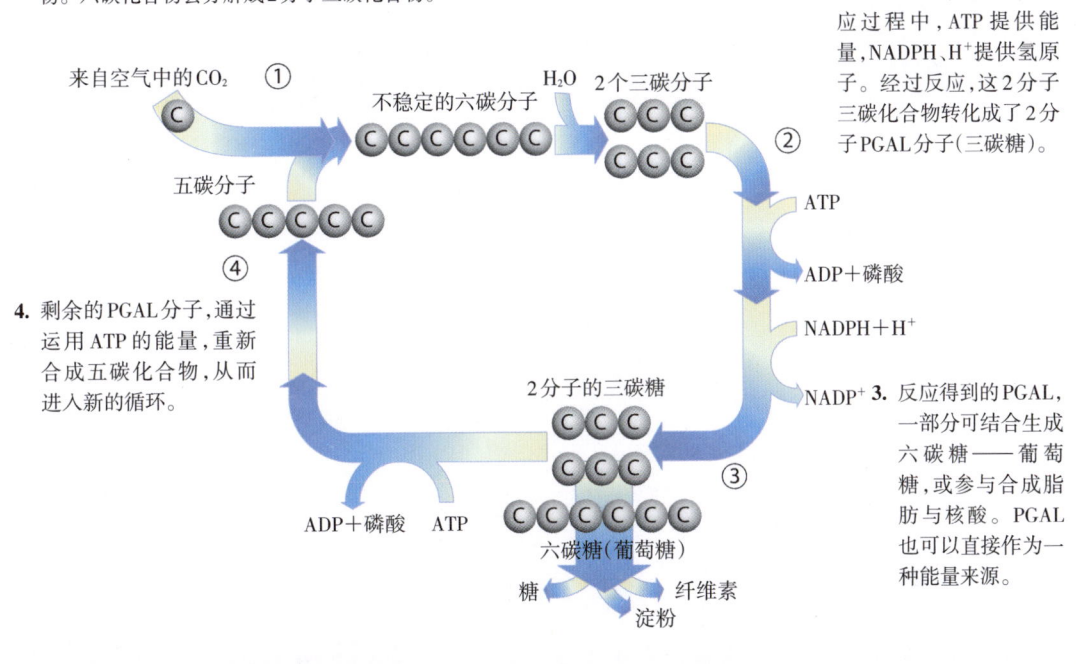

2. 这2分子三碳化合物与光反应生成的ATP、NADPH、H$^+$反应。在反应过程中，ATP提供能量，NADPH、H$^+$提供氢原子。经过反应，这2分子三碳化合物转化成了2分子PGAL分子（三碳糖）。

3. 反应得到的PGAL，一部分可结合生成六碳糖——葡萄糖，或参与合成脂肪与核酸。PGAL也可以直接作为一种能量来源。

4. 剩余的PGAL分子，通过运用ATP的能量，重新合成五碳化合物，从而进入新的循环。

■ 图20.26 卡尔文循环。

一个叶绿素分子释放出的高能电子，在失去能量后与另一个叶绿素分子结合，而后者同样也吸收了光能，只不过参与了不同的反应。因此，转移的电子取代了那些被光能激活而逃逸出去的电子。这个新释放的电子参与了另一个反应，形成一种重要的辅酶，即NADPH。NADPH是由NADP$^+$和水分子解离出的氢离子结合而成。在水分子分解的早期阶段，氢离子扩散到基质当中。吸收光能后的第一阶段，生成了NADPH和ATP，它们将继续进入光合反应的第二阶段——卡尔文循环。

卡尔文循环 一旦光反应产生了ATP和NADPH，光合作用的第二阶段就要发生了。**图20.26**展示的是卡尔文循环，它发生于叶绿体的基质当中，利用光反应中产生的NADPH和环境中的二氧化碳进行反应，结果生成单糖——葡萄糖。

在卡尔文循环中，ATP重新变成ADP，为一系列的反应提供能量。刚开始，NADPH失去氢离子，变成NADP$^+$。来自NADPH的氢离子，以及光反应中产生的氢离子，为葡萄糖的合成提供了氢元素。二氧化碳则为葡萄糖的合成提供了大部分的碳、氧元素。

731

■ 图 20.27

在本质上，太阳是能量之源。光合作用固定了太阳光能，并用于维持地球上的生命。

树通过光合作用吸收太阳光能，并将其储存在分子中。储存的能量使其能够完成生命活动。

食草动物，如毛毛虫，以树叶为食，吸收树叶中的能量为己所用。

食肉动物，如鸟类，以食草动物为食，并利用了猎物体内的能量。

■ 图 20.28 一名英国化学家做了一项实验，他把自己关在一个密闭的房间里，所需的氧气全部由小麦通过光合作用提供。光合作用所需的二氧化碳，也都来自化学家的呼吸作用。1995 年，为考察人类能否在月球或其他星球上生存，科学家开展了一系列实验，而该实验正是第一个。

光合作用与能量

前面已经学过，光合作用中的大部分反应是吸热反应。吸收的能量通过形成高能分子被储存起来。然而，只有含叶绿素的生物体才能发生光合作用，并利用这些高能分子得以存活。动物食用这些生物体，从而获得自身所需的能量，如图 20.27 所示。光合作用以化学储能的方式固定了太阳能，而正是这些能量，让整条食物链中的所有生物存活了下来。因此，可以说，光合作用为地球上的生命提供了最原始的能量。图 20.28 就说明了这一道理。

与所有其他的生物体一样，人体的有序组织和维持都需要能量，这些能量可保障化学变化的发生。然而，能量并非影响系统变化的唯一因素，除此之外，还有熵。自然界中，有一个趋势是无序化。但是，生命体是高度有序的，能发生很多反应。例如，形成更为复杂的分子，这一过程中就伴随着熵的减少。

生命体是如何克服无序状态，从而保持复杂的结构和生命功能的呢？它们成功的秘诀，就在于能够从外部吸收能量，例如光和食物。外部的能量来源使得生命过程持续不断。

在新陈代谢过程中,当生命体将储存的化学能通过有氧呼吸转作他用时,便产生了热量。如果热量产生,势必引起熵的增加,从而破坏生命体的结构和机能。其中的一部分热量被辐射到了环境当中,使得环境的熵值增加。辐射的热量只会增加环境的熵值,而不会影响到生命体本身。生命体以增加环境的熵值为代价,保持其较低的熵值。图 20.29 展示了一只走在寒冷天气中的狗的热量辐射图。

在恒温动物中,例如人类,呼吸作用产生的热量中有一部分用于维持体温。恒定的温度,可以让生命体内的生化反应以特定的速率发生。

精彩预告

在本节中,你已学习了光合作用可以把来自于太阳的光能转化为维持我们生命的化学能。但是,太阳的能量是从哪里来的呢?太阳是相当巨大的,其质量是地球的 300 000 多倍,占太阳系总质量的 99.8%。然而在这样巨大的天体上,像木材、糖的燃烧这些标准化学反应在太阳运转的持续时间里是无法提供如此大量能量的。在下一章中,你将学习核反应,它是太阳能量的根本来源。

■ **图 20.29** 新陈代谢会提供热量,其中一部分辐射在周围的环境中。在这张热量辐射图中,黄色代表最暖的区域,蓝色代表最冷的区域,其他颜色是指中间的温度。

补充练习

有关光合作用的额外练习,请见附录C。

第3节 本节回顾

要点梳理

- 光合作用是植物利用太阳能将二氧化碳和水合成糖的过程。
- 光合作用的反应过程,包括光反应和卡尔文循环。在这一过程中,大部分反应是吸热反应。
- 光合作用是地球上绝大部分生命的能量来源。

16. **主要概念 总结** 解释食肉动物,例如鹰,也需要依靠光合作用提供能量的原因。

17. **推断** 植物呈现绿色的原因,是它们的叶子可以反射绿光和黄光。试解释其他波长光的去向。

18. **解释** 在光合作用中,叶绿素的作用是什么?

19. **鉴别** 植物进行光合作用需要从环境中吸收的两个简单化合物是什么?

20. **预测** 假设地球上的植物暂时不能进行光合作用,将对大气造成什么样的影响?

21. **对比** 将光合作用同第19章的呼吸作用进行比较,解释它们互为逆过程的原因。

22. **对比** 植物获得糖的过程和其他有机体获得糖的过程有何不同?

733

第 20 章 学习指南

大 概念 成键时释放能量,断键时吸收能量。

第1节 化学反应中的能量变化

主要 概念 放热反应释放能量,吸热反应吸收能量。

关键术语
热　量
能量守恒定律
化石燃料
熵

要点梳理
- 化学反应要么放热,要么吸热。
- 能量可以从一种形式转化为另一种形式,但是它既不能被创造,也不能被消灭。
- 活化能是启动反应发生所需的能量。
- 自发的化学反应一旦开始进行,不需要借助外界力量就能自动进行。
- 熵代表了体系的混乱度。

第2节 热效应的测量

主要 概念 储存在化学键中的能量可以转化为其他形式的能量,以满足个人和社会的需求。

关键术语
卡路里
千　卡
大　卡

要点梳理
- 化学反应是能量的一种来源。因为化学键的键能可以转化为热能、光能或者电能。
- 热量的变化可以通过量热计来测定。
- 能量从一种形式转化为另一种形式的过程中,许多能量以热的形式散失掉。一般地,散失的能量并不能被重新利用或转化成另一种有用的能量形式。

第3节 光合作用

主要 概念 光合作用将太阳能转化为储存在生物分子的化学键中的化学能。

关键术语
光合作用

要点梳理
- 光合作用是植物利用太阳能将二氧化碳和水合成糖的过程。
- 光合作用的反应过程,包括光反应和卡尔文循环。在这一过程中,大部分反应是吸热反应。
- 光合作用是地球上绝大部分生命的能量来源。

第20章 测评

理解概念

23. 化学反应中,焓变前面的正负号各代表什么含义?

24. 为什么大多数放热反应的开始需要外界能量,但反应的继续进行则不需要?

25. 为什么吸热反应需要吸收能量才能继续?

26. N_2和H_2反应生成NH_3,生成1 mol NH_3的反应热为-46 kJ。写出这个反应的热化学方程式,这个反应是放热的还是吸热的?

27. 熵的定义是什么?解释为什么食盐溶解在水中熵会增加,但氧气溶解于水熵会减小。

28. 就有序和无序而言,大多数自然发生的过程会朝着什么方向进行?

29. 从能量和熵变两个角度,解释自发反应的方向性。

30. 硝化甘油等物质是猛烈的炸药,因为其化学性质是不稳定的。根据以下化学方程式和能量、熵及自发性的概念,解释为什么硝化甘油不稳定。

$$4C_3H_5(NO_3)_3(l) \longrightarrow$$
$$6N_2(g) + O_2(g) + 12CO_2(g) + 10H_2O(g)$$
$$\Delta H = -5\ 700\ kJ$$

31. 汽车在行驶过程中,能量是怎样从一种形式转化为另一种形式的?

32. 通过给汽车内部加热,可以提高发动机的效率,这是为什么?

33. 假设某火力发电厂中煤炭的能量转化为电能的效率是36%。计算一下,要产生1.0 kJ的电能,需要从煤炭中获取多少千焦的能量。

应用概念

化学与技术

34. 解释垃圾可能成为发电的优质燃料的原因。

工作原理

35. 有一种热袋,它可重复利用。热袋中装有金属盘和一种盐的过饱和溶液。当金属圆盘弯曲的时候,溶液开始结晶并释放出热量。将其放在沸水中时,盐又重新溶解。如何计算这种热袋释放出的热量?

生活中的化学

36. 书写在催化转化器中发生的下列反应的化学方程式:a)一氧化氮分解生成氧气和氮气;b)一氧化碳与氧气反应生成二氧化碳。

地球科学链接

37. 当铜矿进行精炼煅烧时,固态化合物$CuFeS_2$和氧气反应生成固体产物CuS、FeO和SO_2气体。写出这个反应的化学方程式。

批判性思考

解释数据

38. **化学实验** 在实验中,两种不同的食物在量热计中燃烧,实验数据如**表20.4**所示。哪一种食物单位质量放出的热量更多?

表20.4	量热计数据	
	质量(g)	放出的热量(Calories)
例1	6.0	25
例2	2.1	9.0

第 20 章 测评

因果分析

39. **迷你实验 1** 某一固体在水中的溶解是自发进行的吸热过程,请问:推动该溶解过程进行的是熵的增加,还是外界热量的加入,还是两者的叠加作用?

推断

40. **迷你实验 2** 对于一个焓变值为 216 kJ 的反应来说,其逆反应是吸热的,还是放热的?其逆反应的焓变值是多少?

日积月累

41. 鉴别下列所涉及的是物质的物理性质还是化学性质。
    a) 汞的密度很大。
    b) 在室温下,固态 CO_2 直接变为 CO_2 气态,不经过液体状态。
    c) 铁暴露在潮湿的空气中时容易生锈。
    d) 蔗糖是一种白色结晶固体。

42. 指出原子序数和质量数的异同。针对同一元素的同位素,试比较这两个数值的大小。

43. 将下列元素归类为金属、非金属或者类金属。
    a) 钼
    b) 溴
    c) 砷
    d) 氖

44. 为什么元素周期表中第 2 周期只有 8 种元素?

45. 解释为什么金属锌、铝和镁可以抗腐蚀,而铁不行。

46. 对比物质不同状态时的物理性质。

技能训练

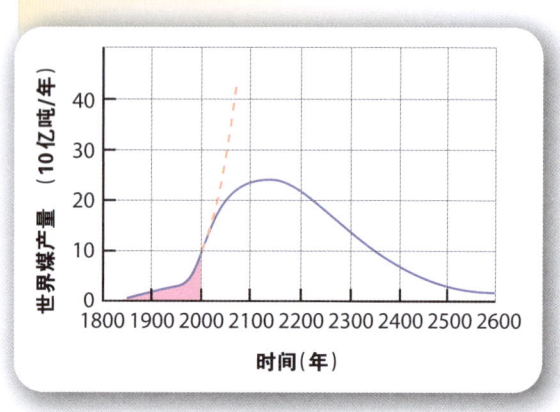

■ 图 20.30

47. **运用图表** 在**图 20.30** 中,实线表示的是全世界每年的煤炭产量,虚线表示的是全世界每年的煤炭需求量。
    a) 按目前的煤炭消费的增长率,煤炭的消费还能持续多少年?
    b) 哪一年煤炭的产量将达到最大值?产量是多少?
    c) 将 1900 年煤炭的产量同最大值进行比较。

科技写作 化学

48. 调查研究何为热污染,撰写一篇文章解释这些污染的可能来源和对火力发电厂运作的影响。参考请见**图 20.15**。

解决问题

49. 在量热计中燃烧一种有机燃料,反应放出 194 kJ 的热量。如果量热计中水的最初温度是 21.0 ℃,最终温度是 51.9 ℃,计算量热计中水的质量。

标准化测试

化学反应	反应热 (kJ·mol⁻¹)
$4Fe(s)+3O_2(g) \longrightarrow 2Fe_2O_3(s)$	−1 625
$NH_4NO_3(s) \longrightarrow NH_4^+(aq)+NO_3^-(aq)$	+27
$C_6H_{12}O_6(s)+6O_2(g) \longrightarrow 6CO_2(g)+6H_2O(l)$	−2 808
$H_2O(l) \longrightarrow H_2O(g)$	+40.7

根据上表,回答第1～3题。

1. 铁钉生锈是一个
   a) 分解反应。
   b) 取代反应。
   c) 吸热反应。
   d) 放热反应。

2. 将0.5 L水完全蒸发,需要多少能量?
   a) 1.1 kJ   c) 732.6 kJ
   b) 20.35 kJ   d) 1 130 kJ

3. 光合作用过程中,生成360 g葡萄糖将释放出多少热量?
   a) 2 800 kJ   c) 5 600 kJ
   b) −2 800 kJ   d) −5 600 kJ

4. 下列物质哪一个是碱性氧化物?
   a) CO_2 c) CaO
   b) SO_2 d) NO_2

5. 用0.6 mol·L⁻¹的HCl溶液滴定15 mL的KOH溶液,加入27.13 mL HCl溶液后到达滴定终点。请问:KOH溶液的浓度是多少?
   a) 9 mol·L⁻¹   c) 0.332 mol·L⁻¹
   b) 1.09 mol·L⁻¹   d) 0.0 163 mol·L⁻¹

6. 为什么柠檬电池的两个电极之间可以产生电流?
   a) 两个电极之间有电势差,使电子能够从负极向正极移动。
   b) 两个电极之间有电势差,使电子能够从正极向负极移动。
   c) 在插有两根电极的电池中,两种不同金属的电势相等。
   d) 在插有两根电极的电池中,两种不同金属之间存在电势差。

7. 同分异构体是指
   a) 化学式相同但结构不同的化合物。
   b) 结构相同但化学式不同的化合物。
   c) 碳原子数相同但键型不同的化合物。
   d) 碳原子数不同但结构相同的化合物。

8. 关于酶的描述不正确的是?
   a) 酶可以加速化学反应,反应过程中其结构和化学组成会发生变化。
   b) 酶可以在三维结构上为底物的结合提供穴位或凹槽。
   c) 当活性部位与底物结合后,活性部位会改变最初的形状以匹配底物的结构形状。
   d) 酶可以显著加快化学反应的速率,但无法促使非自发反应的进行。

考点提示								
测试题号	1	2	3	4	5	6	7	8
对应章节	20.1	20.1	20.1	14.1	15.2	17.1	18.1	19.1

第 21 章 核化学

大 概念 核化学在供电、疾病的诊断与治疗、考古研究等方面有广泛应用。

第1节 放射的类型
主要 概念 α、β、γ射线是由不稳定的原子核裂变为稳定原子核而放射出的三种类型射线。

第2节 核反应与能量
主要 概念 核裂变和核聚变会释放巨大的能量。

第3节 核工具
主要 概念 放射性有很多应用，但也会对生物体造成有害的影响。

你知道吗？

- 太阳质量的70%是氢元素，28%是氦元素，2%是微量元素。
- 太阳中心的温度和压力很高，以至于发生氢原子核结合成氦原子核的热核反应。
- 热核反应产生热能和光能，使地球上生命的存在成为可能。

课前活动

起步实验

射线的穿透能力

α、β、γ射线穿透物质的能力是不同的,哪一些材料物质能阻止这些射线呢?

实验器材
- 盖革计数器
- α、β、γ射线源
- 屏蔽物:纸张、铝箔和铅片

实验步骤

(注意:处理放射源之后要彻底清洗手和胳膊。如果你的手腕处皮肤上有伤口千万不要处理放射源。放射源有任何损坏要立即报告)

1. 阅读并完成实验安全表格。
2. 将α射线源慢慢地靠近盖革计数器,但不要接触。重复这个步骤3遍,每次在检测器和α射线源之间放一种不同的屏蔽物。
3. 换用β、γ射线源,重复步骤2。

实验分析

1. **创建** 设计一张表格,列出对于每一种类型的射线,哪种屏蔽物更有效。
2. **推断** 哪一种射线对测量纸张的厚度最有用?

探究 距离是不是也会影响到达盖革计数器上的数目?设计实验,能同时检验屏蔽物材料和到放射源的距离这两者的影响。

折叠式学习卡 学习组织者

射线的类型 按以下图示制作折叠式学习卡,帮助你整理有关不同类型的射线的内容。

▶ **步骤1** 把2张纸从垂直方向相隔2 cm放置。

▶ **步骤2** 把纸的底部向上折叠,形成3个高度大体相同的标签,并固定。

▶ **步骤3** 在标签上标注"γ""β"和"α",在最外面标注"射线的类型"。

折叠式学习卡 在第1节中使用该折叠式学习卡。在你阅读的过程中,用折叠式学习卡来总结每一种裂变中原子核都发生了什么,包括例子和简单的化学方程式。

739

第1节

核心问题
- 放射性是如何发现的？
- α、β、γ射线有何异同？
- 如何用元素的半衰期确定材料的年代？

术语回顾
光合作用：特定生物体可通过光合作用将太阳能转化为化学能。

关键术语
放射性
α粒子
β粒子
γ射线
半衰期

放射的类型

主要概念 α、β、γ射线是由不稳定的原子核裂变为稳定原子核而放射出的三种类型射线。

链接真实世界 当你在黑夜里醒来，时钟上发光的数字让你知道现在是几点。一些时钟使用一种放射物使得数字发光。放射物这个词可能会让你想到核电站或危险、强放射性的物质。但是，低危害的辐射在日常生活中经常应用，例如数字发光的时钟。

放射性物质的发现

你可能见过黑暗中熠熠生辉的物品，或许，在你房间的天花板上，就有一幅星光灿烂的图画。画中的星星在熄灯之后，还能长时间地发出奇异的绿光。你是否曾想过其中的奥妙呢？这是因为图案当中含有一种具有磷光性的硫化锌化合物，它能在熄灯后继续发出所吸收的光，如**图 21.1**所示。

1896年，法国科学家亨利·贝克勒尔（Henri Becquerel）在研究一种具有磷光性的含铀化合物时的一次意外发现，加快了放射性化学的历史进程。当时，贝克勒尔正在研究X射线与磷光之间的联系。他将含铀化合物样品暴露在太阳光下，并拿着外面包有纸的照相底片靠近它，发现X射线似乎能穿透纸层，使底片曝光并留下样品的图像。这有点像在医院拍X光时，胶片上留下牙齿的图像。这个图像与贝克勒尔预想的实验结果保持一致，并且他相信X射线是底片曝光的原因，含铀化合物能发出射线是因为吸收了太阳光。

■ **图 21.1** 当光照在有磷光性的物质表面，如这些在黑暗中能发光的装饰品时，吸收的光能可以将原子中的电子激发到更高能级。当电子返回低能级时，额外的能量就被释放出来。在晚上，这些星星就会发出奇异的绿光。随着电子不断返回到更稳定的能级，绿光就逐渐消失了。

含铀化合物

用纸包裹的照相底片

去除包装纸并显影后的底片

铀放出的射线使胶卷曝光,显影后可得到负片。

含铀化合物的下方放有硬币

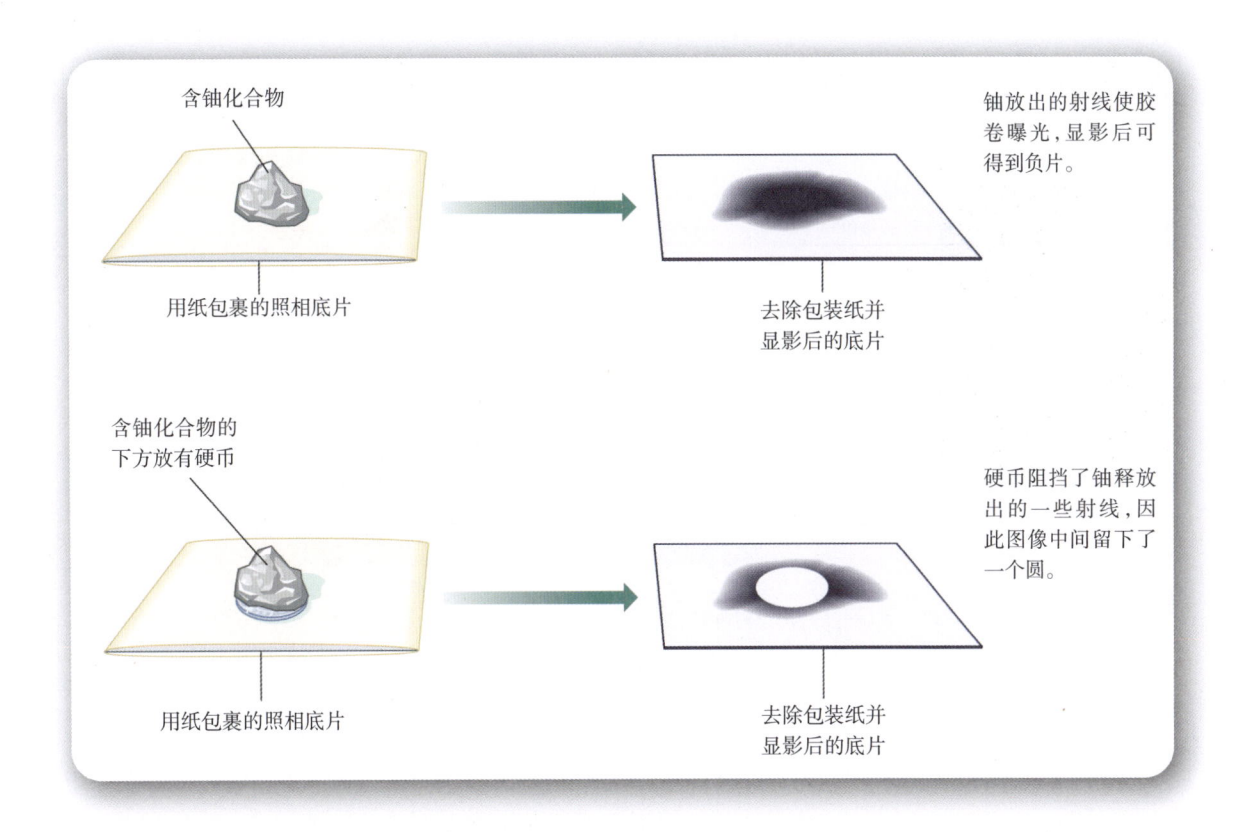

用纸包裹的照相底片

去除包装纸并显影后的底片

硬币阻挡了铀释放出的一些射线,因此图像中间留下了一个圆。

射线,而非磷光 后来,他又设计了一个实验:将外面包有纸的照相底片与铀盐晶体一起放在黑暗的抽屉里。在实验开始前,贝克勒尔猜想底片上不会有任何图像,因为铀盐并没有照射到太阳光,也没有任何其他形式的能量来源。让他吃惊的是,底片上同样留下了铀盐晶体的图像,如**图21.2**所示。

那么,究竟是什么促使铀发出射线呢?它没有暴露于日光下,所以放射线不是由磷光引起的。是发生了化学反应吗?在当时,还不知道有什么化学反应能产生这样的影响。贝克勒尔猜测,是铀本身自发地放射出了一些射线。这种射线与X射线一样吗?没有人能给出令人信服的答案。X射线的产生一般需要外界能量,而实验表明这种射线的产生并不需要外界能量的参与,这不是很奇怪吗?

居里夫妇 贝克勒尔与玛丽·居里(Marie Curie)、皮埃尔·居里(Pierre Curie)共同探讨了这个问题。他们得出的结论是铀原子里面发生了核反应。玛丽·居里把这种由不稳定原子核自发发射射线的性质命名为**放射性(radioactivity)**。

这是科学家首次观察到原子核的变化效应,并给予了正确的解释。居里夫妇继续研究了放射性,并发现除了铀元素之外,还有其他元素也能放出射线。亨利·贝克勒尔和居里夫妇也因此获得了1903年诺贝尔物理学奖。

■ **图21.2** 贝克勒尔发现含铀化合物能自发放出射线,这种射线能穿过包装纸而在胶卷上产生图像。同时,他还发现,硬币能阻止射线到达胶卷,于是图像中产生了一个黑的、没有曝光的圆。

表21.1	化学反应和核反应的比较	
化学反应		**核反应**
 ・断键、成键时发生 ・只涉及价电子的变化 ・能量变化小 ・原子性质保持一致,尽管形成新物质时它们得到、失去或者共享电子 ・温度、压力、浓度和催化剂会影响反应速率		・原子核结合、分裂和放出射线时发生 ・涉及质子、中子和电子的变化 ・能量变化很大 ・一种元素的原子经常转变为另一种元素的原子 ・温度、压力和催化剂通常不影响反应速率

原子核符号

核反应涉及原子核内中子与质子的变化。在核反应中,原子核可能失去或得到中子和质子,得到或失去质子就意味着元素的种类发生了改变。在核反应中,一种元素的原子会转变成另一种元素的原子。**表21.1**对化学反应和核反应进行了比较。

我们可以采用核反应方程式来描述原子核的变化,就像书写化学方程式那样。反应物写在左边,生成物写在右边,中间用箭头符号相连。但你会发现反应物和生成物都是相应元素的原子核。

例如,碳元素有三种同位素,它们的质量数不同:C-12,C-13,C-14。C-12和C-13是稳定的同位素,没有放射性;而C-14是不稳定同位素,具有放射性。因此,在衰变方程中,必须对它们加以区别。为了达到这一要求,原子核常用符号 $^A_Z X$ 表示,其中 X 为元素符号,上角标 A 表示核的质量数,下角标 Z 表示核的电荷数(即原子序数)。所以碳的三种同位素应分别表示为:$^{12}_{6}C, ^{13}_{6}C, ^{14}_{6}C$。每一种同位素都有6个质子,只是C-12的质子数与中子数之和为12,C-13的质子数与中子数之和为13,C-14的质子数与中子数之和为14。**图21.3**展示了碳元素和氢元素的同位素。

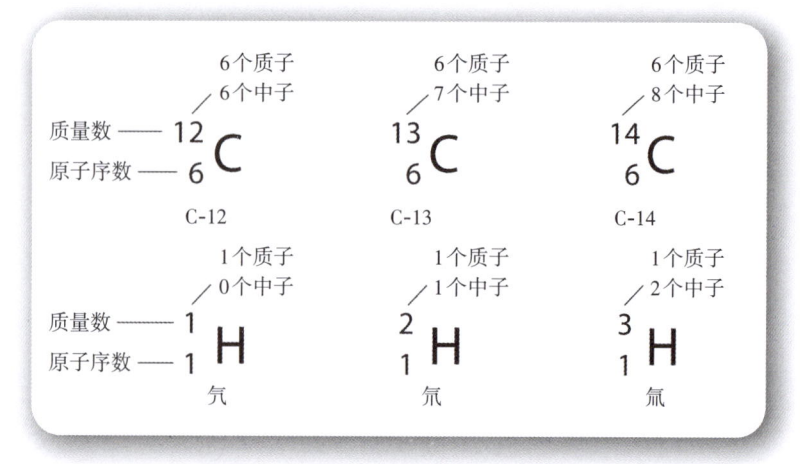

■ **图21.3** 上角标和下角标分别表示某同位素的质量数和原子序数。图中展示了碳与氢的几种同位素。

放射性元素的衰变

放射性元素的原子核发出射线的过程,叫作原子核的衰变。这些放射性元素的原子核是不稳定的,但并非所有不稳定的原子核都以同一模式进行衰变。不同种类的同位素,所释放的能量不同或者是形式不同。在1896~1903年间,科学家发现了三种类型的射线,并将他们分别以希腊字母的前三个——α、β和γ表示。

α衰变 α射线是由 **α粒子(alpha particle)** 组成的粒子流。α粒子是含有2个中子和2个质子的氦原子核。α粒子可表示成 $_2^4He^{2+}$,或直接写作α。与其他类型射线的微粒相比,α粒子的体积较大、电荷较多,这使得它们与原子发生碰撞的概率较大。因此,α射线不能深入到物质里面,一些较薄的物体就可以阻挡它,如纸、衣服,甚至空气。当发生α衰变时,发生衰变的原子核失去2个 p^+ 和2个 n^0,使得新产生的原子与原先的原子相比,原子序数减少2,质量数减少4。

放射性元素Ra-226放出α射线后,形成Rn-222。当Ra-226释放出一个α粒子时,Ra原子便失去2个质子和2个中子。失去质子后,Ra原子变成另一种元素——Rn,如**图21.4**所示。注意Rn-222本身也有放射性,会衰变成其他不同的元素。

$$_{88}^{226}Ra \longrightarrow {}_{86}^{222}Rn + {}_2^4He$$

α衰变方程式的配平 这个核反应方程配平了吗?通过上式可以看出,Rn的质量数为222,α粒子的质量数为4,因此核反应方程右边的质量数之和为226,等于左边的Ra-226的质量数。同时,两边的核电荷总数也相等,都是88。因此,整个核反应方程已经达到了平衡。注意:平衡后的核反应方程与平衡后的化学方程式不同,核反应前后的原子种类不再保持一致。

> **折叠式学习卡**
>
> 将本节中的信息归纳到你的折叠式学习卡中。

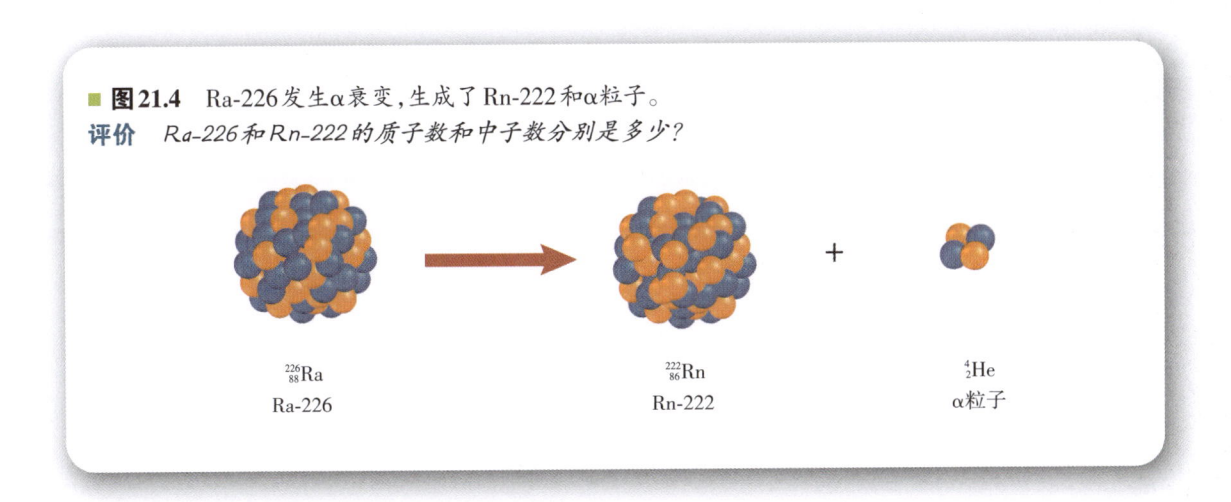

■ **图21.4** Ra-226发生α衰变,生成了Rn-222和α粒子。

评价 Ra-226和Rn-222的质子数和中子数分别是多少?

$_{88}^{226}Ra$ Ra-226 → $_{86}^{222}Rn$ Rn-222 + $_2^4He$ α粒子

工作原理

烟雾探测器

当环境中存在烟雾粒子时,烟雾探测器就会发出警报。图21.5所示的是一种离子型烟雾探测器,内部含有电子传感器,它能检测到干扰电流的烟尘颗粒。离子型烟雾探测器通常含有镅的不稳定同位素 $^{241}_{95}Am$,它能产生探测器所需的电流。$^{241}_{95}Am$ 可衰变成 $^{237}_{93}Np$ 和 $^{4}_{2}He$。

另一种烟雾探测器是光电烟雾探测器,它将光源和光探测器成90°角放置。通常情况下,光源放出的光沿直线传播,遇不到探测器。当有烟雾时,烟雾粒子使光发生散射,传感器就会感应到一些光。离子型烟雾探测器最常见,因为价格比光电烟雾探测器便宜,而且更擅长于探测少量的烟雾。

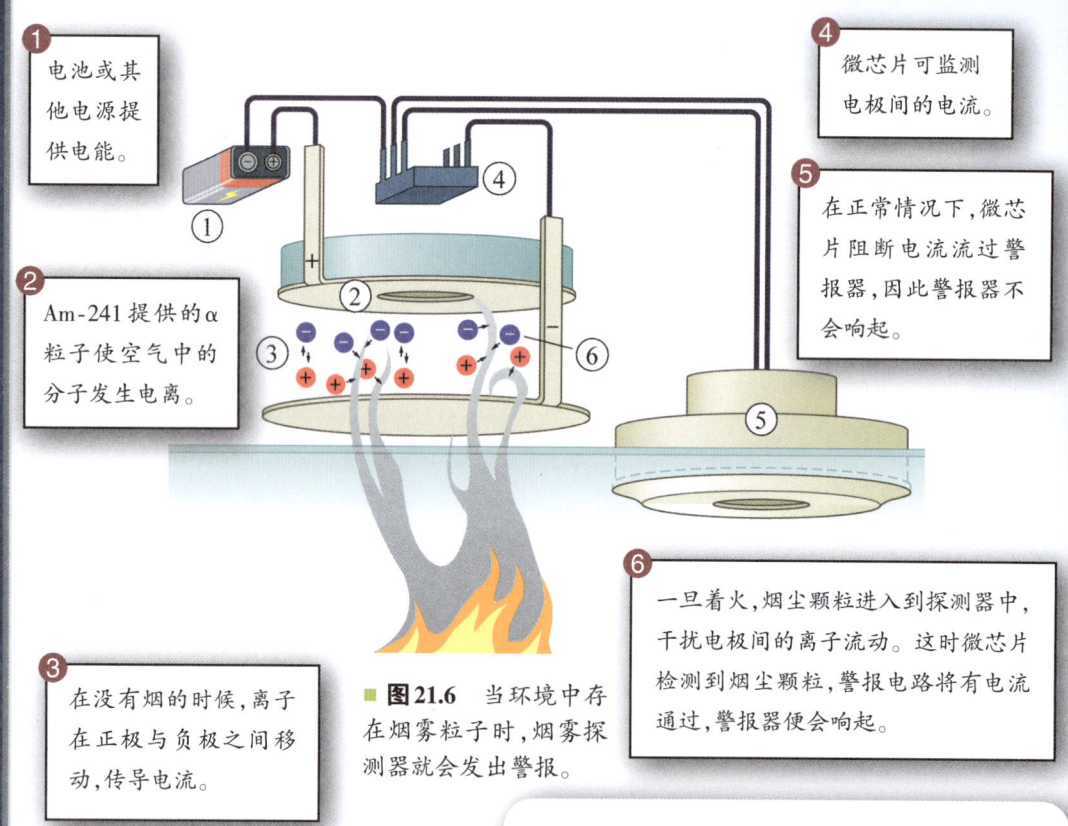

■ 图21.5 一种离子型烟雾探测器。

❶ 电池或其他电源提供电能。

❷ Am-241提供的α粒子使空气中的分子发生电离。

❸ 在没有烟的时候,离子在正极与负极之间移动,传导电流。

❹ 微芯片可监测电极间的电流。

❺ 在正常情况下,微芯片阻断电流流过警报器,因此警报器不会响起。

❻ 一旦着火,烟尘颗粒进入到探测器中,干扰电极间的离子流动。这时微芯片检测到烟尘颗粒,警报电路将有电流通过,警报器便会响起。

■ 图21.6 当环境中存在烟雾粒子时,烟雾探测器就会发出警报。

批判性 思考

1. **阐述** 镅-241的衰变属于哪一种类型?
2. **解释** 为什么镅-241周围的空气能导电?

β衰变　不稳定原子核的第二种衰变类型是β衰变,β衰变产生β射线。构成β射线的粒子比构成α射线的粒子轻,而且体积也小很多,因此这些粒子具有更快的运动速度,具有更强的穿透能力。每个**β粒子(beta particle)** 带有1个电子,记为$_{-1}^{0}e$或$β^-$。比起α粒子,β粒子的穿透能力更强。只有遇到金属块、木块或厚布匹等比较厚实的物品时,β粒子才会停止。

由β衰变产生的电子,并非原子的核外电子,而是在中子转变为质子和电子的过程中产生的。当发生β衰变时,元素的种类会发生变化。此时,发生衰变的元素原子在原子序数上比原先增加1,质量数则保持不变。

β衰变方程式的配平　C-14的β衰变如下:

$$_{6}^{14}C \longrightarrow {_{7}^{14}}N + {_{-1}^{0}}e$$

由上式可以看出,元素种类已经发生了变化,此时C-14转变为N-14。β粒子是带一个负电荷的电子,并不影响反应前后的质量数。在β衰变过程中,一个中子转变成了一个质子和一个电子,因此原子核的质子数增加1,由6变为7。核反应方程左边的电荷数与右边的电荷数之和[6=7+(-1)]相等,均为6,因此核反应方程达到了平衡。

γ衰变　第三种衰变类型是γ衰变,γ衰变产生γ射线。**γ射线(gamma ray)** 是一种没有质量、不带电荷但具有高能量的电磁射线。γ射线具有高能量和很强的穿透能力,会对生物细胞造成伤害。在核反应方程中,γ射线可书写为γ。比起α、β射线,γ射线更难阻挡,如**图21.7**所示。γ射线可以很容易地穿透各种类型的材料,只有厚铅板或更厚的水泥板才能阻挡它。

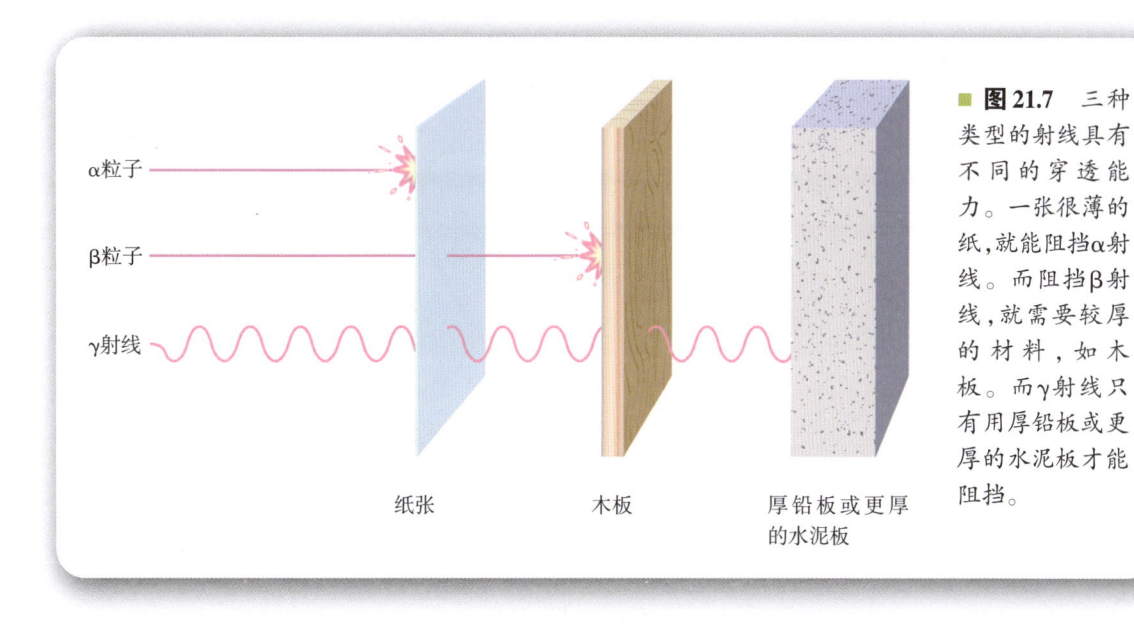

■ **图21.7**　三种类型的射线具有不同的穿透能力。一张很薄的纸,就能阻挡α射线。而阻挡β射线,就需要较厚的材料,如木板。而γ射线只有用厚铅板或更厚的水泥板才能阻挡。

745

γ衰变仅释放出能量。在衰变方程中，γ射线常常略去不写，因为γ射线的产生既不影响原子的质量数，也不影响质子数。γ衰变一般不会独立发生，往往伴随着其他类型的衰变而发生。例如，U-238发生α衰变转变为Th时，同时发生了γ衰变。

$$^{238}_{92}U \longrightarrow {}^{234}_{90}Th + {}^{4}_{2}He + \gamma$$

推断衰变的方式　只需观察简单核反应前后的电荷数和质量数的变化，就可以判断出衰变反应的类型。如果质子数和质量数都减少，则发生α衰变；如果质量数不变而质子数增加，则发生β衰变；如果质子数和质量数都不变，则发生γ衰变。

复杂反应往往同时发生着一种以上的衰变。在一些反应中，一种放射性原子核衰变为另一种原子核，进而又衰变为第三种原子核，再继续下去，直到产生一种稳定的原子核为止。例如，U-238的衰变过程包含14个步骤，其中包括α衰变、β衰变以及γ衰变，直到变成稳定的Pb-206。

放射强度的检测　放射现象无色、无味，既看不见，也听不到，更摸不着，因此，需要通过其他途径来检测放射性物质的存在。照相底片就是一种简单的检测仪器。然而，只有当放射源比较靠近时，底片才能进行有效检测。

盖革计数器　盖革计数器是最常见的辐射探测器之一。盖革计数器可用于检测放射性元素、判断放射性物质的放射强度。**图 21.8** 展示了盖革计数器使用的过程。

■ **图 21.8**　盖革计数器中，电池组与气体填充的圆柱体之间形成电路，但电路是断开的。当存在放射性元素时，气体中产生了离子，从而接通了整个电路。电路接通后，电路中的发声装置就会发出声响，并被计量器记录下来。

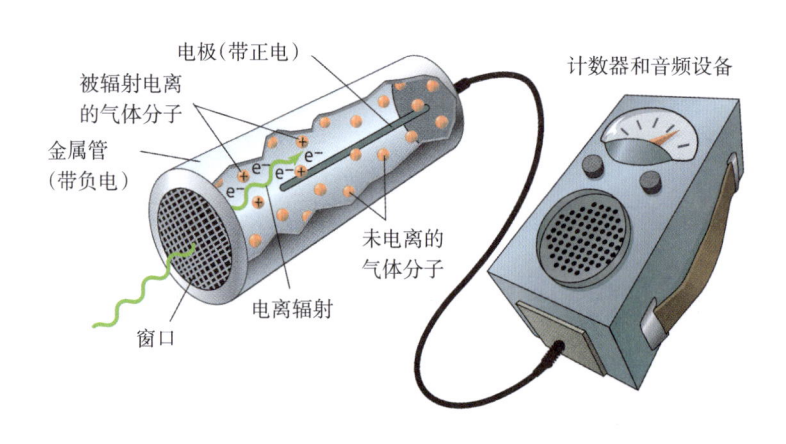

如**图 21.8**所示,从盖革计数器尾端窗口进入的离子辐射电离管内的气体粒子。当气体离子和自由电子碰撞管内的电极,就会产生电流。电流使显示针移动,形成在盖革计数器探测离子辐射时你听到的嘀嗒声。

闪烁计数器 闪烁计数器通过对光的检测来记录放射性物质的放射强度。将放射性物质样品与某些化合物混合,会迅速发出一些光,这一过程称为闪烁。通过检测闪烁次数,就可得知放射性物质的放射强度。

例题 1

提示
在解决这类问题时,不能随意改变已知原子的质量数和电荷数。

书写并配平核反应方程 K-40 发生衰变,形成 Ca-40。请写出该核反应方程,并确定其衰变类型。

1 分析

写出同位素的元素符号,并在元素符号的上角标处写明其质量数,下角标处写明其质子数。

K-40 可写为 $^{40}_{19}K$,Ca-40 可写为 $^{40}_{20}Ca$。

2 方案

K 为反应物,写在左边;Ca 为产物,写在右边。

$$^{40}_{19}K \longrightarrow ^{40}_{20}Ca + ?$$

3 实施

因为质量数已经配平(40=40),你只要把电荷数配平就可以了。钾的原子序数是 19,钙的原子序数是 20。因为 β 粒子($^{0}_{-1}e$)携带一个负电荷,没有质量,所以在核反应方程的右边加上这个粒子,就可以配平核反应方程的电荷数了。

$$^{40}_{19}K \longrightarrow ^{40}_{20}Ca + ^{0}_{-1}e$$

4 检查

核反应方程左边的质量数等于右边的质量数(40+0);左边的电荷数是 19,等于核反应方程右边的电荷数[20+(−1)]。所以,这个核反应方程已经配平了。因为是放出电子(β 粒子),所以衰变类型是 β 衰变。

练一练

1. 书写并配平 Ra-226 衰变为 Rn-222 的核反应方程,并指出其衰变类型。
2. 书写并配平 Ne-23 衰变为 Na-23 的核反应方程,并指出其衰变类型。

补充练习
有关核反应方程配平的额外练习,请见附录 C。

化学实验

放射性衰变的硬币模型

背景

不稳定原子的原子核会自发地发生分解或衰变,放射出α、β或γ射线。能发生这种变化的原子即为放射性同位素。发生衰变的原子叫作母原子,由衰变产生的原子叫作子原子。在本化学实验中,头像朝上的硬币被假想为母原子,背面朝上的硬币被看作衰变后的子原子,你将研究放射性同位素的衰变特点,并判断它的半衰期(原子总量的一半发生衰变所需要的时间)。

问题

这种假想的放射性同位素,它的半衰期是多少?

目标

- **推断**假想原子的衰变特点。
- **分析**数据,计算假想原子的半衰期。
- **绘制和运用**图表,解释实验数据。

实验准备

实验器材

- 带有盖子的鞋盒
- 硬币(120枚)
- 秒表或者带秒针的手表

实验步骤

1. 数出120枚硬币,将它们的数字全部朝上地放在鞋盒里。在类似"实验数据与现象观察"的表格中,对应于时间为"0"的位置上记下120个母原子,0个子原子。

2. 将鞋盒用盖子盖好,然后用恰当的力上下摇动盒子20次,期间你的搭档将记下衰变的时间。假设之后实验的衰变时间都保持一致。

实验数据与现象观察

所有时间	取出的背面朝上的子原子数	剩余的数字朝上的母原子数

3. 打开盒子,将背面朝上的硬币从盒中取出,并数出它们的数量,记为子原子数。原来的硬币总数减去取出的硬币个数就是剩余的母原子数。将摇晃盒子花去的时间、取出的硬币个数及剩余的硬币个数全部记录在表格当中。
4. 重复4次实验步骤3和4,每次结束后都记下实验数据。每轮摇晃结束后,将时间与所有之前花去的时间相加,即可得到已经花去的总时间。

分析与讨论

1. **绘制图表** 将剩余的母原子数作为 y 轴,时间作为 x 轴,绘制曲线图。
2. **解释数据** 在你操作的实验中,假想原子的半衰期是多少?请予以说明。

应用与评估

1. **推断** 在每个半衰期中,发生衰变的假想原子所占的比例都是一样的吗?这表明半衰期的什么特点?为什么说真实原子中的这种变化不会很明显?
2. **计算** 如果你有 1 mol 的硬币(假设你有足够的时间数清楚),经过 10 个半衰期后,还剩下多少个母原子?剩下的数目多吗?
3. **评价** 如果你花更长的时间来摇晃盒子,这对半衰期会产生怎样的影响?这是否表明原子的半衰期可通过改变条件进行控制?

> **进一步探究**
> 采用除硬币之外的常见物品来代表放射性元素,重新设计实验。针对你选择的物体,说明用什么表示半衰期,并确定每个半衰期取出的物体。

749

化学与技术

考古的放射性化学研究

埃及金字塔中的木片、考古挖掘出的骨制工具以及死海古卷,它们是否有相同之处?它们的共同点就是都含有死亡生物体的碳原子。考古学家可以通过C-14法来测定这些物品的年代。

C-14年代测定法的发展

考古学家在研究史前古物和其他早期人类的遗迹时,例如图21.9中的颅骨。在早期,即与放射性物质有关的化学形成之前,考古界通常使用间接、耗时且不精确的方法。在1946年,在芝加哥大学工作的威拉德·利比(Willard Libby)发明了C-14年代测定法,用它来测定含有碳原子的物品。测定的第一件古物,是法老墓中的一段柏树枝。此后,C-14年代测定法便广泛应用于动植物化石的年代测定。

■ 图21.10 冰人在冰河中被发现。

C-14形成于大气的上层。当宇宙射线与大气上层的原子发生碰撞时,原子便发生分裂,释放出亚原子粒子。当一个中子与一个氮原子发生碰撞时,氮原子将失去一个质子。

$$^{14}_{7}N + ^{1}_{0}n \longrightarrow ^{14}_{6}C + ^{1}_{1}p$$

当测量并算得生物体中C-14与C-12的含量之比时,即可推算出此生物体的年龄,最大可推算至50 000~60 000岁。

冰　人

1991年,一位徒步旅行者在冰河发现了一个已经冻结成冰的男尸,位于奥地利和意大利之间的边境处的阿尔卑斯山脉。通过C-14年代测定法,科学家推断这名男性生存的年代大约距今5 300年。这是迄今发现的年代最久且保存完整的人类遗体,如图21.10所示。一些重要的细节揭示了他的形体特点及生活方式。当时他全副武装,并且随身携带了多种工具和设备。科学家发现,当时的人类已经发明了木柄匕首,学会了理发和文身,并且还具备一些判断植物是否生长良好的常识。因为测出了许多遗物、遗迹的年代,所以关于新石器时代的部分历史就很可能因此被改写。

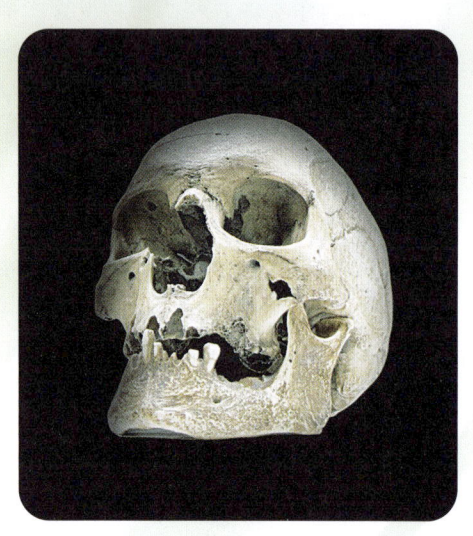

■ 图21.9 利用C-14测定早期人类的颅骨。

另一个使科学家感到困惑的问题是这个冰人是怎么死的。2001年,在他的背上发现了一个箭头,但科学家并不能确定就是这个箭头杀死了他,因为当体内有外来物时人依然可以存活。后续关于箭头从何处进入身体的研究发现,射入体内的箭头可能造成动脉损伤,这可能导致了大量失血。目前科学家这样总结,冰人在中箭不久后因流血过多而死。尸体的位置同时也表明射击冰人的那个人把他翻过身后取走了箭。

■ **图 21.12** 使用热释光法测定陶土罐。

■ **图 21.11** 串联加速式质谱仪(TAMS)用于C-14的年代测定。

有,或它的年代太过久远而不能用C-14年代测定法测定时,就需要考虑采用其他可替代的方法。这类方法可根据物质所含有的放射性物质的种类进行选择,如Ru-Sr年代测定法、Pt-Ar年代测定法。

考古学家还用一种名为热释光法(TL)的方法来测定陶瓷的年代,如图21.12所示的陶土罐。在泥土中,含量少的放射性物质的衰变,如铀、钍,会激发其他原子的电子跃迁到更高能级。当这些泥土加热到超过450 ℃,电子回到稳定态时会释放出热和光。只需测量发出的光,就可以大致知道陶瓷的加工年代。

TAMS:一种先进的年代测定法

C-14年代测定法的标准实验室操作,是将待测样品的一小部分先灼烧,通过闪烁计数器统计因β衰变产生的光。由于物品中C-14的含量很少,C-14年代测定法往往需要较大量的待测样品,而且这种方法只对近60 000年的物品的年代测定有效。此外,C-14的衰变速率很慢,测量过程需要花上几天甚至几周的时间才能完成。目前,随着一种串联加速式质谱仪(TAMS)的发明,C-14年代测定法的样品量只需几毫克,且耗时少于1小时。

考古学家使用的其他放射性年代测定法

当一件古物所含有的C-14的量很少甚至没

> **技术探讨**
>
> 1. **获取信息** 放射性年代测定法的应用很广,方法也很多,请在图书馆中查找本栏目未述及的其他一些测定方法的相关信息。
> 2. **推断** 铁不是生物体的组成材料,那么,铁质工具应当怎样运用C-14法进行年代测定?
> 3. **应用** 热释光法的精确度不是非常高,但它在鉴定陶器的真伪方面非常有用,请解释原因。

751

放射性同位素的半衰期与年代测定法

化学反应速率受许多因素影响,如温度、压强、浓度等,但自发的核衰变的速率并不受这些因素的影响。尽管单个原子核的衰变是一个随机事件,我们无法预测某一特定的原子核是否会发生衰变,但是,对于大量的原子来说,衰变的速率是一个常数。凭借这个常数,就可以预测出给定比例的样品发生衰变所需的时间。

衰变的速率　**半衰期**(half-life)是指一定数量的放射性同位素,其中的一半发生衰变所需要的时间,用 $t_{\frac{1}{2}}$ 表示。半衰期比较容易测定,许多放射性同位素的半衰期已被测定出来。不同放射性元素的半衰期差别很大,有些不到1秒,有些甚至长达几十亿年。表 21.2 列举了一些最为常见的放射性同位素的半衰期,图 21.13 则更形象地说明了半衰期的概念。

因为不同放射性同位素的半衰期是固定的,科学家可以用它来测定化石的年龄,判断地质的形成,以及鉴定文物等。简言之,科学家是利用已知放射性同位素的半衰期来估计含有该同位素的物品的年龄。经常用于测定年代的4种同位素,分别是 C-14、U-238、Rb-87 和 K-40。下面将详细介绍其中的 C-14 年代测定法。

C-14 年代测定法　所有生物体内都含有碳元素——植物里的碳来自于大气中的二氧化碳,动物体内的碳则来自它们所消耗的植物或动物。而在生物体中,绝大多数碳元素是以 $^{12}_{6}C$ 和 $^{13}_{6}C$ 的形式存在的,但是每 100 万个碳原子中只有 1 个是放射性同位素 $^{14}_{6}C$。只要生物体进行新陈代谢,细胞里大约每 100 万个碳原子中就存在 1 个 $^{14}_{6}C$。一旦生物体死后,它将不再摄取碳原子,而放射性元素 $^{14}_{6}C$ 会衰变成 N-14 和 β 粒子,所以 $^{14}_{6}C$ 在生物遗体的碳原子总量中所占的比例将会越来越小。

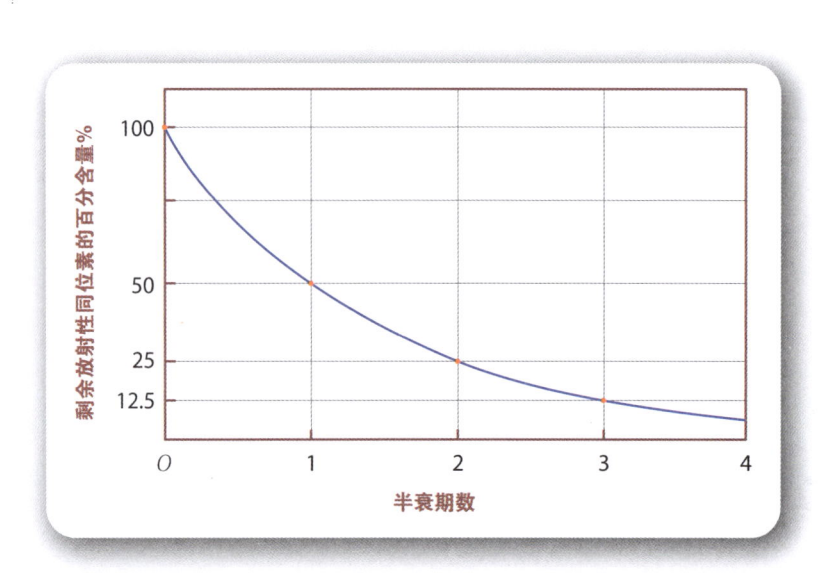

表 21.2　常见放射性同位素的半衰期

同位素	半衰期
$^{3}_{1}H$	12.26 年
$^{14}_{6}C$	5 730 年
$^{32}_{15}P$	14.282 年
$^{40}_{19}K$	12.5 亿年
$^{60}_{27}Co$	5.271 年
$^{85}_{36}Kr$	10.76 年
$^{93}_{36}Kr$	1.3 秒
$^{87}_{37}Rb$	480 亿年
$^{99m}_{43}Tc$	6.0 小时*
$^{131}_{53}I$	8.07 天
$^{131}_{56}Ba$	12 天
$^{153}_{64}Gd$	242 天
$^{201}_{81}Tl$	73 小时
$^{226}_{88}Ra$	1 600 年
$^{235}_{92}U$	7.10 年
$^{238}_{92}U$	45.1 亿年
$^{241}_{95}Am$	432.7 年

*表示亚稳态元素,是不稳定同位素的一种形式。锝-99m 可释放出 γ 射线,从而变得更稳定,但仍是相同的同位素,既不改变原子序数,也不改变质量数。

■ **图 21.13**　每经过一个半衰期,样品中就有一半的放射性原子核发生了衰变。在第 1 个半衰期后,剩下 50% 的放射性同位素;第 2 个半衰期后,就剩下 25% 的放射性同位素;第 3 个半衰期后,只剩下 12.5% 的放射性同位素。
评价　根据图像估计 1.5 个半衰期后样品还剩下多少。

■ **图21.14** 碳测定被用来判断碳生物体和物体的年龄,图中长毛象的头骨有10 000~18 000年的历史。

在C-14年代测定法中,测出骨头、牙齿一类样品中含C-14的比例,再将这个数据与现代样品的C-14含量相比,就可以估计出化石的年龄了。例如,如果化石样品每分钟C-14的衰变次数恰好是现代样品的一半,那么说明它经历了一个半衰期,也就是说,这个化石有5 730年的历史了。如果化石样品每分钟C-14的衰变次数是现代样品的$\frac{1}{4}$,则说明它经历了2个半衰期,也就是说,这块化石有11 460年的历史。**图21.14**展示了C-14年代测定法的应用。

采用其他放射性同位素测定 与许多化石和地质形成的历史相比,C-14的半衰期——5 730年显得有些短暂。60 000年前的物品,就因为C-14的含量过低而无法准确测量。如果一件物品的历史超过60 000年,则需要采用其他的同位素测定技术。长达10亿年的岩石和矿石,可以用半衰期长的放射性同位素来测定,如K-40($t_{\frac{1}{2}}$=12.5亿年)、U-238($t_{\frac{1}{2}}$=45亿年)和Rb-87($t_{\frac{1}{2}}$=480亿年)。**图21.15**展示了这些技术。

■ **图21.15** 像有35亿年历史的叠层石等,因历史年限太长,无法用碳测定法来测量。但可以用半衰期更长的放射性同位素来测量,比如K-40。

753

艺术链接

伪造大师范·米格林——恶棍还是英雄

范·米格林是一位伪造技术娴熟的荷兰艺术家。他运用17世纪荷兰著名画家维米尔的作画风格制作出了一批赝品。1937年，范·米格林将他最好的一幅赝品——《基督及其艾茂斯之门徒》，以280 520美元的高价卖给了荷兰博物馆。一直到1945年，他还在伪造维米尔及其他荷兰名家的作品。

战争年代的赝品 在19世纪40年代早期，纳粹占领荷兰，范·米格林将他伪造的维米尔名画卖给了纳粹政府官员。在此期间，荷兰艺术馆遭到了纳粹的掠夺。后来追回的200件文物作品中，就有范·米格林伪造的作品。1945年，战争临近结束，荷兰政府在纳粹的掠夺品中发现了维米尔的名画，并且追查到了范·米格林身上。面对可能以通敌叛国处以死刑的危险，米格林宣称他出售的所有国宝级画，都是他伪造的！并且还表示，通过这样的交易，他保护了许多国家级艺术珍品。豪言既出，一片哗然。经调查，当局承认了他的赝造者身份。米格林被判了伪造名画罪，狱期1年，但未服完刑就去世了。

放射性测定揭开真相 直到1968年，美国科学家凯奇才提供了可靠的证据，证实范·米格林确实是一些艺术品的赝造者。白色的含铅化合物 $PbCO_3$ 和 $Pb(OH)_2$ 是油画的重要颜料。在这些化合物中，稳定的铅-206的直接来源是铀-238。铀-238的半衰期是45亿年，它先衰变成一系列不稳定的同位素，包括镭-226和钋-210，最后形成铅-206。

在这些白色化合物的形成过程中，排在钋-210前面的同位素都将消失，但还是会有极少量的镭-226存在。因为生成钋-210的放射性元素绝大部分都将消失，所以色素中钋-210的含量也会不断减少。因此，镭-226与钋-210的含量之比可以用于鉴定巨作的历史。假如镭-226与钋-210的含量之比较小，则表明这是一幅新近绘制完成的作品。

赝品的鉴定

凯奇从所谓的维米尔名画上获取少量白色含铅化合物并加以检测。测定结果表明，白色含铅化合物中Ra与Po的比例较小。这说明该画大约是30年前的作品，而不是260年前。因此，如米格林所言，这些确实是赝品。

■ **图21.16** 范·米格林的画作。

化学链接

1. **获取信息** 比利时化学家考曼斯也证实了伪造的维米尔画，他是怎么办到的？
2. **解释** 假设你有两幅画：一幅是几百年前的画，另一幅是1年前的画。假设A画中Po的浓度是12（经过数据处理，下同），Ra的浓度是0.3；B画中Po的浓度是5，Ra的浓度是6。请问：哪幅是几百年前的画？哪幅是1年前的画？

例题 2

测定化石的年龄 在一次火山喷发中,有一棵大树被摧毁,并成为一块木化石。该化石中 C-14 的含量,是现今存活的相同粗细的树木中 C-14 含量的 6.25%。请问:这次火山喷发发生在什么时候?

> **提示**
> 重复 $\frac{1}{2}$ 与 $\frac{1}{2}$ 相乘,直到所得的数字是你所需要的结果为止。

1 分析

C-14 的半衰期是 5 730 年,C-14 的含量是最初含量的 6.25%。

2 方案

确定 C-14 含量的变化所经历的半衰期的个数。在每一个半衰期后,放射性同位素的一半原子发生衰变。现在化石里的 C-14 的含量是原来的 6.25%,所以需要找出几个 $\frac{1}{2}$ 相乘才是 6.25%。经过计算,发现 4 个 $\frac{1}{2}$ 相乘就可以了。$\frac{1}{2} \times \frac{1}{2} \times \frac{1}{2} \times \frac{1}{2} = 0.5 \times 0.5 \times 0.5 \times 0.5 = 6.25\%$(或是 $100 \times \frac{1}{2} \times \frac{1}{2} \times \frac{1}{2} \times \frac{1}{2} = 6.25$)

所以,总共过去了 4 个半衰期。

3 实施

因为经历了 4 个半衰期,每一次都是 5 730 年,所以总共花去的时间为:5 730 年 × 4 = 22 920 年。所以这棵树是在 22 920 年前的一场火山喷发中被摧毁的。

4 检查

复查解题过程,并重新计算一遍,确保每次计算的结果都是相同的。

练一练

3. K-40 的半衰期是 12.5 亿年,现运用放射性元素 K-40 分析一块岩石的年龄。如果与现在刚刚形成的岩石相比,该岩石只剩下 25% 的 K-40。该岩石是在什么时候形成的?

4. 从一个很早的火山坑中取得一些灰土样本,检测发现它的 C-14 含量仅为现在灰土的 12.5%。这些灰土是在什么时候形成的?

第 1 节 本节回顾

要点梳理

- 核反应涉及质子、中子的变化。
- 利用照相底片和仪器,如盖革计数器、闪烁计数器等,可探测放射性物质,并测量它的数量。
- 放射性元素的半衰期,是指放射性原子核中有一半发生衰变所需要的时间。

5. **主要 概念 解释** 什么是放射性?请举出一个放射性同位素的例子。

6. **描述** 盖革计数器的用途是什么?请描述它的操作过程。

7. **评估** 如果某种样品在一年后有一半的原子发生了衰变,那么剩下的一半是否会在下一年里都发生衰变?为什么?

8. **推断** 目前发现的地球上最古老的化石大约有 38 亿年的历史。这是不是通过 C-14 法测定的?请说明理由。

9. **评价** 假设给你一个古老的木盒子。经过检测 C-14 的放射性强度后发现,这个木盒子的 C-14 含量仅为相同大小的新盒子的 50%。请问:这个木盒子有多少年历史?

第2节

核心问题
- 核裂变和核聚变有何异同？
- 如何用方程式表示核反应过程中发生的变化？
- 核裂变反应堆如何将核能转化为电能？

术语回顾
半衰期：放射性元素的原子核有半数发生衰变时所需要的时间。

关键术语
核裂变
核反应堆
核聚变
氘
氚

核反应与能量

主要概念 核裂变和核聚变会释放巨大的能量。

链接真实世界 美国和苏联都利用核反应给太空中的人造卫星提供能量。其实，离地球不远处，就有一个巨大的核反应堆。它就是太阳。太阳为植物——我们所有食物的基础提供能量，给空气和水加热。那么，能否复制太阳里发生的反应呢？

原子核的能量

与化学反应相比，核反应可释放出巨大的能量。这些能量中，大部分来自于原子核的质量损失。爱因斯坦首先意识到了这种蕴藏于物质中的巨大潜能。而且，他还发现质量与能量间遵循下列关系式：

$$E = mc^2$$

在这个方程里，E 代表能量，m 代表质量，c 代表光速（$3 \times 10^8 \text{ m·s}^{-1}$）。

因为光速很大，所以即便质量很小的物质，也可能产生巨大的能量。这就解释了为什么核武器（如原子弹）的威力比运用化学反应制成的武器（如炸药）的威力要大得多。如**图 21.17** 所示的现代核电站就是按照这个原理运作的。但是，核电站中那些将质量转化为能量的反应需要小心地进行监测和控制。

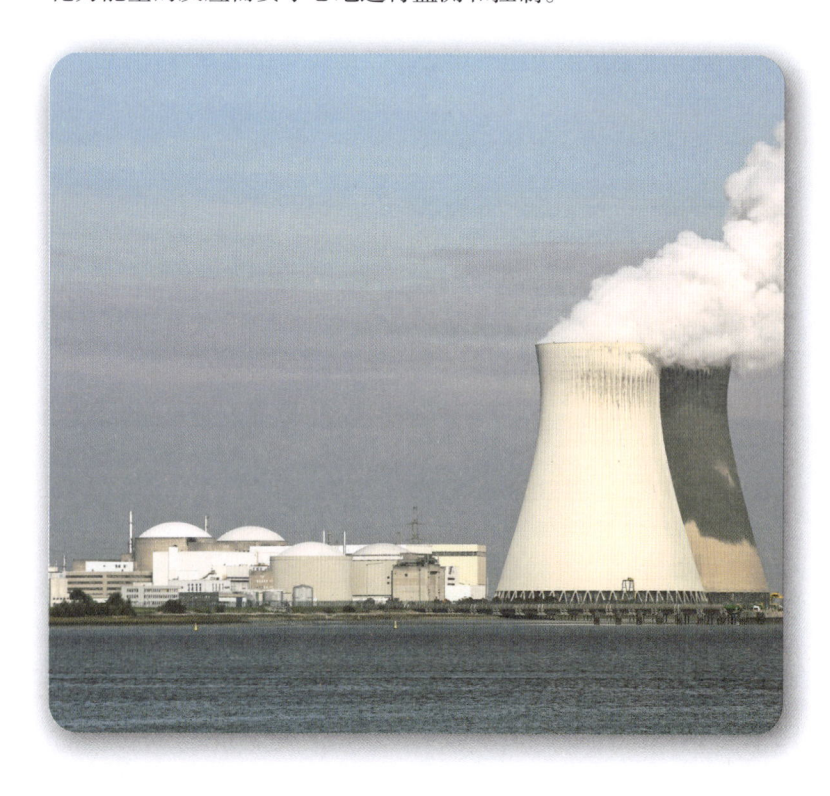

■ **图 21.17** 核电站的主要部分是在圆顶下面的反应堆和冷却塔。

核 裂 变

在1938年前，所有已发现的核反应都涉及放射线粒子的运动，如α粒子、β粒子。这些粒子可以是衰变的原子核释放或吸收的。第二次世界大战前夕，德国化学家奥托·哈恩发现一个奇怪的现象，用中子轰击铀生成的钡，它的质量只有铀的质量的60%。

哈恩请另一位物理学家丽赛·迈特纳（如**图21.18**所示）帮助解释这个现象。迈特纳判断，在用中子轰击铀时，会分裂产生两个核。她将这种现象描述为**核裂变（nuclear fission）**。当核裂变发生时，一个原子核会分裂生成两个或更多的碎片。

裂变的过程 为什么用中子轰击铀会发生核裂变呢？我们知道，改变中子与质子的比例就可以改变原子核的稳定性。铀-235俘获一个中子后，就会变得不稳定而发生核裂变，产生两种不同元素的原子以及更多的中子。它是一个典型的铀裂变反应。

$$^{235}_{92}U + ^{1}_{0}n \longrightarrow ^{140}_{56}Ba + ^{93}_{36}Kr + 3^{1}_{0}n$$

请注意观察此核反应方程，确定左右两边的质量数、电荷数之和都分别相等，表明核反应方程式已经配平。

第二次世界大战期间，科学家就在寻找让核裂变成为链式反应的方法。链式反应就是一系列不断进行的反应，每一步反应的产物又能引发下一步反应。在铀裂变反应中，产生的中子能引发其他铀原子发生裂变。值得注意的是，一次裂变能产生3个中子，足以保证反应的不断进行。核裂变的链式反应如**图21.19**所示。

■ **图21.18** 丽赛·迈特纳是一位杰出的物理学家。为了躲避纳粹的迫害，她逃离了自己的祖国奥地利。迈特纳最先描述核裂变的过程。核裂变释放出的能量比放射性衰变放出的能量要大得多。

■ **图21.19** 在链式反应中，每一步反应都为下一步反应提供反应物。在铀的裂变中，中子进入铀-235的原子核里，导致铀-235原子核转变成两个较小的原子核。同时，反应产生了更多的中子。这些中子又被其他的铀-235俘获，链式反应就此发生了。

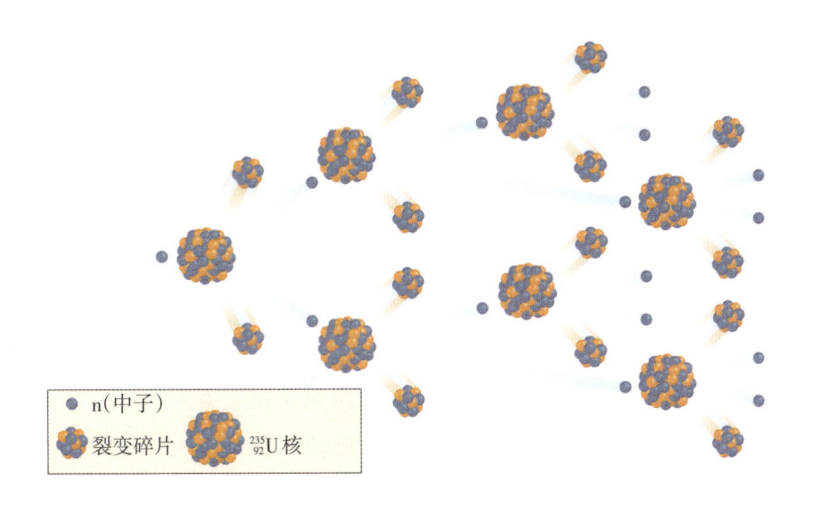

- n(中子)
- 裂变碎片
- $^{235}_{92}U$核

■ **图 21.20** 核反应能否维持,取决于反应物的量。处于次临界量时,链式反应不会启动,因为在引发足够多核裂变来维持链式反应前中子已经逃逸了。处于临界量时,中子可以引发越来越多的核裂变,并加速链式反应。

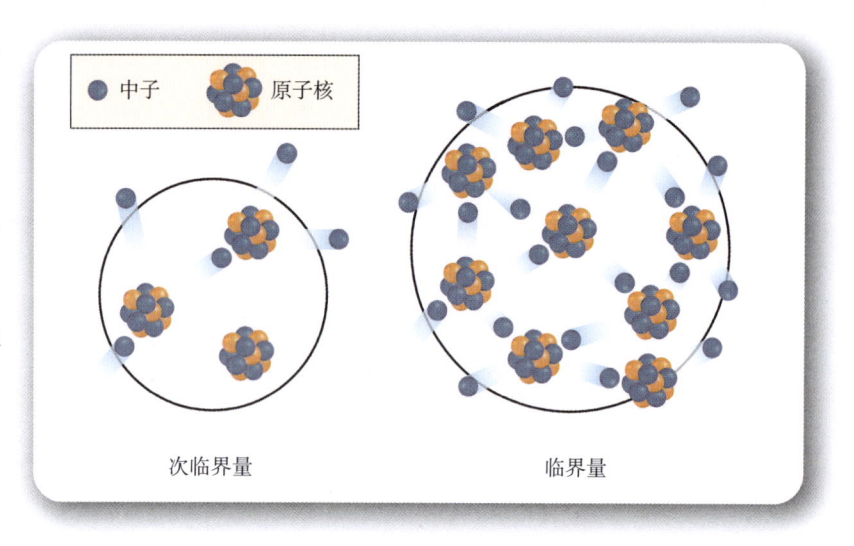

对比 比较次临界量和临界量的区别。

中子　原子核

次临界量　　　临界量

临界量 链式反应的启动,需要能发生核裂变的材料,由此生成可与其他核发生撞击的中子,如**图 21.20**所示。如果没有足够的能发生核裂变的材料来维持链式反应,换句话说就是,如果样品不够多,则样品被称为次临界量的。含有足够多核裂变材料来维持链式反应的样品必须到达临界量。

迷你实验 1

链式反应的模型

你能用多米诺骨牌模拟核链式反应吗 核电站通过核裂变将核能转化为电能。在核裂变过程中,重原子核俘获一个中子,分裂成两个质量数更小的原子核和一些中子。如果具有足够量的可裂变的材料,那么就能维持链式反应不断进行。

实验步骤

1. 阅读并完成实验安全表格。
2. 准备2套多米诺骨牌。
3. 将它们按照一定的方式竖着排列,使得第一个骨牌倒下后,能接连推倒另两个骨牌。按这种方式一个个排好。
4. 不断练习,直到你找到最佳的方式。那就是一个骨牌倒下时,能使所有的骨牌以最短的时间全部倒下。如果你找到了一个最佳方案,请老师一同观察你的多米诺链式反应。如果第一个方案失败了,你还可以尝试第二个方案。老师会将你的最佳方案与其他同学的方案进行比较。

分析与讨论

1. **阐述** 在你设计的最好的链式反应中,共有多少个骨牌?班上设计最好的链式反应中,又有多少个骨牌?
2. **判定** 假设你有无限量的多米诺骨牌,设计方案使每个骨牌倒下时都能同时推到另外两个骨牌,也就是说,每次碰撞都推到前一轮的两倍数量的骨牌。第20次碰撞时推倒了多少个骨牌?
3. **解释** 这个多米诺骨牌模型如何模拟核裂变链式反应的过程?

但是，如果能发生核裂变的材料的量太多了，就是处于超临界量，链式反应会逐步增强。如果链式反应太快，就会引发爆炸，并释放出巨大的能量。这就是原子弹爆炸的机理。如果人类能够控制核裂变的链式反应，使它的能量缓慢放出，那么就能利用这些能量加热物质（如水），进而完成一些有用功。

裂变反应堆 1942年12月2日是核能发展史上一个值得纪念的日子。在这一天，科学家增强了核能安全可控的信心。主持研究工作的是意大利物理学家恩里科·费米。他带领研究小组在芝加哥大学一处废弃的足球场，成功地实施了能维持和控制的核裂变链式反应实验。

今天，核电站根据费米实验的成功经验，利用铀的裂变进行发电。**核反应堆（nuclear reactor）**是一种能维持和控制核裂变链式反应，从而提取核能的装置。目前大部分的核反应堆中，富含铀-235的铀矿是最常用于发电的。因此，铀-235的浓缩在整个发电过程中是非常重要的一步。**图21.21**介绍了核反应堆的大致工作情况。

> **词源**
>
> **Fission**
>
> 裂变
>
> findere（拉丁语）：分裂

■ **图21.21** 在核裂变的链式反应中，燃料棒中的铀-235产生迅速移动的中子和热量。减速剂（如水或石墨）可降低中子的移动速度，阻碍中子与铀-235原子核的结合。核反应的速率可以通过能吸收一些中子的控制棒进行调控。如图所示，反应中的能量能加热水得到蒸汽，推动汽轮机，产生电。蒸汽最后被冷却，并循环利用。

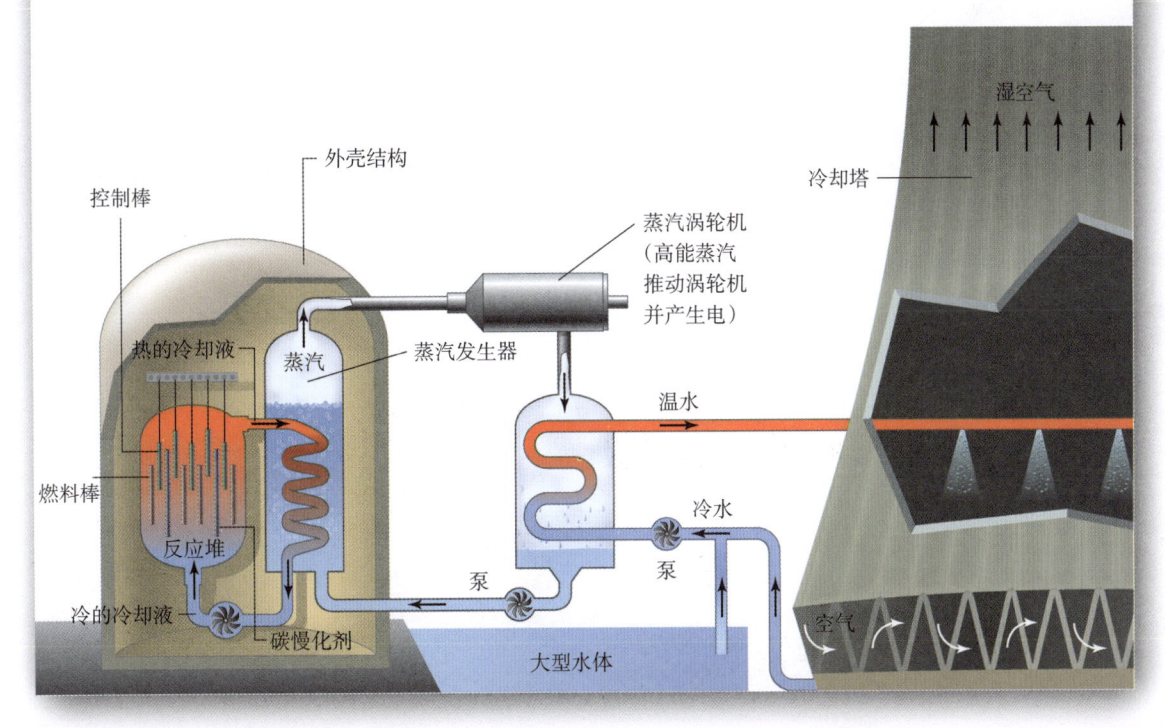

759

美国有33个州建造了核电站,全美核电站的总数超过了100。这些核电站的发电量占美国总发电量的20%。有一些州,如佛蒙特州,它们的大部分用电来源于核电站。除美国之外,越来越多的国家开始重视核能。法国是核能发电所占比例最高的国家,有70%的电能来源于核裂变。图21.22展示了现代功能性核电站的核心部分。

增殖反应堆 钚也能发生核裂变反应,并提供能量。钚-239的核裂变反应,最终可由铀-238产生更多的钚-239,同时产生用于发电的热量。在这种反应堆中,新产生的可裂变物质多于它生产能量所消耗的可裂变物质,我们称其为增殖反应堆。但增殖反应堆因为有一些致命的缺陷而未能得到推广,例如,钚对人体具有较大的危害,钚-239可用于制成威力强大的炸弹,等等。

核反应堆与污染 与化石燃料不同,核反应不会产生诸如二氧化碳、酸性硫化物以及氮氧化合物之类的污染物。但是,它产生的高放射性废弃物是很难进行安全处理的。此外,核反应还存在其他一些问题。例如,在燃烧或爆炸时,会有放射性物质进入到周围的环境中;发生核裂变的燃料是有限的;核燃料发电的成本要比化石燃料发电的成本高。图21.23展示了一些曾发生过严重事故的核反应堆。

核 聚 变

还有一种类型的核反应,它的反应过程与核裂变反应恰好相反,也能释放出大量的能量,我们将其命名为**核聚变(nuclear fusion)**。在核聚变过程中,两个或更多的原子核结合形成一个更大的原子核。核聚变在恒星(如太阳)中产生了大量的能量。在太阳内部,最典型的核聚变反应是氢原子聚合形成氦原子。

■ **图 21.22** 反应堆的内部充满了水,用吊车提取替换燃料棒。

■ **图 21.23** 在1979年,因为设备故障和人为原因,美国宾夕法尼亚州的三里岛核电站的反应堆过热,致使燃料棒发生部分熔化。事故发生后,含有放射性物质的水污染了反应堆周围的建筑物,放射性气体也被释放到了大气中。1986年,苏联切尔诺贝利核电站的冷却系统中的水分解成了氢气和氧气,从而发生爆炸事故。事故发生后,损坏的核反应堆被混凝土结构包围,被称为石棺。

三里岛核电站

切尔诺贝利核电站

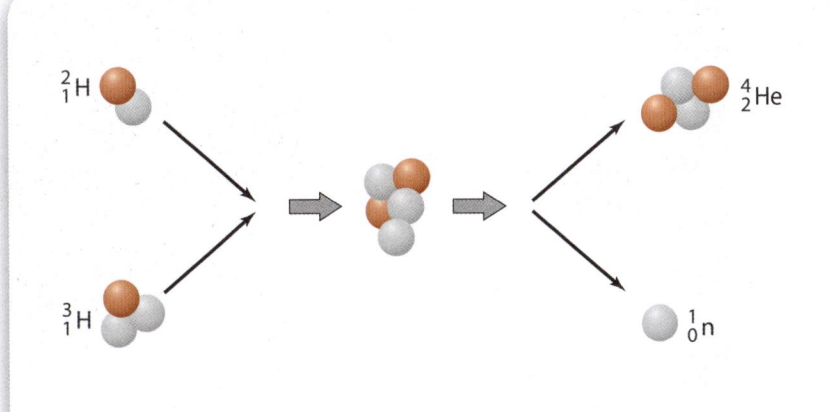

■ **图 21.24** 氘(氢-2)原子核与氚(氢-3)原子核发生核聚变,产生氦核与中子。

对比 反应前后的中子数和质子数分别是多少?

核聚变过程 科学家已经在实验室中研究过核聚变反应,包括氢原子转变为氦原子的过程。在一种普通的核聚变反应中,氢的两种同位素原子结合,形成一个氦核和一个中子,如**图 21.24** 所示。

$$^2_1H + ^3_1H \longrightarrow ^4_2He + ^1_0n$$

注意这个核反应方程已经配平。在这个核反应的反应物中,质量数为 2 的氢原子叫**氘(deuterium, D)**,质量数为 3 的氢原子叫**氚(tritium, T)**。类似这些质量小的原子核,可以结合生成质量较大并且更稳定的原子核。产生的氦原子核含有稳定的中子与质子数之比(1:1)。事实上,两个氘核也能结合形成氚或氦,如下列两个核反应方程式所示。

$$^2_1H + ^2_1H \longrightarrow ^3_1H + ^1_1p$$

$$^2_1H + ^2_1H \longrightarrow ^3_2He + ^1_0n$$

在第一个核反应里,产生了氚核和一个质子;在第二个核反应里,产生了 $^3_2$He 和中子。值得一提的是,氢聚变产生的能量是同等质量铀经过裂变产生能量的 20 倍,聚变反应堆因此颇受科学家关注。而且,聚变反应所需要的氘,在地球上的含量非常丰富。与核裂变产生能量相比,核聚变过程还有其他一些优势,例如,聚变反应没有放射性物质生成,废弃物也相对容易处理,反应过程的可控制性有助于避免火灾和爆炸事故的发生,等等。

但是,核聚变反应也存在一些问题,例如,相对于铀原子核而言,氢核更难参与反应,核聚变反应需要很大的能量才能引发。太阳内部巨大的压力与温度,保证了核聚变反应的不断进行。若要在地球上进行核聚变反应,可能需要 2 亿开尔文温度。不难想象,在这样的高温下,任何材料都将熔化。聚变反应较难发生、反应温度过高等特点,阻碍了核聚变成为可利用的能源。

词源

Fusion
聚变
fundere(拉丁语):灌,注

家庭 实验

参见附录 F,**模拟聚变反应**。

761

■ **图 21.25** 在圣地亚哥的试验性 DIII 托卡马克聚变反应器中,真空反应堆的内墙是用碳砖密封的。这些碳砖能阻挡住氢聚变及反应产生的放射线和粒子。

托卡马克反应器 目前,不少国家的科学家都在探索研究商业上可行的聚变反应器。其中一种较有前景的反应器叫托卡马克,如**图 21.25** 所示。在这种反应器里,先是用巨型电磁体产生的强力磁场捕获氢核,随后用无线电波加热氢核,诱导其发生聚变反应。因为磁场会"抓住"那些原子核,所以不需要其他的容器。但是这样一个反应器的能量变化恰好处在收支平衡点上,即它产生的能量与它所消耗的能量相等,因此它没有实际应用价值。科学家期待通过改进电磁体或结构材料,来解决托卡马克聚变反应器的问题。

第2节 本节回顾

要点梳理

■ 核反应中的微小质量可转化成非常巨大的能量,它符合爱因斯坦质能方程:$E=mc^2$。

■ 临界量是指能保证核链式反应持续进行的裂变材料样品的最小质量。

■ 在核反应堆中,铀-235 发生了核裂变的链式反应,反应放出的能量部分转化成了电能。

■ 太阳中的核聚变为地球上的生物提供了能量。

10. **主要** **概念** **描述** 核裂变与核聚变有哪些不同点?举出一个核裂变应用的例子。

11. **解释** 在核反应中,怎样控制和维持核裂变?

12. **预测** 在应用方面,与裂变反应堆相比,聚变反应堆的优点是什么?

13. **对比与比对** 与化石燃料(如煤、石油和天然气)产生能量相比,核裂变反应产生能量的过程有什么优缺点?

14. **配平** 在很长一段时间里,太阳的能量来源对人类来说一直是个谜。19世纪的天文学家计算过,如果太阳全是由煤组成,它只能燃烧 10 000 年。现在我们知道,太阳的燃料是氢,氢发生了核聚变反应产生氦,并释放出了大量的能量。科学家预测,当太阳消耗完所有的氢原子后,接下去发生的聚变反应将是 He-4 自结合形成 C-12。书写这个核反应方程式,并将其配平。

第3节

核心问题

- 放射性在医学和非医学领域有哪些应用?
- 本底辐射的常见来源有哪些? 衡量辐射强度的单位是什么?
- 暴露在辐射中有什么生物学影响?

术语回顾

核聚变: 两个或更多个核结合在一起形成更大的原子核的过程。

关键术语

戈 瑞
希沃特

核 工 具

主要 概念 放射性有很多应用, 但也会对生物体造成有害的影响。

链接真实世界 几乎每个人都会不时地被划伤, 通常你做的第一件事情是清洗伤口, 然后再用绷带包扎。放射性的用途之一就是给医用绷带消毒杀菌。

放射性同位素在医学上的运用

不用担心核医学治疗的危险性, 因为核医学的治疗效果远远超过它的辐射效应。放射性同位素的应用很广, 如器官和腺体的成像、癌症的治疗。此外, 放射性同位素还可以用作示踪剂, 找出特定化合物在人体中的存在部位, 鉴别人体内变异的器官、组织等, 如**图21.26**所示。在这个应用中放射性同位素的使用是基于这一事实——任何元素的放射性同位素与稳定同位素都可以发生相同的化学反应。例如, 放射性同位素标记的葡萄糖进入人体后, 它在细胞中发生的代谢反应与普通葡萄糖是一样的。调节检测器, 就可以跟踪显示放射性同位素标记的葡萄糖分子在人体中的位置。使用这个方法, 可以追踪分子在体内的路径。因为癌细胞消耗能源分子的速率比分裂缓慢的正常细胞快得多, 所以葡萄糖分子会在癌细胞附近富集, 据此可鉴别肿瘤。**图21.27**总结了几种在医学上普遍使用的放射性同位素。

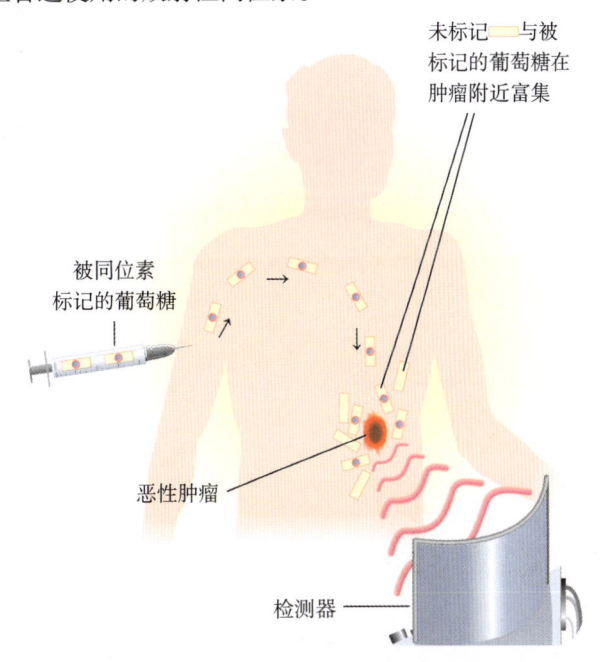

■ **图21.26** 医疗上示踪剂的应用。

图 21.27

诊断与治疗中放射性同位素的应用

在诊断和治疗中,放射性同位素是非常有用的工具。运用它们,医生可以更早地发现病情并采取积极的治疗手段。

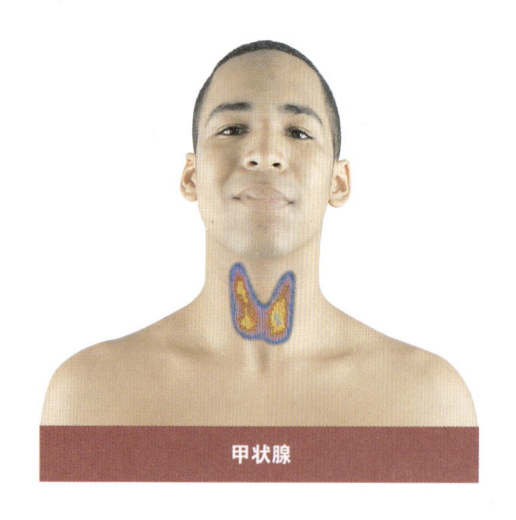

人体摄取的大部分碘会进入甲状腺。在甲状腺中,碘与调节人体生长和代谢的激素相结合。如果摄入放射性碘-131,就可以获得有关甲状腺的大小、形状以及活动情况的图片。这些图片可用于诊断人体代谢方面的问题,如甲状腺功能亢进等。图为正常的甲状腺。

甲状腺

锝-99m是亚稳态的,释放出γ射线后,它可转变为锝元素的另一种更稳定的同位素。在这一变化过程中,没有质子数或质数的变化。因为锝-99m不产生α粒子、β粒子,也就不会给细胞带来不必要的损害,并且它的半衰期短(仅6个小时)。当锝-99m进入血液中,它,会与红血细胞结合。因此,锝-99m可以被用来诊断心脏和血液流动的问题。医生使用这些图像来判断心脏是否正常跳动。

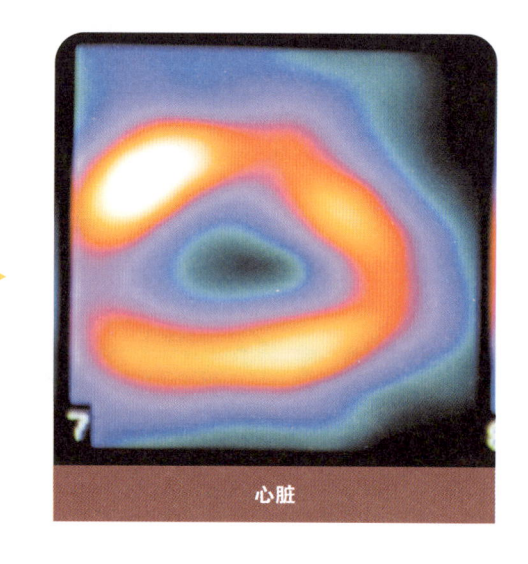

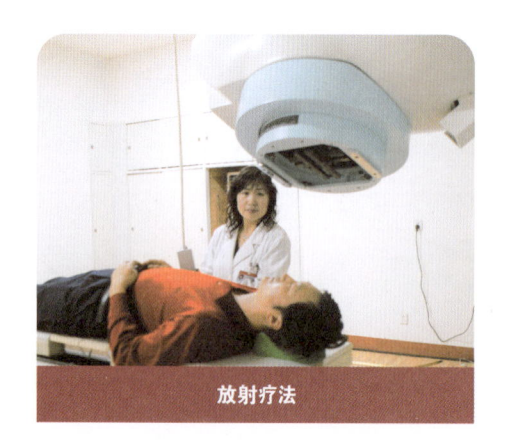

心脏

钴-60是常见的用在放射疗法中来治疗癌症的同位素之一。为了杀灭癌细胞,同时尽量使对正常细胞的伤害最小化,钴-60放射源在人体周围移动时,始终将放射线对准肿瘤。这样操作,可以保证肿瘤周边的正常组织只接受很少剂量的放射线,而肿瘤却接受大剂量的放射线。

放射疗法

放射性同位素的其他用途

细心观察，你就会发现，医院并不是唯一使用放射性同位素的地方。事实上，你很可能已经了解到放射性同位素的许多其他用途：核电厂发电、制造核武器、放射性年代测定法。在接下来的内容中，你将发现，放射性同位素也应用在了科学研究和食品工业上。

同位素示踪的实际用途 如果用放射性同位素代替化学反应中的同种元素，那么由该元素构成的所有化合物都将具有放射性。因此，我们可以通过探测化合物的放射性来跟踪反应通路。用这个方法，可以研究很多重要反应中的系列步骤。

放射性同位素在化学实验室外也有很多应用。图21.28展示了使用放射性示踪剂研究杀虫剂的污染途径。假如，例如在小溪中检测到杀虫剂，很难说明杀虫剂是从哪里来的和如何到小溪中的。但是，被放射性同位素标记的杀虫剂，例如硫-35，可以被用来追踪杀虫剂从田野到小溪的路径。而且，原理与使用放射性同位素成像身体的原理相似：和无放射性同位素的配对物一样，放射性同位素经历所有相同的反应和途径。同位素示踪法也可用于检测机械设备中的结构性缺陷，以及跟踪污染物的污染路径等。

■ **图21.28** 若在一个地方喷洒杀虫剂，它就可能蔓延到其他地方，如土壤、小溪、地下水中等，甚至进入动物的体内。如果用放射性同位素（如硫-35）对杀虫剂进行标记，就可以跟踪杀虫剂的污染途径：分别在几个地点采取土壤或水的样本，随后可用放射性检测技术测定每个样本中同位素标记过的杀虫剂的量。

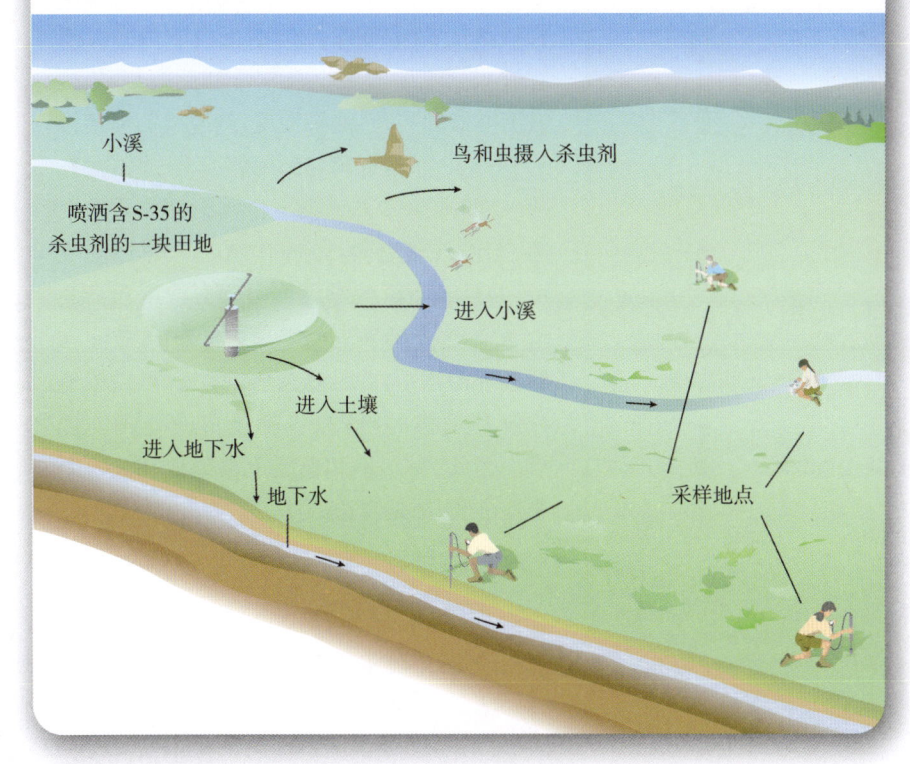

765

生物学 链接

同位素示踪法揭示生物奥秘

在研究生命的遗传物质方面，很长一段时间里，生物学家都没有达成共识：一部分生物学家认为遗传物质是蛋白质，其他的则认为应当是核酸。1952年，赫尔希（Hershey）和蔡斯（Chase）的实验结果，证实了决定遗传的物质是DNA，而非蛋白质。

用放射性同位素作为示踪剂 同一种元素与其放射性同位素在化学反应中的作用机理是相同的。当科学家想给某个化合物贴上标签时，他们就用放射性同位素代替该元素的非放射性同位素。然后，他们利用放射线探测器就可以跟踪并确定这个化合物的位置。

DNA是遗传物质 噬菌体，顾名思义，是一种杀死细菌的病毒。它由蛋白质外壳和内部的DNA两部分组成。蛋白质由碳、氢、氧、氮和硫原子构成；DNA由碳、氢、氧、氮和磷原子构成。因为硫元素仅存在于蛋白质中，磷元素仅存于DNA中，赫尔希和蔡斯分别用放射性同位素硫-35和磷-32来跟踪这些物质，从而比较蛋白质和DNA的遗传性。

赫尔希和蔡斯提出这样的疑问："当噬菌体感染细菌时，它是将哪部分组成注入细菌当中？是DNA，还是蛋白质？抑或是两者都有？"他们设计了一些实验，分别跟踪蛋白质和DNA。他们将细菌放在含有硫-35的培养基上进行培养。当向含有硫-35的培养基中加入噬菌体时，新生成的噬菌体的蛋白质外壳中就含有了硫-35。当他们用含有硫-35的噬菌体去感染不含放射性物质的细菌后，却发现硫-35仅存在于原噬菌体的蛋白质外壳中，细菌内的噬菌体，它们的蛋白质外壳都没有硫-35。这表明噬菌体的蛋白质外壳并没有进入到细菌当中。赫尔希和蔡斯用磷-32做了类似的实验，结果发现，新生成的噬菌体的DNA中都含有磷-32。随后，用这种含有磷-32的噬菌体去感染不含放射性物质的细菌，却发现含有磷-32的DNA进入了细菌当中，并且新生成的噬菌体中含有浓度较高的磷-32。这个结果表明噬菌体的DNA被注入到了细菌当中，并且噬菌体的DNA可以单独控制噬菌体的复制，包括蛋白质外壳的合成。因此，赫尔希和蔡斯下结论说，DNA，而非蛋白质，才是真正的遗传物质。

■ 图21.29 噬菌体实验。

化学 链接

解释 赫尔希和蔡斯是如何一步一步得出最终结论的？

■ 图21.30 γ射线能阻止食品变质,从而延长食品的保质期。在上面的两份蘑菇中,你认为哪一份在储藏前曾被辐照过?

辐射食品 γ射线可以破坏细胞的新陈代谢,当它的强度比较大时,可以阻止细胞分裂,甚至可以杀死细胞。因此,γ射线可以用于食物或外科手术工具的消毒。例如,钴-60衰变产生的γ射线可以防止食物变质。放射线能杀死微生物以及更大的生物,如昆虫。当然,食物本身不会因为照射了γ射线而变成放射性物质。

经放射处理后的食品,能保存很长时间而不需要冷藏,如**图21.30**所示。但是,也有学者对这种加工技术提出了异议,担心放射过程的离子效应会引发化学变化,生成独特辐照裂解产物(简称URPs)。这种产物的危险性还未得到确证。不过,美国食品和药品管理局(FDA)已经批准了对大部分水果和蔬菜的辐照加工。

放射性同位素的来源

利用核化学,科学家可以将一种元素变成另一种元素,甚至可以人工合成一些元素。那么,这些元素是如何实现人工合成的呢?一部分元素是核反应堆中的副产物。但是,大部分的人工合成元素是通过高速运动的微粒轰击原子核得到的,如**图21.31**所示。

■ 图21.31 在PET扫描中使用的大部分放射性同位素,就是在此图所示的大型而又昂贵的回旋加速器中合成的。医院在需要用到锝-99m来诊断的时候,会用一种不同的仪器来生产短半衰期的锝-99m同位素。

回旋加速器

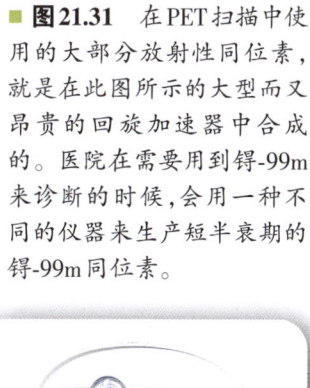

锝-99m

放射性的相关问题

在发现放射性元素后的这100年里,人类对放射性的认识日益清晰。居里夫妇在研究放射性同位素的时候,并没有意识到这些放射性材料的危害。居里夫人死于白血病,这很可能是她常年与放射性同位素接触有关。除居里夫人研究的放射性同位素之外,还存在许多其他类型的放射性同位素。在所有已知的大约2 000种同位素中,大部分同位素是不稳定的,都会发生核衰变。幸运的是,这些同位素在自然条件下并不存在,只有通过人工合成才能得到。在我们的周围,存在的常见元素的同位素都是最为稳定的,所以你不用担心会接受到超剂量的放射。

本底辐射 尽管如此,如果告诉你,你的身体经常接受少剂量的放射,你肯定会感到惊讶。这些放射是自然界中普遍存在的,称作本底辐射。它的放射源有很多,有些来自太空,有些则来自于地球上的物体。太空中的微粒进入地球,有些会形成宇宙射线。在地球上,可以进行少剂量放射的元素几乎随处可见:房屋中的木头、砖块,衣服的布料,日常的饮食,甚至于我们的身体。如果房屋下的岩层中含有铀,就有可能产生放射性的氡气,从而引发健康问题。图21.32展示了不同来源的放射性物质。

电离辐射和健康 长期暴露于放射性元素中,对身体是有害的。因为这些射线的强度较大,当碰到中性物质时,它们有足够的能量撞击原子,使原子失去电子形成离子。

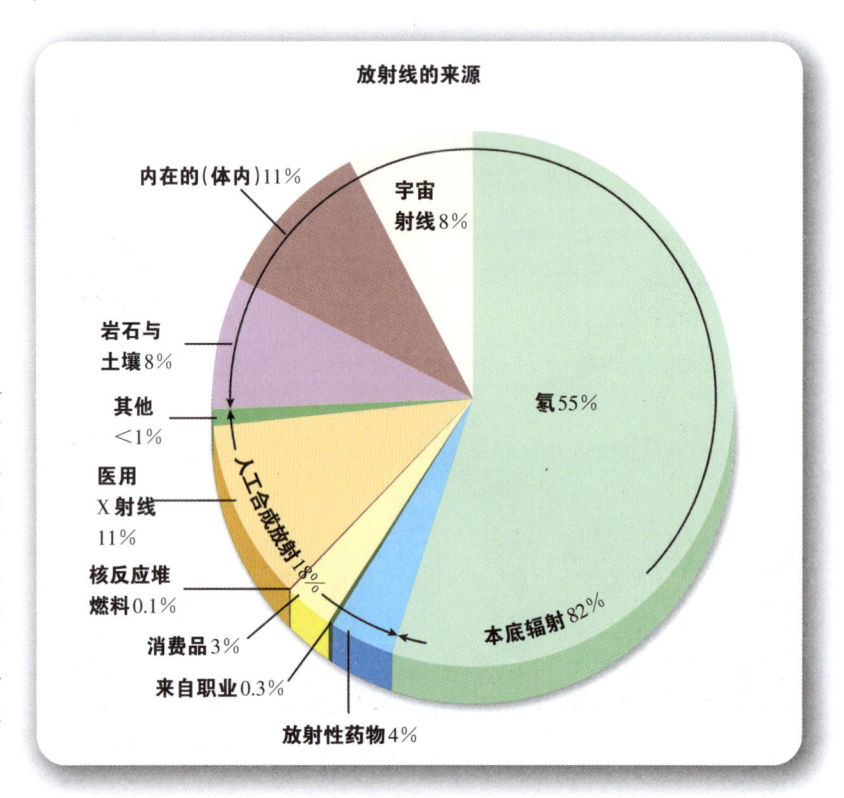

■ **图21.32** 从扇形图中可以看出,人体日常接受的放射中,有82%来自于本底辐射。在这些背景辐射中,岩石或土壤中的铀经衰变产生的氡是放射的主要来源。剩下的18%来自于人工合成的产物,如核医疗工具的X射线、核反应堆中使用的核燃料等。

放射线的来源

- 氡 55%
- 内在的(体内) 11%
- 宇宙射线 8%
- 岩石与土壤 8%
- 其他 <1%
- 医用X射线 11%
- 核反应堆燃料 0.1%
- 消费品 3%
- 来自职业 0.3%
- 放射性药物 4%
- 本底辐射 82%
- 人工合成放射 18%

因为这个过程生成了离子，所以这种原子核放射又叫作电离辐射。与之不同的是，大部分的电磁放射，如可见光，它们并没有足够的能量使中性物质电离，因此是非电离性的。只有像宇宙射线和X射线等射线，才有足够的能量产生离子。因此，射线的这种电离能量才是放射性元素的危险所在。

因为放射线的危险性，对于加工利用放射性同位素的工作者来说，周全的预防措施是很重要的，如**图 21.33**所示。放射性同位素的半衰期可以长达几千年，所以储放含放射性同位素的废品时要非常小心。不难想象，放射性物质储藏库的选址非常困难，甚至于将核废料运送到储藏库也是一个非常复杂的过程。有许多人对核反应可作为能量来源表示怀疑，正是由于核战争的威胁，以及放射性废料的不当处理，一些人宁愿不使用任何形式的放射性材料。

放射性辐射 放射性能破坏单细胞的部分结构，甚至能导致细胞死亡。而对DNA的破坏，其影响却是深远的，因为DNA是复制下一代的遗传物质。当一个细胞的DNA被破坏时，那么由这个细胞分裂而成的子细胞都将含有这个已经遭到破坏的DNA。当这种破坏发生在卵子或精子中时，损坏或变异的DNA就会遗传给后代。

放射性辐射的衡量 几种不同的单位被用于衡量放射能量。用于衡量接收到的放射能量的常用单位是**戈瑞(gray)**。1戈瑞相当于将1焦耳的能量以放射的形式照射到1千克的活细胞中。但这并不意味着所有的放射线都被物质吸收。可以看出，当使用戈瑞这一单位时，我们没有将物质实际吸收的辐射剂量考虑在内。用于衡量辐射对生物体伤害的最佳单位是**希沃特(sievert, Sv)**，它可明确表示生物体实际吸收的辐射量。1 Sv等于1戈瑞乘上一个系数，该系数等于生物体吸收的辐射剂量与投射到生物体上的总剂量的比值。不同剂量的射线对生物体可能造成的危害如**表21.3**所示。

每年的放射性辐射量 自然条件下的电离辐射，每人每年实际吸收的辐射剂量为0.003 Sv。美国政府建议，除了本底辐射外，每人每年可吸收的辐射剂量应控制在0.005 Sv之下。核电站的工作人员被容许每年吸收0.05 Sv的辐射剂量。这些剂量都远低于2.0～5.0 Sv的致命剂量。对于绝大多数不从事放射性工作的人来说，除了本底辐射外，唯一接收的大剂量放射线来自于医学辐射，主要是X射线。做胸透时，X射线的剂量大约为0.000 5 Sv；牙科的X射线大约为0.000 2 Sv。因此，与X射线潜在的诊断效果相比，大多数人往往忽略它的轻微危害。

■ **图 21.33** 放射性辐射会破坏细胞、损坏皮肤，十分危险，所以对于可能会接触放射性同位素的工作者来说，周全的措施是十分必要的。

表 21.3	从生理学角度分析单剂量辐射对人体的影响
剂量(Sv)	危害
0～0.25	没有直接的影响
0.25～0.50	白细胞的数量会暂时减少
0.50～1.0	白细胞的数量会大量减少，容易发生病变
1.0～2.0	恶心，掉发
2.0～5.0	出血，有生命危险
>5.0	照射30天，死亡率将可能达到50%

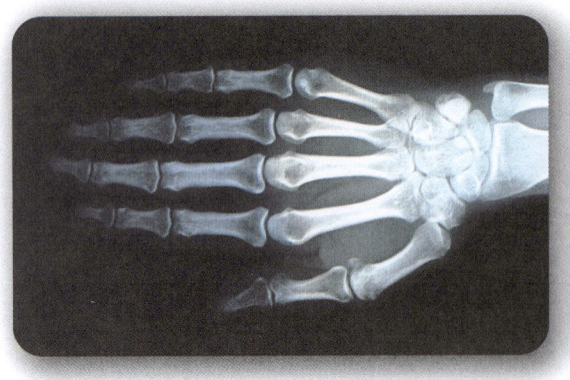

■ 图 21.34 医学上的 X 射线，其危害是轻微的，它的运用可以为诊断提供重要依据。香烟带来的放射性危害很大，而且毫无益处。

由生活环境、生活方式所带来的辐射剂量可能比本底辐射还要多，如图 21.34 所示。香烟中含有许多放射性物质，这些物质可引发肺癌。每天抽两包香烟，可引起每年 0.1 Sv 的辐射剂量。生活在海拔较高的地方或经常乘坐飞机，会增加宇宙射线对身体的辐射。这是因为你所处的位置越高，阻挡放射线的空气就越少。

迷你实验 2

测量氡气的浓度

如何检测氡气的浓度　如果氡气的含量很高，那么居民患肺癌的概率将会大大增加。氡-222 是铀-238 衰变的最终产物，这种衰变发生于岩石和土壤当中。

实验步骤

1. 阅读并完成实验安全表格。
2. 老师给每组学生提供一套检测氡气的试剂盒。将试剂盒放置 4 天，就可得到较准确的结果，但如果放置 30 天，结果将会更加准确。
3. 熟悉你所在地区的地质地貌、房屋类型，以及工业发展情况，然后讨论检测的具体地点。在开始检测前，先要征得房主的允许。
4. 仔细阅读试剂盒中的每一个安全注意事项，严格按照要求进行操作。
5. 根据氡气检测试剂盒上的操作说明，将试剂盒放在你所检测的房屋里。如果试剂盒足够多，可以将它们分别放在高层和地下室中。
6. 检查你的实验数据，并收集班上其他组的数据，制成一张数据表。
7. 仔细阅读试剂盒的相关注意事项，严格遵照使用说明书的要求进行操作。

分析与讨论

1. **鉴别**　是否有检测数据超过了美国国家环境保护局所公布的最大允许浓度——每升 4 皮居里？有多少个数据超标了？超标的程度如何？
2. **分析**　仔细分析班上各小组的数据，分析影响氡气浓度的因素，如地质地貌、与工厂的远近、房子的风格，以及建筑材料等。
3. **建议**　提出几条可降低氡气浓度的建议。

生活中的化学

氡气——你身边的"隐形杀手"

假使你不吸烟,甚至没有吸二手烟的可能,那么是否意味着你绝无可能患上肺癌呢?还不能过早地下此论断。每年,由于氡气污染而死于肺癌的人数是 15 000～20 000。氡的原子序数为 86,是密度最大的稀有气体。氡的同位素都是放射性的,其中氡-222 的半衰期最长,为 3.823 天。氡来源于地壳中的铀沉淀。因为它是气体,所以它能从岩石或土壤中渗透到地表面。

氡气如何引发肺癌 虽然氡气是放射性气体,但它并非高度危险。同其他气体一样,氡气能被人快速地吸入和呼出。尽管如此,由于氡的半衰期比较短,它又能很快地转变成放射性同位素钋和铅。

$$^{222}_{86}Rn \longrightarrow ^{218}_{84}Po + ^{4}_{2}He$$

$$^{218}_{84}Po \longrightarrow ^{214}_{82}Pb + ^{4}_{2}He$$

这些放射性同位素是固体,会混在尘土中。当人体吸入这些尘土后,放射性固体就会残留在肺中。由 $^{218}_{84}Po$ 和 $^{214}_{82}Pb$ 释放出的高能α粒子会破坏肺细胞的 DNA,有时可能引起癌症。

氡气会进入你的房子吗 氡气进入民房或商业楼的途径有很多:地板的裂缝,多孔的煤灰墙,通风不好的场所,以及周围有下水道的小房间。19 世纪 70 年代早期,氡气开始给人类带来更多问题。为了保暖与防盗,房子盖得越来越严实。这种习惯却将令人恐惧的氡气圈入其中。

你的房子安全吗 因为氡是一种密度较大的气体,它会沉积在地面表层。用氡气的检测试剂盒就能检测它的存在。

环境保护机构认为,氡气浓度大于 4 皮居里/升($pCi \cdot L^{-1}$)的环境是不安全的。

■ 图 21.35 氡气检测试剂盒可以测量房屋内氡气的含量。

如何解决氡气污染 解决氡气污染并不难,只需要对有氡气污染的地方做简单的改造,例如,安装鼓风机等排气装置,驱散氡气或者将管道周围的裂缝封住,防止氡气进入。

进一步探索

1. **对比与比对** 分析氡气的临时检测装置和长期检测装置的用途、操作和效率。
2. **批判性思考** 解释为什么氡原子进入肺泡后会有危险。

■ **图 21.36** 大多数的放射性废弃物是低放射性废弃物,也就是说,在大量的废弃物中只有相当小的量是放射性材料。另外,医院里产生的放射性废弃物,其中的放射性同位素的半衰期比较短。含有短半衰期同位素的废料比含有长半衰期同位素的废料更容易处理。

解释 为什么医院废弃物中的同位素的半衰期通常比较短?

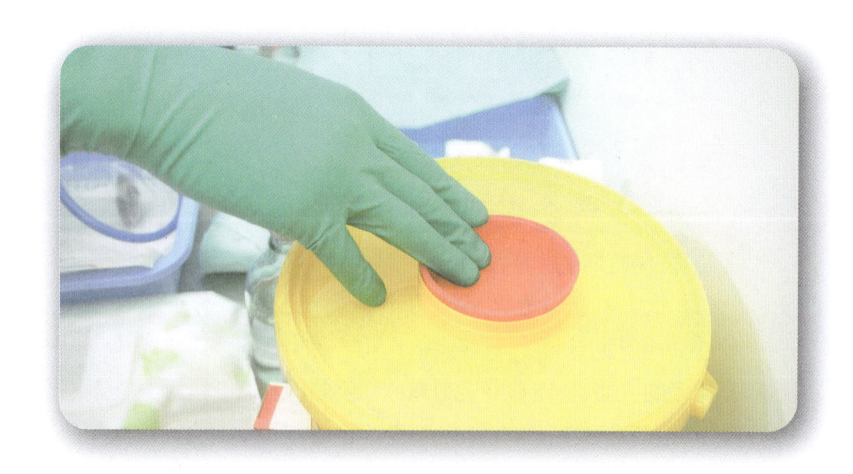

废弃物的处理 你可能会将放射性废弃物与核反应堆直接联系起来,但实际上,有80%的此类废弃物是在医院里产生的。**图 21.36**展示的是一种用来装常见辐射性药物废弃物的容器。应当怎样处理这些危险的废弃物,从而不让它危害人或其他生物体呢?医院里产生的放射性废弃物,其中的放射性同位素的半衰期比较短。这类废弃物的处理方法比较简单,只需将它简单储存,直到放射性同位素的衰变降到正常水平即可。

由核反应堆产生的放射性废弃物,它的数量虽然比医院产生的少,但它的危害更大。例如,在核反应堆中,高速运动的微粒与核燃料原子或反应堆的内壁相撞,产生半衰期长短不一的放射性同位素。这些燃料柱通常储放在核反应的地方,等过了几十年,半衰期短的同位素才能衰变完全。

接下来的问题是,我们应当如何隔离半衰期长的放射性同位素呢?现在公认比较安全的做法,是将这些不稳定的原子核插入类似玻璃的稳定材料中,再用钢筋混凝土将其包被起来,制作成储藏罐。最后将这些储藏罐埋入较深的岩石下,如**图 21.37**所示。储藏地大多选在干燥、偏远的地方。

■ **图 21.37** 含有长半衰期的危险同位素的废弃物很难处理,这些废弃物要尽可能安全地打包,然后深埋地下。图中所示是一个位于瑞典的放射性废弃物储藏地。

■ **图 21.38** 在清除具有辐射性的废料方面，与核裂变相比，使用核聚变来生产电具有很大的优势。国际热核聚变实验堆计划是一个国际工程，包括中国、俄罗斯、美国、欧盟、日本、印度和韩国等国家和地区在内，是为开发核聚变反应堆的潜能而成立的。虽然很多中间过程已经完成，但在实现人类控制核聚变反应来发电之前依然还有重大的障碍需要克服。

思考 最近有没有一些能利用由聚变反应产生的能量转化为电能的方法？

另一种正在尝试的处理方法是将核废料埋于深海当中。此外，有专家称核废料中的铀可以回收利用：先将燃料柱用化学方法溶解，再从中提取出放射性元素铀，提取得到的铀可以重新加入到新制的燃料柱中。然而，就当前而言，这种回收方法的成本昂贵，实施的难度非常大。可以看出，循环利用、废物处理的技术是否与核材料的使用合拍，将会影响相关核技术的发展。**图21.38**展示了另一种未来可能会使用的技术，即使用聚变来清除核裂变反应堆的废料。

关心核物质相关技术的发展，并不只是政府官员、科学家的事情，每个人都有义务出谋划策，因为它关系着你的国家是否会制造核武器，关系到你所在的小区的电力是否依旧充足，或者更具体的——你是否答应家人或自己进行涉及放射性同位素的诊断或治疗。你对核化学的了解程度将会影响到你所做出的决定。

补充练习
有关核反应的额外练习，请见附录C。

第3节 本节回顾

要点梳理
- 同位素追踪法可以用于跟踪生物体中化合物或环境中污染物的污染途径。
- 放射治疗通过辐射追踪法可以选择性地杀死不断分裂的癌细胞。
- 用射线照射食物，可以防止食物变质。
- 大多数的辐射来自于大自然。

15. **主要 概念 总结** 放射性对活细胞有什么影响？
16. **鉴别** 什么疾病最常用放射性疗法进行治疗？
17. **解释** 解释PET扫描的功能。
18. **描述** 怎样运用同位素示踪法来研究葡萄糖在细胞中的代谢过程？
19. **罗列** 在检测骨折或骨异常现象时，哪些放射性同位素可以派上用场？至少列举两种本章未述及的放射性元素，并解释原因。
20. **解释** 为什么食物会变质？这会使食物有放射性吗？

第 21 章　学习指南

大 概念　核化学在供电、疾病的诊断与治疗、考古研究等方面有广泛应用。

第1节　放射的类型

主要 概念　α、β、γ射线是由不稳定的原子核裂变为稳定原子核而放射出的三种类型射线。

关键术语
放射性
α粒子
β粒子
γ射线
半衰期

要点梳理
- 核反应涉及质子、中子的变化。
- 利用照相底片和仪器，如盖革计数器、闪烁计数器等，可探测放射性物质，并测量它的数量。
- 放射性元素的半衰期，是指放射性原子核中有一半发生衰变所需要的时间。

第2节　核反应与能量

主要 概念　核裂变和核聚变会释放巨大的能量。

关键术语
核裂变
核反应堆
核聚变
氘
氚

要点梳理
- 核反应中的微小质量可转化成非常巨大的能量，它符合爱因斯坦质能方程：$E=mc^2$。
- 临界量是指能保证核链式反应持续进行的裂变材料样品的最小质量。
- 在核反应堆中，铀-235发生了核裂变的链式反应，反应放出的能量部分转化成了电能。
- 太阳中的核聚变为地球上的生物提供了能量。

第3节　核工具

主要 概念　放射性有很多应用，但也会对生物体造成有害的影响。

关键术语
戈　瑞
希沃特

要点梳理
- 同位素追踪法可以用于跟踪生物体中化合物或环境中的污染物的污染途径。
- 放射治疗通过辐射追踪法可以选择性地杀死不断分裂的癌细胞。
- 用射线照射食物，可以防止食物变质。
- 大多数的辐射来自于大自然。

第 21 章 测 评

理解概念

21. 原子的哪一部分可以产生放射线?
22. 什么是电离辐射?
23. 下列3种原子核衰变分别释放出了什么粒子?
    a) α衰变 b) β衰变 c) γ衰变
24. 阻挡α粒子、β粒子、γ射线,分别需要用什么类型的材料?
25. 将下列铀-238衰变系列的核反应方程式补全。
    a) ? ⟶ $^{218}_{84}Po + ^{4}_{2}He$
    b) $^{234}_{90}Th$ ⟶ $^{234}_{91}Pa + ?$
    c) ? ⟶ $^{214}_{82}Pb + ^{4}_{2}He$
    d) $^{226}_{88}Ra$ ⟶ $^{4}_{2}He + ?$
26. 解释为什么C-14测定不能被用来判断恐龙化石的年龄。
27. 核裂变的链式反应是由什么引起的? 又是怎样继续进行的? 怎样控制它的速率?
28. 恒星里发生的核反应是哪一种类型?
29. 当一个原子核释放出下列微粒时,原子的电荷数和质量数将会发生什么变化?
    a) α粒子
    b) β粒子
    c) γ射线
30. 列出三种在医学中使用放射性同位素的方法。
31. 如何应用Co-60来治疗癌症?

应用概念

32. 解释为什么半衰期长的放射性同位素不在医疗项目内使用。碘-131、锝-99m和钆-153的半衰期分别是多少? 哪一种在医疗项目中常被使用?
33. 用中子轰击Mg-24,释放出一个质子后,产生的元素是什么? 写出该核反应方程式。
34. 一些心脏起搏器的电源内含有钚-239,写出钚-239发生α衰变的方程式并配平。

生物学链接
35. 如果赫尔希和蔡斯进行下列实验,他们将会观察到什么现象?
    a) 仅用放射性元素标记蛋白质
    b) 仅用放射性元素标记DNA
    c) 用 ^{18}O 同时标记蛋白质和DNA

化学与技术
36. 大气中C-14的产生,也伴随着氢原子的形成。请解释这一过程。

艺术链接
37. 现有一幅年代久远的名画,为了验其真伪,挑取了少量画中的白色含铅颜料,经测量发现,镭-226与钋-210的含量之比较大。你能从中得出什么结论?

批判性思考

设计实验
38. **化学实验** 设计一个实验,测定假定原子的半衰期。

得出结论
39. **迷你实验1** 为什么在所有的反应物用尽之前,大部分的链式反应就已经停止了?

形成假说
40. **迷你实验2** 请你判断下列两种情况中,哪种房屋的空气中氡气的含量较高:底层是泥土的房屋,底层是厚实混凝土的房屋。试说明你的判断依据。

第 21 章 测评

日积月累

41. 列出下列每一项情形中物质状态发生的变化。
   a) 沸腾
   b) 熔化
   c) 升华
   d) 冷凝
   e) 凝固
   f) 沉积

42. 影响化学反应速率的4个因素是什么？

技能训练

43. 运用图表 表21.4列出了2010年底部分国家的核能利用情况。请结合表格后的问题，写一份简要的分析报告。

表21.4	核能利用情况
国家	核反应的发电总量占总发电量的百分比（%）
阿根廷	6
比利时	51
巴西	3.1
法国	74
匈牙利	42
荷兰	3.5
瑞士	37
瑞典	38
英国	15.7
美国	19

a) 有几个国家的核能发电量占总发电量的百分比超过了40%？
b) 查一查我国核反应的发电量占总发电量的比例，与表格中的其他国家的平均水平相比，我国的核能发电量占总发电量的百分比是多还是少？

科技写作 化学

44. 写一篇小论文，说明托卡马克反应器的发展历史。调查科学家在让托卡马克反应器运作得更高效、更经济的方面所作出的努力。如果有可能的话，你认为什么时候托卡马克反应器可以打破能量产出与输入的平衡点？在托卡马克反应器被应用于商业之前，是否可能有其他不同设计的装置代替它？

45. 《胖子与男孩》是一部关于陷入曼哈顿计划的人们和二战期间开发第一颗原子弹的电影。观看这部电影，并使用图书馆和网络资源阅读更多有关曼哈顿计划的内容。写一篇这部电影的关键性观后感，包括你如何准确地思考科学和电影中所描绘的历史的讨论。

解决问题

46. 为什么人们比30年前更关心氡气的含量？

47. 与现代大象的骨头相比，34 000年前的乳齿象的骨化石里大约含有多少C-14？

48. 与现在的纸相比，古埃及的纸中含有75%的C-14，请问：这张纸有多少年的历史了？

49. 汞-190的半衰期是10分钟。假设现有36.0 mg的汞-190样品，那么1小时后还剩下多少汞-190？

50. $^{232}_{90}$Th是钍最常见的同位素，衰变时能释放出α射线。请问：Th-232衰变的产物是什么？写出该核反应方程式。

标准化测试

1. 下列关于β衰变的说法正确的是
   a) β粒子可以被厚的纸张阻拦。
   b) 在β衰变过程中，一种元素将变成另外一种元素。
   c) β粒子的大小和质量与α粒子相似。
   d) β衰变后，每个原子都将得到1个单位的负电荷。

2. 考古学家发现了一具公元前9400年的人类骨架。以目前生物体中所含的C-40的量为标准，估算一下该骨架中残留的C-40的百分比。
   a) 12.5%
   b) 45%
   c) 25%
   d) 61%

3. 镍和氯化铜反应的化学方程式是
   $Ni(s) + CuCl_2(aq) \longrightarrow Cu(s) + NiCl_2(aq)$，这个氧化还原反应的半反应是什么？
   a) $Ni \longrightarrow Ni^{2+} + 2e^-$；$Cl_2 \longrightarrow 2Cl^- + 2e^-$
   b) $Ni \longrightarrow Ni^+ + e^-$；$Cu^+ + e^- \longrightarrow Cu$
   c) $Ni \longrightarrow Ni^{2+} + 2e^-$；$Cu^{2+} + 2e^- \longrightarrow Cu$
   d) $Ni \longrightarrow Ni^{2+} + 2e^-$；$2Cu^+ + 2e^- \longrightarrow Cu$

4. 电势差也被称为
   a) 氧化。
   b) 还原。
   c) 腐蚀。
   d) 电压。

5. 含有双键的烃叫作
   a) 同分异构体。
   b) 烷烃。
   c) 烯烃。
   d) 炔烃。

6. 糖类的最简式是什么？
   a) $C_6H_{12}O_6$
   b) CH_2O
   c) $C_{12}H_{24}O_{12}$
   d) $C_2H_3O_2$

7. 在催化反应中，催化剂
   a) 提供额外的能量来提高反应速率。
   b) 降低所需活化能来提高反应速率。
   c) 将吸热反应转变为放热反应。
   d) 将放热反应转变为吸热反应。

8. 爱因斯坦的质能方程 $E = mc^2$ 表明
   a) 质量和能量是宇宙中的两个基本实体。
   b) 物质和能量是相互联系的，可通过光速进行换算。
   c) 只要很少能量，就能产生大量物质。
   d) 少量物质可以转变成巨大的能量。

9. 太阳释放的大量热能主要是哪种反应产生的？
   a) 核裂变
   b) γ衰变
   c) 核聚变
   d) α衰变

10. 下列哪一项不是化学反应？
    a) 氯化钠溶解在水中
    b) 汽油的燃烧
    c) 墙纸光照后褪色
    d) 牛奶凝结

考点提示										
测试题号	1	2	3	4	5	6	7	8	9	10
对应章节	21.1	21.1	16.1	17.1	18.1	19.1	20.1	21.2	21.2	6.1

附 录

阅读下面的信息将有助于你理解、使用本书，另外对于你阅读科学文章、进行数据分析，也颇有裨益。"学生资源"帮助你提高对比、记录、概括、分析多媒体资源和进行讨论的技能。"化学技术手册"帮助你提高解决与化学相关的数学问题的能力，及时复习数学运算的规则，如科学记数法、因子标签法、分数和百分数等，也可以帮助你提高处理定量分析问题的能力。"补充练习"将有助于你巩固对相应知识的理解。遵守"安全手册"可以让你在科学实验中免遭伤害。"化学数据手册"方便你轻松地查找、获取想要的信息。"家庭实验"部分提供了21个家庭小实验，动手试一试，运用身边的材料来探索化学科学的无穷奥秘。

附录A 学生资源 …………… 779

附录B 化学技术手册 ……… 783
　科学测量
　国际单位制、公制和英制
　获取和解释测量数据
　测量数据准确度的表达
　运用科学记数法表示量的大小
　运用计算器进行计算
　因子标签法
　处理信息
　比例、分数和百分比
　有分数参与的运算

附录C 补充练习 …………… 807

附录D 安全手册 …………… 844
　化学实验室安全守则
　实验室急救指南
　安全标志

附录E 化学数据手册 ……… 846
　表E.1　元素周期表
　表E.2　符号与缩写
　表E.3　元素字母表
　表E.4　元素的性质
　表E.5　元素的电子组态
　表E.6　常用物理常数
　表E.7　原子团的电荷数与名称
　表E.8　溶解性指南
　表E.9　溶度积常数（25℃）
　表E.10　酸碱指示剂

附录F 家庭实验 …………… 858

附录A　学生资源

比　较

为什么要学习这项技能

假设你想要买一个便携的 Mp3，你必须在三种款式中选择，你就会比较三者的参数，如价格、容量、音质以及尺寸，来决定到底哪个最适合你。在化学学习中，你会经常比较不同元素或化合物的结构，也会比较不同时期的科学发现与科学活动。

学习这项技能

你通过比较来检验两个或两个以上的项目、团体、条件、活动或理论等。首先你必须决定你需要比较的对象是什么以及要比较它们的哪些特性，然后再去找出它们的相似与相异之处。

例如：可以比较本页上展示的两个原子（氢原子和氧原子）的结构。通过图示，你可以看到两个原子都有质子和电子，但是它们的质子数和电子数不同，原子的大小也不同。

练习这项技能

创建一张以"氢原子和氧原子"为主题的表格，分为三行，第一行为"质子"，第二行为"中子"，第三行为"电子"。分两列，第一列为"氢原子"，第二列为"氧原子"。将两个原子的质子数填在第一行，将中子数和电子数分别填到第二、第三行，然后回答下列问题。

1. 我们在比较什么？它们是如何被比较的？
2. 氢原子和氧原子有哪些共同之处？
3. 描述两个原子的不同之处是如何影响电子层数的？

> **应用**
>
> **比较**　找到原电池和电解池的示意图。仔细比较两张图，然后找出两者的相似之处和不同之处。

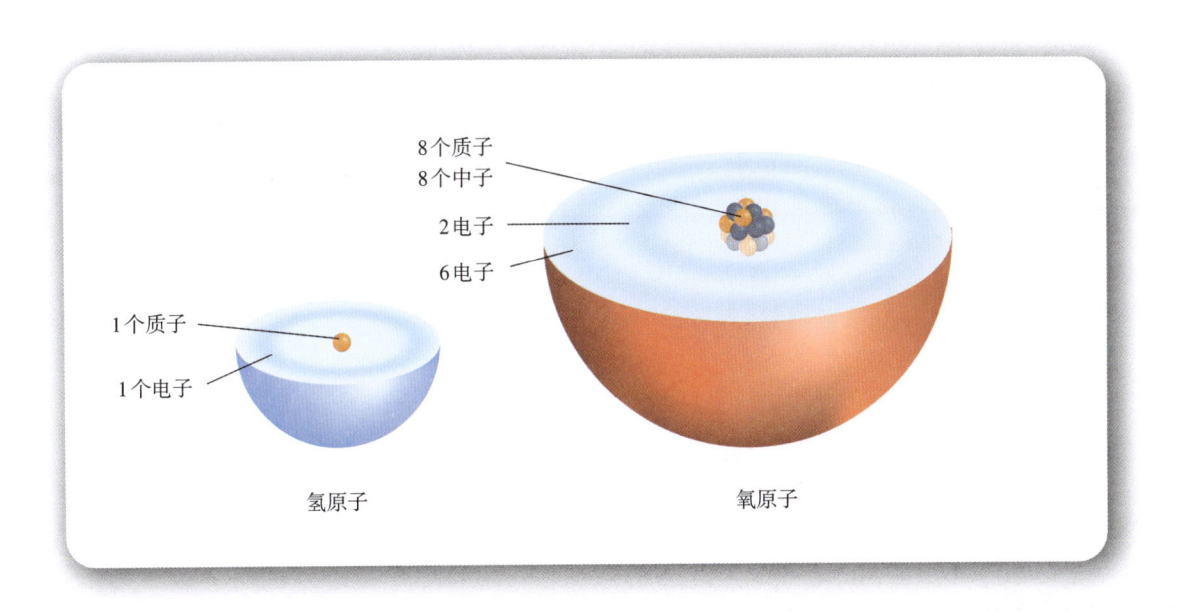

氢原子
- 1个质子
- 1个电子

氧原子
- 8个质子
- 8个中子
- 2电子
- 6电子

记笔记与列提纲

为什么要学习这项技能？

记忆某样东西最好的办法之一就是写下来。记笔记——用简单有序的格式记录信息，不仅有助于记忆，也让学习更轻松。

学习这项技能

记笔记有多种风格，但都是为了让信息更有逻辑性。阅读的时候，你需要提取和总结主要的想法和一些细节，然后将它们写在你的笔记中。采用"释义"——就是用你自己的话来表述信息，而不是直接从文本中摘抄。使用便条、卡片或者用符号代表的速记法来帮助记笔记。

记笔记时，列出大纲也是相当有用的。首先你需要阅读材料，抓住中心思想。在书中，章节的标题往往就提供了中心思想的线索，再去看次级标题，然后在合适的标题下记录相对应的细节要点。大纲的基本样式就如下图所示：

```
主要观点
    Ⅰ. 第一项
        A. 主要细节一
            1. 次要细节
            2. 次要细节
        B. 主要细节二
            1. 次要细节
            2. 次要细节
    Ⅱ. 第二项
        A. 主要细节一
        B. 主要细节二
            1. 次要细节
            2. 次要细节
    Ⅲ. 第三项
```

练习这项技能

阅读下面摘录的文字。采用记笔记或列提纲的步骤去阅读，然后回答问题。

吃下香蕉后，香蕉中的糖和淀粉会发生怎样的变化？糖类分子足够小，可以被运送到消化系统内的细胞中。之后，它们进入血液中并被运送到其他细胞中。当你吃水果的时候，你唾液中的酶开始将淀粉分解成葡萄糖。以同样的方式，食物中大量的各类复杂分子被分解成更小的单位，然后才能被细胞吸收。

酶催化蛋白质、碳水化合物和脂质的分解的过程叫作消化。只有小的结构单元才能够进入细胞，从而参与代谢。代谢是生物体所必需的所有化学反应的总和。

这些众多的相互交织的细胞反应将储存在营养成分中的化学能转化为其他形式的能量，并合成提供一定结构的、实现生物功能所需的生物分子。储存在营养成分中的化学能的来源是什么呢？这些能量是植物通过光合作用将光能转化而来的。由此可见，我们生命所需要的能量来自太阳光。

1. 摘录片段的中心思想是什么？
2. 三段文字的主要思想分别是什么？
3. 写出每段中心思想的细节要点。
4. 在每个细节要点下面再写出要点。

应用

记笔记与列提纲 选择一段文字，通过释义、使用速记法或列出提纲来记笔记，然后利用标题来帮助你列提纲，最后根据笔记对内容进行总结。

分析信息

为什么学习这项技能

人们往往需要使用各类媒体资源来获取信息，包括印刷媒体、广播媒体和电子媒体。如今互联网已成为一种相当有价值的研究工具。互联网上，信息丰富而且获取方便。不过，无论你使用何种媒体来收集信息，对信息进行分析并确定其准确性和可靠性都是相当重要的。

学习这项技能

分析信息时需要考虑很多问题。最关键的是检查资源和内容的准确性。作者、出版商或所有人应当是被明确标注并值得信赖的。为了对印刷媒体或广播媒体进行分析，请问自己以下几个问题：

- 这个信息是否正确？
- 这些资源是否被报道出来？
- 是否有多个媒体进行了报道？
- 信息是否有偏差？
- 信息是否代表了一个问题的多方面？
- 报道的信息是一手还是二手的？

对于电子媒体，在以上问题的基础上再问自己以下几个问题：

- 作者是否可信？以.edu 和.gov 结尾的网址往往是可信的，并且包含可靠的信息。
- 网站上陈述的事实是否有文件证明？
- 网站里的链接是否准确？
- 网站是否包含其他有用资源的链接？

练习这项技能

为了分析印刷媒体，我们需要就一个公众意见分歧的话题，选择两篇文章，一篇来自报纸，另一篇来自新闻杂志。然后问自己这些问题：

1. 这两篇文章试图说明什么？文章写得如何？里面陈述的信息能否被证实？
2. 是否有文章反映出作者对某种观点的偏见？列出其中反对某种观点的表述。
3. 文章记录的是一手信息还是二手信息？这些文章是否公正地代表了双方观点？
4. 在文章中你能看出有多少种媒体资源？请列出。

为了分析电子媒体，选择一个你的老师认可的网站。阅读网站上的信息，然后回答以下问题：

1. 网站的作者或者所有人是谁？
2. 这个网站上含有哪些链接？这些链接是否与话题相关？
3. 网站上的信息使用了哪些资源？

应用

分析信息 思考一个有争议的话题。通过各种媒体，阅读与该问题相关的文章。哪种信息来源更公正地阐述了这个问题？哪种信息来源最为可靠？你能察觉出其中存在的偏见吗？你能验证信息来源的可信性吗？

辩论技能

新的研究会产生与科学相关的新信息。关于这项研究如何进行，如何解释以及如何交流的问题，往往有不一样的观点产生。书中"化学与社会"栏目给大家提供了当前有争议、可辩论的话题。以下是对如何进行辩论的概述。

选择立场并进行研究

首先，选择一个至少有两种不同观点的科学话题，话题可以来自报纸、教材，或者由老师提出，如人类克隆技术或者环境议题等。主题往往采用肯定性的表述，如"克隆人类对社会有益"。

同意该观点的发言人称为正方，持反对观点的则称为反方。以单人或多人组合的形式，选择你的立场。你所选择的观点不一定要反映你的个人信念，辩论的目的是学习以科学证据为依据，强有力地论证你所选择的观点。

选定立场后，需进行研究来支持你的观点。利用多媒体或图书馆资源查找文章，或使用教科书收集证据。通过对科学证据、专家意见的收集和你自己对此问题的分析形成有力的论点。也需要对对方的观点进行研究，知道对方可能会提出什么论点，这样将有助于优化你的论点。

进行辩论

你将要在老师指定的时间内，组织演讲，并表达你的论点：解释论点、分析证据、总结要点。你的演讲不应该仅仅是罗列出一些事实，朗读报纸上的文章，或是陈述你个人的意见，而应该是有组织、有逻辑地分析你的证据。同样重要的是，要注意绝对不能对你的对手进行人身攻击，只是对这个话题进行辩论。老师是根据你辩论时语言表达，组织能力和思想发展以及证据的力度等方面进行整体性评估的。

其他角色 你和你的同学们还可以在辩论中发挥其他作用。你可以担任计时员，记录辩论双方发言时间的长短，并在到达指定时间时发出信号（通常是手势信号）。

你也可以担任主持人。在主持中需要注意的要点包括：为观众介绍辩论双方的人员、立场以及论点。辩论双方也必须声音洪亮、表述清晰，以方便大家听清楚，这也有助于主持人在辩论中总结各方要点。然后，主持人判定哪方辩论者的论点最为有力。你也可以就辩论的优缺点或者其他立场进行课堂讨论。

附录B 化学技术手册

科学测量

判断一名运动员是否赢得比赛比判断他是否打破了世界纪录更容易。前者只需你去数运动员们到达终点的次序——第一、第二、第三……而后者则要求精确地测量每个运动员从起点到终点所花的时间再进行比较。因为时间可以通过测量得到。1秒、3分钟和2小时都是表示时间的数量。我们熟悉的其他量还包括长度、体积和质量。

国际单位制(SI) 1960年,在公制的基础上,发展出了国际单位制(SI),这套SI单位制得到了国际科学界的一致认可,并将其作为衡量一切量的单位制。

SI基本单位 SI单位制中最基本的量有7个,它们各自独立,有着相对应的SI基本单位,如**表B.1**所示。所有其他的单位都可由这7个基本单位导出。

表B.1　SI基本单位

量	单位	单位符号
长度	米	m
质量	千克	kg
时间	秒	s
热力学温度	开尔文	K
物质的量	摩尔	mol
电流	安培	A
发光强度	坎德拉	cd

SI导出单位 可以看到上表中没有面积和体积等量。这些量被排除在基本单位之外,是因为它们可以由一个或多个SI基本单位导出。例如,两个相互垂直的长度的乘积可以计算出面积。由于长度的基本单位是米(m),因此面积的SI导出单位是平方米(m^2)。类似的,体积可以由三个相互垂直的长度的乘积计算得到,这样体积的SI导出单位就是立方米(m^3)。**表B.2**列举了常见的SI导出单位。

783

表 B.2　SI 导出单位

量	单位	单位符号
面积	平方米	m^2
体积	立方米	m^3
质量密度	千克/立方米	$kg \cdot m^{-3}$
能量	焦耳	J
熔解热	焦耳/千克	$J \cdot kg^{-1}$
汽化热	焦耳/千克	$J \cdot kg^{-1}$
比热	焦耳/(千克·开尔文)	$J \cdot (kg \cdot K)^{-1}$
压强	帕斯卡	Pa
电势	伏特	V
辐射量	戈瑞	Gy
辐射吸收剂量	希沃特	Sv

公制　如前所述,公制单位是 SI 基本单位的前身。公制和国际单位制类似,相同物理量单位的数量级是相互关联的。然而,由公制派生出的部分物理量单位和由 SI 导出的物理量单位有所不同。因为人们对公制单位很熟悉,并且一些仪器和设备常以公制单位为准,所以它们今天仍然被使用。**表 B.3** 列举了几个常见的公制单位。

表 B.3　公制单位

量	单位	单位符号
体积	升(0.001 立方米)	L
温度	摄氏度	℃
比热	焦耳/(千克·摄氏度)	$J \cdot (kg \cdot ℃)^{-1}$
压强	毫米汞柱	mm Hg
能量	卡路里	cal

国际单位制的前缀　当你表达一个量时,例如 10 m,你需要将这段长度与 1 m 进行比较。10 m 表示长度是 1 m 的 10 倍。虽然你可以用基本单位表示任何量,但有时可能会很不方便。例如,两个城镇的距离大约是 25 000 m。在这里,用"m"来描述这个距离似乎太小了。我们可以使用更大的单位长度——千米(符号为 km)来表示,1 km 等于 1 000 m,所以城镇间距离可表示为 25 km。

表 B.4　国际单位制的前缀

前缀	符号	含义	数值	科学记数法表示
大于1倍				
吉(giga-)	G	十亿	1 000 000 000	1×10^{9}
兆(mega-)	M	百万	1 000 000	1×10^{6}
千(kilo-)	k	千	1 000	1×10^{3}
小于1倍				
分(deci-)	d	十分之一	0.1	1×10^{-1}
厘(centi-)	c	百分之一	0.01	1×10^{-2}
毫(milli-)	m	千分之一	0.001	1×10^{-3}
微(micro-)	μ	百万分之一	0.000 001	1×10^{-6}
纳(nano-)	n	十亿分之一	0.000 000 001	1×10^{-9}
皮(pico-)	p	万亿分之一	0.000 000 000 001	1×10^{-12}

表 B.4 列举了常用的国际单位制的前缀。在国际单位制中，表示同一个量的单位间常常存在一些换算，如 10 倍、100 倍、1 000 倍，$\frac{1}{10}$、$\frac{1}{100}$ 和 $\frac{1}{1\,000}$。例如，km 与 m 相差 1 000 倍，即 1 km = 1 000 m。正如你看到的那样，25 000 m 和 25 km 只有零的个数和单位不同。

为了让 SI 单位能更好地描述不同大小的量，要在基本单位或导出单位上加前缀。例如，前缀"厘(centi-)"表示百分之一(0.01)。因此，1 厘米(符号为 cm)是 1 米的长度的百分之一，1 厘焦耳(符号为 cJ)是 1 焦耳的能量的百分之一。例外的是在测量质量时，基本单位千克(kg)已经具有前缀，所以要用不同单位表示质量的话，应在克前面加上前缀。例如，1 厘克(符号为 cg)表示 1 克的质量的百-分之一。

练一练

运用 B.1～B.4，回答下列问题：

1. 选取合适的国际单位制的前缀，改写下面的量。
   - **a)** 0.1 m
   - **b)** 1 000 000 000 J
   - **c)** 10^{-12} m
   - **d)** 0.000 000 001 m
   - **e)** 10^{-3} g
   - **f)** 10^{6} J

2. 了解以下单位，并将它们依照从小到大的顺序排列。
   - **a)** cm、μm、dm
   - **b)** Pa、MPa、kPa
   - **c)** kV、cV、V
   - **d)** pg、cg、mg
   - **e)** mA、MA、μA
   - **f)** dGy、mGy、nGy

国际单位制、公制和英制

每种单位制度都是物理量的表达方式,都能够告诉你量的大小。使用哪一种单位制去表达取决于你的目的。如果你看一个房间,说它的尺寸是 9 英尺×12 英尺,那么你就是根据以往的经验估算这些值。如果你对国际单位制更熟悉,你会估计房间大小为 3 米×4 米。不过,如果你要为该房间购买地毯,不管使用哪种单位制,都要通过测量来确定其尺寸。

长度、体积和温度 使用任何单位制都需要对单位的名称和大小非常熟悉。如**图 B.1** 所示,你已经了解了一些常见单位,这有助于你更好地理解国际单位和公制单位。

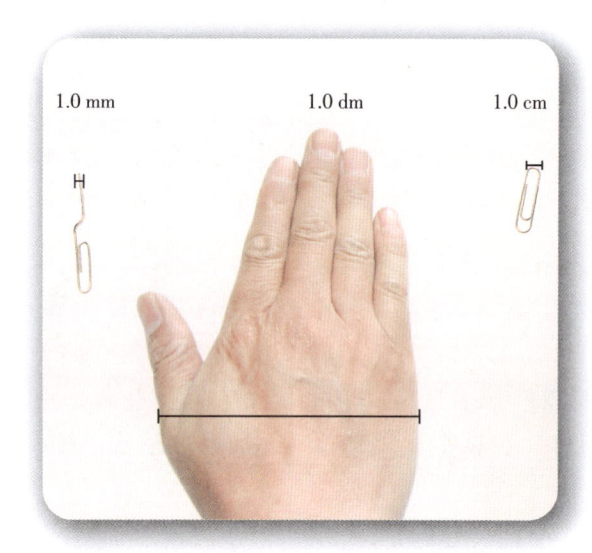

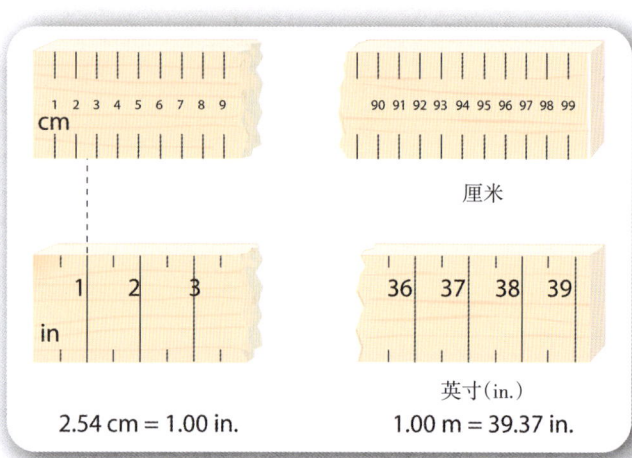

■ **图 B.1** 长度、体积和温度常用的测量单位

长度 一个回形针以及你的手掌都可以用来估计国际单位制中长度的大小。粗略估计,1m 和 1 码(yard)长度相近。如果要将长度单位从一个单位制转换到另一个单位制,你可以借鉴图中所示的长度关系。

2.54 cm = 1.00 in.   1.00 m = 39.37 in.

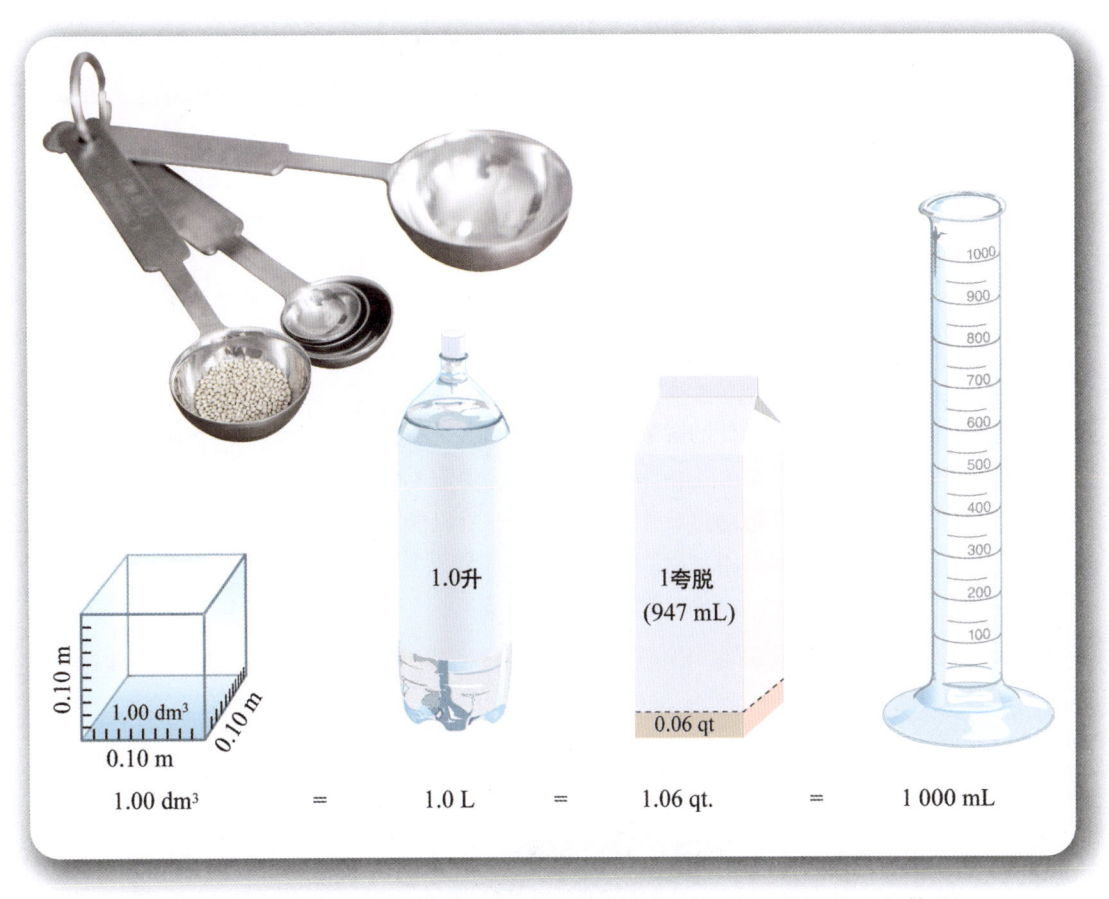

1.00 dm³ = 1.0 L = 1.06 qt. = 1 000 mL

体积 粗略估计，1 L 和 1 夸脱(qt.)体积近似。在厨房中常用勺子来估算较小的体积。

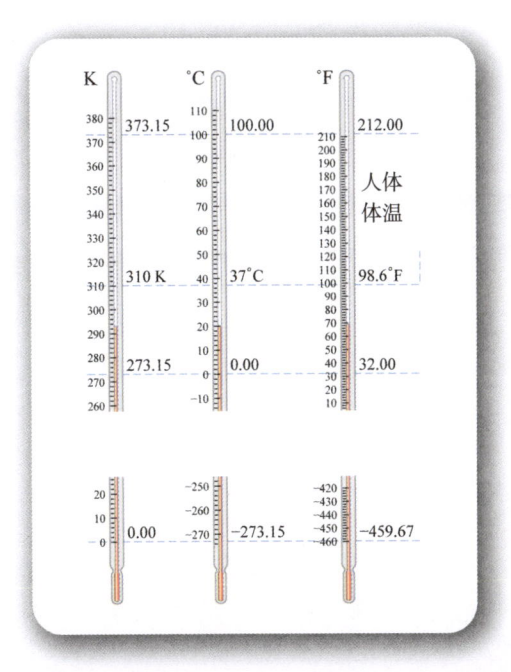

温度 "体温 37 ℃ 或 310 K"，这听起来似乎有些奇怪。但事实上，37 ℃ 和 310 K 分别是用公制单位和国际单位表示的人体体温。

质量和重量　描述物体最常用的方式之一就是描述物体的质量。我们可以通过天平来称量一个物体的质量，尽管知道这是在称物体的质量，但是人们仍习惯于将它描述成物体的重量。大多数人可能会认为质量就是重量，但事实上并非如此。一个物体的质量是对它惯性的衡量，也就是它对运动变化的阻碍能力，换言之，一个物体的惯性取决于它的质量。

而物体的重量则是描述作用在该物体上的重力大小。在地球上，你可以将物体举起来，来感受它所受的重力。

重要的一点是：物体的重量与其质量成正比，也就意味着 2 kg 物体的重量是 1 kg 物体的重量的 2 倍。因此，2 kg 物体承受的重力是 1 kg 物体的 2 倍。因为更容易测得物体所受的重力而不是它在运动过程中所受的阻力，所以能通过称重来获得物体的质量。可以用来称取质量的一种仪器是三杆式天平，如**图 B.2**所示。电子天平在化学实验室中也很常见。

■ **图 B.2**　质量与重量是不同的两个物理量。

质量　在三杆式天平中，将不同质量的砝码挂在两横梁的缺口处，调整游码的位置直到天平平衡。将三个标尺上的读数相加，就可得到待测物体的质量。

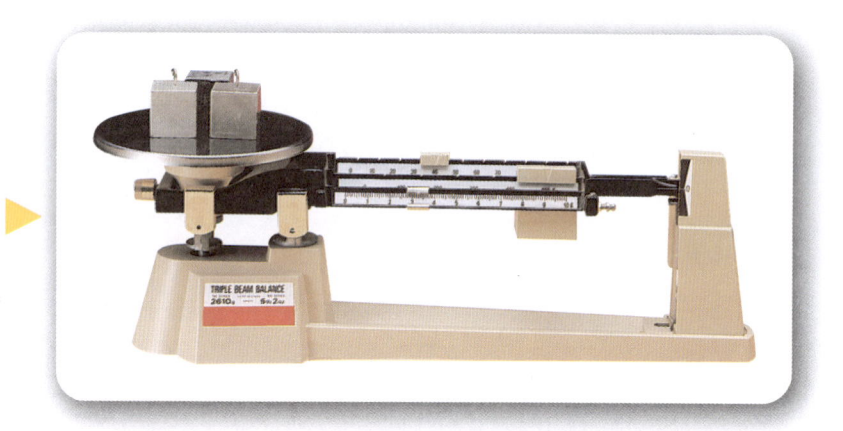

重量　重量和质量密切相关。许多商家在包装上会同时标记重量（磅或盎司，美国的重量单位）和质量（克或千克，SI 单位）。

获取和解释测量数据

科学上的数据运用与数学课中的数学运算有所不同,其中最为重要的区别是,科学上的数据都是用不同精确度的仪器进行测量得到的。

所以,在表述、加减乘除这些科学数据时,都必须考虑测量数据的精确度。在获取或使用一个测量数据时,你必须考虑到两点。

第一点,就是你在用仪器来测量目标的某个量时,该仪器的精确度,如图 B.3 所示。图 B.3 中上面的尺子的最小刻度比下面的尺子要小,所以上面的尺子的精确度更高。因此,无论你测量哪个物体的长度,使用上面的尺子总能得到比使用下面的尺子更为精确的数据,因为你可以估计出一个更小级别的数值。

第二点,在获取或解释测量数据时,你需要考虑它们的准确度,即所测得的数据是否能够很好地表示目标量。图 B.3 中,你可以看到铅笔的尖端与 27.65 cm 的数值对齐。但铅笔的长度是否真的为 27.65 cm 呢?如果尺子做工良好,保持较好的形状且使用正确,那么 27.65 cm 可能是准确的测量。但如果尺子已被破坏或使用不正确(例如铅笔的另一端对应的不是 0 cm),那么 27.65 cm 可能就是不准确的测量结果。

■ **图 B.3** 如果使用上面的尺子,你可以看到铅笔的边缘在 27.6 cm 到 27.7 cm 之间。因为在 27.6 cm 和 27.7 cm 之间没有更精细的刻度,比最小刻度更小的部分就需要估计。在这种情况下,你可以将其估计为 0.05 cm,所以将测量值记为 27.65 cm,可解释为 27.65 ± 0.01 cm。

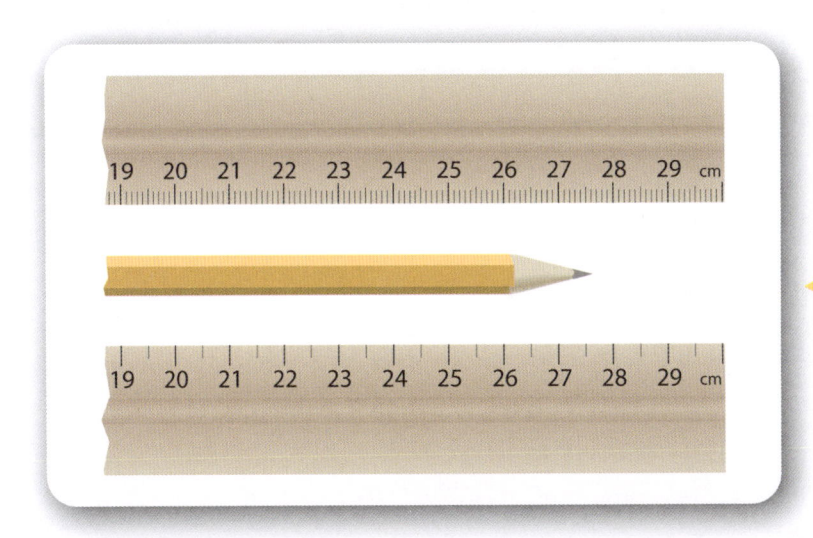

如果使用下面的尺子,你可以看出铅笔的长度在 27.5 cm 和 28 cm 之间。因为在 27.5 cm 和 28 cm 之间没有更精细的刻度,比最小刻度更小的部分就需要估计。有人估计为 0.6 cm,也有人估计为 0.5 cm 或 0.7 cm。尽管你将测得的铅笔长度记录为 27.6 cm,但是当你在说明该数据时,应将该测量值解释为 27.6 ± 0.1 cm。

■ **图 B.4** 测量的精确性和准确性不同。

将这张卡片的宽度描述成 10.16 cm，表明尺子的最小刻度为 0.1 cm，而 0.06 cm 是一个估计值。类似地，因为卡片的两条边是平行的，不同位置测量获得的数据具有完好的吻合度，表明 10.16 cm 是该卡片宽度的准确值。

将这块砖的宽度描述成 10.16 cm，表明这个数据与卡片宽度的精确度相同。然而，从砖块凹凸不平的边缘可以看出，10.16 cm 并不能够非常准确地反映这块砖的真实宽度。

因为这块砖的边缘凹凸不平，所以我们可以通过采用精确度不高的尺子来测量砖块，以便得到更能反映这块砖宽度的数据。如右图所示，10.2 cm 要比 10.16 cm 更能代表砖块的宽度。

在**图 B.4** 中，你将发现，在测量某个量时，使用更精确地测量工具并不总是能得到更准确的数据。

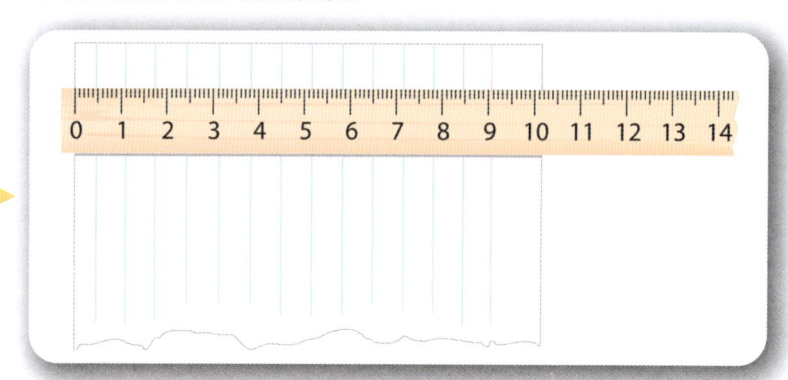

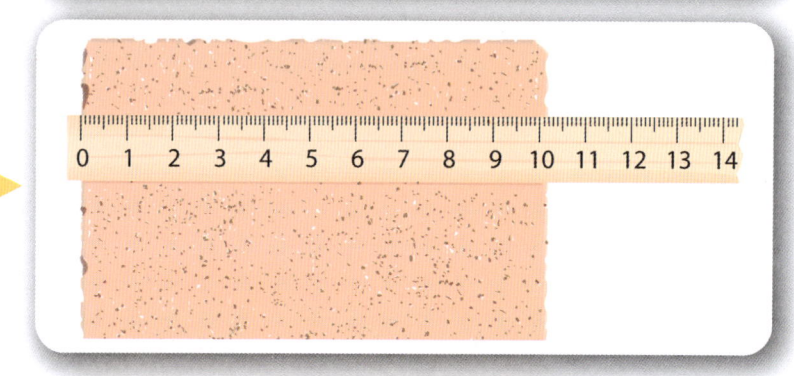

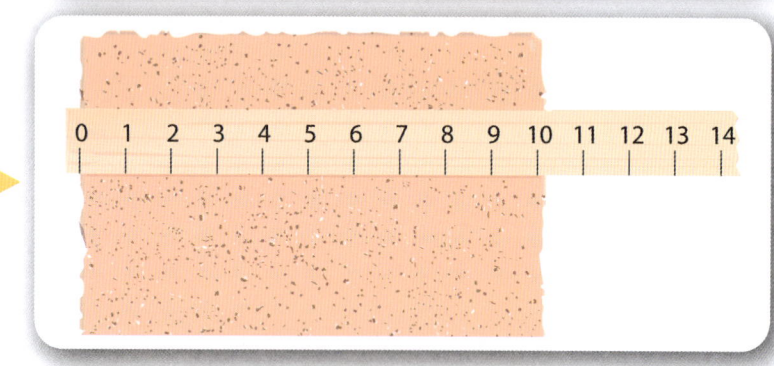

测量数据准确度的表达

在**图 B.3** 中，我们意识到用不同刻度的尺子去量铅笔的长度会得到不同的结果，分别是 27.65 cm 和 27.6 cm。这种差异体现在测量值的记录方式：在第一个测量值中，数字 2、7、6 和 5 是有意义的，在第二个测量值中，数字 2、7 和 6 是有意义的。在任何测量数据中，有意义的数字又称作有效数字。有效数字包括你知道是准确的数字，以及最后一位估计的数字。

有效数字　下面的规则可以帮助你理解和使用有效数字。第4条规则在解释类似20 L这样的测量数据时可能会引发问题。因为数字0在这个测量数据中属于占位符，不属于有效数字，所以20 L只有1位有效数字，即测量数据20 L表明的是20 L ± 10 L，也就是体积范围是10~30 L。

但是，假设你在测量时所使用的仪器精准度可达到1L，则2和0都有效。你不能仅仅在20后面随意加上一个小数点，因为这样做反而会引起误解。例如，在20后面添加一个小数点和一个数字0，将表明小数点之后的数字0也是有效的，测量值将变为20.0 ± 0.1 L。为了解决这个两难问题，你可以将20 L表示为$2.0×10^1$ L。现在这个0就成了有效数字，因为它处在小数点之后。

有效数字的规则

1. 测量数据中所有的非0数字都是有效的。

电子秤的显示器：283.47 g

2	100.00 g
8	10.00 g
3	1.00 g
4	0.10 g
7 (±1)	0.01 g
283.47 g	

5位有效数字

3	10.0 mL
2	1.0 mL
2 (±1)	0.1 mL
32.2 mL	

3位有效数字

2. 在有效数字间的数字0是有效的。

电子秤显示：56.06 g

5	10.00 g
6	1.00 g
0	0.10 g
6 (±1)	0.01 g
56.06 g	

4位有效数字

1	10.0 mL
0	1.0 mL
7 (±1)	0.1 mL
10.7 mL	

3位有效数字

3. 在小数点后面出现的所有数字是0都是有效的。

电子秤显示：73.00 g

7	10.00 g
3	1.00 g
0	0.10 g
0 (±1)	0.01 g
73.00 g	

4位有效数字

2	10.0 mL
0	1.0 mL
0 (±1)	0.1 mL
20.0 mL	

3位有效数字

4. 用作占位符的数字0不是有效的。

电子秤显示：0.09 g

0	1.00 g
0	0.10 g
9 (±1)	0.01 g
0.09 g	

1位有效数字

0	1.0 mL
7 (±1)	0.01 mL
0.07 mL	

1位有效数字

运用科学记数法表示量的大小

科学记数法常用来表示非常大或非常小的数值。科学记数法有时也被称作10的幂的应用,因为它采用一个介于1和10的数字与10的幂相乘来表示一个量的大小。例如,假设你总共旅行了9 000 km,而$10^3=1\,000$,所以可以将这个旅行距离表示为$9×10^3$km。在这个例子中,科学记数法看起来似乎不是那么有用。但是,只要你回想一下,化学中有一些常用的非常大的量,如我们之前学过的物质的量的国际单位——摩尔(mol),1 mol物质含有的原子或分子的个数为602 000 000 000 000 000 000 000。比起每次都要书写这一长串的数字,采用科学记数法来表示会简便许多。

确定10的指数　在确定10的指数时,你需要将小数点向右或向左移动,将它停放在第一个非零数字的后面,并数出小数点跨越的数字的个数。以上面的数为例,6是第一个非零数字,小数点总共移动了23次位置,因此采用科学记数法可以将这个数字表示为$6.02×10^{23}$。

在用科学记数法表示很小的数也是同样的道理。例如,碳原子的直径是0.000 000 000 000 154 m,这时将小数点向右移动,一直到第一位非0的有效数字——也就是1的后面,移动的小数点位数用10的负指数形式表示,所以碳原子的直径是$1.54×10^{-13}$m。从这里可以看出,你总是移动小数点的位置,直到10的幂前面的系数在1和10之间(小于10)。所以,科学记数法总是以这种形式出现:$M×10^n(1≤M<10)$。

图B.5展示了如何将下面这些数字转换成用科学记数法表示。

■ **图B.5**　科学记数法的表达形式为$M×10^n$,且$1≤M<10$

大于1的数		
17.16 g	17.16 → $1.716 × 10^1$ g	小数点向左移动了1位
152.6 L	152.6 → $1.526 × 10^2$ L	小数点向左移动了2位
73 621 kg	73 621. → $7.362\,1 × 10^4$ kg	小数点向左移动了4位

小于1的数		
0.29 mL	0.29 → $2.9 × 10^{-1}$ mL	小数点向右移动了1位
0.0672 m	0.0672 → $6.72 × 10^{-2}$ m	小数点向右移动了2位
0.0008 g	0.0008 → $8 × 10^{-4}$ g	小数点向右移动了4位

测量数据的运算　我们经常需要通过几个测量数据的运算来获得其他的量。请记住,测量数据的准确性取决于所使用的仪器,通常用有效数字来表示。因此,我们需要了解,在测量数据运算所得的结果中哪些数字是有效数字。有一条粗略但较为常用的规则:运算结果的准确度不能超过参与计算的测量数据的最低准确度。所以,在参与运算的这些测量数据中,有效数字最少的数据决定了结果中有效数字的个数。此外,判断有效数字的方法也依赖于数学的运算过程。

附录 B

加法运算
结果中小数点后的位数,向测量数据中小数点后位数最少的看齐。

```
 190.2   g
  65.291 g
  12.38  g
 267.871 g
```

结果的准确度在十分位,这与准确度最低的测量数据相同:267.9 g

因为不同天平称得的质量数据在准确度上有所不同,准确度最低的测量数据限制了结果中小数点后面的位数。

乘除运算
结果中有效数字的个数,向测量数据中有效数字个数最少的看齐。

$$\text{密度} = \frac{\text{质量}}{\text{体积}}$$

$$D(\rho) = \frac{M}{V} = \frac{13.78 \text{ g}}{11.3 \text{ mL}} = 1.219\,469 \text{ g·mL}^{-1}$$

结果只能保留 3 位有效数字,即 1.22 g·mL^{-1},因为有效数字最少的测量数据 11.3 mL 只有 3 位有效数字。

已知量间的相乘或相除可得到一个导出的量。例如,一个物体的质量除以它的体积,就是该物体的密度。但因为质量和体积都是通过不同工具的测量获得的,这些工具往往有着不同的准确度。要注意,导出量的有效数字是不能超过参与运算的准确度最低的测量数据的。

793

> **练一练**
>
> **3.** 判断下列测量数据的有效数字的个数。
> - a) 64 mL
> - b) 724.56 mm
> - c) 1.03 mm
> - d) 0.650 g
> - e) 47 080 km
> - f) 0.001 mm
> - g) 30 cg
> - h) 0.072 040 g
>
> **4.** 运用科学记数法表示下面的测量数据。
> - a) 76.0℃
> - b) 0.78 L
> - c) 10 301 980 nm
> - d) 212 mm
> - e) 0.076 12 m
> - f) 0.001 mm
> - g) 56.021 g
> - h) 763.01 g
>
> **5.** 运用科学记数法表示下面的测量数据。
> - a) 73 000 ± 1 mL
> - b) 100 ± 10 cm
> - c) 4 000 ± 1 000 kg
> - d) 100 000 ± 1 000 km
>
> **6.** 计算,并用合适数量的有效数字表示结果。
> - a) 45.761 g − 42.65 g
> - b) 1.6 km + 0.62 km
> - c) 0.340 cg + 1.20 cg + 1.018 cg
> - d) 6 000 μm − 202 μm
>
> **7.** 解决下面的问题,并用合适数量的有效数字表示结果。
> - a) $5.761 \text{ cm} \times 6.20 \text{ cm}$
> - b) $\dfrac{23.5 \text{ kg}}{4.615 \text{ m}^3}$
> - c) $\dfrac{0.2 \text{ km}}{5.4 \text{ s}}$
> - d) $11.00 \text{ m} \times 12.10 \text{ m} \times 3.53 \text{ m}$
> - e) $\dfrac{4.500 \text{ kg}}{1.500 \text{ m}^2}$
> - f) $\dfrac{18.21 \text{ g}}{4.4 \text{ cm}^3}$

科学记数法表示的测量数据的加减法运算 采用科学记数法表示的测量数据的加减法运算,需要测量数据中10的幂相同。例如,在下面这个问题中,三个不同长度的测量数据必须表示成包含有相同的10的幂的形式。

$$1.1012 \times 10^4 \text{ mm}$$
$$2.31 \times 10^3 \text{ mm}$$
$$+ 4.573 \times 10^2 \text{ mm}$$

在加减采用科学记数法表示的测量数据时,所有的测量数据都应当看齐拥有最大的10的幂的量,调整成统一的格式。在转化一个量时,小数点每向左移动一位,后面的10的指数就增加1。

$2.31 \times 10^3 \quad 2.31 \times 10^3 \to 0.231 \times 10^4$

$4.573 \times 10^2 \quad 4.573 \times 10^2 \to 0.457\,3 \times 10^3 \to 0.045\,73 \times 10^4$

$$1.1012 \times 10^4 \text{ mm}$$
$$0.231 \times 10^4 \text{ mm}$$
$$+0.04573 \times 10^4 \text{ mm}$$
$$1.37793 \times 10^4 \text{ mm} \approx 1.378 \times 10^4 \text{ mm}$$

科学记数法表示的测量数据的乘除法运算 采用科学记数法表示的测量数据间的乘除法运算,需要对测量数据的数值、10 的幂以及单位分别进行运算。

a) 系数前面的数值相乘除,所得结果的有效数字的个数要向测量数据中有效数字个数最少的看齐。

b) 10 的指数的算法:遇到相乘则为加,遇到相除则为减。

c) 单位相乘除。

下面问题的解决过程就是依照这三条程序进行的。

习题示范

习题示范 1

$$(3.6 \times 10^3 \text{ m})(9.4 \times 10^3 \text{ m})(5.35 \times 10^{-1} \text{ m})$$
$$= (3.6 \times 9.4 \times 5.35) \times (10^3 \times 10^3 \times 10^{-1})(\text{m} \times \text{m} \times \text{m})$$
$$= (3.6 \times 9.4 \times 5.35) \times 10^{[3+3+(-1)]}(\text{m} \times \text{m} \times \text{m})$$
$$= (181.044) \times 10^5 \text{ m}^3$$
$$\approx 1.8 \times 10^2 \times 10^5 \text{ m}^3$$
$$= 1.8 \times 10^7 \text{ m}^3$$

习题示范 2

$$\frac{6.762 \times 10^2 \text{ m}^3}{(1.231 \times 10^1 \text{ m})(2.80 \times 10^{-2} \text{ m})}$$
$$= \frac{6.762}{1.231 \times 2.80} \times \frac{10^2}{10^1 \times 10^{-2}} \times \frac{\text{m}^3}{\text{m} \times \text{m}}$$
$$= 1.961\,819\,659 \times 10^{[2-(+1-2)]} \text{ m}^{[3-(+2)]}$$
$$= 1.96 \times 10^{[2-(-1)]} \text{ m}$$
$$= 1.96 \times 10^3 \text{ m}$$

练一练

8. 解决下面有关加减运算的问题。

a) $1.013 \times 10^3 \text{ g} + 8.62 \times 10^2 \text{ g} + 1.1 \times 10^1 \text{ g}$

b) $2.82 \times 10^6 \text{ m} - 4.9 \times 10^4 \text{ m}$

9. 解决下面有关乘除运算的问题。

a) $1.18 \times 10^{-3} \text{ m} \times 4.00 \times 10^2 \text{ m} \times 6.22 \times 10^2 \text{ m}$

b) $3.2 \times 10^2 \text{ g} \div 1.04 \times 10^2 \text{ cm}^2 \div 6.22 \times 10^{-1} \text{ cm}$

■ 图 B.6 利用计算器进行复杂数据间的减法运算

在计算器中以科学记数法的形式输入数据时，先按出前面的系数，然后按[EXP]或者[EE]键，随后按出10的指数。在计算的最后，计算器最后所显示的读数必须经过适当修正，保留小数点之后的合适的位数。在本例中，最后的结果必须保留到小数点后第二位，即 2.56×10^4 kg。

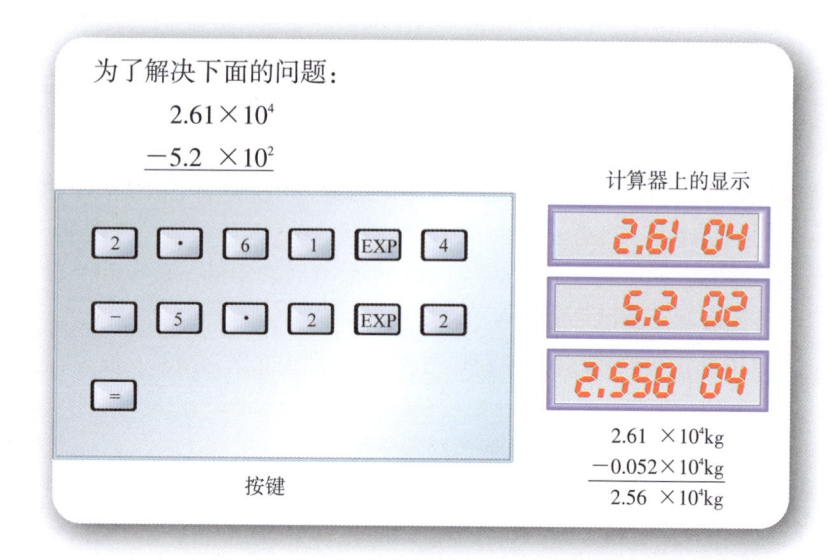

为了解决下面的问题：

$$2.61\times10^4$$
$$-5.2\ \times10^2$$

按键：[2] [.] [6] [1] [EXP] [4]
[−] [5] [.] [2] [EXP] [2]
[=]

计算器上的显示：
2.61 04
5.2 02
2.558 04

$2.61\ \times10^4$ kg
-0.052×10^4 kg
$2.56\ \times10^4$ kg

运用计算器进行计算

在解决一些化学问题时，有时需要你较好地掌握计算器的部分高级功能。当你用计算器解决一个涉及测量数据的问题时，需要记住的是，计算器并没有将有效数字考虑在内。经过计算后，你应该对结果进行四舍五入，保留正确个数的有效数字。在一个多步骤的计算过程中，你不需要对每一步结果都进行四舍五入，只要对最后一步结果进行四舍五入就可以了。在**图 B.6** 中，你将学习如何利用计算器处理以科学记数法形式表示的数据间的减法运算。而**图 B.7** 是如何解决科学记数法的乘法和除法运算的。下面的例子与上面的例子有些类似。

■ 图 B.7 以科学记数法形式表示的数据间的乘除运算

为了表明10的指数为负值，通常是先按[EXP]或[EE]键，输入负指数的数字，然后再按[±]键。

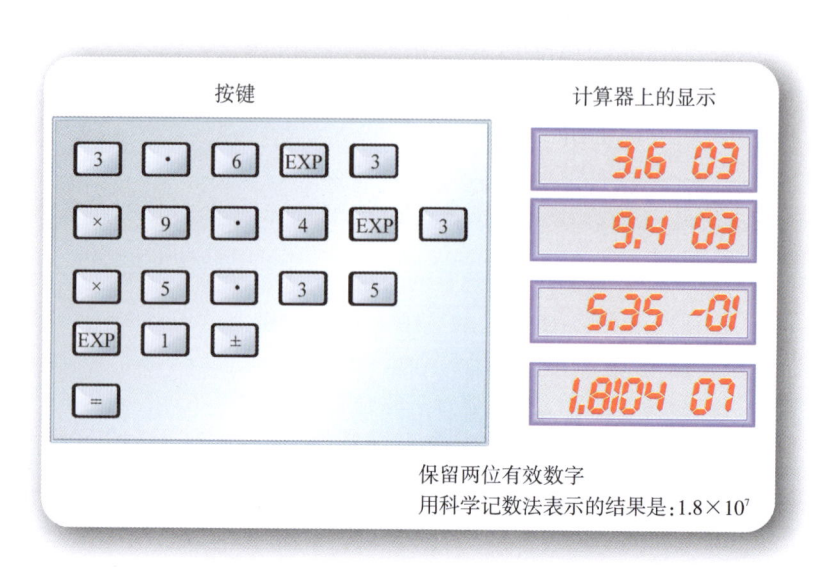

按键：[3] [.] [6] [EXP] [3]
[×] [9] [.] [4] [EXP] [3]
[×] [5] [.] [3] [5]
[EXP] [1] [±]
[=]

计算器上的显示：
3.6 03
9.4 03
5.35 -01
1.8104 07

保留两位有效数字
用科学记数法表示的结果是：1.8×10^7

保留3位有效数字：1.96×10³

计算结果的有效数字的个数不能大于参与运算的测量数据中有效数字最少的个数。

练一练

10. 计算，以科学记数法表示计算的结果，注意保留合适数量的有效数字。

   a) $\quad 2.01 \times 10^2$ mL
   $\quad\quad 3.1 \ \times 10^1$ mL
   $\quad\quad +2.712\times 10^3$ mL

   b) $\quad 7.40\times 10^2$ mm
   $\quad\quad -4.0 \ \times 10^1$ mm

   c) $\quad 2.10\times 10^1$ g
   $\quad\quad -1.6 \ \times 10^{-1}$ g

   d) $\quad 5.131\times 10^2$ J
   $\quad\quad 2.341\times 10^1$ J
   $\quad\quad +3.781\times 10^3$ J

11. 解决下面的问题，以科学记数法表示计算的结果，注意保留合适数量的有效数字。

   a) $(2.00\times 10^1 \text{ cm})(2.05\times 10^1 \text{ cm})$

   b) $\dfrac{5.6 \times 10^3 \text{ kg}}{1.20 \times 10^4 \text{ m}^3}$

   c) $(2.51\times 10^1 \text{ m})(3.52\times 10^1 \text{ m})(1.2\times 10^{-1} \text{ m})$

   d) $\dfrac{1.692 \times 10^4 \text{ dm}^3}{(2.7 \times 10^{-2} \text{ dm})(4.201 \times 10^1 \text{ dm})}$

因子标签法

因子标签法可用于转换同一个物理量的不同单位。例如，你用直尺测量钢笔的长度，得到以 cm 为单位的量，采用因子标签法，就可以将之转换为以 m 为单位的量。

如果测得钢笔的长度为 14.90 cm，你可以通过 cm 和 m 之间的换算关系，用 m 作单位来表示这个长度。这个数量关系为以下这个等式：

$$100 \text{ cm} = 1 \text{ m}$$

如果等式的两边同除以 100 cm，那么就可以得到以下这个关系式：

$$1 = \frac{1 \text{ m}}{100 \text{ cm}}$$

为了将 14.90 cm 转换为以 m 作单位的测量数据，将这个量乘以这个关系式，从而消去"cm"单位。

$$14.90 \text{ cm} \times \frac{1 \text{ m}}{100 \text{ cm}} = \frac{14.90 \text{ cm}}{1} \times \frac{1 \text{ m}}{100 \text{ cm}} = \frac{14.90}{100} \text{ m} = 0.149\,0 \text{ m}$$

因子标签法并不改变物理量的大小，因为你所乘的因子本身等于 1。选择因子的依据就是因子中存在与该物理量相同的单位，以便共同约去。如果你想删除的单位在分子，那么选用该单位在分母的因子；相反地，如果你想删除的单位在分母，那么选用该单位在分子的因子。例如，在一次化学实验活动中，一个学生测得一块铜的质量和体积，并由此算出该铜块的密度为 8.80 g·cm^{-3}。知道 1 000 g = 1 kg 以及 100 cm = 1 m 后，该学生就可以使用以下的因子标签法，将这个量的单位转换为 SI 密度单位 kg·m^{-3}。

$$8.80 \frac{\text{g}}{\text{cm}^3} \times \frac{1 \text{ kg}}{1\,000 \text{ g}} \times \left(\frac{100 \text{ cm}}{1 \text{ m}}\right)^3$$

$$= 8.80 \frac{\text{g}}{\text{cm} \times \text{cm} \times \text{cm}} \times \frac{1 \text{ kg}}{1\,000 \text{ g}} \times \frac{100 \text{ cm}}{1 \text{ m}} \times \frac{100 \text{ cm}}{1 \text{ m}} \times \frac{100 \text{ cm}}{1 \text{ m}}$$

$$= \frac{8.80 \times (10^2 \times 10^2 \times 10^2)}{1\,000} \frac{\text{kg}}{\text{m}^3} = \frac{8.80 \times 10^{(2+2+2)}}{10^3} \frac{\text{kg}}{\text{m}^3}$$

$$= 8.80 \times 10^{(6-3)} \text{ kg·m}^{-3} = 8.80 \times 10^3 \text{ kg·m}^{-3}$$

因子标签法可以用于化学中其他类型的运算。为了应用这个方法，你首先得检查你拥有的数据。其次，判断想要删去的单位和想要得到的单位。最后，通过将这个数据乘上一系列的因子，从而得到想要的单位。

习题示范

习题示范 1

硫化银(Ag_2S)的密度为 7.234 g·mL^{-1}。请问:一堆质量为 6.84 kg 的硫化银粉末的体积是多少?

首先,你必须选一个因子,以便将 Ag_2S 的单位从"kg"转化为"g"。

$$\frac{6.84 \text{ kg } Ag_2S}{} \left| \frac{1\ 000 \text{ g } Ag_2S}{1 \text{ kg } Ag_2S} \right. \cdots\cdots$$

随后,你应用 Ag_2S 的密度,将质量转换为体积。

$$\frac{6.84 \text{ kg } Ag_2S}{} \left| \frac{1\ 000 \text{ g } Ag_2S}{1 \text{ kg } Ag_2S} \right| \frac{1\text{mL } Ag_2S}{7.234 \text{ g } Ag_2S} = 946\text{mL } Ag_2S$$

注意这个新的因子必须让"g"作分母,以便约去"g"这一单位,仅留下单位 mL。

习题示范 2

47.2 g $Pb(NO_3)_2$ 中铅的质量是多少?

因为题目涉及质量,所以你需要用到 $Pb(NO_3)_2$ 的摩尔质量。

$$Pb = 207.2 \text{ g}$$
$$2N = 28.014 \text{ g}$$
$$6O = 95.994 \text{ g}$$

$Pb(NO_3)_2$ 的摩尔质量为 331.208 g·mol^{-1}。

根据有效数字的规则,最终得到的 $Pb(NO_3)_2$ 的摩尔质量为 331.2 g·mol^{-1}。

你可以发现,在 $Pb(NO_3)_2$ 中,铅的含量为 $\dfrac{207.2}{331.2}$。

现在,你可以通过这个关系式来计算 47.2 g $Pb(NO_3)_2$ 中所含有的铅的质量。

$$\frac{47.2 \text{ g } Pb(NO_3)_2}{} \left| \frac{207.2 \text{ g Pb}}{331.2 \text{ g } Pb(NO_3)_2} \right.$$

$= 29.528\ 502\ 42$ g Pb

≈ 29.5 g Pb

保留 3 位有效数字。

注意在这个运算过程中,"g $Pb(NO_3)_2$"被删除了,只留下"g Pb",就是题目要我们所求的量。

练一练

12. 将下列每个量的单位转换成它右边的单位。

- a) 3.01 g   cg
- b) 6.24×10^{-7} g   μg
- c) 0.2 L   dm^3
- d) 5 ft, 1 in.   m
- e) 6 200 m   km
- f) 3.21 L   mL
- g) 0.13 cal·g^{-1} J·kg^{-1}
- h) 1.2 qt   L

处理信息

我们常常需要将观察现象和测量数据的结果进行比较和排序。最为常用的两种处理现象和数据的方法就是图和表。如果浏览教科书,你会发现当中有许多的图和表,它们以一种更形象、更容易理解的方式将信息呈现出来。

表格的制作和运用　绝大多数的表格都有一个标题,以表明表格中所包含的信息。表格往往被分割成多个列和行。列的标题表明了参与比较的条目;行的标题则列举了这些条目参与比较的各个具体特征。表中的方格记录了相对应的信息。任何你希望整理实验活动的表格都必须具备这些特点。

例如,在一次实验活动中,你进行了不同溶液的焰色反应实验。在实验中,你将含有某种金属离子的液滴放在火焰上灼烧,火焰的颜色如图 B.8 所示。实验开始前,你需要制作一张如下所示的表格。

在进行实验时,你可能会先记录下溶液的名称,随后再观察火焰的颜色。如果你不确定正在测试的是哪个价态的离子,你可以先把元素符号记录下来,之后再确定该离子的氧化数。此外,表格的作用不仅仅是整理你的观察结果,而且还可以作为一个参考依据。例如,可以判定一种未知溶液中是否含有表格中所列举的一些金属离子。

■ **图 B.8**　含有钾离子(K^+)的一滴溶液在火焰中燃烧,透进蓝色钴玻璃呈现出蓝紫色。

	焰色反应结果	
溶液	金属离子	火焰颜色
KNO_3	K^+	蓝紫色

■ **图 B.9**　柱形图范例。

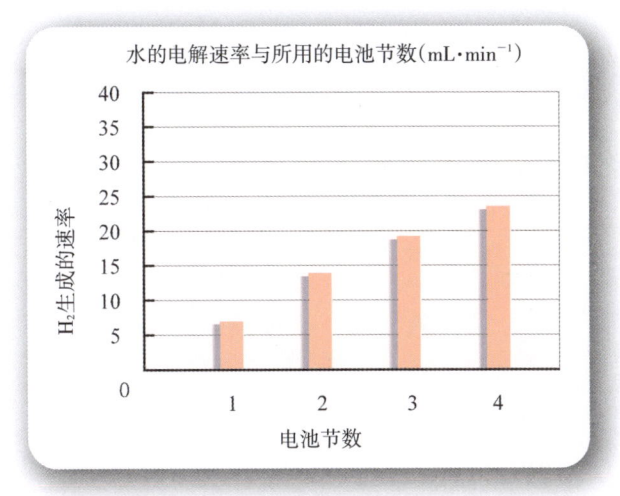

图形的制作和运用　在将数据整理成表格后，科学家希望将这些数据以一种视觉效果更清晰的形式呈现。制图是实现这个目标的常用方法。有3种最常见的图表：柱形图、饼图和线形图。

柱形图一般用于比较或展现一些不连续变化的数据。假设你通过测量所产生的氢气的量来衡量水的电解速率，而且想了解电池的节数对电解速率的影响，你就可以通过如**图 B.9**所示的柱形图来整理实验数据。当然，你可以构建一张线形图，但是柱形图在此处更为合理，因为你不可能使用0.4或2.6节电池。

饼图适用于比较同一整体的各个部分。比如说，可以用饼图来表示化合物中各成分所占的百分比。如**图 B.10**所示，展示了磷酸二氢钠(NaH_2PO_4)中各种元素的百分比组成。

在构建饼图时，需要记住圆周角为360°。假设你在学校里做了一个统计，发现在全体845名学生中有252名是17岁，你就可以据此计算出图表中该部分所对应的角度：$\left(\dfrac{252}{845}\right)\times 360°=107°$。

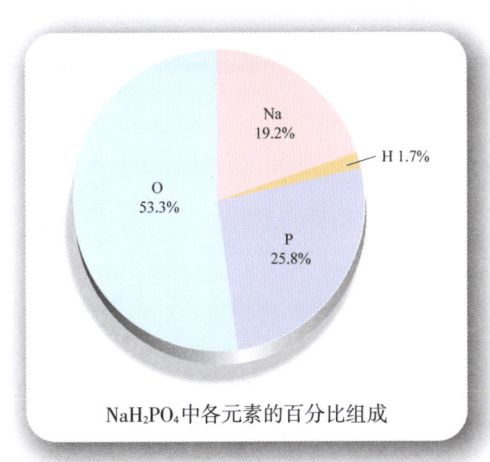

■ **图 B.10**　饼图范例。

801

■ 图 B.11 绘制曲线图

1. 以自变量为x轴（水平轴），因变量为y轴（垂直轴）画坐标轴。自变量指的是可以由实验操作者改变或控制的变量。在**表B.5**中，温度数据可以由实验操作者调控的，在此他选用了10 ℃的温度间隔。

2. 在坐标轴上标上刻度，以保证最小的和最大的数据都可以在图上表示出来。最小刻度可以选用1、5或10，当然也可以依情况需要选用分数，如百分之一、千分之一等。

3. 在坐标轴上标明合适的量和单位。

4. 依照下面的步骤，将表格中的每对数据都标在坐标轴上。
   - 先找出该点x轴上的坐标值，让直尺的边线经过该点并垂直于x轴，画上一条细线。
   - 再在y轴上找出该点的坐标值，让直尺的边线经过该点并垂直于y轴，画上一条细线。
   - 在两细线的交点处用笔标出。

5. 通过各数据点拟合出最佳的直线或曲线。

表B.5	温度对KBr溶解度的影响
温度(℃)	溶解度(100g水中KBr的克数)
10.0	60.2
20.0	64.3
30.0	67.7
40.0	71.6
50.0	75.3
60.0	80.1
70.0	82.6
80.0	86.8
90.0	90.2

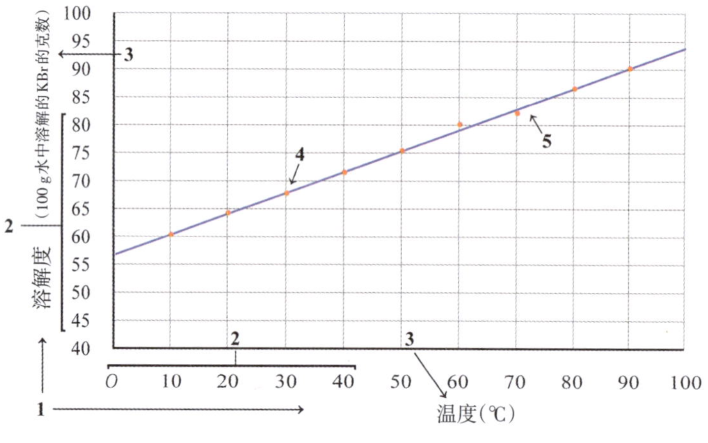

线形图可以较好地反映出一个变量随着另一个量的变化而变化的趋势。此外，线形图还可以揭示出变量之间可能存在的数学关系。

表B.5展示了不同温度下，100 g水中溶解的溴化钾的质量，从而可以判断温度是否会对它的溶解度产生影响。如果你从上往下读表格中溴化钾的溶解度，你会发现数值一直在增加。这是两个量之间关系的一条线索。

线形图的一个用途是可以预测自变量或因变量的值。例如，你可以通过以下步骤从**图 B.11** 中预测出 KBr 在 65 ℃下的溶解度：
- 先让直尺边线通过 x 轴的 65 ℃处并垂直于 x 轴，作一条细线。
- 在细线与图表上直线的交点处用笔标出。
- 将直尺水平放置，让其边线垂直于 y 轴并通过此交点。估计直尺边线与 y 轴的交点为 82 g。

如果想要预测某一给定溶解度所对应的温度值，你可以将上面的步骤反过来进行。

练一练

运用**图 B.11** 回答下面的问题。

13. 预测 KBr 在下列温度下的溶解度。
    - a）25.0 ℃
    - b）52.0 ℃
    - c）6.0 ℃
    - d）96.0 ℃
14. 预测 KBr 在以下溶解度时所对应的温度。
    - a）70.0 g
    - b）88.0 g

正向相关和反向相关的图表可以用于判断自变量和因变量之间的数量关系。最为常见的两种关系是正比例关系和反比例关系。

当两个变量间存在正比例关系时，一个量的增加会引起另外一个量的成比例增加。成正比例的两个变量在图表上反映为直线，如**图 B.12** 所示。

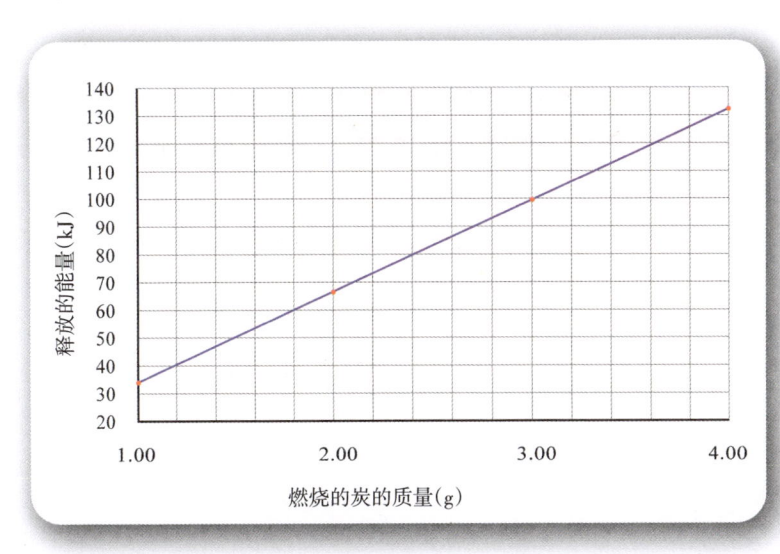

■ **图 B.12 变量间的正比例关系** 从图中可以发现，炭的质量从 2.00 g 增加到 2 倍（4.00 g）后，所释放的能量也从原先的 66 kJ 增加到 2 倍（132 kJ）。这个关系表明燃烧的炭的质量与所释放的能量值成正比例。

803

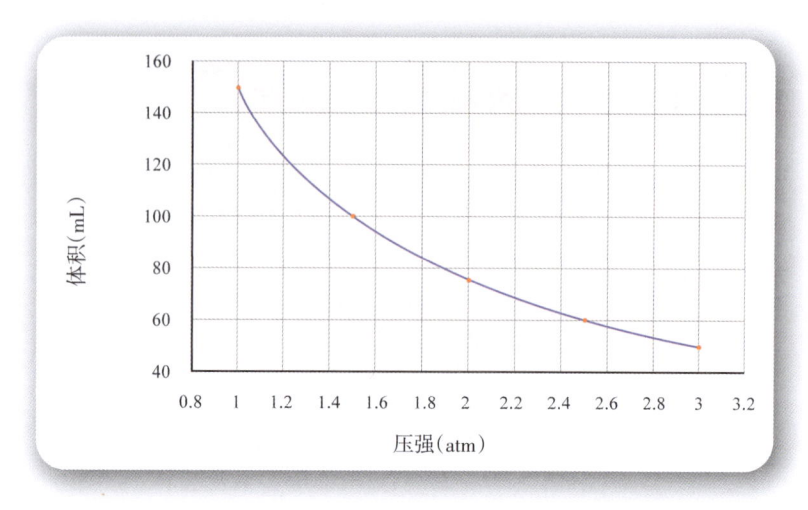

■ **图 B.13 变量间的反比例关系** 从图中你可以看出，气压加倍可以让气体的体积减半。类似这样的关系，可表明体积和气压间存在反比例关系。

当两个变量间存在反比例关系时，一个量增加会引起另外一个量成比例减少，如**图 B.13**所示。

练一练

15. 将表格中的数据绘制成图表，并判断这两个量间是否存在正比例关系。

温度对气体压强的影响	
温度(K)	压强(kPa)
300.0	195
320.0	208
340.0	221
360.0	234
380.0	247
400.0	261

16. 将表格中的数据绘制成图表，并判断这两个量间是否存在反比例关系。

迷你灯泡数对电路中电流强弱的影响	
迷你灯泡数(只)	电流(mA)
2	3.94
4	1.98
6	1.31
9	0.88

比例、分数和百分比

当我们分析数据时，有时需要比较测量数据，或需要确定化合物中元素的相对含量。比如，摩尔质量之间的关系可以用三种方式描述：比例、分数、百分比。

比例关系　我们在日常生活中用比例关系进行比较和对比。比如，像图 B.14 展示的一打酸橙的质量就是一个酸橙质量的 12 倍。在化学中，化合物的化学式就能够用来比较构成化合物的各元素，正如图 B.15 所示。比例就是用两个数字通过除法进行比较。一种表示方法是用":"连接。可以用下面的方式来比较氢气和氧气摩尔质量。

$$氢气的摩尔质量:氧气的摩尔质量$$
$$2.00 \text{ g·mol}^{-1} : 32.00 \text{ g·mol}^{-1}$$
$$2.00 : 32.00$$
$$1 : 16$$

注意，1:16 是最小整数比。它是将两个数同时除以其中较小的数，然后将较大的结果近似到整数，除去小数部分。所以摩尔质量之比是 1:16。也就是说，氢气的摩尔质量是氧气摩尔质量的十六分之一。

分数关系　最简比通常用分数表示，分数是两个数相除得到的商。要用分数表示摩尔质量之比，可以用如下的方法，将氢气的摩尔质量放在氧气的摩尔质量上方，进行计算。

$$\frac{氢气的摩尔质量}{氧气的摩尔质量} = \frac{2.00 \text{ g·mol}^{-1}}{32.00 \text{ g·mol}^{-1}} = \frac{2.00}{32.00} = \frac{1}{16}$$

在这个例子中，将分子和分母同时除以 2.00，得到了最简的分数形式。这分数和比例关系代表的含义是相同的，即氢气的摩尔质量是氧气摩尔质量的十六分之一。

百分比关系　百分比就是将数据与 100 比较。百分比的符号是 %。可以用百分比来表示一场考试中答案正确的比例。如果在 100 题中答对了 90 题，那就可以用答对 90% 的题目来表示。

也可以将上面提到的氢气与氧气的摩尔质量之比转化成百分比，即先将分数化为小数，再乘以 100%。

$$\frac{氢气的摩尔质量}{氧气的摩尔质量} \times 100\% = \frac{2.00 \text{ g·mol}^{-1}}{32.00 \text{ g·mol}^{-1}} \times 100\%$$
$$= 0.062\ 5 \times 100\% = 6.25\%$$

表示的含义是，氢气的摩尔质量是氧气的 6.25%。

■ 图 B.14　一个酸橙的质量是一打酸橙质量的十二分之一。

■ 图 B.15　在食盐晶体（氯化钠）中，每一个钠离子周围就有六个氯离子，每一个氯离子周围有六个钠离子。钠离子与氯离子的数量之比为 1:1，氯化钠的化学式为 NaCl。

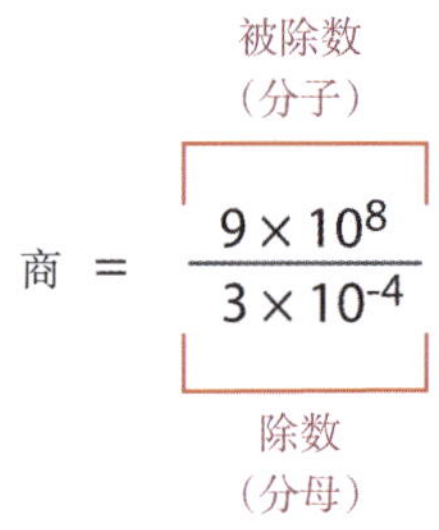

$$商 = \frac{9 \times 10^8}{3 \times 10^{-4}} \begin{array}{l}\text{被除数}\\\text{(分子)}\\\\\text{除数}\\\text{(分母)}\end{array}$$

■ **图 B.16** 当两个数相除,在上方的是分子,在下方的是分母,结果被称为商。当我们用分数进行计算,这个商可以表示为分数或小数。

有分数参与的运算

分数遵循的运算规则和其他数一样。对于一个分数来说,在上方的数字是分子,在下方的数字是分母。图 B.16 给出了一个分数的例子。

1. 加法和减法

两个分数必须有相同的分母才能进行加减运算。这个相同的分母应该是两个分母的最小公倍数,一般把两个分母相乘就可以找到它们的最小公倍数。比如说,$\frac{1}{2}$ 和 $\frac{1}{3}$ 的分母的最小公倍数是 $2 \times 3 = 6$。在找到最小公倍数后,直接对分子进行加、减运算。

$$\frac{1}{2} + \frac{1}{3} = \left(\frac{3}{3} \times \frac{1}{2}\right) + \left(\frac{2}{2} \times \frac{1}{3}\right) = \frac{3}{6} + \frac{2}{6} = \frac{5}{6}$$

有时,大的分母可以被另一个较小的分母整除,那这个大的分母就是它们的最小公倍数。比如说,$\frac{1}{2}$ 和 $\frac{1}{6}$ 的分母的最小公倍数就是 6。

$$\frac{1}{2} + \frac{1}{6} = \left(\frac{3}{3} \times \frac{1}{2}\right) + \frac{1}{6} = \frac{3}{6} + \frac{1}{6} = \frac{4}{6}$$

有时,可以找到能同时被两个分母整除,但不是两者乘积的数。比如说,$\frac{1}{4}$ 和 $\frac{1}{6}$ 的分母的最小公倍数是 12,而不是两者的乘积24。

这个最小公倍数可以用下面的方法得到:

$$\frac{1}{6} + \frac{1}{4} = \left(\frac{4}{4} \times \frac{1}{6}\right) + \left(\frac{6}{6} \times \frac{1}{4}\right) = \frac{4}{24} + \frac{6}{24} = \frac{2}{12} + \frac{3}{12} = \frac{5}{12}$$

因为已经将分子和分母同时除以2,进行了化简,所以分母的最小公倍数就是12。

2. 乘法和除法

做分数乘法,分子和分母按下面的方法分别相乘:

$$\frac{1}{2} \times \frac{2}{3} = \frac{1 \times 2}{2 \times 3} = \frac{2}{6} = \frac{1}{3}$$

注意,最终的答案要将分子和分母同时除以 2 来进行化简。

做分数除法,被除数要乘以除数的倒数。

$$\frac{2}{3} \div \frac{1}{2} = \frac{2}{3} \times \frac{2}{1} = \frac{2 \times 2}{3 \times 1} = \frac{4}{3}$$

附录 C 补充练习

第 1 章

第 1 节

1. 下面哪些选项是物质？
   a）微波
   b）气球内的氦气
   c）来自太阳的热量
   d）速度
   e）一粒灰尘
   f）蓝色

2. 判断以下物质是单质化合物、均匀混合物还是非均匀混合物。
   a）空气
   b）血液
   c）锑
   d）黄铜
   e）氨气
   f）芥末
   g）水
   h）锡

3. 判断以下物质是纯金属，还是合金。
   a）锌
   b）钢铁
   c）纯银
   d）铜
   e）青铜

4. 在**表 C.1** 中，哪些化合物中含有氮元素？哪些化合物中含有氧元素，但不含碳元素？

第 2 节

5. 铷在 39.5 ℃下开始融化，在 697 ℃下开始沸腾。请问：在室温下，铷是什么物理状态？

6. 乙醇、氦气和小苏打中，哪种物质的熔点最高？

表 C.1　一些常见的化合物

化合物名称	化学式	化合物名称	化学式
对乙酰氨基酚	$C_8H_9NO_2$	盐酸	HCl
乙酸	$C_2H_4O_2$	氢氧化镁	$Mg(OH)_2$
氨气	NH_3	甲烷	CH_4
抗坏血酸	$C_6H_8O_6$	磷酸	H_3PO_4
阿斯巴甜	$C_{14}H_{18}N_2O_5$	酒石酸钾	$K_2C_4H_4O_6$
阿司匹林	$C_9H_8O_4$	甲烷	C_3H_8
小苏打	$NaHCO_3$	食盐	$NaCl$
丁烷	C_4H_{10}	碳酸钠	Na_2CO_3
咖啡因	$C_8H_{10}N_4O_2$	氢氧化钠	$NaOH$
碳酸钙	$CaCO_3$	蔗糖	$C_{12}H_{22}O_{11}$
二氧化碳	CO_2	硫酸	H_2SO_4
乙醇	C_2H_6O	水	H_2O
乙二醇	$C_2H_6O_2$		

7. 你的朋友说某种化合物的凝固点为 -22 ℃,熔点为 -10 ℃。你认为他说得对吗?

8. 假设你有一块未知金属,质量为 102 g。把这块金属放入有 40 mL 水的量筒中,金属完全浸没到水中使水位上升到 54 mL 刻度线处。求该金属的密度。

9. 判断下列选项是描述物质的化学性质还是物理性质。
   a) 氖是一种惰性气体。
   b) 乙醇是一种无色、透明的液体。
   c) 盐酸与许多金属反应能产生氢气。
   d) 硫酸钡不溶于水。
   e) 钨元素的密度非常高。

10. 判断以下发生的是化学变化还是物理变化。
    a) 当加热时,铁棒会稍微膨胀。
    b) 当把香蕉放在台子上,它的颜色会变成棕色。
    c) 氢气在空气中燃烧生成水蒸气。
    d) 冬天,池塘表面会结冰。
    e) 用大头针刺向气球,气球会爆炸。

第2章

第1节

1. 描述化学家卢瑟福的发现,说说从他的研究中可以得出什么科学定律。

2. 区分假设、理论和科学定律。

3. 同位素的发现对于原子结构模型的修正起到了什么作用?

4. 钒的原子序数是多少? 这能给我们提供关于钒原子的什么信息?

5. 碘的一种放射性同位素有 53 个质子和 78 个中子,可以被用于诊断和治疗甲状腺疾病。求该同位素的原子序数、质量数和电子数。

6. 一个原子有 45 个中子,质量数为 80。另一个原子有 36 个质子和 44 个中子。请问:这两个原子分别是什么原子? 哪一个原子的质量数更大?

7. 硼元素有两个天然同位素。其中一个同位素的原子质量为 10.01,另一个同位素的原子质量为 11.01。所以硼的平均原子质量为 10.811。请问:这两种天然同位素中哪一种含量更加丰富?

第2节

8. 一颗卫星几乎可以在任何高度绕地球运行,具体高度取决于卫星发射时能量的大小。这与电子绕原子核运动有什么不同之处?

9. 电磁波 A 的波长为 10^4 m,电磁波 B 的波长为 10^{-2} m,请比较这两个波的频率和能量。

10. 说出以下每个元素在各个能级中所含的电子数目,并画出每个原子的路易斯结构式。

    a) 磷,15个电子
    c) 碳,6个电子
    b) 铍,4个电子
    d) 氦,2个电子

第3章

第1节

1. 根据元素周期表,将下面10种元素划分成5对具有相似性质的元素组合。
   S, Ne, Li, O, Mg, Ag, Na, Sr, Kr, Cu

第2节

2. 写出以下元素的族数、周期数、室温下的物理性质,并判断其属于金属、非金属还是准金属。

    a) 氩气
    c) 氟气
    e) 镍
    b) 锑
    d) 钡

3. 根据描述写出相对应的元素符号及元素名称。

    a) 第二轻的卤素。
    b) 周期数最小的类金属。
    c) 唯一的第ⅥA族元素,在室温下是气体。
    d) 最重的惰性气体。
    e) 第ⅤA族的非金属,在室温下是固体。

4. Q是第3周期的元素,外层有6个电子。Z是第ⅣA族的元素,处在第2周期。比较Z和Q的外层电子数的大小,并写出它们的元素符号和名称。

5. 为什么过渡元素和内过渡元素的化学性质比主族金属的化学性质更难预测?

6. 写出符合下列描述的元素符号。

    a) 在第四能级中有3个电子。
    d) 在第一能级中有2个电子。
    b) 在第二能级中有1个电子。
    e) 在第六能级中有5个电子。
    c) 在第三能级中有8个电子。

7. 画出以下元素的路易斯结构式,写出其族数,并判断该元素属于金属、非金属还是准金属。

    a) As
    d) Br
    g) Ca
    b) Al
    e) S
    h) Si
    c) H
    f) Xe

8. 氧化钠的化学式为Na_2O。根据元素周期表性质推测下列与其相似的化合物的化学式。

    a) 氧化钾
    c) 硫化钾
    b) 硫化钠
    d) 氧化锂

809

9. 如何提高像硅这样半导体的导电率？

10. 为什么晶体管、二极管和其他的半导体设备对现代科技非常重要？

第4章

第1节

1. 以二氧化碳为例，比较其组成元素的性质。

第2节

2. 钙离子与钙原子有什么不同？钙离子与钾离子有什么不同？

3. 你认为 MgO_2 是一种稳定的化合物吗？解释原因。

4. 描述一种盐的亚微观结构，并说出这个结构的名称。

5. 铝和氟气反应生成一种离子化合物。请根据元素周期表判断这两种元素的价电子数，画出路易斯结构式来描述这两者如何结合生成离子，并写出该化合物的化学式。

6. 乙烷的化学式为 C_2H_6，请判断该化合物属于什么类别。描述碳原子和氢原子生成乙烷的过程，并画出乙烷的路易斯结构式。

7. 判断下面的化合物是离子化合物还是共价化合物，并根据元素周期表判断化合物的各个组成元素是金属元素还是非金属元素，总结元素种类对生成化合物的类型的影响。

   a）碘化氢　　　　　d）硫化钙
   b）氧化锶　　　　　e）二氧化硫
   c）氯化铷

8. 有两份无色透明的溶液，其中一份的溶质是离子化合物，另一份的是共价化合物。请问：如何区分这两份溶液？

9. 有一种白色晶体，不溶于水，且在 90 ℃开始融化。请判断这种物质是离子的还是共价的并说明原因。

综合

10. 蔗糖的化学式为 $C_{12}H_{22}O_{11}$，这个化合物与它的组成元素的性质有什么不同？你认为蔗糖是离子化合物还是共价化合物？请说明理由。

第5章

第1节

1. 写出与以下每种离子具有相同电子构型的两种离子、一种原子。

   a）Br^-　　　　　c）Na^+
   b）Ba^{2+}　　　　d）P^{3-}

2. 写出下列物质的俗名或学名。

  a) 硝石   **c)** 苏打粉   **e)** 硫酸氢钠

  b) 亚硝酸钾   **d)** 熟石灰

3. 化学式中的下标表示什么？

4. $MgCl_2$ 和 Mg_2Cl_4 中，哪一个是氯化镁的正确的化学式？请说明理由。

5. 什么是氧化数？元素的氧化数是由什么决定的？写出下列元素最常见的氧化数。

  a) I   **d)** Se   **g)** P

  b) Al   **e)** Cs   **h)** Cu

  c) Ba   **f)** Pb

6. 写出下列每个二元离子化合物的化学式。

  a) 氯化锶   **c)** 氟化钠

  b) 氧化铷   **d)** 硫化镁

表 C.2　常见的多原子离子

离子名称	化学式	电荷
铵根离子	NH_4^+	1+
水合氢离子	H_3O^+	1+
碳酸氢根离子	HCO_3^-	1−
硫酸氢根离子	HSO_4^-	1−
醋酸根离子	$C_2H_3O_2^-$	1−
亚硝酸根离子	NO_2^-	1−
硝酸根离子	NO_3^-	1−
氰根离子	CN^-	1−
氢氧根离子	OH^-	1−
磷酸二氢根离子	$H_2PO_4^-$	1−
高锰酸根离子	MnO_4^-	1−
碳酸根离子	CO_3^{2-}	2−
硫酸根离子	SO_4^{2-}	2−
亚硫酸根离子	SO_3^{2-}	2−
草酸根离子	$C_2O_4^{2-}$	2−
磷酸氢根离子	HPO_4^{2-}	2−
重铬酸根离子	$Cr_2O_7^{2-}$	2−
磷酸根离子	PO_4^{3-}	3−

7. 写出分别由每对元素组成的化合物的化学式。
   a）镁和溴
   b）钾和硫
   c）锶和氧
   d）铝和磷

8. **表**C.2 列出了一些常见的多原子离子。在这些离子中，哪一种元素最常出现？写出不包含这种元素的离子的符号。

9. 组成草酸铵每种元素有多少个原子存在于四个化学式单位的草酸铵中？

10. 下列化合物中的金属元素有多种氧化数。预测每种金属离子的电荷，并写出各化合物的名称。
    a）Au_2S
    b）FeC_2O_4
    c）$Pb(C_2H_3O_2)_4$
    d）Hg_2SO_4

表C.3	所选过渡元素常见离子的名称	
元素	离子	化学名称
铬	Cr^{2+}	铬(II)
	Cr^{3+}	铬(III)
	Cr^{6+}	铬(VI)
钴	Co^{2+}	钴(II)
	Co^{3+}	钴(III)
铜	Cu^+	铜(I)
	Cu^{2+}	铜(II)
金	Au^+	金(I)
	Au^{3+}	金(III)
铁	Fe^{2+}	铁(II)
	Fe^{3+}	铁(III)
锰	Mn^{2+}	锰(II)
	Mn^{3+}	锰(III)
	Mn^{7+}	锰(VII)
汞	Hg^+	汞(I)
	Hg^{2+}	汞(II)
镍	Ni^{2+}	镍(II)
	Ni^{3+}	镍(III)
	Ni^{4+}	镍(IV)

11. 写出由下列每对离子所构成的化合物的化学式。

    a）钾离子和重铬酸根离子

    b）钠离子和亚硝酸根离子

    c）铵根离子和氢氧根离子

    d）钙离子和磷酸根离子

12. 写出下列化合物的化学式。

    a）硫酸铵

    b）氢氧化钡

    c）硫酸氢钠

    d）醋酸钙

13. 写出下列包含铬元素的化合物的名称。

    a) $CrBr_2$ c) CrO_3

    b) $Cr_2(SO_4)_3$ d) $CrPO_4$

14. 写出由下列每对离子构成的化合物的化学式。

    a）铅(Ⅱ)和亚硫酸根离子

    b）锰(Ⅲ)和氟离子

    c）镍(Ⅱ)和氰根离子

    d）铬(Ⅲ)和醋酸根离子

15. 写出下列在**表 C.3**中未列举的过渡金属的化合物的名称。

    a) $RhCl_3$ c) Nb_2O_5

    b) WF_6 d) OsF_8

16. 写出下列化合物的化学式。这些化学式的共同点是什么？

    a）碘化氢

    b）硒化钙

    c）氧化钴(Ⅱ)

    d）磷化镓

    e）硒化钡

17. 请比较易潮解物质和可溶性物质的性质。

18. 写出下列水合物的名称。

    a) $MgSO_3 \cdot 6H_2O$ c) $NaMnO_4 \cdot 3H_2O$

    b) $Hg(NO_3)_2 \cdot H_2O$ d) $Ni_3(PO_4)_2 \cdot 7H_2O$

19. 写出下列水合物的化学式。

    a）四水合氰化镍(Ⅱ)   c）一水合草酸锶

    b）三水合醋酸铅(Ⅱ)   d）二水合氯化钯(Ⅱ)

20. 什么是干燥剂？描述可以作为良好干燥剂的化合物的性质。

第2节

21. 共价物质的宏观性质是如何反映其微观结构的?
22. 什么是共价元素？写出在自然界中以双原子共价形式存在的七种非金属元素。
23. 在 H_2，O_2 和 N_2 分子中，电子的共用方式有什么不同?
24. 什么是臭氧？臭氧有何利弊？
25. 写出下列共价化合物的名称。
    a) SF_4 b) CSe_2 c) IF_5 d) P_2O_5
26. 写出下列共价化合物的化学式。
    a) 三氯化氮   c) 三硒化二磷
    b) 五氧化二碘   d) 七氧化二氯
27. 写出下列含碳的共价化合物的名称。
    a) C_5H_{12} b) SiC c) CF_4 d) C_9H_{20}

综合

28. 写出氮原子、氮离子和氮气分子的化学式。
29. 下列物质中，哪些是离子化合物？哪些是共价化合物？
    a) 硫化氢
    b) 氧化锶
    c) 碳酸锂
    d) 癸烷
    e) 氢氧化铷
30. $KC_2H_3O_2$ 有两种不同类型化学键，它是一种怎样的物质？

第6章

第1节

1. 如果面包在室温下放置很长时间，它会发生化学变化以致不能食用。请说明这些化学变化是什么时候发生的。
2. 写出一条可观察到的证据来证明在下列情况下化学反应正在发生。
    a) 削去皮的苹果开始氧化。
    b) 闪光灯发光。
    c) 正在煎鸡蛋。
    d) 抗酸药片放到水中，药片中的酸性物质与碱性物质发生反应。
3. 根据化学方程式回答下列问题。
    $3Zn(s) + 2FeCl_3(aq) \longrightarrow 2Fe(s) + 3ZnCl_2(aq)$
    a) 氯化铁（Ⅲ）的物理状态是怎样的？金属铁呢？
    b) 锌的系数是多少？
    c) 氯化锌中氯的下标是多少？

4. 配平下列化学方程式。

 a) $Al(s) + HCl(aq) \longrightarrow AlCl_3(aq) + H_2(g)$

 b) $H_2O_2(aq) \longrightarrow H_2O(l) + O_2(g)$

 c) $HC_2H_3O_2(aq) + CaCO_3(s) \longrightarrow Ca(C_2H_3O_2)_2(aq) + CO_2(g) + H_2O(l)$

 d) $C_2H_6O(l) + O_2(g) \longrightarrow CO_2(g) + H_2O(g)$

5. 写出下列化学方程式，并配平。

 a) 硫酸 + 氢氧化钠 ⟶ 硫酸钠溶液 + 水

 b) 液态戊烷 + 氧气 ⟶ 二氧化钙 + 水蒸气 + 能量

 c) 金属铁 + 硫酸铜（Ⅱ）溶液 ⟶ 金属铜 + 硫酸亚铁（Ⅱ）溶液

6. 金属镁在空气中燃烧生成氧化镁。在反应中，两个镁原子与一个氧气分子反应生成两个化学式单位的氧化镁。如果将800亿个镁原子与300亿个氧气分子反应，所有反应物都会被用完吗？你认为结果会怎样？

第2节

7. 在五种主要化学反应类型中，什么类型的反应产物只有一种？什么类型的反应总是将氧气作为反应物？

8. 按照五种主要化学反应类型分类下列反应。

 a) $Zn(s) + 2AgNO_3(aq) \longrightarrow Zn(NO_3)_2(aq) + 2Ag(s)$

 b) $Fe(s) + S(s) \longrightarrow FeS(s)$

 c) $2KClO_3(s) \longrightarrow 2KCl(s) + 3O_2(g)$

 d) $CH_4(g) + 2O_2(g) \longrightarrow CO_2(g) + 2H_2O(g) + 能量$

 e) $Na_2CO_3(aq) + MgSO_4(aq) \longrightarrow MgCO_3(s) + Na_2SO_4(aq)$

9. 用文字方程式来描述下列化学方程式，并按照五种主要化学反应类型进行分类。

 a) $C_9H_{20}(l) + 14O_2(g) \longrightarrow 9CO_2(g) + 10H_2O(g)$

 b) $H_2SO_4(aq) + 2KOH(aq) \longrightarrow K_2SO_4(aq) + 2H_2O(l)$

 c) $2KNO_3(s) + 能量 \longrightarrow 2KNO_2(s) + O_2(g)$

10. 写出乙烯燃烧的化学方程式。15兆乙烯分子完全反应需要多少氧气？

综合

11. 氧氟化氮气体（NOF）是由一氧化氮气体和氟气反应形成。写出该反应的化学方程式，并按照五种主要化学反应类型进行分类。

12. 硫酸铜（Ⅱ）溶液与氢氧化钠溶液相混合，生成了蓝色的氢氧化铜（Ⅱ）沉淀。

 a) 写出该反应的文字方程式和化学方程式。

 b) 按照五种主要化学反应类型进行分类。

13. 如下所示是在含有NaOH和$MgSO_4$的水溶液中所发生反应的未配平的化学方程式。

 $NaOH(aq) + MgSO_4(aq) \longrightarrow Na_2SO_4(aq) + Mg(OH)_2(s)$

 a) 配平化学方程式。 **c)** 按照五种主要化学反应类型进行分类。

 b) 写出该反应的文字方程式。

第3节

14. 什么是可逆反应？如何用化学方程式来表明反应是可逆的？
15. 区别平衡和动态平衡。
16. 说明勒夏特列原理。为什么该原理对化学工程师很重要？
17. 在进行了下述操作之后，吸热反应的平衡是往左移动还是往右移动？
    a）增加热量。
    b）减少热量。
    c）增加产物。
    d）增加反应物。
18. 在一个密闭容器中，可逆反应 $N_2O_4(aq) \rightleftharpoons 2NO_2(g)$ 已经达到平衡。之后减小容器的体积，增大容器内部压强，该反应是往左移动还是往右移动？请解释。
19. 某一放热反应有着非常高的活化能。在正常条件下，这个反应可以自发发生吗？请解释。
20. 为什么许多珍贵的历史文献都被封存在已除去大部分空气的密封箱里？
21. 汽车上的除冰盐会加速生锈的进程。如果一辆汽车要涂除冰盐，在寒冷的天气之前洗车好？还是在温暖的天气之前洗车好？请解释。
22. 氢气可以由铝和硫酸反应得到，该反应的化学方程式如下。

    $$2Al(s) + 3H_2SO_4(aq) \longrightarrow Al_2(SO_4)_3(aq) + 3H_2(g)$$

    在一个特定的反应中，120亿个 H_2SO_4 分子与60亿个 Al 原子相混合。
    a）反应受哪种反应物限制？
    b）当反应完成时，生成了多少个 H_2 分子？
23. 弗里茨·哈伯在600 ℃左右进行了合成氨的工艺。高温提高了该反应的速率。请问，为什么在这个反应中哈伯没有使用更高的温度？
24. 如果在已达到平衡的吸热的可逆反应中加入催化剂，反应是往左移动还是往右移动？
25. 为什么经常使用粉末形式的催化剂？
26. 什么是酶？说出关于你的身体是怎样使用酶的一些例子，并列举两种含酶的常见产品。
27. 选择你家里的一些食品，分析它们的成分，并列出你在这些食品中发现的抑制剂。这类抑制剂通常也称为防腐剂。

28. 下图展现了 A、B 和 C 三种化合物从反应发生到平衡时的浓度变化。
    a) 在这个反应中，哪些化合物是反应物？哪些化合物是生成物？
    b) 该反应达到平衡需要多少时间？
    c) 如果在反应达到平衡一分钟后，加入更多的化合物 C，**图 C.1** 将发生怎样的变化？为什么？

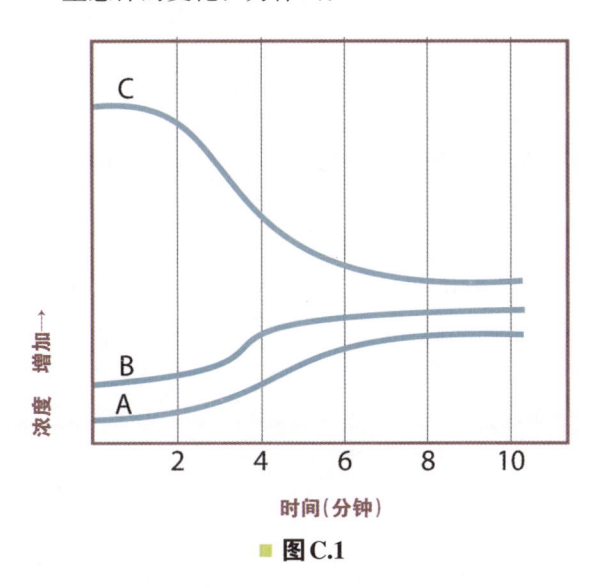

■ 图 C.1

综合

29. 二氧化硫气体和氧气在一个可逆反应中化合为三氧化硫气体。
    a) 写出该反应的文字方程式。
    b) 写出该反应的化学方程式。
    c) 如果在反应达到平衡后，加入更多的三氧化硫气体，该反应是往左移动还是往右移动？

30. 过去常用于生产硝酸的一系列反应中包含氨气与氧气反应生成一氧化氮气体和水蒸气，写出该反应的化学方程式。如果 30 兆个氨分子与 35 兆个氧分子反应，反应受哪一种反应物限制？

第7章

第1节

1. 黄、红、紫，哪种颜色的频率最低？哪种颜色的波长最短？哪种颜色的能量最少？

2. 在一个能级中有多少 f 轨道？在一个能级中 f 轨道的电子数最多是多少？能有 f 轨道的最低能级是什么？

3. 什么是海森堡测不准原理？该原理产生了用于描述原子中电子的什么模型？

4. s 轨道的形状是怎样的？不同能级中的 s 轨道有什么不同？

第2节

5. 写出具有下列电子构型的元素。
   a) $[Ar]4s^23d^{10}4p^6$
   d) $1s^22s^1$
   b) $[Ne]3s^23p^1$
   e) $[Xe]6s^24f^7$
   c) $[Ar]4s^13d^5$

6. 写出下列原子的电子构型,并用合适的稀有气体来表示内核缩写。
   a) Br
   d) Ni
   b) N
   e) Ba
   c) Te

7. 在锗的电子构型$[Ar]4s^23d^{10}4p^2$中,价电子是什么?

8. 在下列各元素的原子结构中,最高被占有的轨道是什么?
   a) Ca
   d) He
   b) B
   e) Bi
   c) In

9. 比较下列每对元素的电子构型的异同:Ar和Kr、K和Ar、K和Sc。

10. 为什么大多数的过渡元素有多种氧化数?其他哪些种类的元素也具有多种氧化数?

第8章

第1节

1. 从下列每一对原子中选出原子半径较大的。
   a) Li、Be
   e) In、Ba
   b) Ca、Ga
   d) Br、O
   c) P、As

2. 从下列每一对离子中选出离子半径较大的,并解释。
   a) Se^{2-}、S^{2-}
   d) B^{3+}、N^{3-}
   b) Te^{2-}、Cs^+
   e) O^{2-}、P^{3-}
   c) Mg^{2+}、Al^{3+}

3. 钾离子的电子构型是怎样的?哪种稀有气体具有相同的电子构型?写出另外两种享有相同电子构型的离子。

4. 你的朋友说最活泼的金属的原子半径大,价电子数目多。你同意吗?

5. 比较碱金属和碱土金属的性质。

6. 钾和锶分别与水发生反应,预测反应的产物,并写出这两个反应的化学方程式。

7. 离子化合物CsCl和NaCl的晶体结构有什么不同?为什么?

8. 硼是一种非金属元素,硼与其他元素反应意味着什么?

9. 列举第15族元素的一些用途。

综合 10. 请分别解释为什么下列各种金属对人的生命而言是必不可少的。
   a) 钾　　　　　　c) 钙
   b) 镁　　　　　　d) 铁

第9章

第1节

1. 一般来说,元素周期表越向下,元素的电负性值如何改变？向右呢？解释这些趋势。

2. 仅根据元素周期表,按照电负性从小到大的顺序排列下列这些原子。
   As、Ba、N、Mg、Cs、O

3. 将下列的键按照离子键、共价键或极性共价键进行分类。
   a) C—O　　　c) Si—H　　　e) Cu—Cl
   b) Mn—O　　d) Ca—O

4. 仅根据元素周期表,按照离子性从强到弱的顺序排列下列这些键。
   a) Li—F　　　c) K—F
   b) Li—Br　　d) Li—Cl

5. 你认为KBr还是KF有较高的熔点吗？请解释。

6. 按照极性从小到大的顺序排列下列这些键。
   a) S—O　　　c) Si—Cl
   b) C—Cl　　d) H—Br

7. 决定一个分子是极性还是非极性的因素是什么？

8. 在金属键中,为什么金属的价电子有时被描述为"电子的海洋"？

9. 一氧化氮(NO)是一种无色气体,它过去常被用于硝酸的工业化生产。一氧化氮是极性分子还是非极性分子？请解释。

第2节

10. 画出下列分子的路易斯结构式。
    a) CS_2　　　　c) CH_3Cl
    b) HI　　　　　d) AsH_3

11. 描述第10题中每一个分子的形状。

12. 二溴甲烷(CH_2Br_2)的结构与甲烷相似。二溴甲烷是极性分子还是非极性分子？请解释。

13. 乙醇、二氧化碳和维生素C都是共价化合物。这些化合物是如何说明共价化合物种类的多样性？

14. 四氟化碳(CF_4)被用作低温制冷剂和气态的绝缘体。CF_4中的键是极性键还是非极性键？CF_4是极性分子吗？请解释。

15. 比较三氯化磷分子(PCl_3)和氧化二氯分子(Cl_2O)。在中心原子周围有多少对电子？这些电子对中有多少是键合的？有多少是非键合的？这些分子的形状是什么样的？

819

16. 四氯乙烯(C_2Cl_4)是乙烯的衍生物,它是由乙烯中的氢原子被氯原子取代得到的。画出 C_2Cl_4 的路易斯结构式。C_2Cl_4 是极性的吗?请解释。

17. 甲醛(CH_2O)是一种无色气体,它溶解在水中可用作防腐剂。画出它的路易斯结构,并描述其几何结构。

18. 乙醚($CH_3CH_2OCH_2CH_3$)可以看作水的衍生物,它是由水中的氢原子被—CH_3CH_2(乙基)取代得到的。乙醚是极性分子吗?请解释。

19. 在纸层析法中,什么是固定相?什么是流动相?将对纸张有较强吸引力的组分的迁移距离和对纸张有较弱吸引力的组分的迁移距离进行比较。

20. 预测氨(NH_3)、膦(PH_3)和胂(AsH_3)的相对沸点,并解释。

第10章

第1节

1. 为什么在水滴中悬浮的花粉颗粒会沿着随机而不稳定的轨迹运动?
2. 将球与边界碰撞时的行为和理想气体微粒与容器的器壁发生碰撞时的行为进行对比。
3. 海平面大气压强是多少?人能否注意到大气的压强?请解释。
4. 从微粒间距和微粒运动方面比较固体和液体。

第2节

5. 写出下列选项所对应的华氏温度、摄氏温度和开尔文温度。
   a) 水的凝固点
   b) 水的沸点
   c) 绝对零度

6. 按照递增的顺序排列下列温度。
$$110\ °C、212\ K、212\ °F、273\ °C、273\ K$$

7. 完成表格。

温度	摄氏温度(℃)	开尔文温度(K)
氦(He)的沸点	−268.94	
炎热的夏天		305
锌的熔点	419	
丁烷(C_4H_{10})的沸点		272.7

8. 按照沸点从低到高的顺序排列下列气体。

   氯气(Cl₂)　　　　　　　239 K
   氪气(Kr)　　　　　　　−153°C
   二甲醚(C₂H₆O)　　　　 −24°C
   硫化氢(H₂S)　　　　　 213 K
   二氧化硫(SO₂)　　　　 −10°C

9. 假如室外温度升高1.00摄氏度,华氏温度升高多少?开尔文温度呢?

10. 在下列气体中,哪一种气体微粒的平均速率最大?哪一种气体微粒的平均速率最小?

    a) 20 °C的氩气　　　　c) 20 °C的氖气
    b) 100 °C的氖气　　　 d) 100 °C的氦气

11. 在第10题中,哪一种气体微粒的平均动能最大?哪一种的平均动能最小?

12. 硫化氢(H₂S)和二氧化硫(SO₂)都是有着令人不愉快气味的无色气体。在等温条件下,这两种气体中的哪一种在空气中的扩散速率更大?请解释。

13. 请解释为什么液体蒸发时会降温。

14. 比较升华和蒸发。

15. 在敞开容器中,液体和它的气体能达到平衡吗?请解释。

16. 描述沸点随着压强的升高会如何变化。

17. 预测你的学校里水的沸点高于100 °C还是低于100 °C。

18. 请说明凝固点、熔化热和晶格之间的关系。

19. 100 °C时蒸发1 kg水所需要的能量与0 °C时熔化1 kg冰所需要的能量的比值是多少?

第11章

第1节

1. 运用**表C.4**转换以下压强测量。

   a) 147 mm Hg转换为psi
   b) 232 psi转换为kPa
   c) 67.2 kPa转换为mm Hg

表C.4	等效压强		
1.00 atm	760 mm Hg	14.7 psi	101.3 kPa

2. 将3.50 atm转换为以下单位。
   a) mm Hg
   b) psi
   c) kPa

3. 表压强和绝对压强有什么不同?

4. 轮胎气压表显示你的轮胎内的压强为29.0 psi。若以mm Hg为单位,你的轮胎内的绝对压强是多少?

5. 假如某一行星的大气主要是由CO_2气体组成。将这个行星表面的大气压强与具有相同浓度但主要由甲烷气体组成的大气所产生的压强相比较。

6. 给出一个理由说明为什么托里拆利在压力计中使用水银而不是其他液体,比如水。

第2节

7. 影响气体体积的因素有哪些?

8. 在室温下装有48 g氮气的钢瓶被放置在天平上。打开阀门,放出12 g气体。假设钢瓶的温度保持不变,压强会如何变化?

9. 钢瓶中装有22 g气体。如果在恒定温度下将77 g空气泵入钢瓶,钢瓶内的压强会如何变化?

10. 钢瓶中装有36.5 g氩气,气体压强为8.20 atm。打开阀门,在恒定温度下放出气体直至压强降为4.75 atm,放出了多少克气体?

11. 如果气雾剂罐中的气体压强在20.0 °C时为182 kPa,如果将其加热到251 °C,罐内的压强是多少?

12. 5.3 L氩气样品处于标准压强和294 °C。将样品在干冰中以恒定体积冷却至−79 °C。它的压强是多少毫米汞柱?

13. 压缩气体罐能够承受的最大压强是955 kPa。在22 °C时,罐内的压强为689 kPa。该罐能够承受的最高温度是多少?

14. 在温度为−5 °C的寒冷的早晨,你用压力计测量自行车轮胎的气压。压力计读数为53 psi。第二天中午,温度升至11 °C。如果你再次测量轮胎内的压强,你认为压力计的读数将是多少?(假设轮胎内的气体体积不变)

15. 在295 k时,钢瓶含有98 g空气。钢瓶中的压强为174 psi。如果放出32 g空气,并且钢瓶被加热到335 K,那么新的压强是多少?

16. 压缩气瓶的体积是14.5 L,压强为769 kPa。如果在117 kPa的压强下将气体放入到气球中,气体所占的体积将是多大?(假设温度恒定)

17. 在污水处理厂中,细菌培养物在1.0 atm压强下每天产生2 400 L甲烷气体。如果有一天生产的甲烷储存在一个310 L的储罐中,罐内的压强是多少?

18. 0.400 L气球以1.10 atm大气压填充空气。如果将气球挤压到250 mL的烧杯中,气球没有爆裂,气球内空气的压强是多少?

19. 氩气样品被压缩,使其压强在恒温下增加25%,样品的体积变化多少?

20. 对STP条件下的空气样品的体积与教室中正常温度和压强下的空气样品的体积进行定性分析。

21. 在23 °C、1 atm的条件下,气球中填充有2.5 L空气。在寒冷的冬季,当温度为−12 °C时,将气球放在户外。如果压强是不变的,气球的体积变为多少?

22. 在25 °C、1 atm时,氮气样品的体积是75 mL。在STP条件下,它的体积是多少?

23. 在大气压强下,气球中装有1.50 L氦气。如果开尔文温度仅是原来数值的60%,体积将会如何变化?

24. 在−225 °C、1 atm时,氖气样品的体积是2.45 L。预测在225 °C、1 atm时样品的体积。

25. 在24 °C的温度时,钢瓶中含有5.70 L气体。钢瓶被加热,钢瓶内的活塞可以移动以保持压强恒定。如果钢瓶中气体的最终体积是6.55 L,那么最终的温度是多少?

26. 将10 °C时3.50 L的氮气在恒压下加热直至气体体积增加为5.10 L。此时氮气的温度是多少?

27. 在463 K时,氩气样本的体积是425 mL。样品在恒定压强下冷却至体积为315 mL。此时氩气的温度是多少?

28. 如果气体温度在恒压下增加,请使用查尔斯定律来预测空气样品的密度变化。

29. 假设你有一个1 L的氖气样品和1 L的氮气样品,两个样品都处于STP条件下。比较每个样品中的气体微粒数和样品的质量。

30. 在101 kPa、315 K时,收集825 mL氧气样品。如果压强增加到135 kPa,温度下降到275 K,氧气将占据多少体积?

31. 在37.4 kPa、−35 °C时,氦气样品的体积为346 mL。在STP时,样品的体积是多少?

32. 在STP时,44 g CO_2的体积为22.4 L。样品加热到71 °C,压缩至体积为18.0 L,产生的压强是多少?

33. 在58 °C、95.9 kPa时,气体的体积为2 940 mL。能够导致气体在25 °C时体积为3 210 mL的压强是多少?

34. 在 15 °C、763 mm Hg 时,气球内填充 4.50 L 氦气。气球被释放,穿过大气上升。当它到达 2 500 m 高度时,温度为 0 °C,压强降至 542 mm Hg。此时气球的体积是多少?

35. 将室温、1.0 atm 压强下的 1.0 L 氮气的微粒数与室温、3.0 atm 压强下的 2.0 L 氧气的微粒数进行比较。

36. 在相同温度与压强下,与 15 L 一氧化碳完全反应以生成二氧化碳需要多少升氧气?

37. 如果所有的气体处于相同的温度和压强下,那么至少需要多少升氮气和氢气才能生成 28.6 L 氨气?

38. 在 23 °C、5 030 mm Hg 时,钢瓶内含有 14.2 g 氮气。将钢瓶加热到 45 °C,释放氮气直到压强降为 2 250 mm Hg。钢瓶内剩下多少克氮气?

39. 75.0 mL 空气样品处于标准压强和 −25 °C。将空气压缩至体积为 45.0 mL,并调节温度直到空气压强加倍至 2.00 atm。最后的温度是多少?

40. 在 STP 时的气体体积为 146 mL。多少摄氏温度可以使得 615 mm Hg 压强下的气体体积为 217 mL?

第 12 章

第 1 节

1. 你的祖母给了你一包她攒的硬币。如果这些硬币的质量为 4.24 kg,已知 50 个硬币的质量是 144 g,那么你收到了多少个硬币?

2. 下列这些物质的摩尔质量分别是多少?

    a) 钯   c) 氢氧化钙

    b) 氢气   d) 五氧化二磷

3. 计算下列样品的原子数。

    a) 12.7 g 银(Ag)

    b) 56.1 g 铝(Al)

    c) 162 g 钙(Ca)

4. 不通过计算,你能判断出 10.0 g 锌和 10.0 g 硅哪一种所包含的原子数目更多吗? 通过计算核实你的判断。

5. 计算下列样品的物质的量。

    a) 7.62 g 氯化铯(CsCl)

    b) 42.5 g 丙醇(C_3H_8O)

    c) 694 g 重铬酸铵[$(NH_4)_2Cr_2O_7$]

6. 计算下列物质的质量。

    a) 0.172 mol 臭氧(O_3)

    b) 2.50 mol 庚烷(C_7H_{16})

    c) 0.661 mol 磷酸亚铁[$Fe_3(PO_4)_2$]

7. 下列哪一个选项中的物质质量最大？

   a）10个碳原子（C）

   b）3个氯气分子（Cl_2）

   c）1个果糖分子（$C_6H_{12}O_6$）

8. 下列哪一个选项中的物质质量最大？

   a）10.00 mol 碳（C）

   b）3.00 mol 氯气（Cl_2）

   c）1.000 mol 果糖（$C_6H_{12}O_6$）

9. 计算 0.127 mol 甲酸（CH_2O_2）中分子的数目。0.127 mol 甲酸的质量是多少？

10. 计算下列样品的分子的数目。

    a）85.3 g 水（H_2O）

    b）100.0 g 氯气（Cl_2）

    c）0.453 g 氯化钾（KCl）

    d）14.6 g 对乙酰氨基酚（$C_8H_9NO_2$）

11. 氧的平均原子质量是氦的平均原子质量的4倍。你是否认为氧气的摩尔质量是氦气的摩尔质量的4倍？请解释。

12. 维生素B2，也叫作核黄素，它的化学式是 $C_{17}H_{20}N_4O_6$。维生素B2的相对分子质量是多少？摩尔质量是多少？

13. 胆固醇的分子式是 $C_{27}H_{46}O$，则胆固醇的摩尔质量是多少？单个的胆固醇分子的质量是多少克？

14. 与 125 g 银含有相同原子数目的铝的质量是多少？

第2节

15. 甲醇燃烧产生二氧化碳气体和水蒸气。

$$2CH_3OH(l) + 3O_2(g) \longrightarrow 2CO_2(g) + 4H_2O(g)$$

    52.4 g 甲醇燃烧生成的水蒸气的质量是多少？

16. 将氯气通入到熔融的硫制备得到二氯化二硫。

$$Cl_2(g) + 2S(l) \longrightarrow S_2Cl_2(l)$$

    生成 20.0 g S_2Cl_2 需要多少克氯气参与反应？

17. 运用第16题中的反应，生成 20.0 g S_2Cl_2 需要多少克硫参与反应？

18. 计算 250 mL 含有 35.0 g 硝酸铅的水溶液与过量的碘化钠溶液发生如下反应时产生的沉淀的质量。

$$Pb(NO_3)_2(aq) + NaI(aq) \longrightarrow 2NaNO_3(aq) + PbI_2(s)$$

19. 在STP条件下，燃烧多少克碳可以产生 4.56 L CO_2 气体？

$$C(s) + O_2(g) \longrightarrow CO_2(g)$$

20. 在25.0°C、105 kPa下，5.4 g锌与过量的盐酸反应生成多少升的氢气？该反应的化学方程式是 $Zn(s)+2HCl(aq) \longrightarrow ZnCl_2(aq)+H_2(g)$。

21. 请解释理想气体定律是如何证明波义耳定律和查尔斯定律。

22. 在125 kPa、15.0°C时，2.50 L的小罐中含有多少摩尔的氩气？

23. 在46.5 kPa、215°C时，0.300 mol氧气的体积是多少？

24. 在−25°C时，体积为10.5 L的2.00 mol的氮气样品的压强是多少？

25. 以 $atm \cdot L \cdot mol^{-1} \cdot K^{-1}$ 为单位，确定理想气体常数 R 的数值。

26. 运用第25题中确定的理想气体常数 R 的数值，计算在−45°C、4.12 atm时7.56 L氖气样品的物质的量。样品中有多少克氖气？

27. 十二烷（$C_{12}H_{26}$）是煤油的组分之一。写出十二烷燃烧生成二氧化碳气体和水蒸气的化学方程式。如果3.00 mol十二烷燃烧，需要消耗多少摩尔氧气？生成了多少摩尔二氧化碳和水蒸气？

28. 如果60.0 g十二烷如第27题中一样燃烧，生成了多少克水蒸气？多少克二氧化碳？

29. 绿色植物通过如下反应产生二氧化碳。在27.0°C、101.3 kPa时，如果蔷薇产生了50.5 L氧气，那么该植物产生了多少克葡萄糖（$C_6H_{12}O_6$）？

$$6CO_2(g)+6H_2O(l) \xrightarrow{光照} C_6H_{12}O_6(aq)+6O_2(g)$$

30. 计算10.5 g碳酸氢钠（$NaHCO_3$）与过量的盐酸反应生成的每一种产物的质量。

31. 将25.0 g硝酸银溶解在100 g水中形成的溶液与10.0 g氯化镁溶解在100 g水中形成的溶液相混合，发生双取代反应。化学方程式如下所示，哪一种反应物限制了反应？

$$2AgNO_3(aq)+MgCl_2(aq) \longrightarrow Mg(NO_3)_2(aq)+2AgCl(s)$$

32. 写出下列化合物的经验式。

   a) $K_2C_2O_4$
   b) $Na_2S_2O_3$
   c) $C_{20}H_{20}O_4$
   d) $Pb_3(PO_4)_2$
   e) $C_{15}H_{21}N_3O_{15}$
   f) $C_6H_{12}O_7$

33. 写出下列化合物的分子式。

   a) 经验式：C_4H_4O；摩尔质量：$136\ g \cdot mol^{-1}$
   b) 经验式：CH_2；摩尔质量：$154\ g \cdot mol^{-1}$
   c) 经验式：As_2S_5；摩尔质量：$310\ g \cdot mol^{-1}$

34. 不通过计算，你能否判断下列化合物中哪一种氮的百分含量更大：$Ca(NO_3)_2$、$Ca(NO_2)_2$？为什么？

35. 一种铬的氧化物中铬的质量分数为68.4%。它的摩尔质量是152 g·mol^{-1}。该化合物的化学式是什么？

36. 计算下列每一种氮氧化物中氧的百分数。

    a）一氧化氮（NO）

    b）一氧化二氮（N_2O）

    c）五氧化二氮（N_2O_5）

37. 分析氯化钠和氯化钾的混合物，发现其中22%为钾。混合物中氯化钠的百分数是多少？

38. 香草醛是一种可在许多食品中作为调味剂的化合物。香草醛含碳63.2%，含氢5.3%，含氧31.5%。香草醛的摩尔质量大概为152 g·mol^{-1}。写出香草醛的分子式。

39. 由80.15%的$ZnSO_3$和19.85%的H_2O组成的水合物的化学式是什么？

40. 15 g碳酸钠和过量的硫酸发生如下所示的反应生成硫酸钠。当反应完成时，得到16.9 g硫酸钠。试计算产率。

    $Na_2CO_3(s) + H_2SO_4(aq) \longrightarrow Na_2SO_4(aq) + CO_2(g) + H_2O(l)$

第13章

第1节

1. 举例说明除水之外4个能够形成氢键的分子化合物。

2. 运用**图 C.2**回答问题。

    a）在10.0 °C时，水的密度是多少？

    b）在什么温度时，水的密度是0.999 8 g·mL^{-1}？

    c）在1.0 °C时，水的密度是0.999 9 g·mL^{-1}。在其他什么温度时，水有相同的密度？

3. 水的表面张力大概是乙醇的三倍。放在平面板上一滴水的表现与放在相同平面上一滴乙醇的形状有何不同？

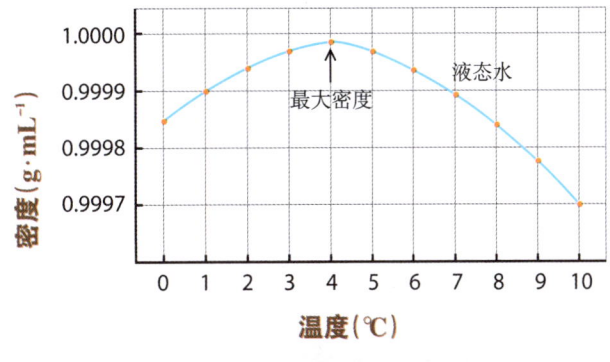

■ 图 C.2

4. 假设有一瓶液体，它本身粒子间的吸引力和它内部液体的粒子与二氧化硅间的吸引力都比较弱。将一些液体倒入一个 25 mL 的玻璃量筒中，你认为液体的表面会是怎样的？

5. 假设有两个完全相同的 250 mL 烧杯，一杯中装有 150 mL 20 ℃的水，另一杯中装有 150 g 20 ℃的乙醇。现将两种液体都加热至 70 ℃，哪一种吸热更多？

6. 假设水的比热为 2.0 J·g^{-1}·℃$^{-1}$，地球上的气候会有什么变化？

第二节

7. 写出下列离子化合物溶解在水中的电离方程式。

   a) $ZnCl_2$ c) $Mg(NO_3)_2$

   b) Rb_2CO_3 d) $(NH_4)_2SO_4$

8. 在预测溶解度时，科学家经常会用到"相似相溶"。请解释为什么水是一种共价化合物，却与离子化合物相似。

9. 你是否认为液体化合物己烷（C_6H_{14}）能与水形成一种溶液吗？

10. 请比较洗涤剂分子和肥皂分子的结构，哪一种在硬水中使用更有效？请解释。

11. 为什么化学家们不用"强""弱"来描述溶液的浓度？他们用的是什么？

12. 将 5.0 g $KClO_3$ 固体溶解在 50.0 mL 40 ℃的水中，缓慢将溶液降温至 20 ℃，溶液中没有发生肉眼可观察到的变化。请用**图 C.3** 中的数据判断 20 ℃时的溶液是饱和的、不饱和的还是过饱和的？

13. 请用**图 C.3** 中的数据比较当温度从 10 ℃变化到 30 ℃时，氯酸钾和硫酸铈在水中的溶解度。

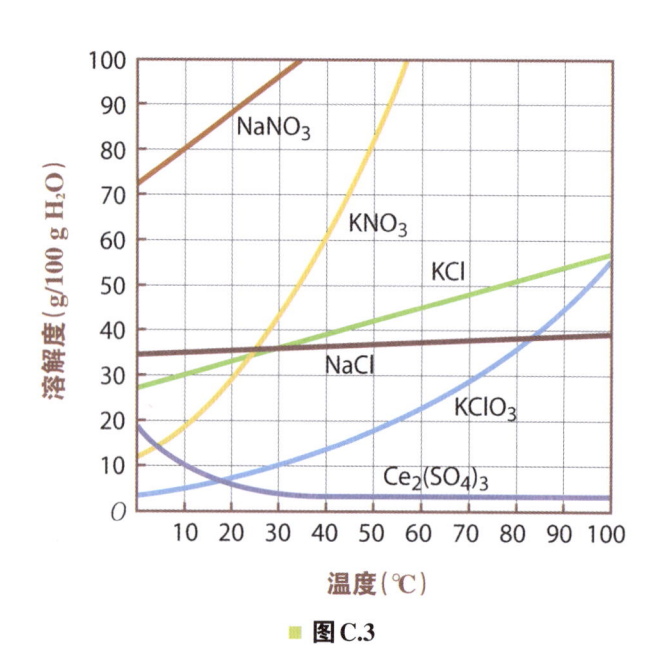

■ 图 C.3

14. 溶解于水这一过程是放热还是吸热?
    a) 对于大多数固体溶质?
    b) 对于一种用来热敷的溶质?
15. 如何配制 3.00 L 0.500 mol·L^{-1} 的硝酸钙[Ca(NO$_3$)$_2$]溶液?
16. 如何配制 1.50 L 1.75 mol·L^{-1} 的氯化锌(ZnCl$_2$)溶液?
17. 配制 720.0 mL 0.200 mol·L^{-1} 的硫酸铵[(NH$_4$)$_2$SO$_4$]溶液需要溶解多少克硫酸铵?
18. 配制 2.50 L 1.15 mol·L^{-1} 的丙酮(C$_3$H$_6$O)溶液需要溶解多少克丙酮?
19. 含 2.50 g 碳酸钾(K$_2$CO$_3$)的 1.42 L 溶液的摩尔浓度是多少?
20. 计算含 185 g 甲醇(CH$_3$OH)的 1 150 mL 溶液的摩尔浓度。
21. 如果将 170.0 g NaNO$_3$ 固体投入 1.00 L 水中,能否得到 2.00 mol·L^{-1} 的 NaNO$_3$ 溶液? 请解释。
22. 对于纯净的水来说,它的沸点和凝固点间差了 100 ℃,那么对于 1.5 mol·L^{-1} 的蔗糖溶液来说,相应的温度差大于还是小于 100 ℃? 请解释。
23. 将以下溶液按凝固点由低到高排序,并解释。
    a) 0.900 L 含 1.2 mol ZnSO$_4$ 的溶液
    b) 550 mL 含 0.40 mol KCl 的溶液
    c) 1.80 L 含 3.4 mol NaNO$_3$ 的溶液
24. 有两种水溶液:一种是溶解有 151.6 g KNO$_3$ 的 1.0 L 溶液,另一种是溶解有 1 026 g 蔗糖的 2.0 L 溶液。计算它们的摩尔浓度,并判断哪种溶液有更高的沸点。
25. 乙二胺的分子式为 C$_2$H$_4$(NH$_2$)$_2$,每个分子有两个—NH$_2$。乙胺(C$_2$H$_5$NH$_2$)有一个—NH$_2$。请比较乙胺和乙二胺的沸点高低。
26. 一张选择性渗透膜将氯化钠水溶液分为两部分,在膜的左边是由 74 g NaCl 溶于 420 g 水中形成的溶液,膜的右边是由 27 g NaCl 溶于 125 g 水中形成的溶液。请问:溶剂水流向哪一边?
27. 列举出两个影响气体在水中的溶解度的因素。
28. 请解释潜水员为什么有时候会遇到减压病这一危险。
29. 什么是气溶胶? 什么是泡沫? 请各举两个简单的例子说明。
30. 比较胶体和溶液。

第14章

第1节

1. 写出你生活中接触到的工业化学品中酸和碱的名称和化学式。
2. 请用一个化学方程式来表示高氯酸的酸性。
3. 写出硫酸与铝反应的化学方程式。
4. 写出下列酸的化学式，并判断它们是一元酸、二元酸还是三元酸。
    a）硝酸 d）碳酸
    b）氢溴酸 e）苯甲酸
    c）柠檬酸
5. 判断下列反应中，与水反应的物质是酸还是碱。
    a）$HBrO + H_2O \longrightarrow H_3O^+ + BrO^-$
    b）$N_2H_4 + H_2O \longrightarrow N_2H_5^+ + OH^-$
    c）$C_{10}H_{14}N_2 + H_2O \longrightarrow C_{10}H_{14}N_2H^+ + OH^-$
    d）$C_6H_5OH + H_2O \longrightarrow H_3O^+ + C_6H_5O^-$
6. 下列物质与水混合后，是酸、是碱还是既不是酸也不是碱？
    a）$HC_3H_5O_2$ d）C_2H_6
    b）Li_2O e）$Fe(OH)_3$
    c）HI
7. 写出氢氧化钙与甲酸反应的化学方程式。
8. 你想要通过一个酸碱反应来制备硝酸钡，请写出一个你认为可行的化学反应的化学方程式。

第2节

9. 判断氧化物 SrO 和 SO_2 是酸性氧化物还是碱性氧化物，并各写出一个方程式来论证。
10. 写出下列各氢氧化物的化学式，并判断它们是强碱还是弱碱。
    a）氢氧化钾 d）氢氧化铁
    b）氢氧化铝 e）氢氧化铷
    c）氢氧化锶
11. 氰化氢（HCN）是一种有剧毒的物质，它溶于水后生成相对较少的水合氢离子和氰根离子（CN^-）。请判断 HCN 是一种强酸、弱酸、强碱还是弱碱。
12. 几种溶液的 pH 分别是 12.2、3.5、8.0、5.7、1.2 和 10.0。请问：哪一种溶液的水合氢离子浓度最高？氢氧根离子呢？哪一种溶液最接近中性？

13. 根据以下水合氢离子浓度写出溶液的pH。

    a) 10^{-9} mol·L^{-1} b) 1 mol·L^{-1} c) 10^{-3} mol·L^{-1}

14. 根据以下氢氧根离子浓度写出溶液的pH。

    a) 10^{-6} mol·L^{-1} b) 10^{-7} mol·L^{-1} c) 10^{-14} mol·L^{-1}

15. 已知某碳酸钠水溶液的pH为11，请与中性溶液中的水合氢离子浓度和氢氧根离子浓度进行比较。

16. 比较在甲酸水溶液中氢离子、氢氧根离子、甲酸根离子（CHO_2^-）和甲酸分子的浓度大小。

17. 估计 0.25 mol·L^{-1} NH_3 中 NH_3、NH_4^+ 和 OH^- 的摩尔浓度。

18. 计算 0.010 mol·L^{-1} HNO_3 中 HNO_3、H_3O^+、NO_3^- 和 OH^- 的摩尔浓度。该溶液的pH是多少？

19. 计算 1.0 mol·L^{-1} NaOH溶液中 Na^+、OH^- 和 H_3O^+ 的摩尔浓度。该溶液的pH是多少？

综合

20. 下列哪种溶液的导电性最好？哪种最差？

    a) 1.0 mol·L^{-1} $HC_2H_3O_2$

    b) 0.01 mol·L^{-1} $HC_2H_3O_2$

    c) 0.5 mol·L^{-1} H_2SO_4

第15章

第1节

写出第1～6题中各反应的化学方程式、离子方程式和净离子方程式。

1. 硝酸（HNO_3）和氢氧化镁 [$Mg(OH)_2$]

2. 甲酸（$HCHO_2$）和氢氧化锂（LiOH）

3. 硫酸（H_2SO_4）和氢氧化钠（NaOH）

4. 氢溴酸（HBr）和氨（NH_3）

5. 乳酸（$HC_3H_5O_3$）和氢氧化锶 [$Sr(OH)_2$]

6. 盐酸（HCl）和氢氧化铁 [$Fe(OH)_3$]

7. 根据第1～6题，预测各反应产物溶液的pH为酸性、碱性还是中性，并解释。

8. 写出第1～6题中不参与反应的离子。

9. 已知高氯酸和一种未知的强碱发生了中和反应，写出该反应的净离子方程式。

10. 许多种浆果里都存在少量苯甲酸（$HC_7H_5O_2$）。请写出苯甲酸与氢氧化锂反应的化学方程式、离子方程式和净离子方程式。反应后溶液的pH是大于7、等于7还是小于7？请解释。

11. 下列盐溶于水,其水溶液是酸性、碱性还是中性?请解释。
    a) NaBr
    b) NaC$_2$H$_3$O$_2$
    c) NH$_4$NO$_3$

12. 依据氢离子转移,如何定义酸和碱?

13. 写出下列各反应中的酸和碱。
    a) HC$_2$H$_3$O$_2$(aq) + NH$_3$(aq) $\longrightarrow$ NH$_4^+$(aq) + C$_2$H$_3$O$_2^-$(aq)
    b) HNO$_2$(aq) + H$_2$O(l) $\longrightarrow$ H$_3$O$^+$(aq) + NO$_2^-$(aq)
    c) H$_2$BO$_3^-$(aq) + H$_2$O(l) $\longrightarrow$ H$_3$BO$_3$(aq) + OH$^-$(aq)

14. 两性物质既可以显酸性,也可以显碱性。亚硫酸氢离子是具有两性的,写出有关反应说明HSO$_3^-$的这种性质。

15. 举例说明发生酸碱反应不一定需要水存在。解释你是如何判断哪一种反应物是酸,哪一种是碱。

16. 哪种类型的酸碱反应难以反应完全?请解释。

17. 完成并配平下列酸碱反应的化学方程式。
    a) HNO$_2$(aq) + LiOH(aq) $\longrightarrow$
    b) H$_2$SO$_4$(aq) + Al(OH)$_3$(s) $\longrightarrow$
    c) H$_3$C$_6$H$_5$O$_7$(aq) + Mg(OH)$_2$(aq) $\longrightarrow$
    d) HC$_7$H$_5$O$_2$(aq) + NH$_3$(aq) $\longrightarrow$

18. 判断第17题中的酸碱反应的类型。

19. 写出生成下列盐所需要的酸碱反应的化学方程式。
    a) Mg(NO$_3$)$_2$
    b) NH$_4$I
    c) K$_2$SO$_4$
    d) Sr(C$_2$H$_3$O$_2$)$_2$

20. 如果血液中的OH$^-$浓度增加,那么H$_2$CO$_3$、HCO$_3^-$和OH$^-$的浓度会如何变化?

21. 如果人的血液pH过高,那么他(她)该如何做才能让血液pH回到正常水平?

22. 有一种包含氧化镁乳液的抗酸剂,写出这种抗酸剂减少胃酸酸度的化学方程式。

23. 比较弱酸强碱滴定和弱碱强酸滴定的终点pH。

24. 用0.200 mol·L^{-1} NaOH溶液滴定未知浓度的HCl溶液,滴定终点时,27.8 mL的NaOH溶液中和了10.0 mL的HCl,计算HCl溶液的浓度。

25. 一个学生发现需要42.7 mL 0.500 mol·L^{-1}的氢氧化钠溶液才能中和30.0 mL硫酸。请问:硫酸的浓度是多少?

26. 中和20.0 mL氢氧化钾溶液,共用去11.6 mL 0.500 mol·L⁻¹ HCl,氢氧化钾溶液的摩尔浓度是多少?

27. 用未知浓度的NaOH溶液滴定30.0 mL 0.100 mol·L⁻¹的柠檬酸($H_3C_6H_5O_7$),若达到滴定终点时用去NaOH 16.4 mL,NaOH溶液的浓度是多少?

28. 用0.100 mol·L⁻¹ Ca(OH)₂滴定35.0 mL的甲酸试样,到达滴定终点时,用去Ca(OH)₂ 68.3 mL,甲酸的摩尔浓度是多少?

29. 一个学生滴定15.0 mL磷酸,到达滴定终点时,消耗了31.5 mL 0.175 mol·L⁻¹的LiOH溶液,H_3PO_4的摩尔浓度是多少?

30. 中和40.0 mL 0.185 mol·L⁻¹的HClO₄需要多少毫升的0.120 mol·L⁻¹ Ca(OH)₂?

31. 中和56.0 mL 6.00 mol·L⁻¹的KOH需要多少毫升的0.100 mol·L⁻¹ HNO₃?

32. 滴定14.5 mL未知浓度的三元酸,到达滴定终点时,用去35.2 mL 0.080 0 mol·L⁻¹的Sr(OH)₂,这种酸的摩尔浓度是多少?

33. 以下是三种滴定法的终点pH,判断是弱酸强碱反应、弱碱强酸反应还是强酸强碱反应。运用**图C.4**中的数据为每个反应选取最合适的指示剂。

    a) pH=9.38　　　　b) pH=7.00　　　　c) pH=5.32

34. 滴定25.0 mL未知浓度的H_2SO_3溶液,到达滴定终点时,用去76.2 mL 0.150 mol·L⁻¹的KOH,H_2SO_3溶液的摩尔浓度是多少?运用**图C.4**中的数据为反应选取最合适的指示剂。

35. 一片包含KHCO₃的解酸药片用0.100 mol·L⁻¹的HCl滴定,若有0.300 g药片,到达滴定终点时,需要26.5 mL HCl,药片中KHCO₃的质量百分比是多少?

36. 维生素C($HC_6H_7O_6$)是一种对人体十分重要的维生素,现将含有0.500 g维生素C的药片溶于100 mL蒸馏水制成溶液,用0.125 mol·L⁻¹的NaOH溶液滴定。假设维生素C是药片中唯一一种酸,那么需要多少毫升的NaOH溶液来中和维生素C?

37. 一个学生将112 mL 0.150 mol·L⁻¹的HCl溶液和112 mL未知浓度的NaOH溶液混合,最终得到的溶液显酸性。接着,这个学生用16.7 mL 0.100 mol·L⁻¹的NaOH溶液将该溶液滴定至中性,原始的NaOH溶液的摩尔浓度是多少?

综合

38. 丙酸($HC_3H_5O_2$)是一种弱酸,当丙酸与氢氧化钠完全反应时,所得溶液的pH比7略高一点。为什么这个中和反应的产物不是中性的?运用净离子方程式来帮助你解释。

833

图 C.4

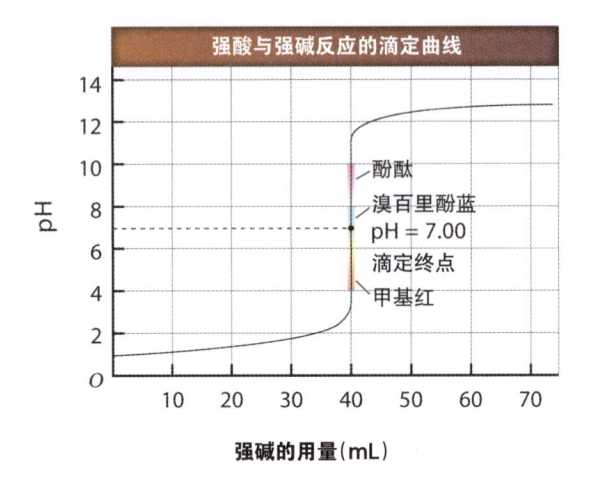

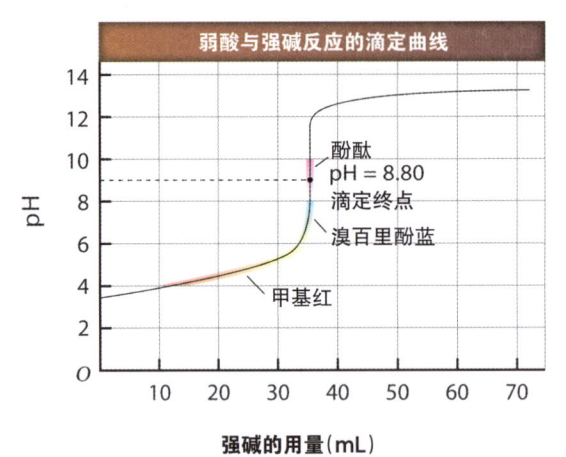

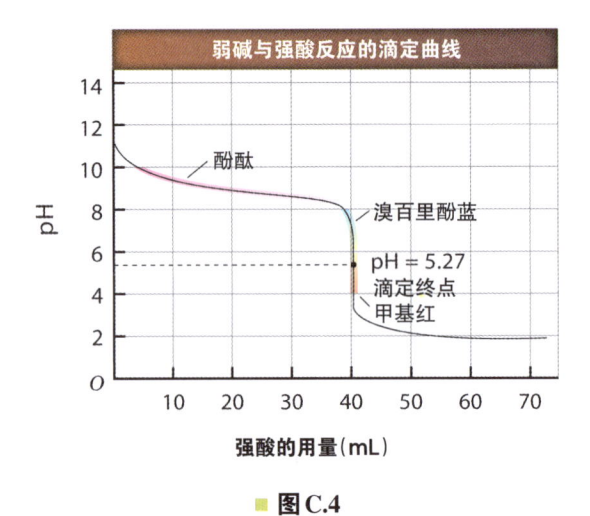

39. 醋酸和乙酸钠的混合溶液是如何充当缓冲剂的？用净离子方程式来说明它对加入的 H^+ 和 OH^- 有何反应？

第 16 章

第 1 节

1. 氧化还原反应和非氧化还原反应的区别是什么？
2. 下列哪些变化是氧化？哪些是还原？
   a) Mg^{2+} 变为 Mg c) Fe^{2+} 变为 Fe^{3+}
   b) K 变成 K^+ d) Cl_2 变成 $2Cl^-$
3. 指出下列各反应中的还原剂。
   a) $Zn(s)+2Ag^+(aq) \longrightarrow Zn^{2+}(aq)+2Ag(s)$
   b) $Cl_2(g)+2Na(s) \longrightarrow 2NaCl(s)$
   c) $2SO_2(g)+O_2(g) \longrightarrow 2SO_3(g)$
4. 写出金属镁与硝酸反应的化学方程式，并指出其中的氧化剂与还原剂。
5. 盐酸和氢氧化钙中和反应的化学方程式如下所示，标出各元素的氧化数，判断它是不是氧化还原反应，并解释。
$$2HCl(aq)+Ca(OH)_2(aq) \longrightarrow CaCl_2(aq)+2H_2O(l)$$
6. 判断下列反应是否是氧化还原反应。如果是，指出哪种反应物被氧化，哪种被还原。
   a) $Fe^{2+}(aq)+Mg(s) \longrightarrow Fe(s)+Mg^{2+}(aq)$
   b) $2NaI(aq)+Pb(NO_3)_2(aq) \longrightarrow PbI_2(s)+2NaNO_3(aq)$
   c) $4Al(s)+3O_2(g) \longrightarrow 2Al_2O_3(s)$
7. 当铁粉和硫的混合物共热时，两种单质会反应形成硫化亚铁。
$$Fe(s)+S(s) \longrightarrow FeS(s)$$
这是氧化还原反应吗？如果是，哪种元素被氧化？哪种被还原？
8. 氧化汞是一种见光会分解为汞单质和氧气的红色晶体粉末，写出这一反应的化学方程式。这是氧化还原反应吗？如果是，哪种元素被氧化？哪种被还原？

第 2 节

9. 写出组成自由女神上绿色保护涂层及铜绿的化合物的名称。这种化合物中铜的氧化数是多少？铜绿又有什么用？
10. 什么是化学发光？写出化学发光的两种实际用途。

第17章
第1节

1. 一片金属铝被放入 0.50 mol·L^{-1} 的硝酸铅[Pb(NO$_3$)$_2$]溶液中。

  a） 运用**表 C.5** 判断哪种金属被还原,哪种被氧化。

  b） 写出发生的氧化还原反应的化学方程式。

  c） 该系统能否组成一个原电池?请解释。

表 C.5　常见金属的还原性比较

容易氧化 ↑		
	Li	Li ⟶ Li$^+$ + e$^-$
	K	K ⟶ K$^+$ + e$^-$
	Ca	Ca ⟶ Ca^{2+} + 2e$^-$
	Na	Na ⟶ Na$^+$ + e$^-$
	Mg	Mg ⟶ Mg^{2+} + 2e$^-$
	Al	Al ⟶ Al^{3+} + 3e$^-$
	Mn	Mn ⟶ Mn^{2+} + 2e$^-$
	Zn	Zn ⟶ Zn^{2+} + 2e$^-$
	Cr	Cr ⟶ Cr^{3+} + 3e$^-$
	Fe	Fe ⟶ Fe^{2+} + 2e$^-$
	Ni	Ni ⟶ Ni^{2+} + 2e$^-$
	Sn	Sn ⟶ Sn^{2+} + 2e$^-$
	Pb	Pb ⟶ Pb^{2+} + 2e$^-$
	Cu	Cu ⟶ Cu^{2+} + 2e$^-$
	Ag	Ag ⟶ Ag$^+$ + e$^-$
	Hg	Hg ⟶ Hg^{2+} + 2e$^-$
难氧化	Pt	Pt ⟶ Pt^{2+} + 2e$^-$
	Au	Au ⟶ Au^{3+} + 3e$^-$

2. 氯化镁溶液可以储存在镀有金属铬的容器中吗?请解释。

3. 你认为下列哪种原电池的电压最高?哪种电压最低?请解释。

  a） 铜锌原电池

  b） 铜铁原电池

  c） 铜镁原电池

4. 如果这么做会发生什么变化?

  a） 将锌条放入硝酸银溶液中

  b） 将锌条放入硫酸钠溶液中

5. 画出下面这个反应所代表的原电池示意图,并标出阴极和阳极,指出两边各有哪些离子存在和外电路中电子的流动方向。

$$Zn(s) + Sn^{2+}(aq) \longrightarrow Zn^{2+}(aq) + Sn(s)$$

6. 电动汽车有哪些潜在的优势?为什么电动汽车现在还不是特别常见?

第2节

7. 回答下列关于电解池的问题。

    a）阳离子被叫作什么？阴离子被叫作什么？

    b）哪种电极吸引阳离子？哪种电极吸引阴离子？

    c）哪边发生氧化？哪边发生还原？

8. 描述电解过程中电子的移动。

9. 写出电解的四种用途。

10. 霍尔—赫劳尔特电解炼铝法生产什么？为什么这种方法的发展如此重要？这种方法有哪些缺点？人们可以做什么来改善？

第18章

第1节

1. 写出下列碳氢化合物的名称。

    a）CH_3CH_3

    b）$CH_3CH=CHCH_2CH_2CH_3$

    c）$CH_2CH_3CH≡CCH_3$

    d）

2. 写出下列烷烃的名称。

    a）$CH_3CH_2CHCH_2CHCH_2CH_3$
    　　　　　$|$　　　$|$
    　　　　CH_3　CH_2
    　　　　　　　　$|$
    　　　　　　　CH_3

    b）$CH_3CHCH_2CHCH_2CHCH_3$
    　　　$|$　　$|$　　$|$
    　　CH_3　CH_2　CH_3
    　　　　　$|$
    　　　　CH_3

    c）$CH_3CHCH_2CH_3$
    　　　$|$
    　　CH_2
    　　　$|$
    　　CH_3

3. 为什么没有化合物被命名为"3,6-二甲基庚烷"？这个化合物的正确命名是什么？

4. 比较烷烃和烯烃的活动性，并解释。

5. 环烷烃的通式为C_nH_{2n}，其中n为碳原子数。请问：拥有一个双键的环烯烃的通式是什么？

837

6. 画出下列碳氢化合物的结构,并判断该化合物是烷烃、烯烃还是炔烃。
   a) 庚烷
   b) 顺-2-戊烯
   c) 丙炔
   d) 1,2-二甲基环戊烷
   e) 3-乙基-2-甲基己烷
   f) 2-甲基-2-丁烯

7. 写出顺-2-丁烯的一种位置异构体、一种几何异构体和两种结构异构体的名称,并画出其结构。

8. 要使下面的这个维生素 D_2 分子完全氢化,需要多少个 H_2 分子?

9. 在一个反应中,卤素分子,比如 Cl_2,可以类似于加氢一样加到双键上去,画出 Cl_2 加到2-丁烯后所得产物的结构示意图。

10. 画出下列反应所得产物的结构示意图。
    a) $CH_3CH=CHCH_3 + H_2 \longrightarrow$?
    b) $CH\equiv CH + 2H_2 \longrightarrow$?
    c) $CH_3C\equiv CH + H_2 \longrightarrow$?

11. 苯的性质与大多数烯烃有何不同?化学家们对此是如何解释的?

12. 什么是石油?在哪里能够找到石油?写出从石油中衍生出的六种有用的产品。

13. 通常可以用什么技术分离石油?有哪两种方法可以将大分子烷烃转变为小分子的碳氢化合物?

第2节

14. 将下列分子按照本章中提到的取代烃的类别进行分类。

15. 说说下列有机物的异同。
    a) 酰胺和胺
    b) 醚和酯

16. 画出下列物质的结构。
    a) 一种酯，R 代表—CH₂CH₃，R′代表—CH₃
    b) 一种酮，R 代表—CHCH₃ ，R′代表—CH₂CH₃
              |
              CH₃

17. 络氨酸(一种氨基酸)的结构如下图所示,写出该分子中各官能团的名称。

$$HO-\langle \bigcirc \rangle-CH_2-\underset{NH_2}{\overset{H}{\underset{|}{C}}}-COOH$$

综合

18. 有机化合物有下列类别,请各举一例。
    a) 酯   c) 环烷烃
    b) 酮   d) 芳香烃

第3节

19. 画出由下列各单体反应生成的聚合物的结构。
    a) CH₂=CH₂
    b) CH₂=CHCH₃
    c) CH₂=CCH₃
           |
           C=O
           |
           O
           |
           CH₃

20. 热塑性聚合物和热固性聚合物有什么特点？请各举一例。哪一种聚合物更易循环利用？哪一种更耐用？请解释。

第19章

第1节

1. 蛋白质是由哪些元素组成的？写出蛋白质在生命系统中所起的作用。

2. 简单地描述什么是酶以及它们是如何工作的。

3. 写出食物中存在的两种常见的二糖,这些分子能否被归类为营养素？请解释。

4. 描述油脂的功能和溶解性。一般来说,动物油脂和植物油脂哪种饱和度更高？

5. 检查下列各分子的结构式,并判断它们是碳氢化合物、油脂、羧酸还是氨基酸。

a)
$$\begin{array}{c} H\ H\ \ \ \ \ O \\ |\ \ |\ \ \ \ \ \| \\ H-N-C-C-OH \\ |\\ CH_2 \\ | \\ CH_2 \\ | \\ S \\ | \\ CH_3 \end{array}$$

b)
$$CH_3-(CH_2)_{14}-\overset{O}{\underset{}{\overset{\|}{C}}}-OH$$

c)
$$\begin{array}{c} HOH_2C\ \ \ \ O\ \ \ \ OH \\ \diagdown\ /\ \ \ \diagdown\ / \\ H\ \ \ \ \ \ \ \ \ H \\ |\ \ \ \ \ \ \ \ \ \ \ | \\ H\ \ \ \ \ \ \ \ \ H \\ /\ \ \ \ \ \ \ \ \ \diagdown \\ HO\ \ \ \ \ \ \ \ H \end{array}$$

d)
$$\begin{array}{c} H\ \ \ \ \ O \\ |\ \ \ \ \ \| \\ H_2N-C-C-OH \\ | \\ CH_2 \\ | \\ C=O \\ | \\ OH \end{array}$$

6. 组成下列各种生物分子的单体是什么?
   a) 蛋白质　　　　c) 多糖
   b) 核酸

7. 什么是核酸?它们在细胞中有什么功能?为什么食品标签上没有标明核酸?在细胞中可以发现哪两种核酸?

8. 写出两种由饮食中维生素缺失引发的疾病名称。若某一种维生素摄入过多,是否会引起疾病?请解释。

9. 什么是辅酶?举出一个维生素充当辅酶的例子。

第2节　10. 什么是激素?写出一种激素的名称和它的功能。

第20章

第1节

1. 一氧化氮（NO）可以通过在电弧中不断通空气来获得，该反应的反应热为 $+90.4 \text{ kJ} \cdot \text{mol}^{-1}$（生成 1 mol NO），请写出该反应的热化学方程式，并判断该反应是放热的还是吸热的。

2. 画出一张能够描述吸热反应进程中能量变化的图，并在同一坐标轴里，画出表示使用催化剂后使该反应活化能降低的能量变化的图。

3. 描述下列过程熵的变化，并解释。
   a）水沸腾后，形成水蒸气。
   b）小苏打与醋反应形成醋酸钠溶液、水和二氧化碳气体。
   c）2 mol 氮气与 6 mol 氢气结合形成 4 mol 氨气。

第2节

4. 由一个反应释放的多少热量可以使 756 g 处于量热计中的水从 23.2 ℃ 升至 37.6 ℃？

5. 当 5.00 g 某种液体有机化合物在量热计中燃烧，使得周围 2.00 kg 的水温度从 24.5 ℃ 升至 40.5 ℃，反应所有的产物均为气体。计算该反应放出的热。1.00 mol 化合物会放出多少热？（假设有机化合物的摩尔质量为 46.1 $\text{g} \cdot \text{mol}^{-1}$）

6. 解释卡路里、大卡、千卡之间的关系，如果你吃了一个包含 180 大卡的糖块，你摄入了多少卡路里？会多少千卡？

7. 将**表 C.6** 作为指南，比较 1 g 花生酱和 1 g 烤鸡的卡路里含量，你会怎么解释其中的不同？

表 C.6　一些食物的热量

食品	数量	千焦耳	千卡
奶油	1 汤匙＝14 g	418	100
花生酱	1 汤匙＝16 g	418	100
意面	0.5 杯＝55 g	836	200
苹果	1	283	70
烤鸡	3 盎司＝84 g	502	120
烤牛肉	3 盎司＝84 g	1000	241

8. 10.0 g 某种品牌的麦片样品在量热计中燃烧，使得周围 4.00 kg 的水温度从 22.00 ℃ 升至 30.20 ℃。请问，每克食物含多少卡路里？

综合

9. 列举两个能够使得放热反应更难发生的因素。

第3节　10. 光合作用中，哪三种产物参与了卡尔文循环？

第21章

第1节
1. 写出下列核反应的化学方程式，并判断其衰变类型。
   a) ^{234}铀衰变成^{230}钍。
   b) ^{214}铋衰变成^{214}钋。
   c) ^{210}铊衰变成^{210}铅。

2. 一种包含200 mg ^{99m}锝的化合物被注射入一个病人体内进行骨骼扫描，但是因为设备问题，24小时后将不能对病人进行扫描。过了这个时间段，病人的扫描结果还可靠吗？是否应该注射更多的^{99m}锝？(^{99m}锝的半衰期是6 h)

3. 一块木头化石中的^{14}C含量是活树中的3.12%，则该木头化石距今有多少年了？

4. 一位科学家通过分析一块岩石样本发现，其^{40}K含量是一块类似现代形成的岩石的75%，用**图C.5**和**表C.7**的数据估计岩石的年代。

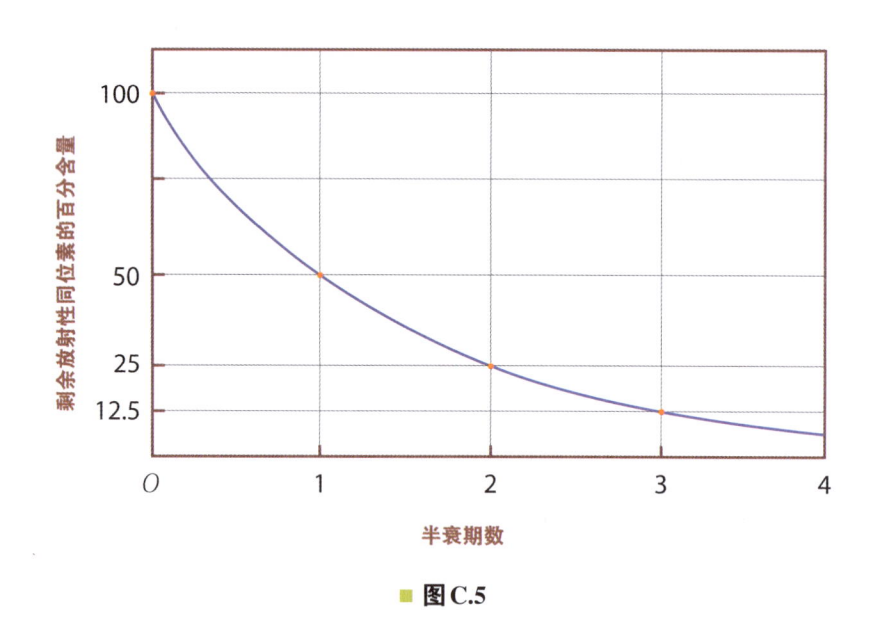

■ 图C.5

表C.7	常用的放射性同位素半衰期
同位素	半衰期
$^{3}_{1}H$	12.26年
$^{14}_{6}C$	5730年
$^{32}_{15}P$	14.282天
$^{40}_{19}K$	12.5亿年
$^{60}_{27}Co$	5.271年
$^{85}_{36}Kr$	10.76年
$^{93}_{36}Kr$	1.3秒
$^{87}_{37}Rb$	480亿年
$^{99m}_{43}Tc$	6.0小时*
$^{131}_{53}I$	8.07天
$^{131}_{56}Ba$	12天
$^{153}_{64}Gd$	242天
$^{201}_{81}Tl$	73小时
$^{226}_{88}Ra$	1600年
$^{235}_{92}U$	7.1亿年
$^{238}_{92}U$	45.1亿年
$^{241}_{95}Am$	432.7年

*符号m是告诉你它是一种亚稳态元素,是不稳定同位素的一种形态,^{99m}锝会释放出γ射线从而形成一个更稳定的相同的同位素形态,它的原子序数和质量数都没有改变。

第2节　　5. 20世纪初,阿尔伯特·爱因斯坦提出了一个著名的关于质量和能量之间的关系的方程,用这个方程可以解释为什么核反应会释放巨大的能量。

综合　　6. 区别氘和氚,并解释为什么氚可能作为一种能量来源而十分重要。

　　　　7. 核反应与化学反应有什么不同?

第3节　　8. 什么是放射性示踪剂? 写出三种放射性示踪剂的非医学用途。

　　　　9. 医院产生的核废料在数量上要远大于核反应堆产生的,可为什么核反应堆产生的废料要比医院产生的更危险?

　　　　10. 结合本章内容,比较胸部X光的辐射量和每天两包烟连续一年的辐射量。

843

附录D 安全手册

化学实验室安全守则

只有遵守实验室的安全守则,并且在实验过程中小心谨慎,化学实验室才是一个安全的地方。你必须对自己和周围人的安全负起责任,安全守则和急救指导(**表D.1**)可以让你和他人在实验室里免遭伤害。在操作起步实验、迷你实验、化学实验或家庭实验过程中,需要注意实验中所标注的安全符号,以及一些安全提醒的标语。安全符号的解释列在下一页。

1. 必须征得老师的允许才能进行实验。
2. 预习实验步骤。如果有疑问,可向老师请教。同时,确定你已经读懂与实验相关的安全符号。
3. 穿戴好实验室提供的安全装备。在任何需要取放化学物质的实验中,必须穿好实验服,戴好护目镜。
4. 在给试管加热时,要将试管倾斜放置。同时,要注意试管口的朝向,切勿对准自己或他人。
5. 绝对不能在实验室里吃东西或喝饮料,更不能品尝、吸入任何化学物质。
6. 如果不小心洒出化学物质,请立即通知老师,并用水将台面清洗干净。
7. 了解灭火器、安全淋浴、防火毯、急救包和火警按钮的放置地点,并懂得如何正确使用它们。
8. 让所有的实验材料都远离明火。将长发束在脑后。
9. 如果教室里发生火灾,或者你的衣物着火,请用防火毯或外套扑灭火苗,或启用安全淋浴。**绝对不能跑动**。
10. 不论事故轻重,都要及时向老师报告。

在整理工作区域时,需要遵守以下条例:

1. 关闭水和气罐的阀门,切断电器的电源。
2. 将化学物质放置在原处。
3. 按照老师的要求处理化学物质和其他材料。将玻璃碎片和固体物质放入指定的容器中,不能将废弃物扔进水槽。
4. 清扫你的工作区域。
5. 在离开实验室之前彻底清洗你的双手。

表D.1	实验室急救指南
损伤类型	安全措施
烧伤	冷水冲洗,并立即报告老师。
割伤和瘀肿	直接按住血管以阻止流血,并在伤口处包扎干净的绷带。在瘀肿处实施冷敷,并立即报告老师。
昏倒	让昏倒者躺下,松开他的紧身衣物,疏散人群。立即报告老师。
眼中有异物	用大量的水清洗,可以使用洗眼药水。
中毒	记录下可能引发中毒的化学物质,立即报告老师。
试剂溅到皮肤上	用大量的水清洗,或者启用安全淋浴。立即报告老师。

本书中的这些安全标志用于表明实验和研究可能存在的危险。了解每个标志的含义并经常参考本页。记得在完成实验后要彻底洗手。建议你在实验室时始终佩戴安全护目镜，穿实验服。

安全标志		危害	例子	预防措施	解决方法
废弃物		某些废弃物可能对人体造成伤害	某些化合物、活的生物体	不能将这些材料投放到水槽或垃圾箱中	在处理废弃物时，须听从老师的建议
生物材料		有机体或其他可能对人体有害的生物材料	细菌、真菌、血液、暴露的组织、植物材料	避免皮肤直接接触，戴好口罩和手套	如果怀疑已经接触到这些物质，彻底地清洗双手并报告老师
极端温度		物体过热或过冷，容易引起皮肤损伤	沸腾的液体、烫手的平板、干冰、液氮	在处理时要采取恰当的保护措施	向老师寻求救助
锐器		一些可刺破或割伤皮肤的工具或玻璃器皿	针、刀片、解剖刀、含有尖端的工具、解剖探针、玻璃碎片	依据常识、经验和工具的使用方法进行操作	向老师寻求救助
烟雾		可危害呼吸道的烟雾	氨、丙酮、去甲油、加热处理的硫黄、樟脑丸	确保有良好的通风条件，佩戴口罩，决不能直接嗅闻烟雾	离开受污染的区域，并立即报告老师
电		危险可能来自于电击或燃烧	接地不当、液体洒出、电线裸露、短路	请老师检查电器设备的设置，检查电线和器械的工作状况	不要试图自己解决电器故障，应立即报告老师
刺激物		可刺激皮肤或呼吸道黏膜的物质	花粉、樟脑丸、钢丝绒、玻璃纤维、高锰酸钾	戴好防尘口罩和手套，在处理这些物质时须格外小心	向老师寻求救助
化学物质		可作用于并破坏组织或其他材料的化学物质	类似双氧水的漂白剂，硫酸、盐酸等强酸，氨水、氢氧化钠等碱液	穿好围裙，戴好护目镜和手套	立即用清水冲洗接触化学物质的部位，并报告老师
有毒物质		接触、吸入或吞咽将引起毒害作用的一些物质	碘、水银、许多金属化合物、植物的有毒部分	遵从老师的指导	每次使用后都彻底地清洗双手；向老师寻求救助
易燃物		易燃化学物是指接触明火、火星或热源后可燃烧的物质	酒精、煤油、高锰酸钾	杜绝易燃物接触到明火或热源	立即报告老师；如果需要的话，使用灭火设施
明火		使用明火，容易引起着火事件	头发、衣物、纸张、合成物质	将长发束在脑后，系紧宽松的衣物；在点燃或熄火时，遵从老师的指导	立即报告老师；如果需要的话，使用灭火设施

用眼安全 任何操作或观察科学活动的人员都必须佩戴护目镜

保护衣物 此标志用于表明一些物质会污染或点燃衣物

动物安全 此标志用于提醒注意动物和学生的安全

放射性物质 此标志用于表明科学活动中使用了放射性物质

洗手 结束实验后，摘下护目镜前，用肥皂彻底清洗双手

附表D

附录 E 化学数据手册

表 E.1　　元素周期表

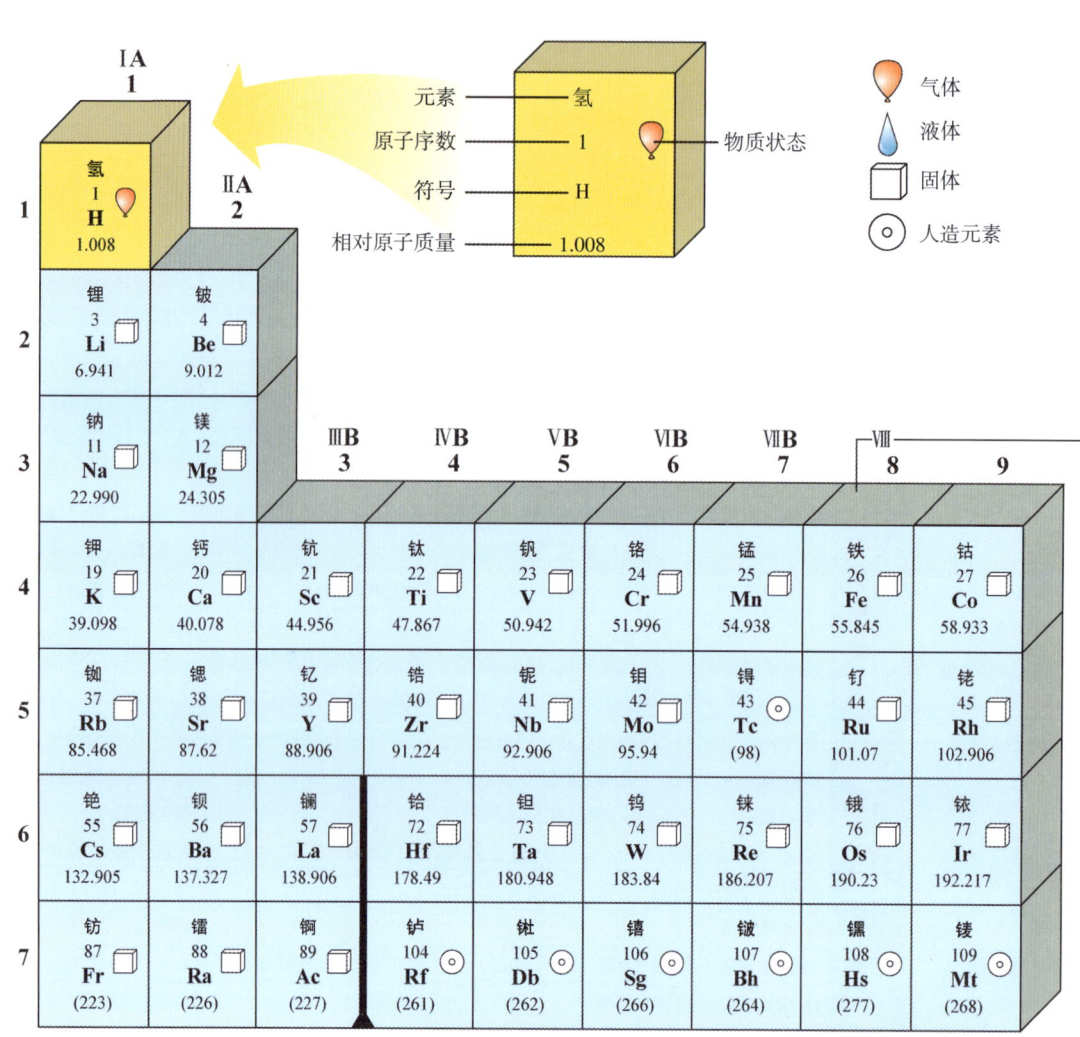

图例说明：
- 元素 — 氢
- 原子序数 — 1
- 符号 — H
- 相对原子质量 — 1.008
- 物质状态

图示：气体、液体、固体、人造元素

族	IA (1)	IIA (2)	IIIB (3)	IVB (4)	VB (5)	VIB (6)	VIIB (7)	VIII (8)	VIII (9)
1	氢 1 H 1.008								
2	锂 3 Li 6.941	铍 4 Be 9.012							
3	钠 11 Na 22.990	镁 12 Mg 24.305							
4	钾 19 K 39.098	钙 20 Ca 40.078	钪 21 Sc 44.956	钛 22 Ti 47.867	钒 23 V 50.942	铬 24 Cr 51.996	锰 25 Mn 54.938	铁 26 Fe 55.845	钴 27 Co 58.933
5	铷 37 Rb 85.468	锶 38 Sr 87.62	钇 39 Y 88.906	锆 40 Zr 91.224	铌 41 Nb 92.906	钼 42 Mo 95.94	锝 43 Tc (98)	钌 44 Ru 101.07	铑 45 Rh 102.906
6	铯 55 Cs 132.905	钡 56 Ba 137.327	镧 57 La 138.906	铪 72 Hf 178.49	钽 73 Ta 180.948	钨 74 W 183.84	铼 75 Re 186.207	锇 76 Os 190.23	铱 77 Ir 192.217
7	钫 87 Fr (223)	镭 88 Ra (226)	锕 89 Ac (227)	𬬻 104 Rf (261)	𬭊 105 Db (262)	𬭳 106 Sg (266)	𬭛 107 Bh (264)	𬭶 108 Hs (277)	鿏 109 Mt (268)

加括号的相对原子质量为该放射性元素的半衰期最长的同位素的质量数。

镧系：

铈 58 Ce 140.116	镨 59 Pr 140.908	钕 60 Nd 144.24	钷 61 Pm (145)	钐 62 Sm 150.36	铕 63 Eu 151.964

锕系：

钍 90 Th 232.038	镤 91 Pa 231.036	铀 92 U 238.029	镎 93 Np (237)	钚 94 Pu (244)	镅 95 Am (243)

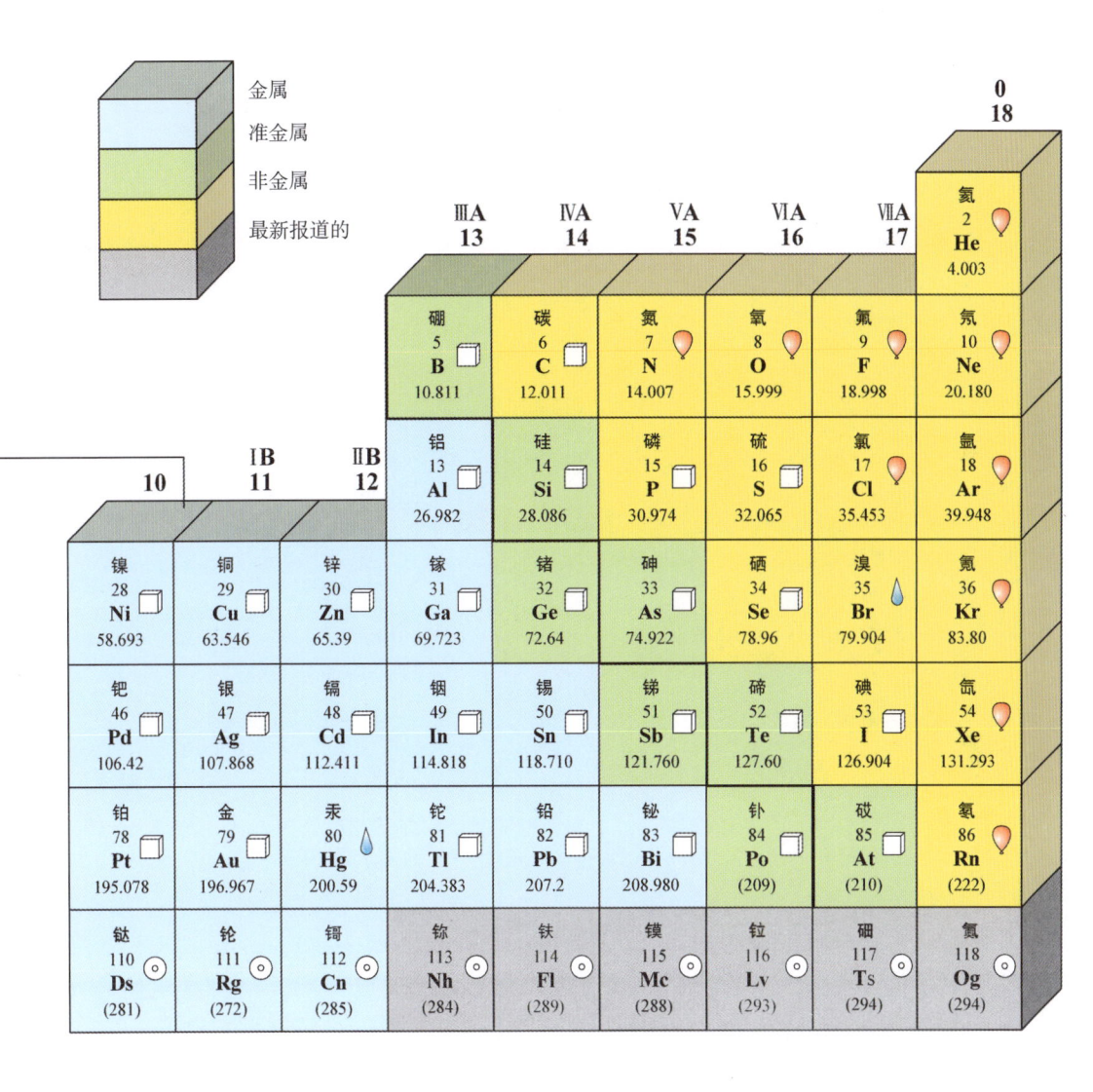

					ⅢA 13	ⅣA 14	ⅤA 15	ⅥA 16	ⅦA 17	0 18
金属 准金属 非金属 最新报道的										氦 2 He 4.003
					硼 5 B 10.811	碳 6 C 12.011	氮 7 N 14.007	氧 8 O 15.999	氟 9 F 18.998	氖 10 Ne 20.180
		ⅠB 11	ⅡB 12		铝 13 Al 26.982	硅 14 Si 28.086	磷 15 P 30.974	硫 16 S 32.065	氯 17 Cl 35.453	氩 18 Ar 39.948
10	镍 28 Ni 58.693	铜 29 Cu 63.546	锌 30 Zn 65.39	镓 31 Ga 69.723	锗 32 Ge 72.64	砷 33 As 74.922	硒 34 Se 78.96	溴 35 Br 79.904	氪 36 Kr 83.80
	钯 46 Pd 106.42	银 47 Ag 107.868	镉 48 Cd 112.411	铟 49 In 114.818	锡 50 Sn 118.710	锑 51 Sb 121.760	碲 52 Te 127.60	碘 53 I 126.904	氙 54 Xe 131.293
	铂 78 Pt 195.078	金 79 Au 196.967	汞 80 Hg 200.59	铊 81 Tl 204.383	铅 82 Pb 207.2	铋 83 Bi 208.980	钋 84 Po (209)	砹 85 At (210)	氡 86 Rn (222)
	鉨 110 Ds (281)	錀 111 Rg (272)	鿔 112 Cn (285)	鉨 113 Nh (284)	鈇 114 Fl (289)	镆 115 Mc (288)	鉝 116 Lv (293)	鿬 117 Ts (294)	鿫 118 Og (294)

钆 64 Gd 157.25	铽 65 Tb 158.925	镝 66 Dy 162.50	钬 67 Ho 164.930	铒 68 Er 167.259	铥 69 Tm 168.934	镱 70 Yb 173.04	镥 71 Lu 174.967
锔 96 Cm (247)	锫 97 Bk (247)	锎 98 Cf (251)	锿 99 Es (252)	镄 100 Fm (257)	钔 101 Md (258)	锘 102 No (259)	铹 103 Lr (262)

847

表E.2　符号与缩写

α	=	氦核,来自于放射性物质的微粒	K_{eq}	=	平衡常数
β	=	电子流,来自于放射性物质的微粒	K_{sp}	=	溶度积常数
γ	=	高能量子,来自于放射性物质的射线	kg	=	千克(质量)
Δ	=	某个量的变化	M	=	体积摩尔浓度
λ	=	波长	m	=	质量,质量摩尔浓度
ν	=	频率	m	=	米(长度)
Π	=	渗透压	mol	=	摩尔(物质的量)
A	=	安培(电流)	min	=	分钟(时间)
Bq	=	贝可(核蜕变)	N	=	牛顿(力)
℃	=	摄氏度(温度)	N_A	=	阿伏加德罗常数
C	=	库仑(电量)	n	=	分子数目
c	=	光速	P	=	压强,压力
cd	=	坎德拉(发光强度)	Pa	=	帕斯卡(压强)
Cp	=	比热	p	=	动量
D(或ρ)	=	密度	q	=	热
E	=	能量,电动势	R	=	气体常数
F	=	力,法拉第	S	=	熵
G	=	自由能	s	=	秒(时间)
g	=	克(质量)	Sv	=	希沃特(吸收辐射剂量)
Gy	=	戈瑞(核辐射剂量)	T	=	温度
H	=	焓	U	=	内能
Hz	=	赫兹(频率)	u	=	原子质量单位
h	=	普朗克常量	V	=	体积
h	=	小时(时间)	V	=	伏特(电势)
J	=	焦耳(能量)	v	=	速度
K	=	开尔文(温度)	W	=	瓦特(功率)
K_a	=	电离常数(酸)	w	=	功
K_b	=	电离常数(碱)	x	=	摩尔分数

表E.3　元素字母表

英文名称	中文名称	元素符号	原子序数	相对原子质量	英文名称	中文名称	元素符号	原子序数	相对原子质量
Actinium	锕	Ac	89	227.027 8*	Manganese	锰	Mn	25	54.938 05
Aluminum	铝	Al	13	26.981 539	Meitnerium	䥑	Mt	109	266*
Americium	镅	Am	95	243.061 4*	Mendelevium	钔	Md	101	258.098 6*
Antimony	锑	Sb	51	121.757	Mercury	汞	Hg	80	200.59
Argon	氩	Ar	18	39.948	Molybdenum	钼	Mo	42	95.94
Arsenic	砷	As	33	74.921 59	Neodymium	钕	Nd	60	144.24
Astatine	砹	At	85	209.987 1*	Neon	氖	Ne	10	20.179 7
Barium	钡	Ba	56	137.327	Neptunium	镎	Np	93	237.048 2
Berkelium	锫	Bk	97	247.070 3*	Nickel	镍	Ni	28	58.6934
Beryllium	铍	Be	4	9.012 182	Niobium	铌	Nb	41	92.906 38
Bismuth	铋	Bi	83	208.980 37	Nitrogen	氮	N	7	14.006 74
Bohrium	𨨏	Bh	107	262*	Nobelium	锘	No	102	259.100 9*
Boron	硼	B	5	10.811	Osmium	锇	Os	76	190.2
Bromine	溴	Br	35	79.904	Oxygen	氧	O	8	15.999 4
Cadmium	镉	Cd	48	112.411	Palladium	钯	Pd	46	106.42
Calcium	钙	Ca	20	40.078	Phosphorus	磷	P	15	30.973 762
Californium	锎	Cf	98	251.079 6*	Platinum	铂	Pt	78	195.08
Carbon	碳	C	6	12.011	Plutonium	钚	Pu	94	244.064 2*
Cerium	铈	Ce	58	140.115	Polonium	钋	Po	84	208.982 4*
Cesium	铯	Cs	55	132.905 43	Potassium	钾	K	19	39.098 3
Chlorine	氯	Cl	17	35.452 7	Praseodymium	镨	Pr	59	140.907 65
Chromium	铬	Cr	24	51.996 1	Promethium	钷	Pm	61	144.912 8*
Cobalt	钴	Co	27	58.933 20	Protactinium	镤	Pa	91	231.035 88
Copernicium	鎶	Cn	112	285*	Radium	镭	Ra	88	226.025 4
Copper	铜	Cu	29	63.546	Radon	氡	Rn	86	222.017 6*
Curium	锔	Cm	96	247.070 3*	Rhenium	铼	Re	75	186.207
Darmstadtium	鐽	Ds	110	271*	Rhodium	铑	Rh	45	102.905 50
Dubnium	𨧀	Db	105	262*	Roentgenium	錀	Rg	111	272*
Dysprosium	镝	Dy	66	162.50	Rubidium	铷	Rb	37	85.467 8
Einsteinium	锿	Es	99	252.082 8*	Ruthenium	钌	Ru	44	101.07
Erbium	铒	Er	68	167.26	Rutherfordium	鑪	Rf	104	261*
Europium	铕	Eu	63	151.965	Samarium	钐	Sm	62	150.36
Fermium	镄	Fm	100	257.095 1*	Scandium	钪	Sc	21	44.955 910
Flerovium	鈇	Fl	114	289*	Seaborgium	𨭎	Sg	106	263*
Fluorine	氟	F	9	18.998 403 2	Selenium	硒	Se	34	78.96
Francium	钫	Fr	87	223.019 7*	Silicon	硅	Si	14	28.085 5
Gadolinium	钆	Gd	64	157.25	Silver	银	Ag	47	107.868 2
Gallium	镓	Ga	31	69.723	Sodium	钠	Na	11	22.989 768
Germanium	锗	Ge	32	72.61	Strontium	锶	Sr	38	87.62
Gold	金	Au	79	196.966 54	Sulfur	硫	S	16	32.066
Hafnium	铪	Hf	72	178.49	Tantalum	钽	Ta	73	180.947 9
Hassium	𨭆	Hs	108	265*	Technetium	锝	Tc	43	97.907 2*
Helium	氦	He	2	4.002 602	Tellurium	碲	Te	52	127.60
Holmium	钬	Ho	67	164.930 32	Terbium	铽	Tb	65	158.925 34
Hydrogen	氢	H	1	1.007 94	Thallium	铊	Tl	81	204.383 3
Indium	铟	In	49	114.82	Thorium	钍	Th	90	232.038 1
Iodine	碘	I	53	126.904 47	Thulium	铥	Tm	69	168.934 21
Iridium	铱	Ir	77	192.22	Tin	锡	Sn	50	118.710
Iron	铁	Fe	26	55.847	Titanium	钛	Ti	22	47.88
Krypton	氪	Kr	36	83.80	Tungsten	钨	W	74	183.85
Lanthanum	镧	La	57	138.905 5	Uranium	铀	U	92	238.028 9
Lawrencium	铹	Lr	103	260.105 4*	Vanadium	钒	V	23	50.941 5
Lead	铅	Pb	82	207.2	Xenon	氙	Xe	54	131.29
Lithium	锂	Li	3	6.941	Ytterbium	镱	Yb	70	173.04
Lutetium	镥	Lu	71	174.967	Yttrium	钇	Y	39	88.905 85
Magnesium	镁	Mg	12	24.305 0	Zinc	锌	Zn	30	65.39
					Zirconium	锆	Zr	40	91.224

*已知最长半衰期的同位素的相对原子质量。

表E.4 元素的性质

元素	符号	原子序数(Z)	相对原子质量(g)	熔点(℃)	沸点(℃)	密度(g·cm⁻³)	原子半径(pm)	第一电离能(kJ·mol⁻¹)	标准电极电势(V)	比热容(J·(g·℃)⁻¹)	熔化热(kJ·mol⁻¹)	汽化热(kJ·mol⁻¹)	地壳中丰度(%)	主要氧化态
锕	Ac	89	[227.027 8]	1 050	3 300	10.07	203	666	—	0.120	14.3	293	微量	+3
铝	Al	13	26.981 539	660.37	2 517.6	2.699	143	577.5	(3+) −2.13 (3+) −1.67	0.902 5	10.71	290.8	8.1	+3
镅	Am	95	[243.061 4]	994	2 600	13.67	183	579	(3+) −2.07	—	10	238.5	—	+2, +3, +4
锑	Sb	51	121.757	630.7	1 635	6.697	161	834	(3+) +0.15	0.207 2	19.5	193	2×10⁻⁵	+3, +5
氩	Ar	18	39.948	−189.37	−185.86	0.001 784	98	1 521	—	0.520 33	1.18	6.52	4×10⁻⁶	—
砷	As	33	74.921 59	816 (2 840 kPa)	615 (最高点)	5.778	121	947	(3+) +0.24	0.328 9	27.7	90.3 (最高点)	1.9×10⁻⁴	+3, +5
砹	At	85	[209.980 37]	300	350	—	—	916	(1−) +0.2	—	23.8	—	微量	−1, +5
钡	Ba	56	137.327	726.9	1 845	3.62	222	502.9	(2+) −2.92	0.204 4	8.012	140	0.039	+2
锫	Bk	97	[247.070 3]	986	—	14.78	170	601	(3+) −2.01	—	—	—	—	+3, +4
铍	Be	4	9.012 182	1 287	2 468	1.848	112	899.5	(2+) −1.97	1.824	7.895	297.6	2×10⁻⁴	+2
铋	Bi	83	208.980 37	271.4	1 564	9.808	151	703	(3+) +0.317	0.122 1	10.9	179	8×10⁻⁷	+3, +5
𨨏	Bh	107	[262]	—	—	—	—	—	—	—	—	—	—	—
硼	B	5	10.811	2 080	3 865	2.46	85	800.6	(3+) −0.89	1.026	50.2	504.5	9×10⁻⁴	+3
溴	Br	35	79.904	−7.25	59.35	3.102 8	119	1 139.9	(1−) +1.065	0.473 62	10.571	29.56	2.5×10⁻⁴	−1, +1, +3, +5
镉	Cd	48	112.411	320.8	770	8.65	151	867.7	(2+) −0.402 5	0.231 1	6.19	100	1.6×10⁻⁵	+2
钙	Ca	20	40.078	841.5	1 500.5	1.55	197	589.8	(2+) −2.84	0.631 5	8.54	155	4.66	+2
锎	Cf	98	[251.079 6]	900	—	—	186	608	(3+) −2	—	10.9	—	—	+3, +4
碳	C	6	12.011	3 620	4 200	2.266	77	1 086.5	(4−) −0.132	0.709 9	104.6	711	0.018	−4, +2, +4
铈	Ce	58	140.115	804	3 470	6.773	181.8	541	(3+) −2.34	0.192 3	5.2	313	0.007	+3, +4
铯	Cs	55	132.905 43	28.4	674.8	1.9	262	375.7	(1+) −2.923	0.242 1	2.087	67	2.6×10⁻⁴	+1
氯	Cl	17	35.452 7	−101	−34	0.003 214	91	1 255.5	(1−) +1.358 3	0.478 20	6.41	20.41	0.013	−1, +1, +3, +5
铬	Cr	24	51.996 1	1 860	2 679	7.2	128	652.8	(3+) −0.74	0.449 1	20.5	339	0.01	+2, +3, +6
钴	Co	27	58.933 2	1 495	2 912	8.9	125	758.8	(2+) −0.277	0.421 0	16.192	382	0.002 8	+2, +3
铜	Cu	29	63.546	1 085	2 570	8.92	128	745.5	(2+) +0.34	0.384 52	13.38	304	0.005 8	+1, +2
锔	Cm	96	[247.070 3]	1 340	3 540	13.51	174	581	(3+) −2.06	—	31.8	—	—	+3, +4
𨧀	Ds	110	[271]	—	—	—	—	—	—	—	—	—	—	—
𨧀	Db	105	[262]	—	—	—	—	—	—	—	—	—	—	—
镝	Dy	66	162.5	1 407	2 600	8.536	178.1	572	(3+) −2.29	0.173 3	10.4	250	6×10⁻⁴	+2, +3
锿	Es	99	[252.082 8]	860	—	—	186	619	(3+) −2	—	—	—	—	+3
铒	Er	68	167.26	1 497	2 900	9.045	176.1	589	(3+) −2.32	0.168 1	17.2	293	3.5×10⁻⁴	+3
铕	Eu	63	151.965	826	1 439	5.245	208.4	547	(3+) −1.99	0.182 0	10.5	176	2.1×10⁻³	+2, +3
镄	Fm	100	[257.095 1]	—	—	—	—	627	(3+) −1.96	—	—	—	—	+2, +3
氟	F	9	18.998 403 2	−219.7	−188.2	0.001 696	69	1 681	(1−) +2.87	0.823 8	0.51	6.54	0.054 4	−1
钫	Fr	87	[223.019 7]	24	650	—	280	375	—	—	2	63.6	微量	+1
钆	Gd	64	157.25	1 312	3 000	7.886	180.4	592	(3+) −2.29	0.235 5	15.5	311.7	6.3×10⁻⁴	+3
镓	Ga	31	69.723	29.77	2 203	5.904	134	578.8	(3+) −0.529	0.370 9	5.59	256	0.001 8	+1, +3
锗	Ge	32	72.61	945	2 850	5.323	123	761.2	(4+) +0.124	0.321 5	31.8	334.3	1.5×10⁻⁴	+2, +4

*[ ]最长半衰期的同位素的相对原子质量。

850

表 E.4 元素的性质（续）

元素	符号	原子序数(Z)	相对原子质量*	熔点(℃)	沸点(℃)	密度(g·cm⁻³)	原子半径(pm)	第一电离能(kJ·mol⁻¹)	标准电极电势(V)	熔化热(kJ·mol⁻¹)	比热[J·(g·℃)⁻¹]	在地壳中含量(%)	主要化合价
金	Au	79	196.966 54	1064	2808	19.32	144	889.9	(3+) +1.52	12.4	0.129 05	324.4	3×10^{-7}	+1, +3
铪	Hf	72	178.49	2227	4691	13.28	159	654.4	(4+) −1.56	29.288	0.144 2	661	3×10^{-4}	+4
𫟷	Hs	108	[265]											
氦	He	2	4.002 602	−269.7 (2 536 kPa)	−268.93	0.000 178 47	31	2 372	—	0.02	5.193 1	0.084	—	—
钬	Ho	67	164.930 2	1461	2600	8.78	176.2	581	(3+) −2.33	17.1	0.164 6	251	1.5×10^{-4}	+3
氢	H	1	1.007 94	−259.19	−252.76	0.000 089 9	78	1312	(1+) 0.000 0	0.117	14.298	—	—	−1, +1
铟	In	49	114.82	156.61	2080	7.29	167	558.2	(3+) −0.338 2	3.26	0.240 7	231.8	2×10^{-5}	+1, +3
碘	I	53	126.904 47	113.6	184.5	4.93	138	1 008.4	(1−) +0.535 5	15.517	0.214 48	41.95	4.6×10^{-5}	−1, +1, +5, +7
铱	Ir	77	192.22	2447	4550	22.65	135.5	880	(4+) +0.926	26.4	0.130 6	563.6	1×10^{-7}	+3, +4, +5
铁	Fe	26	55.847	1536	2860	7.874	126	759.4	(3+) −0.4	13.807	0.449 4	350	5.8	+2, +3
氪	Kr	36	83.8	−157.2	−153.35	0.003 749 3	112	1351	—	1.64	0.248 0	9.03	—	—
镧	La	57	138.905 5	920	3420	6.17	187	538	(3+) −2.37	8.5	0.195 2	402	0.0035	+3
铹	Lr	103	[260.105 4]						(3+) −2.06					+3
铅	Pb	82	207.2	327	1746	11.342	175	715.6	(2+) −0.125 1	4.77	0.127 6	178	0.001 3	+2, +4
锂	Li	3	6.941	180.5	1347	0.534	156	520.2	(1+) −3.045	3	3.569	148	0.002	+1
镥	Lu	71	174.967	1652	3327	9.84	173.8	524	(3+) −2.3	11.9	0.153 5	414	8×10^{-5}	+3
镁	Mg	12	24.305	650	1105	1.738	160	737.8	(2+) −2.356	8.477	1.024	219.7	2.76	+2
锰	Mn	25	54.938 05	1246	2061	7.43	127	717.5	(2+) −1.18	12.058	0.479 1	219.7	0.1	+2, +3, +4, +6, +7
𬭛	Mt	109	[266]											
𬭳	Md	101	[258.098 6]					635	(2+) +0.853 5					+2, +3
汞	Hg	80	200.59	238.9	357	13.534	151	1 007	(2+) +0.853 5	2.295 3	0.139 50	59.1	2×10^{-6}	+1, +2
钼	Mo	42	95.94	2623	4679	10.28	139	685	(6+) 0.114	36	0.250 8	590	1.2×10^{-4}	+4, +5, +6
钕	Nd	60	144.24	1024	3111	7.003	181.4	530	(3+) −2.32	7.13	0.190 3	283.7	0.004	+2, +3
氖	Ne	10	20.179 7	−248.61	−246.05	0.000 899 9	71	2 081	—	0.34	1.030 1	1.77	—	—
镎	Np	93	237.048 2	640	3900	20.45	155	597	(5+) −0.91	9.46	—	336	—	+2, +3, +4, +5, +6
镍	Ni	28	58.693 4	1455	2883	8.908	124	736.7	(2+) −0.257	17.15	0.444 2	375	0.007 5	+2, +3, +4
铌	Nb	41	92.906 38	2477	4858	8.57	146	664.1	(5+) −0.65	26.9	0.264 8	690	0.002	+4, +5
氮	N	7	14.006 74	−210	−195.8	0.001 240 9	71	1 402	(3+) −0.092	0.72	1.039 7	5.58	0.002	−3, −2, −1, +1, +2, +3, +4, +5
锘	No	102	[259.100 9]					642	(2+) −2.5					+2, +3
锇	Os	76	190.2	3 045	5025	22.57	135	840	(4+) +0.687	31.7	0.130	627.6	2×10^{-7}	+4, +6, +8
氧	O	8	15.999 4	−218.8	−183	0.001 429	60	1 313.9	(2+) 0.815	0.44	0.917 38	6.82	45.5	−2, −1
钯	Pd	46	106.42	1552	2940	11.99	137	805	(2+) 0.915	17.6	0.244 1	362	3×10^{-7}	+2, +4
磷	P	15	30.973 762	44.2	280.5	1.823	109	1 012	(3−) −0.063	0.659	0.769 68	49.8	0.11	−3, +3, +5
铂	Pt	78	195.08	1769	3824	21.41	138.5	868	(4+) +1.15	19.7	0.132 6	510.4	1×10^{-6}	+2, +4
钚	Pu	94	[244.064 2]	640	3230	19.86	162	585	(4+) −1.25	2.8	0.138	343.5	—	+3, +4, +5, +6

*[ ]最长半衰期的同位素的相对原子质量。

附录 E

表 E.4 元素的性质（续）

符号	名称	原子序数 (Z)	相对原子质量 (σ)	熔点 (°C)	沸点 (°C)	密度 (g·cm⁻³)	原子半径 (pm)	第一电离能 (kJ·mol⁻¹)	标准电极电势 (V)	氧化物 (kJ·mol⁻¹)	比热 [J·(g·°C)⁻¹]	汽化热 (kJ·mol⁻¹)	地壳中的丰度 (%)	主要氧化态
钋	Po	84	[208.982 4]	254	962	9.4	164	813	(4+) +0.73	3.81	0.125	103	—	−2, +2, +4, +6
钾	K	19	39.098 3	63.2	766.4	0.862	231	418.8	(1+) −2.925	2.334	0.7566	76.9	1.84	+1
镨	Pr	59	140.907 65	935	3343	6.782	182.4	522	(3+) −2.35	11.3	0.1930	332.6	9.1×10⁻⁴	+3, +4
钷	Pm	61	[144.912 8]	1168	2460	7.2	183.4	536	(3+) −2.29	8.17	—	293	微量	+3, +4, +5
镤	Pa	91	231.035 88	1552	4227	15.37	163	568	(5+) −1.19	14.6	—	481	—	+3, +4, +5
镭	Ra	88	226.025 4	700	1630	5	228	509.1	(2+) −2.916	8.36	—	136.8	—	+2
氡	Rn	86	[222.017 6]	−71	−62	0.009 73	140	1037	—	16.4	—	16.4	—	—
铼	Re	75	186.207	3180	5650	21.232	137	760	(7+) +0.34	33.4	0.1368	707	1×10⁻⁷	+3, +4, +6, +7
铑	Rh	45	102.905 5	1960	3727	12.39	134	720	(3+) +0.76	21.6	0.2427	494	1×10⁻⁷	+3, +4, +5
铷	Rb	37	85.467 8	39.5	697	1.532	248	403	(1+) −2.925	2.19	0.363 44	69.2	0.007 8	+1
钌	Ru	44	101.07	2310	4119	12.41	134	711	(4+) +0.68	25.5	0.238 1	567.8	—	+2, +3, +4, +5
𬬻	Rf	104	[261]	—	—	—	—	—	—	—	—	—	—	—
钐	Sm	62	150.36	1072	1800	7.536	180.4	542	(3+) −2.3	8.9	0.196 5	191	7×10⁻⁴	+2, +3
钪	Sc	21	44.955 91	1539	2831	3	162	631	(3+) −2.03	15.77	0.5677	304.8	0.002 2	+3
𨭎	Sg	106	[263]	—	—	—	—	—	—	—	—	—	—	—
硒	Se	34	78.96	221	685	4.79	117	940.7	(2−) −0.67	5.43	0.321 2	26.3	5×10⁻⁶	−2, +2, +4, +6
硅	Si	14	28.085 5	1411	3231	2.336	118	786.5	(4−) −0.143	50.2	0.712 1	359	27.2	+2, +4
银	Ag	47	107.868 2	961	2195	10.49	144	730.8	(1+) +0.799	11.65	0.235 02	255	8×10⁻⁶	+1
钠	Na	11	22.989 768	97.83	897.4	0.968	186	495.9	(1+) −2.714	2.602	1.228	97.4	2.27	+1
锶	Sr	38	87.62	776.9	1412	2.6	215	549.5	(2+) −2.89	7.430 8	0.301	137	0.038 4	+2
硫	S	16	32.066	115.2	444.7	2.08	103	999.6	(2−) −0.45	1.727 2	0.706 0	9.62	0.03	−2, +4, +6
钽	Ta	73	180.947 9	2980	5505	16.65	146	760.8	(5+) −0.81	36.57	0.140 2	737	2×10⁻⁴	+4, +5
锝	Tc	43	97.907 2	2200	4567	11.5	136	702	(6+) +0.83	23.0	—	577	—	+2, +4, +6, +7
碲	Te	52	127.6	450	990	6.25	138	869	(2−) −1.14	17.4	0.2016	50.6	2×10⁻⁷	−2, +2, +4, +6
铽	Tb	65	158.925 34	1356	2800	8.272	177.3	564	(3+) −2.31	10.3	0.181 9	293	1×10⁻⁴	+3, +4
铊	Tl	81	204.383 3	303.5	1457	11.85	170	589.1	(1+) −0.3363	4.27	0.128 8	162	7×10⁻⁵	+1, +3
钍	Th	90	232.038 1	1750	4787	11.78	179	587	(4+) −1.83	16.11	0.117 7	543.9	8.1×10⁻⁴	+4
铥	Tm	69	168.934 21	1545	1727	9.318	175.9	596	(3+) −2.32	18.4	0.160 0	213	5×10⁻⁵	+2, +3
锡	Sn	50	118.71	232	2623	7.265	141	708.4	(4+) +0.064	7.07	0.227 4	296	2.1×10⁻⁴	+2, +4
钛	Ti	22	47.88	1666	3358	4.5	147	658.1	(4+) −0.86	14.146	0.522 6	425	0.63	+2, +3, +4
钨	W	74	183.85	3680	6000	19.3	139	770.4	(6+) −0.09	35.4	0.132 0	806	1.2×10⁻⁴	+4, +5, +6
铀	U	92	238.028 9	1130	3930	19.05	156	584	(6+) −0.83	12.6	0.116 18	423	2.3×10⁻⁴	+3, +4, +5, +6
钒	V	23	50.9415	1917	3417	6.11	134	650.3	(4+) −0.54	22.84	0.488 6	459.7	0.013 6	+2, +3, +4, +5
氙	Xe	54	131.29	−111.8	−108.09	0.005 897 1	131	1170	—	2.29	0.158 32	12.64	—	—
镱	Yb	70	173.04	824	1427	6.973	193.3	603	(3+) −2.22	7.66	0.154 5	155	3.4×10⁻⁴	+2, +3
钇	Y	39	88.905 85	1530	3264	4.5	180	616	(3+) −2.37	17.15	0.298 4	393	0.003 5	+3
锌	Zn	30	65.39	419.6	907	7.14	134	906.4	(2+) −0.7626	7.322	0.388 4	115	0.007 6	+2
锆	Zr	40	91.224	1852	4400	6.51	160	659.7	(4+) −1.7	20.92	0.278 0	590.5	0.016 2	+4

*[ ]最长半衰期的同位素的相对原子质量。

表E.5　元素的电子组态

	元素	1s	2s	2p	3s	3p	3d	4s	4p	4d	4f	5s	5p	5d	5f	6s	6p	6d	6f	7s
											能级									
1	氢	1																		
2	氦	2																		
3	锂	2	1																	
4	铍	2	2																	
5	硼	2	2	1																
6	碳	2	2	2																
7	氮	2	2	3																
8	氧	2	2	4																
9	氟	2	2	5																
10	氖	2	2	6																
11	钠	2	2	6	1															
12	镁	2	2	6	2															
13	铝	2	2	6	2	1														
14	硅	2	2	6	2	2														
15	磷	2	2	6	2	3														
16	硫	2	2	6	2	4														
17	氯	2	2	6	2	5														
18	氩	2	2	6	2	6														
19	钾	2	2	6	2	6		1												
20	钙	2	2	6	2	6		2												
21	钪	2	2	6	2	6	1	2												
22	钛	2	2	6	2	6	2	2												
23	钒	2	2	6	2	6	3	2												
24	铬	2	2	6	2	6	5	1												
25	锰	2	2	6	2	6	5	2												
26	铁	2	2	6	2	6	6	2												
27	钴	2	2	6	2	6	7	2												
28	镍	2	2	6	2	6	8	2												
29	铜	2	2	6	2	6	10	1												
30	锌	2	2	6	2	6	10	2												
31	镓	2	2	6	2	6	10	2	1											
32	锗	2	2	6	2	6	10	2	2											
33	砷	2	2	6	2	6	10	2	3											
34	硒	2	2	6	2	6	10	2	4											
35	溴	2	2	6	2	6	10	2	5											
36	氪	2	2	6	2	6	10	2	6											
37	铷	2	2	6	2	6	10	2	6			1								
38	锶	2	2	6	2	6	10	2	6			2								
39	钇	2	2	6	2	6	10	2	6	1		2								
40	锆	2	2	6	2	6	10	2	6	2		2								
41	铌	2	2	6	2	6	10	2	6	4		1								
42	钼	2	2	6	2	6	10	2	6	5		1								
43	锝	2	2	6	2	6	10	2	6	5		2								
44	钌	2	2	6	2	6	10	2	6	7		1								
45	铑	2	2	6	2	6	10	2	6	8		1								
46	钯	2	2	6	2	6	10	2	6	10										
47	银	2	2	6	2	6	10	2	6	10		1								
48	镉	2	2	6	2	6	10	2	6	10		2								
49	铟	2	2	6	2	6	10	2	6	10		2	1							
50	锡	2	2	6	2	6	10	2	6	10		2	2							
51	锑	2	2	6	2	6	10	2	6	10		2	3							
52	碲	2	2	6	2	6	10	2	6	10		2	4							
53	碘	2	2	6	2	6	10	2	6	10		2	5							
54	氙	2	2	6	2	6	10	2	6	10		2	6							

表E.5 元素的电子组态(续)

	元素	1s	2s	2p	3s	3p	3d	4s	4p	4d	4f	5s	5p	5d	5f	6s	6p	6d	6f	7s
55	铯	2	2	6	2	6	10	2	6	10		2	6			1				
56	钡	2	2	6	2	6	10	2	6	10		2	6			2				
57	镧	2	2	6	2	6	10	2	6	10		2	6	1		2				
58	铈	2	2	6	2	6	10	2	6	10	2	2	6			2				
59	镨	2	2	6	2	6	10	2	6	10	3	2	6			2				
60	钕	2	2	6	2	6	10	2	6	10	4	2	6			2				
61	钷	2	2	6	2	6	10	2	6	10	5	2	6			2				
62	钐	2	2	6	2	6	10	2	6	10	6	2	6			2				
63	铕	2	2	6	2	6	10	2	6	10	7	2	6			2				
64	钆	2	2	6	2	6	10	2	6	10	7	2	6	1		2				
65	铽	2	2	6	2	6	10	2	6	10	9	2	6			2				
66	镝	2	2	6	2	6	10	2	6	10	10	2	6			2				
67	钬	2	2	6	2	6	10	2	6	10	11	2	6			2				
68	铒	2	2	6	2	6	10	2	6	10	12	2	6			2				
69	铥	2	2	6	2	6	10	2	6	10	13	2	6			2				
70	镱	2	2	6	2	6	10	2	6	10	14	2	6			2				
71	镥	2	2	6	2	6	10	2	6	10	14	2	6	1		2				
72	铪	2	2	6	2	6	10	2	6	10	14	2	6	2		2				
73	钽	2	2	6	2	6	10	2	6	10	14	2	6	3		2				
74	钨	2	2	6	2	6	10	2	6	10	14	2	6	4		2				
75	铼	2	2	6	2	6	10	2	6	10	14	2	6	5		2				
76	锇	2	2	6	2	6	10	2	6	10	14	2	6	6		2				
77	铱	2	2	6	2	6	10	2	6	10	14	2	6	7		2				
78	铂	2	2	6	2	6	10	2	6	10	14	2	6	9		1				
79	金	2	2	6	2	6	10	2	6	10	14	2	6	10		1				
80	汞	2	2	6	2	6	10	2	6	10	14	2	6	10		2				
81	铊	2	2	6	2	6	10	2	6	10	14	2	6	10		2	1			
82	铅	2	2	6	2	6	10	2	6	10	14	2	6	10		2	2			
83	铋	2	2	6	2	6	10	2	6	10	14	2	6	10		2	3			
84	钋	2	2	6	2	6	10	2	6	10	14	2	6	10		2	4			
85	砹	2	2	6	2	6	10	2	6	10	14	2	6	10		2	5			
86	氡	2	2	6	2	6	10	2	6	10	14	2	6	10		2	6			
87	钫	2	2	6	2	6	10	2	6	10	14	2	6	10		2	6			1
88	镭	2	2	6	2	6	10	2	6	10	14	2	6	10		2	6			2
89	锕	2	2	6	2	6	10	2	6	10	14	2	6	10		2	6	1		2
90	钍	2	2	6	2	6	10	2	6	10	14	2	6	10		2	6	2		2
91	镤	2	2	6	2	6	10	2	6	10	14	2	6	10	2	2	6	1		2
92	铀	2	2	6	2	6	10	2	6	10	14	2	6	10	3	2	6	1		2
93	镎	2	2	6	2	6	10	2	6	10	14	2	6	10	4	2	6	1		2
94	钚	2	2	6	2	6	10	2	6	10	14	2	6	10	6	2	6			2
95	镅	2	2	6	2	6	10	2	6	10	14	2	6	10	7	2	6			2
96	锔	2	2	6	2	6	10	2	6	10	14	2	6	10	7	2	6	1		2
97	锫	2	2	6	2	6	10	2	6	10	14	2	6	10	9	2	6			2
98	锎	2	2	6	2	6	10	2	6	10	14	2	6	10	10	2	6			2
99	锿	2	2	6	2	6	10	2	6	10	14	2	6	10	11	2	6			2
100	镄	2	2	6	2	6	10	2	6	10	14	2	6	10	12	2	6			2
101	钔	2	2	6	2	6	10	2	6	10	14	2	6	10	13	2	6			2
102	锘	2	2	6	2	6	10	2	6	10	14	2	6	10	14	2	6			2
103	铹	2	2	6	2	6	10	2	6	10	14	2	6	10	14	2	6	1		2
104	𬬻	2	2	6	2	6	10	2	6	10	14	2	6	10	14	2	6	2		2?
105	𬭊	2	2	6	2	6	10	2	6	10	14	2	6	10	14	2	6	3		2?
106	𨭎	2	2	6	2	6	10	2	6	10	14	2	6	10	14	2	6	4		2?
107	𨨏	2	2	6	2	6	10	2	6	10	14	2	6	10	14	2	6	5		2?
108	𨭆	2	2	6	2	6	10	2	6	10	14	2	6	10	14	2	6	6		2?
109	鿏	2	2	6	2	6	10	2	6	10	14	2	6	10	14	2	6	7		2?
110	𫟼	2	2	6	2	6	10	2	6	10	14	2	6	10	14	2	6	8		2?
111	𬬭	2	2	6	2	6	10	2	6	10	14	2	6	10	14	2	6	9		2?
112	鎶	2	2	6	2	6	10	2	6	10	14	2	6	10	14	2	6	10		2?
114	鈇	2	2	6	2	6	10	2	6	10	14	2	6	10	14	2	6	10	2?	2?
115	镆	2	2	6	2	6	10	2	6	10	14	2	6	10	14	2	6	10	2?	3?
116	鉝	2	2	6	2	6	10	2	6	10	14	2	6	10	14	2	6	10	2?	4?
118	氭	2	2	6	2	6	10	2	6	10	14	2	6	10	14	2	6	10	2?	6?

表E.6　常用物理常数

1安培是在真空中相距为1 m的两根无限长的平行直导线(忽略导线粗细)上,通以相等的恒定电流,导线间的相互作用力为 2×10^{-7} N时,各导线上产生的恒定电流。

1坎德拉是在101 325 Pa压强下,处于铂凝固点温度的黑体的 $\frac{1}{600\,000}$ m² 表面在垂直方向上的发光强度。

1立方分米等于1 L。

1开尔文等于水的三相点热力学温度的 $\frac{1}{273.15}$。

1千克为国际千克原器的质量。

1米指光在 $\frac{1}{299\,792\,458}$ 秒中走过的距离。

1摩尔物质的量含有的基本实体的数量与0.012 kg C-12含有的原子数量相等。

1秒等于铯-133原子(Cs-133)基态的两个超精细能级(F=4,M=0)↔(F=3,M=0)之间跃迁所对应的辐射的 9 192 631 770个周期所持续的时间。

阿伏加德罗常数 $=6.022\,136\,7\times10^{23}$

1电子伏特 $=1.602\,177\,33\times10^{-19}$ J

法拉第常量 $=96\,485.309$ C/mole e⁻

理想气体常数 $=8.314\,471$ J·(mol·K)⁻¹ $=8.314\,471$ dm³·kPa·(mol·K)⁻¹

标准状况下的气体摩尔体积 $=22.414\,10$ dm³

普朗克常量 $=6.626\,075\times10^{-34}$ J·s

光速 $=2.997\,924\,58\times10^{8}$ m·s⁻¹

表E.7　原子团的电荷数与名称

1−	2−	3−	4−
醋酸根, CH_3COO^-	碳酸根, CO_3^{2-}	砷酸根, AsO_4^{3-}	六氰合铁(II)酸根, $Fe(CN)_6^{4-}$
氨基, NH_2^-	铬酸根, CrO_4^{2-}	亚砷酸根, AsO_3^{3-}	正硅酸根, SiO_4^{4-}
砹酸根, AtO_3^-	重铬酸根, $Cr_2O_7^{2-}$	硼酸根, BO_3^{3-}	二磷酸根, $P_2O_7^{4-}$
叠氮根, N_3^-	六氯合铂酸根, $PtCl_6^{2-}$	柠檬酸根, $C_6H_5O_7^{3-}$	
苯甲酸根, $C_6H_5COO^-$	六氟化硅酸根, SiF_6^{2-}	六氰合铁(III)酸根, $Fe(CN)_6^{3-}$	
铋酸根, BiO_3^-	钼酸根, MoO_4^{2-}	磷酸根, PO_4^{3-}	
溴酸根, BrO_3^-	草酸根, $C_2O_4^{2-}$		
氯酸根, ClO_3^-	过氧根, O_2^{2-}		
亚氯酸根, ClO_2^-	过硫酸根, $S_2O_8^{2-}$	1+	2+
氰根, CN^-	磷酸氢根, HPO_3^{2-}	铵根, NH_4^+	亚汞离子(I), Hg_2^{2+}
甲酸根, $HCOO^-$	钌酸根, RuO_4^{2-}	镎氧离子(V), NpO_2^+	镎氧离子(VI), NpO_2^{2+}
氢氧根, OH^-	硒酸根, SeO_4^{2-}	双氧钚根(V), PuO_2^+	双氧钚根(VI), PuO_2^{2+}
次溴酸根, BrO^-	亚硒酸根, SeO_3^{2-}	双氧铀根(V), UO_2^+	双氧铀根(VI), UO_2^{2+}
次氯酸根, ClO^-	硅酸根, SiO_3^{2-}	氧钒根(V), VO_2^+	氧钒根(IV), VO^{2+}
亚磷酸根, $H_2PO_2^-$	硫酸根, SO_4^{2-}		
碘酸根, IO_3^-	亚硫酸根, SO_3^{2-}		
硝酸根, NO_3^-	酒石酸根, $C_4H_4O_6^{2-}$		
亚硝酸根, NO_2^-	碲酸根, TeO_4^{2-}		
高溴酸根, BrO_4^-	亚碲酸根, TeO_3^{2-}		
高氯酸根, ClO_4^-	四硼酸根, $B_4O_7^{2-}$		
高碘酸根, IO_4^-	硫代硫酸根, $S_2O_3^{2-}$		
高锰酸根, MnO_4^-	钨酸根, WO_4^{2-}		
高铼酸根, ReO_4^-			
硫氰酸根, SCN^-			
钒酸根, VO_3^-			

表E.8 溶解性指南

你经常会用到水溶液,了解物质在水中的溶解性将对实验很有帮助。如果一种物质在100 mL的水中能够溶解3 g以上,则它是可溶的。以下是一些常用规则。

1. 第1族元素所形成的盐以及所有的铵盐都是可溶的。
2. 所有的醋酸盐和硝酸盐都是可溶的。
3. 卤族元素(氟除外)与金属[银、汞(I)和铅除外]形成的二元化合物都是可溶的。
4. 所有的硫酸盐都是可溶的,但硫酸钡、硫酸锶、硫酸铅、硫酸钙、硫酸银和硫酸汞(I)除外。
5. 对于第1族以外的金属元素,它们的碳酸盐、氢氧化物、氧化物、硫化物、磷酸盐都是不可溶的。

表E.9 溶度积常数(25℃)

物质	K_{sp}	物质	K_{sp}	物质	K_{sp}
AgBr	5.01×10^{-13}	$BaSO_4$	1.10×10^{-10}	Li_2CO_3	2.51×10^{-2}
$AgBrO_3$	5.25×10^{-5}	$CaCO_3$	2.88×10^{-9}	$MgCO_3$	3.47×10^{-8}
Ag_2CO_3	8.13×10^{-12}	$CaSO_4$	9.12×10^{-6}	$MnCO_3$	1.82×10^{-11}
AgCl	1.78×10^{-10}	CdS	7.94×10^{-27}	$NiCO_3$	6.61×10^{-9}
Ag_2CrO_4	1.12×10^{-12}	$Cu(IO3)_2$	7.41×10^{-8}	$PbCl_2$	1.62×10^{-5}
$Ag_2Cr_2O_7$	2.00×10^{-7}	$CuC2O_4$	2.29×10^{-8}	PbI_2	7.08×10^{-9}
AgI	8.32×10^{-17}	$Cu(OH)_2$	2.19×10^{-20}	$Pb(IO_3)_2$	3.24×10^{-13}
AgSCN	1.00×10^{-12}	CuS	6.31×10^{-36}	$SrCO_3$	1.10×10^{-10}
$Al(OH)_3$	1.26×10^{-33}	FeC_2O_4	3.16×10^{-7}	$SrSO_4$	3.24×10^{-7}
Al_2S_3	2.00×10^{-7}	$Fe(OH)_3$	3.98×10^{-38}	TlBr	3.39×10^{-6}
$BaCO_3$	5.13×10^{-9}	FeS	6.31×10^{-18}	$ZnCO_3$	1.45×10^{-11}
$BaCrO_4$	1.17×10^{-10}	Hg_2SO_4	7.41×10^{-7}	ZnS	1.58×10^{-24}

表 E.10　酸碱指示剂

指示剂	酸性色	范围	碱性色
甲基紫	黄绿色	0.0～2.5	紫罗兰色
孔雀绿盐酸盐	黄色	0.5～2.0	蓝色
百里酚蓝	红色	1.0～2.8	黄色
S-萘酚黄(酸性)	无色	1.5～2.6	黄色
对氨基偶氮苯	橙色	2.1～2.8	黄色
甲基橙	红色	2.5～4.4	黄色
溴酚蓝	橙黄色	3.0～4.7	紫罗兰色
茜素紫	橙色	3.5～6.3	红色
2,5-二硝基酚	无色	4.0～5.8	黄色
乙基橙	橙红色	4.2～4.6	橙色
丙基红	粉红色	5.1～6.5	黄色
溴甲酚紫	绿-黄色	5.4～6.8	紫罗兰色
溴二甲苯酚蓝	橙黄色	6.0～7.6	蓝色
酚红	黄色	6.4～8.2	紫红色
甲酚红	黄色	7.1～8.8	紫罗兰色
间甲酚紫	黄色	7.5～9.0	紫罗兰色
百里酚蓝	黄色	8.1～9.5	蓝色
酚酞	无色	8.3～10.0	深粉红色
邻甲酚酞	无色	8.6～9.8	粉红色
百里酚酞	无色	9.5～10.4	蓝色
茜素黄R	黄色	9.9～11.8	深橙色
甲基蓝	蓝色	10.6～13.4	淡紫罗兰色
酸性品红	红色	11.1～12.8	无色
2,4,6-三硝基甲苯	无色	11.7～12.8	橙色

附录F 家庭实验

家庭实验 比较凝固点

实际问题 厨房中的不同液体在冰柜中会如何变化？

实验材料
- 5只相同的窄颈塑料瓶
- 大的切菜板或塑料平板
- 水
- 软饮料
- 橘子汁
- 食用油
- 醋
- 冰柜（或冰箱的冷冻室）

实验步骤
1. 开始活动前，先获得家长的同意，才能使用冰柜。
2. 在第1只容器中加入水，水面应当与容器的上沿平齐。
3. 以相同的方式在其他4只容器中分别加入4种液体。
4. 将切菜板放入冰柜中，确保切菜板水平，然后将5只容器放在切菜板上面。
5. 让容器在冰柜中放置一夜，第2天观察不同液体在低温下的反应。

结论与应用
1. 请描述低温对每种液体的影响。
2. 试推断水如此变化的原因。
3. 试分析有些液体会冻结，但另外一些液体却不会被冻结的原因。

家庭实验 比较原子的大小

实际问题 不同的亚原子粒子以及不同的原子间的大小关系如何？

实验材料
- 直尺
- 米尺或卷尺
- 白纸
- 超细的黑色记号笔
- 胶带
- 3只塑料瓶

实验步骤
1. 用记号笔在白纸的一端画上直径约0.1 mm的黑点。这个点表示电子的大小。
2. 在距离该点10 cm的地方画上第2个点。两点之间的距离表示质子或中子的直径。
3. 将这张纸用胶带粘贴在1只塑料瓶上。
4. 在距离步骤3所放置的塑料瓶6.2 m的地方，放上第2只塑料瓶。这个距离表示的是小原子——氦原子的直径。
5. 在距离步骤3所放置的塑料瓶59.6 m的地方放上第3只塑料瓶。这个距离表示的是大原子——铯原子的直径。

结论与应用
比较质子、中子和原子的相对大小。思考：占据原子空间最大的是什么？

家庭 实验 搜索元素

实际问题 在你的家中可以发现多少种元素？

实验材料
- 元素周期表
- 化学书籍或化学资料

实验步骤
1. 绘制一张图表，分别写上一些金属、非金属和准金属元素。
2. 使用化学教科书或相关资料，了解这些元素的常见用途。
3. 在家中仔细搜索完全或者绝大部分由金属制成的物品，将该物品的名称记录在表格中。
4. 同样地，搜索完全或者绝大部分由非金属或类金属制成的物品，也将这些物品的名称记录在表格中。

结论与应用
1. 请列举你家中最为常见的两种非金属，并说出它们存放的地点。
2. 请列举你家中最为常见的金属。
3. 试说明在你家中哪一族的金属元素应用得最为广泛。

家庭 实验 探索离子化合物和共价化合物混合成的液体

实际问题 厨房中常见的离子化合物和共价化合物的液体能否混合在一起？

实验材料
- 透明玻璃容器
- 植物油
- 水
- 汤勺或搅棒
- 外用酒精
- 标有SI单位的杯子
- 软饮料
- 洗洁精

实验步骤
1. 绘制一张图表，用于记录实验过程中你所观察到的实验现象。
2. 量取100 mL的水，将其倒入玻璃容器中。另外量取100 mL的外用酒精，也将其倒入容器中，搅拌混合物。观察并记录两种液体混合时所发生的实验现象。
3. 倒去容器中的液体，并用洗洁精清洗干净玻璃容器。
4. 使用软饮料和植物油，重复实验步骤2和3。
5. 量取100 mL的植物油，将其倒入玻璃容器中。另外量取100 mL的外用酒精，也将其倒入容器中，搅拌混合物。观察并记录下两种液体混合时所发生的实验现象。
6. 倒去容器中的液体，并用洗洁精清洗干净玻璃容器。
7. 使用软饮料和外用酒精，重复实验步骤5和6。

结论与应用
1. 研究水应当属于哪种类型的化合物。
2. 分析一些液体可以完全混合或不能混合的原因。

家庭实验 含铁墨水

实际问题 如何用常见的家用物品制作19世纪的墨水？

实验材料
- 陶瓷罐
- 茶袋
- 硫酸亚铁片
- 咖啡过滤器
- 测量用的杯子
- 画笔
- 玻璃杯
- 水
- 漏斗
- 烤箱手套
- 白纸
- 微波炉

实验步骤
1. 量取30 mL的水，倒入陶瓷罐中。
2. 把茶袋和5片硫酸亚铁片放入水中。
3. 将陶瓷罐放入微波炉中加热2分钟。移除陶瓷罐中的茶袋。
4. 先把一只咖啡过滤器插入漏斗中，随后让漏斗对准玻璃容器，再将陶瓷罐中的混合物倒入过滤器中。
5. 将装有滤液的玻璃容器放入冰箱中，保持15分钟。
6. 取来画笔，蘸上新制的墨水，在白纸上写下几个字。随后，将白纸晾干。

结论与应用
1. 含铁药片中含有一种参与生成墨水黑色的化合物。写出该化合物的化学式。
2. 推断参与该化学反应的化合物的类型。
3. 研究反应过程中究竟产生了何种沉淀物让墨水变黑。

家庭实验 阻止一个化学反应

实际问题 怎样才能阻止苹果呈现棕色的化学反应？

实验材料
- 7只相同的玻璃杯
- 标有SI单位刻度的杯子
- 100 mg的维生素C片
- 擀面杖
- 苹果
- 瓶装水
- 蜡纸
- 纸巾
- 厨房用的刀子
- 黑色记号笔
- 胶带

实验步骤
1. 在每只玻璃杯中分别加入200 mL水。
2. 在1号玻璃杯上标记"不含VC"，在2号玻璃杯上标记"100 mg"，在3号玻璃杯上标记"200 mg"，在4号玻璃杯上标记"500 mg"，在5号玻璃杯上标记"1 000 mg"，在6号玻璃杯上标记"2 000 mg"，在7号玻璃杯上标记"3 000 mg"。
3. 将一片100 mg的维生素C片放在两张蜡纸中间，使用擀面杖将维生素C片擀成粉末。
4. 将粉末倒入2号玻璃杯，搅拌均匀。
5. 重复实验步骤3和4，在3号到7号玻璃杯中依次加入对应量的维生素C片。
6. 用刀子将苹果分成大致相等的7块，迅速将它们分别放入7只玻璃杯中。
7. 5分钟后，衬着白色纸巾，观察玻璃杯中苹果块的颜色变化。每隔5分钟观察一次，持续45分钟。

结论与应用
1. 请描述你所观察到的实验现象。
2. 试分析维生素C可以抑制苹果呈现棕色的原因。

家庭 实验 比较轨道的大小

实际问题 不同电子轨道间的大小有何区别?

实验材料
- 米尺或卷尺
- 3 m长的白纸(或用胶带将小纸张拼凑起来)
- 记号笔
- 胶带

实验步骤
1. 将白纸摊开在平整桌面上。
2. 使用记号笔在白纸的一端画上一条与白纸边缘相平行的3 cm长的细线,并将该细线分成6等份,包括端点在内总共得到7个点。
3. 以第1条线上的第1个点为端点,画垂直于细线的1 cm长的第2条细线,以此来表示原子的原子核半径。
4. 以第1条线上的第2个点为端点,画垂直于细线的37 cm长的细线,来表示第1个电子轨道的半径。类似地,依次以第1条细线剩下的点为端点,作156 cm,186 cm,227 cm,248 cm和265 cm长的细线来分别表示第2、3、4、5和6电子轨道的半径。
5. 用记号笔在白纸上标记下相应的电子轨道数。

结论与应用
1. 原子核的平均半径为1×10^{-12} m。计算一下,在绘制电子轨道的过程中,你所采用的原子核的半径为多少?
2. 在绘制过程中,你认为是什么占据了原子的绝大部分空间?

家庭 实验 碘的溶解

实际问题 碘在不同溶剂中的溶解性如何?

实验材料
- 带盖子的玻璃广口瓶(或是装婴儿食物的瓶子)
- 滴 管
- 矿物油
- 碘 酒
- 水
- 量 杯
- 大汤匙

实验步骤
1. 往玻璃瓶中装入一半的水。
2. 向玻璃瓶中加入4滴碘酒。
3. 盖上盖子,用力振荡直到溶液变成浅棕色。
4. 量取15 mL矿物油,将其倒入玻璃瓶中。
5. 用力振荡玻璃瓶,然后静置5分钟,观察混合物的变化。

结论与应用
1. 加入矿物油,振荡并静置5分钟后,玻璃瓶中的混合物发生了什么变化?
2. 解释加入矿物油后碘发生变化的原因。
3. 其他元素是否也有与碘相似的性质?解释你的结论。

家庭 实验 共价键的断裂

实际问题 哪些液体可以破坏聚苯乙烯的共价键？

实验材料
- 聚苯乙烯包装纸或聚苯乙烯杯子
- 大玻璃杯
- 量杯
- 指甲油去除剂
- 平底盘
- 外用酒精
- 水
- 食用油

实验步骤
1. 往玻璃杯中倒入 200 mL 水。
2. 将聚苯乙烯包装纸放入水中，观察聚苯乙烯与水的反应。
3. 将玻璃杯彻底清洗干净，采用食用油和指甲油去除剂代替水，重复步骤1和2。
4. 向与聚苯乙烯发生反应的液体中加入几颗花生，观察现象。

结论与应用
1. 描述聚苯乙烯与每种液体的反应。
2. 推断聚苯乙烯与这些液体反应的原因。

家庭 实验 估测温度

实际问题 美国人是如何估计日常温度的？

实验材料
- 只有华氏温标的华氏温度计（不要用水银温度计）
- 计算器

实验步骤
1. 创建一张数据表，用于记录观测到的温度。
2. 将温度计放在屋外一个你可以随时看到的地方。
3. 从温度计上读取当天的气温，持续2个星期，而且要观察一天内不同时刻的温度。
4. 从温度计上读取温度之后，估计摄氏温度和开氏温度。
5. 计算摄氏温度。
6. 计算开氏温度。

结论与应用
1. 比较实验开始时和实验结束时你对温度的估计能力。
2. 推断为什么许多美国人不会估计摄氏温度。

家庭实验 压缩罐

实际问题 怎样用铝制的软饮料罐来证明气体定律?

实验材料
- 铝制软饮料罐
- 炉顶或热盘子
- 烤箱手套
- 大钳子
- 水
- 大塑料容器
- 大 碗
- 有标准刻度的量杯
- 秒 表
- 冰 块

实验步骤
1. 在平底锅里加入水,然后将平底锅放在烤箱的顶部,使水沸腾。
2. 向大塑料容器里装满冷水和冰。
3. 量取 25 mL 水,倒入铝制的软饮料罐中。
4. 戴上烤箱手套,将软饮料罐放在沸水里 1 分钟。
5. 快速将铝罐倒过来,并浸入塑料容器的冷水里,观察现象。

结论与应用
1. 描述将铝罐浸在冷水中产生的现象。
2. 根据查理定律和波义耳定律,解释铝罐的变化。
3. 比较铝罐放在热水里和放在冷水里的动力学能量大小。

家庭实验 测量白糖的物质的量

实际问题 如何测量与计算一定白糖样品的物质的量?

实验材料
- 白 糖
- 天 平
- 量 杯
- 小 碗
- 计算器

实验步骤
1. 称量小碗的质量。
2. 量取大约 100 mL 的白糖,将其倒入小碗中。
3. 称量小碗和白糖的总质量,计算白糖的质量。

结论与应用
1. 探究蔗糖(白糖)的化学式。
2. 计算蔗糖的摩尔质量。
3. 计算所称蔗糖的物质的量。

家庭实验 毛细现象

实际问题 不同宽度和形状的容器中,凹液面的高度为什么会不同?

实验材料
- 30 mL 烧杯
- 750 mL 瓶子
- 细颈瓶子
- 1 mL、2 mL 和 5 mL 滴管
- 玻璃杯
- 碗
- 水
- 米尺

实验步骤
1. 创建一张数据表,记录你的数据。
2. 测量所有容器的直径和瓶颈宽度。
3. 取 5 mL 滴管,吸一半的水。
4. 保持滴管水平,量出水形成的凹液面最低处的高度。
5. 分别用 2 mL 和 1 mL 的滴管,重复步骤 3 和 4。
6. 量出 30 mL 烧杯中水的凹液面的高度,和 750 mL 细颈瓶中水的凹液面的高度。

结论与应用
1. 解释容器宽度与凹液面高度之间的联系。
2. 除了容器的宽度之外,推测影响凹液面高度的其他因素。
3. 推断能形成可测量的凹液面的容器的最大宽度。

家庭实验 酸雨测试

实际问题 你生活的地区有酸雨吗?

实验材料
- pH 试纸
- 小试管(试剂盒中附有)
- 干净的塑料容器

实验步骤
1. 创建一个数据表格,记录你的实验数据。
2. 将容器放在户外宽敞的地方,以便承接雨水。将容器远离大树或是建筑物,防止混入其他杂质。
3. 使用 pH 试纸测试你所收集到的雨水样本。
4. 收集你所在地区的河水和溪水样本,测试 pH。

结论与应用
1. 探究正常雨水的 pH。
2. 探究酸雨的 pH。
3. 测试瓶装的饮用水与你收集到的水样本的 pH。
4. 推断你所在地区是否存在酸雨问题。

家庭 实验 氨的检测

实际问题 哪些物质增加了自来水中氨的含量?

实验材料
- 4个带盖子的玻璃广口瓶
- 厨房秤
- 量杯
- 生鸡肉(6盎司)
- 水
- 氨的检测试剂盒
- 厨刀
- 胶带
- 黑色记号笔

实验步骤
1. 用厨房秤称取3份生鸡肉,分别重28 g(1盎司)、56 g(2盎司)、84 g(3盎司)。
2. 在4只广口瓶中各装500 mL水。
3. 第1只瓶子里不加任何物质,第2只瓶子里加28 g生鸡肉,第3只瓶子里加56 g生鸡肉,第4只瓶子里加84 g生鸡肉。分别都贴上标签。
4. 创建一个表格,记录实验数据。
5. 连续5天测量每份水样中氨的含量,并观察每份样本的透明度。

结论与应用
1. 请找出实验步骤中可能存在的错误。
2. 总结你的实验结果。
3. 推断自然界中增加水中氨的含量的可能途径。

家庭 实验 测试漂白剂的氧化能力

实际问题 漂白剂对不同污渍中的化合物的氧化能力有何不同?

实验材料
- 小块棉布
- 漂白剂
- 衣服烘干机
- 芥末
- 番茄酱
- 玻璃杯
- 葡萄汁
- 酸果汁
- 永久黑色记号笔
- 秒表或手表
- 葡萄酱
- 白棉布
- 橡胶手套
- 碗
- 烤肉刷
- 吸管

实验步骤
1. 用烤肉刷刮取花生大小的番茄酱,然后将它涂在白布上,涂布面积大约占白布的 $\frac{1}{4}$,这是一个污渍。用永久黑色记号笔做上记号。
2. 把刷子彻底清洗干净,然后重复步骤1,将番茄酱换成芥末和葡萄酱。将这些调味品挨个涂在白布上。
3. 用滴管将葡萄汁和酸果汁滴在剩下的 $\frac{1}{4}$ 的白布上,也做上记号。
4. 将这块布放在烘干机中烘干。
5. 戴上橡胶手套,小心地将漂白剂倒入碗中。
6. 用小块棉布蘸上漂白剂,然后将它按在番茄酱形成的污渍上15秒。
7. 对其他污渍按步骤6进行同样的处理。

结论与应用
1. 解释漂白剂的去污原理。并描述漂白剂对几种不同污迹的氧化能力。
2. 解释漂白剂在氧化其中一些污渍时效果更好的原因。

865

家庭实验 去掉电镀层

实际问题 怎样除去铝盘上的电镀层?

实验材料
- 底部变暗的铝盘
- 水
- 柠 檬
- 厨房用的小刀
- 量 杯
- 电 炉

实验步骤

1. 量取 50 mL 水,将其倒入铝盘里。
2. 把铝盘放到电炉上,加热,直到水沸腾。
3. 把柠檬切成楔子形状,并把它们投入到沸腾的水中。
4. 观察在铝盘底部发生的化学反应。

结论与应用

1. 描述你的实验结果。
2. 解释为什么铝盘的底部会发生变化。

家庭实验 比较水和外用酒精

实际问题 水和外用酒精的性质有什么不同?

实验材料
- 水
- 外用酒精
- 植物油
- 3 只标有 SI 单位的量杯
- 3 只透明的杯子
- 玻璃棒
- 汤 勺
- 厨房秤
- 秒表或手表
- 2 个冰块

实验步骤

1. 制作一张表格,用来比较水和外用酒精的物理性质。
2. 比较两种液体的颜色和气味。
3. 量取等体积的水和酒精,称量它们的质量,并计算它们的密度。在这两只玻璃杯中各投入 1 个冰块,观察两种液体的密度的差异。
4. 在 20 mL 水中加入少量植物油,并用玻璃棒搅拌。同样地,将 20 mL 酒精和少量植物油混合在一起,并用玻璃棒搅拌。

结论与应用

1. 将冰块分别投入到水和酒精中,各有什么现象?
2. 为什么冰块在这两种液体中的现象有所不同?
3. 如果把水和酒精混合在一起,会有什么现象?
4. 简单概括这两种液体的不同。

家庭实验 计算营养物质的量

实际问题 你每天的饮食中,糖、脂肪和蛋白质的比例各是多少?

实验材料
- 营养表
- 营养指南
- 在一周内消耗的袋装食品和饮料
- 厨房秤

实验步骤
1. 创建一个数据表,用于记录一周内你每天摄入的糖、脂肪和蛋白质的质量和百分比。
2. 在每餐过后,检查食品袋中各种营养素的含量,或依据营养指南计算糖、脂肪和蛋白质的质量。确定不要记错你总共消耗的量。
3. 计算你每天摄入的糖、脂肪和蛋白质的百分比。
4. 计算一周里你每天摄入的营养物质的量,并计算每种营养物质的日均摄入量。
5. 计算你日均摄入的糖、脂肪和蛋白质的百分比。

结论与应用
1. 将你摄入的糖、脂肪和蛋白质的量与营养表推荐的量进行比较。
2. 推断是否可以根据实验确定饮食是否健康。
3. 基于这个实验的结果,你是否在考虑改变你的日常饮食?

家庭实验 观察熵变

实际问题 家用液体达到最大熵的速度如何?

实验材料
- 7个大小一样的玻璃杯
- 醋
- 水
- 玉米果汁
- 外用酒精
- 量杯
- 干净的软饮料
- 秒表或手表
- 牛奶
- 食用油
- 食用色素

实验步骤
1. 在7个相同的玻璃杯中分别加入7份等体积的不同液体,在杯子表面贴上标签。
2. 创建一张数据表,用于记录你观察到的实验现象和测量到的数据。
3. 迅速向每个玻璃杯中滴加一滴食用色素,同时按下秒表,开始计时。
4. 观察食用色素在每种液体中的扩散现象,记录食用色素在每种液体中达到熵最大时所需的时间。

结论与应用
1. 先推断染料在不同液体中熵值增加的速率,并将其与你的数据表中记录的时间进行比较。
2. 推断为什么不同的液体熵增加的速率有所不同。

家庭 实验 模拟聚变反应

实际问题 怎样建立聚变反应的模型?

实验材料
- 14颗红色的橡皮糖
- 12颗绿色的橡皮糖
- 牙签
- 白纸(9张)
- 黑色记号笔

实验步骤

1. 在3张白纸上分别画1个大的黑色箭头（⟶），在其他6张纸上分别画6个加号（＋）。
2. 在下列建模的过程中,用红色的橡皮糖代表质子,绿色的橡皮糖代表中子。
3. 构建氕原子、氘原子、氦原子的原子核模型。用这3个原子核模型和1个中子,模拟一个你所熟悉的聚变反应。
4. 构建2个氘原子和1个氚原子的原子核模型。用这3个原子核模型和1个质子,模拟第2个聚变反应。
5. 构建2个氘原子和1个氦原子的原子核模型。用这3个原子核模型和1个中子,模拟第3个聚变反应。

结论与应用

1. 3个聚变反应的共同点有哪些?
2. 计算氕原子和氘原子的天然丰度。
3. 根据你的模型,推断为什么聚变反应没有产生放射性废料。

版权说明

John S. Phillips, Victor S. Strozak, Cheryl Wistrom
Chemistry Concepts and Applications
ISBN: 978-0-07-663766-9
Copyright © 2014 by McGraw-Hill Education.
All Rights reserved. No part of this publication may be reproduced or transmitted in any form or by any means, electronic or mechanical, including without limitation photocopying, recording, taping, or any database, information or retrieval system, without the prior written permission of the publisher.
This authorized Chinese translation edition is published by Zhejiang Education Publishing House in arrangement with McGraw-Hill Education (Singapore) Pte. Ltd. This edition is authorized for sale in the People's Republic of China only, excluding Hong Kong, Macao SAR and Taiwan.
Translation Copyright ©2018 by McGraw-Hill Education (Singapore) Pte. Ltd and Zhejiang Education Publishing House.
版权所有。未经出版人事先书面许可，对本出版物的任何部分不得以任何方式或途径复制传播，包括但不限于复印、录制、录音，或通过任何数据库、信息或可检索的系统。
此中文简体翻译版本经授权仅限在中华人民共和国境内(不包括香港特别行政区、澳门特别行政区和台湾)销售。
翻译版权©2018由麦格劳-希尔教育(新加坡)有限公司与浙江教育出版社所有。
本书封底贴有McGraw-Hill Education公司防伪标签，无标签者不得销售。
浙江省版权局著作权合同登记号：11-2017-41

图片版权说明

本书图片多数由中国图库和站酷海洛PLUS提供，特此声明。个别图片未能与图片版权所有人取得联系，深表歉意，请相关人员见此说明后与我社联系，联系电话：0571-88909745。

图书在版编目（CIP）数据

科学发现者. 化学 第二版 2023修订版 下册 /（美）菲利普（John S. Phillips）等著；王祖浩等译. -- 杭州：浙江教育出版社，2023.7
ISBN 978-7-5722-6273-9

Ⅰ. ①科… Ⅱ. ①菲… ②王… Ⅲ. ①中学化学课－高中－教学参考资料 Ⅳ. ①G634

中国国家版本馆CIP数据核字(2023)第157503号

美国高中主流理科教材
科学发现者

第二版 2023修订版

化学 | 概念与应用
Chemistry
Concepts and Applications

[美] 菲利普 等 著　王祖浩 等 译

指导手册

浙江教育出版社·杭州

简目录

第 1 章　化学:关于物质的一门科学 …………………………………… 1
第 2 章　物质是由原子构成的 …………………………………………… 8
第 3 章　元素周期表导论 ………………………………………………… 13
第 4 章　化合物的形成 …………………………………………………… 17
第 5 章　化合物的类型 …………………………………………………… 22
第 6 章　化学反应与化学方程式 ………………………………………… 27
第 7 章　原子模型的完善 ………………………………………………… 32
第 8 章　元素性质的周期性 ……………………………………………… 36
第 9 章　化学键 …………………………………………………………… 41
第 10 章　物质的动力学理论 …………………………………………… 46
第 11 章　气体的行为 …………………………………………………… 51
第 12 章　化学量 ………………………………………………………… 57
第 13 章　水和溶液 ……………………………………………………… 64
第 14 章　酸、碱和 pH ………………………………………………… 70
第 15 章　酸碱反应 ……………………………………………………… 75
第 16 章　氧化还原反应 ………………………………………………… 82
第 17 章　电化学 ………………………………………………………… 87
第 18 章　有机化学 ……………………………………………………… 91
第 19 章　生命化学 ……………………………………………………… 96
第 20 章　化学反应与能量变化 ………………………………………… 102
第 21 章　核化学 ………………………………………………………… 107
附录 B　化学技术手册 …………………………………………………… 112
附录 C　补充练习 ………………………………………………………… 114

第1章
化学:关于物质的一门科学

P3　实验分析

1. 三者质量各不相同。
2. 盐的质量最大,盐和水的质量远远大于空气的质量。

探究

　　固体中的微粒是紧密排列的,液体中的微粒是松散排列的,而气体中的微粒则分散得很远。

P11　分析与讨论

1. 蜡的熔化和蒸发是物理变化,而蜡的燃烧是化学变化。
2. 燃烧的是气体的蜡。尽管第二根蜡烛的火焰没有接触到第一根蜡烛的灯芯,但还是被第二根蜡烛的火焰重新点燃了。
3. 第5步的结果表明,燃烧需要达到最低温度。第8步的结果表明,燃烧需要空气。
4. 从第6步的实验结果分析,燃烧时生成了水蒸气;从第9步的实验结果分析,燃烧时生成了二氧化碳。

应用与评估

　　金属丝网将热量从火焰和蒸气中传导出去,充分降低了温度,使矿井内其他气体不会被点燃。

进一步探究

　　水位上升了。锥形瓶内空气中的氧气被燃烧所消耗。当燃烧停止时,锥形瓶中的气体温度下降,因此气体的体积减小。

P19　分析与讨论

1. 固体A在三种试剂中都能溶解,但不会起泡或变蓝。固体B在试剂Ⅰ和Ⅲ中可以溶解,并在试剂Ⅱ中起泡。固体C在所有三种试剂中都会起泡。固体D不仅在三种试剂中都能溶解,还能在试剂Ⅲ中变蓝。
2. 混合物2含有固体B和D,因为它只在试剂Ⅱ中起泡,在试剂Ⅲ中变蓝。混合物3含有固体C和D,因为它在三种试剂中都起泡,并且在试剂Ⅲ中变蓝。混合物4含有固体A、B和D,因为它在试剂Ⅰ和Ⅲ中都不起泡。
3. 混合物1含有固体C和A或固体C和B,因为它在三种试剂中都起泡,但在试剂Ⅲ中不变蓝。混合物 5 含有固体 C、D 和 A 或固体 C、D 和 B，因为它在三种试剂中都会起泡，并在试剂Ⅲ中变蓝。

应用与评估

1. 固体 B 和 C 发生反应，产生可以使烘焙食品膨胀的一种或多种气体。
2. 固体 C 可能是发酵粉，因为它与三种液体试剂反应都会起泡。

进一步探究

固体 D 与试剂Ⅲ产生深蓝色的反应，因此固体 D 是淀粉。

实验数据与现象观察

固体	颜色	质地	与试剂Ⅰ反应	与试剂Ⅱ反应	与试剂Ⅲ反应
A	白色、透明	晶体或粉末	溶解	溶解	溶解
B	白色	粉末	溶解	起泡	溶解
C	白色	粉末	起泡	起泡	起泡
D	白色	粉末	溶解	溶解	溶解/产生深蓝色反应
1			起泡	起泡	起泡
2			溶解		变蓝
3			起泡	起泡	起泡并且变蓝
4			溶解		变蓝
5			起泡	起泡	起泡并且变蓝

P21 分析与讨论

1. 放出了热量，因为温度计示数上升了。
2. 总体积缩小，因为分子间存在空隙，微粒的相互作用可能导致两种物质被拉近。

P22 分析与讨论

1. 水和墨水中的颜料沿着纸面向上移动。
2. 是的，记号笔的不同颜色沿着纸面向上移动时分离。
3. 黑色。黑色记号笔分离成蓝紫色、绿色和黄色。蓝色记号笔分离成紫色和蓝色。绿色记号笔分离成黄色和蓝绿色。红色记号笔分离成洋红色和橙红色。

P25　分析与讨论

1. 独特的颜色变化表明已制得了铜锌合金。
2. 硬度高于铜、锌,熔点低于铜、锌。
3. 内层的铜被夹在外层的铜锌合金中。

P28　分析与讨论

1. 铁。
2. 铁是一种人体必需的微量元素。血红蛋白是红细胞中的一种蛋白质,它能使红细胞携载氧气。血红蛋白中含有大量的铁。

P31　本节回顾

1. 组成、结构、性质。
2. 混合物可以被分离成两种或两种以上的纯净物,混合物的成分是多样的。纯净物不可被分离。
3. 化合物的组成是固定的,混合物的组成是多样的。化合物的成分以化学形式结合,混合物的成分以物理形式结合。
4. 地壳中的氧元素以固体化合物的形式存在,例如,SiO_2。
5. 单质:铁。化合物:蔗糖。非均相混合物:沙拉酱、混合调味料。均相混合物(溶液):醋。

P37　分析与讨论

1. 见"实验数据与现象观察"栏目。
2. 见"实验数据与现象观察"栏目。
3. 硬币的密度在1982年前后有所下降,由此可以判断铸造年代。
4. 1982年以前的硬币含铜量最高,1982年以后的硬币含锌量最高。
5. 答案多样,建议制作一个显示硬币密度的柱状图。
6. 1982年,硬币的成分从大部分是铜变成了大部分是锌。1982年之前,硬币的密度略低于纯铜的密度;1982年之后,硬币的密度与纯锌的密度相似。1982年,两种硬币都有铸造。

应用与评估

1. 使用排水法,将固体浸入水中,记录总体积的变化,由此可知固体的体积。
2. 1943年,铜供不应求,因为它被用于制造第二次世界大战的军事物资。钢币上的涂锌是为了防止铁生锈。
3. 如果一硬币中的铜的价值超过其流通价值,硬币就会停止流通,因为人们会将硬币熔化以提炼其中的金属铜。

进一步探究

在测量质量和读取量筒的体积时都存在误差。

即使是新的硬币质量也不均匀;广泛流通的硬币可能因为磨损,质量已经减少了。这两个因素无法通过改进实验操作加以避免。

实验数据与现象观察

水的体积(mL)	25.0
水的体积+5枚硬币的体积(mL)	26.8
5枚硬币的体积(mL)	1.8
每枚硬币的平均体积(mL)	0.36

生产时间	质量(g)	密度(g·mL^{-1})
1969	3.096	8.6
1976	3.173	8.8
1980	3.047	8.5
1983	2.543	7.1
1994	2.551	7.1

P38 分析与讨论

1. 交联使聚合物的黏性增大,因为各个分子链无法独立移动。
2. 糖类、蛋白质、橡胶、尼龙、聚乙烯等。

P42 本节回顾

6. a)物理性质;b)物理性质;c)化学性质;d)化学性质;e)物理性质;f)化学性质。
7. 固态、液态、气态。
8. 报纸燃烧后变成了水、二氧化碳气体和灰烬。物质既没有凭空产生,也没有凭空消失。
9. 放热反应。

P44-46 第1章 测评

10. 化学是研究物质组成、结构和性质的科学。
11. Fe,Na,Sb,W。因为这些元素在很久以前就被发现了,其符号来自拉丁语(Fe,Na,Sb)或德语(W)。
12. 沸点比熔点高;熔点和凝固点在数值上是一样的。

13. 小苏打、食盐、碳酸钠和氢氧化钠含有钠;盐酸和食盐含有氯。

14. 化学式给出了化合物分子中每个原子的数量和种类。

15. 质量是一种物质数量的衡量标准。物体的质量可以通过天平来确定。

16. 性质可用来描述物质的某个特征。例如,颜色是一种物理性质。

17. 灰色,有光泽,有磁性,能导电,不与水反应,会生锈。

18. 水。我们遇到的大多数溶液都是水溶液,许多生命过程也是在水溶液中进行的。

19. 可以。质量大的物体含有更多的物质。

20. 纯净物是指由一种单质或一种化合物组成的物质。

21. 能量是系统做功的能力。每个化学反应都涉及能量的吸收或释放。

22. 放热反应是释放热量的化学反应,吸热反应是吸收热量的化学反应。例如,木材的燃烧是放热反应,水的分解是吸热反应。

23. 定性观察不涉及测量,例如,这棵树很高。定量观察涉及测量,例如,这棵树有 30 米高。

24. 混合物是两种或两种以上纯物质以物理形式混合而来。每种物质都保留其各自的特性。混合物可能含有多种成分。化合物是两种或两种以上元素按一定比例以化学键形式组合而来。化合物有自己特定的化学性质和物理性质,与组成化合物的元素的性质不同。

25. 单质是无法分解成任何更简单的物质。化合物是两种或两种以上元素按一定比例以化学键形式组合而来。化合物可以通过化学手段分解成其他单质或化合物。例如,铁(Fe)是一种单质,氧化亚铁(FeO)是一种化合物。

26. 氧原子的质量比氢原子的质量大。

27. a)物理变化;b)化学变化;c)物理变化;d)化学变化;e)物理变化。

28. a)均相混合物;b)非均相混合物;c)均相混合物;d)非均相混合物。

29. 密度是指单位体积的质量,通常是克每立方厘米。如果一袋泡沫塑料比一袋石头的体积大得多,那么这袋泡沫塑料可能比一袋石头还重。

30. 1 064 ℃

31. 沸点和凝固点是物质的物理性质,取决于物质的亚微观特性。汞和氮气是不同的物质,在室温下的状态不同。

32. 1 536～2 860 ℃。液态氮的温度范围为 −157.2～−153.35 ℃。液态铁的温度范围比液态氮的温度范围大得多,在这一温度范围内,氮处于气态。

33. 模型。因为分子肉眼不可见,该图展示了通过实验了解到的分子中原子的排列情况。

34. 水。

35. 放热过程。

36. 液态水的密度大于固态水的密度。

37. 两种品牌的药品都是安全的,因为它们具有相同的化学成分。

38. 合金是金属和其他物质所形成的固体均相混合物,例如钢、标准纯银(含银量 92.5%)、焊锡。

39. 沙拉酱是一种含有大量物质的非均相混合物,由食盐、醋、油、香草、胡椒和大蒜等物质混合而成。在这些成分中,食盐是唯一的纯净质,且食盐是水溶液中的溶质。

40. 大气中的氧元素为氧气单质。地壳中的氧元素与其他元素结合成化合物,从而构成了岩石、沙子和土壤。人体中的氧元素也与其他元素结合成了化合物。

41. 过滤溶液或者用磁铁吸引。

42. 液态。

43. 凝固点为 −114.1 ℃,液化点为 78.5 ℃。

44. 吸热过程。

45. 从亚微观层面来看,固体蜡的分子被分离形成液体,接着液体的分子又被分离形成蒸气。蒸气中的分子与氧气结合,形成二氧化碳和水。

46. 淀粉不会与水或酸反应产生使蛋糕蓬松所需的气体。

47. 矿物的密度 = 86 g/16 mL = 5.4 g/mL

48. 放热过程;物理变化。

49. 两支含有同一颜色颜料的记号笔应在同一张色谱纸上并排进行色谱分析,以了解在相同的实验条件下两种颜料是否移动了相同距离。

50. 硬币为锌和铜组成的合金。合金是一种均相混合物。

51. 大多数食物都是化合物。许多化合物由相对分子质量大的复杂分子组成,如蛋白质、脂肪、淀粉和糖类。有些食物含有单质,如麦片中的铁。

52. 化合物。聚合物是由大量的不同元素形成的长链分子。

53. 不能,许多化合物都可燃烧。因此,有必要对化合物本身或燃烧的产物进行分析,以确定这两种化合物是否相同。

54. 该化合物包含碳、氢和氧。每个分子中包含 2 个碳原子、6 个氢原子以及 1 个氧原子。可能代表乙醇或甲醚。

55. 见下表。第 1、2、4、6、8 为物理变化;第 3、7 项为化学变化。在物理变化中,第 1、5 和 8 项涉及溶解。第 1 和 2 项需要额外吸收能量。

在化学变化中,第3和7项涉及物质的分解。

观察	物理变化还是化学变化	解释
1	物理变化	泡茶和煮咖啡都是萃取过程,茶叶或咖啡的各种成分溶解在所冲泡的水中
2	物理变化	加热后,水依旧是水本身
3	化学变化	种子的萌发产生了一系列的化学反应,从而提供生长所需的能量和材料
4	化学变化	溶解是物理过程,糖溶解后化学性质并不发生改变
5	化学变化	食物的分解是化学过程,在这个过程中大的食物分子被分解成小分子
6	物理变化	二者不相互反应
7	化学变化	消化是化学过程。白蚁将木材(纤维素)中的复杂分子转化成简单分子,例如甲烷
8	物理变化	密度是物理性质

56. 合理即可,可查询化学手册,也可以查询化学目录。
57. 黄金的密度是18.9 g/mL,黄铁矿的密度是5.0 g/mL。而数据所给出的密度是5.0 g/mL,故该块状物不是黄金。
58. Kr, O, Ar, N, Ne, He。

P47 标准化测试

1. d
2. c
3. c
4. d
5. b
6. a
7. b
8. d
9. a
10. a

7

第2章
物质是由原子构成的

P49 实验分析

1. 可以通过摇晃纸盒、挤压纸盒等方式获取盒中所装物品的信息。
2. 用耳朵听、手触和鼻子闻。
3. 用眼睛看。

探究

  学生们可能会发现其他组采用另外的方法得出了结论,或确认了对盒子内物品的鉴定方法。

P55 分析与讨论

1. 根据实验结果计算可得。
2. 锌已经转化为化合物的组成部分。
3. 氯化锌的质量大于锌的质量。
4. 氯化锌中同时含有锌和氯。
5. 加快锌和盐酸之间的反应。

应用和评估

1. 锌的质量占产物质量的 48%。二者比较的结果会有所不同。
  根据下方的样本数据:48%×0.52 g=0.249 6 g≈0.25 g(保留2位有效数字)
2. 如果产品仍然湿润,计算出的质量将高于原始质量。如果加热过度,一部分产物可能已经升华、分解,或从烧瓶中溅出了。在这种情况下,计算出的质量将低于原始质量。其他差异可能是由于称量误差造成的。
3. 反应中物质的总质量没有减小。锌与盐酸反应,放出氢气。

进一步探究

  合理即可,但应包括至少一种之前没有运用的观察方法。

实验数据与现象观察

空锥形瓶的质量	96.20 g
锥形瓶及样品锌的质量	96.45 g
样品锌的质量	0.25 g

续表

空锥形瓶的质量	96.20 g
锥形瓶和反应产物(氯化锌)的质量	96.72 g
产物氯化锌的质量	0.52 g
向锥形瓶中加入盐酸时,你看到的现象	锌与盐酸反应产生气泡
开始加热锥形瓶时,你看到的现象	产生气泡的速率加快
液体全部蒸发时,你看到的现象	剩余灰白色残留物

P61 分析与讨论

1. 所有硬币的总质量取决于不同品种的硬币数量。

2. 加权平均质量将取决于该袋硬币的组成。根据美国造币厂的铸造规格,1982年以前铸造的一个硬币的质量为3.11克,1982年以后铸造的铜包锌的一个硬币的质量为2.5克。

3. 单个硬币的质量会因为磨损而变化,称量10枚硬币并计算平均质量,可以使数据准确度更高。

P66 本节回顾

1. 与图2.13(第63页)一致。

2. 组成化合物的元素具有固定的质量比。

3. 阴极射线被带负电的电极板排斥,并在磁场中发生偏转。

4. 它们的区别在于原子核中的中子数量不同。

5. 溴在室温下是一种液体,相对原子质量为79.904,原子序数为35,化学符号为Br。

6. 如果原子核带负电,那么带正电的粒子就会被吸引,而不是被排斥。卢瑟福认为,原子有一个小而密集的带正电的原子核,它几乎占了原子的全部质量,而原子内部的空间几乎都是空的,被所有带负电荷的电子占据。

7. 原子序数是6,它有6个电子,原子质量为14。

P75 分析与讨论

1. 因为对于某一种元素的原子,电子跃迁发射出的能量是一定的。白炽灯发射的能量是连续的。

2. 氢原子能够发射多种光谱,尽管每个氢原子只含有一个电子。原子中的电子在不同能级间跃迁,有些能级比第一能级高得多。

3. 汞原子和氖原子的电子数目远远多于氢原子,因此可能发生更多的电子

第 2 章 物质是由原子构成的

跃迁。

P77 本节回顾

8. a) Ar 2,8,8 :Är:

   b) Mg 2,8,2 ·Mg·

   c) N   2,5   ·N̈·

   d) Al 2,8,3 ·Äl·

9. 电子吸收能量，跃迁至较高能级。当电子从高能级向低能级返回时以光波的形式释放能量。

10. 在现代电子云模型中，每个能级都是一个球状区域，在这些区域里电子出现的可能性最大。玻尔的模型认为每个能级都有特定的轨道。

11. 当原子吸收能量时，它们将能量以特定频率的光的形式释放。因此，科学家得出结论，如果只有特定频率的光被释放，那么电子一定只存在于特定的能量状态或能级上。

12. 例如，被雷击中的物体温度升高，太阳能电池可以产生电能。

P79－80 第 2 章 测评

13. 如果原子是不可破坏的，那么物质既不会凭空产生，也不会凭空消失。

14. 必须多次重复实验，以确保实验结果的可靠性。

15. Ca 的原子序数是 20，这表明钙的原子核中有 20 个质子，原子核外有 20 个电子。

16. 有 12 个电子。原子显电中性，所以一个原子电子数目必须与质子数目相同。

17. 钠的原子序数是 11，其质量数是 23($11p+12n$)。

18. 数值 107.9 表示将丰度考虑在内时两种同位素的平均原子质量。

19. 随着波的频率增加，波长减小。频率高（波长短）的波具有更高的能量。

20. ·S̈i·

21. 在拉瓦锡的实验之前，许多欧洲科学家仍然相信古希腊的要素思想——空气、土、火和水四种要素组成了世间万物。

22. 太阳风是由电子和质子组成的物质，电子与质子是物质的微粒。电磁辐射不是物质。

23. 氧气的供应量随着高度的增加而减少。而在轨道的高度,没有氧气供应。

24. 落叶和食品残渣会通过腐烂而降解,但玻璃无法降解。

25. 玻尔的模型表明,原子核是一个很小的微粒,质量集中于原子核,电子在原子核外围绕原子核运动。

26. 科学家提出,电子只能具有一定量的能量,当处于激发态的电子从高能级返回到低能级时,电子会释放能量,大小与两个能级之间的能量差相等。

27. 他们均是 Mg 的同位素。

28.

	1982 年前(含 1982 年)生产	1982 年后生产
10 枚的总质量	30.81 g	25.33 g
1 枚的质量	3.081 g	2.533 g
硬币的数量	34	55
每一类的平均质量	104.754 g	139.315 g
平均质量	2.742 g	

29. 紫色。

30. 如果锌的质量超过 0.28 g,就没有足够的酸与之反应了(总共有 0.01 摩尔的盐酸可供反应)。

31. 频率为 10^{21} 赫兹的波是伽马射线。伽马射线比频率为 10^{17} 赫兹的波的波长短,能量高。

32. 混合物是由两种或两种以上物质不以化学形式结合而成。溶液是一种混合物,其中的物质均匀地分散在彼此之间。化合物由两种或两种以上的元素以化学形式结合而成。

33. 因为体积一致,故可通过质量的不同来区分。如果两种液体的密度差距较大,只用掂两个瓶子的质量就足够了。

34. 物质没有消失。质量的明显减小是由于水蒸气的逸出。

35. 回答"什么是燃素说?"这个问题很有挑战性。例如,用火焰将金属从矿石中提炼出来,被认为是添加了燃素,其说法类似于古希腊的思想,即燃素被加到了在火焰上加热的东西中。因此,燃素说理论的信徒认为,燃素具有漂浮力,也就是说,燃素是负重量。

36. 在三种情况下,质量比例大约为铜比硫为 2∶1。这个结果说明了定比规律。同类化合物中,两种元素的质量比不一定相同。因为根据道尔顿的原子理论,不同元素的原子具有不同的质量。本题中的化

第2章 物质是由原子构成的

合物是硫化铜（CuS）。

P81 标准化测试

1. c
2. d
3. c
4. a
5. b
6. c
7. a
8. c

第 3 章
元素周期表导论

P83　实验分析

1. 所有的样品都硬度高,有金属光泽,能导电,颜色相似(尽管有些可能比其他的要暗一些)。除了硬币,其他的样品都易弯曲。
2. 主要体现在形状和表面纹理上。
3. 电线、涂层、首饰、硬币;金属由于其可塑性、延展性、高强度以及良好的导热性和导电性,所以用途非常广泛。

探究

　　答案应该包括假设阶段,即假设结果会因铅或铝而改变。假设应该含有背景解释,并且实验设计要完整。

P87　分析与讨论

1. A 是 Ge,B 是 Se。
2. 除熔点外,A 的预测值与实际值(5.32 g/mL,1 210 K,123 pm)接近。
3. B 的预测值与实际值相当接近(4.80 g/mL,494 K,117 pm)。
4. 当元素按照原子序数有序排列时,它们的性质在同族和同周期内都以规律性的方式变化。

P92　本节回顾

1. 当元素按原子序数排递增列时,元素的物理和化学性质有规律地重复。门捷列夫的周期律认为,当元素按原子量由小到大的顺序排列时,其性质会重复。
2. 导致门捷列夫元素周期表被广泛接受的两个因素是它能够预测未知元素的性质,以及它可以将具有相似化学性质的元素归成一类。
3. 三素组 1 与三素组 3。
4. Ca 和 Sr、K 和 Rb、Ga 和 B、P 和 Bi、Si 和 Sn 以及 Cl 和 Br 具有相似的性质。

P96

1. Ca 比 Mg 更活泼。在元素周期表中,金属元素自上而下活泼性增强。

2. Cl₂ 比 Br₂ 活泼,Cl₂ 比 I₂ 活泼得多。在元素周期表中,非金属元素自下而上活泼性增强。

P99 分析与讨论

1. Mg、Al、Ca、Sn 和 Pb 表现了金属元素的普遍性质。Se 和 I 表现了部分金属性。

2. N、O、S 和 Cl 表现出非金属元素的普遍性质。Se 和 I 表现出了部分非金属性。

3. C 和 Si 表现出准金属的性质。Se 在一定程度上表现出准金属的性质。

应用与评估

1. 略。

2. 同周期金属性从右到左逐渐增强。

3. 同族金属性自上而下逐渐增强。

4. 这条分界线在 C、Si、Se 和 I 元素附近。

进一步探究

答案应包括假设和具有控制变量的实验装置。

P111 本节回顾

5. 一个元素的周期数等于其价电子所在的能级数。

6. 金属元素处在元素周期表左边和中央位置,非金属元素处在右上角,准金属元素则处在金属元素和非金属元素之间。

7. 大多数金属有光泽,容易变形,也容易被拉成丝,是热和电的良导体。大多数非金属没有光泽,可硬可软,通常很脆,不是热和电的良导体。准金属外观看起来像金属,但其物理性质介于金属和非金属之间。

8. 钡是 ⅡA 族的金属,它在第六能级上有两个价电子,因此具有金属的所有典型特性。

9. 砷有五个价电子,而锗有四个价电子。因此,掺有砷的锗晶体将是一个 n 型半导体。

P113－114 第 3 章 测评

10. 18 号元素位于第 3 周期,第 0 族,是一种稀有气体,其相邻元素为 Ne、F、Cl、Br 和 Kr。

11. a) ⅠA 族:Li、Na、K、Rb、Cs 和 Fr

b) ⅦA 族:F、Cl、Br、I 和 At

c) ⅡA 族:Be、Mg、Ca、Sr、Ba 和 Ra

d) 0族：He、Ne、Ar、Kr、Xe 和 Rn

12. a)8；b)2；c)4；d)7；e)1；f)3；g)6；h)5。

13. a)非金属；b)金属；c)金属；d)非金属；e)金属；f)金属；g)非金属；h)准金属。

14. a) :$\overset{..}{\underset{..}{Cl}}$· ；b) ·$\overset{..}{Bi}$· ；c) ·$\overset{..}{\underset{.}{O}}$· ；d) ·Mg· ；e) :$\overset{..}{\underset{..}{Kr}}$: ；f) ·$\overset{.}{P}$· ；g) ·$\overset{.}{C}$· ；h) Cs· 。

15.

元素符号	原子量	密度	熔点
K		1.19	
Rb	85.468		
Cs			290

16. 当元素按照原子序数递增排列时，元素的性质会周期性地重复。

17. Be 和 Sr；F 和 I。

18. 锏具有放射性。

19. 熔化和沸腾涉及状态的改变，而从一个晶相到另一个晶相的转变则发生在固体中。

20. Ni 和 Zn 耐腐蚀，延展性强，且资源相对丰富。

21. 化学与文学。

22. 钪。

23. 由于价电子数的增加，金属性在周期表中从左到右递减。

24. 铯最活泼，锂最不活泼。

25. KCl；$MgCl_2$；$AlCl_3$；$SiCl_4$。

26. 密度随原子质量的增加而增加。在同族中从上到下密度逐渐增大。

27. 单质是只由一种原子组成的物质。大多数物质是以化合物或混合物的形式存在的。

28. 化合物是由两种或两种以上的不同元素以固定的比例以化学形式结合而成。混合物是由两种或两种以上的物质组合而成。在混合物中，每个物质本身性质不发生改变。

29. 质量数为40，原子序数为18。

30. 氩的电子占据三个能级。其中第一能级容纳两个电子，第二能级容纳八个电子，第三能级容纳八个电子。

31. 电子排布方式同第30题。

32. 电磁波谱显示原子释放的特定频率的光。这些频率的光对应着电子在原子中所占据的能级之间的能量差。因此在氩的发射光谱中

15

33. 原子序数为 78,为铂原子。
34. 铜的原子核内有 29 个质子;金的原子核内有 79 个质子。而目前没有任何化学反应可以改变原子核内质子的数量。
35. 钴和镍;碲和碘;钍和镁。
36. A)Mg;B)Br;C)Pb;D)Xe;E)H;F)Po。
37. 答案应该指出,门捷列夫对 Ga 和 Sc 的预测和他对 Ge 的预测一样准确,而对 Po 的预测则没有那么准确。
38. 铝的密度是 2.7 g/cm³,铁的密度是 7.9 g/cm³。如果可乐罐由等量的每种金属制成,铁罐的质量将是铝罐质量的近 3 倍,因为铁的密度是铝的密度的近 3 倍。
39. a)ZnO;b)CdO;c)HgS;d)ZnSe。

P115 标准化测试

1. a
2. c
3. d
4. a
5. d
6. b
7. d
8. a

第4章
化合物的形成

P117　实验分析

1. 当溶液中加入漂白剂时,红色的溶液变无色。
2. 溶液颜色的变化表明有新物质生成。漂白剂中含有次氯酸钠,在水中可以水解。次氯酸根离子与水中的氢离子相结合形成次氯酸,次氯酸能氧化色素,从而达到漂白目的。

探究

　　漂白剂并不能造成所有物质颜色变化。同学们可以设计包含大量有色化合物的实验来进行检验。

P120　分析与讨论

1. 崭新的钢丝棉会被磁铁所吸引。
2. 部分铁锈粉末会随着磁铁移动,其他则不移动。
3. 不是纯物质,是混合物。这些铁锈粉末中至少存在两种不同的物质,且具有不同的磁性。因为其中的一部分可以被磁铁所吸引,另一部分则不会。
4. 同学们可能认为铁锈是棕色的,铁是银灰色的;铁锈是薄片或粉末状的,铁则具有金属光泽且柔韧性好;铁锈不能被磁铁吸引而铁可以。其他答案合理即可。

P127　本节回顾

1. 水在室温下为液态,而氢气和氧气为气态。氢气和氧气必须冷却到很低的温度才能液化。水的化学反应性比氢气和氧气弱。氧气可以助燃和助生锈。
2. a)化合物;b)单质;c)化合物;d)化合物;e)单质;f)化合物。
3. 氧和氢反应生成水,氧也可以和碳反应生成二氧化碳。这两种化合物有着截然不同的性质,但都是由氧与另一种元素结合而成的。
4. 通常,一般化合物的反应性弱于组成它们的单质。水是相当稳定的,而氧气和氢气可以发生剧烈的反应。氯化钠是一种稳定的物质,而钠和氯反应性都很强。二氧化碳反应性弱,碳单质也有些不活泼,但其很容易在高温下与氧——一种高反应性元素相结合。
5. 碳、氢、氧和氯都是非金属元素,只有钠是金属元素。水和二氧化碳都是由两种非金属元素构成的,氯化钠是由一种金属元素和一种非金属元素构成的。

P133 分析与讨论

1. 这是为了使组成化合物的每个原子的价电子都形成稀有气体构型。转移或增加额外的电子并不能使它们都形成稀有气体构型。
2. Li^+:He;S^{2-}:Ar;Mg^{2+}:Ne;O^{2-}:Ne;Ca^{2+}:Ar;N^{3-}:Ne;I^-:Xe。
   Li^+是八隅体规则的一个例外,因为它可以通过形成两电子的氦构型达到稳定。

P135 分析与讨论

1. 放热。碘的颜色消失或变浅。可以听到嘶嘶的声音和看到白色的ZnI_2晶体。
2. 碘完全耗尽,反应停止,不放热,开始冷却。
3. 放热反应。当一个自发反应的生成物所处的状态比反应物更加稳定时,通常以热量的形式释放能量。
4. 碘完全耗尽,试管里的残留物似乎是未反应的锌。
5. 一根铜制导线上生成了棕色的碘,另一根上出现金属锌。

应用与评估

1. 水的特性之一是可以充当反应介质。通过溶解碘,水将锌原子与碘分子的接触最大化。
2. 碘化锌是离子化合物。锌是金属,碘是非金属。金属和非金属反应,通常形成离子化合物。生成物溶液导电。
3. ·Zn· + :Ï:Ï: ⟶ [Zn]²⁺ + [:Ï:]⁻ + [:Ï:]⁻

进一步探究

在阴极,水中的氢离子比钠离子先被还原;在阳极,氯离子和氢氧根离子都会减少,改变氯离子的浓度,会影响还原反应的优先级。

P145 本节回顾

6. 画图略。原子可以得到或失去电子达到稳定状态,也可以与其他原子共用电子达到稳定状态。离子化合物:通常在室温下是固态,熔点较高。共价化合物:通常在室温下是气态或液态,熔点较低。
7. 氯离子和钠离子所带的正、负电荷比为1:1,所以化合物为中性。
8. 氯化钠的离子间有很强的作用力,因此,需要很高的温度才能打破该晶体。而蜡烛是由共价化合物组成的混合物,由中性分子构成。分子间的作用力比离子间的弱。因此,使分子变为液态不需要很高的温度。

9. 为了导电,溶液中必须要有能够自由移动的离子以便于能接受或给出电子,而这一特性只有离子化合物有,共价化合物没有。

10. 溴化钙是离子化合物,它是由电子从钙转移到溴上形成 Ca^{2+} 和两个 Br^- 结合而成的。由于两种离子之间的强相互作用力,其在室温下更倾向以固体形式存在。

11. 钾有一个价电子,硫有六个价电子。它们结合形成 K_2S。

K·＋K·＋·S̈: ⟶ [K]⁺＋[K]⁺＋[:S̈:]²⁻

P147－148　第 4 章测评

12. 二氧化碳是光合作用的原料之一。

13. a)水;b)氯化钠;c)二氧化碳;d)水。

14. 原子可以通过电子从一个原子转移到另一个原子上,形成带正、负电荷的离子来结合成稳定化合物,这个过程形成离子键。也可以通过共用电子结合成稳定化合物,共用电子的原子之间的作用力是共价键。

15. 钠原子＋氟原子→钠离子＋氟离子

	K	F	K⁺	F⁻
质子数	19	9	19	9
电子数	19	9	18	10
最外层电子数	1	7	8	8

16. 离子化合物在室温下通常是固态,具有较高的熔点,其晶体通常硬而脆。这些性质是由于离子间作用力使它们紧密且有组织地连接在一起。

17. 共价化合物在室温下通常是气态或液态,固态的熔点比离子化合物低,共价化合物由分子构成。每个分子中的原子通过共价键连接,然而分子是电中性的,它们之间的相互作用力通常比带有相反电荷的离子弱。

18. 钠原子可以通过失去一个电子形成稳定的稀有气体构型,氯原子可以通过得到一个电子形成稳定的稀有气体构型。电子从钠原子转移到氯原子上使二者都达到稳定,因此,它们只能 1∶1 进行结合。

19. 钠原子失去一个电子形成钠离子,钠离子有 11 个质子和 10 个电

19

第 4 章 化合物的形成

子,带有 1 个正电荷。钠离子最外层能级上有 8 个电子,是稳定的。钠离子与氖原子具有相同的最外层电子构型,但氖原子有 10 个质子和 10 个电子,呈电中性。

20. Na^+、Ne、O^{2-} 都有 10 个电子。

21. 这种化合物更倾向于共价化合物。离子化合物由移动的离子构成,会形成电流。

22. 标签中的钠的含义不是钠单质,而是以氯化钠的形式存在的钠离子。

23. 肼是由两种非金属元素构成的共价化合物。氮和氢两种元素通过共用电子形成肼。

24. 在化学反应中,没有原子凭空出现或消失,它们只是通过重新排列形成不同的物质。

25. 硫离子和氩具有相同的价电子结构。

$\cdot \ddot{\underset{\cdot\cdot}{S}} \cdot \quad [:\ddot{\underset{\cdot\cdot}{S}}:]^{2-}$

26. 一氧化碳与血红蛋白结合,阻碍了氧气与血红蛋白的结合,因此血液无法携带足够的氧气供给细胞需要,细胞就会死亡。

27. 不会,因为氢气和氧气反应的产物只有水。

28. 本土居民为了有空间种植农作物而毁掉热带雨林;人们对多种只来自热带雨林的可用木材的需求。

29. 氧化钙。

30. 一些看起来像黄铜一样坚固的物件,实际上是铁上面镀了一层薄薄的黄铜。磁铁可以用来吸引里面的铁。

31. 电池的强度是影响因素之一,但更可能的影响因素是锌和碘的反应倾向。

32. 加入的锌的量比与碘反应所需的量多。碘全部耗尽、锌有剩余。

33. 这个过程是放热的。因为这个反应开始后不断释放热量,周围环境温度升高。

34. Ca:4 个能级;Ca^{2+}:3 个能级;Br:4 个能级;Br^-:4 个能级。

35. 最外层能级上都有 4 个电子。

36. a)所有化合物都是离子化合物,因为它们都由金属和非金属组成。

b)大约 85 g。

c)不准确。在温度高于 22 ℃之后,氯化钠的溶解度低于图中的其他化合物,并且它的溶解度也不像其他化合物一样随温度升高而明显提高。因此,盐是否极易溶于水与温度和盐的种类等有关。

37. 略,需特别关注氦气的发现。
38. 氯化氢是共价化合物,因为它由非金属组成,且室温下是气体,符合共价化合物的性质。

P149　标准化测试

1. b
2. d
3. b
4. c
5. a
6. c
7. d

第5章
化合物的类型

P151　实验分析

1. 合理即可。答案示例：虽然难以基于少数样本做出概括，但是单质就是物质最纯的形式；化合物也是纯物质，但其可以被分解；混合物由两种或多种不同的物质组成。
2. 如果知道名称，可以在元素周期表上看它是否被列为一种元素，如果是，那么它属于单质。

探究

可以使用显微镜或放大镜，也可以用淀粉碘化钾试纸或测 pH 等方法测试。

P156　练一练

1. a) Li_2O；b) $CaBr_2$；c) Na_2O；d) Al_2S_3。
2. a) BaO；b) SrI_2；c) $LiCl$；d) $RaCl_2$。

P160　练一练

3. a) $(NH_4)_2SO_3$；b) $CaHPO_4$；c) $(NH_4)_2Cr_2O_7$；d) $Ba(NO_3)_2$。
4. a) Na_2SO_4；b) $Mg(OH)_2$；c) $(NH_4)_3PO_4$；d) $K_2Cr_2O_7$。

P163　练一练

1. a) Cu_2SO_3；b) SnF_4；c) $Au(CN)_3$；d) $PbSO_4$。
2. a) 硝酸铅；b) 三氧化二锰；c) 醋酸镍；d) 氟化汞。

P164　分析与讨论

1. $CoCl_2$
2. $CoCl_2 \cdot 6H_2O$
3. 这张测试纸是一名可靠的"化学天气预测员"。氯化钴无水时是蓝色的，吸收水变为水合氯化钴之后变为粉红色。因此在干燥炎热的天气，氯化钴测试纸为蓝色，在潮湿的天气变为粉红色。

P167 本节回顾

7. 当离子化合物为固体时,组成化合物的带电的离子位置固定无法自由移动,因此不能导电。

8. a)$MnCO_3$;b)Al_2O_3;c)NH_4NO_3;d)$BaI_2 \cdot 2H_2O$;e)$MgSO_4$;f)$NaCN$。

9. a)硫酸钠;b)氟化钙;c)六水合溴化镁;d)碳酸钠;e)高锰酸钾;f)氢氧化镍;g)醋酸钠。

10. 能。这个化学式包含三化学式单位的碳酸氢镍,其中镍原子有3个,氢原子有6个,碳原子有6个,氧原子有18个。

11. 钙离子,硝酸根离子。一化学式单位的硝酸钙会释放出一个钙离子和两个硝酸根离子。

12.

水	H_2O	共价化合物
氟化钠	NaF	离子化合物
磷酸钠	Na_3PO_4	离子化合物
二氧化钛	TiO_2	共价化合物
水合二氧化硅	$SiO_2 \cdot H_2O$	共价化合物

P169 分析与讨论

1. 浸泡过的鸡骨变得更软且有弹性。醋中的醋酸与鸡骨中的钙反应生成一种易于溶解的化合物,从鸡骨中被溶出至醋中。共价化合物保留在鸡骨中。

2. 钙来自鸡骨中的离子化合物。

3. 钙形成的离子化合物与大多数离子化合物一样硬而脆,鸡骨在浸泡前更脆就是由于其中有更多的离子化合物。

4. 浸泡之后鸡骨变得柔软且有弹性,这些性质符合共价化合物的特性。

P171 分析与讨论

1. 当一种物质熔化时,分子间作用力被破坏。

2. 不是。熔点是化合物的一种物理性质。通常,离子化合物的熔点比共价化合物高,但是,一些大型共价聚合物的熔点比很多离子化合物高。

3.

物质	是否熔化?	是否溶于水?	溶液是否导电?	分类
A(KCl)	否	是	是	离子化合物
B(果糖)	否	是	否	共价化合物
C(阿司匹林)	是	部分	否	共价化合物

第 5 章 化合物的类型

续表

物质	是否熔化？	是否溶于水？	溶液是否导电？	分类
D(石蜡)	是	否	否	共价化合物

应用与评估

1. 离子化合物熔点高、水溶性较好、溶液具有良好的导电性、质地硬而脆。共价化合物熔点较低、水溶性较差、溶液导电性差,质地有的柔软,有的有弹性,有的比较硬。
2. 通常,共价化合物的熔点比离子化合物的低。离子键的强弱影响离子化合物的熔点,分子间作用力影响共价化合物的熔点。许多长链分子,分子间作用力强,熔点高。
3. 有些共价化合物在水中解离形成离子,从而具有良好的导电性。

进一步探究

沙的大部分是二氧化硅,二氧化硅是共价化合物,不能溶于水,因此,可以被过滤出来。食盐是离子化合物,熔点比水高得多,可以通过蒸馏将水分离出来。

P179 练一练

13. a)二氯化二硫;b)三氧化硫;c)二硫化碳;d)十氧化四磷。
14. a)CCl_4;b)N_2O;c)IF_7;d)SO_2。

P181 本节回顾

15. 碳在元素周期表的第ⅣA个族,有 4 个价电子。每个价电子都可以与其他原子共用,形成一个键。
16. a)三氟化硼;b)乙烷;c)一氧化氮;d)五溴化磷;e)七氟化碘;f)二氧化硅。
17. 同素异形体是由相同的元素构成的不同结构的分子。例如,金刚石、石墨和富勒烯是同素异形体,红磷、白磷和黑磷是同素异形体,臭氧和氧气也是同素异形体。
18. a)CO;b)SF_6;c)ICl_3;d)PCl_5;e)N_2O_5;f)C_7H_{16}。
19. 丁烷。用途:一次性打火机的燃料、汽车燃料、合成橡胶的原料。

P183－184 第 5 章测评

20. a)离子化合物;b)共价化合物;c)离子化合物;d)共价化合物;e)单质;f)离子化合物。

21. a)MnI_3;b)CaO;c)AlF_3。

22. a)乙酸钙;b)一水合亚硫酸铵;c)亚硝酸钠;d)氢氧化钠;e)硫酸镁;f)氢氧化钙。

23.

离子化合物	共价化合物
电解质	非电解质
较高的熔点	较低的熔点
硬	软或硬
脆	不脆

24. a)铁离子电荷数:3+,三氯化铁;b)金离子电荷数:3+,三溴化金;c)铁离子电荷数:2+,硫化亚铁;d)铜离子电荷数:2+,二氟化铜;e)锡离子电荷数:4+,四溴化锡;f)铅离子电荷数:2+,乙酸铅。

25. 可以通过蒸馏从溶解了离子化合物的水溶液中分离出水。由于水的沸点比离子化合物的沸点低,可以加热溶液使水汽化为水蒸气从溶液中逸出,然后再冷却使水蒸气液化为水。

26. a)一氧化氮;b)四氧化二氮;c)二氧化硅;d)溴化碘;e)一氧化碳;f)三氟化氯。

27. 当加热水合物时,水被除去了,化合物的成分发生了变化,当所有水都被除去时,就变成了无水化合物。

28. 随着雨水酸性的增强,石灰岩溶洞的形成速度将会加快。雨水中的酸会与石灰岩中的成分反应生成离子化合物,溶于水中。

29. 比较食盐和糖在等体积的水中完全溶解的最大量。

30. 大部分元素的原子的价电子构型都不是完整的稳定构型,因此需要与其他原子进行反应获得稳定构型。

31. 硬水含有较高浓度的离子,特别是镁离子和钙离子。可以通过离子交换树脂使硬水中的镁离子和钙离子分别与两个钠离子进行交换来处理。

32. 应该在透明的釉中添加二价铬的稀释溶液。

33. 石墨由以六边形排列的松散的层组成,这些层很容易在彼此间滑动,使得石墨成为良好的润滑剂。

34. 可以向无水钴化合物中逐滴加入水,直到颜色改变。

35. 热的饱和KNO_3溶液的导电性更好。盐的溶解度随着温度的升高而增大,因此,热水中电离出的可用于导电的离子更多。

36. 这个双原子离子有两个正电荷。Hg_2Cl_2。

37. 从上到下熔点降低,暗示结合力也降低。

25

38. 物理变化是可逆的,没有新物质的生成。化学变化中物质转变为具有不同性质的新物质。

39. 在一个中性原子中,原子序数与电子数相等。

40. 一种元素的价电子数目可以根据其在元素周期表中的位置来判断,如下表所示。

族	价电子数目
ⅠA	1
ⅡA	2
ⅢA	3
ⅣA	4
ⅤA	5
ⅥA	6
ⅦA	7
0	8

41. 它们的形态和结构相似,都由 20 个六边形的面和 12 个五边形的面组成。这并不是一种巧合,这个构型使得它们更稳定。

42. 基本上熔点随着链长的增加而增高,而水溶性随着链长的增加而降低。链长增加,分子就有更多的面积可以形成分子间作用力,分子间作用力越强,这个链就更容易形成固体,因此熔点就越高,在水中也越不易溶解。但在碳原子数为 1~4 时,室温下均为气态,还要考虑气压等复杂影响,因此未观察到变化趋势。

43. P_2O_3,P_2O_5。a) 磷原子占 40%,氧原子占 60%;b) 磷原子占 28.6%,氧原子占 71.4%。

P185 标准化测试

1. a
2. d
3. c
4. d
5. d
6. c
7. a
8. c
9. c
10. a

第6章
化学反应与化学方程式

P187　实验分析
　　当无色的亚硫酸氢钠加到紫色的高锰酸钾溶液中时,溶液由紫色变为无色。
探究
　　不会继续反应了。因为溶液变为无色,说明高锰酸钾已经完全反应。

P194　分析与讨论
1. 袋子温度升高了。放热反应促成了这样的变化。
2. 可以做成暖贴,贴于手、脚和其他身体部位,也可以用来加热食物。

P199　练一练
1. 镁＋水──→氢氧化镁＋氢气；$Mg(s)+2H_2O(l)\longrightarrow Mg(OH)_2(s)+H_2(g)$。
2. 过氧化氢＋硫化铅──→硫酸铅＋水；$4H_2O_2(aq)+PbS(s)\longrightarrow PbSO_4(s)+4H_2O(l)$。
3. 七水合硫酸锰＋能量──→水＋一水合硫酸锰；$MnSO_4 \cdot 7H_2O(s)+$ 能量 $\longrightarrow 6H_2O(l)+MnSO_4 \cdot H_2O(s)$。
4. 钾＋水──→氢氧化钾＋氢气；$2K(s)+2H_2O(l)\longrightarrow 2KOH(aq)+H_2(g)$。

本节回顾
5. 化学反应必须遵守质量守恒定律,为了使化学方程式两边的质量平衡,反应物与生成物的原子数量和种类必须相同。
6. a) $2Na(s)+Cl_2(g)\longrightarrow 2NaCl(s)$
　　b) $C_3H_8(g)+5O_2(g)\longrightarrow 3CO_2(g)+4H_2O(g)+$ 能量
　　c) $Zn(s)+2HCl(aq)\longrightarrow ZnCl_2(aq)+H_2(g)$
7. 可以表明化学反应进行的宏观上的变化有颜色变化、气味变化、吸收或释放能量、放出气体以及有沉淀析出。
8. a) 14.67 g；b) 2.25 g。
9. $2NO(g)+5H_2(g)\longrightarrow 2NH_3(g)+2H_2O(g)$

P203　分析与讨论
1. 铜线变细且表面覆盖了一层银。溶液由无色变为蓝色。

2. 铜置换了硝酸银中的银，银不能置换硝酸铜中的铜。因为铜比银更活泼。
3. $2AgNO_3(aq)+Cu(s)\longrightarrow Cu(NO_3)_2(aq)+2Ag(s)$

P205 分析与讨论

1. 化合反应——固体的生成和颜色的改变；分解反应——气体的生成；置换反应——气体的生成和硬币质量和外观的改变；复分解反应——沉淀的生成；燃烧反应——能量的释放以及水和黑烟的生成。
2. 这些反应中都可以观察到物理变化。
3. a)硫化铜，CuS；b)二氧化碳，CO_2；c)氧化钙，CaO；d)碳酸铜，$CuCO_3$；e)水，H_2O。
4. 硬币内部的金属锌与盐酸反应，置换出盐酸中的氢，生成氯化锌，只留下硬币外层的金属铜外壳。纯铜铸造的硬币不会发生变化，因为铜没有氢气活泼，不会发生置换反应。
5. 能量属于燃烧反应的产物。

应用与评估

1. 没有，主要的物理变化都可以被观察到。
2. 化合反应：$Cu(s)+S(s)\longrightarrow CuS(s)$；
   分解反应：$CaCO_3(s)\longrightarrow CaO(s)+CO_2(g)$；
   置换反应：$2HCl(aq)+Zn(s)\longrightarrow ZnCl_2(aq)+H_2(g)$；
   复分解反应：$Na_2CO_3(aq)+CuCl_2(aq)\longrightarrow 2NaCl(aq)+CuCO_3(s)$；
   燃烧反应：甲烷燃烧 $CH_4(g)+2O_2\longrightarrow CO_2(g)+2H_2O(g)$；丙烷燃烧 $C_3H_8(g)+5O_2(g)\longrightarrow 3CO_2(g)+4H_2O(g)$。

进一步探究

不是。因为硬币的生产年份不同，1982年之前生产的硬币是由铜铸成的，而1982年之后的硬币是由铜和锌铸成的，锌比铜便宜。因此，不同的硬币变化可能会不同。

P207 本节回顾

10. 将反应进行分类，可以预测当反应符合其中一种模式时可能会发生的变化。
11. a)⊗+⊕→⊗⊕；b)⊗+⊕Ⓒ→⊗Ⓒ+⊕⊕；c)Ⓡ⊕+⊗⊗→Ⓡ⊗+⊗⊕；d)⊗⊕→⊗+⊕；e)⊗⊕+ⒸⓇ→Ⓒ⊕+⊗Ⓡ。
12. a)分解反应；b)化合反应；c)化合反应；d)复分解反应；e)置换反应。
13. 蜡烛在倒置的玻璃瓶下不会比露天时燃烧得更长久。因为蜡烛燃烧是燃烧反应，需要氧气作为反应物，所以在玻璃瓶下氧气量比露天时少。

14. 这个过程与分解反应都是将复杂的化合物分解为更简单的。真菌通过分解木头上大分子的糖类与蛋白质获得能量与营养。

P218 分析与讨论

1. 增加反应物的浓度可以加快反应的速率,因为反应物越多,反应物之间就可以有更多的碰撞和反应。反应物浓度降低,反应速率降低,因为反应物之间碰撞减少了。

2. 温度降低,反应物运动速度减慢,反应速率降低。

P221 本节回顾

15. 温度——温度升高,反应速率加快,温度降低,反应速率降低;浓度——浓度增加,反应速率加快,浓度降低,反应速率降低;催化剂——加入催化剂,使反应速率加快;抑制剂——加入抑制剂,使反应速率降低。

16. a)向右移动;b)向左移动;c)向右移动;d)向右移动。

17. 抑制剂会使反应速率降低,而催化剂会使反应速率加快。

18. a)Mg;b)10 亿分子。

19. 这些金属充当反应的催化剂,自身并不参与反应,因此无须更换。

P223－224 第6章测评

20. a)气味和颜色改变;b)颜色改变,有固体析出;c)气味和颜色改变,有能量释放,有气体生成;d)有光发出。

21. a)固态;b)2;c)2;d)2 种。

22. a)硝酸银＋溴化钠──→溴化银＋硝酸钠;b)戊烷＋氧气──→二氧化碳＋水;c)碳酸钴＋能量──→氧化钴＋二氧化碳;d)碳酸钡＋碳＋水──→一氧化碳＋氢氧化钡。

23. 改变单质或化合物的下标就改变了物质的种类。

24. a) $3Fe(s)+2O_2(g)\longrightarrow Fe_3O_4(s)$
    b) $NH_4NO_3(s)\longrightarrow N_2O(g)+2H_2O(g)$
    c) $COCl_2(g)+H_2O(l)\longrightarrow 2HCl(aq)+CO_2(g)$
    d) $Sn(s)+2NaOH(aq)\longrightarrow Na_2SnO_2(aq)+H_2(g)$

25. 分解反应。

26. 这种味觉的变化是化学变化,因为味觉的变化表明物质种类发生变化。

27. 含有氨和漂白剂的清洁剂单独使用时是安全的,但混合使用时会生成有毒的氯气,从而产生严重的后果。生产商在可能发生这种

第6章 化学反应与化学方程式

28. 氮气和氢气必须足够接近(高压)才能发生更多的碰撞;分子必须运动得足够快(高温)才能碰撞发生反应。

29. 制造低温,防止食品及药品的损坏。

30. 不同的颜色可以代表不同的含义。因此,如果五颜六色的荧光棒被用作信号灯,黄色可以代表一种含义,绿色可以代表另一种含义。

31. 因为人体适应了地球大气的气体组成,所以为保证人体的健康,航天飞机机舱内的气体组成需与地球大气保持一致。

32. 每个类型的反应都有一定的反应物和生成物模式。唯一可同时归入两类反应类型的反应是某些金属或碳的燃烧反应,同时也是化合反应。

33. 该反应彻底完成了,因为不再有能量放出了。

34. a)反应速率降低;b)反应速率加快;c)反应速率加快。

35. 金属原子——价电子数目小于等于4;非金属原子——价电子数目大于等于4;准金属原子——价电子数目为3~7。

36. $2Na(s)+Cl_2(g)\longrightarrow 2NaCl(s)$

37. 离子化合物:质地硬且脆,电解质,熔点高。共价化合物:质地硬或者软,非电解质,通常熔点较低。

38. a)阳光照射的热和光会加速窗帘布料上的染料的化学反应,使其褪色。

    b)低温使得肉变质的化学反应速率降低。

    c)增加阿司匹林的浓度,会加快其可能会发生的有害反应的速率。

    d)BHA可以作为抑制剂,降低食物、油漆、塑料和其他产品变质的反应速率。

39. a) $Cl_2O(g)+H_2O(l)\longrightarrow 2HClO(aq)$

    b) $Fe_2O_3(s)+3CO(g)\longrightarrow 2Fe(s)+3CO_2(g)$

    c) $3H_2(g)+N_2(g)\longrightarrow 2NH_3(g)$

    d) $ZnO(s)+2HCl(aq)\longrightarrow ZnCl_2(aq)+H_2O(l)$

40. a)A表示反应物,B表示产物;b)大约4分钟;c)B的浓度在该点突然上升,随后A和B达到一个新的平衡,相对于原来的平衡A与B的浓度都增加了。

41. 例如,做饭、汽油的燃烧、烟雾的生成、染发、胃酸、铁锈的生成等。

42. a) $2Al(s)+3H_2SO_4(aq)\longrightarrow Al_2(SO_4)_3(aq)+3H_2(g)$;置换反应。

b) $CS_2(l) + 3O_2(g) \longrightarrow CO_2(g) + 2SO_2(g)$；燃烧反应。

c) $H_2SO_4(aq) + 2NaCN(s) \longrightarrow 2HCN(g) + Na_2SO_4(aq)$；复分解反应。

P225　标准化测试

1. c
2. b
3. d
4. d
5. b
6. b
7. b
8. b

第7章
原子模型的完善

P227　实验分析

1. 这些现象表明,同种电荷相互排斥,异种电荷相互吸引。
2. 相互排斥的物品带有同种电荷,相互吸引的物品带有异种电荷。
3. 由步骤2中的胶带相互排斥而步骤3中的胶带相互吸引可以判断。

探究

　　原子中带有不同电荷的微观粒子是相互吸引的,如质子和电子;而带有同种电荷的微观粒子之间相互排斥,如两个电子之间存在斥力。

P232　分析与讨论

1. 锂,紫红色;钠,黄色;钾,紫色;钙,砖红色;锶,洋红色;钡,黄绿色。
2. 根据火焰颜色可判断未知元素。
3. 检验样品是否可以溶解于水中(所有钠盐均有良好的水溶性),如果可以溶解,取一根小木条在该溶液中浸泡并进行焰色试验。如果出现黄色火焰,说明该物质含有钠盐。

P235　分析与讨论

1. Al
2. Al　$\dfrac{Al}{Mg}=\dfrac{3}{2}$
3. 反应能力与金属的价电子数有关,铝的价电子数为3,镁的价电子数为2。

应用与评估

$$Mg+2HCl \longrightarrow H_2+MgCl_2 \quad 2Al+6HCl \longrightarrow 3H_2+2AlCl_3$$

进一步探究

　　9～10 mL H_2

P240　本节回顾

1. 第3能级有1个s轨道,3个p轨道,5个d轨道。
2. 第4能级所包含的次能级为4s,4p,4d和4f。4s次能级有1个轨道,能容纳2个电子;4p次能级有3个轨道,能容纳6个电子;4d次能级有5个轨道,能容纳10个电子;4f次能级有7个轨道,能容纳14个电子。第4

能级总共能容纳 32 个电子。

3. p 轨道的形状类似于哑铃,在每个能级上,3 个 p 轨道分别排在以 x、y 和 z 为轴的立体图形中。

4. 12 号元素和 15 号元素原子的质子数和电子数不同,其价电子数与价电子排布也不同。12 号元素(Mg)有 2 个电子都在 s 轨道上;而 15 号元素(P)有 2 个电子在 s 轨道,同时有 3 个电子在 p 轨道。

5. 钠中的电子吸收能量后跃迁至更高的能级,当它"回落"至低能级的时候,会以辐射形式释放能量,其辐射频率在黄光的频率区间内。

P244 分析与讨论

1. 各区域击中数(可能的结果):21, 57, 16, 6, 0。如果将原子模型作比照,每次击中可以表示电子在该位置出现。

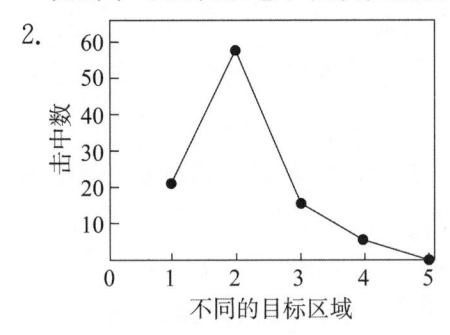

2.

3. 区域 2。在原子模型中,该区域电子出现的概率最高。

P249 本节回顾

6. a)$[Ar]4s^2$; b)$[Ne]3s^2$; c)$[Ne]3s^23p^2$; d)$[Ne]3s^23p^5$; e)$[He]2s^22p^6$。

7. a)Be; b)He; c)F; d)C; e)S; f)K。

8. 填满的轨道中有一对电子,未填满的轨道中只有一个电子或没有电子。

9. 第一能级。周期表中第 1、2 族为 s 区,主要为金属元素。

10. 第 4、5 周期包含 18 个元素,是因为:第 4 周期元素包含 3d 轨道,第 5 周期元素包含 4d 轨道,可以多容纳 10 个电子。

11. $1s^22s^22p^63s^23p^64s^23d^{10}4p^65s^24d^{10}5p^66s^14f^{14}5d^{10}$;$[Xe]6s^14f^{14}5d^{10}$;79 个电子。

P251—252 第 7 章测评

12. 电子云表示电子在原子核外某个空间区域出现机会的大小。

13. s 轨道为球形,p 轨道为哑铃形。

14. 八隅体结构是指原子的价层有 8 个电子。八隅体电子结构通常更加稳定。

15. 每个轨道最多容纳 2 个电子。

16. 每一能级可以有 5 个 d 轨道,最多能容纳 10 个电子。第 3 能级是拥有 d 轨道的最低能级。

17. 第 1 能级最多能容纳 2 个电子;第 2 能级最多能容纳 8 个电子;第 3 能级最多能容纳 18 个电子;第 4 能级最多能容纳 32 个电子。

18. 每一能级可以有 3 个 p 轨道,最多能容纳 6 个电子。第 2 能级是拥有 p 轨道的最低能级。

19. 2s 表示第 2 能级的 s 次能级;4d 表示第 4 能级的 d 次能级;3p 表示第 3 能级的 p 次能级;5f 表示第 5 能级的 f 次能级。

20. 2s 次能级拥有的最大电子数为 2;3p 最大电子数为 6;4d 最大电子数为 10;4f 最大电子数为 14。

21. 因为第 1 能级只能容纳 2 个电子。

22. Er 和 Cm 是内过渡元素。其中,Er 属于镧系元素,Cm 属于锕系元素。

23. f 区包含 La 到 Hf 之间以及 Ac 和 Rf 之间的部分。其中镧系元素是 58—71 号元素,锕系元素是 90—103 号元素。

24. 价电子是原子最外层的电子,它们的能量最高。它们在最外层的能级。化学键的形成伴随着价电子的得失或被共用。

25. $3s^2 3p^4$。

26. 玻尔对氢原子发射光谱的解释表明氢原子中电子的能量有固定值。他的观点为能级、次能级与轨道等现代理论的发展奠定了基础。

27. 因为过渡金属中的电子会吸收特定频率的光,所以我们能看到与之互补的颜色。

28. 通过这些仪器获取的图像可以补充或佐证实验中所获得的证据。

29. a)Nb;b)B;c)Ba;d)Cu。

30. 烟花中的金属化合物中的电子释放特定频率的能量,这与元素发射光谱产生的过程是相一致的。

31. K_2O,Rb_2O 和 Cs_2O。这些元素与钠同族并且价电子数相同。

32. 因为电子的位置无法准确测量。

33. 能,盐酸的数量决定了可与之反应的两种金属的质量,能得到同样的反应能力结果。

34. 氟和氯的外层电子数均为 7。氟的内层电子结构为[He],最外层能级数为 2;而氯的内层电子结构为[Ne],最外层能级数为 3。氧和氟的价电子数不同,它们的内层电子结构均为[He],最外层能级均为第 2 能级。氯和氩的价电子数不同,它们的内层电子结构均为[Ne],最外层能级均为第 3 能级。氩的价电子形成了八隅体稳定结构。

35. 所形成离子的电荷数与价电子数相等。

36. 道尔顿原子模型中,原子是相同质地且不可分割的实心球体,是物质的最小组成单元。现代原子模型包含由质子与中子组成的原子核,以及绕核旋转的不同能级的电子。原子没有明确的边界,但电子可能出现的区域呈现模糊的球形。

37. 5 个钙原子,10 个锰原子,40 个氧原子。

38. 频率加倍时能量也会加倍;频率减半时对应的能量也减半。

39. 略,写作内容应包含但不限于:激光材料被激发时应产生单一特定波长的强光;激光材料可以是固体(氧化铝、铷)、液体(氧化铷溶液或硒的氯氧化物溶液)或气体(氦、氖、二氧化碳)。

40. 在 γ 射线、X 射线、紫外辐射、红光、微波这几种辐射中,γ 射线能量最高,微波能量最低。

P253 标准化测试

1. d

2. a

3. c

4. b

5. d

6. a

7. d

8. d

9. b

10. d

第8章
元素性质的周期性

P255　实验分析

1. 在同一周期中,元素从左往右熔点逐渐上升并在周期中部达到最高,随后逐渐降低。
2. 虽然难以凭一个周期的数据判断趋势,但可以由曲线看出熔点变化的大致规律。

探究

　　用同样的方法探究可知,沸点和密度、熔点的变化趋势一致,存在同样的大致规律。

P260　分析与讨论

1. 原子半径从左往右逐渐减小。同一周期元素的外层电子位于同一能级,而原子核电荷数从左往右递增,同时对电子的引力更强,因此原子半径减小。
2. 原子半径从上往下递增。同族元素的外层电子数相同,但所在能级从上往下递增,因此原子变大。
3. 随着原子序数增大,原子半径的增大或缩小的规律呈现出周期性。

P267　分析与讨论

1. 钙离子溶液与草酸盐溶液,5∶5或1∶1混合;锶离子溶液与草酸盐溶液,5∶5或1∶1混合;钡离子溶液与草酸盐溶液,5∶5或1∶1混合。
2. CaC_2O_4,SrC_2O_4,BaC_2O_4。
3. Ca^{2+},Sr^{2+},Ba^{2+}。因为正、负离子比例为1∶1,所以正离子所带电荷与负离子所带的一样。

应用与评估

1. 钙,$[Ar]4s^2$;锶,$[Kr]5s^2$;钡,$[Xe]6s^2$。这些碱土金属原子失去最外能级的电子,形成类似Ca^{2+}的离子。
2. 钾,$[Ar]4s^1$;钾原子失去4s单电子形成K^+离子。镓,$[Ar]4s^23d^{10}4p^1$;镓原子最有可能失去第4能级的三个电子形成Ga^{3+}离子。

进一步探究

可以仿照前述测定草酸钙、草酸钡和草酸锶的化学式的步骤,进而可以从所测定的碘化铅的化学式中推知铅所带的电荷数。

P279 本节回顾

1. 钾的原子半径更大。钾是金属。

2. 在同一周期中,原子半径随原子序数增大而减小。最外层能级是一样的,但随着核电荷数增加,原子核对电子的引力增大,因此原子半径减小。原子半径从上往下递增,因为能级数增大了。

3. 阳离子半径比原子小,阴离子半径比原子大。当形成离子的时候,核电荷数是不变的。对于阳离子,同样的束缚使剩下的电子离核更近。对于阴离子,多出的电子使核对电子的束缚不足以使其在原先的原子半径内。

4. 金属形成阳离子的过程失去电子,非金属形成阴离子的过程得到电子。它们形成离子并形成类似于稀有气体的稳定结构。

5. 钙。

P283 分析与讨论

1. $Fe(OH)_2$ 为灰绿色,$Fe(OH)_3$ 为红棕色。

2. Fe^{2+} 和 Fe^{3+}。铁原子失去 4s 电子形成 Fe^{2+} 离子,失去 4s 电子和一个 3d 电子形成 Fe^{3+} 离子。

3. Fe^{2+} 在空气中的氧气作用下转化(氧化)为 Fe^{3+} 离子。

4. 单质铁可以被转化(氧化)为 Fe^{2+} 离子,可以被利用。但如果离子已经是 Fe^{2+} 了,它可能会被氧化为没有用的 Fe^{3+} 离子。

P293 本节回顾

6. 过渡元素指元素周期表中的 d 区元素——位于第 4－7 周期的第 3－12 族。内过渡元素组成了周期表中的 f 区,包含镧系元素和锕系元素,它们都在第 3－12 族内。

7. 过渡元素的 d 轨道填充有电子,内过渡元素的 f 轨道填有电子。

8. 铁在空气中氧气和水的作用下发生锈蚀,并且铁氧化物会脱落并使内层金属暴露,使锈蚀持续发生。

9. 因为过渡金属元素的内层 d 电子参与了化学反应。

10. 示例:镀铬镀镍可以防止钢铁腐蚀并使其坚硬,加入锰可以增强钢铁强度。

P295－296 第8章测评

11. 原子半径较大的原子为:a)K;b)Ca;c)Sr;d)Na;e)Cs;f)S。

12. 随着原子半径的增大,卤素分子的活泼性逐渐降低。单质氟是最活泼的卤素分子,单质碘是最不活泼的。

13. 碘和氧获得电子形成阴离子,它们的半径增大。其他元素是金属元素,失去电子后半径变小。

14. 同一族中的元素化学性质相似,是因为它们具有相似的价电子构型。

15. 都能生成氢气和氢氧根离子。

16. 锂原子半径比铯原子小。氟原子半径比碘原子小。锂原子半径比氟原子大。最活泼的碱金属是铯,因为它的原子半径最大,最容易失去电子。氟是最活泼的卤素,因为它的原子半径最小,吸引电子的能力最强。

17. 稀有气体将热量从灯丝中带走,防止灯丝沸腾。这在真空中是做不到的。

18. 碳素钢只含有铁和碳,合金钢含有铁、碳和其他元素。大多数钢是碳素钢。

19. 铅,+2;硫,-2。

20. Na_2SiF_4 的总电荷数为零。四个 F 离子共带-4 个电荷,两个 Na^+ 离子总共带+2 个电荷,所以 Si 的氧化数是+2。

21. 蛋白质、RNA、DNA。

22. 略,答案可以包括闪电、地衣和细菌,将氮气转化为一氧化氮和氨等形式。

23. 因为它们能够与氧结合,形成不易发生反应的氧化铝或氧化镁保护层。

24. 当氧与钙结合时,它通过获得 2 个电子形成一个离子键。当氧与硫结合时,它通过共用 2 个电子形成共价键。

25. 通过共用电子对成键,:Ö::C::Ö:,使各参与成键的元素都达到八隅体稳定结构。

26. Fe,$[Ar]4s^23d^6$;Fe^{2+},$[Ar]3d^6$;Fe^{3+},$[Ar]3d^5$。

27. 它们都能生成氢氧化物和氢气。

    $2Na+2H_2O \longrightarrow H_2\uparrow +2NaOH$

    $2Cs+2H_2O \longrightarrow H_2\uparrow +2CsOH$

28. 金属具有金属光泽,导热导电,可改变形状,除汞外均为固体。非金属可以是固体、液体或气体,不导电,不导热。固体非金属可以是硬的或软的,通常比较脆,没有光泽,有各种各样的颜色。准金属兼具金属和非金属的一些性质。

29. a)[He]$2s^2 2p^5$; b)[Ne]$3s^2 3p^1$; c)[Ar]$3d^2 4s^2$; d)[Ne]$3s^2 3p^6$。

30. 第 1 和第 2 族的元素失去电子变成了阳离子。第 16 和 17 族中的元素获得电子,成为阴离子,阴、阳离子结合形成一种离子化合物。第一个问题的可能答案有 KBr 等,第二个可能的答案有 Na_2O 等,可以举出的化合物例子有很多。

31. a)$Al_2(SO_4)_3$,离子化合物;b)N_2O,共价化合物;c)$NaHCO_3$,离子化合物;d)$Pb(NO_3)_2$,离子化合物。

32. 复分解反应。

33. 原子半径在第 2 和第 3 周期中从左往右递减。

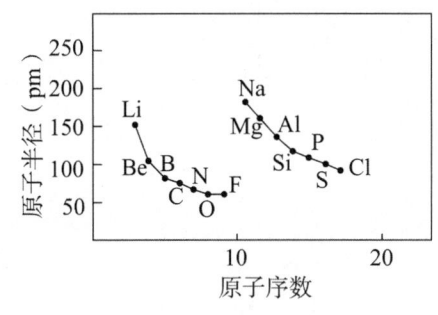

34. 一行或一列的元素性质的变化是有规律的。一行或一列中出现 1～2 个元素的性质介于金属与非金属之间也是合理的。B、Si、Ge、As、Sb、Te、Po 这些元素看起来像金属,但却像非金属一样易碎,它们其实也是半导体。

35. 因为金属是通过失去电子来反应的,所以最活泼的是那些对价电子吸引力最小的金属。周期表从上往下,原子半径增加,导致金属的活泼性增加。非金属通过获得电子而发生反应,因此最活泼的是那些对电子具有最强吸引力的物质,非金属性随着原子半径减小而增强。

第8章 元素性质的周期性

P297 标准化测试

1. c
2. a
3. b
4. c
5. b
6. b
7. c
8. c
9. b
10. c

第9章
化学键

P299 实验分析

1. 油和醋立即分层。
2. 可能的解释包括:油和醋是不同类型的液体。
3. 油和醋在沙拉酱瓶中是分离的;在浇到沙拉上之前,需要摇匀使它们混合在一起。

探究

　　乳浊液是指由两种不相溶的液体所组成的分散系。油可以均匀分散在水分子周围(黄油),水可以分散在油滴周围(牛奶)。乳浊液是不稳定的,久置会分层。

P310 练一练

1. a) $\Delta EN = (S)2.5 - (Ca)1.0 = 1.5$
   b) $\Delta EN = (O)3.5 - (Ba)0.9 = 2.6$
   c) $\Delta EN = (Br)2.8 - (C)2.5 = 0.3$
   d) $\Delta EN = (F)4.0 - (Ca)1.0 = 3.0$
   e) $\Delta EN = (Br)2.8 - (H)2.1 = 0.7$

2. a)极性共价键;b)离子键;c)非(弱)极性共价键;d)离子键;e)极性共价键。

分析与讨论

1. 一些墨水会发生分离,呈现不同的颜色。
2. 根据实验情况,有些颜色会分离,答案不唯一。
3. 最接近原点的颜色是极性最大的,它们对纸张的吸引力最大,因此移动得最慢。移动最远的颜色极性最小,它们对纸张的吸引力最弱,因此移动得最快。

P312 本节回顾

3. a)弱极性共价键;b)极性共价键;c)极性共价键;d)弱极性共价键;e)弱极性共价键。

4. Na＜Hg＜I＜Br＜F

5. O—F＜Cl—F＜Al—Br＜O—H＜C—F

6. 沸点从高到低:HF,HI,HBr,HCl。

7. 价电子在不止两个原子之间共享;金属原子可以在结构中移动。

8. LiF 的 ΔEN 比 LiCl 更大,因此 LiF 具有更强的离子性质,离子键更强,熔点更高。LiF 的熔点为 848 ℃,LiCl 的熔点为 605 ℃。

P323　分析与讨论

1. 路易斯电子式显示了分子中电子的分布。由中心原子上的成键电子对和孤电子对的数量可以判断其空间构型。

2. 自由选取分子搭建。

P327　分析与讨论

以下为示例数据,具体的实验结果取决于所使用的糖果。

溶剂运动距离:9 cm

最初点	距离(颜色1)	距离(颜色2)	距离(颜色3)
5号黄对照	黄色(4.0 cm)		
糖果1	黄色(3.8 cm)		
糖果2	橘黄色(3.2 cm)		
糖果3	红色(1.9 cm)		
糖果4	蓝色(6.1 cm)	黄色(3.8 cm)	橘黄色(3.2 cm)
糖果5	蓝色(6.1 cm)	黄色(3.8 cm)	

1. 实验数据取决于所使用的糖果。在示例数据中,糖果1、4、5含有5号黄。如果层析后有色素斑点的颜色和距离都和5号黄一致,就可以推断该糖果含有5号黄。

2. 实验数据取决于所使用的糖果。在示例数据中,糖果1、4、5和糖果2、4含有相同的色素。

3. 实验数据取决于所使用的糖果。在示例数据中,糖果2、3是可以安全食用的。

应用与评估

1. 靠近原点的色素对纸张的吸引力最大,也是极性最大的色素分子。

2. 铅笔(石墨)不溶于水,而油墨可能是水溶性的,会产生干扰。

3. 这样可以使环境潮湿,使纸在实验结束前不会变干。

4. 毛细作用。

5. 随着水的上升,由于毛细作用和重力的竞争,爬升的速度会变慢。

进一步探究

答案可以是将糖果简单地浸泡在少量的水里,或使用潮湿的糖果涂点。

P331 本节回顾

9. 氯仿是极性分子,这三个极性键的极性不会相互抵消。

10. a)H:$\ddot{P}$:H;b)H:$\ddot{B}\ddot{r}$:;c)$\ddot{C}\ddot{l}$:$\ddot{C}$:$\ddot{C}\ddot{l}$:;d):$\ddot{C}\ddot{l}$:$\ddot{O}$:。
    　　H　　　　　　　　:$\ddot{C}\ddot{l}$:　　:$\ddot{C}\ddot{l}$:

11. a)三角锥形;b)直线型;c)正四面体;d)V形。

12. 在单键中,两个原子共用一对电子。在一个双键中,有两对电子是共用的。在一个叁键中,有三对是共用的。

13. 答案可能包括:糖是固体,水是液体,氨在室温下是气体。

P333-334 第9章测评

14. a)离子键;b)离子键;c)弱极性共价键;d)极性共价键。

15. 极性共价键是指电子在原子间不平均共用的共价键。非(弱)极性共价键是电子接近于平均共用的共价键。

16. 金属—F键为离子键,即 Al—F,Mg—F 和 K—F。F—F($\Delta EN=0$)<O—F(0.5)<N—F(1.0)<P—F(1.9)<Al—F(2.5)<Mg—F(2.8)<K—F(3.2)。所以 Al—F,Mg—F 和 K—F 为离子键。

17. $\Delta EN=1.0$;CO 是极性分子。

18. 屏蔽效应是当原子核和价电子之间有电子填充在次能级时,原子核对价电子的吸引力降低。铅的屏蔽作用更大,因为铅有 73 个电子填充在次能级,而碳只有 2 个。

19. 金属可以导电和导热,这表明一些电子可以自由移动。金属具有良好的可塑性和延展性,这表明原子的位置不是固定的,但即使它们改变位置也能保持连接。

20. 正四面体。

21. 电负性总体上从左到右递增。

22. V形,极性分子。

23. 气相色谱。

24. 微波使分子高速振动或旋转以至于断裂分解。它只对极性分子产生作用。

25. 二甲醚中的两个 C—O 键几乎完全抵消,但乙醇中的 O—H 键使乙醇具有轻微的极性。

43

26. 使用纸层析法来观察绿色斑点是否分成蓝色和黄色斑点。
27. 平面三角形。
28. 体积恒定为 1 cm³,有 1 cm³ = $l \times w \times t$ = 15 cm × 15 cm × t;t = 1 cm³/(15 cm × 15 cm) = 0.004 4 cm。
29. 氧和硫都在第 16 族。
30. 当原子形成化学键时,原子的质量数不会改变。化学键是共用或转移电子的结果。由于电子的质量可以忽略不计,故它们不会影响化合物中原子的整体质量。
31. 如下表所示。

化学式	路易斯电子式	电子对构型	分子几何构型	极性键	非极性键	是否为极性分子
H_2O	H:Ö:H	四面体	V形	O—H	无	是
CCl_4	:Cl:C:Cl: (带:Cl:上下)	正四面体	正四面体	4 C—Cl	无	否
$CHCl_3$	:Cl:C:H (带H上,:Cl:下)	正四面体	四面体	3 C—Cl	C—H	是
CH_2Cl_2	H:C:H (带H上,:Cl:下)	正四面体	四面体	2 C—Cl	2 C—H	是
CH_3Cl	H:C:H (带H上,:Cl:下)	正四面体	四面体	1 C—Cl	3 C—H	是
CH_4	H:C:H (带H上下)	正四面体	正四面体	无	4 C—H	是

32. 略,可参考的主题包括鲍林对化学键的研究,他使用 X 射线衍射来确定晶体的结构,他对 DNA 双螺旋结构发现的贡献,以及他对维生素和营养研究的兴趣。

33. [structural formulas of three isomers of hexane/pentane derivatives]

P335　标准化测试

1. a
2. c
3. d
4. a
5. c
6. b
7. a
8. b
9. a

第 10 章
物质的动力学理论

P337 实验分析

1. 食物色素在热水中分散得最快,在常温水中次之,在冷水中分散得最慢。
2. 因为水中的颗粒在较高温度下移动得更快。

探究

不同颜色的食用色素对水有不同的密度或亲和力,从而影响它们的分散速度。建议在保持水温不变的情况下,测量不同颜色的染料的分散速度。

P341 分析与讨论

1. NH_3 分子的扩散速度比 HCl 分子的扩散速度大。
2. NH_3 分子的相对分子质量小于 HCl 分子,并且在相同的温度下,两个分子的平均动能相同,因此 NH_3 分子将以更高的平均速率扩散。

P345 本节回顾

1. 气体微粒之间的距离较大。气体微粒以直线运动直到它们与器壁碰撞或相互碰撞。液体微粒由于微粒间的作用力而紧靠在一起,液体微粒可以自由地相互移动,因此,液体可以流动。
2. 微粒做持续的无规则运动,并且彼此间不存在吸引力,微粒间进行完全弹性碰撞。
3. 需要高能量将原子裂解成正离子和自由电子,并保持这种裂解状态。
4. 随着温度升高,微粒的动能增加。随着温度降低,微粒的动能减小。
5. 因为植物中叶绿素吸收光谱的最强区域有两个:一个是波长在 660 nm 左右的红光区域,另一个是波长在 450 nm 左右的蓝光部分。
6. 等离子体是一种离子化气体。离子化气体与普通气体性质相似,但等离子体可以导电。宇宙中:恒星;地球上:闪电、霓虹灯、荧光灯。

P355 分析与讨论

1. 所需时间最少的液体的蒸发速率最高,而所需时间最多的液体的蒸发速率最低。
2. 己烷,酒精,水。
3. 粒子间的作用力在水中是最大的,因为水是由极性分子组成的,具有氢键;粒子间的作用力在乙醇中较小;在己烷中最小,因为己烷由非极性分子组成,只有色散力。因此,强分子间作用力将降低蒸发速率。

P361 分析与讨论

1. 略。
2. 略。
3. 69~72 ℃。
4. A段:分子的动能增加。B段:分子的动能没有变化。C段:分子的动能增加。D段:分子的动能减少。E段:分子的动能没有变化。F段:分子的动能减少。

应用与评估

1. A段:分子运动速度加快。B段:分子彼此分离。C段:分子运动速度加快。D段:分子运动速度减慢。E段:分子凝聚。F段:分子运动速度减慢。
2. 合理即可,参考答案:温度计可能会吸收硬脂酸的一些热能,因此在将温度计放入试管之前,可以通过对温度计加热来减少这种影响。

进一步探究

新图表与原图表结构相同。但新图表中每段会更长,因为有更多的硬脂酸存在以吸收和放出热能。

P363 本节回顾

7. 无论是融化还是凝固,水分子的平均动能都没有变化。因为冰融化时吸收的能量等于水冻结时释放的能量。
8. 32.0 K,102.1 K,32.0 ℉,32.0 ℃,102.1 ℃。
9. 气压的降低使得沸点降低。
10. 大多数单质是金属固体。金属固体原子电荷分离程度大,因此,有很强的粒子间力将它们固定在一起。
11. 当压力降低时,挥发性液体会迅速挥发。所以当喷雾从罐中喷出时,挥发性液体会带着油漆或除臭剂挥发。

P365-366 第10章测评

12. 沸腾是物理变化,此时液体的蒸汽压等于施加在液体表面的大气压。蒸发时液体的部分微粒获得足够的动能从而离开液体表面。沸腾要在一个精确的温度下发生,蒸发则在一定的温度范围内发生。

13. 无定形固体缺乏完整而均匀的晶格,而完整而均匀的晶格是固体的特征。
14. 分子型固体是极性共价或非极性共价物质。由于它们的分子很少或没有电荷分离,从而分子间的作用力很弱,与离子物质相反。
15. 提高温度会提高物质微粒的平均动能,从而使更多的微粒有足够的动能以蒸汽的形式逸出。处于蒸气状态的微粒数量越多,体系就越容易达到平衡,蒸气压从而增加。
16. 液体的可压缩性比气体小,因为液体的颗粒比气体的颗粒更紧密地排列在一起。
17. 气体之所以会产生压力,是因为其颗粒之间以及它们与器壁之间发生碰撞。
18. 真实的气体微粒在相互碰撞或与器壁碰撞时会消耗能量,而理想气体的微粒总是弹性碰撞。
19. 1.13×10^4 J
20. 在高海拔地区,散热器上的压力较低。水分子离开液体表面所需的能量较少,因此水的沸点较低。
21. 低压加速了冰的升华。
22. 气体填充玻璃容器的同时不断向玻璃容器施加压力。在吹玻璃的过程中,气体使玻璃泡膨胀。
23. 不能,因为化合物中的元素是以化学形式结合的,元素已经失去其原有的物理性质,如沸点。通过物理性质,可以区分元素处于游离态或化合态。
24.

液体	开尔文温度	摄氏温度
丙酮(C_3H_6O)	329 K	56 ℃
庚烷(C_7H_{16})	371 K	98 ℃
硝基甲烷(CH_3NO_2)	374 K	101 ℃
苯(C_6H_6)	353 K	80 ℃
三氧化硫(SO_3)	318 K	45 ℃

沸点由低到高:三氧化硫,丙酮,苯,庚烷,硝基甲烷。

25. 两种气体的分子具有相同的平均动能。由于氯气分子的质量较大,故其运动速率低于氮气分子的运动速率。
26. 因为死海岸边气压大于1个标准大气压,所以沸点高于100 ℃。
27. 浅,使得水分子靠近液体表面。宽,使得液体有很大的蒸发表面积。

28. HCl 分子比 H₂ 分子的极性更强。

29. 因为无定形固体没有明确的晶格,而是不完整的、随意的晶格,所以在一定的温度范围内会熔化。

30. c 的平均速率最高,b 的平均速率最低。

31. a)50 ℃:丙烷,氡;250 ℃:丙烷,氡,溴。

    b)50 ℃:溴,汞;250 ℃:汞。

    c)50 ℃:银;250 ℃:银。

    d)氡。

    e)是的。

32. 该物质是由两种纯净物组合而成的固体混合物。

33. 白色氯化铵环会更靠近盐酸棉布条一端。

34. 蒸发速率随着相对分子质量的增大而降低。

35. 现代元素周期律认为:当元素按照原子序数增加的顺序排列时,元素的物理和化学性质将有规律地重复。门捷列夫元素周期论认为:当元素按原子质量递增的顺序排列时,元素的性质将有规律的重复。

36. 碱土金属随着原子半径的增加而活泼性增强。碱土金属在元素周期表中位于第ⅡA族,自上而下,最外层两个电子的能级逐渐增加,并且原子核对这两个电子的吸引力较弱,因此很容易失去它们。

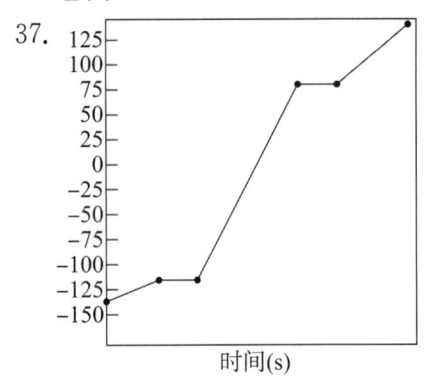

37.

38. 氯化钠晶格形成立方体结构。钻石晶体形成四面体网络。金属固体形成六方或立方结构。

39. 液晶是由长的棒状分子组成的,向心相和涂抹相是由平行的棒状分子组成的,它们在外加电场中将会改变方向。

40. 159 K

第10章 物质的动力学理论

P367 标准化测试

1. d
2. a
3. d
4. b
5. d
6. b
7. c
8. b
9. b

第11章 气体的行为

P369 实验分析

温度降低时,气球体积减小。气球的体积与温度直接相关。

探究

如果温度升高,气球体积将会变大。

P373 分析与讨论

1. 大袋子:2.80 g CO_2;小袋子:0.47 g CO_2。
2. 质量比:5.96;体积比:5.90。
3. 在实验误差允许的范围内,质量和体积比是相同的。
4. 质量越大,更多的 CO_2 分子存在,相应的所占据的气体体积越大。

P379 练一练

1. 29.4 psi
2. 152 kPa
3. 29.3 psi
4. 3.80×10^2 mm Hg
5. 131 kPa

本节回顾

6. 新的气体质量是原有质量的一半,所以气体微粒的数量也是原来的一半。压力与粒子的数量成正比,所以压强将变为初始的一半。
7. 气压计测量的是大气压力所支撑的水银柱的高度;轮胎压力表测量的是轮胎中的空气压力对弹簧的压缩程度。
8. 2.00 L×0.75=1.5 L。气体体积与温度是成正比的。如果温度降低,体积就会以同样的比例减少。
9. 压强与时间的关系:持续缓慢上升,然后在塑料袋达到极限时快速上升。体积与时间的关系:快速上升,直到塑料袋达到极限,然后趋于平缓。微粒数与时间的关系:持续上升。
10. 额外的空气对弹簧施加了更大的压力,因此使轮胎具有更大的刚性,以便它们能够支撑乘客或负载的额外重量。

第 11 章 气体的行为

P384 分析与讨论

1. 通过末端悬空的吸管吸空气时,人口中的压力与大气压力一致,并没有降低。因此,另一根吸管中没有空气或水会上升。
2. 瓶子里的水上方没有空气,因此无法对液体表面施加压力从而使液体沿着吸管上升。
3. 图中应显示出:大气压力将容器中的液体向下压,而吸吮吸管会产生一个较低的压力区域。

P385 练一练

11. 55.3 mL
12. 200 L
13. 20 000 L
14. 7.02 L
15. 1 210 L
16. 2.40 atm

P387 分析与讨论

1. 细颈中的空气体积 V 与空气柱的长度 L 成正比,因为空气柱是一个横截面积恒定的圆柱体。
2. 压强 p 随着旋转次数 T 的增加而直接增大。
3. L 与 T 的成绩的计算数据前后更为一致,这表明 L 和 T 是成反比例的。
4. 因为气体的体积 V 与 L 成正比,而气体的压强 P 与 T 成正比,所以 V 和 P 与 P 和 L 有相同的数学关系,即反比例关系。

应用与评估

1. 在未彻底排尽空气的汞柱中,被困的空气对汞柱施加的压力等于大气对汞柱外汞池的压力。大气压的增加或减少将导致被困气体体积的减少或增加,因为被困气体的压力总是与大气压力相平衡。汞柱高度随着大气压的增加或减少而直接上升或下降。
2. 气体体积的减少会使气体分子更频繁地碰撞器壁,因此,气体压强增大。

进一步探究

合理即可,参考答案:可观察到在较高的压强下,空气柱的长度减少。压强增加 1 倍,气体的体积减小为原来的二分之一。

P391 练一练

17. 3.3 L

18. 3.6 L
19. 35 L
20. 16.8 L
21. 8.1 mL

P394 练一练

22. 1.7 L
23. 0.70 L

P396 本节回顾

24. 波义耳定律,气体微粒数和温度。查尔斯定律:气体微粒数和压强。混合气体定律:气体微粒数。

25. 人躺在气垫上会减小气垫的体积,从而增大压力,增大的压力支撑人体的重量。

26. 确定气体在标准状况下的体积可以将该气体与其他气体进行比较。

27. $p_2 = p_1(100V_1/120V_2) = 0.83p_1$

28. 加热会使气体微粒的平均动能和压强增大。如果液化气气瓶被持续加热,气体的压强可能超过容器的强度而爆炸。

29. 波义耳定律描述了压力和体积之间的反比例关系,查尔斯定律描述了体积和温度之间的正比例关系,混合气体定律结合了以上这两种关系。

P398－400 第11章测评

30. 提高温度、减小体积、加入更多的氧气。

31. －273 ℃

32. 273 K,1 atm。

33. 在 0 ℃(273 K)和 1 atm 下。

34. 温度、微粒数目和体积。

35. a)11.1 psi;b)76.5 kPa;c)22.6 in. Hg;d)0.76 atm。

36. 3 atm×4 L/12 L＝1 atm

37. 大气压随着海拔的升高而降低。为了保持一个舒适的环境,乘客舱必须保持比外界空气更高的压强。

38. 二氧化碳与构成空气的分子相比质量较大,这使得它比空气密度大,因此,它向下沉。氦气与构成空气的分子相比质量较小,这使得它比空气密度小,因此,它向上升。

39. 1.查尔斯定律适用于恒压。2.波义耳定律适用于恒温。

53

第 11 章 气体的行为

40. 8.10 L

41. 1 100 mL

42. 352 K(79 ℃)

43. 309 K(36 ℃)

44. 2.0 L

45. 37 mL

46.

V_1	p_1	V_2	p_2
1.4 L	2.6 atm	3.0 L	1.2 atm
2.0 L	0.82 atm	1.0 L	1.64 atm
2.5 L	0.75 atm	1.44 L	1.3 atm
2.5 L	1.2 atm	3.0 L	1 atm

47. 10 L

48. 100 mL

49. 57 mL

50. 1 367 mL

51. 13 mL

52. 所需空气量是高压氧舱所提供氧气量的 4 倍以上。

53. 密度等于质量除以体积。一个爆裂的玉米核的质量比未爆裂的玉米核略小,而体积则大得多,因此爆裂的玉米核具有较低的密度。

54. 不可以,氯气比空气重且具有毒性。

55. 一致:压力增大(旋转螺旋夹或添加水银)会导致气体体积减小(空气柱长度)。

56. 干冰升华,CO_2 气体使袋子膨胀。

57. 大气压使液体保持在移液器中,因为液体上方的空间基本上是真空的,所以除了液体的重量之外,几乎没有任何与之对抗的压力。

58.

温度(℃)	压强(psi)
5	30.0
−5	29.2
−15	28.4
−25	27.5

59. 密度增加。因为波义耳定律指出,压力的增加导致体积的减少即质量不变,气体体积减小。

60. 同素异形体是指由同样的单一化学元素组成,因排列方式不同,而具有不同性质的单质。例如,碳、硫、磷和氧,它们的单质都有同素异形体。

61. 可以,第二亚能级或 p 次能级最多容纳六个电子。

62. a)极性共价键;b)共价键;c)离子键;d)极性共价键。

63. a)沸点升高;b)熔点略微降低。

64. 压强不变。

65. 合理即可,参考答案:钢瓶里的氦气被用来给气球充气;当更多的空气被打入轮胎时,汽车轮胎里的气压会增加,瘪了的篮球或足球也可以鼓起来。

66. 答案应体现:在身体周围的压力大幅增加之后,身体周围的压力又大幅下降是潜水病的原因之一。答案还应该包括症状,如关节疼痛、意识模糊或头晕、呼吸急促、皮肤瘙痒等。

67. 答案应体现:活塞的工作原理是空气从活塞室中被挤出,形成一个压力较低的区域。

68. 答案应体现:描述热空气和冷空气的密度差异是如何使热气球保持在高空的,以及控制空气的加热速度是如何使气球驾驶者上升和下降的。

69. 答案应体现空气罐调节器的整体功能,空气罐调节器是改变气压水平和输送空气的装置。第一级减压器连接在氧气罐上,它将氧气罐的压力降低到环境压力一致(例如,环境压力+140 psi),第二级减压器跟在第一级调节器后面,从而向潜水员输送压缩空气。

70. 3.00 L

71. 60 atm

72. 47 L

73. 查理定律指出,一定质量的气体的体积与温度成正比。

74. 3 atm

75. 15.4 L 的氧气和 7.7 L 的氮气。

P401 标准化测试

1. d
2. b
3. d
4. a
5. b
6. a

第11章 气体的行为

7. b
8. a
9. b
10. a

第 12 章

化学量

P403 实验分析

1. 1摩尔的回形针总长度为 $1.9×10^{25}$ cm。

2. 1摩尔回形针质量约为 $6.02×10^{23}$ g。地球的质量比1摩尔回形针的质量大4个数量级。

探究

$$(6.02×10^{23} \text{ 个回形针})\left(\frac{3.2 \text{ cm}}{1 \text{ 个回形针}}\right)\left(\frac{1 \text{ m}}{100 \text{ cm}}\right)\left(\frac{1 \text{ 光年}}{9.45×10^{15} \text{ m}}\right)=$$

2.0百万光年(此数据是与最近的河外星系的距离相比)

P408 分析与讨论

1. 不同纽扣将会得到不同答案。

2. 一种可行的确定纽扣数目的方法:以一打纽扣的平均质量 m_{12} 为一组。组数＝(袋子和纽扣的总质量－袋子的质量)$/m_{12}$,要确定袋子里的纽扣总数,纽扣组数乘以12即可。

3. 合理即可,实际数目与计算结果不一致的学生应复查他们记录的数据,看是否有测量或计算的错误。

P410 练一练

1. 硫的摩尔质量较小,因此50.0克硫的原子数将比50.0克锡的原子数多。硫原子数目:$9.38×10^{23}$;锡原子数目:$2.53×10^{23}$。

2. a)汞原子:$2.95×10^{23}$;b)金原子:$1.39×10^{23}$;c)锂原子:$9.28×10^{23}$;d)钨原子:$4.735×10^{23}$。

3. a)$2.00×10^{-2}$ mol $C_{12}H_{22}O_{11}$;b)0.250 mol SO_2;c)4.00 mol NH_3;d)0.220 mol CuO。

4. a)98.9 g Si;b)225 g $C_5H_8O_4$;c)20.9 g F_2;d)919 g BaI_2。

P412 本节回顾

5. 两者粒子数目都太多了,因此无法计数。但肉眼可以看到单个的硬币,而无法看到单个的原子。

6. 可以;N_2 分子质量/H_2 分子质量＝(2×N原子质量)/(2×H原子质量)

= N 原子质量/H 原子质量 = 14/1

7. 单位摩尔不适用于表示非特定组合的混合物。
8. 一个碳原子的质量恰好是 12u。因此,1 mol 碳原子的质量正好是 12 g。
   $12u \times 6.02 \times 10^{23} = 12$ g。1u 的质量 $= 1.66 \times 10^{-24}$ g。
9. 1 摩尔不同物质具有不同的质量。

P415 练一练

10. 287 g CO_2
11. 4.65 g F_2
12. 5.35 g Xe

P416 练一练

13. 4.47 g S
14. 5.79 L H_2

P418 分析与讨论

1. $NaHCO_3 + CH_3COOH \longrightarrow CH_3COONa + H_2O + CO_2 \uparrow$

   学生样本数据和计算如下:

   在 101 kPa,20 ℃下:CO_2 的摩尔体积为:

   $$V = \left(\frac{22.4 \text{ L}}{1}\right)\left(\frac{293 \text{ K}}{273 \text{ K}}\right) = 24.0 \text{ L}$$

   如果袋子的体积为 0.946 L,那么 $NaHCO_3$ 的质量为:

   $$\left(\frac{0.946 \text{ L } CO_2}{1}\right)\left(\frac{1 \text{ mol } CO_2}{24.0 \text{ L } CO_2}\right)\left(\frac{1 \text{ mol } NaHCO_3}{1 \text{ mol } CO_2}\right)\left(\frac{84.0 \text{ g } NaHCO_3}{1 \text{ mol } NaHCO_3}\right) =$$

   3.31 g $NaHCO_3$

2. 通过摩尔体积计算 $NaHCO_3$ 的质量为:

   $$\left(\frac{20\,000 \text{ L } CO_2}{1}\right)\left(\frac{1 \text{ mol } CO_2}{22.4 \text{ L } CO_2}\right)\left(\frac{1 \text{ mol } NaHCO_3}{1 \text{ mol } CO_2}\right)\left(\frac{84.0 \text{ g } NaHCO_3}{1 \text{ mol } NaHCO_3}\right) =$$

   75 kg $NaHCO_3$

3. 如果醋酸不足,反应结束后就会有一些小苏打剩余,因此产生的 CO_2 量将少于计算量。

4. 101.5 kPa 的压强与计算值 101.4 kPa 一致。

P419 练一练

15. 0.201 mol He

16. 99 L Ne

17. 46.0 g Zn

P423 分析与讨论

1. $Na_2SO_4(aq) + SrCl_2(aq) \longrightarrow SrSO_4(s) + 2NaCl(aq)$

2. 在滤液中。

3. 0.411 g

4. $\left(\dfrac{0.411\ g\ SrSO_4}{1}\right)\left(\dfrac{1\ mol\ SrSO_4}{187\ g\ SrSO_4}\right)\left(\dfrac{1\ mol\ Na_2SO_4}{1\ mol\ SrSO_4}\right)\left(\dfrac{142\ g\ Na_2SO_4}{1\ mol\ Na_2SO_4}\right) =$ 0.312 g Na_2SO_4

$\left(\dfrac{0.312\ g\ Na_2SO_4}{0.552\ g}\right) \times 100\% = 56.5\%\ Na_2SO_4$

应用与评估

1. 不可以。因为硫酸铝是可溶的,所以不会形成沉淀。

2. 硫酸钠质量分数将会偏高。

进一步探究

对沉淀物进行焰色试验;含锶化合物会产生红色火焰。

P428 本节回顾

18. $2C_8H_{18}(l) + 25O_2(g) \longrightarrow 16CO_2(g) + 18H_2O(g)$

16 mol CO_2/2 mol C_8H_{18};18 mol H_2O/2 mol C_8H_{18};

25 mol O_2/2 mol C_8H_{18};16 mol CO_2/25 mol O_2;

16 mol CO_2/18 mol H_2O

19. 35.5 g H_2O,77.2 g CO_2

20. 因为平衡时的化学方程式是以质量守恒定律为基础的,产量高于100%是不可能的。

21. Fe_2O_3 为限量反应物。

22. 5.10 g H × 1 mol H/1.01 g H = 5.05 mol H

35.9 g N × 1 mol N/14.0 g N = 2.56 mol N

59 g Na × 1 mol Na/23.0 g Na = 2.56 mol Na

摩尔比 H:N:Na = 2:1:1,因此,氨基钠经验式为 $NaNH_2$。

P430-432 第12章测评

23. 20 000 个螺栓,40 000 个洗涤器,60 000 个螺帽。

24. 290 个。

25. a)160 g/mol;b)331 g/mol;c)39.9 g/mol;d)92.0 g/mol。

26. 称量40个洗涤器的质量,然后用洗涤器的总质量除以40个洗涤器的质量,然后再乘以40 000即可。

27. 一个蔗糖分子的质量最大,为342u。

28. 一摩尔蔗糖的质量最大,为342 g。

29. 0.498 mol $Cu_2SO_4 \times 223$ g/mol $Cu_2SO_4 = 111$ g Cu_2SO_4

30. 352u;352 g/mol

31. a)157 g/mol;b)294 g/mol;c)149 g/mol;d)242 g/mol。

32. 68.7 g Fe $\times$ (1 mol Fe/55.8 g Fe) $\times$ (1 mol Cu/1 mol Fe) $\times$ (63.5 g Cu/1 mol Cu) $= 78.2$ g Cu

33. 一个铜原子的质量大于一个铁原子的质量。

34. 23.0 g/mol $+ 14.0$ g/mol $+ 32.0$ g/mol $= 69.0$ g/mol
    $(69.0$ g/mol$) \times (0.345$ mol$) = 23.8$ g $NaNO_2$

35. a)34.5 g;b)3.01×10^{23} 个原子;c)1.10 mol;d)$10.8/(24 + 2 \times 79.9) \times 3 \times 6.02 \times 10^{23} = 1.06 \times 10^{23}$ 个离子。

36. 76.5 g C $\times 1$ mol C/12.0 g C $= 6.37$ mol C
    12.1 g H $\times 1$ mol H/1.01 g H $= 12.0$ mol H
    11.3 g O $\times 1$ mol O/16.0 g O $= 0.71$ mol O
    摩尔比 C∶H∶O$=9∶17∶1$,因此,油酸经验式为 $C_9H_{17}O$,分子式为 $C_{18}H_{34}O_2$。

37. $Al(NO_2)_3 + 3NH_4Cl \longrightarrow AlCl_3 + 3N_2 + 6H_2O$
    43.0 g $Al(NO_2)_3 \times \left[\dfrac{1 \text{ mol } Al(NO_2)_3}{165 \text{ g } Al(NO_2)_3} \times \dfrac{1 \text{ mol } AlCl_3}{1 \text{ mol } Al(NO_2)_3}\right]$
    $\times \left(\dfrac{134 \text{ g } AlCl_3}{1 \text{ mol } AlCl_3}\right) = 34.9$ g $AlCl_3$
    43.0 g $NH_4Cl \times (1$ mol $NH_4Cl/53.5$ g $NH_4Cl) \times (1$ mol $AlCl_3/3$ mol $NH_4Cl) \times (134$ g $AlCl_3/1$ mol $AlCl_3) = 35.9$ g $AlCl_3$
    $Al(NO_2)_3$ 是有限反应物,反应产生了34.9克 $AlCl_3$。

38. a)28.0 g/mol;b)254 g/mol;c)32.0 g/mol;d)58.7 g/mol。

39. $2NaNO_3 \longrightarrow 2NaNO_2 + O_2$
    128 g $O_2 \times (1$ mol $O_2/32.0$ g $O_2) \times (2$ mol $NaNO_3/1$ mol $O_2) \times (85.0$ g $NaNO_3/1$ mol $NaNO_3) = 680$ g $NaNO_3$

40. $Ag_2S + 2HCl \longrightarrow 2AgCl + H_2S$
    85.6 g $Ag_2S \times (1$ mol $Ag_2S/248$ g $Ag_2S) \times (2$ mol $AgCl/1$ mol $Ag_2S) \times \left(\dfrac{143 \text{ g } AgCl}{1 \text{ mol } AgCl}\right) = 98.7$ g $AgCl$

$$85.6 \text{ g Ag}_2\text{S} \times (1 \text{ mol Ag}_2\text{S}/248 \text{ g Ag}_2\text{S}) \times (1 \text{ mol H}_2\text{S}/1 \text{ mol Ag}_2\text{S}) \times (34.1 \text{ g H}_2\text{S/mol H}_2\text{S}) = 11.8 \text{ g H}_2\text{S}$$

41. $26 \text{ g N} \times (1 \text{ mol N}/14.0 \text{ g N}) = 1.9 \text{ mol N}$

    $74 \text{ g O} \times (1 \text{ mol O}/16.0 \text{ g O}) = 4.6 \text{ mol O}$

    N:1.9/1.9＝1.0;O:4.6/1.9＝2.5。

    N:1×2＝2;O:2.5×2＝5。

    N_2O_5

42. a)2.56 mol NH_3；b)0.028 mol $C_9H_8O_4$；c)0.189 mol CuO。

43. 理论产量：

    $$10.0 \text{ g Mg} \times \left(\frac{1 \text{ mol Mg}}{24.3 \text{ g Mg}}\right) \times \left(\frac{1 \text{ mol MgCl}_2}{1 \text{ mol Mg}}\right) \times \left(\frac{95.2 \text{ g MgCl}_2}{1 \text{ mol MgCl}_2}\right) =$$

    39.2 g $MgCl_2$

    产率％＝30.8 g/39.2 g×100％＝78.6％

44. a)C_3H_6；b)C_6H_6；c)N_2O_4。

45. a)6.0 g/30 g×100％＝20％

    b)4.0 g/16 g×100％＝25％

    c)64 g/480 g×100％＝13％

46. H_2O_2：94.1％

    $NaNO_3$：56.4％

    H_2O_2中的氧的质量百分比几乎是$NaNO_3$中的氧的2倍。

47. 千克是质量的国际标准单位,在中国质量单位还有:毫克、克、吨、两、斤、公斤。

48. 68.2 g C×1 mol C＝5.68 mol C

    6.98 g H×1 mol H/1.01 g H＝6.79 mol H

    15.9 g N×1 mol N/14.0 g N＝1.14 mol N

    9.08 g O×1 mol O/16.0 g O＝0.568 mol O

    分子式:$C_{10}H_{12}$ N_2O

49. 0.065 0 m^3×1 000 L/1 m^3＝65.0 L

    $V(\text{标准状况}) = 65.0 \text{ L} \times 2.00 \text{ atm}/1.00 \text{ atm} \times \frac{273 \text{ K}}{313 \text{ K}} = 113 \text{ L N}_2$

    113 L N_2×1 mol N_2/22.4 L N_2×2 mol NaN_3/3 mol N_2＝65.0 g NaN_3/1 mol NaN_3＝219 g NaN_3

50. 硫酸可用于制造化肥和洗涤剂。它还可被用作电解质、催化剂、脱水剂,以及提炼石油和金属的成分。

51. 摩尔质量是指1摩尔纯净物的质量。相对分子质量是指化学式中

61

各个原子的相对质量的总和。

52. 在硝酸银和硝酸钠混合物溶液中加入氯化钠,以产生不溶的 AgCl 沉淀。根据 AgCl 的质量,确定所生成 AgCl 的摩尔数。AgCl 的摩尔数等于混合物中 $AgNO_3$ 的摩尔数。利用 $AgNO_3$ 的质量和混合物的质量可计算 $AgNO_3$ 的质量百分比。

53. 利用摩尔质量将物质中的原子、离子或分子样品的质量转换为它所包含的粒子数。

54. 用小苏打进行反应的方程式:
    $NaHCO_3 + CH_3COOH \longrightarrow CH_3COONa + H_2O + CO_2$
    用碳酸钙进行反应的方程式:
    $CaCO_3 + 2CH_3COOH \longrightarrow Ca(CH_3COO)_2 + H_2O + CO_2$
    使用碳酸钙代替小苏打时需要 2 倍的醋酸量。因为 $CaCO_3$ 的摩尔质量较大,所以反应物的质量也增大。

55. 原子序数是指原子核中的质子数。质量数是原子核中质子和中子的总数。一种元素的同位素具有相同的原子序数,不同的质量数。

56. 在第 2 周期,第二能级正在被电子填充。需要八个电子来填充 2s 轨道和三个 2p 轨道。

57. $8.50 \text{ L} \times 760 \text{ mm Hg}/12\,500 \text{ mm Hg} \times 348 \text{ K}/273 \text{ K} = 0.659 \text{ L}$

58. a) 糖是一种共价化合物;食盐是一种离子化合物。
    b) 食盐。
    c) 糖。

59. 见下表。

项目	化学(分子)式	摩尔质量 ($g \cdot mol^{-1}$)	微粒数	排序
10.0 g 萤石中的化学式单位	CaF_2	78.1	7.71×10^{22}	2
10.0 g 氯化钠中的钠离子	NaCl	58.4	1.03×10^{23}	3
10.0 g 水中的水分子	H_2O	18.0	3.34×10^{23}	7
10.0 g 水中的氢原子	H_2O	18.0	6.68×10^{23}	8
10.0 g 二氧化碳中的二氧化碳分子	CO_2	44.0	1.37×10^{23}	4

续表

项目	化学(分子)式	摩尔质量 (g·mol^{-1})	微粒数	排序
10.0 g 一氧化碳中的一氧化碳分子	CO	28.0	$2.15×10^{23}$	5
10.0 g 阿司匹林中的阿司匹林分子($C_9H_8O_4$)	$C_9H_8O_4$	180	$3.34×10^{22}$	1
10.0 g 阿司匹林中的碳原子	$C_9H_8O_4$	180	$3.01×10^{23}$	6
10.0 g 阿司匹林中的价电子	$C_9H_8O_4$	180	$2.27×10^{24}$	9

60. 合理即可,如,时间:一台每秒计数1000万的计算机需要近20亿年才能计数到1摩尔。

61. 1.88 g $Cu(NO_3)_2$;0.978 g $Cu(OH)_2$;0.797 g CuO;

1.60 g $CuSO_4$;0.637 g Cu。

根据质量守恒定律,最后一步中金属铜的产量将等于铜的初始质量。质量上的微小差异是由于数据的四舍五入造成的。

P433 标准化测试

1. d
2. b
3. a
4. c
5. c
6. b
7. d

第 13 章
水和溶液

P435 实验分析

氯化钙溶解是放热的,氯化铵溶解是吸热的。

探究

放热可以使冰融化;吸热可以做冰袋。

P443 分析与讨论

1. 洗涤液和水以珠状和圆顶状抵抗溢出的能力体现了表面张力的作用效果。
2. 洗涤液的表面张力较小,因为洗涤液中部分分子是非极性的,会干扰水分子的分子间作用力。

P450 本节回顾

1. 水在室温下是液态,具有高沸点,在地球上三种状态都存在,具有高比热容,是常见的溶剂,具有高的汽化热。
2. 氢键连接一个分子的氢原子和另一个分子的氮、氧或氟原子。
3. 表面张力是冲破液体表面或使液体扩散所需要的力。水滴呈球形是因为分子表面受到向内的不平衡的力,而球形的表面尽可能接近中心。
4. 乙二醇的沸点更高,因为它更易形成氢键。
5. 皮肤通过蒸发汗水来自我冷却,在干燥的天气,蒸发可以高效地进行,而在潮湿的天气,空气中的水分会使蒸发变慢。
6. 弯月面的形成是因为水分子与玻璃量筒中的二氧化硅分子之间的吸引力。表面张力使得水分子在量筒中沿着管壁上升,形成弯月面。

P452 分析与讨论

1. 不是。可能钙离子和镁离子的浓度很低以至于无明显的沉淀生成。
2. 硬水显著降低了肥皂形成泡沫的能力。

P457 分析与讨论

1. $Cu(NO_3)_2 + CuSO_4 \longrightarrow CuSO_4 + Cu(NO_3)_2$ (NR);
$Cu(NO_3)_2 + Ba(NO_3)_2 \longrightarrow Cu(NO_3)_2 + Ba(NO_3)_2$ (NR);

$2Cu(NO_3)_2 + 4NaI \longrightarrow 2CuI + I_2 + 4NaNO_3$

[注意学生可能写成:$Cu(NO_3)_2 + 2NaI \longrightarrow CuI_2 + 2NaNO_3$];

$Cu(NO_3)_2 + Pb(NO_3)_2 \longrightarrow Cu(NO_3)_2 + Pb(NO_3)_2$(NR);

$Cu(NO_3)_2 + Na_2CO_3 \longrightarrow CuCO_3 + 2NaNO_3$;

$CuSO_4 + Ba(NO_3)_2 \longrightarrow Cu(NO_3)_2 + BaSO_4$;

$2CuSO_4 + 4NaI \longrightarrow 2CuI + I_2 + 4Na_2SO_4$;

$CuSO_4 + Pb(NO_3)_2 \longrightarrow Cu(NO_3)_2 + PbSO_4$;

$CuSO_4 + Na_2CO_3 \longrightarrow CuCO_3 + Na_2SO_4$;

$Ba(NO_3)_2 + 2NaI \longrightarrow BaI_2 + 2NaNO_3$(NR);

$Pb(NO_3)_2 + Ba(NO_3)_2 \longrightarrow Pb(NO_3)_2 + Ba(NO_3)_2$(NR);

$Ba(NO_3)_2 + Na_2CO_3 \longrightarrow BaCO_3 + 2NaNO_3$;

$Pb(NO_3)_2 + 2NaI \longrightarrow PbI_2 + 2NaNO_3$;

$Na_2CO_3 + NaI \longrightarrow NaI + Na_2NO_3$(NR);

$Pb(NO_3)_2 + Na_2CO_3 \longrightarrow PbCO_3 + 2NaNO_3$

2. 反应物:硝酸铜,蓝色;硫酸铜,蓝色;硝酸钡,白色(溶液无色);碘化钠,白色;硝酸铅,白色;碳酸钠,白色。产物:碘化亚铜,棕白色,难溶;碘单质,在水中棕色,难溶;碳酸铜,蓝绿色,难溶;硫酸钡,白色,难溶;碘化钡,无色,可溶;碳酸钡,白色,难溶;硝酸钠,白色,可溶;硫酸钠,白色,可溶;硫酸铅,白色,难溶;碘化铅,黄色,难溶;碳酸铅,白色,难溶。

3. A是硝酸铜,B是硫酸铜,C是硝酸钡,D是碘化钠,E是硝酸铅,F是碳酸钠。

应用与评估

通过观察实验现象,与预期应该出现的信息进行匹配,并通过排除法确定六种溶液。

进一步探究

可以将六种溶液蒸发结晶,观察晶体的形状与颜色,也可以进行焰色试验。

P462 练一练

7. 将 63.8 g 的 $CuSO_4$ 溶解在 1.00 L 溶液中。

$CuSO_4$ 的摩尔质量为 159.61 g/mol

$\left(\dfrac{1.00 \text{ L 溶液}}{1}\right)\left(\dfrac{0.400 \text{ mol } CuSO_4}{1 \text{ L 溶液}}\right)\left(\dfrac{159.61 \text{ g } CuSO_4}{1 \text{ mol } CuSO_4}\right) = 63.8 \text{ g } CuSO_4$

8. 将 202 g 的 KNO_3 溶解在 2.50 L 溶液中。

KNO_3 的摩尔质量为 101.10 g/mol,

$$\left(\frac{2.50 \text{ L 溶液}}{1}\right)\left(\frac{0.800 \text{ mol KNO}_3}{1 \text{ L 溶液}}\right)\left(\frac{101.10 \text{ g KNO}_3}{1 \text{ mol KNO}_3}\right)=202 \text{ g KNO}_3$$

9. 将 173 g 蔗糖溶解在 460 mL 溶液中。

   $C_{12}H_{22}O_{11}$ 的摩尔质量为 342.30 g/mol，

   $$\left(\frac{0.46 \text{ L 溶液}}{1}\right)\left(\frac{1.10 \text{ mol } C_{12}H_{22}O_{11}}{1 \text{ L 溶液}}\right)\left(\frac{342.30 \text{ g } C_{12}H_{22}O_{11}}{1 \text{ mol } C_{12}H_{22}O_{11}}\right)=$$
   173 g $C_{12}H_{22}O_{11}$

10. 将 8.23 g 的 LiCl 溶解在 1.00 L 溶液中。

    LiCl 的摩尔质量为 42.40 g/mol，

    $$\left(\frac{1.00 \text{ L 溶液}}{1}\right)\left(\frac{0.194 \text{ mol LiCl}}{1 \text{ L 溶液}}\right)\left(\frac{42.40 \text{ g LiCl}}{1 \text{ mol LiCl}}\right)=8.23 \text{ g LiCl}$$

11. 溶质质量：11 g，11 g，30 g。

P463 练一练

12. 0.062M Na_2SO_4

    Na_2SO_4 的摩尔质量为 142.06 g/mol，

    $$\left(\frac{14 \text{ g } Na_2SO_4}{1 \text{ L 溶液}}\right)\left(\frac{1 \text{ mol } Na_2SO_4}{142.06 \text{ g } Na_2SO_4}\right)=0.062 \text{ mol } Na_2SO_4/L \text{ 溶液} = $$
    0.062M Na_2SO_4

13. 0.17M NH_4Cl

    NH_4Cl 的摩尔质量为 53.50 g/mol，

    $$\left(\frac{7.4 \text{ g } NH_4Cl}{0.82 \text{ L 溶液}}\right)\left(\frac{1 \text{ mol } NH_4Cl}{53.50 \text{ g } NH_4Cl}\right)=0.17 \text{ mol } NH_4Cl/L \text{ 溶液} = $$
    0.17M NH_4Cl

P473 本节回顾

14. 因为水分子是极性的，它既有略带正电的一端，又有略带负电的一端。带负电的一端受到阳离子的吸引，带正电的一端受到阴离子的吸引。

15. a) $Na_2SO_4(aq) \longrightarrow 2Na^+(aq) + SO_4^{2-}(aq)$

    b) $NaOH(s) \longrightarrow Na^+(aq) + OH^-(aq)$

    c) $CaCl_2(s) \longrightarrow Ca^+(aq) + 2Cl^-(aq)$

16. a) 过饱和溶液；b) 不饱和溶液；c) 饱和溶液。

17. 三种溶液的摩尔浓度分别为 1.0M KBr，1.1M NaOH，0.80M $KMnO_4$。NaOH 溶液的浓度最高。凝固点：1.1M NaOH < 1.0M KBr < 0.80M $KMnO_4$。凝固点的高低仅仅取决于浓度，浓度越高，凝固点越低。

18. 鸡蛋液起到乳化剂的作用，使得油基和水基的液滴呈胶体状态混合在

P475－476　第13章测评

19. 虽然水分子是小分子,但常温下是液体;在地球上存在三种状态;固态比液态密度小;比热容高;是优良的溶剂。

20. 水分子是弯曲的,一个氢氧键的极性不会与另一个氢氧键的极性相抵消。

21. 当水变冷时,分子之间移动得更近,密度变大。当温度低于4 ℃时,水分子分散成晶格结构,密度变小。

22. 任何氢与氟、氧或氮原子成键的分子都可能含有氢键。

23. 毛细现象是由于液体与管壁之间的吸引力造成液体沿着狭窄的细管上升的现象。例如,收集血样时血液在细管内上升和水在管中形成弯月面。

24. 水银原子之间的强吸引力形成表面张力,但是水银与玻璃之间的吸引力却非常小,因此形成上升的弯月面。

25. b 是共价键,a、c 是氢键。

26. 蔗糖中含有很多羟基,可以与水形成氢键。

27. 使用溶解度随着温度升高而增加的溶剂,在高温下使其溶解,然后缓慢地冷却。

28. 比热是指1 g 物质温度升高1 ℃时吸收的热量。水的高比热对调节地球的温度起到了重大的作用,使得地球白天温度上升不大,夜晚温度下降不大。

29. 因为冰的结构中空隙更大,所以它的密度比水小。水体从上部开始结冰形成一个绝热层,保护水生动物免于冰冻。

30. 汗液中的水分蒸发吸收热量,使得身体保持凉爽。

31. 0.217 mol 乙醇/0.100 0 L 溶液＝2.17M 乙醇

32. $(1.30 \text{ L})(0.890 \text{ mol Na}_2\text{CO}_3/\text{L})(106 \text{ g Na}_2\text{CO}_3/\text{mol Na}_2\text{CO}_3)$ ＝123 g Na_2CO_3

33. 因为金的比热比铁低,所以吸收相等的能量,金升高的温度更大。

34. $(1.00 \text{ L})(0.255 \text{ mol FeCl}_3/\text{L})(162.5 \text{ g FeCl}_3/\text{mol FeCl}_3)$ ＝41.4 g $FeCl_3$

35. $(4.13 \text{ g MgBr}_2/0.845 \text{ L})(1 \text{ mol MgBr}_2/184 \text{ g MgBr}_2)$ ＝0.026 6 mol $MgBr_2$/L＝0.026 6 M $MgBr_2$

36. $(5.60 \text{ L})(1.13 \text{ mol KI/L})(166 \text{ g KI/mol KI})$ ＝1 050 g KI

37. 加入防冻剂使水的凝固点降低,当防冻剂的浓度足够时,水的凝固点降至冬季最低温以下,就可以防止汽车水箱冻住。

38. 氯化钙水解形成一个钙离子和两个氯离子,因此比氯化钠产生更多的溶质粒子,使得凝固点更低,同时溶解放出的热量进一步使冰雪融化。

39. Al:(0.903 J/g·℃)(100 g)(80 ℃)=7 kJ
    Cu:(0.385 J/g·℃)(100 g)(80 ℃)=3 kJ

40. 得到的溶液是不饱和溶液。因为 KCl 在水中的溶解度随温度升高而增大。

41. 23.3 g BaSO$_4$

42. 肥皂中的疏水基团吸引油污,亲水基团吸引水分。当水被肥皂带走时,油污同时也被带走了。

43. 因为死海中的水含有高浓度的盐,所以需要高压来抵消溶剂流动和产生反渗透。

44. 因为水的表面张力可以使其表面不被破坏,所以小心放置钢制剃刀片不会下沉。

45. 10 ℃时,氯化钠的溶解度几乎是硝酸钾的 2 倍;硝酸钾的溶解度随温度上升变化较大,因此在 22 ℃时二者相等;在 40 ℃时,硝酸钾的溶解度几乎是氯化钠的 2 倍。

46. 碳酸钠会与硫酸铜反应形成难溶的碳酸铜残留在衬衫上。

47. 一分子 CHCl$_3$ 包含一个碳原子,一个氢原子和三个氯原子。

48. 钾原子的一个价电子转移到溴原子上,生成的 K$^+$ 和 Br$^-$ 互相吸引并形成离子键。

49. 第二个电子层最多有 8 个电子,填满 2s 和 2p 轨道;第三个电子层最多有 18 个电子,填满 3s,3p 和 3d 轨道。

50. 医用酒精蒸发得很快,带走皮肤上的热量。

51. 该反应的化学平衡式为 N$_2$+2O$_2$ ⟶ 2NO$_2$。消耗氮气的体积是氧气体积的一半,因此需要 14 L 氮气与 28 L 氧气完全反应。

52. 图像显示了非金属氢化物的沸点。其中四条折线代表了元素周期表中第ⅣA、ⅤA、ⅥA、ⅦA族。CH$_4$ 的沸点最低为 −161 ℃,H$_2$O 的沸点最高为 100 ℃。通常沸点随着元素周期表从上至下,从左至右升高。虚线表示了水如果遵循该趋势的沸点为 −100 ℃。只有 CH$_4$ 遵循该族的沸点趋势。其他三族中,H$_2$O、HF、NH$_3$ 的沸点反常高是因为存在很强的分子间氢键。只有水在室温下是液态(HF 在 15 ℃时液化)。

53. 略。
54. 由于毛细现象，玻璃管中的水面会比烧杯中的高。因为极性水分子与极性玻璃分子之间有强的吸引力使得水面上升。在覆盖固体蜡薄层毛细管中，水面不会上升，因为极性水分子与非极性的蜡之间吸引力较小。

P477 标准化测试

1. d
2. a
3. b
4. b
5. d
6. b
7. d
8. c
9. d

第 14 章
酸、碱和 pH

P479　实验分析

1. 答案因测试物质的不同而不同。参考答案：可分为两类——酸和碱。
2. 根据它们与石蕊试纸和酚酞试剂的反应分类。

探究

　　合理即可，但应包括加入一种酸中和指示剂。

P482　分析与讨论

1. 酸使蓝色石蕊试纸变红，溴百里酚蓝变黄，与碳酸钙反应生成二氧化碳，与锌粒和铝片反应生成氢气，使鸡蛋清凝结。
2. 醋酸反应得不太剧烈，因为它是弱酸。

P496　本节回顾

1. 表格需包含：酸有酸味，使蓝色石蕊变红，与活泼金属反应生成氢气，与碳酸根离子反应生成二氧化碳，与碱反应；碱有苦味和光滑的触感，使红色石蕊变蓝，与酸反应。
2. $HNO_3(aq)+H_2O(l) \longrightarrow H_3O^+(aq)+NO_3^-(aq)$；$HNO_3$ 在水中解离形成氢离子。上述化学方程式也可以写成：$HNO_3(aq) \longrightarrow H^+(aq)+NO_3^-(aq)$。
3. MgO 是碱性氧化物，CO_2 是酸性氧化物。

    $MgO(s)+H_2O \longrightarrow Mg(OH)_2(aq) \longrightarrow Mg^{2+}(aq)+2OH^-(aq)$

    $CO_2(aq)+H_2O(l) \longrightarrow H_2CO_3(aq) \longrightarrow 2H^+(aq)+CO_3^{2-}(aq)$ 或 $H^+(aq)+HCO_3^-(aq)$

4. 因为酸可以给出氢离子而碱可以接受氢离子。
5. 柠檬汁中的酸能与肥皂中的碱进行反应，所以肥皂中碱的滑腻就不复存在了。

P502　练一练

6. a) pH=5；b) pH=12；c) pH=2。
7. a) pH=10；b) pH=3；c) pH=6。

P504 分析与讨论

1. 将观察到预期的结果。

2. 与酸反应有气泡冒出的抗酸剂中含有碳酸盐,因为碳酸盐与酸反应会生成二氧化碳。

3. 生成的气体更少、溶液碱性更高,pH 约为 9 的抗酸剂效果更好,可以与更多的酸发生反应。

P507 分析与讨论

1. 酸性。水合氢离子或氢离子。

2. 碱性。氢氧根离子。

3. 柠檬酸的酸性比硼酸强。

4. 控制溶剂水这一变量。

应用与评估

1. 不能,番茄酱的红色将干扰指示剂的颜色。

2. 洗发液的 pH 一般为中性或弱酸性,与人体头发和皮肤的中性 pH 相一致。肥皂和洗涤剂倾向于呈碱性,可能会对皮肤和头发造成伤害。

进一步探究

漂白剂——绿色;发酵粉——黄绿色;苹果汁——粉红色;糖——紫色;咖啡——淡紫色。

P508 本节回顾

8. 它们呈反比例相关。当水合氢离子浓度上升时,氢氧根离子浓度下降。

9. NH_3(弱碱);KOH(强碱);HBr(强酸);$HCHO_2$(弱酸);HNO_2(弱酸);$Ca(OH)_2$(强碱)。

10. NH_3 分子浓度最高,H^+ 浓度最低。因为 NH_3 是弱碱,电离出少量的 OH^- 和 NH_4^+,还有一部分水电离的 H^+ 和 OH^-。

11. $5.5-3.5=2.0$ 因此两种雨水样品中的水合氢离子浓度差为 $10^2=100$ 倍。

12. pH 大约为 9。

P510-512 第 14 章测评

13. $Mg(OH)_2(s) \longrightarrow Mg^{2+}(aq)+2OH^-(aq)$,其溶解在水中电离出氢氧根离子。

14. a)上升;b)下降;c)上升;d)下降;e)不变;f)不变。

15. pH 为 7.6 的溶液最接近中性;pH 为 11.6 的溶液碱性最强。

16. $HBr(aq) + H_2O(l) \longrightarrow H_3O^+(aq) + Br^-(aq)$ 或 $HBr(aq) \longrightarrow H^+(aq) + Br^-(aq)$

17. $KOH(s) \longrightarrow K^+(aq) + OH^-(aq)$, $NH_3(aq) + H_2O(l) \longrightarrow NH_4^+(aq) + OH^-(aq)$;KOH 是完全电离,$NH_3$ 是不完全电离。

18. $HA(aq) + H_2O(l) \longrightarrow H_3O^+(aq) + A^-(aq)$;水作为氢离子的受体,因为酸与水之间形成氢键,使得氢离子转移到水上形成水合氢离子。

19. $B(aq) + H_2O(l) \longrightarrow BH^+(aq) + OH^-(aq)$,水作为氢离子的供体。

20. 柠檬酸和维生素 C 都有多个酸性的氢。

$H_3C_6H_5O_7(aq) \longrightarrow H^+(aq) + H_2C_6H_5O_7^-(aq)$

$H_2C_6H_5O_7^-(aq) \longrightarrow H^+(aq) + HC_6H_5O_7^{2-}(aq)$

$HC_6H_5O_7^{2-}(aq) \longrightarrow H^+(aq) + C_6H_5O_7^{3-}(aq)$

$H_2C_6H_6O_6(aq) \longrightarrow H^+(aq) + HC_6H_6O_6^-(aq)$

$HC_6H_6O_6^-(aq) \longrightarrow H^+(aq) + C_6H_6O_6^{2-}(aq)$

21. $Na_2CO_3(s) + 2HNO_3(aq) \longrightarrow 2NaNO_3(aq) + CO_2(g) + H_2O(l)$

22. H_2SO_4,硫酸。是酸。

23. a)H_2SO_4,二元酸;b)$HClO_4$,一元酸;c)H_3PO_4,三元酸;d)HF,一元酸;e)$HC_2H_3O_2$,一元酸。

24. a)NH_3,弱碱;b)$Ca(OH)_2$,强碱;c)LiOH,强碱;d)$Ba(OH)_2$,强碱。

25. 碱性越强 pH 越大。二甲胺 pH 最大,三甲胺 pH 最小。

26. 溶解得更多意味着电离得更多,能够产生更多的氢氧根离子,因此,碱性更强。

27. 强酸可以在水中完全电离,弱酸在水中不完全电离。

28. a)酸性;b)碱性;c)碱性;d)中性。

29. a)$10^{-3.5}$ M 或 3.2×10^{-4} M;b)$10^{-11.5}$ M 或 3.2×10^{-12} M;c)$10^{-8.8}$ M 或 1.6×10^{-9} M;d)10^{-7} M 或 1.0×10^{-7} M。

30. $CO_2(aq) + H_2O(l) \longrightarrow H_2CO_3(aq)$

31. $10^{-5.5}/10^{-7} = 31.6$

32. 0.10%

33. pH 相差 3.0。血液中的水合氢离子浓度是氧化镁牛奶中的 1 000 倍。

34. 溶液中既有铵根离子,又有氢氧根离子。

35. 酸雨使得大理石中难溶的碳酸钙转化为可溶的硫酸钙。

    $CaCO_3(s) + H_2SO_4(aq) \longrightarrow CaSO_4(aq) + CO_2(g) + H_2O(l)$

36. CaO 是一种碱性氧化物。

37. 两种都是酸,中和洗发液的碱性,紧固角质层,让头发更有光泽。

38. 血液会带走肌肉中产生的杂质,乳酸会使得血液 pH 降低。

39. 光化学烟雾在晴天更多,而且城市中的工业污染与汽车尾气也更多。

40. 当酸与碱发生反应时会生成盐。柠檬酸可以与氢氧化钙生成柠檬酸钙固体和水。

41. HCl,0;H_3O^+,0.50M;Cl^-,0.50M。

42. 酸与碳酸根反应生成二氧化碳。发酵粉中含有酸和碳酸根,反应放出二氧化碳气体。

43. 可能是一种酸性物质,柠檬汁或醋,可以与碳酸根发生反应。

44. a)碱;b)酸;c)酸;d)酸。

45. a)C_5H_5N 碱,H_2O 酸;b) $HClO_3$ 酸,H_2O 碱;c) $HCHO_2$ 酸,H_2O 碱;d)C_6H_5SH 酸,H_2O 碱。

46. 酸中的酸性氢可以转移到水上形成水合氢离子。醋酸中三个氢原子与碳原子成键,是非极性的,酸性氢与氧原子通过极性共价键相连,可以很容易转移并与水成键。

47. 约等于7。

48. 在酸中加入锌粉,接触面积过大,反应速率过快不安全。

49. 一些抗酸剂片中的成分包含镇痛剂,如阿司匹林、对乙酰氨基酚等,这些成分可以在不解决根本问题的情况下缓解疼痛,因此这些成分的存在可以减少抗酸剂的含量。其他成分有时体积很大,在药片中占很大空间。

50. a) $CaO(s) + H_2O(l) \longrightarrow Ca(OH)_2(aq)$,化合反应

    b) $H_2SO_4(aq) + Zn(s) \longrightarrow ZnSO_4(aq) + H_2(g)$,置换反应

    c) $HNO_3(aq) + KOH(aq) \longrightarrow KNO_3(aq) + H_2O(l)$,复分解反应

51. a)100 g;b)132 g;c)71 g。

52. 200 g

第14章 酸、碱和pH

53.

物质名称	化学式	酸,碱或中性	强电解质或弱电解质	pH:大于,等于或小于7	石蕊试液颜色	溶液中的主要粒子
醋酸	$HC_2H_3O_2$	酸性	弱	<7	粉色	H^+, $C_2H_3O_2^-$
盐酸	HCl	酸性	强	<7	粉色	H^+, Cl^-
氢碘酸	HI	酸性	强	<7	粉色	H^+, I^-
氨气	NH_3	碱性	弱	>7	蓝色	NH_4^+, OH^-
氢氧化锂	$LiOH$	碱性	强	>7	蓝色	Li^+, OH^-
氢氧化钙	$Ca(OH)_2$	碱性	强	>7	蓝色	Ca^+, OH^-
甲酸	$HCHO_2$	酸性	弱	<7	粉色	H^+, CHO_2^-
氯化钠	$NaCl$	中性	强	7	不变	Na^+, Cl^-
硝酸	HNO_3	酸性	强	<7	粉色	H^+, NO_3^-
磷酸	H_3PO_4	酸性	弱	<7	粉色	H^+, PO_4^{3-}

54. 学生可以在化学与技术相关网站上获取信息,内容需包括硫酸的生产步骤与不同国家的产量以及硫酸应用。

55. 最初水样pH为6,是因为空气中的二氧化碳溶解在水中形成碳酸。二氧化碳在热水中的溶解度小,故将水煮沸,二氧化碳逸出,pH变为7。后面两个水样pH为6,是因为空气中的二氧化碳以及呼出的二氧化碳溶于水中,形成碳酸。

P513 标准化测试

1. b
2. d
3. a
4. c
5. b
6. a
7. b
8. c
9. c

第 15 章
酸碱反应

P515 实验分析

1. 普通型阿司匹林的 pH 在 2~3 范围内。缓冲剂型阿司匹林的 pH 更大一些。
2. 缓冲剂的作用是中和阿司匹林的酸性。

探究

　　缓冲剂型阿司匹林。

P518 分析与讨论

1. $NaC_2H_3O_2$, Na_2CO_3：碱性；KNO_3, $NaCl$：中性；NH_4Cl, $Al_2(SO_4)_3$：酸性。
2. 强酸强碱盐为中性，强酸弱碱盐为酸性，强碱弱酸盐为碱性。
3. 可以加入强酸弱碱盐。

P521 练一练

1. $2HI(aq)+Ca(OH)_2(aq) \longrightarrow CaI_2(aq)+2H_2O(l)$

   $2H^+(aq)+2I^-(aq)+Ca^{2+}(aq)+2OH^-(aq) \longrightarrow Ca^{2+}(aq)+2I^-(aq)+2H_2O(l)$

   $H^+(aq)+OH^-(aq) \longrightarrow H_2O(l)$

2. $HBr(aq)+LiOH(aq) \longrightarrow LiBr(aq)+H_2O(l)$

   $H^+(aq)+Br^-(aq)+Li^+(aq)+OH^-(aq) \longrightarrow Li^+(aq)+Br^-(aq)+H_2O(l)$

   $H^+(aq)+OH^-(aq) \longrightarrow H_2O(l)$

3. $H_2SO_4(aq)+Sr(OH)_2(aq) \longrightarrow SrSO_4(aq)+2H_2O(l)$

   $2H^+(aq)+SO_4^{2-}(aq)+Sr^{2+}(aq)+2OH^-(aq) \longrightarrow Sr^{2+}(aq)+SO_4^{2-}(aq)+2H_2O(l)$

   $H^+(aq)+OH^-(aq) \longrightarrow H_2O(l)$

4. $2HClO_4(aq)+Ba(OH)_2(aq) \longrightarrow Ba(ClO_4)_2(aq)+2H_2O(l)$

   $2H^+(aq)+2ClO_4^-(aq)+Ba^{2+}(aq)+2OH^-(aq) \longrightarrow Ba^{2+}(aq)+2ClO_4^-(aq)+2H_2O(l)$

   $H^+(aq)+OH^-(aq) \longrightarrow H_2O(l)$

第15章 酸碱反应

P524 练一练

5. $HClO_4(aq) + NH_3(aq) \longrightarrow NH_4ClO_4(aq)$

   $H^+(aq) + ClO_4^-(aq) + NH_3(aq) \longrightarrow NH_4^+(aq) + ClO_4^-(aq)$

   $H^+(aq) + NH_3(aq) \longrightarrow NH_4^+(aq)$

6. $3HCl(aq) + Al(OH)_3(s) \longrightarrow AlCl_3(aq) + 3H_2O(l)$

   $3H^+(aq) + 3Cl^-(aq) + Al(OH)_3(s) \longrightarrow Al^{3+}(aq) + 3Cl^-(aq) + 3H_2O(l)$

   $3H^+(aq) + Al(OH)_3(s) \longrightarrow Al^{3+}(aq) + 3H_2O(l)$

7. $3H_2SO_4(aq) + 2Fe(OH)_3(s) \longrightarrow Fe_2(SO_4)_3(aq) + 6H_2O(l)$

   $6H^+(aq) + 3SO_4^{2-}(aq) + 2Fe(OH)_3(s) \longrightarrow 2Fe^{3+}(aq) + 3SO_4^{2-}(aq) + 6H_2O(l)$

   $3H^+(aq) + Fe(OH)_3(s) \longrightarrow Fe^{3+}(aq) + 3H_2O(l)$

P529 练一练

8. $H_2CO_3(aq) + 2NaOH(aq) \longrightarrow Na_2CO_3(aq) + 2H_2O(l)$

   $H_2CO_3(aq) + 2Na^+(aq) + 2OH^-(aq) \longrightarrow 2Na^+(aq) + CO_3^{2-}(aq) + 2H_2O(l)$

   $H_2CO_3(aq) + 2OH^-(aq) \longrightarrow CO_3^{2-}(aq) + 2H_2O(l)$

9. $H_3BO_3(aq) + 3KOH(aq) \longrightarrow K_3BO_3(aq) + 3H_2O(l)$

   $H_3BO_3(aq) + 3K^+(aq) + 3OH^-(aq) \longrightarrow 3K^+(aq) + BO_3^{3-}(aq) + 3H_2O(l)$

   $H_3BO_3(aq) + 3OH^-(aq) \longrightarrow BO_3^{3-}(aq) + 3H_2O(l)$

10. $2HC_2H_3O_2(aq) + Ca(OH)_2(aq) \longrightarrow Ca(C_2H_3O_2)_2(aq) + 2H_2O(l)$

    $2HC_2H_3O_2(aq) + Ca^{2+} + 2OH^-(aq) \longrightarrow Ca^{2+} + 2C_2H_3O_2^-(aq) + 2H_2O(l)$

    $HC_2H_3O_2(aq) + OH^-(aq) \longrightarrow C_2H_3O_2^-(aq) + H_2O(l)$

P530 本节回顾

11. a) $HClO_4(aq) + NaOH(aq) \longrightarrow NaClO_4(aq) + H_2O(l)$

    $H^+(aq) + ClO_4^-(aq) + Na^+(aq) + OH^-(aq) \longrightarrow Na^{2+}(aq) + ClO_4^-(aq) + H_2O(l)$

    $H^+(aq) + OH^-(aq) \longrightarrow H_2O(l)$

    b) $H_2SO_4(aq) + 2NH_3(aq) \longrightarrow (NH_4)_2SO_4(aq)$

    $2H^+(aq) + SO_4^{2-}(aq) + 2NH_3(aq) \longrightarrow 2NH_4^+(aq) + SO_4^{2-}(aq)$

    $H^+(aq) + NH_3(aq) \longrightarrow NH_4^+(aq)$

    c) $H_3C_6H_5O_7(aq) + 3KOH(aq) \longrightarrow K_3C_6H_5O_7(aq) + 3H_2O(l)$

    $H_3C_6H_5O_7(aq) + 3K^+(aq) + 3OH^-(aq) \longrightarrow 3K^+(aq) + C_6H_5O_7^{3-}(aq) + 3H_2O(l)$

$$H_3C_6H_5O_7(aq)+3OH^-(aq)\longrightarrow C_6H_5O_7^{3-}(aq)+3H_2O(l)$$

12. a)中性,只有水生成;b)酸性,NH_4^+ 是弱酸;c)碱性,$C_6H_5O_7^{3-}$ 是弱碱。

13. a)HBr 酸性,H_2O 碱性;b)H_3PO_4 酸性,NH_3 碱性;c)H_2O 酸性,HS^- 碱性。

14. a)酸性:$NH_4Cl+H_2O\longrightarrow NH_3\cdot H_2O+H^++Cl^-$。

    b)中性。

    c)碱性:$LiC_2H_3O_2+H_2O\longrightarrow Li^++OH^-+HC_2H_3O_2$。

    d)中性。

15. $HC_3H_5O_3(aq)+NaOH(aq)\longrightarrow NaC_3H_5O_3(aq)+H_2O(l)$

    $HC_3H_5O_3(aq)+Na^+(aq)+OH^-(aq)\longrightarrow Na^+(aq)+C_3H_5O_3^-(aq)+H_2O(l)$

    $HC_3H_5O_3(aq)+OH^-(aq)\longrightarrow C_3H_5O_3^-(aq)+H_2O(l)$

    pH>7

P533 分析与讨论

1. 缓冲溶液中甲基橙变为橘红色的盐酸滴数更多。
2. 缓冲溶液中酚酞变为洋红色的氢氧化钠滴数更多。
3. 缓冲溶液可以阻止溶液 pH 的变化。

P542 练一练

16. 0.210M HBr
17. 0.208M HNO_3
18. 0.227M $Ca(OH)_2$

P545 分析与讨论

1. 品牌 A:(0.098 2 mol NaOH/1 L NaOH)(88 L NaOH/10 L 乙酸)(1 mol 乙酸/1 mol NaOH)=0.864 M 乙酸

   品牌 B 与品牌 C 同理可得。

2. 品牌 A:0.864 M 乙酸(1.00%乙酸/0.175 M)=4.94%

   品牌 B 与品牌 C 同理可得。

3. 品牌 A。

应用与评估

假设花 80 元/升的价格购买品牌 A 的醋,计算如下:

品牌 A:80 元/4.94%/1 升=16.2 元/%/升。

品牌 B 与品牌 C 同理可得。

进一步探究

可以用移液管和滴定管更精确地测量所称取的醋和氢氧化钠溶液的体积。

P546 本节回顾

19. $H_2CO_3 + OH^- \longrightarrow HCO_3^- + H_2O$；$HCO_3^- + H^+ \longrightarrow H_2CO_3$

20. $NH_4^+ + OH^- \longrightarrow NH_3 + H_2O$；$NH_3 + H^+ \longrightarrow NH_4^+$

21. a)一种未知浓度的酸或碱；b)另一种酸或碱的标准溶液；c)根据酸和碱的强弱选择指示剂；d)测定未知浓度溶液的体积；e)滴加标准溶液至反应终点，用移液管测定体积；f)计算未知浓度溶液的浓度。

22. a)强酸—弱碱，甲基橙，红色；b)弱酸—强碱，酚酞，粉色；c)强酸—强碱，百里酚蓝，绿色。

23. X 的中和能力强。

P548－550 第15章测评

24. 反应物结合可能生成的最多的产物。当反应完全时，限制反应物完全耗尽。

25. 强酸—强碱：$HCl + NaOH \longrightarrow NaCl + H_2O$

    弱酸—强碱：$HC_2H_3O_2 + NaOH \longrightarrow NaC_2H_3O_2 + H_2O$

    弱碱—强酸：$NH_3 + HCl \longrightarrow NH_4Cl$

26. a)$3KOH + H_3PO_4 \longrightarrow K_3PO_4 + 3H_2O$，弱酸—强碱

    b)$2HCHO_2 + Ca(OH)_2 \longrightarrow Ca(CHO_2)_2 + 2H_2O$，弱酸—强碱

    c)$Ba(OH)_2 + H_2SO_4 \longrightarrow BaSO_4 + 2H_2O$，强酸—强碱

27. a)$3K^+ + 3OH^- + H_3PO_4 \longrightarrow 3K^+ + PO_4^{3-} + 3H_2O$；

    $3OH^- + H_3PO_4 \longrightarrow PO_4^{3-} + 3H_2O$

    b)$2HCHO_2 + Ca^{2+} + 2OH^- \longrightarrow Ca^{2+} + 2CHO_2^- + 2H_2O$；

    $HCHO_2 + OH^- \longrightarrow CHO_2^- + H_2O$

    c)$Ba^{2+} + 2OH^- + 2H^+ + SO_4^{2-} \longrightarrow BaSO_4(s) + 2H_2O$；

    $Ba^{2+} + 2OH^- + 2H^+ + SO_4^{2-} \longrightarrow BaSO_4(s) + 2H_2O$

28. a)K^+，碱性，PO_4^{3-} 是弱碱；b)Ca^{2+}，碱性，CHO_2^- 是弱碱；c)中性，只有水和不溶的 $BaSO_4$ 生成。

29. 化学方程式是对混合溶液与生成物的描述，不以离子的形式显示。离子方程式显示了所有反应物和生成物的离子或分子的微观形

式。净离子方程式着眼于实际发生反应的微观粒子,不显示旁观离子。

30. 缓冲溶液可以在氢离子或氢氧根离子浓度发生变化时,使溶液保持一个相对稳定的 pH。

31. $HCO_3^- + H^+ \longrightarrow H_2CO_3$;$H_2CO_3 + OH^- \longrightarrow HCO_3^- + H_2O$

32. 缓冲溶液的 pH 会微小的变动,它可以保持相对稳定但不是完全稳定。

33. 加入 CO_2,H_2CO_3 浓度增加,HCO_3^- 浓度增加,H^+ 浓度也增加,这些浓度的变化都是微小的。

34. 血液流经肺部,肺部剩余的二氧化碳进入血液中,保持 H_2CO_3 水平在一个相对稳定的值。

35. $2H^+ + CaCO_3 \longrightarrow H_2O + CO_2\uparrow + Ca^{2+}$;$2H^+ + Ca(HCO_3)_2 \longrightarrow Ca^{2+} + 2H_2O + 2CO_2\uparrow$

36. $Al(OH)_3(s) + 3HCl(aq) \longrightarrow AlCl_3(aq) + 3H_2O(l)$

37. 0.494 M

38. 0.145 M

39. 弱酸、强碱在滴定终点的 pH 更大。

40. 强酸、强碱在滴定终点的 pH 更大。

41. 0.145 M NH_3

42. 换气过度指的是当人呼吸得很快很深时,造成血液中二氧化碳比平时流失得更多。这种现象会使血液的 pH 上升。$CO_2 + H_2O \longrightarrow H_2CO_3 \longrightarrow H^+ + HCO_3^-$,当 CO_2 减少,H_2CO_3 减少,H^+ 减少。

43. $CH_3NH_2 + H^+ \longrightarrow CH_3NH_3^+$;$CH_3NH_3^+$ 是弱酸。

44. 12.5 mL

45. $Mg(OH)_2$ 和 $Al(OH)_3$ 是难溶的,它们在进入胃部之前不会发生分解。而 NaOH 是可溶的,它进入人体后会迅速分解,其强碱性会破坏口腔和食道组织。

46. 37.5 mL

47. $H_2PO_4^- + OH^- \longrightarrow HPO_4^{2-}$;$HPO_4^{2-} + H^+ \longrightarrow H_2PO_4^-$

48. a) $KOH(aq) + HNO_3(aq) \longrightarrow KNO_3(aq) + H_2O(l)$
    b) $Ba(OH)_2 + 2HCl(aq) \longrightarrow BaCl_2(aq) + 2H_2O(l)$
    c) $3NaOH(aq) + H_3PO_4(aq) \longrightarrow Na_3PO_4(aq) + 3H_2O(l)$
    d) $3Ca(OH)_2(aq) + 2H_3PO_4(aq) \longrightarrow Ca_3(PO_4)_2(aq) + 6H_2O(l)$

第15章 酸碱反应

　　e) $HNO_2(aq)+LiOH(aq)\longrightarrow LiNO_2(aq)+H_2O(l)$
　　f) $3H_2SO_4(aq)+2Al(OH)_3(s)\longrightarrow Al_2(SO_4)_3(aq)+6H_2O(l)$
　　g) $HC_7H_5O_2(aq)+NH_3(aq)\longrightarrow NH_4C_7H_5O_2(aq)$
　　h) $NaOH(aq)+HCl(aq)\longrightarrow NaCl(aq)+H_2O(l)$

49. 当 H_2CO_3 耗尽时,溶解在血液中的 CO_2 可以产生更多的 H_2CO_3。

50. 133 mL

51. 2.76 g

52. 合理即可,但一定要包含携氧能力。

53. 碳酸。空气中的二氧化碳溶解在雨水中形成碳酸,进入地下水。

54. 二氧化碳浓度增加,血液的 pH 下降,可能会关闭控制打嗝的神经。

55. 某些特定的分子和离子会与特定的味蕾发生反应,产生味觉信号传输给大脑。

56. 不能,指示剂仅仅能够指示 pH 的范围,因为它在某个 pH 范围内保持某种颜色,而不是准确的 pH。

57. 石蕊变红,意味着 pH<7;百里酚蓝变黄,意味着 pH>2.5;溴酚蓝变绿,意味着 pH 大约为 4;甲基橙变红,意味着 pH<5。因此,该雨水 pH 大约为 4。

58. $HCHO_2+OH^-\longrightarrow CHO_2^-+H_2O$;$CHO_2^-$ 是弱碱。

59. a) $NaOH+HCl\longrightarrow NaCl+H_2O$
　　b) $Ca(OH)_2+H_2SO_4\longrightarrow CaSO_4+2H_2O$
　　c) $Mg(OH)_2+2HCl\longrightarrow MgCl_2+2H_2O$
　　d) $2NH_3+H_2SO_4\longrightarrow (NH_4)_2SO_4$
　　e) $KOH+HBr\longrightarrow KBr+H_2O$

60. 醋的浓度有一定的范围,但不完全相同,所以相同品牌的醋如果浓度不同,pH 则不同。

61. 酸性。

62. 酚酞在弱碱性溶液中变色,甲基橙在弱酸性溶液中变色。

63. 四水合硝酸锰,Mn:3;N:6;O:30;H:24。

64. $C_8H_6O_4$

65. a) $CuSO_4(s)\longrightarrow Cu^{2+}(aq)+SO_4^{2-}(aq)$
　　b) $Ca(NO_3)_2(s)\longrightarrow Ca^{2+}(aq)+2NO_3^-(aq)$
　　c) $Na_2CO_3(s)\longrightarrow 2Na^+(aq)+CO_3^{2-}(aq)$

66. 一元酸只有一个可电离的氢原子,如 $HC_2H_3O_2$;三元酸有三个可电离的氢原子,如 H_3PO_4。

67.

溶液 (从弱到强)	pH	溴酚蓝中 的颜色	甲基橙中 的颜色	百里酚蓝中 的颜色
A	5.45	蓝色	红—黄色	黄色
D	4.50	蓝色	红色	黄色
C	3.45	绿—黄色	红色	黄色
E	2.36	黄色	红色	红—黄色
B	1.00	黄色	红色	红色

68. 合理即可,可以讨论任何观察到的影响。

69. 流程图应该包括以下几个步骤:计算 NaOH 的摩尔量和加入抗酸剂的 HCl 的总摩尔量;用加入抗酸剂的总的 HCl 摩尔量减去 NaOH 的摩尔量;计算反应的抗酸剂的摩尔量;计算反应的 $CaCO_3$ 的克数;将克数与 0.165 g 相除得到 $CaCO_3$ 的质量分数(80%)。

P551 标准化测试

1. c
2. b
3. c
4. d
5. d
6. a
7. a
8. d
9. d

第 16 章
氧化还原反应

P553　实验分析

1. 溶液从蓝色变成无色。钉子上有铜析出。
2. $Fe+CuSO_4 \longrightarrow Cu+FeSO_4$

探究

　　化学反应。旧的物质消失并产生了新的物质,如铜的析出。

P557　分析与讨论

1. 只有普通铁钉与明胶发生反应。普通铁钉的钉头和尖端呈现蓝色,中间呈现红色。
2. 铁原子形成 Fe^{2+} 的反应是氧化反应,主要发生在普通铁钉的钉头和尖端。
3. 铝钉的表面仅有轻微的腐蚀,因为它表面形成了一层氧化铝的保护层。铝制品可以用于铁制品会被腐蚀的场合。镀锌钉不会被腐蚀,因为表面的锌比铁更容易发生反应。油漆钉不会腐蚀,因为油漆覆盖了铁,防止它接触酸性溶液。

P561　分析与讨论

1. 在第一个反应中,生成一种红棕色气体,溶液从无色变成蓝色。在第二个反应中,生成一种无色气体,使石灰水浑浊,并生成铜。
2. 在第一个反应中,铜被氧化,硝酸中的氮被还原。在第二个反应中,碳被氧化,CuO 中的铜被还原。

应用与评估

1. 随着铜获得电子,铜的氧化数从 +2 降低到 0。当氧化矿石提炼成单质铜时,也会发生氧化矿石质量的减少。
2. CuO 中 Cu 的质量分数为 79.89%,1 吨氧化铜可制得 0.798 9 吨铜。

进一步探究

　　如果氯气分子变成 Cl^-,它们获得电子而被还原。因此,氯气是氧化剂,杀死水中有害的微生物。

P562　本节回顾

1. 氧化还原反应是氧化半反应和还原半反应的组合。元素在还原过程中获得一个或多个电子；在氧化过程中，元素失去一个或多个电子。

2. a)Cu^{2+}被还原，Al被氧化。
   b)Cr^{3+}被还原，Zn被氧化。
   c)Au^{3+}被还原，Cd被氧化。

3. O_2为氧化剂，Fe为还原剂。

4. K(+1)；O(−2)；H(+1)；S(+6)。这不是氧化还原反应，因为没有电子转移，只有离子交换。

5. 柠檬汁中含有维生素C，维生素C比水果中的其他化合物更容易氧化，会变成棕色。当维生素C比水果中的其他化合物更容易被氧化时，它就充当了一种抗氧化剂。

P568　分析与讨论

1. 答案将取决于测试的产品。
2. 酒精是还原剂。

P576　本节回顾

6. 合理即可，从铁矿石中提炼铁，漂白剂氧化污渍，固氮，氧化脂肪以获取能量。

7. 铁是由矿石与一氧化碳经氧化还原反应获得的。在这个反应中，矿石中的铁离子被还原为金属铁，而一氧化碳被氧化为二氧化碳。

8. 铝罐表面易被氧化成一层坚硬致密的氧化铝薄膜，以保护下面的金属。铁罐里的铁易被氧化成片状的铁锈，很容易从表面脱落，不能为下面的铁金属提供保护。

9. 氧气作氧化剂。

10. 生锈的铁(Ⅲ)已经被氧化了，不能被漂白剂进一步氧化。

11. 伴随呼吸作用，所有动物都会产生热量。冬眠的动物以消耗储存的能量为代价来产生额外的热量，它们此时不活跃，所以需要的能量更少。

12. 铝是一种比银更活泼的金属，所以它作为还原剂，将银器表面失去光泽的Ag^+离子还原为银单质。铝金属原子被氧化，失去电子成为铝离子。

13. 金的活泼性不如铜，所以不容易被腐蚀。

P578−580　第16章测评

14. 氧化剂使另一物质被氧化而自身被还原，而还原剂使另一物质被还原而自身被氧化。

15. A)氧化;b)还原;c)氧化;d)氧化。

16. a)Cu^{2+};b)Fe_2O_3。

17. 次氯酸根离子(ClO^-)。

18. 在照相定影过程中,胶片中任何剩余的 Ag^+ 离子都会被去除。如果不去除它们,暴露在光下久置会使它们变成银原子,整个底片会变暗。

19. 电子从还原剂转移到氧化剂。

20. $Zn(s)+Cu^{2+}(aq) \longrightarrow Zn^{2+}(aq)+Cu(s)$

21. 氧化反应。

22. a)+5;b)+5

23. 镀锌铁钉表面的锌与碘分子发生氧化还原反应。在这个反应中,碘分子从锌原子中拉出电子,形成 Zn^{2+} 离子。当锌被氧化时,碘被还原为 I^-。当所有的棕色 I_2 分子都被还原时,棕色就消失了。当漂白剂把 I^- 离子氧化成 I_2 时,颜色又变回褐色。

24. 铁链可以涂漆、镀锌或包裹塑料。

25. 每个氧化还原反应都必须有一种元素给出电子,另一种元素接受电子。电子不能自由游离在外。

26. 许多复分解反应不是氧化还原反应。例如:$2AlCl_3(aq) + 3Na_2CO_3(aq) \longrightarrow Al_2(CO_3)_3(s)+6NaCl(aq)$,在这个反应中没有电子转移。

27. 氧气在氧化反应中不是必需的。任何能获得电子的物质都能作氧化剂。

28. a)氢被氧化,氮被还原;b)氧化剂为 N_2,还原剂为 H_2。

29. a)是的。氧元素被氧化;b)能量来自电源。

30. 呼吸过程的酒精含量会减少,因此更难以准确地测定饮酒或醉酒程度。

31. 鲁米诺与铜离子和钴离子以及血红蛋白中的铁离子发生反应。

32. a)氧气、过氧化氢、高锰酸钾、氯气、重铬酸钾、硝酸、次氯酸钠、氯酸钾。

    b)燃烧、绘画修复、去污、水处理、检验酒精、生产硝酸化学品、漂白剂、制造烟花。

33. 过氧化氢可以用来擦亮银器,因为过氧化氢会与硫化银反应生成硫酸银,硫酸银的残留物会保留下来。

34. $Ca(OH)_2(aq) + CO_2(g) \longrightarrow CaCO_3(s) + H_2O(l)$ 这不是氧化还原反应,因为没有电子转移。

35. 因为钉子的头和尖是金属受到表面磨损的区域。

36. a)还原剂:NH_4^+;氧化剂:$Cr_2O_7^{2-}$。
    b)在该反应和酒精测试反应中,重铬酸根离子都作为氧化剂,从橙色变成绿色。

37. A)氟化钠;b)硫化钙;c)氢氧化铝;d)重铬酸钠;e)氰化钾;f)氯化铵。

38. 1 615 克

39. a) $:\overset{..}{\underset{..}{Cl}}:\overset{\overset{H}{|}}{\underset{\underset{..}{\overset{..}{Cl}}:}{C}}:\overset{..}{\underset{..}{Cl}}:$ b) $H:\overset{\overset{H}{|}}{\underset{\underset{H}{|}}{C}}:\overset{\overset{H}{|}}{\underset{\underset{H}{|}}{C}}:\overset{..}{\underset{..}{O}}:H$ c) $H:\overset{\overset{H}{|}}{\underset{\underset{H}{|}}{C}}:\overset{\overset{H}{|}}{\underset{\underset{H}{|}}{C}}:H$

40. 2.66 mL

41. a)混合物;b)混合物;c)混合物;d)纯净物;e)混合物;f)混合物。

42. 金属熔点高,是热和电的良导体,坚硬而有光泽,在化学反应中容易失去电子(易被氧化)。

43. 银在被硫化氢污染的空气中会褪色得更快。可以把两个银匙分别放入同样的塑料密封袋进行试验,一个袋子装空气,另一个袋子装被硫化氢等物质污染的空气。

44. 略。

45. 钢丝球中的铁与烧瓶里空气中的氧气发生氧化还原反应。氧气作为氧化剂,形成铁锈(铁的氧化物)。氧气通过时被消耗,气压降低,使液体通过导管上升。烧瓶中最终大约会装有 $20\%\left(\dfrac{1}{5}\right)$ 的水,因为这是空气中氧气的体积百分比。

46. 海报内容应包括对铜绿形成和氧化还原反应过程的描述。

47. a) $2Li(s) + F_2(g) \longrightarrow 2LiF(s)$
    b)是。
    c)Li 被氧化;F_2 被还原。
    d)F_2 将被完全反应。
    e)17%

48. a)O_2
    b)CuO
    c)FeO
    d)Br_2

49. a)是。b)S 被氧化,O 被还原。c)171 500 L SO_2。
50. a)氧化剂:$NaNO_3$;还原剂:Pb。b)4.06 g。

P581 标准化测试

1. d
2. b
3. a
4. a
5. c
6. a
7. b
8. a
9. b

第 17 章
电化学

P583 实验分析

1. 这两种金属用于提供电势差。
2. 柠檬充当电解质溶液,使离子和电子在金属之间移动。
3. 合理即可,可能的答案:两者的电压差都会产生电流,柠檬电池仅在外观和电解质类型上有所不同。

探究

合理即可,可能的答案:能,只要水果或蔬菜中的果汁是电解质。

P586 分析与讨论

1. 金属锌比铅有更大的失去电子的倾向(氧化电势高),因此,锌条发生氧化,铅条发生还原。
2. 铝具有比锌更大的氧化电势,与铅产生更高的电势差。
3. 不相同。前者镁条发生氧化,锌条发生还原。后者锌条发生氧化。

P593 分析与讨论

1. $Mg + Cu^{2+} \longrightarrow Mg^{2+} + Cu$ 镁更易失去电子。
2. 镁是负极。

   $Mg \longrightarrow Mg^{2+} + 2e^-$

   铜为正极。

   $Cu^{2+} + 2e^- \longrightarrow Cu$

应用与评估

电子在外电路中从负极移动到正极。

进一步探究

不。锂比铅更容易失去电子(氧化电势高),因此,锂是负极。

P599 本节回顾

1. 电子从负极通过外电路移动到正极,在正极参与还原反应。
2. 可能的答案如图 17.3(第 586 页)。
3. 锌碳电池是一种干电池,是不可充电的,电压小。铅酸电池采用液态酸性电解质,可充电,电压大。

4. a) Ag^+ 离子被还原为 Ag 金属,铜被氧化为 Cu^{2+} 离子。

   b) $2AgNO_3(aq) + Cu(s) \longrightarrow Cu(NO_3)(aq) + 2Ag(s)$

   c) 不是。虽然这是一个氧化还原反应,但它不是一个原电池,因为没有电子流过外电路。

5. 如果电池完全干燥,离子将无法在电解液中自由移动。

P602 分析与讨论

1. 生成无色气体: $2H_2O \longrightarrow 4H^+ + O_2\uparrow + 4e^-$

2. 析出金属铜: $Cu^{+2} + 2e^- \longrightarrow Cu$

3. 将铁勺浸入含有银离子的溶液中,使其成为电解池中的阴极,银作阳极。

P614 本节回顾

6. 答案如图 17.18(第 600 页)中所示的组成部分。

7. 电镀是为了提高物体的硬度或提升外观或防止腐蚀。

8. 电解清洗可以松动污垢,使腐蚀的金属恢复到原始的金属状态。

9. 会,它能保护铁不受腐蚀,因为金比铁更抗氧化。

10. a) 阴极反应: $Mg^{2+} + 2e^- \longrightarrow Mg(s)$

    b) 阳极反应: $2Cl^- \longrightarrow Cl_2(g) + 2e^-$

    c) $MgCl_2(aq) \longrightarrow Mg(s) + Cl_2(g)$

P616－618 第 17 章测评

11. 原电池是能够将化学能转化为电能的装置。

12. 电解池需要外部电源来驱动非自发的氧化还原反应。原电池不需要电源,因为其中的氧化还原反应是自发的。

13. 盐桥中的离子溶液让离子的传导成为可能,形成了完整的电流回路,并可防止电极上大量电荷的累积。

14. 锌被氧化为 Zn^{2+}。

15. 电解质使形成完整电路,使电流通过。

16. 可以选取活泼性不同的金属或导电材料作为电极,浸泡在电解质溶液中,并用导线将电极相连形成闭合回路。

17. 这是一个氧化还原反应,Ag^+ 被还原为银单质,铜被氧化为铜离子。但不产生电流,因为电子直接从铜单质向银离子转移。

18. Cl_2,H_2,NaOH。

19. 酸作电解质。

20. 氯气可以通过电解熔融氯化钠或氯化钠水溶液来制备。

21. 当铁离子还原为铁单质时,铝将被氧化为铝离子。因此,铝棒将缓慢溶解,铁将析出。

22. 不能。因为镍比铜更容易被氧化,所以当铜离子还原为金属铜时,容器中的镍会被氧化为镍离子。

23. 镀金首饰会更便宜,因为便宜的金属可以镀上一层薄薄的金。它看起来与纯金首饰几乎一模一样。它不会像纯金那样耐用,因为镀层很容易被刮掉,下面的廉价金属可能更容易被腐蚀。

24. 阴极。

25. 电解池可以用铅阴极和由比铅更容易氧化的金属(如铁)制成的阳极来制作。

26. 碱性电池续航时间最长,所以它最适合长时间运行玩具。高负荷电池容易突然报废。

27. 锂碘电池寿命长,而且不会释放气体。

28. 优点:可多次使用,长期成本较低,减少一次性废旧电池造成的污染;缺点:初始成本较高,必须先充电,不能像传统电池那样持续很长时间,镉废料有毒。

29. $2H_2 \longrightarrow 4H^+ + 4e^-$
    $O_2 + 4e^- \longrightarrow 2O^{2-}$

30. 纯铜应该作阴极,因为当它获得电子时,纯铜就会在表面析出来。阳极选用粗铜即可,它会失去电子,产生铜离子。

31. 冲压母版必须与原始数据恰好相反,以便压印盘与原始数据完全相同。

32. 清洁它们可以去除腐蚀性堆积物,并使金属暴露,使其发生反应。

33. 可以,虽然铜不会自发地镀到金或银上,但可以通电来引发这种反应。金勺或银勺在电解槽中作为阴极,铜勺作为阳极。铜离子将会溶解在电解液中。

34. a) 电势差或电压读数会更低,因为锌的氧化电势比镁低。
    b) 由于 Ag 的氧化电势比 Cu 低,电势差或电压读数会略小。

35. 合理即可,答案需要考虑的因素包括成本、尺寸、重量、使用寿命和电压等。

36. 合理即可,可能的答案包括 K,Ca 和 Na。

37. 这些物体是非导体,不适合用作电解清洗的阴极。

38. a) Ca^{2+}; b) $[:\overset{..}{O}:H]^-$; c) $[:\overset{..}{\underset{..}{Cl}}:]^-$; d) $[:\overset{..}{\underset{..}{O}}:]^{2-}$。

第17章 电化学

39. a)Mn_2O_5;b)KI;c)$CuSO_4$;d)$AlCl_3$;e)H_2SO_4;f)FeO。

40. 氦,He;氖,Ne;氩,Ar;氪,Kr;氙,Xe;氡,Rn。

41. 水的汽化热(2 260 J/g)远远大于熔化热(334 J/g),所以水沸腾比冰融化需要更多的能量。因为煮沸涉及水分子的分离,这需要打破分子之间的氢键。

42. 0.358 g O_2;0.901 g MgO。

43. 60.3% Mg;39.7% O。

44. pH 差值为 2。较酸的溶液(pH=9)的氢离子浓度是较碱的溶液(pH=11)的 100 倍。

45. a)2.6;b)13.1;c)4.7;d)6.1。

46. a)氧化;b)还原;c)氧化;d)还原。

47. a)还原;b)光能。

48. a)镁为阳极,钢管为阴极;b)氧气;c)镁是活性更高的金属,更容易被氧化,因此先被腐蚀。

49. 示意图中应具有标记为 Ni 的阳极,Ni^{2+} 应位于包含阳极的隔间内。阴极应标记为 Ag,Ag^+ 应位于包含阴极的隔间内。电子从 Ni 阳极流向 Ag 阴极。

50. 略,答案应包括:丹尼尔电池提供了比伏打电池更长的和更可靠的电流;直到 19 世纪 60 年代,丹尼尔电池都是电报通讯中使用的标准电池。

51. a)CO_2;b)$2CuO(s)+C(s) \longrightarrow 2Cu(s)+CO_2(g)$;c)石灰水与 CO_2 反应形成的 $CaCO_3$。

52. a)原电池;b)H_2O;c)CH_4;d)10 mol CO;30 mol H_2。

53. 金不易反应,因此不会发生自发反应。

54. 铜将被氧化成 Cu^{2+},Ag^+ 将被还原成银。

P619 标准化测试

1. d
2. a
3. b
4. d
5. c
6. d
7. a
8. c

第 18 章
有机化学

P621 实验分析

1.

C 原子	H 原子
2	6
3	8
4	10
5	12

2. C_2H_6，C_3H_8，C_4H_{10}，C_5H_{12}。

3. C_nH_{2n+2}

探究

分子中的氢原子数将更少。

P627 练一练

1. a) 2,4-二甲基己烷；

b) 2,2,4-三甲基戊烷；

c) 2,4,7-三甲基壬烷。

2. a) 主链有 10 个碳原子，碳 2 和 3 上有甲基，碳 5 上有丙基。

b) 主链有 8 个碳原子，碳 3、4 和 5 上有乙基。

P630 分析与讨论

1. 红棕色碘与不饱和脂肪油中的双键发生反应，生成无色的卤代烷。

2. 菜籽油。

3. a) 菜籽油；b) 葵花籽油。

P639 本节回顾

3. a) 2-己烯；b) 2-甲基戊烷；c) 庚烷；d) 2,4-二甲基己烷。

4. a) $CH_3CH_2CH_2CH_2CH_2CH_3$

b)
$$\underset{H_2C}{\overset{H}{}}C=C\underset{H}{\overset{CH_2CH_3}{}}$$

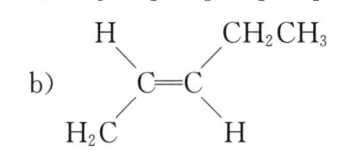

c)

```
      H   CH₃
       \ /
        C
       / \
      /   \
  H—C —— C—H
     /     \
    H       CH₃
```

d) CH₃CH₂CHCH₂CH₂CH₂CH₃
          |
          CH₂CH₃

e) HC≡CH

f) HC≡CCH₂CH₃

5. 煤炭、天然气和石油等化石燃料；主要分布在地表深处、海底等。

6. 结构式应体现出 Br_2 加成在烯烃的双键上。

7. 戊烷更有必要。因为它的碳链比辛烷短，它的沸点更低，更容易汽化。

P645 分析与讨论

1. 冬青味或药草香。

2.

水杨酸 + 甲醇 —浓硫酸→ 水杨酸甲酯 + H_2O

3. 乙醇和丁酸。

P646 本节回顾

8. 因为有机化合物结构决定性质，而用途取决于性质。

9. 方法一：取样，分别向试管中的银氨溶液中滴加样品，水浴加热片刻后出现银镜的是醛，无现象的是酮。方法二：取样，分别向样品中滴加斐林试剂并加热，生成砖红色沉淀的是醛，无沉淀的是酮。

10. 一个羟基，四个卤素(I)原子，一个醚基，一个氨基，一个羧基，两个苯环。

11. 烯烃和炔烃包含多个键，这些键是官能团，而取代烃含有取代碳氢化合物中某部分的原子团。烯烃和炔烃没有任何取代基。

12. 这两个羟基使乙二醇具有较强的极性。因此，可以预测它具有高沸点和低凝固点,并且可溶于水。

P651 分析与讨论

1. 氢氧化钠有助于释放硫原子,羊毛蛋白中富含的氨基酸半胱氨酸含有硫原子。
2. 人工合成聚合物的燃烧,发出刺鼻的化学气味,并留下一粒坚硬的珠状残渣。天然聚合物会散发出不同的气味,比如头发或纸张等天然物质的燃烧,并且会留下更柔软的灰白色残留物。
3. 答案将因测试样本的不同而不同。

应用与评估

1. 留下珠状残渣的聚合物,其结构与塑料类似。
2. 头发是一种蛋白质聚合物,类似于丝绸和羊毛的成分。
3. 涤棉混纺在燃烧后会留下灰烬和珠状残渣。并且这种织物在纤维素测试中会变成蓝色。

进一步探究

会,纤维素是木材和棉花的主要成分。

P652 分析与讨论

1. 纸尿裤的吸水性,取决于每种纸尿裤所含的聚合物种类和使用的聚合物量。
2. 这种聚合物可以防止水从土壤中迅速浸出,并将水储存在植物根部附近供植物利用。

P659 本节回顾

13. a) —CH$_2$CH— (苯基)   b) —CH$_2$ CH$_2$—
                                    \   /
                                     C=C
                                    /   \
                                 H$_3$C   H

14. a) ~ CH$_2$CHCH$_2$CH ~
            | |
            Cl   Cl

    b) ~ NCH$_2$CNCH$_2$C ~
         | ‖ | ‖
         H   O H   O

93

c) ～CH$_2$CHCH$_2$CH～
　　　　｜　　　｜
　　　　OH　　OH

15. 通过加聚法不能用烷烃制备聚合物,因为加聚法要求单体具有双键或叁键。但烷烃两者都没有。

16. 黏合剂很可能是聚合物,因为它能硬化成膜。大多数聚合物不能作为乳化剂,大多数色素是小分子。

P661-662　第18章测评

17. a) CH$_3$CH$_2$CH$_2$CH$_2$CH$_3$
　　b) CH$_2$=CHCH$_3$
　　c) CH≡CCH$_2$CH$_3$
　　d) CH$_3$(CH$_2$)$_7$CH$_3$
　　　　　　　　CH$_3$
　　　　　　　　｜
　　e) CH$_3$CHCH$_2$CH$_2$CH$_3$

　　　　H　　　CH$_3$
　　　　＼　／
　　f)　　C=C
　　　　／　　＼
　　　　H　　　CH$_3$

18. a) 丁烷;b) 1-己烯;c) 丙炔;d) 1-庚烯。

19. 水分子。

20. 3,5-二乙基庚烷;b) 2-甲基己烷。

21. 烷烃的沸点随着链长的增加而增加。

22. 命名规则要求位置编号从为添加的基团提供最低编号的分子末端开始,名为4-甲基己烷的化合物正确名称应为3-甲基己烷。

23. HDPE比LDPE硬,因为线性链紧密地聚集在一起,形成一个有序的结构,很难拉开。而LDPE的结构是一个混乱、松散的链条网络。

24. 甘油比异丙醇更易溶于水,因为它可以形成更多的氢键。

25. 苯环,两个酰胺基,羧基,硫醚(—S—)键。

26. 每一种织物都必须进行纤维素碘测试。涤纶测试结果为阴性(没有蓝色),而棉涤纶测试结果为阳性(蓝色)。

27. 人造黄油对碘的脱色速度更快,因为人造黄油比黄油更不饱和。

28. 乙酸乙酯。

29. 聚合物a应该在外部,因为它是疏水的,不使水泄漏。聚合物b应该在内部,因为它是亲水的,可以吸收尿液。

30. 不同的化合物有不同的性质,因为它们有不同的结构,而结构决定性质。

31. a)CH_3COOH;b)$CsCl$;c)CS_2。

32. 波义耳定律指出,在恒定温度下,气体的压力与体积成反比。查理定律指出,在恒定压力下,气体的体积与温度成正比。

33. a)烯烃沸点随着碳原子数量的增加而增加。

    b)如果双键在相同的位置,烯烃的沸点就会随着支链数目的增加而降低。

34. 在寒冷天气时,小分子质量的碳氢化合物比大分子的碳氢化合物更容易蒸发,使得发动机和在炎热天气时一样容易启动。

35. 可以确定天然棉聚合物中存在的官能团,然后确定这些聚合物的结构。然后可以计划合成一种具有类似结构的聚合物,并对其进行测试,以确定其性能与棉花的性能有多接近。

36. 略。

37. a)$C_2H_4(g) + H_2O(l) \longrightarrow C_2H_5OH(l)$

    b)920 g

38. a)$2C_6H_{14}(l) + 19O_2(g) \longrightarrow 12CO_2(g) + 14H_2O(l)$

    b)25.5 mol

39. 如果我们在合成过程中使用更多大气中的CO_2,大气中的CO_2浓度将降低。由于CO_2是一种吸热气体,其浓度的降低将减轻温室效应的影响,并可能使气温降低。

P663 标准化测试

1. a
2. b
3. b
4. c
5. b
6. a
7. c
8. d
9. d
10. b

第 19 章
生命化学

P665 实验分析

在含有葡萄糖和蜂蜜的试管中,观察到其颜色从蓝色变为黄色,即为阳性,说明其含有单糖;与葡萄糖溶液作为阳性对照组,含有淀粉和明胶的试管中无明显颜色变化,即说明不含单糖。

探究

学生们可以从糖尿病的应用或单糖如何代谢使得血糖升高这一过程来回答。

P675 分析与讨论

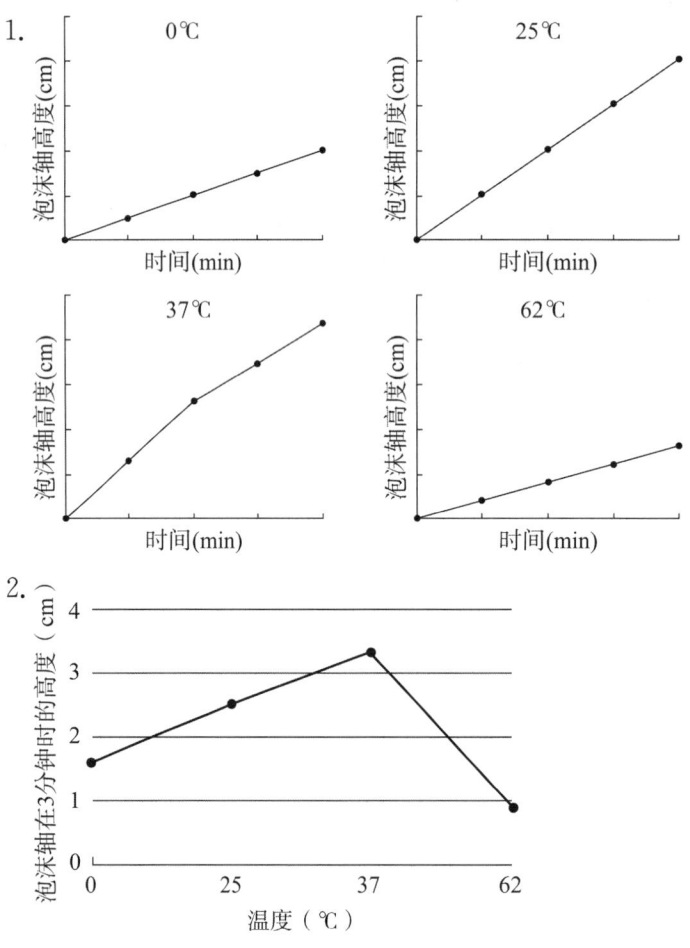

1.

2.

3. 37 ℃,与人体体温相同。

应用与评估

将带火星的木条插入气泡中,如果木条复燃则证明实验中产生的气泡含有氧气。

进一步探究

因为过氧化氢酶可分解机体代谢过程中产生的活性氧,如过氧化氢、超氧阴离子等,这些物质可对机体尤其是质膜产生毒害作用,所以我们认为细胞中的过氧化氢酶是有益的。

P687 分析与讨论

1. 这表明DNA在细胞内的排列是高度致密的。
2. 长链双螺旋结构。

P688 本节回顾

1. (1)碳水化合物:由单糖组成,负责储存能量。
   (2)脂肪:由脂肪酸组成,负责储存能量并产生类固醇。
   (3)蛋白质:由氨基酸组成,负责运输物质以及加快生物体内反应。
   (4)核酸:由核苷酸组成,负责储存和交流遗传信息。

2. 甘油三酯是由一个甘油分子和三个脂肪酸分子通过酯键连接而组成的。

3. DNA是一个双链螺旋结构,组成单位是脱氧核糖核苷酸,组成碱基为腺嘌呤、胸腺嘧啶、胞嘧啶和鸟嘌呤;而RNA是一个单链结构,组成单位是核糖核苷酸,组成碱基为腺嘌呤、鸟嘌呤、胞嘧啶和尿嘧啶。

4. 来自甘氨酸的氨基可以与丙氨酸的羧基结合,或者甘氨酸的羧基与丙氨酸的氨基结合,形成的两种二肽是不同的。

甘氨酸

丙氨酸

5. 多元不饱和脂肪酸是指脂肪酸中含有一个以上的双键或叁键的脂类;其主要食物来源有谷物、豆类、花生、葵花籽、油橄榄、山茶籽、核桃、亚麻籽、紫苏,以及某些深海鱼类体内的脂肪——鱼油,其中植物油是最好的来源。

P696 本节回顾

6. 呼吸作用会完全分解葡萄糖为二氧化碳和水,因此葡萄糖化学键中的所有化学能都能被提取出来,而发酵是一种不完全氧化过程,葡萄糖会转化成乙醇或乙酸,葡萄糖中的一些化学能仍被困在乙醇或乳酸中,并不能完全释放出来。
7. 酒精发酵的产物是乙醇和二氧化碳,乳酸发酵则产生乳酸。
8. 6 mol CO_2
9. 摄入大量碳水化合物会增加肝脏和肌肉中储存的糖原量,从而使得跑步者可以获得更多能量。
10. 有氧运动和细胞内有氧呼吸都需要大量的氧气;有氧运动消耗的一般为糖原,而细胞内有氧呼吸消耗的为葡萄糖。

P698－700 第19章测评

11. 氨基与羧基结合形成一个肽键。
12. 两条主链由脱氧核糖和磷酸基通过酯键交替连接而成,它们似"麻花状"绕一共同轴心以右手方向盘旋,相互平行而走向相反,形成双螺旋构型。碱基位于螺旋的内侧,它们以垂直于螺旋轴的取向通过糖苷键与主链糖基相连,即同一平面的碱基在二条主链间形成碱基对。
13. 不饱和脂肪酸含有双键或叁键,使烃链完全,破坏了饱和烃链分子紧密规则的堆积结构,从而防止脂肪酸堆积,无法紧密地结合在一起,所以在室温下不饱和脂肪酸通常以液体形式存在。
14. 一个二糖由两个单糖分子组成,而多糖则有许多单糖分子结合在一起形成直链或支链结构。
15. 酯基团。
16. 甘油三酯由三种脂肪酸与甘油分子组成,磷脂由两种脂肪酸分子和一个磷酸分子与甘油分子组成。
17. 一个单糖的羟基与另一个单糖中有活性的氢反应,脱去一个水分子,生成二糖。
18. 酶可以加快生物体内反应的进行。
19. 核苷酸由碱基、核糖或脱氧核糖以及磷酸三部分组成。
20. DNA 负责储存遗传信息,并控制蛋白质的合成;RNA 负责参与蛋白质的合成过程。

21. 氢键位于DNA双链之中,将碱基(A、T、G、C)连接在一起。

22. 因为脂质分子是非极性分子,而水是极性的,两者不相溶。

23. 可能因为酶数量不够,无法分解足够的糖类与蛋白质,使得获得营养不足,导致营养不良和消化问题。

24. 种子中的淀粉被种子中发育的植物胚胎用作食物。

25. 辅酶是一种分子,通常从维生素中提取,辅助酶催化反应,NADH和$FADH_2$均为参与呼吸的辅酶,可分别命名为烟酰胺腺嘌呤二核苷酸与黄素腺嘌呤二核苷酸。

26. 氢键、二硫化键。

27. a)氨基酸;b)糖类;c)氨基酸。

28. 糖类是由大量单糖分子脱水缩合组成,蛋白质是由大量氨基酸分子脱水缩合组成的,所以在消化时需要添加水分子使其消化分子,否则生物大分子无法直接为人体吸收利用。

29. 温度和pH的变化都会导致维持蛋白质独特三维结构的化学键断裂,导致其变性。

30. 半胱氨酸是最易溶于水的,因为其侧链上有一个极性的—SH官能团,可以与水形成氢键,而丙氨酸和苯丙氨酸的侧链均为非极性基团,不易与水相互作用。

半胱氨酸　　丙氨酸　　苯丙氨酸

31. 因为蛋白质分子既有羧基位点又有氨基位点,羧基上的负氧寻求一个带正电氢原子的分子,而氨基上带正电的氢原子寻求一个带负电氧原子的分子,因此羧基与氨基容易互相反应,形成氢键。

32. 天然脂肪分子由三种脂肪酸和甘油分子结合而成,而化学修饰的脂肪分子如奥利斯特拉油是由6~8个脂肪酸附着在蔗糖上而组成的,由于其分子太大,无法在消化系统中代谢,为人体消化吸收利用。

33. 水溶性维生素:维生素C。脂溶性维生素:维生素A、维生素D。

34. 硫。

35. 这是因为菠萝中的一种酶可以分解明胶,但烹饪或罐装使得温度过高从而使得酶变性,因此不再对明胶起作用。

36. a) pH＝7；b) 当 pH 高于 7 或小于 7 时，酶的活性下降；c) pH 可以影响使酶保持活性三维结构的化学键，当键断裂时，酶的活性受到影响。

37. 每一种溶剂沉淀的 DNA 可以通过称重搅拌棒前后的质量差（沉淀的 DNA 会盘绕在搅拌棒上）来定量。

38. 因为在该温度下酵母菌酶活性最佳。

39. a) H:Ö:H   b) Ö::C::Ö   c) H:C:H (with H above and below)   d) H:C:C:Ö:H (with H's)

40. 沸点：水＞氨＞二氧化碳，因为水和氨均可形成分子间氢键，而二氧化碳不形成氢键，且水形成氢键的键能强于氨，分子间结合力更强，因此需要更多能量将联结分子分开，转化为气态，故沸点更高。

41. 缓冲液是一种包含酸及其共轭碱的溶液，当添加酸或碱时，该溶液的 pH 不会发生太大变化。我们的体液之所以需要有缓冲液，是因为需要保持恒定的 pH 维持反应的正常进行，如果 pH 改变时，会导致生物体内蛋白质结构发生变化从而导致蛋白质活性的丧失，从而无法维持正常的生物体内反应的进行。

42. a) 丁烷；b) 3-甲基己烷；c) 环戊烷；d) 庚烷。

43. 胃蛋白酶的最佳 pH 为 2；胰岛素的最佳 pH 为 8。胃蛋白酶所在的胃是酸性很强的，pH 为 2，肠道的基本环境 pH 为 8，如果胃蛋白酶的最佳 pH 变为 8，它在 pH 为 2 的胃中变性。

44. 略，答案应包括沃森、克里克和富兰克林的照片事件，以及这张照片是如何影响他们的 DNA 模型的总结。学生们应该就历史上沃森和克里克是如何获得这一荣誉提出自己的看法，并且还应该注意到许多研究的发展过程中掌握正确的时机与地点是至关重要的。

45. 学生的报告应该总结关于食用大量维生素预防癌症的数据，且指出多种研究结果的差异，并包括该问题的公认观点。

46. 两个羧酸基团和两个烯丙基团。

47. 333 g

48. $C_{17}H_{33}COOH(l) + H_2(g) \longrightarrow C_{17}H_{35}COOH(s)$；1 mol H_2；产物是硬脂酸。

49. 熔点会随着—CH_2—基团的增加而增加。

50. 如果电子直接转移到氧气中，放热反应会立即释放所有能量，从而使得温度过高，细胞失活。而电子传递链能捕获并存储此能量在

ATP 分子键中,使得它可以缓慢地释放这些能量。

P701　标准化测试

1. a
2. b
3. b
4. d
5. a
6. c
7. a
8. d
9. a
10. c

第 20 章
化学反应与能量变化

P703　实验分析

1. 过氧化氢分解为水和氧气。
2. 因为在步骤 3 中过氧化氢分解得十分缓慢,以至于看不到氧气气泡;发酵粉中有一种可以加速过氧化氢分解速率的酶。

探究

　　假设可多样化,但应控制因变量和自变量。

P708　分析与讨论

1. 放热反应;吸热反应。
2. $Na_2SO_3(aq) + NaClO(aq) \longrightarrow Na_2SO_4(aq) + NaCl(aq)$,其中氧化剂为 NaClO,还原剂为 Na_2SO_3。

P714　本节回顾

1. 生成物的能量小于反应物的能量,该反应是放热反应。
2. 当火柴在坚硬表面摩擦时,摩擦产生热量,该热量提供活化能,使化学物质发生反应,反应放热并维持该反应继续进行。
3. 在室温下能自发进行的反应一般是放热的,因为自然趋势是从高能量状态转化为低能量状态,但在高温下放热反应不一定是自发的。
4. a) 熵值减少;b) 熵值减少;c) 熵值增加;d) 熵值增加。

P716　练一练

5. 2.30 kJ
6. 12.6 kJ
7. 1 g 反应放出的热量是 33.7 kJ,1 mol 反应放出的热量是 2 217 kJ。

P718　练一练

8. 5.0 kJ/g;1.2 Cal/g。
9. 3.7 Cal/g;由于学生实验中部分热量散失到空气中,实验值要比爆米花袋上给出的热量要低得多,另外,在学生实验中爆米花的燃烧可能是不完全的,故热量可能未全部释放。

10. 4.9 Cal/g

P721　分析与讨论

1. 山核桃:11.9 kJ/g　糖果:1.2 kJ/g
2. 每克山核桃释放的能量比每克糖果释放的多。
3. 脂肪。

应用与评估

1. 没有必要。以脂肪为主的饮食会造成营养不平衡,对心血管系统有害。我们摄入食物不应只是为了获取能量。
2. 食物没有完全燃烧,能量并没有完全释放,使得所测食物热量偏低;以及能量在测量过程中流失,并没有完全被测量到,导致所测食物热量偏低。

进一步探究

　　合理即可,但均应比较食物的营养含量与能量含量。例如,一个中等大小的香蕉,有3 g的膳食纤维和105卡路里。

P722　分析与讨论

1. 溶解放热:硼砂(无水硼酸钠)和无水氯化钙;溶解吸热:泻盐(七水硫酸镁)和氯化铵。
2. 泻盐(七水硫酸镁)和氯化铵。
3. 熵值增加。

P728　本节回顾

11. 因为任何能量转换过程都会伴随着部分能量的损失。
12. 铜的温度会升高得更多,因为铜的比热容比铝的比热容低,所以每改变一温度所需要的热量更低。
13. 4 kJ(请注意答案中应该四舍五入到仅有一位有效数字,因为700 g仅有一位有效数字)。
14. 29%
15. 1 g 黄油:7.1 Cal;1 g 意大利面:3.6 Cal;同等质量,黄油所含能量更高。

P733　本节回顾

16. 因为以植物为食的动物从植物中利用阳光能量合成的分子来获取能量,而鹰要么吃这些动物,要么吃其他动物。
17. 光的波长中没有被反射的能量被电子吸收并转化为化学能。
18. 叶绿素吸收光能,并传递能量,用于生成葡萄糖。

19. 二氧化碳和水。
20. 大气中的氧气会减少,因为在光合作用中不再产生氧气,而动物呼吸却仍会吸收氧气。而大气中的二氧化碳会增加,因为植物无法吸收二氧化碳,而动物呼吸会继续生成二氧化碳。
21. 呼吸作用的产物(CO_2 和 H_2O)是光合作用的反应物,光合作用的产物(O_2 和有机物)是呼吸作用的反应物,且呼吸是放热反应,而光合作用是吸热反应。
22. 植物通过光合作用来获得糖,而其他有机体大多通过进食来获得糖。

P735－736 第20章测评

23. 焓变正号意味着生成物的能量比反应物的高,所以反应需要能量提供,为吸热反应。相反,焓变负号意味着生成物的能量比反应物的低,所以反应需要能量释放,为放热反应。
24. 大多数放热反应需要初始能量输入来提供活化能,但反应一旦开始,反应自身放出的热量就可以维持反应继续进行。
25. 吸热反应需要恒定的能量输入,故需要持续的外界能量来源。
26. $N_2(g) + 3H_2(g) \longrightarrow 2NH_3(g)$ $\Delta H = -92 \text{ kJ/mol}$;该反应为放热反应。
27. 熵是无序的量度。将盐溶解在水中,会增加盐颗粒运动的自由程度,而在水中溶解氧则限制了气体分子的随机运动范围。
28. 大多数自然发生的过程会趋于往无序的方向进行,即熵值增大。
29. 对于大多数情况,能量趋于减少而熵值趋于增加,但在高温或低温下该情况可能会有所变化。
30. 硝化甘油是不稳定的,因为它的分解反应是放出大量热量,也会导致熵值大幅的增加,所以硝化甘油的分解反应是高度自发的。
31. 电能提供了引发燃烧的火花,当气体燃烧膨胀后做活塞运动,使化学能转化为机械能,而发动机的机械能又被用于给电池充电转化为电能,其余热量散失到环境中。
32. 因为发动机部分热量的流失得到改善,一些本来会损失的能量被利用起来。
33. 2.78 kJ
34. 垃圾数量多,易得,成本低,经发酵产生甲烷气体,其燃烧后可放出热量。
35. 盐溶解形成溶液时放出热量,结晶时吸热,可利用已知比热容的物品通过热传递来计算其释放热量。

36. a)$2NO(g) \longrightarrow N_2(g)+O_2(g)$;b)$2CO(g)+O_2(g) \longrightarrow 2CO_2(g)$。

37. $2CuFeS_2(s)+3O_2(g) \longrightarrow 2CuS(s)+2FeO(s)+2SO_2(g)$

38. 例1:4.2 Cal/g;例2:4.3 Cal/g;故例2食物单位质量放出的热量更多。

39. 熵和热量的增加都促进了该溶解过程,在这种情况下增加热量会提高温度,从而促进吸热过程。如果该固体溶解时放热,那么只有熵的增加会促进该固体的溶解,且必须分散给定的热量,因此增加的热量应该会阻碍该过程。

40. 放热,其逆反应的焓变值为-216 kJ/mol。

41. a)物理性质;b)物理性质;c)化学性质;d)物理性质。

42. 原子序数是指元素在周期表中的序号,在数值上等于原子核的核电荷数(即质子数)或中性原子的核外电子数。质量数是指中性原子中,将原子内所有质子和中子的相对质量相加近似得到的数值。对于给定元素的同位素中,原子序数应该是相同的,因为质子数相同,而质量数会因为中子数的差别而有差别。

43. a)金属;b)非金属;c)类金属;d)非金属。

44. 在第二能级的2s和2p轨道仅能容纳8个电子,第二周期的元素在第二能级有1~8个电子。

45. 锌、铝和镁与空气中的氧气反应形成一层不活泼致密的氧化物薄膜,保护金属不发生进一步的反应,而铁被氧气反应的产物氧化铁结构疏松,无法起到保护的作用。

46. 固体是刚性的,有一定的形状和体积。液体是一种流动的物质,它的体积是固定的,但形状是不确定的,随着容器的形状变化而变化。气体是一种流动的、可压缩的物质,它的形状和体积均是不确定的。

47. a)2025年;b)2140年煤炭的产量将达到最大值,产量为240亿吨作用;c)1900年的煤炭产量大约是峰值年产量的$\frac{1}{12}$。

48. 热污染会增加水的温度,降低水中氧的溶解度,当水温急剧上升时,鱼类和其他水生生物无法生存,严重破坏了食物网的平衡。

49. 1 500 g

P737 标准化测试

1. d
2. d

第20章 化学反应与能量变化

3. c
4. c
5. b
6. a
7. a
8. a

第 21 章
核化学

P739 **实验分析**

1. 略

2. α射线辐射的穿透力太小，γ射线的穿透力又过大，β射线穿透力较为合适，可用来测量纸张的厚度。

探究

　　距离确实会影响到达盖革计数器的辐射量，学生设计实验时改变距离时确保要控制辐射和屏蔽的类型。

P747 **练一练**

1. $^{226}_{88}\text{Ra} \longrightarrow\ ^{226}_{86}\text{Rn} + ^{4}_{2}\text{He}$；α衰变。

2. $^{22}_{10}\text{Ne} \longrightarrow\ ^{23}_{11}\text{Na} + ^{0}_{-1}\text{e}$；β衰变。

P749 **分析与讨论**

1. 曲线图应为一条接近 x 轴但不接触 x 轴的下降曲线。

2. 半衰期是指原子核有半数发生衰变所需要的时间，在这种情况下是指盒子中只剩原来硬币数量一半的硬币所需要的震动时间，大概在 20 s 左右。

应用与评估

1. 不是，在一个半衰期之后，只是大概而不是刚好一半的原子会衰变，这表明半衰期不是一个精确的时间，而是经过概率计算得到的。由于真实原子数量巨大，半衰期计算起来十分困难，所以这种变化不会很明显。

2. $6.02 \times 10^{23} \times \left(\dfrac{1}{2}\right)^{10} = 5.88 \times 10^{20}$，可见剩下的数目仍然是一个巨大的数字。

3. 会让半衰期增加，但这与原子的情况不同，原子的半衰期不受任何条件变化的控制。

进一步探究

　　合理即可。

P755 练一练

3. $25\% = \dfrac{1}{4} = \left(\dfrac{1}{2}\right)^2$，$2 \times 12.5 \times 10^8 = 2.5 \times 10^9$，所以该岩石大概是在 2.5×10^9 年形成的。

4. $12.5\% = \dfrac{1}{8} = \left(\dfrac{1}{2}\right)^3$，$3 \times 5\ 730 = 17\ 190$，所以该岩石大概是在 17 190 年前形成的。

本节回顾

5. 放射性是不稳定的原子核的自发辐射，例如 ^{14}C。

6. 盖革计数器用于探测和测量辐射，辐射在设备的手持式充气圆柱体中形成，离子触发一个电路，导致一个发声设备被激活，并且仪表上的指针记录器移动。

7. 不是，根据半衰期定义，第二年剩下的原子核只有一半会衰变，不是全部。

8. 不是，因为 ^{14}C 的半衰期较短，所以 ^{14}C 年代测定法只可用于大约六万年的文物。

9. $50\% = \dfrac{1}{2} = \left(\dfrac{1}{2}\right)^1$，$1 \times 5\ 730 = 5\ 730$，故这木盒子有 5 730 年历史。

P758 分析与讨论

1. 合理即可。

2. $2^{20} = 1\ 048\ 576$ 个

3. 在核裂变链式反应中，每次裂变都会释放中子，这些中子的撞击会引发额外的裂变，从而产生级联效应。每一块多米诺骨牌都能撞击并推倒另外两块骨牌，这也导致一种连锁反应和级联效应。

P762 本节回顾

10. 核裂变是原子核分裂成两个或两个以上的大碎片，核聚变是两个或多个小原子核结合形成一个大原子核，核裂变可用于核反应堆。

11. 燃料棒中的 ^{235}U 用来产生中子，中子被其他 ^{235}U 原子核吸收，然后裂变并释放更多中子，这个过程的速率是由吸收中子的燃料棒和在燃料棒周围循环的水控制的，在适当的速率下，反应会持续进行。

12. 聚变反应堆将使用现有的氢燃料，而不是更有限的铀或钍，并且产生的放射性废物更少，更容易控制。

13. 核能的优点是不会像化石燃料那样会产生大量的污染物，但缺点在于会产生危险的放射性废物，难以安全运输和储存，此外，建造和维护核电站

14. $3{}^{4}_{2}\text{He} \longrightarrow {}^{12}_{6}\text{C}$（总质量数和原子序数在左边和右边是相等的，所以该反应式已配平）

P770 分析与讨论

1. 合理即可。
2. 合理即可，但要注意分析结果与上述因素的关联性。如不要在家里吸烟，定期给家里通风，密封污水坑和地下室的任何裂缝，不要使用阁楼风扇，除非地下室与房子的其他部分是密封的。

P773 本节回顾

15. 辐射会损伤或杀死活细胞，还会引起 DNA 的变化。
16. 放射治疗是治疗癌症最常用的方法。
17. PET 扫描使用放射性示踪剂和计算机扫描仪器来生成身体内的反应过程或器官的图像。
18. 葡萄糖中的稳定元素可以用放射性同位素来代替，通过扫描可以检测葡萄糖分子在体内移动和代谢时释放的辐射，以及葡萄糖在代谢过程中转化为的化合物也可以被分离出来，并检测到其辐射。
19. 可能有用的同位素为钙、镁和磷，因为这些元素集中在人体骨骼中。
20. 食物经过微生物繁殖使其变质，但经过照射后可以防止微生物的繁殖进而使其变质，并且食物本身不会有放射性。

P775－776 第 21 章测评

21. 原子核。
22. 电离辐射是一种能将中性物质转化为离子的辐射。
23. a) 一个氦原子核；b) 释放出来一个电子；c) 伽马射线。
24. α粒子很容易被薄薄一层纸或空气所阻挡，β粒子可以被一块密实的木头和厚重的衣服或一块金属板阻挡，γ射线只能通过像铅或混凝土这样的厚材料来阻止。
25. a) ${}^{222}_{86}\text{Rn}$；b) ${}^{0}_{-1}\text{e}$；c) ${}^{218}_{84}\text{Po}$；d) ${}^{222}_{86}\text{Rn}$。
26. 恐龙大约在 6 500 万年前已经灭绝，而 ${}^{14}\text{C}$ 的半衰期较短，只能用于测量大约 6 万年物体的年代。
27. 当中子与 ${}^{235}\text{U}$ 原子核碰撞时，链式反应开始，且持续进行，因为每一次碰撞都会产生更多的中子，这些中子可以与另一个原子核碰撞。反应速率由控制棒控制,控制棒根据需要放入反应室来吸收中子从而减缓反应。

28. 核聚变。

29. a)原子序数减少2,质量数减少4;b)质量数不变,原子序数增加1;c)原子序数和质量数均不变。

30. 放射性同位素被用作示踪剂在放射治疗和成像过程,如PET扫描、癌症治疗和涉及异常组织生长的病症中。

31. ^{60}Co放射出的伽马射线针对癌症细胞进行放射治疗,治疗从多个角度发出强辐射来打击并杀死癌细胞,而健康细胞只会受到小剂量的辐射。

32. 半衰期长的放射性同位素不会很快衰变,因此他们会在体内长时间释放危险的辐射,破坏体内细胞。碘-131、锝-99和钆-153的半衰期分别为8.07天、6小时和242天,碘-131常在医疗项目中被使用。

33. Na, $^{24}_{12}$Mg $\longrightarrow$ $^{1}_{1}$H + $^{23}_{11}$Na

34. $^{239}_{94}$Pu $\longrightarrow$ $^{235}_{92}$U + $^{4}_{2}$He

35. a)细胞内没有放射性,细胞外检测到^{35}S;b)细胞内检测到^{32}P;c)细胞内外均检测到^{18}O。

36. 因为在宇宙射线撞击高层大气时会发生以下反应:$^{14}_{7}$N + $^{1}_{0}$n $\longrightarrow$ $^{14}_{6}$C + $^{1}_{1}$H。

37. 这幅画确实年代久远。

38. 盒子里面装上适量硬币,然后反复摇晃一段时间,直到一半数量的硬币均被摇出,记录花费的时间。

39. 产生的反应离子为了维持链式反应的进行,需要会相互碰撞,碰撞反应容器的壁,或者与反应物意外的物质碰撞,在这个过程中会损失大量的能量,导致反应无法继续进行,当能量低于一定水平时,链式反应就停止了。

40. 可以提出两种合理的假设,氡可能更容易从地球深处穿过泥土地面进入地下室,从而提高氡含量;或者混凝土中的岩石本身可能含有微量的铀,氡就是从铀形成的,此外,混凝土可能会使地下室密封得更紧,防止氡泄漏,后两种假设均可能提高氡水平。

41. a)液体变成气体;b)固体变成液体;c)固体变成气体;d)气体变成液体;e)液体变成固体;f)气体变成固体。

42. 温度、压力、浓度和抑制剂或催化剂的存在。

43. a)3;b)少(平均水平在29%)。
44. 合理即可,但应该提供一个简短、准确的历史,并回答题目中的每一个问题。
45. 合理即可,但应该讨论到对于电影的感受以及对电影中科学性的评估。
46. 过去大多数建筑较分散,且通风良好,使得氡可以分散,而不是像如今建筑那般密集。
47. 1.56%
48. 2 865 年。
49. 0.562 5 mg
50. Ra-228,$^{232}_{90}\text{Th} \longrightarrow {}^{228}_{88}\text{Ra} + {}^{4}_{2}\text{He}$

P777 标准化测试

1. b
2. b
3. c
4. d
5. c
6. b
7. b
8. d
9. c
10. a

附录 B
化学技术手册

P785　练一练

1. a)1 dm　b)1 GJ　c)1 pm　d)1 nm　e)1 mg　f)1 MJ
2. a)μm、cm、dm　b)Pa、kPa、MPa　c)cV、V、kV　d)pg、mg、cg
　　e)μA、mA、MA　f)nGy、mGy、dGy

P794　练一练

3. a)2　b)5　c)3　d)3　e)5　f)1　g)2　h)5
4. a)7.6×10^1 ℃　b)7.8×10^{-1} L　c)$1.030\,198\,0 \times 10^7$ nm
　　d)2.12×10^2 mm　e)7.612×10^{-2} m　f)1×10^{-3} mm
　　g)$5.602\,1 \times 10^1$ g　h)$7.630\,1 \times 10^2$ g
5. a)7.300×10^4 mL　b)1.0×10^2 cm　c)4×10^3 kg　d)1.00×10^5 km
6. a)3.11 g　b)2.2 km　c)2.56 g　d)6 000 μm
　　(请注意 6 000 mm 只有一位有效数字。在这种情况下,有效数字优先于小数位。该示例表明,用科学记数法表示数量可以减少测量工作的歧义)
7. a)35.7 cm^2　b)5.09 kg/m^3　c)0.04 km/s　d)470 m^3(或 4.70×10^2 m^3)
　　e)3.000 kg/m^2　f)4.1 g/cm^3

P795　练一练

8. a)1.886×10^3 g　b)2.77×10^6 m
9. a)2.94×10^2 m　b)4.9×10^0 g/cm^3(或 4.9 g/cm^3)

P797　练一练

10. a)2.944×10^3 mL　b)7.00×10^2 mm　c)2.08×10^1 g　d)4.318×10^3 J
11. a)4.10×10^1 cm　b)4.7×10^{-1} kg/m^3　c)1.1×10^2 m^3
　　d)1.5×10^4 dm

P799　练一练

12. a)301 cg　b)6.24×10^{-1} μg　c)0.2 dm^3　d)1.55 m　e)6.2 km
　　f)3210 mL　g)543.92 J/kg(当从一种测量系统转换为另一种测量系统时,有效数字数量不变)

h)1.1 L(在这种情况下,1 qt 和 1 L 在量值上接近,因此有效数字的数量应该相同)

P803 练一练

13. a)66 g KBr/100 g H$_2$O   b)76 g KBr/100 g H$_2$O
    c)58 g KBr/100 g H$_2$O   d)93 g KBr/100 g H$_2$O

14. a)36 ℃   b)87 ℃

P804

15. 如图所示,两个量之间存正比关系。

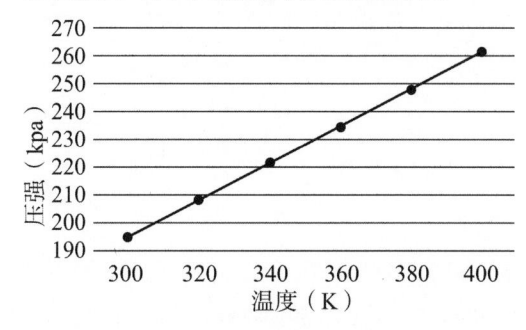

16. 如图所示,两个量之间存反比关系。

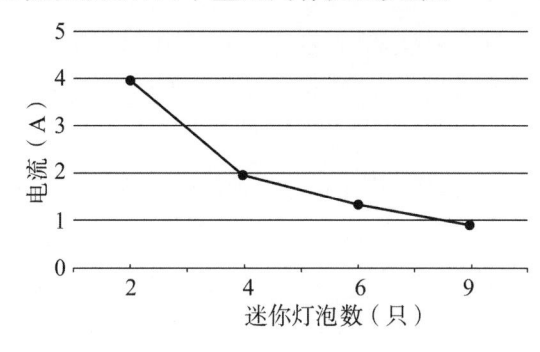

113

附录 C
补充练习

P807 第 1 章

一 第 1 节

843 1. 物质占据空间,且具有质量:a、c、d、f 不是物质,b、e 是物质。

2. a)空气:均匀混合物

 b)血液:非均匀混合物

 c)锑:单质

 d)黄铜:均匀混合物

 e)氨气:化合物

 f)芥末:非均匀混合物

 g)水:化合物

 h)锡:单质

3. 合金是一种金属和一种或多种其他元素(通常是另一种金属)的固溶体:

 a、c、d 是金属,b、e 是合金。

4. 含有氮元素的化合物:对乙酰氨基酚、氨气、阿斯巴甜、咖啡因。

 含有氧元素、不含碳元素的化合物:氢氧化镁、磷酸、氢氧化钠、硫酸、水。

第 2 节

5. 室温一般在 20~25 ℃ 左右,低于铷的熔点,所以铷在室温下为固态。

6. 这三种物质中,小苏打是唯一一个在室温下以固态形式存在的物质,也是唯一一个熔点高于室温的物质,所以这三种物质中小苏打的熔点最高。

7. 凝固点和熔点概念上并无较大差别,且相同条件下两者在数值上应该是相等的,所以你朋友的说法是错误的。

8. $\rho = \dfrac{m}{V} = \dfrac{102 \text{ g}}{(54-40) \text{ mL}} = 7.3 \text{ g/mL}$

9. 化学性质:a、c

 物理性质:b、d、e

10. 化学变化:b、c

 物理变化:a、d、e

第 2 章

第 1 节

1. 卢瑟福通过 α 粒子散射实验提出了原子结构的有核模型,标志着人们对原子结构的认识进入了新阶段,为以后原子结构的现代模型奠定了基础。

2. 假设是为了解释一个或多个观察结果,而提出的一种可以检验的预测。一个假设如果得到许多观察和实验的完善和支持,就会成为一个理论。科学定律是存在于自然界中的一个事实,它由于经常被观察到而被当成真理来接受。科学定律可以用作预测,但不能解释某些事情为什么会发生。理论是用来解释科学规律的。

3. 在发现同位素之前,科学家假设原子是由相同数量的质子和电子组成的。1910年,汤姆逊发现了氖同位素的存在——化学性质相似但质量不同的氖原子。这个发现为第三种粒子——中子的存在提供了证据,可以用来解释同位素的质量差异。

4. 钒的原子序数是23,这意味着一个中性的钒原子包含23个质子和23个电子。

5. 原子序数=53;质量数=53+78=131;电子数=53。

6. 第一个原子质量数为80,质子数=80-45=35,为溴原子。第二个原子质子数=36,为氪原子,质量数=36+44=80。两个原子的质量数相等。

7. 因为硼元素只有两个天然同位素,所以含量更丰富的同位素原子质量更加靠近硼的平均原子质量,故原子质量为11.01的硼同位素含量更加丰富。

第2节

8. 与卫星不同,电子只含有特定大小的能量,因此电子只能在与这些特定大小的能量相应的轨道上围绕原子核运动。原子内电子围绕原子核运动的轨道被称为能级。

9. 电磁波B的波长更短,所以具有更高的频率,因而具有更大的能量。

10. a)K层,2个电子;L层,8个电子;M层,5个电子。$\dot{\text{P}}:$

　　b)K层,2个电子;L层,2个电子。Be$\cdot$

　　c)K层,2个电子;L层,4个电子。$\cdot\dot{\text{C}}$

　　d)K层,2个电子。He:

第3章

第1节

1. S、O;Ne 和 Kr;Li 和 Na;Mg 和 Sr;Ag 和 Cu。

第2节

2. a)氩气:第0族,第3周期,气体,非金属

　　b)锑:第ⅤA族,第5周期,固体,准金属

c)氟气:第ⅦA族,第2周期,气体,非金属

d)钡:第ⅡA族,第6周期,固体,金属

e)镍:第Ⅷ族,第4周期,固体,金属

3. a)Cl,氯

b)B,硼

c)O,氧

d)Rn,氡

e)P,磷

4. Q为硫元素(S),Z为碳元素(C)。Z的外层电子数比Q少2个。

5. 过渡元素和内过渡元素的原子结构较主族金属更复杂,故化学性质更难预测。

6. a)Ga;b)Li;c)Ar;d)He;e)Bi。

7. a)·Ȧs:,第ⅤA族,准金属

b)·Äl·,第ⅢA族,金属

c)H·,第ⅠA族,非金属

d):B̈r:,第ⅦA族,非金属

e)·S̈:,第ⅥA族,非金属

f):Ẍe:,第0族,非金属

g)Ċa·,第ⅡA族,金属

h)·S̈i·,第ⅣA族,准金属

8. a)K_2O;b)Na_2S;c)K_2S;d)Li_2O。

9. 掺杂是通过向半导体晶体中(比如说硅)加入少量的另一种元素,可以起到提高半导体导电率的作用。

10. 这些半导体设备被集成到硅薄片上形成了集成电路,在一个叫作芯片的硅片上,可能包含成千上万个器件组成的集成电路。小尺寸的芯片使得计算机技术的发展成为可能。

第4章

第1节

1. 碳在室温下常常以黑色固体的形式存在,它可以轻易被点燃而且是一种很好的热源。氧气是一种相当活泼的气体(当被冷却到−183 ℃时变为液体),微溶于水。二氧化碳是一种相对稳定的气体,可溶于水,当温度低于−78 ℃时,二氧化碳气体直接变为固体。

第 2 节

2. 钙离子是由钙原子失去两个价电子而形成的,因此钙离子有 20 个质子、18 个电子,故钙离子带有两个正电荷。钙离子和钾离子有着相同的电子排布,但钾离子有 19 个质子、18 个电子,故钾离子带有一个正电荷。

3. MgO_2 不是稳定的化合物。镁原子应该通过失去两个电子来达到稳定的稀有气体电子结构,而氧原子则需要通过得到两个电子变稳定。通过将一个镁原子的两个电子转移给一个氧原子,则能够使两个原子都变成稳定的离子,因此镁原子和氧原子应该按照 1∶1 的比例化合。

4. 在一粒盐(NaCl)中。钠离子和氯离子以面心立方最密堆积方式排列,每个钠离子都被 6 个氯离子围绕着,而每个氯离子也被 6 个钠离子围绕着。这些离子通过正钠离子和负氯离子之间的离子键固定。离子的规则重复排列形成了晶体。

5. 铝有三个价电子,氟有七个价电子。铝与氟气生成的离子化合物为 AlF_3。

$$\overset{\times}{\underset{\times}{Al}}\times + 3 : \overset{..}{\underset{..}{F}} : \longrightarrow Al^{3+} + 3[: \overset{..}{\underset{..}{F}} \times]^{-}$$

6. 根据乙烷是由碳、氢这两种非金属元素组成的化合物,应该可以判断出乙烷为共价化合物。通过原子与原子之间相互共享电子而达到稳定结构,以共价键的方式结合,从而形成乙烷。

$$\begin{matrix} & H & H \\ H & \overset{..}{\underset{..}{C}} & \overset{..}{\underset{..}{C}} & H \\ & H & H \end{matrix}$$

7. a) 碘化氢:共价化合物,非金属元素+非金属元素

b) 氧化锶:离子化合物,金属元素+非金属元素

c) 氯化铷:离子化合物,金属元素+非金属元素

d) 硫化钙:离子化合物,金属元素+非金属元素

e) 二氧化硫:共价化合物,非金属元素+非金属元素

一种金属元素和一种非金属元素化合生成的是离子化合物,两个非金属元素化合生成的是共价化合物。

8. 可以通过溶液的导电性来区分这两份溶液,溶质为离子化合物的溶液导电性强,溶质为共价化合物的溶液导电性弱。

9. 这种物质的熔点为 90 ℃,熔点较低,且不溶于水,则可以推断这种物质可能为共价化合物。

10. 蔗糖是一种白色晶体,可溶于水,经常被用来给食物增加甜味。构成蔗糖的元素包括黑色固体(碳)和两种活泼气体(氢气和氧气),可以通过其

组成元素中不包括金属元素推断蔗糖为共价化合物,也可以通过测试蔗糖的水溶液几乎不能导电来推断。

第5章

第1节

1. a) Br^-;Rb^+、Sr^{2+}、Se^{2-}、Kr

   b) Br^{2+};Cs^+、I^-、Te^{2-}、Xe

   c) Na^+;Mg^{2+}、Al^{3+}、F^-、O^{2-}、Ne

   d) P^{3-};S^{2-}、Cl^-、K^+、Ca^{2+}、Ar

2. a) 硝石:硝酸钾

   b) 亚硝酸钾:无

   c) 苏打粉:碳酸氢钠

   d) 熟石灰:氢氧化钙

   e) 硫酸氢钠:酸式硫酸钠

3. 化学式的下标表示一个化合物中每种原子或离子的数量。

4. 离子化合物化学式的正确写法应该是组成离子的最简整数比,故 $MgCl_2$ 才是氯化镁正确的化学式。

5. 一种元素的氧化数是指该元素的一个原子通过获得或失去电子形成离子所带的电荷,其大小是由获得或失去的电子数所决定的。

   a) I: -1

   b) Al: $+3$

   c) Ba: $+2$

   d) Se: -2

   e) Cs: $+1$

   f) Pb: $+2$ 或 $+4$

   g) P: -3

   h) Cu: $+1$ 或 $+2$

6. a) $SrCl_2$;b) Rb_2O;c) NaF;d) MgS。

7. a) $MgBr_2$;b) K_2S;c) SrO;d) AlP。

8. 氧元素最常出现。NH_4^+、CN^-

9. 草酸铵:$(NH_4)_2C_2O_4$,4 个 $(NH_4)_2C_2O_4$ 中有 8 个 N 原子、32 个 H 原子、8 个 C 原子、16 个氧原子。

10. a) Au_2S:$+1$,硫化金(Ⅰ)

    b) FeC_2O_4:$+2$,草酸亚铁

    c) $Pb(C_2H_3O_2)_4$:$+4$,醋酸铅(Ⅳ)

d) Hg_2SO_4：+1，硫酸汞（Ⅰ）

11. a) $K_2C_2O_7$；b) $NaNO_2$；c) NH_4OH；d) $Ca_3(PO_4)_2$。

12. a) $(NH_4)_2SO_4$；b) $Ba(OH)_2$；c) $NaHSO_4$；d) $Ca(C_2H_3O_2)_2$。

13. a) 溴化铬（Ⅱ）；b) 硫酸铬（Ⅲ）；c) 氧化铬（Ⅵ）；d) 磷酸铬（Ⅲ）。

14. a) $PbSO_3$；b) MnF_3；c) $Ni(CN)_2$；d) $Cr(C_2H_3O_2)_3$。

15. a) 氯化铑（Ⅲ）；b) 氟化钨（Ⅵ）；c) 氧化铌（Ⅴ）；d) 氟化锇（Ⅷ）。

16. a) HI；b) $CaSe$；c) CoO；d) GaP；e) $BaSe$。化学式中元素的下标都是1。

17. 易潮解物质是很容易通过吸收空气中的水蒸气变成水合物的离子化合物。可溶性物质是指物质的潮解性很强，可以从空气中吸收足够的水蒸气使固体完全溶解成溶液。

18. a) 六水合亚硫酸镁；b) 一水合硝酸汞（Ⅱ）；c) 三水合高锰酸钠；d) 七水合磷酸镍（Ⅱ）。

19. a) $Ni(CN)_2 \cdot 4H_2O$；b) $Pb(C_2H_3O_2)_2 \cdot 3H_2O$；c) $SrC_2O_4 \cdot H_2O$；d) $PdCl_2 \cdot 2H_2O$。

20. 干燥剂是指能够除去潮湿物质中水分的物质，可以从空气中吸收水蒸气的化合物。能够形成水合物的化合物通常被用来作为干燥剂，因为在变成水合物的过程中这些化合物会吸收水蒸气。

第2节

21. 共价物质不包括离子，不存在阴、阳离子之间的静电引力，原子与原子的结合并不牢固。粒子间作用力一般很弱而且能够轻易被破坏，这也能够解释大多数共价物质质地柔软和熔点较低的特点。因为共价化合物不是由离子组成的，所以大多数共价化合物不是电解质。

22. 共价元素是指以原子形式成键而形成分子的元素。在自然界中以双原子共价形成存在的非金属元素有：氢、氮、氧、氟、氯、溴、碘。

23. 在 H_2 中，两个氢原子共用一个电子对；在 O_2 中，两个氧原子共用两个电子对；在 N_2 中，两个氮原子共用三个电子对。

24. 臭氧是氧元素在自然界中的一种存在形式，臭氧分子由三个氧原子组成，化学式为 O_3。臭氧是雾霾的一种有害成分，对生命体有一定的威胁。对于处理因火灾产生烟雾和煤烟而受损的材料，臭氧的作用十分关键，它也可以被用来去除酒店房间的香烟气味，臭氧在水的净化中也有重要的作用。臭氧层位于地球大气层中，可以保护生物免受太阳有害的紫外线辐射。

25. a) 四氟化硫；b) 二硒化碳；c) 五氟化碘；d) 五氧化二磷。

26. a) NCl_3；b) I_2O_5；c) P_2Se_3；d) Cl_2O_7。

27. a) 戊烷；b) 碳化硅；c) 四氟化碳；d) 壬烷。

综合

28. 氮原子：N；氮离子：N^{3-}；氮气分子：N_2。

29. 离子化合物：b、c、e；共价化合物：a、d。

30. $KC_2H_3O_2$ 中的碳原子、氢原子和氧原子通过共价键的作用结合生成了 $C_2H_3O_2^-$ 离子，而 $C_2H_3O_2^-$ 离子和 K^+ 离子通过离子键的作用结合形成了 $KC_2H_3O_2$ 分子，故 $KC_2H_3O_2$ 是一种离子化合物。

第 6 章

第 1 节

1. 面包如果放置过久会变质发霉，我们可以通过观察面包的颜色和气味是否发生改变来判断。

2. a) 苹果果肉变为棕色

   b) 有光，而且伴随着少量热量的释放

   c) 鸡蛋的温度升高，且颜色会发生改变

   d) 会有气泡产生，并且水的温度会升高

3. a) $FeCl_3$ 溶解在水中，以水溶液的形式存在。Fe 以固体形式存在。

   b) 3

   c) 2

4. a) $2Al(s) + 6HCl(aq) \longrightarrow 2AlCl_3(aq) + 3H_2(g)$

   b) $2H_2O_2(aq) \longrightarrow 2H_2O(l) + O_2(g)$

   c) $2HC_2H_3O_2(aq) + CaCO_3(s) \longrightarrow Ca(C_2H_3O_2)_3(aq) + CO_2(g) + H_2O(l)$

   d) $C_2H_6O(l) + 3O_2(g) \longrightarrow 2CO_2(g) + 3H_2O(g)$

5. a) $H_2SO_4(aq) + 2NaOH(aq) \longrightarrow Na_2SO_4(aq) + 2H_2O(l)$

   b) $C_5H_{12}(l) + 8O_2(g) \longrightarrow 5CO_2(g) + 6H_2O(g) + E$

   c) $Fe(s) + CuSO_4(aq) \longrightarrow Cu(s) + FeSO_4(aq)$

6. 反应物并不会被用完，300 亿个氧气分子会与 $300 \times 2 = 600$ 亿个镁原子反应生成 600 亿个氧化镁分子，因此有 $800 - 600 = 200$ 亿个镁原子剩余。

第 2 节

7. 化合反应的反应产物只有一种；氧化还原反应总是将氧气作为反应物。

8. a) 置换反应

   b) 化合反应

   c) 分解反应

   d) 氧化还原反应

   e) 复分解反应

9. a)壬烷＋氧气⟶二氧化碳＋水；氧化还原反应
   b)硫酸＋氢氧化钾⟶硫酸钾＋水；复分解反应
   c)硝酸钾＋能量⟶亚硝酸钾＋氧气；分解反应
10. $C_2H_4(g)+3O_2(g)⟶2CO_2(g)+2H_2O(g)$；15兆乙烯分子完全反应需要45兆氧气分子。

综合

11. $2NO(g)+F_2(g)⟶2NOF(g)$；化合反应。
12. a)硫酸铜＋氢氧化钠⟶氢氧化铜＋硫酸钠
    $CuSO_4(aq)+2NaOH(aq)⟶Cu(OH)_2(s)+Na_2SO_4(aq)$
    b)复分解反应
13. a)$2NaOH(aq)+MgSO_4(aq)⟶Na_2SO_4(aq)+Mg(OH)_2(s)$
    b)氢氧化钠＋硫酸镁⟶硫酸钠＋氢氧化镁
    c)复分解反应

第3节

14. 可逆反应是指在同一条件下正反应和逆反应同时发生的反应。化学方程式中用可逆符号"⇌"来表明反应是可逆的。

15. 体系处于平衡状态时,反应物和产物的数量不再变化,此时反应速率为零。在大多数情况下,反应最终是处于动态平衡状态的,虽然反应物和产物的数量不再变化,但此时反应速率＝正反应速率＝逆反应速率且不为零。

16. 勒夏特列原理认为,如果改变了体系的平衡状态,那么平衡就会向减弱这种改变的方向移动。化学工程师利用勒夏特列原理设计化学工艺,可以获得良好的产率。

17. a)向右移动
    b)向左移动
    c)向左移动
    d)向右移动

18. 向左移动。根据勒夏特列原理,如果增大了体系的压强,那么平衡会向减小压强的方向移动。在该反应中,逆反应中两个NO_2分子变为一个N_2O_4分子,体系压强减小,故平衡应该向左移动。

19. 不能,对于一个有非常高活化能的反应,反应物粒子必须以非常大的能量相互碰撞才能发生反应,因此在正常条件下,这个反应不能自发进行。

20. 除去大部分空气可以减少密封箱中气体粒子的浓度,尤其是氧气的浓度大大减小,从而可以降低氧气与纸张发生反应的可能性和程度,有助于历史文献的保存。

21. 升高温度可以加快生锈这个化学反应的速率,因此在温暖的天气中生锈的速率更快,应该选择在天气暖和之前洗车。

22. a)根据反应比例关系,60亿个 Al 原子会与 $60 \times \frac{3}{2} = 90$ 亿个 H_2SO_4 分子反应,因此反应结束后 H_2SO_4 分子仍有剩余,反应是受 Al 原子数量限制的。

    b)根据反应的比例关系:$2Al \sim 3H_2SO_4 \sim 3H_2$,因此反应完成时,有 90 亿个 H_2 分子生成。

23. 因为合成氨是一个放热反应,更高的温度有利于反应向逆反应方向进行,而不是合成氨的正反应方向,因此哈伯没有使用更高的温度。

24. 催化剂会增大化学反应的速率,正反应速率和逆反应速率同程度增大,并不会改变反应的平衡状态,因此反应既不会向左移动也不会向右移动。

25. 粉末形式的催化剂具有非常大的表面积,因此能够与更多的反应物接触并反应,增大反应速率的效果更明显。

26. 酶是一种生物催化剂,对一些生命所必需的反应有加速作用。比如说,酶可以帮助身体从食物中获取营养物质,增强骨骼和肌肉,并以脂肪的形式储存额外能量。隐形眼镜清洁液和嫩肉粉中都利用了酶的作用。

27. 防腐剂:山梨酸、苯甲酸钠、山梨酸钾、丙酸钠、TBHQ、苯甲酸钾、丙酸钙等。

28. a)C 为反应物,A 和 B 为生成物。

    b)大约 8 分钟。

    c)反应物 C 的浓度增大,然后 C 的浓度会逐渐减小、同时 A 和 B 的浓度会逐渐增大,直到到达新的平衡,新平衡状态下 A、B 和 C 的浓度都会大于旧平衡状态。

综合

29. a)二氧化硫＋氧气 $\rightleftharpoons$ 三氧化硫

    b)$2SO_2(g) + O_2(g) \rightleftharpoons 2SO_3(g)$

    c)向左移动

30. $4NH_3(g) + 5O_2(g) \longrightarrow 4NO(g) + 6H_2O(g)$;30 兆个氨气分子需要与 $30 \times \frac{5}{4} = 37.5$ 兆个氧气分子发生反应,因此氧气分子的数量不足以与所有氨气分子发生反应,反应是受氧气分子数量限制的。

第 7 章

第 1 节

1. 红色的频率最低;紫色的波长最短;红色的能量最少。

2. 一个能级中最多有 7 个 f 轨道;在一个能级中 f 轨道的电子数最多为 14 个;能有 f 轨道的最低能层是 N 层。

3. 海森堡测不准原理认为不可能同时确定一个基本粒子的位置和动量;该原理产生了用于描述原子中电子的电子云模型。

4. s 轨道为球性;能层越高,s 轨道直径越大、能量越高。

第 2 节

5. a)Kr;b)Al;c)Cr;d)Li;e)Eu。

6. a)[Ar]$3d^{10}4s^24p^5$

b)[He]$2s^22p^3$

c)[Kr]$4d^{10}5s^25p^4$

d)[Ar]$3d^84s^2$

e)[Xe]$6s^2$

7. 价电子:$4s^24p^2$

8. a)4s;b)2p;c)5p;d)1s;e)6p。

9. Ar 和 Kr:价电子都满足稳定的八电子结构。最外层能层不同,Ar 最外层为 M 层,Kr 最外层为 N 层。

K 和 Ar:K 在 Ar 核的电子结构外,在 4s 能级中还有一个价电子。

K 和 Sc:K 和 Sc 的内核都为 Ar 核,但 K 在 4s 能级中只有一个电子,Sc 在 4s 能级中有两个电子,且在 3d 中还有一个电子。

10. 过渡元素的 s 轨道和 d 轨道能量十分相近,因此两个轨道都有可能失去电子,故具有多种氧化数;镧系元素和锕系元素也具有多种氧化数。

第 8 章

第 1 节

1. a)Li;b)Ca;c)As;d)Br;e)Ba。

2. a)Se^{2-} 半径较大,同主族元素的电子层数越多,对应的离子半径越大。

b)Te^{2-} 半径较大,电子层结构相同的离子,核电荷数越小,离子半径越大。

c)Mg^{2+} 半径较大,电子层结构相同的离子,核电荷数越小,离子半径越大。

d)N^{3-} 半径较大,最外层电子占据了较高能层。

e)P^{3-} 半径较大,最外层电子占据了较高能层。

3. K^+:$1s^22s^22p^63s^23p^6$;与 Ar 具有相同的电子构型;S^{2-}、Cl^-、Ca^{2+}。

4. 不同意。最活泼的金属为 Cs,其原子半径大,但只有一个价电子。

5. 虽然碱金属比碱土金属更为活泼,但其实两类金属都十分活泼,在自然界中不会以游离态形式存在。碱金属和碱土金属都是通过失去 s 轨道的电子发生化学反应,碱金属失去一个电子,碱土金属失去两个电子。碱土金属的密度和硬度都比同周期的碱金属大,也具有较高的熔点。

6. 产物均为氢氧化物和氢气:

$2K+2H_2O \longrightarrow 2KOH+H_2\uparrow$; $Sr+2H_2O \longrightarrow Sr(OH)_2+H_2\uparrow$

7. 在氯化铯晶体中,8 个氯离子围绕一个铯离子;而在氯化钠晶体中,6 个氯离子围绕一个钠离子。因为铯离子较大,而钠离子较小,所以铯离子周围能够容纳更多的氯离子。

8. 硼有时可以表现出金属性,通过失去电子而与其他元素发生反应。但更多时候,硼元素表现出的是非金属性,通过共用电子对进行反应。

9. 氮元素可合成氨,用于施肥或用作清洁剂;磷可作为化肥或制作火柴;砷是砷化镓的重要组成元素,在电子电路的某些应用中,砷化镓正在逐渐取代硅;锑可被用于制造其他金属的合金,尤其是铅。

10. a) 含钾化合物在传递神经冲动时可以提供起关键作用的 K^+。

b) 镁元素对植物的光合作用有决定性作用,而人类的生命活动最终来源于光合作用。

c) 钙离子可用来形成和维持骨骼、牙齿等。

d) 铁元素是血红蛋白和肌红蛋白的重要组成部分。

第9章

第1节

1. 随着能层数增加,同一列元素的电子屏蔽效应增加,价电子受核电荷的束缚减弱,电负性减小。同一周期的元素,从左到右质子数增加,而最外层能层保持不变,故对价电子的吸引力增大,电负性增大。

2. Cs<Ba<Mg<As<N<O

3. a) 极性共价键;b) 离子键;c) 共价键;d) 离子键;e) 极性共价键。

4. c>a>d>b

5. KF 有更高的熔点。KBr 和 KF 都是离子化合物,因为 K 元素和 F 元素的电负值之差更大,所以 KF 具有更强的离子性,具有更强的离子键和更高的熔点。

6. b<d<a<c

7. 构成分子化学键的极性和分子的空间形状

8. 在金属键中,金属原子核对价电子的吸引力较弱,价电子很容易从金属原子上脱离,在整个金属晶体中自由流动,所以当施加外力时,价电子可以穿过金属。由于这些"流体"性质,金属的价电子被称为电子的海洋。

9. 氮元素和氧元素的电负性之差为 3.44−3.04=0.4<0.5,因此 NO 为非

极性分子。

第 2 节

10. a. S⋮⋮C⋮⋮S　b. H×İ⋮　c. H×C×Cl⋮（上下各一H）　d. H×As×H（上方一H）

11. a. 直线形；b. 直线形；c. 四面体；d. 三角锥

12. 二溴甲烷是极性分子，分子中的正、负电荷中心不重合，电荷分布不均匀。

13. 室温下乙醇为液体，二氧化碳为气体，维生素 C 为固体。

14. CF_4 中的键为极性键，但 CF_4 是非极性分子，因为碳氟键在中心碳原子的周围对称分布，极性键的极性互相抵消。

15. 三氯化磷分子和氧化二氯分子的中心原子周围都有 4 对电子，中心原子满足八隅体结构。PCl_3 中有 3 对电子是键合的，有 1 对电子是非键合的，分子形状为三角锥形。Cl_2O 中有 2 对电子是键合的，有 2 对电子是非键合的，分子形状为 V 形。

16. C_2Cl_4 不是极性分子，因为分子中的 6 个原子处于同一平面，而且电荷均匀分布。

Cl⋮C××C⋮Cl（四个Cl对称分布）

17. 平面三角形　H₂C××O

18. 乙醚是极性分子，乙醚的分子形状为 V 形，电荷分布不均匀。

19. 以纸上吸附的物质为固定相；流动相一般为水或其他溶剂；对纸张有较弱吸引力的组分迁移距离更远。

20. 沸点：$NH_3 > AsH_3 > PH_3$。氨的沸点最高，因为氨的极性最强，分子间可形成分子间氢键，分子间作用力强，沸点高。胂的沸点高于膦，因为胂与膦的极性相差不大，而胂的相对分子质量比膦大，分子间作用力较强，沸点较高。

第 10 章

第 1 节

1. 花粉颗粒这种微小粒子在分散剂——水分子的作用下，可以形成自由移动的水合粒子。

2. 当球与边界碰撞时，它会向一个新的方向反弹，因为球的一部分能量转移到了边界上，反弹后球的速度会降低。当理想气体微粒与容器的器壁发

125

生碰撞时,微粒会被反弹,但速度不会减小。

3. 海平面大气压强为 101.325 kPa;由于人类已经适应了大气压强,故不会注意到它。

4. 对于大多数物质来说,固体和液体的微粒间距大致相同,间距都比较小。组成液体的微粒之间可以滑行和滑动;组成固体的微粒在晶格中占据固定的位置,微粒只能做微小的振动。

第 2 节

5. a. 华氏温度:32.00 ℉,摄氏温度:0.00 ℃,开尔文温度:273.15 K
   b. 华氏温度:212.00 ℉,摄氏温度:100.00 ℃,开尔文温度:373.15 K
   c. 华氏温度:−459.67 ℉,摄氏温度:−273.15 ℃,开尔文温度:0.00 K

6. 212 K、273 K、212 ℉、110 ℃、273 ℃

7.

温度	摄氏温度(℃)	开尔文温度(K)
氦(He)的沸点	−268.94	4.06
炎热的夏天	32	305
锌的熔点	419	692
丁烷(C_4H_{10})的沸点	−0.3	272.7

8. Kr、H_2S、Cl_2、C_2H_6O、SO_2

9. 华氏温度升高 1.80 ℉;开尔文温度升高 1.00 K。

10. d 的平均速率最大;a 的平均速率最小。

11. b 和 d 的平均动能最大;a 和 c 的平均动能最小。

12. H_2S 的扩散速率更大。因为等温条件下 H_2S 和 SO_2 的平均动能相等,而 H_2S 的分子质量较小,所以 H_2S 的平均速率更大,扩散速率更大。

13. 液体蒸发时,一些粒子由于有足够的动能离开液体表面而变为气体粒子,脱离表面的粒子是具有最高动能的粒子,因此剩余粒子的平均动能会减小,液体温度会降低。

14. 升华和蒸发都是由于有足够动能的凝聚态粒子从表面逸出变为气体粒子,但蒸发是发生在液体中,而升华是发生在固体中。

15. 不会达到平衡,因为在敞开容器中气体会逃逸到大气中,气体压力不能达到该物质的蒸气压,会不断溢出气体直至液体完全消失。

16. 沸点会随着压强升高而增大。

17. 学校中水的沸点取决于学校海拔的高低,在海平面或接近海平面的地方,水的沸点较高,接近 100 ℃;在海拔较高的地方,水的沸点较低,明显低于 100 ℃。

18. 当液体形成晶格并变成固体时,此时的温度即为该物质的凝固点,熔化热是 1 kg 该物质在凝固点凝固时释放的能量。

19. 100 ℃时蒸发 1 kg 水所需要的能量为汽化热,0 ℃时熔化 1 kg 冰所需要的能量为熔化热,故两者比值为 $\dfrac{水的汽化热}{水的熔化热}=\dfrac{2\,260}{334}=6.77$。

第 11 章

第 1 节

1. a)2.84 psi；b)1.60×10³ kPa；c)504 mm Hg。

2. a)2.66×10³ mm Hg；b)51.4 psi；c)355 kPa。

3. 表压强是指绝对压强超过大气压强部分的压强值,绝对压强是包括大气压强在内的所有气体所施加的总压强。绝对压强＝表压强＋大气压强。

4. 表压强＝29.0 psi＝1.50×10³ mm Hg

   总压强＝1.50×10³＋760＝2.26×10³ mm Hg

5. 行星表面的大气压强是每单位面积上大气中的气体对行星表面施加的力,因为二氧化碳分子的质量大于甲烷分子,而两颗行星上气体浓度相同,那么二氧化碳气体对行星表面的作用力是大于甲烷气体的,所以大气主要由二氧化碳组成的行星的表面大气压强更大。

6. 水银是一种密度很大的液体,根据测量结果,1 atm 的压强可以支撑 760 毫米的水银柱。如果使用密度较低的液体,由大气压强所支撑的液体柱会高得多,比如说,大气压强可能支撑 10 米多高的水柱。

第 2 节

7. 气体微粒数目(正比)、压强(反比)、温度(正比)

8. $\dfrac{p_2}{p_1}=\dfrac{n_2}{n_1}=\dfrac{m_2}{m_1}=\dfrac{48-12}{48}\times 100\%=75\%$

9. $\dfrac{p_2}{p_1}=\dfrac{n_2}{n_1}=\dfrac{m_2}{m_1}=\dfrac{22+77}{22}=4.5$

10. $\dfrac{m_2}{m_1}=\dfrac{n_2}{n_1}=\dfrac{p_2}{p_1}=\dfrac{4.75}{8.20}$，$m_2=m_1\times\dfrac{p_2}{p_1}=36.5\times\dfrac{4.75}{8.20}=21.1(\text{g})$，放出了 36.5－21.1＝15.4(g)

11. $\dfrac{p_2}{p_1}=\dfrac{T_2}{T_1}=\dfrac{251+273}{20.0+273}$，$p_2=p_1\times\dfrac{T_2}{T_1}=182\times\dfrac{251+273}{20.0+273}=325(\text{kPa})$

12. $\dfrac{p_2}{p_1}=\dfrac{T_2}{T_1}=\dfrac{-79+273}{294+273}$，$p_2=p_1\times\dfrac{T_2}{T_1}=760\times\dfrac{-79+273}{294+273}$ mm Hg＝260 mm Hg

13. $\dfrac{T_2}{T_1}=\dfrac{p_2}{p_1}=\dfrac{955}{689}$，$T_2=T_1\times\dfrac{p_2}{p_1}=(22+273)\times\dfrac{955}{689}=409(\text{K})$，或 409－273＝136(℃)

14. $\dfrac{p_2}{p_1}=\dfrac{T_2}{T_1}=\dfrac{11+273}{-5+273}$，$p_2=p_1\times\dfrac{T_2}{T_1}=53\times\dfrac{11+273}{-5+273}=56(\mathrm{psi})$

15. $\dfrac{p_2}{p_1}=\dfrac{n_2T_2}{n_1T_1}=\dfrac{m_2T_2}{m_1T_1}=\dfrac{(98-32)\times335}{98\times295}$，$p_2=p_1\times\dfrac{m_2T_2}{m_1T_1}=174\times\dfrac{(98-32)\times335}{98\times295}=133(\mathrm{psi})$

16. $\dfrac{V_2}{V_1}=\dfrac{p_1}{p_2}=\dfrac{769}{117}$，$V_2=V_1\times\dfrac{p_1}{p_2}=14.5\times\dfrac{769}{117}=95.3(\mathrm{L})$

17. $\dfrac{p_2}{p_1}=\dfrac{V_1}{V_2}=\dfrac{2\,400}{310}$，$p_2=p_1\times\dfrac{V_1}{V_2}=1.0\times\dfrac{2\,400}{310}=7.7(\mathrm{atm})$

18. $\dfrac{p_2}{p_1}=\dfrac{V_1}{V_2}=\dfrac{0.400}{250\times10^{-3}}$，$p_2=p_1\times\dfrac{V_1}{V_2}=1.10\times\dfrac{0.400}{250\times10^{-3}}=1.76(\mathrm{atm})$

19. $\dfrac{V_2}{V_1}=\dfrac{p_1}{p_2}=\dfrac{1}{1+25\%}=80\%$，体积减小了 $1-80\%=20\%$

20. 在大多数地区，教室里温度约为 22 ℃，大气压强约为 1 atm，而 STP 是 0 ℃、1 atm，教室与 STP 相比，大气压强相同，温度较高，所以空气样品的体积与 STP 相比较大。若教室位于高海拔地区，大气压强会较低，空气样品的体积会更大。

21. $\dfrac{V_2}{V_1}=\dfrac{T_2}{T_1}=\dfrac{-12+273}{23+273}$，$V_2=V_1\times\dfrac{T_2}{T_1}=2.5\times\dfrac{-12+273}{23+273}=2.2(\mathrm{L})$

22. $\dfrac{V_2}{V_1}=\dfrac{T_2}{T_1}=\dfrac{273}{25+273}$，$V_2=V_1\times\dfrac{T_2}{T_1}=75\times\dfrac{273}{25+273}=69(\mathrm{mL})$

23. $\dfrac{V_2}{V_1}=\dfrac{T_2}{T_1}=60\%$，$V_2=V_1\times\dfrac{T_2}{T_1}=1.50\times60\%=0.90(\mathrm{L})$

24. $\dfrac{V_2}{V_1}=\dfrac{T_2}{T_1}=\dfrac{225+273}{-225+273}$，$V_2=V_1\times\dfrac{T_2}{T_1}=2.45\times\dfrac{225+273}{-225+273}=25.4(\mathrm{L})$

25. $\dfrac{T_2}{T_1}=\dfrac{V_2}{V_1}=\dfrac{6.55}{5.70}$，$T_2=T_1\times\dfrac{V_2}{V_1}=(24+273)\times\dfrac{6.55}{5.70}=341\ \mathrm{K}$，或 $341-273=68(℃)$

26. $\dfrac{T_2}{T_1}=\dfrac{V_2}{V_1}=\dfrac{5.10}{3.50}$，$T_2=T_1\times\dfrac{V_2}{V_1}=(10+273)\times\dfrac{5.10}{3.50}=412\ \mathrm{K}$，或 $412-273=139(℃)$

27. $\dfrac{T_2}{T_1}=\dfrac{V_2}{V_1}=\dfrac{315}{425}$，$T_2=T_1\times\dfrac{V_2}{V_1}=463\times\dfrac{315}{425}=343(\mathrm{K})$

28. 根据查尔斯定律，恒压下一定量空气样品的体积与开尔文温度成正比，随着温度升高，体积成比例地增大。密度是质量与体积之比，故密度应该随着开尔文温度升高成比例地减小。

29. 根据阿伏加德罗定律，在相同的温度和压强下，相同体积的气体含有相同数量的分子,所以两种 1 L 的气体样品含有相同数量的分子。由质量=物质的量×摩尔质量可知,样品的质量与其摩尔质量成正比,氖气摩尔质量为 20.2 g/mol,氮气摩尔质量为 28.0 g/mol,故氮气样品的质量较大。

30. $\dfrac{V_2}{V_1}=\dfrac{T_2 p_1}{T_1 p_2}=\dfrac{275\times 101}{315\times 135}$,$V_2=V_1\times \dfrac{T_2 p_1}{T_1 p_2}=825\times \dfrac{275\times 101}{315\times 135}=539(\text{mL})$

31. $\dfrac{V_2}{V_1}=\dfrac{T_2 p_1}{T_1 p_2}=\dfrac{273\times 37.4}{(-35+273)\times 101.3}$,$V_2=V_1\times \dfrac{T_2 p_1}{T_1 p_2}=346\times \dfrac{273\times 37.4}{(-35+273)\times 101.3}=147(\text{mL})$

32. $\dfrac{p_2}{p_1}=\dfrac{V_1 T_2}{V_2 T_1}=\dfrac{22.4\times(71+273)}{18.0\times 273}$,$p_2=p_1\times \dfrac{V_1 T_2}{V_2 T_1}=1\times \dfrac{22.4\times(71+273)}{18.0\times 273}=1.57(\text{atm})$

33. $\dfrac{p_2}{p_1}=\dfrac{V_1 T_2}{V_2 T_1}=\dfrac{2\,940\times(25+273)}{3\,210\times(58+273)}$,$p_2=p_1\times \dfrac{V_1 T_2}{V_2 T_1}=95.9\times \dfrac{2\,940\times(25+273)}{3\,210\times(58+273)}=79.1(\text{kPa})$

34. $\dfrac{V_2}{V_1}=\dfrac{T_2 p_1}{T_1 p_2}=\dfrac{273\times 763}{(15+273)\times 542}$,$V_2=V_1\times \dfrac{T_2 p_1}{T_1 p_2}=4.50\times \dfrac{273\times 763}{(15+273)\times 542}=6.00(\text{L})$

35. 根据阿伏加德罗定律,在压强和温度相同的条件下,气体的体积与其物质的量成正比,因此我们应该控制两种气体的压强和温度相同。对于一定量的气体样品,温度恒定时,气体体积与压强成反比,因此 3.0 atm 的 2.0 L 氧气在 1.0 atm 压强下为 6.0 L,根据 $\dfrac{N_{O_2}}{N_{N_2}}=\dfrac{n_{O_2}}{n_{N_2}}=\dfrac{V_{O_2}}{V_{N_2}}=\dfrac{6.0}{1.0}=6$,氧气的微粒数是氮气的 6 倍。

36. 根据 $2CO(g)+O_2(g)\longrightarrow 2CO_2(g)$,且 $\dfrac{V_{O_2}}{V_{CO}}=\dfrac{n_{O_2}}{n_{CO}}=\dfrac{N_{O_2}}{N_{CO}}=\dfrac{1}{2}$,故需要 $V_{O_2}=V_{CO}\times \dfrac{1}{2}=15\times \dfrac{1}{2}=7.5(\text{L})$。

37. 根据 $3H_2(g)+N_2(g)\longrightarrow 2NH_3(g)$,且 $\dfrac{V_{N_2}}{V_{NH_3}}=\dfrac{N_{N_2}}{N_{NH_3}}=\dfrac{1}{2}$,$\dfrac{V_{H_2}}{V_{NH_3}}=\dfrac{N_{H_2}}{N_{NH_3}}=\dfrac{3}{2}$,故需要氮气 $28.6\times \dfrac{1}{2}=14.3(\text{L})$,需要氢气 $28.6\times \dfrac{3}{2}=42.9(\text{L})$。

38. $\dfrac{m_2}{m_1}=\dfrac{n_2}{n_1}=\dfrac{p_2 T_1}{p_1 T_2}=\dfrac{2\,250\times(23+273)}{5\,030\times(45+273)}$,$m_2=m_1\times \dfrac{p_2 T_1}{p_1 T_2}=14.2\times \dfrac{2\,250\times(23+273)}{5\,030\times(45+273)}=5.91(\text{g})$

39. $\dfrac{T_2}{T_1}=\dfrac{p_2V_2}{p_1V_1}=\dfrac{2.00\times 45.0}{1.00\times 75.0}$,$T_2=T_1\times\dfrac{p_2V_2}{p_1V_1}=(-25+273)\times\dfrac{2.00\times 45.0}{1.00\times 75.0}$

$=298(K)$,或 $298-273=25(℃)$

40. $\dfrac{T_2}{T_1}=\dfrac{p_2V_2}{p_1V_1}=\dfrac{615\times 217}{760\times 146}$,$T_2=T_1\times\dfrac{p_2V_2}{p_1V_1}=273\times\dfrac{615\times 217}{760\times 146}=328(K)$,或

$328-273=55(℃)$

第12章

第1节

1. $\dfrac{4.24\times 10^3}{144}\times 50\approx 1\,472(个)$

2. a)106.4 g/mol;b)2.02 g/mol;c)74.1 g/mol;d)142.0 g/mol。

3. a)$\dfrac{12.7}{107.9}\times 6.02\times 10^{23}=7.09\times 10^{22}$

b)$\dfrac{56.1}{27.0}\times 6.02\times 10^{23}=1.25\times 10^{24}$

c)$\dfrac{162}{40.1}\times 6.02\times 10^{23}=2.43\times 10^{24}$

4. 因为硅的摩尔质量更小,所以 10 g 硅中包含的原子数比 10 g 锌多。

Zn:$\dfrac{10.0}{65.4}\times 6.02\times 10^{23}=9.20\times 10^{22}$ Si:$\dfrac{10.0}{28.1}\times 6.02\times 10^{23}=2.14\times 10^{23}$

5. a)$\dfrac{7.62}{168.5}=0.045\,2(mol)$

b)$\dfrac{42.5}{60.0}=0.708(mol)$

c)$\dfrac{694}{252.0}=2.75(mol)$

6. a)$0.172\times 48.0=8.26(g)$

b)$2.50\times 100.0=250(g)$

c)$0.661\times 357.4=236(g)$

7. a)$10\times 12.0=120(u)$

b)$3\times 71.0=213(u)$

c)$1\times 180.0=180(u)$

因此 b 的质量最大。

8. a)$10.00\times 12.0=120.0(g)$

b)$3.00\times 71.0=213(g)$

c)$1.000\times 180.0=180.0(g)$

因此 b 的质量最大。

9. $N=0.127\times 6.02\times 10^{23}=7.65\times 10^{22}$ $m=0.127\times 46.0=5.84(g)$

10. a) $\dfrac{85.3}{18.0} \times 6.02 \times 10^{23} = 2.85 \times 10^{24}$

b) $\dfrac{100.0}{71.0} \times 6.02 \times 10^{23} = 8.48 \times 10^{23}$

c) $\dfrac{0.453}{74.6} \times 6.02 \times 10^{23} = 3.66 \times 10^{21}$

d) $\dfrac{14.6}{151} \times 6.02 \times 10^{23} = 5.82 \times 10^{22}$

11. 不能这样认为,因为氧气是以双原子 O_2 分子的形式存在,而氦气是以 He 原子的形式存在,所以氧气的摩尔质量是氦气的 $2 \times 4 = 8$ 倍。

12. 相对分子质量:376.2 u;摩尔质量:376.2 g/mol。

13. 摩尔质量:386 g/mol;单个分子质量:$386 \div (6.02 \times 10^{23}) = 6.41 \times 10^{-22}$(g)。

14. $\dfrac{125}{107.9} \times 27.0 = 31.3$(g)

第 2 节

15. $2CH_3OH \sim 4H_2O \Longrightarrow 1CH_3OH \sim 2H_2O$,$m_{H_2O} = \dfrac{52.4}{32.0} \times 2 \times 18.0 = 59.0$(g)

16. $1Cl_2 \sim 1S_2Cl_2$,$m_{Cl_2} = \dfrac{20.0}{135.2} \times 71.0 = 10.5$(g)

17. $2S \sim 1S_2Cl_2$,$m_S = \dfrac{20.0}{135.2} \times 2 \times 32.1 = 9.5$(g)

18. $1Pb(NO_3)_2 \sim 1PbI_2$,$m_{PbI_2} = \dfrac{35.0}{331.2} \times 461.2 = 48.7$(g)

19. $1C \sim 1CO_2$,$m_C = \dfrac{4.56}{22.4} \times 12.0 = 2.44$(g)

20. $1Zn \sim 1H_2$,$V_m = \dfrac{RT}{p} = \dfrac{8.314 \times (25.0+273)}{105} = 23.6$(L/mol),$V_{H_2} = \dfrac{5.4}{65.4} \times 23.6 = 1.95$(L)

21. 理想气体定律用公式 $pV = nRT$ 表示。两边同时除以 p 得到 $V = \dfrac{nRT}{p}$,从这个方程可以看出,当温度和粒子数保持不变时,气体样品的体积和压强成反比,从而证实了波义耳定律;这个方程还表明,当粒子数和压强保持不变时,气体样品的体积与开尔文温度成正比,从而证实了查尔斯定律。

22. $n = \dfrac{pV}{RT} = \dfrac{125 \times 2.5}{8.314 \times (15.0+273)} = 0.131$(mol)

23. $V = \dfrac{nRT}{p} = \dfrac{0.300 \times 8.314 \times (215+273)}{46.5} = 26.2$(L)

24. $p = \dfrac{nRT}{V} = \dfrac{2.00 \times 8.314 \times (-25+273)}{10.5} = 393$(kPa)

附录 C 补充练习

25. $R = \dfrac{pV}{nT} = \dfrac{1.00 \times 22.4}{1.00 \times 273.15} = 0.0820 \,(\text{atm} \cdot \text{L} \cdot \text{mol}^{-1} \cdot \text{K}^{-1})$

26. $n = \dfrac{pV}{RT} = \dfrac{4.12 \times 7.56}{0.0820 \times (-45 + 273)} = 1.67\,(\text{mol})$，$m = nM = 1.66 \times 20.2 = 33.7\,(\text{g})$

27. $2C_{12}H_{26}(l) + 37O_2(g) \longrightarrow 24CO_2(g) + 26H_2O(g)$

    故 $2C_{12}H_{26} \sim 37O_2 \sim 24CO_2 \sim 26H_2O$

    $n_{O_2} = n_{C_{12}H_{26}} \times \dfrac{37}{2} = 3.00 \times \dfrac{37}{2} = 55.5\,(\text{mol})$

    $n_{CO_2} = n_{C_{12}H_{26}} \times \dfrac{24}{2} = 3.00 \times \dfrac{24}{2} = 36.0\,(\text{mol})$

    $n_{H_2O} = n_{C_{12}H_{26}} \times \dfrac{26}{2} = 3.00 \times \dfrac{26}{2} = 39.0\,(\text{mol})$

28. $m_{H_2O} = n_{C_{12}H_{26}} \times \dfrac{26}{2} \times M_{H_2O} = \dfrac{60.0}{170} \times \dfrac{26}{2} \times 18.0 = 82.6\,(\text{g})$

    $m_{CO_2} = n_{C_{12}H_{26}} \times \dfrac{24}{2} \times M_{CO_2} = \dfrac{60.0}{170} \times \dfrac{24}{2} \times 44.0 = 186\,(\text{g})$

29. $1C_6H_{12}O_6 \sim 6O_2$，$m_{C_6H_{12}O_6} = n_{O_2} \times \dfrac{1}{6} \times M_{C_6H_{12}O_6} = \dfrac{101.3 \times 50.5}{8.314 \times (27.0 + 273)} \times \dfrac{1}{6} \times 180 = 61.5\,(\text{g})$

30. $NaHCO_3(s) + HCl(aq) \longrightarrow NaCl(aq) + H_2O(l) + CO_2(g)$

    $1NaHCO_3 \sim 1NaCl \sim 1H_2O \sim 1CO_2$

    $m_{NaCl} = n_{NaHCO_3} \times M_{NaCl} = \dfrac{10.5}{84.0} \times 58.5 = 7.31\,(\text{g})$

    $m_{H_2O} = n_{NaHCO_3} \times M_{H_2O} = \dfrac{10.5}{84.0} \times 18.0 = 2.25\,(\text{g})$

    $m_{CO_2} = n_{NaHCO_3} \times M_{CO_2} = \dfrac{10.5}{84.0} \times 44.0 = 5.50\,(\text{g})$

31. $2AgNO_3 \sim 1MgCl_2$

    将 25.0 g $AgNO_3$ 完全反应需要 $MgCl_2$ $\dfrac{25.0}{169.9} \times \dfrac{1}{2} \times 95.3$ g $= 7.01$ g $<$ 10.0 g，因此氯化镁是过量的，反应是受 $AgNO_3$ 分子数量限制的。

32. a)KCO_2；b)$Na_2S_2O_3$；c)C_5H_5O；d)$Pb_3(PO_4)_2$；e)$C_5H_7NO_5$；f)$C_6H_{12}O_7$。

33. a)$C_8H_8O_2$；b)$C_{11}H_{22}$；c)As_2S_5。

34. 这两个化合物都含有两个氮原子，但是 $Ca(NO_3)_2$ 的相对分子质量更大，因此，$Ca(NO_2)_2$ 中氮的百分含量更大。

35. 该化合物分子式中含铬数 $\dfrac{152 \times 68.4\%}{M_{Cr}} = 2$，含氧数 $\dfrac{152 - 104}{M_O} = 3$，因此该

化合物为 Cr_2O_3。

36. a) $\dfrac{16.0}{14.0+16.0}\times 100\%=53.3\%$

    b) $\dfrac{16.0}{14.0\times 2+16.0}\times 100\%=36.4\%$

    c) $\dfrac{16.0\times 5}{14.0\times 2+16.0\times 5}\times 100\%=74.1\%$

37. 令混合物中氯化钠的百分数是 x，则氯化钾的百分数为 $(1-x)$：

    $\omega_K=(1-x)\dfrac{39.1}{39.1+35.5}\times 100\%=22\%$

    由此可以得出氯化钠的百分数 $x=58\%$。

38. 该化合物分子式中含碳数 $\dfrac{152\times 63.2\%}{M_C}=8$，含氢数 $\dfrac{152\times 5.3\%}{M_H}=8$，含氧数 $\dfrac{152\times 31.5\%}{M_O}=3$，因此该化合物为 $C_8H_8O_3$。

39. $ZnSO_3 : H_2O = \dfrac{80.15\%}{145.5} : \dfrac{19.85\%}{18.0} = 1:2$，该水合物的化学式为 $ZnSO_3\cdot 2H_2O$。

40. $1Na_2CO_3 \sim 1Na_2SO_4$，$\eta=\dfrac{16.9\div 142.1}{15\div 106}\times 100\%=84.1\%$

第13章

第1节

1. 甲醇(CH_3OH)、乙醇(C_2H_5OH)、氟化氢(HF)、甲胺(CH_3NH_2)。

2. a) 0.9997 g/mL；b) 大约 $8.7\ ℃$；c) $7.0\ ℃$。

3. 水的表面张力和分子间作用力都比乙醇大，水在平面上倾向于凝聚，以水滴的形式存在；而乙醇在平面上易扩散。

4. 液体分子之间的吸引力和对玻璃的吸引力都比较弱，表面张力的影响很小，液体的表面可能会显得很平坦，在量筒中没有明显的凹液面。

5. 通过计算可以得出，两种液体的质量均为 150 g，由于水的比热容大于乙醇，故当温度从 $20\ ℃$ 升高到 $70\ ℃$ 时，水吸收的热量更多。

6. $2.0\ J\cdot g^{-1}℃^{-1}$ 还不到水实际比热容的一半，这样水储存的热量将大大减少，海洋和湖泊对温度的调节效果将会降低，白天的温度会更高，而晚上的温度会更低。

第2节

7. a) $ZnCl_2(s) \longrightarrow Zn^{2+}(aq)+2Cl^-(aq)$

    b) $Rb_2CO_3(s) \longrightarrow 2Rb^+(aq)+CO_3^{2-}(aq)$

    c) $Mg(NO_3)_2(s) \longrightarrow Mg^{2+}(aq)+2NO_3^-(aq)$

d) $(NH_4)_2SO_4(s) \longrightarrow 2NH_4^+(aq) + SO_4^{2-}(aq)$

8. 水分子是一种极性分子,它的正、负电荷中心并不重合,有部分带电的末端,类似于带电的离子化合物。水分子之间的相互作用,如偶极—偶极相互作用和氢键作用,有点类似与导致盐溶解的水合离子相互作用,因此,水与离子化合物的相似程度足以使它们溶解。

9. 不能形成溶液,己烷是一种非极性液体,己烷分子和极性水分子之间几乎没有分子间吸引力,因此两种液体不能混合,而是会分层。

10. 洗涤剂和肥皂都是具有亲水端和亲油端的分子,洗涤剂分子通常有一个 SO_3^- 端,而不是肥皂分子典型的 COO^- 端。肥皂可以使硬水中的 Mg^{2+}、Ca^{2+} 形成一种污垢状的沉淀物,洗涤剂可以与 Mg^{2+}、Ca^{2+} 形成可溶性磺酸盐,所以洗涤剂在硬水中使用更有效。

11. "强"和"弱"在化学中被用来描述酸、碱在水溶液中的电离程度,而用"浓"和"稀"来描述溶液的浓度。

12. 20 ℃时 $KClO_3$ 的溶解度小于 10 g/100 g H_2O,故 50.0 mL 的水不能将 5 g $KClO_3$ 完全溶解,因此溶液是过饱和的。

13. 在 10 ℃时,硫酸铈(Ⅲ)的溶解度约为 10 g/100 g H_2O,氯酸钾的溶解度约为 5 g/100 g H_2O。随着温度升高,硫酸铈(Ⅲ)的溶解度逐渐降低,氯酸钾的溶解度逐渐升高,两种物质的溶解度大约在 18 ℃时相等。在 30 ℃时,硫酸铈(Ⅲ)的溶解度约为 4 g/100 g H_2O,氯酸钾的溶解度约为 10 g/100 g H_2O。

14. a)吸热;b)强放热。

15. 称量 $3.00 \times 0.500 \times 164.1 = 246(g)$ 的 $Ca(NO_3)_2$,加入足够的水使其溶解,然后再加入足够的水使总体积为 3.00 L。

16. 称量 $1.50 \times 1.75 \times 136.4 = 358(g)$ 的 $(NH_4)_2SO_4$,加入足够的水使其溶解,然后再加入足够的水使总体积为 1.50 L。

17. $720.0 \times 10^{-3} \times 0.200 \times 132.1 = 19.0(g)$

18. $2.50 \times 1.15 \times 58.0 = 167(g)$

19. $c = \dfrac{2.50 \div 138.2}{1.42} = 0.0127(M)$

20. $c = \dfrac{185 \div 32.0}{1\,150 \times 10^{-3}} = 5.03(M)$

21. $n = \dfrac{170.0}{85.0} = 2(mol)$,但是将 2 mol $NaNO_3$ 加入 1.00 L 的水中后,溶液的最终体积会略大于 1.00 L,从而溶液的浓度会略小于 2.00 M。

22. 蔗糖溶液的凝固点低于纯水,而沸点大于纯水,因此其沸点和凝固点的温度差大于 100 ℃。

23. 每个溶质在水中都是电离出两个离子,因此凝固点下降程度与溶液浓度直接相关,溶液浓度越大,凝固点越低。经过计算,三种溶液的浓度如下:a)1.3 M $ZnSO_4$;b)0.73 M KCl;c)1.9 M $NaNO_3$。故凝固点 c<a<b。

24. KNO_3:$\dfrac{151.6 \div 101.1}{1.0}=1.50$ M;蔗糖:$\dfrac{1\,026 \div 342}{2.0}=1.50$ M。两种溶液的浓度相等,但每个 KNO_3 在水中会电离出两个离子,而蔗糖在水中不会电离出离子,KNO_3 溶液中溶质粒子的浓度更大,因此其溶液的沸点更高。

25. 氮原子的电负性较大足以形成氢键,两种化合物都会形成分子间氢键,而乙二胺有两个—NH_2基团,氢键作用更强,沸点更高。

26. 溶剂的净流动是从 NaCl 浓度较低的地方流向 NaCl 浓度较高的地方,$c_{左}=\dfrac{74 \div 58.5}{420 \times 10^{-3}}=3.0$(M),$c_{右}=\dfrac{27 \div 58.5}{125 \times 10^{-3}}=3.7$(M),溶剂水流向右边。

27. 压强和温度。压强越大,气体的溶解度越大;温度越高,气体的溶解度越小。

28. 在水下深处,潜水员会经历高压,肺部空气中的氮气会高于正常浓度溶解在血液中,随着潜水员上升,血压下降,氮气在血液中的溶解度也随之降低。如果潜水员上升过快,释放的氮气会在血管中形成气泡,这是十分危险并且痛苦的。

29. 当细小的液滴分散在气体中时,就形成了气溶胶,例如喷雾、除臭剂和发胶。泡沫是气泡分散在液体中,例如剃须膏、鸡蛋打发时形成的泡沫。

30. 胶体和溶液都含有保持不断运动的粒子,并不是静止不动的。胶体粒子是溶液的 10~100 倍大,也正因为如此,胶体会散射穿过它的光束,具有丁达尔效应,而溶液没有。

第 14 章

第 1 节

1. 酸:硫酸、H_2SO_4;磷酸、H_3PO_4。

    碱:氢氧化钙、$Ca(OH)_2$;一水合氨、$NH_3·H_2O$;氢氧化钠、NaOH。

2. $HClO_4(aq) \longrightarrow H^+(aq) + ClO_4^-(aq)$

3. $2Al(s) + 3H_2SO_4(aq) \longrightarrow Al_2(SO_4)_3(aq) + 3H_2(g)$

4. a)HNO_3,一元酸

    b)HBr,一元酸

    c)$H_3C_6H_5O_7$,三元酸

    d)H_2CO_3,二元酸

e) $HC_7H_5O_2$，一元酸

5. a)酸；b)碱；c)碱；d)酸。

6. a)酸；b)碱；c)酸；d)都不是；e)碱。

7. $Ca(OH)_2(aq) + HCO_2H(aq) \longrightarrow Ca(CO_2H)_2(aq) + H_2O(l)$

8. $Ba(OH)_2(aq) + HNO_3(aq) \longrightarrow Ba(NO_3)_2(aq) + H_2O(l)$

第 2 节

9. SrO 为碱性氧化物：$SrO(s) + H_2O(l) \longrightarrow Sr(OH)_2(aq) \longrightarrow Sr^{2+}(aq) + 2OH^-(aq)$

    SO_2 为酸性氧化物：$SO_2(g) + H_2O(l) \rightleftharpoons H_2SO_3(aq) \rightleftharpoons H^+(aq) + HSO_3^-(aq)$

10. a) KOH，强碱

    b) $Al(OH)_3$，弱碱

    c) $Sr(OH)_2$，强碱

    d) $Fe(OH)_3$，弱碱

    e) RbOH，强碱

11. HCN 为弱酸

12. pH=1.2 的溶液水合氢离子浓度最高；pH=12.2 的溶液氢氧根离子浓度最高；pH=8.0 的溶液最接近中性。

13. $pH = -\lg c_{H^+}$，a) pH=9；b) pH=0；c) pH=3。

14. $pH = 14 + \lg c_{OH^-}$，a) pH=8；b) pH=7；c) pH=0。

15. 溶液中水合氢离子的浓度为 10^{-11} M，是中性溶液的 10^{-4} 倍；氢氧根离子的浓度为 10^{-3} M，是中性溶液的 10^4 倍。

16. 根据方程 $HCO_2H(aq) \rightleftharpoons H^+(aq) + CO_2H^-(aq)$，得 $c_{HCO_2H} > c_{H^+} = c_{CO_2H^-} > c_{OH^-}$

17. $NH_3(g) + H_2O(l) \rightleftharpoons NH_3 \cdot H_2O(aq) \rightleftharpoons NH_4^+(aq) + OH^-(aq)$，仅有一小部分 NH_3 与水反应并电离，因此溶液中 NH_3 的浓度约为 0.25 M，NH_4^+ 和 OH^- 浓度相等，但都远小于 0.25 M。

18. $HNO_3(aq) + H_2O(l) \longrightarrow H_3O^+(aq) + NO_3^-(aq)$

    $c_{HNO_3} = 0$，$c_{H_3O^+} = c_{NO_3^-} = 0.010$ (M)，$c_{OH^-} = \dfrac{1.0 \times 10^{-14}}{0.010} = 1.0 \times 10^{-12}$ (M)，

    $pH = -\lg c_{H_3O^+} = -\lg 0.010 = 2.0$

19. $NaOH(aq) \longrightarrow Na^+(aq) + OH^-(aq)$

    $c_{NaOH} = 0$，$c_{Na^+} = c_{OH^-} = 1.0$ (M)，$c_{H_3O^+} = \dfrac{1.0 \times 10^{-14}}{1.0} = 1.0 \times 10^{-14}$ (M)，

    $pH = -\lg c_{H_3O^+} = -\lg(1.0 \times 10^{-14}) = 14$

综合

20. 仅有一小部分 $HC_2H_3O_2$ 分子在水中电离，每个 H_2SO_4 分子在水中电离出三个离子，由此得出 c 的导电性最好，b 最差。

第15章

第1节

1. $2HNO_3(aq)+Mg(OH)_2(s)\longrightarrow Mg(NO_3)_2(aq)+2H_2O(l)$

   $2H^+(aq)+2NO_3^-(aq)+Mg(OH)_2(s)\longrightarrow Mg^{2+}(aq)+2NO_3^-(aq)+2H_2O(l)$

   $2H^+(aq)+Mg(OH)_2(s)\longrightarrow 2H_2O(l)+Mg^{2+}(aq)$

2. $HCHO_2(aq)+LiOH(aq)\longrightarrow LiCHO_2(aq)+H_2O(l)$

   $HCHO_2(aq)+Li^+(aq)+OH^-(aq)\longrightarrow Li^+(aq)+CHO_2^-(aq)+H_2O(l)$

   $HCHO_2(aq)+OH^-(aq)\longrightarrow CHO_2^-(aq)+H_2O(l)$

3. $H_2SO_4(aq)+2NaOH(aq)\longrightarrow Na_2SO_4(aq)+2H_2O(l)$

   $2H^+(aq)+SO_4^{2-}(aq)+2Na^+(aq)+2OH^-(aq)\longrightarrow 2Na^+(aq)+SO_4^{2-}(aq)+2H_2O(l)$

   $H^+(aq)+OH^-(aq)\longrightarrow H_2O(l)$

4. $HBr(aq)+NH_3(aq)\longrightarrow NH_4Br(aq)$

   $H^+(aq)+Br^-(aq)+NH_3(aq)\longrightarrow NH_4^+(aq)+Br^-(aq)$

   $H^+(aq)+NH_3(aq)\longrightarrow NH_4^+(aq)$

5. $2HC_3H_5O_3(aq)+Sr(OH)_2(aq)\longrightarrow Sr(C_3H_5O_3)_2(aq)+2H_2O(l)$

   $2HC_3H_5O_3(aq)+Sr^{2+}(aq)+2OH^-(aq)\longrightarrow Sr^{2+}(aq)+2C_3H_5O_3^-(aq)+2H_2O(l)$

   $HC_3H_5O_3(aq)+OH^-(aq)\longrightarrow C_3H_5O_3^-(aq)+H_2O(l)$

6. $3HCl(aq)+Fe(OH)_3(s)\longrightarrow FeCl_3(aq)+3H_2O(l)$

   $3H^+(aq)+3Cl^-(aq)+Fe(OH)_3(s)\longrightarrow Fe^{3+}(aq)+3Cl^-(aq)+3H_2O(l)$

   $3H^+(aq)+Fe(OH)_3(s)\longrightarrow Fe^{3+}(aq)+3H_2O(l)$

7. Ⅰ:中性,净反应中只有 H_2O 生成

   Ⅱ:碱性, CHO_2^- 为弱碱

   Ⅲ:中性,净反应中只有 H_2O 生成

   Ⅳ:酸性, NH_4^+ 为弱酸

   Ⅴ:碱性, $C_3H_5O_3^-$ 为弱碱

   Ⅵ:酸性, Fe^{3+} 为弱酸

8. Ⅰ: NO_3^- 。 Ⅱ: Li^+ 。 Ⅲ: Na^+ 、 SO_4^{2-} 。 Ⅳ: Br^- 。 Ⅴ: Sr^{2+} 。 Ⅵ: Cl^- 。

9. $H^+(aq)+OH^-(aq)\longrightarrow H_2O(l)$

137

10. $HC_7H_5O_2(aq) + LiOH(aq) \longrightarrow LiC_7H_5O_2(aq) + H_2O(l)$

$HC_7H_5O_2(aq) + Li^+(aq) + OH^-(aq) \longrightarrow Li^+(aq) + C_7H_5O_2^-(aq) + H_2O(l)$

$HC_7H_5O_2(aq) + OH^-(aq) \longrightarrow C_7H_5O_2^-(aq) + H_2O(l)$

由于 $C_7H_5O_2^-$ 为弱碱，反应后溶液 pH 大于 7。

11. a) 中性；Na^+ 和 Br^- 都不与水反应

b) 碱性；$C_2H_3O_2^-$ 为弱碱，$C_2H_3O_2^- + H_2O \rightleftharpoons HC_2H_3O_2 + OH^-$

c) 酸性；NH_4^+ 为弱酸，$NH_4^+ + H_2O \rightleftharpoons NH_3 + H_3O^+$

12. 提供氢离子的为酸，接受氢离子的为碱。

13. a) 酸：$HC_2H_3O_2$；碱：NH_3

b) 酸：HNO_2；碱：H_2O

c) 酸：H_2O；碱：$H_2BO_3^-$

14. 酸性：$HSO_3^-(aq) + H_2O(l) \rightleftharpoons SO_3^{2-}(aq) + H_3O^+(aq)$

碱性：$HSO_3^-(aq) + H_2O(l) \rightleftharpoons H_2SO_3(aq) + OH^-(aq)$

15. 气态 HCl 与气态 NH_3 反应生成固态 NH_4Cl，这个酸碱反应并不需要水的存在。

$HCl(g) + NH_3(g) \longrightarrow NH_4Cl(s)$，产物为离子化合物 NH_4Cl，由 NH_4^+ 和 Cl^- 组成。HCl 为酸，因为它的一个氢离子转移到了碱（NH_3）上。

16. 弱酸和弱碱都没有转移氢离子的强烈倾向，两者之间的氢离子转移是不常见的，因此，弱酸弱碱反应通常不被认为是有利的反应。

17. a) $HNO_2(aq) + LiOH(aq) \longrightarrow LiNO_2(aq) + H_2O(l)$

b) $3H_2SO_4(aq) + 2Al(OH)_3(s) \longrightarrow Al_2(SO_4)_3(aq) + 6H_2O(l)$

c) $2H_3C_6H_5O_7(aq) + 3Mg(OH)_2(aq) \longrightarrow Mg_3(C_6H_5O_7)_2(aq) + 6H_2O(l)$

d) $HC_7H_5O_2(aq) + NH_3(aq) \longrightarrow NH_4C_7H_5O_2(aq)$

18. a) 弱酸强碱反应；b) 弱碱强酸反应；c) 弱酸弱碱反应；d) 弱酸弱碱反应。

19. a) $2HNO_3(aq) + Mg(OH)_2(s) \longrightarrow Mg(NO_3)_2(aq) + 2H_2O(l)$

b) $HI(aq) + NH_3(aq) \longrightarrow NH_4I(aq)$ 或 $HI(g) + NH_3(g) \longrightarrow NH_4I(s)$

c) $H_2SO_4(aq) + 2KOH(aq) \longrightarrow K_2SO_4(aq) + 2H_2O(l)$

d) $2HC_2H_3O_2(aq) + Sr(OH)_2(aq) \longrightarrow Sr(C_2H_3O_2)_2(aq) + 2H_2O(l)$

第 2 节

20. $H_2CO_3 + OH^- \longrightarrow HCO_3^- + H_2O$，$H_2CO_3$ 和 OH^- 的浓度减小，同时 HCO_3^- 浓度增大，最终 OH^- 的浓度略高于增加 c_{OH} 之前。

21. 用纸袋捂住口鼻呼吸，这样吸入的空气中 CO_2 的浓度会增大，从而血液中 CO_2 和 H_2CO_3 的含量增加，可以使 pH 下降至正常水平。

22. $MgO(s) + 2HCl(aq) \longrightarrow MgCl_2(aq) + H_2O(l)$

23. 弱酸强碱滴定的终点 pH>7,弱碱强酸滴定的终点 pH<7。

24. $c_{HCl} = \dfrac{0.200 \times 27.8 \times 10^{-3}}{10 \times 10^{-3}} = 0.556(M)$

25. $c_{H_2SO_4} = \dfrac{0.500 \times 42.7 \times 10^{-3}}{2 \times 30.0 \times 10^{-3}} = 0.356(M)$

26. $c_{KOH} = \dfrac{0.500 \times 11.6 \times 10^{-3}}{20.0 \times 10^{-3}} = 0.290(M)$

27. $c_{NaOH} = \dfrac{3 \times 0.100 \times 30.0 \times 10^{-3}}{16.4 \times 10^{-3}} = 0.549(M)$

28. $c_{HCHO_2} = \dfrac{2 \times 0.100 \times 68.3 \times 10^{-3}}{35.0 \times 10^{-3}} = 0.390(M)$

29. $c_{H_3PO_4} = \dfrac{0.175 \times 31.5 \times 10^{-3}}{3 \times 15.0 \times 10^{-3}} = 0.122(M)$

30. $V_{Ca(OH)_2} = \dfrac{0.185 \times 40.0 \times 10^{-3}}{2 \times 0.120 \times 10^{-3}} = 30.8(mL)$

31. $V_{HNO_3} = \dfrac{6.00 \times 56.0 \times 10^{-3}}{0.100 \times 10^{-3}} = 3\,360(mL)$

32. $c = \dfrac{2 \times 0.080\,0 \times 35.2 \times 10^{-3}}{3 \times 14.5 \times 10^{-3}} = 0.129(M)$

33. a) 弱酸强碱反应,酚酞

    b) 强酸强碱反应,溴百里酚蓝

    c) 弱碱强酸反应,甲基红

34. $c_{H_2SO_3} = \dfrac{0.150 \times 76.2 \times 10^{-3}}{2 \times 25.0 \times 10^{-3}} = 0.229(M)$,该滴定反应为弱酸强碱反应,应选用酚酞作指示剂。

35. $\omega = \dfrac{n_{KHCO_3} \cdot M_{KHCO_3}}{m_{药片}} \times 100\% = \dfrac{n_{HCl} \cdot M_{KHCO_3}}{m_{药片}} \times 100\% = \dfrac{0.100 \times 26.5 \times 10^{-3} \times 100.1}{0.300} \times 100\% = 88.4\%$

36. $V_{NaOH} = \dfrac{0.500 \div 176.0}{0.125 \times 10^{-3}} = 0.022\,7(L) \quad 0.022\,7\,L = 22.7\,mL$

37. $c_{NaOH} = \dfrac{0.150 \times 112 \times 10^{-3} - 0.100 \times 16.7 \times 10^{-3}}{112 \times 10^{-3}} = 0.135(M)$

38. $HC_3H_5O_2 + OH^- \longrightarrow C_3H_5O_2^- + H_2O$;$C_3H_5O_2^-$ 为弱碱,完全反应后溶液呈碱性。

39. 如果加入酸,由乙酸钠产生的乙酸离子会中和加入的 H^+:
    $C_2H_3O_2^-(aq) + H^+(aq) \rightleftharpoons HC_2H_3O_2(aq)$

139

如果加入碱,醋酸会中和加入的 OH^-：

$HC_2H_3O_2(aq)+OH^-(aq) \rightleftharpoons C_2H_3O_2^-(aq)+H_2O(l)$

第 16 章

第 1 节

1. 在氧化还原反应中,存在电子的转移,电子会从一个原子或离子转移到另一个原子或离子上。若反应中不存在电子的转移,则为非氧化还原反应。

2. a)还原;b)氧化;c)氧化;d)还原。

3. a)Zn;b)Na;c)SO_2。

4. $3Mg(s)+8HNO_3(aq) \longrightarrow 3Mg(NO_3)_2(aq)+2NO(g)+4H_2O(l)$,氧化剂:$HNO_3$,还原剂:Mg。

5. H:+1,Cl:-1,Ca:+2,O:-2。因为反应物和产物对应元素的氧化数是一样的,所以该反应不是氧化还原反应。

6. a)Mg 被氧化,Fe^{2+} 被还原

    b)不是氧化还原反应

    c)Al 被氧化,O_2 被还原

7. 这是氧化还原反应,铁元素被氧化,硫元素被还原。

8. $2HgO(s) \xrightarrow{h\nu} 2Hg(l)+O_2(g)$,这是氧化还原反应,氧元素被氧化,汞元素被还原。

第 2 节

9. 铜绿由 $CuSO_4 \cdot 3Cu(OH)_2$ 和 $Cu_2(OH)_2CO_3$ 组成,其中铜的氧化数为 +2,因为氧气不能穿透铜绿接触下面的铜,铜绿可以保护雕像,使其免受进一步的腐蚀。

10. 化学发光是指在室温下通过化学反应产生,在实际生活中被用于荧光棒和在犯罪调查中分析证据。

第 17 章

第 1 节

1. a)铝元素被氧化,铅元素被还原

    b)$2Al(s)+3Pb(NO_3)_2(aq) \longrightarrow 2Al(NO_3)_3(aq)+3Pb(g)$

    c)不能组成原电池,电子不会通过外部电路,也不会产生电能。

2. 可以,铬比镁更难被氧化,所以铬与 $MgCl_2$ 溶液不会发生反应。

3. 一般来说,表 C.5 中的两种金属之间的距离越远,这两种金属制造的原电池电压越高,因此原电池 c 应具有最高的电压,原电池 b 应具有最低的电压。

4. a)Zn 被氧化成 Zn^{2+};Ag^+ 被还原成金属 Ag,锌片上有银析出。

    b)不反应。

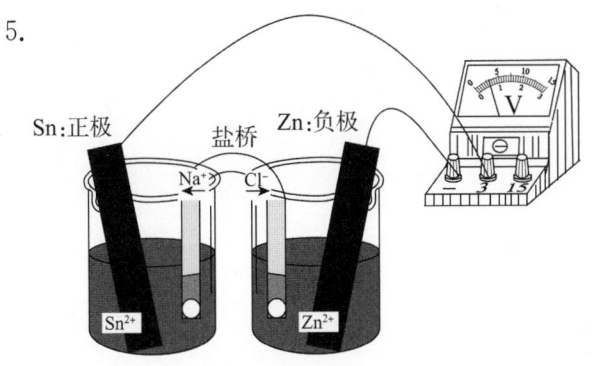

5.

$Sn^{2+} + 2e^- \Longrightarrow Sn \quad Zn \Longrightarrow Zn^{2+} + 2e^-$

6. 电动汽车有助于减少我们对化石燃料的依赖,从而能够减少污染,从长远来看更加经济实用;然而电动汽车有初始成本高、行驶里程有限、速度慢、充电时间长、难以处理有毒金属镉等缺点。

第 2 节

7. a) 阳离子,阴离子

   b) 阴极吸引阳离子,阳极吸引阴离子

   c) 阳极发生氧化反应,阴极发生还原反应

8. 在阳极,易被氧化的原子或离子失去电子,发生氧化反应;这些电子通过外部电路流向电池,并被回收到阴极,在阴极易被还原的原子或离子得到这些电子,发生还原反应。

9. 电解可用于生产化合物、提取金属(冶金)、提纯金属、电镀、水的净化等。

10. 霍尔—赫劳尔特电解炼铝法用于生产铝;在这种方法被开发出来之前,铝金属是十分罕见的,而如今已经可以被大量生产;但这种方法经济代价很高,会消耗大量的电能;可以通过回收铝来节省电解炼铝所需的能源。

第 18 章

第 1 节

1. a) 乙烷;b) 2-庚烯;c) 2-戊炔;d) 环戊烯。

2. a) 3-甲基-5-乙基庚烷;b) 2,7-二甲基-4-乙基辛烷;c) 3-甲基戊烷。

3. 位置编号应该遵循最低系列原则,使取代基位置号码尽可能小,因此应该从相反的方向进行编号,该化合物的正确命名为 2,5-二甲基庚烷。

4. 烯烃比烷烃更活泼,烯烃的 π 键重叠面积较 σ 键小,因此键能小易断裂。烯烃易发生加成反应,较小的分子或离子直接与双键两侧的碳原子结合。

5. C_nH_{2n-2}

6. a) $CH_3CH_2CH_2CH_2CH_2CH_2CH_3$,烷烃

   b) 烯烃

c) CH≡CCH₃,炔烃

d)
```
      H   CH₃
   H   C   H
       C—C
   H  / \ CH₃
     C—C
    / \ / \
   H H H H
```
烷烃

e) CH₃CHCH₂CH₂CH₃,烷烃
       |
      CH₃（带CH₂CH₃支链）

（结构：CH₃CH(CH₂CH₃)CH₂CH₂CH₃）

f) CH₃C=CHCH₃,烯烃
     |
    CH₃

7. 位置异构体：CH₂=CHCH₂CH₃

几何异构体：
$$\begin{array}{c} H_3C \\ \\ H \end{array} C=C \begin{array}{c} H \\ \\ CH_3 \end{array}$$

碳架异构体：CH₂=CCH₃
            |
           CH₃

环丁烷结构（H—C—C—H 方环）

8. 1 维生素 $D_2 \sim 4H_2$

9. CH₃CHCHCH₃
    | |
   Cl Cl

10. a) $CH_3CH_2CH_2CH_3$；b) CH_3CH_3；c) $CH_3CH=CH_2$。

11. 与大多数烯烃不同,苯反而难以氢化,化学家认为苯环中多余的电子形成了环状大π键,被环中的六个碳原子共享,而不是位于特定的碳原子之间。

12. 石油是一种油性化石燃料,是多种化合物的复杂混合物,主要成分是烷烃和环烷烃;自然界中的石油存在于某些岩层中;有用的石油产品包括汽油、航空燃料、煤油、柴油、燃油、沥青和润滑油。

13. 可用分馏的方法分离石油;裂解和裂化(催化裂化和热裂化)可以将大分子烷烃转变为小分子的碳氢化合物。

第 2 节

14. a)羧酸；b)醚；c)醛；d)卤代烃。

15. a)酰胺结构为 R—$\overset{\overset{O}{\|}}{C}$—NH$_2$，胺的结构为 R—NH$_2$

b)醚的结构为 R—O—R′，酯的结构为 R—$\overset{\overset{O}{\|}}{C}$—O—R′

（注：R、R′分别代表分子的一个烃类部分）

16. a) CH$_3$CH$_2$—$\overset{\overset{O}{\|}}{C}$—O—CH$_3$

b) CH$_3$CH—$\overset{\overset{O}{\|}}{C}$—CH$_2CH_3$
     $\;\;\;\;\;\;\;\;|$
     $\;\;\;\;\;\;\;\;$CH$_3$

17. 一个羟基(—OH)、一个苯环、一个羧基(—COOH)、一个氨基(—NH$_2$)。

综合

18. a)香蕉油、鹿蹄草油；b)丙酮；c)环己烷；d)苯。

第 3 节

19. a) ～CH$_2$CH$_2$CH$_2$CH$_2$～

b) ～CH$_2$CH CH$_2$CH～ 或 CH$_2$CH CH CH$_2$～
         $\;\;\;\;\;\;\;\;\;|\;\;\;\;\;\;\;\;\;\;\;\;\;|$ $\;\;\;\;\;\;\;\;\;\;\;\;\;\;\;\;\;\;|\;\;\;\;|$
         $\;\;\;\;\;\;\;\;$CH$_3\;\;\;\;\;\;$CH$_3$ $\;\;\;\;\;\;\;\;\;\;\;\;\;\;\;\;CH_3\;CH_3$

c) ～CH$_2$$\overset{\overset{CH_3}{|}}{\underset{\underset{\underset{\underset{CH_3}{|}}{O}}{\underset{|}{C=O}}}{C}}CH_2$$\overset{\overset{CH_3}{|}}{\underset{\underset{\underset{\underset{CH_3}{|}}{O}}{\underset{|}{C=O}}}{C}}$～

20. 热塑性聚合物因为在加热时会软化，回收比较方便，包括聚乙烯和聚氯乙烯。热固性聚合物更耐用，加热后不能熔融塑化，也不溶于溶剂，比如说酚醛树脂和硫化橡胶。

第 19 章

第 1 节

1. 蛋白质由碳、氢、氧、氮元素组成，有时还有硫、磷、铁等元素；蛋白质是构成细胞的基本有机物,是生命活动的主要承担者,对身体内的化学反应有着催化作用。

2. 酶是一种蛋白质,起生物催化剂的作用,能够加速生化反应;反应物在酶的活性部位反应生成产物,酶的催化具有专一性,对所作用的底物有严格的选择性,一种酶只能作用于一种物质,或一类分子结构相似的物质。

3. 食物中常见的二糖有蔗糖、乳糖和麦芽糖;二糖因为分子较大而不能透过细胞膜,因此不能被归为营养素。

4. 油脂具有储存能量和构成细胞膜的功能;油脂不溶于水,能溶于非极性溶剂;动物油脂的饱和度更高。

5. a)氨基酸;b)羧酸;c)碳氢化合物;d)氨基酸。

6. a)氨基酸;b)核苷酸;c)单糖。

7. 核酸是由核苷酸聚合组成的生物大分子化合物;核酸携带遗传信息,在细胞增殖和合成蛋白质中有着极其重要的作用;生命体本身就能生成核酸,并不需要从食品中摄入;在细胞中可以发现 DNA 和 RNA 两种核酸。

8. 坏血病和佝偻病;因为过多的脂溶性维生素不能在尿液中溶解并排出体外,摄入过多的脂溶性维生素会导致疾病。

9. 辅酶是一种帮助酶催化反应的有机分子;维生素 C 就是一种反应的辅酶,它可以修复胶原蛋白,使其结构足够稳定,从而能够使皮肤组织等变得更加紧致。

第 2 节

10. 激素是身体特定器官产生的信号分子,通过血液循环与其他部位的细胞进行交流;胰岛素,吃完饭后,身体中的胰腺会释放胰岛素去促进细胞摄取和利用葡萄糖,细胞从而获得了能量。

第 20 章

第 1 节

1. $N_2(g) + O_2(g) + 180.8 \text{ kJ} \longrightarrow 2NO(g)$,吸热反应。

2.

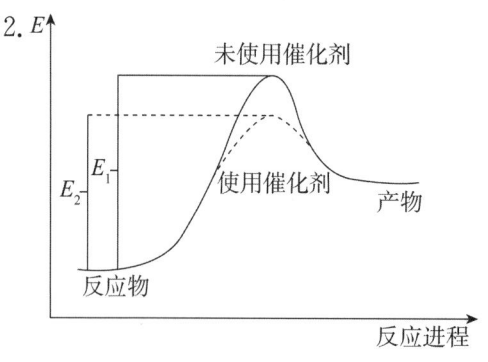

3. a)熵增大;液体变为气体

b) 熵增大；分子数增加、有气体生成

c) 熵减小；气体分子的数量减少

第 2 节

4. $Q = cm\Delta T = 4.18 \times 756 \times (37.6 - 23.2) \times 10^{-3} = 45.5 \text{(kJ)}$

5. $Q = cm\Delta T = 4.18 \times 2.00 \times (40.5 - 24.5) = 134 \text{(kJ)}$

   $\Delta H = -134 \div \dfrac{5.00}{46.1} = -1\,235 \text{(kJ/mol)}$，1.00 mol 化合物会放出 1 235 kJ 的热。

6. 1 大卡 = 1 千卡 = 1 000 卡路里

   糖块中有 180 000 卡路里，或 180 千卡。

7. 1 g 花生酱：$100 \div 16 = 6.2$（千卡）　1 g 烤鸡：$120 \div 84 = 1.4$（千卡）

   1 g 烤鸡的卡路里含量比 1 g 花生酱低得多。主要原因是烤鸡的主要成分是水，不含卡路里，此外，鸡肉中的大部分卡路里来自蛋白质，每克提供约 4 千卡；而花生酱中的大部分卡路里来自脂肪，每克提供约 9 千卡。

8. $Q = cm\Delta T = 4.18 \times 4.00 \times (30.20 - 22.00) = 137 \text{(kJ)}$

   $\dfrac{137}{4.18} \div 10 = 3.28$（千卡/克）

综合

9. 如果是熵减的反应，放热反应就不太可能发生，尤其是在温度较高的情况下；或者反应的活化能很高，那么反应也很难发生。

第 3 节

10. H^+、ATP、NADPH

第 21 章

第 1 节

1. a) $^{234}_{92}\text{U} \longrightarrow {}^{230}_{90}\text{Th} + {}^{4}_{2}\text{He}$

   b) $^{214}_{83}\text{Bi} \longrightarrow {}^{214}_{84}\text{Po} + {}^{0}_{-1}\text{e}$

   c) $^{210}_{81}\text{Tl} \longrightarrow {}^{210}_{82}\text{Pb} + {}^{0}_{-1}\text{e}$

2. $\left(\dfrac{1}{2}\right)^4 = \dfrac{1}{16}$，24 小时后，$^{99\text{m}}$Tc 的仅剩 $\dfrac{1}{16}$，此时的扫描结果并不可靠，需要注射更多的 $^{99\text{m}}$Tc。

3. $100 \times \left(\dfrac{1}{2}\right)^n \times 100\% = 3.12\%$，得出 $n = 5$，所以化石经过了 5 个 ^{14}C 的半衰期，距今 $5\,730 \times 5 = 28\,650$（年）。

4. 由图 C.5 可以看出，当 ^{40}K 的含量为 75% 时，大概已经经过了 0.4 个半衰期，由表 C.7 可知 ^{40}K 的半衰期为 12.5 亿年，因此可计算出岩石的年代约为 12.5×0.4＝5(亿年)。

第 2 节

5. 根据爱因斯坦提出的质能方程 $E=mc^2$，将释放的能量大小与物质的质量相联系起来。虽然在核反应中，参与反应的核粒子质量非常小，但由于光速的数值非常大($3.0×10^8$ m/s)，即使物质的质量很小也能释放出巨大的能量。

综合

6. 氘和氚是氢元素的两种同位素。氘原子核由一个质子和一个中子组成，质量数为 2；氚原子核由一个质子和两个中子组成，质量数为 3。氘是核聚变所需要的燃料，在地球上储量丰富，如果核聚变能成为一种实用的能源，那么氘将是十分重要的能量来源。

7. 化学反应涉及的是反应原子中电子的数量或构型的变化；而核反应涉及的是原子核中的质子和中子数目的变化，改变原子核中的质子数可以将一种元素变为另一种元素。

第 3 节

8. 放射性示踪剂是反应物中一种元素的放射性同位素，用来取代同一元素的非放射性同位素，通过测量示踪剂释放的辐射大小，科学家可以跟踪反应或某个过程的进程。除医疗用途外，放射性示踪剂还用于研究各种化学反应、测试设备的结构弱点和跟踪污染物的传播途径。

9. 医院产生的放射性废物大多含有半衰期较短的同位素，因此在同位素衰变到安全水平之前，可以相对容易地储存这些废物。在核反应堆产生的废物中，半衰期较长的和半衰期较短的放射性同位素都有，一般需要将废物放在反应堆所在地储存几十年，直到半衰期较短的同位素衰变，而半衰期较长的放射性同位素必须隔离数千年，对于如何最好地储存这些同位素，至今仍存在着分歧。

10. 每天吸两包烟，一年可导致约 0.1 Sv 的辐射量，而一次胸部 X 光照射可导致为 0.000 5 Sv 的辐射量，两者比值为 $\frac{0.1}{0.000\ 5}=200$，每天吸两包烟相当于一年做 200 次胸部 X 光。

图书在版编目（CIP）数据

科学发现者. 化学 第二版 2023修订版 指导手册 / （美）菲利普（John S. Phillips）等著；王祖浩等译. -- 杭州：浙江教育出版社，2023.8
ISBN 978-7-5722-6273-9

Ⅰ．①科… Ⅱ．①菲… ②王… Ⅲ．①中学化学课－高中－教学参考资料 Ⅳ．①G634

中国国家版本馆CIP数据核字(2023)第138011号

科学发现者　　化 学（第二版2023修订版）

KEXUE FAXIAN ZHE HUAXUE(DI-ER BAN 2023 XIUDING BAN)

出版发行	浙江教育出版社(杭州市天目山路40号　电话:0571-85170300-80928)
原 著 名	Chemistry Concepts and Applications
原 出 版	McGraw-Hill Education
翻　　译	王祖浩 等
责任编辑	徐荆舒
封面设计	曾国兴
责任校对	沈子清　何 奕
责任印务	陆 江
图文制作	杭州天一图文制作有限公司
印　　刷	杭州富春印务有限公司
开　　本	787 mm × 1092 mm　1/16
印　　张	66.5
字　　数	1 780 000
版　　次	2023年8月第1版
印　　次	2023年8月第1次印刷
标准书号	ISBN 978-7-5722-6273-9
定　　价	270.00元(全四册)

如发现印装质量问题，影响阅读，请与本社市场营销部联系调换。
电话:0571-88909719

本书封底贴有McGraw-Hill Education公司防伪标签,无标签者不得销售。